NARUTO

MASSIV VOL.12

IHR NÄCHSTES ZIEL
LAUTET DAS KYUBI, NARUTO!!

MASASHI KISHIMOTO

CARLSEN MANGA!

NARUTO CHARACTERS

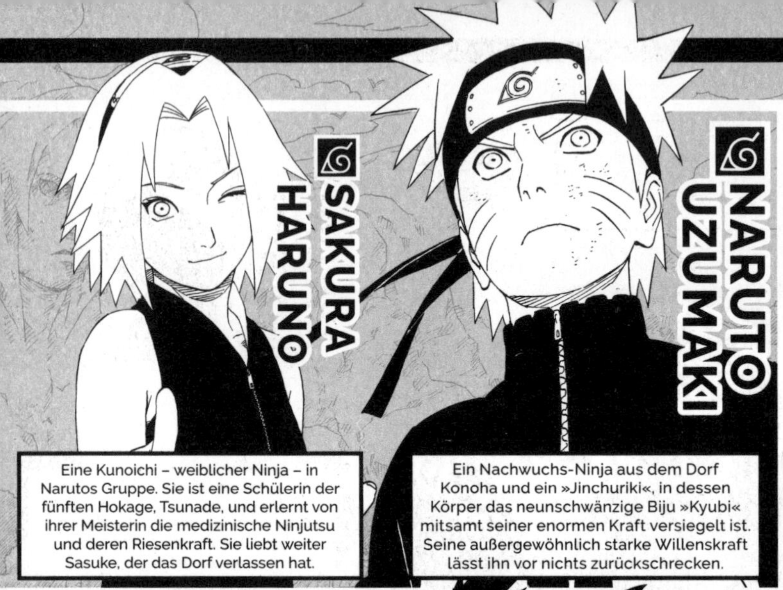

NARUTO UZUMAKI

Ein Nachwuchs-Ninja aus dem Dorf Konoha und ein »Jinchuriki«, in dessen Körper das neunschwänzige Biju »Kyubi« mitsamt seiner enormen Kraft versiegelt ist. Seine außergewöhnlich starke Willenskraft lässt ihn vor nichts zurückschrecken.

SAKURA HARUNO

Eine Kunoichi – weiblicher Ninja – in Narutos Gruppe. Sie ist eine Schülerin der fünften Hokage, Tsunade, und erlernt von ihrer Meisterin die medizinische Ninjutsu und deren Riesenkraft. Sie liebt weiter Sasuke, der das Dorf verlassen hat.

KONOHAGAKURE

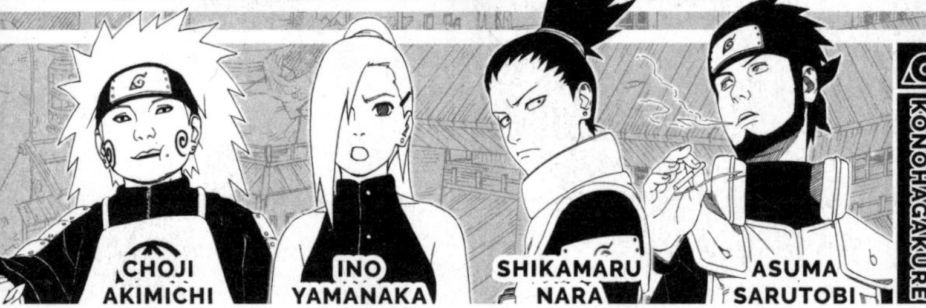

ASUMA SARUTOBI

SHIKAMARU NARA

INO YAMANAKA

CHOJI AKIMICHI

STORY

»Ein Hokage zu werden, der alle früheren Hokages übertrifft« – für diesen Traum gibt Naruto tagtäglich alles. Zusammen mit Sasuke und weiteren Kameraden trainiert und kämpft er, und so wird aus dem ehemaligen Tunichtgut ein richtiger Ninja. Unterdessen geht Sasuke, besessen von der Rache an seinem großen Bruder, zu Orochimaru, um stark zu werden.

Zweieinhalb Jahre später – Naruto ist ein richtiger Ninja. Zusammen mit Kakashi und Sakura stürmt er in einen neuen Kampf!!

1

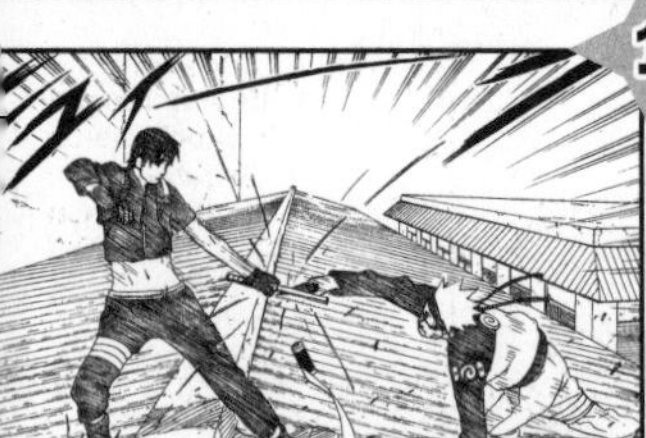

Das neue Mitglied kann nicht zwischen den Zeilen lesen?! Die streng geheime Mission wird ein einziges Auf und Ab!!

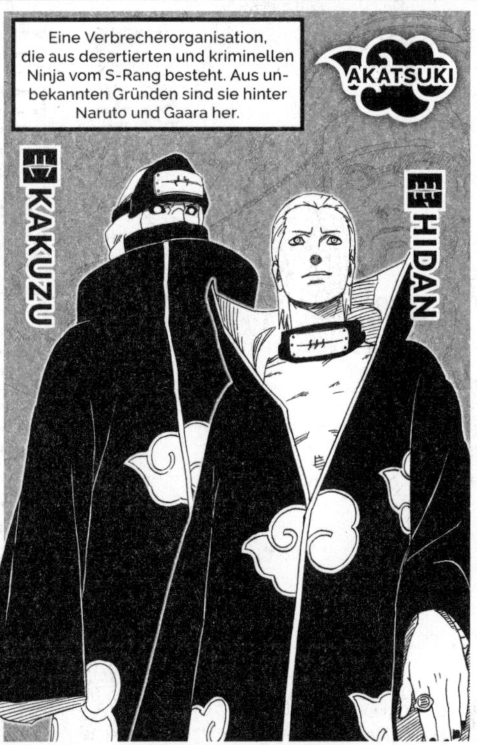

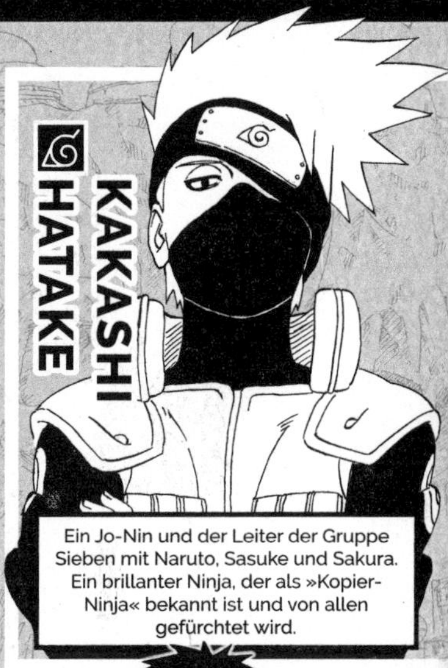

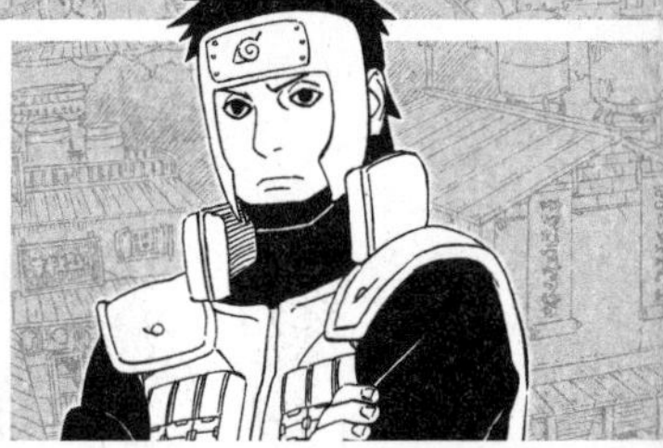

Dass er Sasuke nicht zurückgewinnen kann, führt Naruto die eigene Schwäche vor Augen. Unterdessen beginnt »Akatsuki« eine regelrechte Jagd auf Biju...!

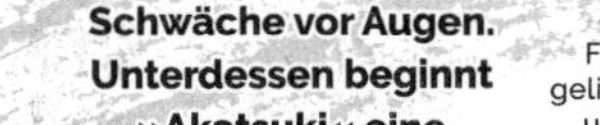

Die Gruppe Sieben gelangt zwar an ihr Ziel, aber das Treffen mit einem Spion erweist sich als Orochimarus Falle. Dennoch gelingt es Naruto und seinen Kameraden Orochimarus Versteck zu finden. Dort sehen sie endlich Sasuke wieder. Aber von seinen Rachegelüsten besessen, verschwindet Sasuke wieder mit Orochimaru...

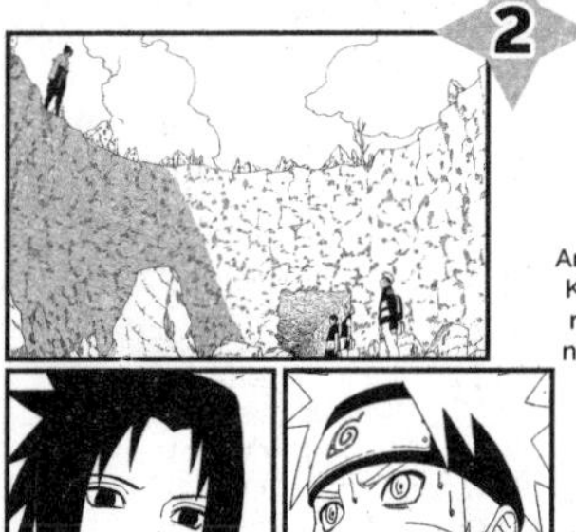

2

Naruto und seine Kollegen dringen in Orochimarus Versteck ein!! Und sie sehen Sasuke wieder!!

Anstelle des verwundeten Kakashi wird Yamato zum neuen Gruppenführer ernannt. Zudem gelangt Sai zum Einsatz. Sai hat bei der Anbu trainiert, seine eigenen Gefühle zu unterdrücken. Mit dem offenherzigen Naruto gerät er immer wieder in Streit. Trotz dieser Konflikte begibt sich die Gruppe Sieben auf eine Mission, um mit einem Spion von »Akatsuki« in Berührung zu kommen.

NARUTO

560 SEITEN MASSIV 100% NARUTO

INHALT

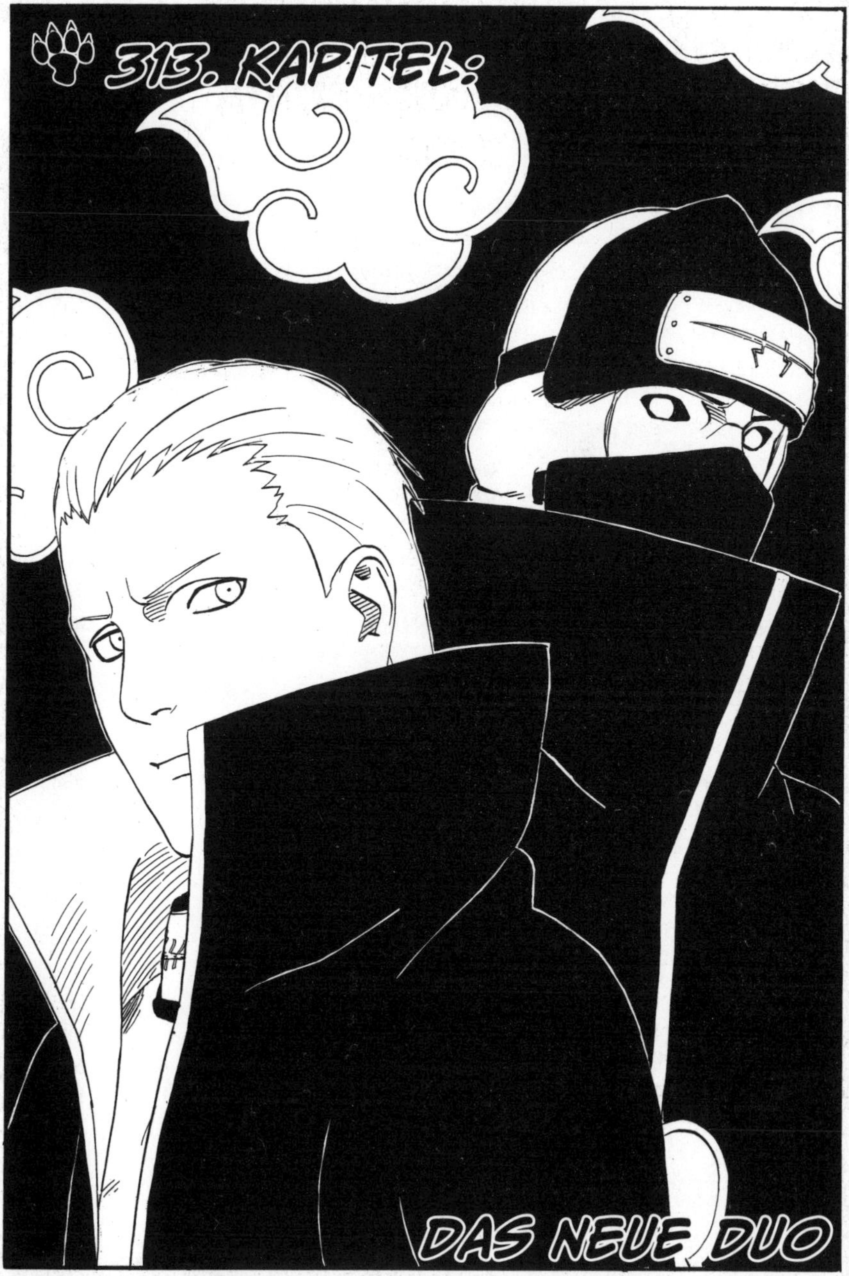
313. KAPITEL:
DAS NEUE DUO

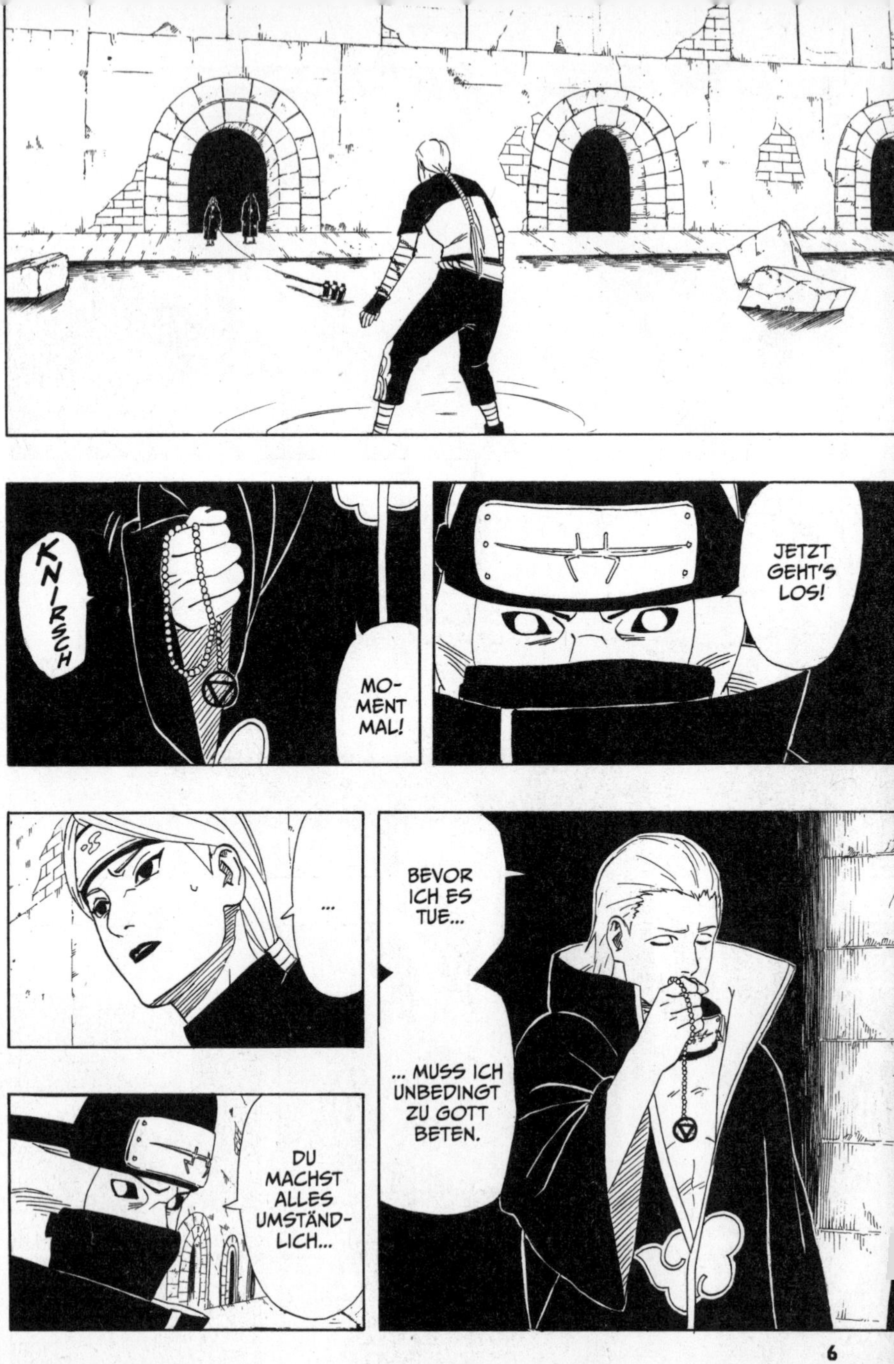
JETZT GEHT'S LOS!
MOMENT MAL!
KNIRSCH
BEVOR ICH ES TUE...
... MUSS ICH UNBEDINGT ZU GOTT BETEN.
...
DU MACHST ALLES UMSTÄND-LICH...

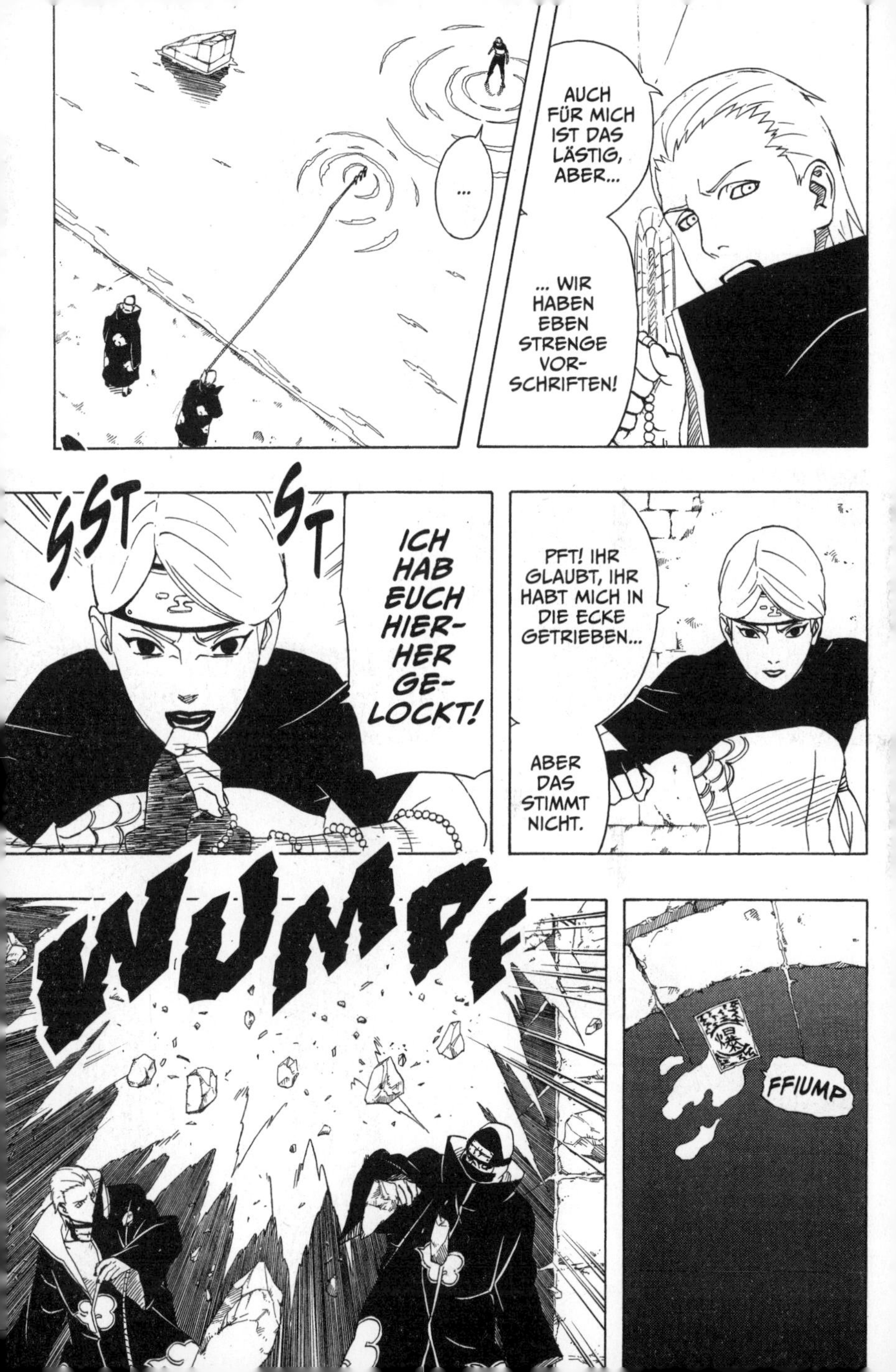
AUCH FÜR MICH IST DAS LÄSTIG, ABER...
... WIR HABEN EBEN STRENGE VOR-SCHRIFTEN!
...
PFT! IHR GLAUBT, IHR HABT MICH IN DIE ECKE GETRIEBEN...
ABER DAS STIMMT NICHT.
SST
ST
ICH HAB EUCH HIER-HER GE-LOCKT!
FFIUMP
WUMPF

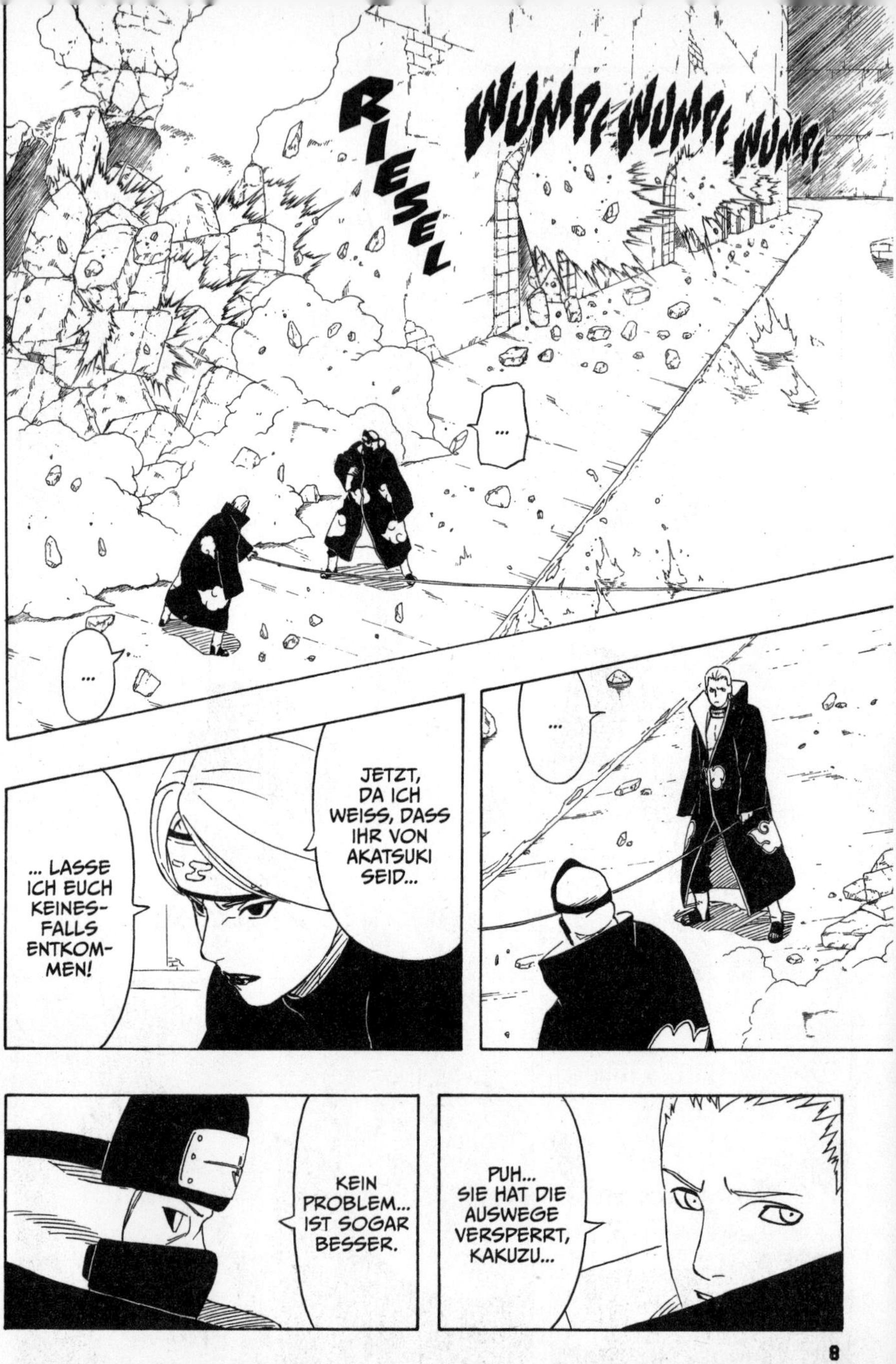
RIESEL
WUMPF WUMPF WUMPF
...
...
...
JETZT, DA ICH WEISS, DASS IHR VON AKATSUKI SEID...
... LASSE ICH EUCH KEINES-FALLS ENTKOM-MEN!
PUH... SIE HAT DIE AUSWEGE VERSPERRT, KAKUZU...
KEIN PROBLEM... IST SOGAR BESSER.

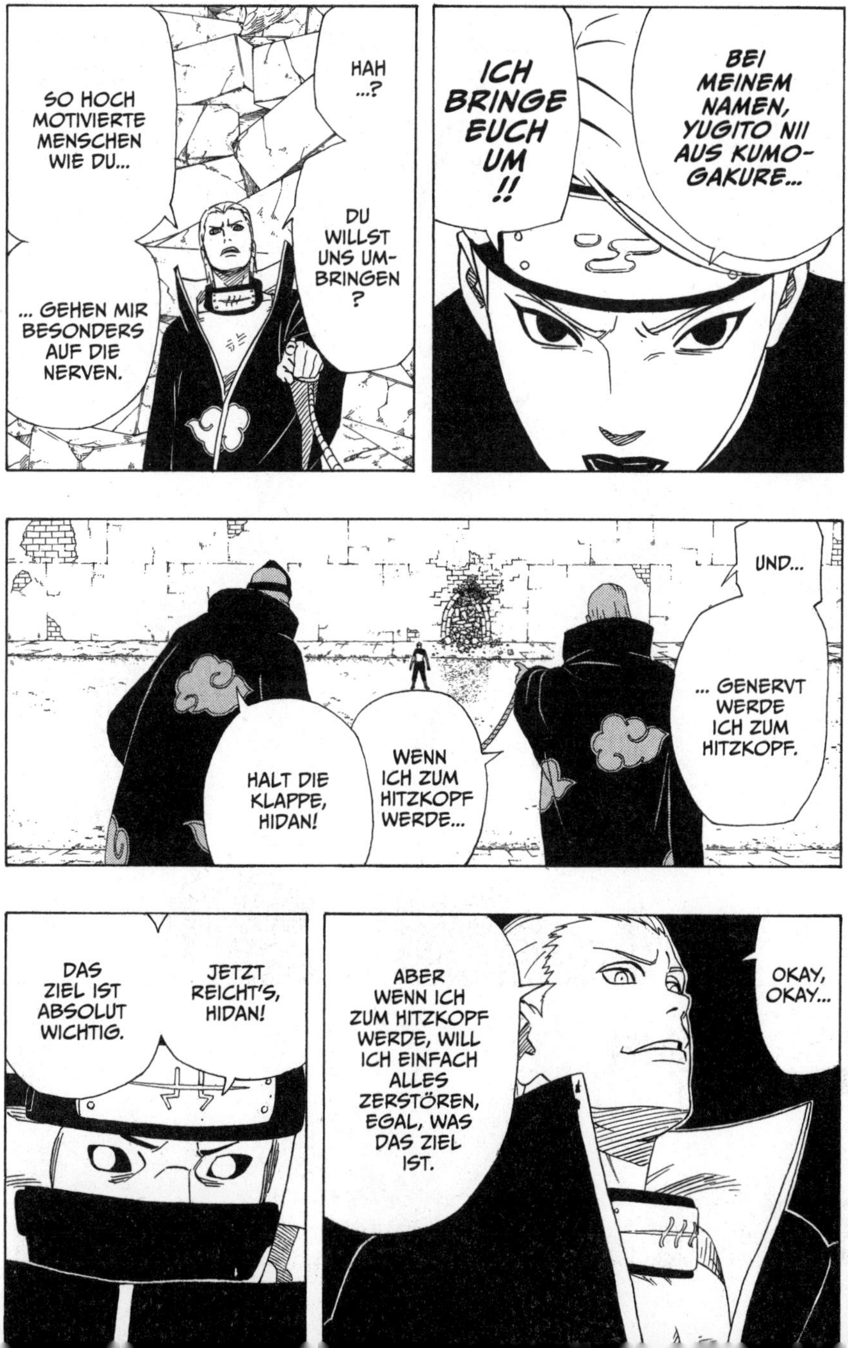
BEI MEINEM NAMEN, YUGITO NII AUS KUMOGAKURE...
ICH BRINGE EUCH UM!!
HAH ...?
DU WILLST UNS UMBRINGEN?
SO HOCH MOTIVIERTE MENSCHEN WIE DU...
... GEHEN MIR BESONDERS AUF DIE NERVEN.
UND...
... GENERVT WERDE ICH ZUM HITZKOPF.
WENN ICH ZUM HITZKOPF WERDE...
HALT DIE KLAPPE, HIDAN!
OKAY, OKAY...
ABER WENN ICH ZUM HITZKOPF WERDE, WILL ICH EINFACH ALLES ZERSTÖREN, EGAL, WAS DAS ZIEL IST.
JETZT REICHT'S, HIDAN!
DAS ZIEL IST ABSOLUT WICHTIG.

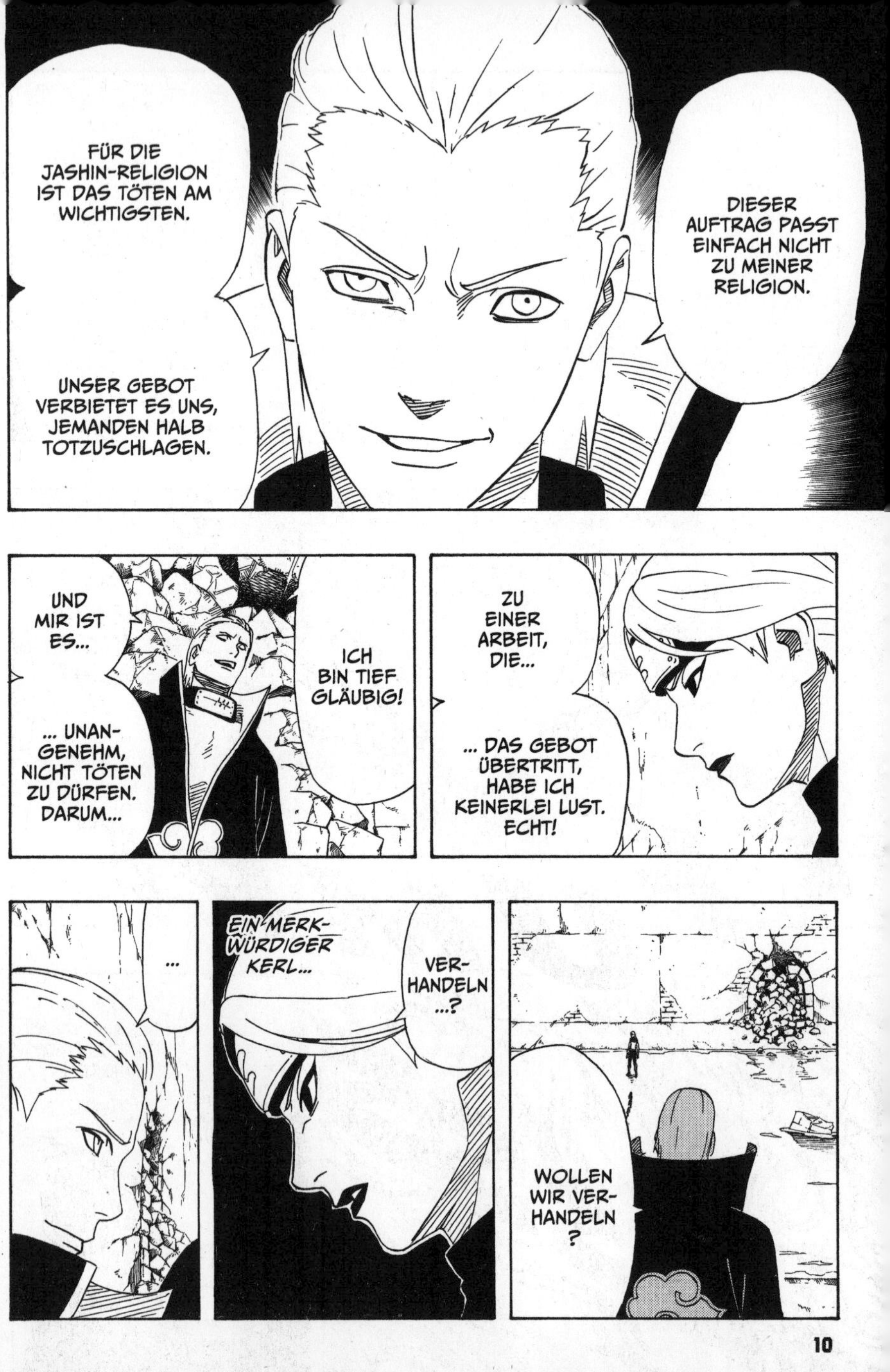
DIESER AUFTRAG PASST EINFACH NICHT ZU MEINER RELIGION.
FÜR DIE JASHIN-RELIGION IST DAS TÖTEN AM WICHTIGSTEN.
UNSER GEBOT VERBIETET ES UNS, JEMANDEN HALB TOTZUSCHLAGEN.
ZU EINER ARBEIT, DIE...
... DAS GEBOT ÜBERTRITT, HABE ICH KEINERLEI LUST. ECHT!
ICH BIN TIEF GLÄUBIG!
UND MIR IST ES...
... UNAN-GENEHM, NICHT TÖTEN ZU DÜRFEN. DARUM...
WOLLEN WIR VER-HANDELN ?
VER-HANDELN ...?
EIN MERK-WÜRDIGER KERL...
...

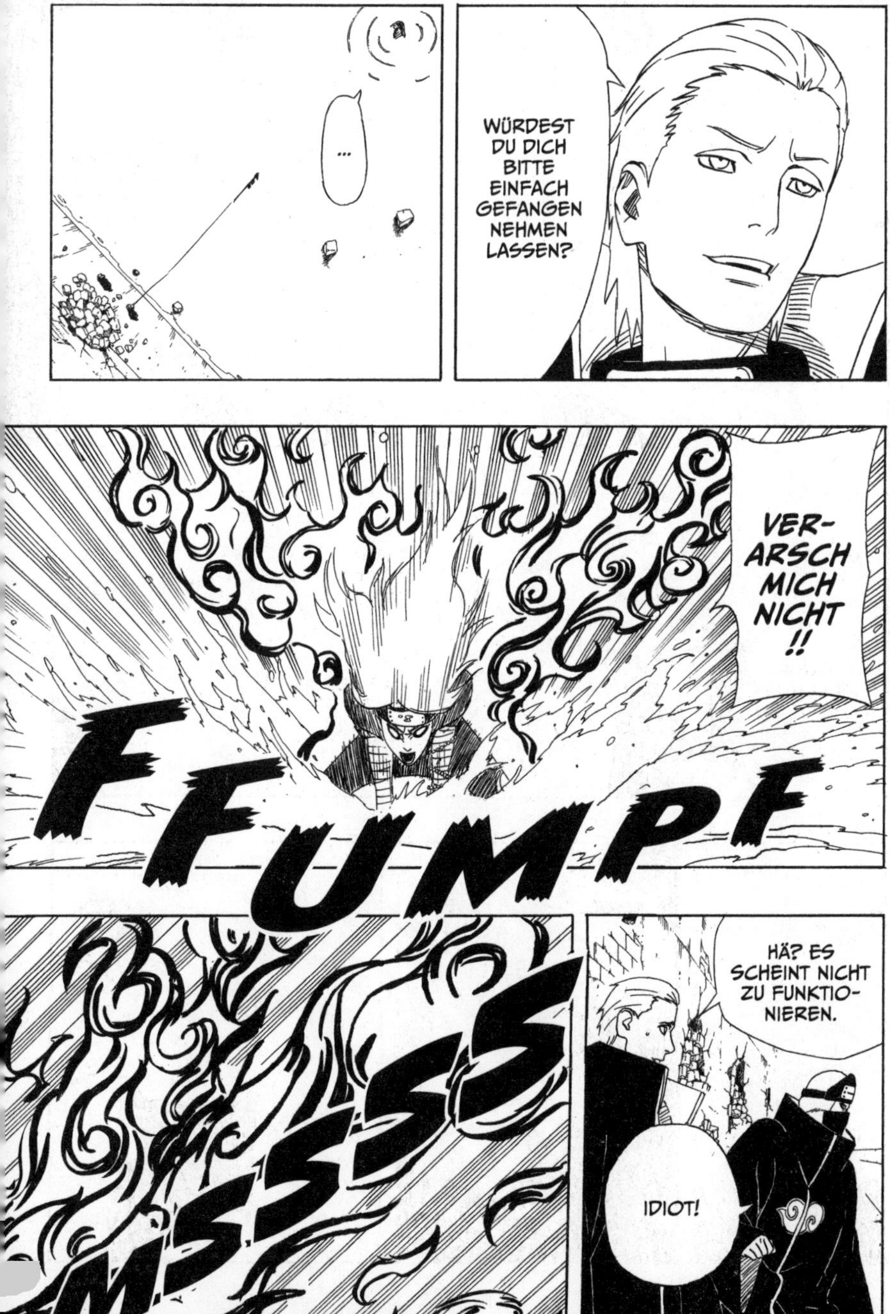

WÜRDEST DU DICH BITTE EINFACH GEFANGEN NEHMEN LASSEN?
...
VER-ARSCH MICH NICHT !!
FFUMPF
HÄ? ES SCHEINT NICHT ZU FUNKTIO-NIEREN.
IDIOT!
MSSSSS

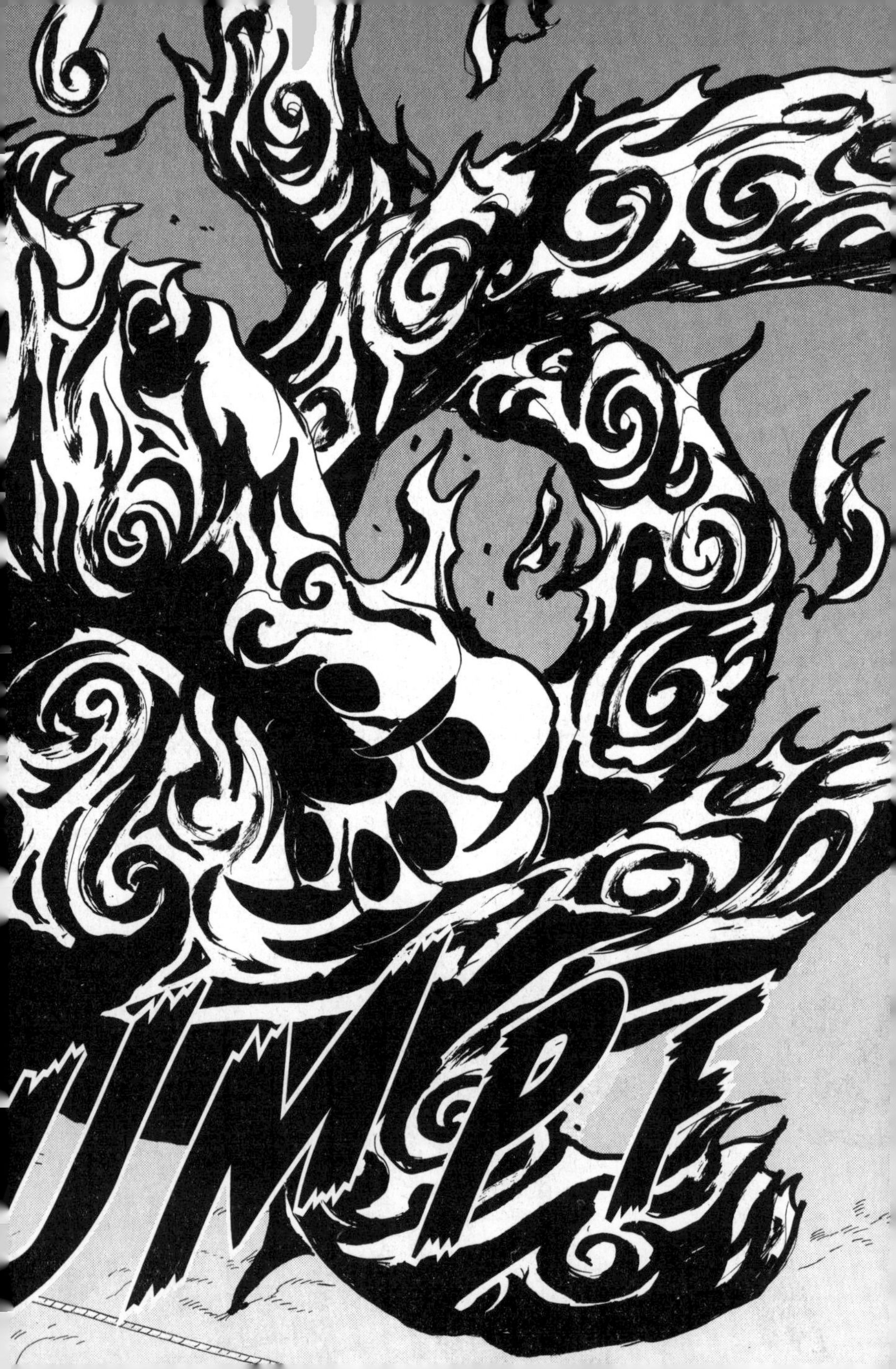

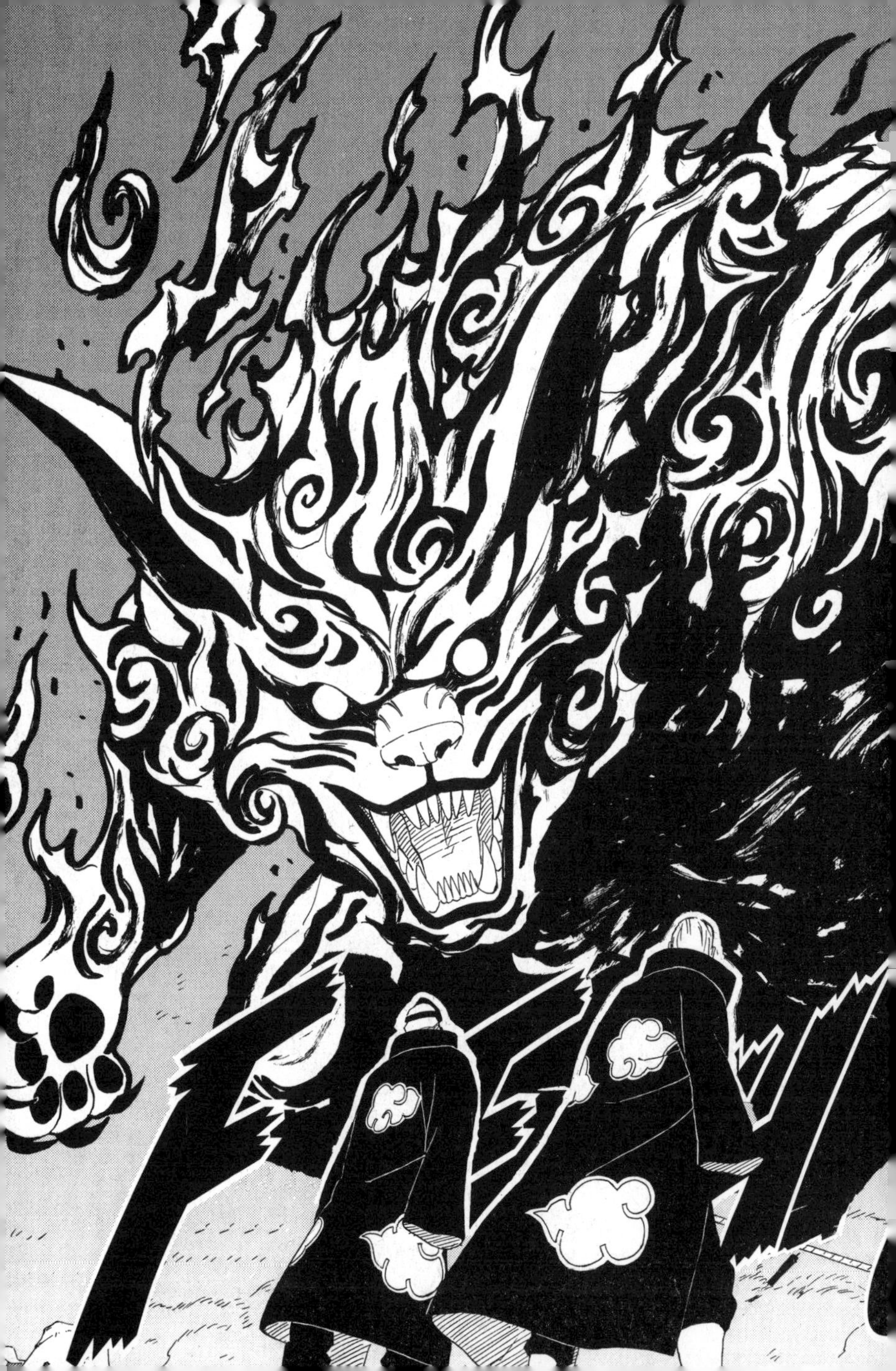

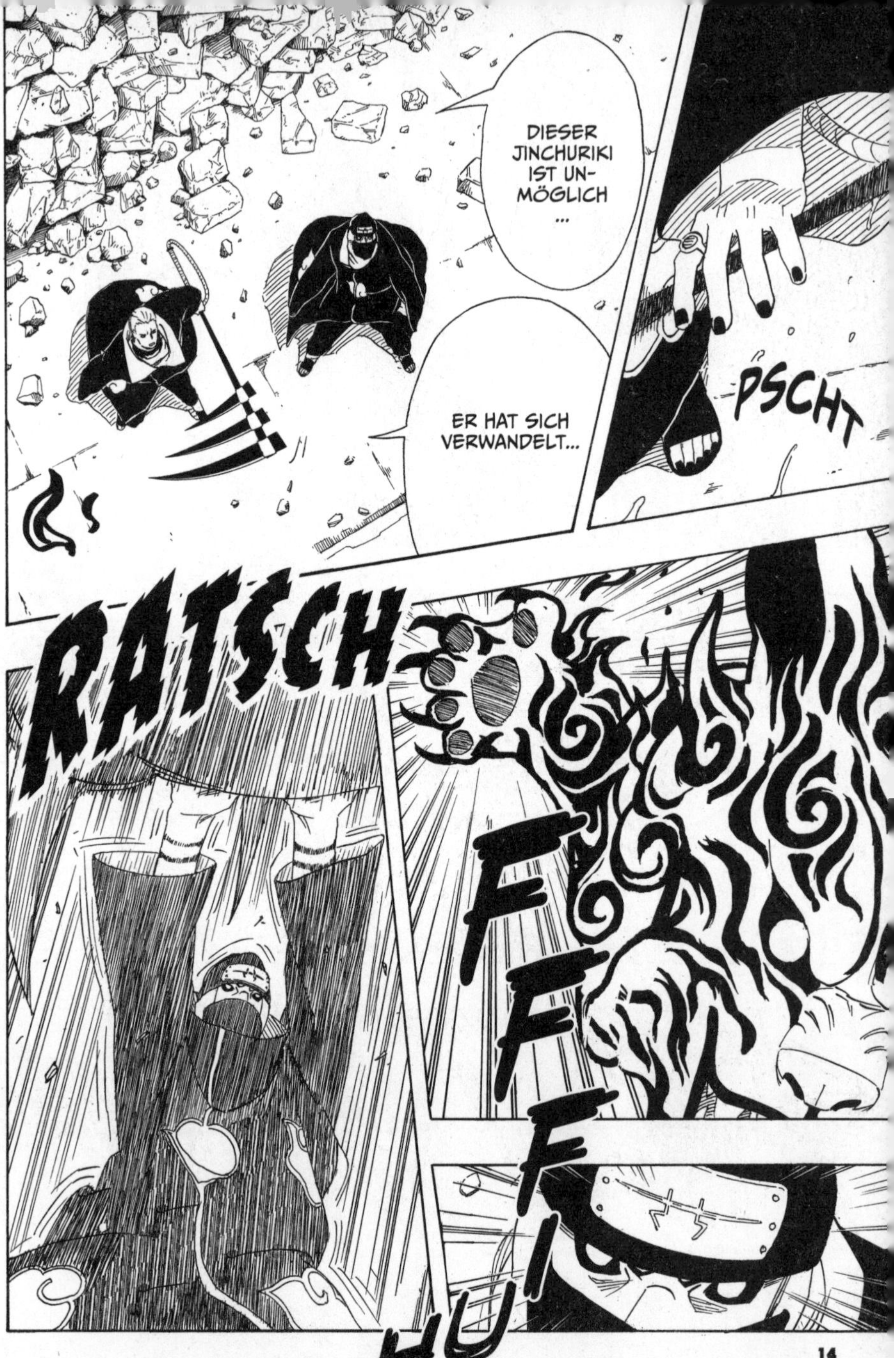
DIESER JINCHURIKI IST UN-MÖGLICH ...
ER HAT SICH VERWANDELT...
PSCHT
RATSCH
FFFF
HUI

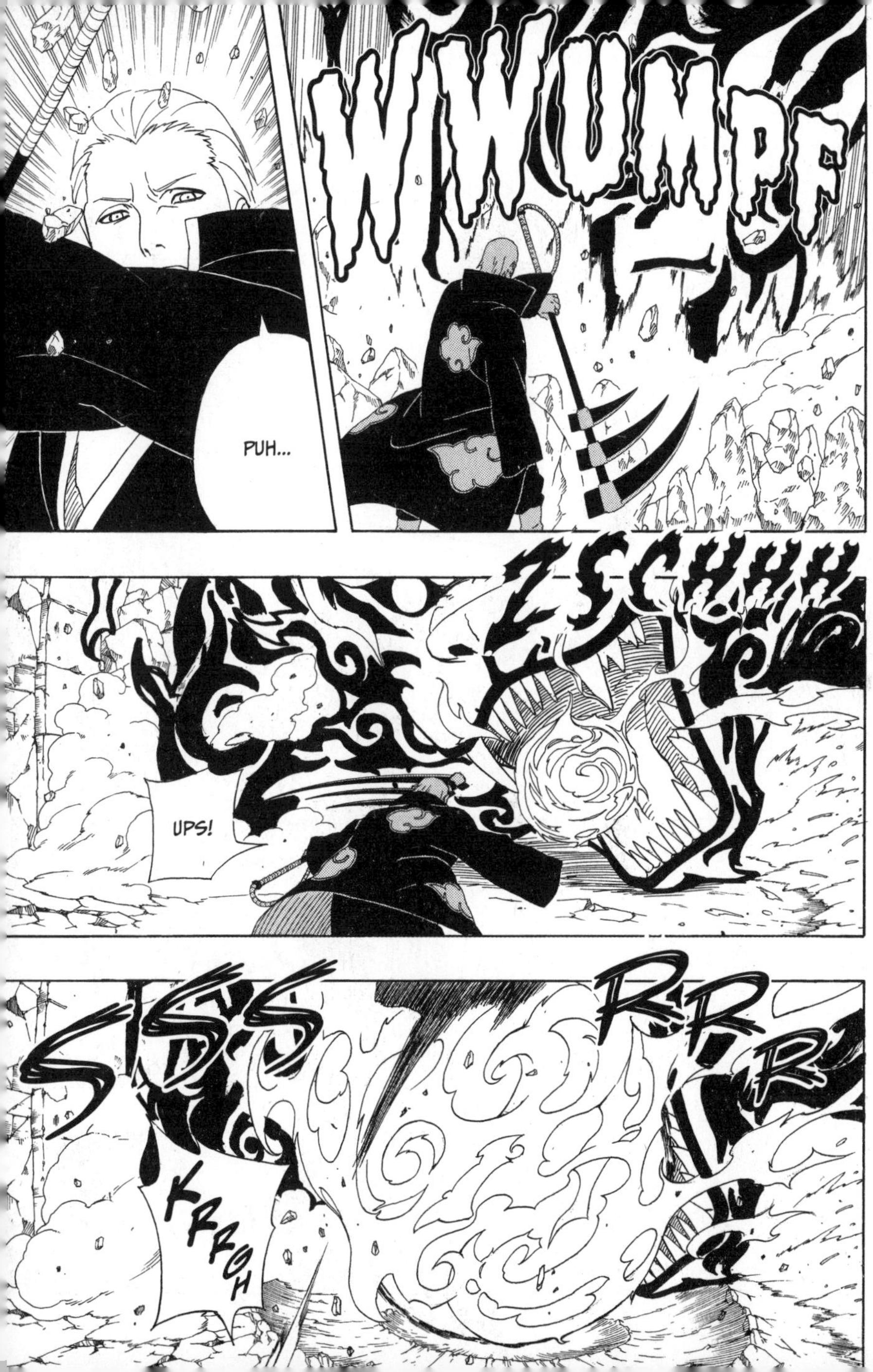
WWUMPF
PUH...
ZSCHHH
UPS!
SSSS
RRR
KRROH

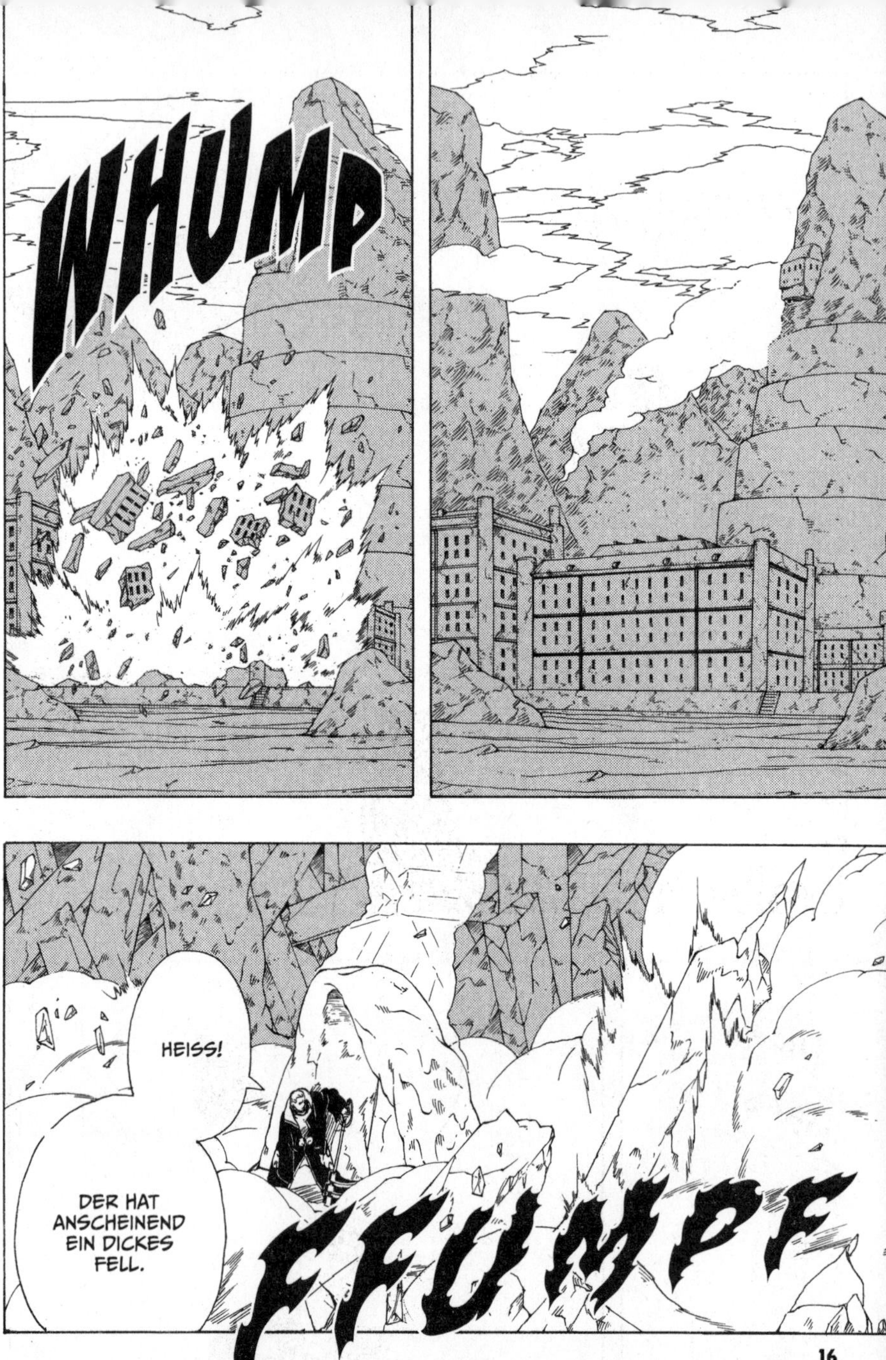
WHUMP
HEISS!
DER HAT ANSCHEINEND EIN DICKES FELL.
FFUMPF

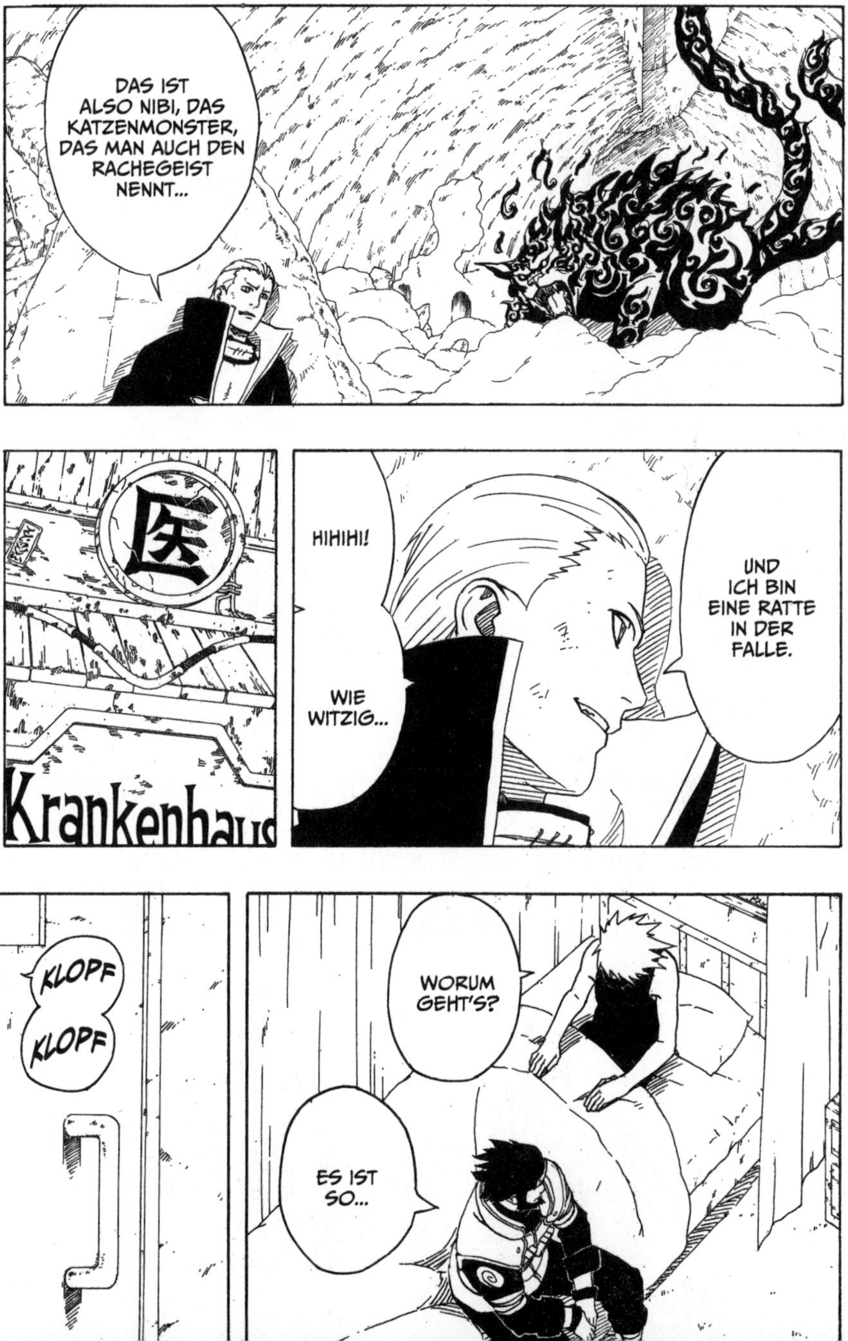
DAS IST ALSO NIBI, DAS KATZENMONSTER, DAS MAN AUCH DEN RACHEGEIST NENNT...
UND ICH BIN EINE RATTE IN DER FALLE.
HIHIHI!
WIE WITZIG...
Krankenhaus
WORUM GEHT'S?
ES IST SO...
KLOPF
KLOPF

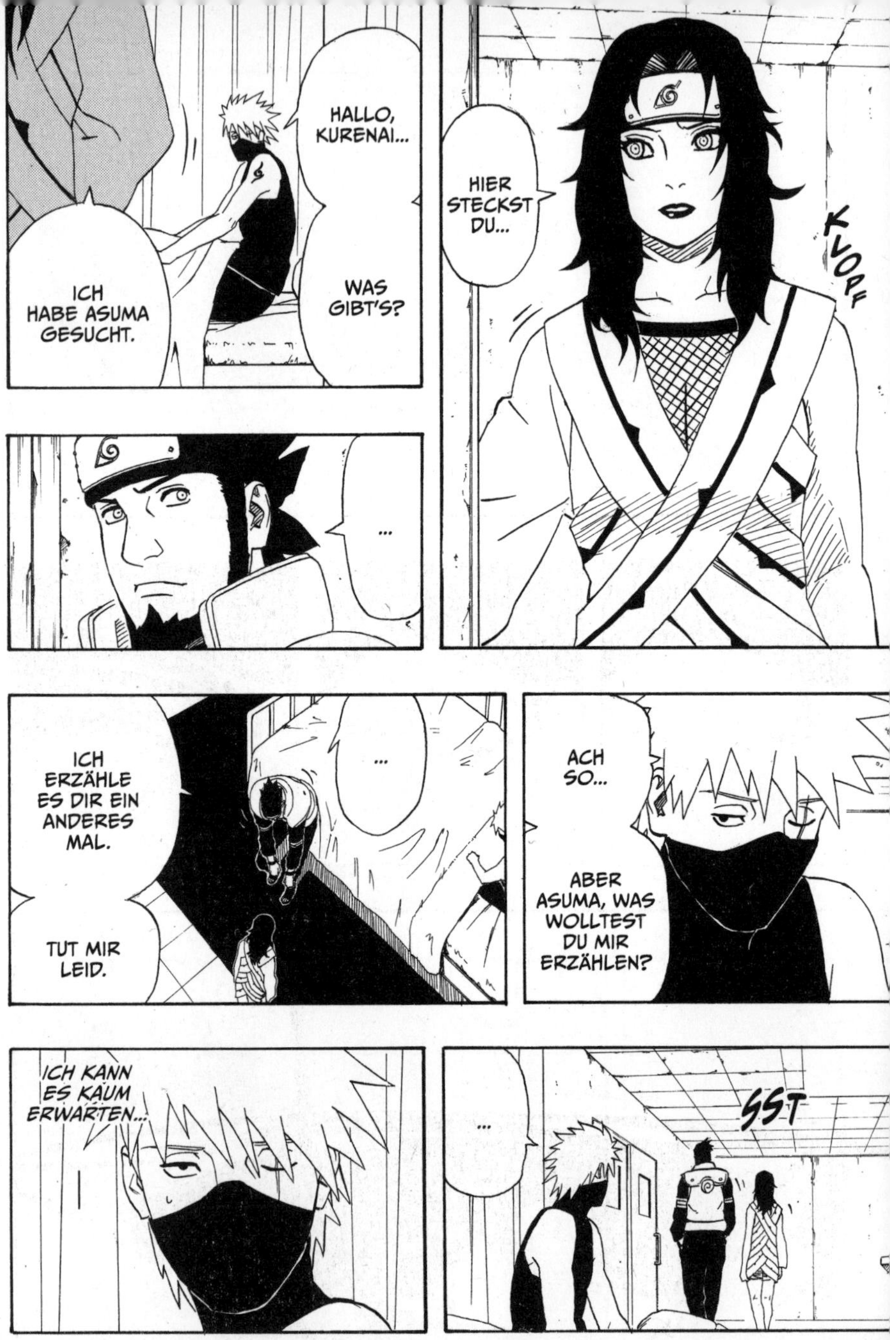

KLOPF
HIER STECKST DU...
HALLO, KURENAI...
WAS GIBT'S?
ICH HABE ASUMA GESUCHT.
...
ACH SO...
ABER ASUMA, WAS WOLLTEST DU MIR ERZÄHLEN?
...
ICH ERZÄHLE ES DIR EIN ANDERES MAL.
TUT MIR LEID.
...
SST
ICH KANN ES KAUM ERWARTEN...

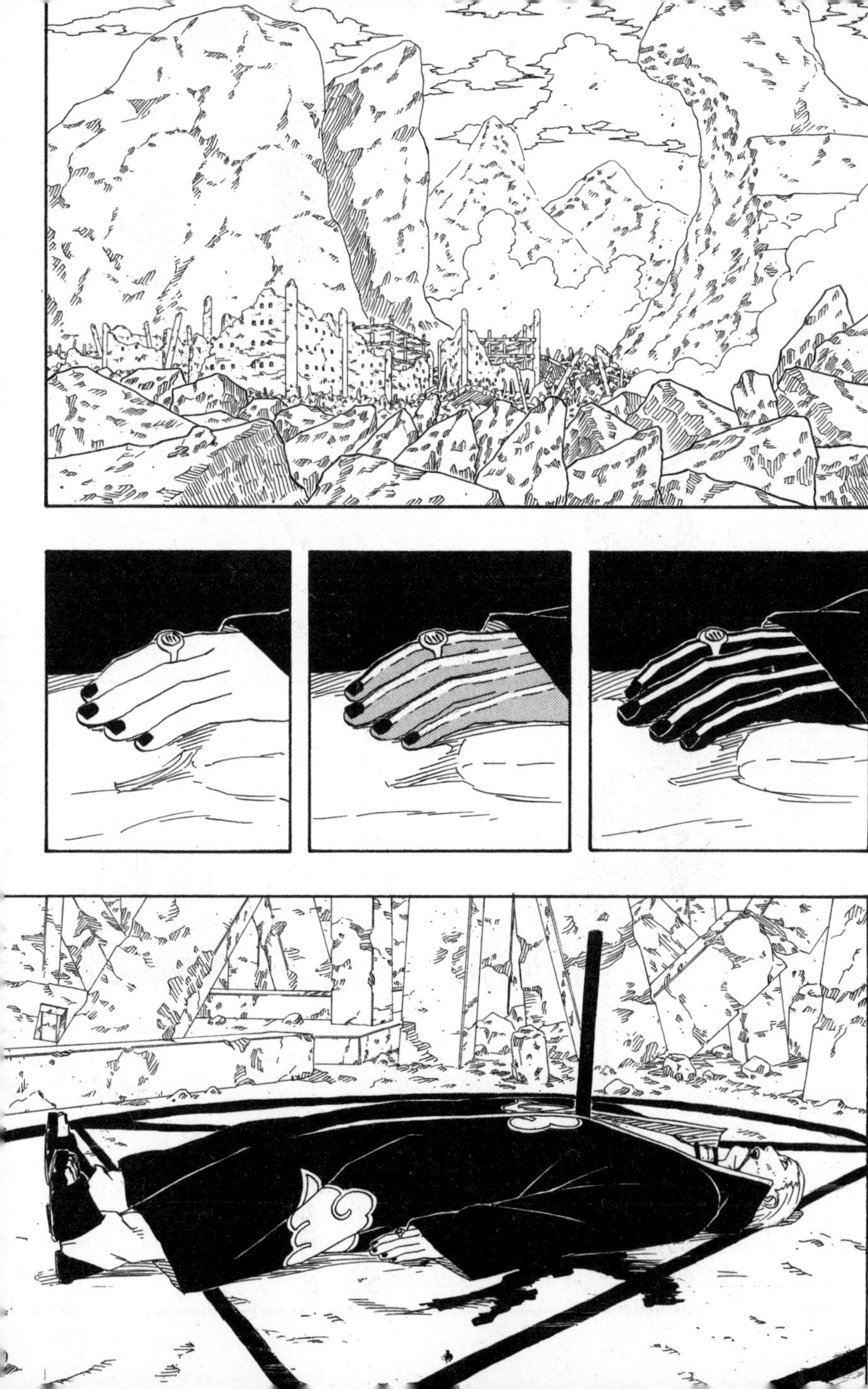

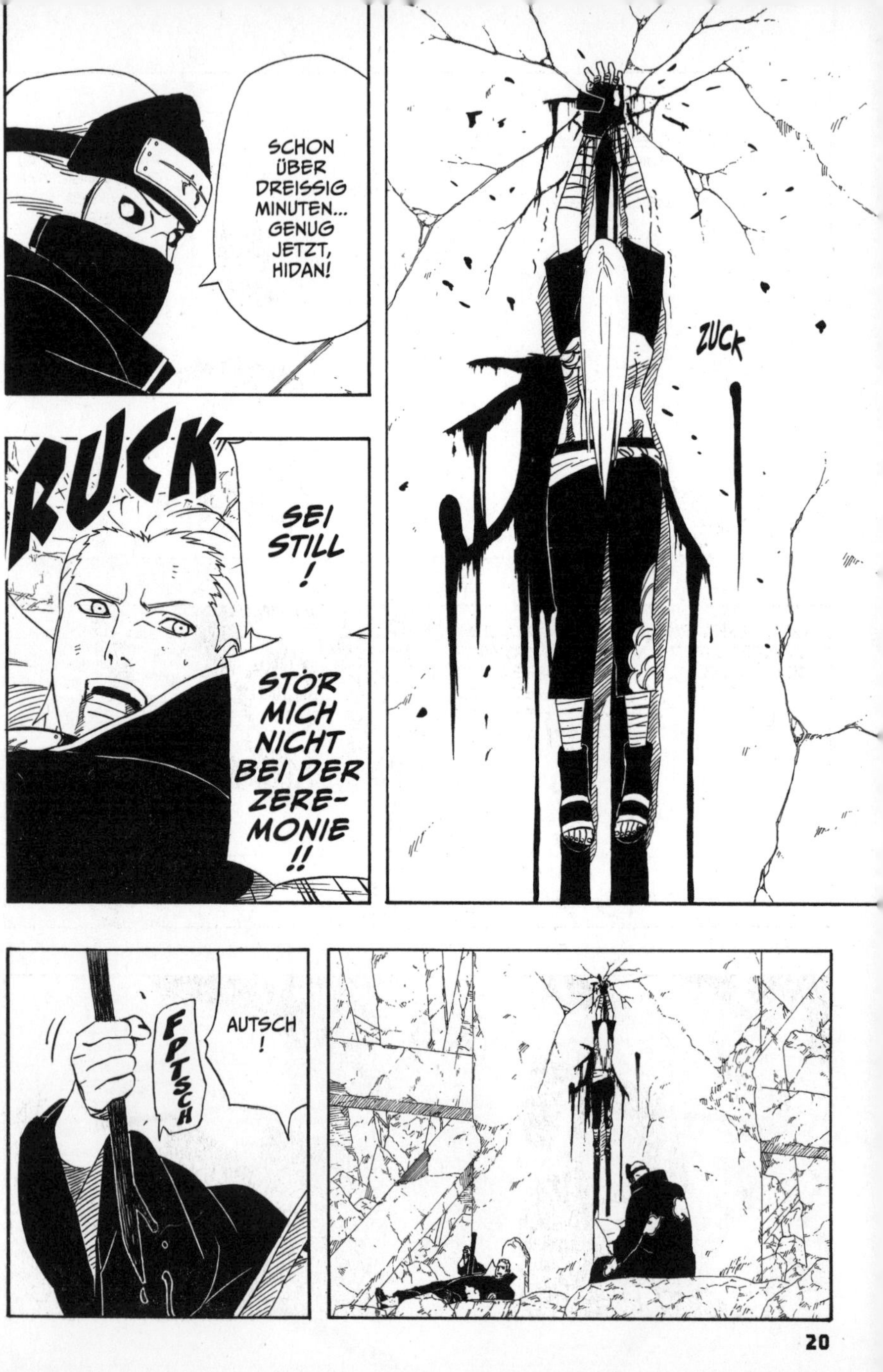
SCHON ÜBER DREISSIG MINUTEN... GENUG JETZT, HIDAN!
ZUCK
RUCK
SEI STILL!
STÖR MICH NICHT BEI DER ZERE-MONIE!!
AUTSCH!
FPTSCH

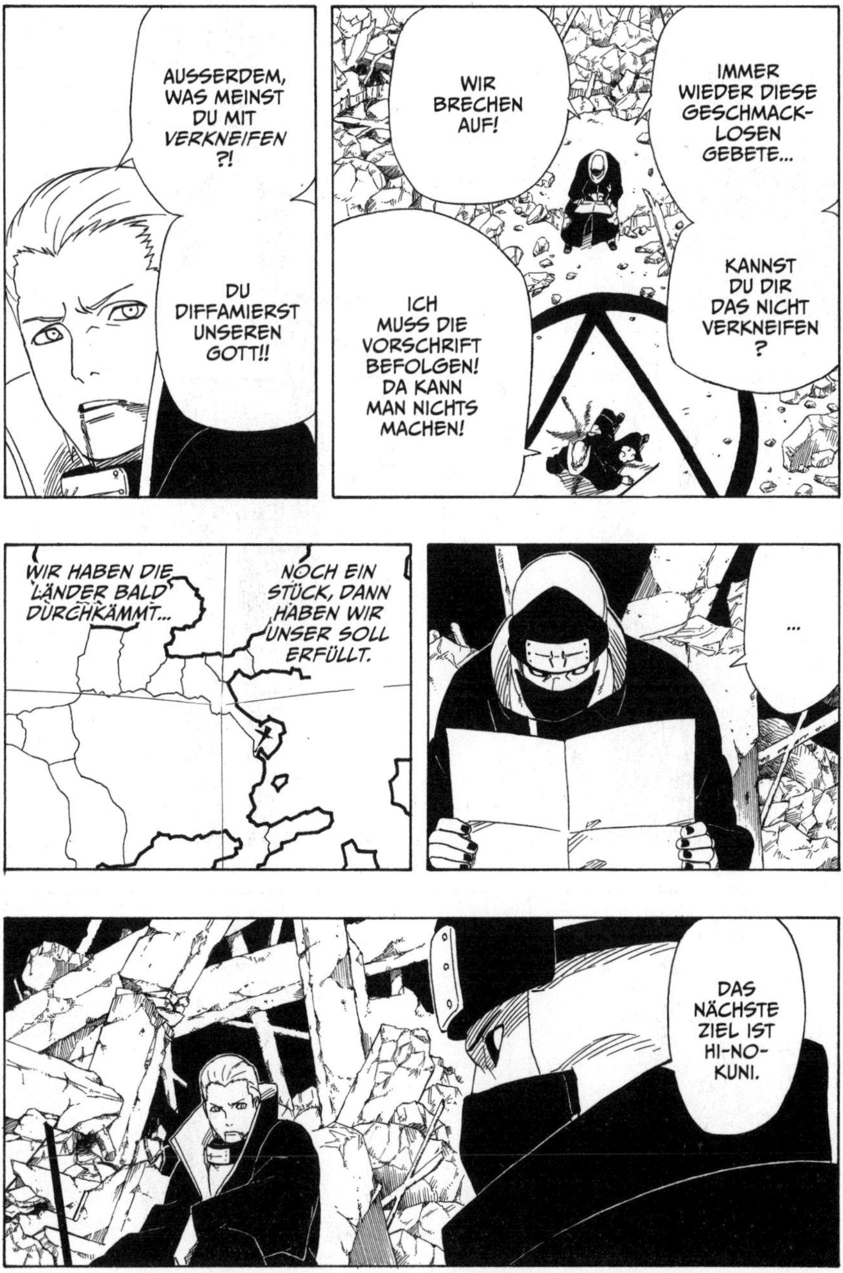
IMMER WIEDER DIESE GESCHMACK-LOSEN GEBETE...
WIR BRECHEN AUF!
KANNST DU DIR DAS NICHT VERKNEIFEN?
ICH MUSS DIE VORSCHRIFT BEFOLGEN! DA KANN MAN NICHTS MACHEN!
AUSSERDEM, WAS MEINST DU MIT VERKNEIFEN?!
DU DIFFAMIERST UNSEREN GOTT!!
...
WIR HABEN DIE LÄNDER BALD DURCHKÄMMT...
NOCH EIN STÜCK, DANN HABEN WIR UNSER SOLL ERFÜLLT.
DAS NÄCHSTE ZIEL IST HI-NO-KUNI.

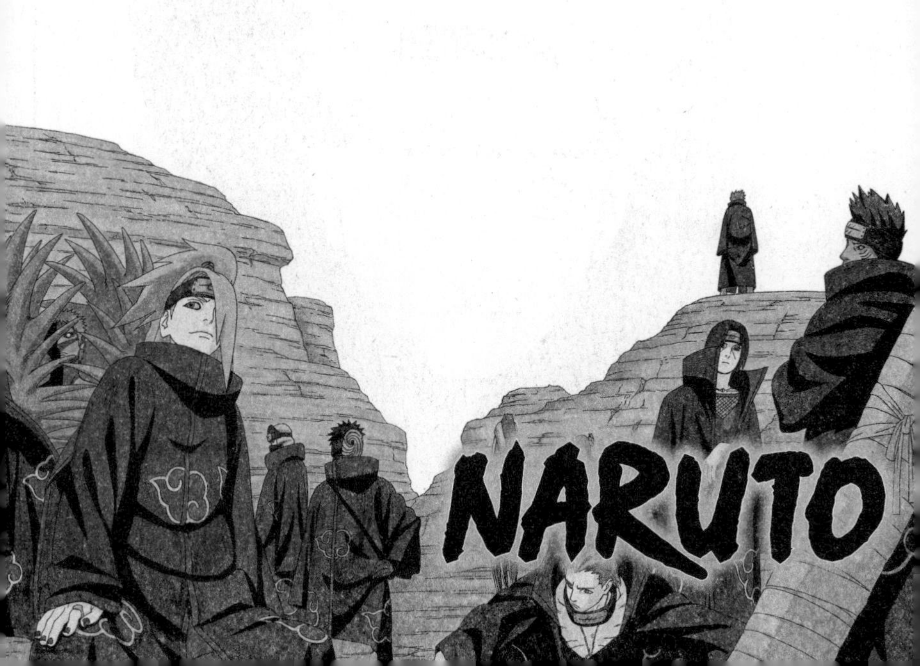
NARUTO

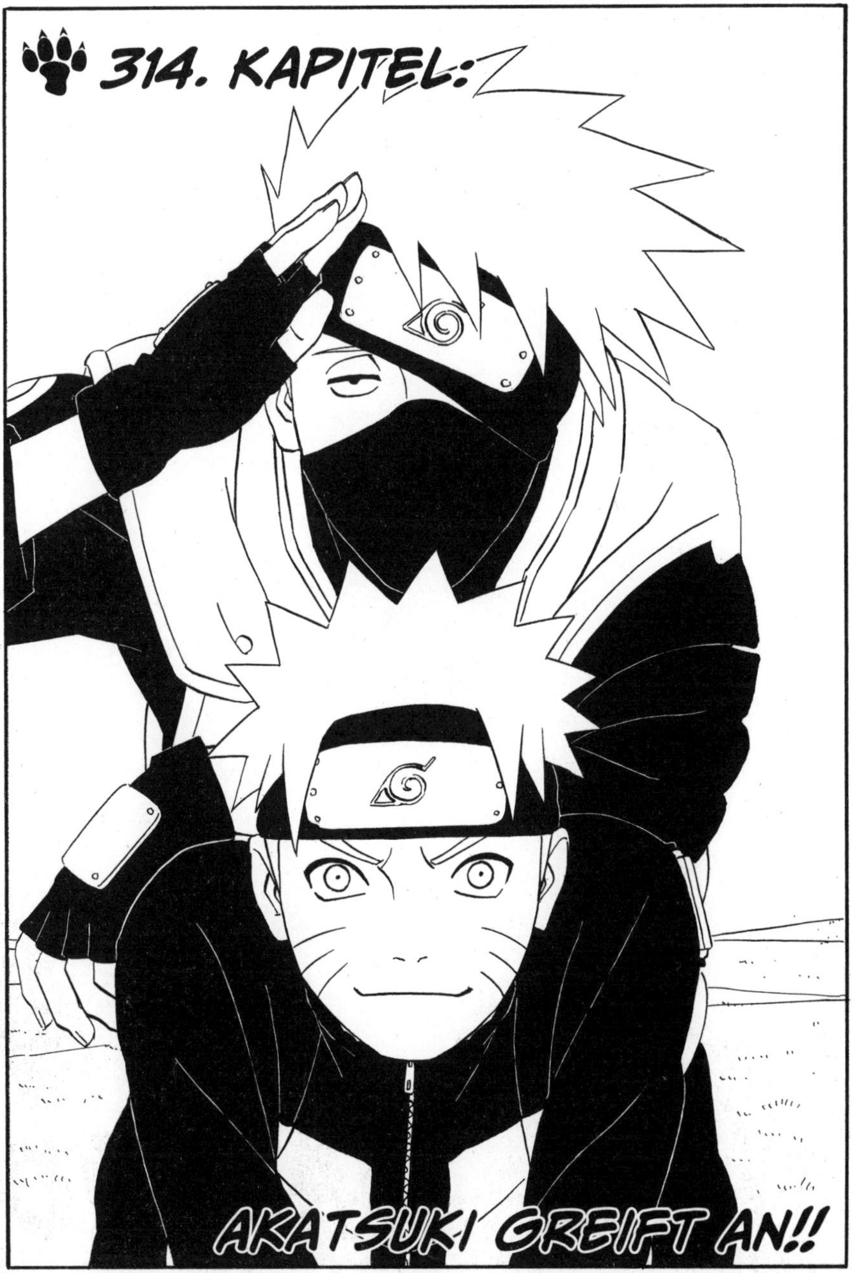
314. KAPITEL:
AKATSUKI GREIFT AN!!

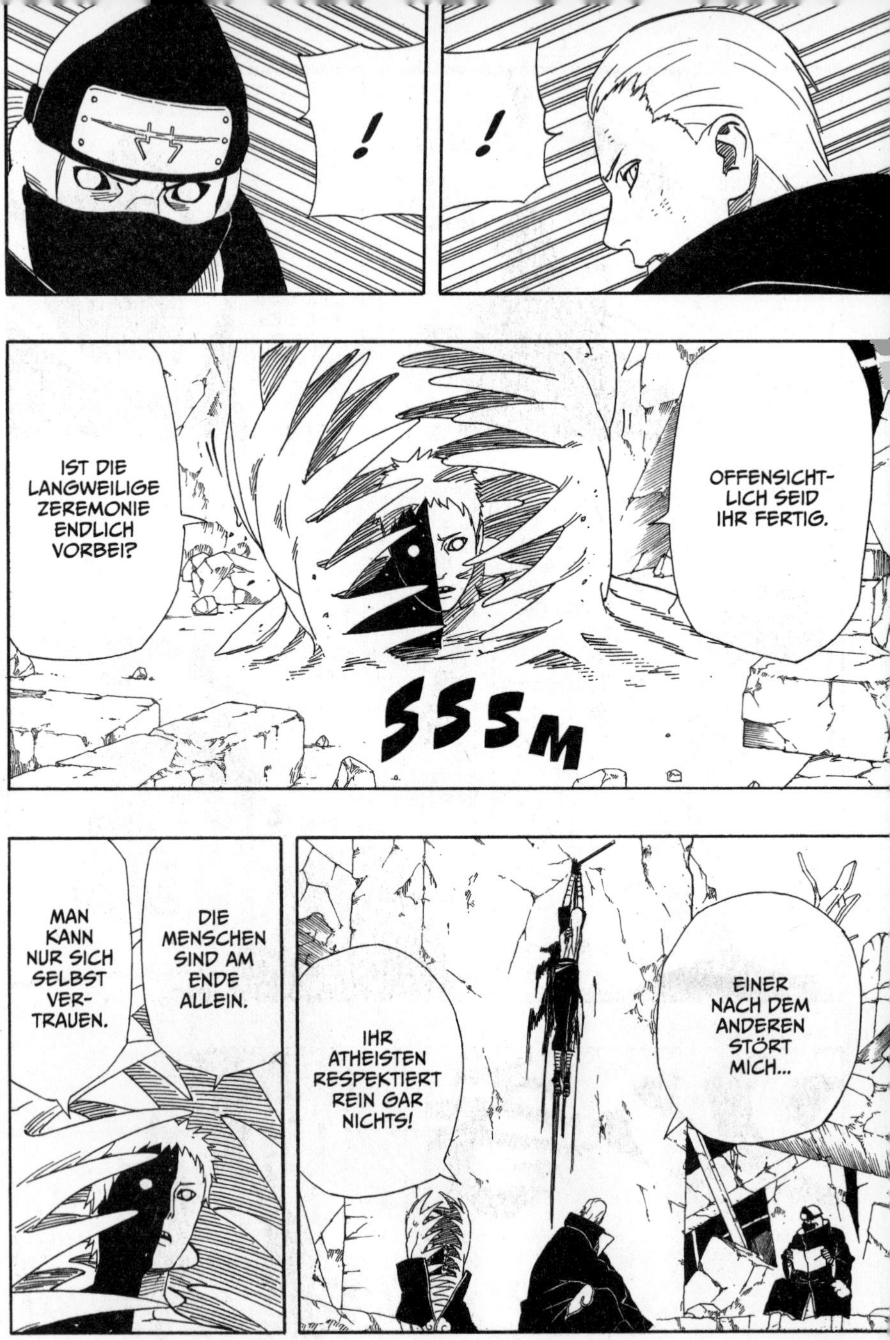
!
!
OFFENSICHT-LICH SEID IHR FERTIG.
IST DIE LANGWEILIGE ZEREMONIE ENDLICH VORBEI?
SSSM
EINER NACH DEM ANDEREN STÖRT MICH...
IHR ATHEISTEN RESPEKTIERT REIN GAR NICHTS!
DIE MENSCHEN SIND AM ENDE ALLEIN.
MAN KANN NUR SICH SELBST VER-TRAUEN.

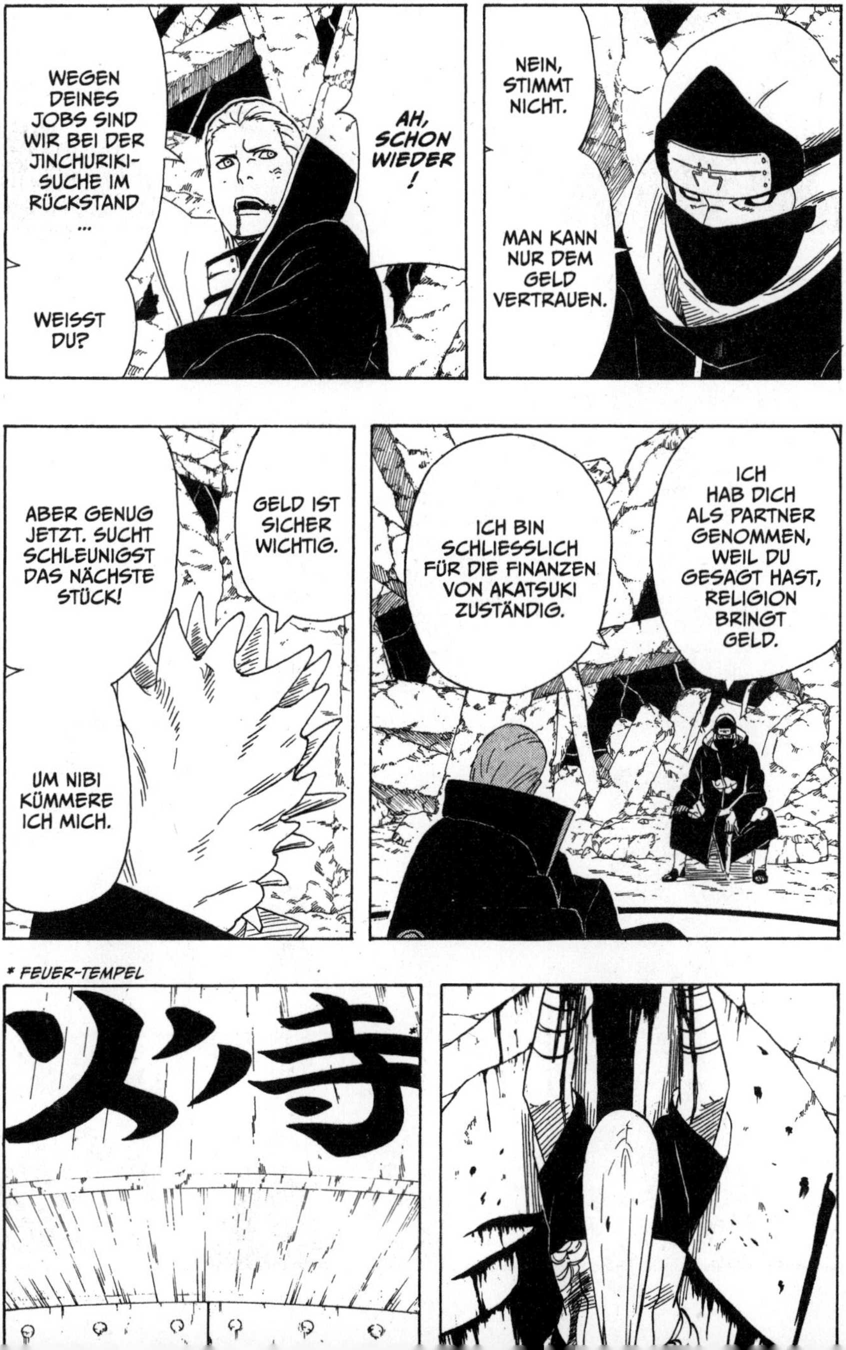
NEIN, STIMMT NICHT.
MAN KANN NUR DEM GELD VERTRAUEN.
AH, SCHON WIEDER!
WEGEN DEINES JOBS SIND WIR BEI DER JINCHURIKI-SUCHE IM RÜCKSTAND …
WEISST DU?
ICH HAB DICH ALS PARTNER GENOMMEN, WEIL DU GESAGT HAST, RELIGION BRINGT GELD.
ICH BIN SCHLIESSLICH FÜR DIE FINANZEN VON AKATSUKI ZUSTÄNDIG.
GELD IST SICHER WICHTIG.
ABER GENUG JETZT. SUCHT SCHLEUNIGST DAS NÄCHSTE STÜCK!
UM NIBI KÜMMERE ICH MICH.
* FEUER-TEMPEL
火ノ寺*

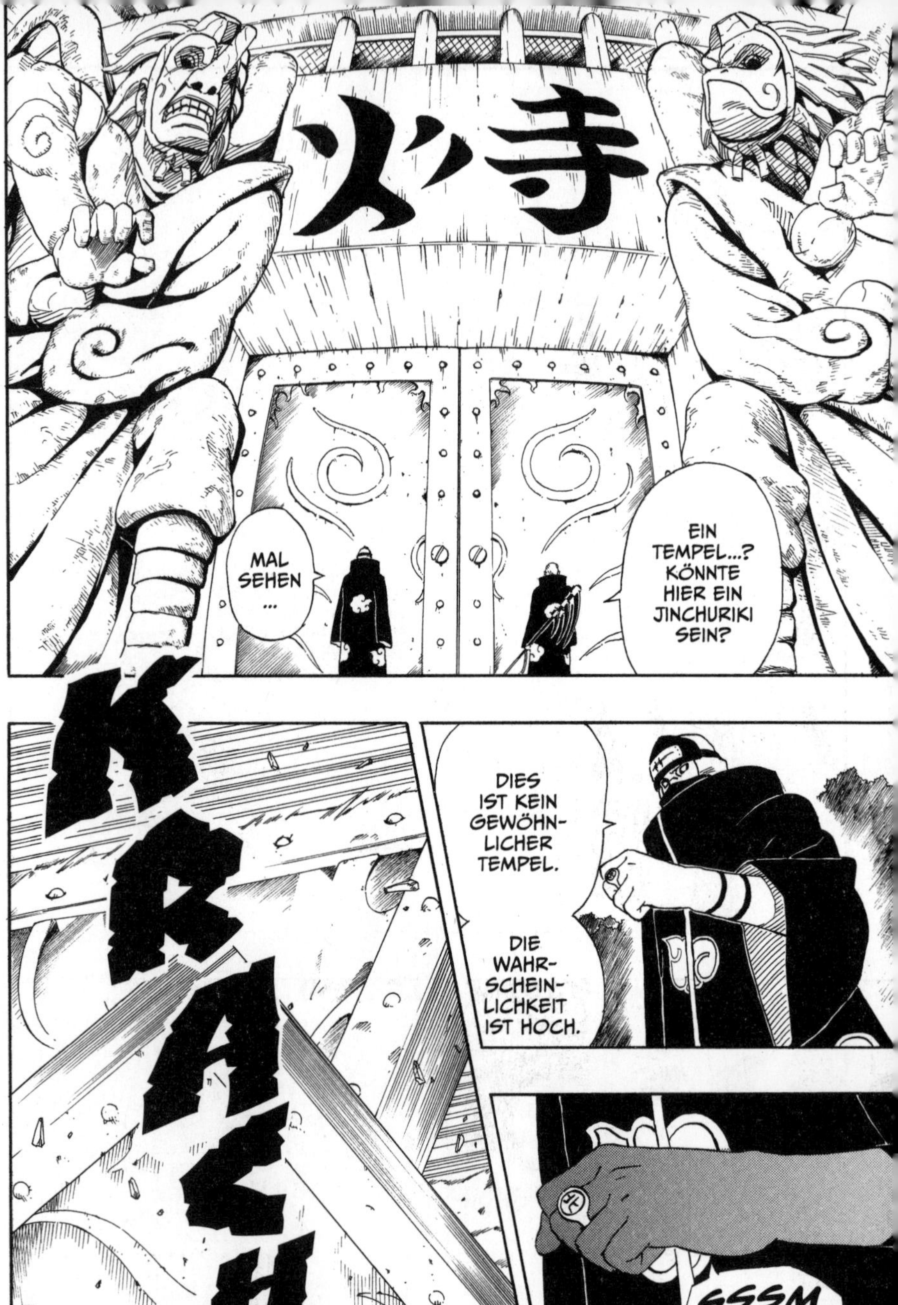

EIN TEMPEL...? KÖNNTE HIER EIN JINCHURIKI SEIN?
MAL SEHEN ...
DIES IST KEIN GEWÖHNLICHER TEMPEL.
DIE WAHRSCHEINLICHKEIT IST HOCH.
SSSM
KRACH

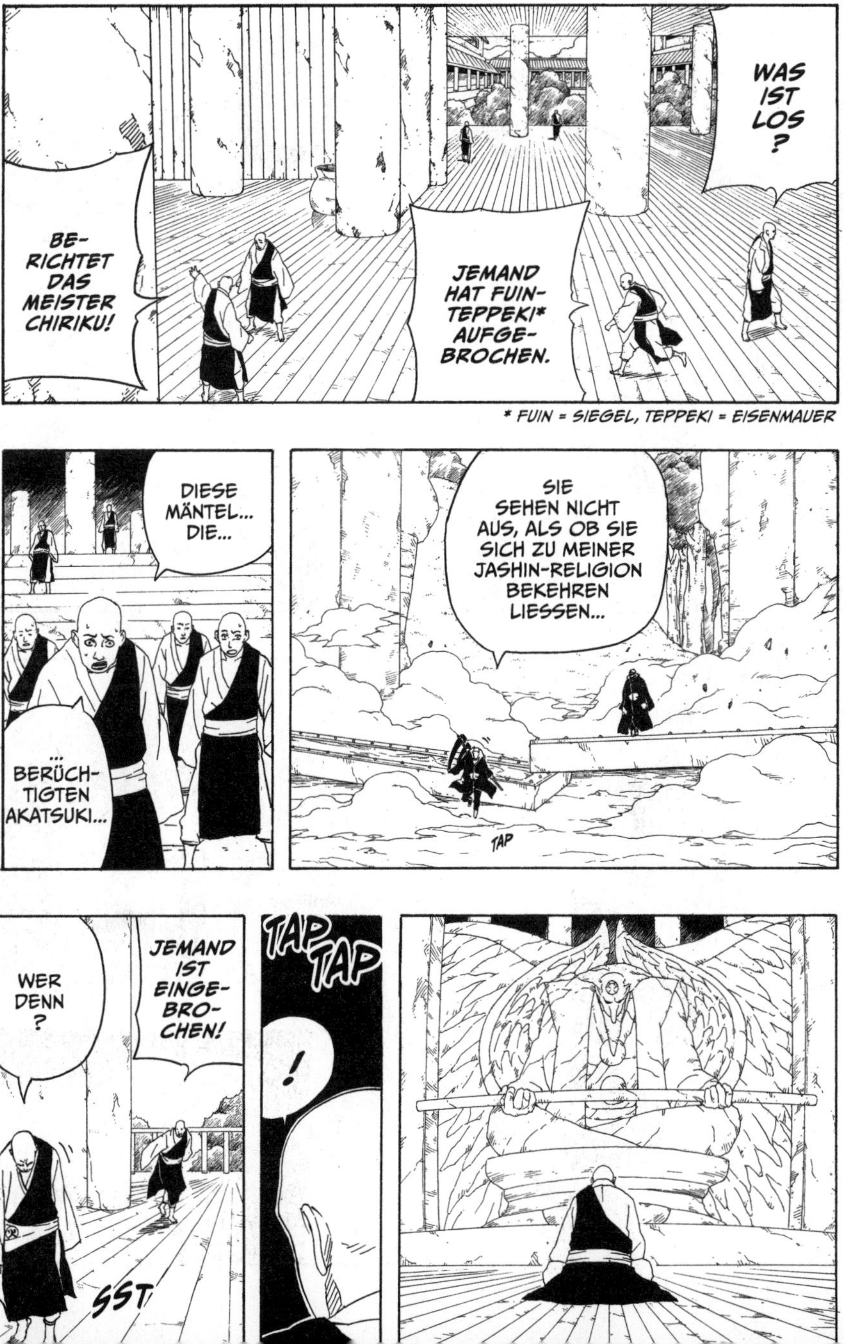

* FUIN = SIEGEL, TEPPEKI = EISENMAUER

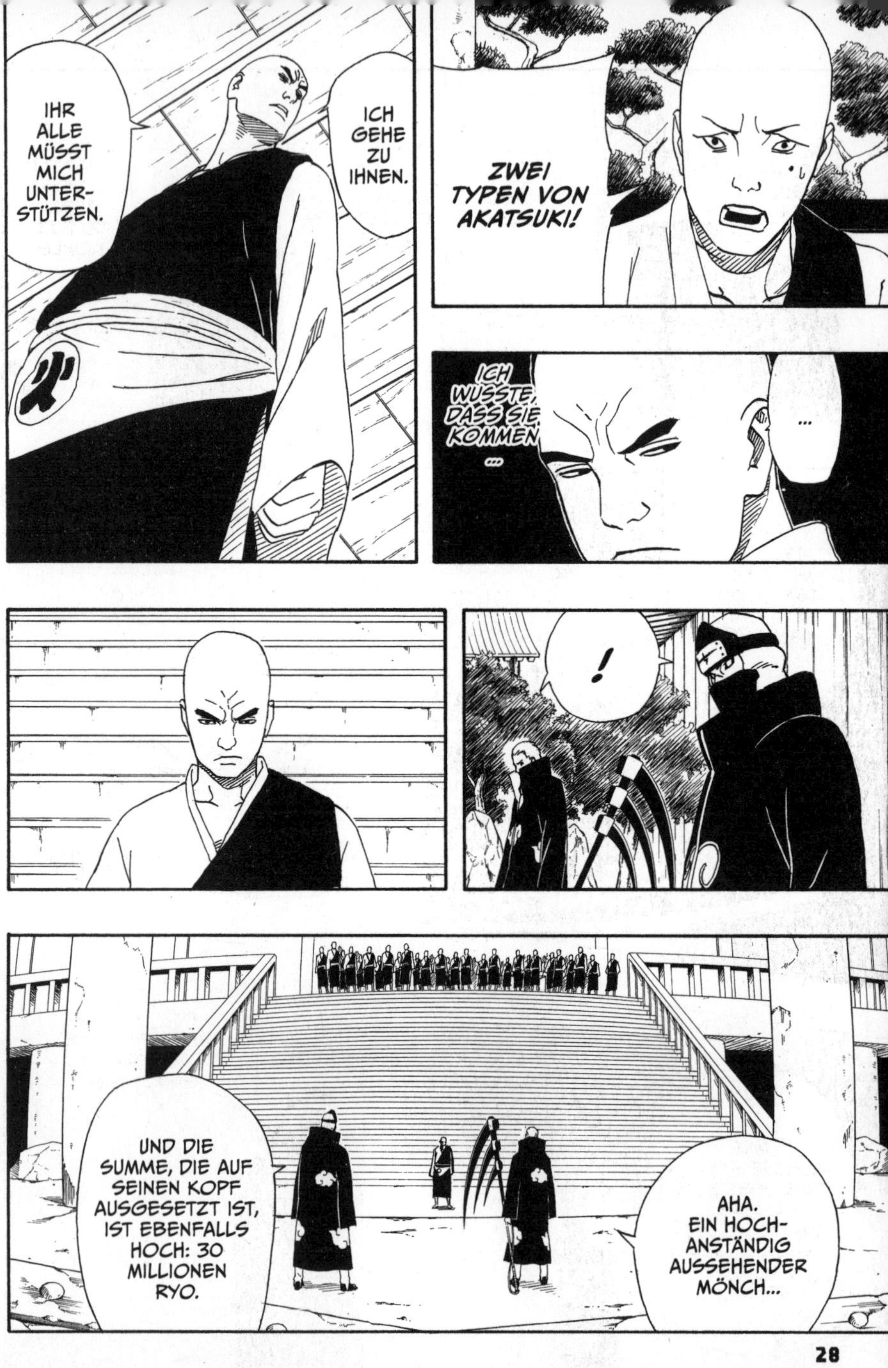
ZWEI TYPEN VON AKATSUKI!
ICH WUSSTE, DASS SIE KOMMEN ...
...
ICH GEHE ZU IHNEN.
IHR ALLE MÜSST MICH UNTER-STÜTZEN.
!
AHA. EIN HOCH-ANSTÄNDIG AUSSEHENDER MÖNCH...
UND DIE SUMME, DIE AUF SEINEN KOPF AUSGESETZT IST, IST EBENFALLS HOCH: 30 MILLIONEN RYO.

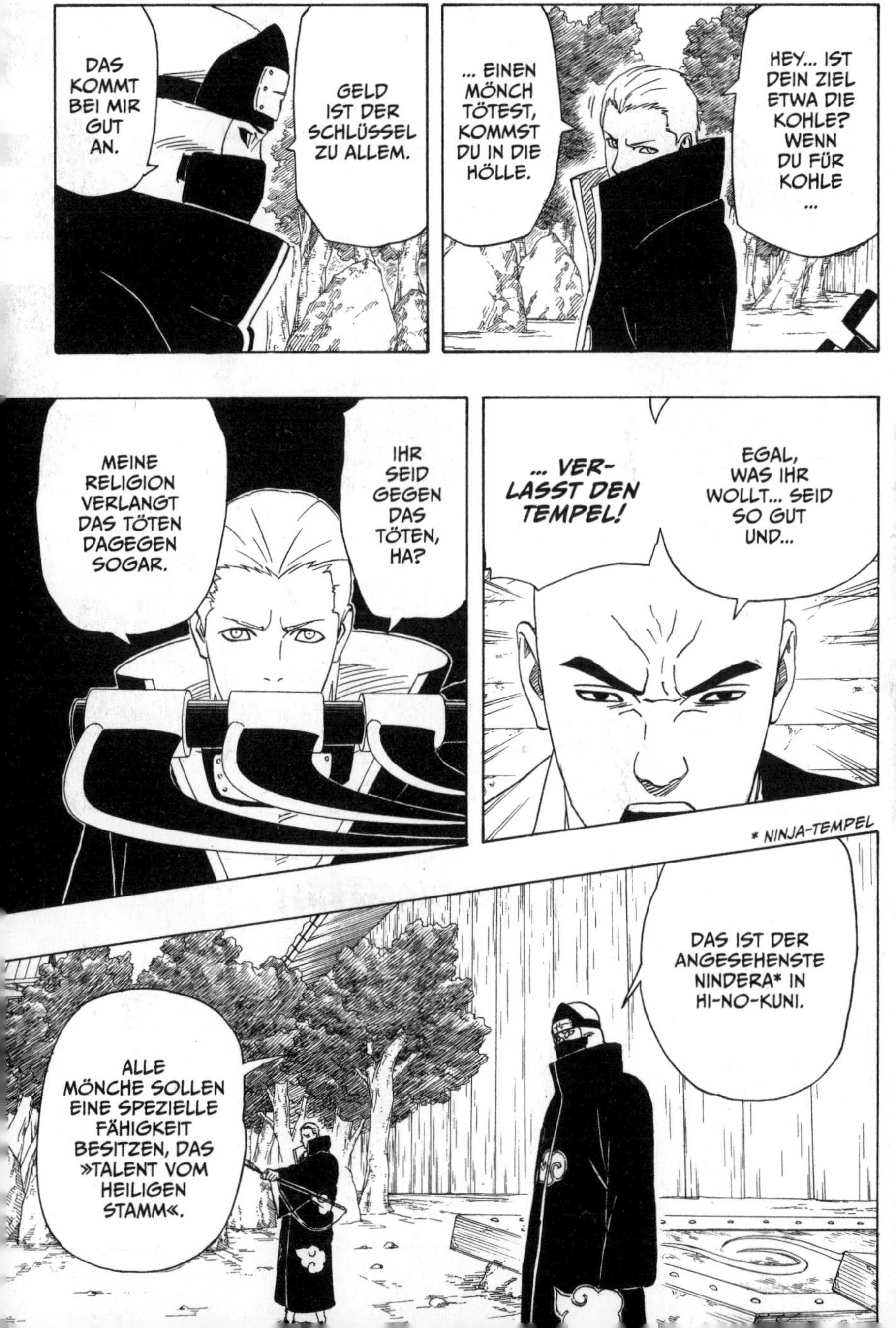
HEY... IST DEIN ZIEL ETWA DIE KOHLE? WENN DU FÜR KOHLE ...
... EINEN MÖNCH TÖTEST, KOMMST DU IN DIE HÖLLE.
GELD IST DER SCHLÜSSEL ZU ALLEM.
DAS KOMMT BEI MIR GUT AN.
EGAL, WAS IHR WOLLT... SEID SO GUT UND...
... VERLASST DEN TEMPEL!
IHR SEID GEGEN DAS TÖTEN, HA?
MEINE RELIGION VERLANGT DAS TÖTEN DAGEGEN SOGAR.
DAS IST DER ANGESEHENSTE NINDERA* IN HI-NO-KUNI.
ALLE MÖNCHE SOLLEN EINE SPEZIELLE FÄHIGKEIT BESITZEN, DAS »TALENT VOM HEILIGEN STAMM«.
* NINJA-TEMPEL

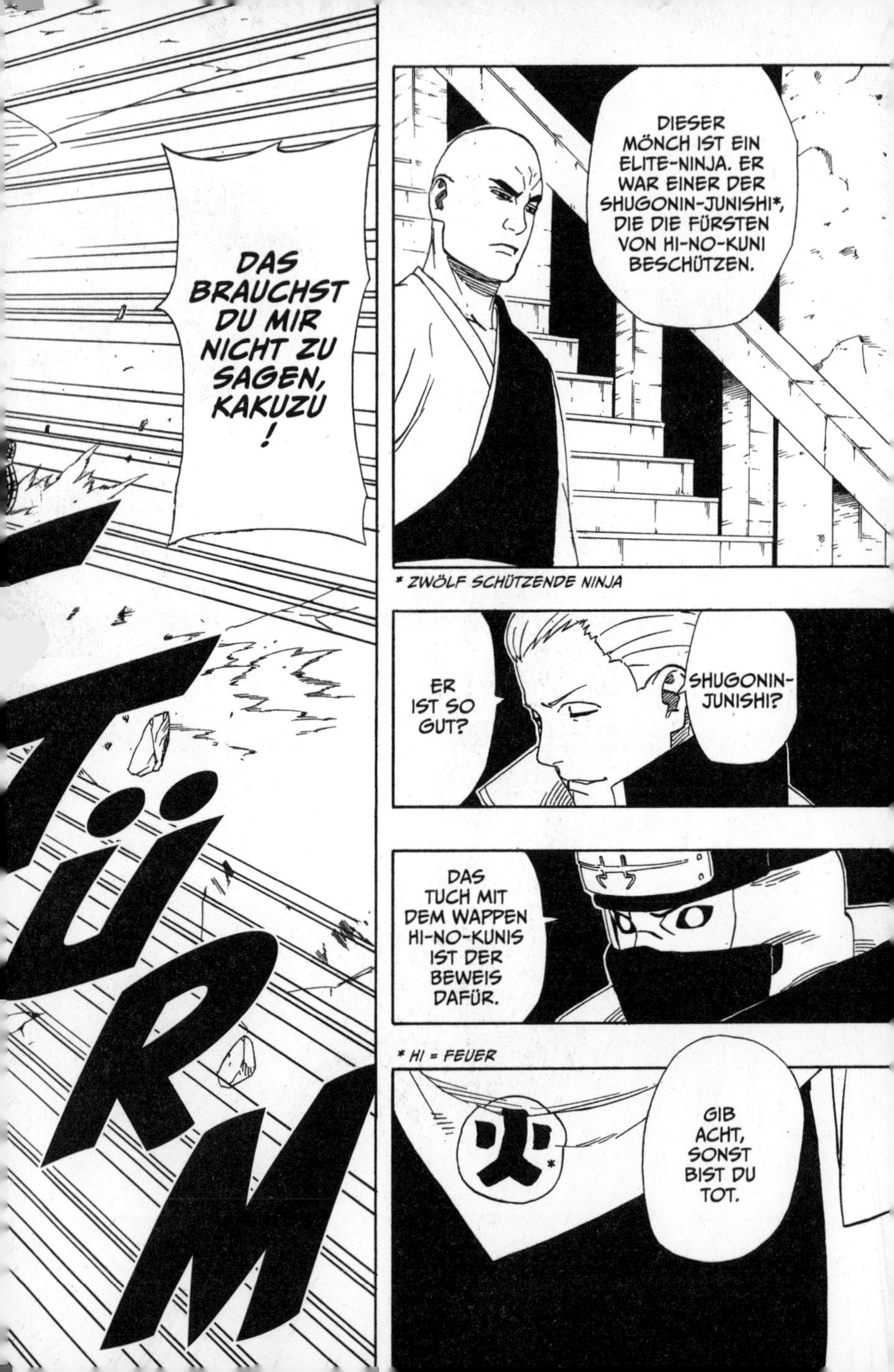
DIESER MÖNCH IST EIN ELITE-NINJA. ER WAR EINER DER SHUGONIN-JUNISHI*, DIE DIE FÜRSTEN VON HI-NO-KUNI BESCHÜTZEN.
* ZWÖLF SCHÜTZENDE NINJA
SHUGONIN-JUNISHI?
ER IST SO GUT?
DAS TUCH MIT DEM WAPPEN HI-NO-KUNIS IST DER BEWEIS DAFÜR.
* HI = FEUER
GIB ACHT, SONST BIST DU TOT.
DAS BRAUCHST DU MIR NICHT ZU SAGEN, KAKUZU!
TÜRM

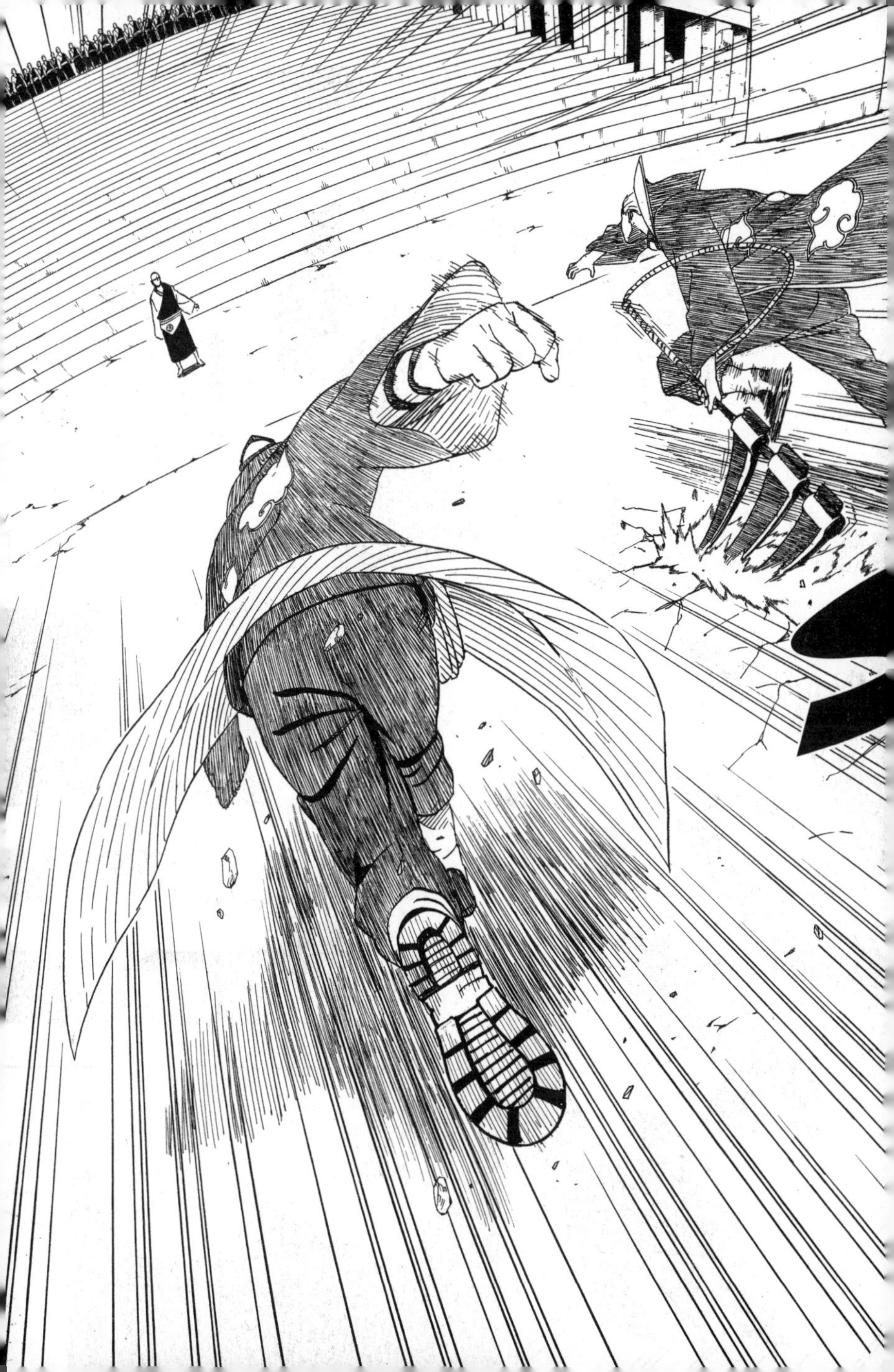

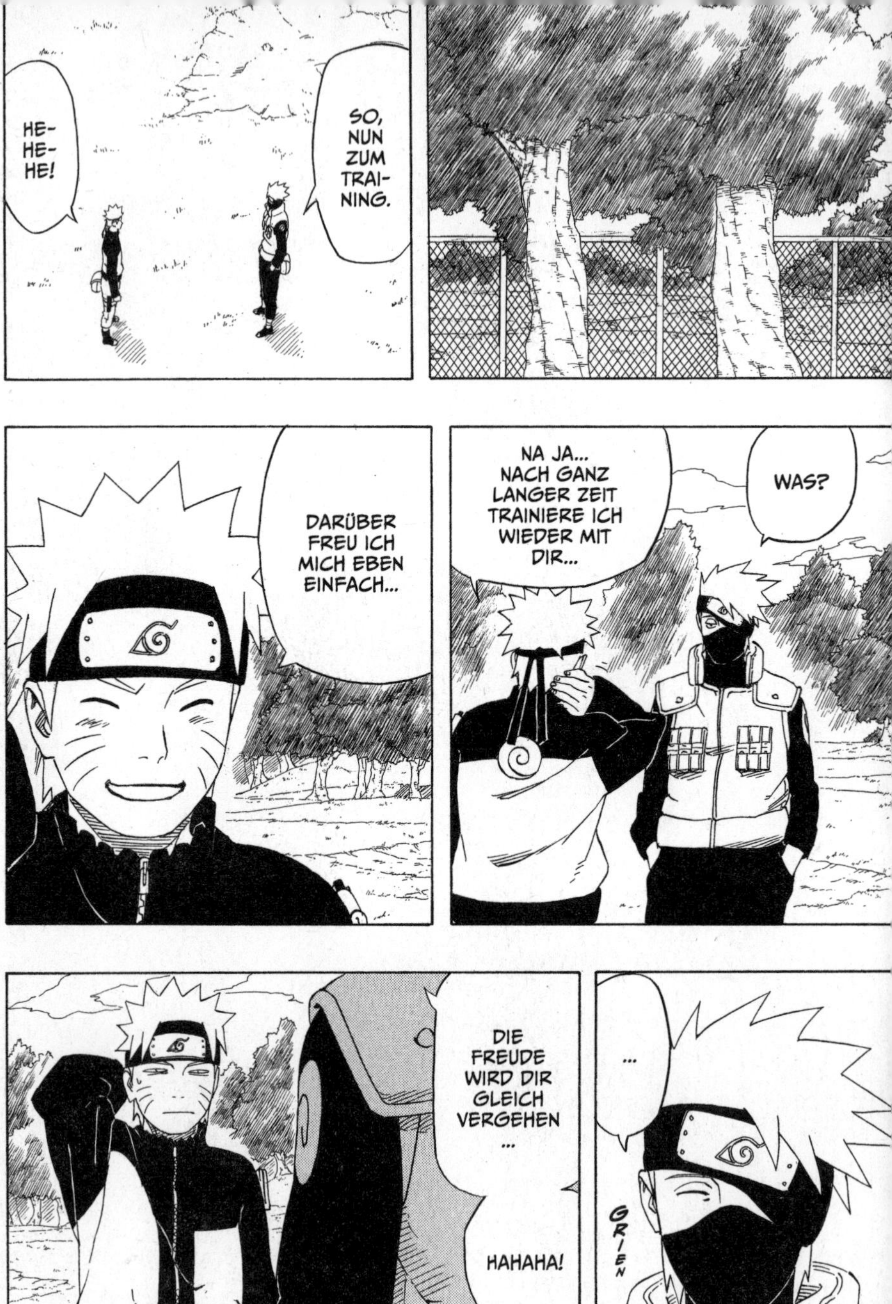
SO, NUN ZUM TRAI-NING.
HE-HE-HE!
WAS?
NA JA... NACH GANZ LANGER ZEIT TRAINIERE ICH WIEDER MIT DIR...
DARÜBER FREU ICH MICH EBEN EINFACH...
...
GRIEN
DIE FREUDE WIRD DIR GLEICH VERGEHEN ...
HAHAHA!

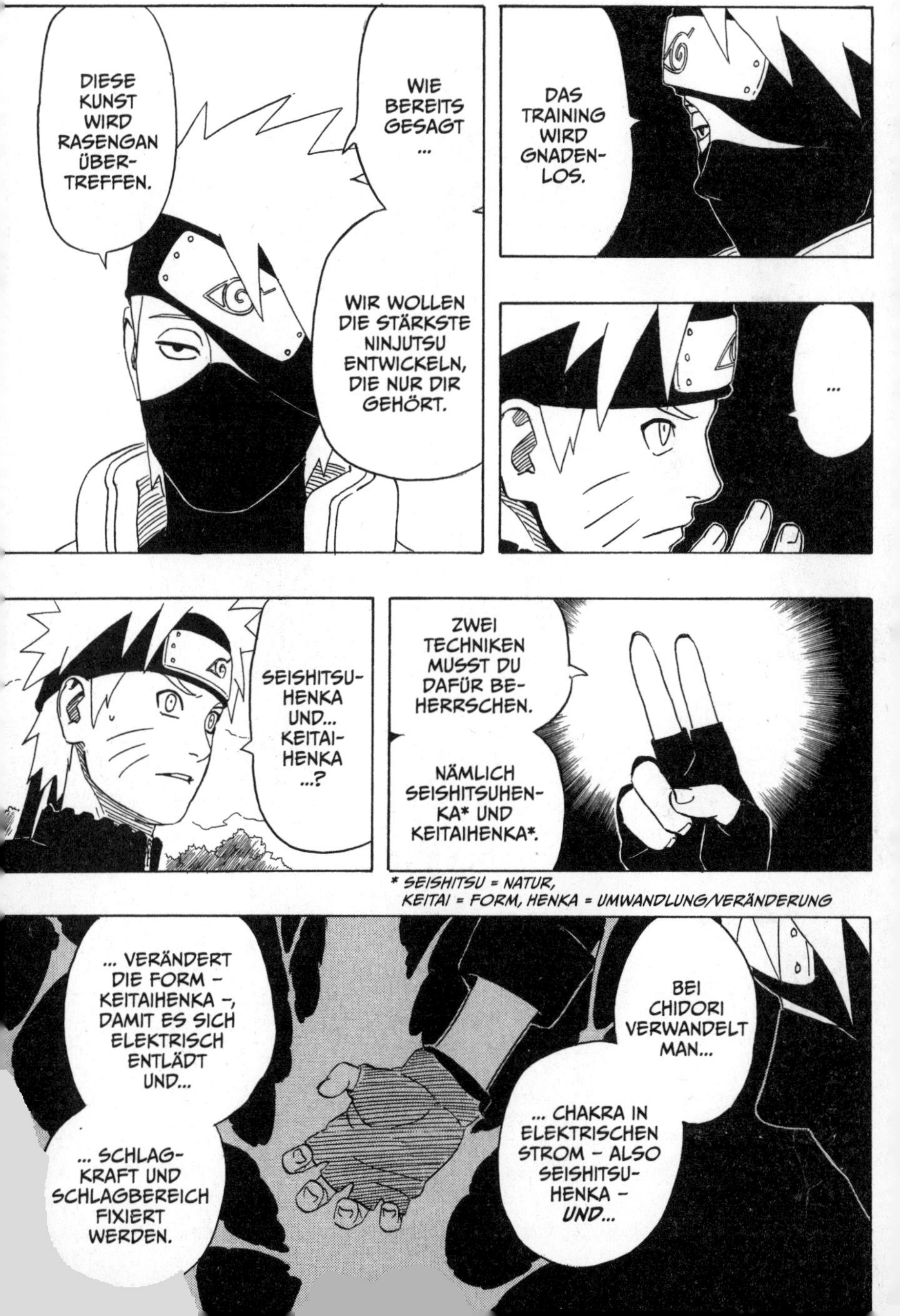

* SEISHITSU = NATUR, KEITAI = FORM, HENKA = UMWANDLUNG/VERÄNDERUNG

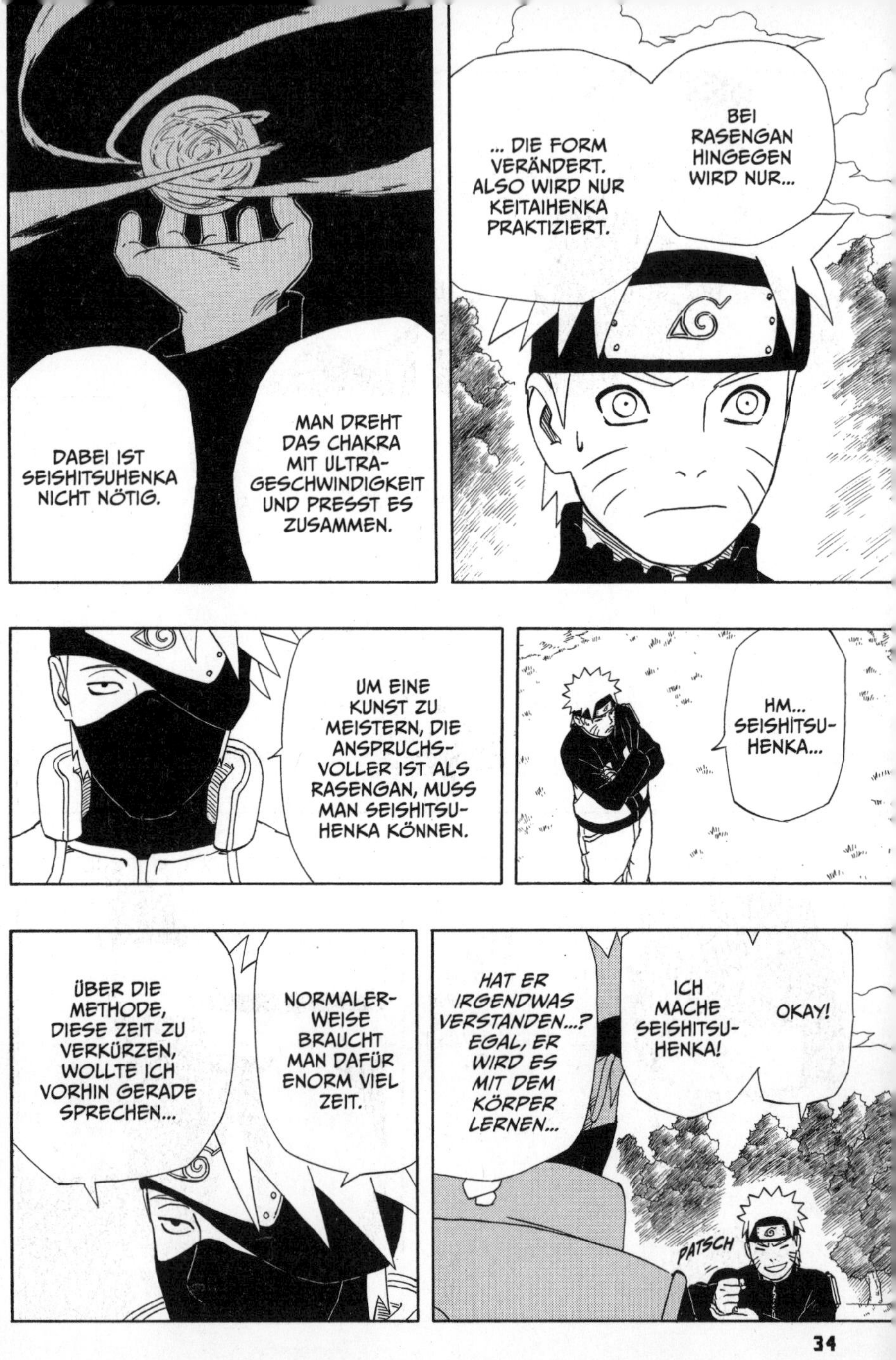
BEI RASENGAN HINGEGEN WIRD NUR...
... DIE FORM VERÄNDERT. ALSO WIRD NUR KEITAIHENKA PRAKTIZIERT.
MAN DREHT DAS CHAKRA MIT ULTRA-GESCHWINDIGKEIT UND PRESST ES ZUSAMMEN.
DABEI IST SEISHITSUHENKA NICHT NÖTIG.
HM... SEISHITSU-HENKA...
UM EINE KUNST ZU MEISTERN, DIE ANSPRUCHS-VOLLER IST ALS RASENGAN, MUSS MAN SEISHITSU-HENKA KÖNNEN.
OKAY!
ICH MACHE SEISHITSU-HENKA!
PATSCH
HAT ER IRGENDWAS VERSTANDEN...? EGAL, ER WIRD ES MIT DEM KÖRPER LERNEN...
NORMALER-WEISE BRAUCHT MAN DAFÜR ENORM VIEL ZEIT.
ÜBER DIE METHODE, DIESE ZEIT ZU VERKÜRZEN, WOLLTE ICH VORHIN GERADE SPRECHEN...

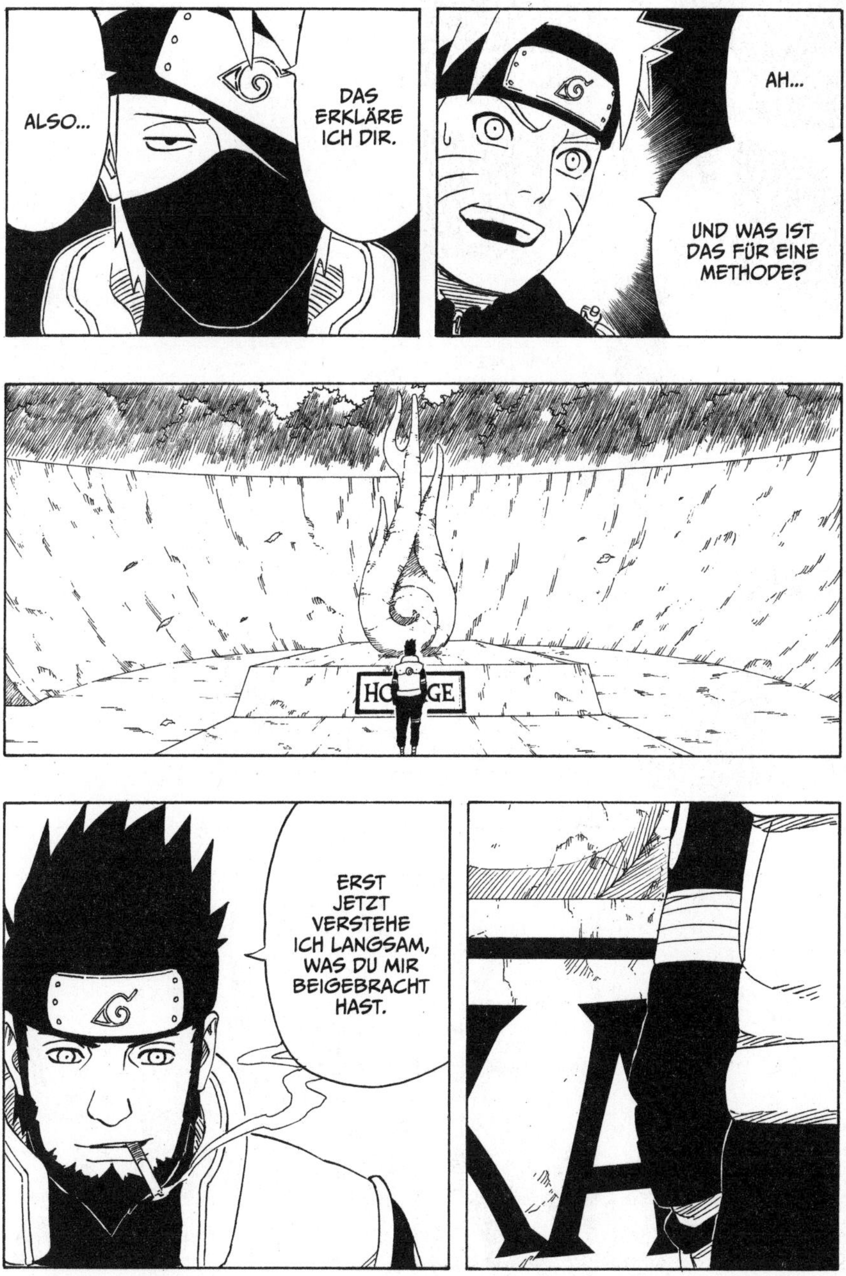
AH...
UND WAS IST DAS FÜR EINE METHODE?
ALSO...
DAS ERKLÄRE ICH DIR.
ERST JETZT VERSTEHE ICH LANGSAM, WAS DU MIR BEIGEBRACHT HAST.

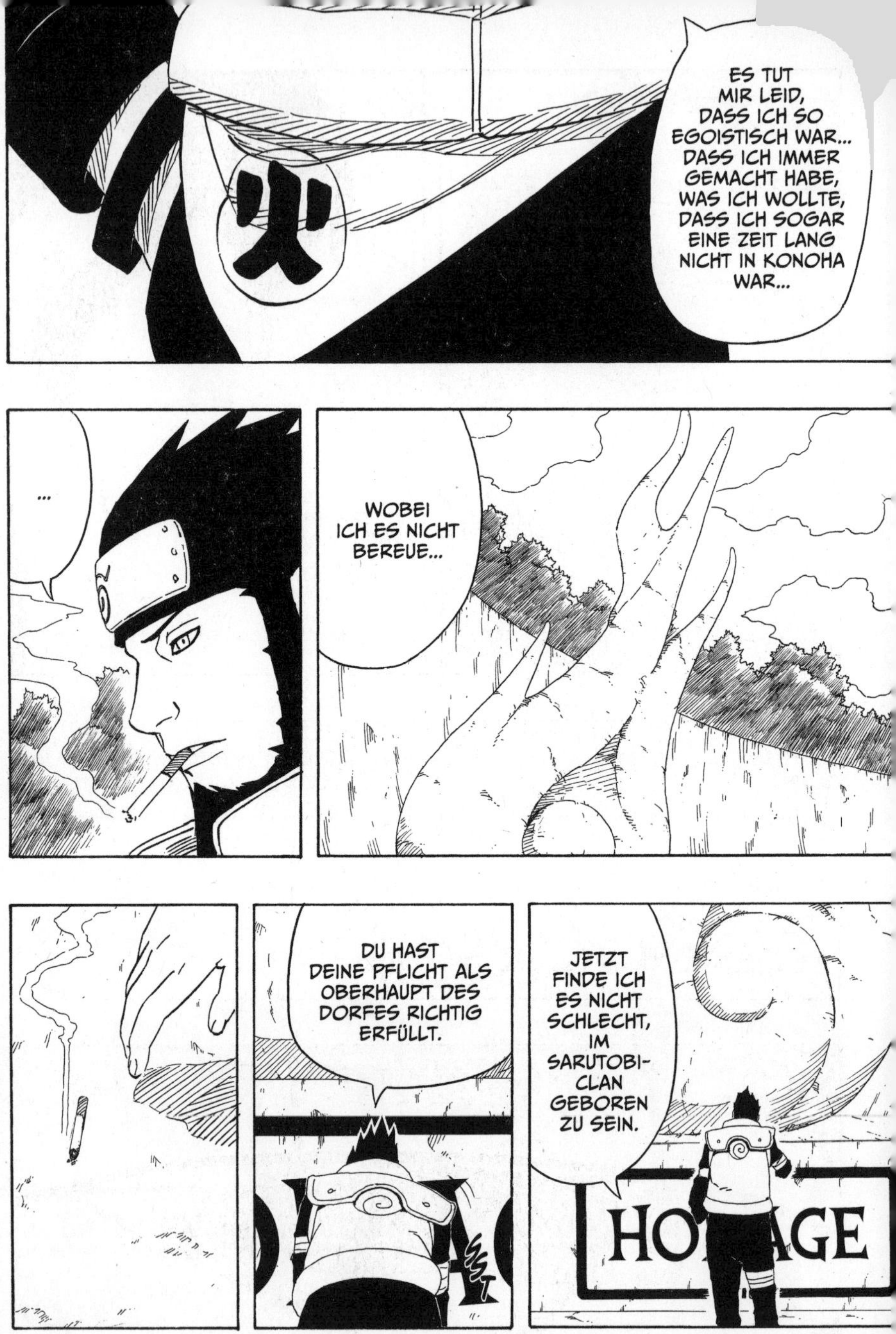
ES TUT MIR LEID, DASS ICH SO EGOISTISCH WAR... DASS ICH IMMER GEMACHT HABE, WAS ICH WOLLTE, DASS ICH SOGAR EINE ZEIT LANG NICHT IN KONOHA WAR...
WOBEI ICH ES NICHT BEREUE...
...
JETZT FINDE ICH ES NICHT SCHLECHT, IM SARUTOBI-CLAN GEBOREN ZU SEIN.
DU HAST DEINE PFLICHT ALS OBERHAUPT DES DORFES RICHTIG ERFÜLLT.

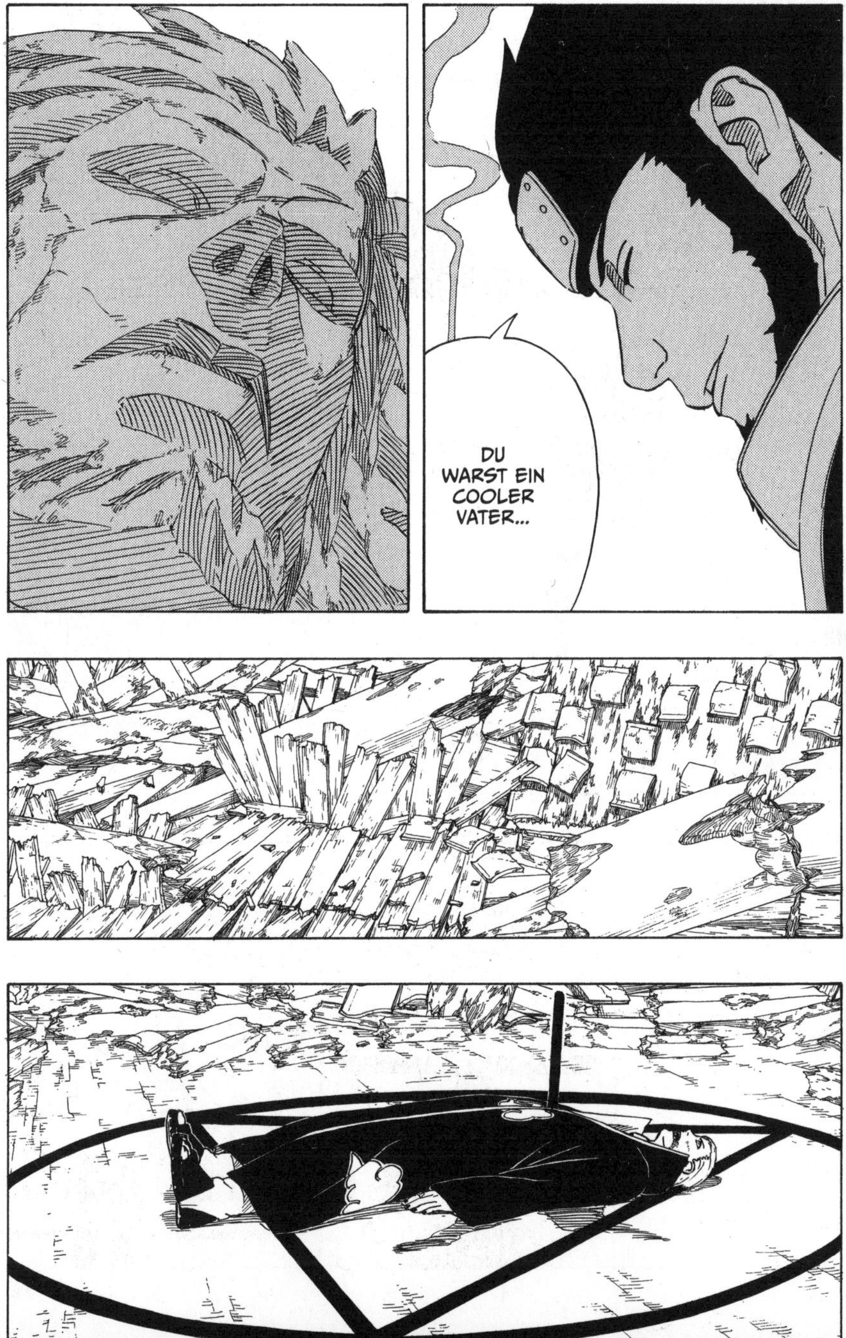
DU WARST EIN COOLER VATER...

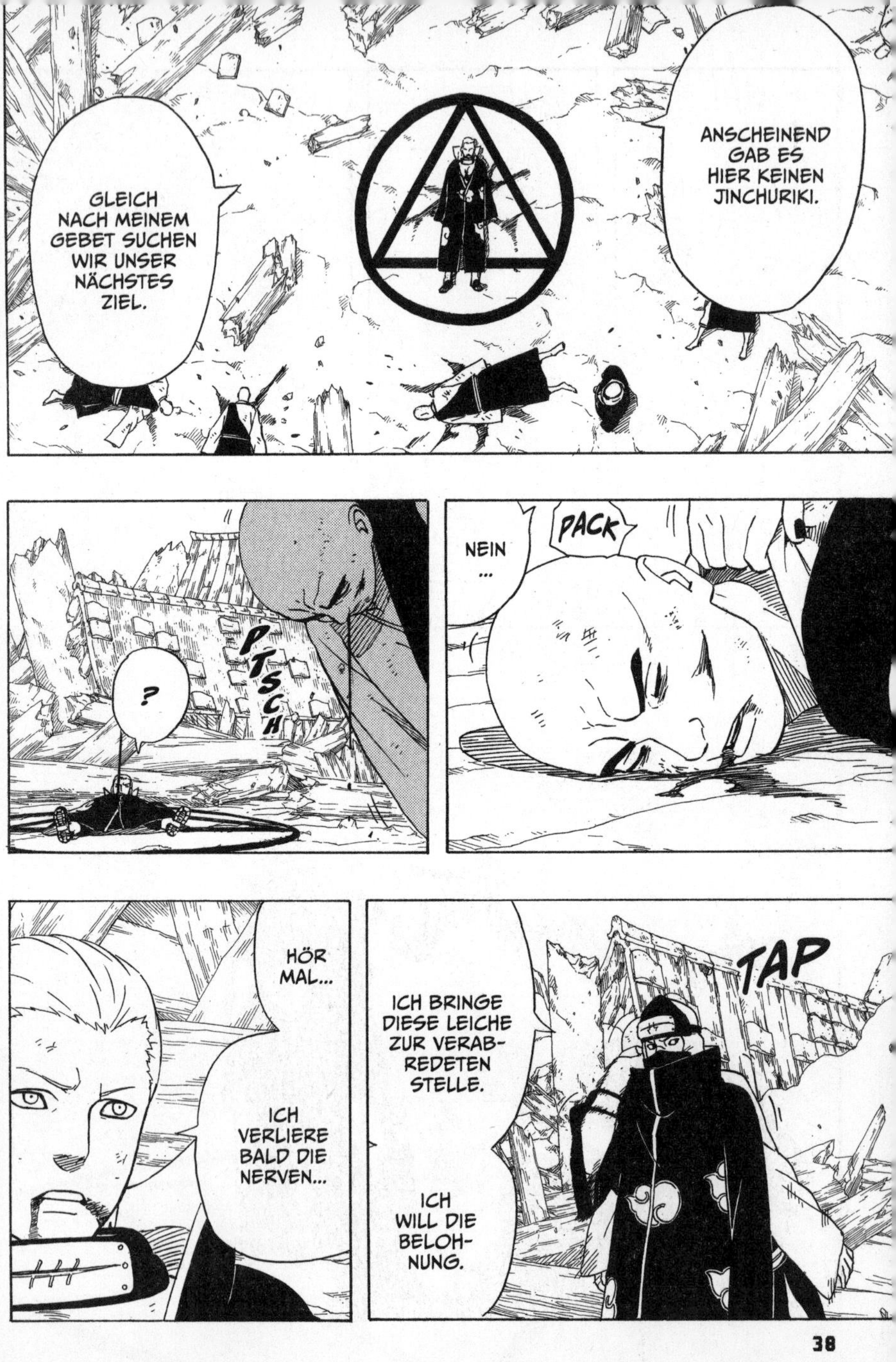
ANSCHEINEND GAB ES HIER KEINEN JINCHURIKI.
GLEICH NACH MEINEM GEBET SUCHEN WIR UNSER NÄCHSTES ZIEL.
PACK
NEIN …
PTSCH
?
TAP
ICH BRINGE DIESE LEICHE ZUR VERAB-REDETEN STELLE.
ICH WILL DIE BELOH-NUNG.
HÖR MAL...
ICH VERLIERE BALD DIE NERVEN...

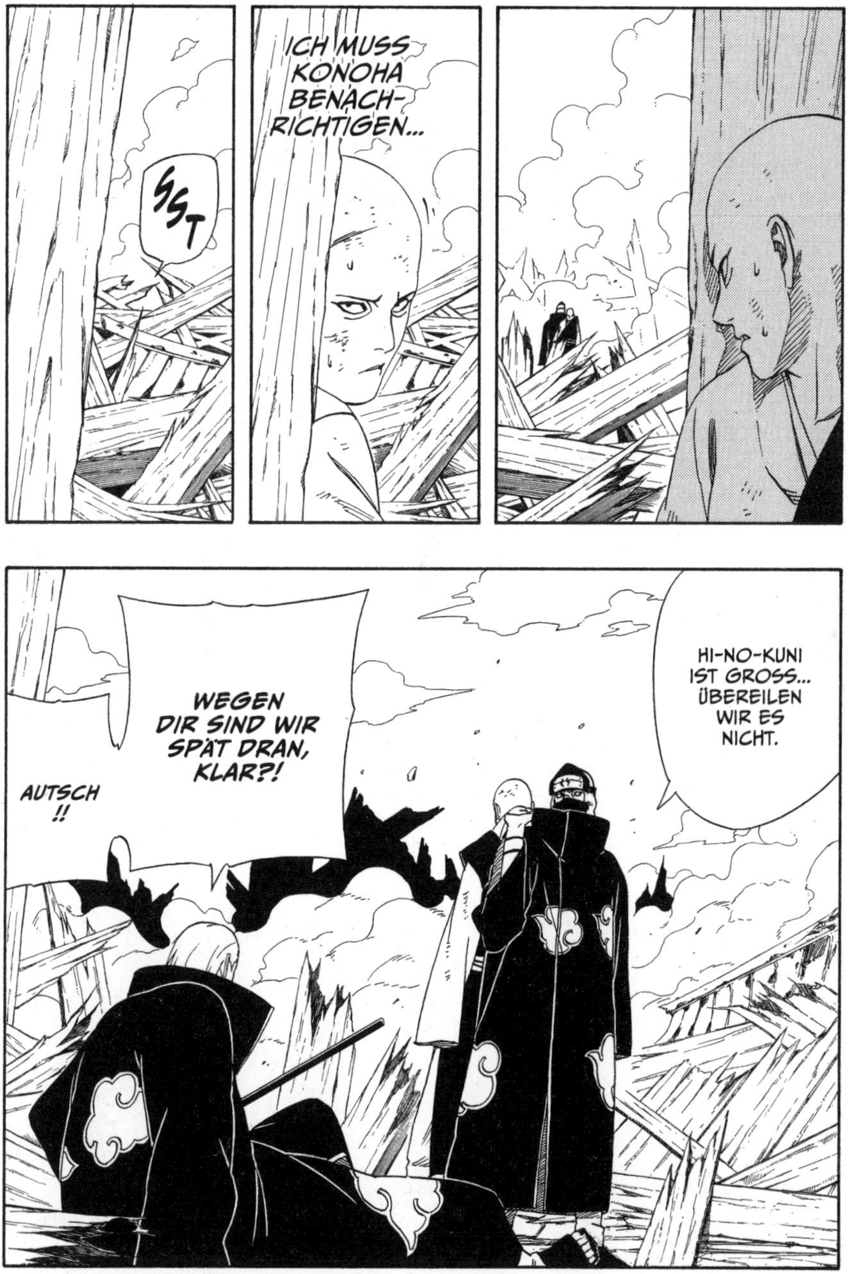
ICH MUSS KONOHA BENACH-RICHTIGEN...
SST
HI-NO-KUNI IST GROSS... ÜBEREILEN WIR ES NICHT.
WEGEN DIR SIND WIR SPÄT DRAN, KLAR?!
AUTSCH !!

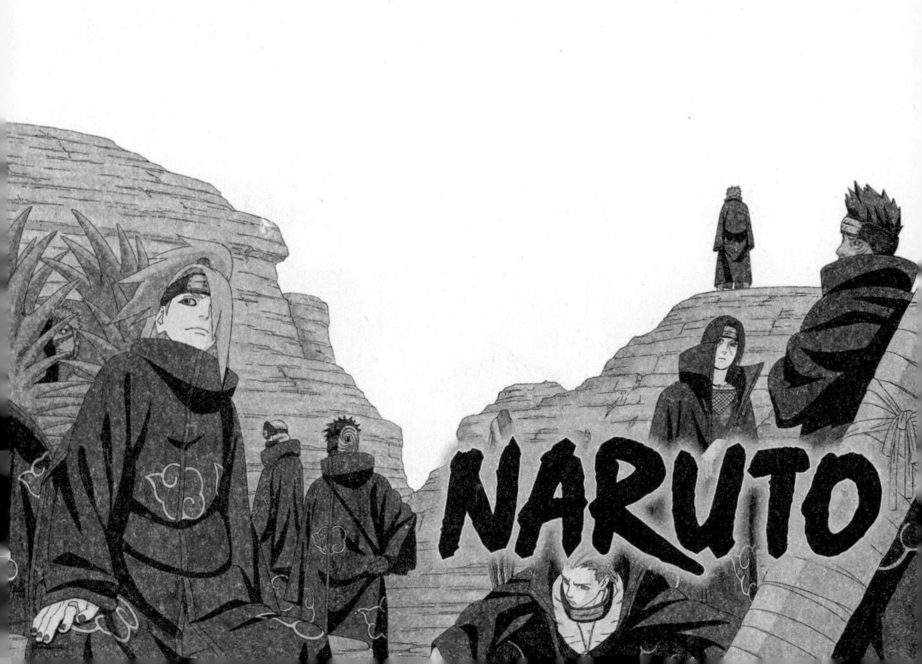
NARUTO

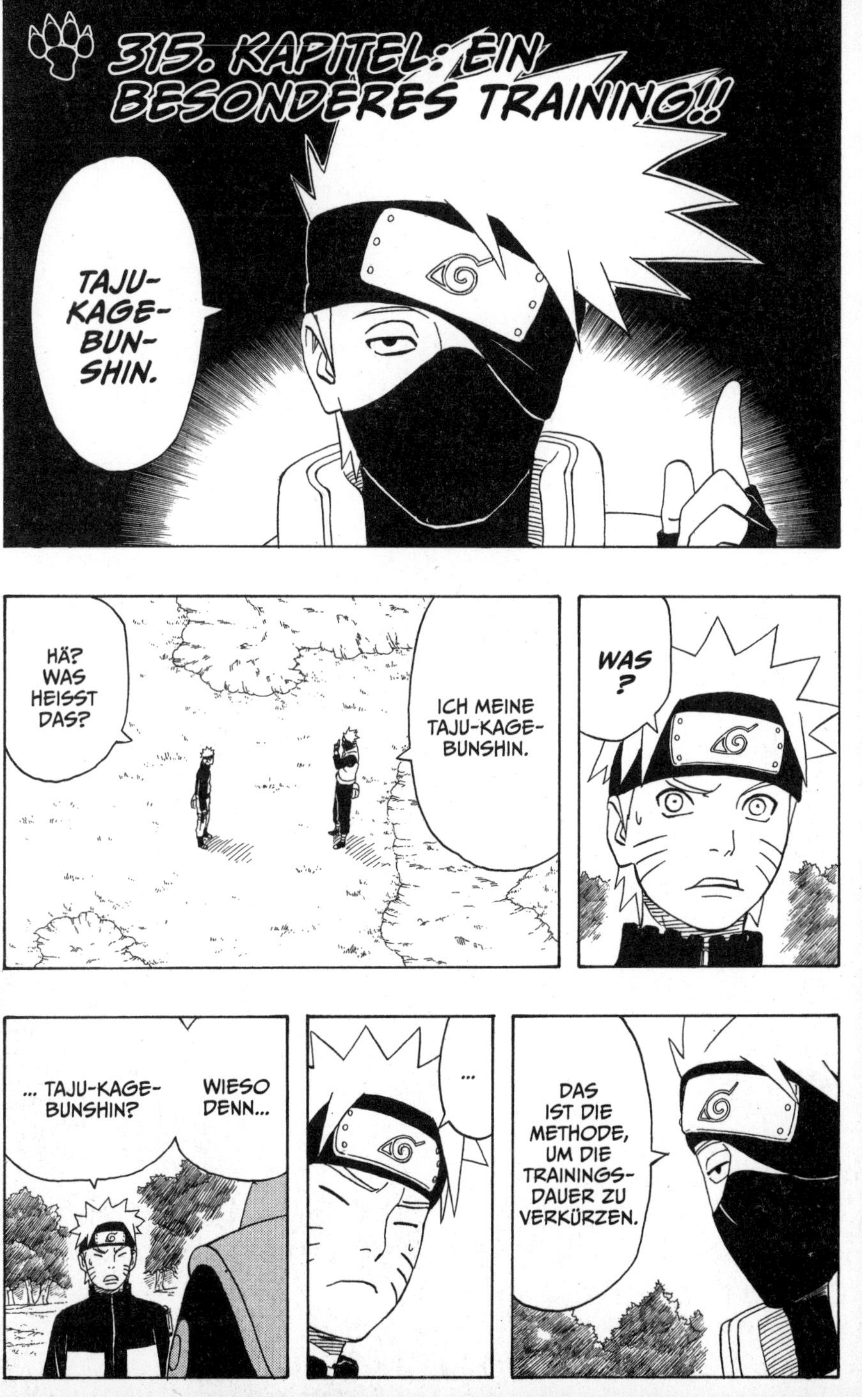
315. KAPITEL: EIN BESONDERES TRAINING!!
TAJU-KAGE-BUNSHIN.
HÄ? WAS HEISST DAS?
ICH MEINE TAJU-KAGE-BUNSHIN.
WAS?
... TAJU-KAGE-BUNSHIN?
WIESO DENN...
...
DAS IST DIE METHODE, UM DIE TRAININGS-DAUER ZU VERKÜRZEN.

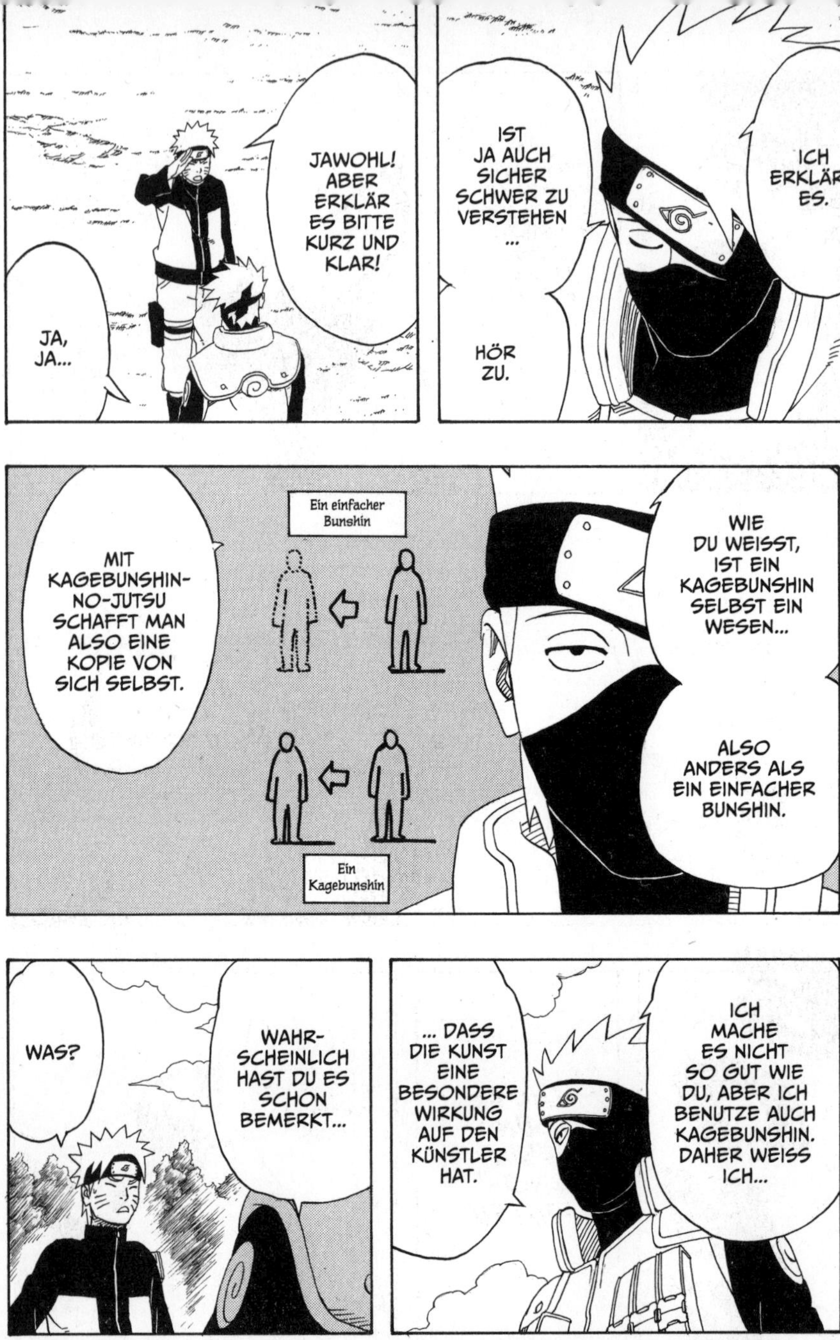
ICH ERKLÄRE ES.
HÖR ZU.
IST JA AUCH SICHER SCHWER ZU VERSTEHEN ...
JAWOHL! ABER ERKLÄR ES BITTE KURZ UND KLAR!
JA, JA...
WIE DU WEISST, IST EIN KAGEBUNSHIN SELBST EIN WESEN...
ALSO ANDERS ALS EIN EINFACHER BUNSHIN.
Ein einfacher Bunshin
Ein Kagebunshin
MIT KAGEBUNSHIN-NO-JUTSU SCHAFFT MAN ALSO EINE KOPIE VON SICH SELBST.
ICH MACHE ES NICHT SO GUT WIE DU, ABER ICH BENUTZE AUCH KAGEBUNSHIN. DAHER WEISS ICH...
... DASS DIE KUNST EINE BESONDERE WIRKUNG AUF DEN KÜNSTLER HAT.
WAHR-SCHEINLICH HAST DU ES SCHON BEMERKT...
WAS?

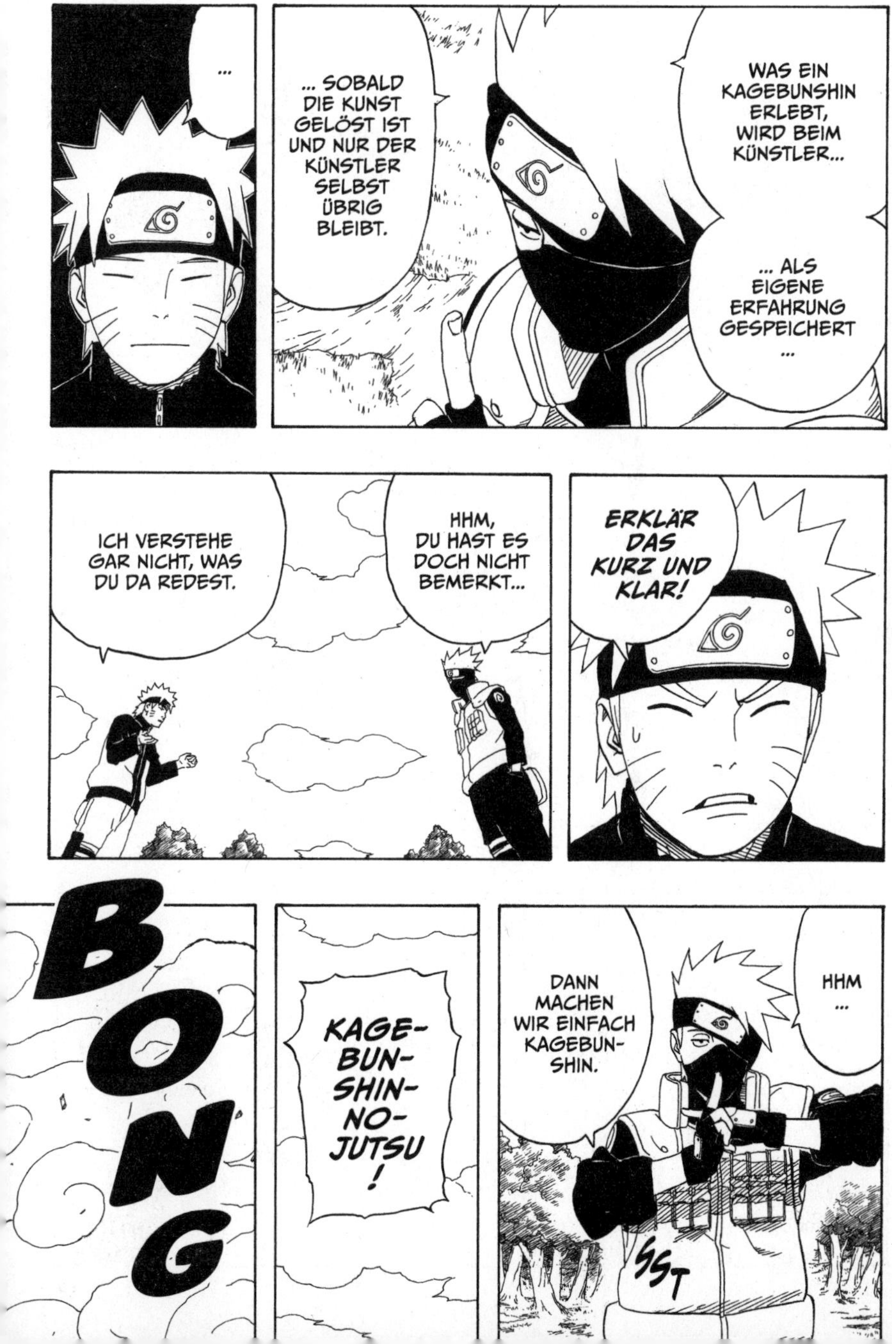
WAS EIN KAGEBUNSHIN ERLEBT, WIRD BEIM KÜNSTLER...
... ALS EIGENE ERFAHRUNG GESPEICHERT ...
... SOBALD DIE KUNST GELÖST IST UND NUR DER KÜNSTLER SELBST ÜBRIG BLEIBT.
...
ERKLÄR DAS KURZ UND KLAR!
HHM, DU HAST ES DOCH NICHT BEMERKT...
ICH VERSTEHE GAR NICHT, WAS DU DA REDEST.
HHM ...
DANN MACHEN WIR EINFACH KAGEBUN-SHIN.
SST
KAGE-BUN-SHIN-NO-JUTSU!
BONG

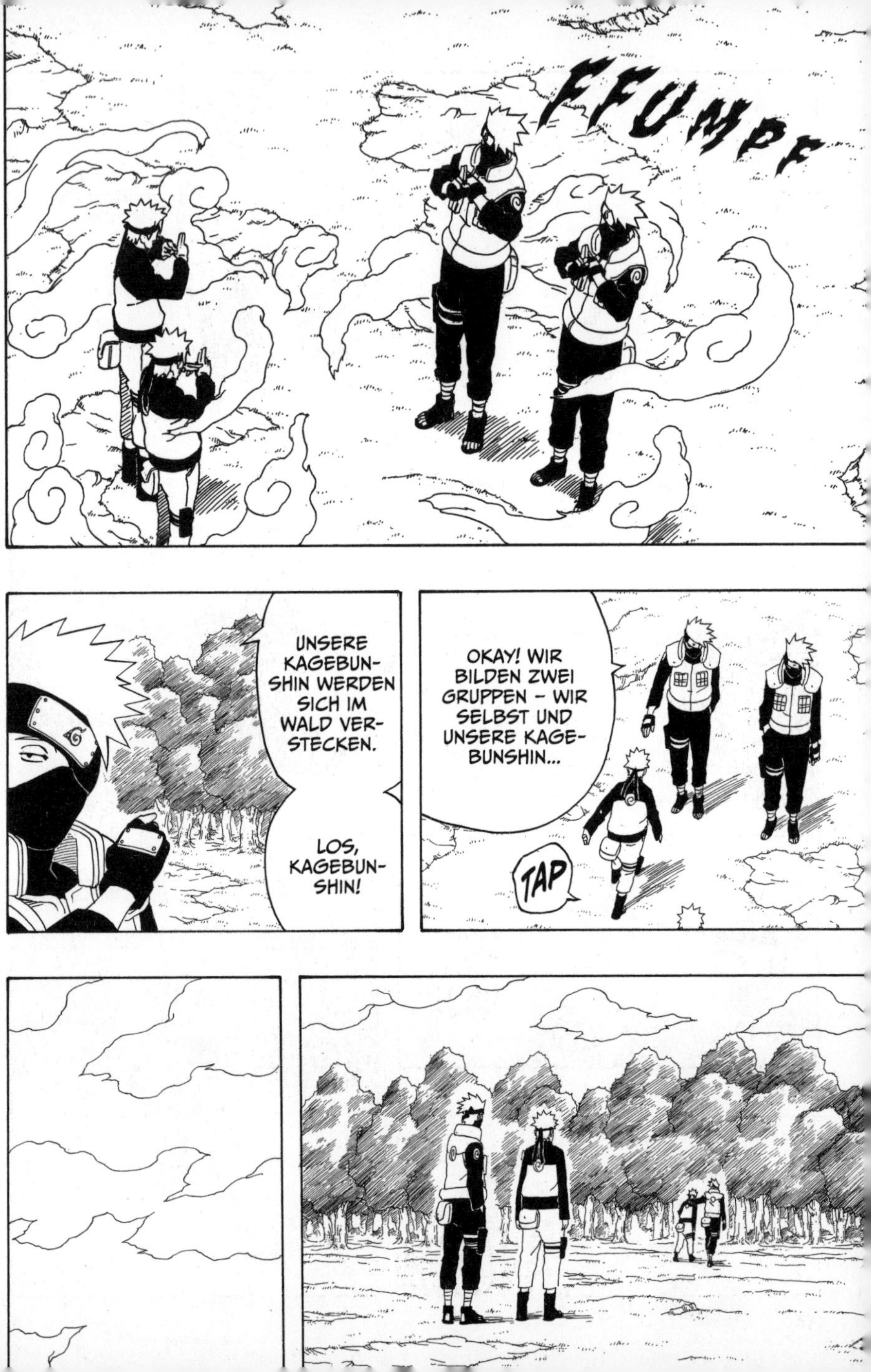
FFUMPF
OKAY! WIR BILDEN ZWEI GRUPPEN – WIR SELBST UND UNSERE KAGE-BUNSHIN...
TAP
UNSERE KAGEBUN-SHIN WERDEN SICH IM WALD VER-STECKEN.
LOS, KAGEBUN-SHIN!

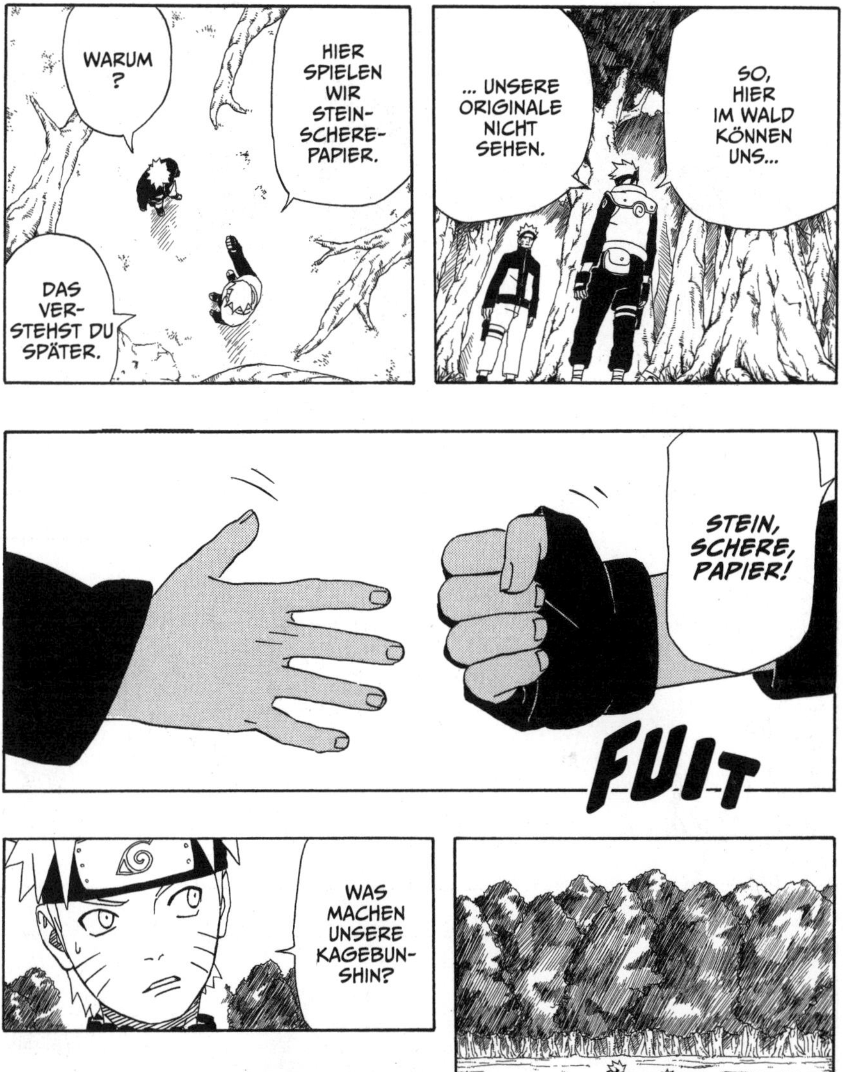
SO, HIER IM WALD KÖNNEN UNS...
... UNSERE ORIGINALE NICHT SEHEN.
HIER SPIELEN WIR STEIN-SCHERE-PAPIER.
WARUM?
DAS VER-STEHST DU SPÄTER.
STEIN, SCHERE, PAPIER!
FUIT
WAS MACHEN UNSERE KAGEBUN-SHIN?
DAS ERFAHREN WIR GLEICH.
...

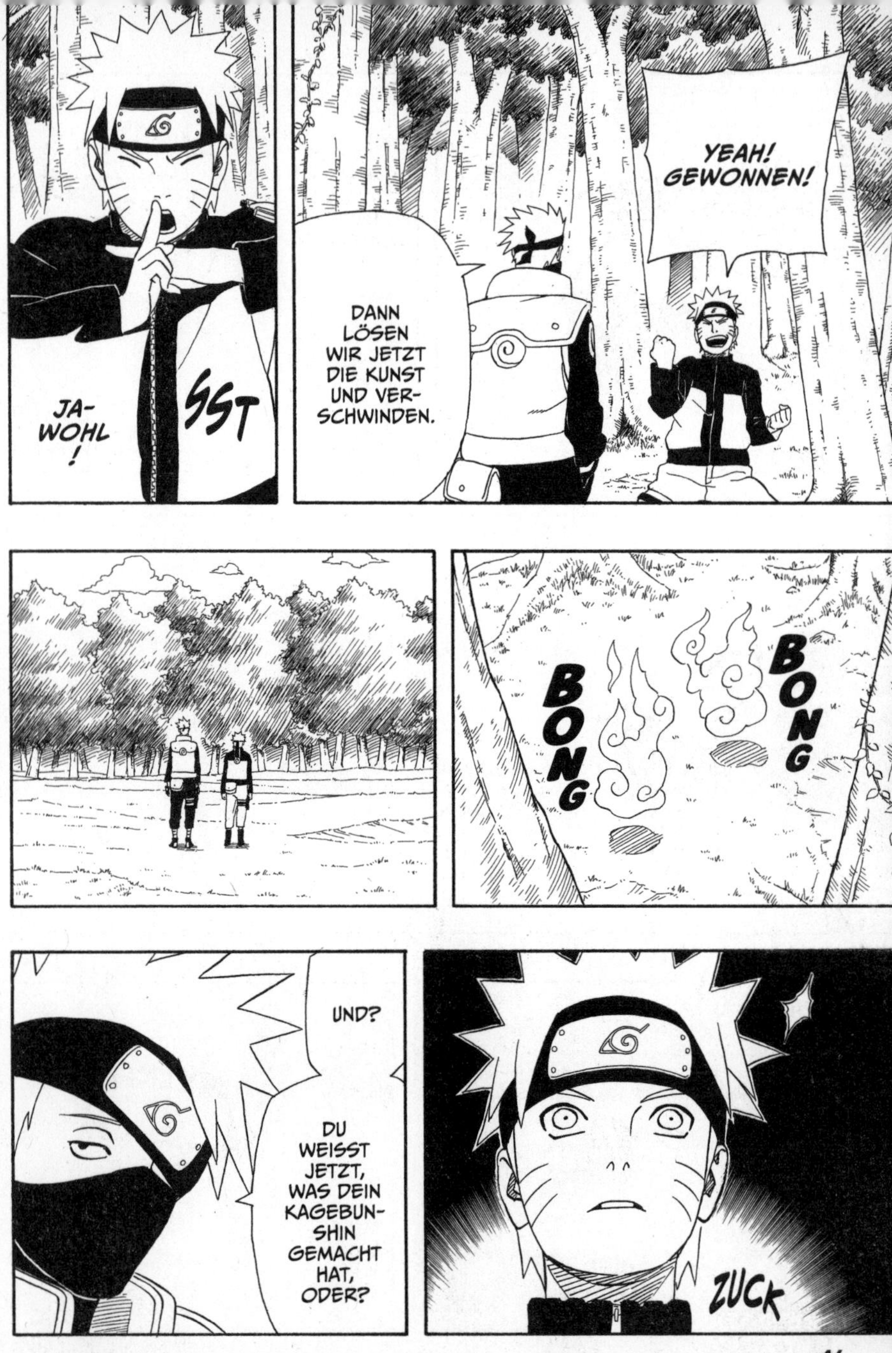
YEAH! GEWONNEN!
DANN LÖSEN WIR JETZT DIE KUNST UND VERSCHWINDEN.
SST
JA-WOHL!
BONG
BONG
UND?
DU WEISST JETZT, WAS DEIN KAGEBUNSHIN GEMACHT HAT, ODER?
ZUCK

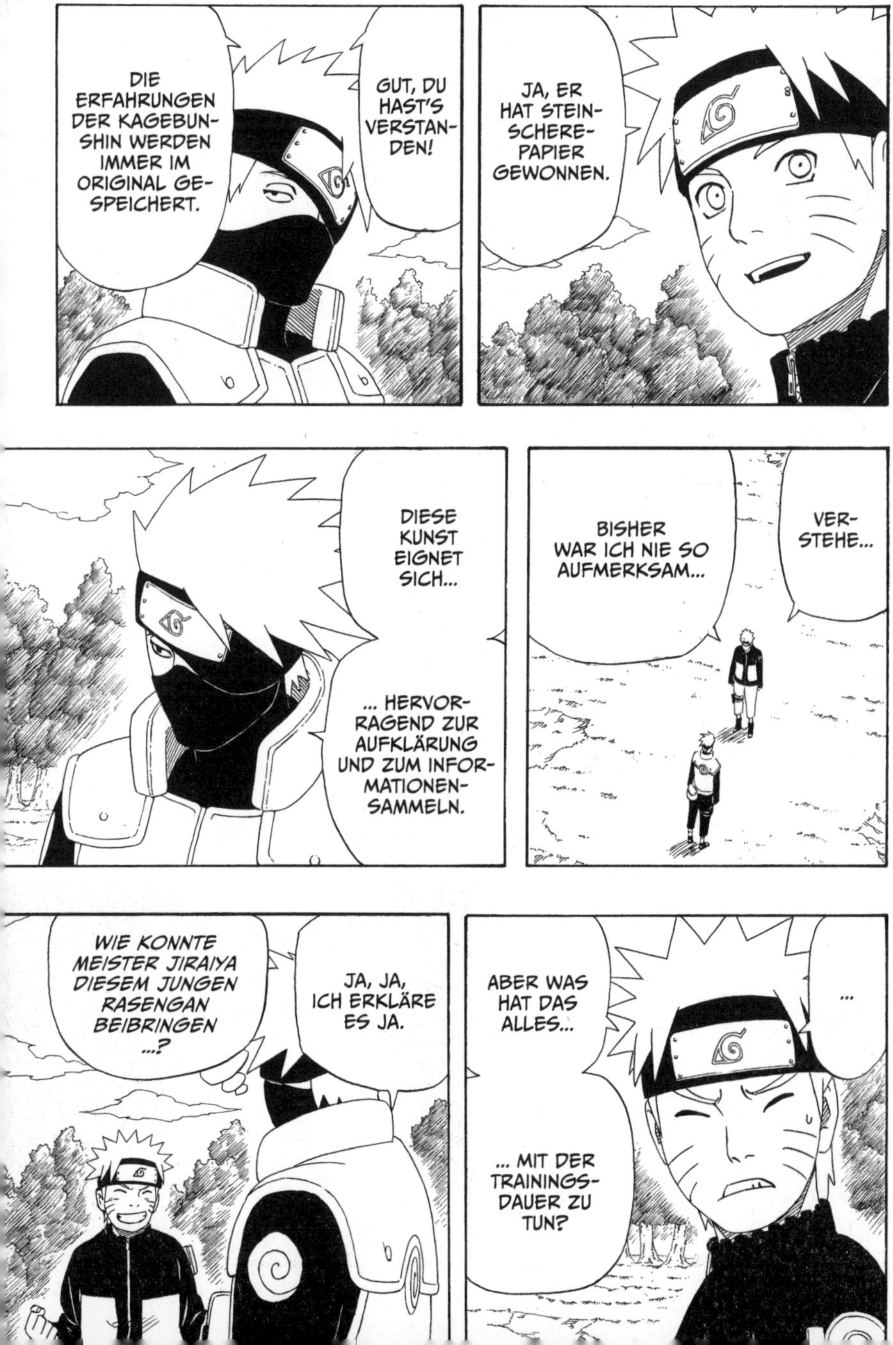
JA, ER HAT STEIN-SCHERE-PAPIER GEWONNEN.
GUT, DU HAST'S VERSTANDEN!
DIE ERFAHRUNGEN DER KAGEBUN-SHIN WERDEN IMMER IM ORIGINAL GE-SPEICHERT.
VER-STEHE...
BISHER WAR ICH NIE SO AUFMERKSAM...
DIESE KUNST EIGNET SICH...
... HERVOR-RAGEND ZUR AUFKLÄRUNG UND ZUM INFOR-MATIONEN-SAMMELN.
...
ABER WAS HAT DAS ALLES...
... MIT DER TRAININGS-DAUER ZU TUN?
JA, JA, ICH ERKLÄRE ES JA.
WIE KONNTE MEISTER JIRAIYA DIESEM JUNGEN RASENGAN BEIBRINGEN ...?

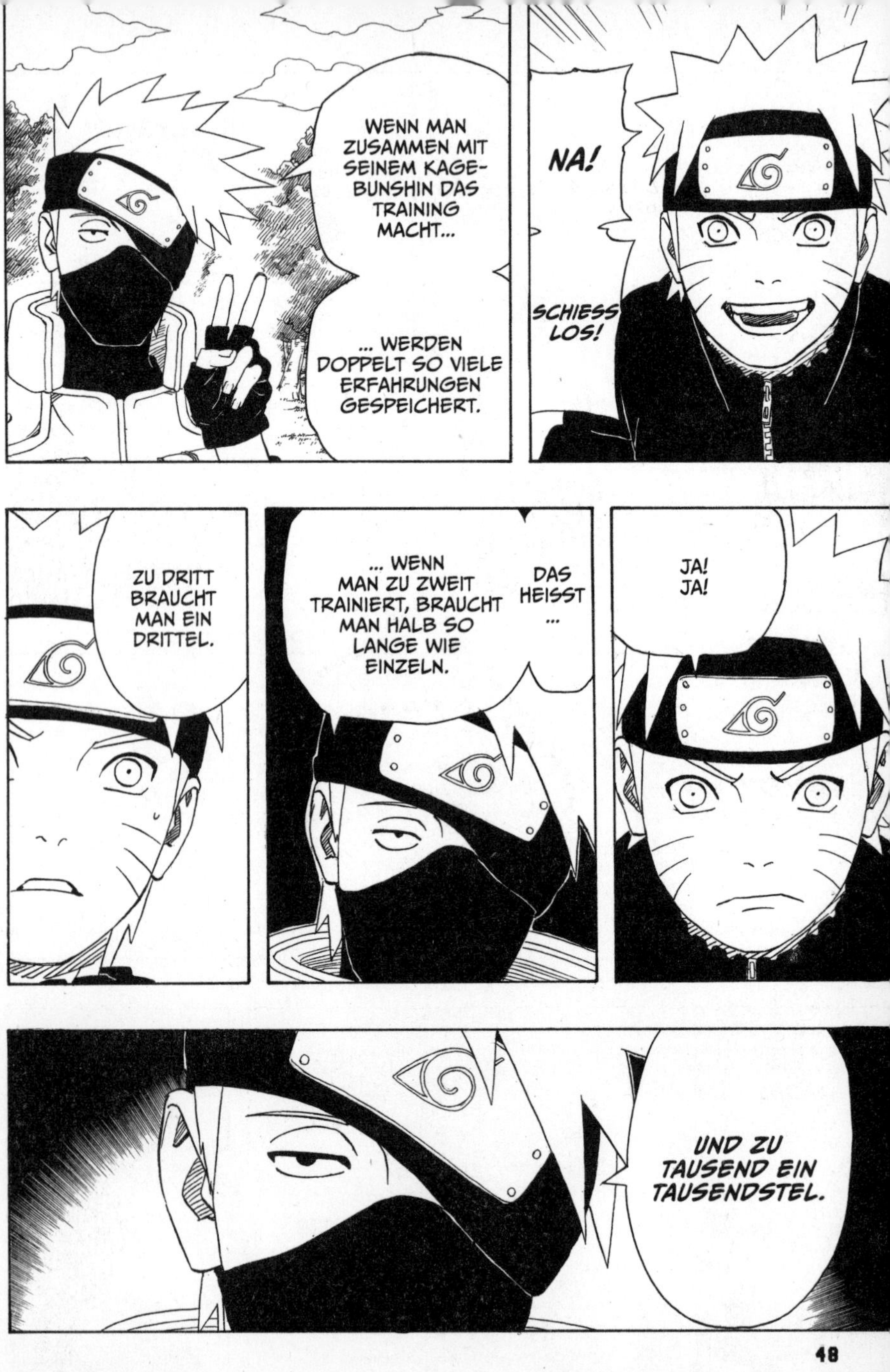
NA!
SCHIESS LOS!
WENN MAN ZUSAMMEN MIT SEINEM KAGE-BUNSHIN DAS TRAINING MACHT...
... WERDEN DOPPELT SO VIELE ERFAHRUNGEN GESPEICHERT.
JA! JA!
DAS HEISST ...
... WENN MAN ZU ZWEIT TRAINIERT, BRAUCHT MAN HALB SO LANGE WIE EINZELN.
ZU DRITT BRAUCHT MAN EIN DRITTEL.
UND ZU TAUSEND EIN TAUSENDSTEL.

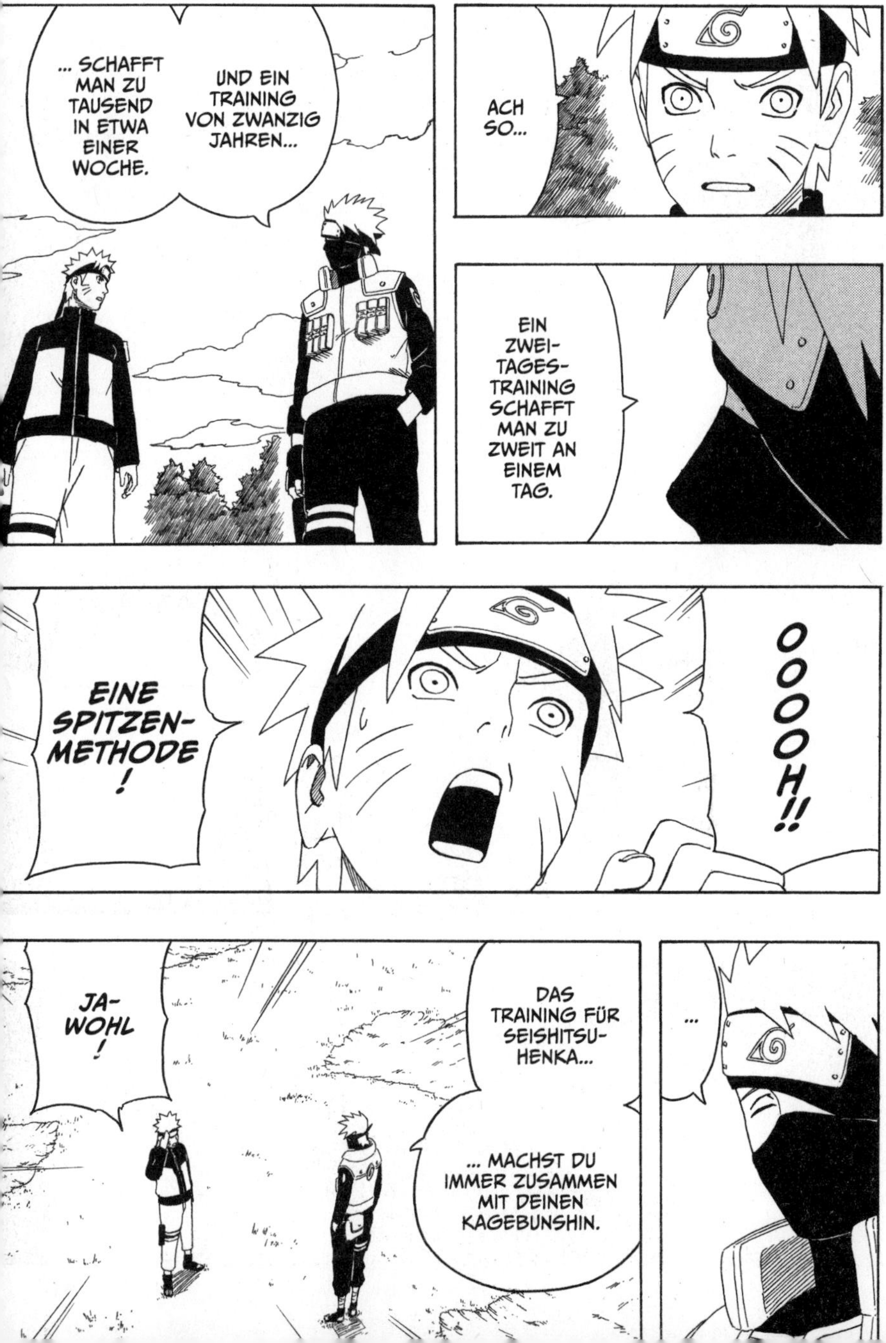
ACH SO...
EIN ZWEI-TAGES-TRAINING SCHAFFT MAN ZU ZWEIT AN EINEM TAG.
UND EIN TRAINING VON ZWANZIG JAHREN...
... SCHAFFT MAN ZU TAUSEND IN ETWA EINER WOCHE.
OOOOOH!!
EINE SPITZEN-METHODE!
...
DAS TRAINING FÜR SEISHITSU-HENKA...
... MACHST DU IMMER ZUSAMMEN MIT DEINEN KAGEBUNSHIN.
JA-WOHL!

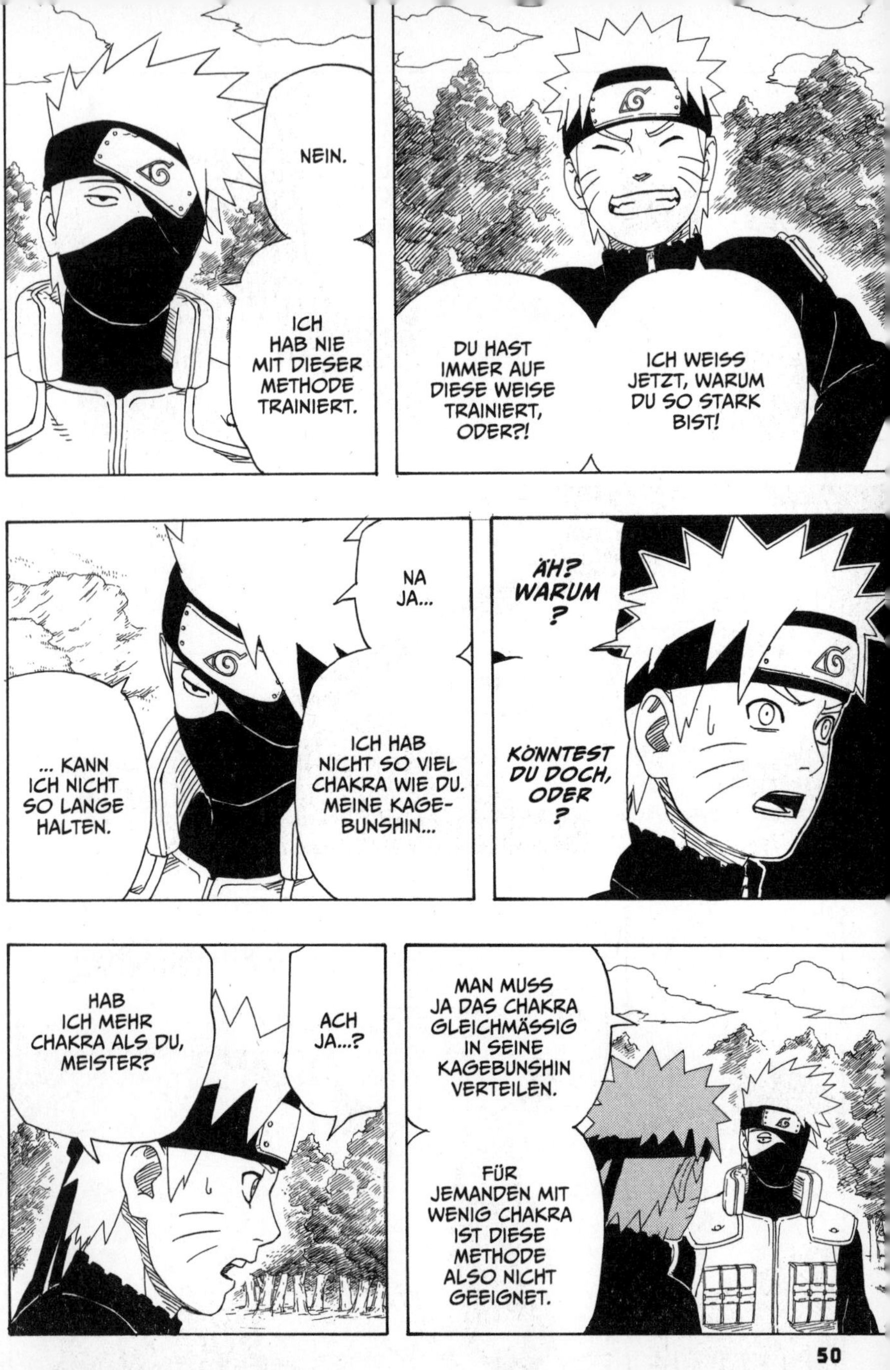
ICH WEISS JETZT, WARUM DU SO STARK BIST!
DU HAST IMMER AUF DIESE WEISE TRAINIERT, ODER?!
NEIN.
ICH HAB NIE MIT DIESER METHODE TRAINIERT.
ÄH? WARUM?
KÖNNTEST DU DOCH, ODER?
NA JA...
ICH HAB NICHT SO VIEL CHAKRA WIE DU. MEINE KAGE-BUNSHIN...
... KANN ICH NICHT SO LANGE HALTEN.
MAN MUSS JA DAS CHAKRA GLEICHMÄSSIG IN SEINE KAGEBUNSHIN VERTEILEN.
FÜR JEMANDEN MIT WENIG CHAKRA IST DIESE METHODE ALSO NICHT GEEIGNET.
ACH JA...?
HAB ICH MEHR CHAKRA ALS DU, MEISTER?

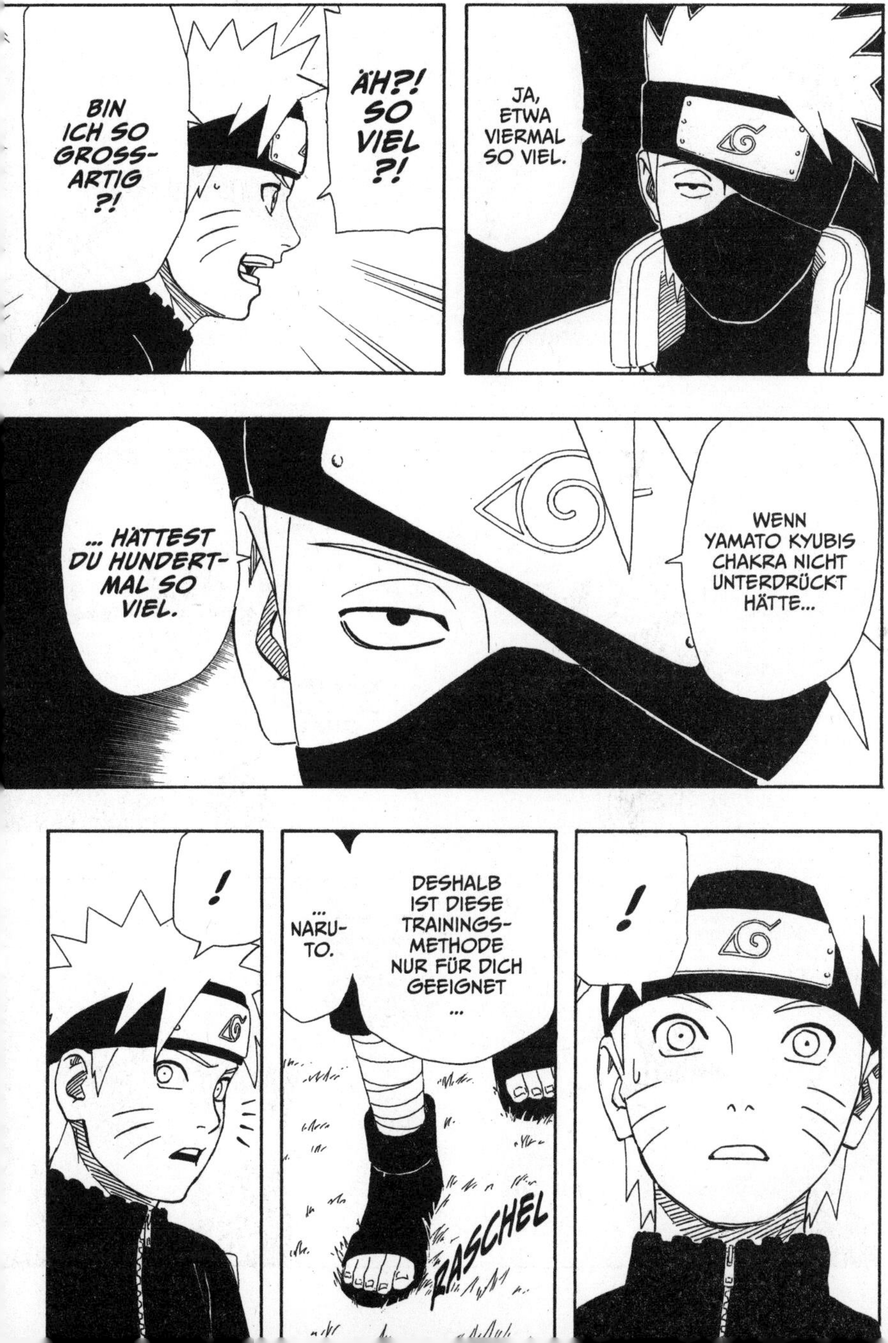

JA, ETWA VIERMAL SO VIEL.
ÄH?! SO VIEL ?!
BIN ICH SO GROSS-ARTIG ?!
WENN YAMATO KYUBIS CHAKRA NICHT UNTERDRÜCKT HÄTTE...
... HÄTTEST DU HUNDERT-MAL SO VIEL.
!
DESHALB IST DIESE TRAININGS-METHODE NUR FÜR DICH GEEIGNET ...
... NARU-TO.
RASCHEL
!

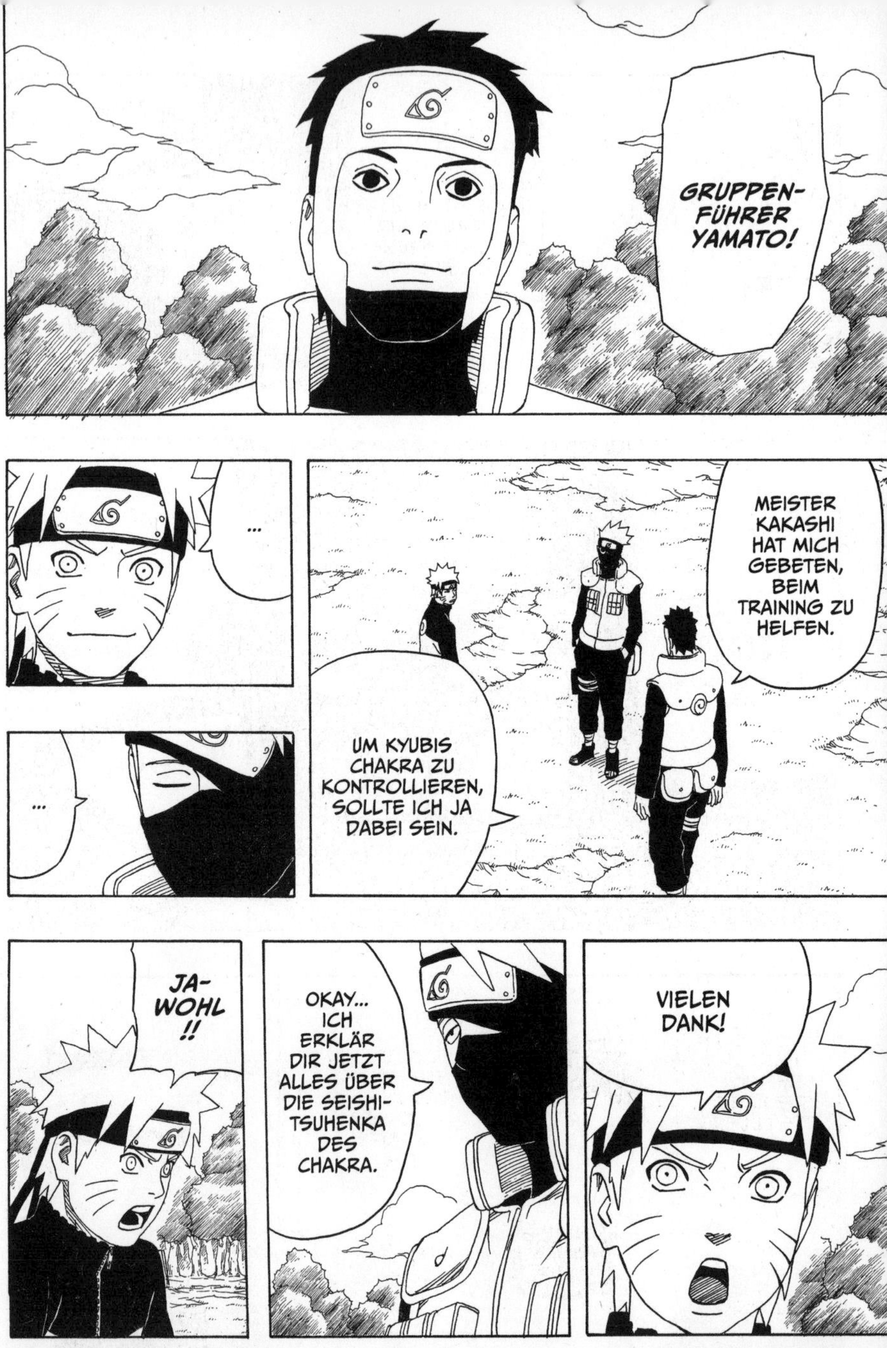
GRUPPEN-FÜHRER YAMATO!
MEISTER KAKASHI HAT MICH GEBETEN, BEIM TRAINING ZU HELFEN.
UM KYUBIS CHAKRA ZU KONTROLLIEREN, SOLLTE ICH JA DABEI SEIN.
...
...
VIELEN DANK!
OKAY... ICH ERKLÄR DIR JETZT ALLES ÜBER DIE SEISHI-TSUHENKA DES CHAKRA.
JA-WOHL!!

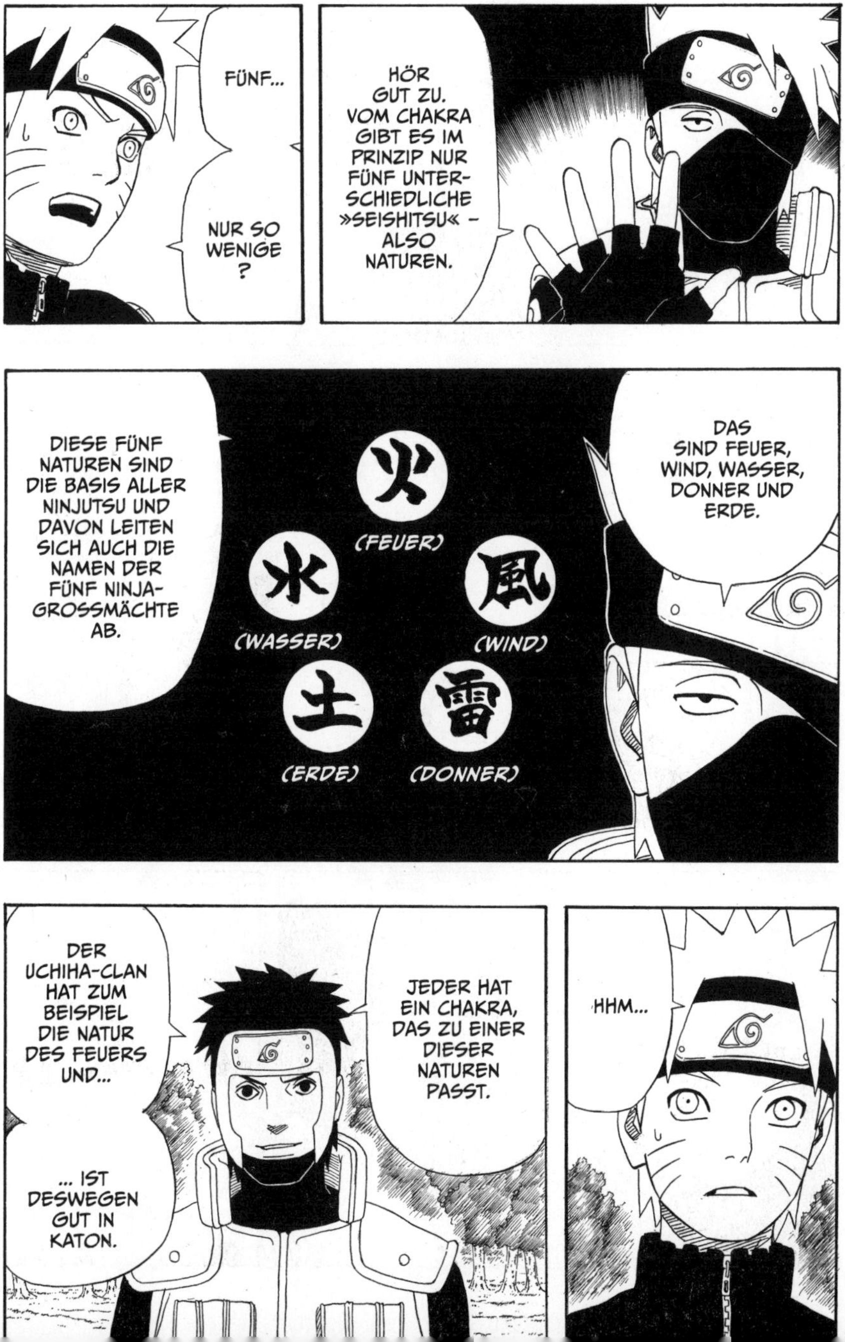
HÖR GUT ZU. VOM CHAKRA GIBT ES IM PRINZIP NUR FÜNF UNTER-SCHIEDLICHE »SEISHITSU« – ALSO NATUREN.
FÜNF...
NUR SO WENIGE ?
DAS SIND FEUER, WIND, WASSER, DONNER UND ERDE.
DIESE FÜNF NATUREN SIND DIE BASIS ALLER NINJUTSU UND DAVON LEITEN SICH AUCH DIE NAMEN DER FÜNF NINJA-GROSSMÄCHTE AB.
火
(FEUER)
風
(WIND)
水
(WASSER)
雷
(DONNER)
土
(ERDE)
HHM...
JEDER HAT EIN CHAKRA, DAS ZU EINER DIESER NATUREN PASST.
DER UCHIHA-CLAN HAT ZUM BEISPIEL DIE NATUR DES FEUERS UND...
... IST DESWEGEN GUT IN KATON.

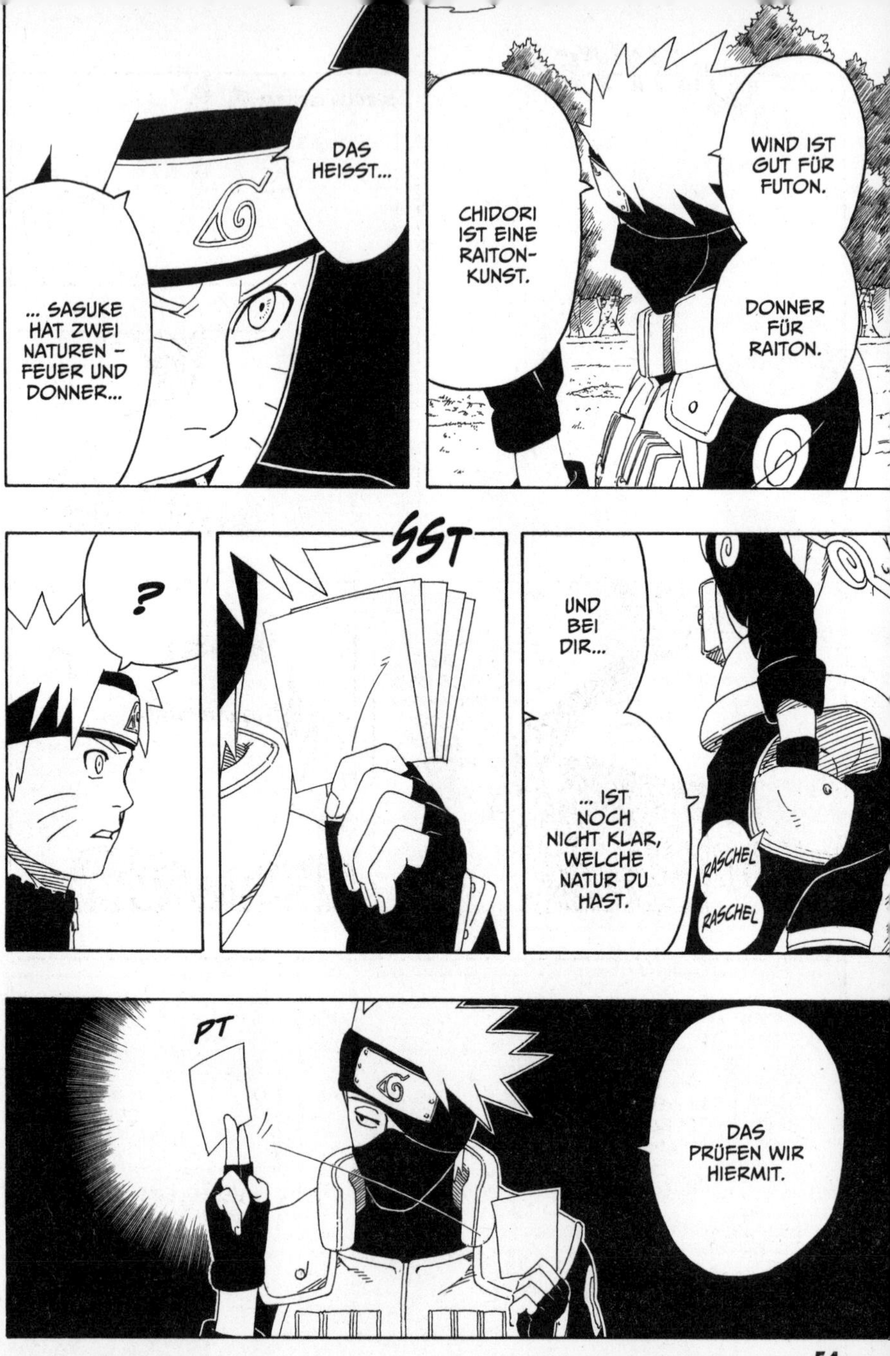
WIND IST GUT FÜR FUTON.
DONNER FÜR RAITON.
CHIDORI IST EINE RAITON-KUNST.
DAS HEISST...
... SASUKE HAT ZWEI NATUREN – FEUER UND DONNER...
UND BEI DIR...
... IST NOCH NICHT KLAR, WELCHE NATUR DU HAST.
RASCHEL
RASCHEL
SST
?
PT
DAS PRÜFEN WIR HIERMIT.

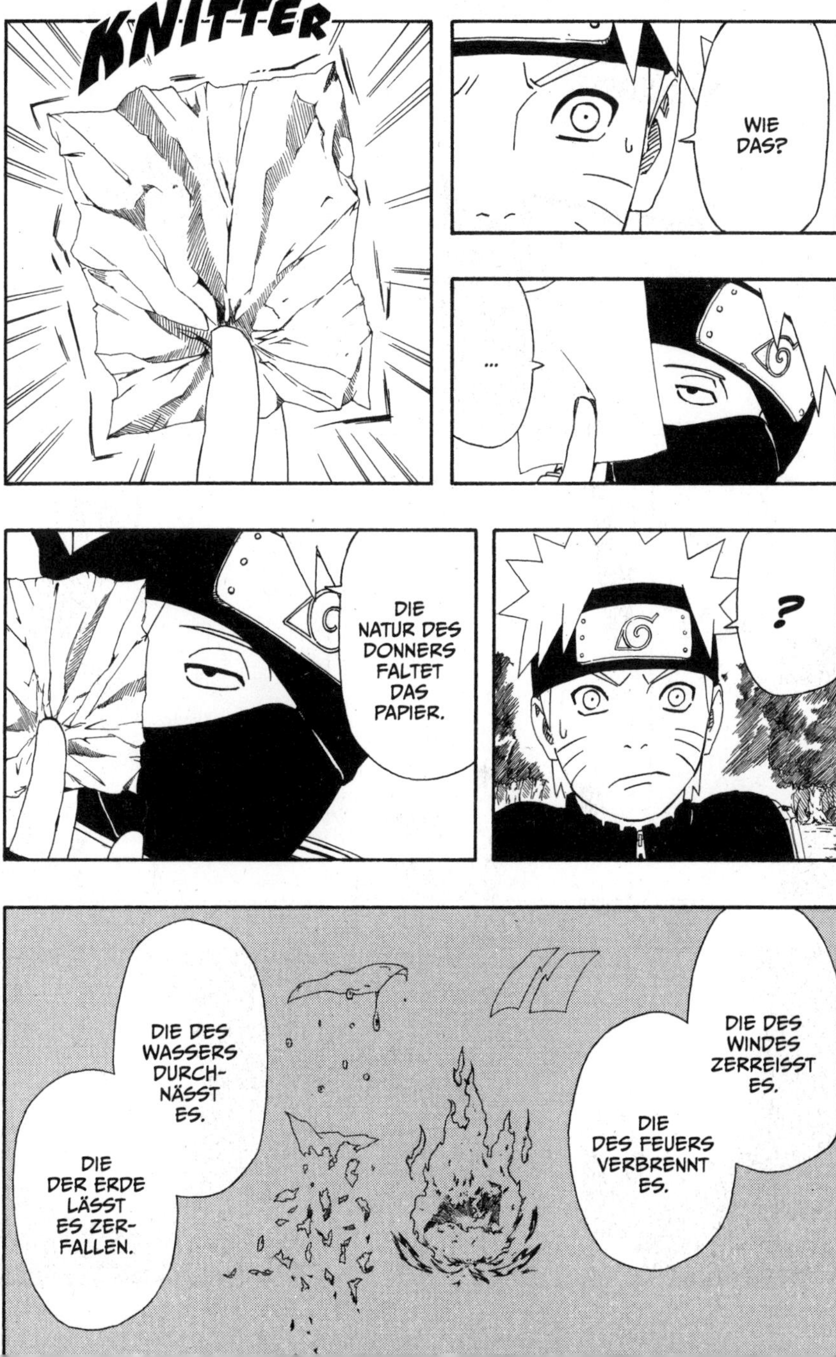
KNITTER
WIE DAS?
...
?
DIE NATUR DES DONNERS FALTET DAS PAPIER.
DIE DES WINDES ZERREISST ES.
DIE DES FEUERS VERBRENNT ES.
DIE DES WASSERS DURCH-NÄSST ES.
DIE DER ERDE LÄSST ES ZER-FALLEN.

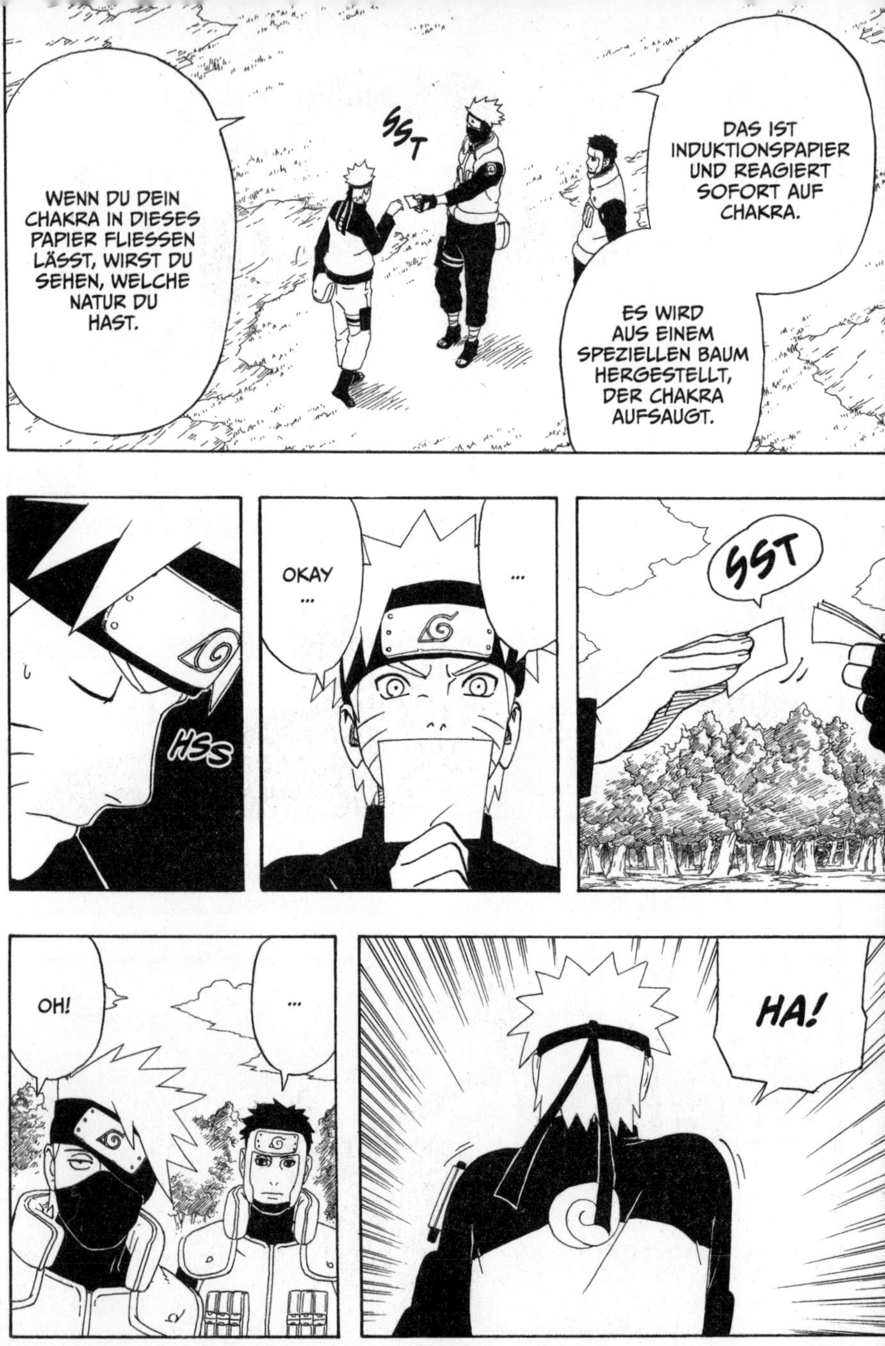
DAS IST INDUKTIONSPAPIER UND REAGIERT SOFORT AUF CHAKRA.
ES WIRD AUS EINEM SPEZIELLEN BAUM HERGESTELLT, DER CHAKRA AUFSAUGT.
SST
WENN DU DEIN CHAKRA IN DIESES PAPIER FLIESSEN LÄSST, WIRST DU SEHEN, WELCHE NATUR DU HAST.
SST
...
OKAY ...
HSS
HA!
...
OH!

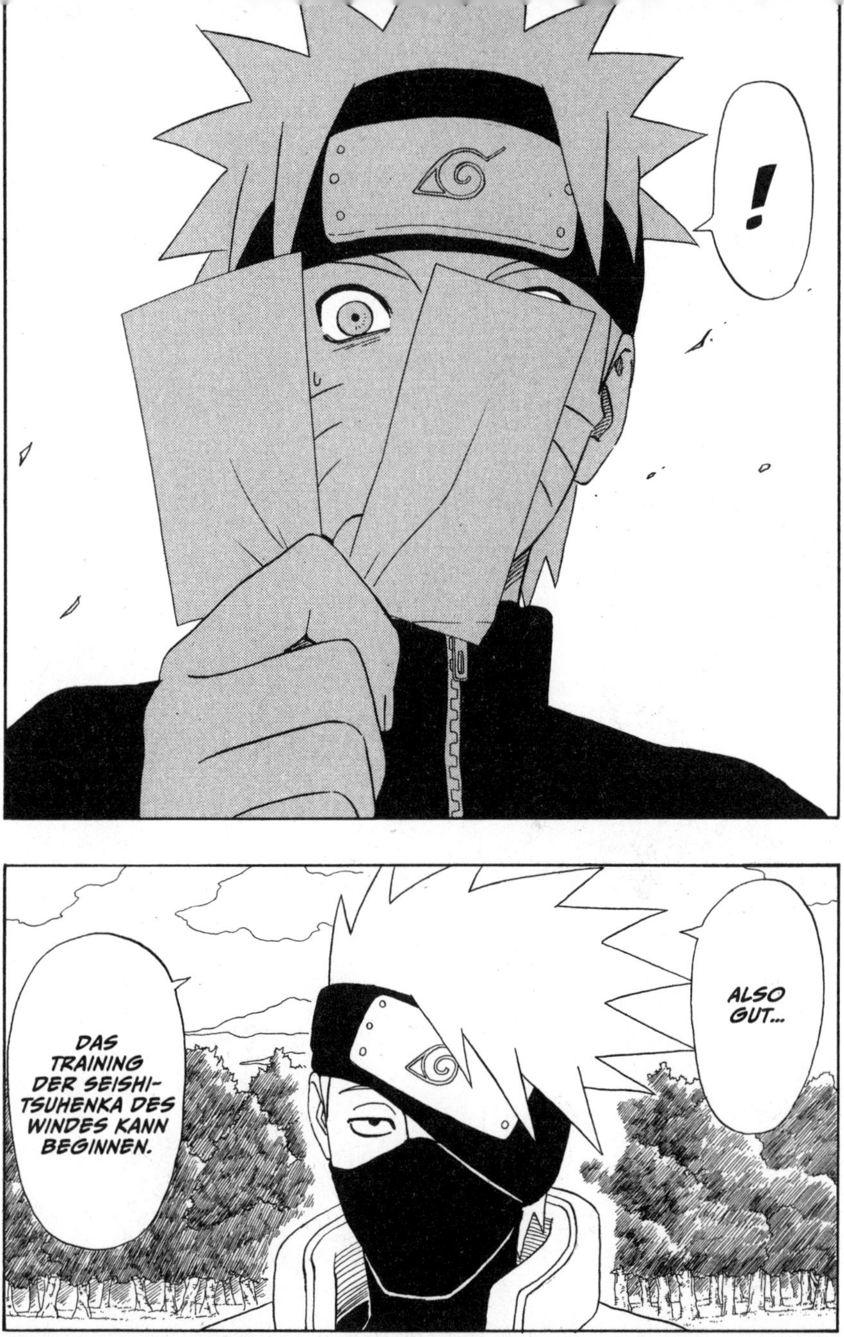
!
ALSO GUT...
DAS TRAINING DER SEISHI-TSUHENKA DES WINDES KANN BEGINNEN.

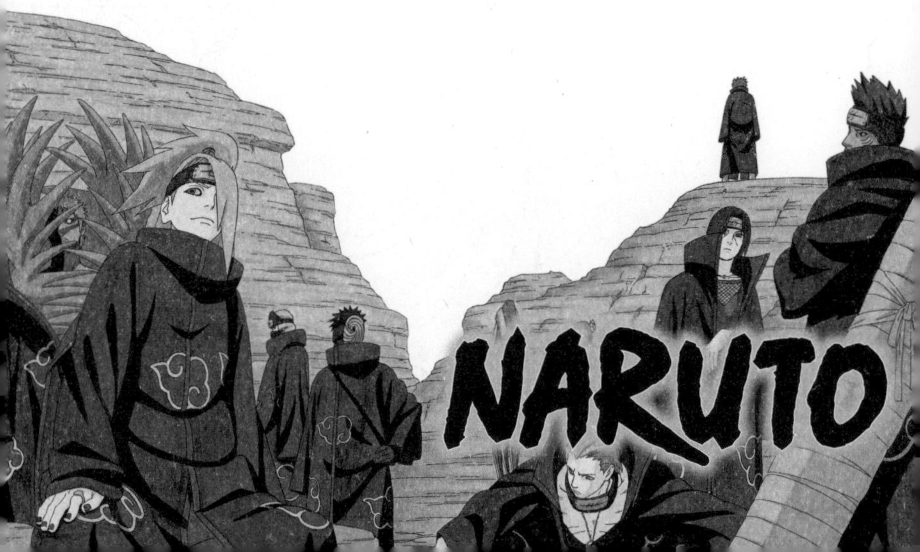
NARUTO

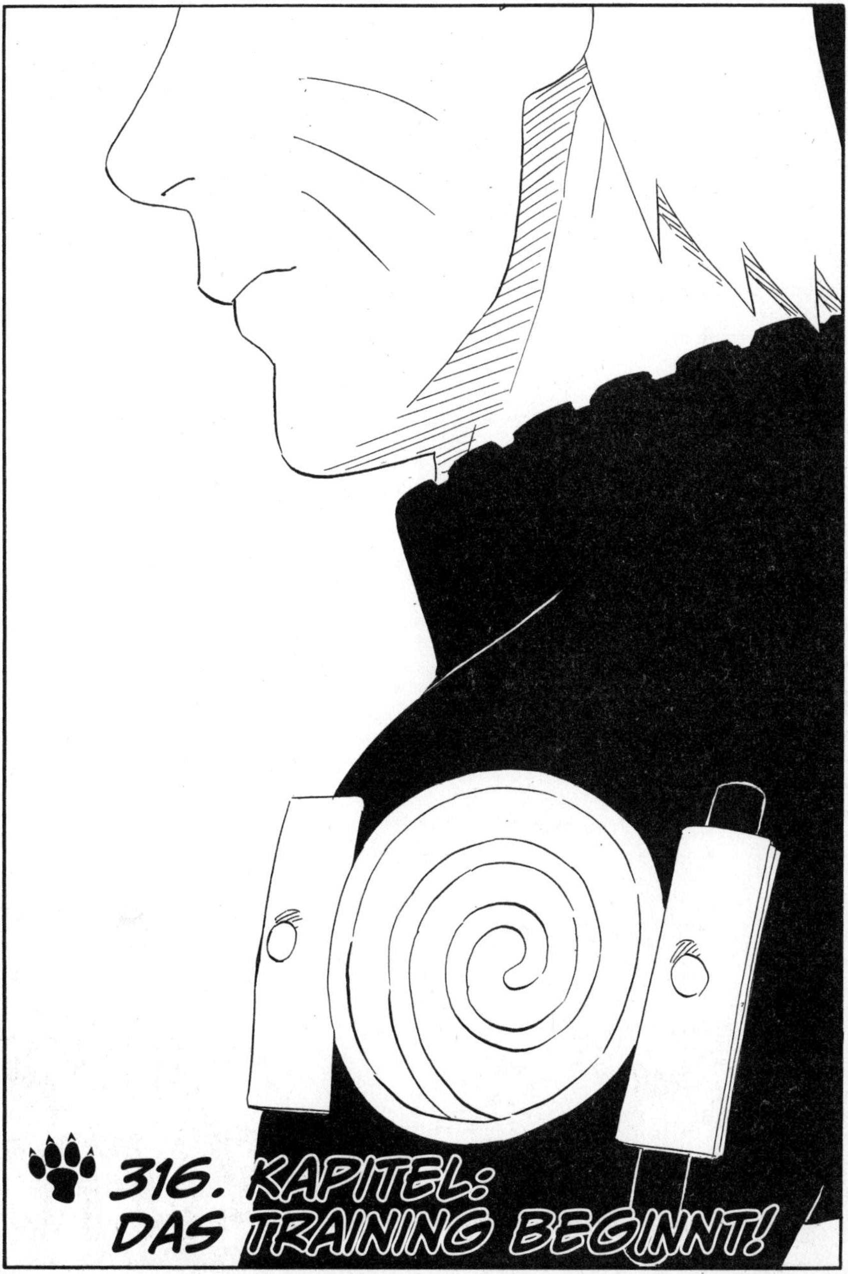
316. KAPITEL:
DAS TRAINING BEGINNT!

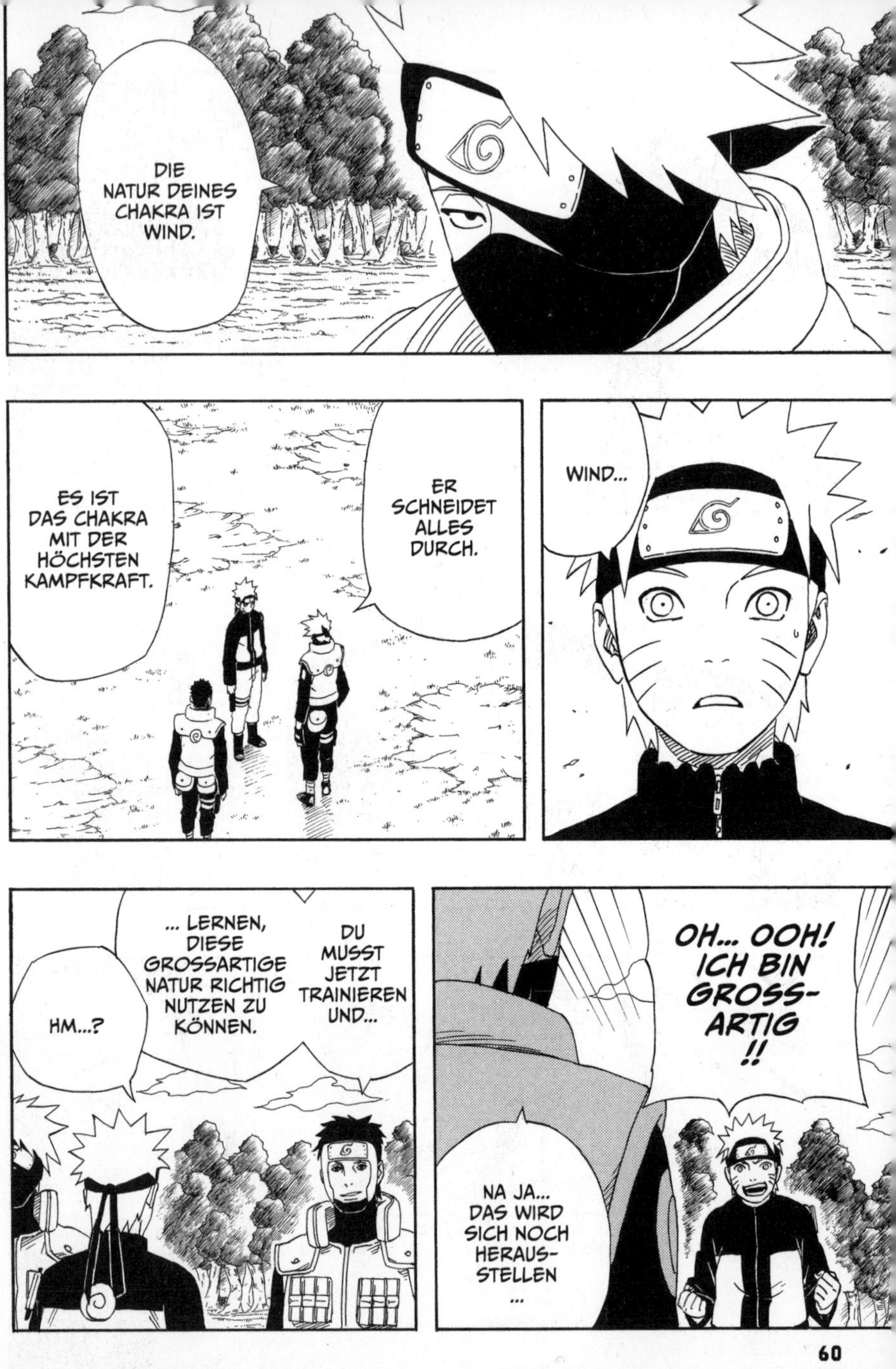
DIE NATUR DEINES CHAKRA IST WIND.
WIND...
ER SCHNEIDET ALLES DURCH.
ES IST DAS CHAKRA MIT DER HÖCHSTEN KAMPFKRAFT.
OH... OOH! ICH BIN GROSS-ARTIG!!
NA JA... DAS WIRD SICH NOCH HERAUS-STELLEN ...
DU MUSST JETZT TRAINIEREN UND...
... LERNEN, DIESE GROSSARTIGE NATUR RICHTIG NUTZEN ZU KÖNNEN.
HM...?

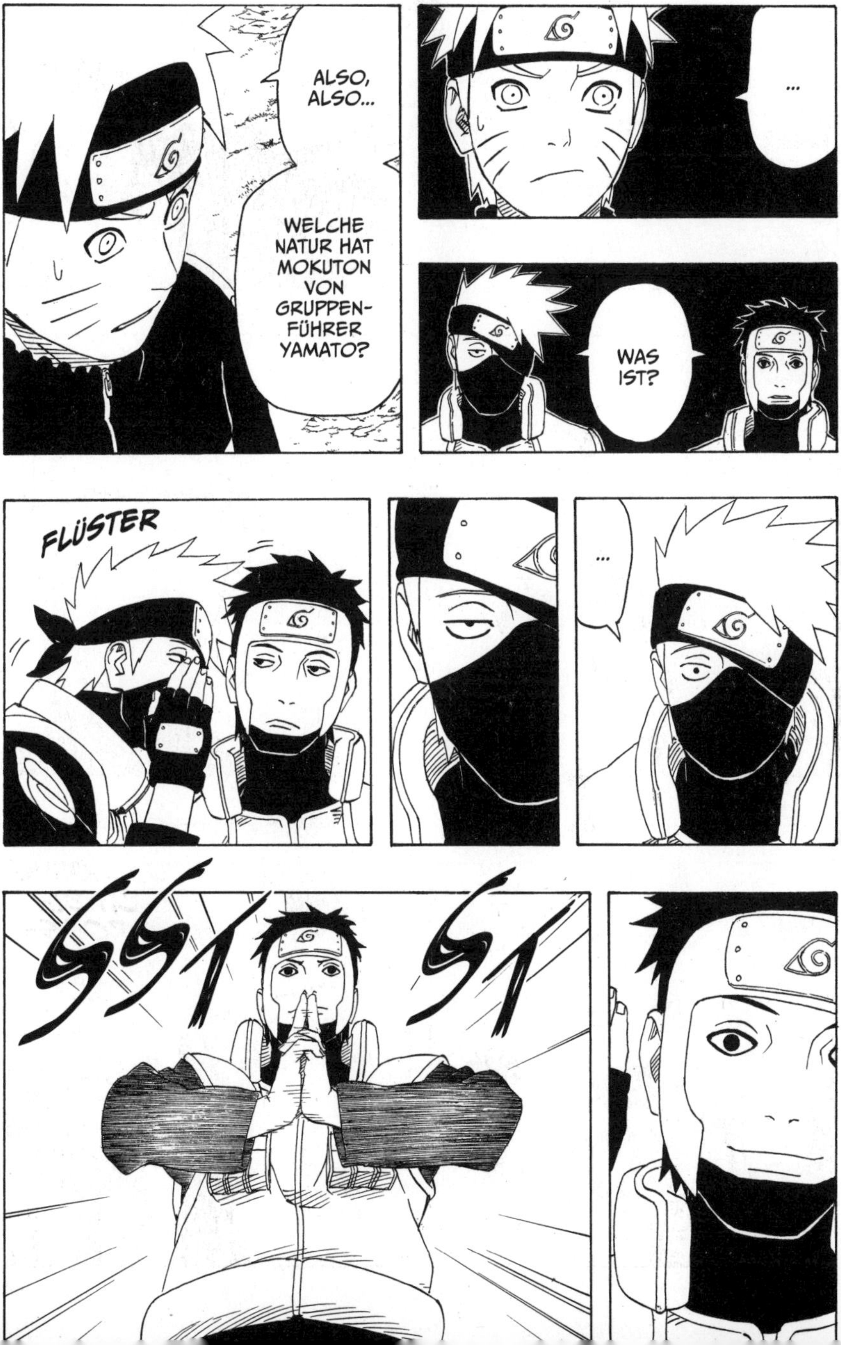
...
ALSO, ALSO...
WELCHE NATUR HAT MOKUTON VON GRUPPEN-FÜHRER YAMATO?
WAS IST?
...
FLÜSTER
SSI SI

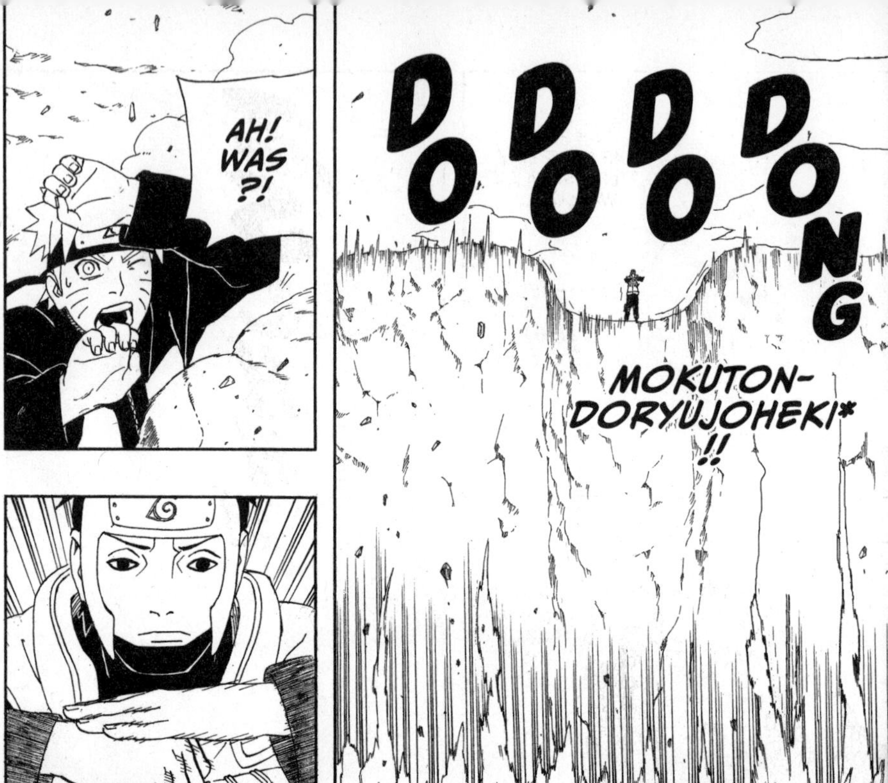

* DO = ERDE, RYU = STRÖMUNG, JOHEKI = MAUER

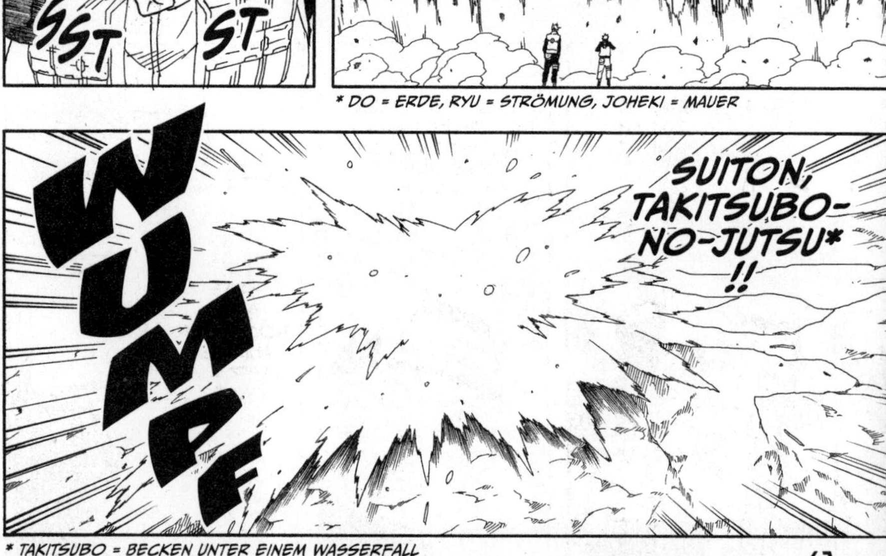

* TAKITSUBO = BECKEN UNTER EINEM WASSERFALL

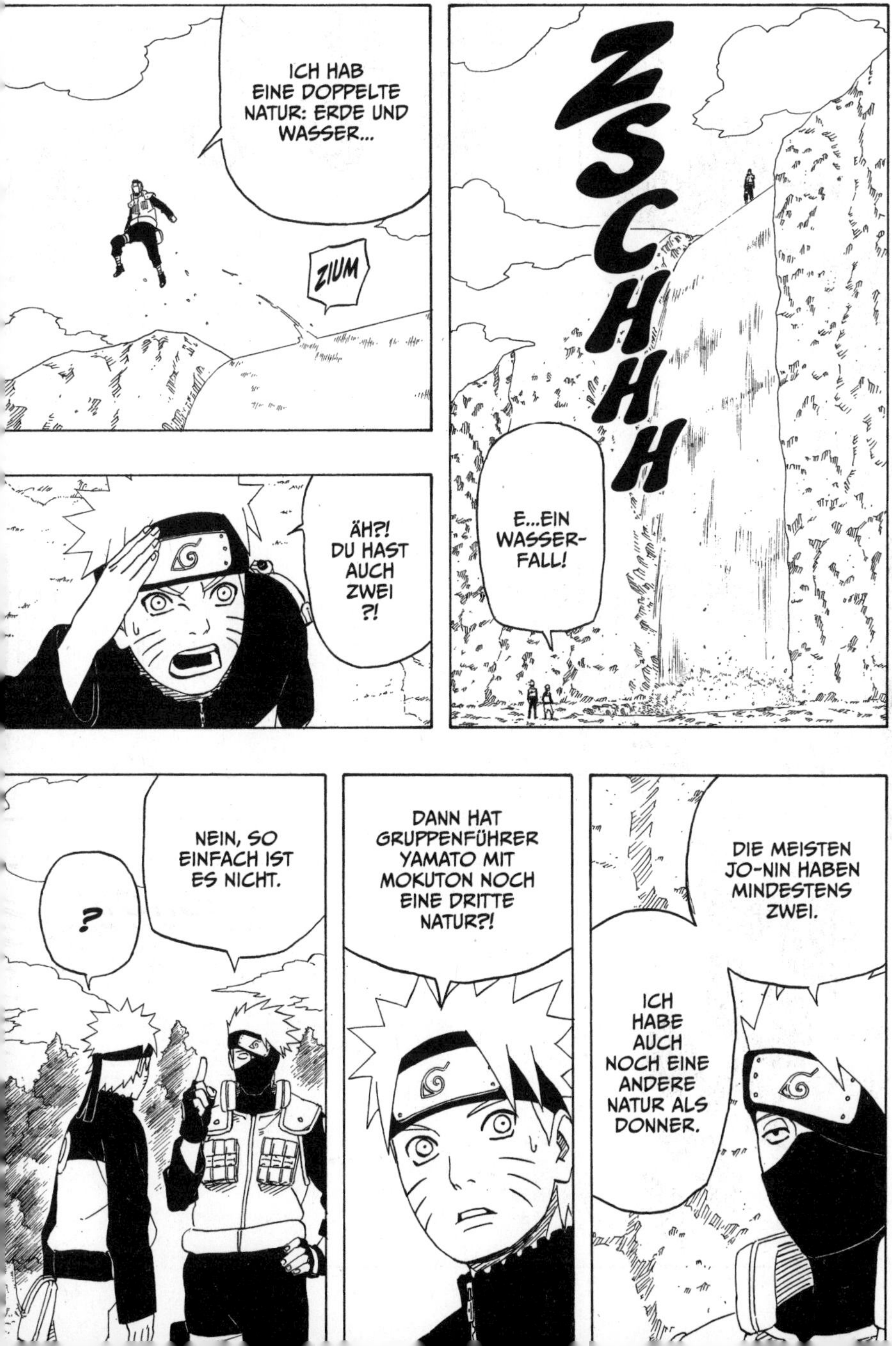
ZSCHHHH
E...EIN WASSER-FALL!
ICH HAB EINE DOPPELTE NATUR: ERDE UND WASSER...
ZIUM
ÄH?! DU HAST AUCH ZWEI ?!
DIE MEISTEN JO-NIN HABEN MINDESTENS ZWEI.
ICH HABE AUCH NOCH EINE ANDERE NATUR ALS DONNER.
DANN HAT GRUPPENFÜHRER YAMATO MIT MOKUTON NOCH EINE DRITTE NATUR?!
NEIN, SO EINFACH IST ES NICHT.
?

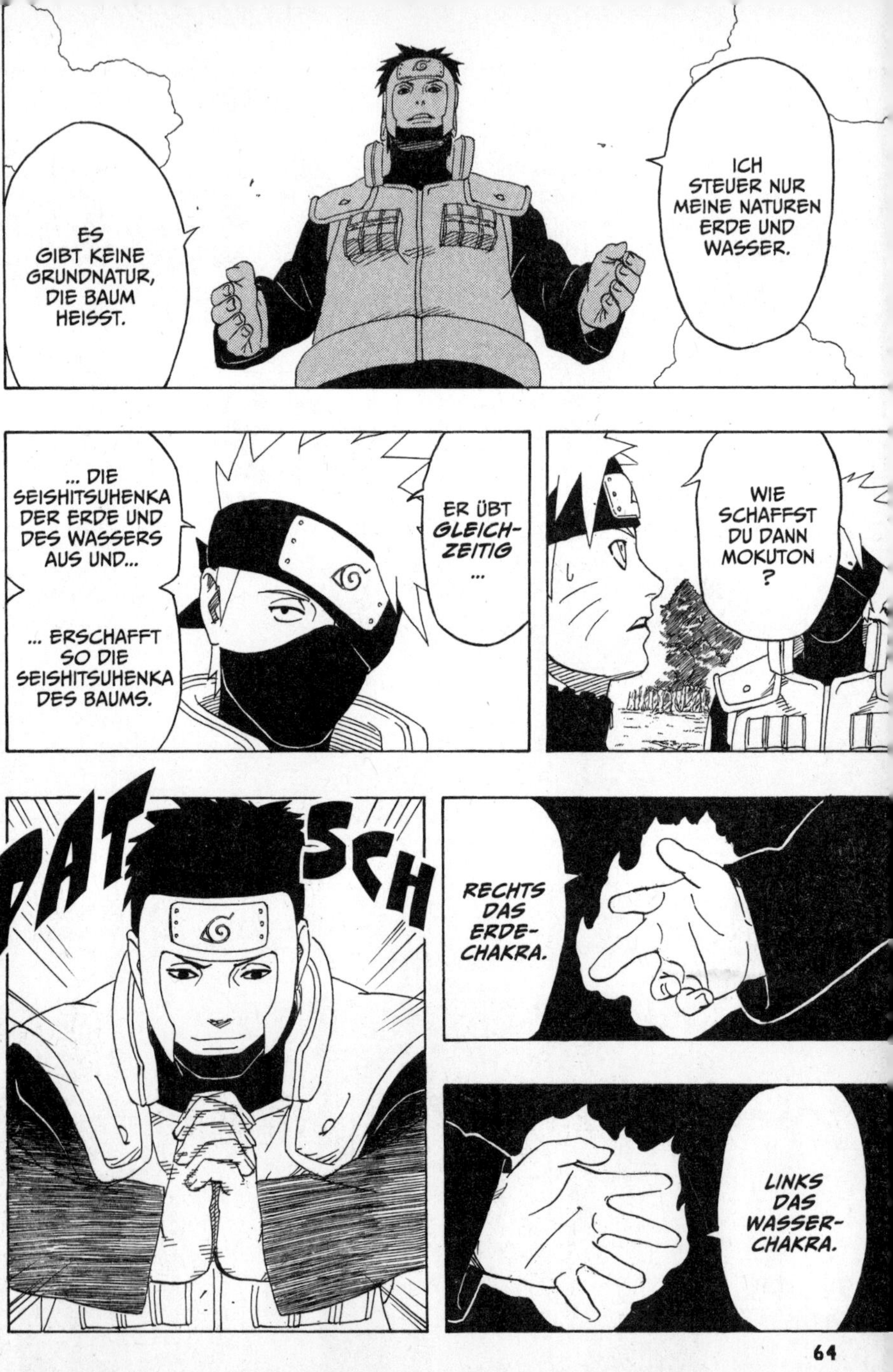
ICH STEUER NUR MEINE NATUREN ERDE UND WASSER.
ES GIBT KEINE GRUNDNATUR, DIE BAUM HEISST.
WIE SCHAFFST DU DANN MOKUTON?
ER ÜBT GLEICHZEITIG ...
... DIE SEISHITSUHENKA DER ERDE UND DES WASSERS AUS UND...
... ERSCHAFFT SO DIE SEISHITSUHENKA DES BAUMS.
RECHTS DAS ERDE-CHAKRA.
LINKS DAS WASSER-CHAKRA.
DATSCH

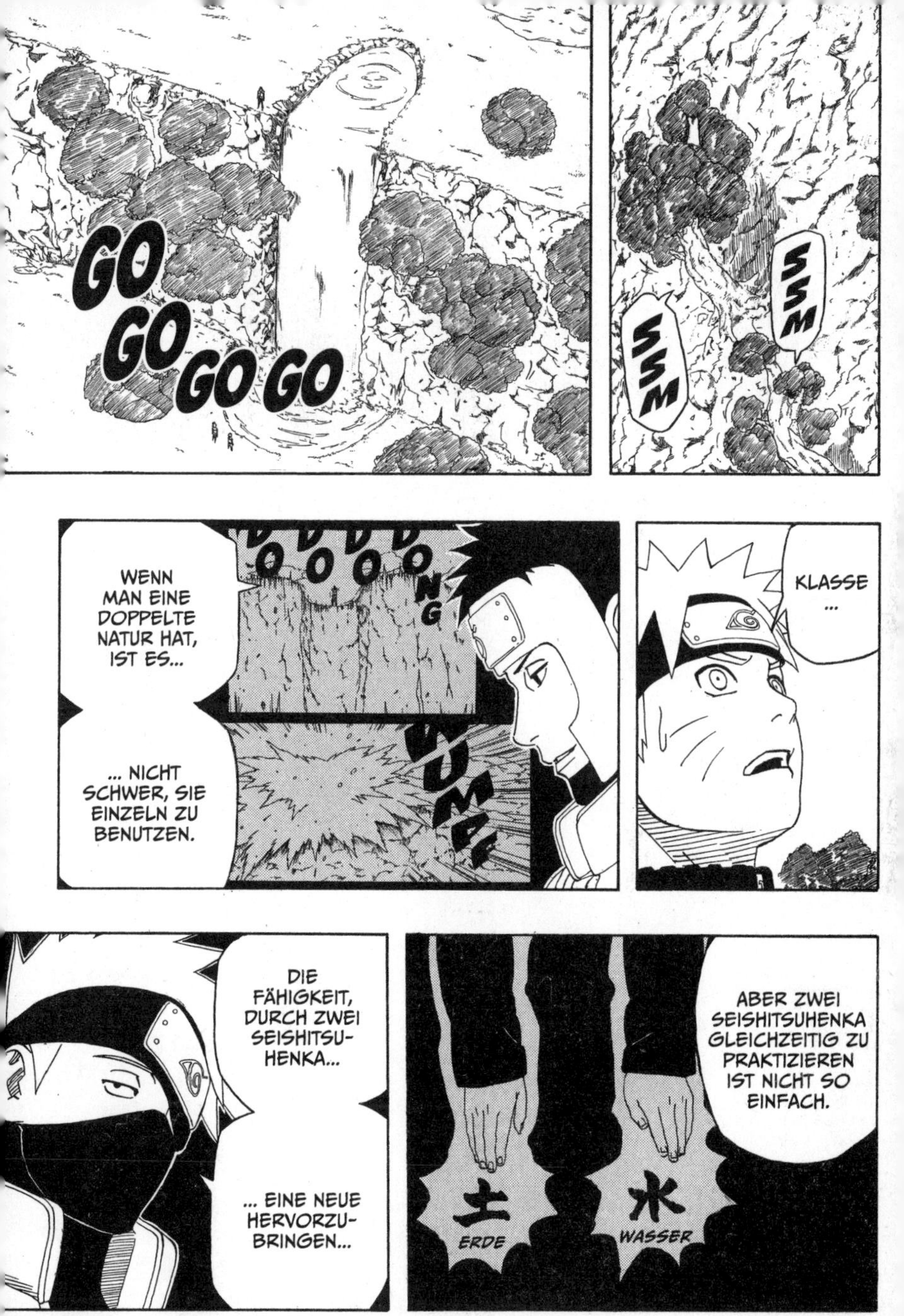
SSM
SSM
GO GO GO GO
KLASSE ...
DODODODONG
WENN MAN EINE DOPPELTE NATUR HAT, IST ES...
... NICHT SCHWER, SIE EINZELN ZU BENUTZEN.
ABER ZWEI SEISHITSUHENKA GLEICHZEITIG ZU PRAKTIZIEREN IST NICHT SO EINFACH.
水
WASSER
土
ERDE
DIE FÄHIGKEIT, DURCH ZWEI SEISHITSU-HENKA...
... EINE NEUE HERVORZUBRINGEN...

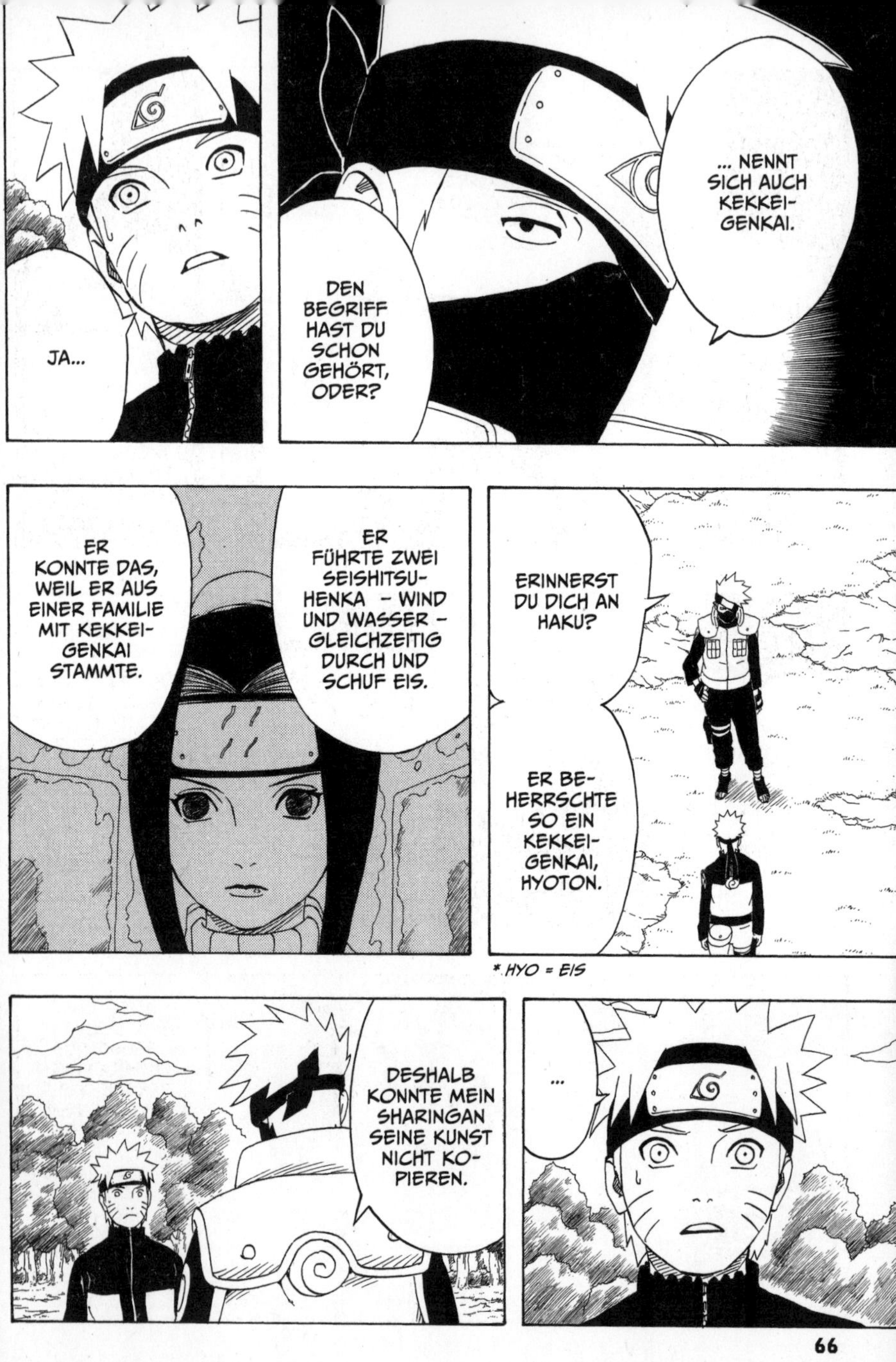
... NENNT SICH AUCH KEKKEI-GENKAI.
DEN BEGRIFF HAST DU SCHON GEHÖRT, ODER?
JA...
ERINNERST DU DICH AN HAKU?
ER BEHERRSCHTE SO EIN KEKKEI-GENKAI, HYOTON.
ER FÜHRTE ZWEI SEISHITSU-HENKA - WIND UND WASSER - GLEICHZEITIG DURCH UND SCHUF EIS.
ER KONNTE DAS, WEIL ER AUS EINER FAMILIE MIT KEKKEI-GENKAI STAMMTE.
*HYO = EIS
...
DESHALB KONNTE MEIN SHARINGAN SEINE KUNST NICHT KOPIEREN.

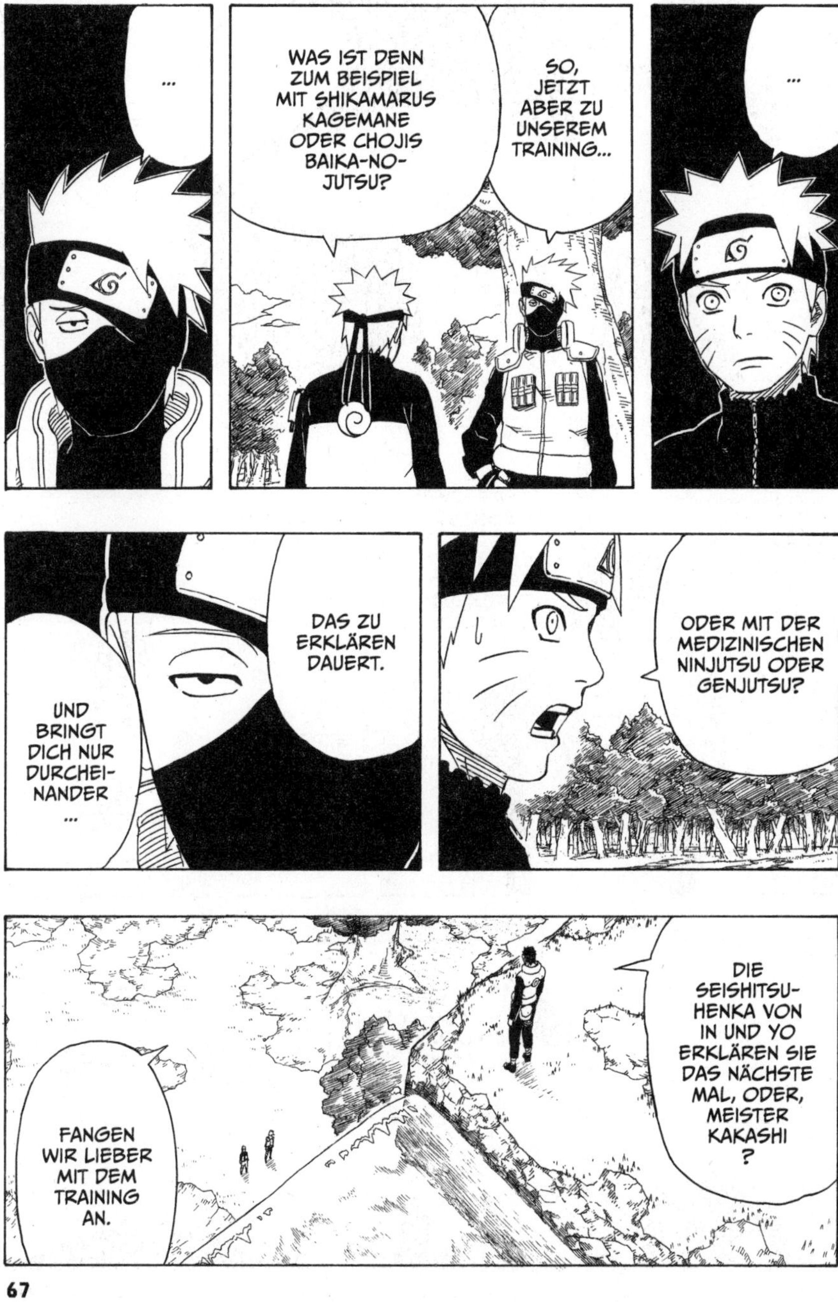
...
SO, JETZT ABER ZU UNSEREM TRAINING...
WAS IST DENN ZUM BEISPIEL MIT SHIKAMARUS KAGEMANE ODER CHOJIS BAIKA-NO-JUTSU?
...
ODER MIT DER MEDIZINISCHEN NINJUTSU ODER GENJUTSU?
DAS ZU ERKLÄREN DAUERT.
UND BRINGT DICH NUR DURCHEI-NANDER ...
DIE SEISHITSU-HENKA VON IN UND YO ERKLÄREN SIE DAS NÄCHSTE MAL, ODER, MEISTER KAKASHI ?
FANGEN WIR LIEBER MIT DEM TRAINING AN.

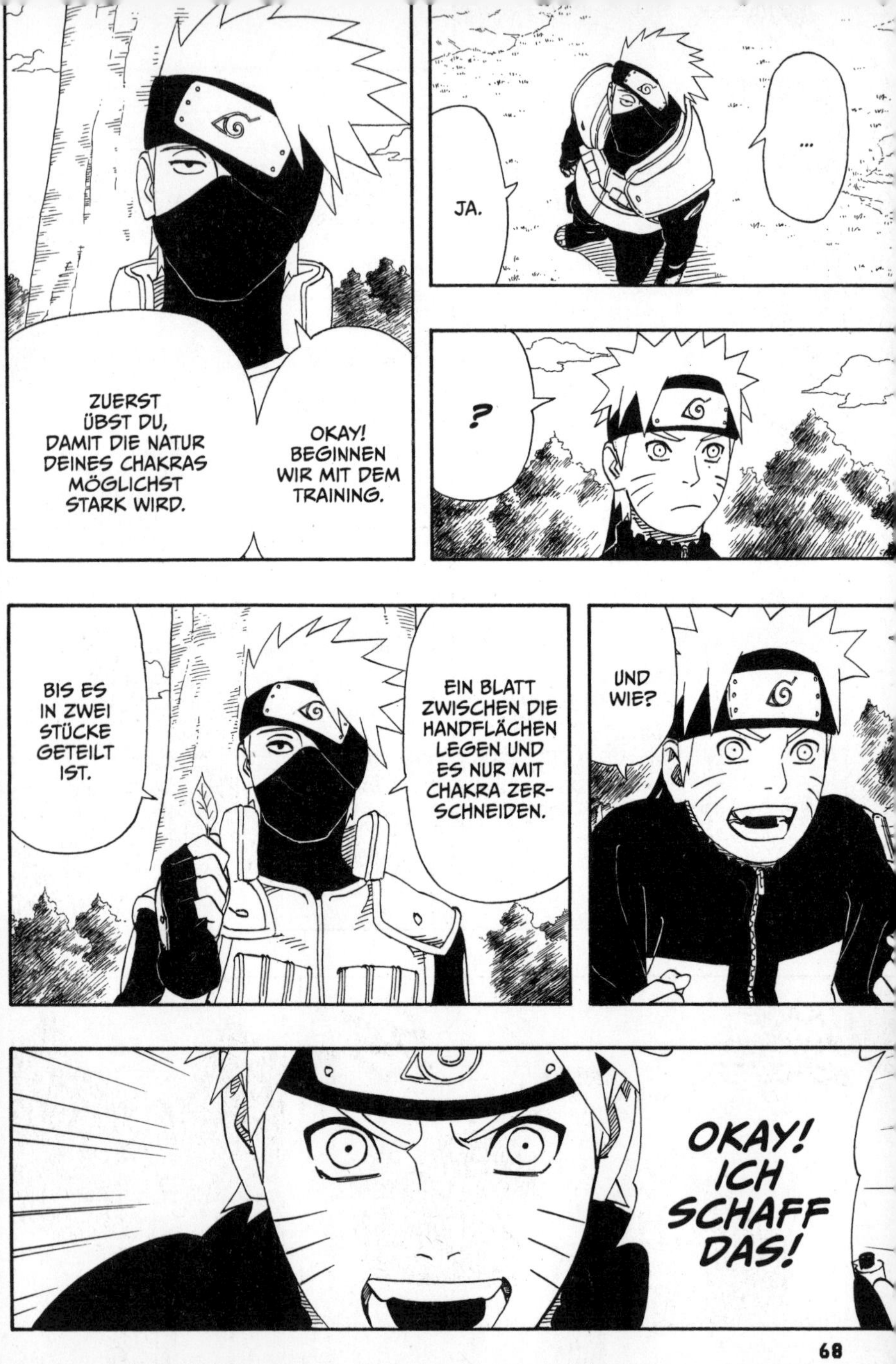
...
JA.
?
OKAY! BEGINNEN WIR MIT DEM TRAINING.
ZUERST ÜBST DU, DAMIT DIE NATUR DEINES CHAKRAS MÖGLICHST STARK WIRD.
UND WIE?
EIN BLATT ZWISCHEN DIE HANDFLÄCHEN LEGEN UND ES NUR MIT CHAKRA ZER-SCHNEIDEN.
BIS ES IN ZWEI STÜCKE GETEILT IST.
OKAY! ICH SCHAFF DAS!

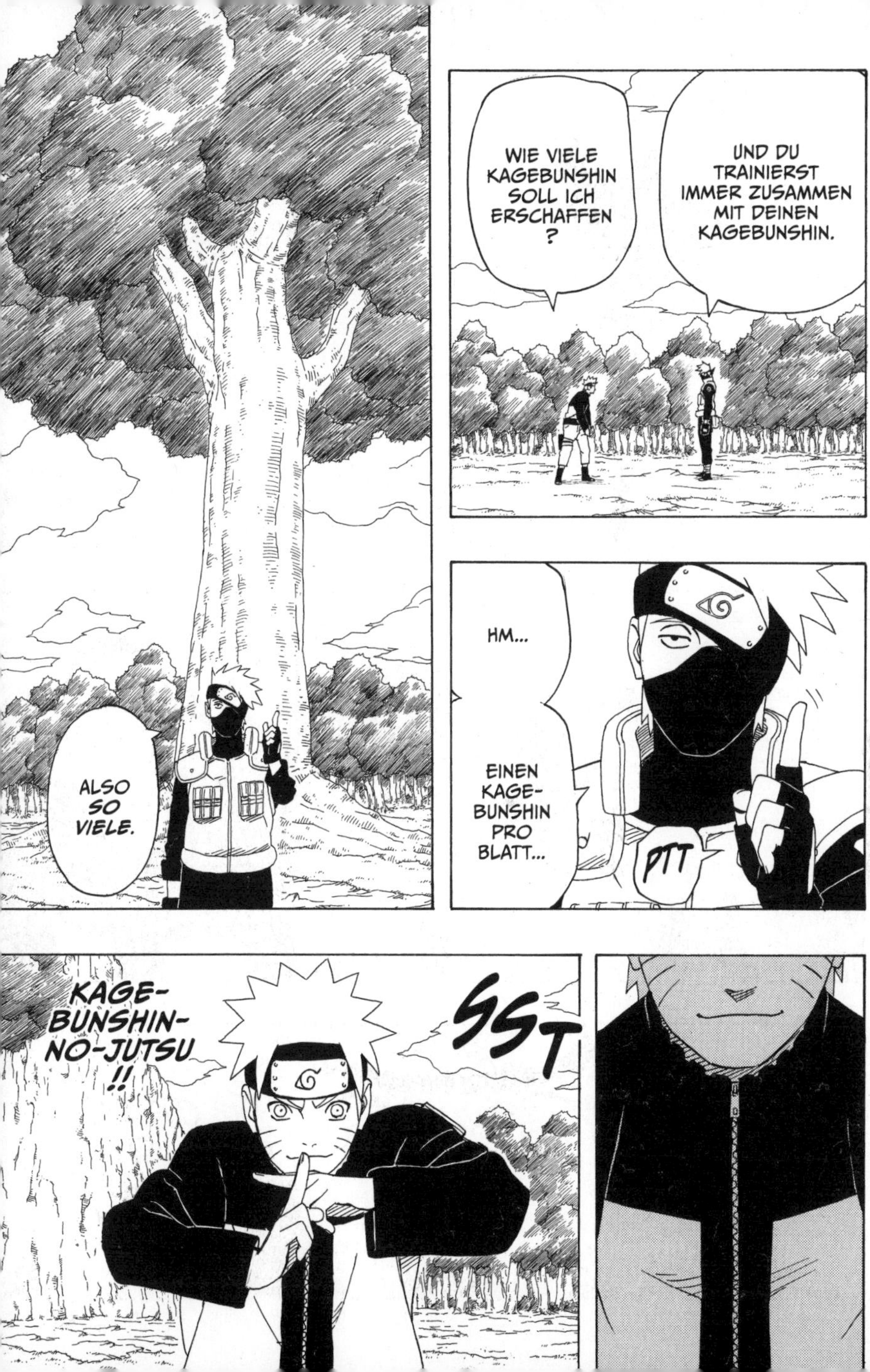
UND DU TRAINIERST IMMER ZUSAMMEN MIT DEINEN KAGEBUNSHIN.
WIE VIELE KAGEBUNSHIN SOLL ICH ERSCHAFFEN ?
HM...
EINEN KAGE-BUNSHIN PRO BLATT...
PTT
ALSO SO VIELE.
SST
KAGE-BUNSHIN-NO-JUTSU !!

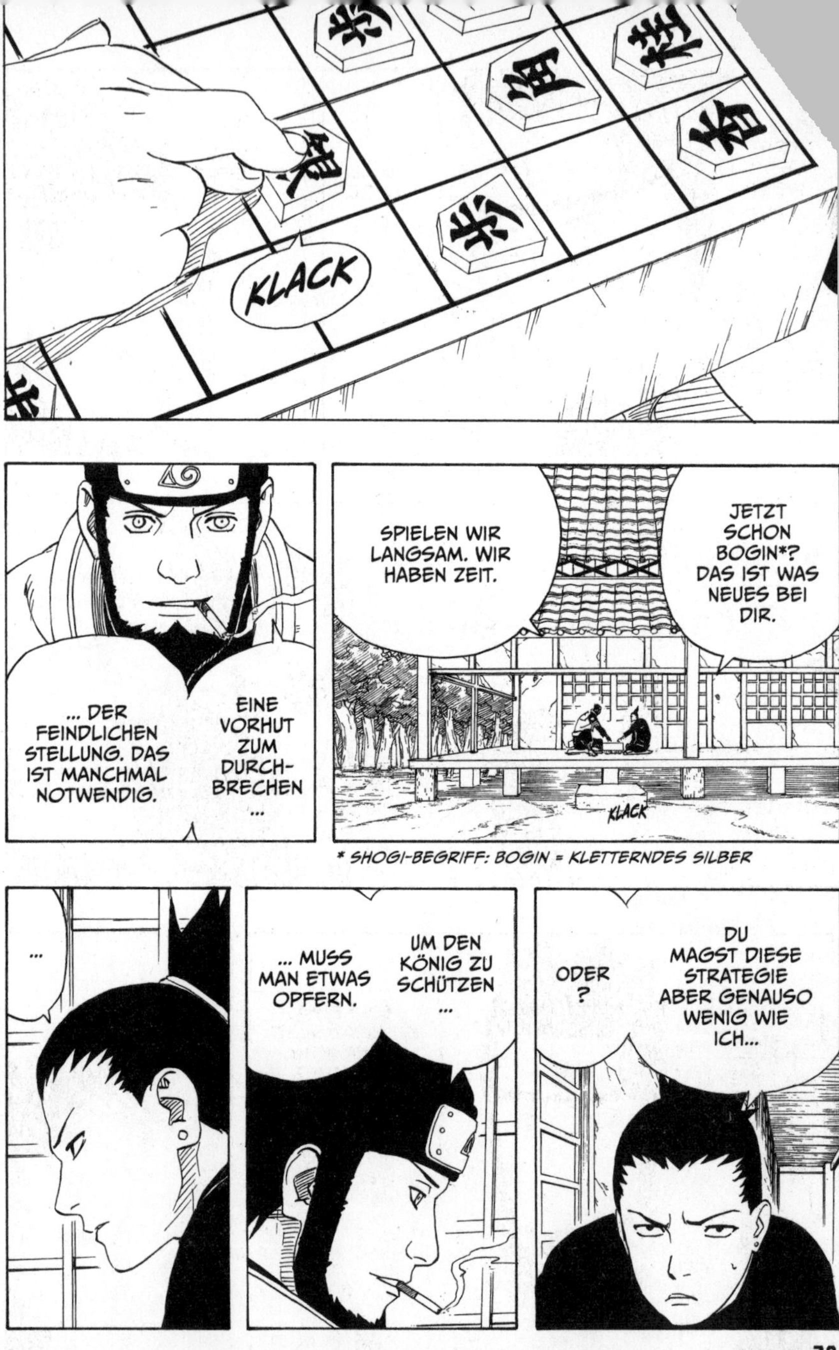

* SHOGI-BEGRIFF: BOGIN = KLETTERNDES SILBER

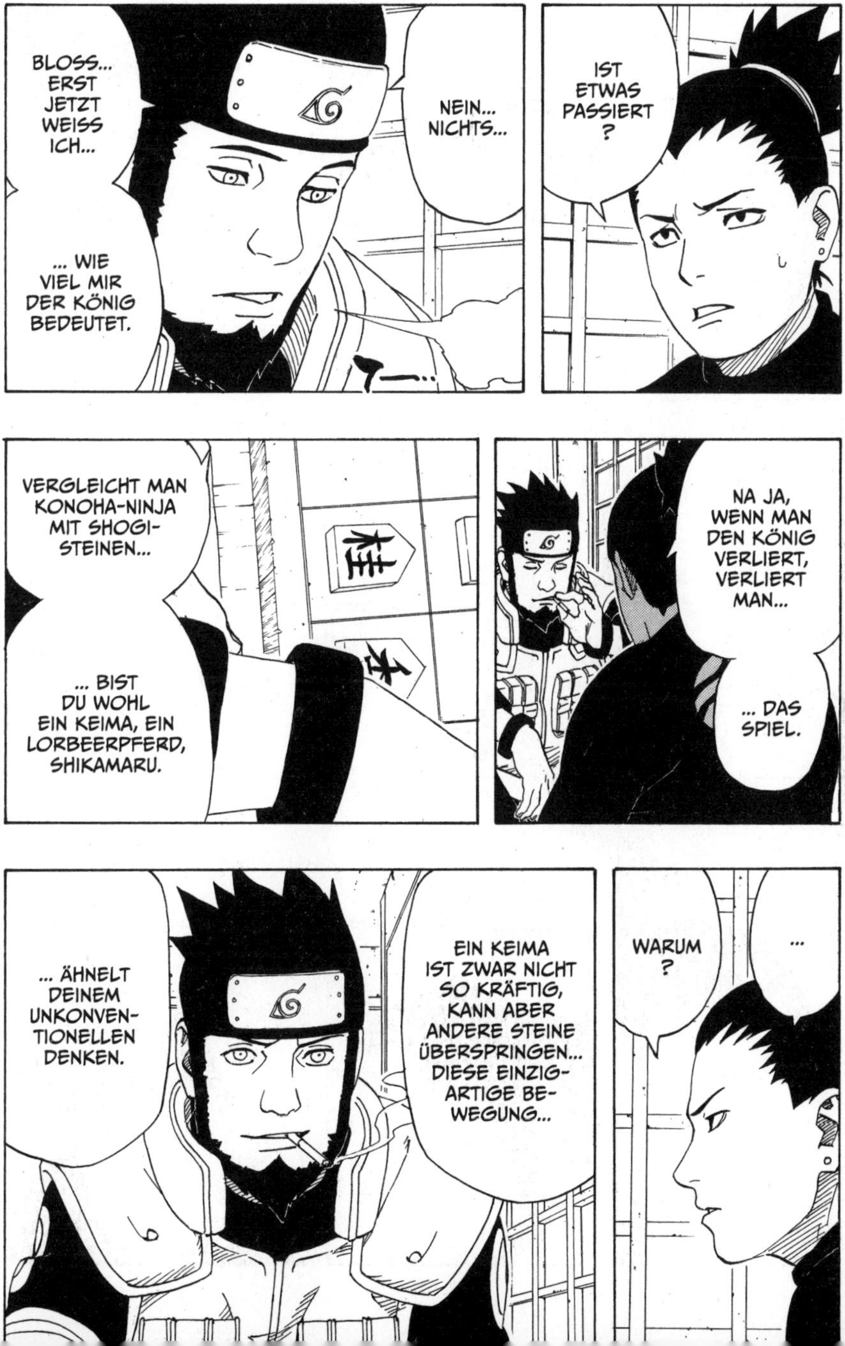
IST ETWAS PASSIERT?
NEIN... NICHTS...
BLOSS... ERST JETZT WEISS ICH...
... WIE VIEL MIR DER KÖNIG BEDEUTET.
NA JA, WENN MAN DEN KÖNIG VERLIERT, VERLIERT MAN...
... DAS SPIEL.
VERGLEICHT MAN KONOHA-NINJA MIT SHOGI-STEINEN...
... BIST DU WOHL EIN KEIMA, EIN LORBEERPFERD, SHIKAMARU.
...
WARUM?
EIN KEIMA IST ZWAR NICHT SO KRÄFTIG, KANN ABER ANDERE STEINE ÜBERSPRINGEN... DIESE EINZIG-ARTIGE BE-WEGUNG...
... ÄHNELT DEINEM UNKONVENTIONELLEN DENKEN.

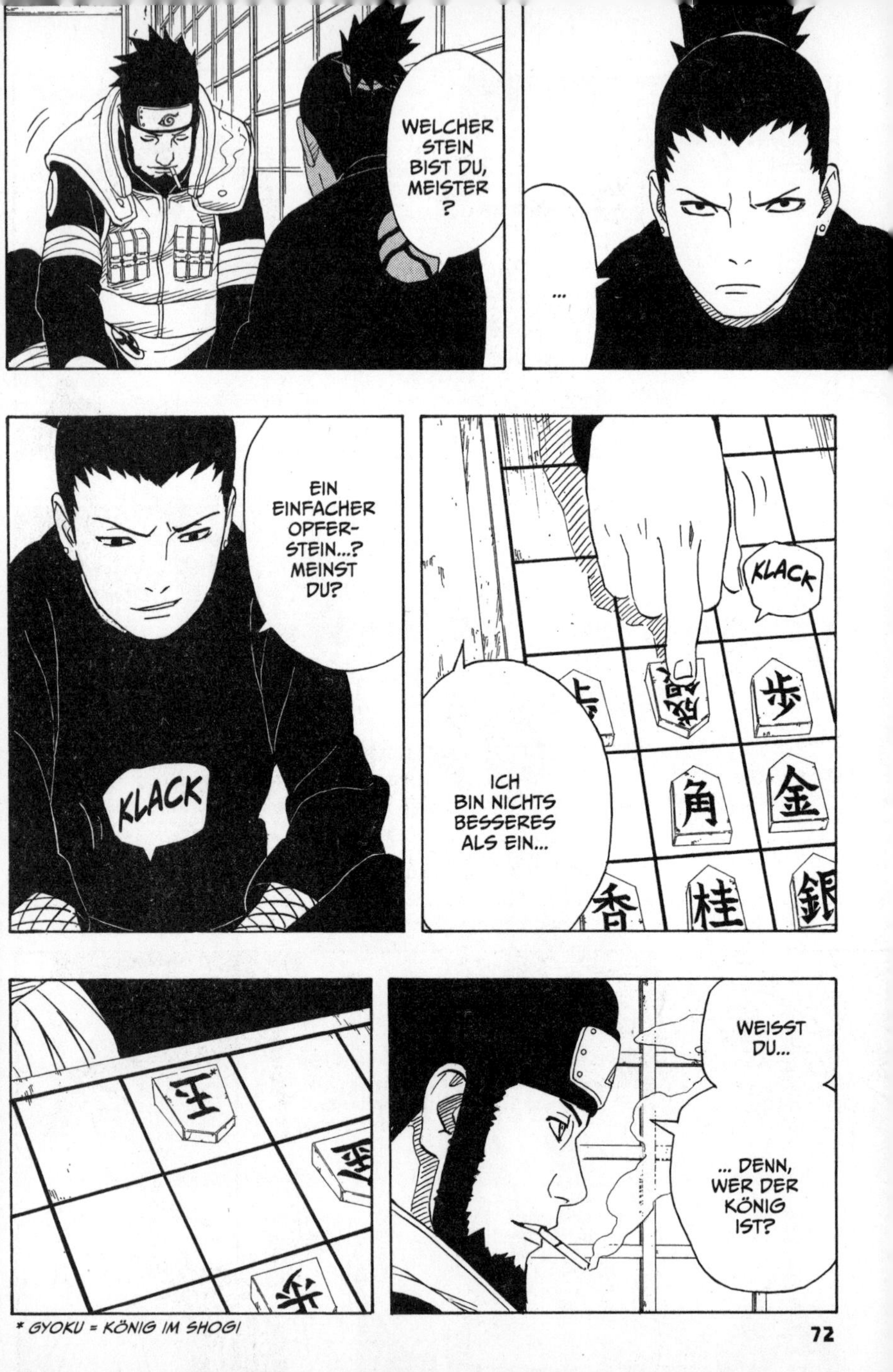

* GYOKU = KÖNIG IM SHOGI

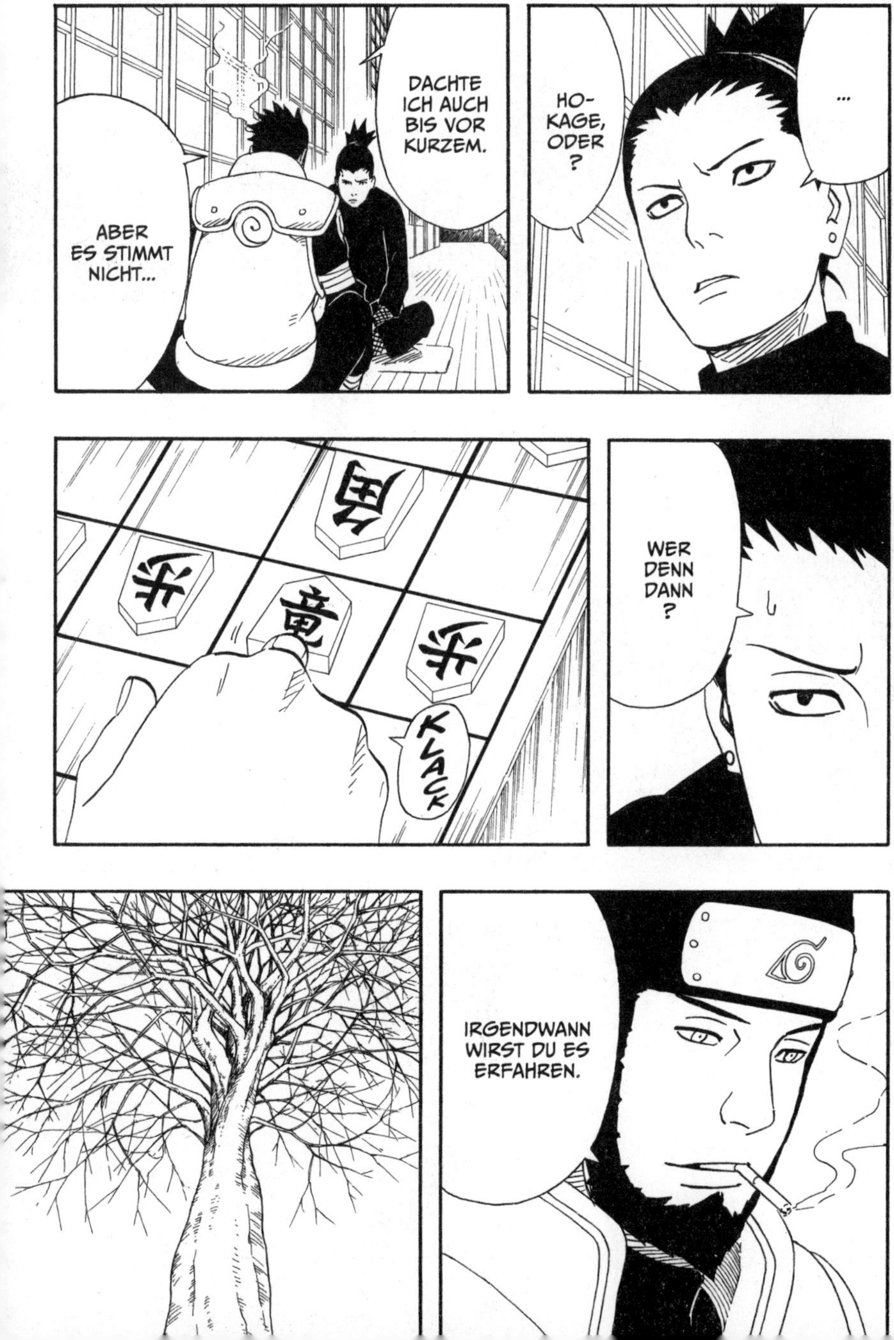
...
HO-KAGE, ODER ?
DACHTE ICH AUCH BIS VOR KURZEM.
ABER ES STIMMT NICHT...
WER DENN DANN ?
KLACK
IRGENDWANN WIRST DU ES ERFAHREN.

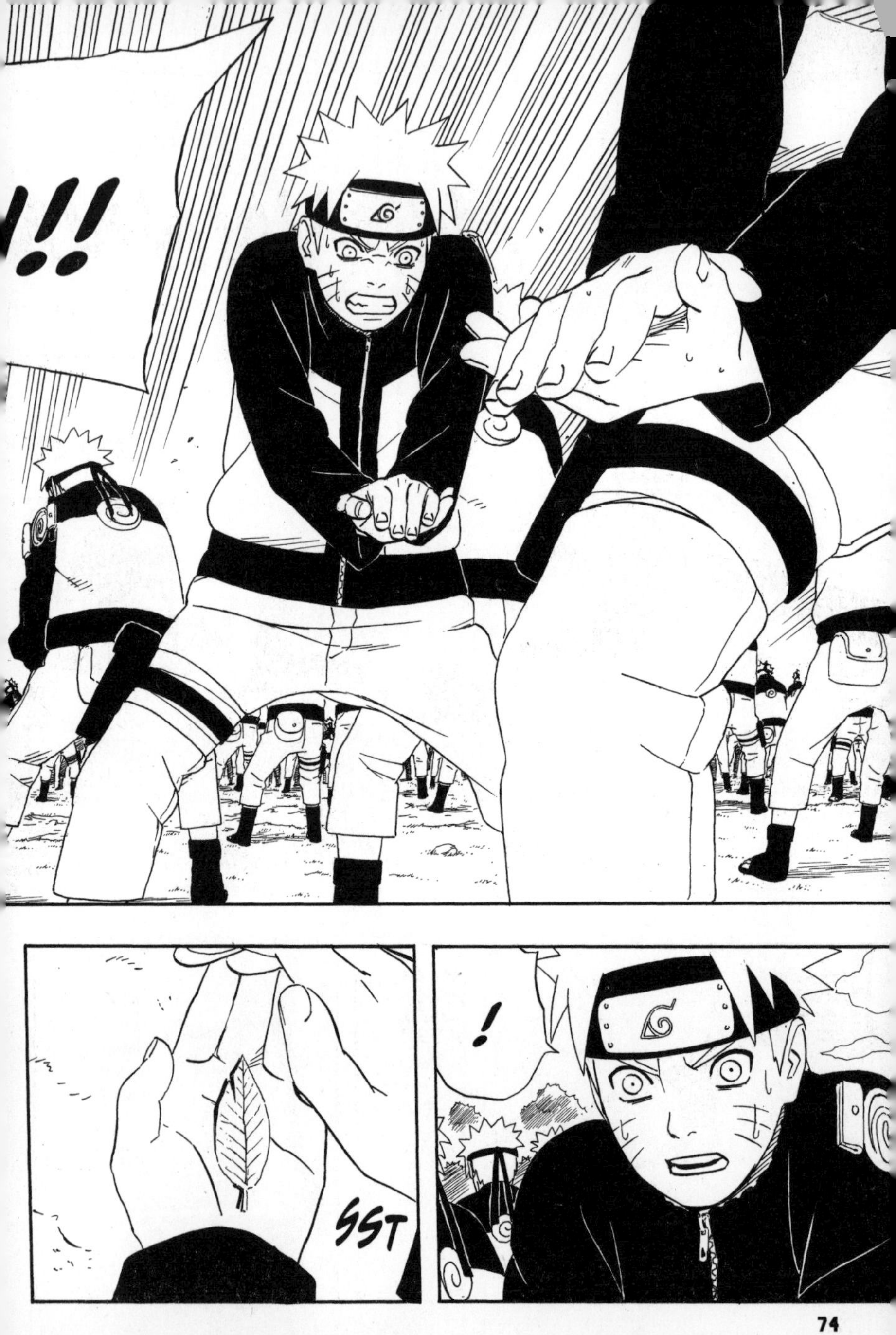
!!
SST
!

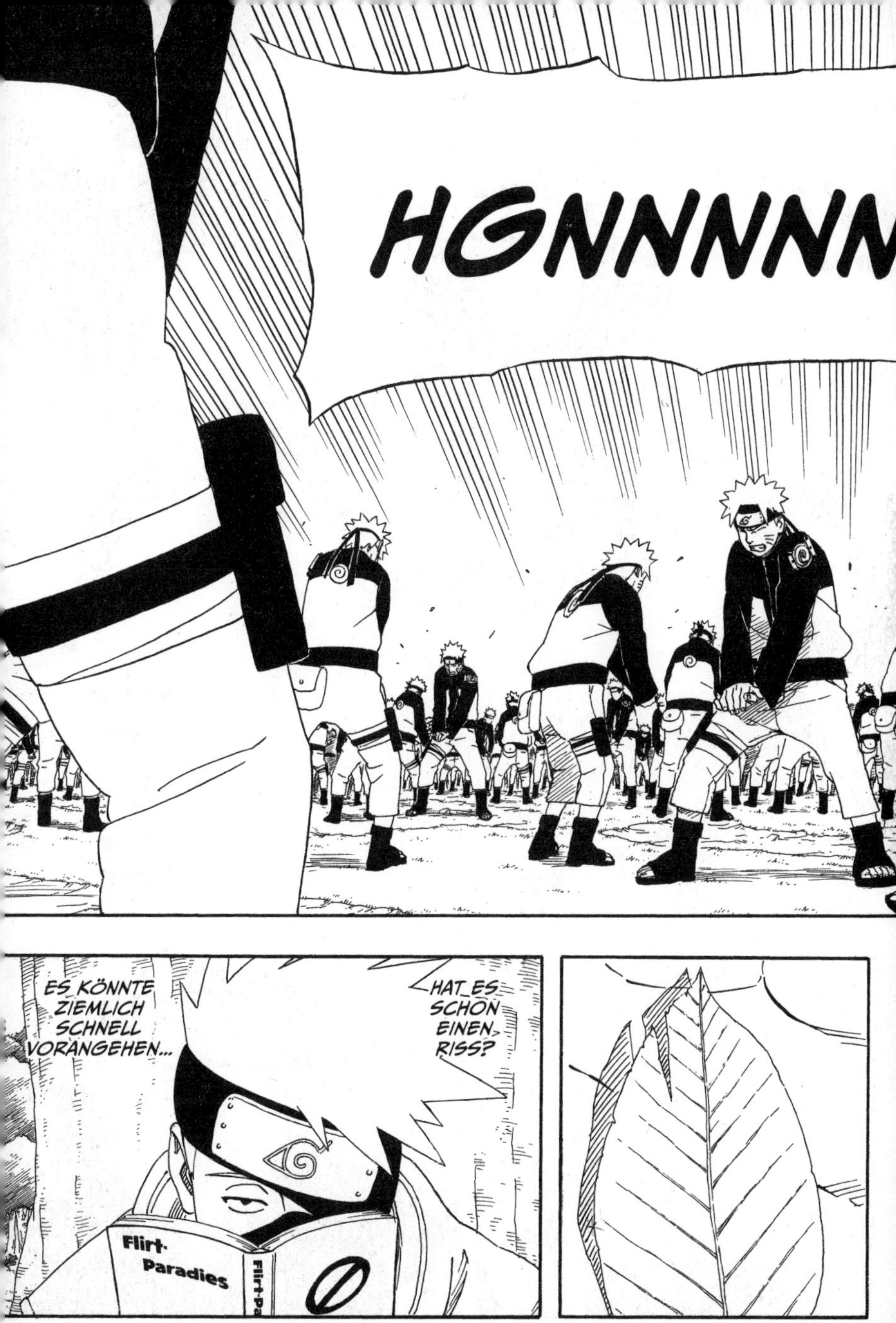
HGNNNNN
HAT ES SCHON EINEN RISS?
ES KÖNNTE ZIEMLICH SCHNELL VORANGEHEN...
Flirt-Paradies

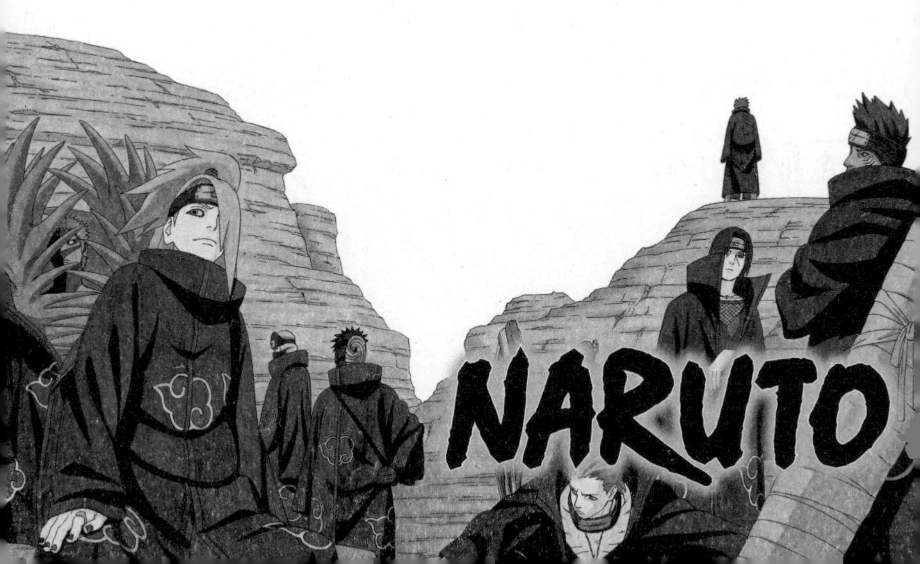
NARUTO

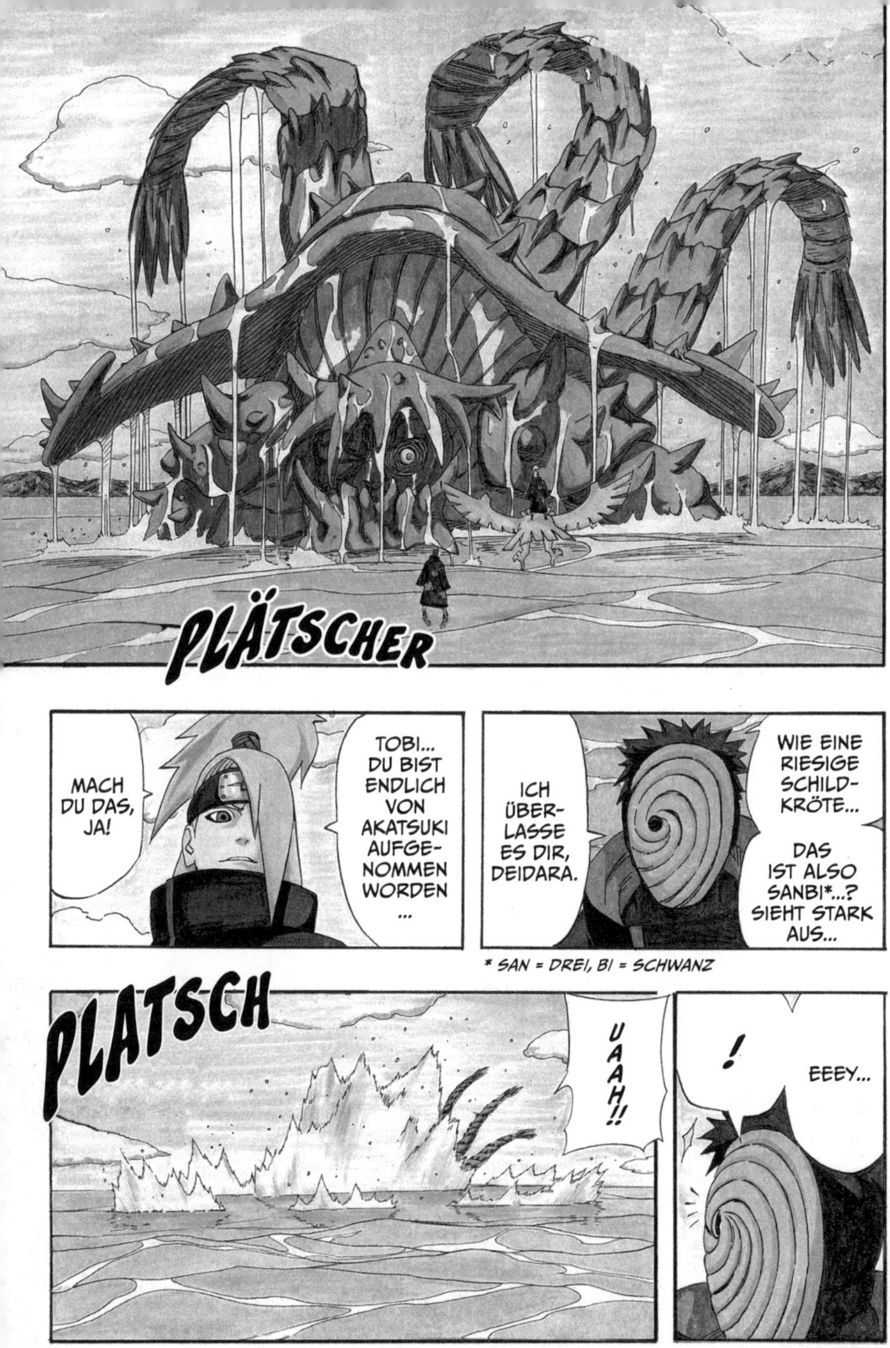
PLÄTSCHER
WIE EINE RIESIGE SCHILDKRÖTE... DAS IST ALSO SANBI*...? SIEHT STARK AUS...
ICH ÜBERLASSE ES DIR, DEIDARA.
TOBI... DU BIST ENDLICH VON AKATSUKI AUFGENOMMEN WORDEN ...
MACH DU DAS, JA!
* SAN = DREI, BI = SCHWANZ
!
EEEY...
UAAH!!
PLATSCH

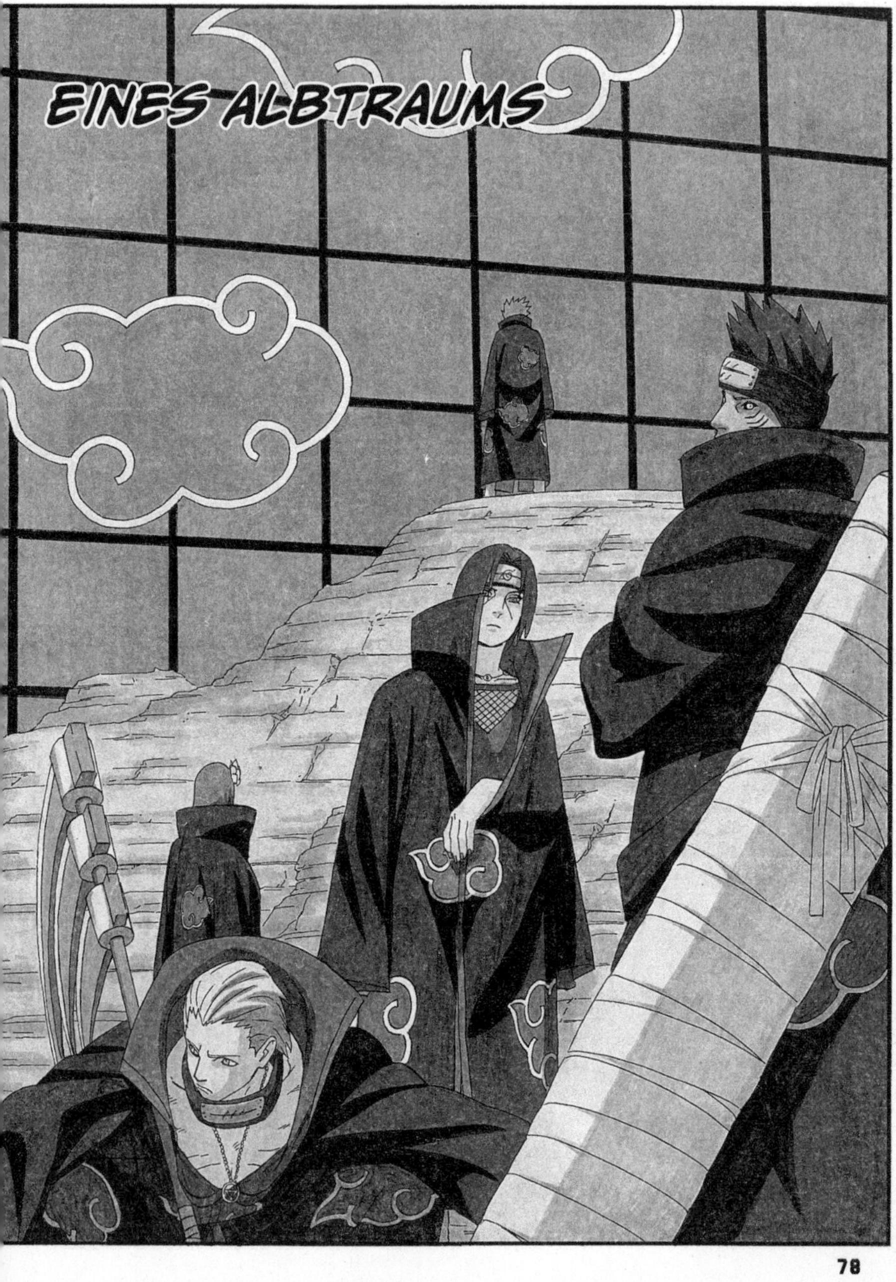
EINES ALBTRAUMS

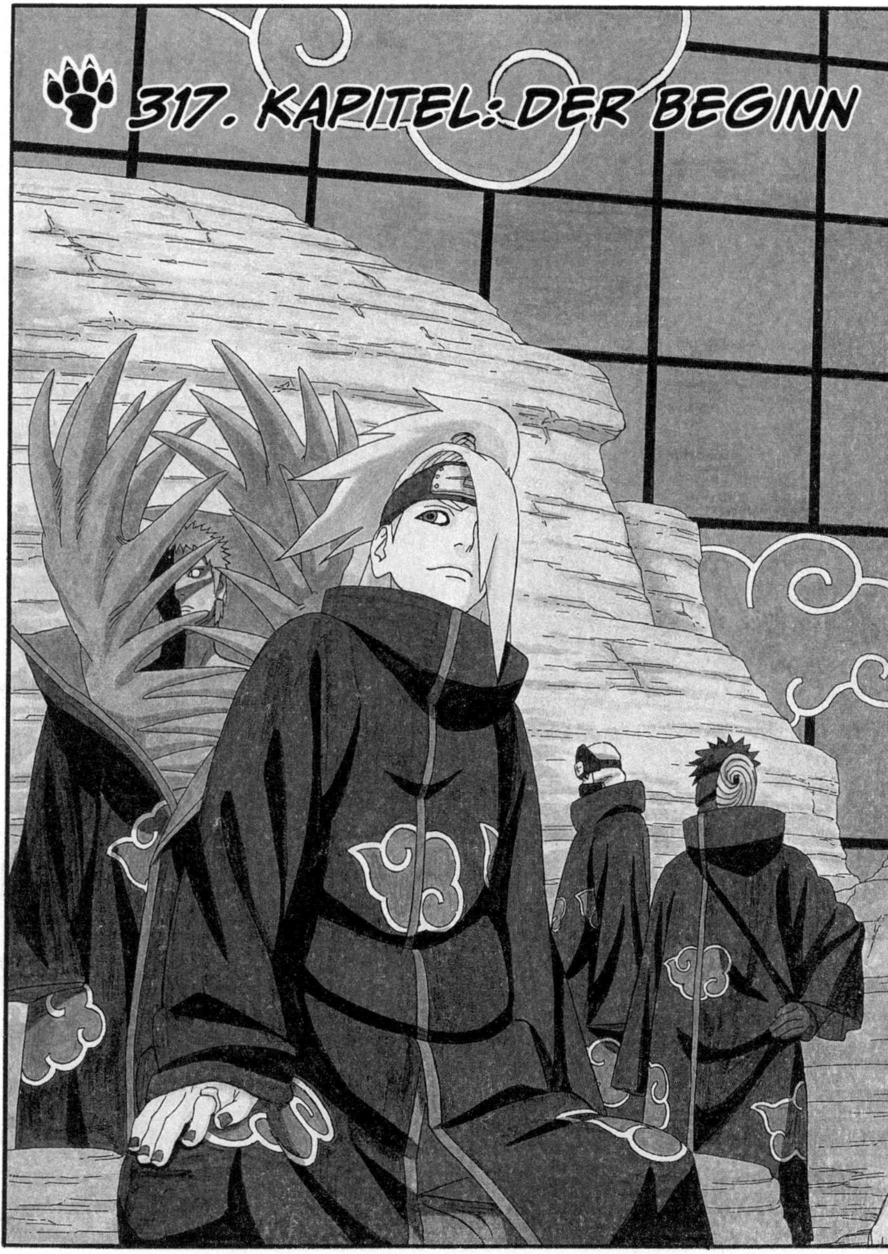
317. KAPITEL: DER BEGINN

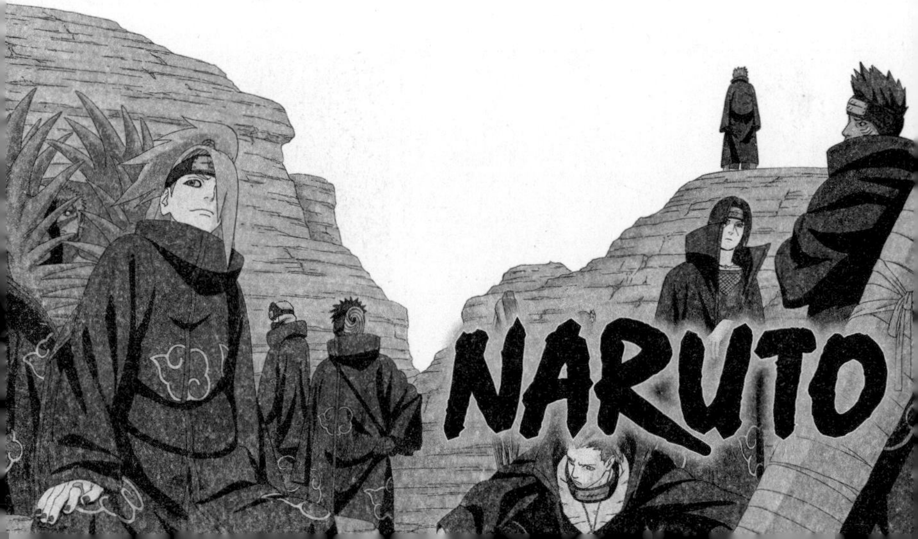
NARUTO

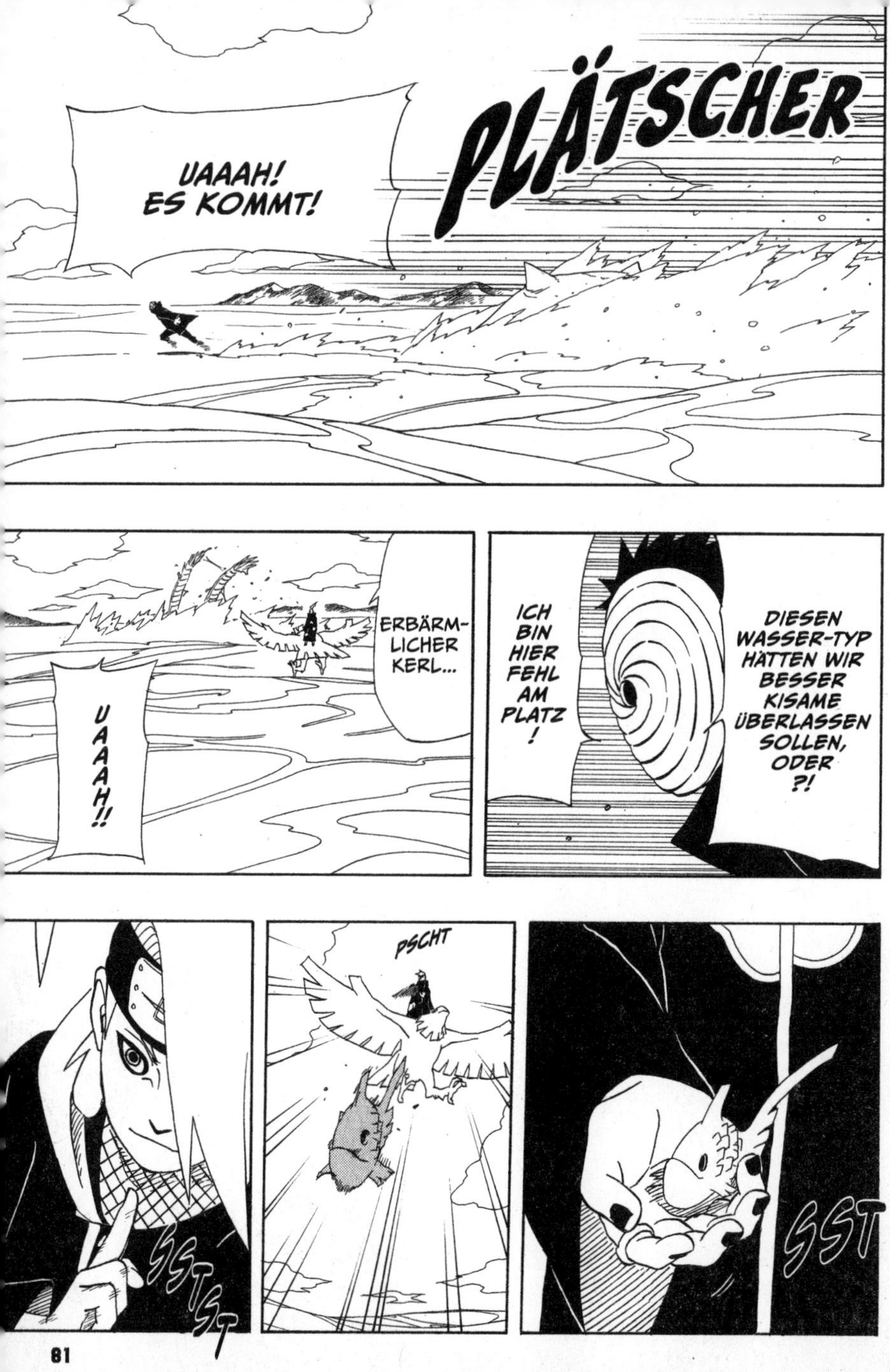
PLÄTSCHER
UAAAH! ES KOMMT!
ERBÄRMLICHER KERL...
UAAAAH!!
ICH BIN HIER FEHL AM PLATZ!
DIESEN WASSER-TYP HÄTTEN WIR BESSER KISAME ÜBERLASSEN SOLLEN, ODER?!
SSTST
PSCHT
SST

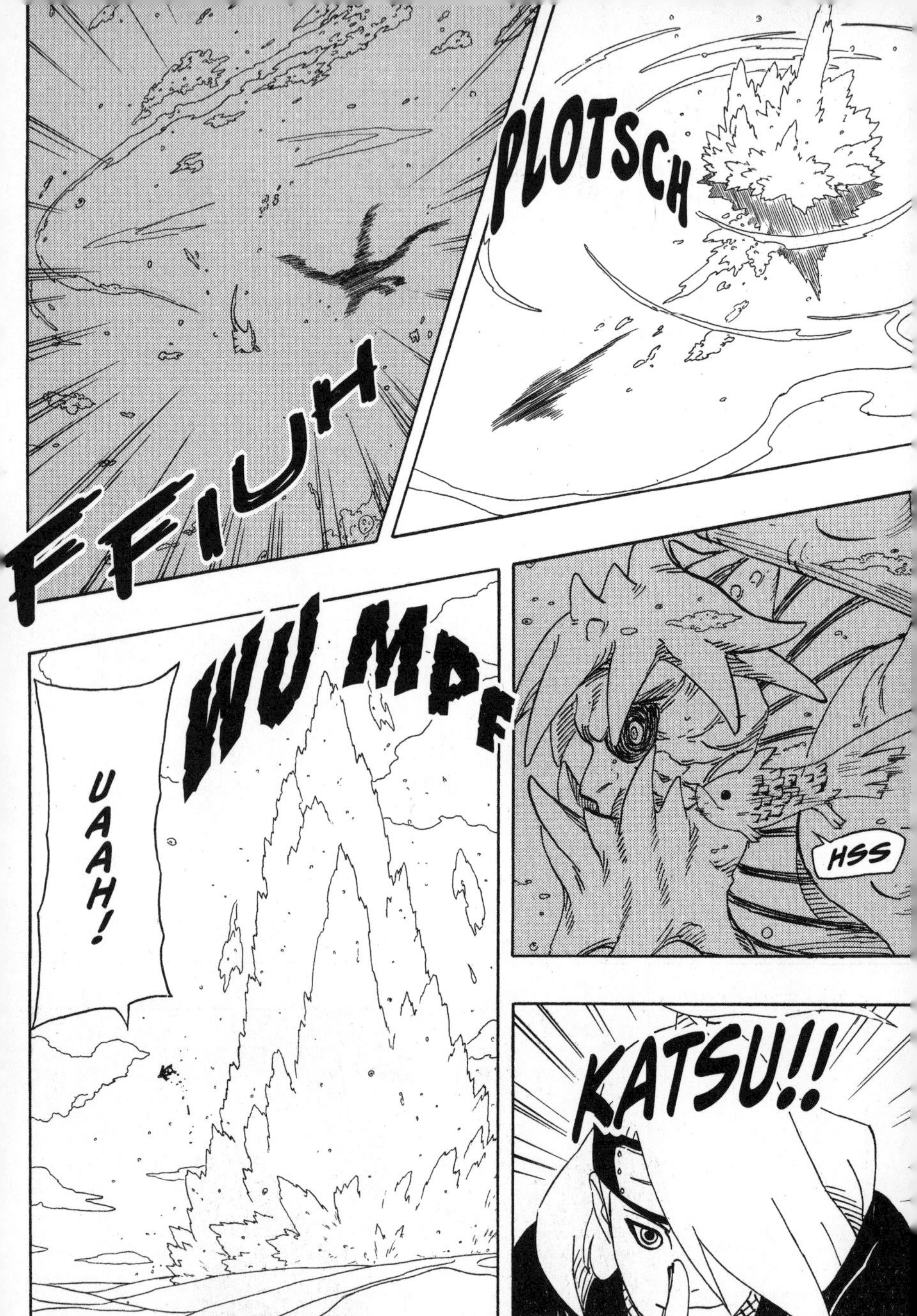
PLOTSCH
FFIUH
HSS
KATSU!!
WUMPF
UAAAH!

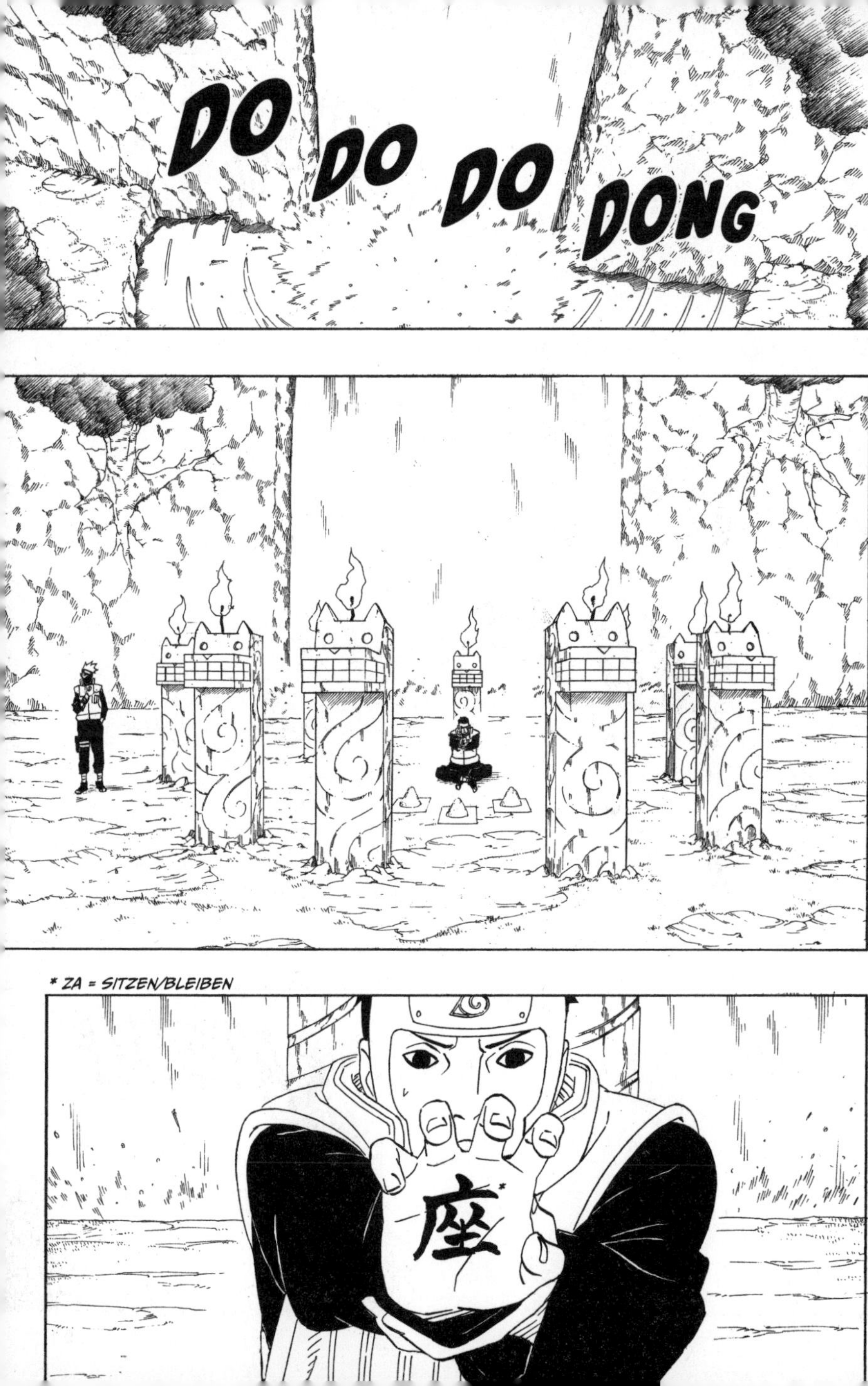
DO DO DO DONG
* ZA = SITZEN/BLEIBEN
座*

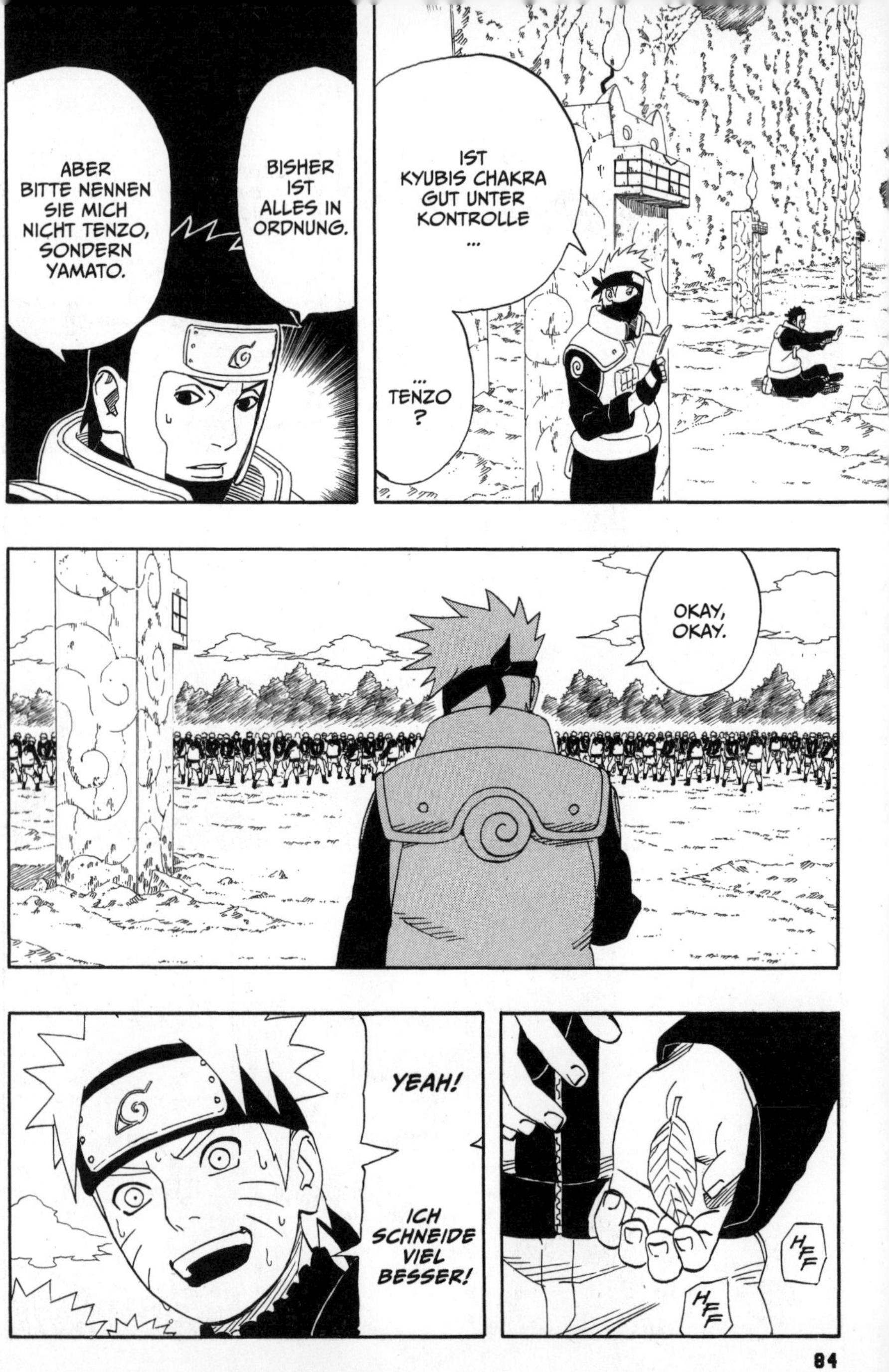
IST KYUBIS CHAKRA GUT UNTER KONTROLLE ...
... TENZO ?
BISHER IST ALLES IN ORDNUNG.
ABER BITTE NENNEN SIE MICH NICHT TENZO, SONDERN YAMATO.
OKAY, OKAY.
HFF
HFF
YEAH!
ICH SCHNEIDE VIEL BESSER!

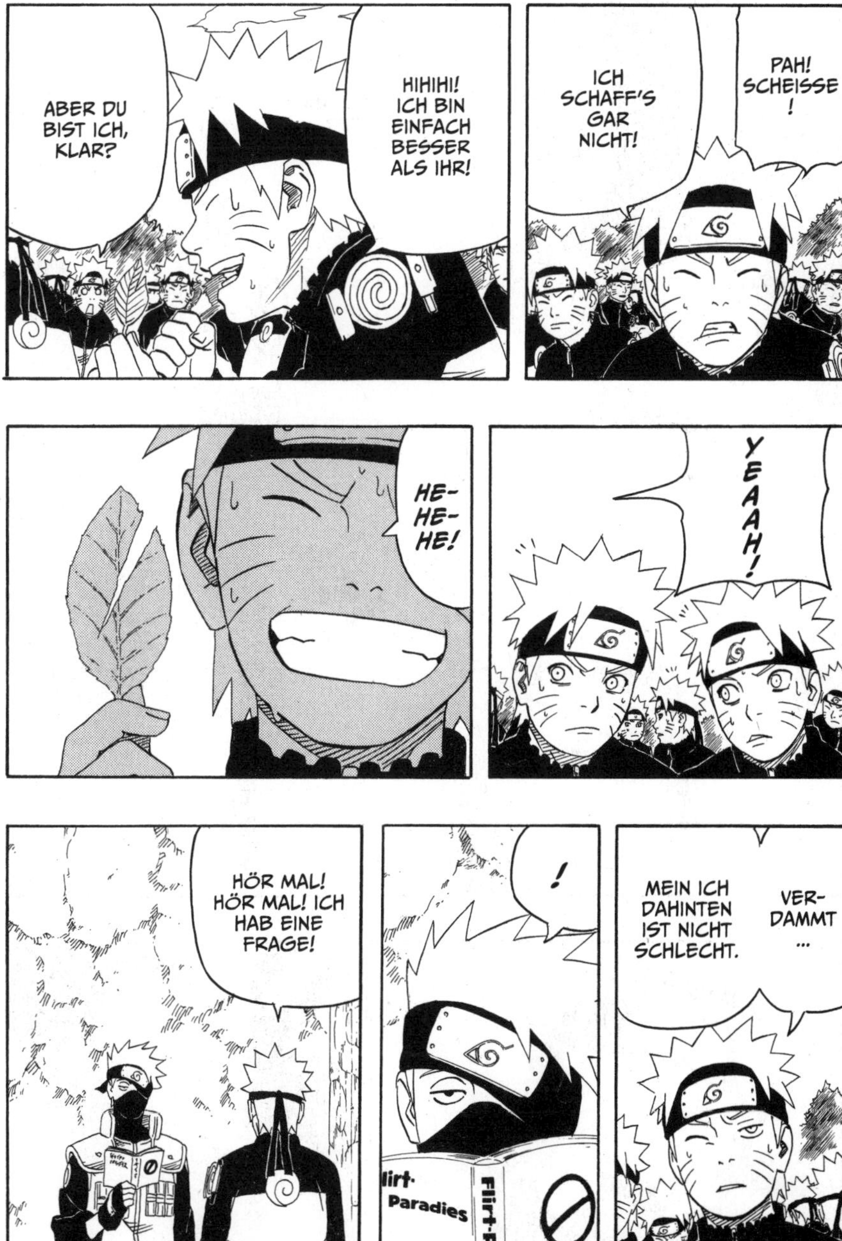
PAH! SCHEISSE!
ICH SCHAFF'S GAR NICHT!
HIHIHI! ICH BIN EINFACH BESSER ALS IHR!
ABER DU BIST ICH, KLAR?
YEAAAH!
HE-HE-HE!
VER-DAMMT ...
MEIN ICH DAHINTEN IST NICHT SCHLECHT.
!
Flirt-Paradies
Flirt-Par
HÖR MAL! HÖR MAL! ICH HAB EINE FRAGE!

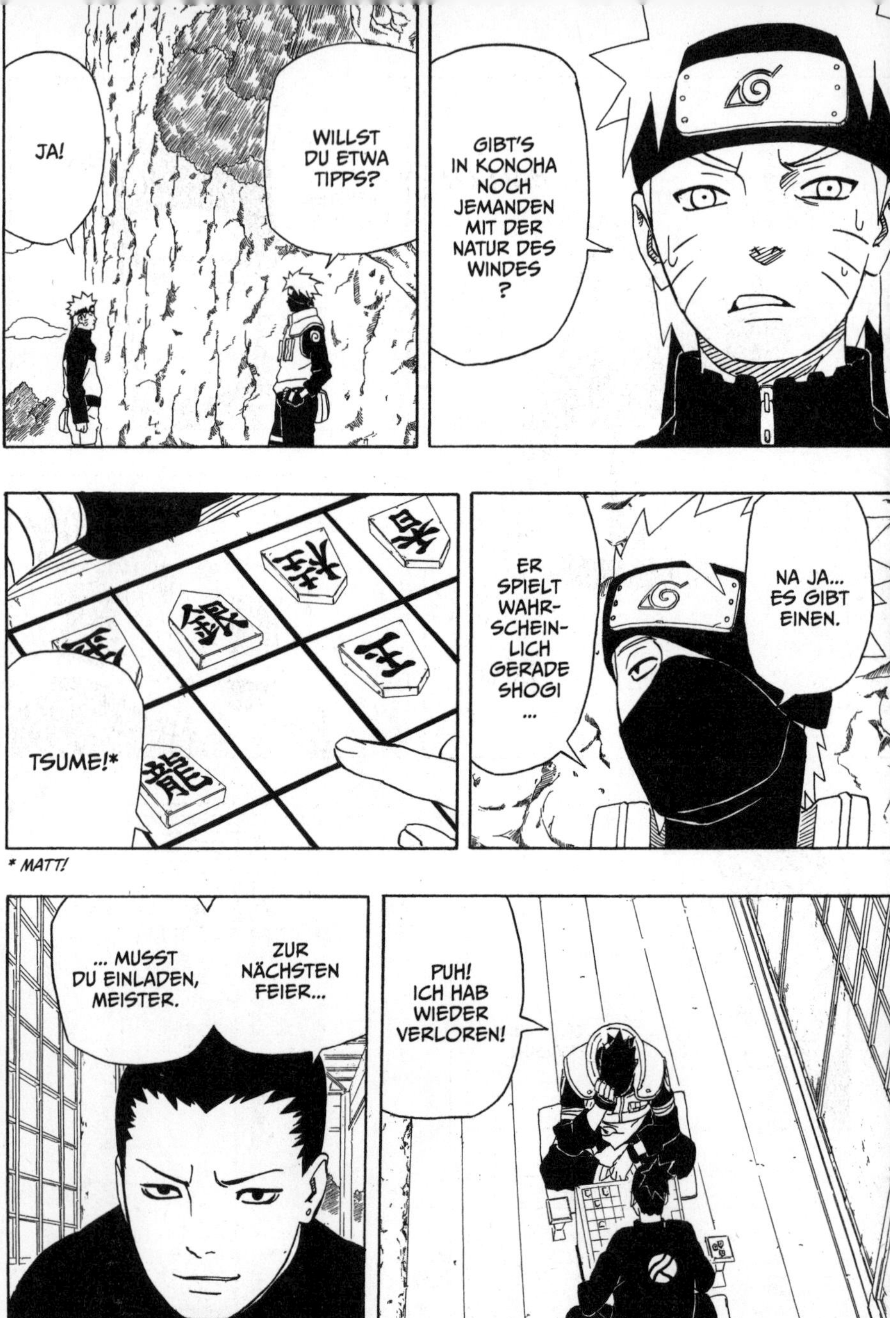
GIBT'S IN KONOHA NOCH JEMANDEN MIT DER NATUR DES WINDES ?
WILLST DU ETWA TIPPS?
JA!
NA JA... ES GIBT EINEN.
ER SPIELT WAHR-SCHEIN-LICH GERADE SHOGI ...
TSUME!*
PUH! ICH HAB WIEDER VERLOREN!
ZUR NÄCHSTEN FEIER...
... MUSST DU EINLADEN, MEISTER.

* MATT!

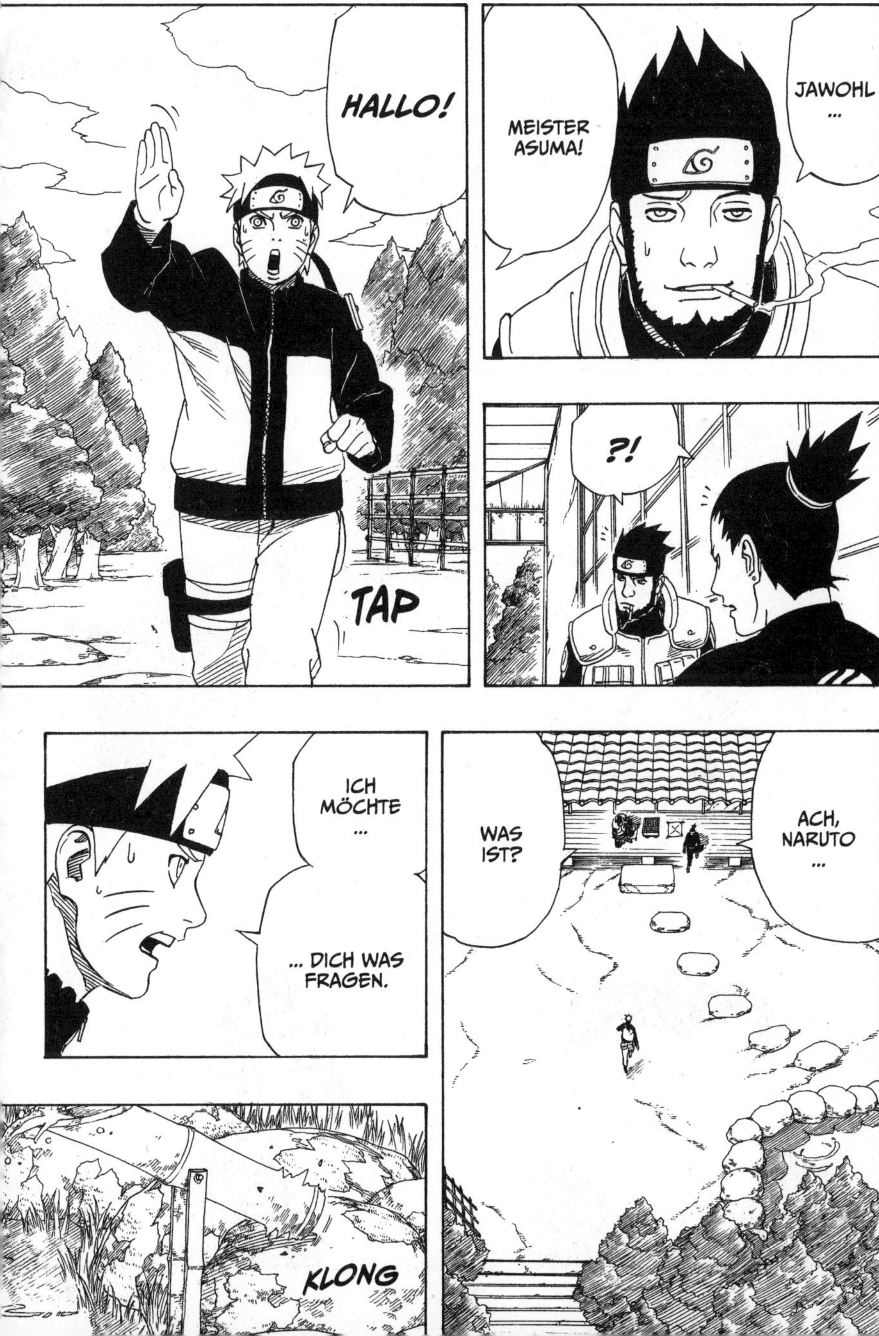
JAWOHL ...
MEISTER ASUMA!
?!
HALLO!
TAP
ACH, NARUTO ...
WAS IST?
ICH MÖCHTE ...
... DICH WAS FRAGEN.
KLONG

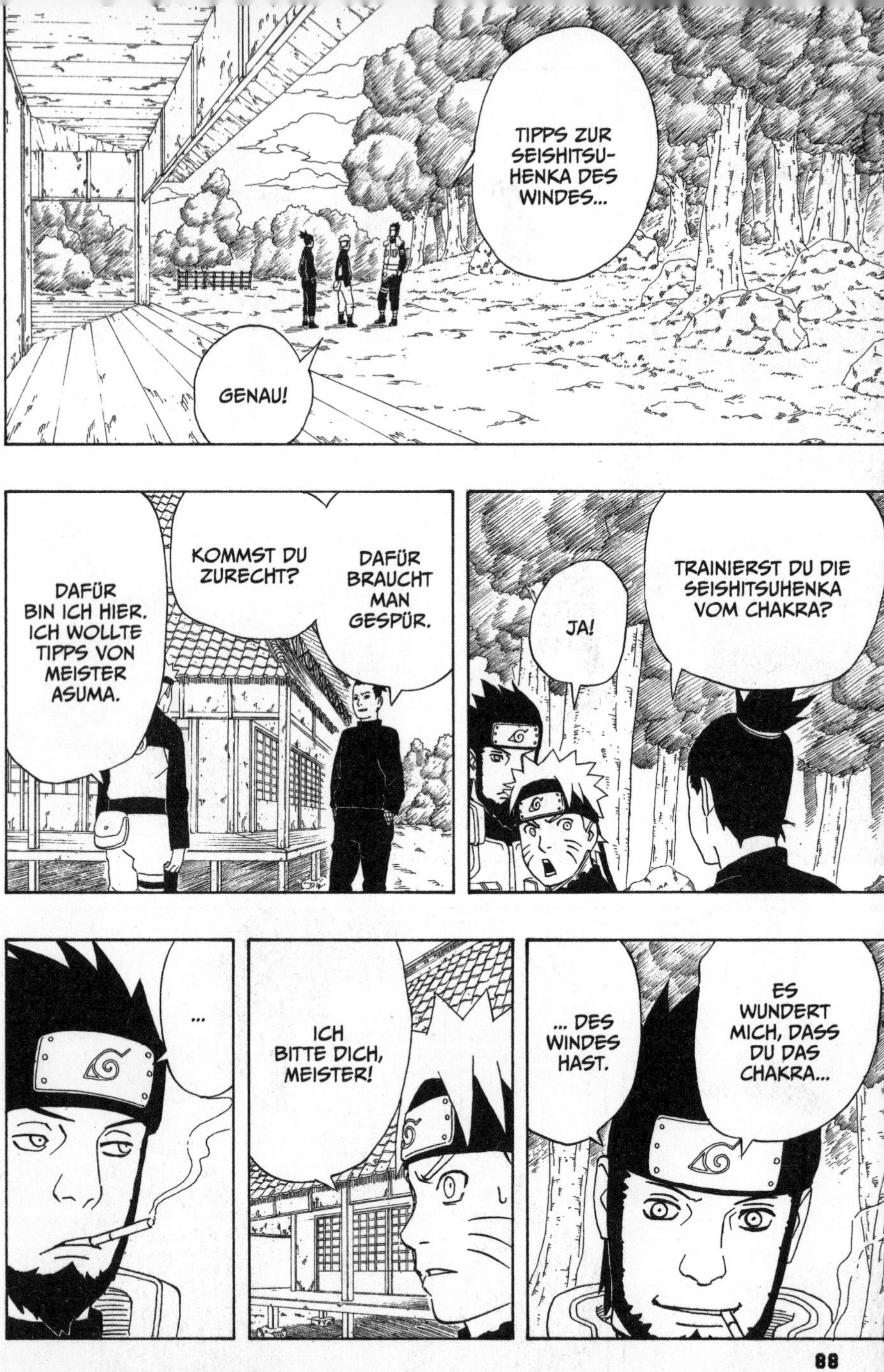
TIPPS ZUR SEISHITSU-HENKA DES WINDES...
GENAU!
TRAINIERST DU DIE SEISHITSUHENKA VOM CHAKRA?
JA!
DAFÜR BRAUCHT MAN GESPÜR.
KOMMST DU ZURECHT?
DAFÜR BIN ICH HIER. ICH WOLLTE TIPPS VON MEISTER ASUMA.
ES WUNDERT MICH, DASS DU DAS CHAKRA...
... DES WINDES HAST.
ICH BITTE DICH, MEISTER!
...

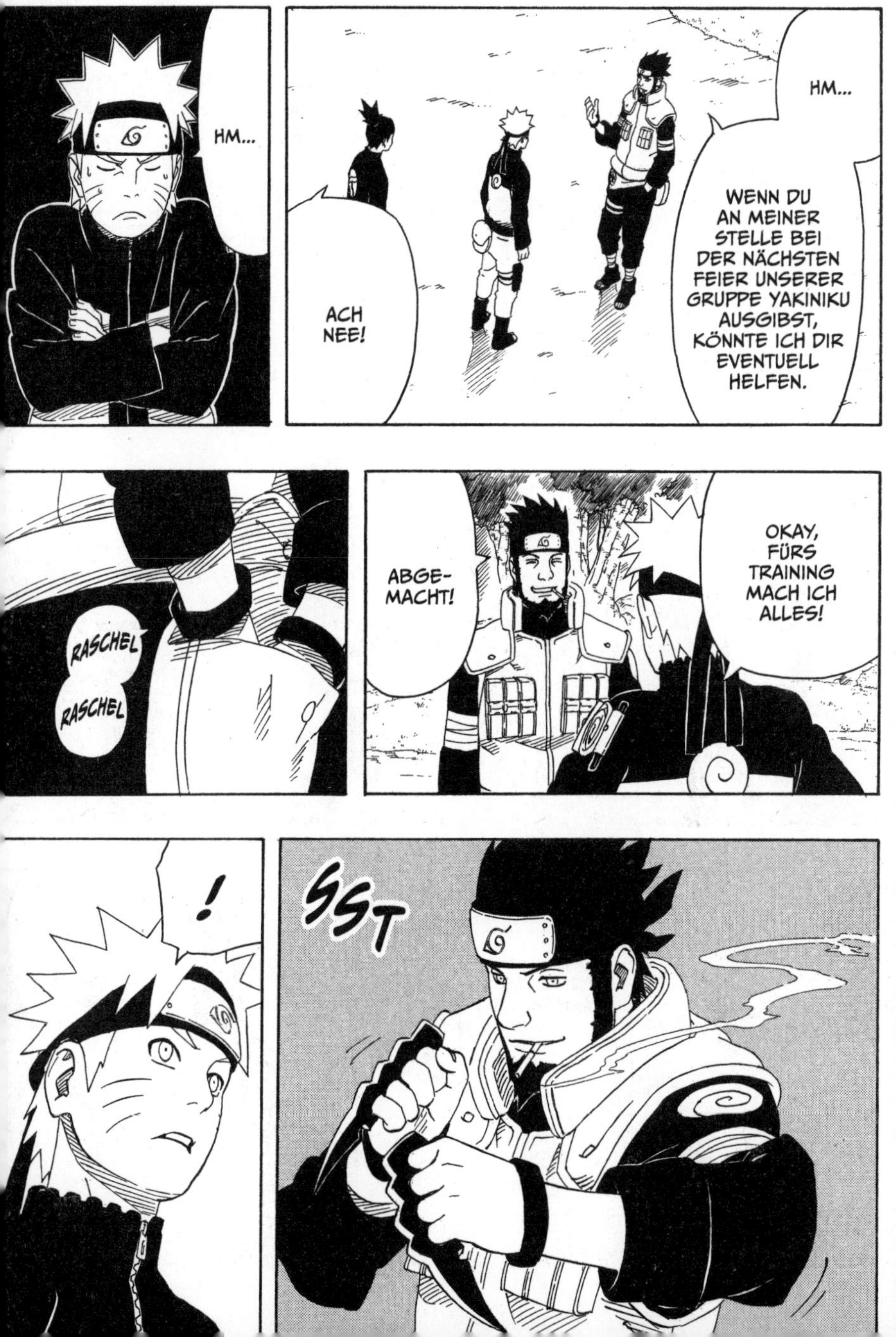
HM...
WENN DU AN MEINER STELLE BEI DER NÄCHSTEN FEIER UNSERER GRUPPE YAKINIKU AUSGIBST, KÖNNTE ICH DIR EVENTUELL HELFEN.
ACH NEE!
HM...
OKAY, FÜRS TRAINING MACH ICH ALLES!
ABGE-MACHT!
RASCHEL
RASCHEL
SST
!

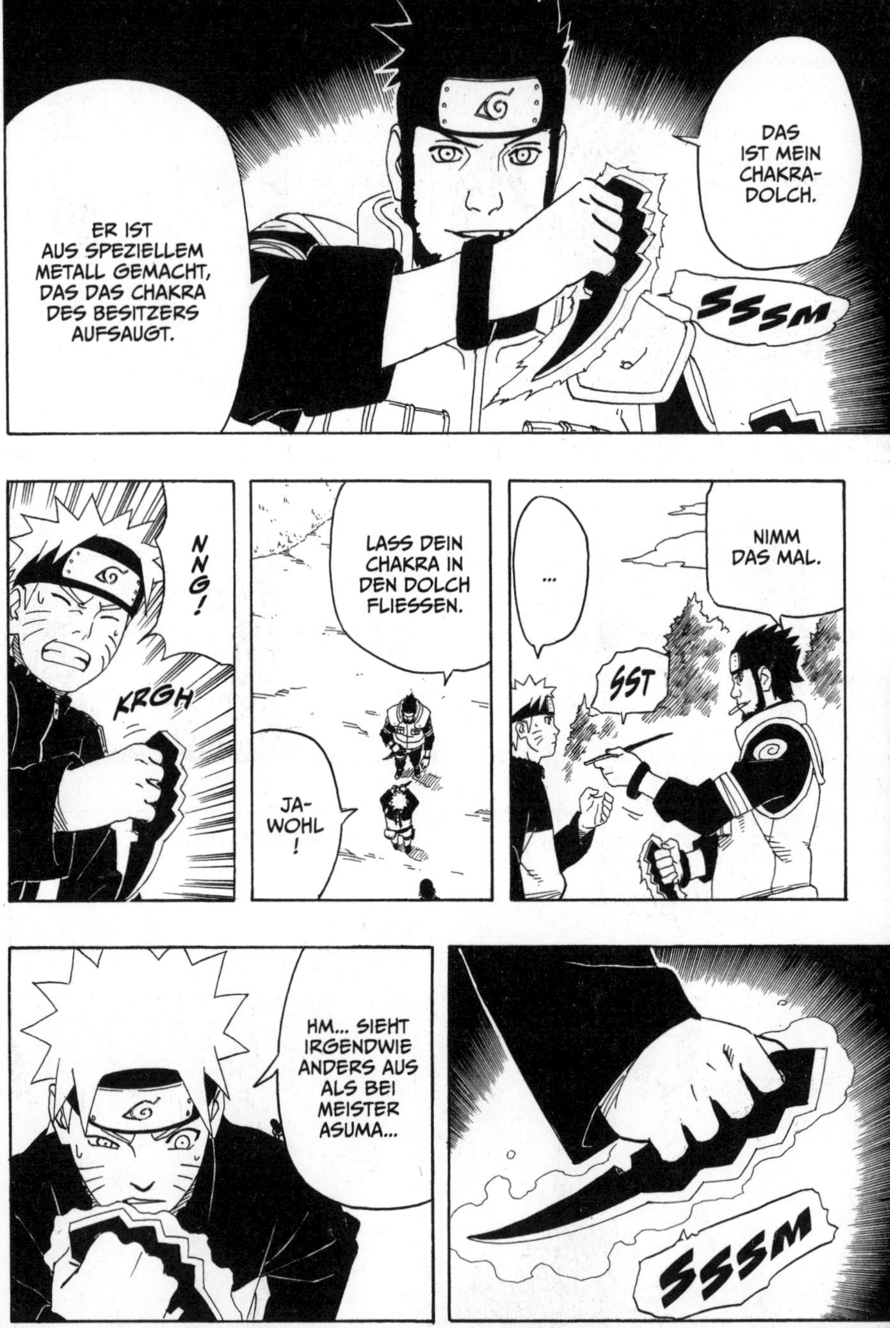
DAS IST MEIN CHAKRA-DOLCH.
SSSM
ER IST AUS SPEZIELLEM METALL GEMACHT, DAS DAS CHAKRA DES BESITZERS AUFSAUGT.
NIMM DAS MAL.
...
SST
LASS DEIN CHAKRA IN DEN DOLCH FLIESSEN.
JA-WOHL!
NNG!
KRGH
SSSM
HM... SIEHT IRGENDWIE ANDERS AUS ALS BEI MEISTER ASUMA...

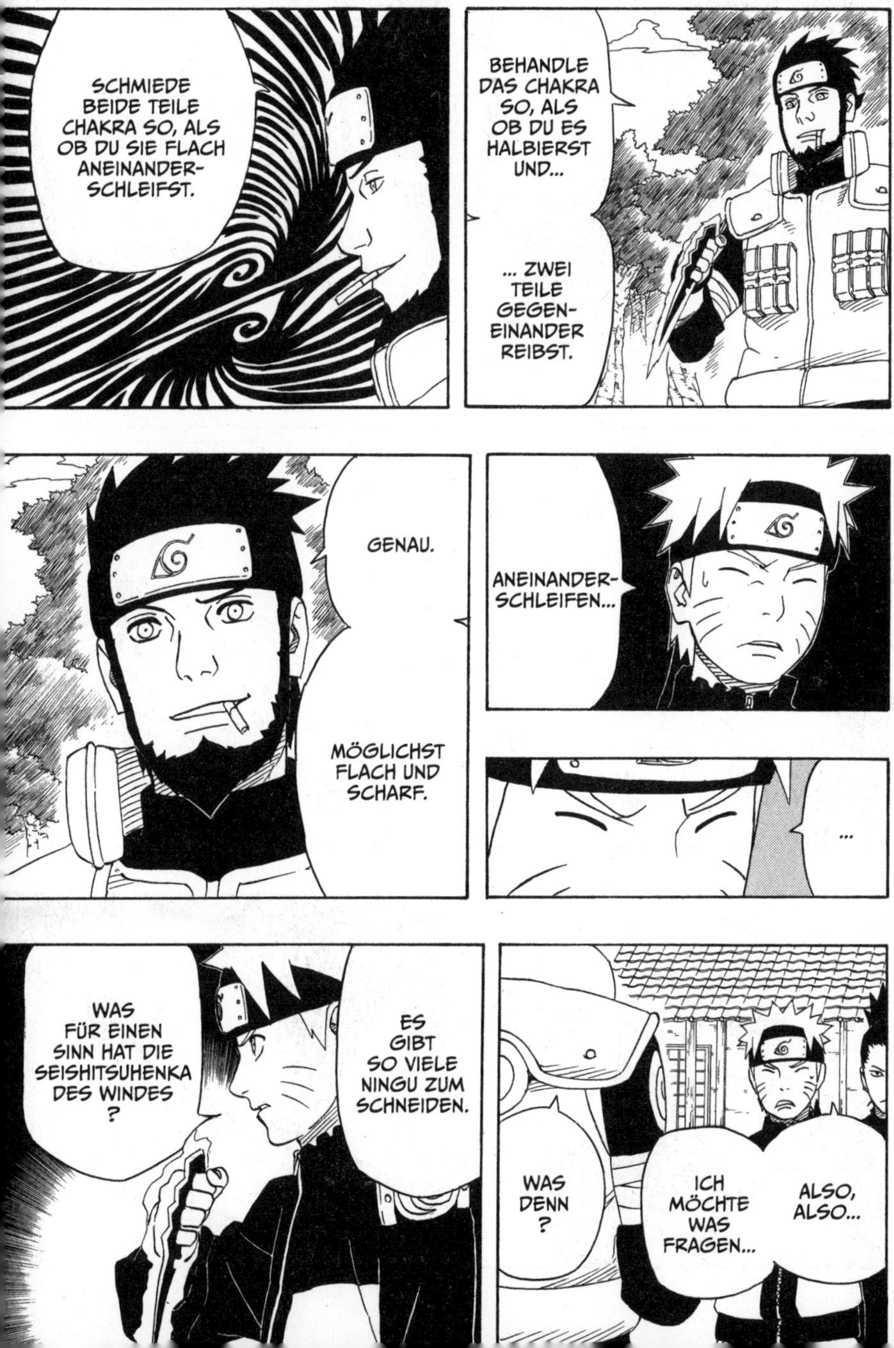
BEHANDLE DAS CHAKRA SO, ALS OB DU ES HALBIERST UND...
... ZWEI TEILE GEGENEINANDER REIBST.
SCHMIEDE BEIDE TEILE CHAKRA SO, ALS OB DU SIE FLACH ANEINANDERSCHLEIFST.
ANEINANDERSCHLEIFEN...
GENAU.
MÖGLICHST FLACH UND SCHARF.
...
ALSO, ALSO...
ICH MÖCHTE WAS FRAGEN...
WAS DENN?
ES GIBT SO VIELE NINGU ZUM SCHNEIDEN.
WAS FÜR EINEN SINN HAT DIE SEISHITSUHENKA DES WINDES?

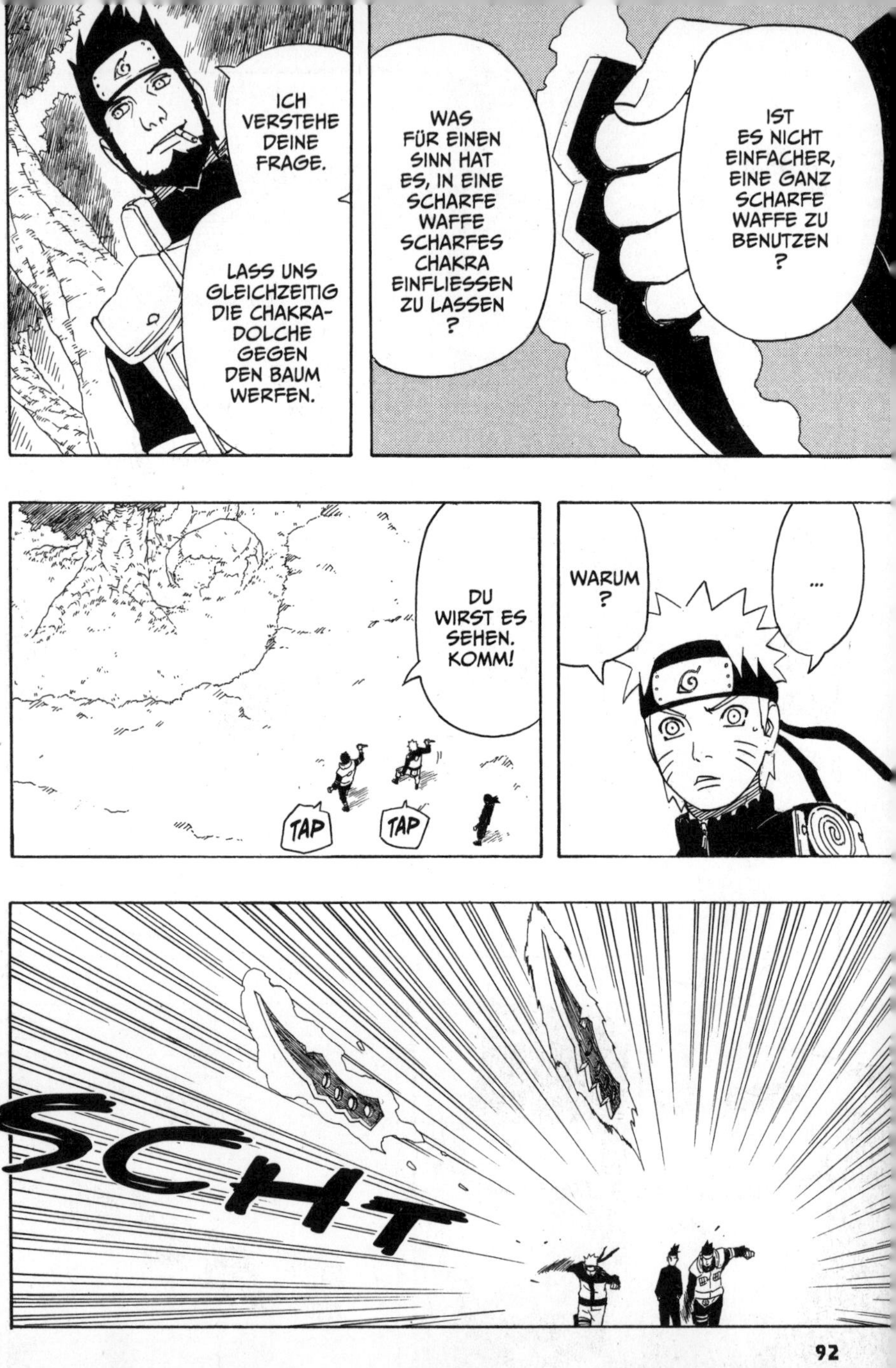
IST ES NICHT EINFACHER, EINE GANZ SCHARFE WAFFE ZU BENUTZEN ?
WAS FÜR EINEN SINN HAT ES, IN EINE SCHARFE WAFFE SCHARFES CHAKRA EINFLIESSEN ZU LASSEN ?
ICH VERSTEHE DEINE FRAGE.
LASS UNS GLEICHZEITIG DIE CHAKRA-DOLCHE GEGEN DEN BAUM WERFEN.
...
WARUM ?
DU WIRST ES SEHEN. KOMM!
TAP
TAP
SCHT

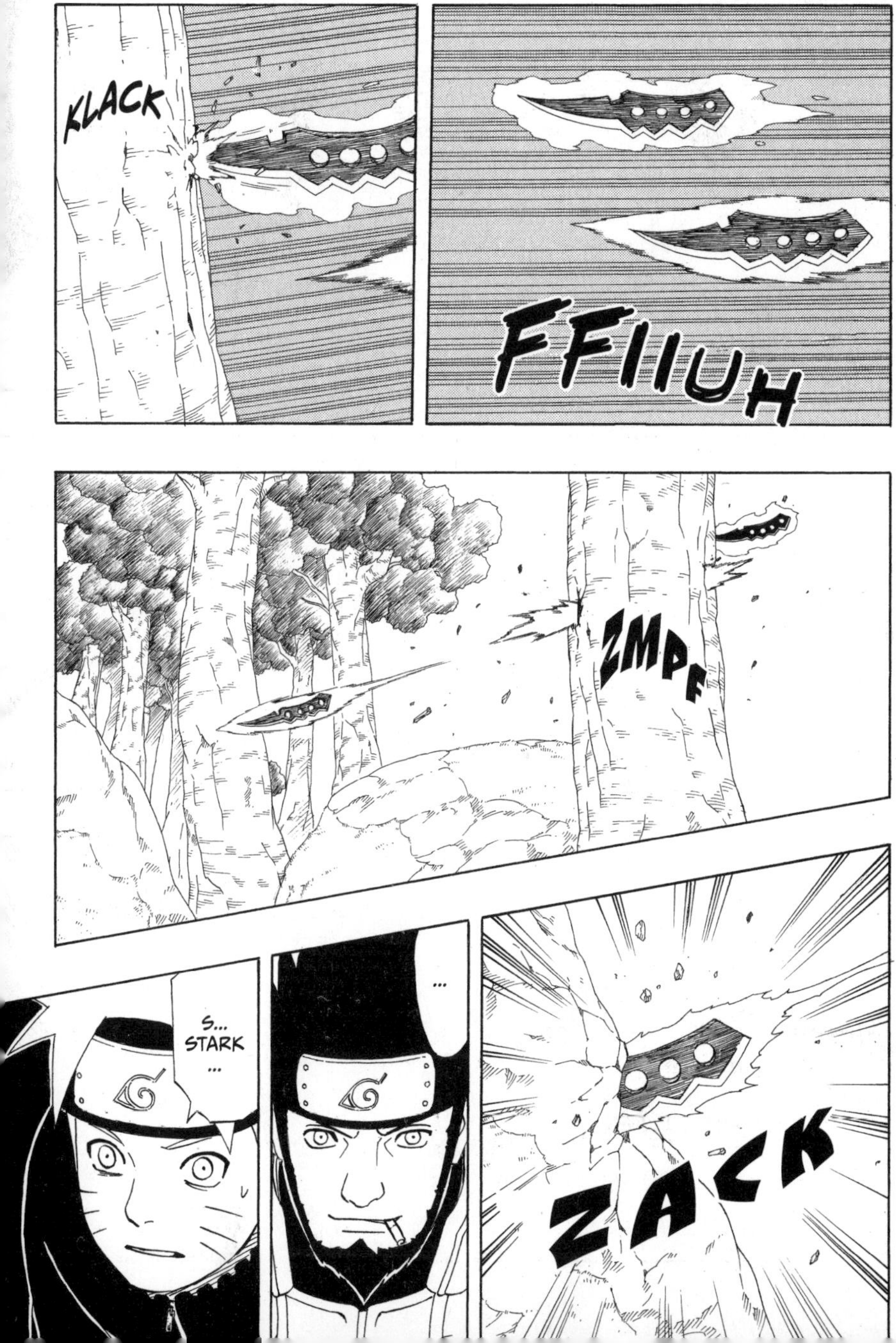
FFIIUH
KLACK
ZMPF
ZACK
...
S... STARK ...

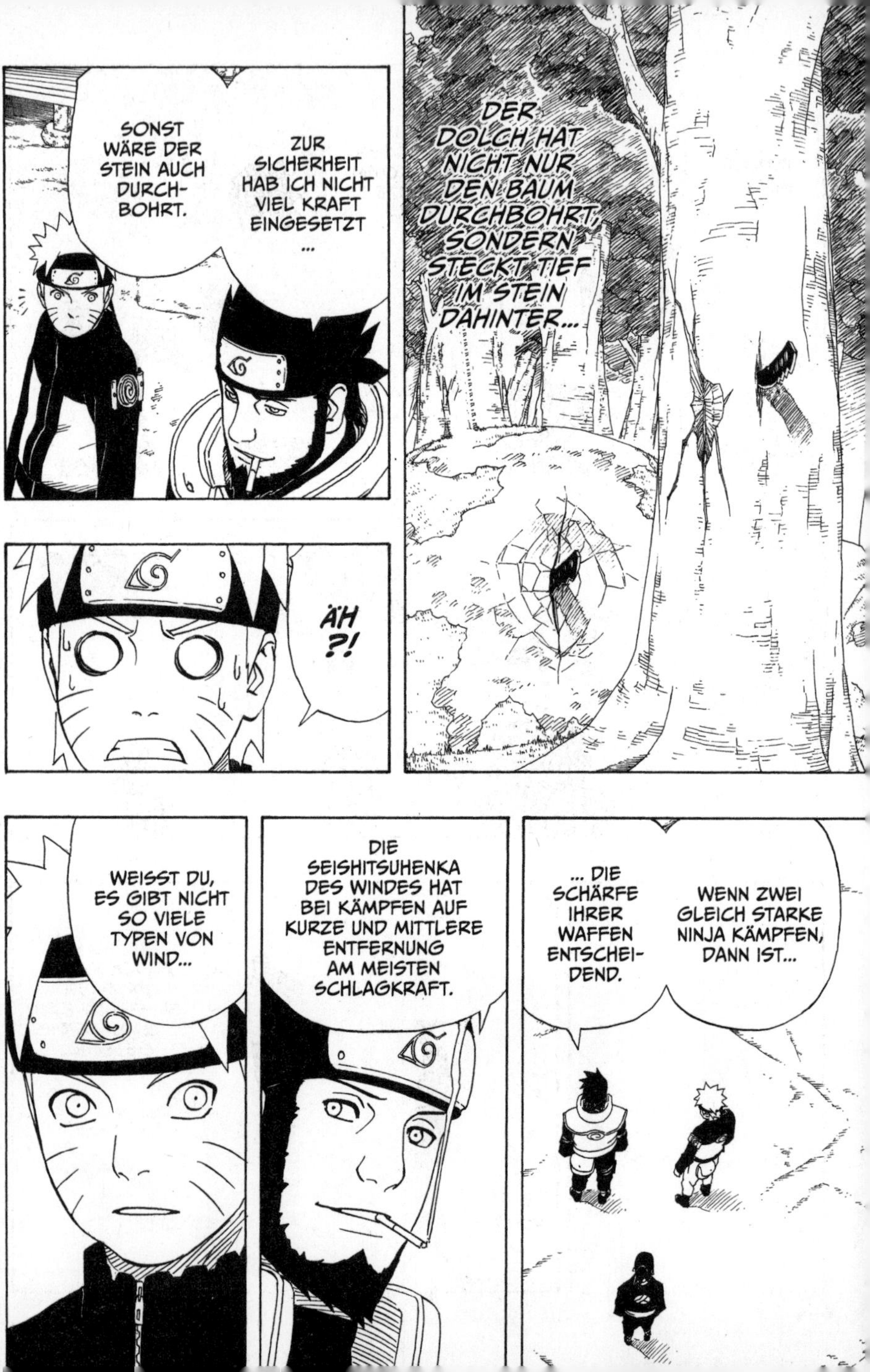
DER DOLCH HAT NICHT NUR DEN BAUM DURCHBOHRT, SONDERN STECKT TIEF IM STEIN DAHINTER...
ZUR SICHERHEIT HAB ICH NICHT VIEL KRAFT EINGESETZT ...
SONST WÄRE DER STEIN AUCH DURCH-BOHRT.
ÄH ?!
WENN ZWEI GLEICH STARKE NINJA KÄMPFEN, DANN IST...
... DIE SCHÄRFE IHRER WAFFEN ENTSCHEI-DEND.
DIE SEISHITSUHENKA DES WINDES HAT BEI KÄMPFEN AUF KURZE UND MITTLERE ENTFERNUNG AM MEISTEN SCHLAGKRAFT.
WEISST DU, ES GIBT NICHT SO VIELE TYPEN VON WIND...

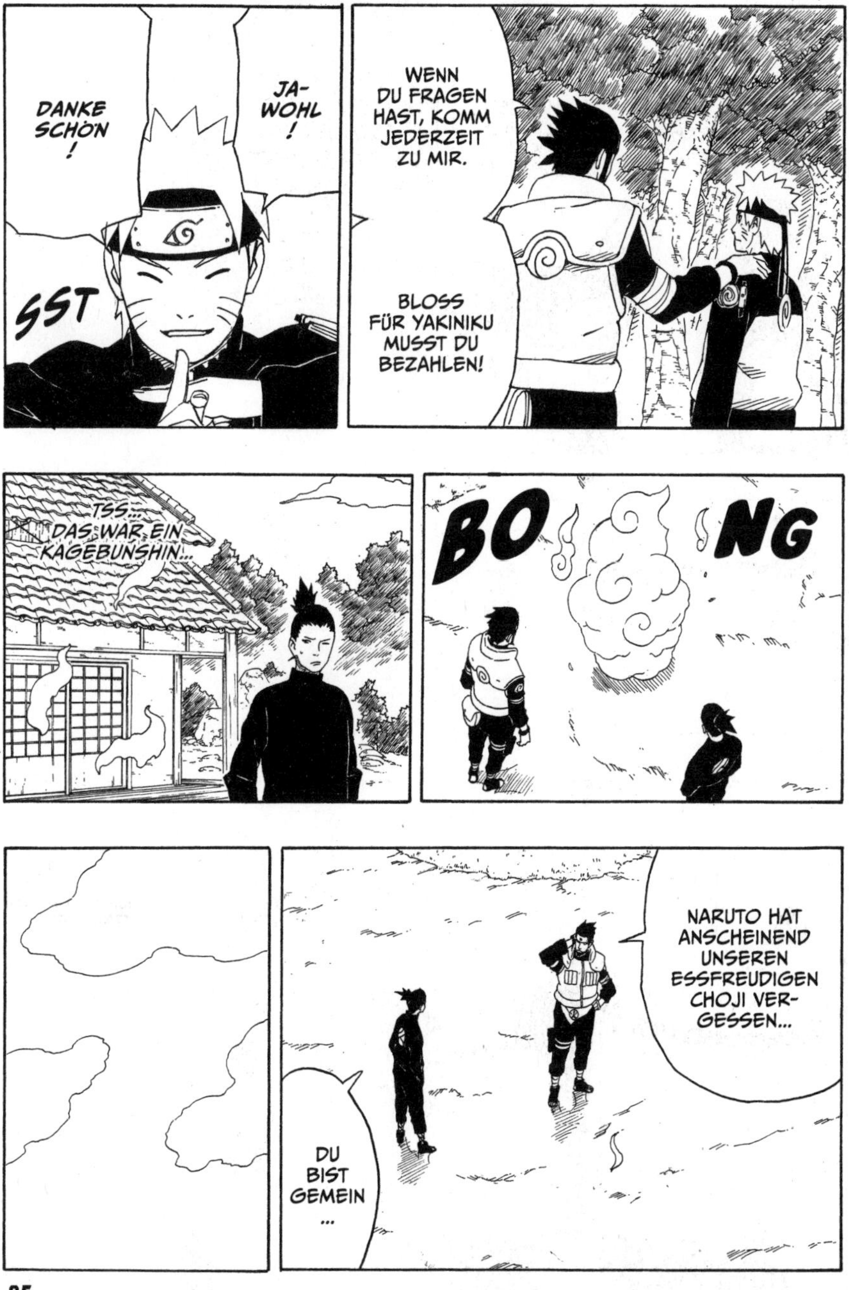
WENN DU FRAGEN HAST, KOMM JEDERZEIT ZU MIR.
BLOSS FÜR YAKINIKU MUSST DU BEZAHLEN!
JA-WOHL!
DANKE SCHÖN!
SST
BONG
TSS... DAS WAR EIN KAGEBUNSHIN...
NARUTO HAT ANSCHEINEND UNSEREN ESSFREUDIGEN CHOJI VER-GESSEN...
DU BIST GEMEIN ...

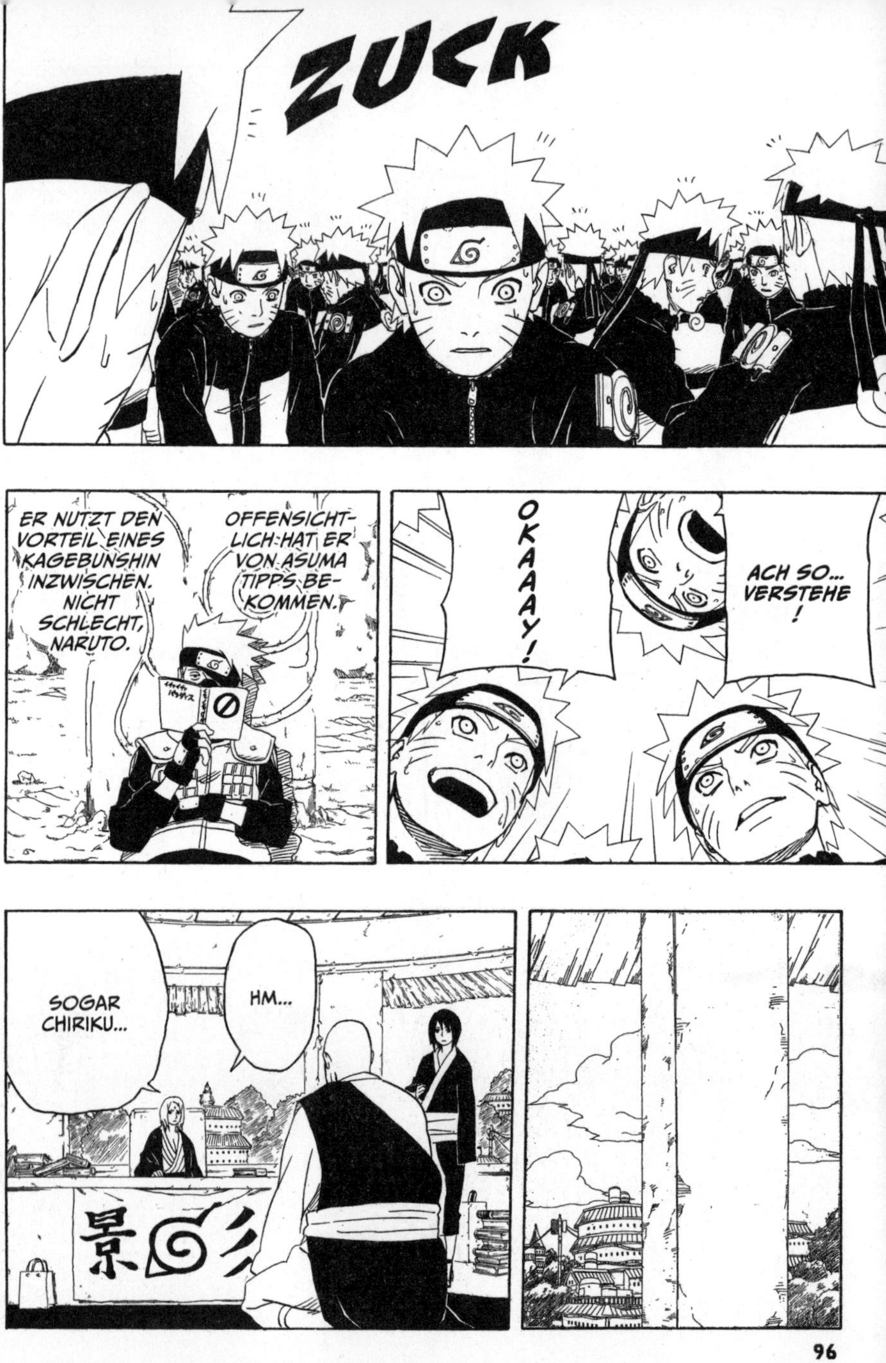
ZUCK
ACH SO... VERSTEHE!
OKAAAAY!
OFFENSICHTLICH HAT ER VON ASUMA TIPPS BEKOMMEN.
ER NUTZT DEN VORTEIL EINES KAGEBUNSHIN INZWISCHEN. NICHT SCHLECHT, NARUTO.
HM...
SOGAR CHIRIKU...

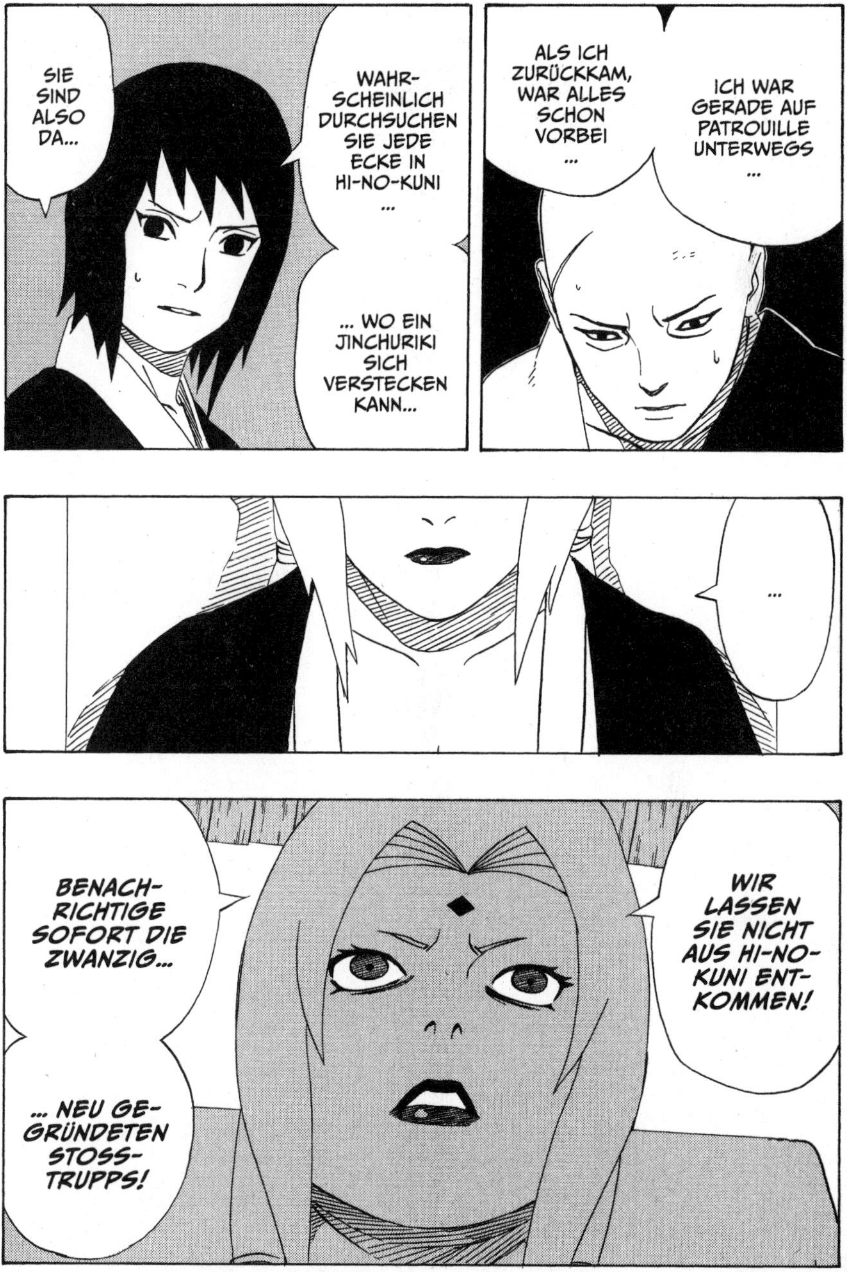
ICH WAR GERADE AUF PATROUILLE UNTERWEGS ...
ALS ICH ZURÜCKKAM, WAR ALLES SCHON VORBEI ...
WAHR-SCHEINLICH DURCHSUCHEN SIE JEDE ECKE IN HI-NO-KUNI ...
... WO EIN JINCHURIKI SICH VERSTECKEN KANN...
SIE SIND ALSO DA...
...
WIR LASSEN SIE NICHT AUS HI-NO-KUNI ENT-KOMMEN!
BENACH-RICHTIGE SOFORT DIE ZWANZIG...
... NEU GE-GRÜNDETEN STOSS-TRUPPS!

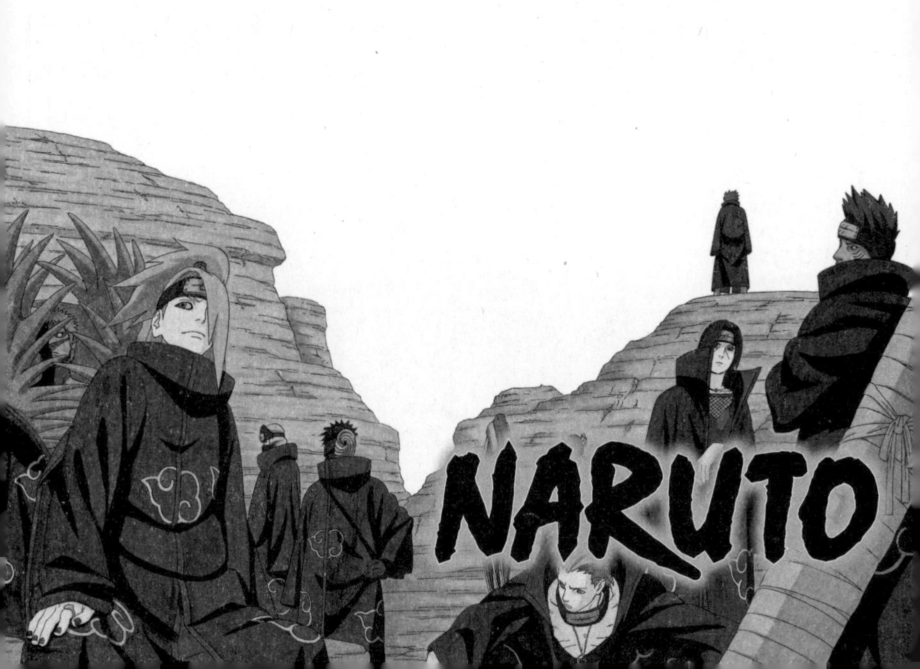
NARUTO

318. Kapitel:

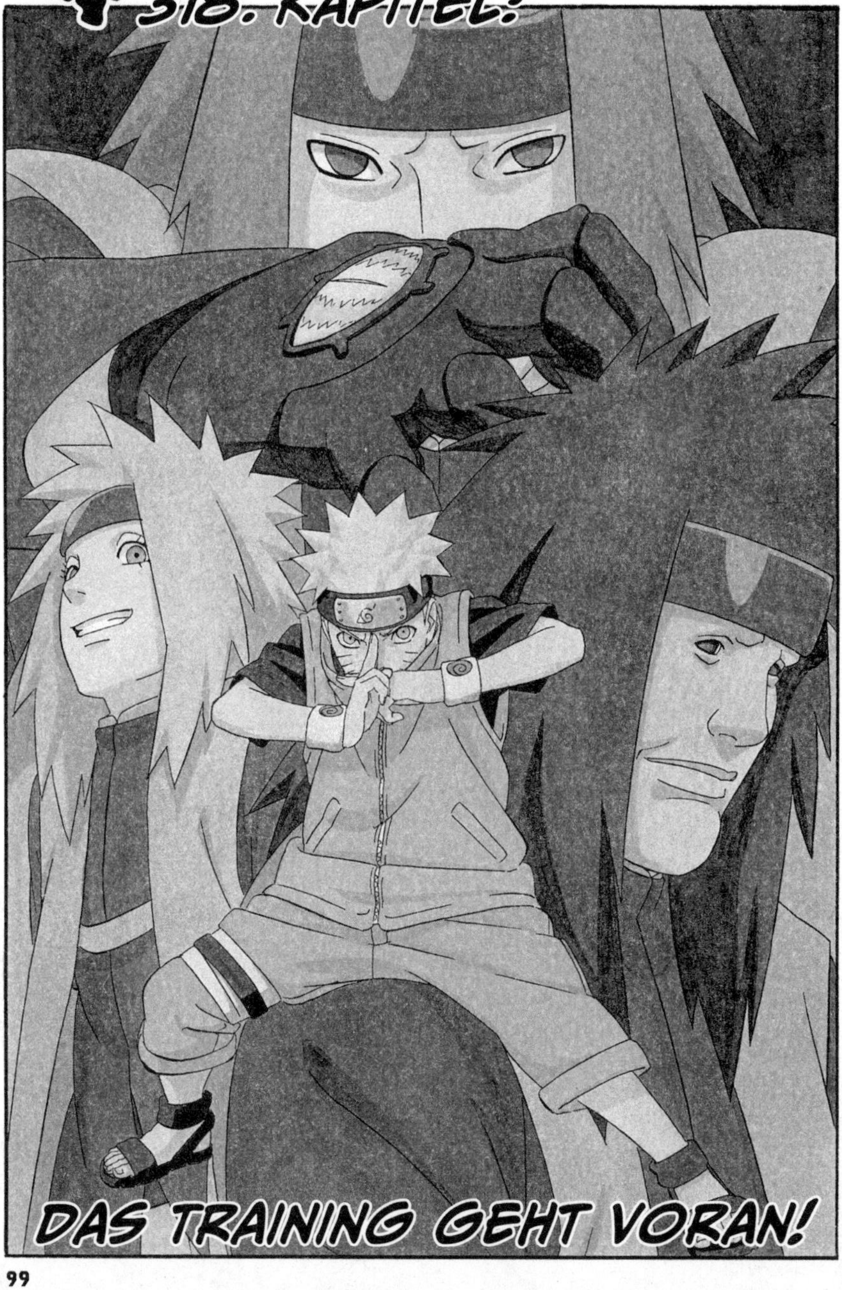

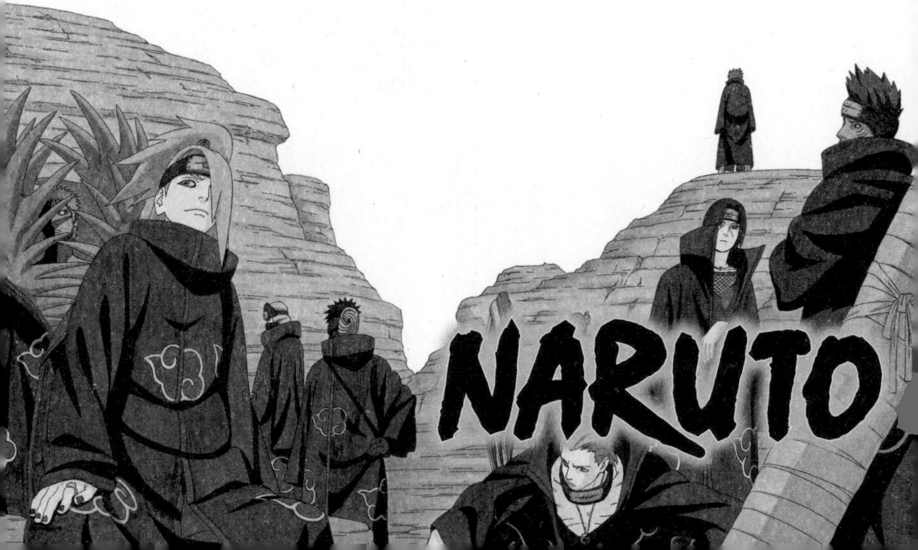
NARUTO

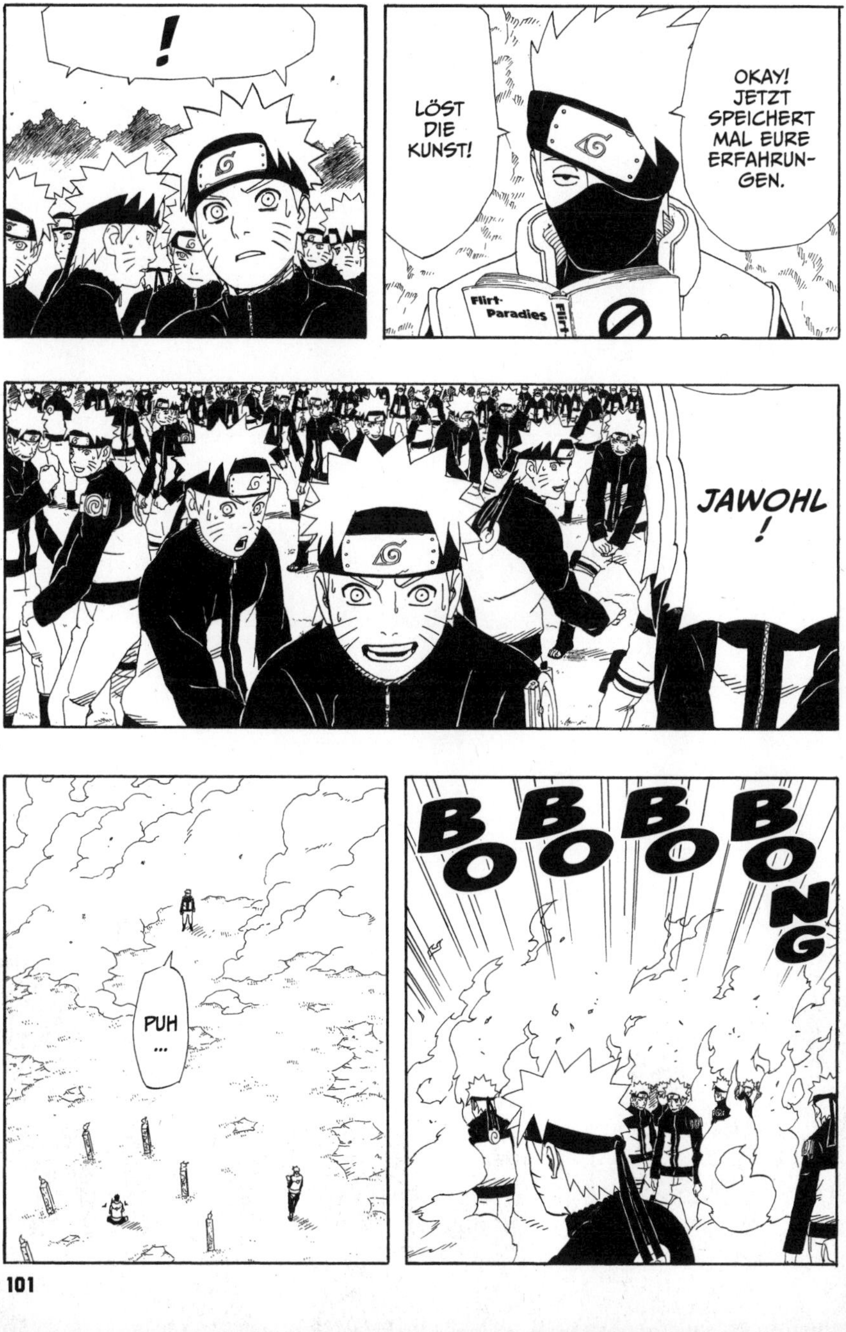
OKAY! JETZT SPEICHERT MAL EURE ERFAHRUN-GEN.
LÖST DIE KUNST!
!
JAWOHL!
BOBOBOBONG
PUH ...
Flirt-Paradies

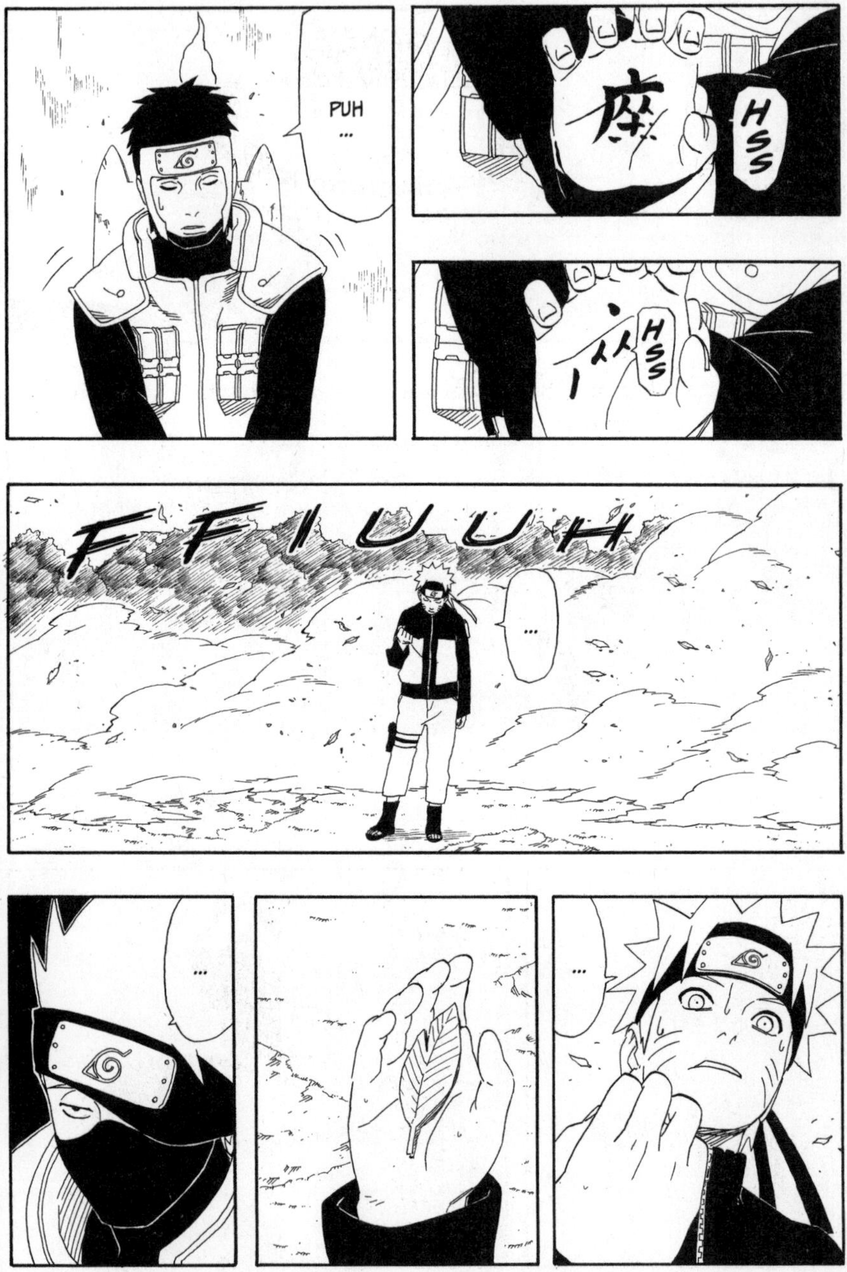

HSS
HSS
PUH ...
FFIUUH
...
...
...

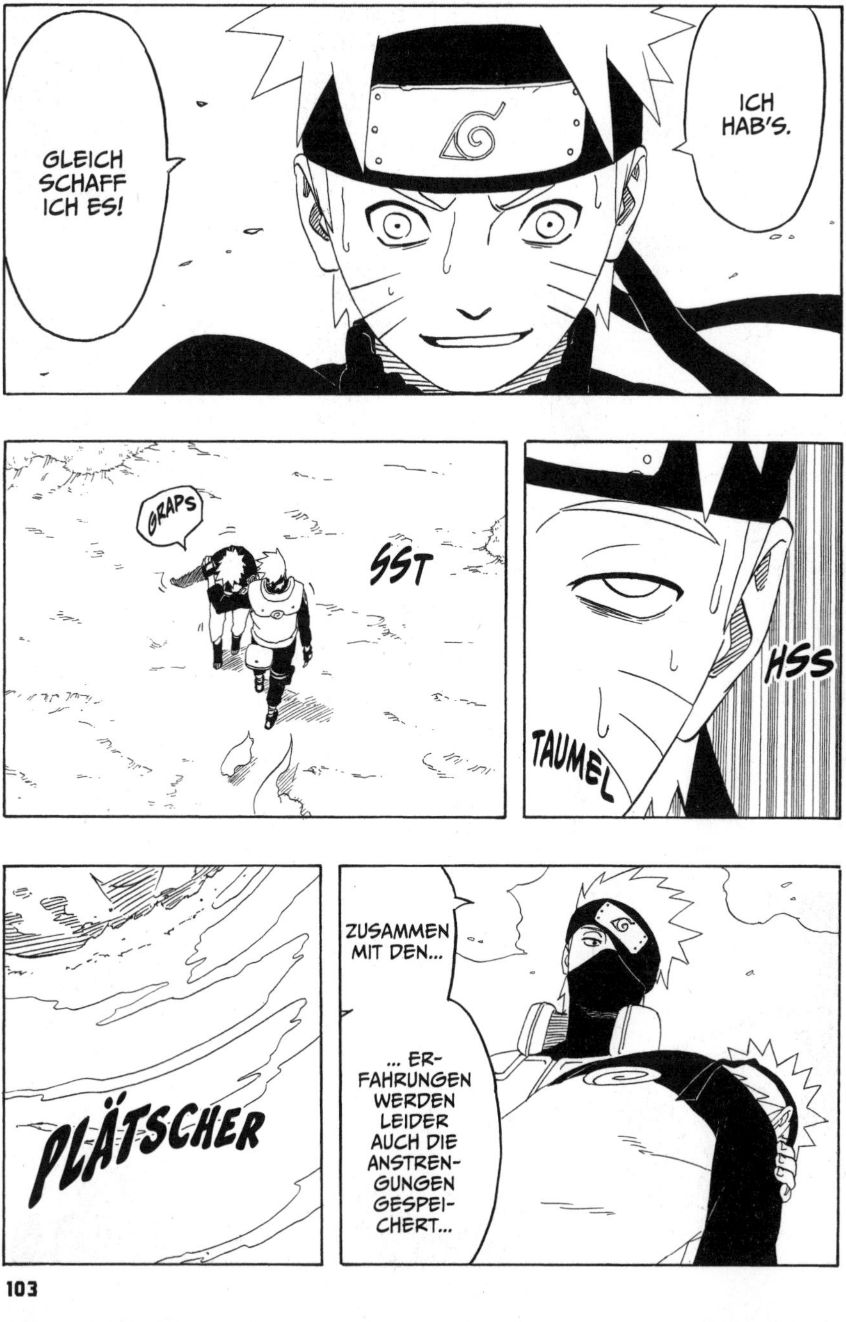
ICH HAB'S.
GLEICH SCHAFF ICH ES!
HSS
TAUMEL
SST
GRAPS
ZUSAMMEN MIT DEN...
... ER-FAHRUNGEN WERDEN LEIDER AUCH DIE ANSTREN-GUNGEN GESPEI-CHERT...
PLÄTSCHER

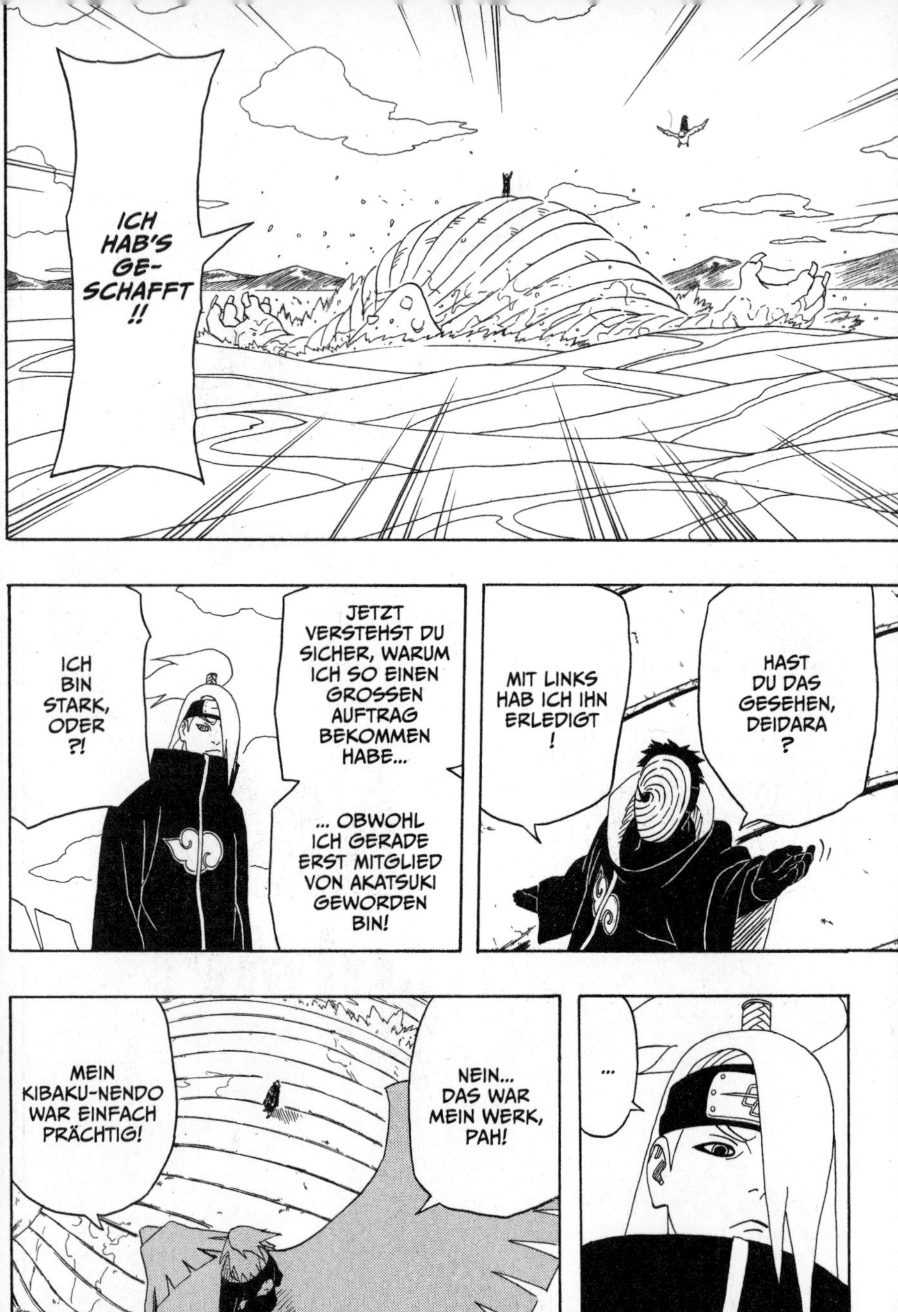
ICH HAB'S GE-SCHAFFT!!
HAST DU DAS GESEHEN, DEIDARA?
MIT LINKS HAB ICH IHN ERLEDIGT!
JETZT VERSTEHST DU SICHER, WARUM ICH SO EINEN GROSSEN AUFTRAG BEKOMMEN HABE...
... OBWOHL ICH GERADE ERST MITGLIED VON AKATSUKI GEWORDEN BIN!
ICH BIN STARK, ODER?!
...
NEIN... DAS WAR MEIN WERK, PAH!
MEIN KIBAKU-NENDO WAR EINFACH PRÄCHTIG!

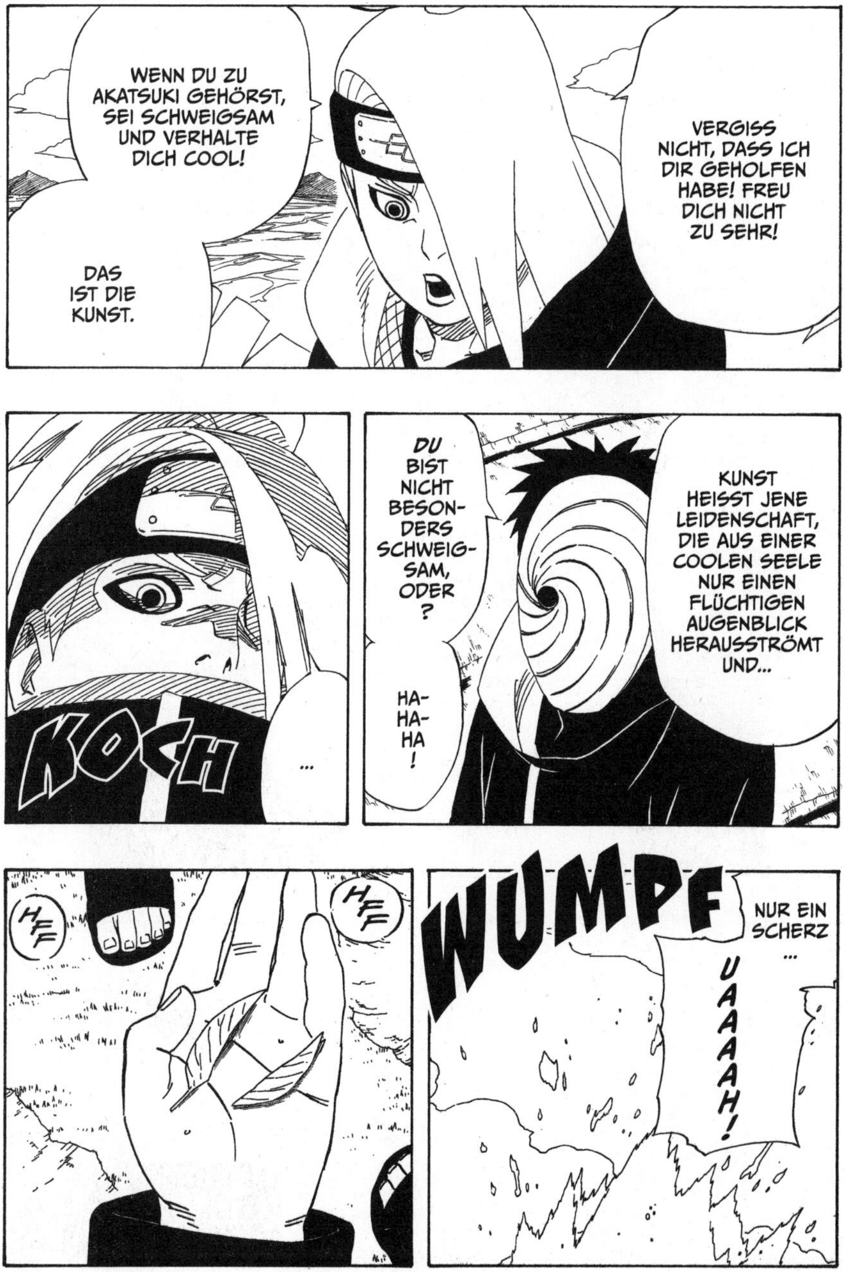
VERGISS NICHT, DASS ICH DIR GEHOLFEN HABE! FREU DICH NICHT ZU SEHR!
WENN DU ZU AKATSUKI GEHÖRST, SEI SCHWEIGSAM UND VERHALTE DICH COOL!
DAS IST DIE KUNST.
KUNST HEISST JENE LEIDENSCHAFT, DIE AUS EINER COOLEN SEELE NUR EINEN FLÜCHTIGEN AUGENBLICK HERAUSSTRÖMT UND...
DU BIST NICHT BESONDERS SCHWEIGSAM, ODER?
HAHAHA!
KOCH
...
WUMPF
NUR EIN SCHERZ ...
UAAAAAH!
HFF
HFF

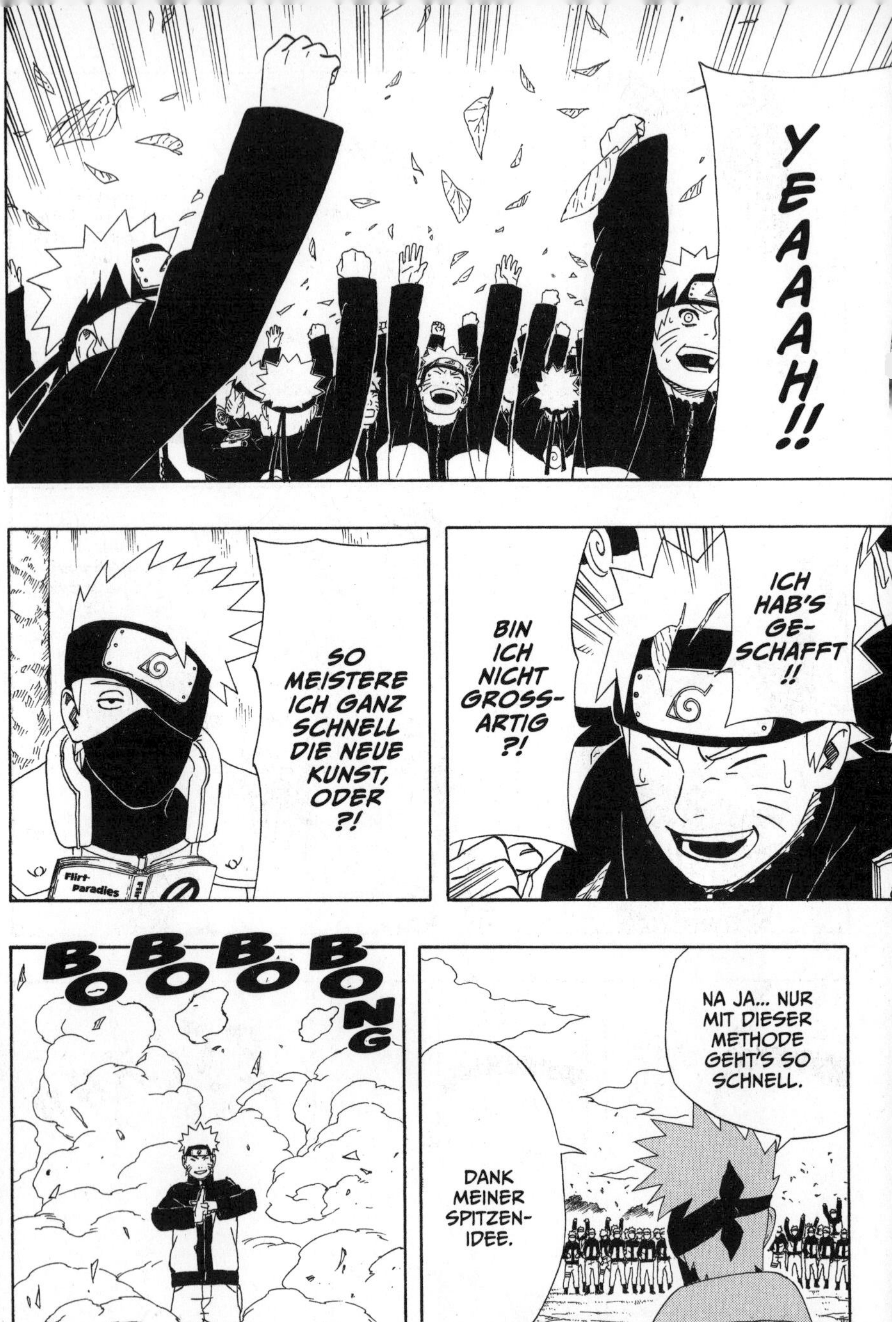
YEAAAAH!!
ICH HAB'S GE-SCHAFFT!!
BIN ICH NICHT GROSS-ARTIG?!
SO MEISTERE ICH GANZ SCHNELL DIE NEUE KUNST, ODER?!
Flirt-Paradies
NA JA... NUR MIT DIESER METHODE GEHT'S SO SCHNELL.
DANK MEINER SPITZEN-IDEE.
BOBOBOBONG

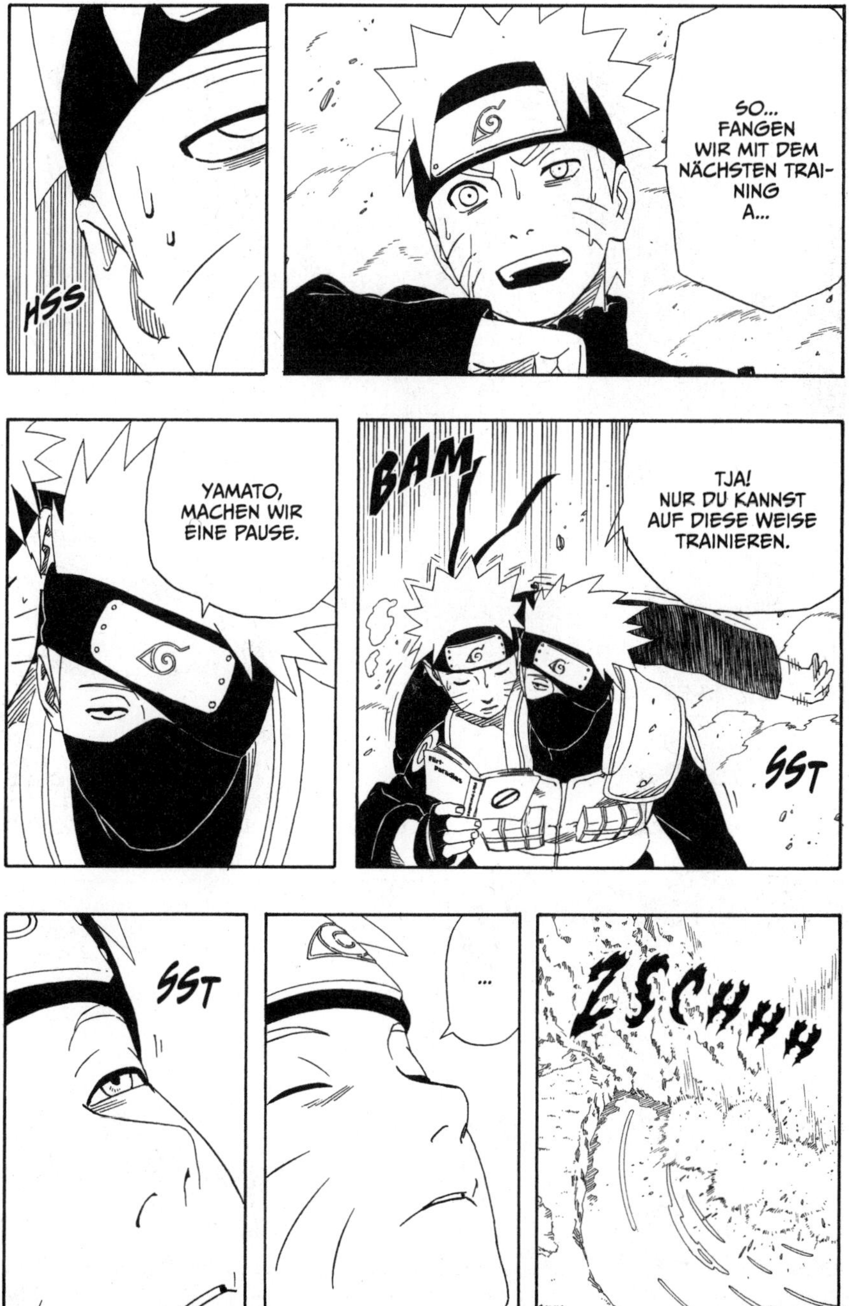
SO... FANGEN WIR MIT DEM NÄCHSTEN TRAINING A...
HSS
BAM
TJA! NUR DU KANNST AUF DIESE WEISE TRAINIEREN.
SST
YAMATO, MACHEN WIR EINE PAUSE.
ZSCHHH
...
SST

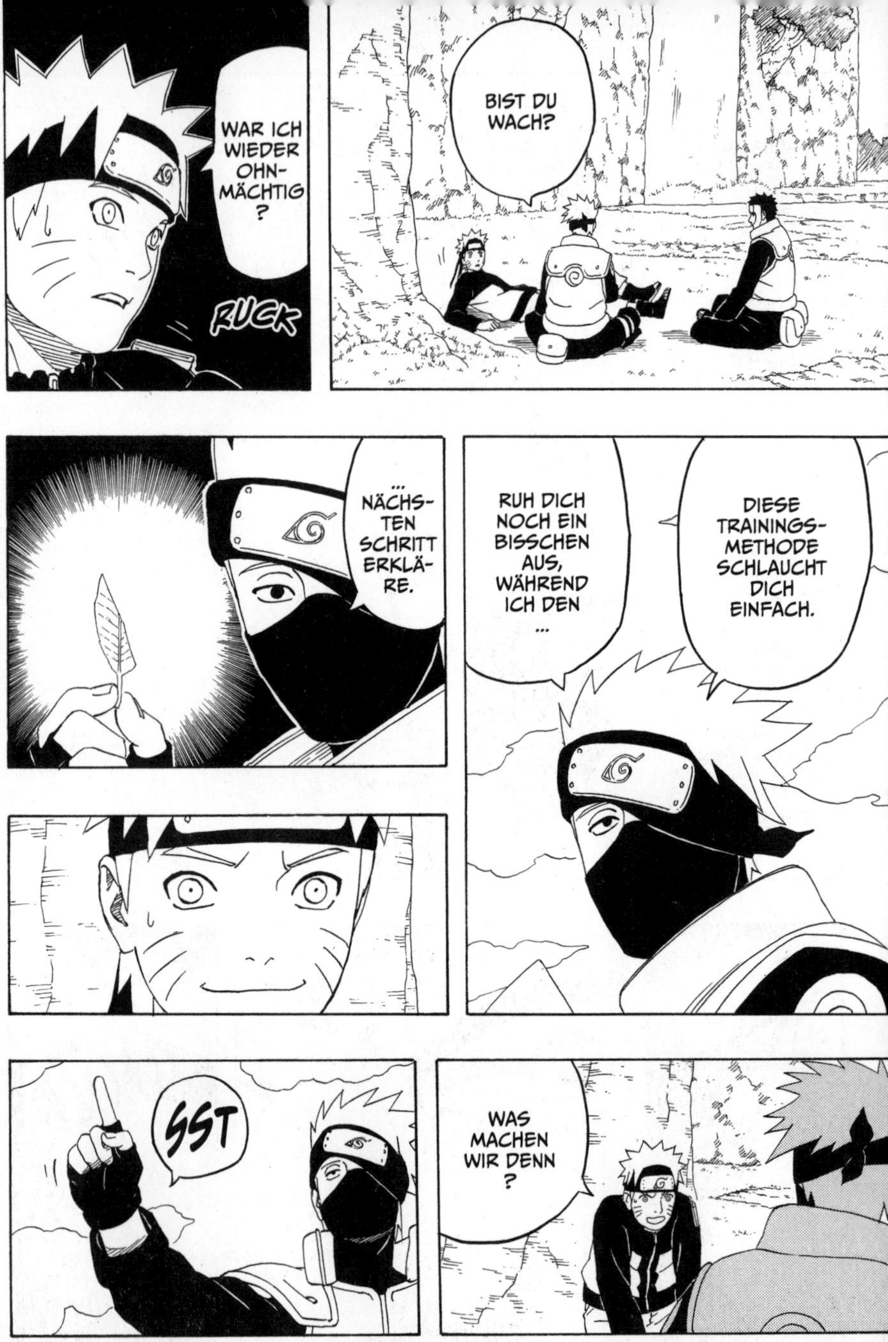
BIST DU WACH?
WAR ICH WIEDER OHNMÄCHTIG?
RUCK
DIESE TRAININGSMETHODE SCHLAUCHT DICH EINFACH.
RUH DICH NOCH EIN BISSCHEN AUS, WÄHREND ICH DEN ...
... NÄCHSTEN SCHRITT ERKLÄRE.
WAS MACHEN WIR DENN?
SST

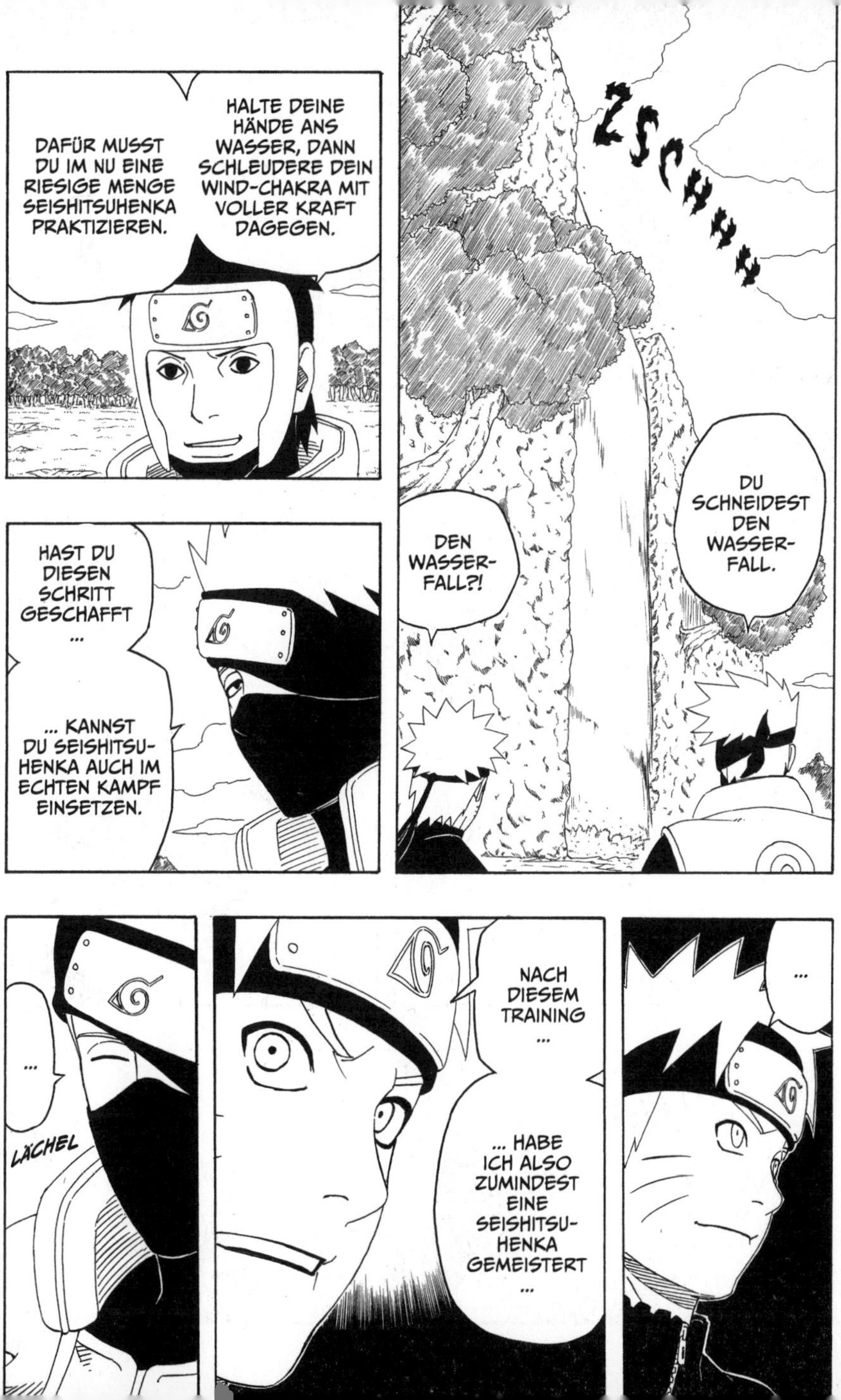
ZSCHHHH
DU SCHNEIDEST DEN WASSER-FALL.
DEN WASSER-FALL?!
HALTE DEINE HÄNDE ANS WASSER, DANN SCHLEUDERE DEIN WIND-CHAKRA MIT VOLLER KRAFT DAGEGEN.
DAFÜR MUSST DU IM NU EINE RIESIGE MENGE SEISHITSUHENKA PRAKTIZIEREN.
HAST DU DIESEN SCHRITT GESCHAFFT ...
... KANNST DU SEISHITSU-HENKA AUCH IM ECHTEN KAMPF EINSETZEN.
...
NACH DIESEM TRAINING ...
... HABE ICH ALSO ZUMINDEST EINE SEISHITSU-HENKA GEMEISTERT ...
...
LÄCHEL

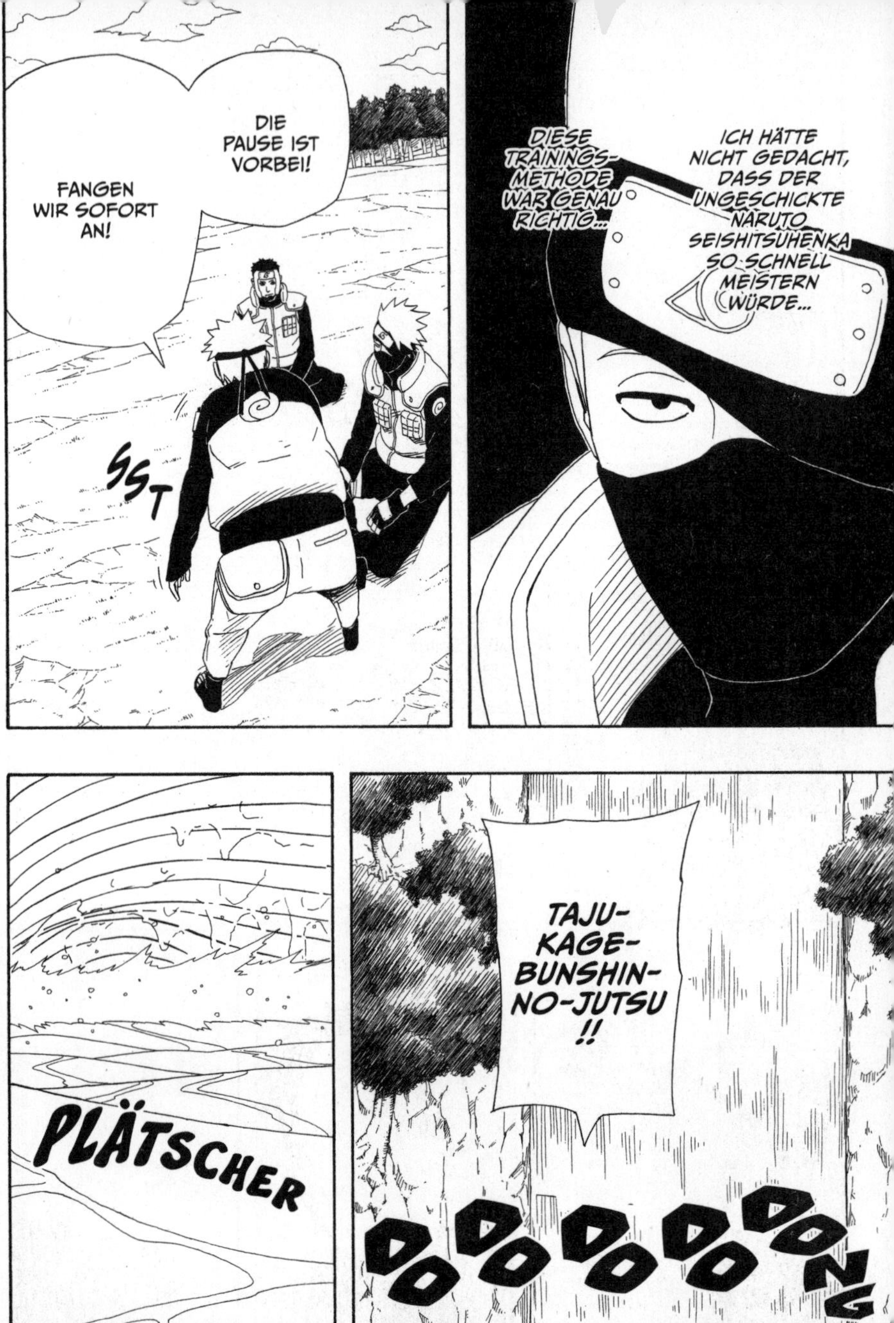
ICH HÄTTE NICHT GEDACHT, DASS DER UNGESCHICKTE NARUTO SEISHITSUHENKA SO SCHNELL MEISTERN WÜRDE...
DIESE TRAININGS-METHODE WAR GENAU RICHTIG...
DIE PAUSE IST VORBEI!
FANGEN WIR SOFORT AN!
SST
TAJU-KAGE-BUNSHIN-NO-JUTSU!!
DODODODODODODODONG
PLÄTSCHER

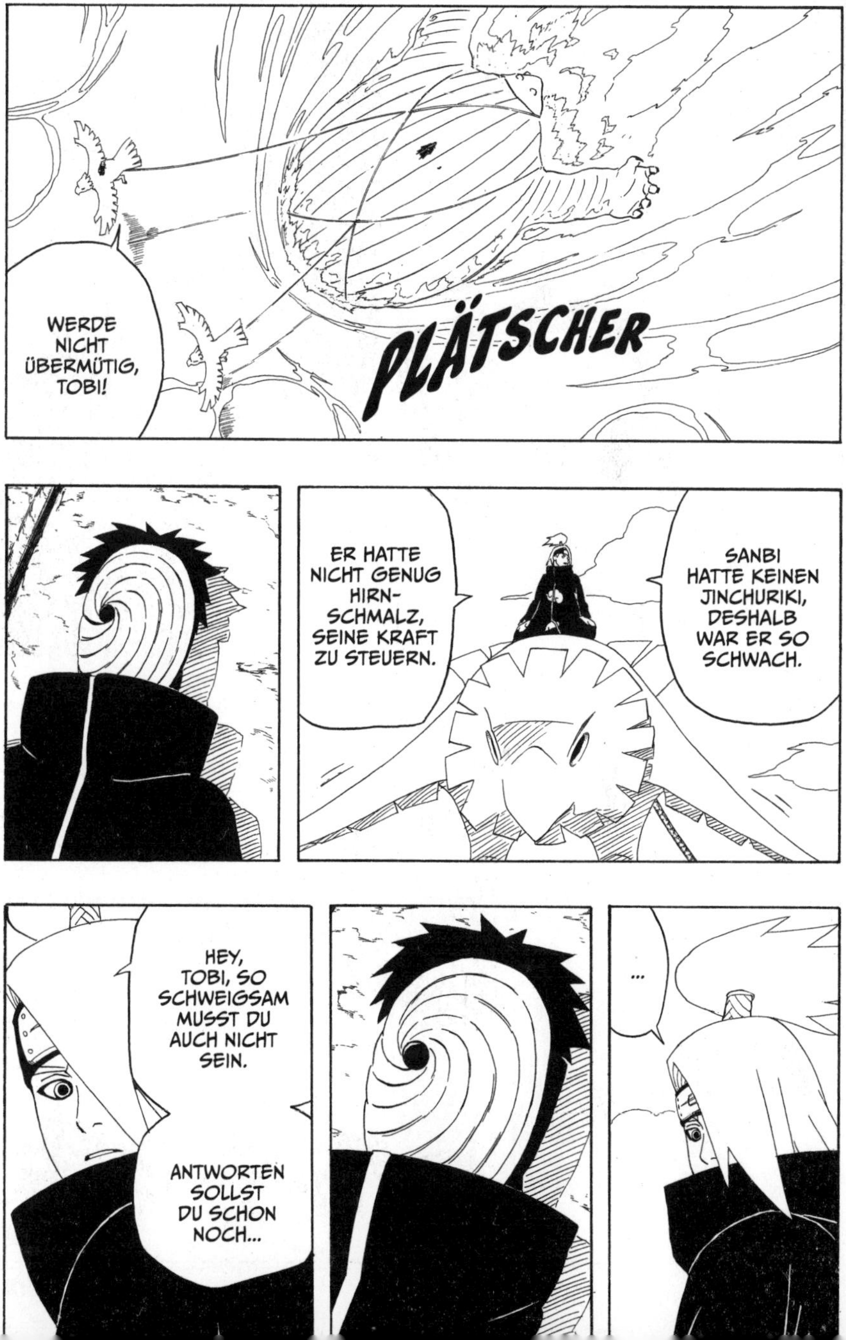
PLÄTSCHER
WERDE NICHT ÜBERMÜTIG, TOBI!
SANBI HATTE KEINEN JINCHURIKI, DESHALB WAR ER SO SCHWACH.
ER HATTE NICHT GENUG HIRN-SCHMALZ, SEINE KRAFT ZU STEUERN.
...
HEY, TOBI, SO SCHWEIGSAM MUSST DU AUCH NICHT SEIN.
ANTWORTEN SOLLST DU SCHON NOCH...

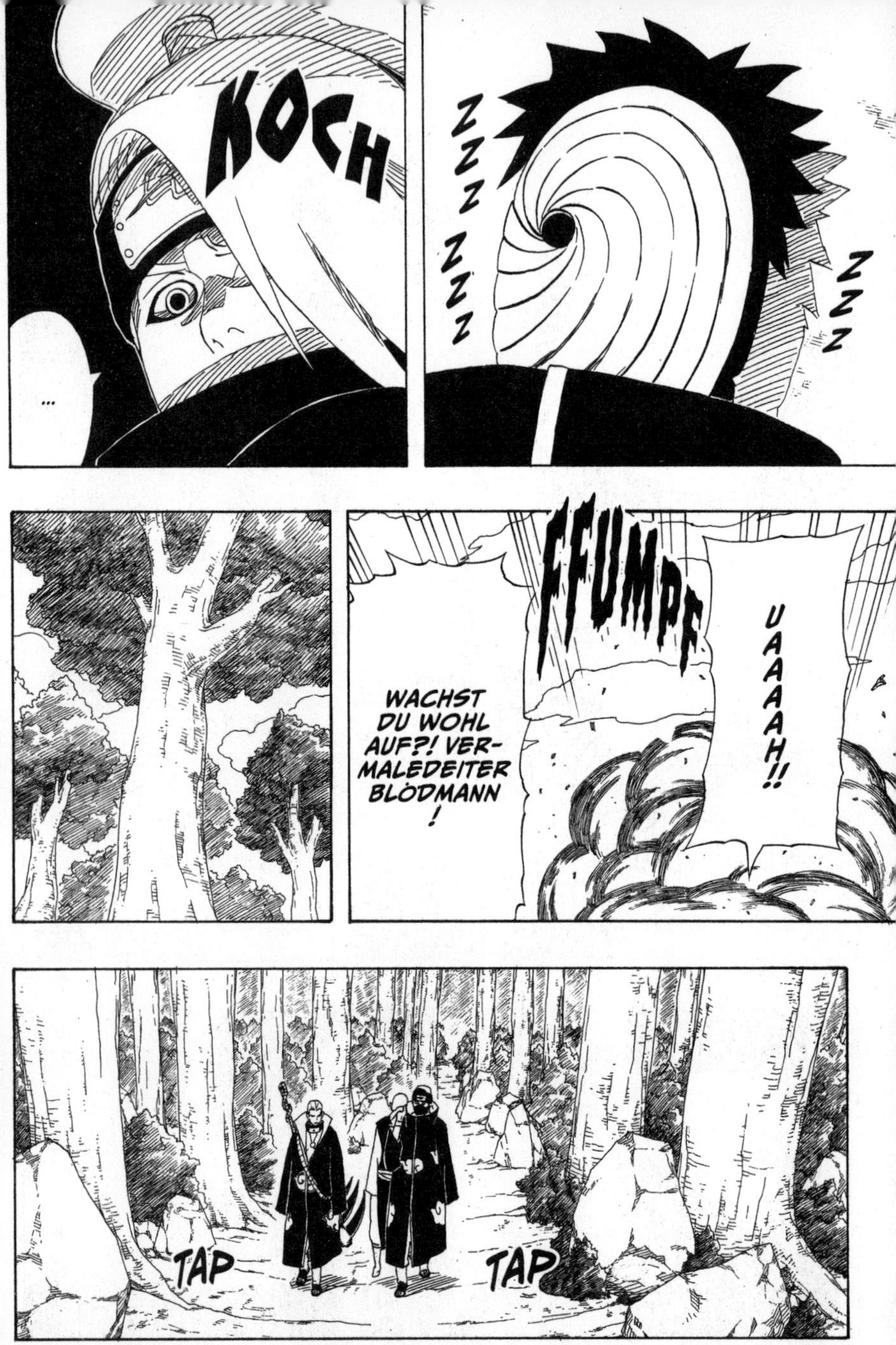
KOCH
...
ZZZ
ZZZ
ZZZ
ZZZ
UAAAAAH!!
FFUMPF
WACHST DU WOHL AUF?! VERMALEDEITER BLÖDMANN!
TAP
TAP

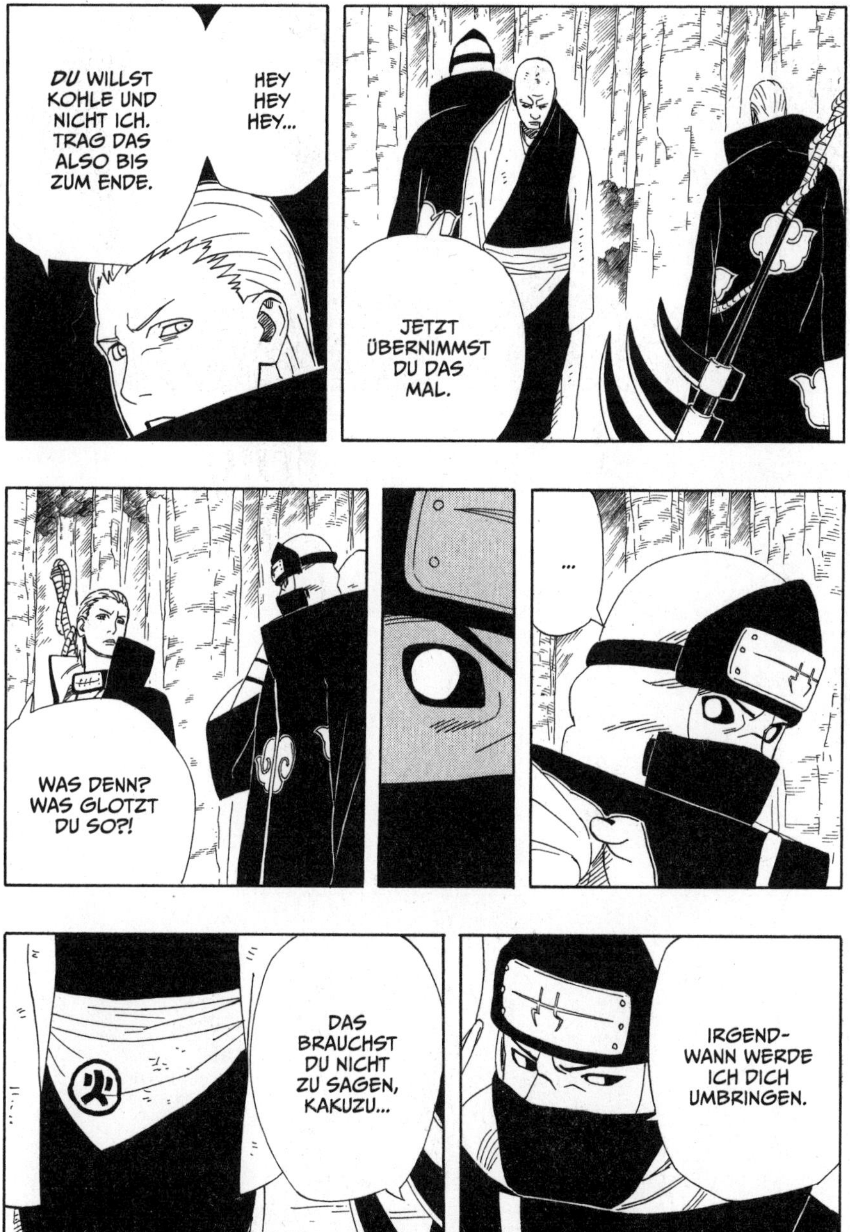
HEY HEY HEY...
DU WILLST KOHLE UND NICHT ICH. TRAG DAS ALSO BIS ZUM ENDE.
JETZT ÜBERNIMMST DU DAS MAL.
...
WAS DENN? WAS GLOTZT DU SO?!
IRGEND-WANN WERDE ICH DICH UMBRINGEN.
DAS BRAUCHST DU NICHT ZU SAGEN, KAKUZU...

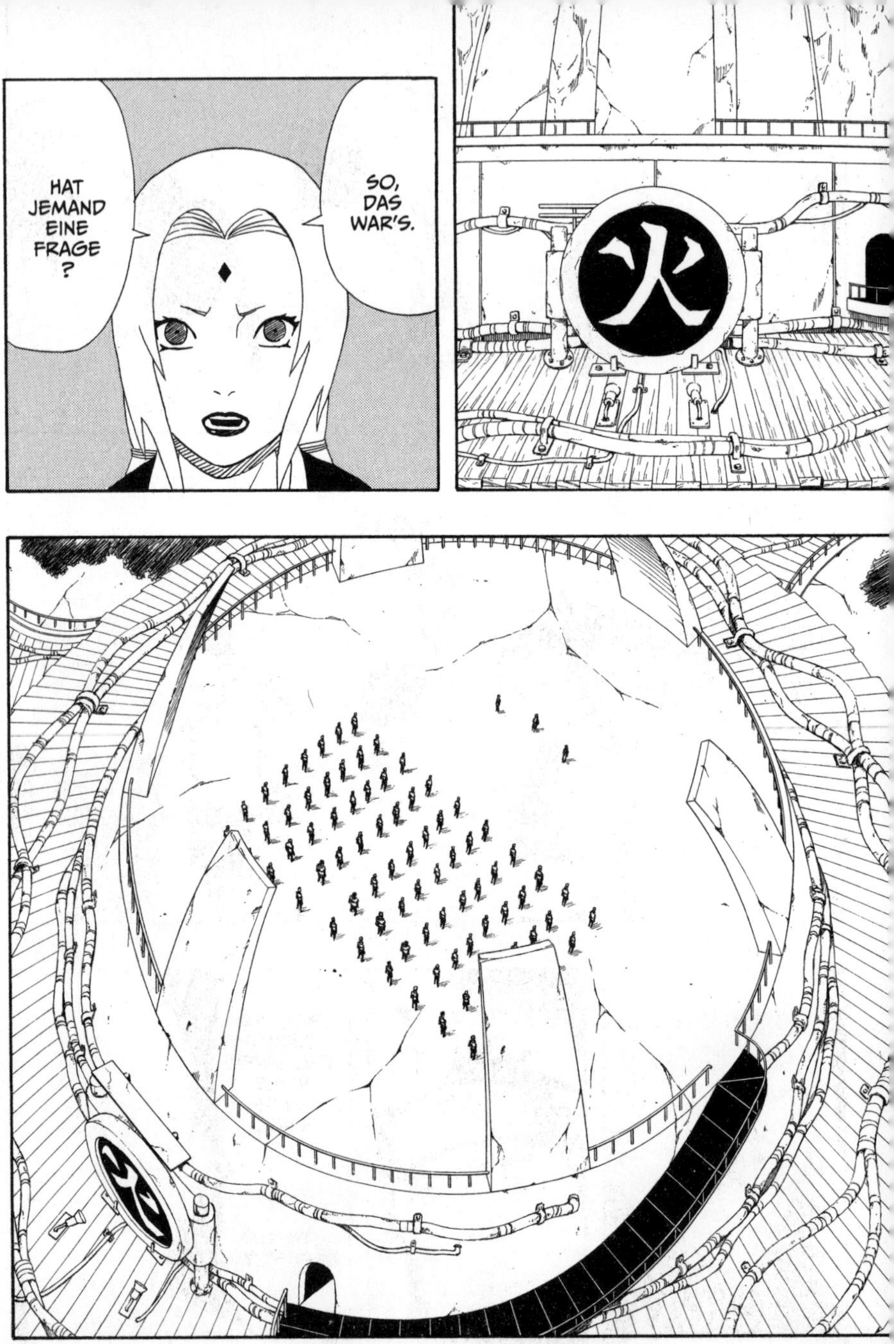
SO, DAS WAR'S.
HAT JEMAND EINE FRAGE ?

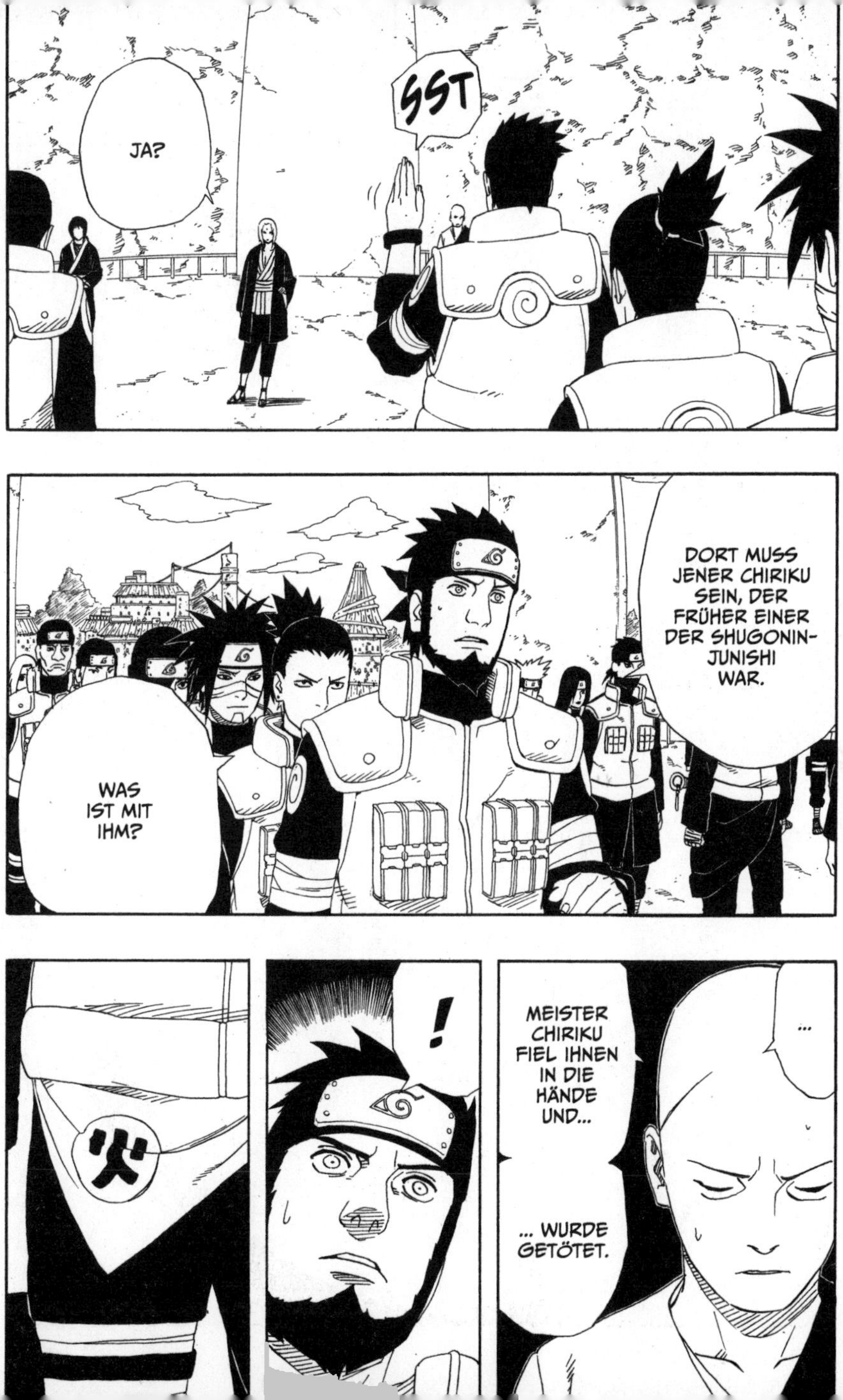
SST
JA?
DORT MUSS JENER CHIRIKU SEIN, DER FRÜHER EINER DER SHUGONIN-JUNISHI WAR.
WAS IST MIT IHM?
...
MEISTER CHIRIKU FIEL IHNEN IN DIE HÄNDE UND...
... WURDE GETÖTET.
!

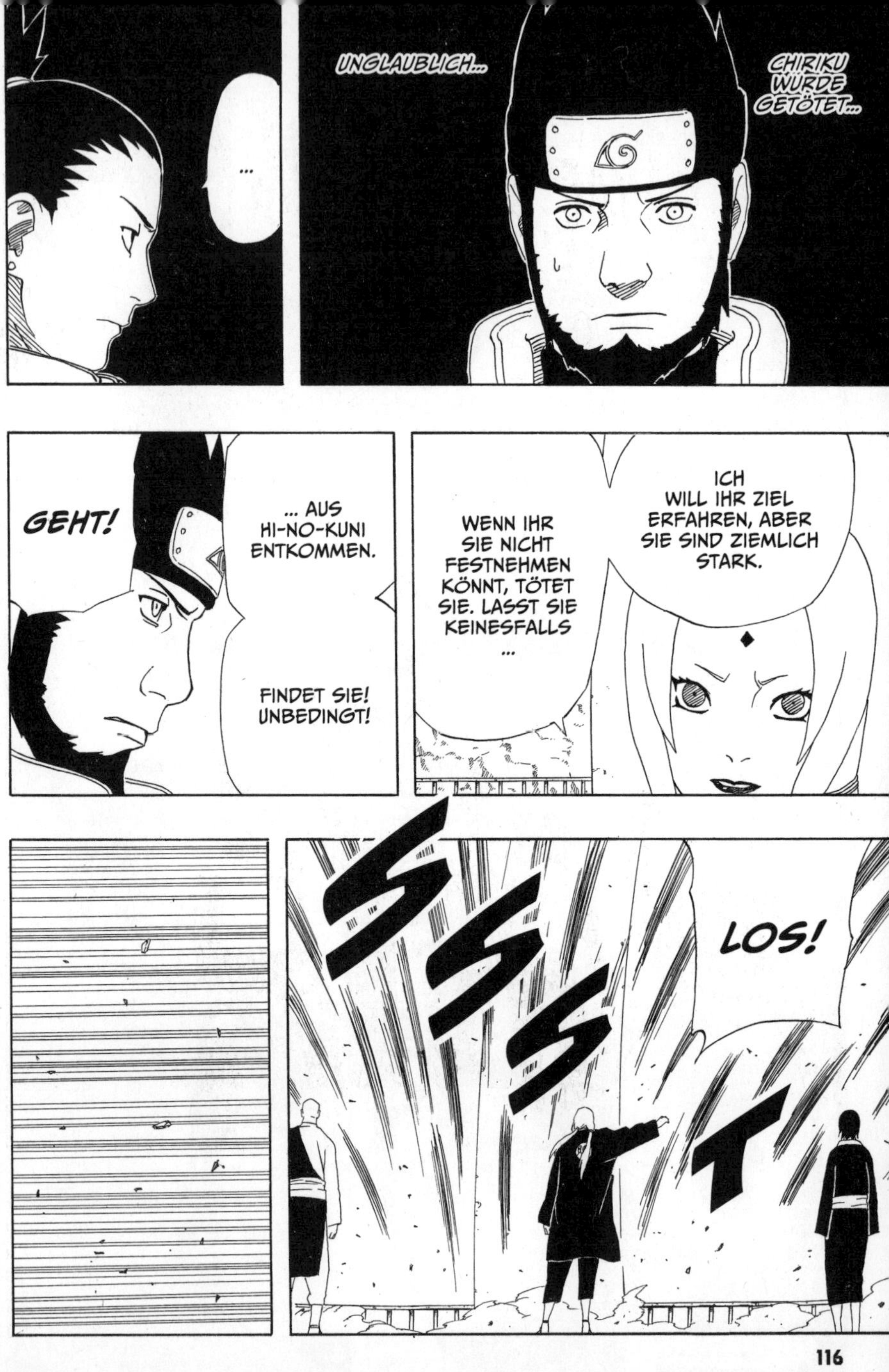
CHIRIKU WURDE GETÖTET...
UNGLAUBLICH...
...
ICH WILL IHR ZIEL ERFAHREN, ABER SIE SIND ZIEMLICH STARK.
WENN IHR SIE NICHT FESTNEHMEN KÖNNT, TÖTET SIE. LASST SIE KEINESFALLS ...
... AUS HI-NO-KUNI ENTKOMMEN.
FINDET SIE! UNBEDINGT!
GEHT!
LOS!
SSST

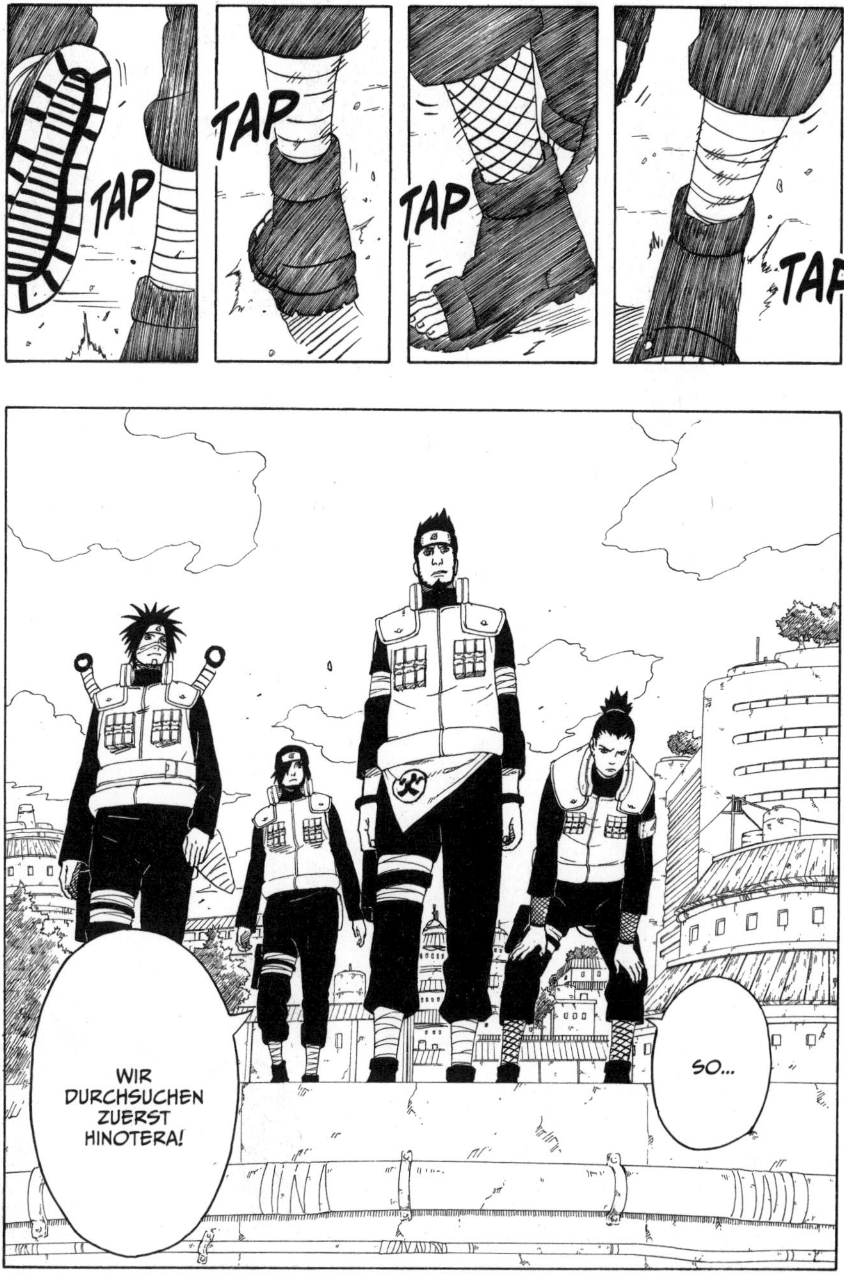
TAP
TAP
TAP
TAP
SO...
WIR DURCHSUCHEN ZUERST HINOTERA!

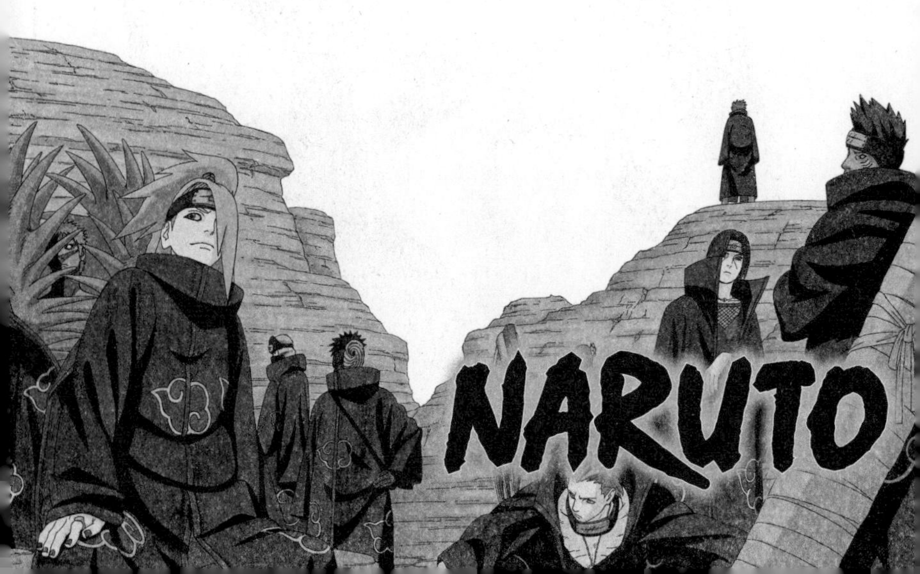
NARUTO

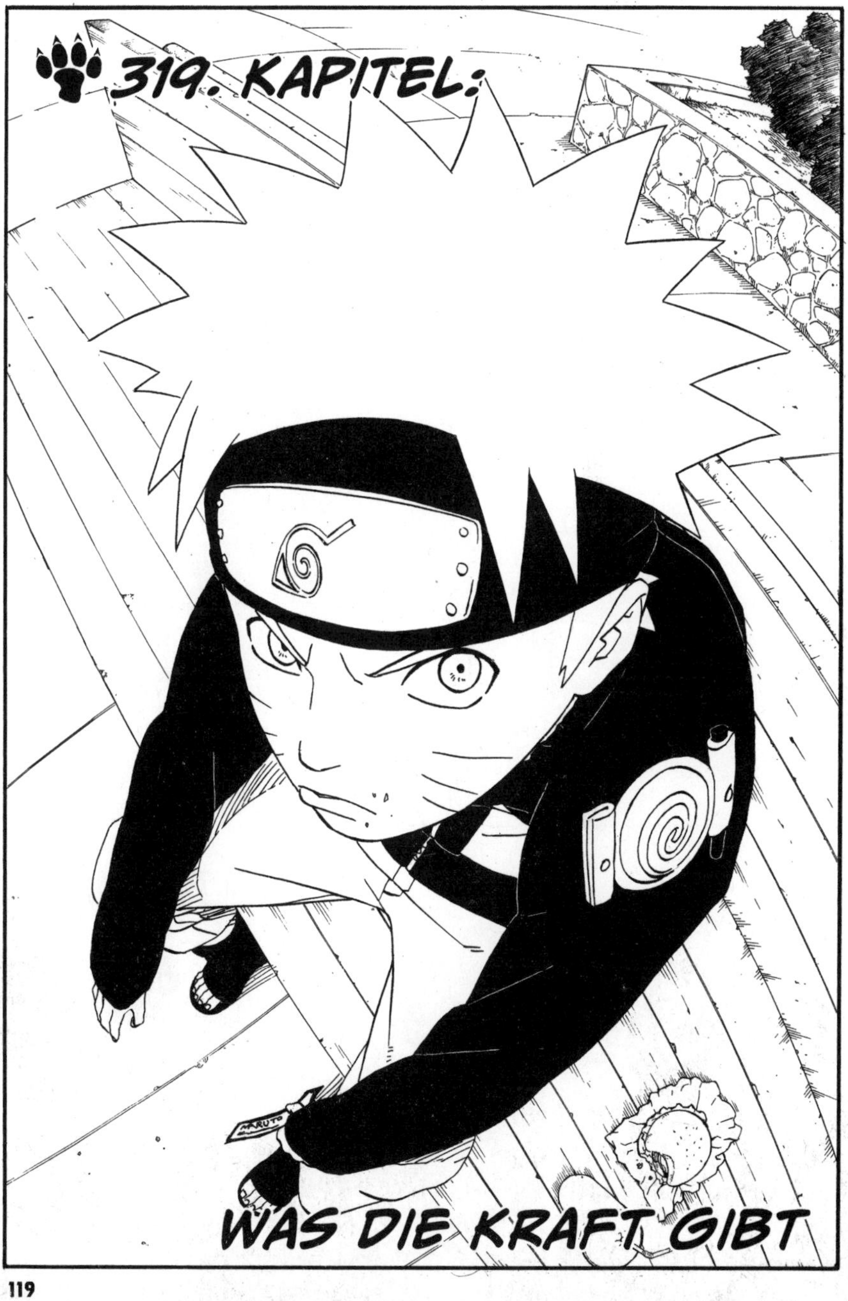
319. KAPITEL:
WAS DIE KRAFT GIBT
NARUTO

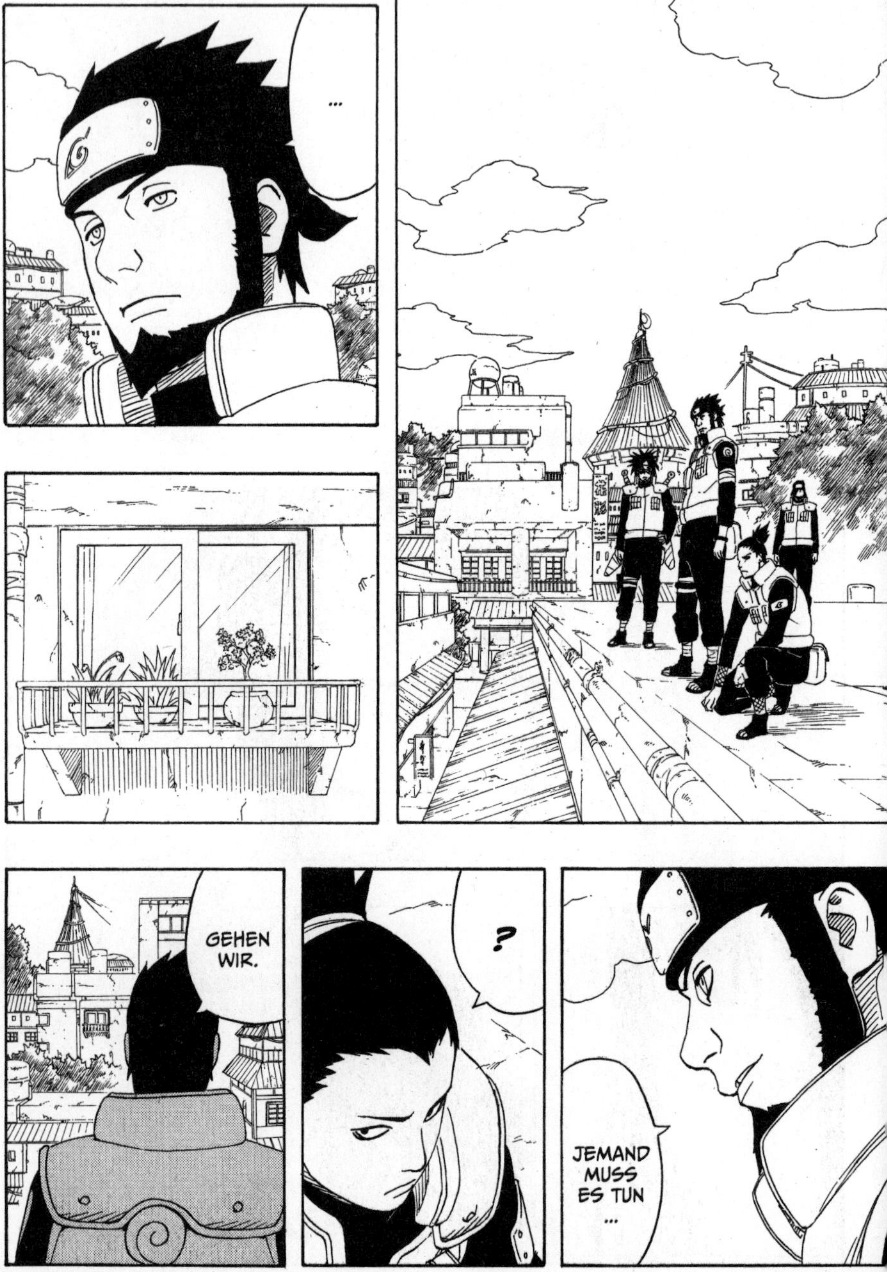
...
JEMAND MUSS ES TUN ...
?
GEHEN WIR.

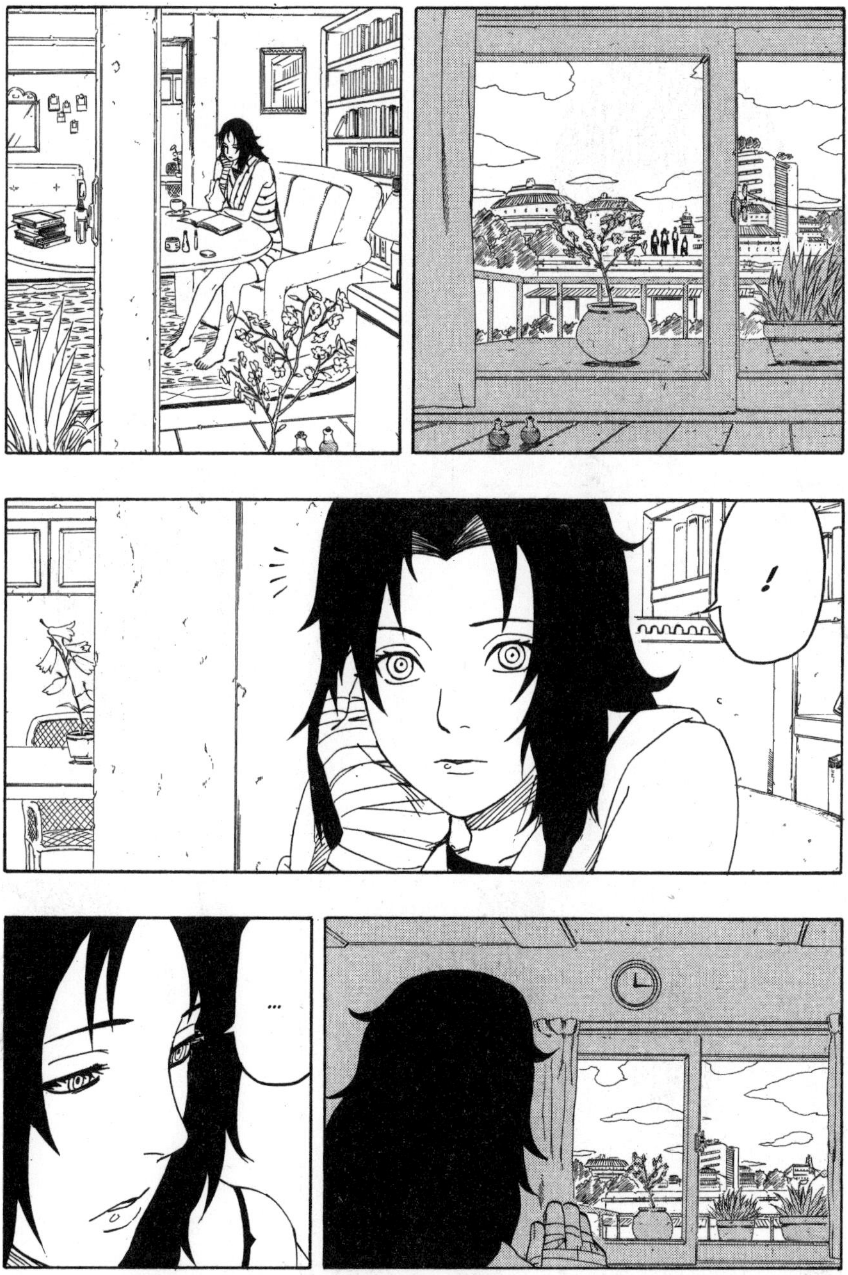

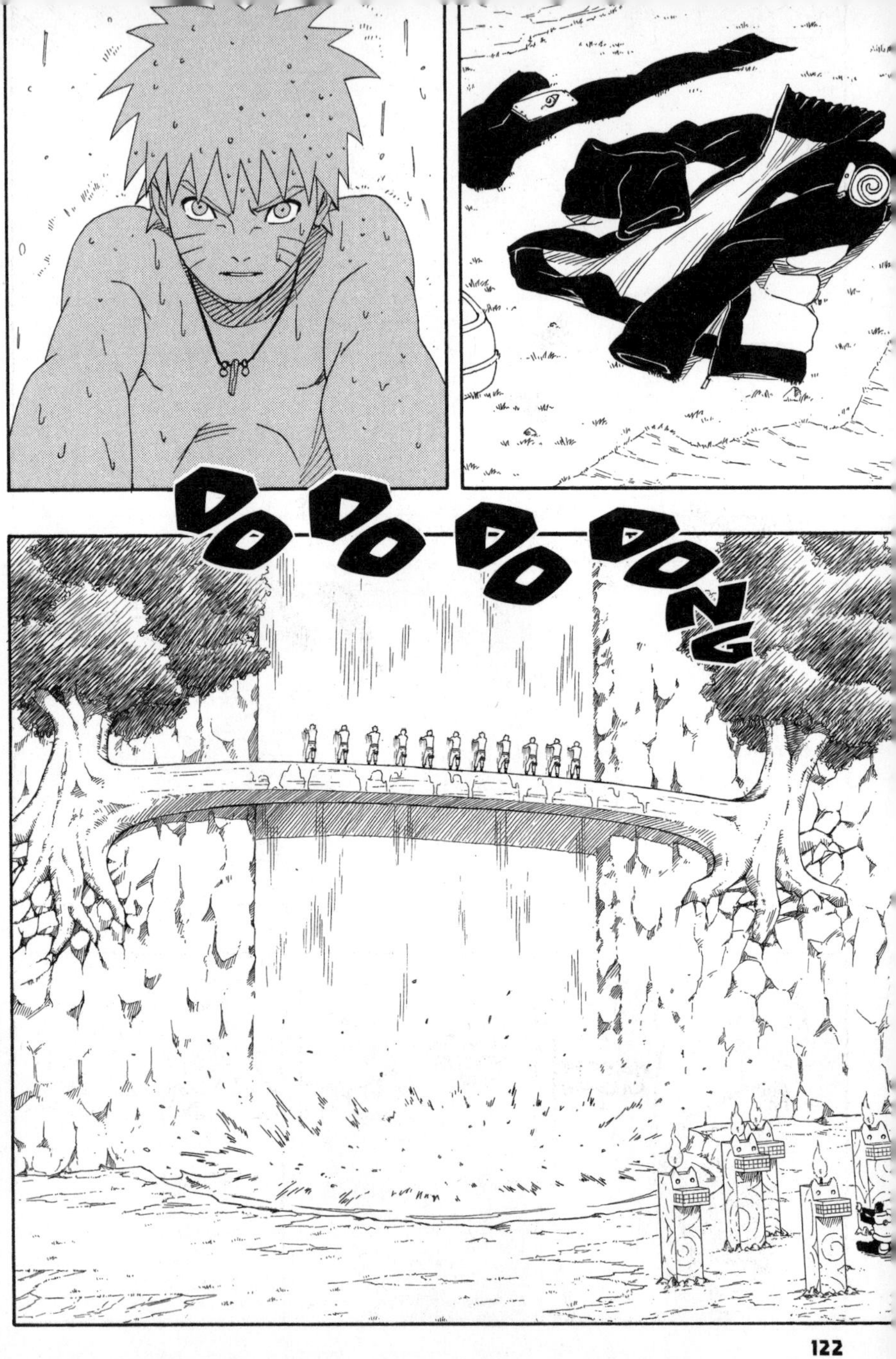
DO DO DO DONG

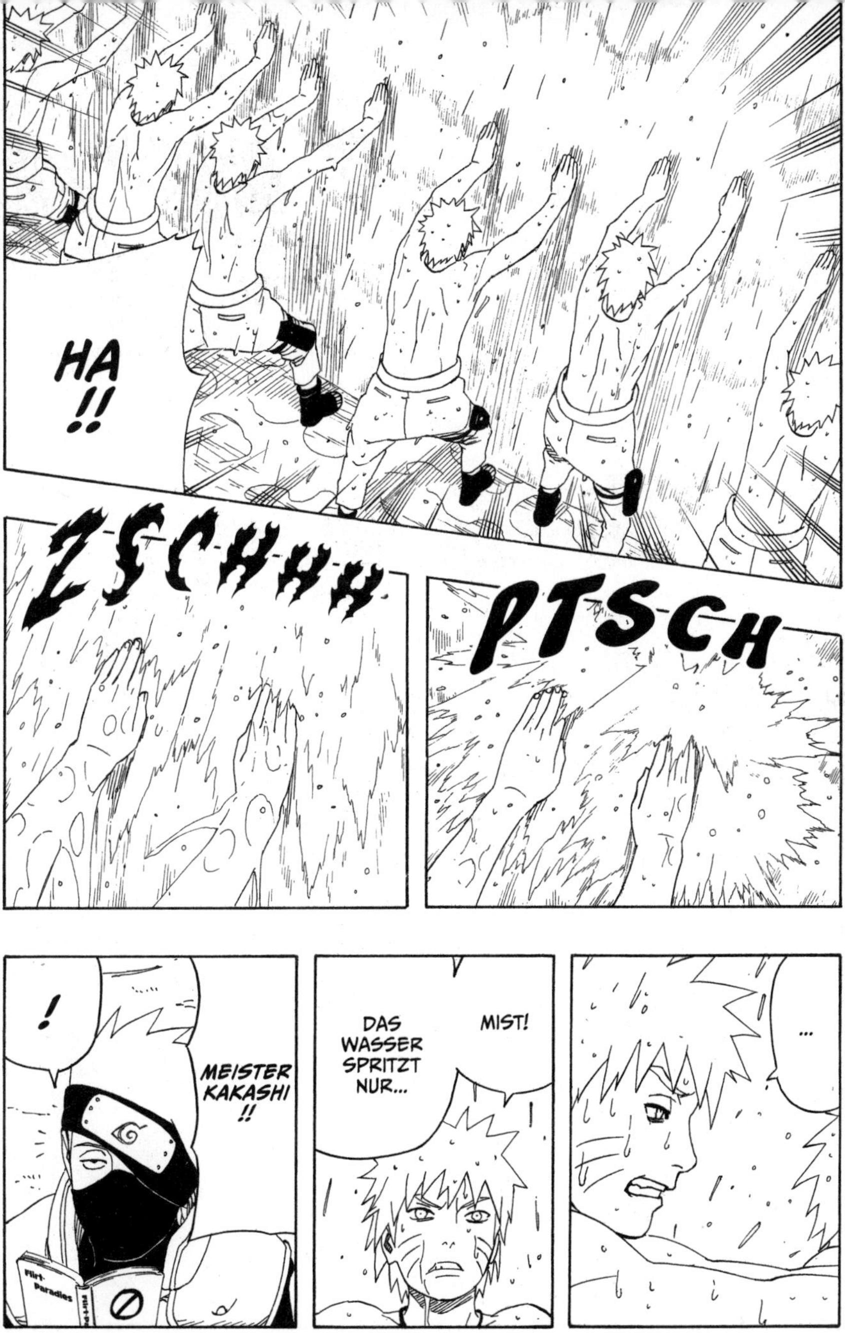
HA!!
PTSCH
ZSCHHH
...
MIST!
DAS WASSER SPRITZT NUR...
!
MEISTER KAKASHI!!
Flirt-Paradies

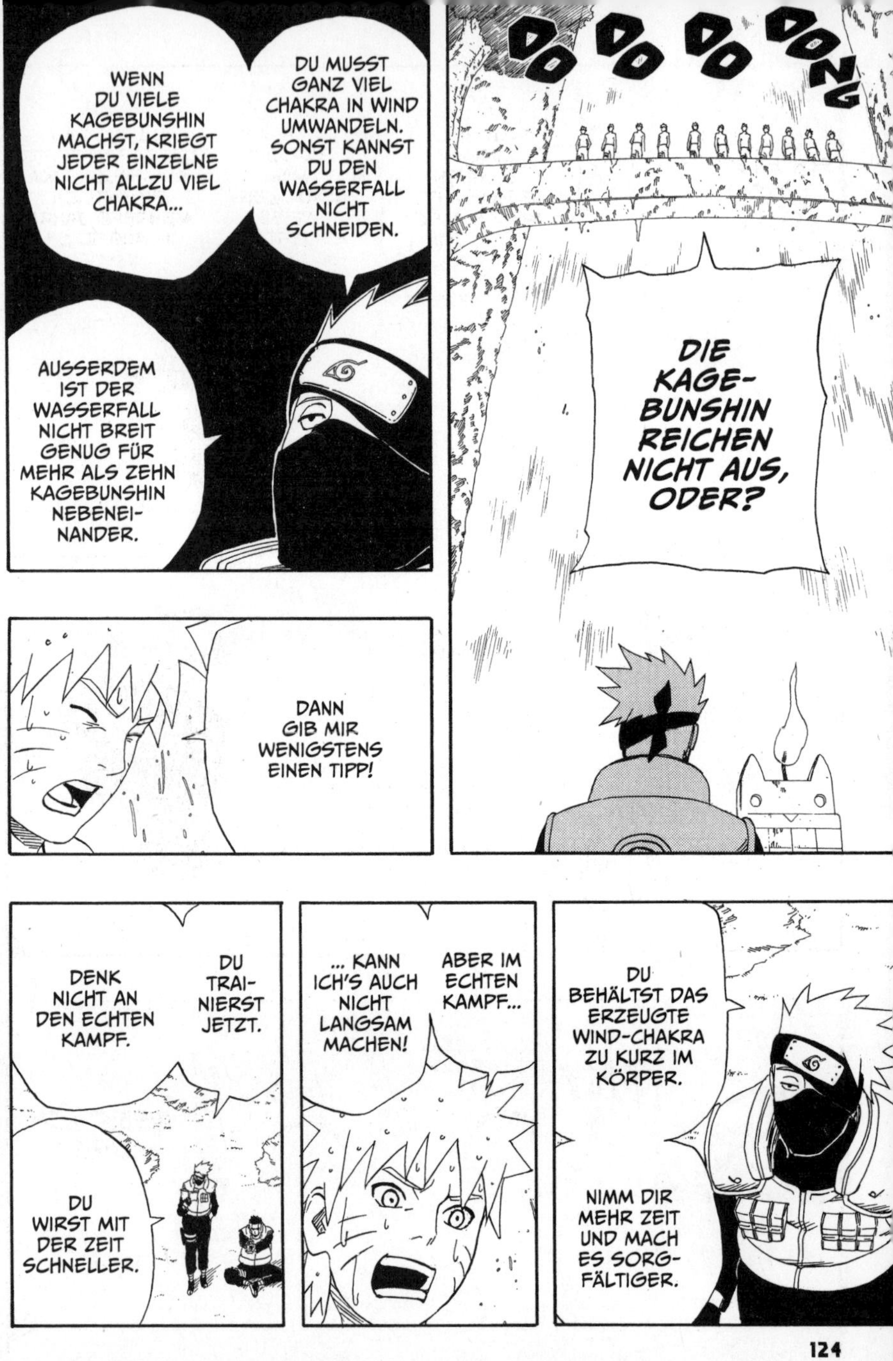
DO DO DO DONG
DIE KAGE-BUNSHIN REICHEN NICHT AUS, ODER?
DU MUSST GANZ VIEL CHAKRA IN WIND UMWANDELN. SONST KANNST DU DEN WASSERFALL NICHT SCHNEIDEN.
WENN DU VIELE KAGEBUNSHIN MACHST, KRIEGT JEDER EINZELNE NICHT ALLZU VIEL CHAKRA...
AUSSERDEM IST DER WASSERFALL NICHT BREIT GENUG FÜR MEHR ALS ZEHN KAGEBUNSHIN NEBENEI-NANDER.
DANN GIB MIR WENIGSTENS EINEN TIPP!
DU BEHÄLTST DAS ERZEUGTE WIND-CHAKRA ZU KURZ IM KÖRPER.
NIMM DIR MEHR ZEIT UND MACH ES SORG-FÄLTIGER.
ABER IM ECHTEN KAMPF...
... KANN ICH'S AUCH NICHT LANGSAM MACHEN!
DU TRAI-NIERST JETZT.
DENK NICHT AN DEN ECHTEN KAMPF.
DU WIRST MIT DER ZEIT SCHNELLER.

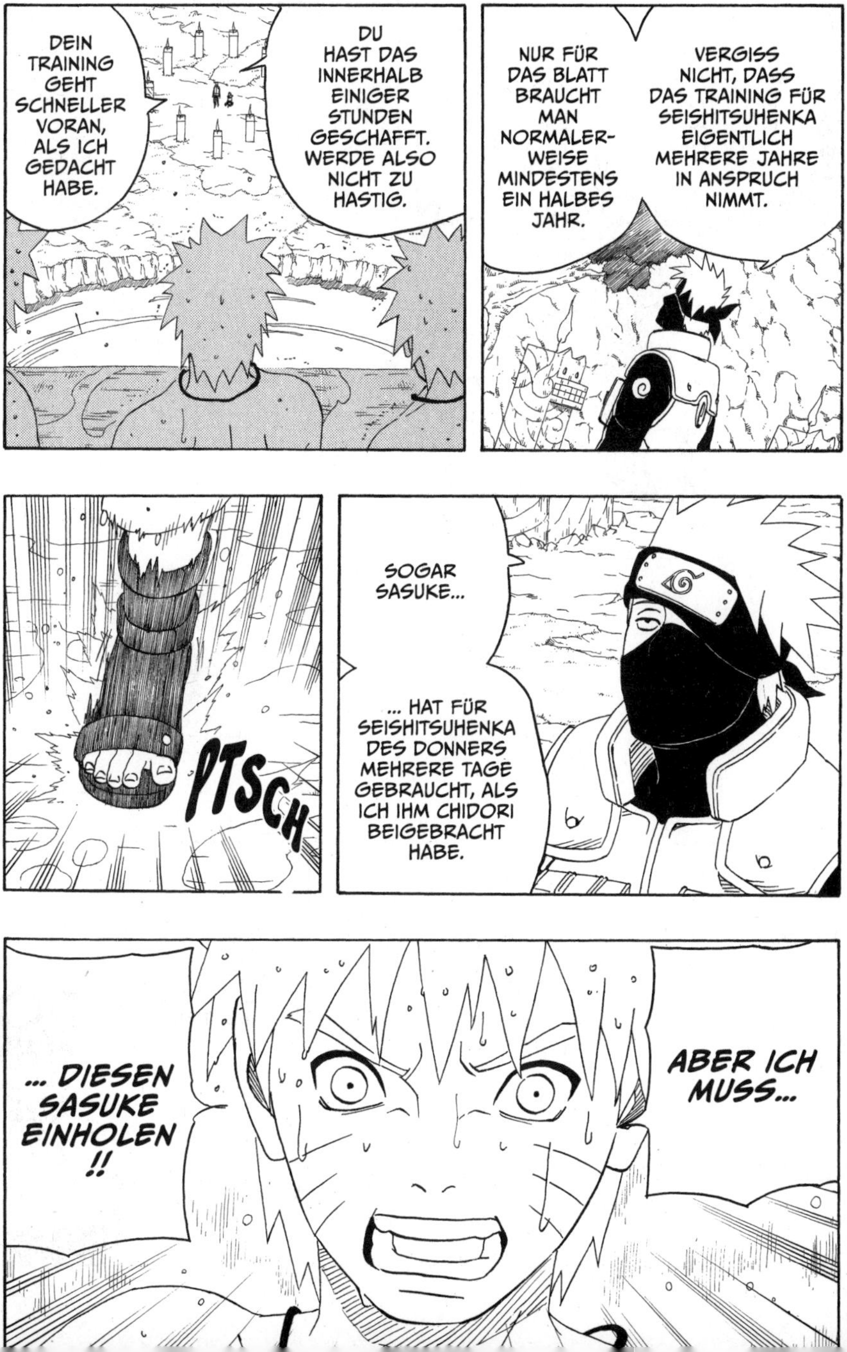
VERGISS NICHT, DASS DAS TRAINING FÜR SEISHITSUHENKA EIGENTLICH MEHRERE JAHRE IN ANSPRUCH NIMMT.
NUR FÜR DAS BLATT BRAUCHT MAN NORMALERWEISE MINDESTENS EIN HALBES JAHR.
DU HAST DAS INNERHALB EINIGER STUNDEN GESCHAFFT. WERDE ALSO NICHT ZU HASTIG.
DEIN TRAINING GEHT SCHNELLER VORAN, ALS ICH GEDACHT HABE.
SOGAR SASUKE...
... HAT FÜR SEISHITSUHENKA DES DONNERS MEHRERE TAGE GEBRAUCHT, ALS ICH IHM CHIDORI BEIGEBRACHT HABE.
PTSCH
ABER ICH MUSS...
... DIESEN SASUKE EINHOLEN !!

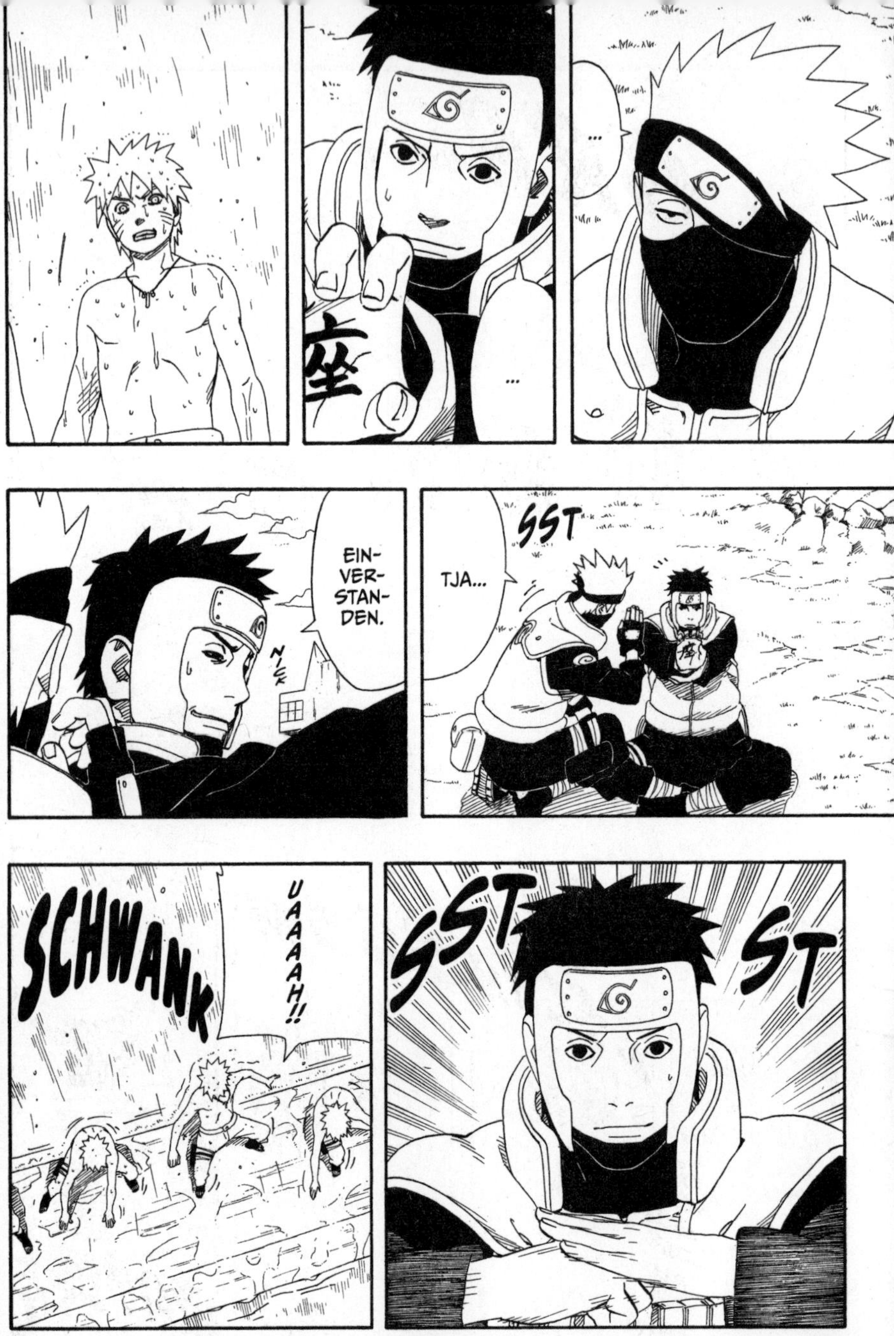
...
...
SST
TJA...
EIN-
VER-
STAN-
DEN.
NICK
SST
ST
UAAAAAH!!
SCHWANK

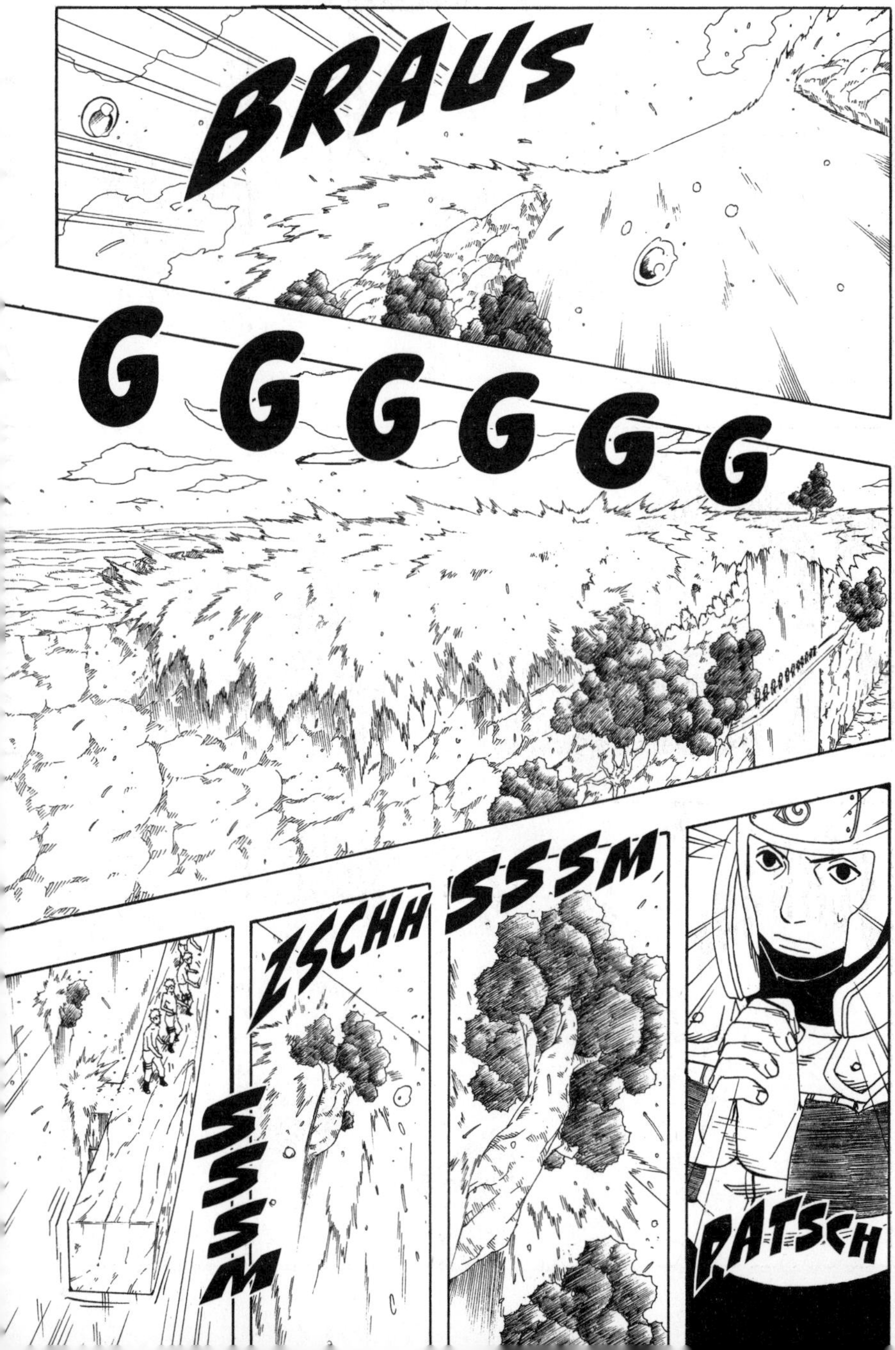
BRAUS
G G G G G G
PATSCH
SSSM
ZSCHH
SSSM

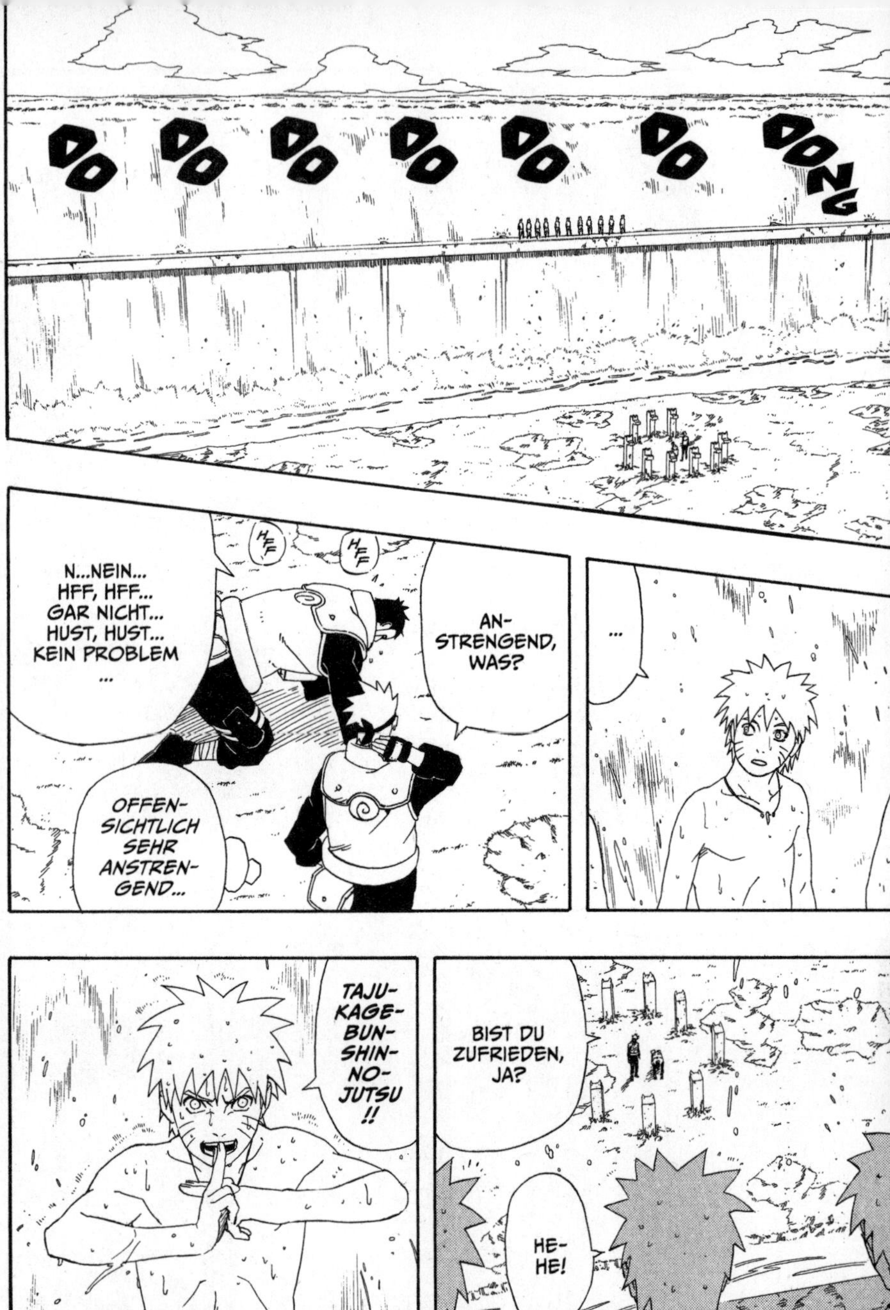
DO DO DO DO DO DO DONG
...
HFF
HFF
AN-STRENGEND, WAS?
N...NEIN... HFF, HFF... GAR NICHT... HUST, HUST... KEIN PROBLEM ...
OFFEN-SICHTLICH SEHR ANSTREN-GEND...
BIST DU ZUFRIEDEN, JA?
HE-HE!
TAJU-KAGE-BUN-SHIN-NO-JUTSU !!

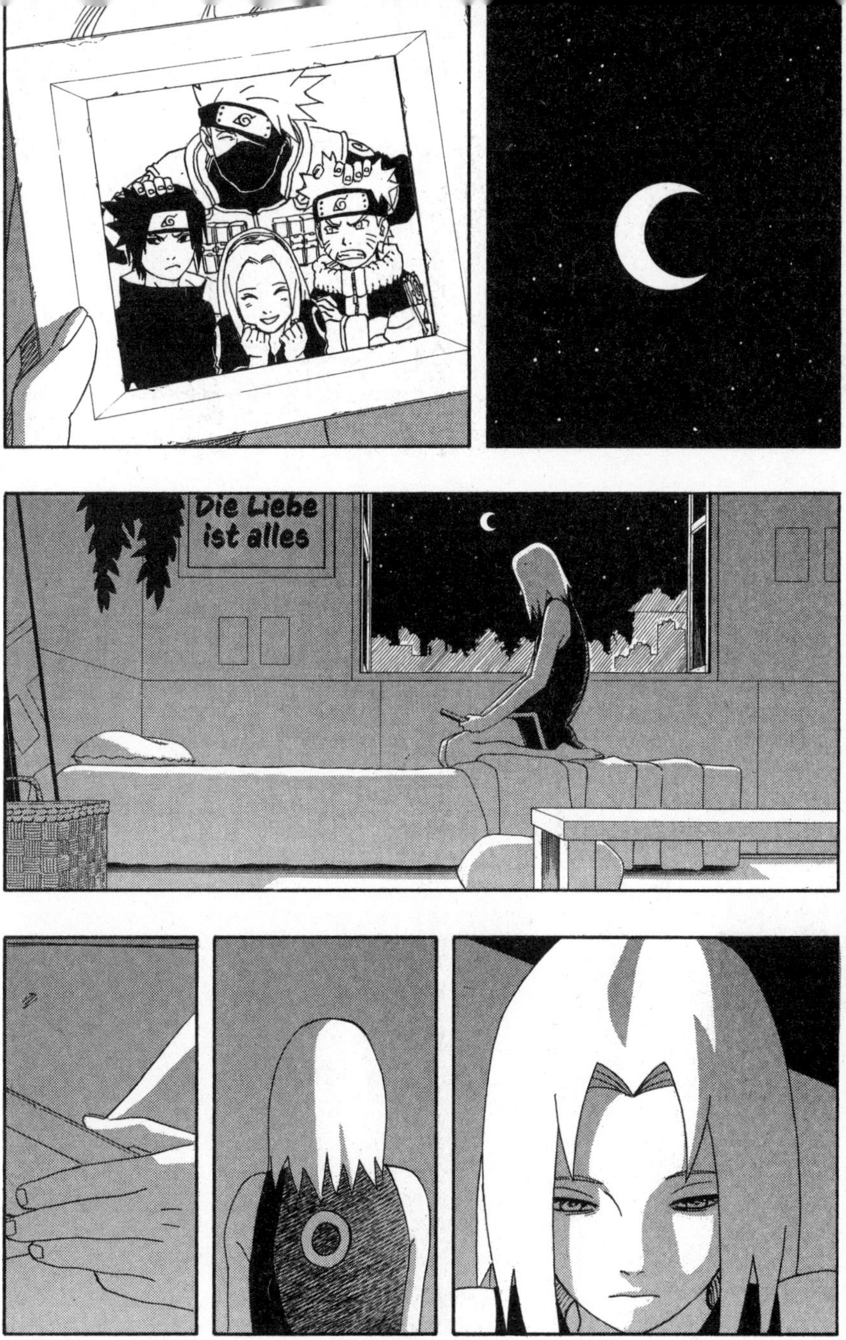
Die Liebe ist alles

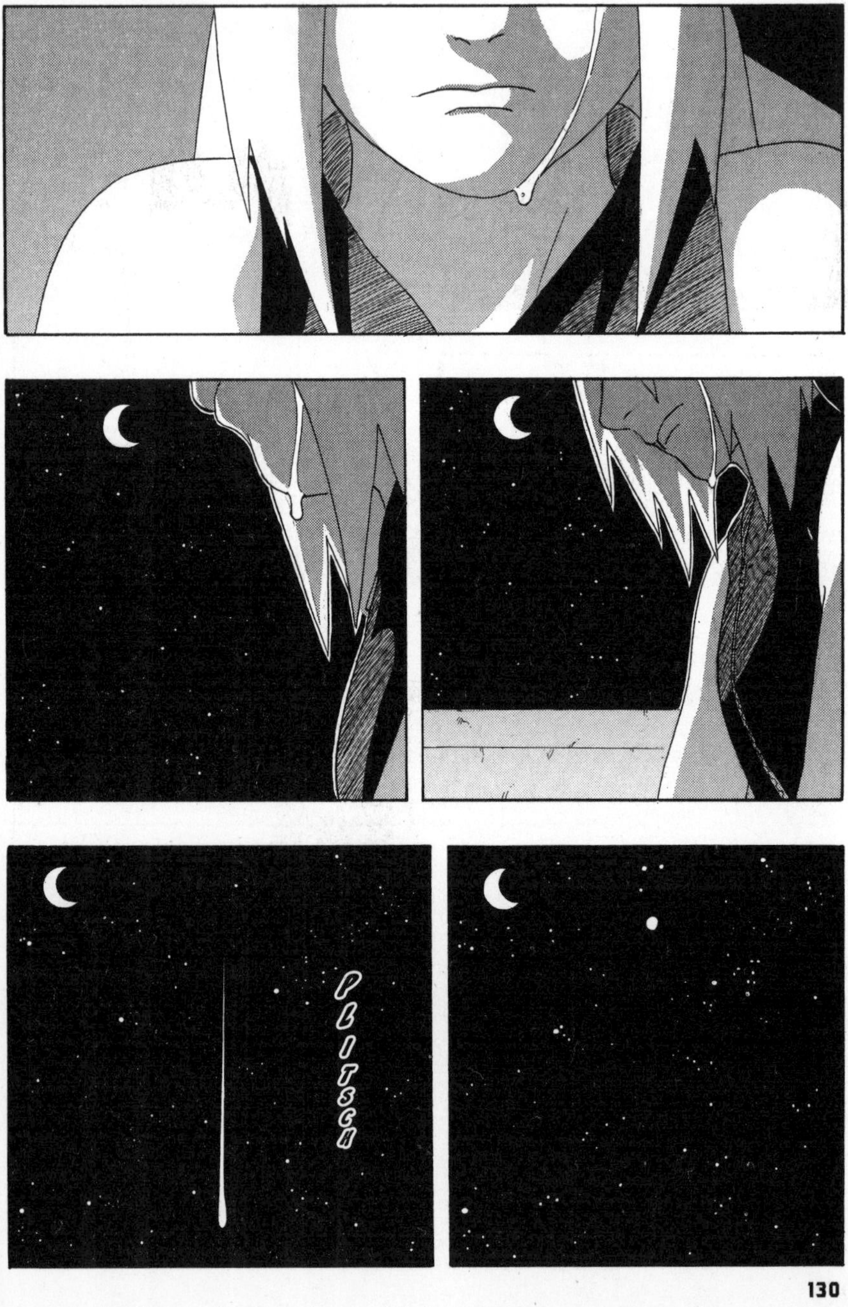
PLITSCH

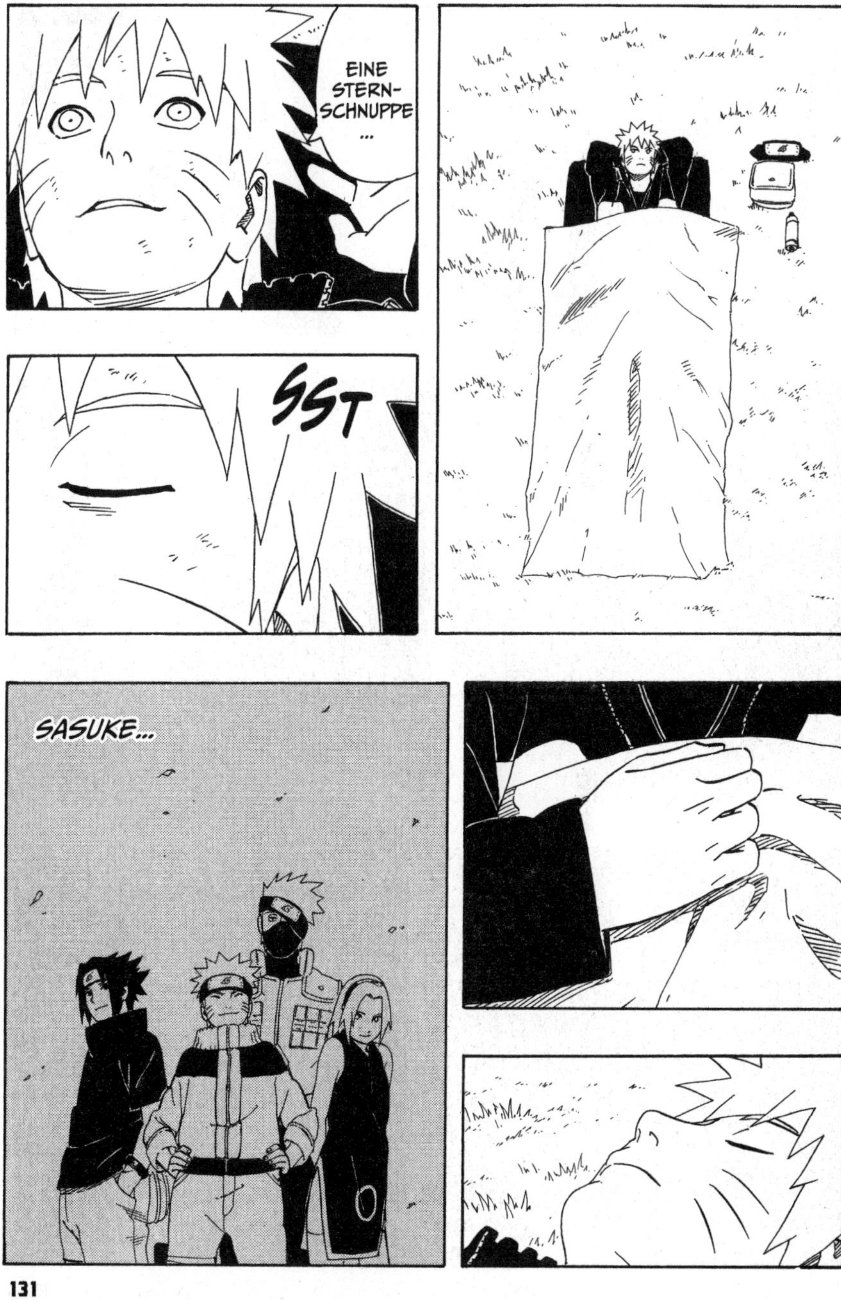
EINE STERN-SCHNUPPE ...
SST
SASUKE...

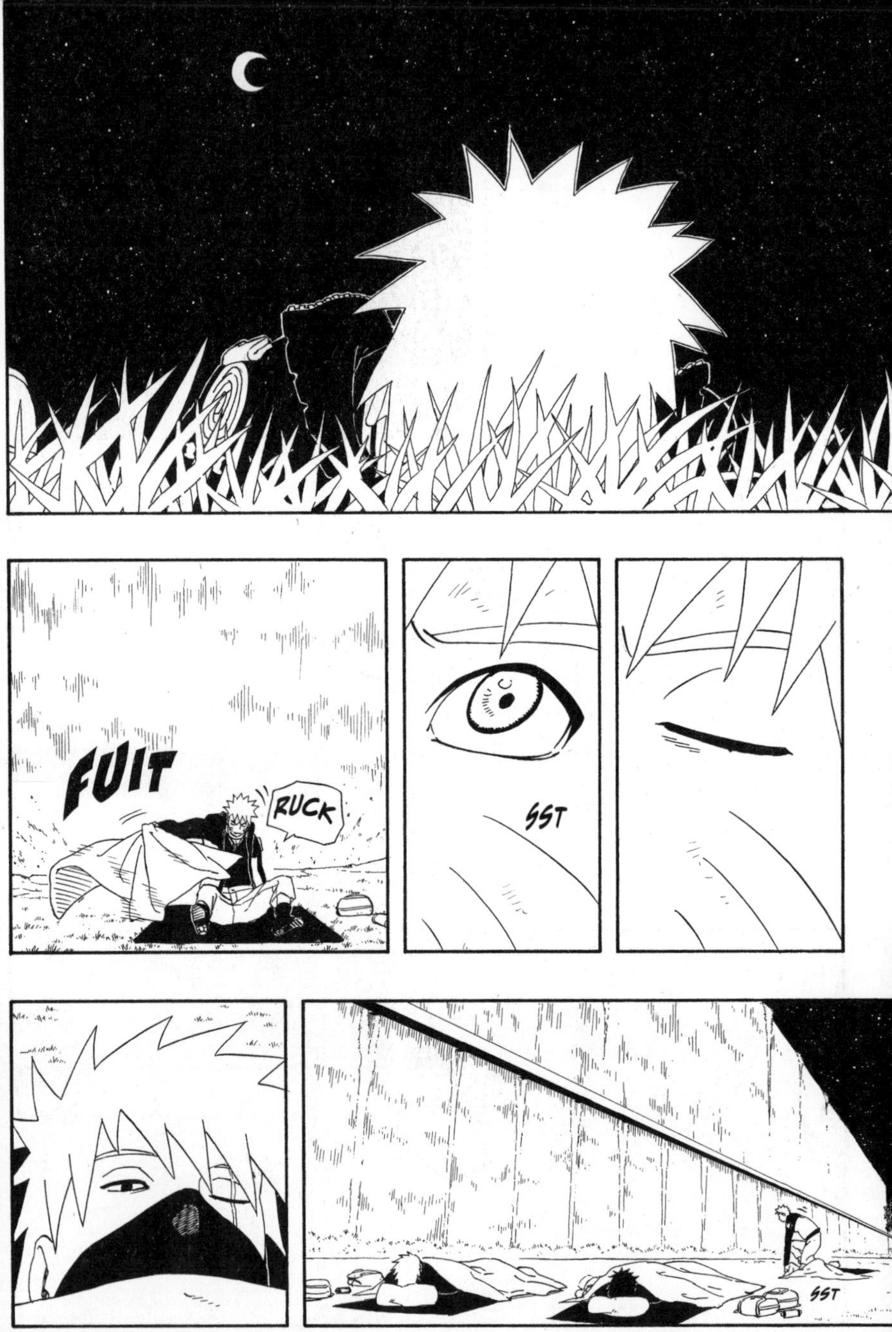

SST
FUIT
RUCK
SST

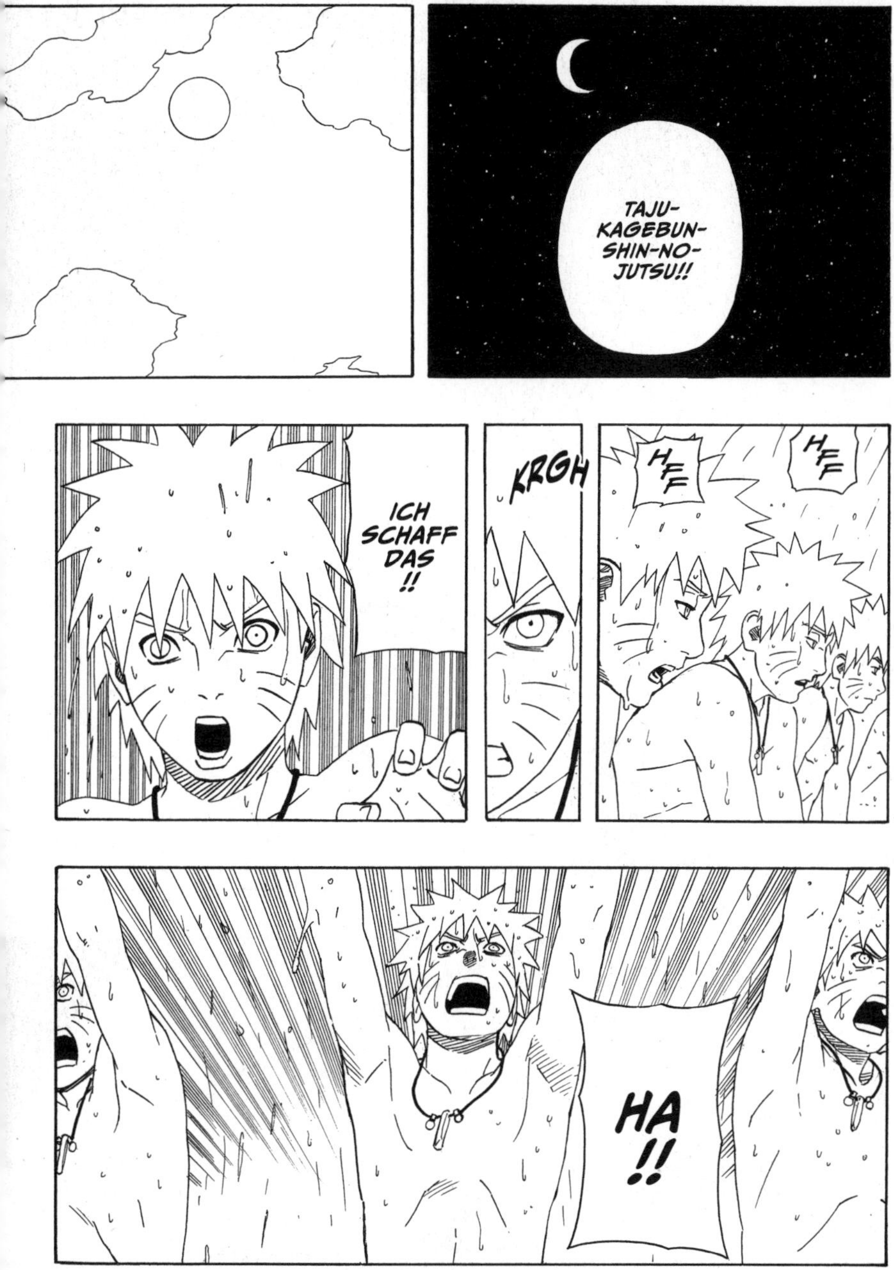
TAJU-KAGEBUN-SHIN-NO-JUTSU!!
ICH SCHAFF DAS!!
KRGH
HFF
HFF
HA!!

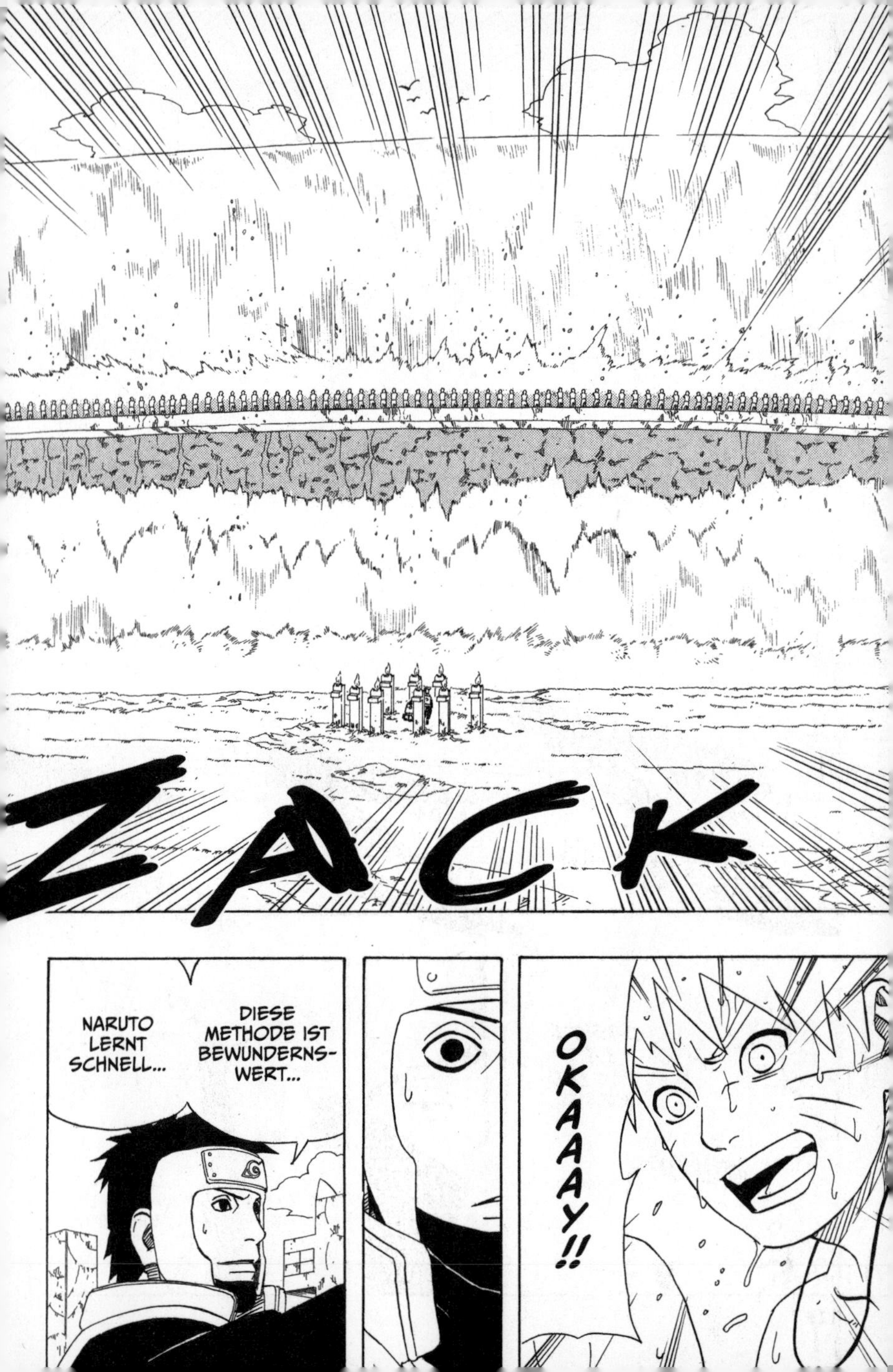
ZACK
OKAAAAY!!
DIESE METHODE IST BEWUNDERNS-WERT...
NARUTO LERNT SCHNELL...

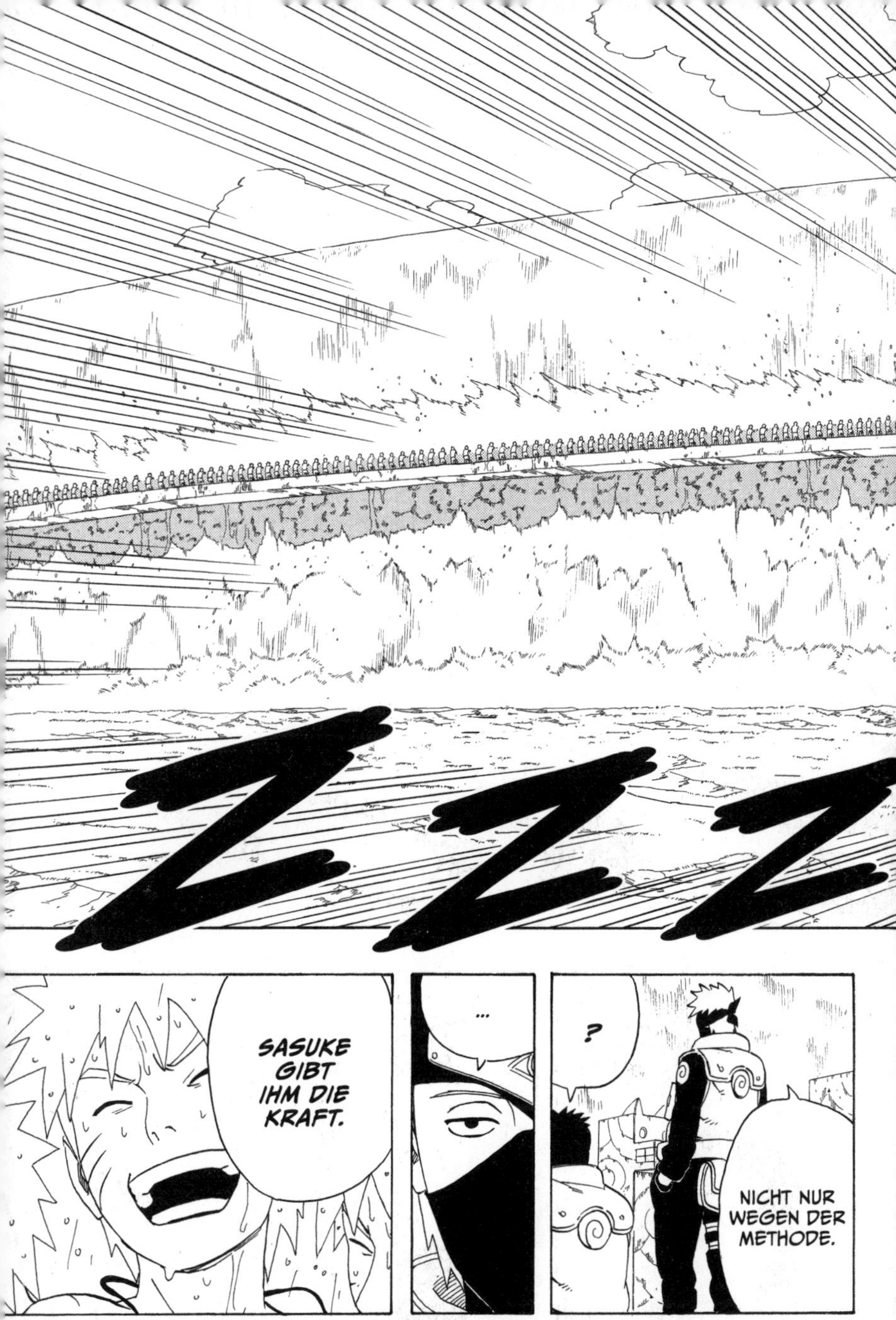
ZZZ
NICHT NUR WEGEN DER METHODE.
?
...
SASUKE GIBT IHM DIE KRAFT.

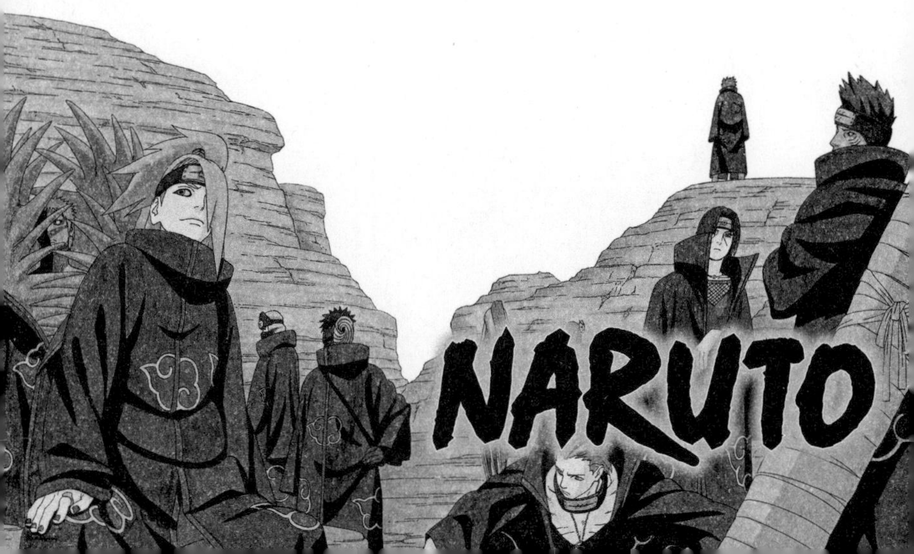
NARUTO

320. Kapitel: Kopfgeld

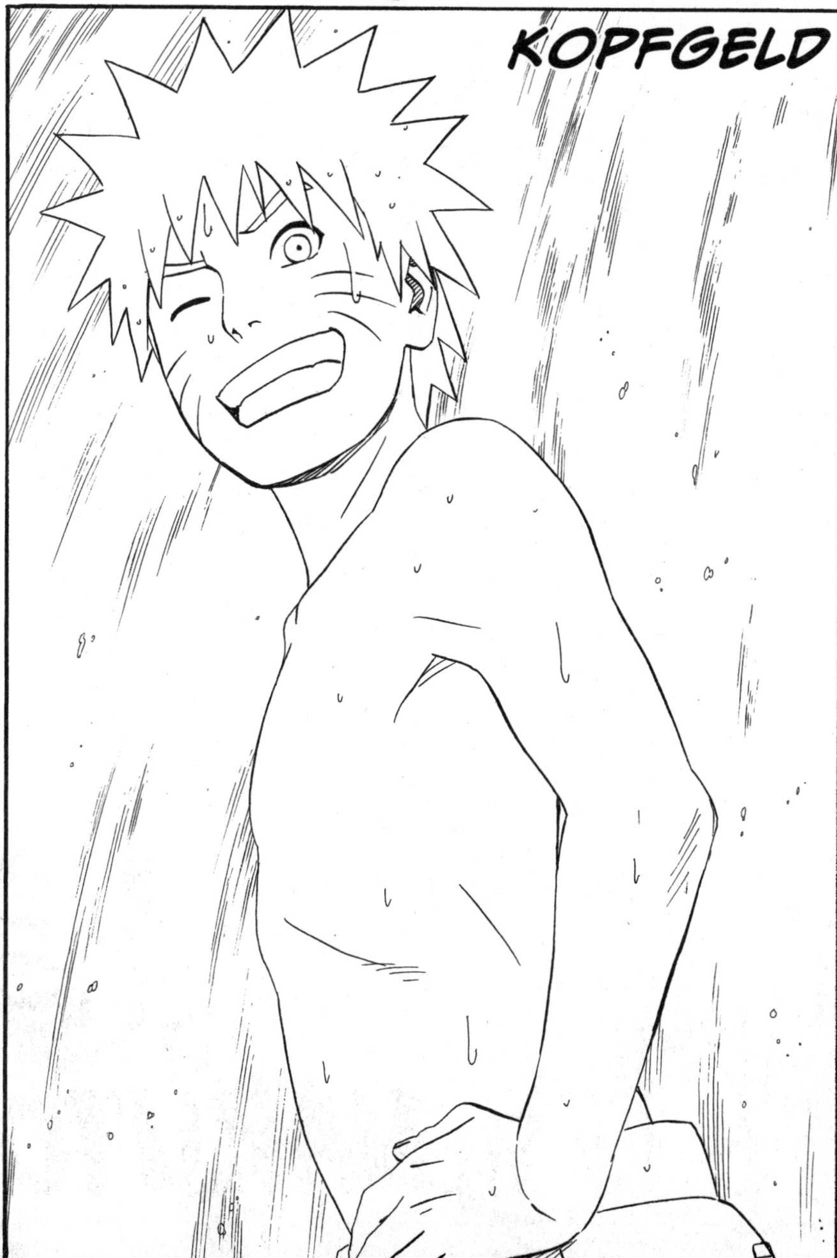

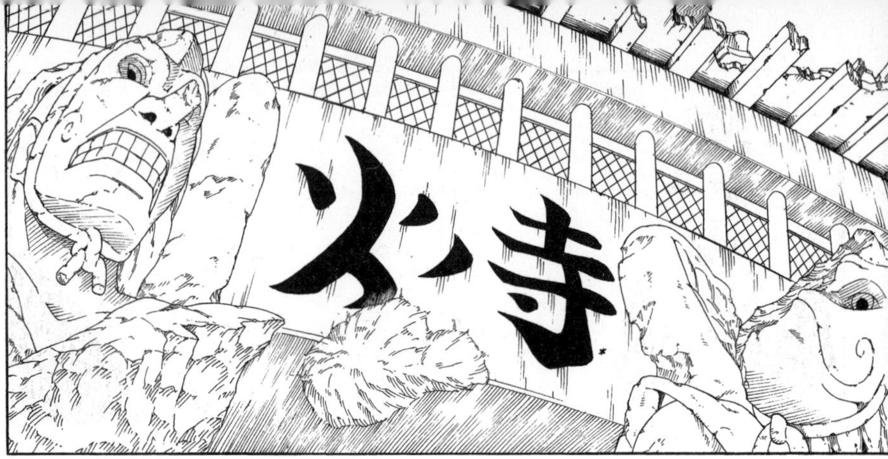

* HINOTERA

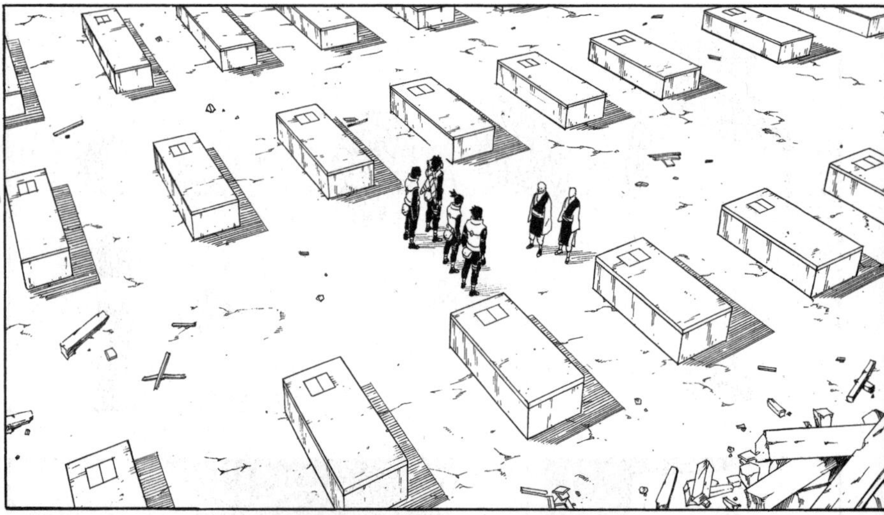

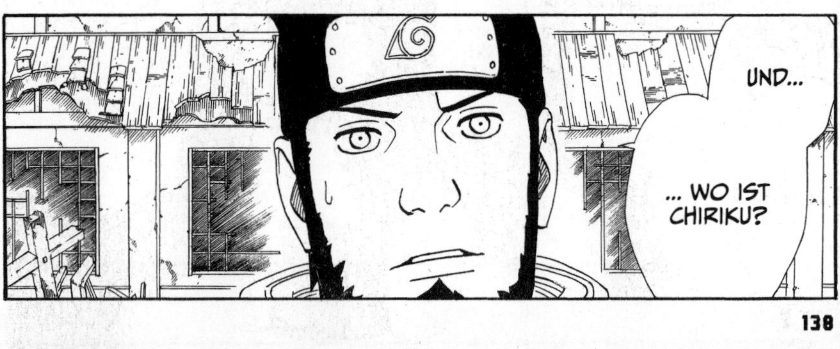

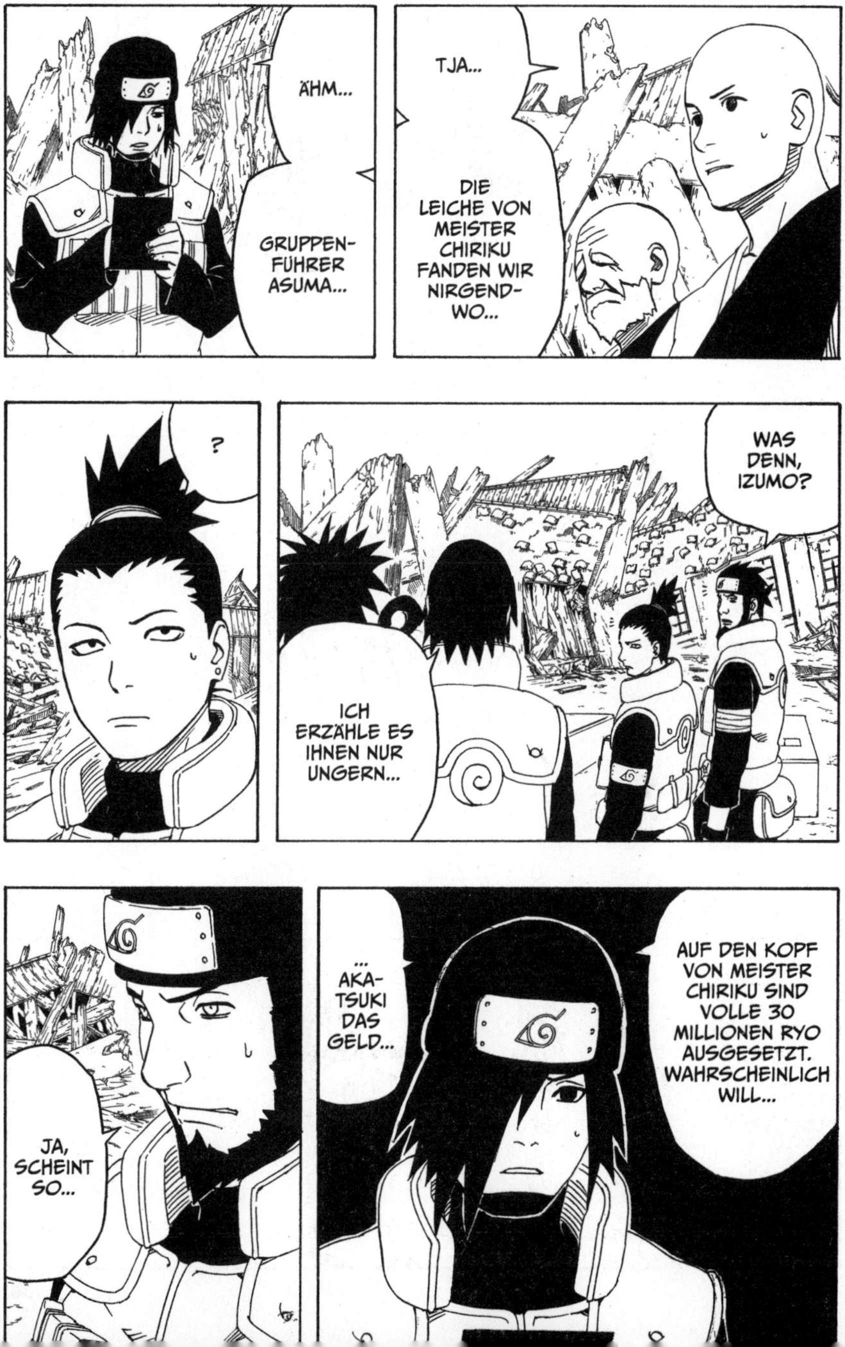
TJA...
DIE LEICHE VON MEISTER CHIRIKU FANDEN WIR NIRGENDWO...
ÄHM...
GRUPPENFÜHRER ASUMA...
WAS DENN, IZUMO?
ICH ERZÄHLE ES IHNEN NUR UNGERN...
?
AUF DEN KOPF VON MEISTER CHIRIKU SIND VOLLE 30 MILLIONEN RYO AUSGESETZT. WAHRSCHEINLICH WILL...
... AKATSUKI DAS GELD...
JA, SCHEINT SO...

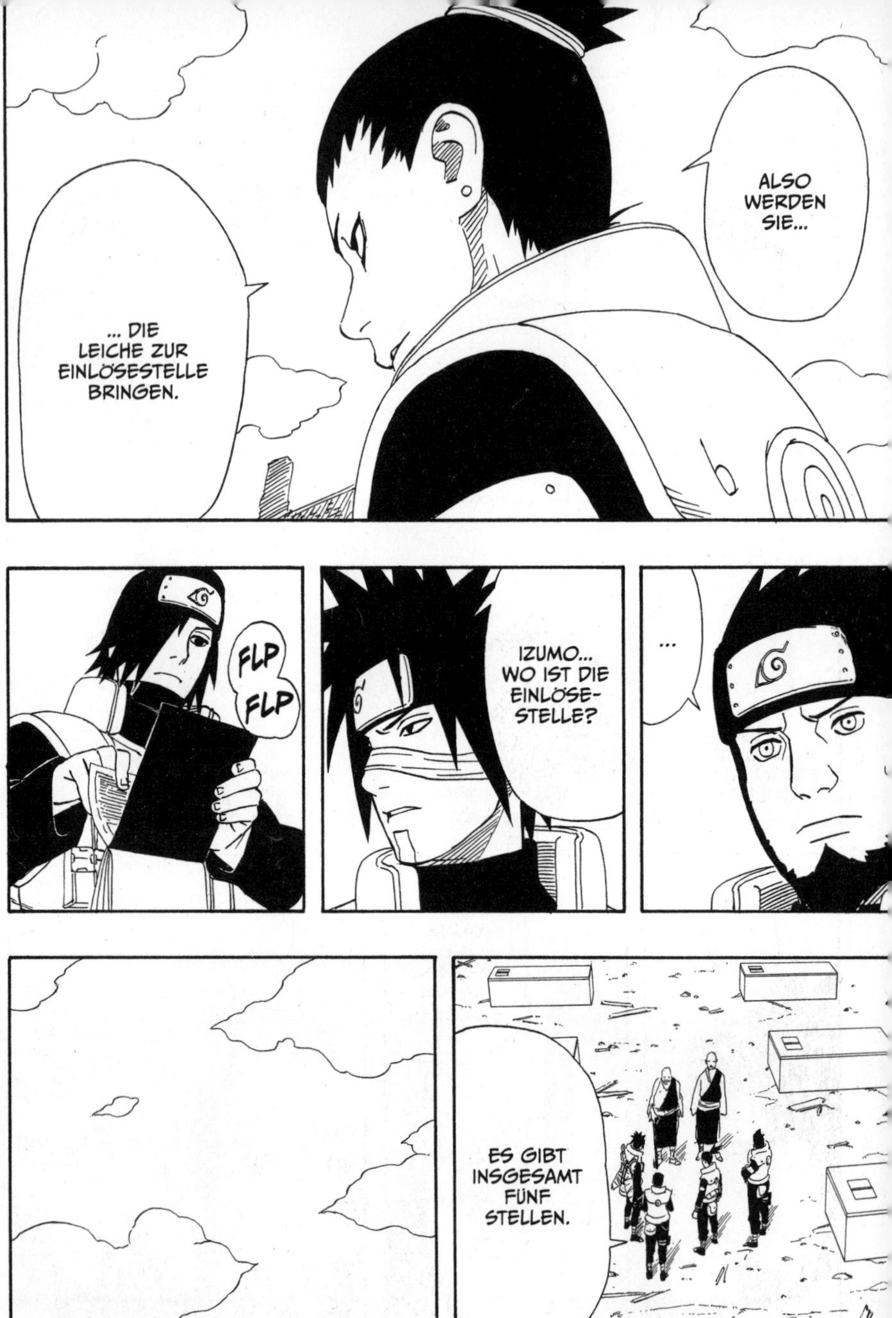
ALSO WERDEN SIE...
... DIE LEICHE ZUR EINLÖSESTELLE BRINGEN.
...
IZUMO... WO IST DIE EINLÖSE-STELLE?
FLP FLP
ES GIBT INSGESAMT FÜNF STELLEN.

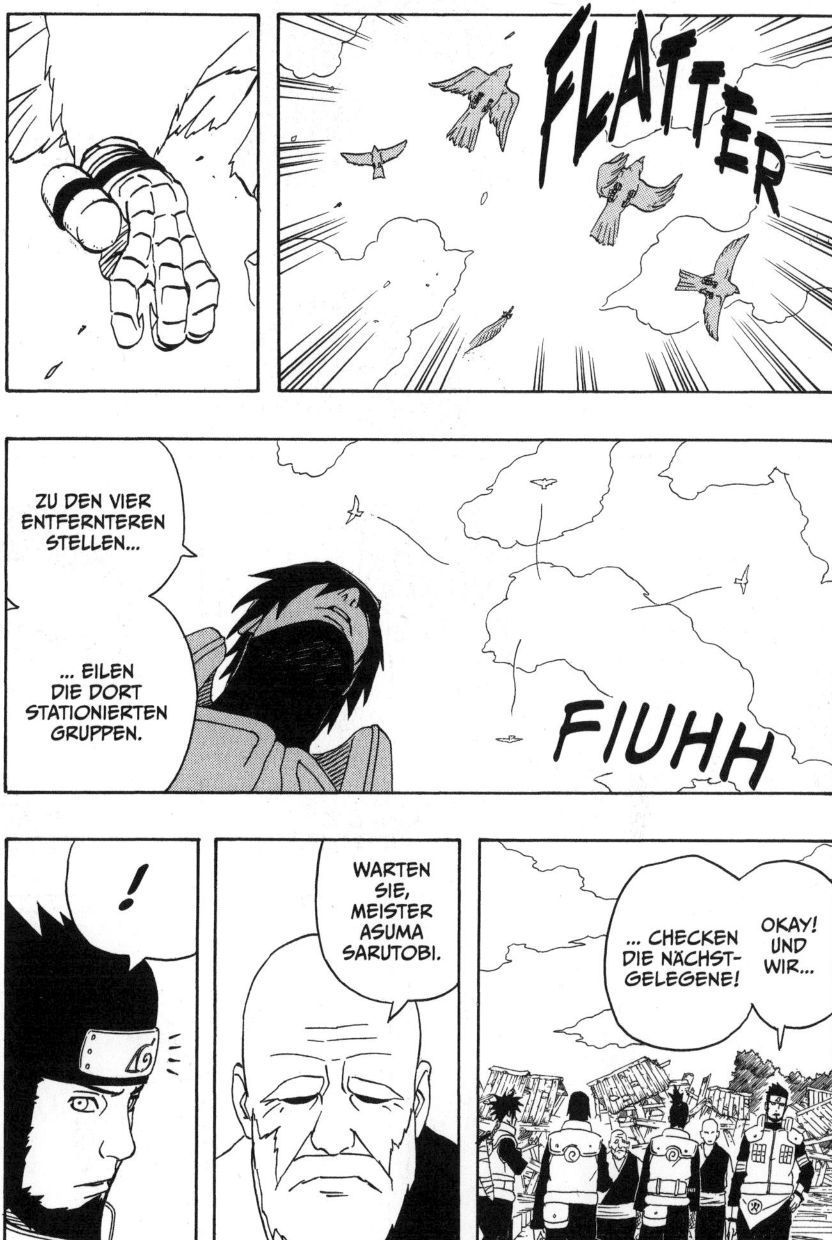
FLATTER
ZU DEN VIER ENTFERNTEREN STELLEN...
... EILEN DIE DORT STATIONIERTEN GRUPPEN.
FIUHH
OKAY! UND WIR...
... CHECKEN DIE NÄCHST-GELEGENE!
WARTEN SIE, MEISTER ASUMA SARUTOBI.
!

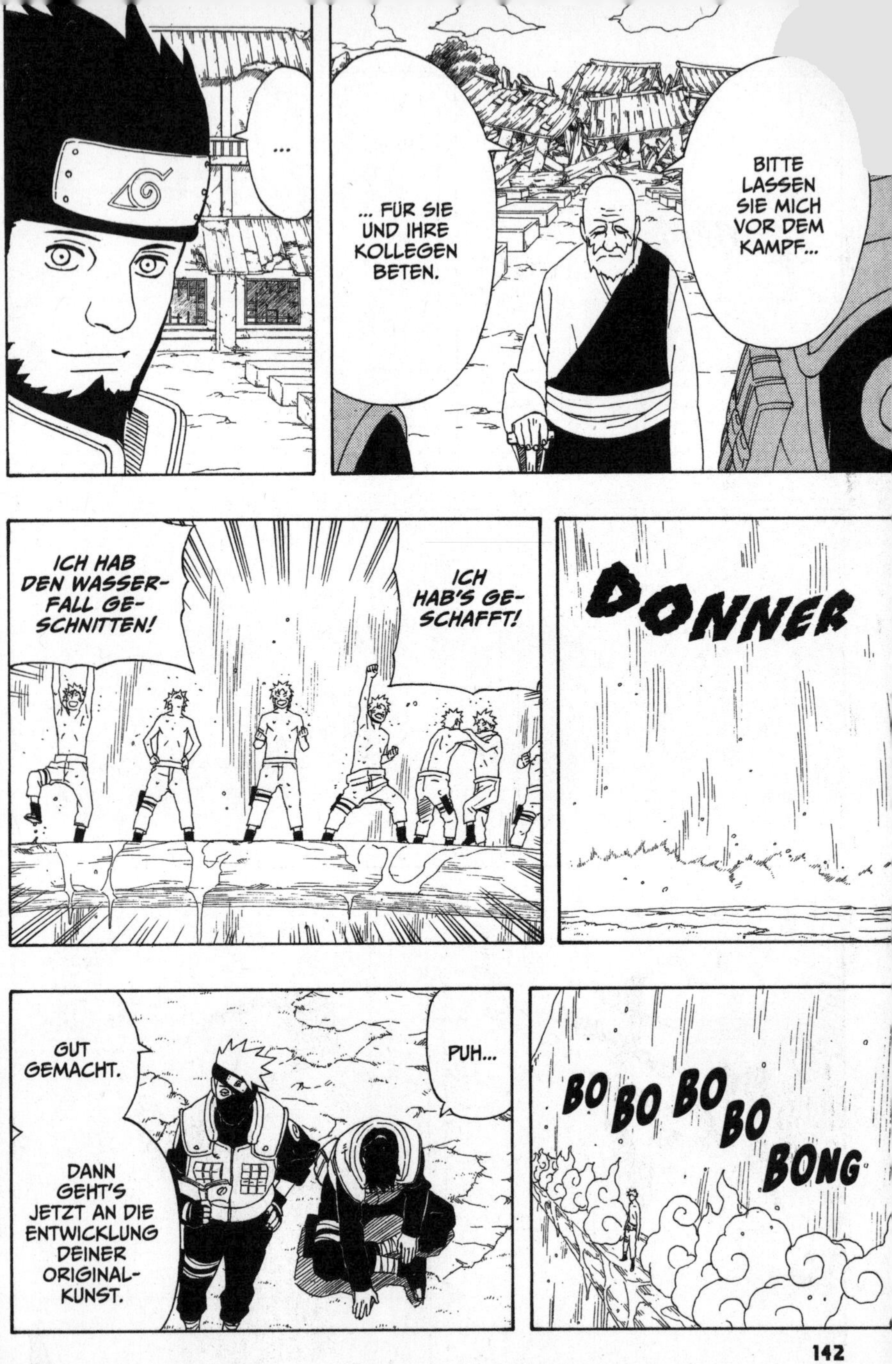
BITTE LASSEN SIE MICH VOR DEM KAMPF...
... FÜR SIE UND IHRE KOLLEGEN BETEN.
...
DONNER
ICH HAB'S GESCHAFFT!
ICH HAB DEN WASSERFALL GESCHNITTEN!
BO BO BO BO BO BONG
PUH...
GUT GEMACHT.
DANN GEHT'S JETZT AN DIE ENTWICKLUNG DEINER ORIGINALKUNST.

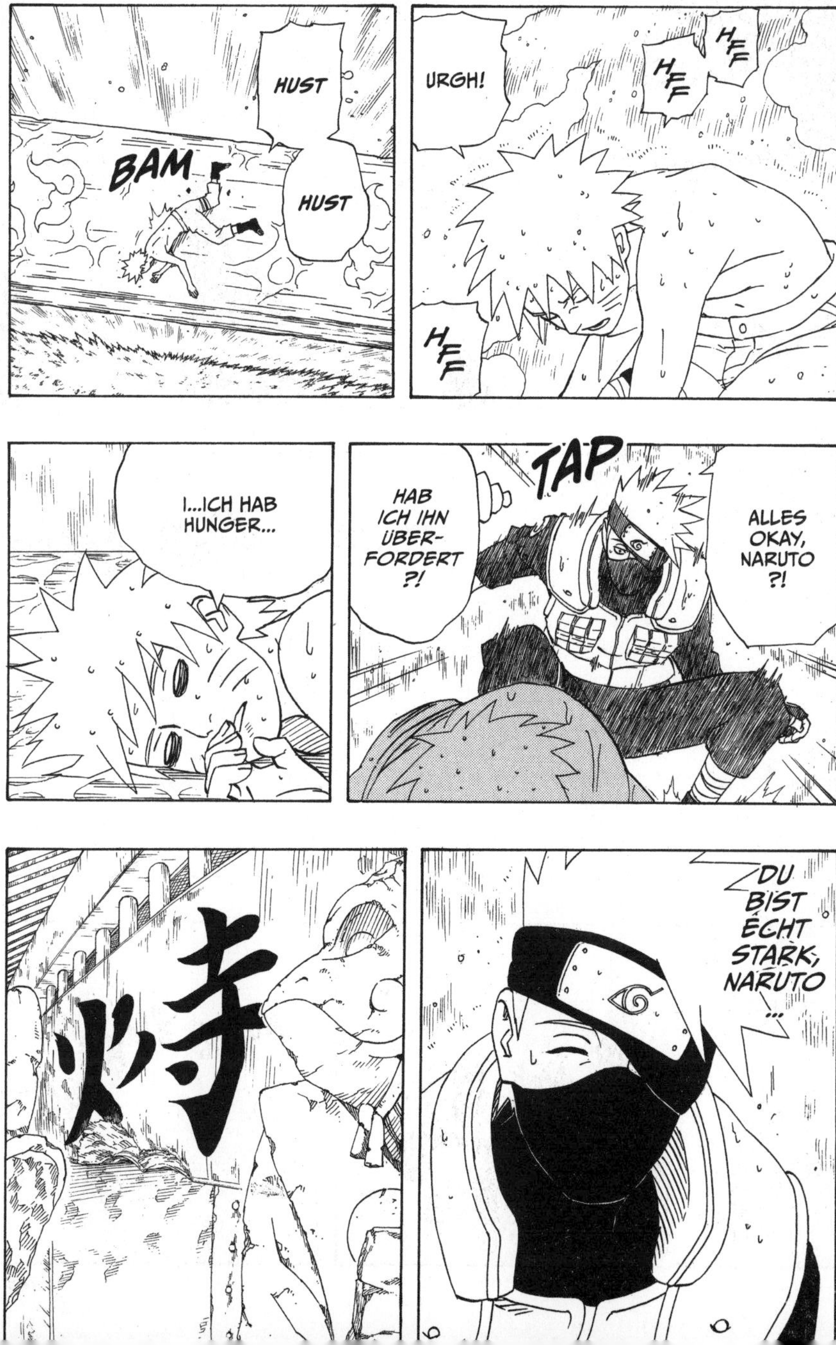
URGH!
HFF
HFF
HFF
HUST
HUST
BAM
ALLES OKAY, NARUTO ?!
TAP
HAB ICH IHN ÜBER-FORDERT ?!
I...ICH HAB HUNGER...
DU BIST ECHT STARK, NARUTO ...

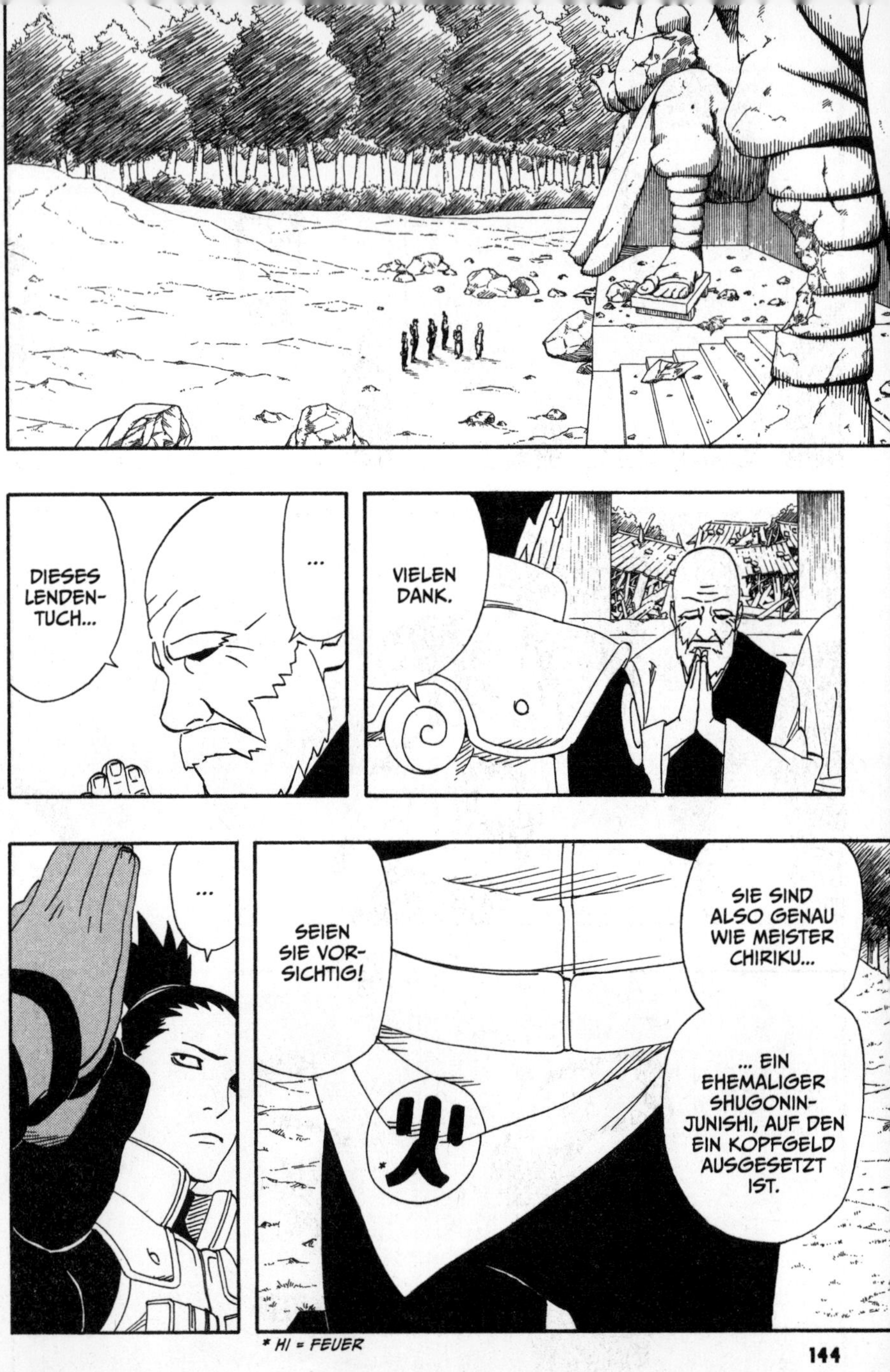
VIELEN DANK.
...
DIESES LENDENTUCH...
SIE SIND ALSO GENAU WIE MEISTER CHIRIKU...
... EIN EHEMALIGER SHUGONIN-JUNISHI, AUF DEN EIN KOPFGELD AUSGESETZT IST.
SEIEN SIE VORSICHTIG!
火*
...

* HI = FEUER

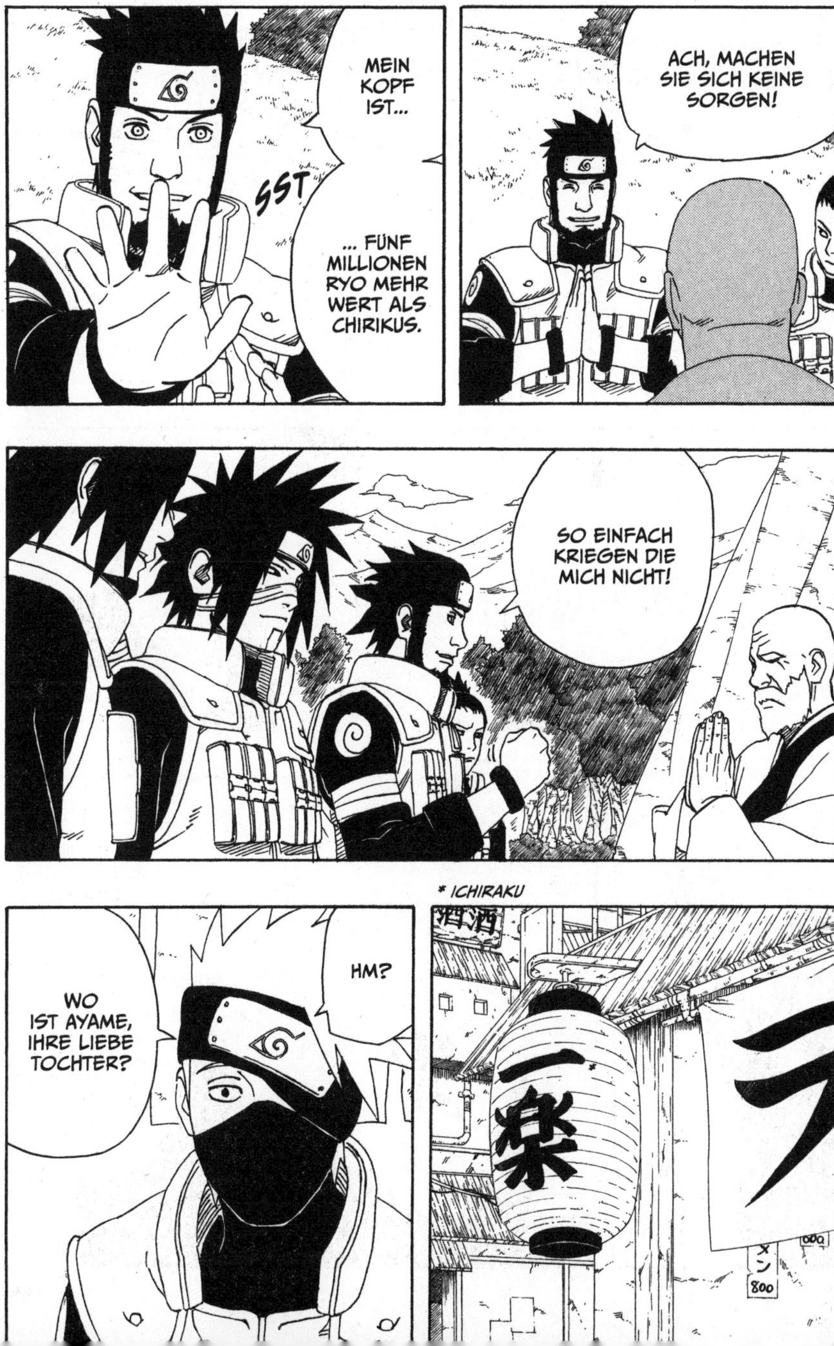
MEIN KOPF IST...
SST
... FÜNF MILLIONEN RYO MEHR WERT ALS CHIRIKUS.
ACH, MACHEN SIE SICH KEINE SORGEN!
SO EINFACH KRIEGEN DIE MICH NICHT!
* ICHIRAKU
HM?
WO IST AYAME, IHRE LIEBE TOCHTER?

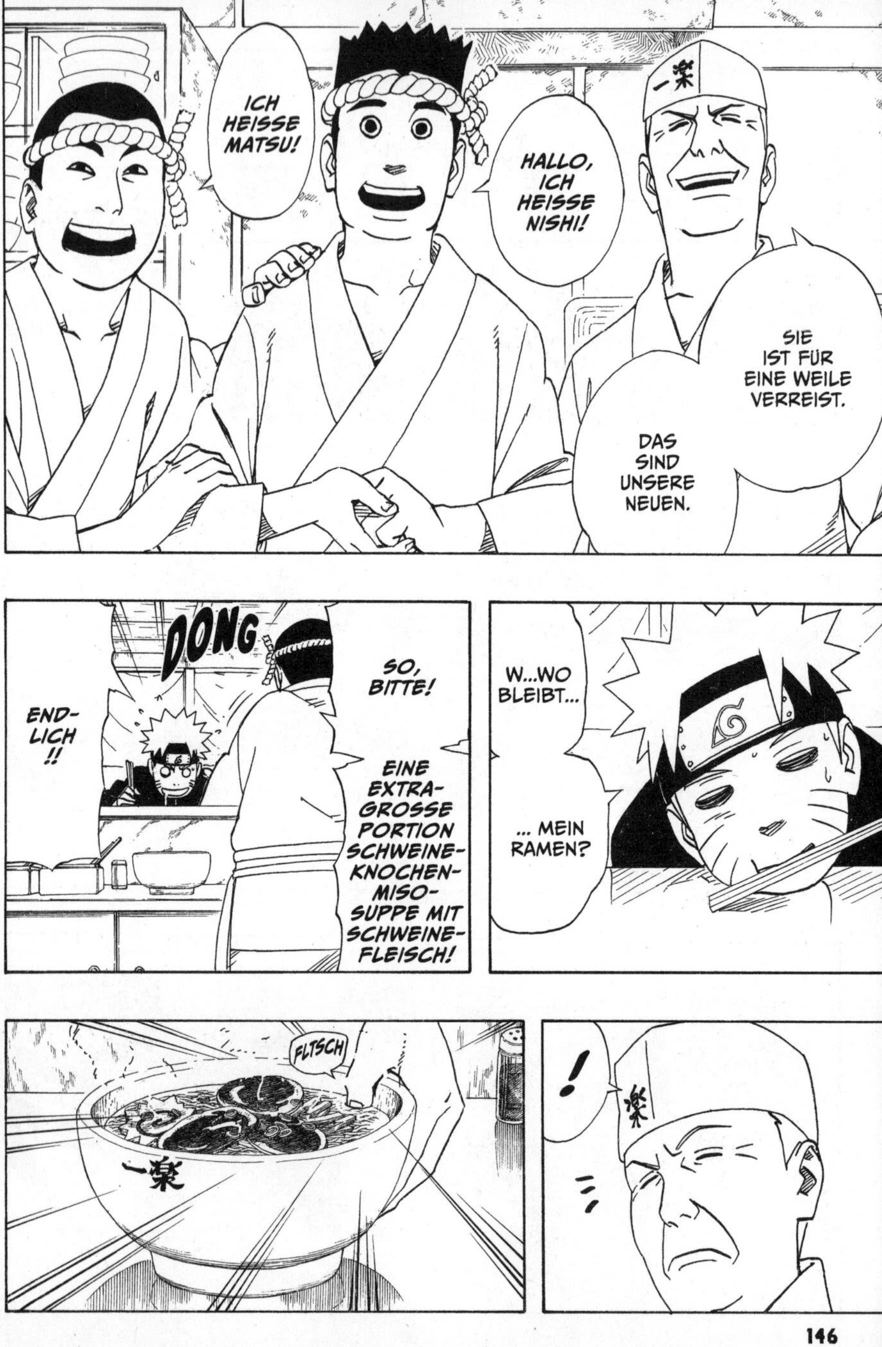
SIE IST FÜR EINE WEILE VERREIST.
DAS SIND UNSERE NEUEN.
HALLO, ICH HEISSE NISHI!
ICH HEISSE MATSU!
W...WO BLEIBT...
... MEIN RAMEN?
SO, BITTE!
EINE EXTRA-GROSSE PORTION SCHWEINE-KNOCHEN-MISO-SUPPE MIT SCHWEINE-FLEISCH!
DONG
END-LICH!!
!
FLTSCH

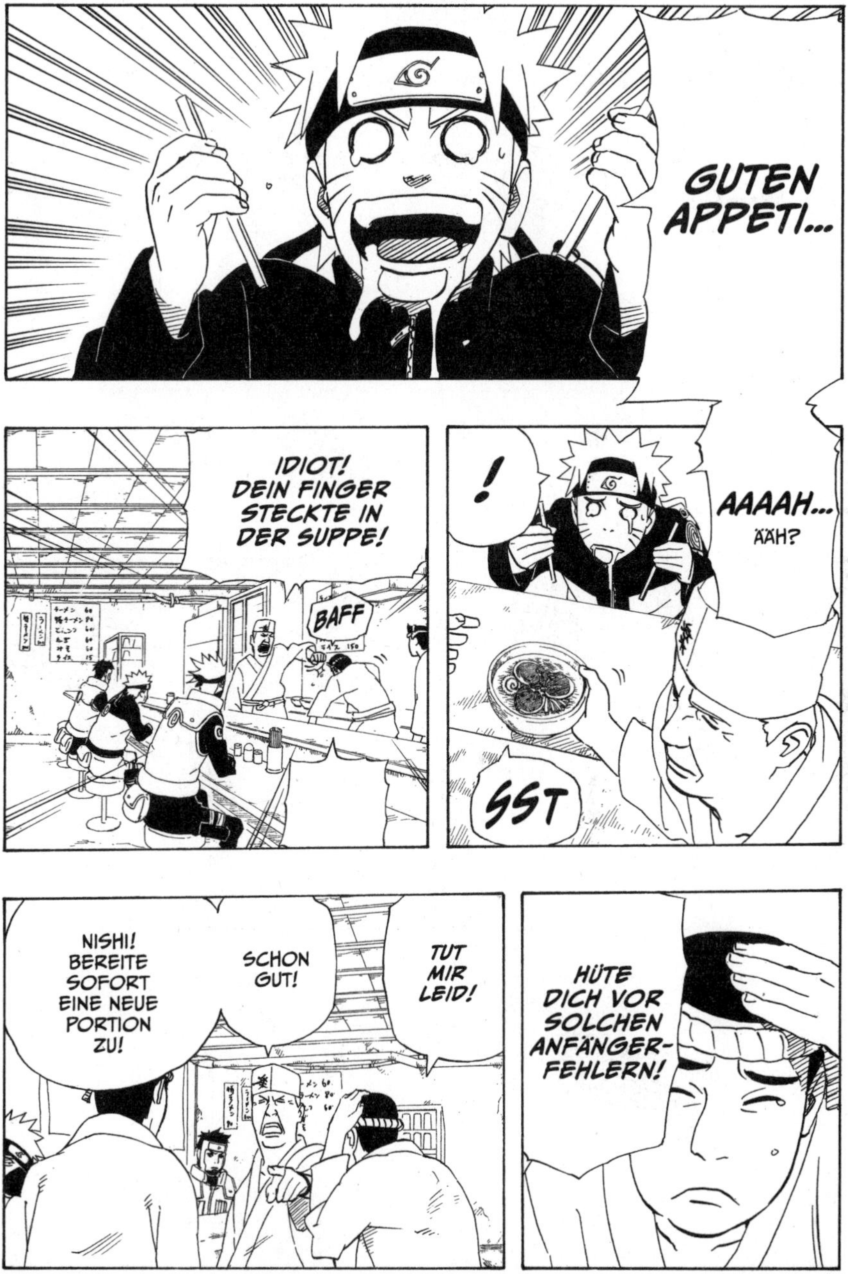
GUTEN APPETI...
!
AAAAH...
ÄÄH?
SST
IDIOT! DEIN FINGER STECKTE IN DER SUPPE!
BAFF
HÜTE DICH VOR SOLCHEN ANFÄNGER-FEHLERN!
TUT MIR LEID!
SCHON GUT!
NISHI! BEREITE SOFORT EINE NEUE PORTION ZU!

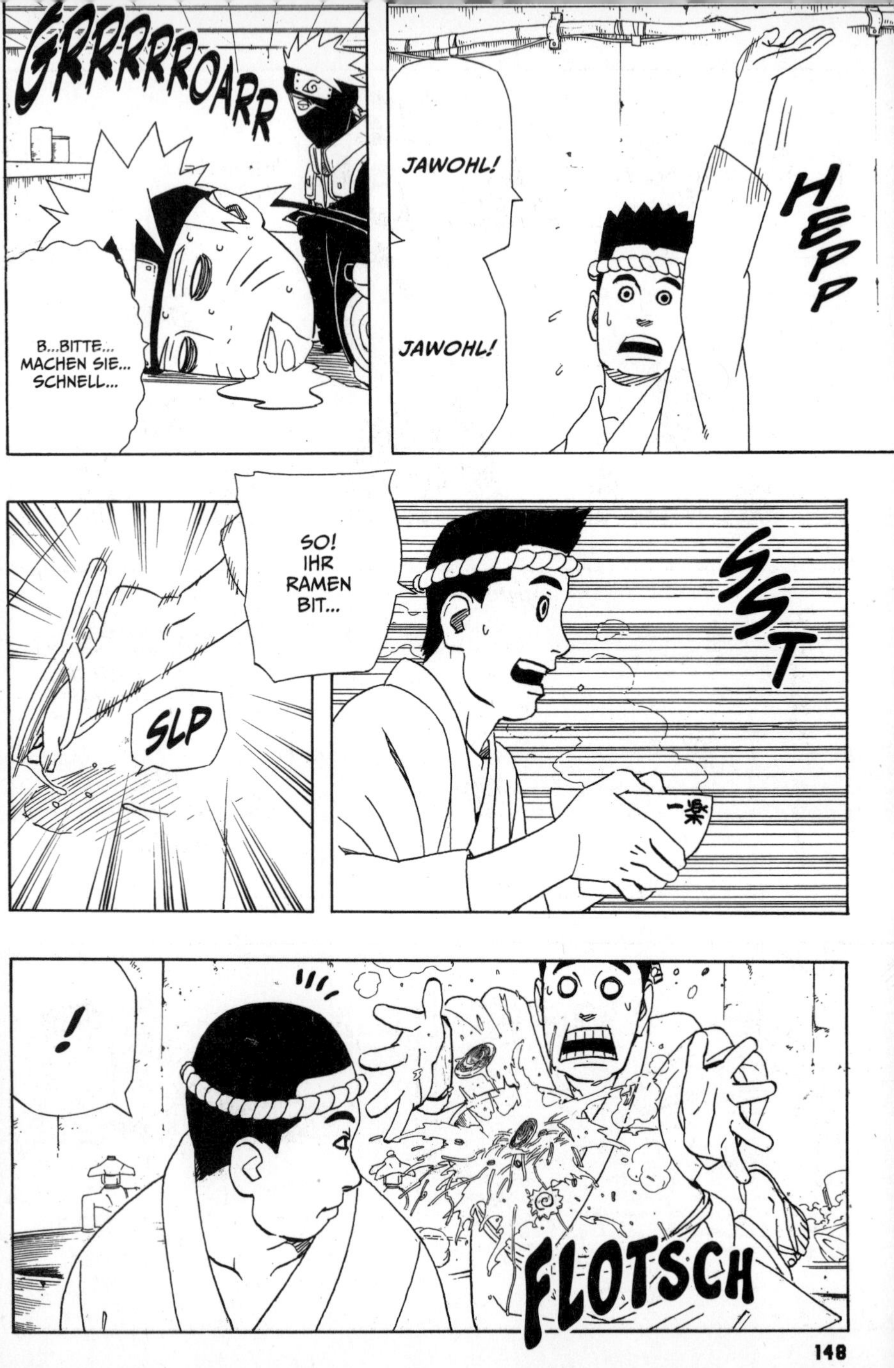
GRRRRROARR
B...BITTE... MACHEN SIE... SCHNELL...
JAWOHL!
JAWOHL!
HEPP
SO! IHR RAMEN BIT...
SSST
SLP
!
FLOTSCH

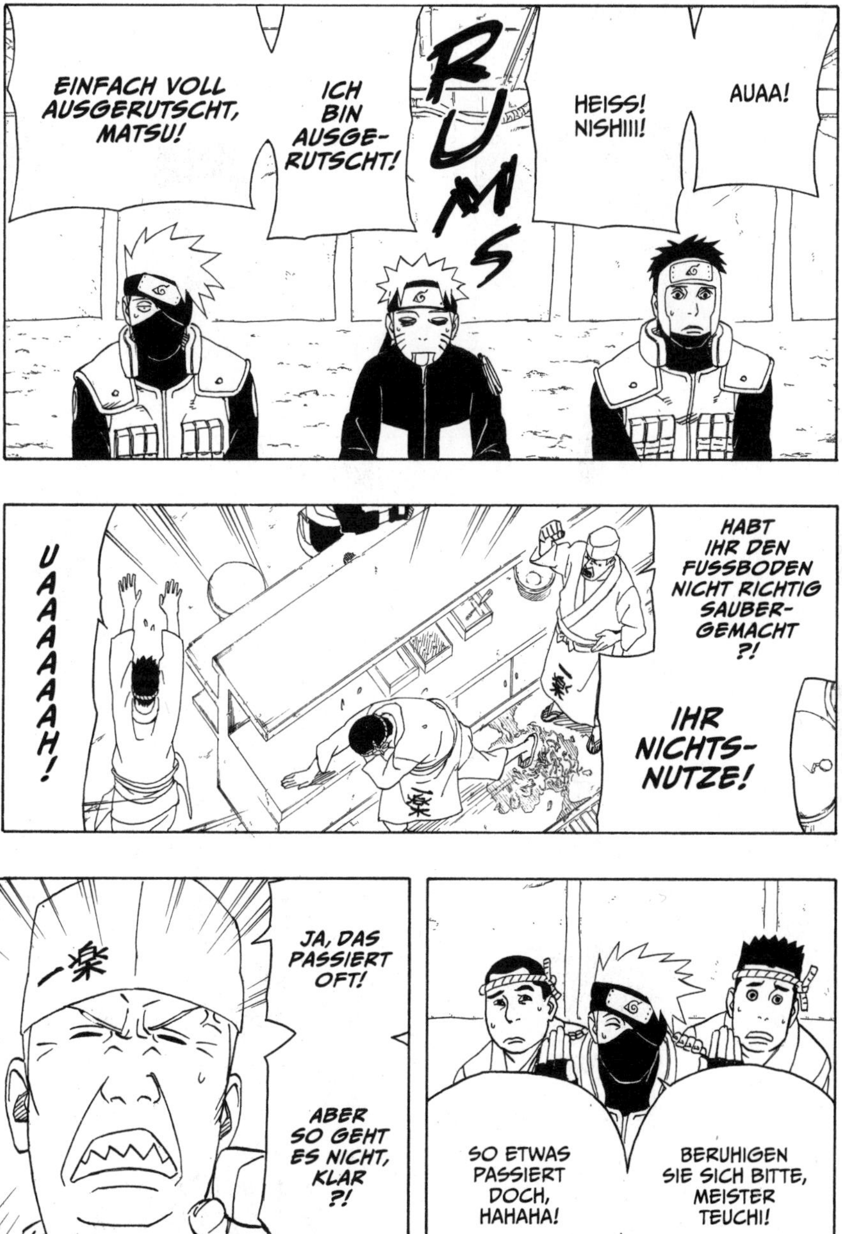

AUAA!
HEISS! NISHIIII!
RUMS
ICH BIN AUSGE-RUTSCHT!
EINFACH VOLL AUSGERUTSCHT, MATSU!
HABT IHR DEN FUSSBODEN NICHT RICHTIG SAUBER-GEMACHT?!
IHR NICHTS-NUTZE!
UAAAAAAH!
BERUHIGEN SIE SICH BITTE, MEISTER TEUCHI!
SO ETWAS PASSIERT DOCH, HAHAHA!
JA, DAS PASSIERT OFT!
ABER SO GEHT ES NICHT, KLAR?!

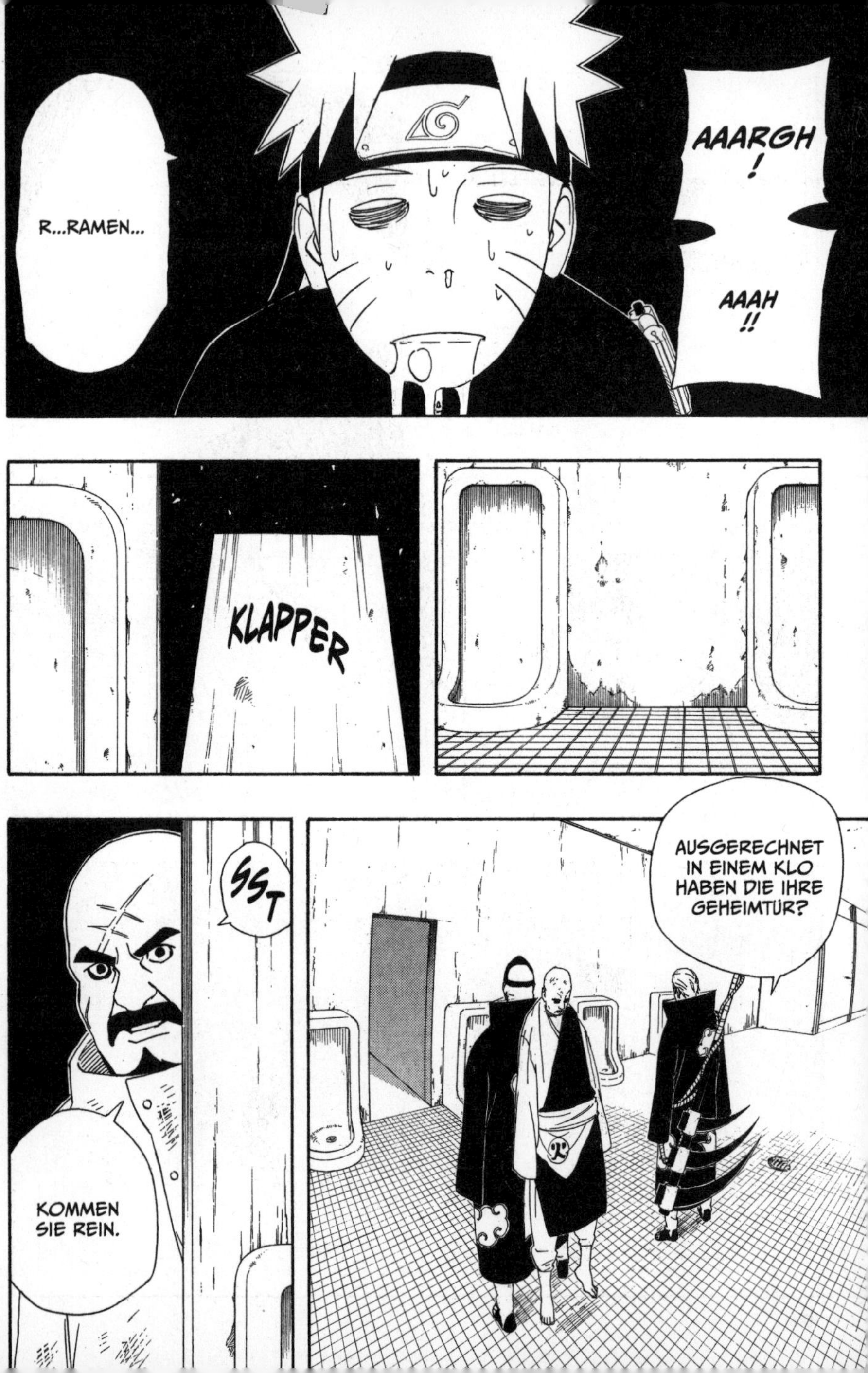
AAARGH !
AAAH !!
R...RAMEN...
KLAPPER
AUSGERECHNET IN EINEM KLO HABEN DIE IHRE GEHEIMTÜR?
SST
KOMMEN SIE REIN.

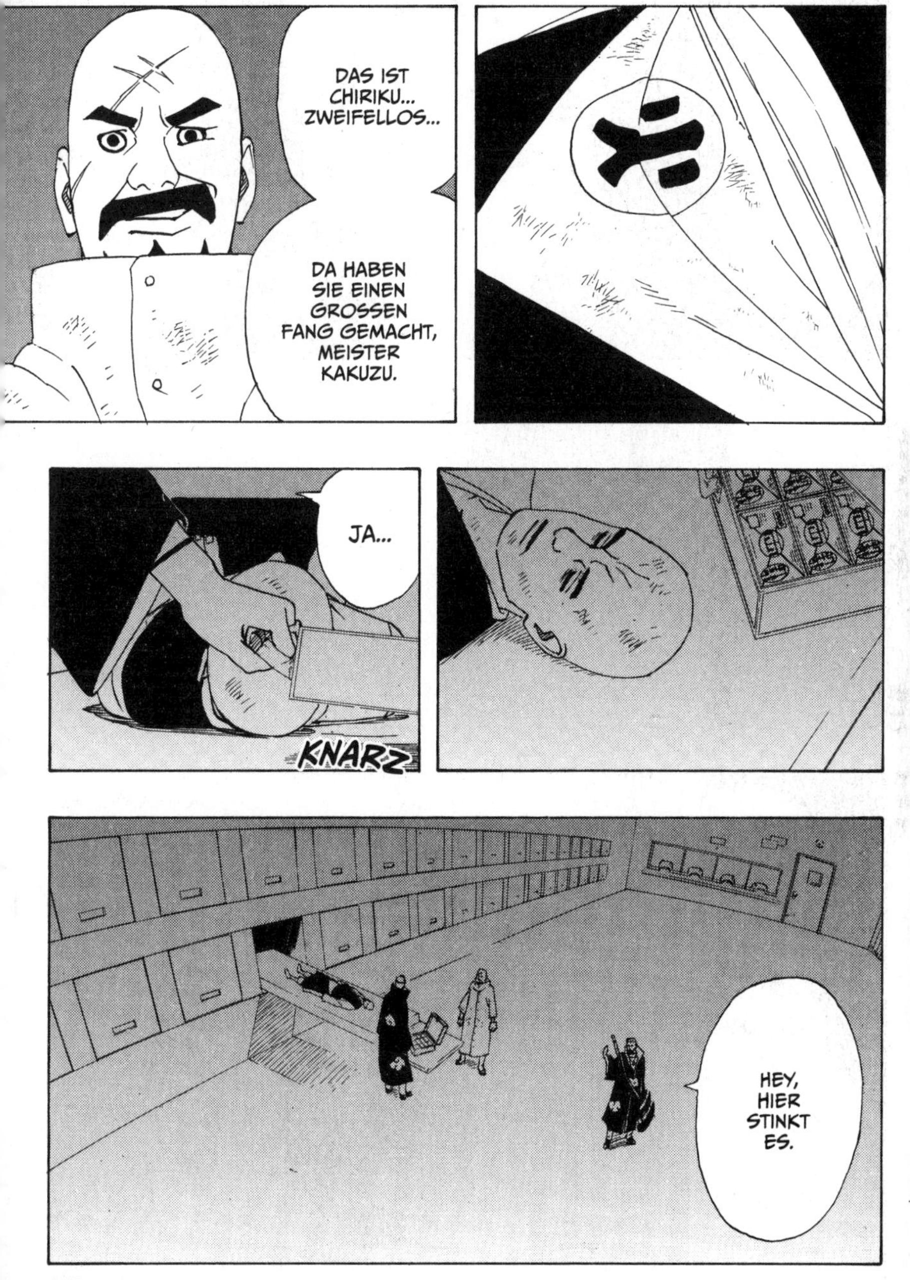
DAS IST CHIRIKU... ZWEIFELLOS...
DA HABEN SIE EINEN GROSSEN FANG GEMACHT, MEISTER KAKUZU.
JA...
KNARZ
HEY, HIER STINKT ES.

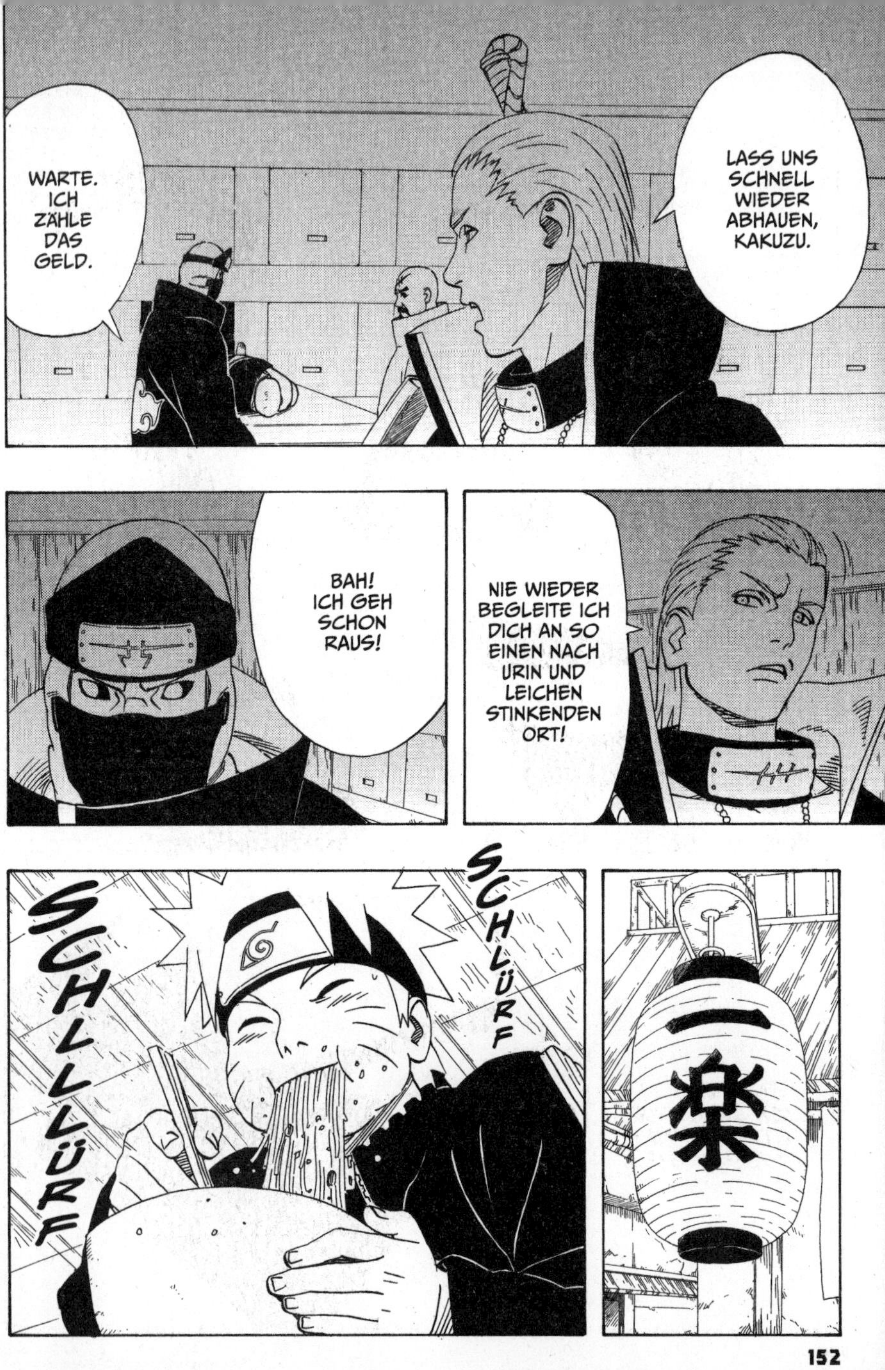

LASS UNS SCHNELL WIEDER ABHAUEN, KAKUZU.
WARTE. ICH ZÄHLE DAS GELD.
NIE WIEDER BEGLEITE ICH DICH AN SO EINEN NACH URIN UND LEICHEN STINKENDEN ORT!
BAH! ICH GEH SCHON RAUS!
一楽
SCHLÜRF
SCHLLLÜRF

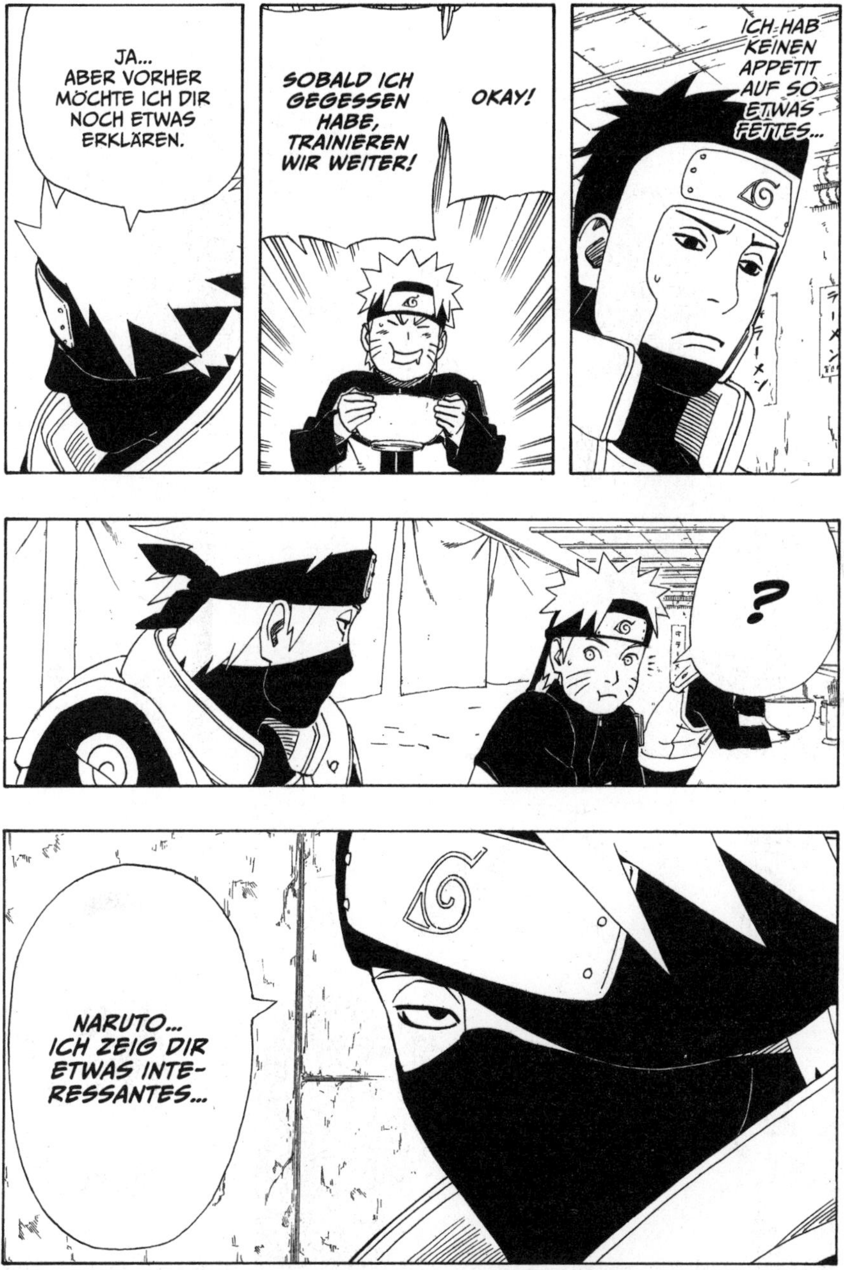

ICH HAB KEINEN APPETIT AUF SO ETWAS FETTES...
OKAY!
SOBALD ICH GEGESSEN HABE, TRAINIEREN WIR WEITER!
JA... ABER VORHER MÖCHTE ICH DIR NOCH ETWAS ERKLÄREN.
?
NARUTO... ICH ZEIG DIR ETWAS INTE-RESSANTES...

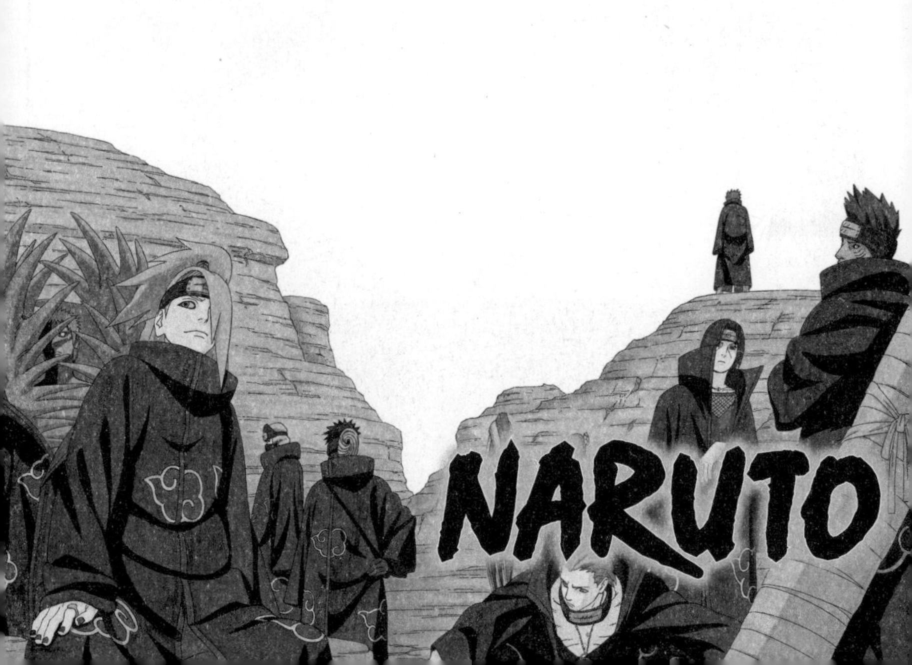
NARUTO

321. Kapitel: Ein überzeugender Redner

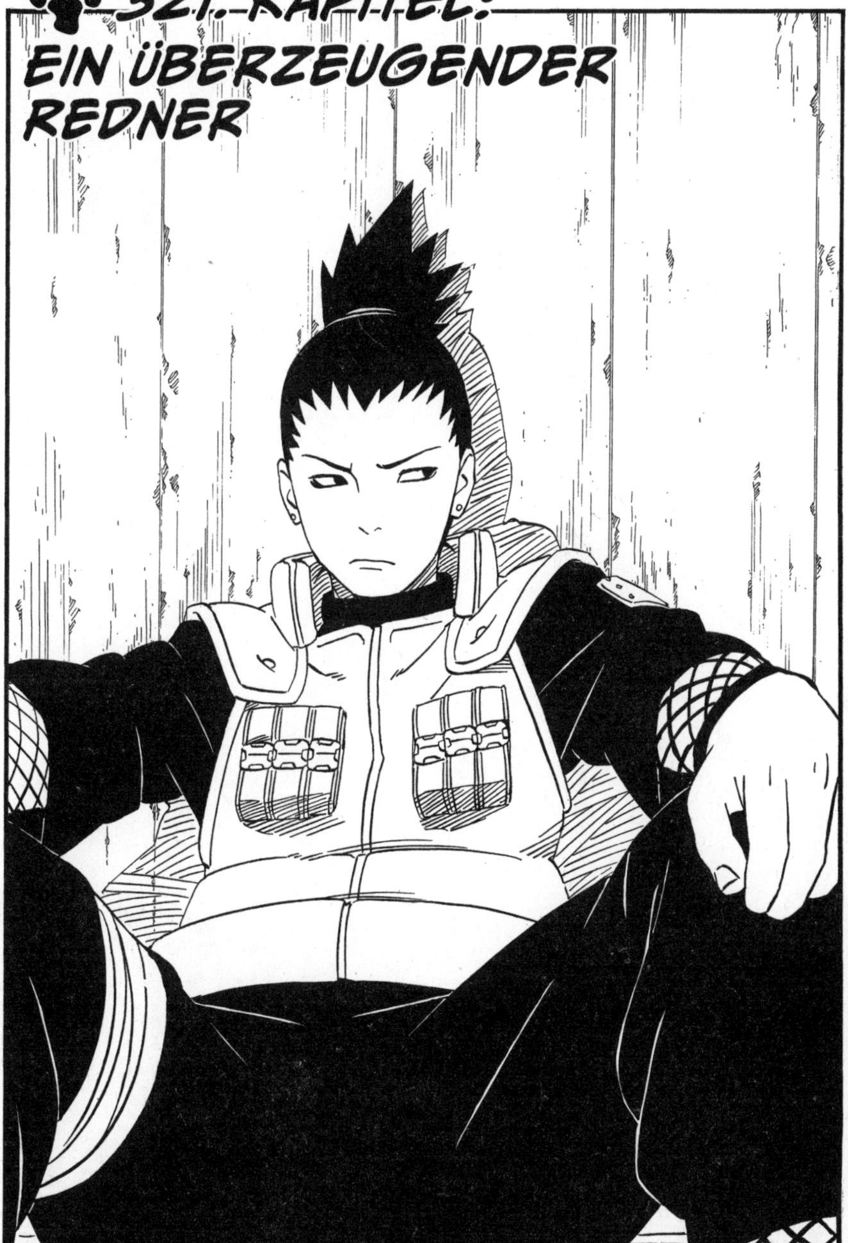

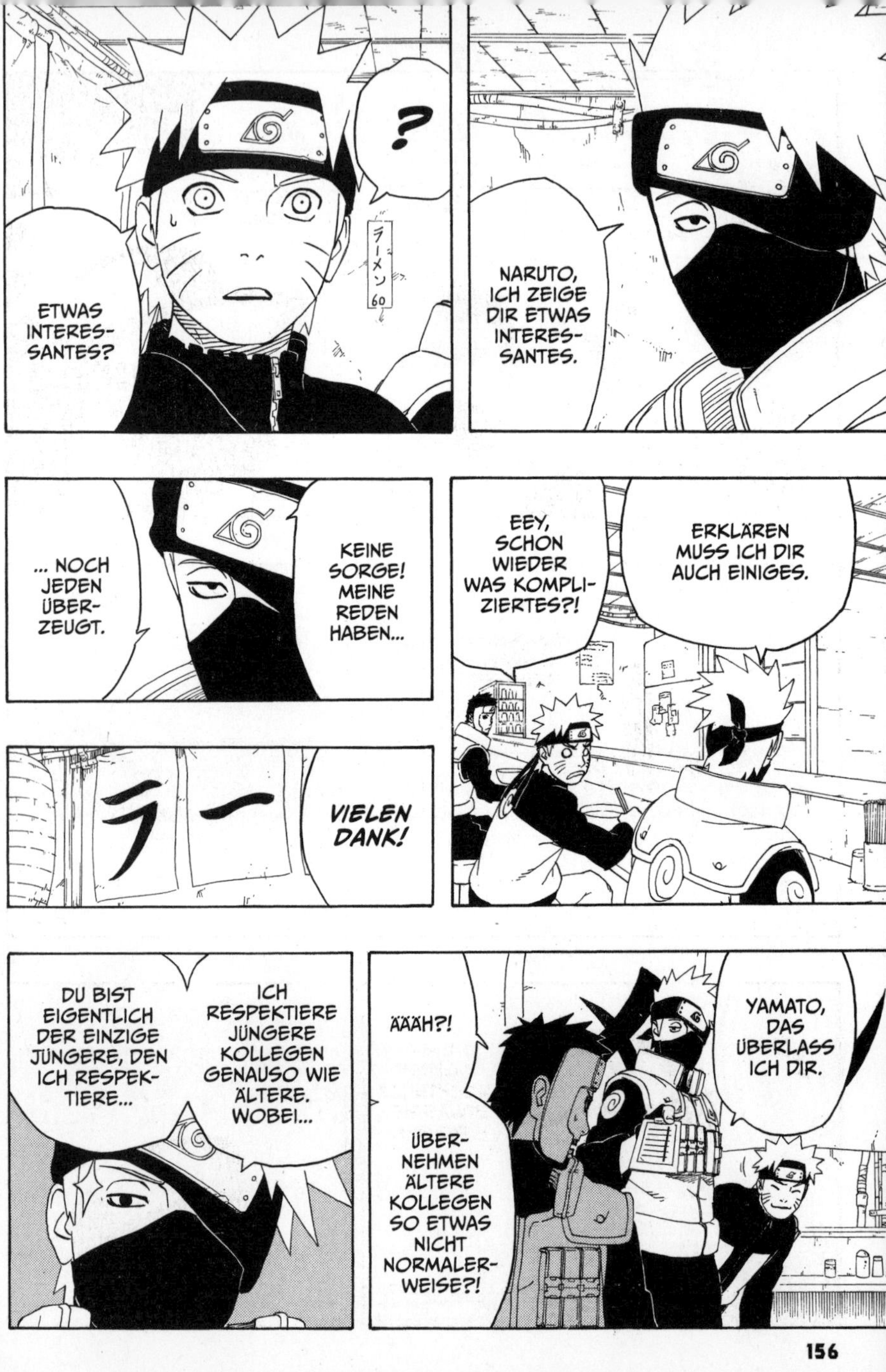
NARUTO, ICH ZEIGE DIR ETWAS INTERESSANTES.
?
ラーメン 60
ETWAS INTERESSANTES?
ERKLÄREN MUSS ICH DIR AUCH EINIGES.
EEY, SCHON WIEDER WAS KOMPLIZIERTES?!
KEINE SORGE! MEINE REDEN HABEN...
... NOCH JEDEN ÜBERZEUGT.
VIELEN DANK!
ラー
YAMATO, DAS ÜBERLASS ICH DIR.
ÄÄÄH?!
ÜBERNEHMEN ÄLTERE KOLLEGEN SO ETWAS NICHT NORMALERWEISE?!
ICH RESPEKTIERE JÜNGERE KOLLEGEN GENAUSO WIE ÄLTERE. WOBEI...
DU BIST EIGENTLICH DER EINZIGE JÜNGERE, DEN ICH RESPEKTIERE...

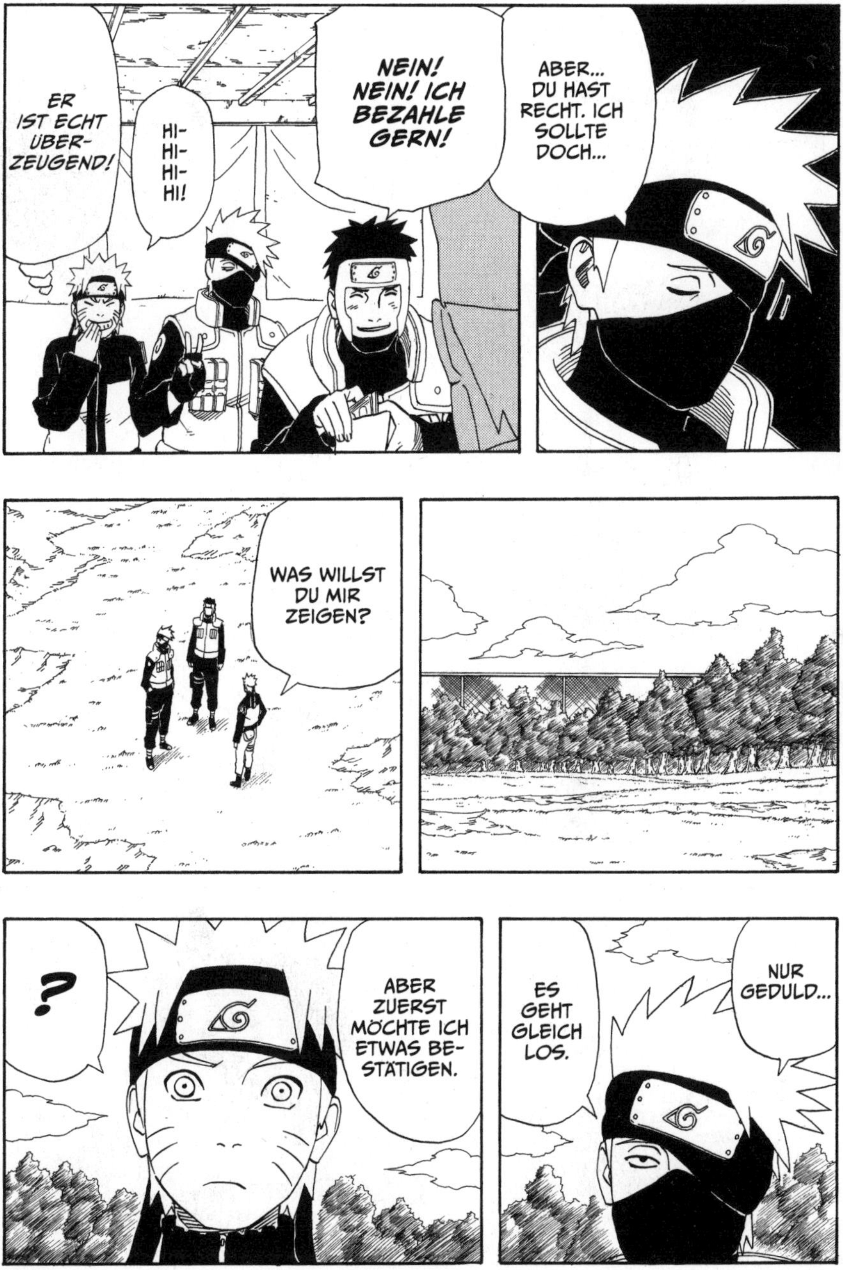
ABER... DU HAST RECHT. ICH SOLLTE DOCH...
NEIN! NEIN! ICH BEZAHLE GERN!
HI-HI-HI-HI!
ER IST ECHT ÜBERZEUGEND!
WAS WILLST DU MIR ZEIGEN?
NUR GEDULD...
ES GEHT GLEICH LOS.
ABER ZUERST MÖCHTE ICH ETWAS BESTÄTIGEN.
?

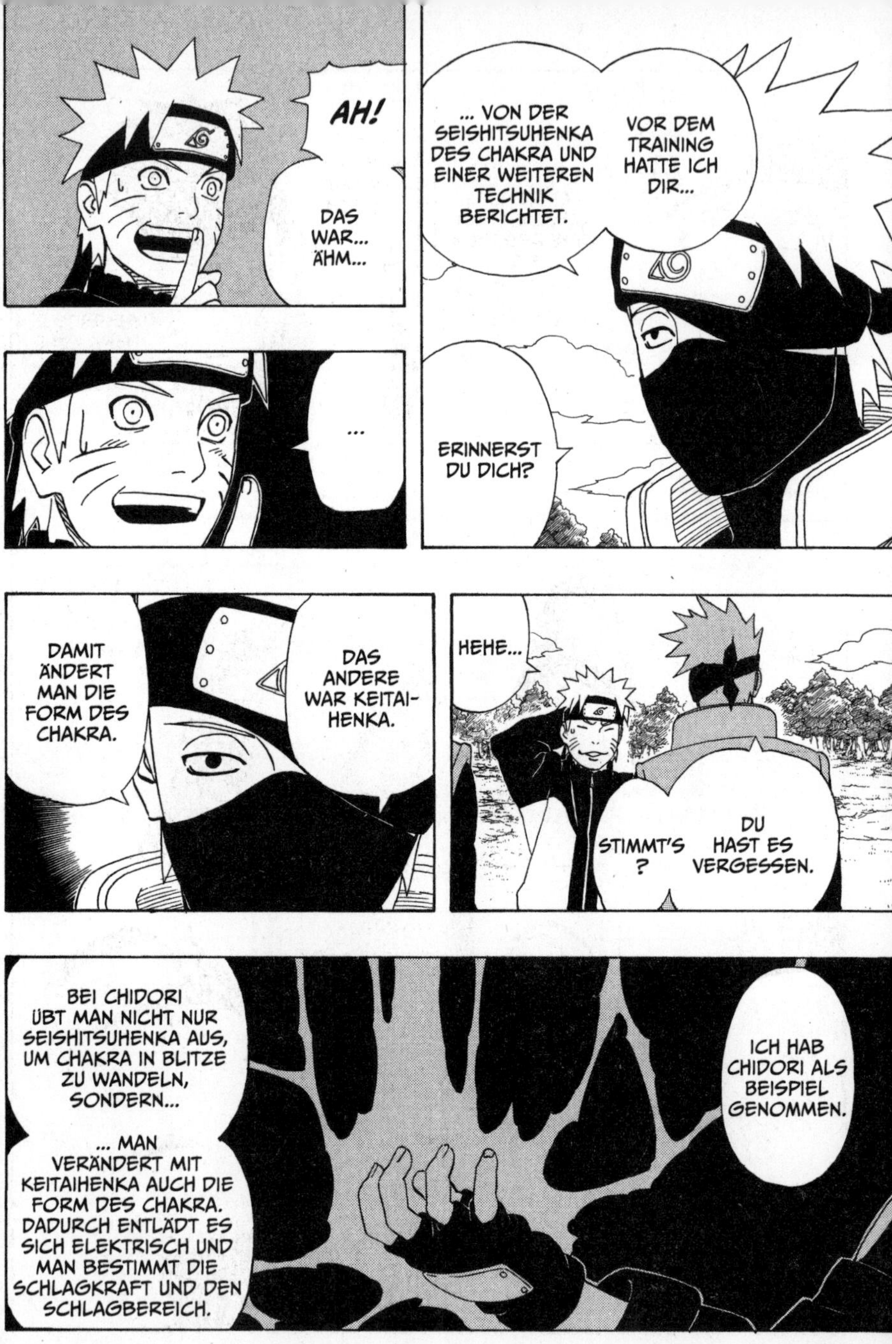
VOR DEM TRAINING HATTE ICH DIR...
... VON DER SEISHITSUHENKA DES CHAKRA UND EINER WEITEREN TECHNIK BERICHTET.
ERINNERST DU DICH?
AH!
DAS WAR... ÄHM...
...
HEHE...
DU HAST ES VERGESSEN.
STIMMT'S ?
DAS ANDERE WAR KEITAI-HENKA.
DAMIT ÄNDERT MAN DIE FORM DES CHAKRA.
ICH HAB CHIDORI ALS BEISPIEL GENOMMEN.
BEI CHIDORI ÜBT MAN NICHT NUR SEISHITSUHENKA AUS, UM CHAKRA IN BLITZE ZU WANDELN, SONDERN...
... MAN VERÄNDERT MIT KEITAIHENKA AUCH DIE FORM DES CHAKRA. DADURCH ENTLÄDT ES SICH ELEKTRISCH UND MAN BESTIMMT DIE SCHLAGKRAFT UND DEN SCHLAGBEREICH.

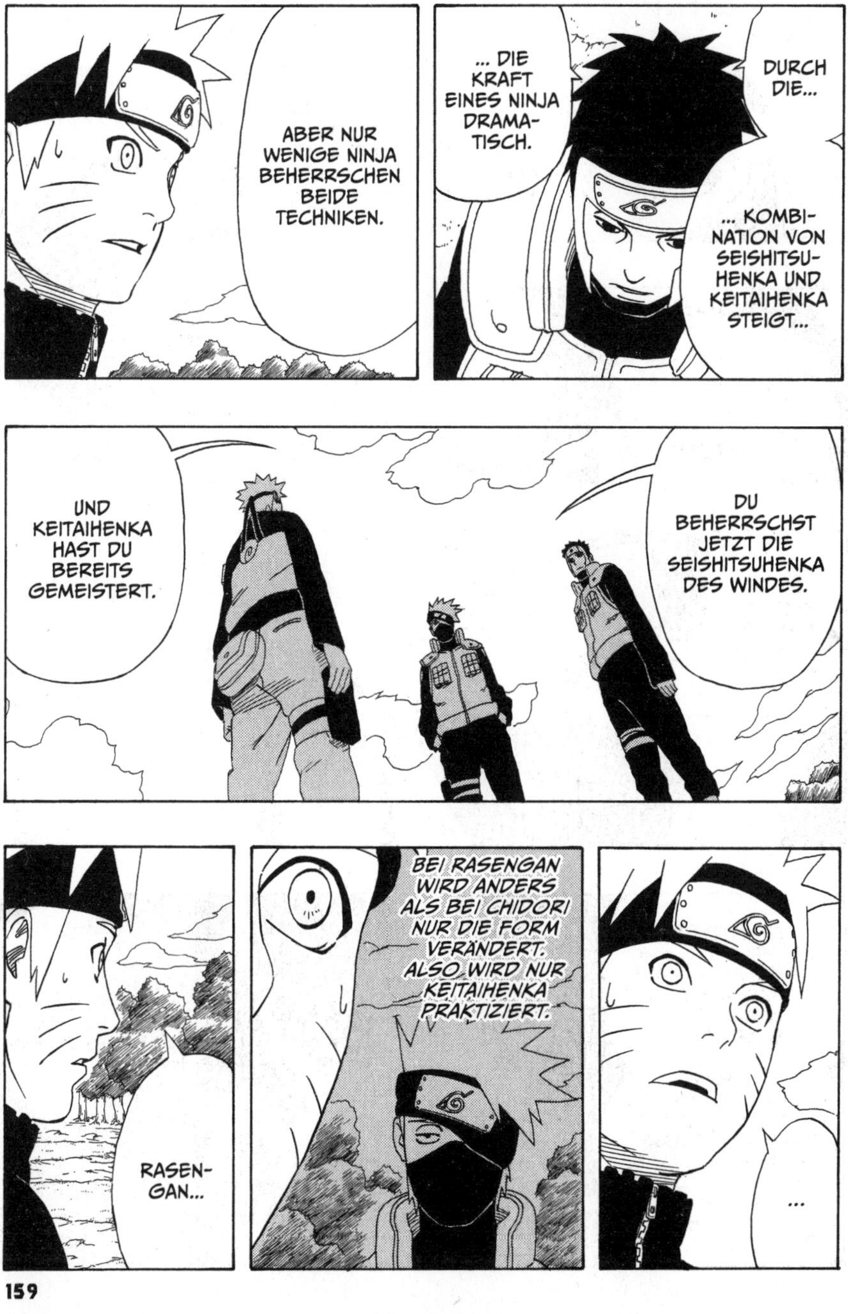
DURCH DIE...
... KOMBINATION VON SEISHITSUHENKA UND KEITAIHENKA STEIGT...
... DIE KRAFT EINES NINJA DRAMATISCH.
ABER NUR WENIGE NINJA BEHERRSCHEN BEIDE TECHNIKEN.
DU BEHERRSCHST JETZT DIE SEISHITSUHENKA DES WINDES.
UND KEITAIHENKA HAST DU BEREITS GEMEISTERT.
...
BEI RASENGAN WIRD ANDERS ALS BEI CHIDORI NUR DIE FORM VERÄNDERT. ALSO WIRD NUR KEITAIHENKA PRAKTIZIERT.
RASEN-GAN...

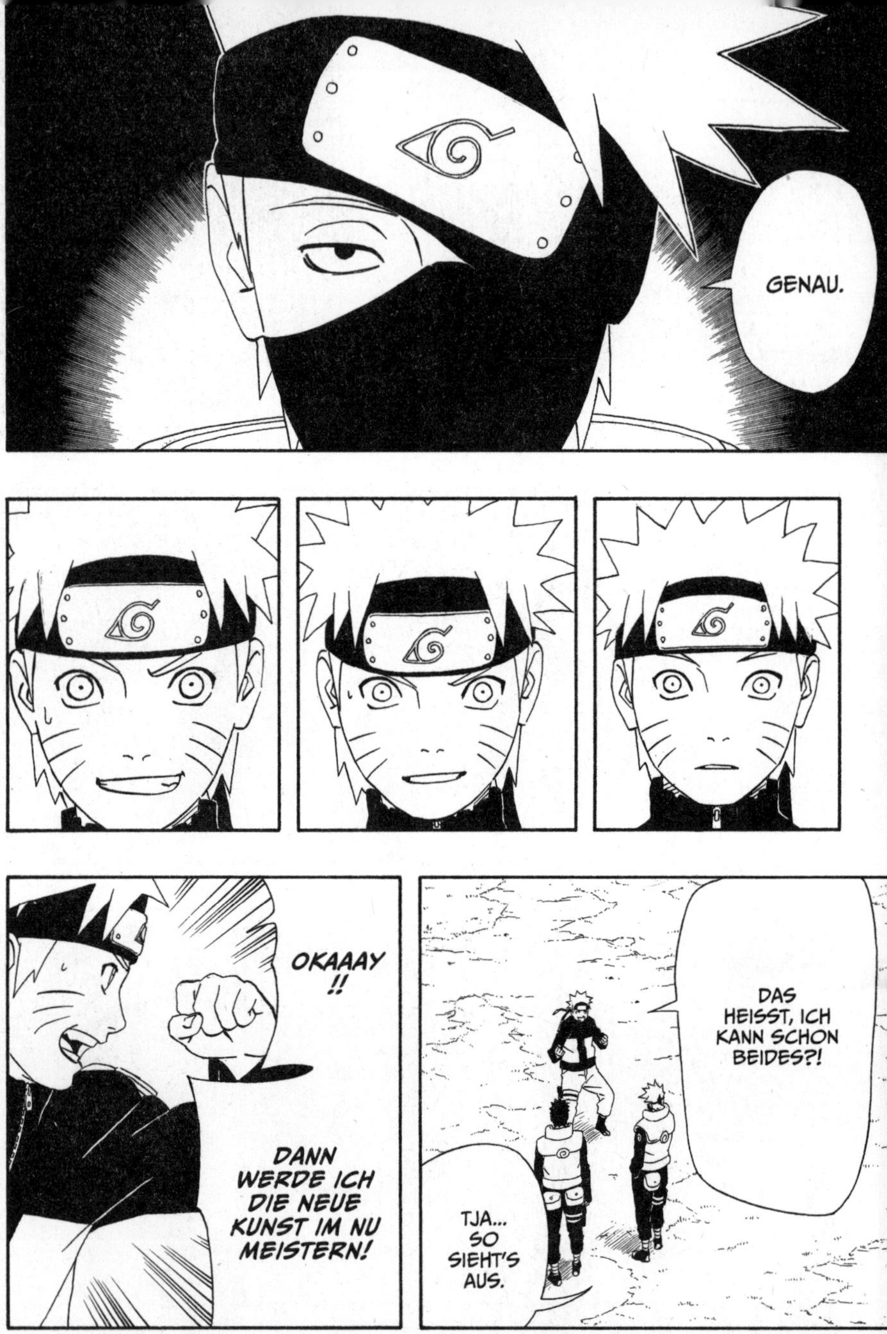
GENAU.
DAS HEISST, ICH KANN SCHON BEIDES?!
TJA... SO SIEHT'S AUS.
OKAAAY!!
DANN WERDE ICH DIE NEUE KUNST IM NU MEISTERN!

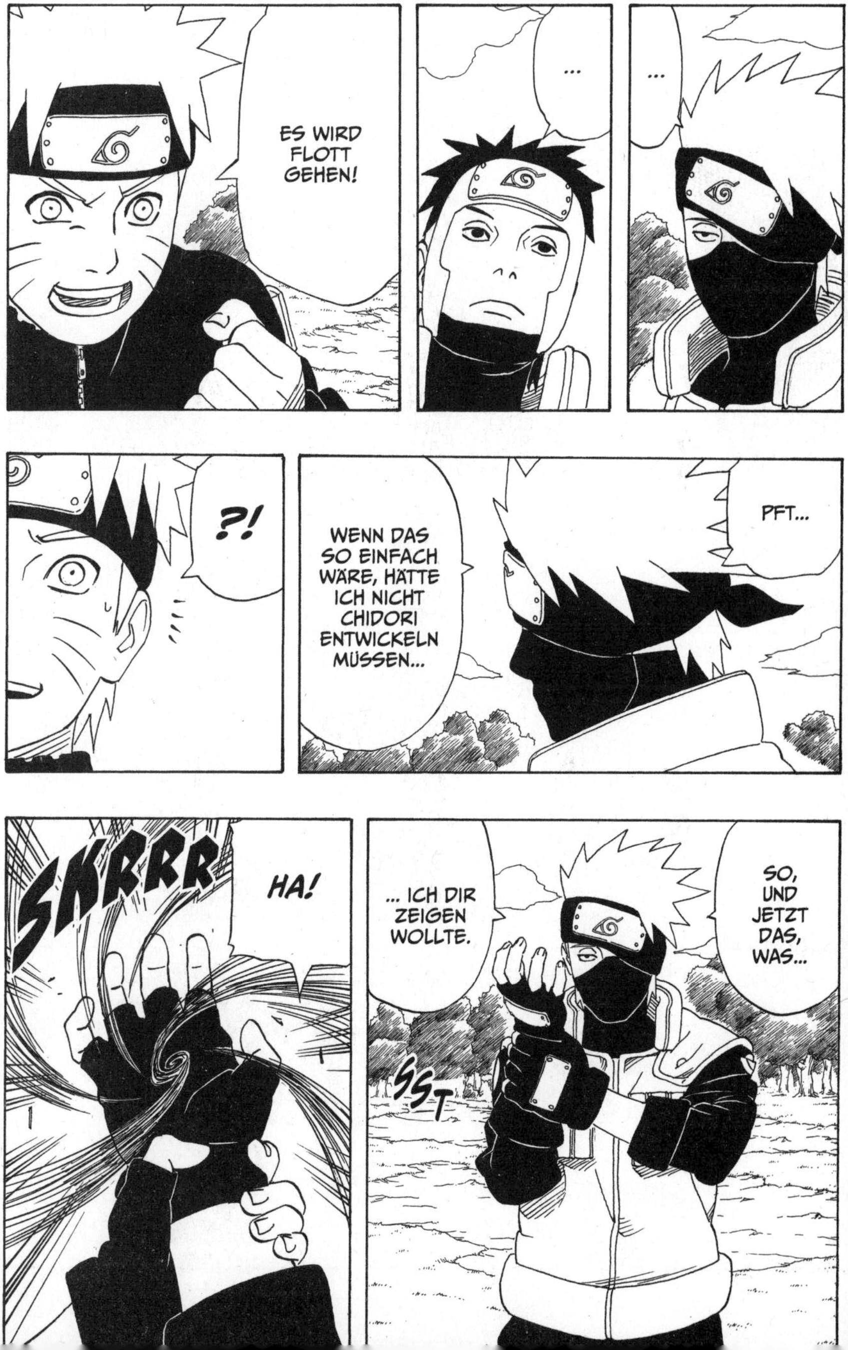
...
...
ES WIRD FLOTT GEHEN!
PFT...
WENN DAS SO EINFACH WÄRE, HÄTTE ICH NICHT CHIDORI ENTWICKELN MÜSSEN...
?!
SO, UND JETZT DAS, WAS...
... ICH DIR ZEIGEN WOLLTE.
SST
HA!
SKRRR

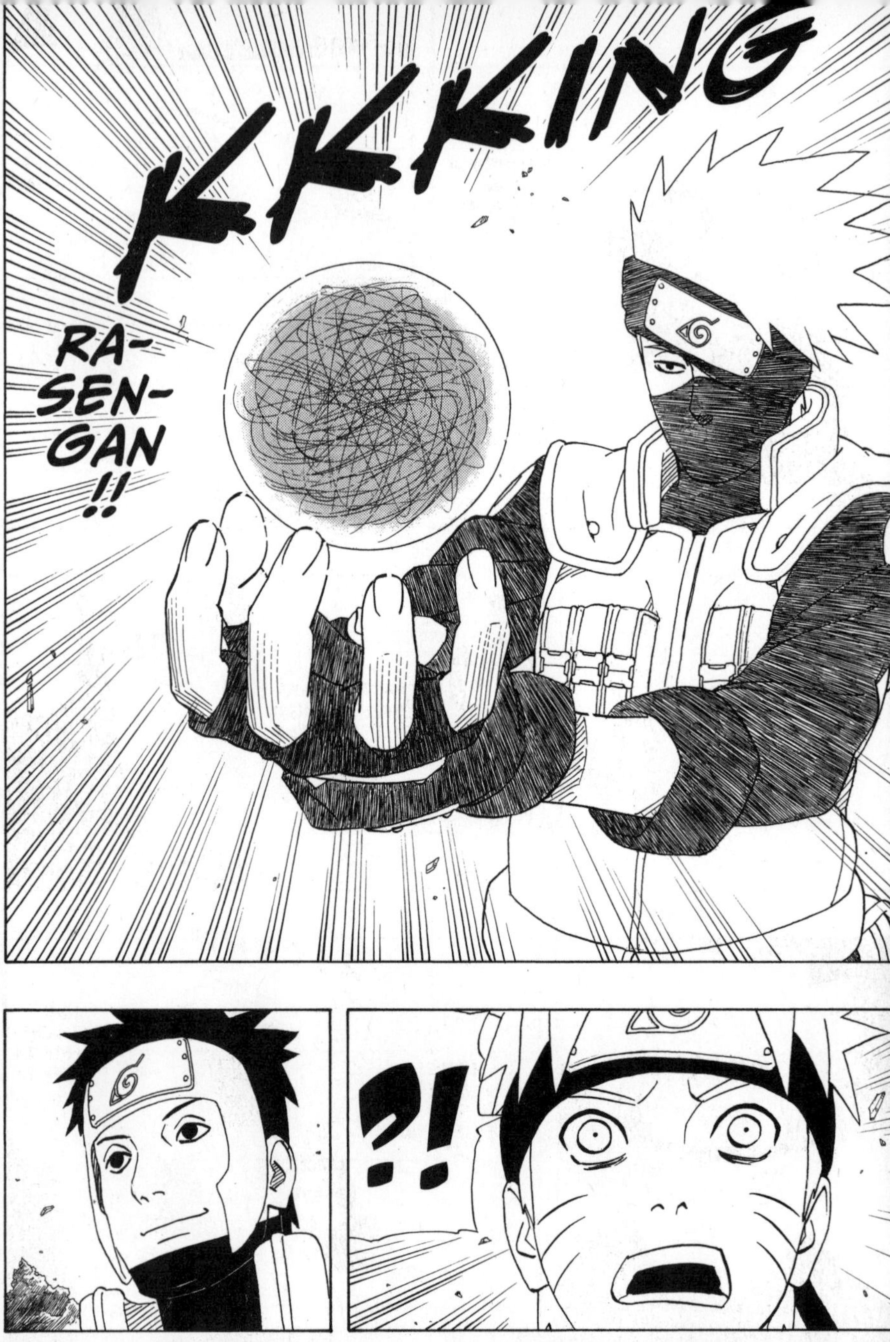
KKKING
RA-
SEN-
GAN
!!
?!

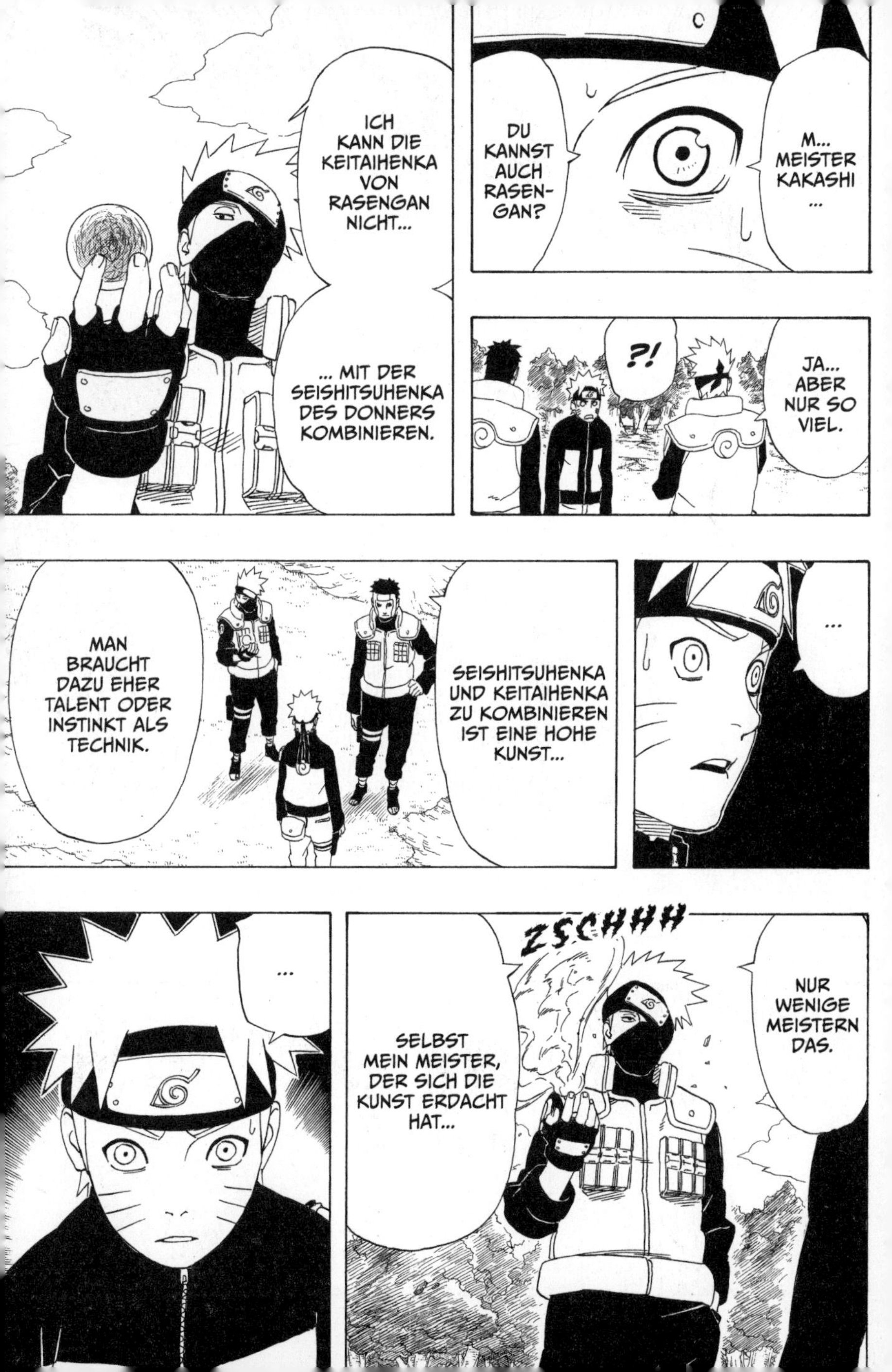
M... MEISTER KAKASHI ...
DU KANNST AUCH RASENGAN?
JA... ABER NUR SO VIEL.
?!
ICH KANN DIE KEITAIHENKA VON RASENGAN NICHT...
... MIT DER SEISHITSUHENKA DES DONNERS KOMBINIEREN.
...
SEISHITSUHENKA UND KEITAIHENKA ZU KOMBINIEREN IST EINE HOHE KUNST...
MAN BRAUCHT DAZU EHER TALENT ODER INSTINKT ALS TECHNIK.
NUR WENIGE MEISTERN DAS.
ZSCHHH
SELBST MEIN MEISTER, DER SICH DIE KUNST ERDACHT HAT...
...

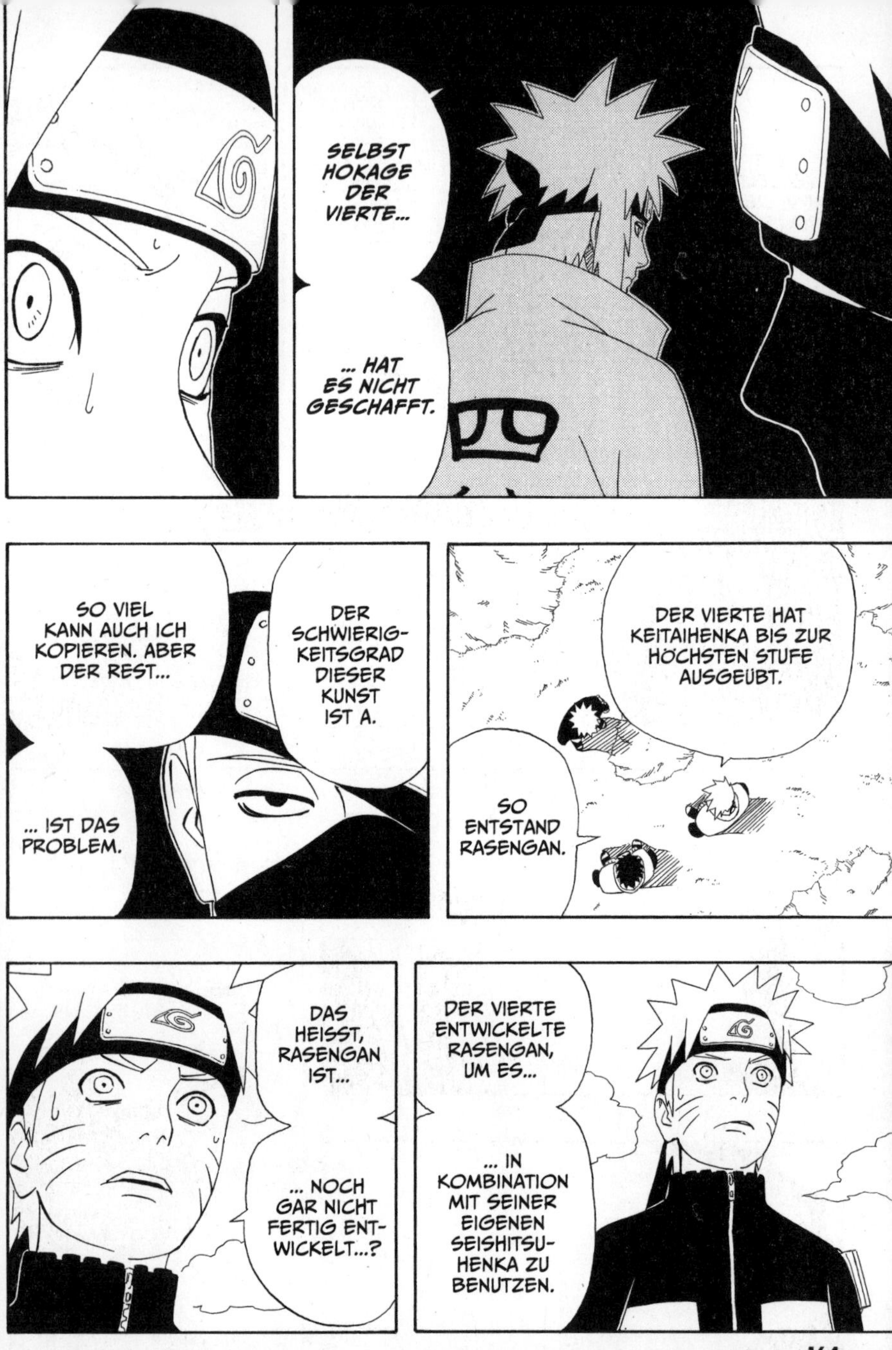

SELBST HOKAGE DER VIERTE...
... HAT ES NICHT GESCHAFFT.
DER VIERTE HAT KEITAIHENKA BIS ZUR HÖCHSTEN STUFE AUSGEÜBT.
SO ENTSTAND RASENGAN.
DER SCHWIERIGKEITSGRAD DIESER KUNST IST A.
SO VIEL KANN AUCH ICH KOPIEREN. ABER DER REST...
... IST DAS PROBLEM.
DER VIERTE ENTWICKELTE RASENGAN, UM ES...
... IN KOMBINATION MIT SEINER EIGENEN SEISHITSUHENKA ZU BENUTZEN.
DAS HEISST, RASENGAN IST...
... NOCH GAR NICHT FERTIG ENTWICKELT...?

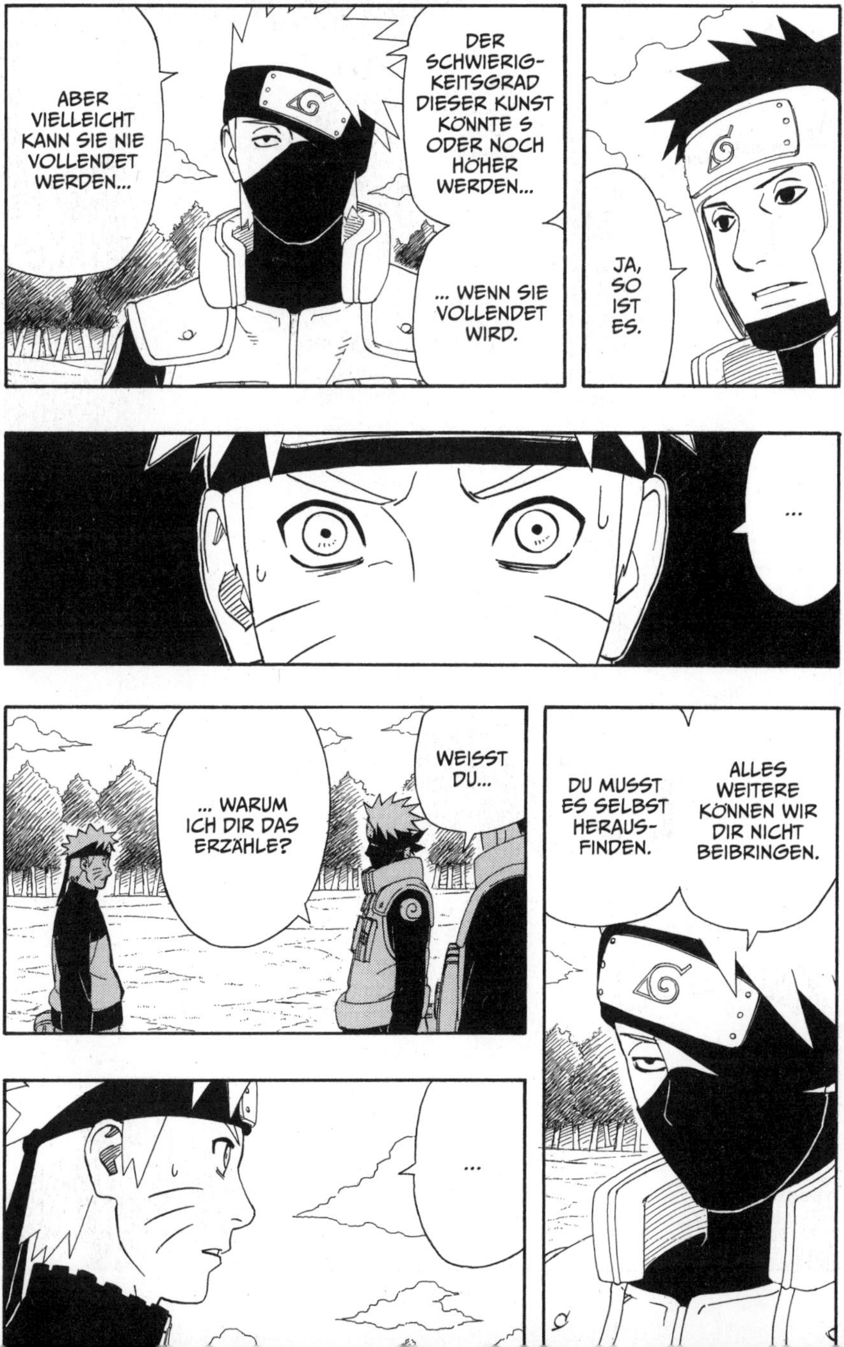
JA, SO IST ES.
DER SCHWIERIGKEITSGRAD DIESER KUNST KÖNNTE S ODER NOCH HÖHER WERDEN...
... WENN SIE VOLLENDET WIRD.
ABER VIELLEICHT KANN SIE NIE VOLLENDET WERDEN...
...
ALLES WEITERE KÖNNEN WIR DIR NICHT BEIBRINGEN.
DU MUSST ES SELBST HERAUSFINDEN.
WEISST DU...
... WARUM ICH DIR DAS ERZÄHLE?
...

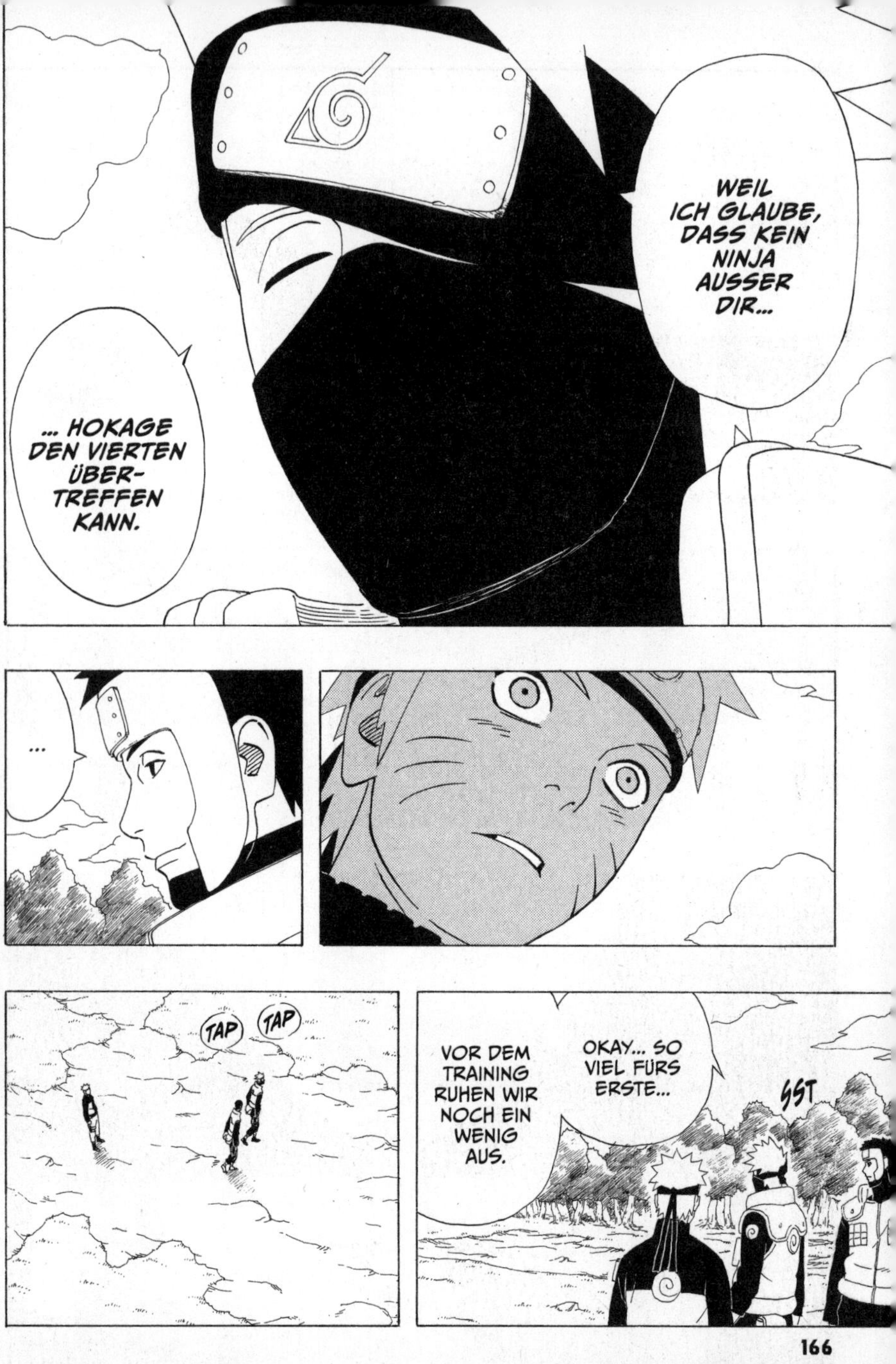
WEIL ICH GLAUBE, DASS KEIN NINJA AUSSER DIR...
... HOKAGE DEN VIERTEN ÜBER-TREFFEN KANN.
...
OKAY... SO VIEL FÜRS ERSTE...
VOR DEM TRAINING RUHEN WIR NOCH EIN WENIG AUS.
SST
TAP
TAP

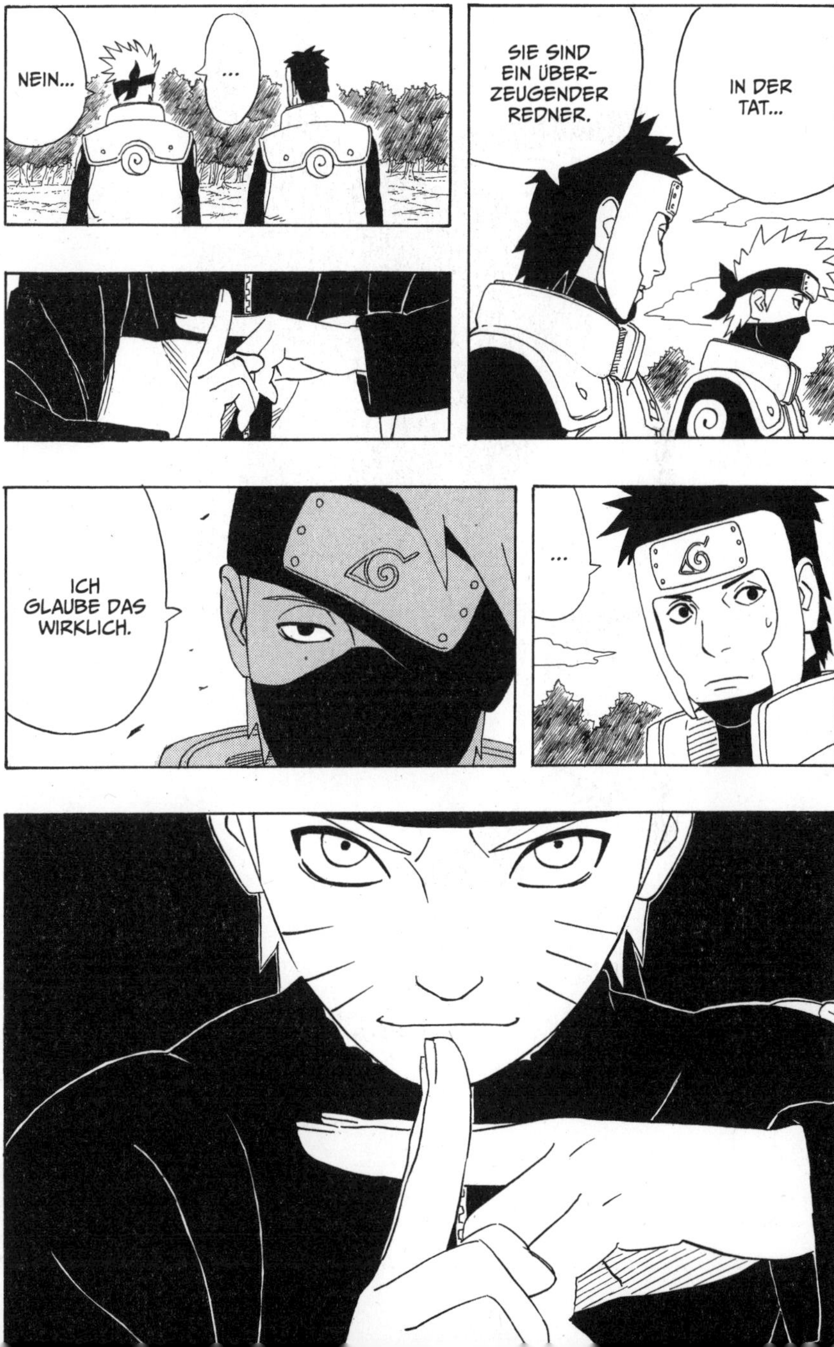
IN DER TAT...
SIE SIND EIN ÜBER-ZEUGENDER REDNER.
...
NEIN...
...
ICH GLAUBE DAS WIRKLICH.

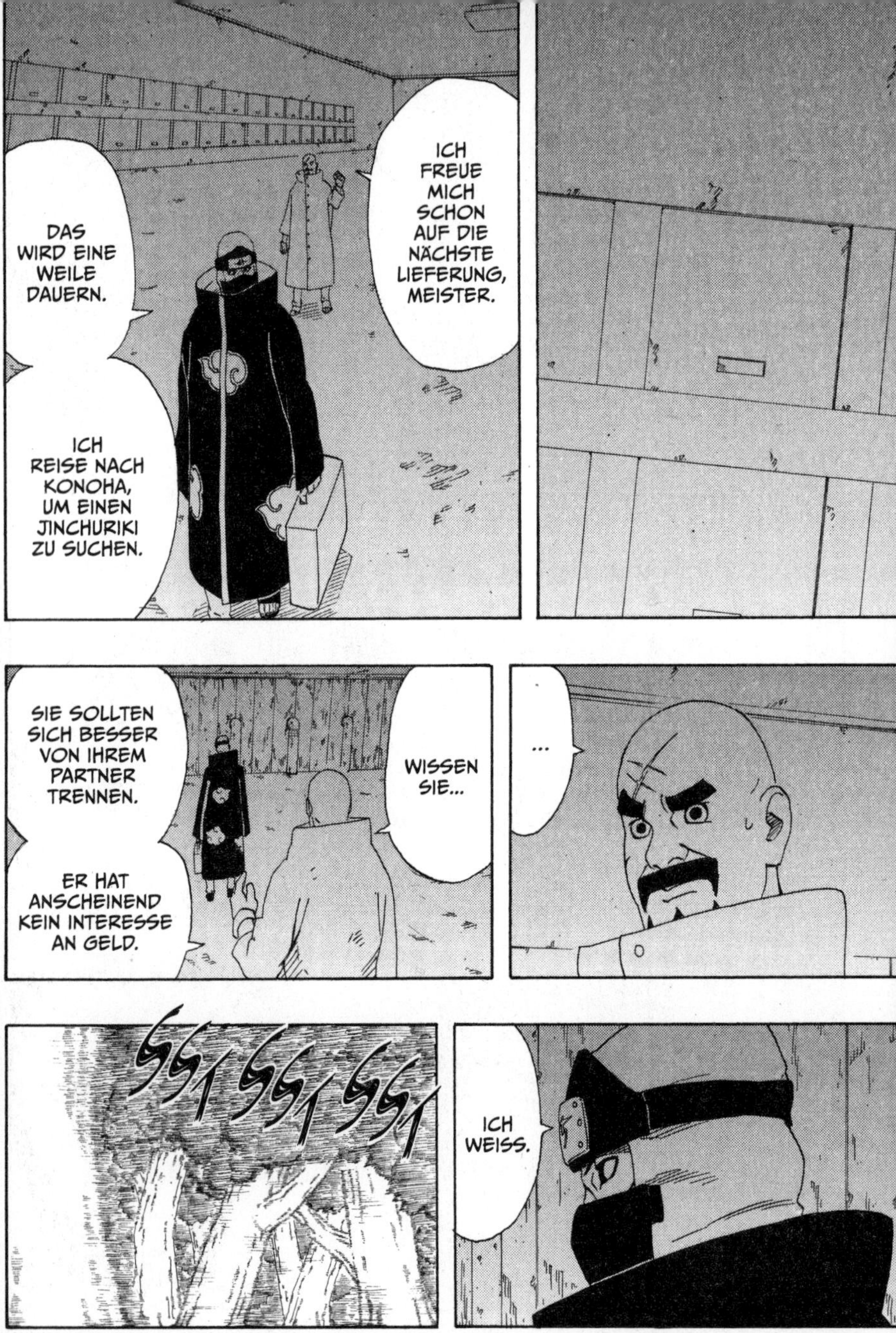
ICH FREUE MICH SCHON AUF DIE NÄCHSTE LIEFERUNG, MEISTER.
DAS WIRD EINE WEILE DAUERN.
ICH REISE NACH KONOHA, UM EINEN JINCHURIKI ZU SUCHEN.
...
WISSEN SIE...
SIE SOLLTEN SICH BESSER VON IHREM PARTNER TRENNEN.
ER HAT ANSCHEINEND KEIN INTERESSE AN GELD.
ICH WEISS.
SST SST SST

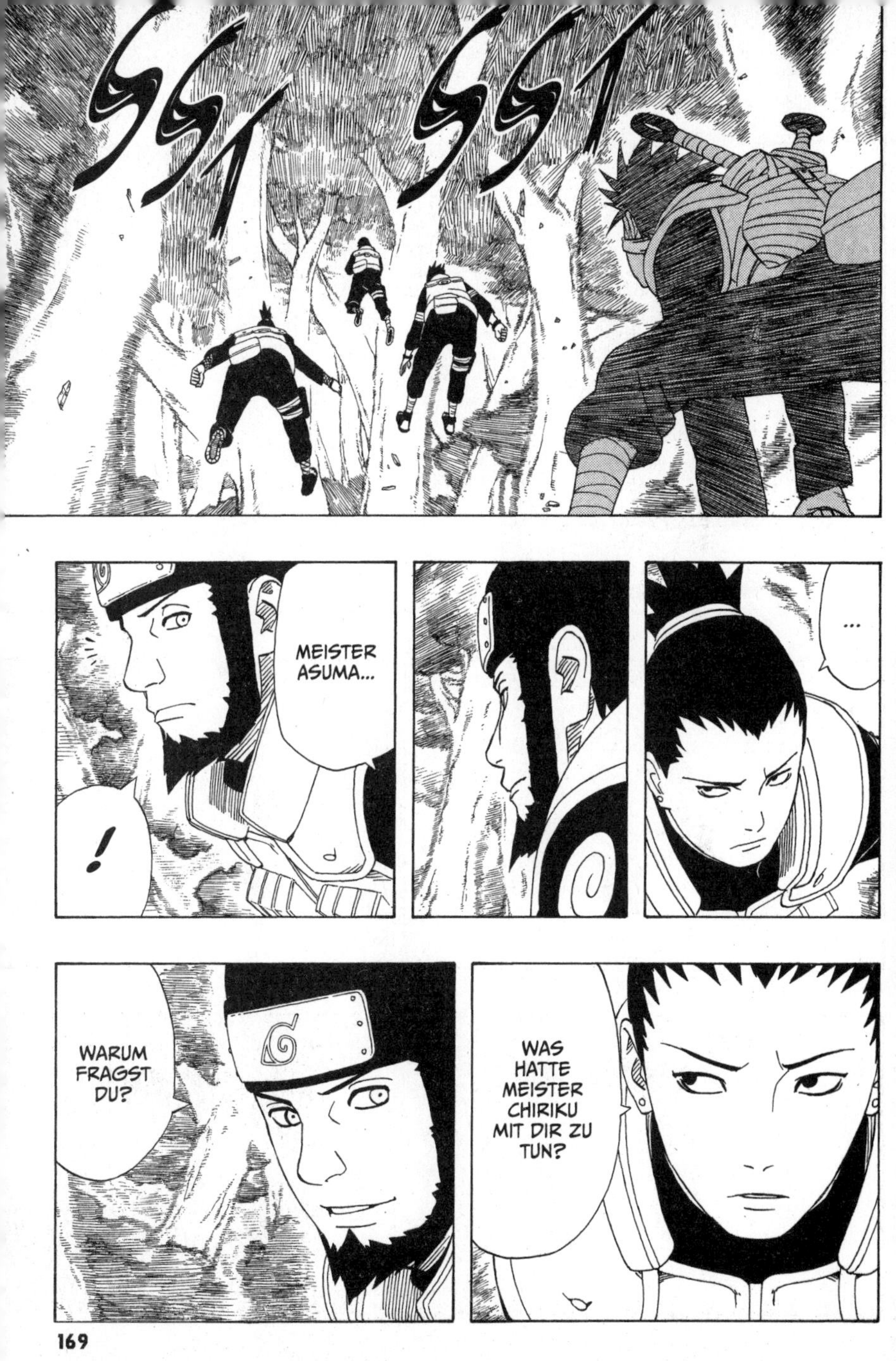
SST
SST
...
MEISTER ASUMA...
!
WAS HATTE MEISTER CHIRIKU MIT DIR ZU TUN?
WARUM FRAGST DU?

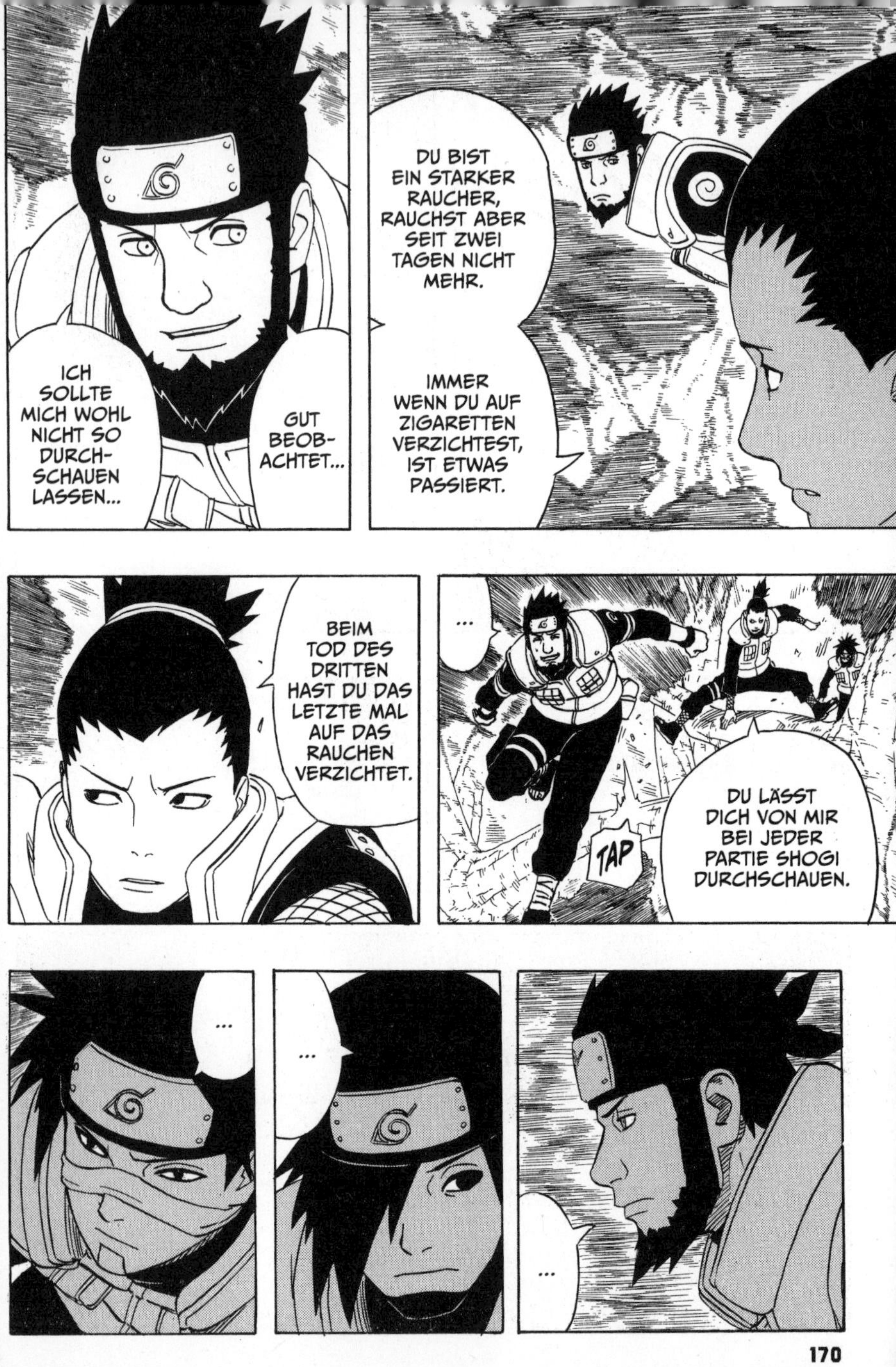
DU BIST EIN STARKER RAUCHER, RAUCHST ABER SEIT ZWEI TAGEN NICHT MEHR.
IMMER WENN DU AUF ZIGARETTEN VERZICHTEST, IST ETWAS PASSIERT.
GUT BEOBACHTET...
ICH SOLLTE MICH WOHL NICHT SO DURCHSCHAUEN LASSEN...
...
DU LÄSST DICH VON MIR BEI JEDER PARTIE SHOGI DURCHSCHAUEN.
TAP
BEIM TOD DES DRITTEN HAST DU DAS LETZTE MAL AUF DAS RAUCHEN VERZICHTET.
...
...
...

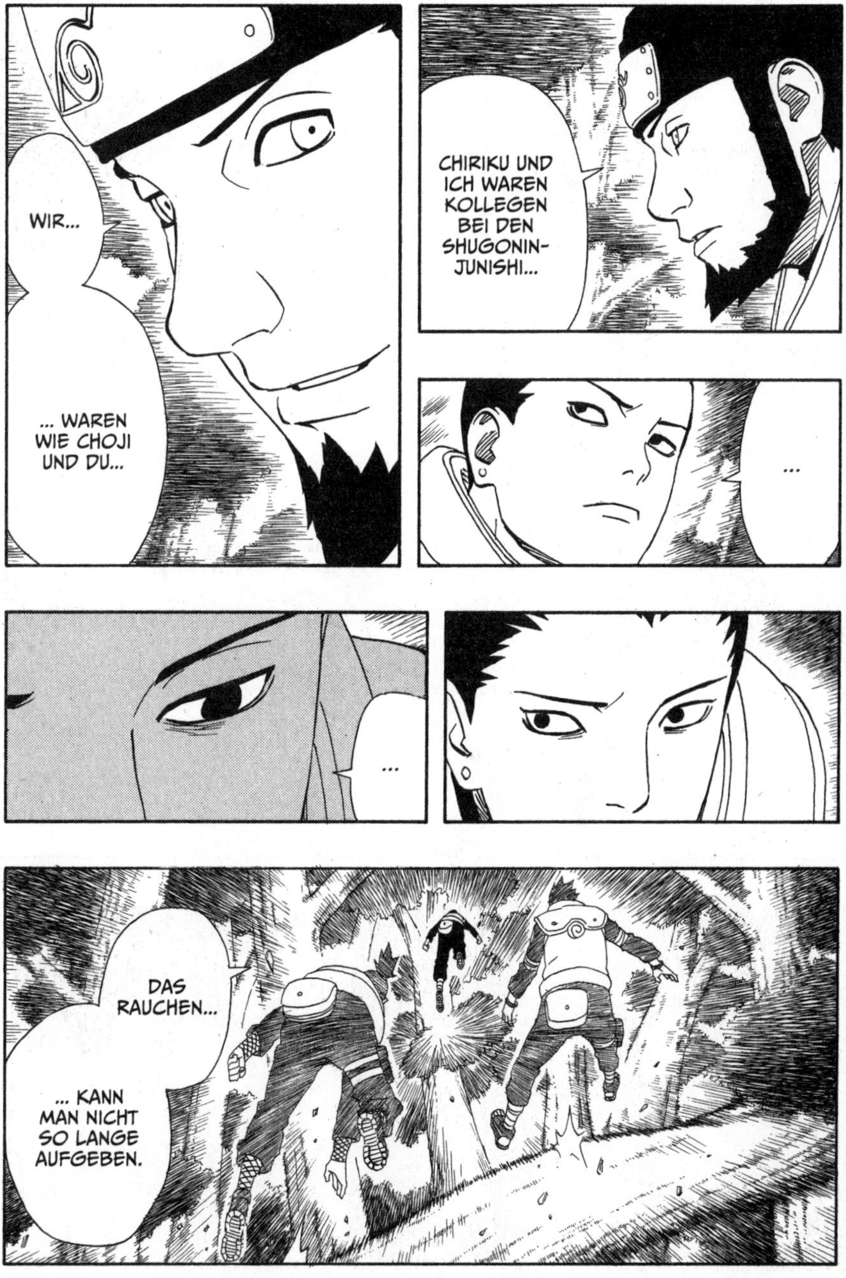
CHIRIKU UND ICH WAREN KOLLEGEN BEI DEN SHUGONIN-JUNISHI...
WIR...
... WAREN WIE CHOJI UND DU...
...
...
DAS RAUCHEN...
... KANN MAN NICHT SO LANGE AUFGEBEN.

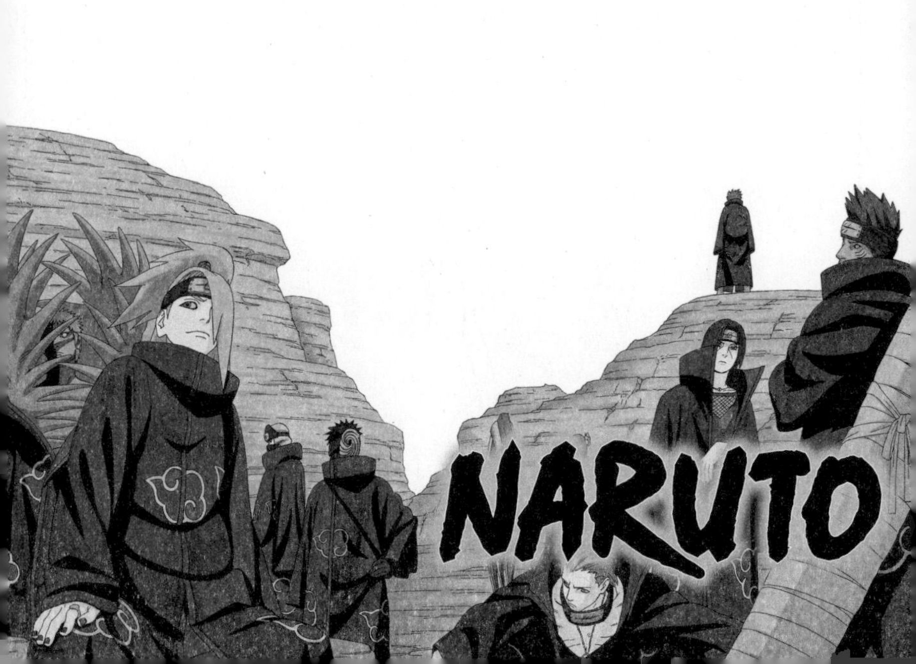
NARUTO

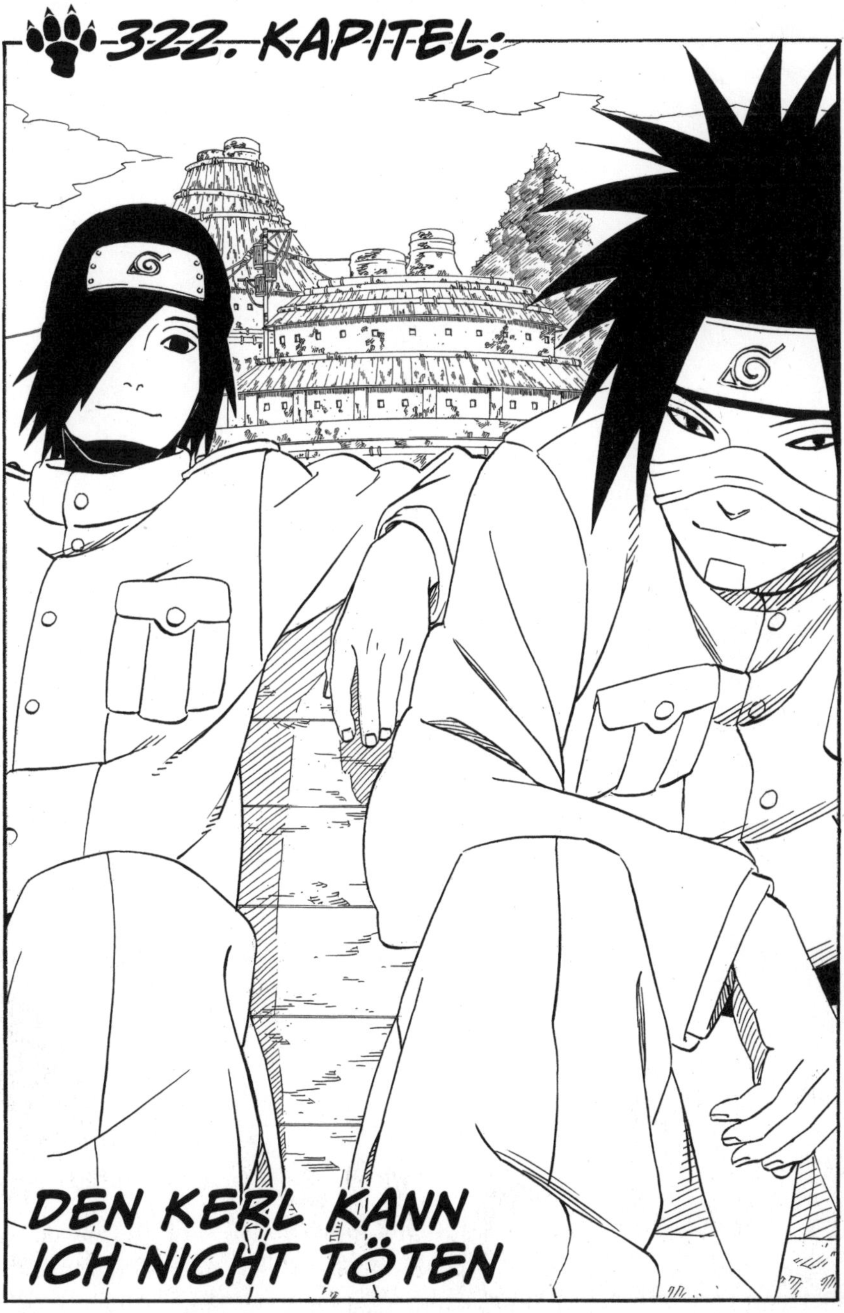
322. KAPITEL:
DEN KERL KANN ICH NICHT TÖTEN

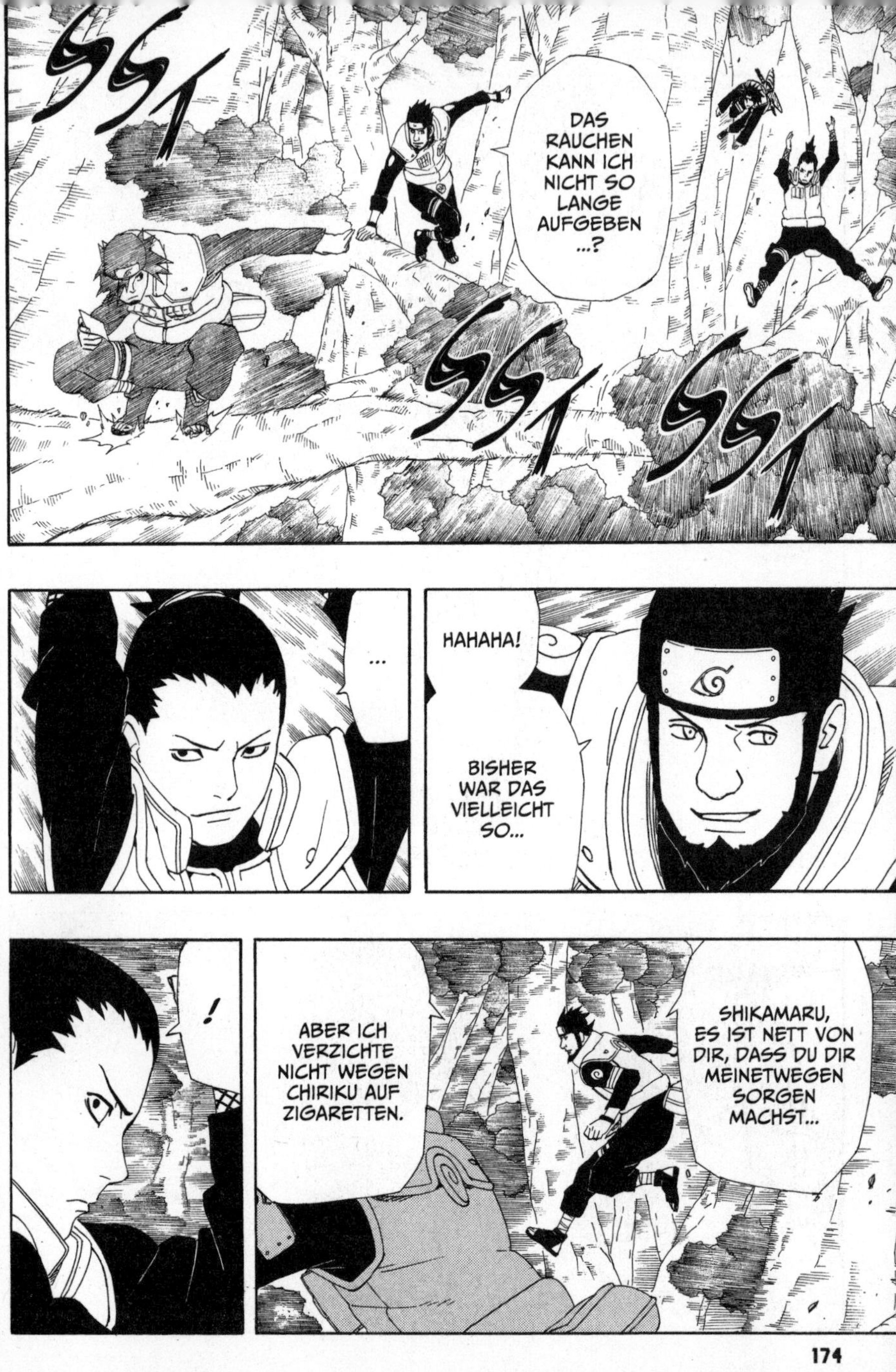
DAS RAUCHEN KANN ICH NICHT SO LANGE AUFGEBEN ...?
HAHAHA!
BISHER WAR DAS VIELLEICHT SO...
...
SHIKAMARU, ES IST NETT VON DIR, DASS DU DIR MEINETWEGEN SORGEN MACHST...
ABER ICH VERZICHTE NICHT WEGEN CHIRIKU AUF ZIGARETTEN.
!

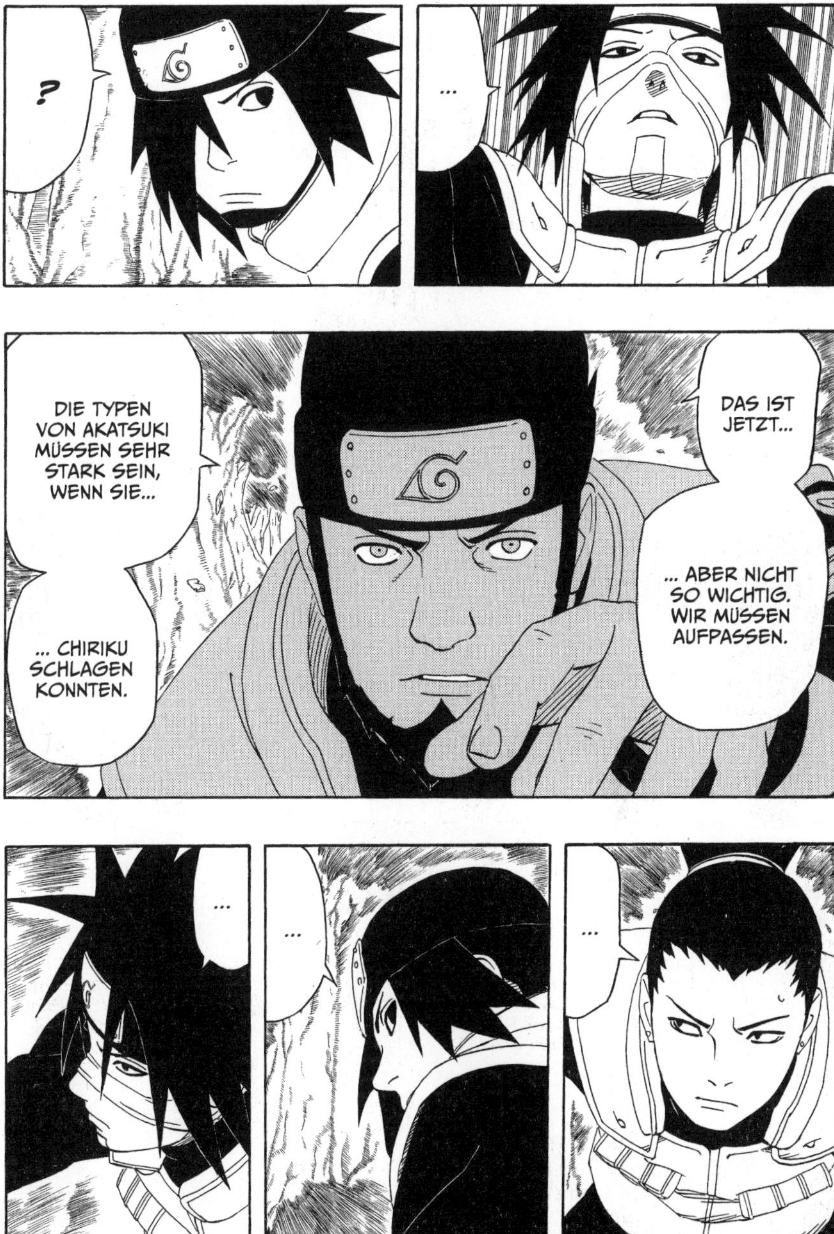
...
?
DIE TYPEN VON AKATSUKI MÜSSEN SEHR STARK SEIN, WENN SIE...
... CHIRIKU SCHLAGEN KONNTEN.
DAS IST JETZT...
... ABER NICHT SO WICHTIG. WIR MÜSSEN AUFPASSEN.
...
...
...

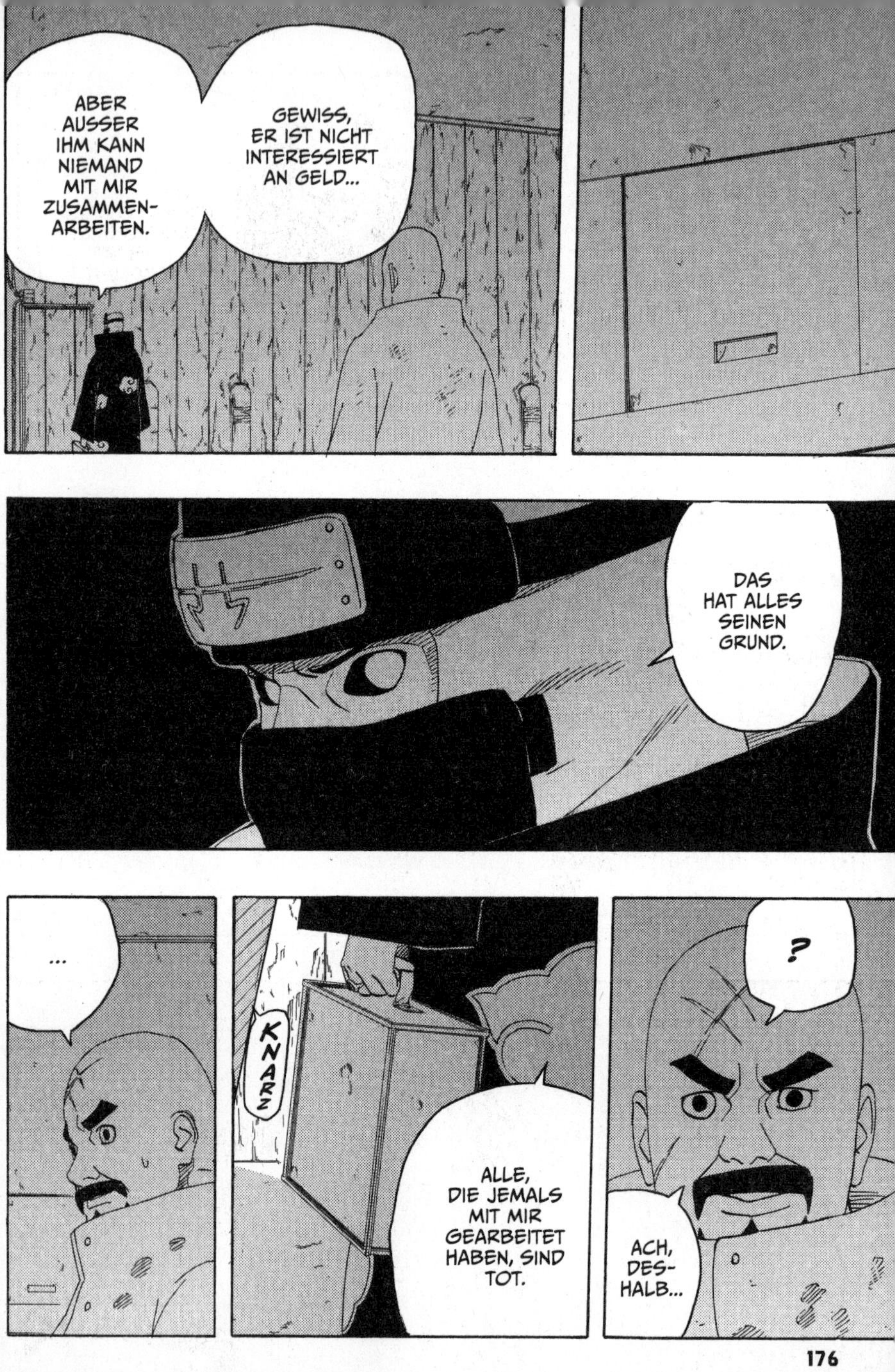
GEWISS, ER IST NICHT INTERESSIERT AN GELD...
ABER AUSSER IHM KANN NIEMAND MIT MIR ZUSAMMEN-ARBEITEN.
DAS HAT ALLES SEINEN GRUND.
?
ACH, DES-HALB...
KNARZ
ALLE, DIE JEMALS MIT MIR GEARBEITET HABEN, SIND TOT.
...

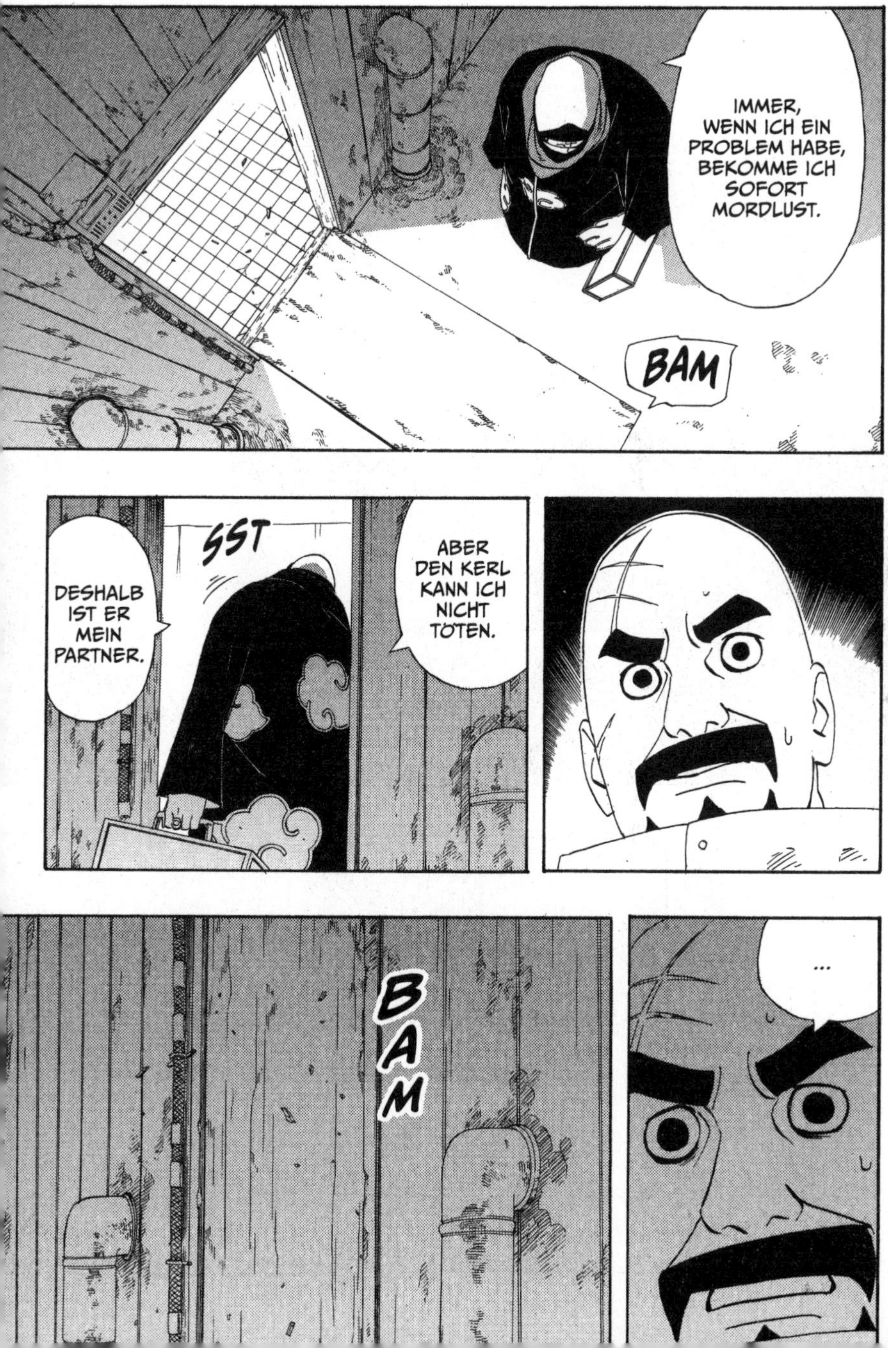
IMMER, WENN ICH EIN PROBLEM HABE, BEKOMME ICH SOFORT MORDLUST.
BAM
ABER DEN KERL KANN ICH NICHT TÖTEN.
SST
DESHALB IST ER MEIN PARTNER.
...
BAM

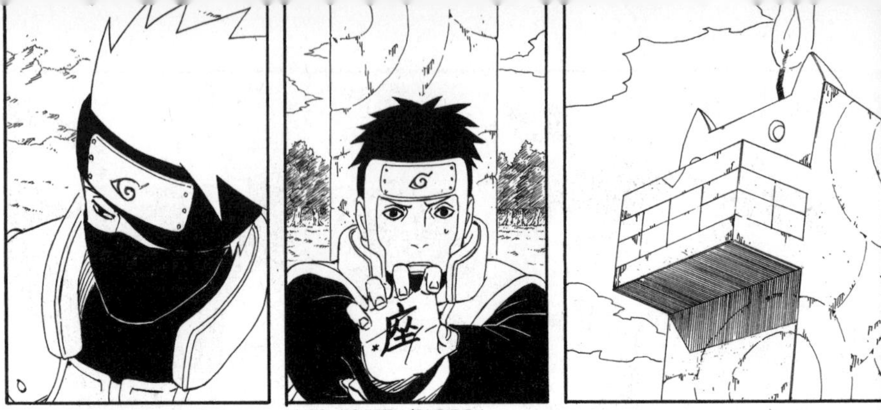

* ZA = SITZEN/BLEIBEN

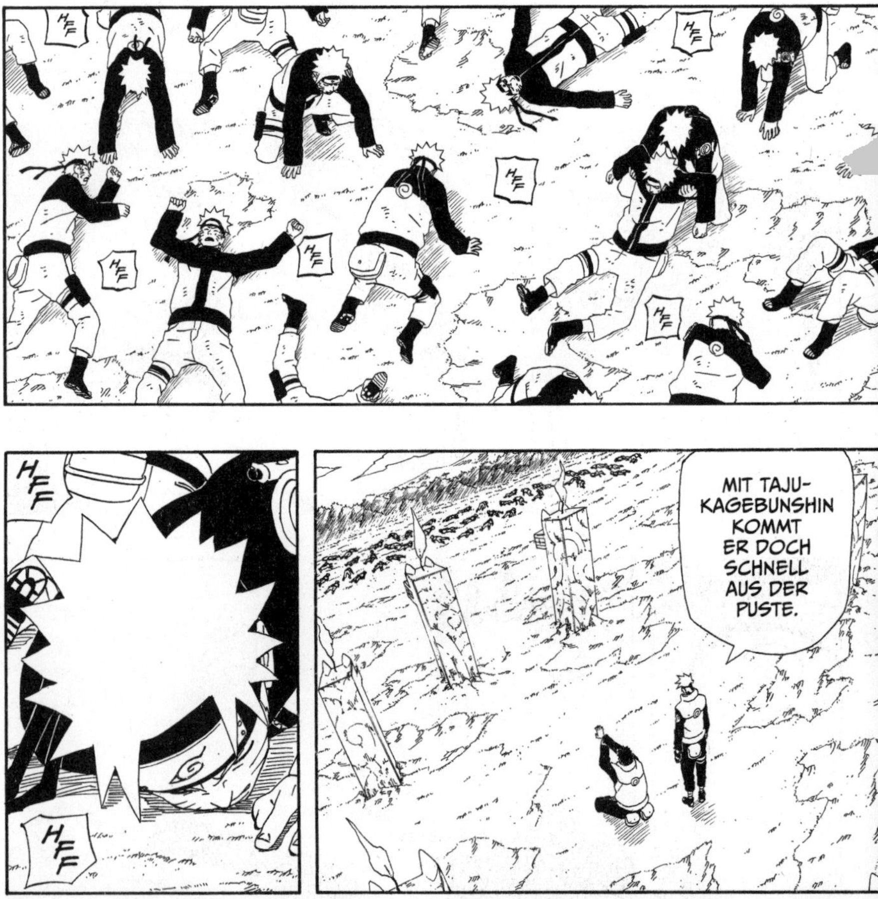

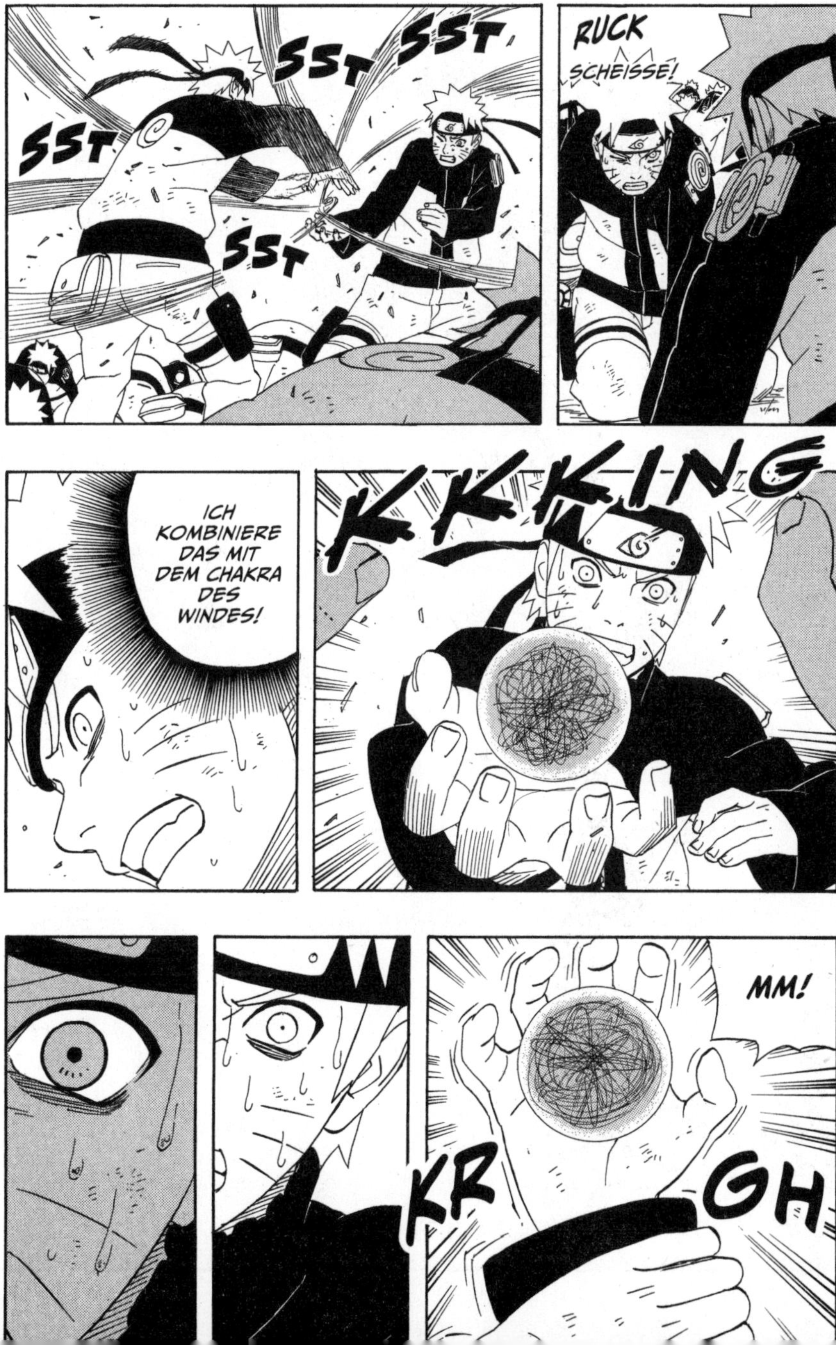
RUCK
SCHEISSE!
SST
SST
SST
SST
KKKING
ICH KOMBINIERE DAS MIT DEM CHAKRA DES WINDES!
MM!
KR
GH

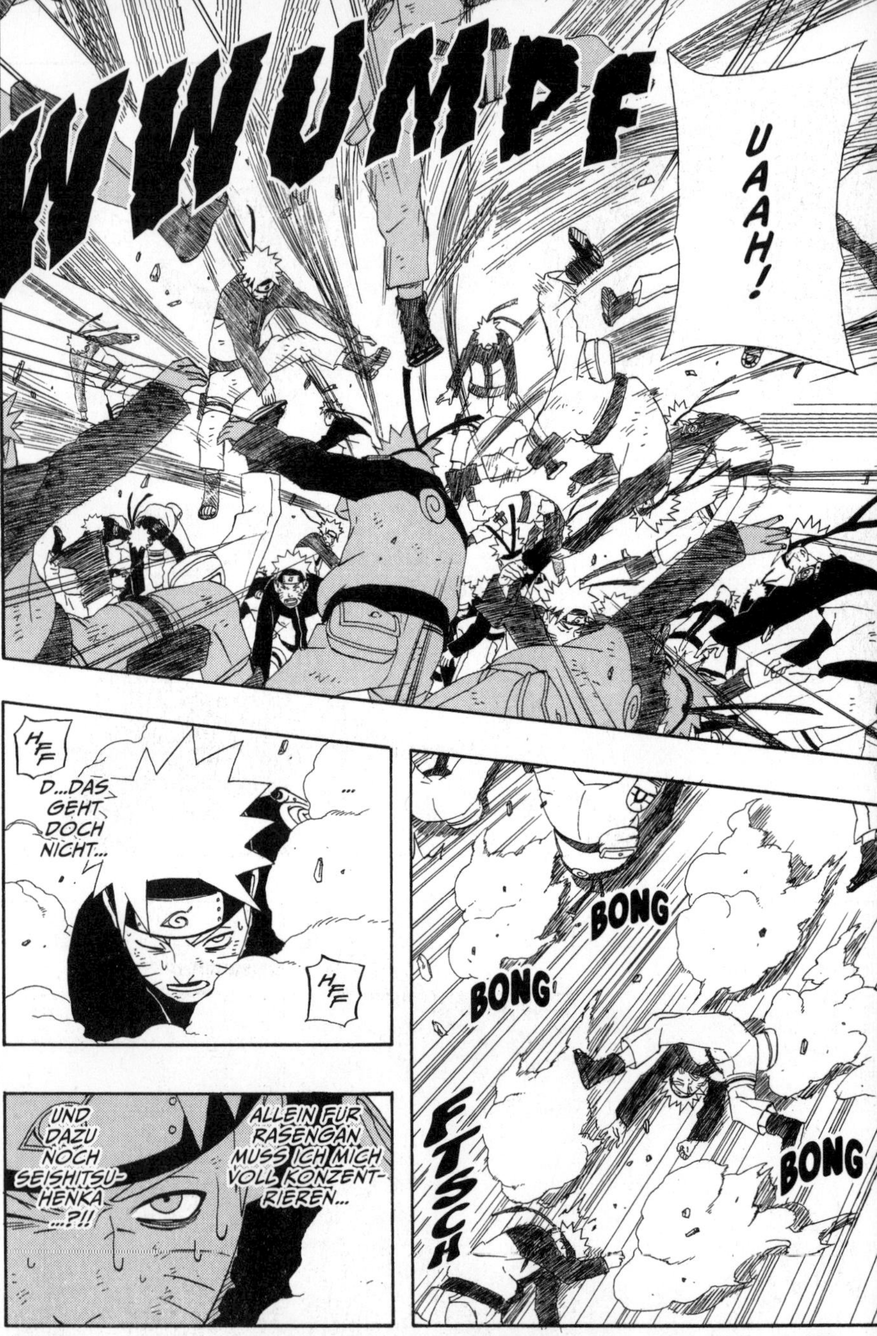
WWUMPF
UAAH!
BONG
BONG
FTSCH
BONG
HFF
D...DAS GEHT DOCH NICHT...
...
HFF
ALLEIN FÜR RASENGAN MUSS ICH MICH VOLL KONZENT-RIEREN...
UND DAZU NOCH SEISHITSU-HENKA ...?!!

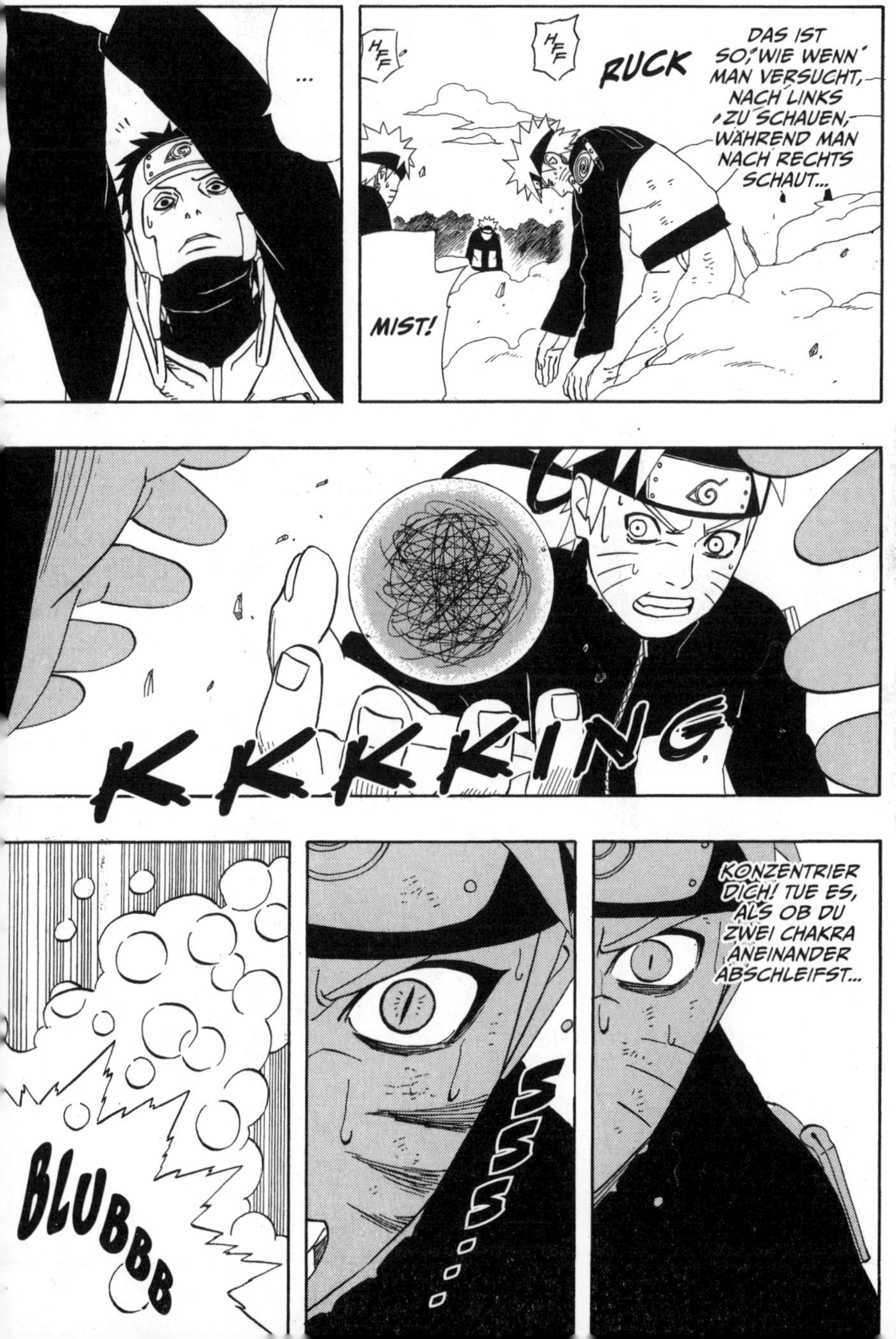
DAS IST SO, WIE WENN MAN VERSUCHT, NACH LINKS ZU SCHAUEN, WÄHREND MAN NACH RECHTS SCHAUT...
RUCK
HFF
HFF
MIST!
...
KKKKING
KONZENTRIER DICH! TUE ES, ALS OB DU ZWEI CHAKRA ANEINANDER ABSCHLEIFST...
SSS...
BLUBBB

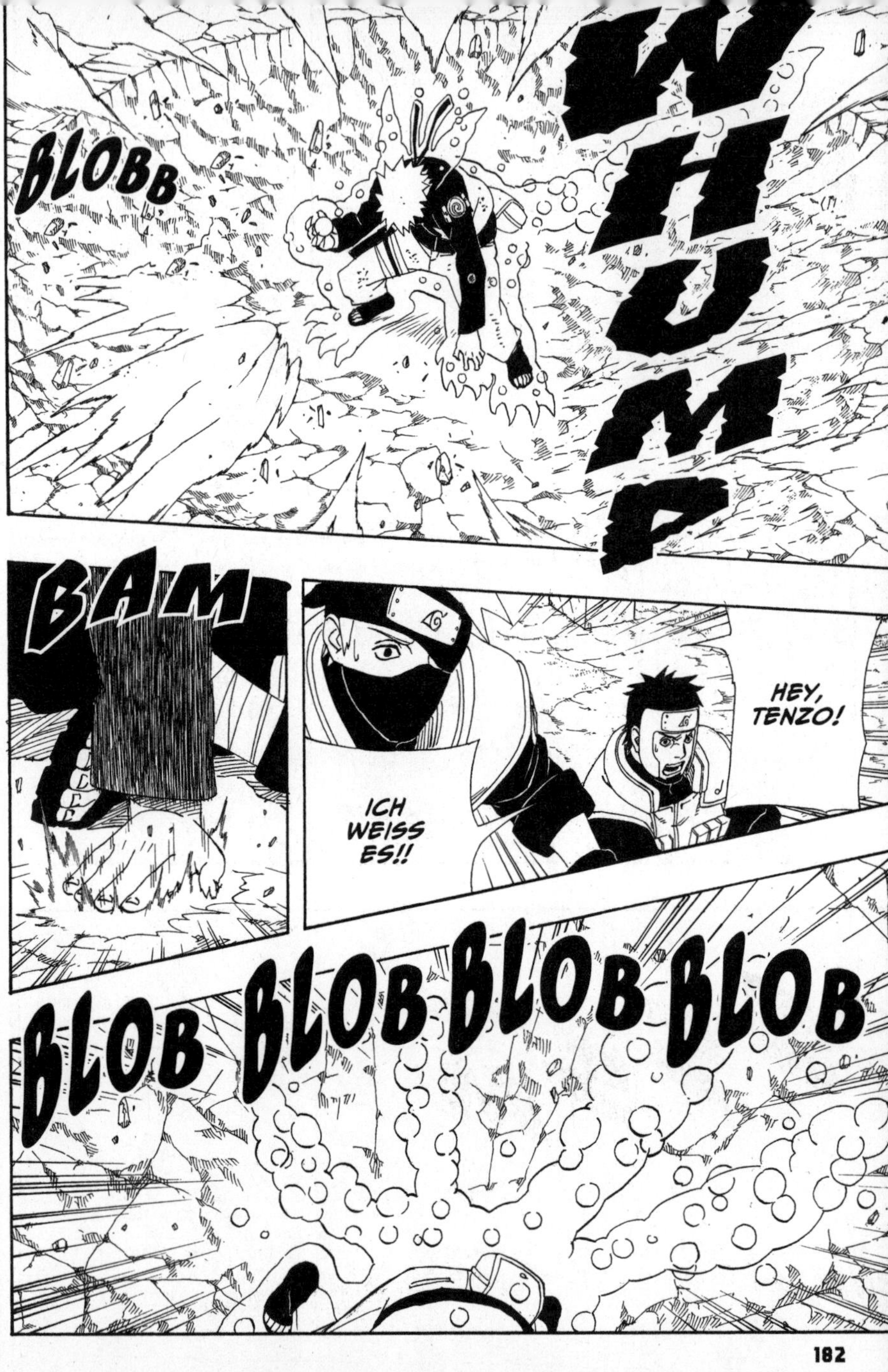
WHUMP
BLOBB
BAM
HEY, TENZO!
ICH WEISS ES!!
BLOB BLOB BLOB BLOB

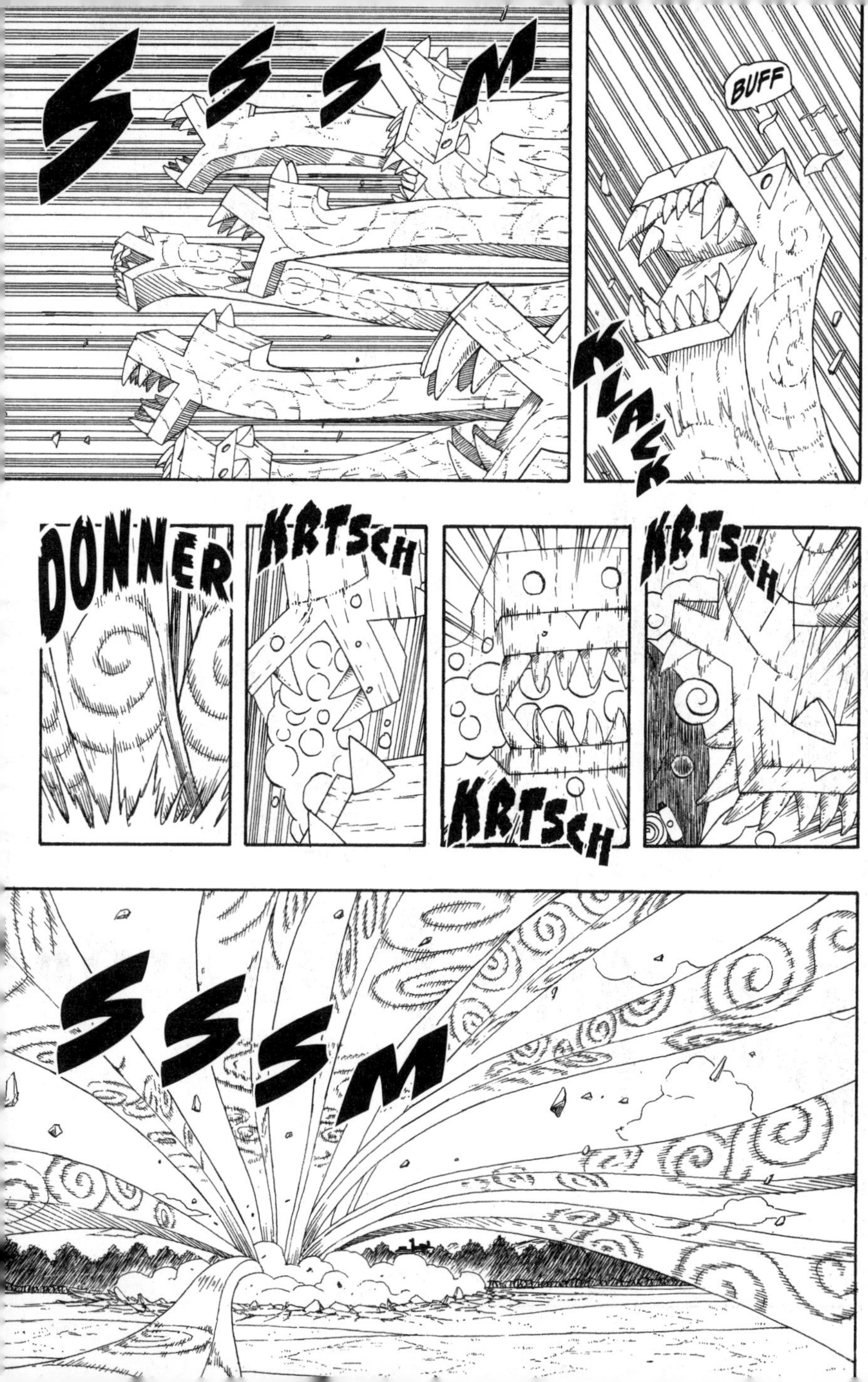
BUFF
KLACK
SSSM
KRTSCH
KRTSCH
KRTSCH
DONNER
SSSM

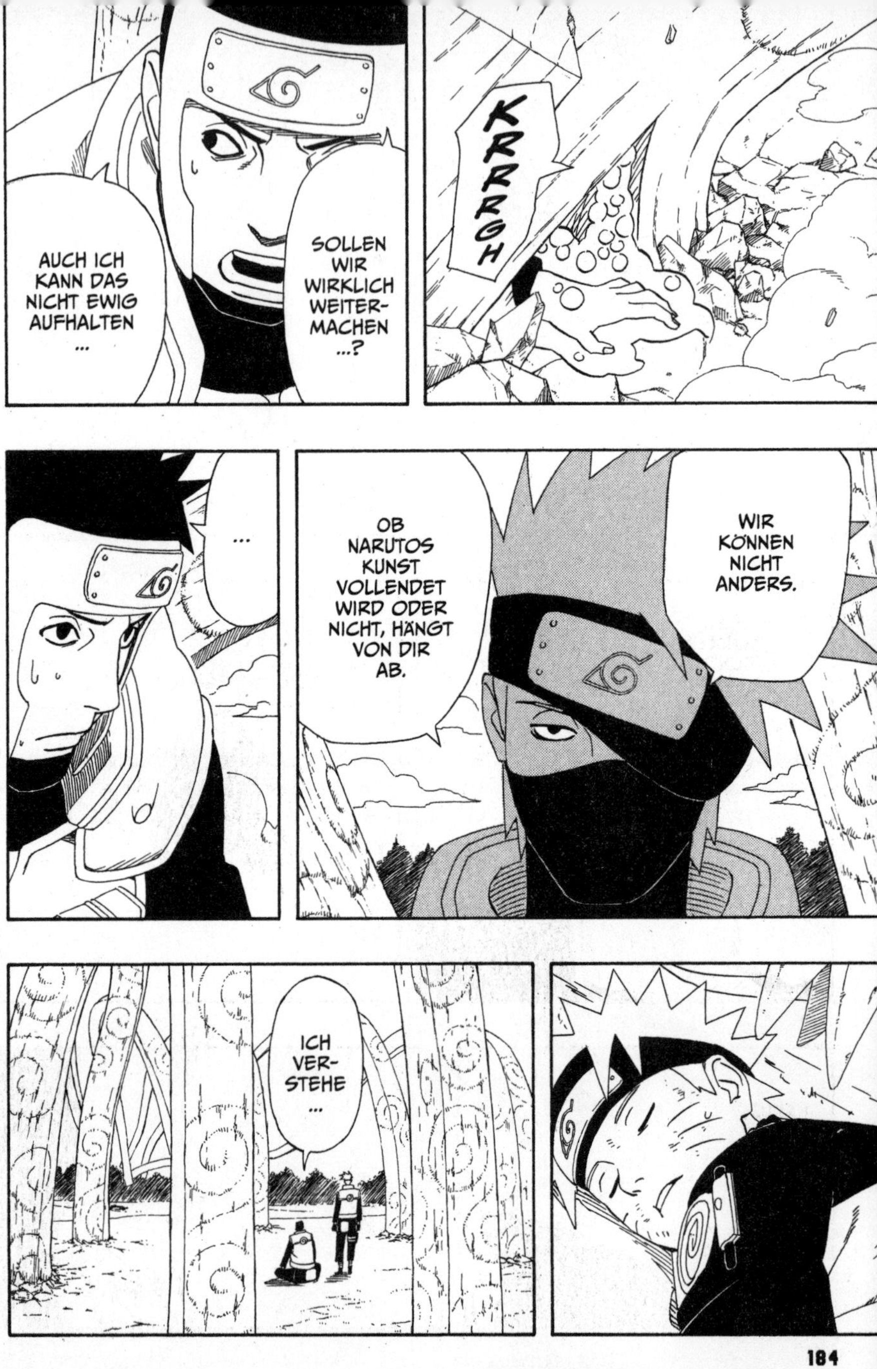
KRRRGH
SOLLEN WIR WIRKLICH WEITER-MACHEN ...?
AUCH ICH KANN DAS NICHT EWIG AUFHALTEN ...
WIR KÖNNEN NICHT ANDERS.
OB NARUTOS KUNST VOLLENDET WIRD ODER NICHT, HÄNGT VON DIR AB.
...
ICH VER-STEHE ...

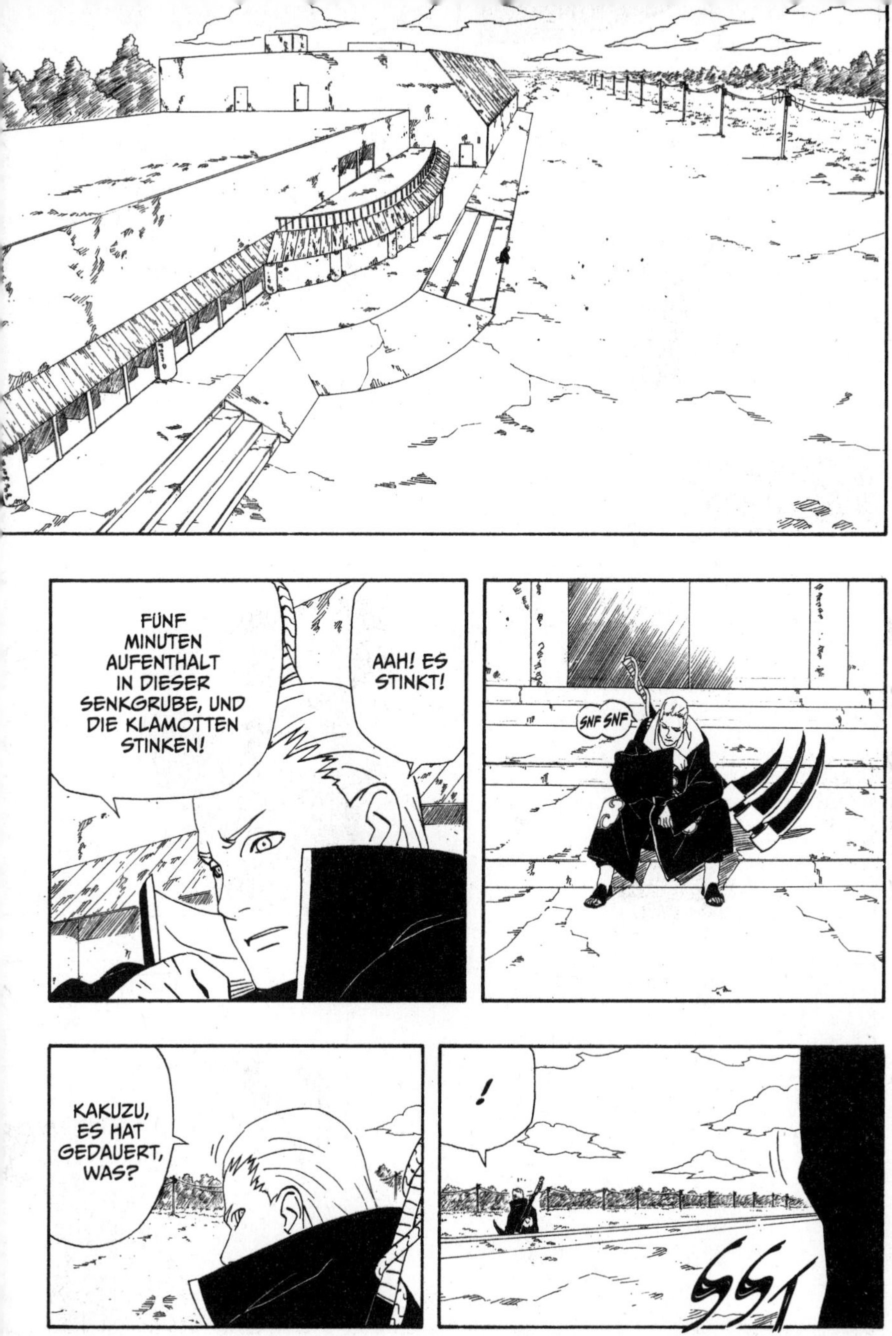
SNF SNF
AAH! ES STINKT!
FÜNF MINUTEN AUFENTHALT IN DIESER SENKGRUBE, UND DIE KLAMOTTEN STINKEN!
!
KAKUZU, ES HAT GEDAUERT, WAS?

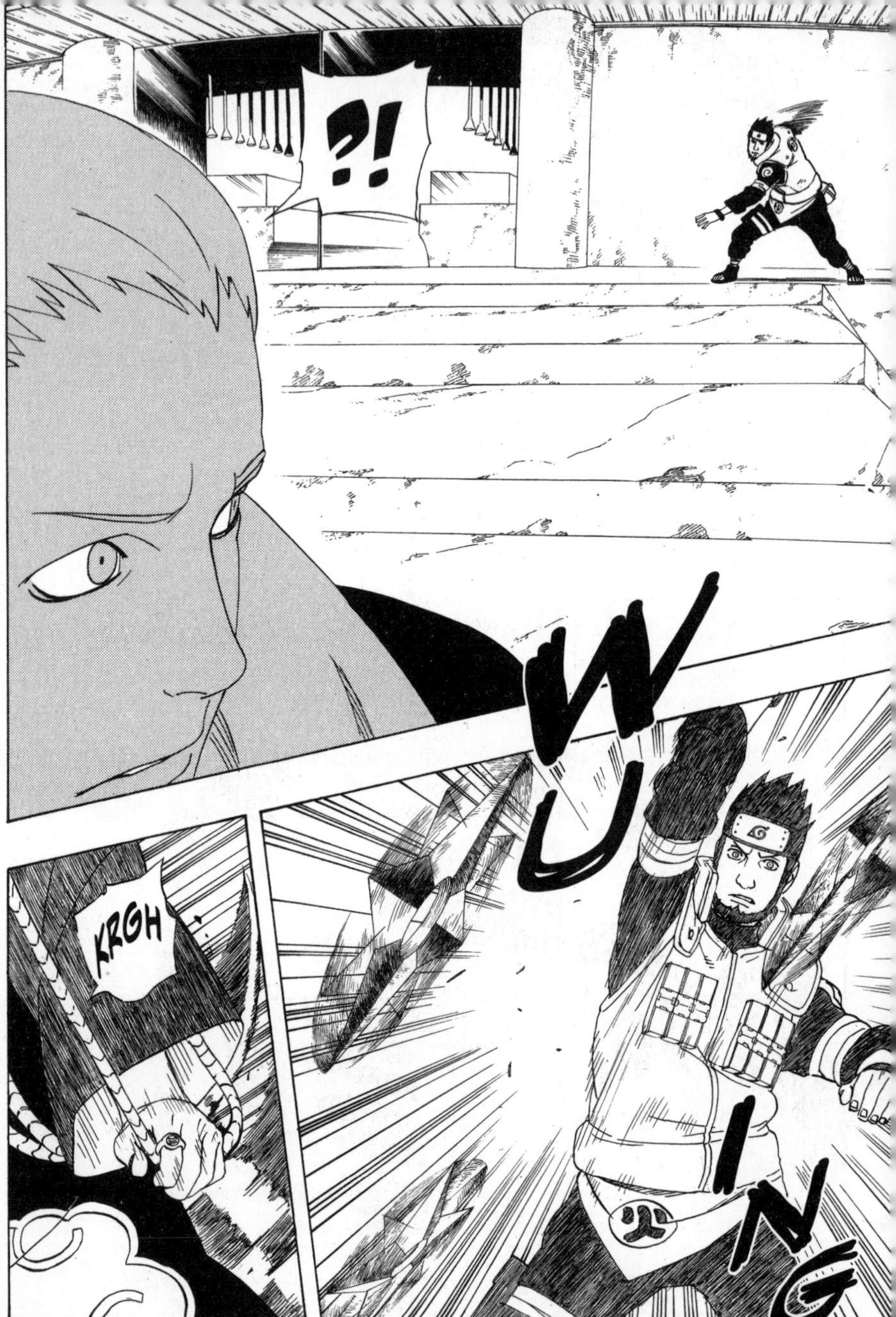

?!
WUIING
KRGH

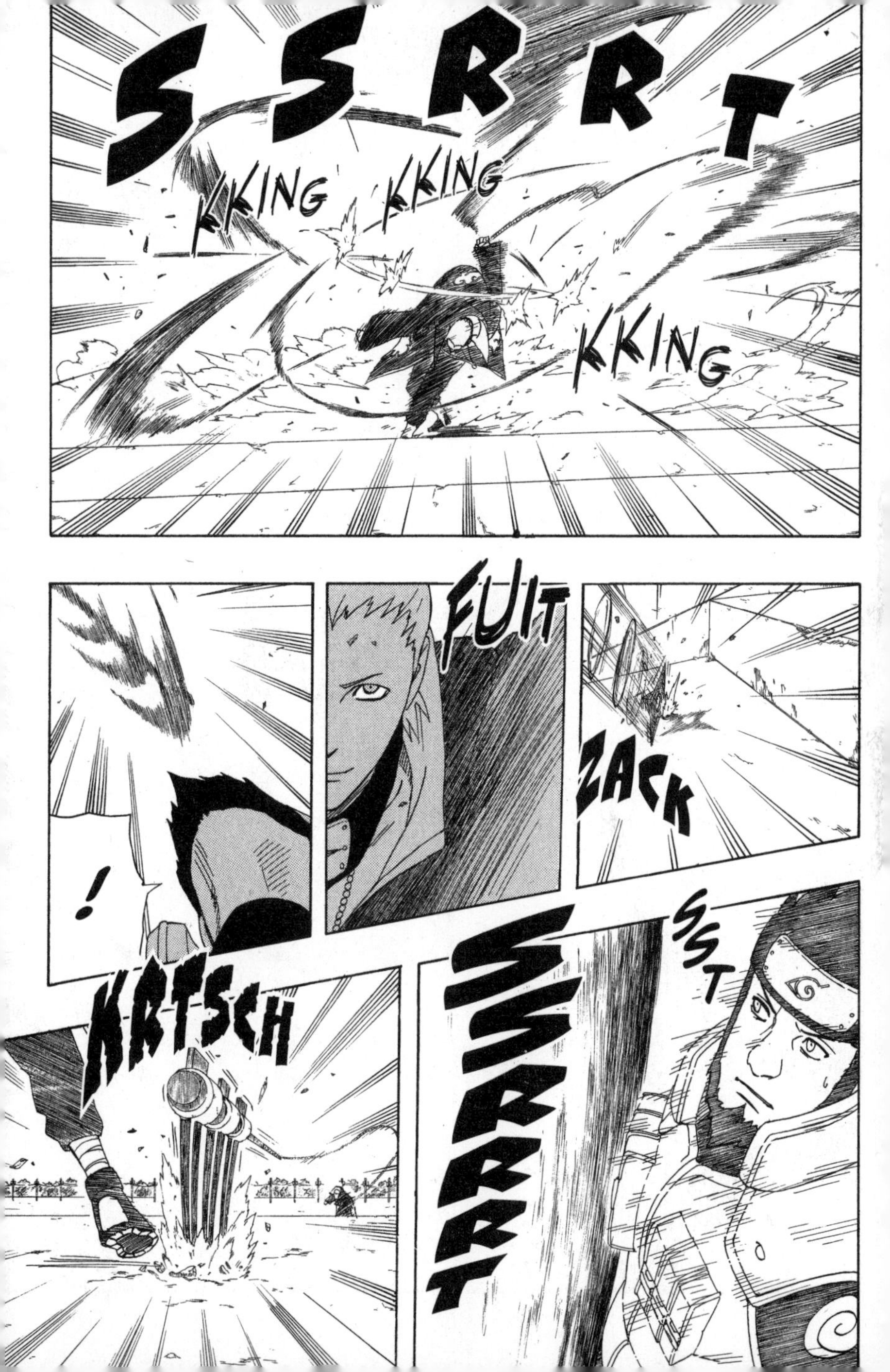
SSRRT
KKING KKING
KKING
ZACK
FUIT
!
SST
SRRRRT
KRTSCH

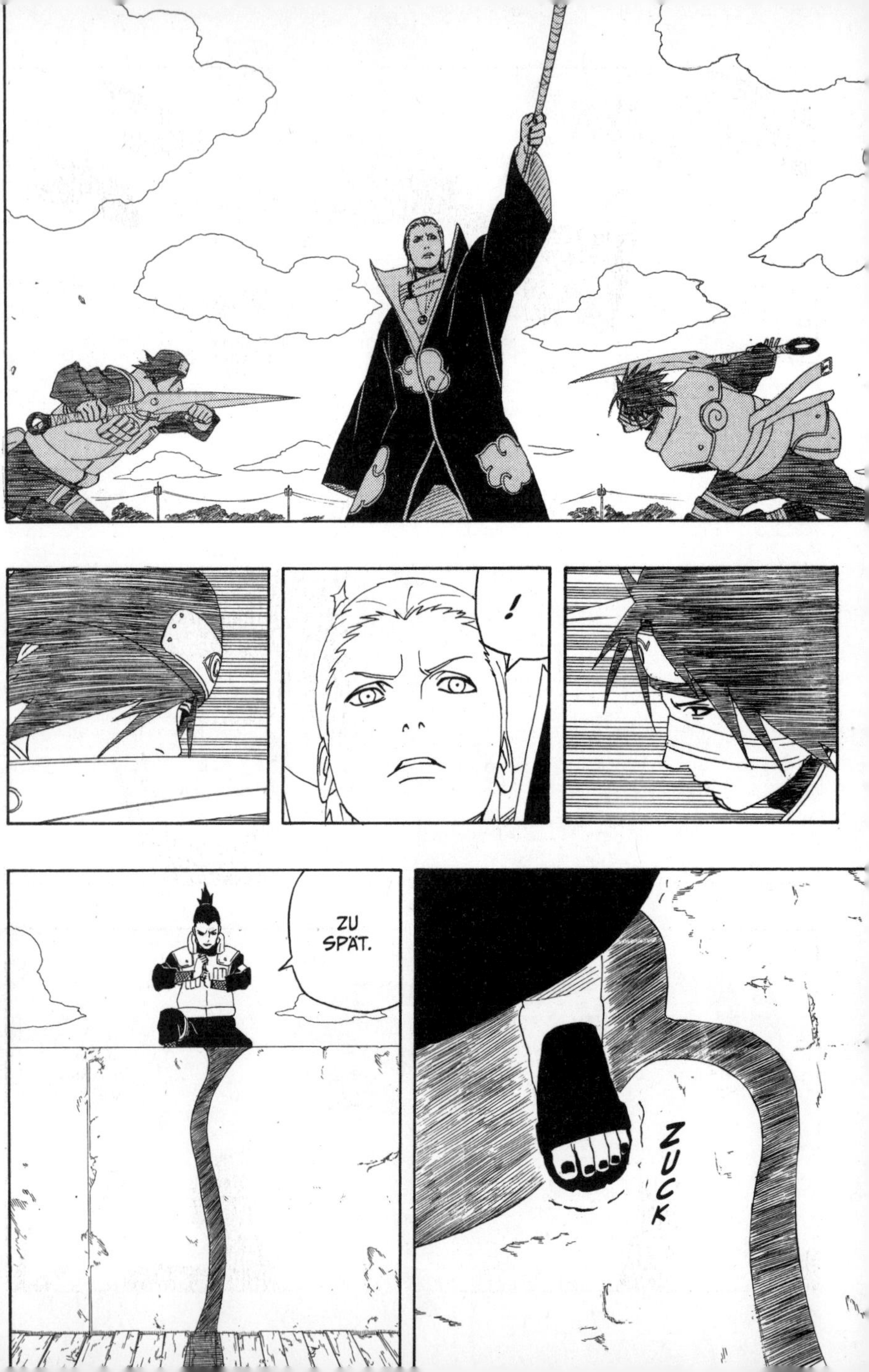
!
ZU SPÄT.
ZUCK

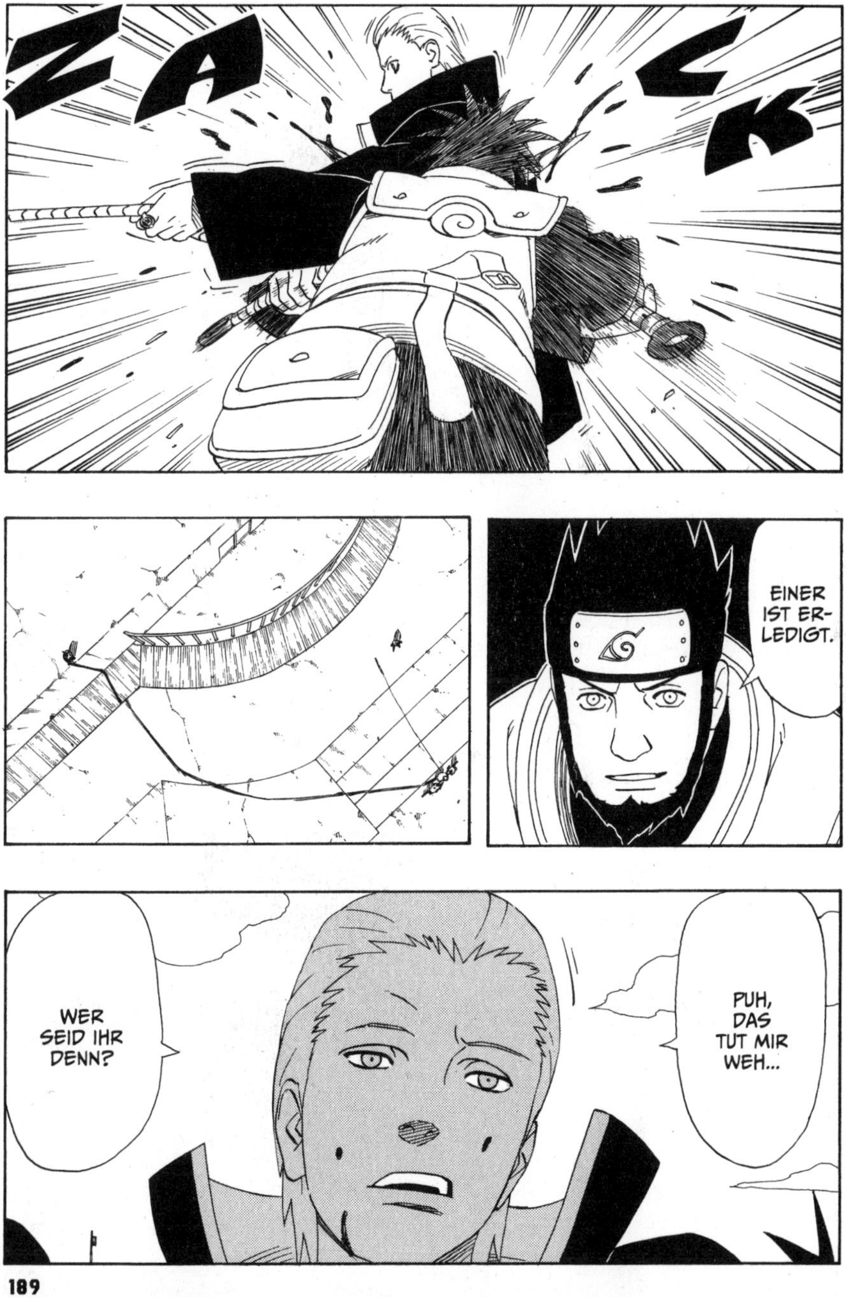
ZACK
EINER IST ERLEDIGT.
PUH, DAS TUT MIR WEH...
WER SEID IHR DENN?

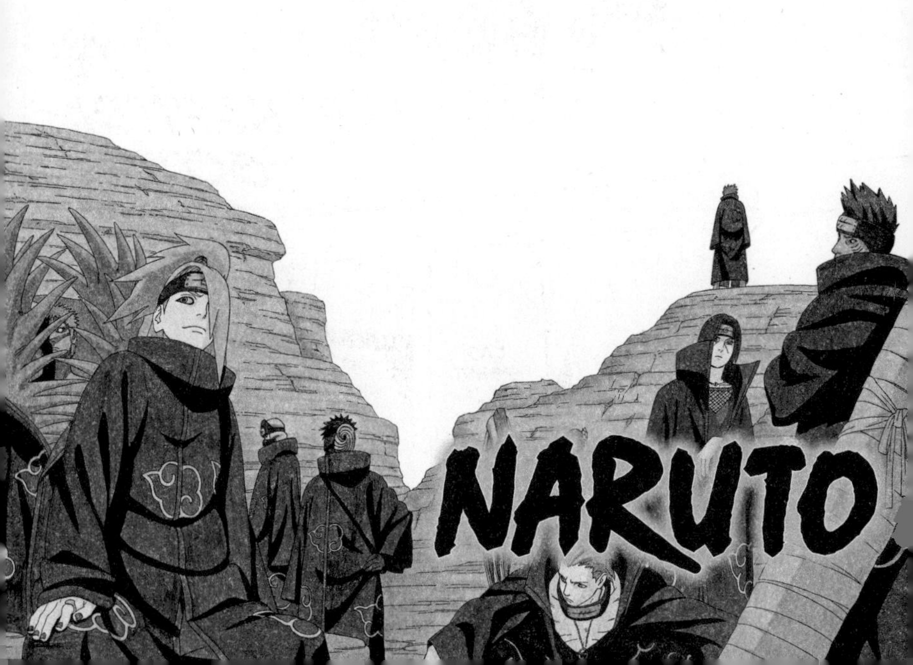
NARUTO

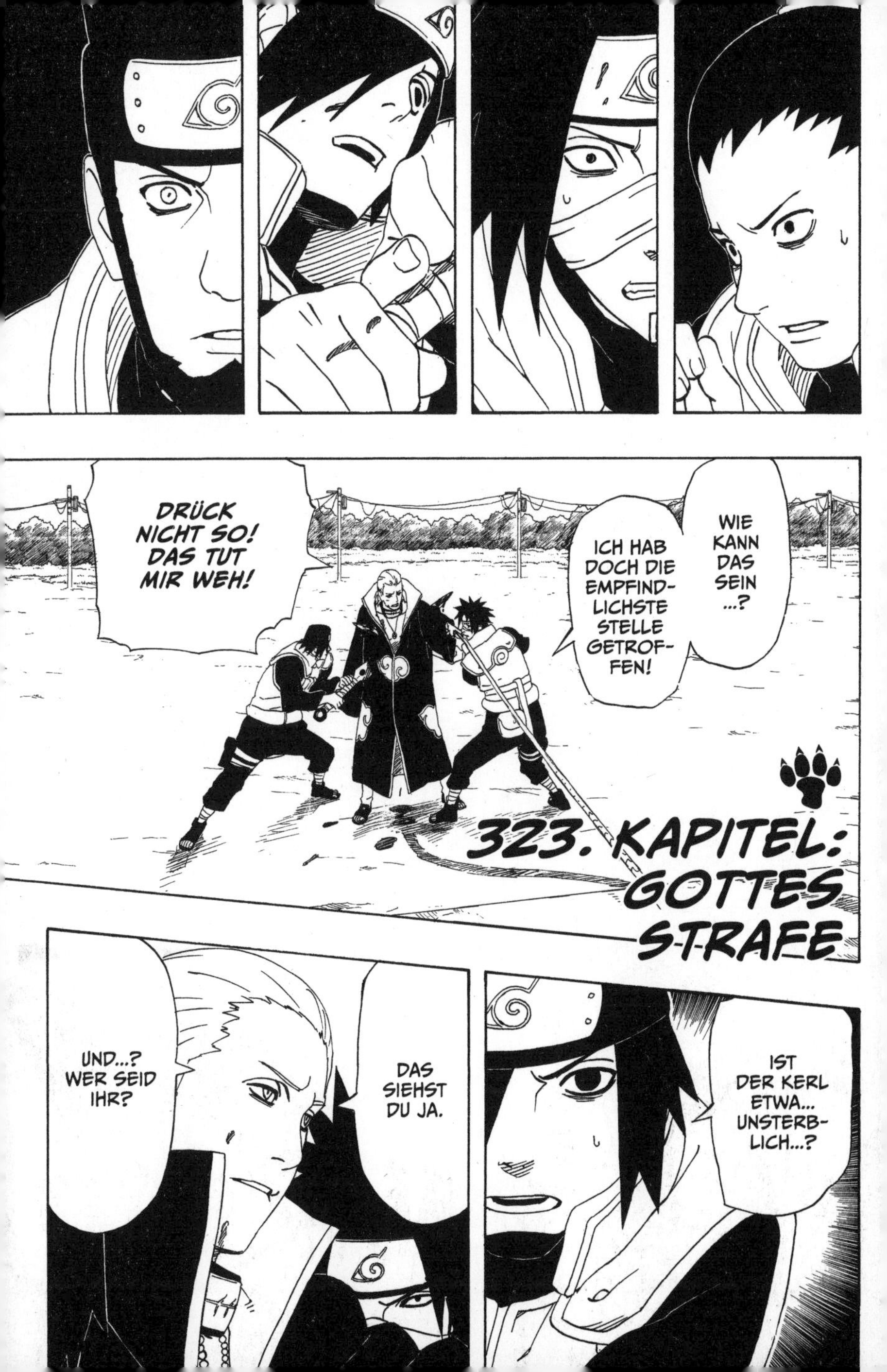
WIE KANN DAS SEIN ...?
ICH HAB DOCH DIE EMPFINDLICHSTE STELLE GETROFFEN!
DRÜCK NICHT SO! DAS TUT MIR WEH!
323. KAPITEL: GOTTES STRAFE
IST DER KERL ETWA... UNSTERBLICH...?
DAS SIEHST DU JA.
UND...? WER SEID IHR?

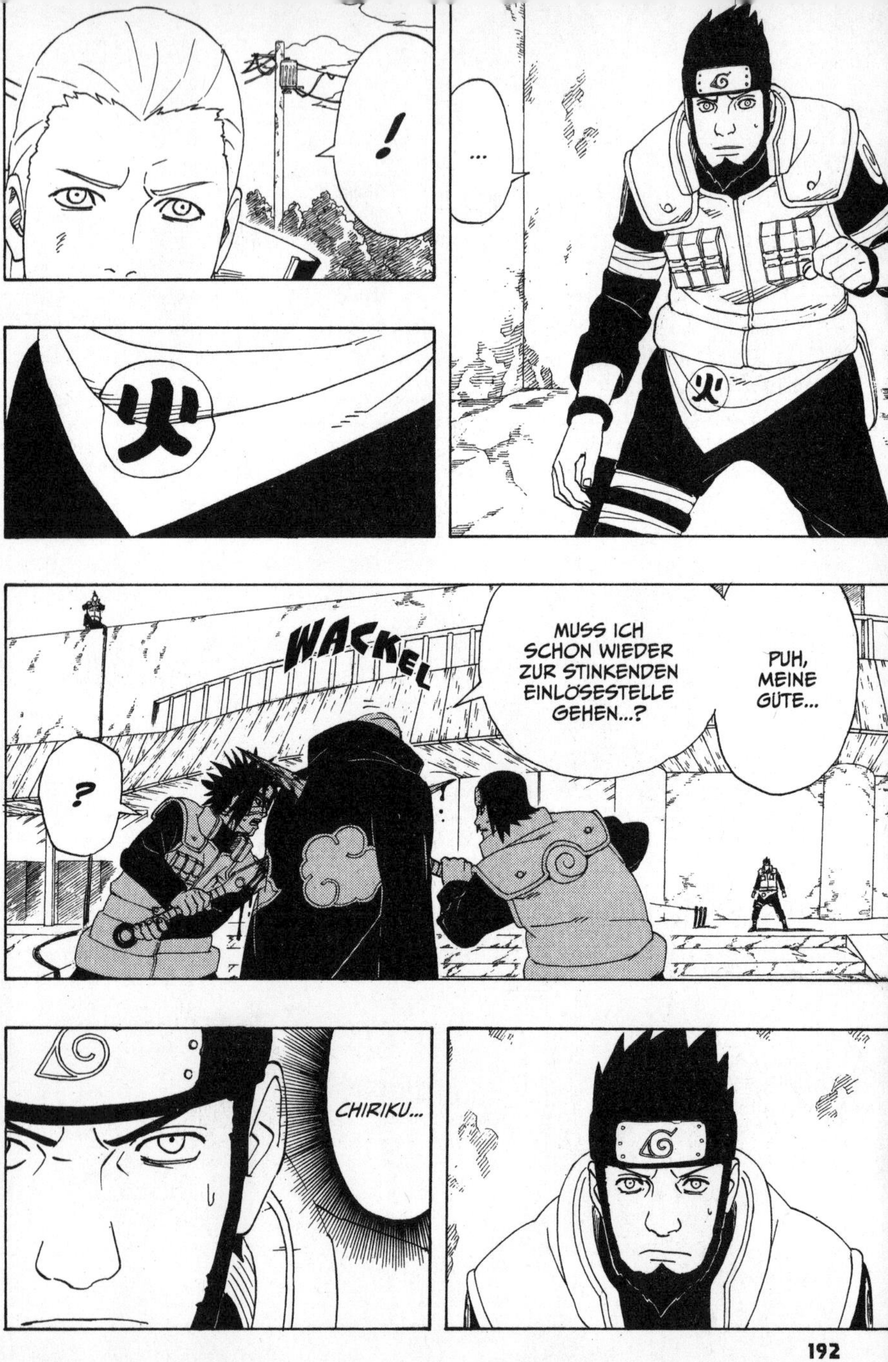

...
!
PUH, MEINE GÜTE...
MUSS ICH SCHON WIEDER ZUR STINKENDEN EINLÖSESTELLE GEHEN...?
WACKEL
?
CHIRIKU...

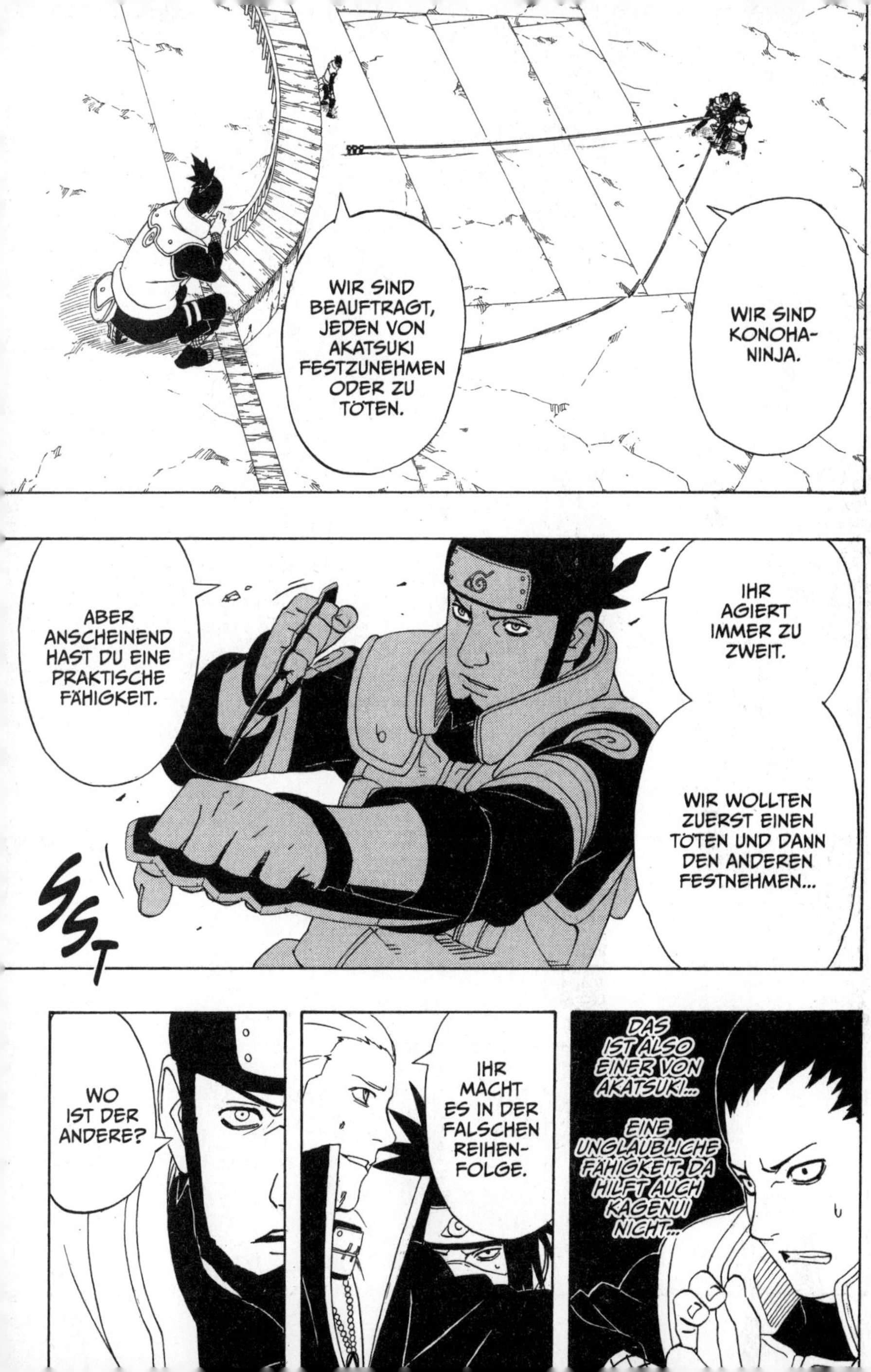
WIR SIND KONOHA-NINJA.
WIR SIND BEAUFTRAGT, JEDEN VON AKATSUKI FESTZUNEHMEN ODER ZU TÖTEN.
IHR AGIERT IMMER ZU ZWEIT.
WIR WOLLTEN ZUERST EINEN TÖTEN UND DANN DEN ANDEREN FESTNEHMEN...
ABER ANSCHEINEND HAST DU EINE PRAKTISCHE FÄHIGKEIT.
SST
DAS IST ALSO EINER VON AKATSUKI...
EINE UNGLAUBLICHE FÄHIGKEIT. DA HILFT AUCH KAGENUI NICHT...
IHR MACHT ES IN DER FALSCHEN REIHEN-FOLGE.
WO IST DER ANDERE?

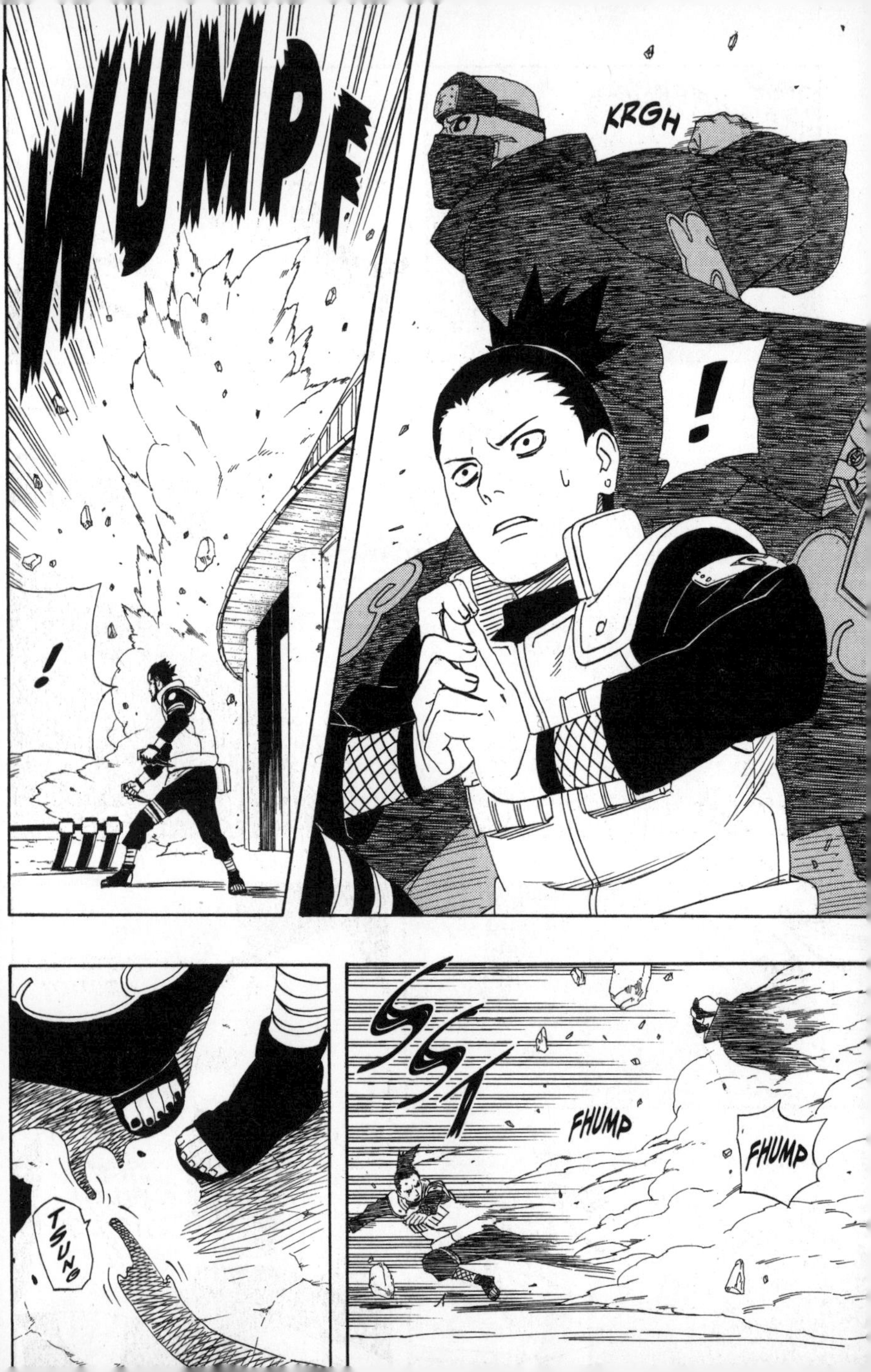
KRGH
!
WUMPF
!
FHUMP
FHUMP
SSST
TSUNG

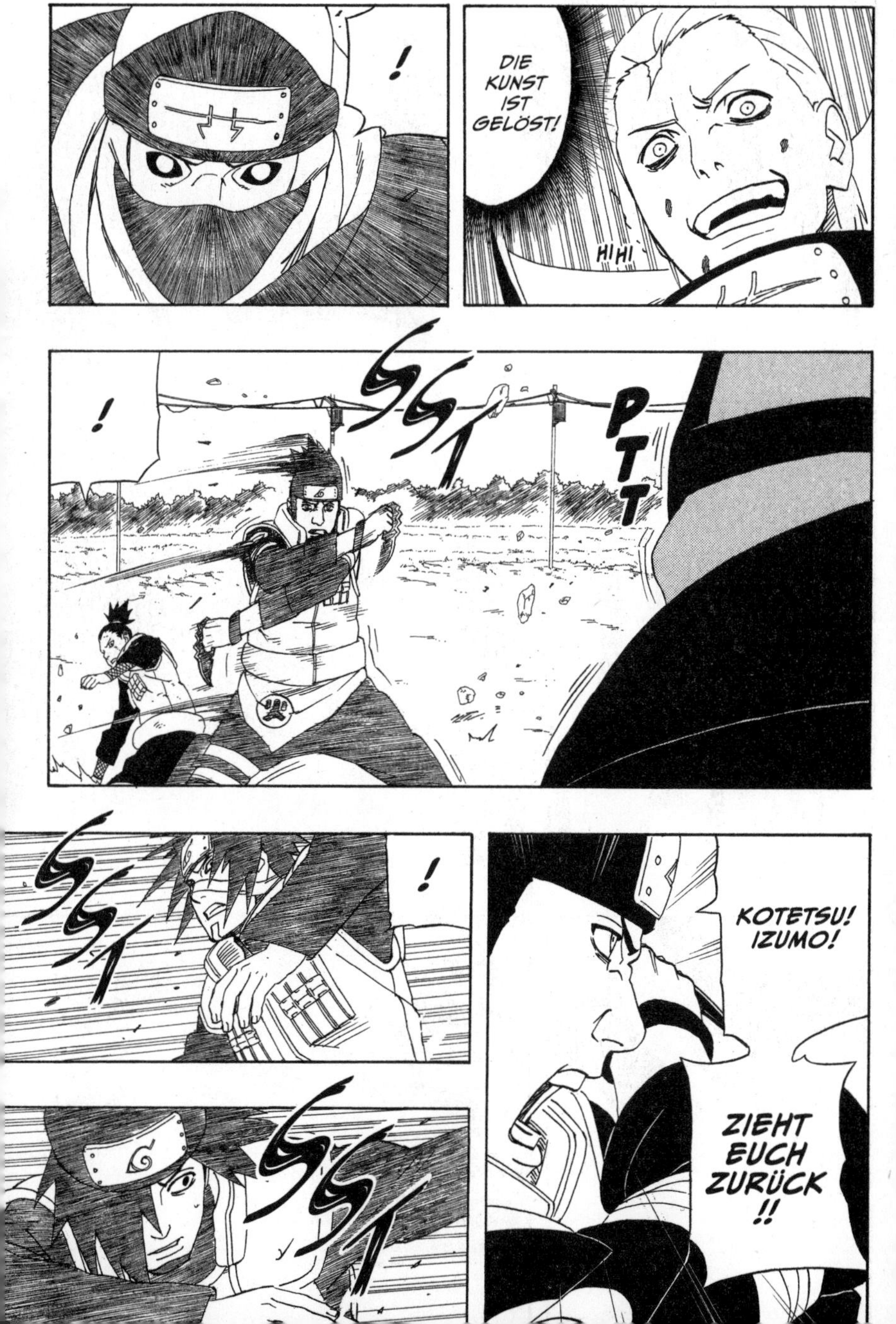

DIE KUNST IST GELÖST!
HI HI
!
PTT
!
KOTETSU! IZUMO!
ZIEHT EUCH ZURÜCK !!
!

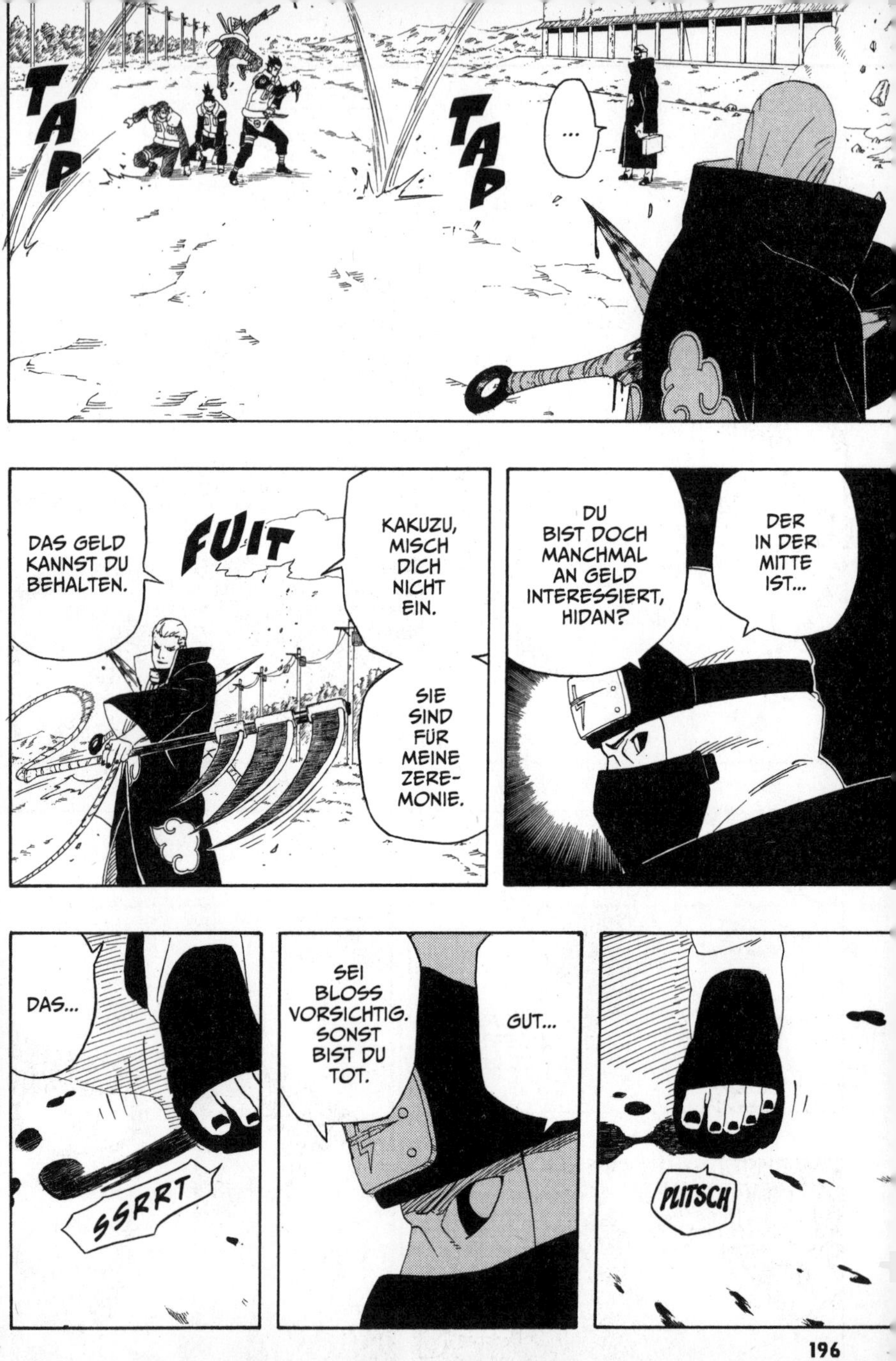
TAP
TAP
...
DER IN DER MITTE IST...
DU BIST DOCH MANCHMAL AN GELD INTERESSIERT, HIDAN?
KAKUZU, MISCH DICH NICHT EIN.
SIE SIND FÜR MEINE ZERE-MONIE.
FUIT
DAS GELD KANNST DU BEHALTEN.
PLITSCH
GUT...
SEI BLOSS VORSICHTIG. SONST BIST DU TOT.
DAS...
SSRRT

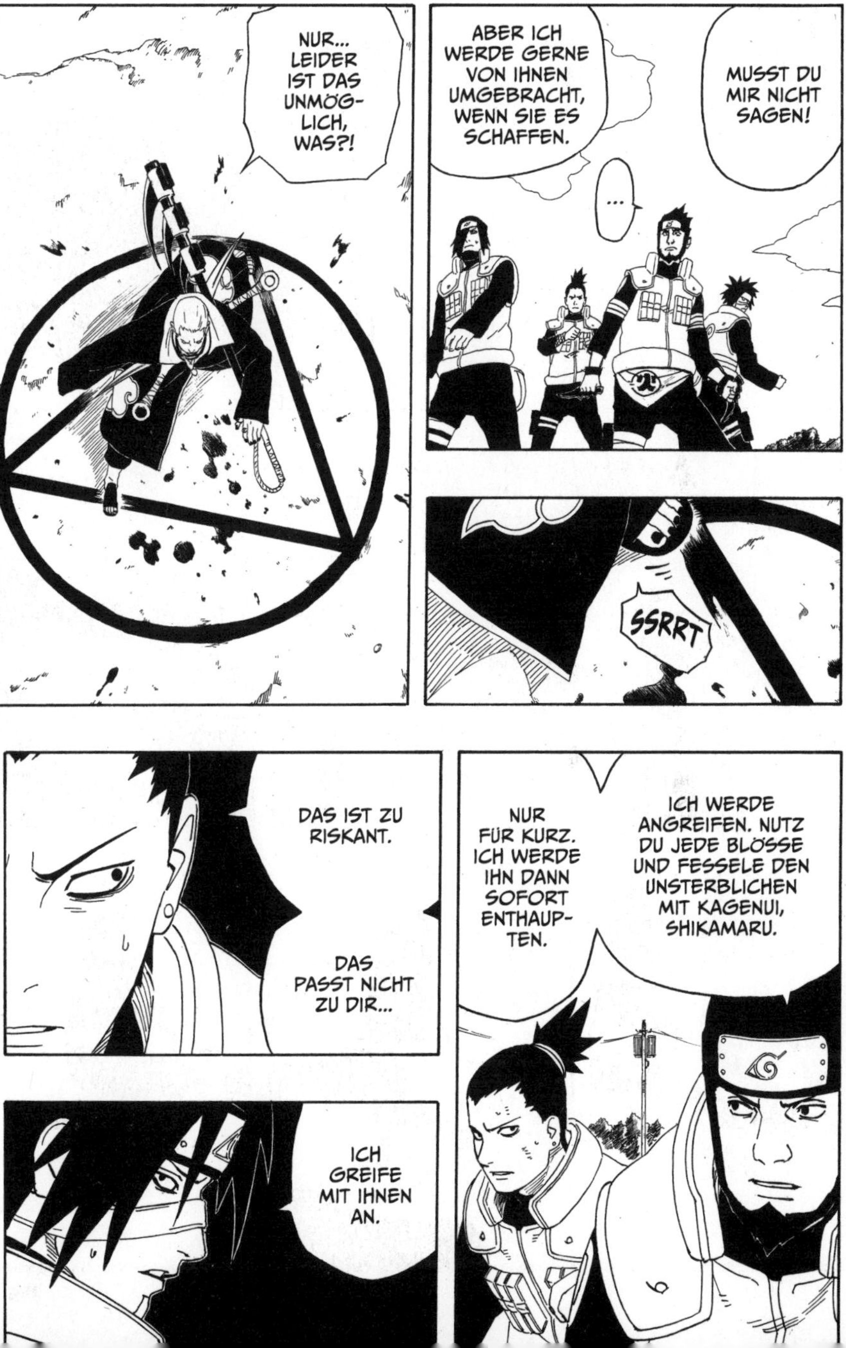
MUSST DU MIR NICHT SAGEN!
ABER ICH WERDE GERNE VON IHNEN UMGEBRACHT, WENN SIE ES SCHAFFEN.
...
NUR... LEIDER IST DAS UNMÖG-LICH, WAS?!
SSRRT
ICH WERDE ANGREIFEN. NUTZ DU JEDE BLÖSSE UND FESSELE DEN UNSTERBLICHEN MIT KAGENUI, SHIKAMARU.
NUR FÜR KURZ. ICH WERDE IHN DANN SOFORT ENTHAUP-TEN.
DAS IST ZU RISKANT.
DAS PASST NICHT ZU DIR...
ICH GREIFE MIT IHNEN AN.

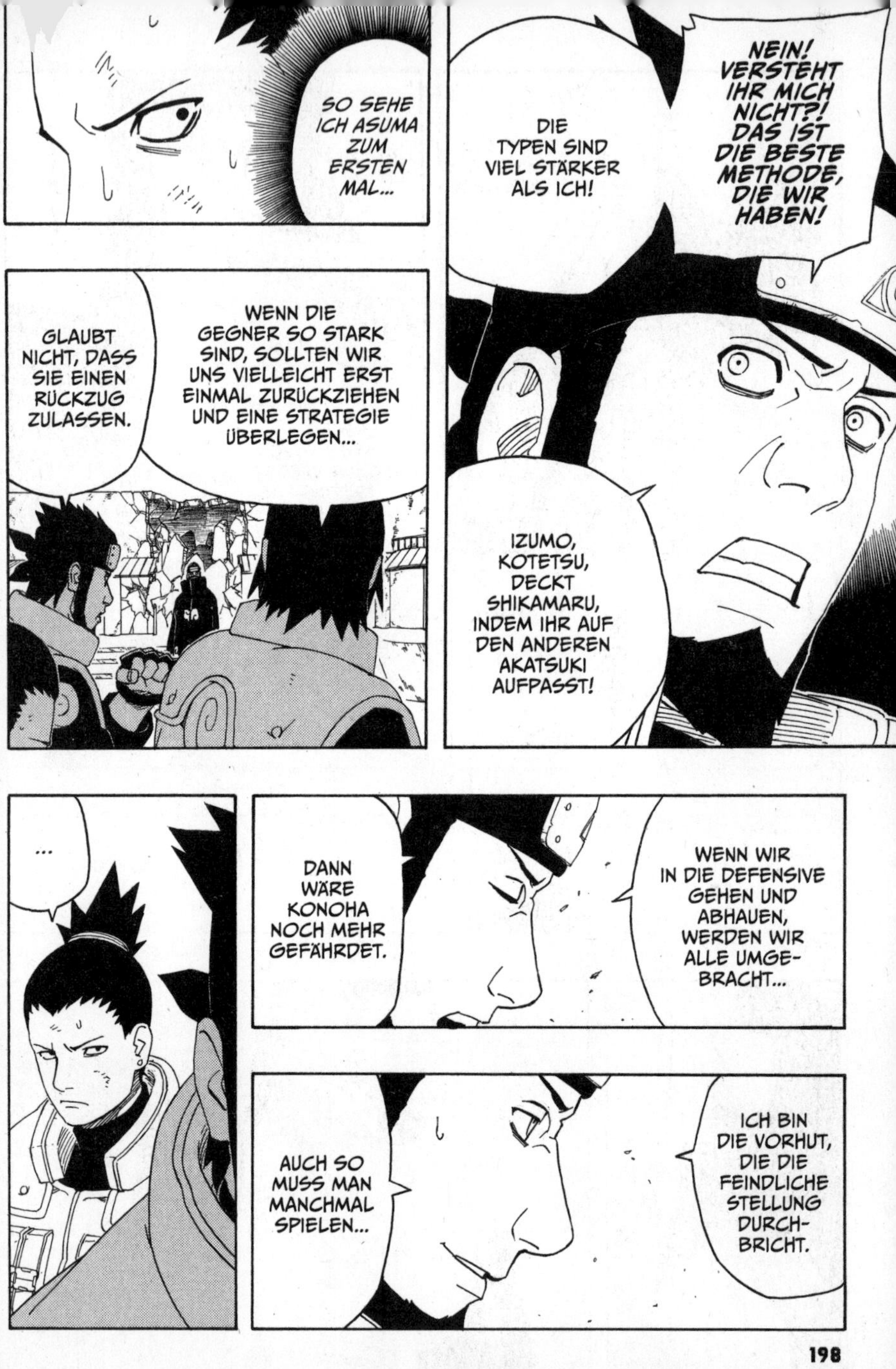
NEIN! VERSTEHT IHR MICH NICHT?! DAS IST DIE BESTE METHODE, DIE WIR HABEN!
DIE TYPEN SIND VIEL STÄRKER ALS ICH!
SO SEHE ICH ASUMA ZUM ERSTEN MAL...
IZUMO, KOTETSU, DECKT SHIKAMARU, INDEM IHR AUF DEN ANDEREN AKATSUKI AUFPASST!
WENN DIE GEGNER SO STARK SIND, SOLLTEN WIR UNS VIELLEICHT ERST EINMAL ZURÜCKZIEHEN UND EINE STRATEGIE ÜBERLEGEN...
GLAUBT NICHT, DASS SIE EINEN RÜCKZUG ZULASSEN.
WENN WIR IN DIE DEFENSIVE GEHEN UND ABHAUEN, WERDEN WIR ALLE UMGE-BRACHT...
DANN WÄRE KONOHA NOCH MEHR GEFÄHRDET.
ICH BIN DIE VORHUT, DIE DIE FEINDLICHE STELLUNG DURCH-BRICHT.
AUCH SO MUSS MAN MANCHMAL SPIELEN...
...

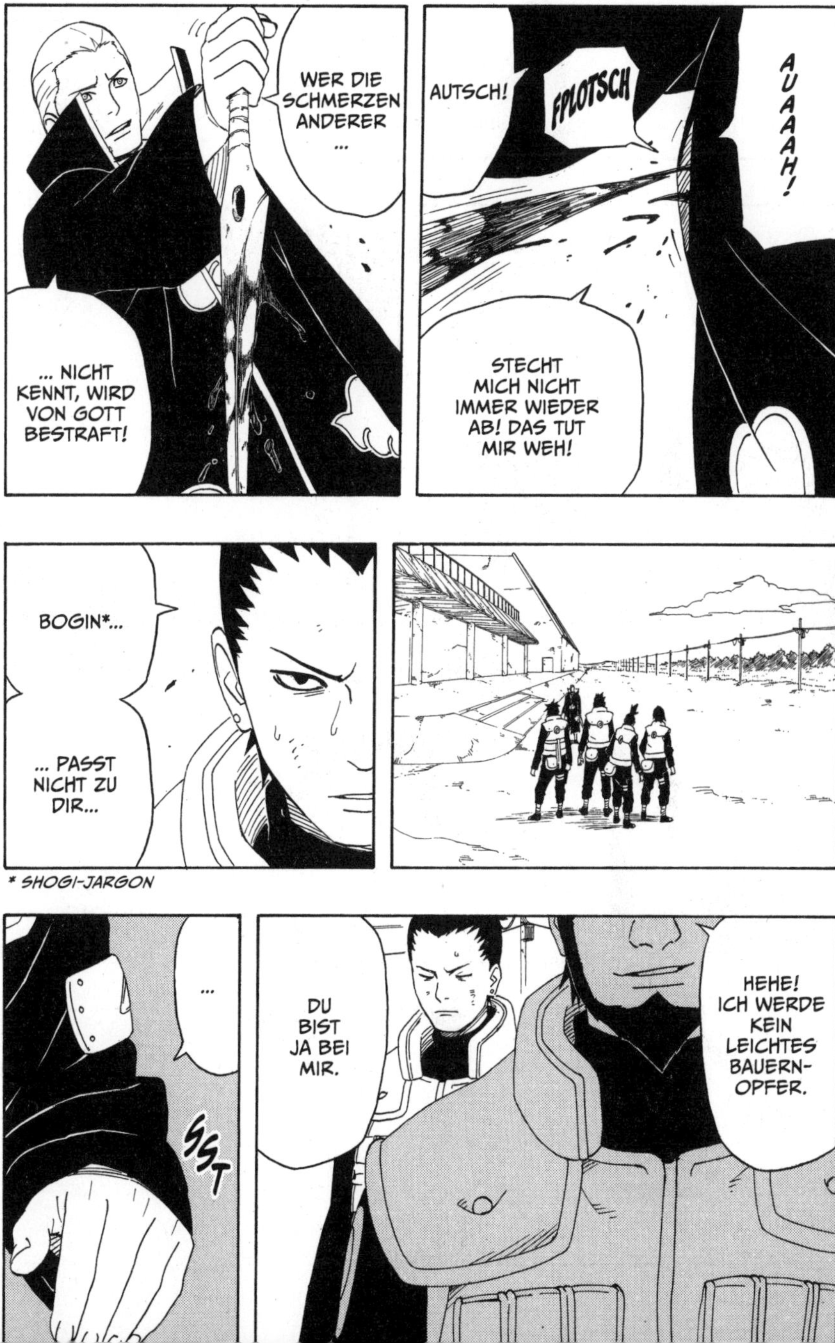
AUAAAAH!
FPLOTSCH
AUTSCH!
STECHT MICH NICHT IMMER WIEDER AB! DAS TUT MIR WEH!
WER DIE SCHMERZEN ANDERER ...
... NICHT KENNT, WIRD VON GOTT BESTRAFT!
BOGIN*...
... PASST NICHT ZU DIR...
* SHOGI-JARGON
HEHE! ICH WERDE KEIN LEICHTES BAUERN-OPFER.
DU BIST JA BEI MIR.
...
SST

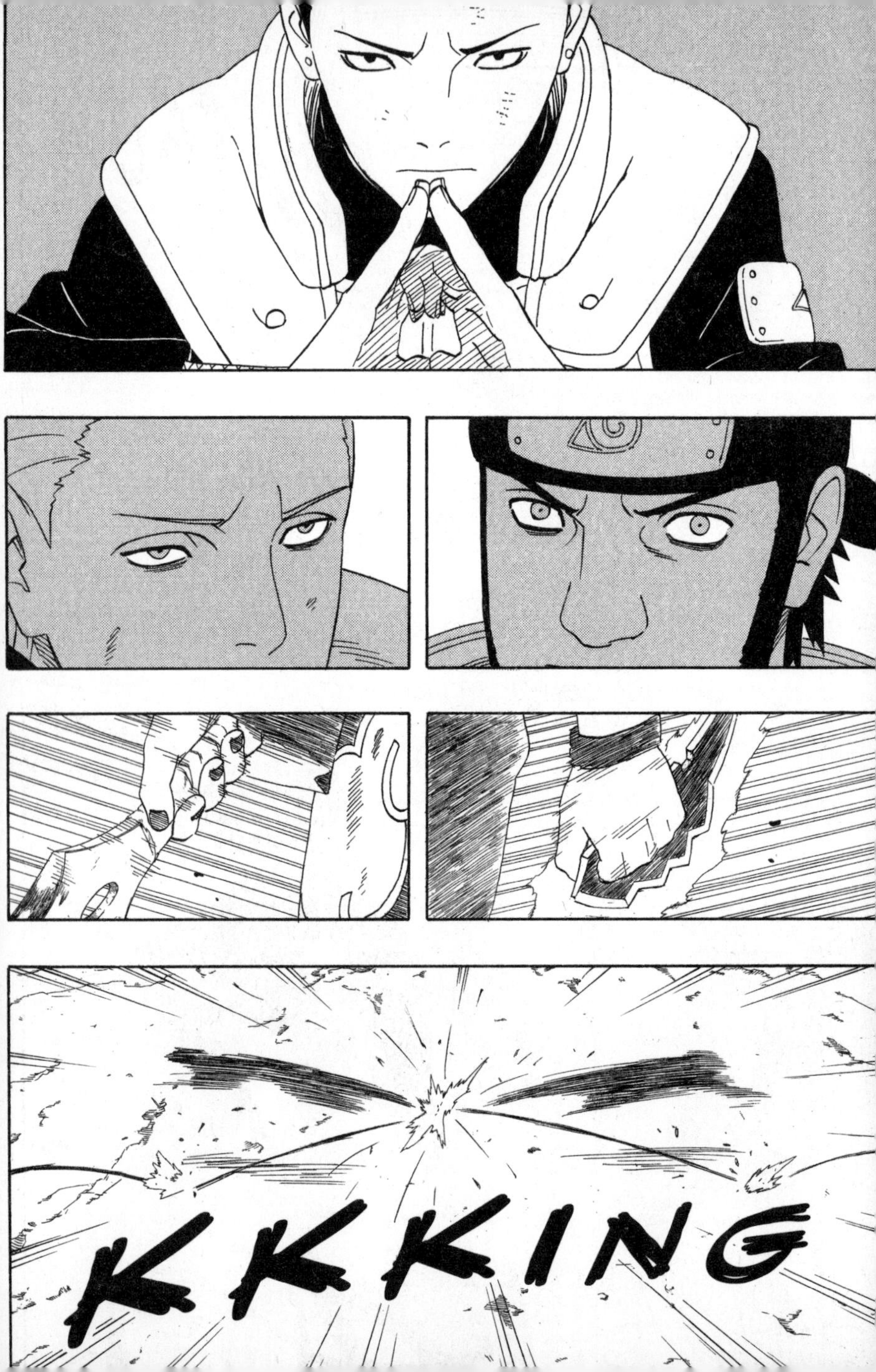
KKKING

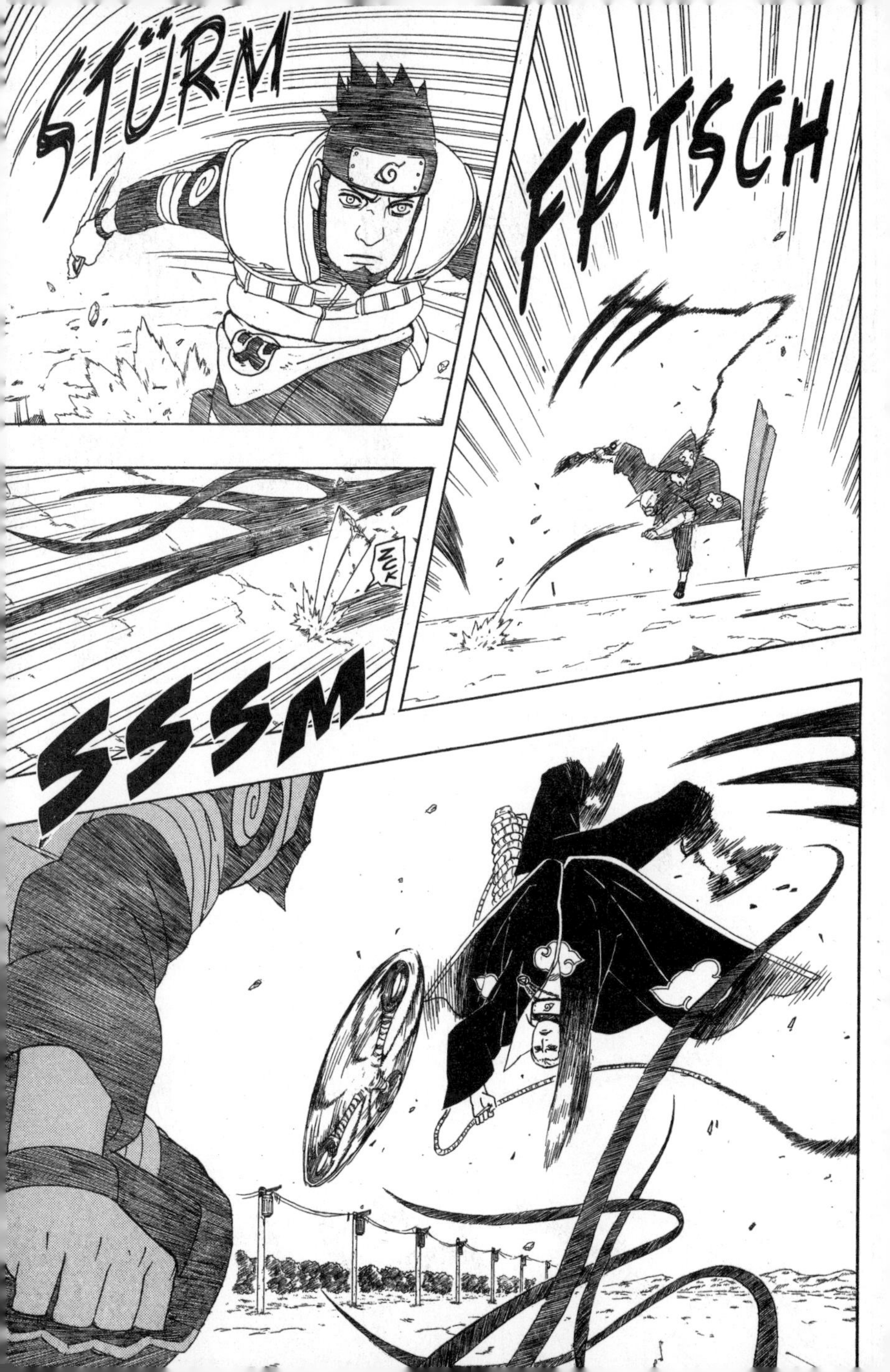
FPTSCH
STÜRM
ZUCK
SSSM

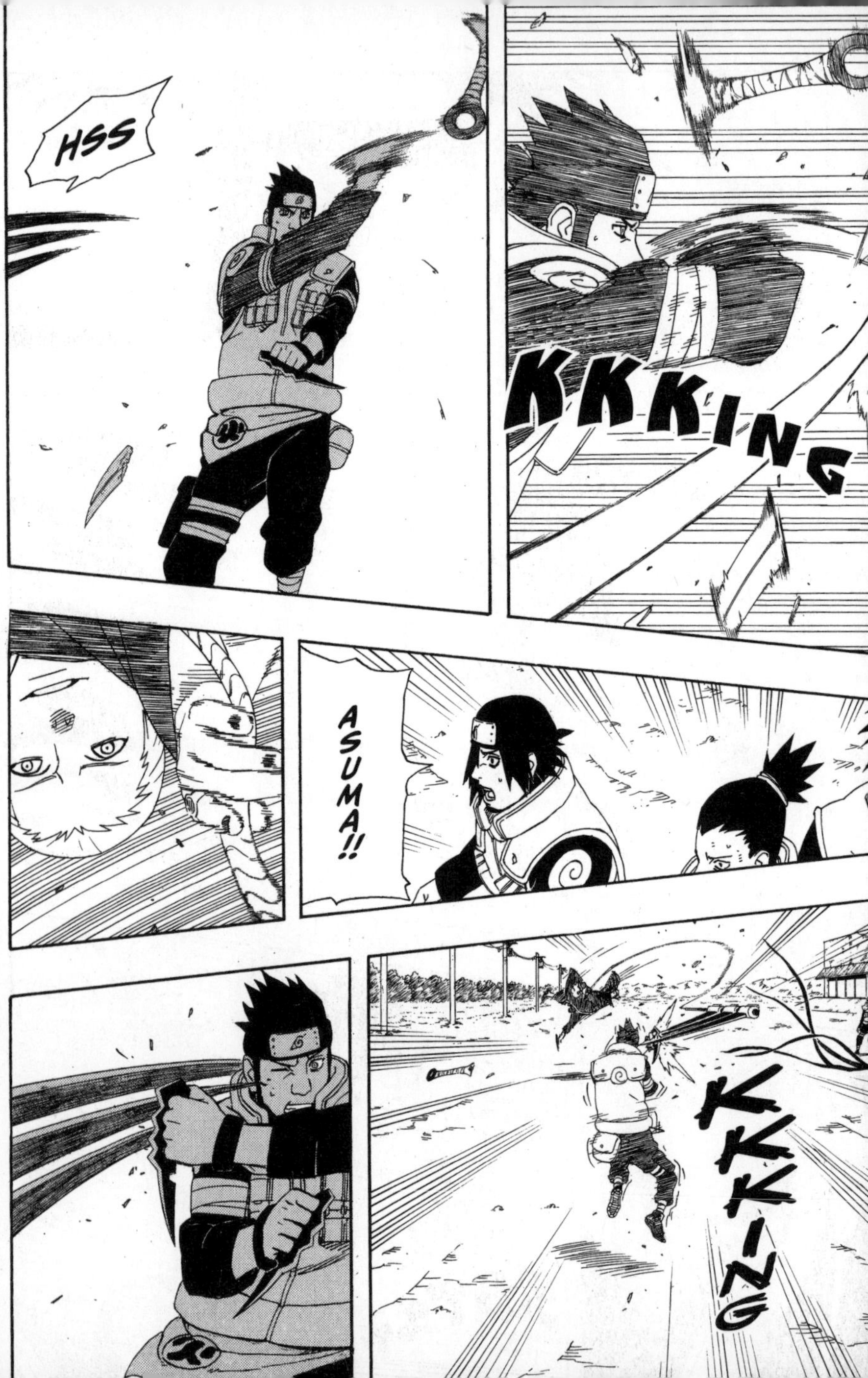
KKKING
HSS
ASUMA!!
KKKING

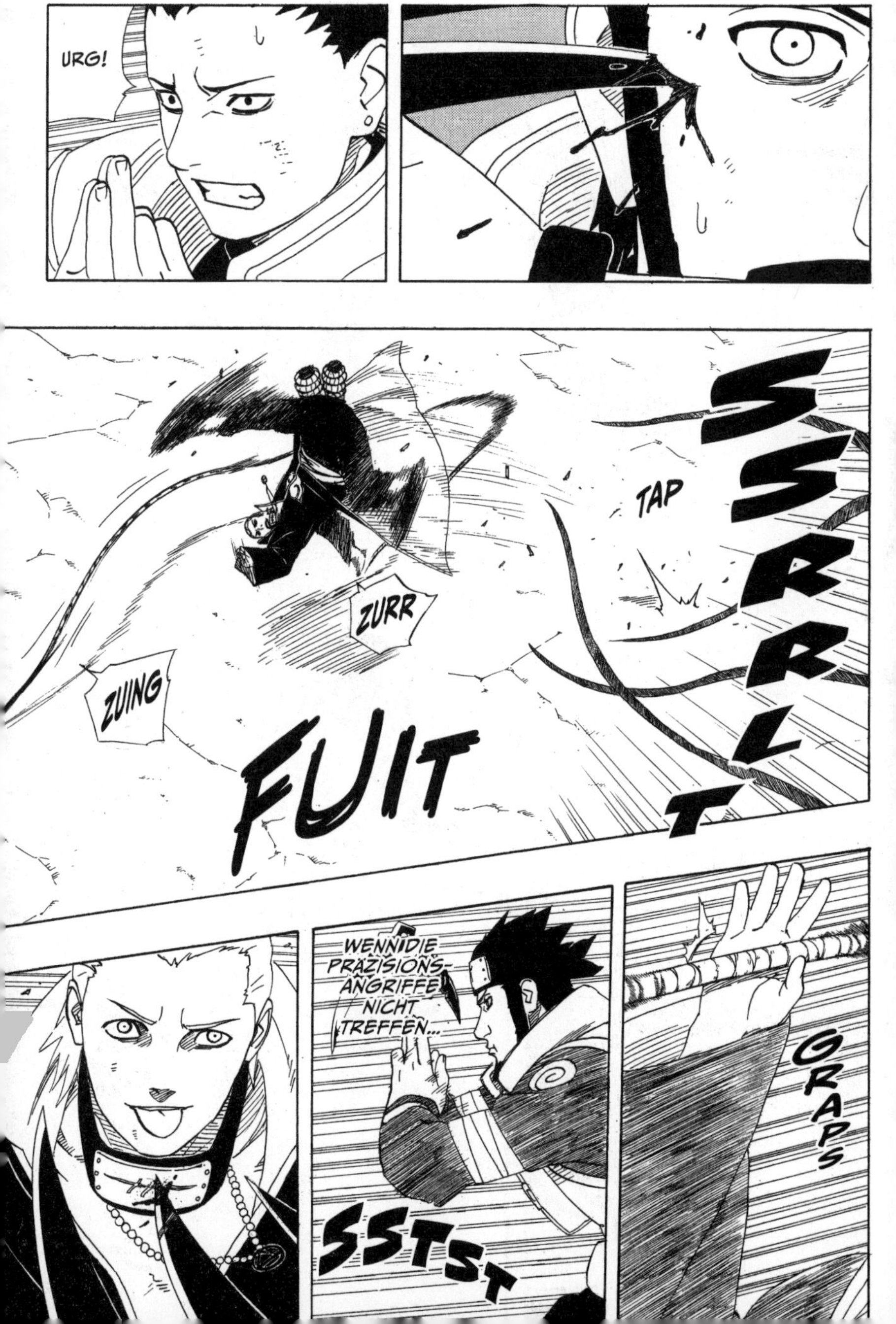

URG!
SSRRLLT
TAP
ZURR
FUIT
ZUING
GRAPS
WENN DIE PRÄZISIONS-ANGRIFFE NICHT TREFFEN...
SSTST

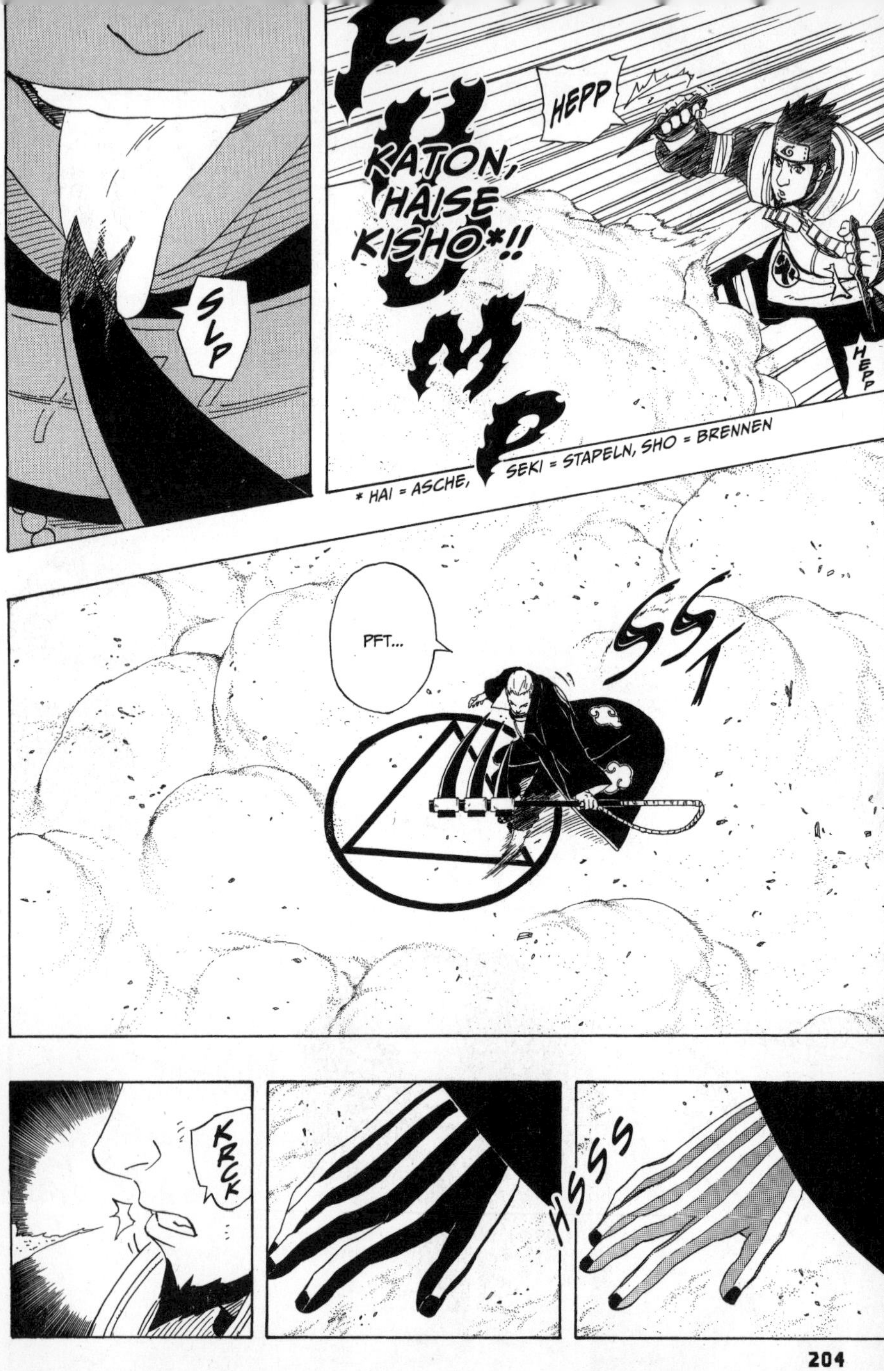
HEPP
KATON, HAISE KISHO*!!
FUMP
HEPP
* HAI = ASCHE, SEKI = STAPELN, SHO = BRENNEN
SLP
SST
PFT...
HSSS
KRCK

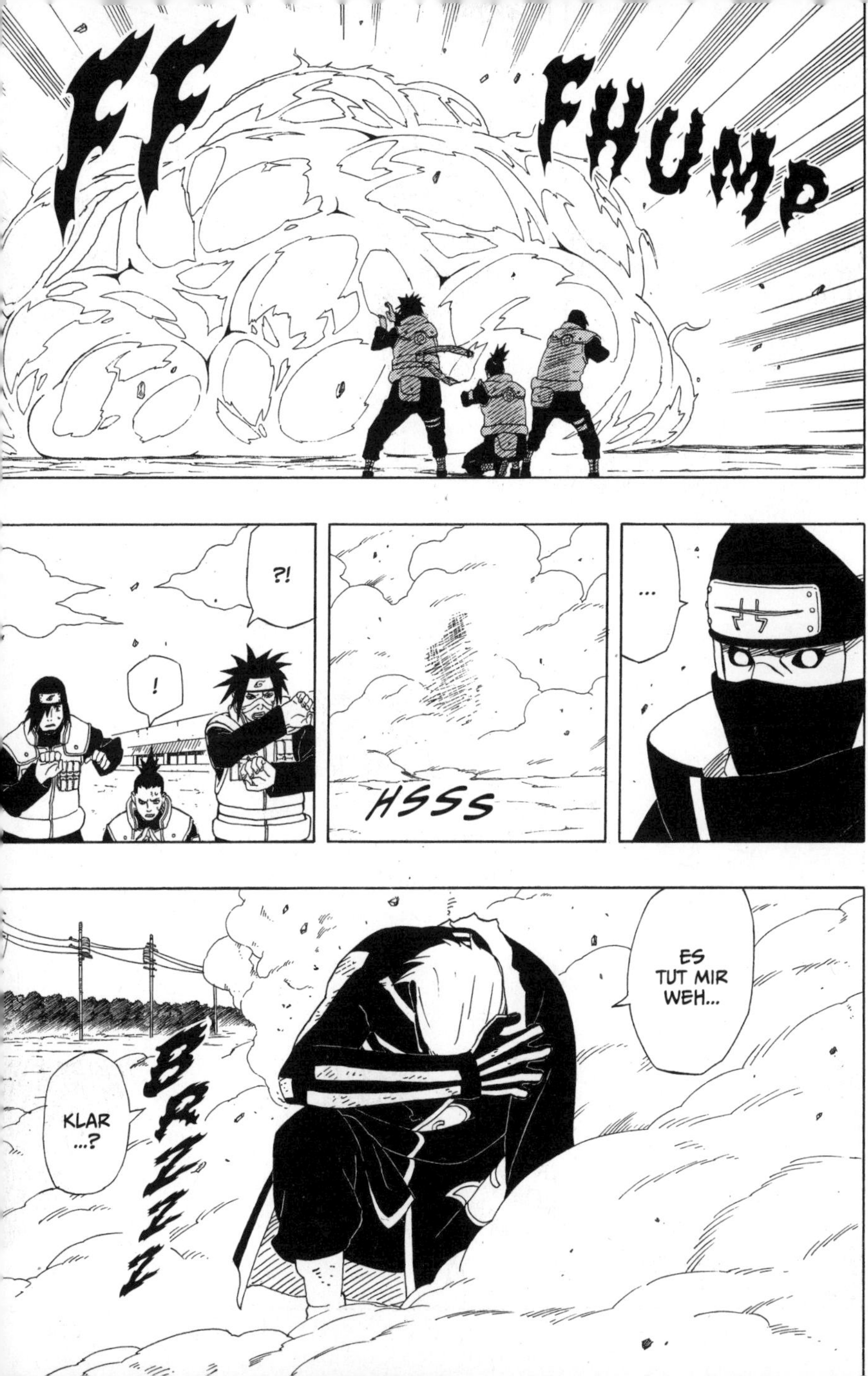
FF
FHUMP
...
HSSS
?!
!
ES TUT MIR WEH...
BRZZZ
KLAR ...?

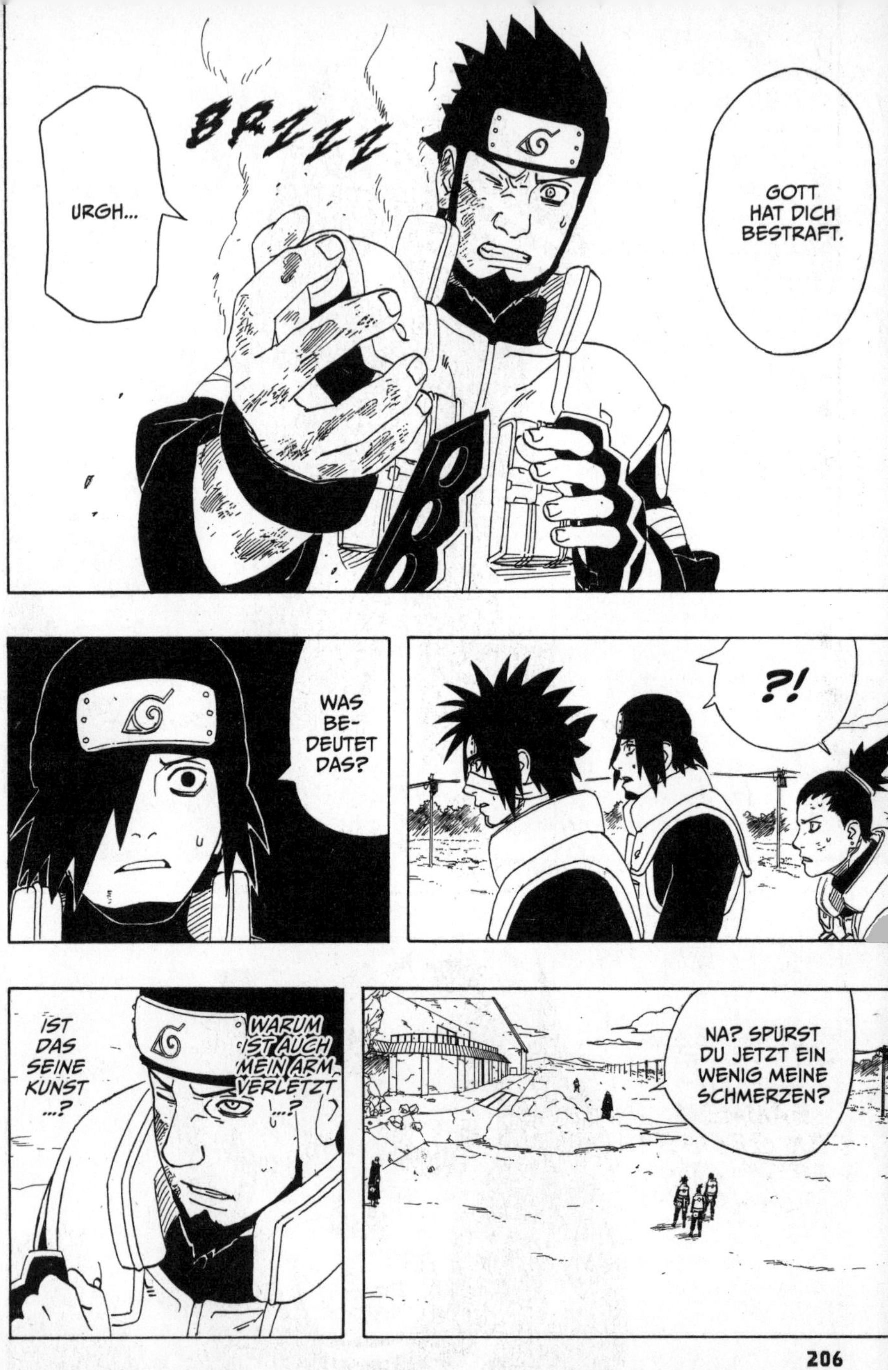
GOTT HAT DICH BESTRAFT.
BRZZZ
URGH...
?!
WAS BE- DEUTET DAS?
NA? SPÜRST DU JETZT EIN WENIG MEINE SCHMERZEN?
WARUM IST AUCH MEIN ARM VERLETZT ...?
IST DAS SEINE KUNST ...?

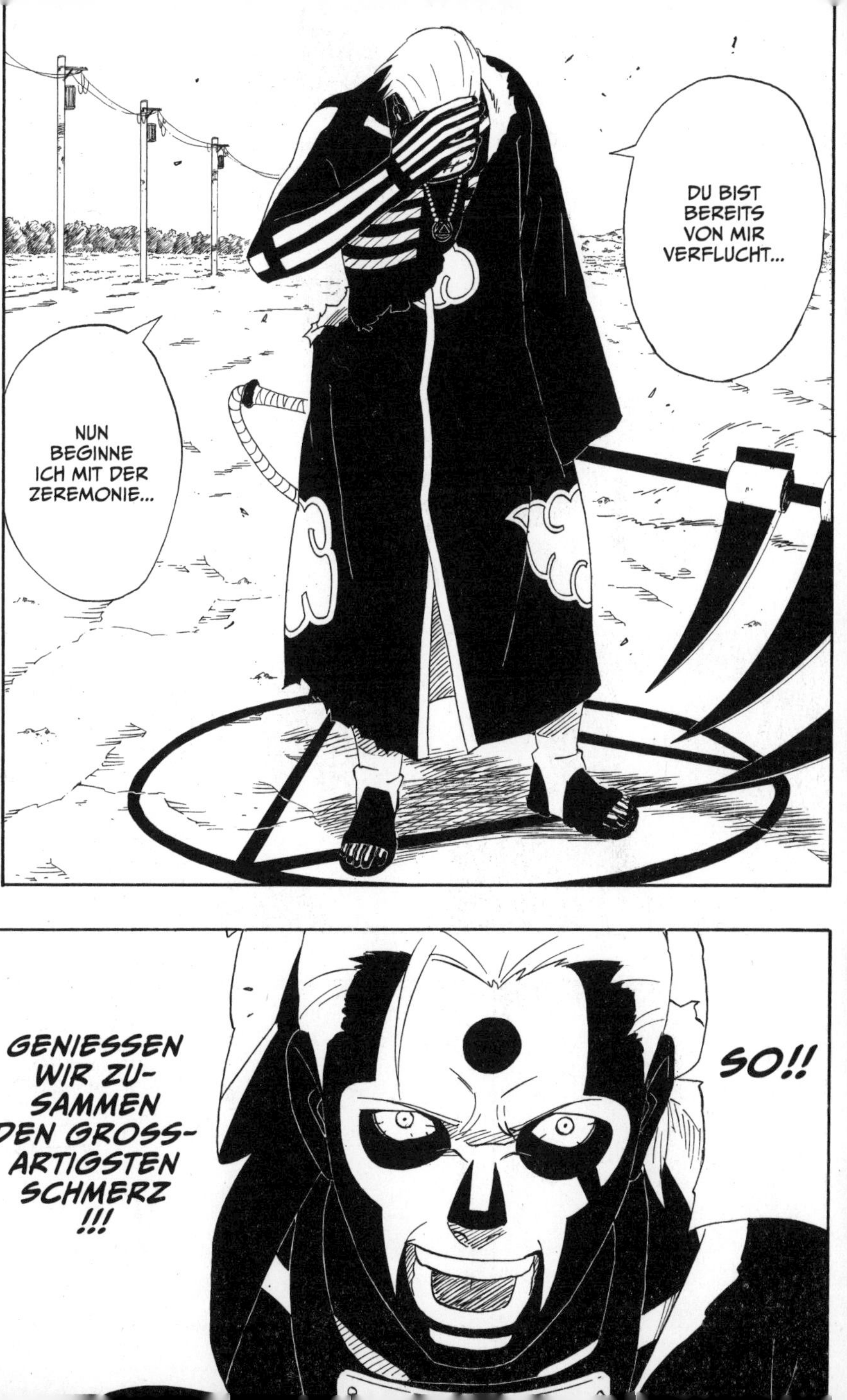
!
DU BIST BEREITS VON MIR VERFLUCHT...
NUN BEGINNE ICH MIT DER ZEREMONIE...
SO!!
GENIESSEN WIR ZUSAMMEN DEN GROSSARTIGSTEN SCHMERZ!!!

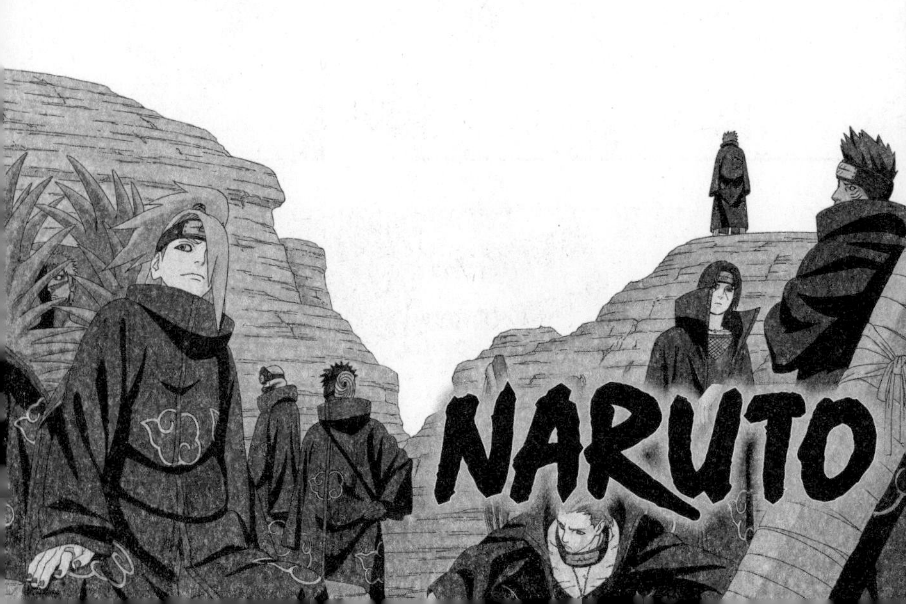
NARUTO

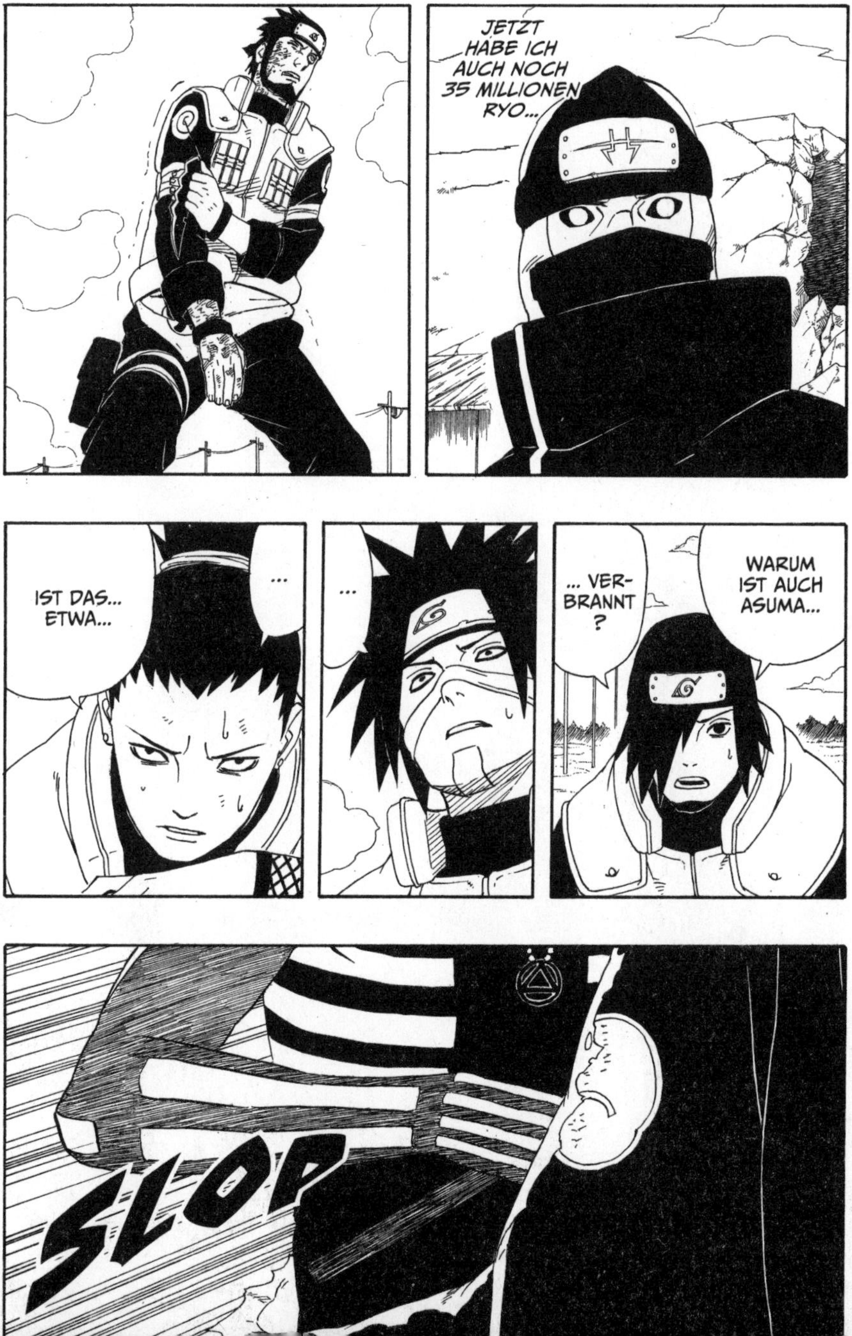
JETZT HABE ICH AUCH NOCH 35 MILLIONEN RYO...
WARUM IST AUCH ASUMA...
... VER-BRANNT ?
...
...
IST DAS... ETWA...
SLOP

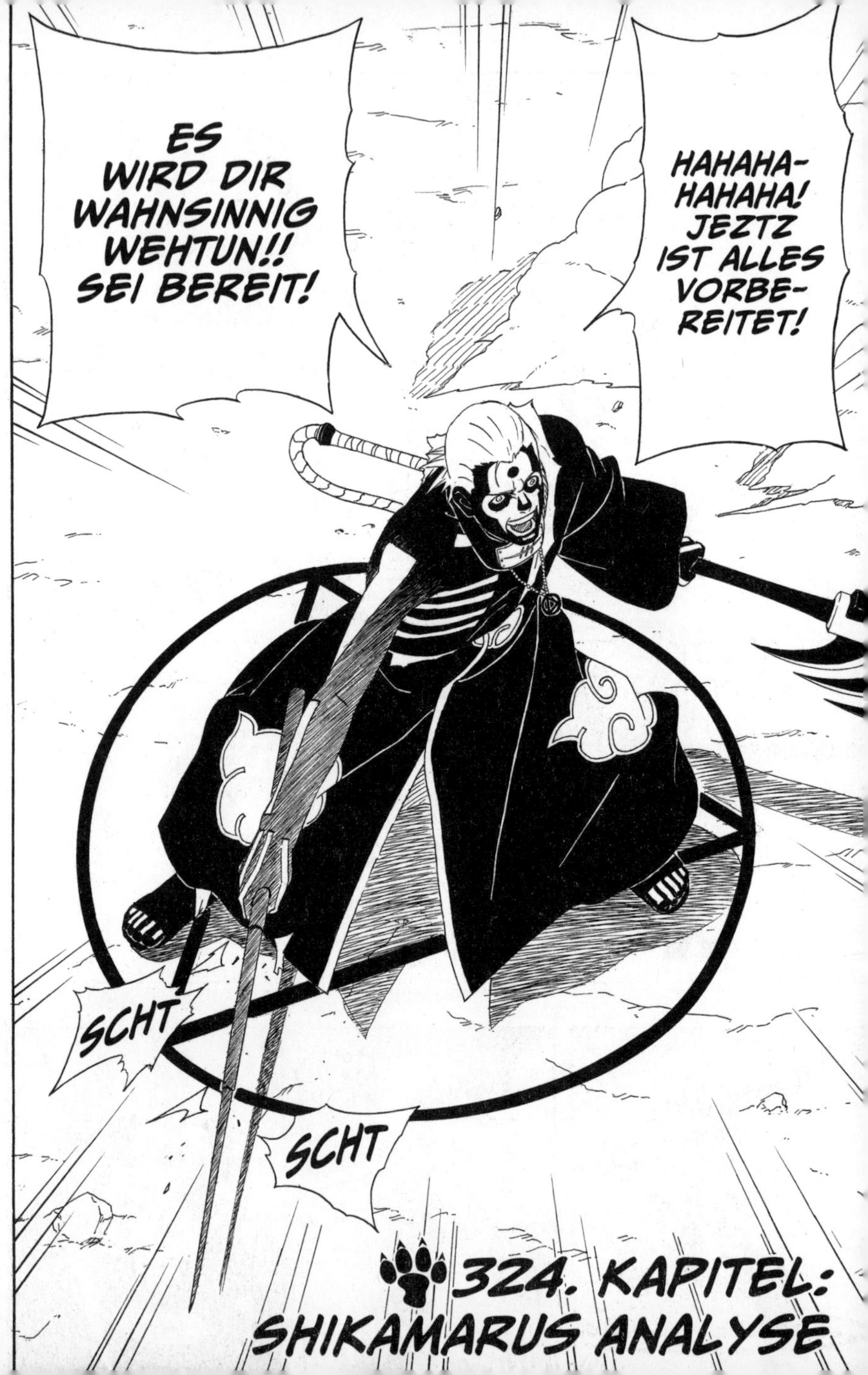
HAHAHA-HAHAHA! JEZTZ IST ALLES VORBEREITET!
ES WIRD DIR WAHNSINNIG WEHTUN!! SEI BEREIT!
SCHT
SCHT
324. KAPITEL: SHIKAMARUS ANALYSE

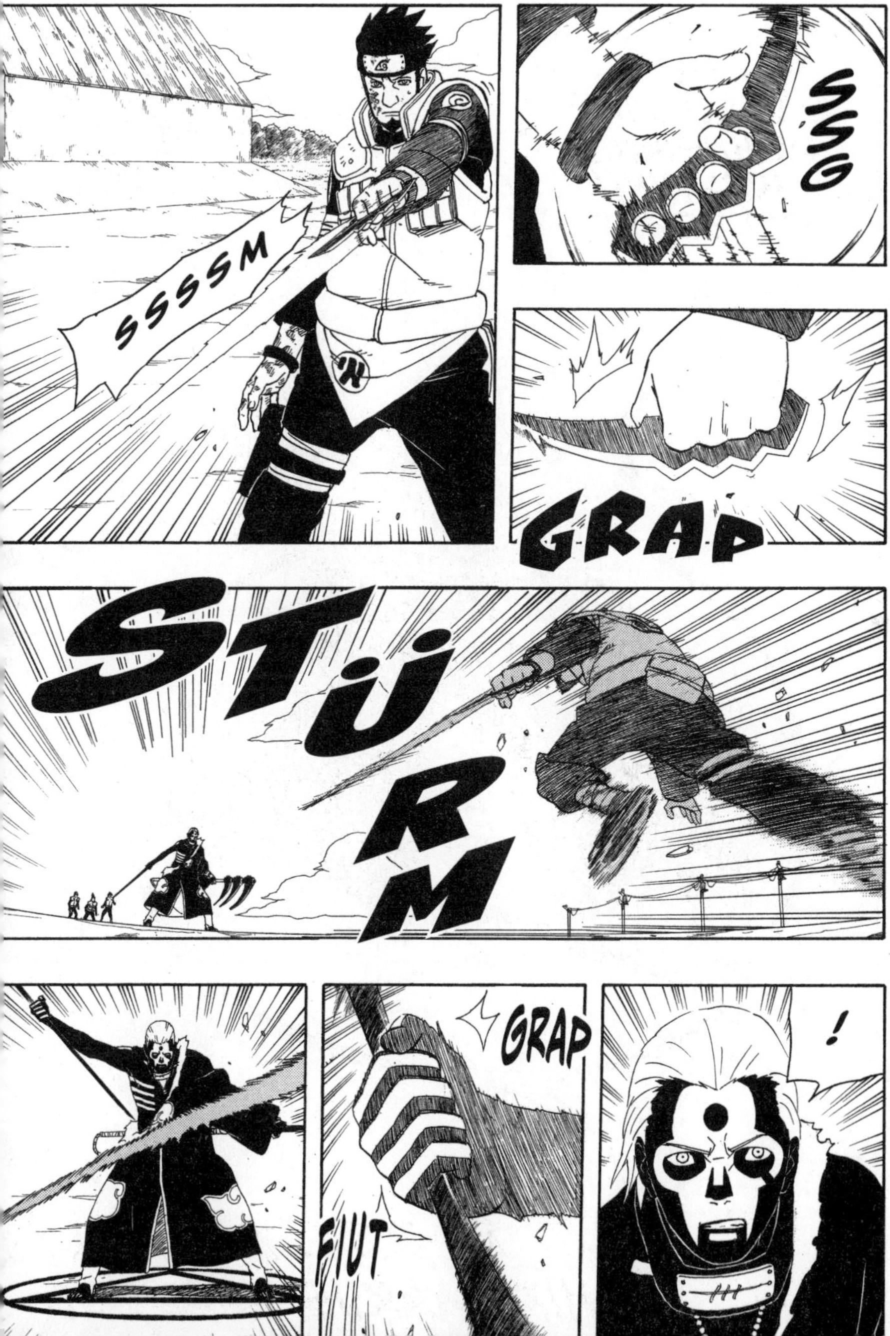
SSG
SSSSM
GRAP
STÜRM
GRAP
!
FIUT

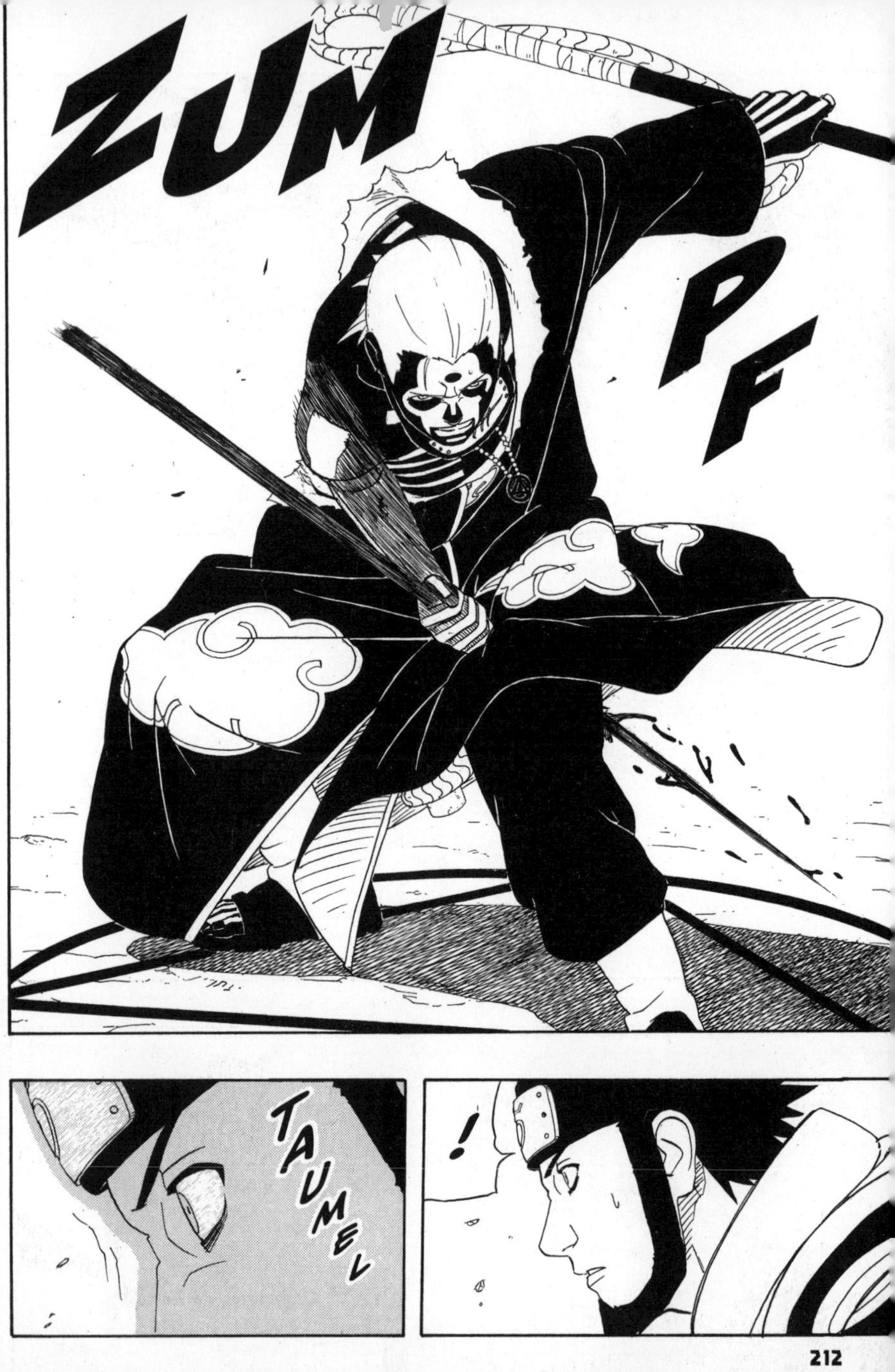
ZUM
PF
TAUMEL
!

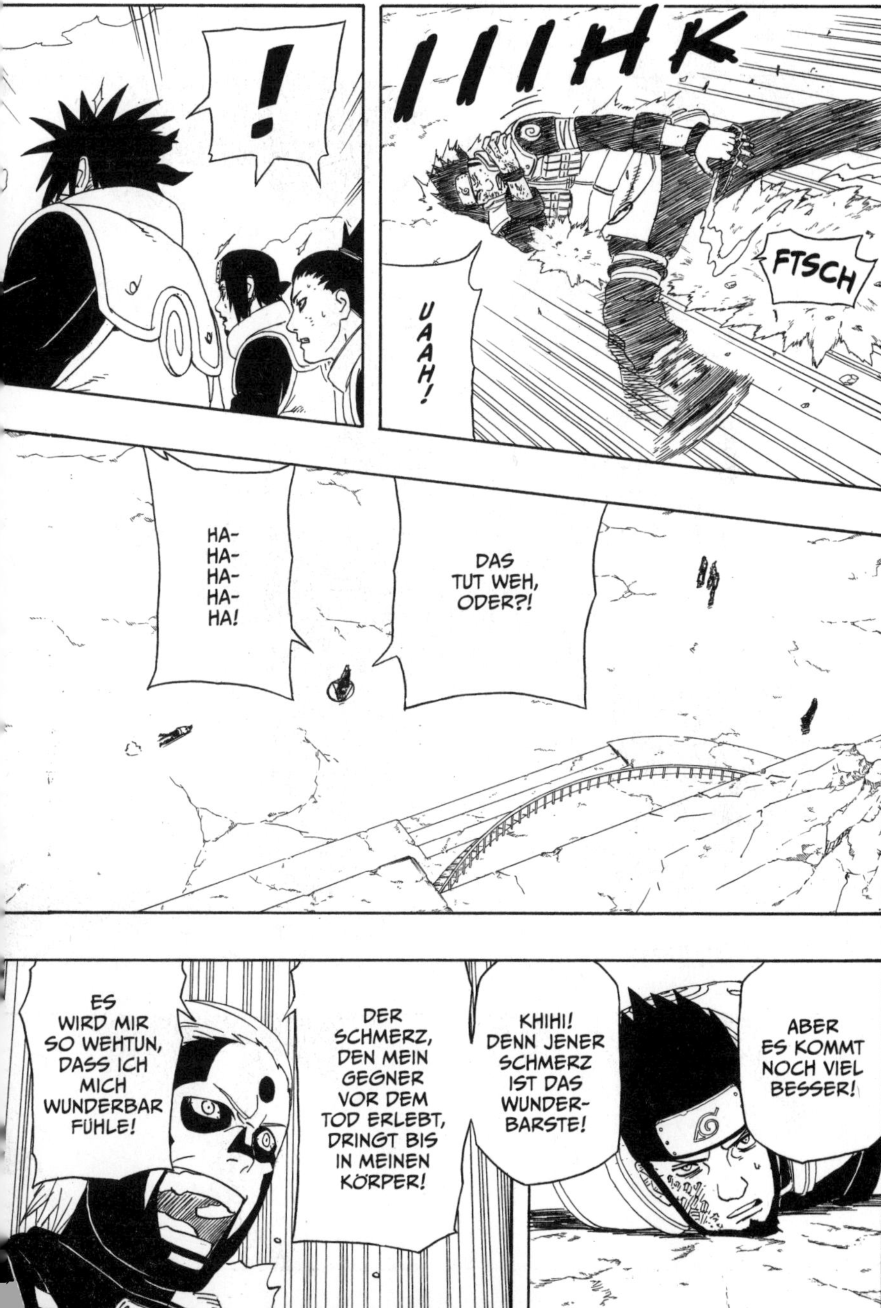
IIIHK
FTSCH
UAAAH!
!
DAS TUT WEH, ODER?!
HA-HA-HA-HA-HA!
ABER ES KOMMT NOCH VIEL BESSER!
KHIHI! DENN JENER SCHMERZ IST DAS WUNDER-BARSTE!
DER SCHMERZ, DEN MEIN GEGNER VOR DEM TOD ERLEBT, DRINGT BIS IN MEINEN KÖRPER!
ES WIRD MIR SO WEHTUN, DASS ICH MICH WUNDERBAR FÜHLE!

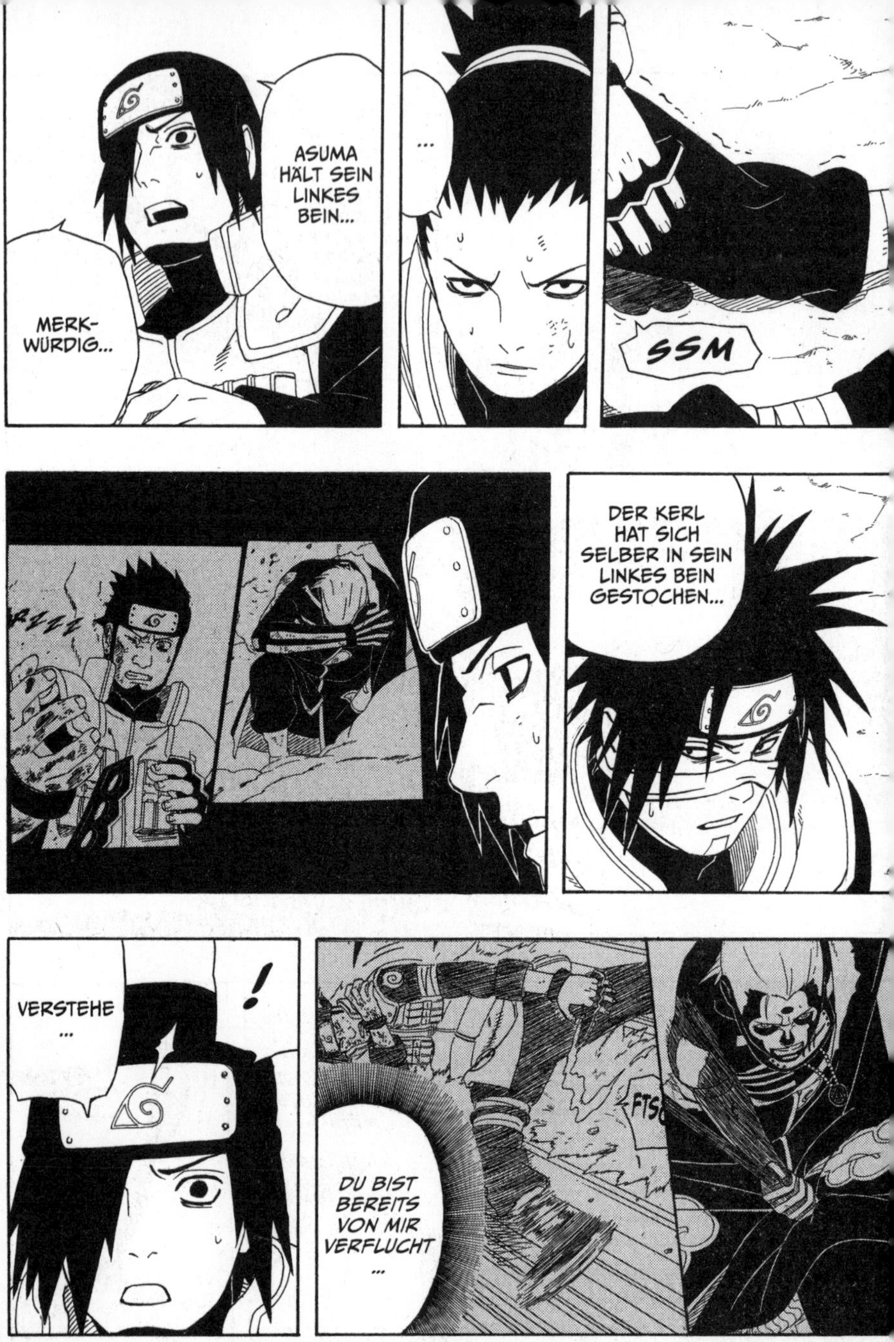
SSM
...
ASUMA HÄLT SEIN LINKES BEIN...
MERKWÜRDIG...
DER KERL HAT SICH SELBER IN SEIN LINKES BEIN GESTOCHEN...
DU BIST BEREITS VON MIR VERFLUCHT ...
!
VERSTEHE ...

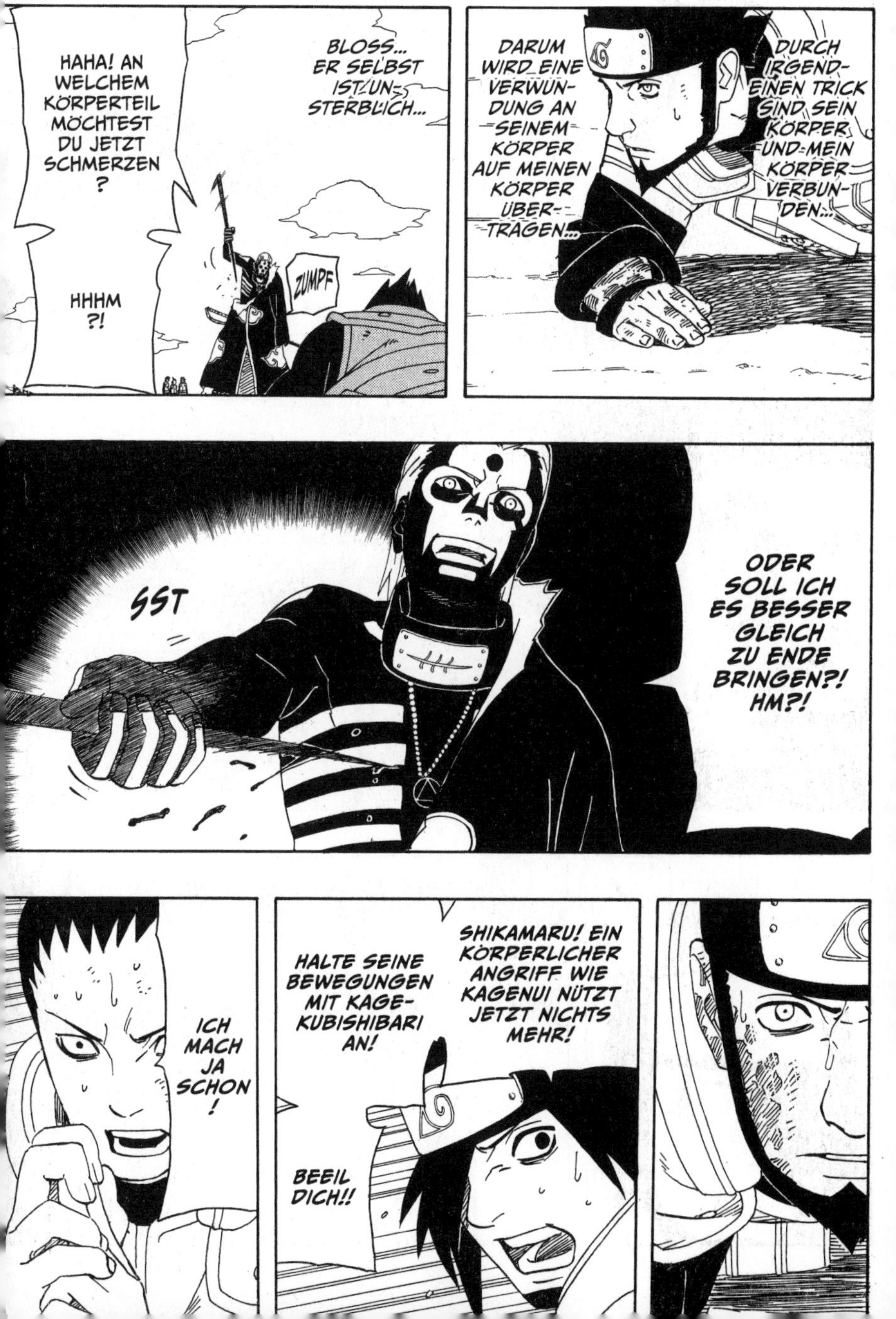

DURCH IRGENDEINEN TRICK SIND SEIN KÖRPER UND MEIN KÖRPER VERBUNDEN...
DARUM WIRD EINE VERWUNDUNG AN SEINEM KÖRPER AUF MEINEN KÖRPER ÜBERTRAGEN...
BLOSS... ER SELBST IST UNSTERBLICH...
HAHA! AN WELCHEM KÖRPERTEIL MÖCHTEST DU JETZT SCHMERZEN ?
ZUMPF
HHHM ?!
ODER SOLL ICH ES BESSER GLEICH ZU ENDE BRINGEN?! HM?!
SST
SHIKAMARU! EIN KÖRPERLICHER ANGRIFF WIE KAGENUI NÜTZT JETZT NICHTS MEHR!
HALTE SEINE BEWEGUNGEN MIT KAGEKUBISHIBARI AN!
BEEIL DICH!!
ICH MACH JA SCHON !

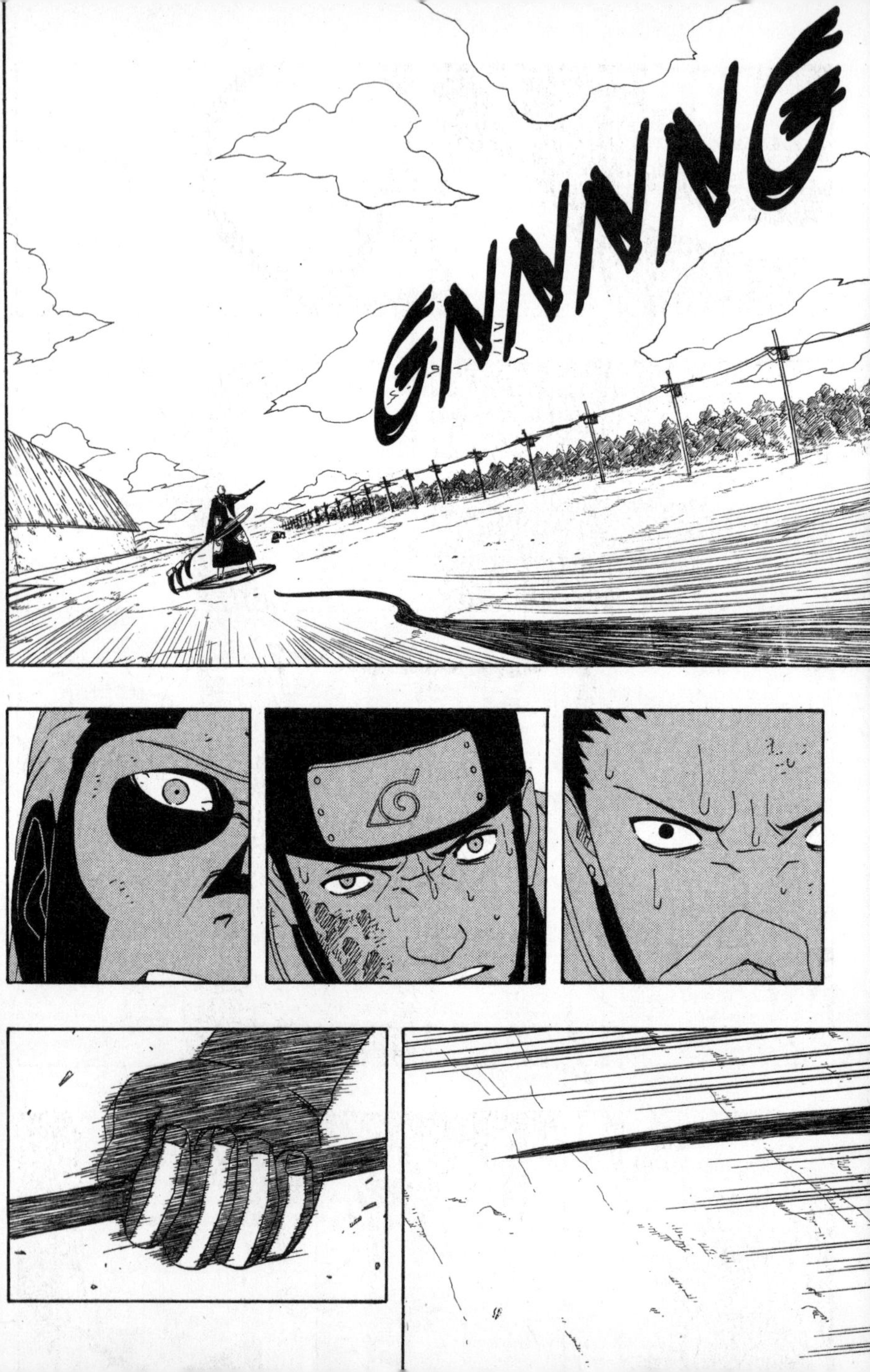
GNNNNG

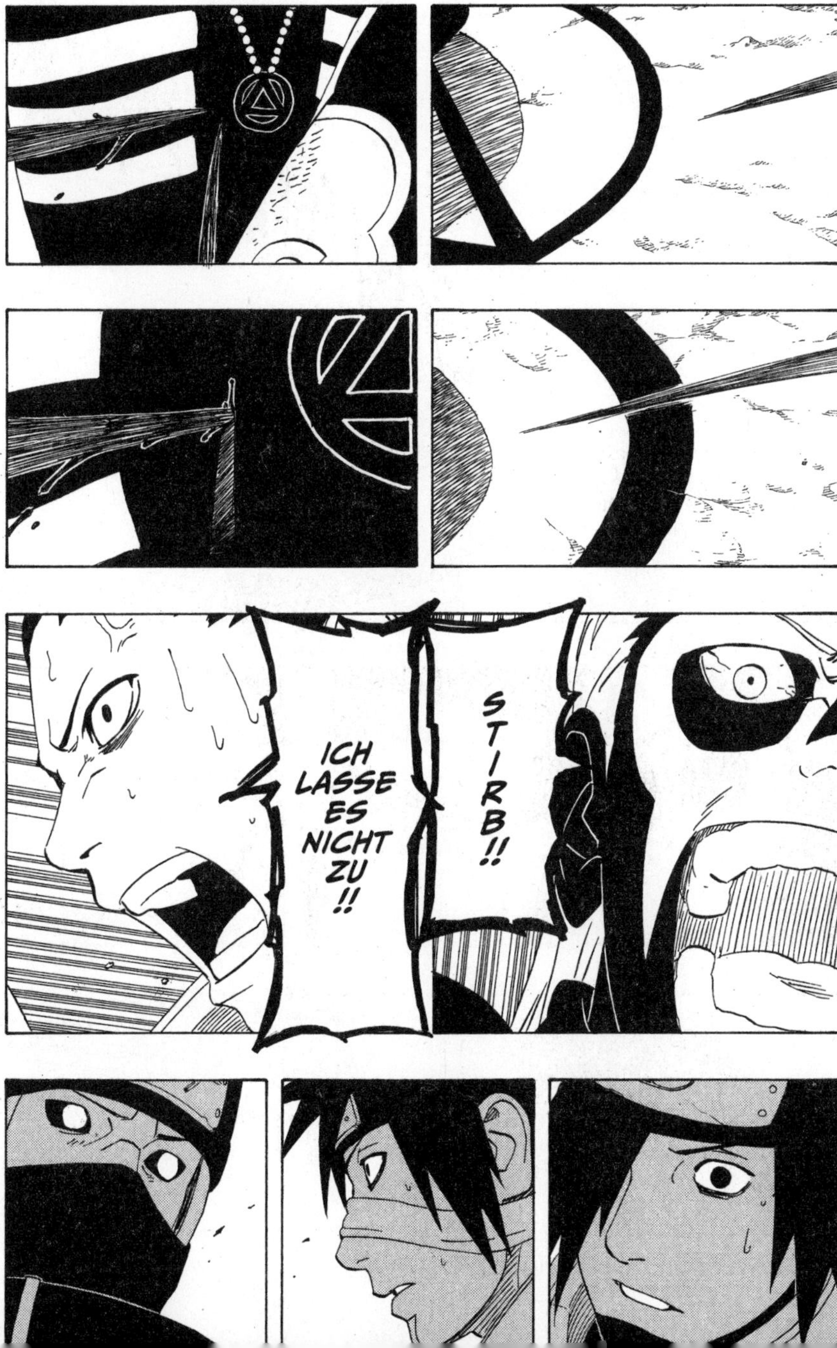
STIRB!!
ICH LASSE ES NICHT ZU!!

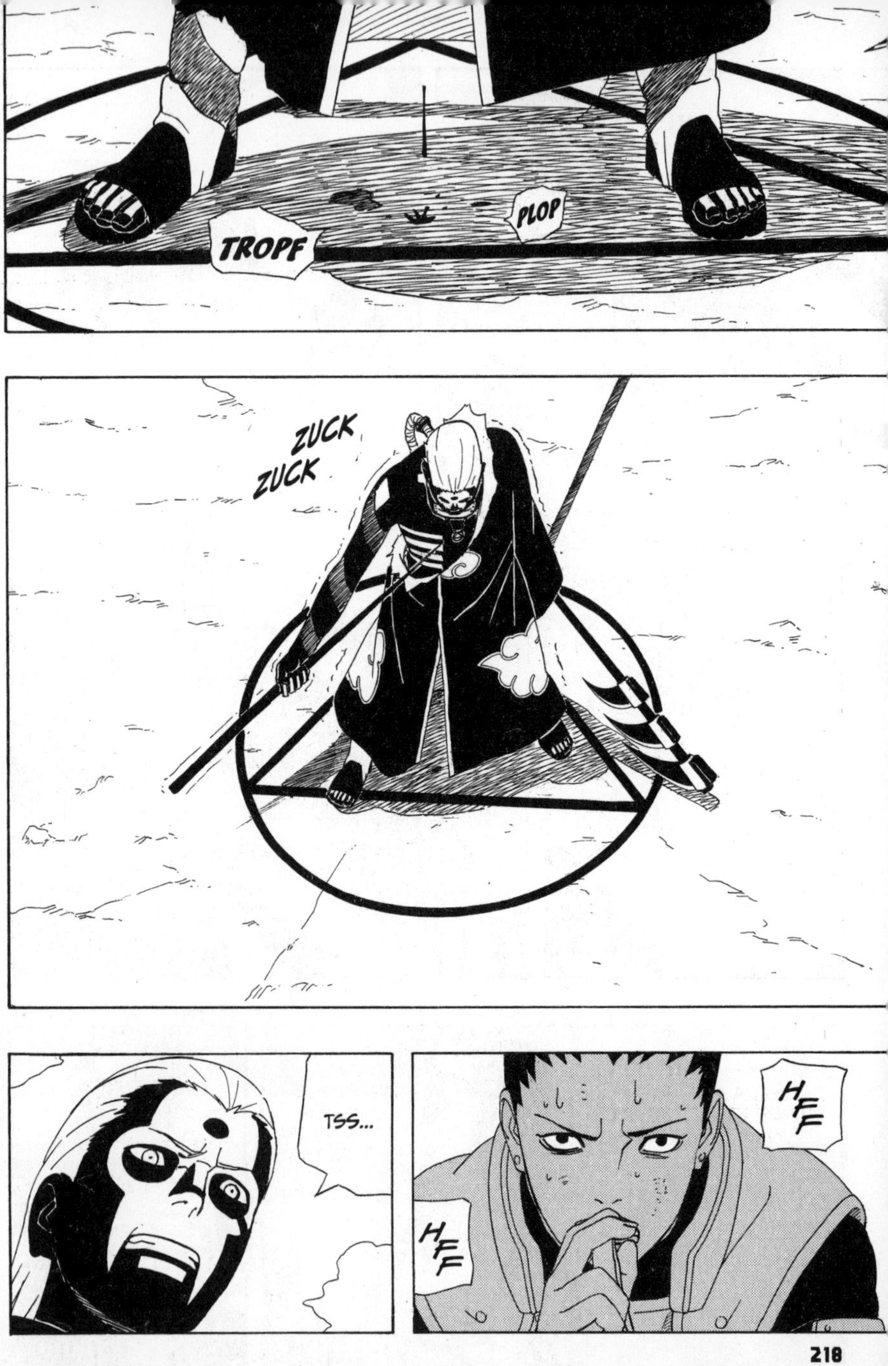
TROPF
PLOP
ZUCK
ZUCK
TSS...
HFF
HFF

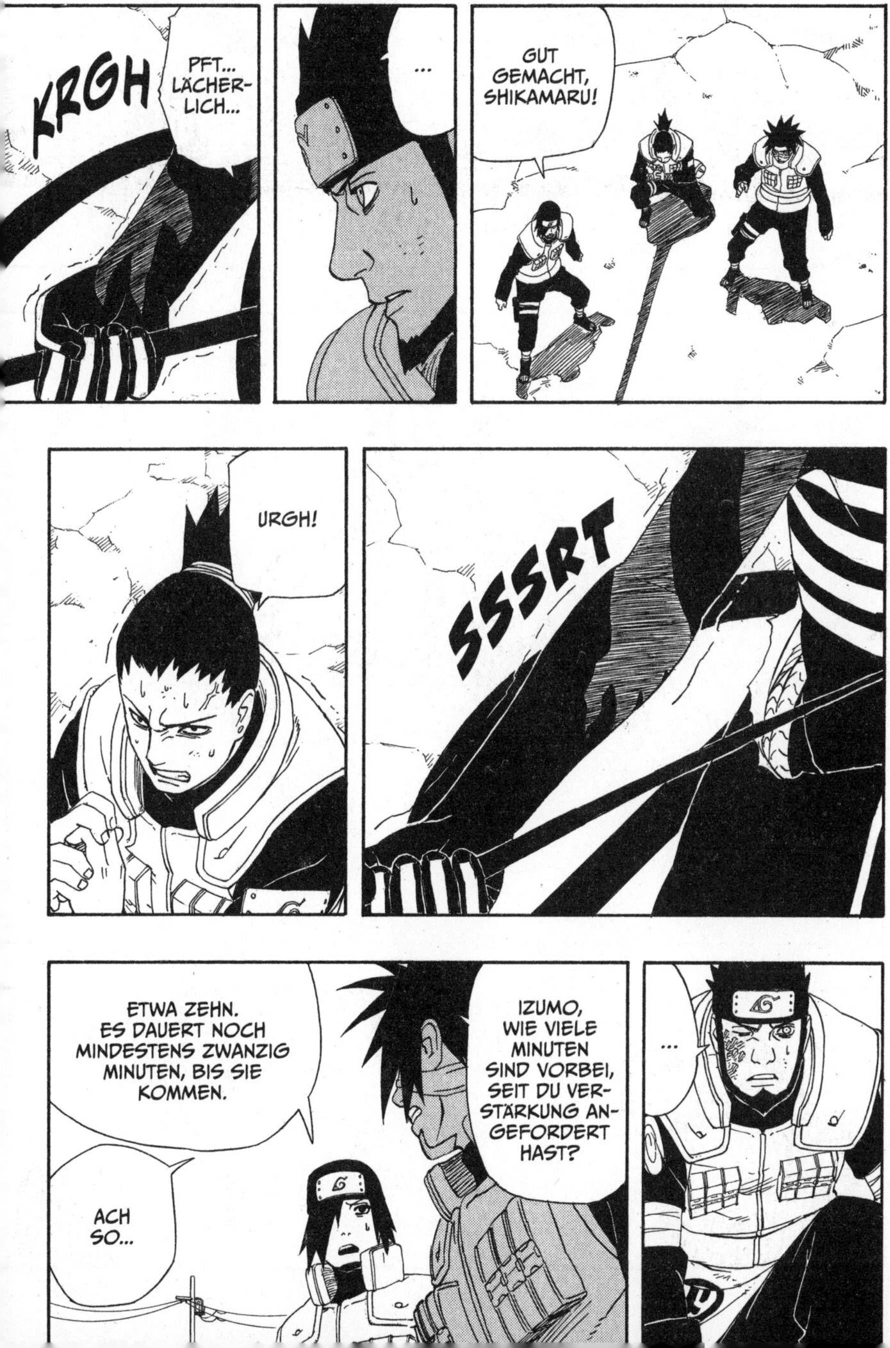
GUT GEMACHT, SHIKAMARU!
...
PFT... LÄCHER-LICH...
KRGH
SSSRT
URGH!
...
IZUMO, WIE VIELE MINUTEN SIND VORBEI, SEIT DU VER-STÄRKUNG AN-GEFORDERT HAST?
ETWA ZEHN. ES DAUERT NOCH MINDESTENS ZWANZIG MINUTEN, BIS SIE KOMMEN.
ACH SO...

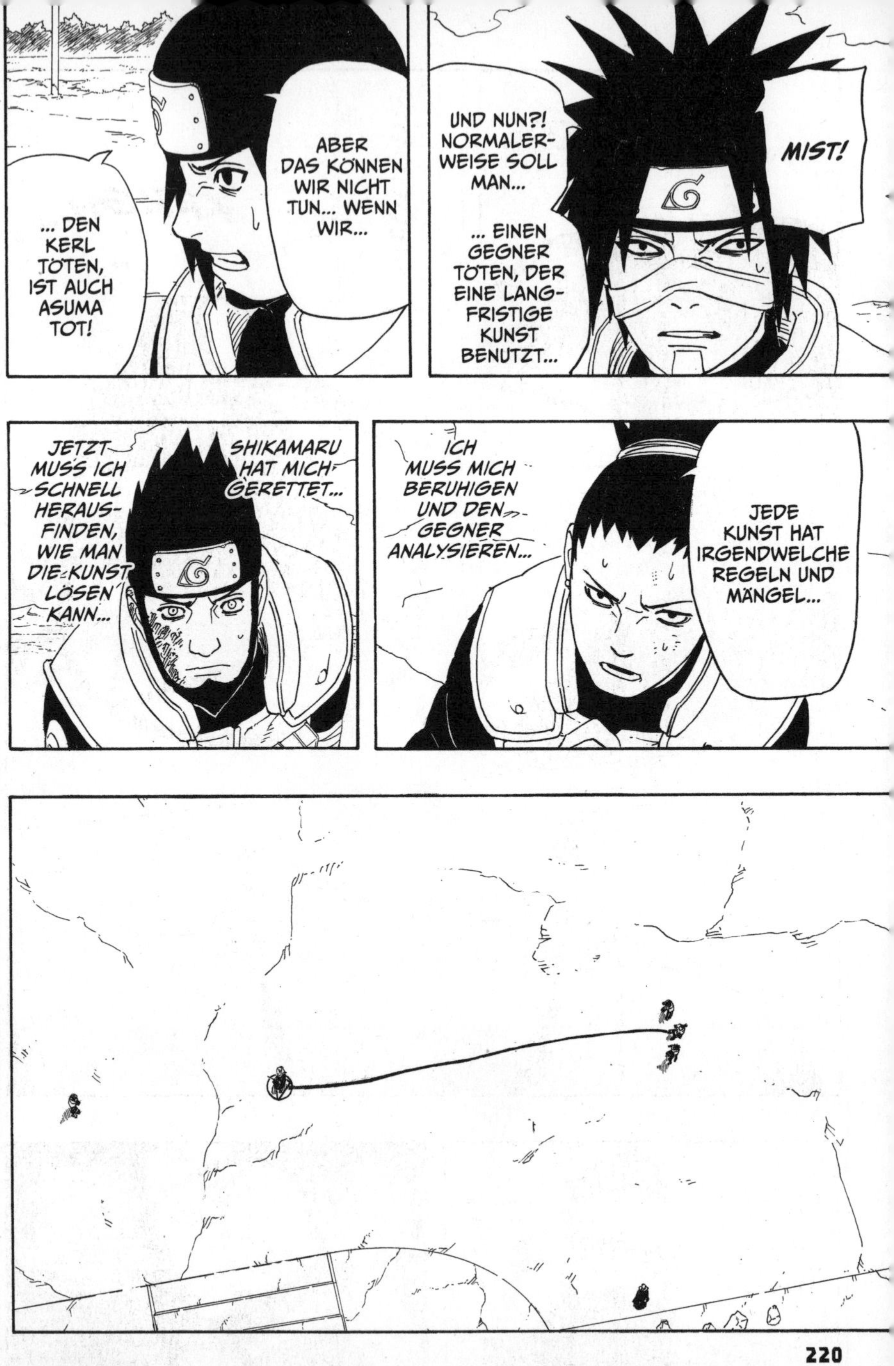
MIST!
UND NUN?! NORMALERWEISE SOLL MAN...
... EINEN GEGNER TÖTEN, DER EINE LANGFRISTIGE KUNST BENUTZT...
ABER DAS KÖNNEN WIR NICHT TUN... WENN WIR...
... DEN KERL TÖTEN, IST AUCH ASUMA TOT!
JEDE KUNST HAT IRGENDWELCHE REGELN UND MÄNGEL...
ICH MUSS MICH BERUHIGEN UND DEN GEGNER ANALYSIEREN...
SHIKAMARU HAT MICH GERETTET...
JETZT MUSS ICH SCHNELL HERAUSFINDEN, WIE MAN DIE KUNST LÖSEN KANN...

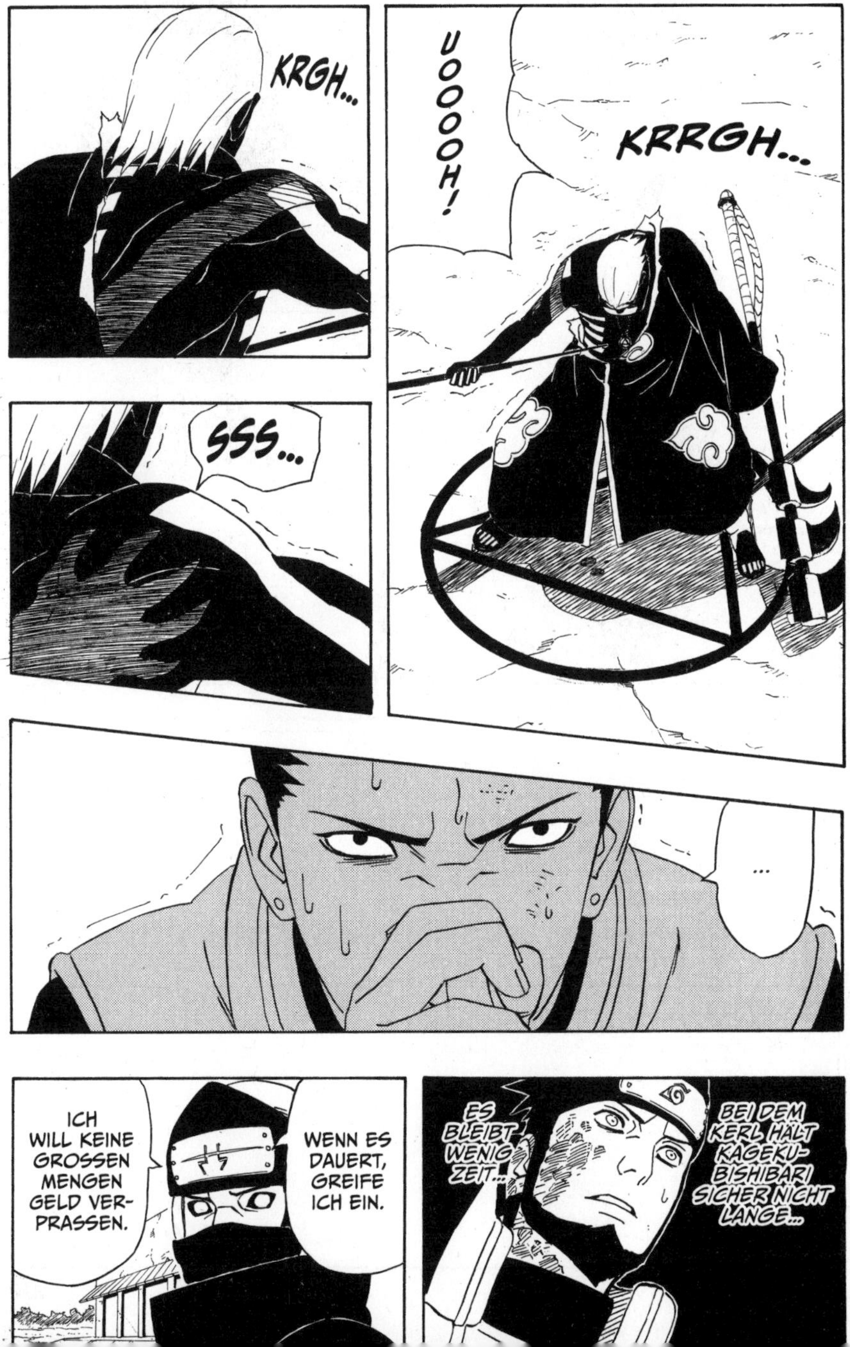

UOOOOOH!
KRRGH...
KRGH...
SSS...
...
BEI DEM KERL HÄLT KAGEKUBISHIBARI SICHER NICHT LANGE...
ES BLEIBT WENIG ZEIT...
WENN ES DAUERT, GREIFE ICH EIN.
ICH WILL KEINE GROSSEN MENGEN GELD VERPRASSEN.

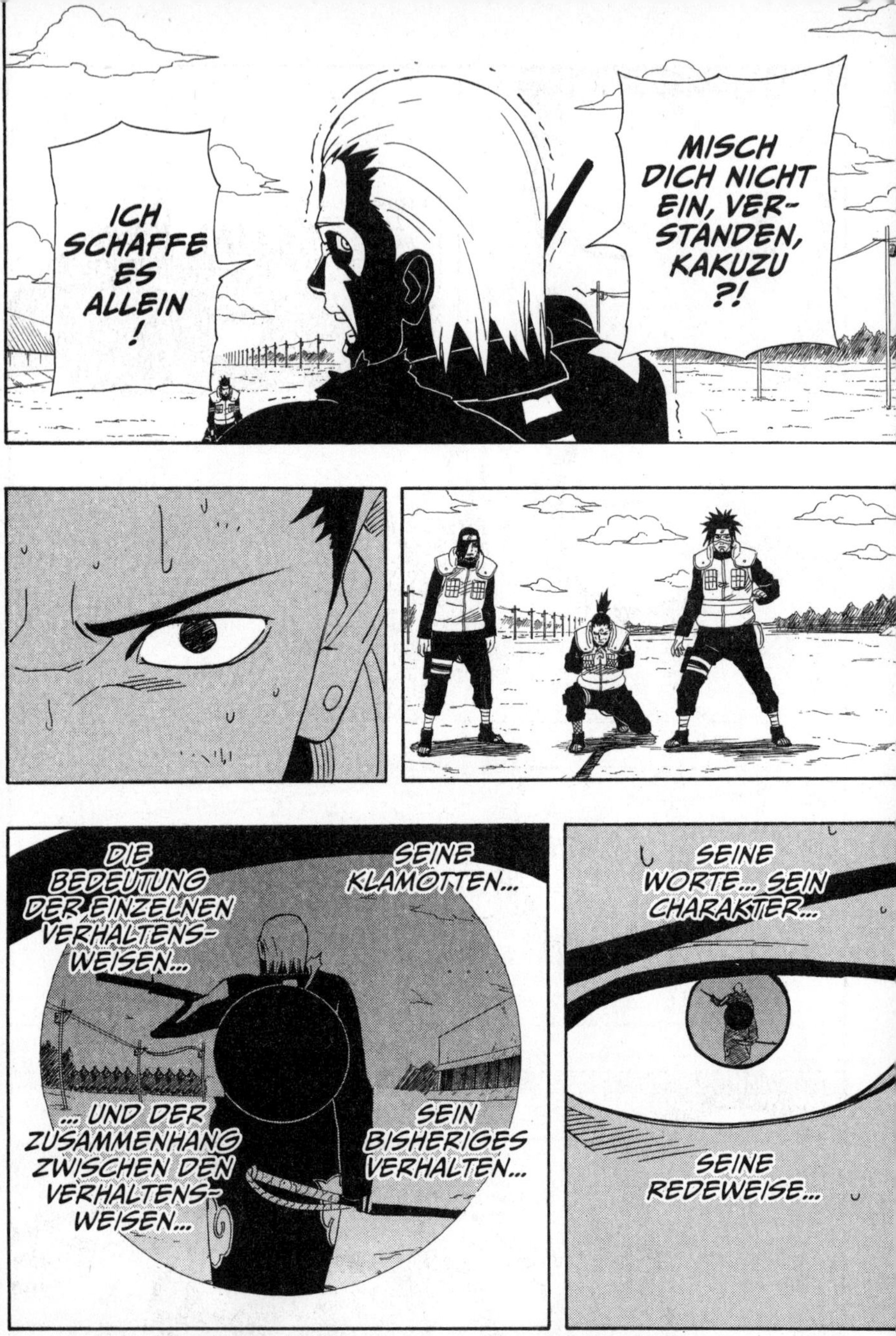
MISCH DICH NICHT EIN, VERSTANDEN, KAKUZU?!
ICH SCHAFFE ES ALLEIN!
SEINE WORTE... SEIN CHARAKTER...
SEINE REDEWEISE...
SEINE KLAMOTTEN...
DIE BEDEUTUNG DER EINZELNEN VERHALTENSWEISEN...
SEIN BISHERIGES VERHALTEN...
... UND DER ZUSAMMENHANG ZWISCHEN DEN VERHALTENSWEISEN...

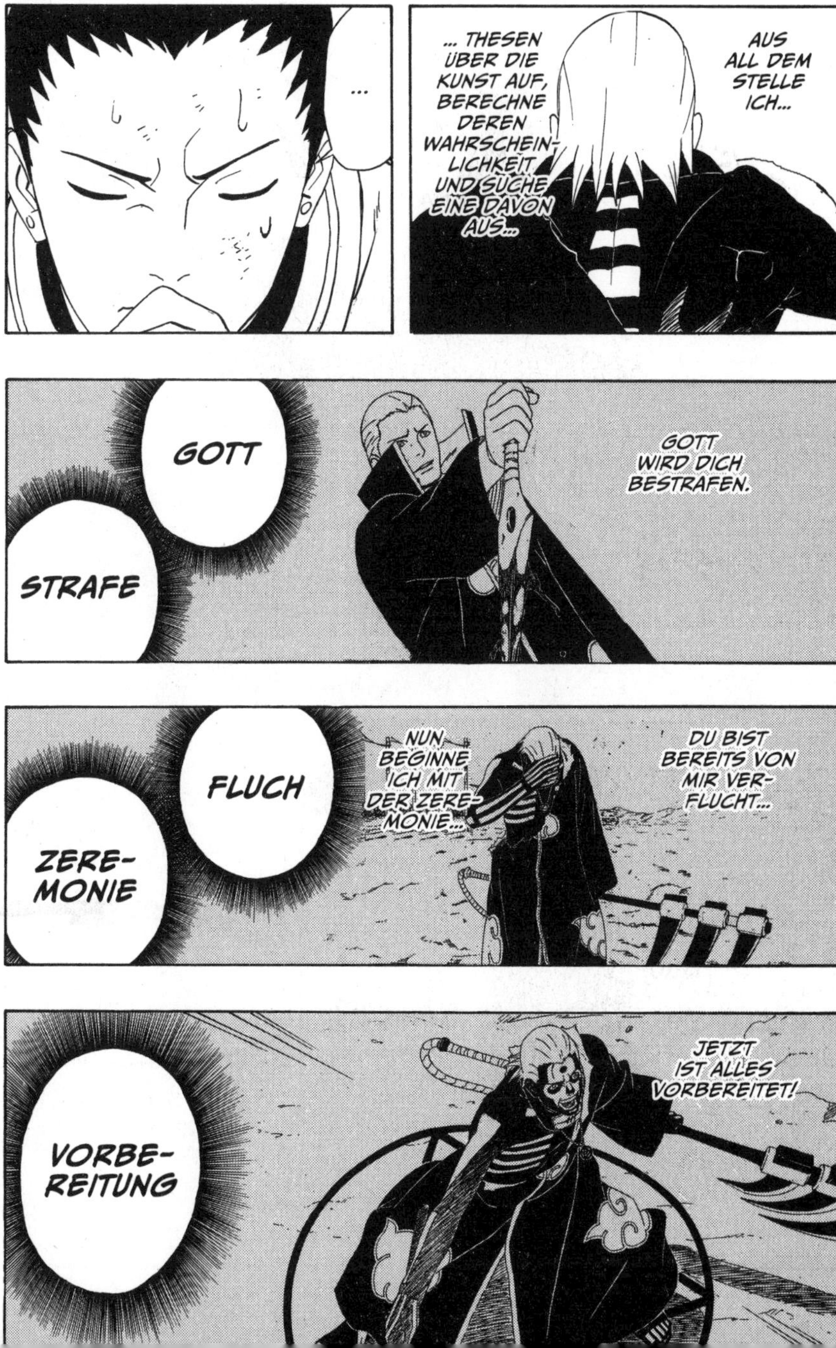
AUS ALL DEM STELLE ICH...
... THESEN ÜBER DIE KUNST AUF, BERECHNE DEREN WAHRSCHEIN-LICHKEIT UND SUCHE EINE DAVON AUS...
...
GOTT WIRD DICH BESTRAFEN.
GOTT
STRAFE
DU BIST BEREITS VON MIR VER-FLUCHT...
NUN BEGINNE ICH MIT DER ZERE-MONIE...
FLUCH
ZERE-MONIE
JETZT IST ALLES VORBEREITET!
VORBE-REITUNG

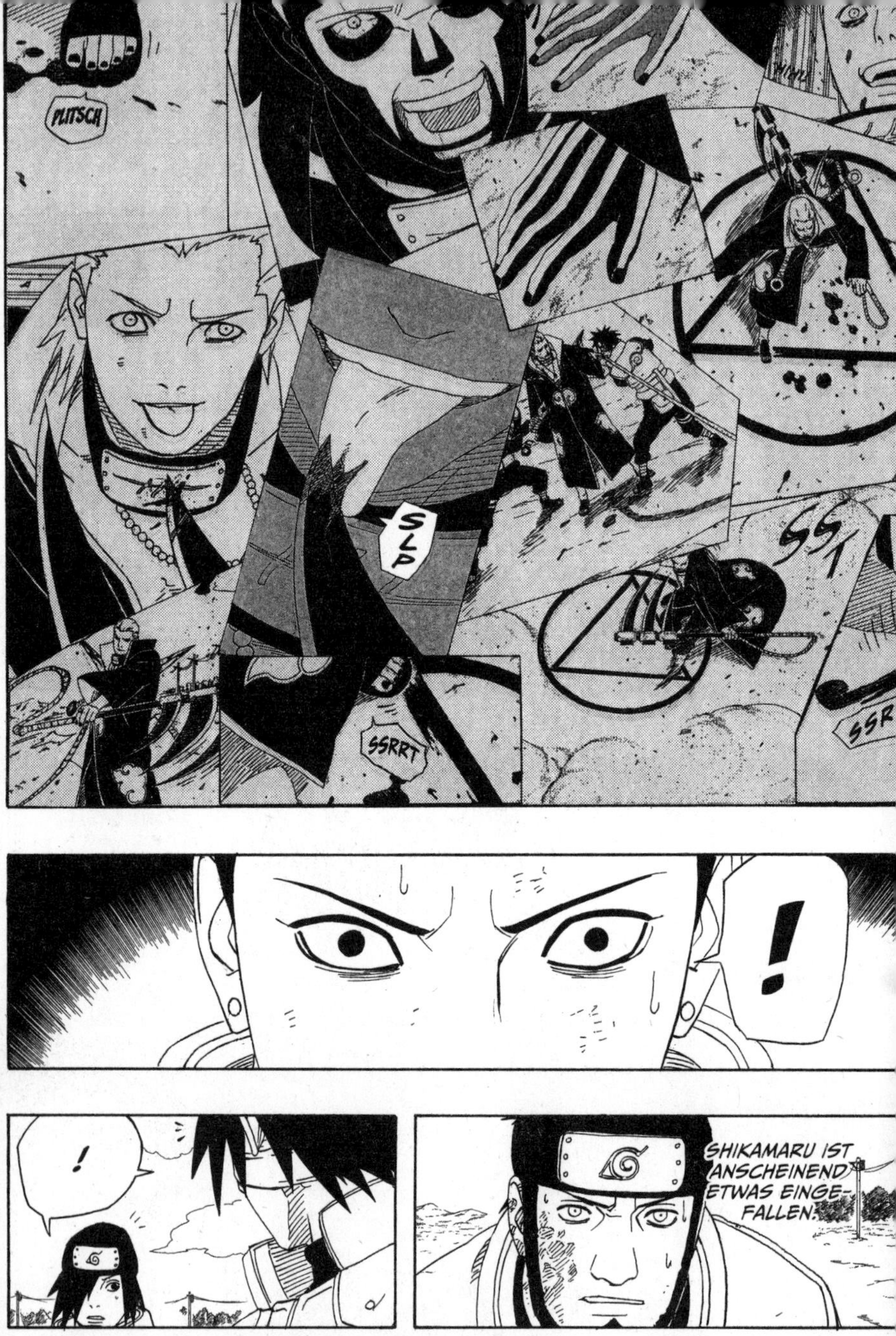
PLITSCH
SLP
SSRRT
!
SHIKAMARU IST ANSCHEINEND ETWAS EINGE-FALLEN.
!

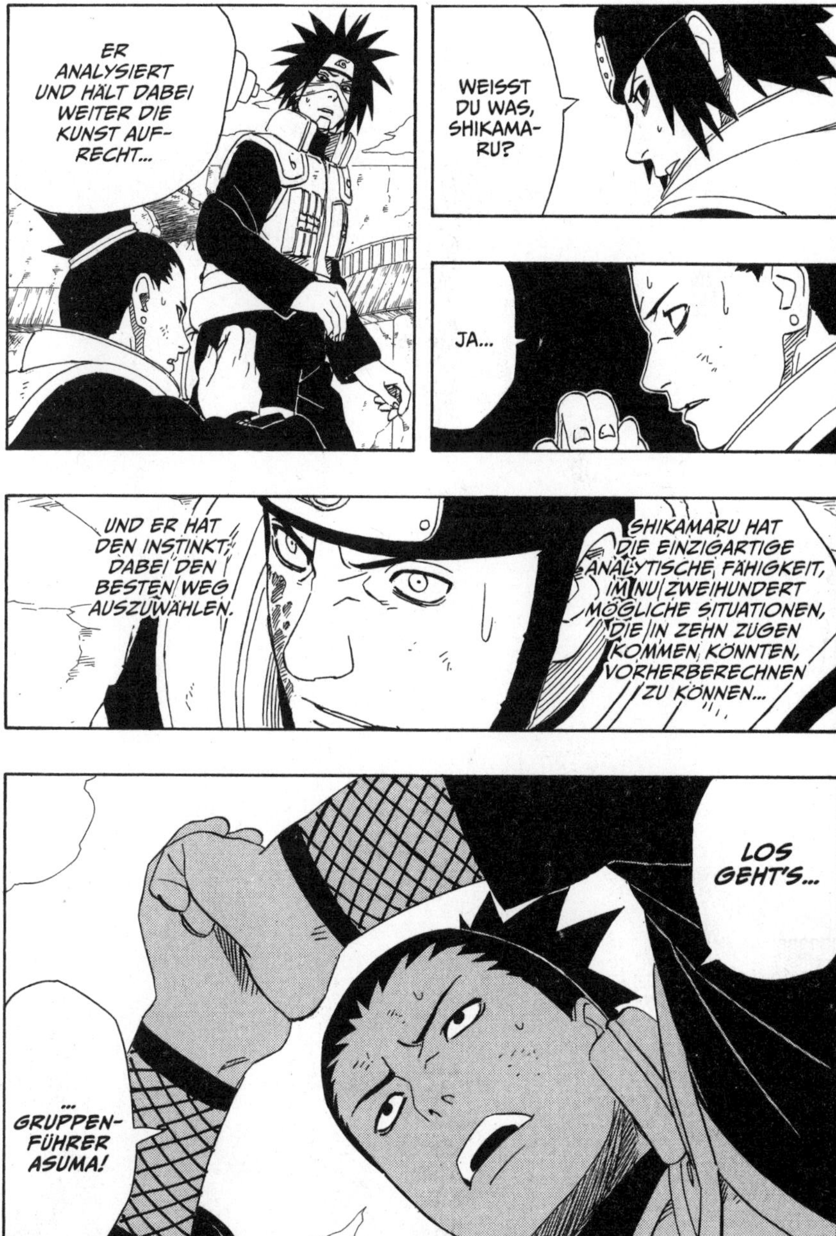
WEISST DU WAS, SHIKAMARU?
JA...
ER ANALYSIERT UND HÄLT DABEI WEITER DIE KUNST AUF-RECHT...
SHIKAMARU HAT DIE EINZIGARTIGE ANALYTISCHE FÄHIGKEIT, IM NU ZWEIHUNDERT MÖGLICHE SITUATIONEN, DIE IN ZEHN ZÜGEN KOMMEN KÖNNTEN, VORHERBERECHNEN ZU KÖNNEN...
UND ER HAT DEN INSTINKT, DABEI DEN BESTEN WEG AUSZUWÄHLEN.
LOS GEHT'S...
... GRUPPEN-FÜHRER ASUMA!

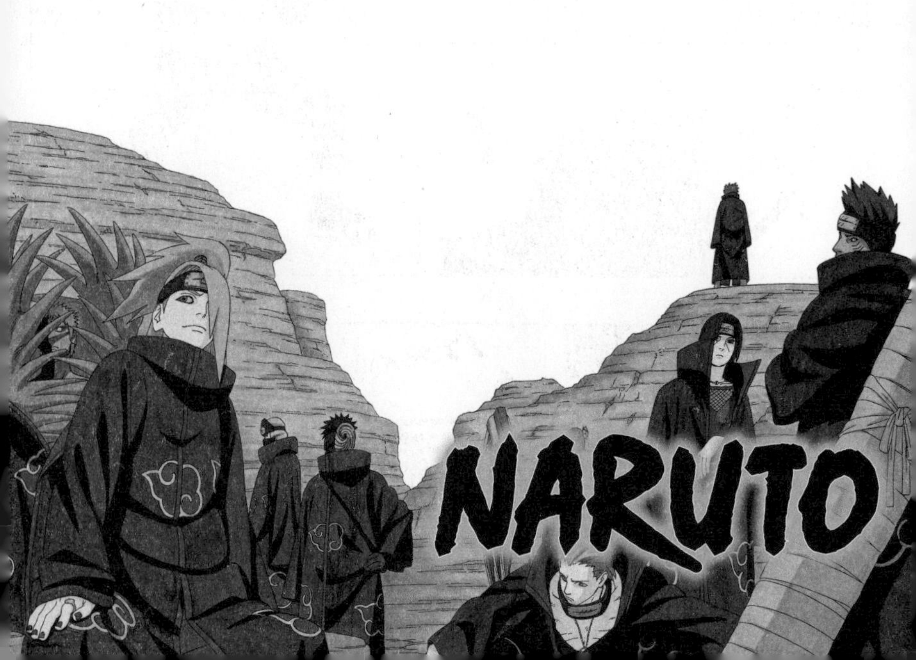
NARUTO

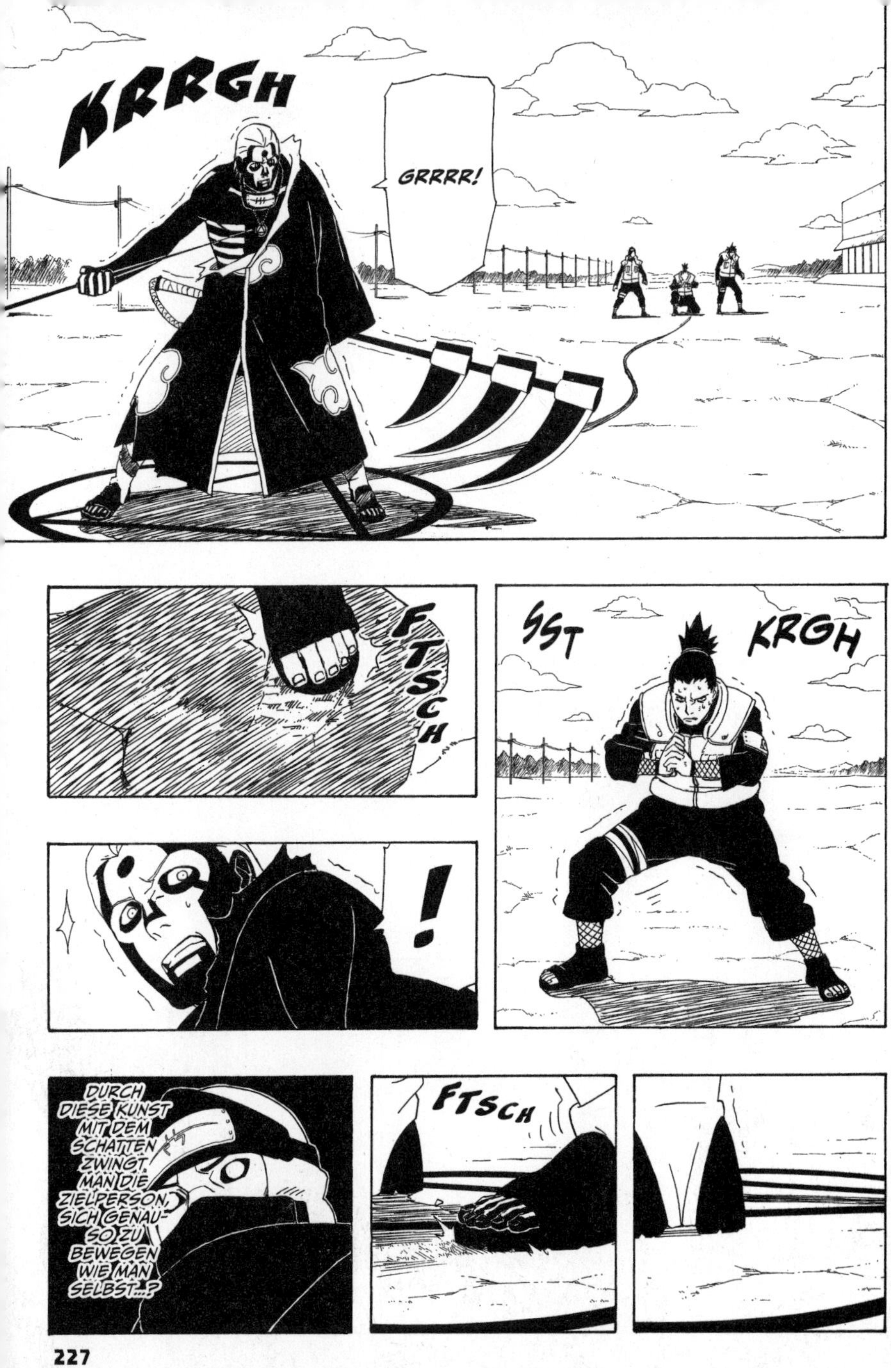

KRRGH
GRRRR!
FTSCH
SST
KRGH
!
DURCH DIESE KUNST MIT DEM SCHATTEN ZWINGT MAN DIE ZIELPERSON, SICH GENAUSO ZU BEWEGEN WIE MAN SELBST...?
FTSCH

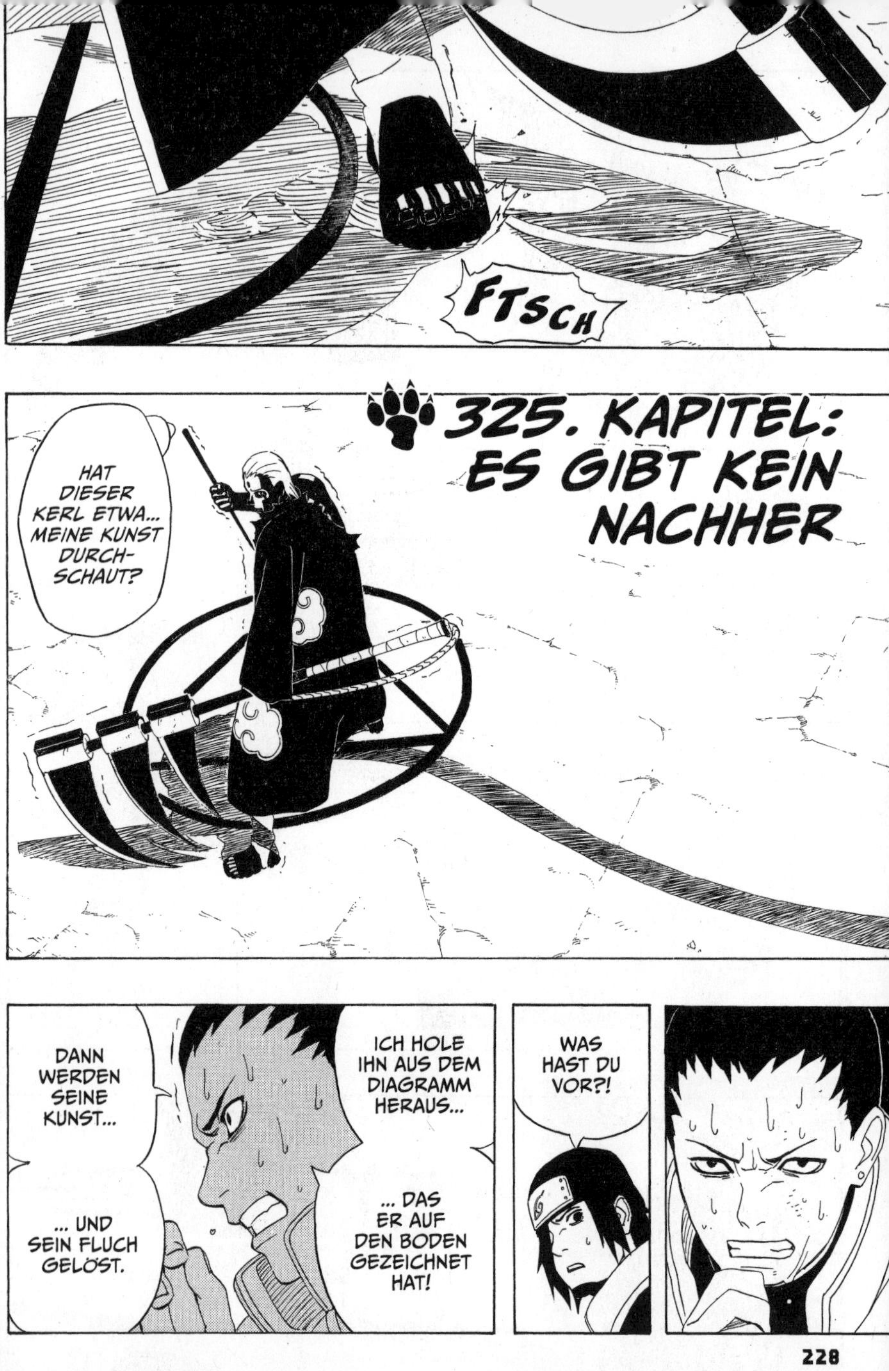
FTSCH
325. KAPITEL: ES GIBT KEIN NACHHER
HAT DIESER KERL ETWA... MEINE KUNST DURCHSCHAUT?
WAS HAST DU VOR?!
ICH HOLE IHN AUS DEM DIAGRAMM HERAUS...
... DAS ER AUF DEN BODEN GEZEICHNET HAT!
DANN WERDEN SEINE KUNST...
... UND SEIN FLUCH GELÖST.

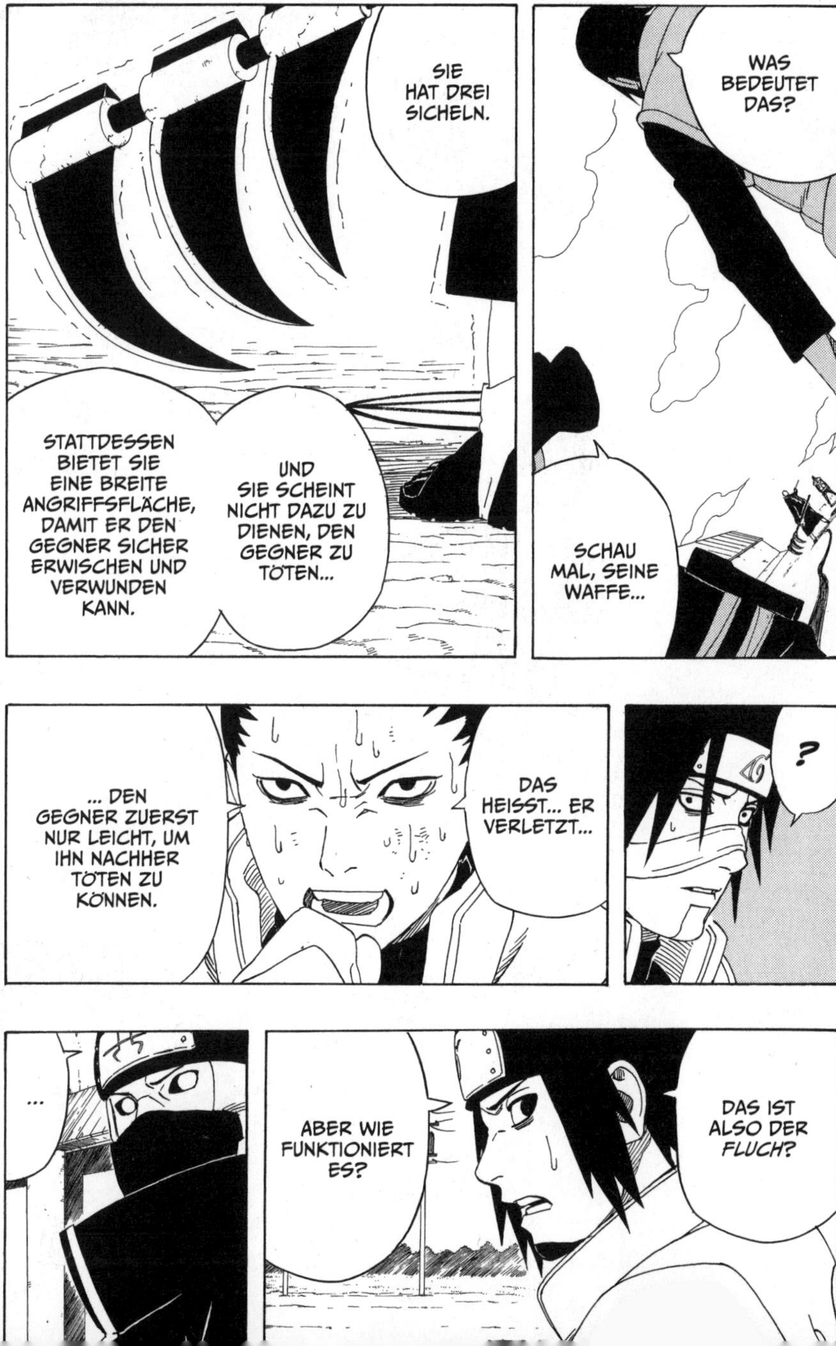
WAS BEDEUTET DAS?
SCHAU MAL, SEINE WAFFE...
SIE HAT DREI SICHELN.
UND SIE SCHEINT NICHT DAZU ZU DIENEN, DEN GEGNER ZU TÖTEN...
STATTDESSEN BIETET SIE EINE BREITE ANGRIFFSFLÄCHE, DAMIT ER DEN GEGNER SICHER ERWISCHEN UND VERWUNDEN KANN.
?
DAS HEISST... ER VERLETZT...
... DEN GEGNER ZUERST NUR LEICHT, UM IHN NACHHER TÖTEN ZU KÖNNEN.
DAS IST ALSO DER *FLUCH*?
ABER WIE FUNKTIONIERT ES?
...

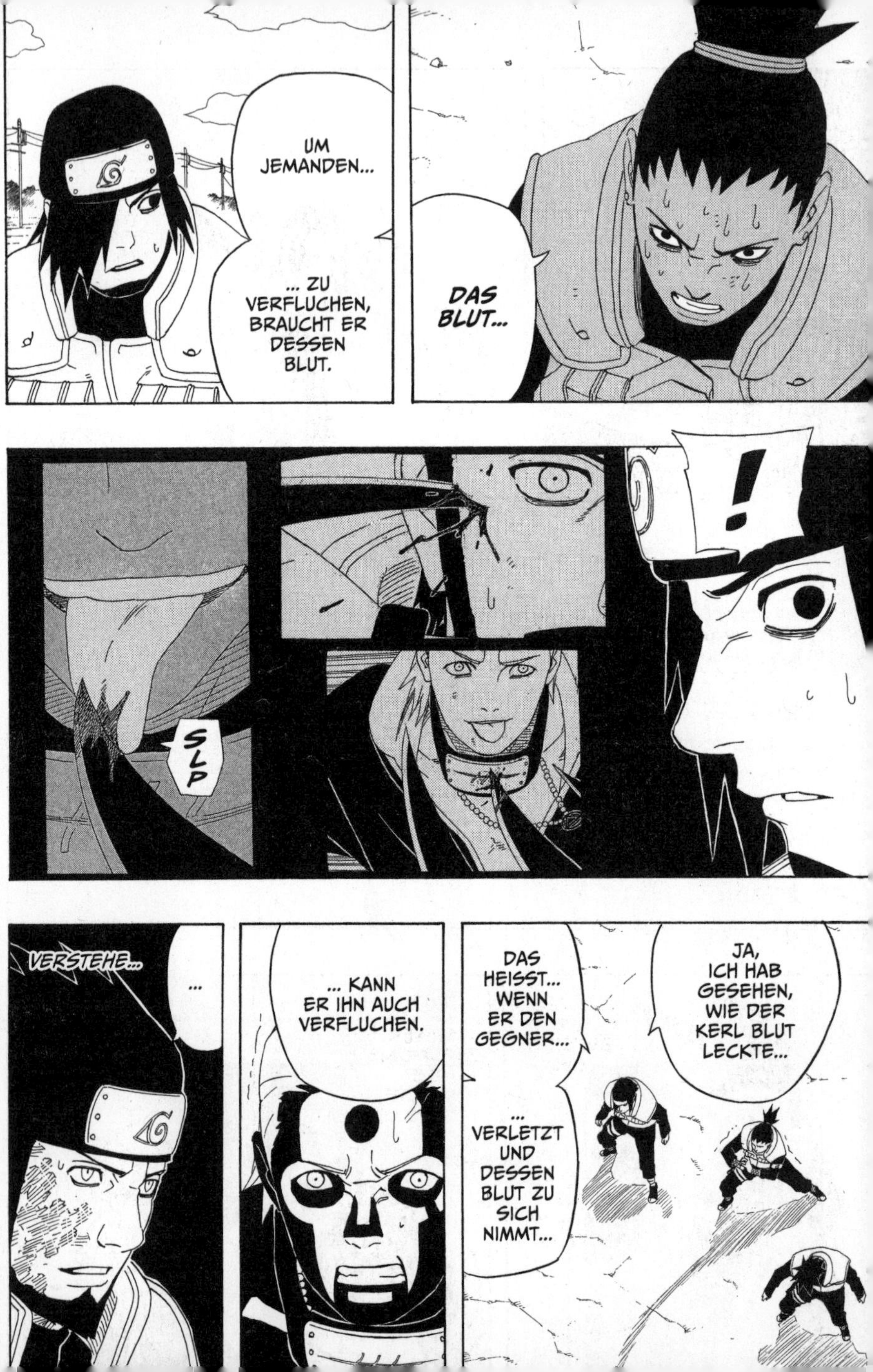
DAS BLUT...
UM JEMANDEN...
... ZU VERFLUCHEN, BRAUCHT ER DESSEN BLUT.
!
SLP
JA, ICH HAB GESEHEN, WIE DER KERL BLUT LECKTE...
DAS HEISST... WENN ER DEN GEGNER...
... VERLETZT UND DESSEN BLUT ZU SICH NIMMT...
... KANN ER IHN AUCH VERFLUCHEN.
...
VERSTEHE...

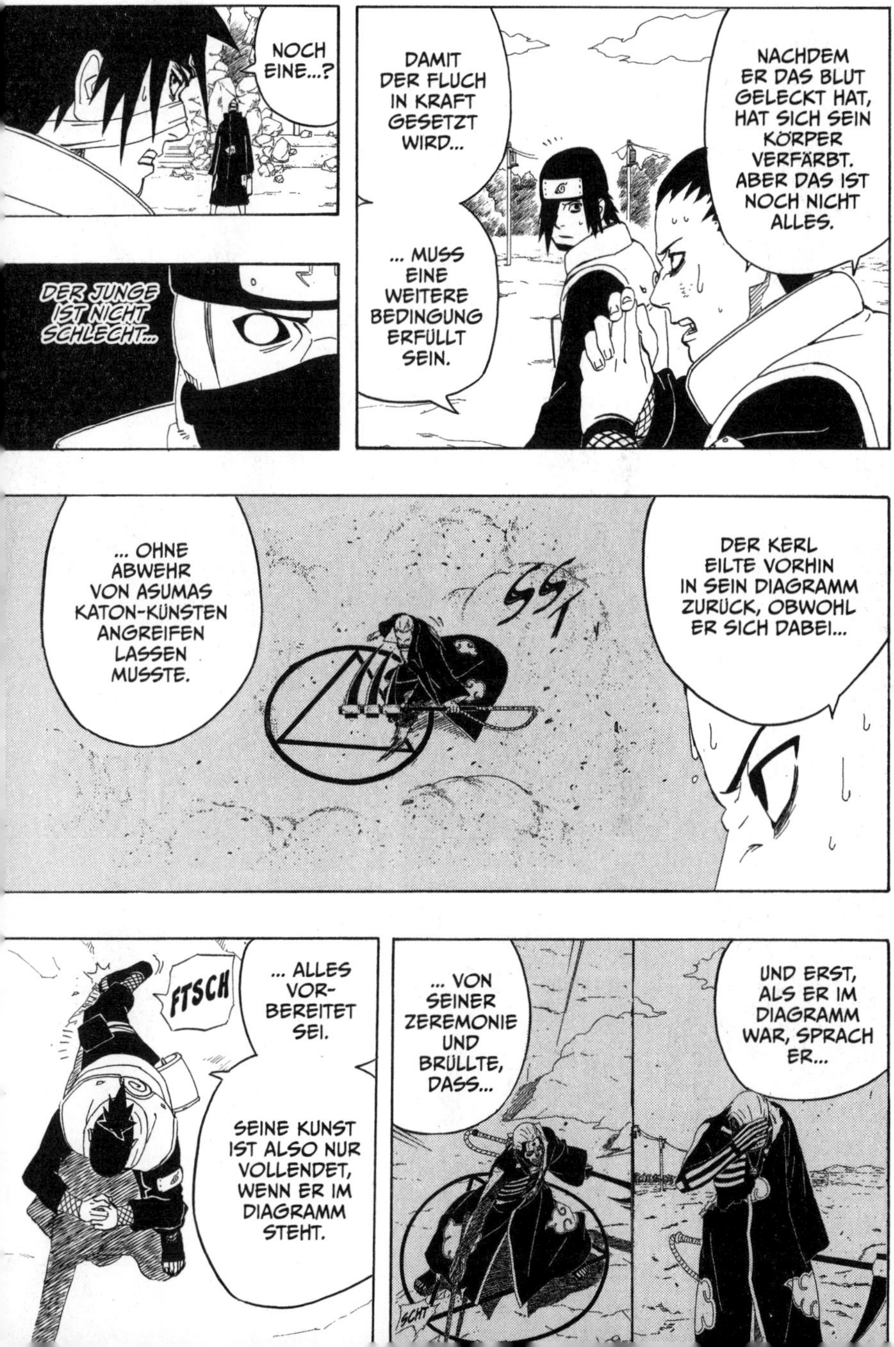
NACHDEM ER DAS BLUT GELECKT HAT, HAT SICH SEIN KÖRPER VERFÄRBT. ABER DAS IST NOCH NICHT ALLES.
DAMIT DER FLUCH IN KRAFT GESETZT WIRD...
... MUSS EINE WEITERE BEDINGUNG ERFÜLLT SEIN.
NOCH EINE...?
DER JUNGE IST NICHT SCHLECHT...
DER KERL EILTE VORHIN IN SEIN DIAGRAMM ZURÜCK, OBWOHL ER SICH DABEI...
... OHNE ABWEHR VON ASUMAS KATON-KÜNSTEN ANGREIFEN LASSEN MUSSTE.
UND ERST, ALS ER IM DIAGRAMM WAR, SPRACH ER...
... VON SEINER ZEREMONIE UND BRÜLLTE, DASS...
SCHT
... ALLES VOR-BEREITET SEI.
FTSCH
SEINE KUNST IST ALSO NUR VOLLENDET, WENN ER IM DIAGRAMM STEHT.

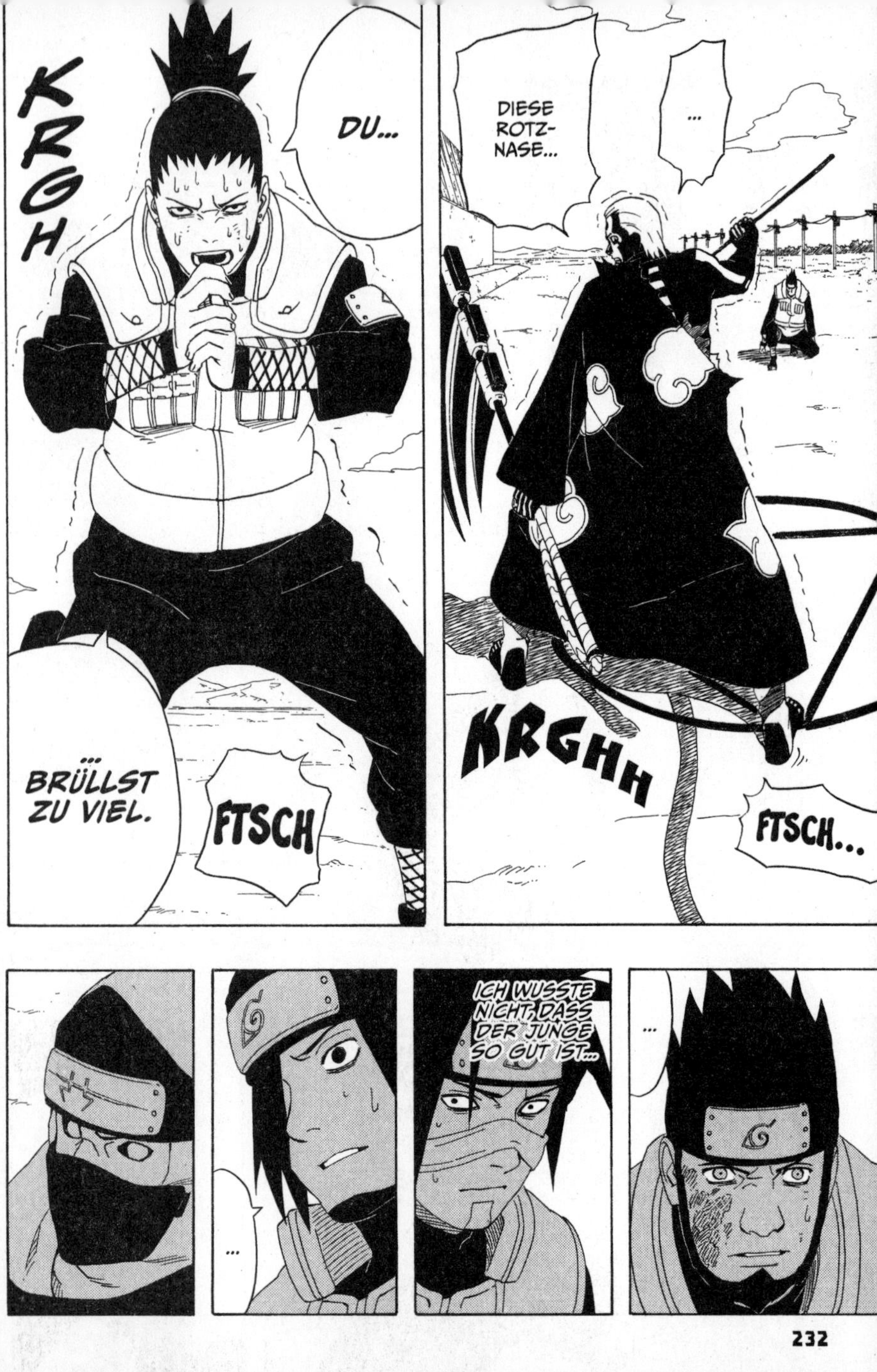
...
DIESE ROTZ-NASE...
KRGHH
FTSCH...
KRGH
DU...
... BRÜLLST ZU VIEL.
FTSCH
...
ICH WUSSTE NICHT, DASS DER JUNGE SO GUT IST...
...

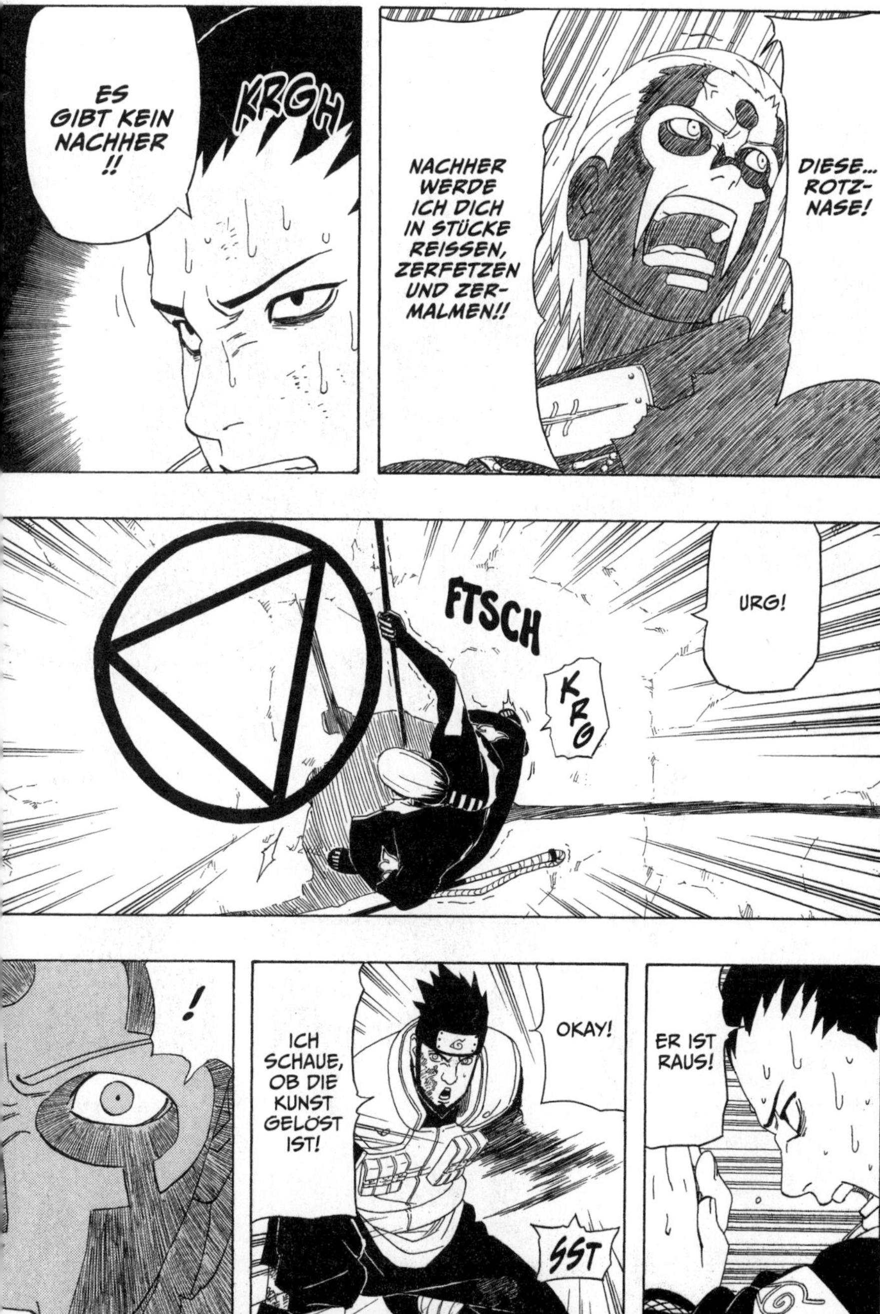
DIESE... ROTZ-NASE!
NACHHER WERDE ICH DICH IN STÜCKE REISSEN, ZERFETZEN UND ZER-MALMEN!!
KRGH
ES GIBT KEIN NACHHER !!
URG!
KRG
FTSCH
ER IST RAUS!
OKAY!
ICH SCHAUE, OB DIE KUNST GELÖST IST!
SST
!

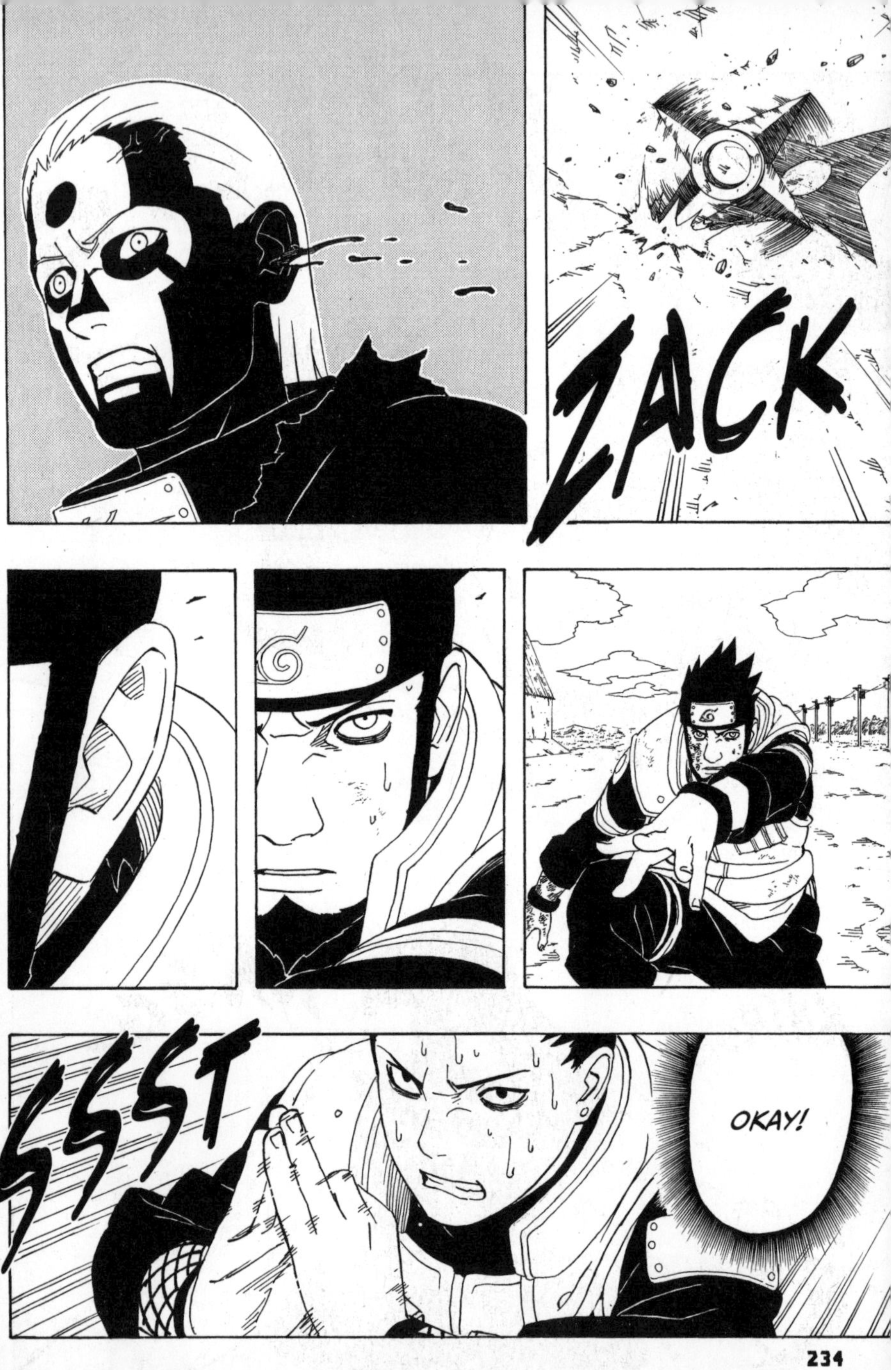
ZACK
SSST
OKAY!

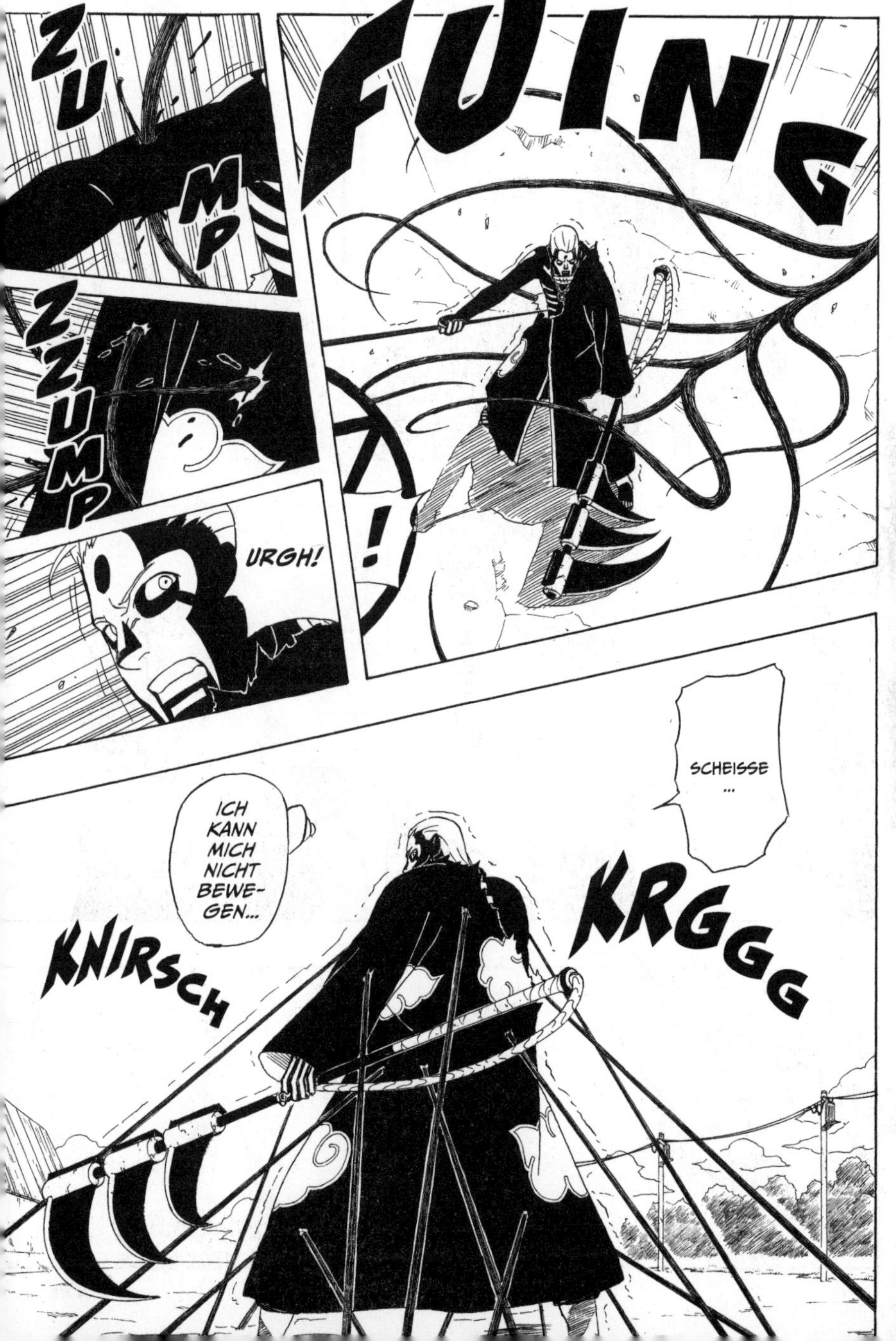

FUING
ZUMP
ZZUMP
!
URGH!
SCHEISSE ...
ICH KANN MICH NICHT BEWE-GEN...
KRGGG
KNIRSCH

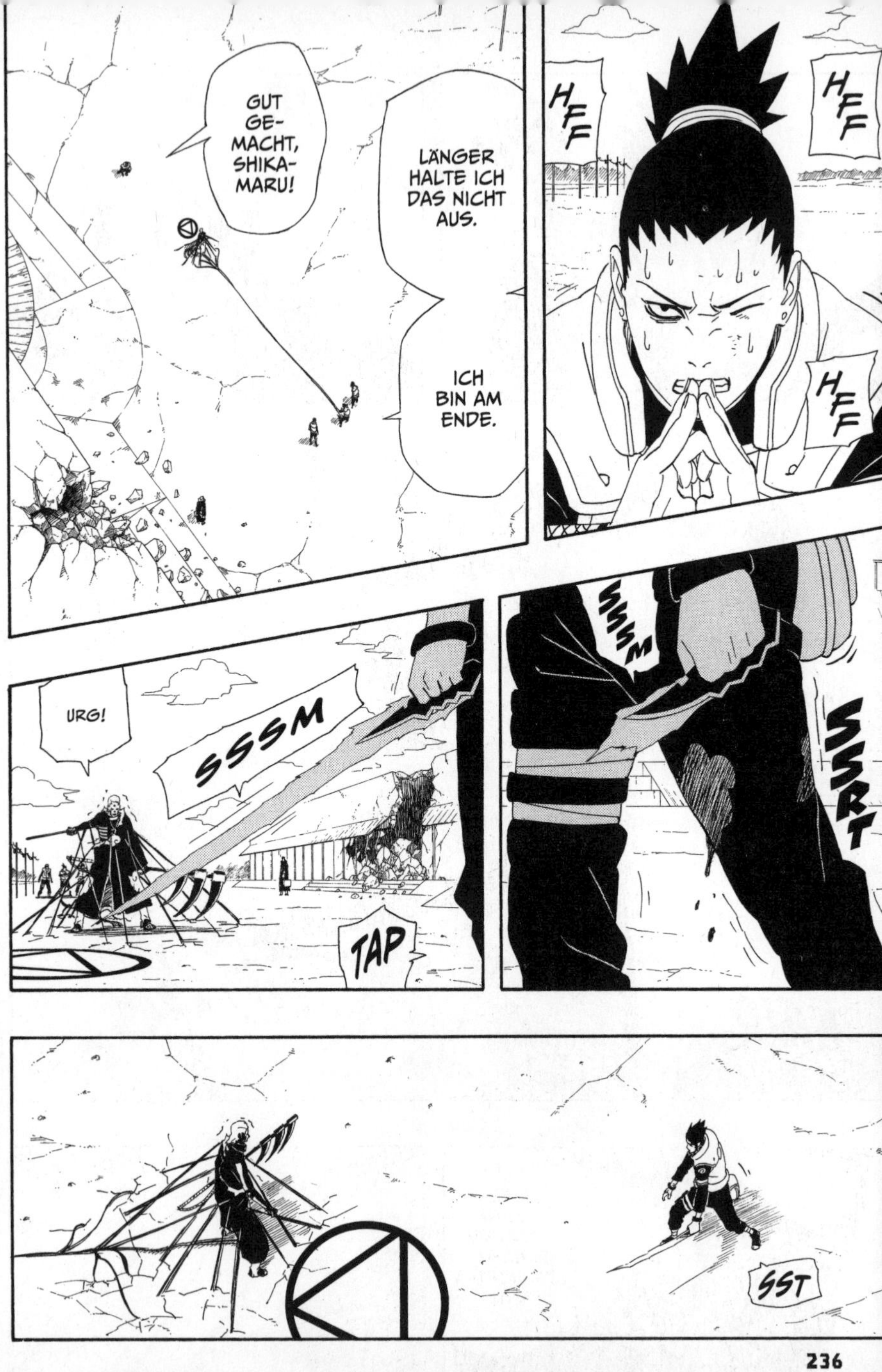
HFF
HFF
HFF
GUT GE-MACHT, SHIKA-MARU!
LÄNGER HALTE ICH DAS NICHT AUS.
ICH BIN AM ENDE.
SSSM
SSRT
URG!
SSSM
TAP
SST

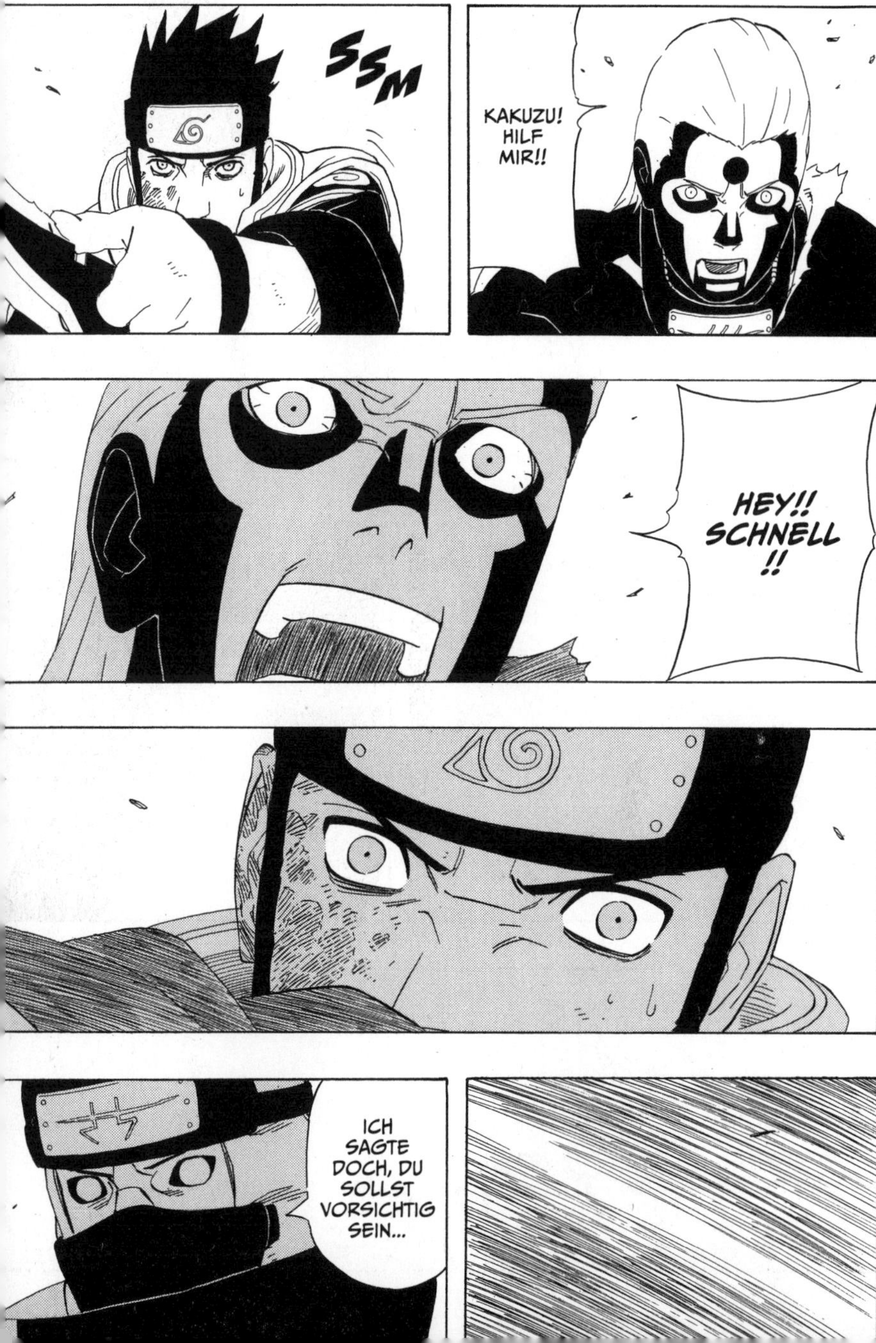
KAKUZU! HILF MIR!!
SSM
HEY!! SCHNELL !!
ICH SAGTE DOCH, DU SOLLST VORSICHTIG SEIN...

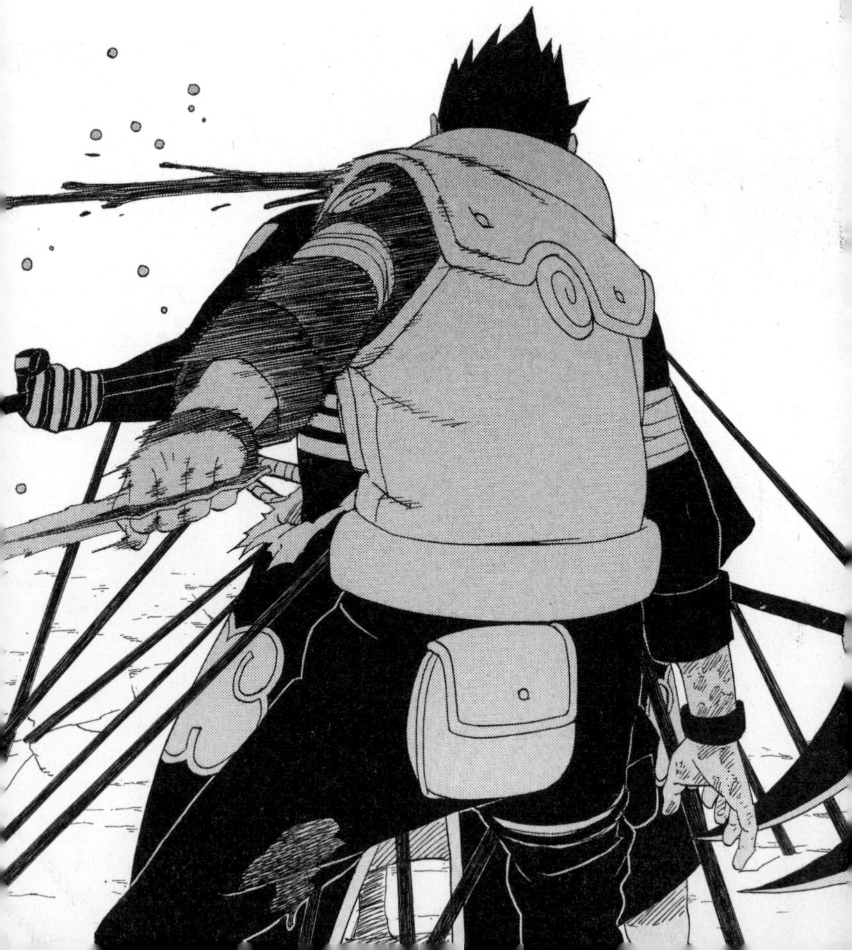

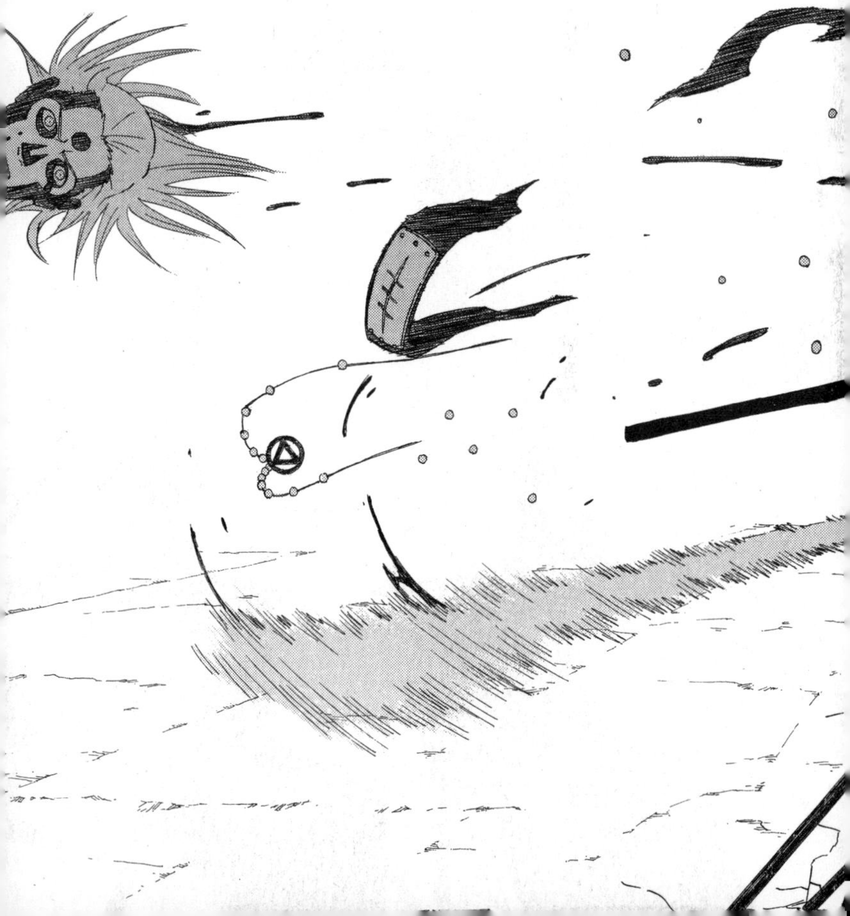

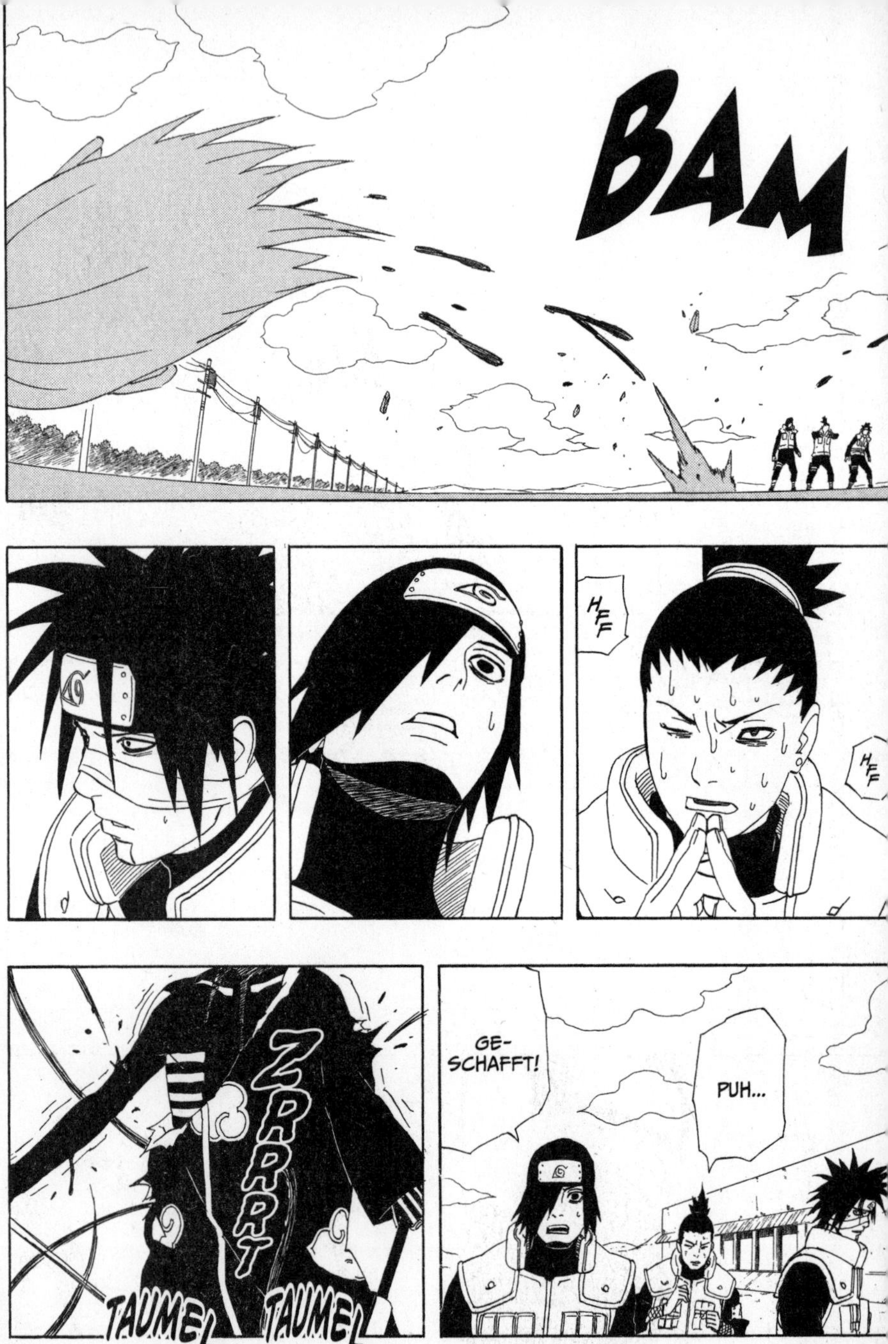
BAM
HFF
HFF
ZRRRT
TAUMEL
TAUMEL
GE-
SCHAFFT!
PUH...

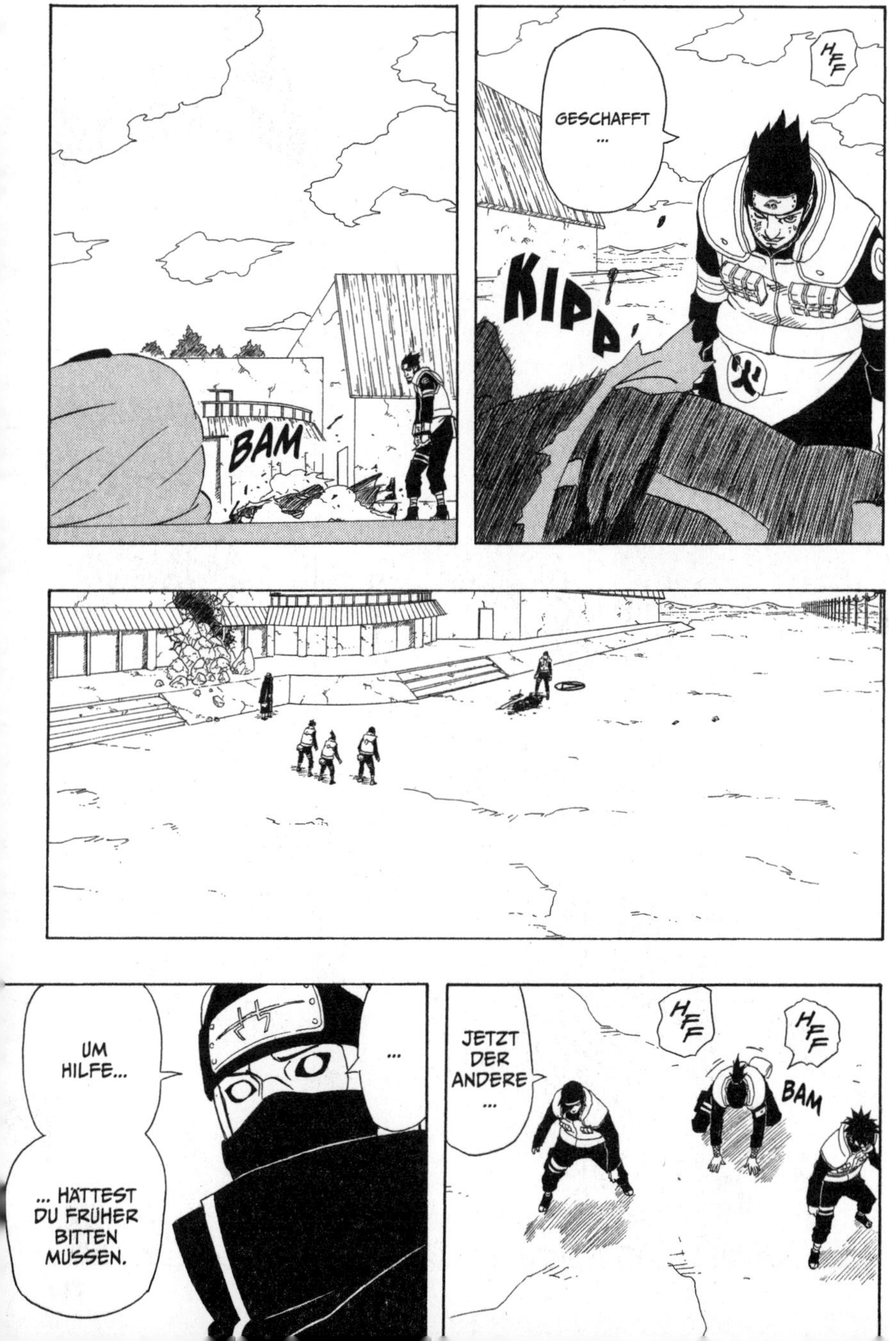
BAM
HFF
GESCHAFFT ...
KIPP
UM HILFE...
... HÄTTEST DU FRÜHER BITTEN MÜSSEN.
...
HFF
HFF
BAM
JETZT DER ANDERE ...

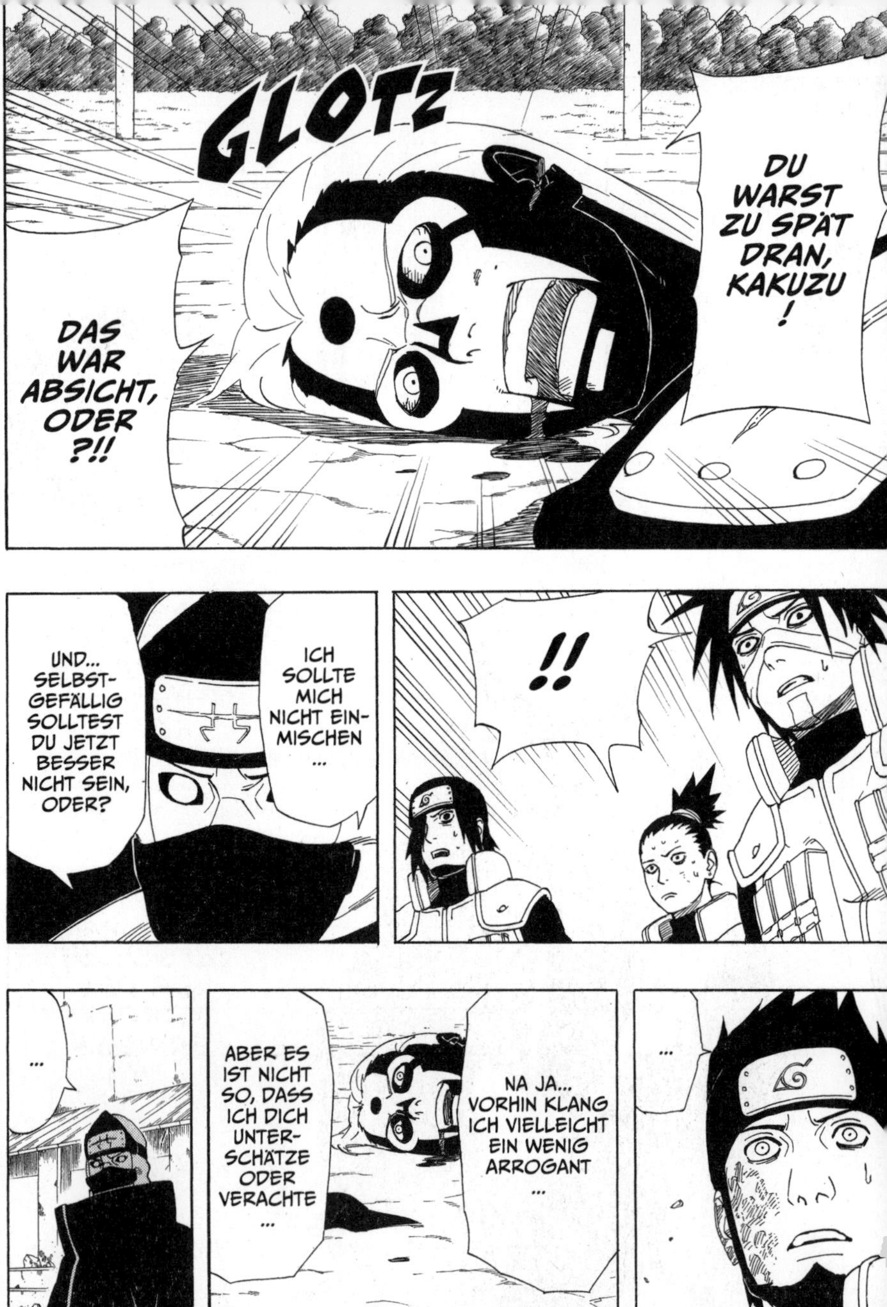
DU WARST ZU SPÄT DRAN, KAKUZU!
GLOTZ
DAS WAR ABSICHT, ODER ?!!
!!
ICH SOLLTE MICH NICHT EIN-MISCHEN ...
UND... SELBST-GEFÄLLIG SOLLTEST DU JETZT BESSER NICHT SEIN, ODER?
...
NA JA... VORHIN KLANG ICH VIELLEICHT EIN WENIG ARROGANT ...
ABER ES IST NICHT SO, DASS ICH DICH UNTER-SCHÄTZE ODER VERACHTE ...
...

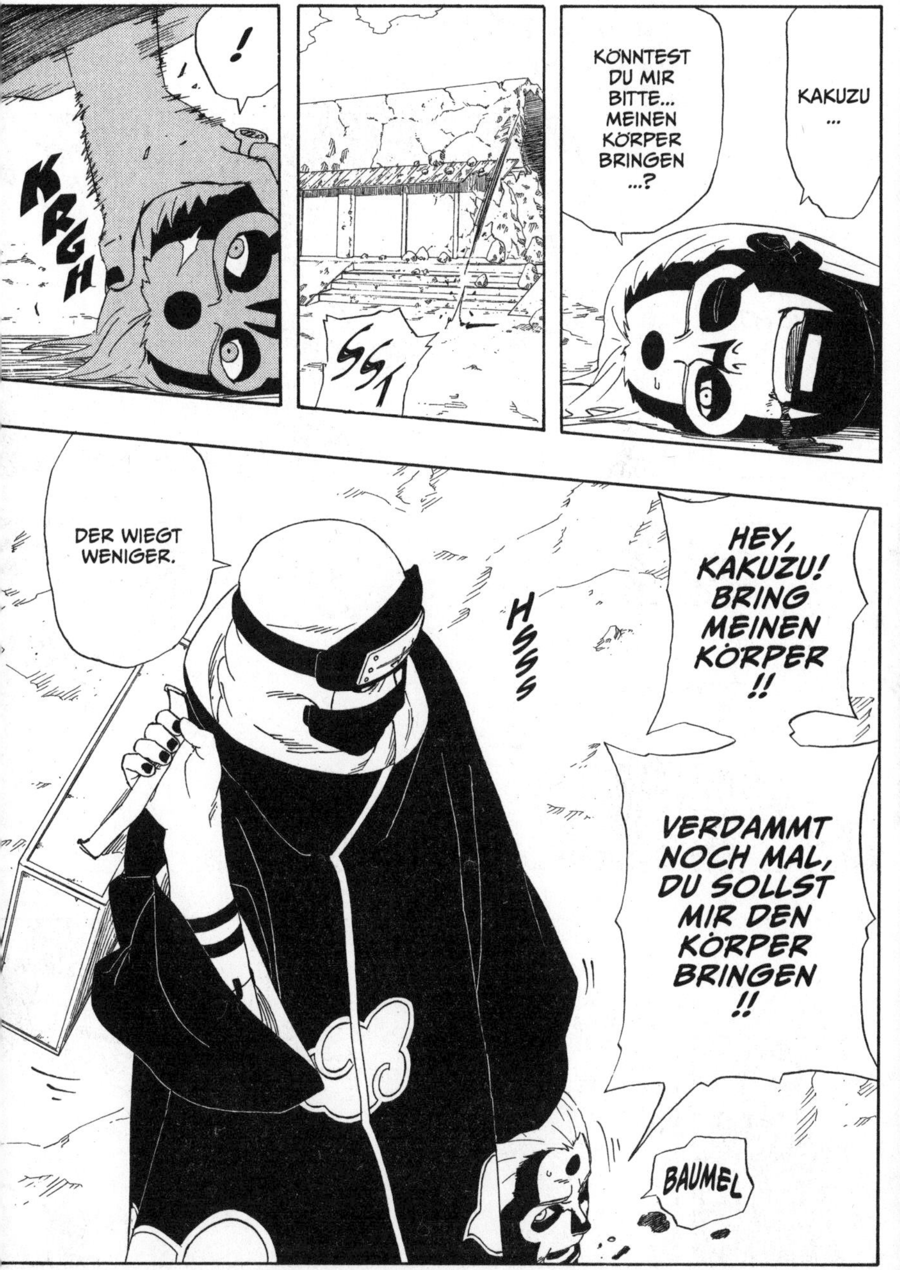
KAKUZU ...
KÖNNTEST DU MIR BITTE... MEINEN KÖRPER BRINGEN ...?
!
KRGH
HEY, KAKUZU! BRING MEINEN KÖRPER !!
VERDAMMT NOCH MAL, DU SOLLST MIR DEN KÖRPER BRINGEN !!
HSSS
DER WIEGT WENIGER.
BAUMEL

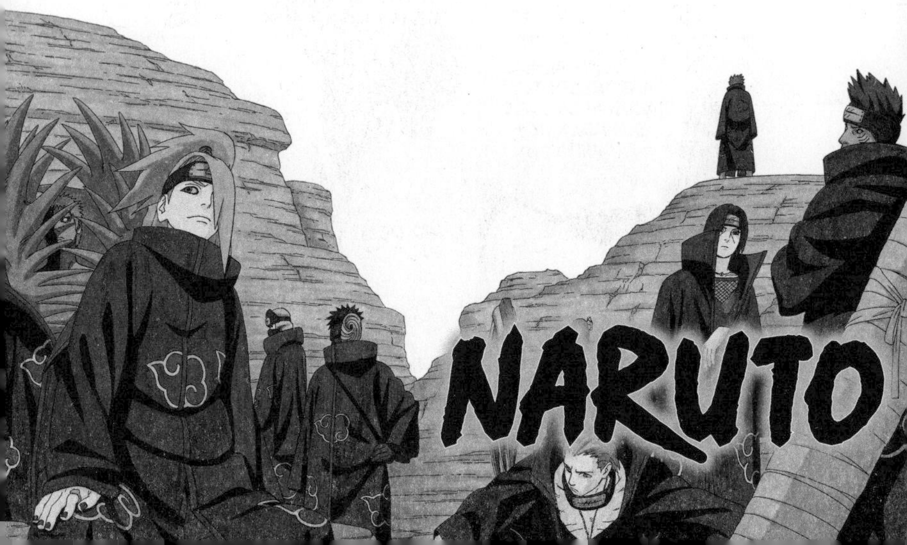
NARUTO

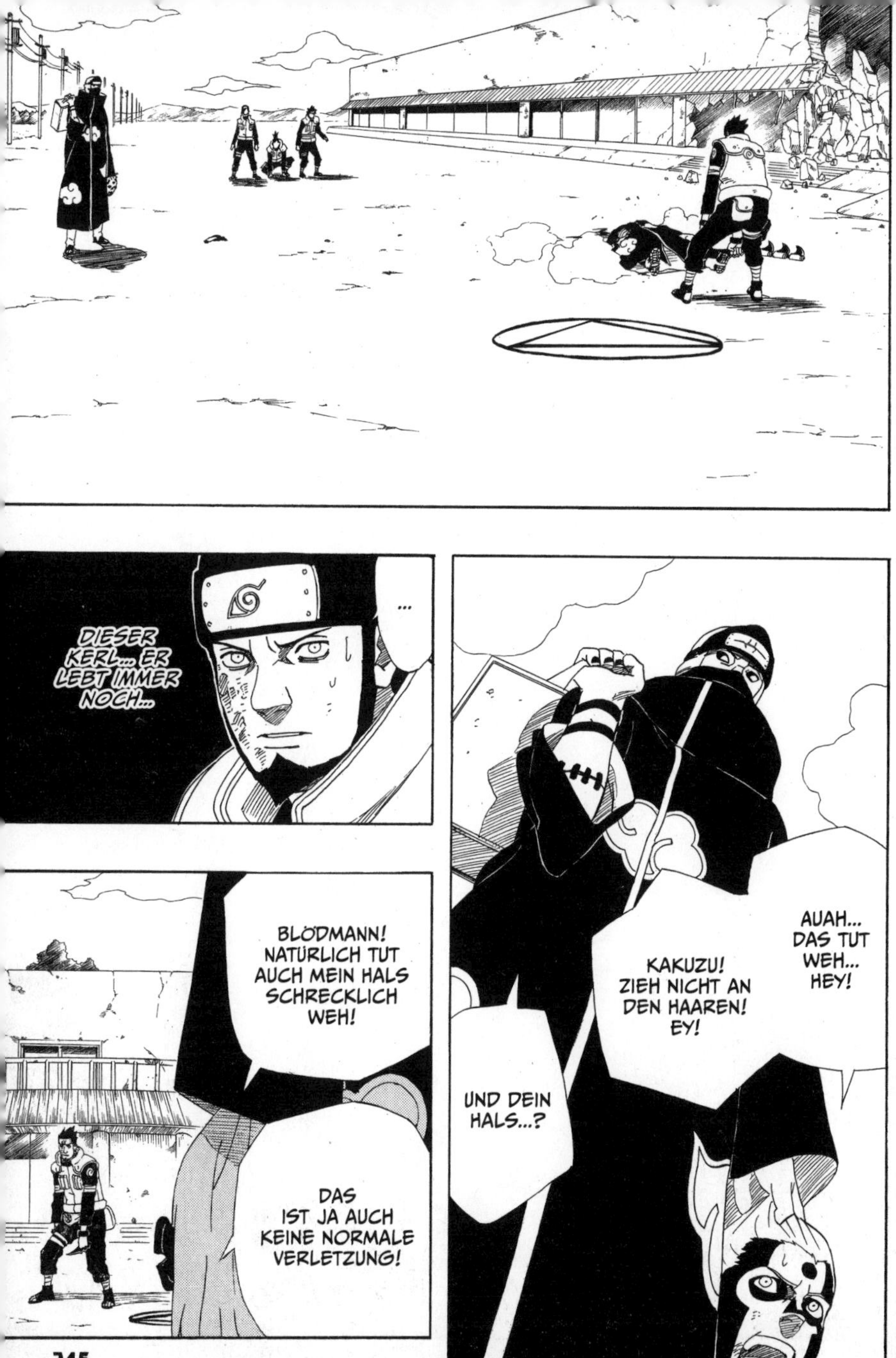
AUAH... DAS TUT WEH... HEY!
KAKUZU! ZIEH NICHT AN DEN HAAREN! EY!
UND DEIN HALS...?
...
DIESER KERL... ER LEBT IMMER NOCH...
BLÖDMANN! NATÜRLICH TUT AUCH MEIN HALS SCHRECKLICH WEH!
DAS IST JA AUCH KEINE NORMALE VERLETZUNG!

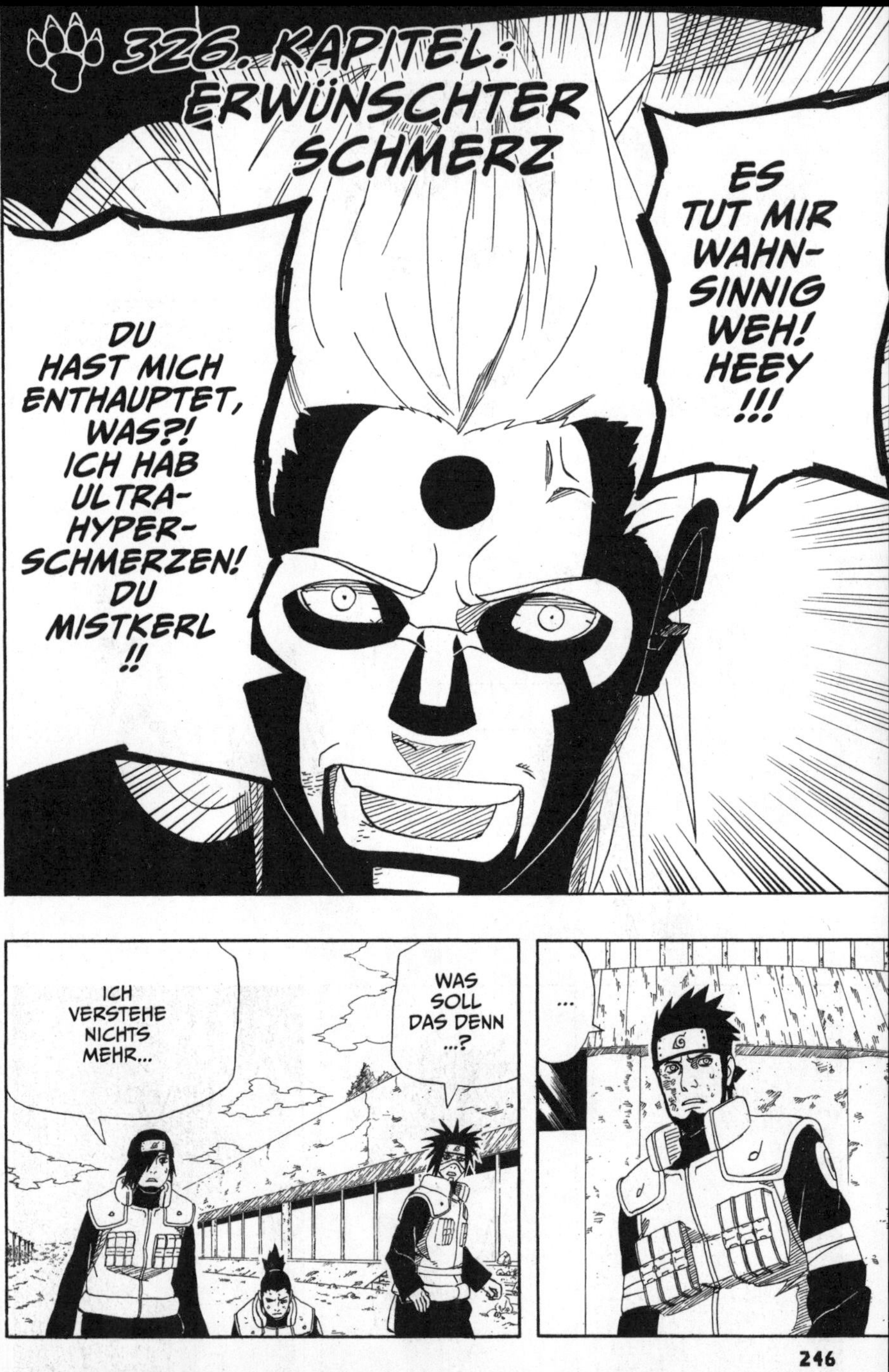

326. KAPITEL: ERWÜNSCHTER SCHMERZ
ES TUT MIR WAHNSINNIG WEH! HEEY!!!
DU HAST MICH ENTHAUPTET, WAS?! ICH HAB ULTRA-HYPER-SCHMERZEN! DU MISTKERL!!
...
WAS SOLL DAS DENN ...?
ICH VERSTEHE NICHTS MEHR...

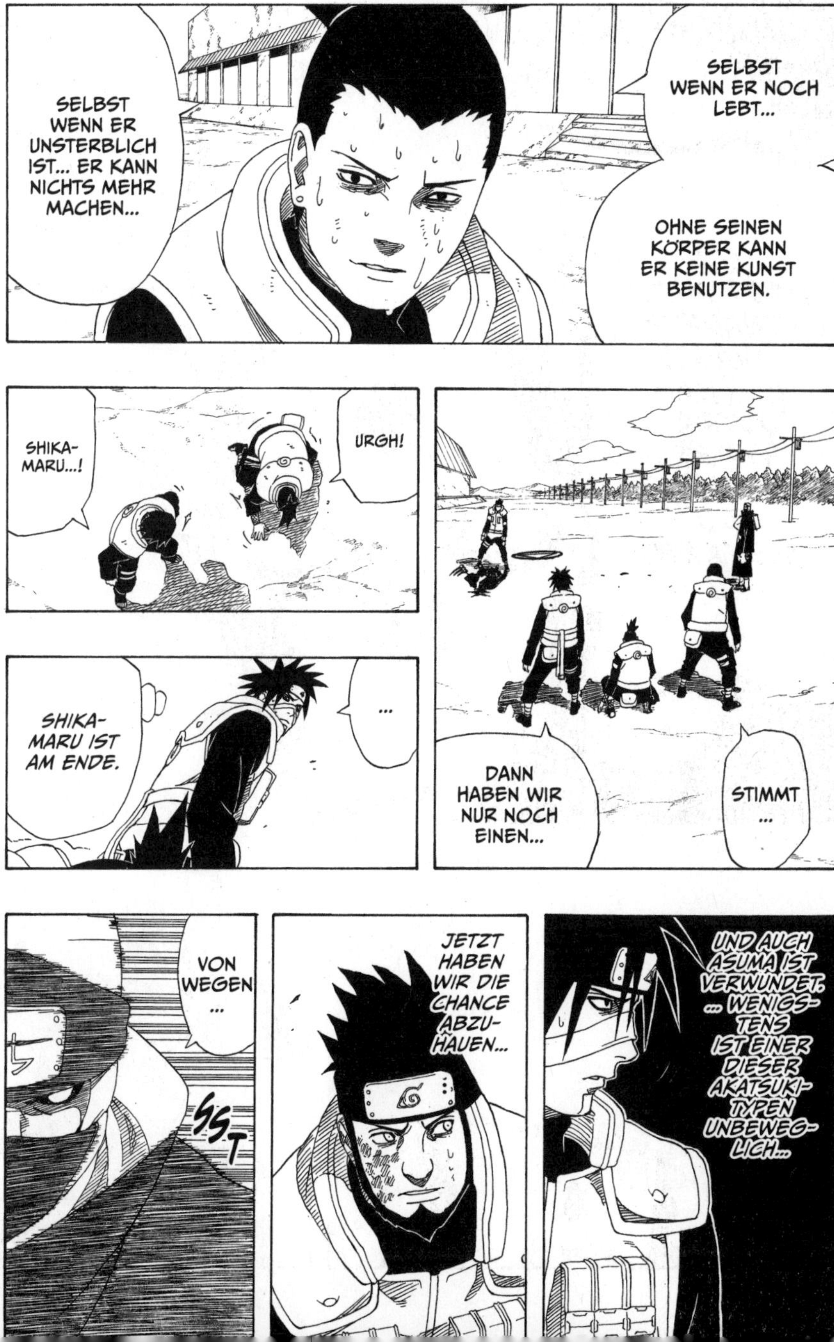
SELBST WENN ER NOCH LEBT...
OHNE SEINEN KÖRPER KANN ER KEINE KUNST BENUTZEN.
SELBST WENN ER UNSTERBLICH IST... ER KANN NICHTS MEHR MACHEN...
URGH!
SHIKA-MARU...!
...
SHIKA-MARU IST AM ENDE.
STIMMT ...
DANN HABEN WIR NUR NOCH EINEN...
UND AUCH ASUMA IST VERWUNDET. ... WENIGS-TENS IST EINER DIESER AKATSUKI-TYPEN UNBEWEG-LICH...
JETZT HABEN WIR DIE CHANCE ABZU-HAUEN...
VON WEGEN ...
SST

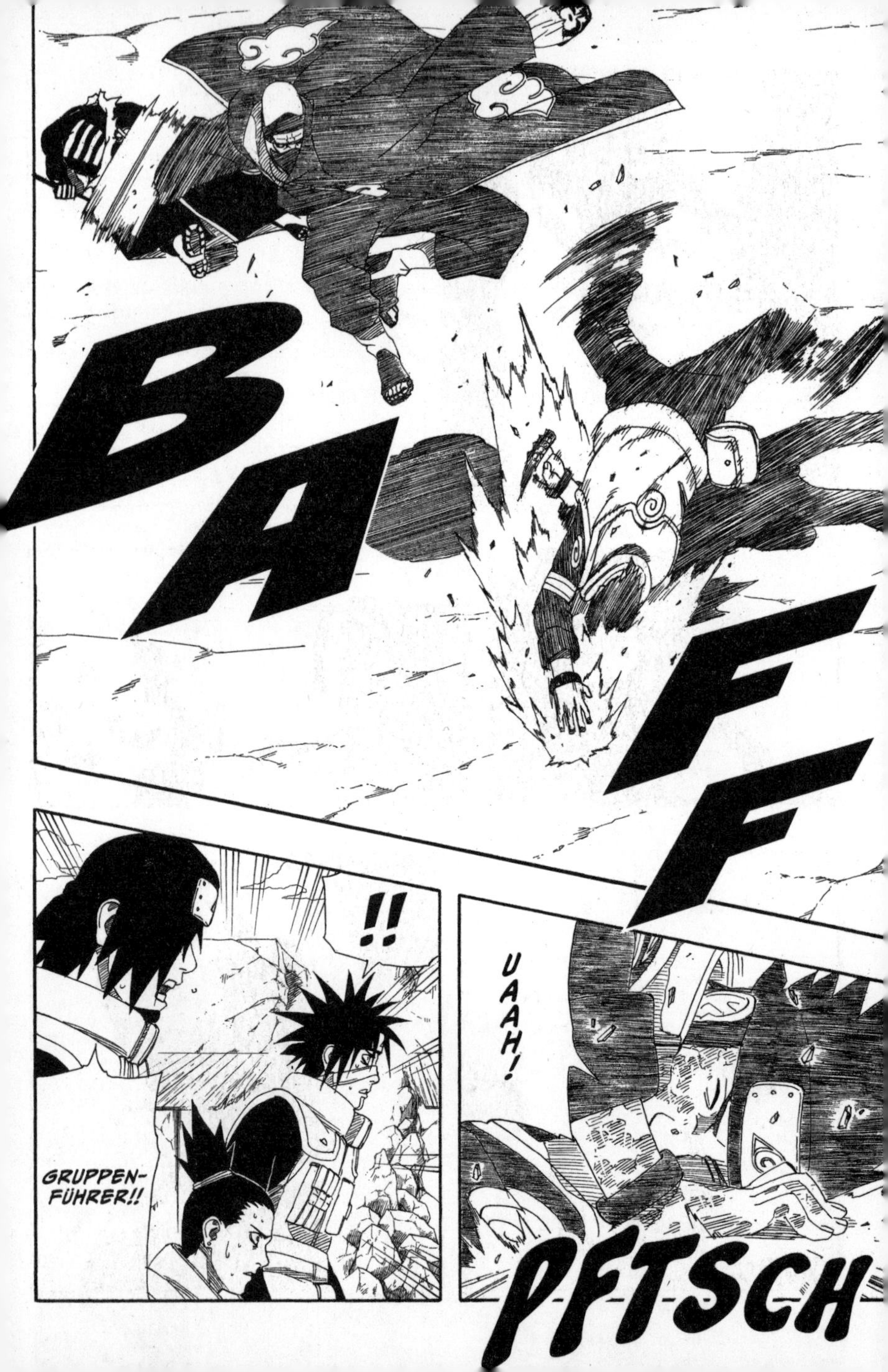
BAFF
!!
GRUPPEN-
FÜHRER!!
UAAH!
PFTSCH

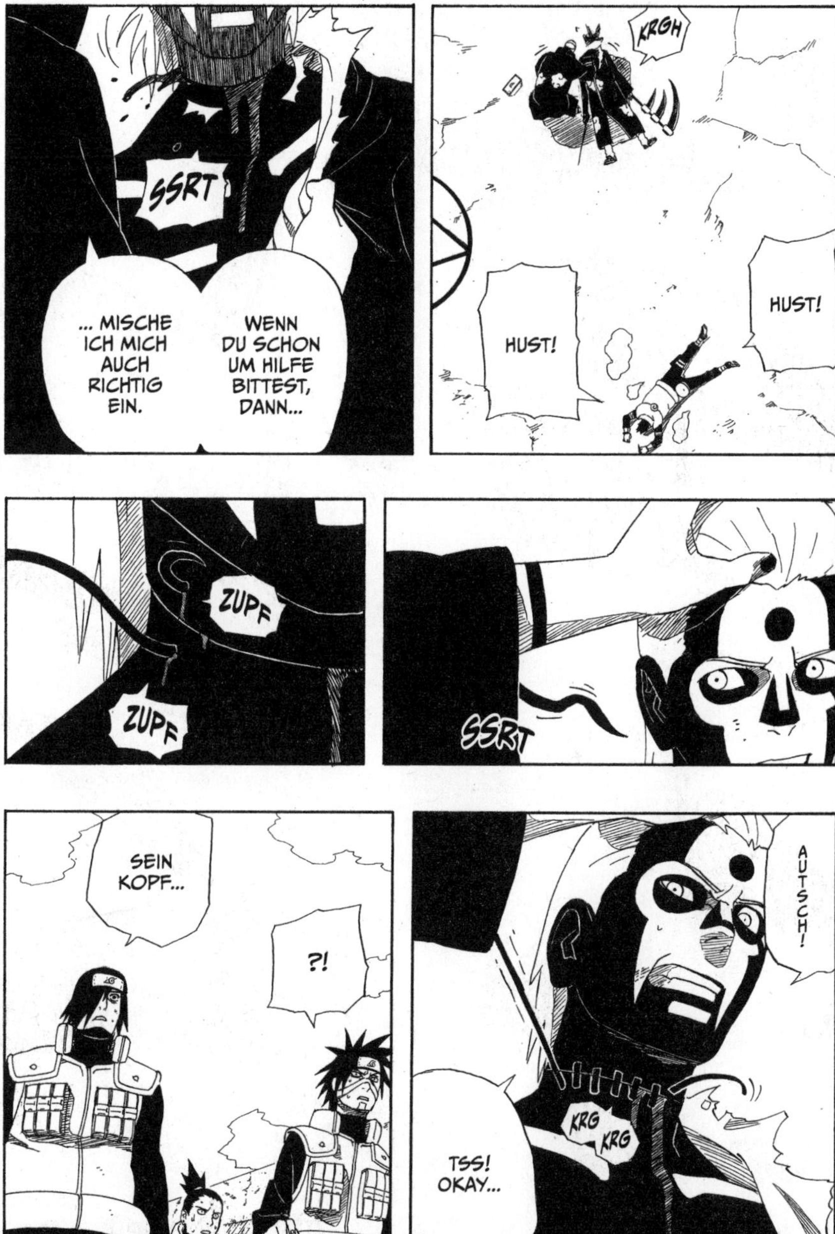
KRGH
HUST!
HUST!
SSRT
WENN DU SCHON UM HILFE BITTEST, DANN...
... MISCHE ICH MICH AUCH RICHTIG EIN.
SSRT
ZUPF
ZUPF
AUTSCH!
KRG
KRG
TSS! OKAY...
SEIN KOPF...
?!

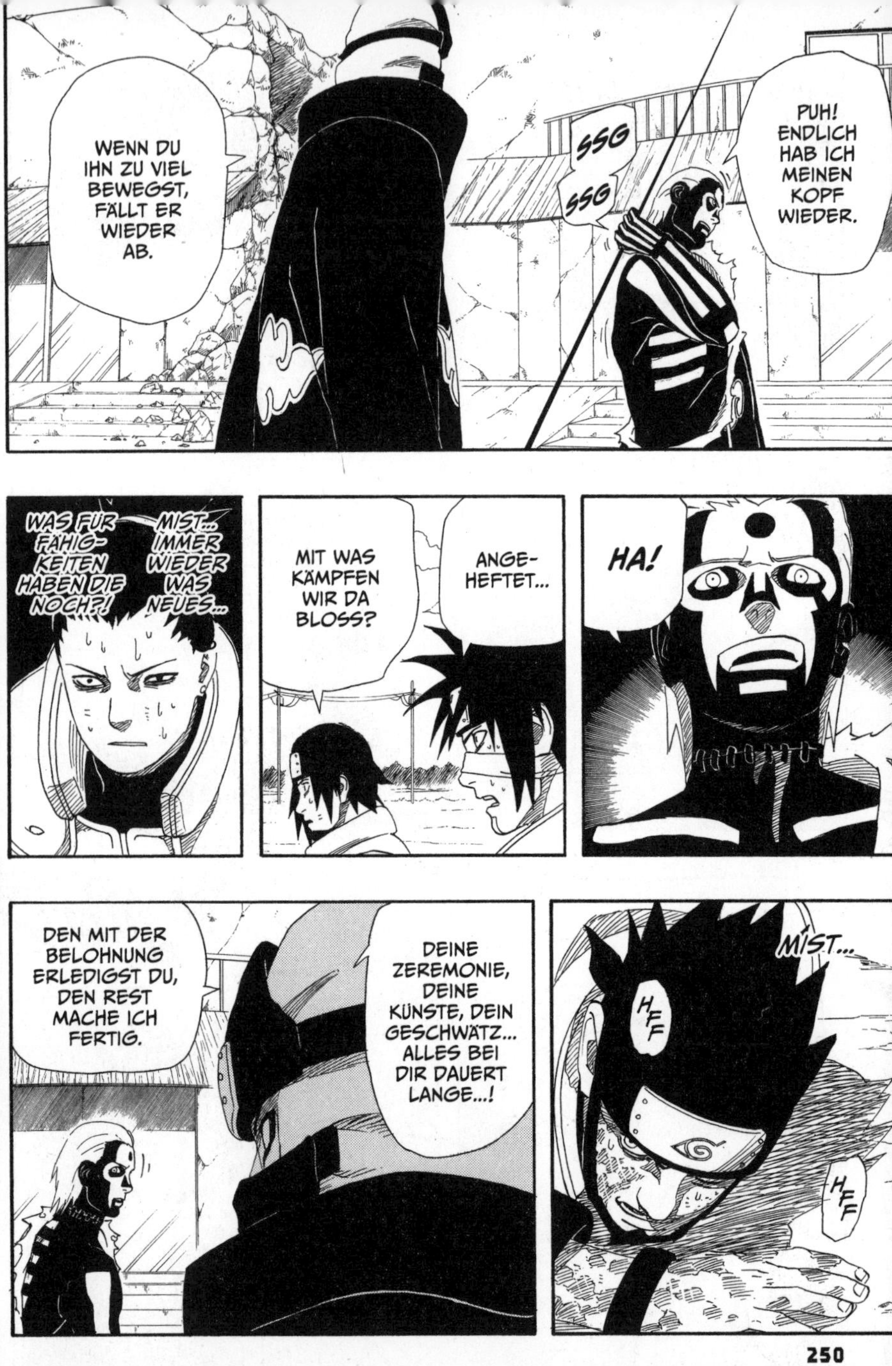
PUH! ENDLICH HAB ICH MEINEN KOPF WIEDER.
SSG
SSG
WENN DU IHN ZU VIEL BEWEGST, FÄLLT ER WIEDER AB.
HA!
ANGE-HEFTET...
MIT WAS KÄMPFEN WIR DA BLOSS?
MIST... IMMER WIEDER WAS NEUES...
WAS FÜR FÄHIG-KEITEN HABEN DIE NOCH?!
MIST...
HFF
HFF
DEINE ZEREMONIE, DEINE KÜNSTE, DEIN GESCHWÄTZ... ALLES BEI DIR DAUERT LANGE...!
DEN MIT DER BELOHNUNG ERLEDIGST DU, DEN REST MACHE ICH FERTIG.

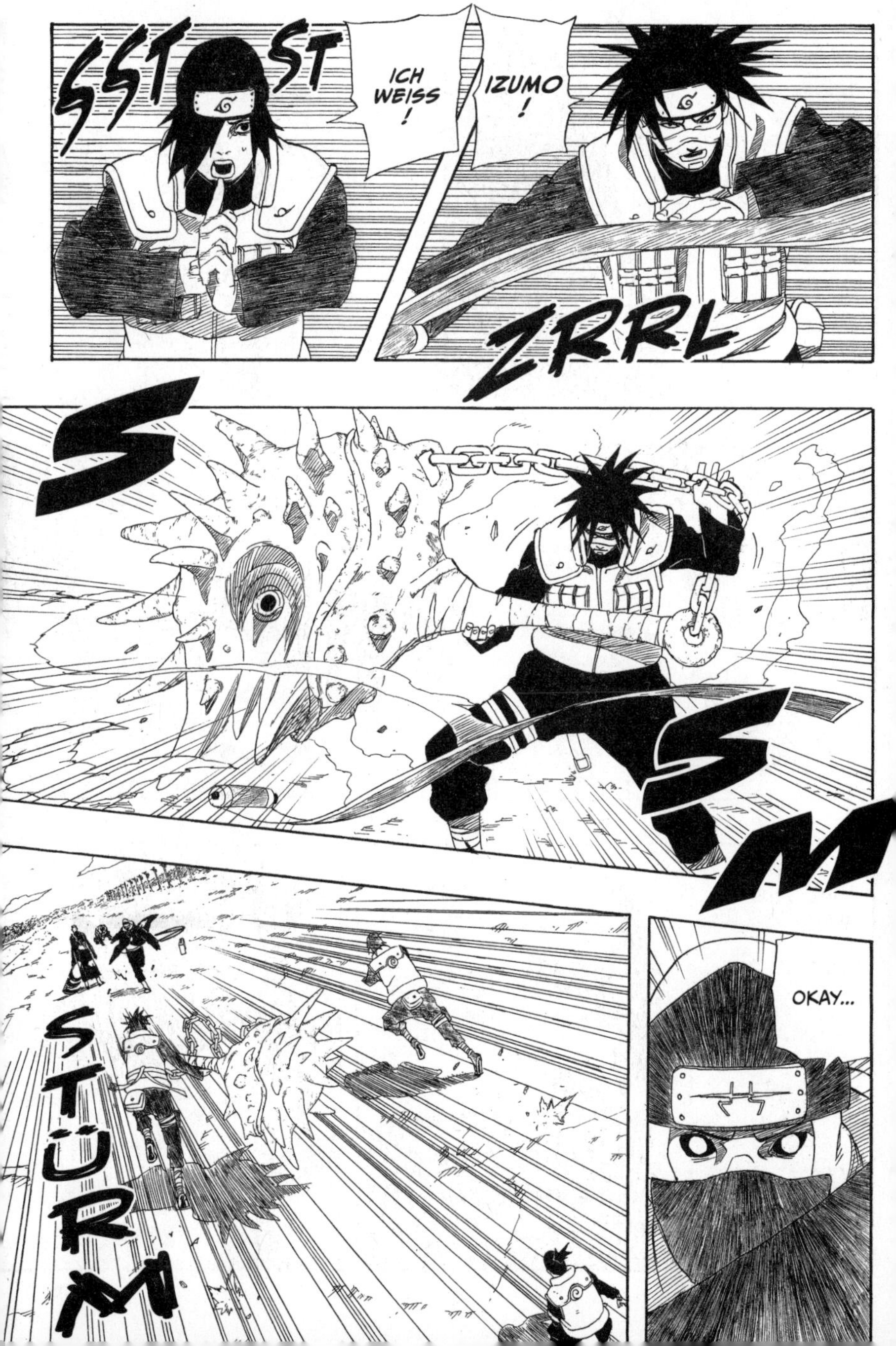

IZUMO!
ICH WEISS!
SST ST
ZRRL
S
SM
OKAY...
STÜRM

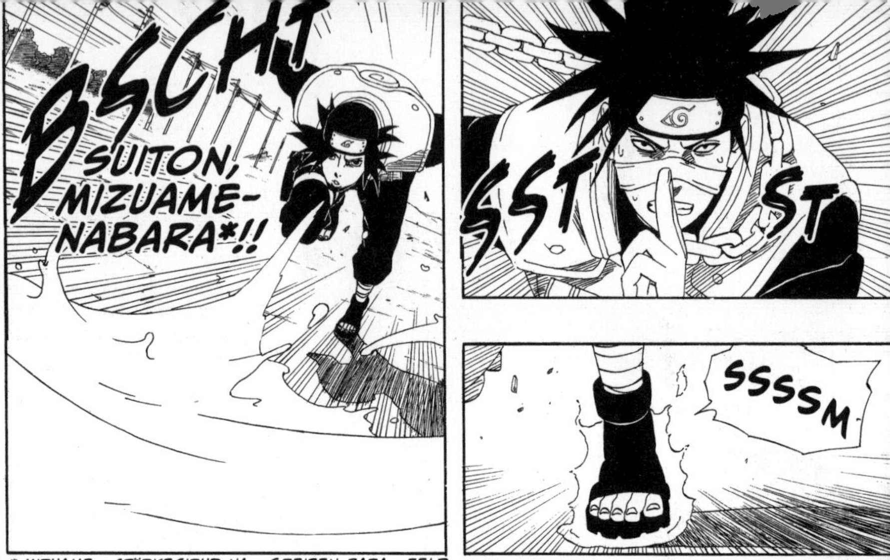

* MIZUAME = STÄRKESIRUP, NA = GREIFEN, BARA = FELD

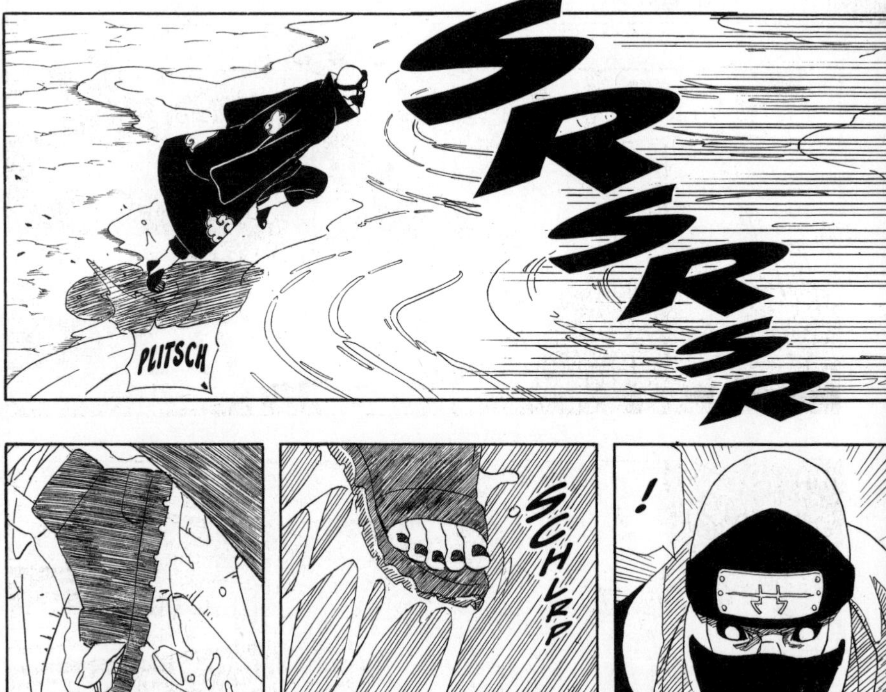

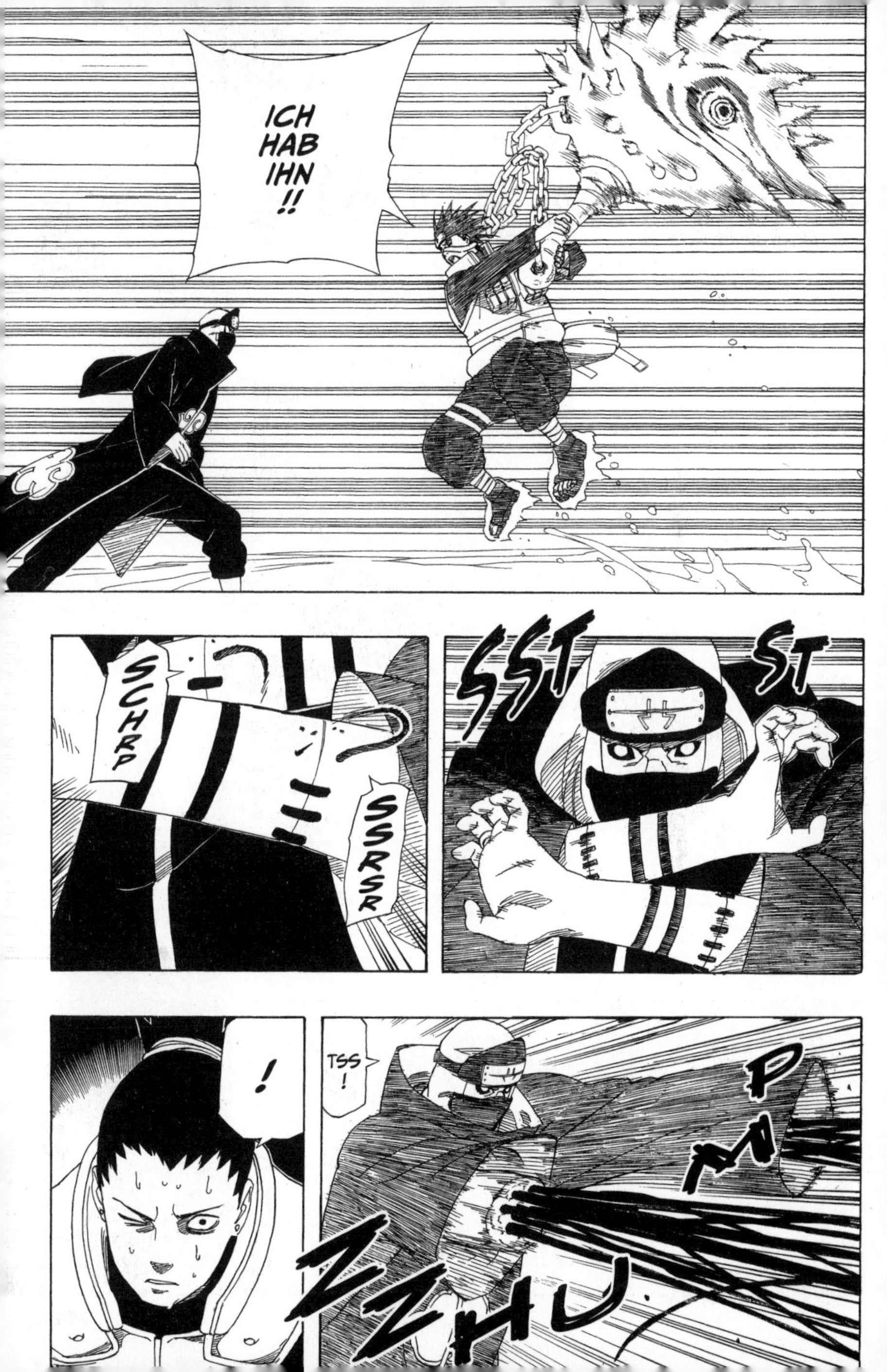
ICH HAB IHN !!
SCHRP
SSRSR
SST
ST
!
TSS !
PAM
ZZHU

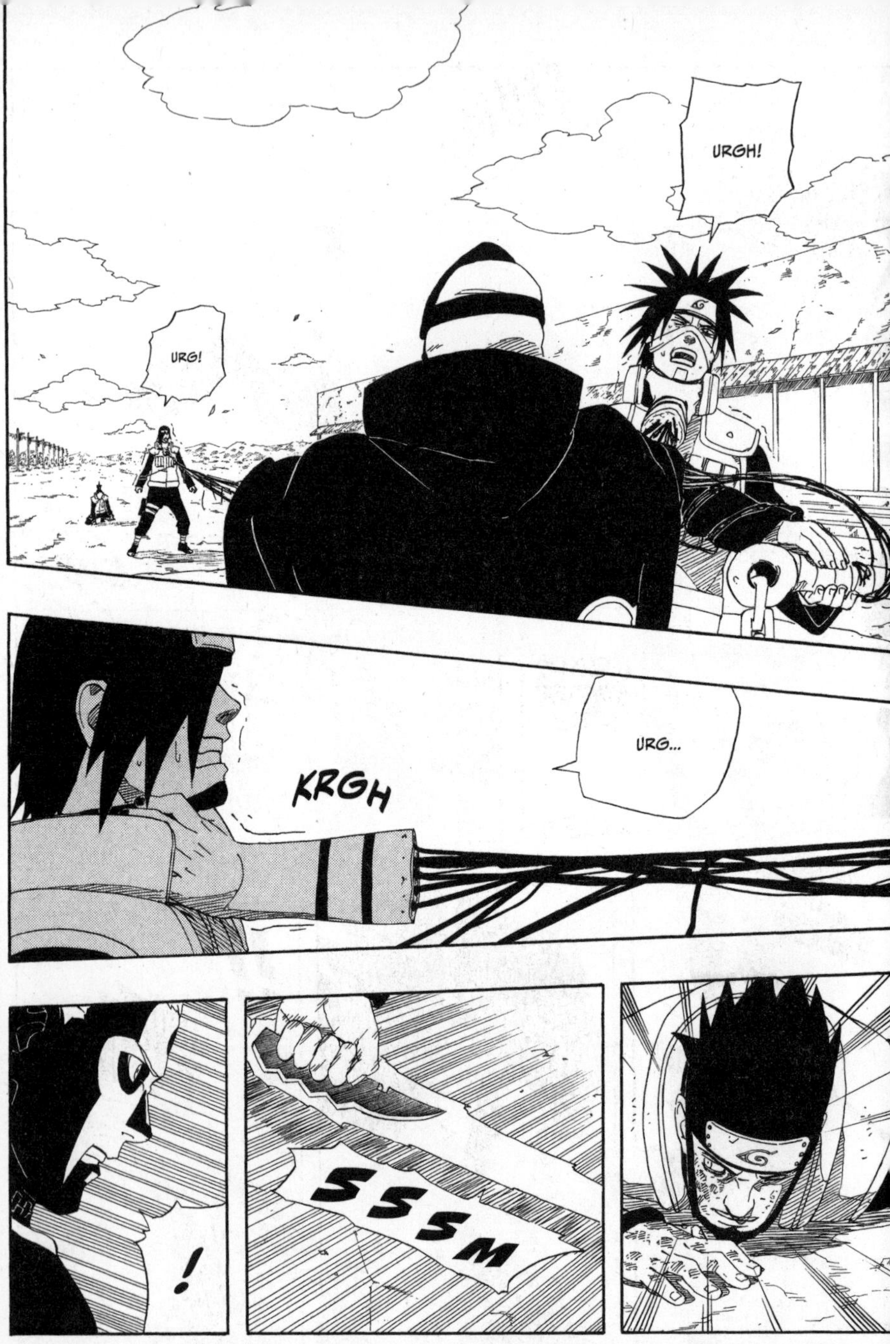
URGH!
URG!
URG...
KRGH
!
SSSM

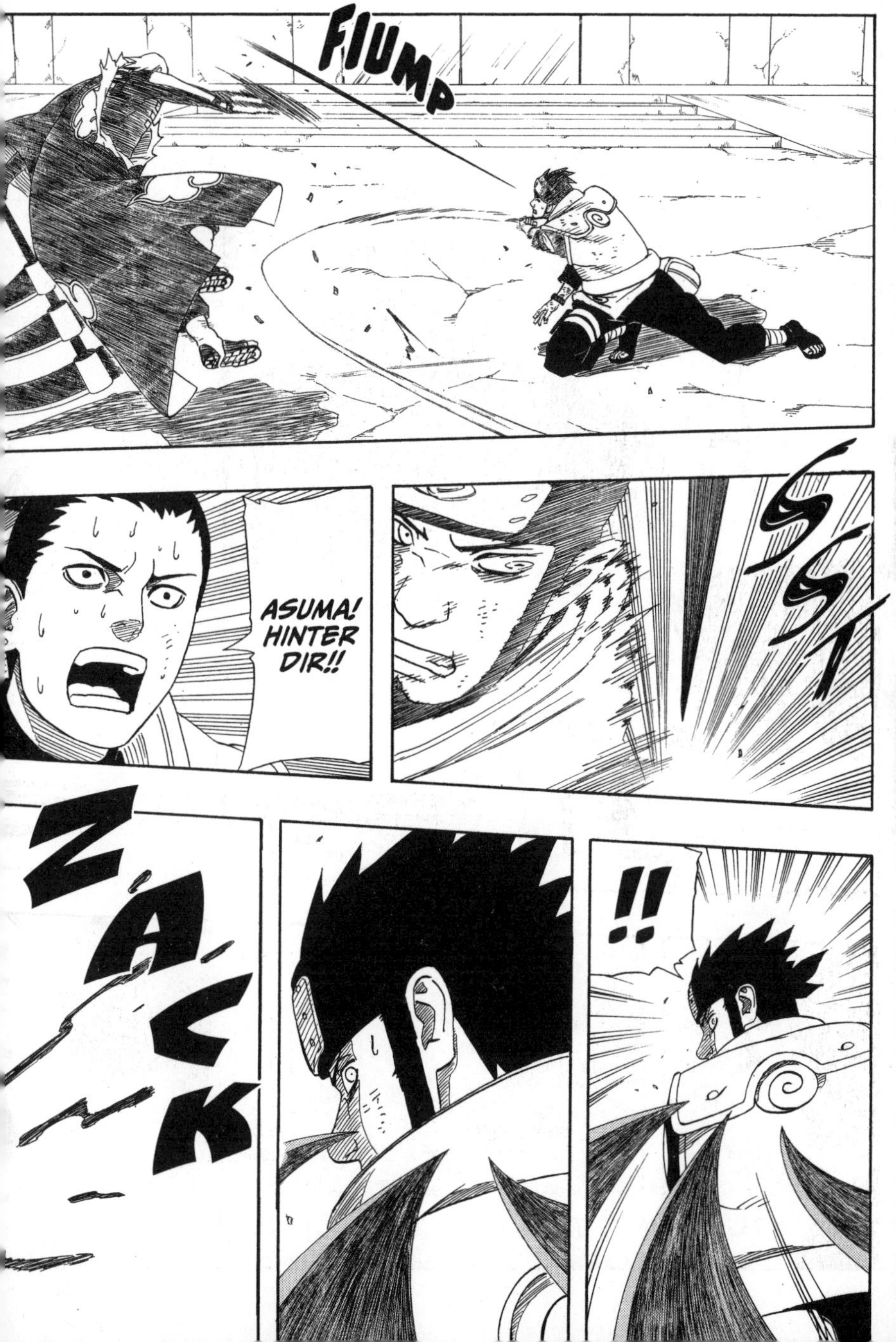
FIUMP
SSST
ASUMA! HINTER DIR!!
ZACK
!!

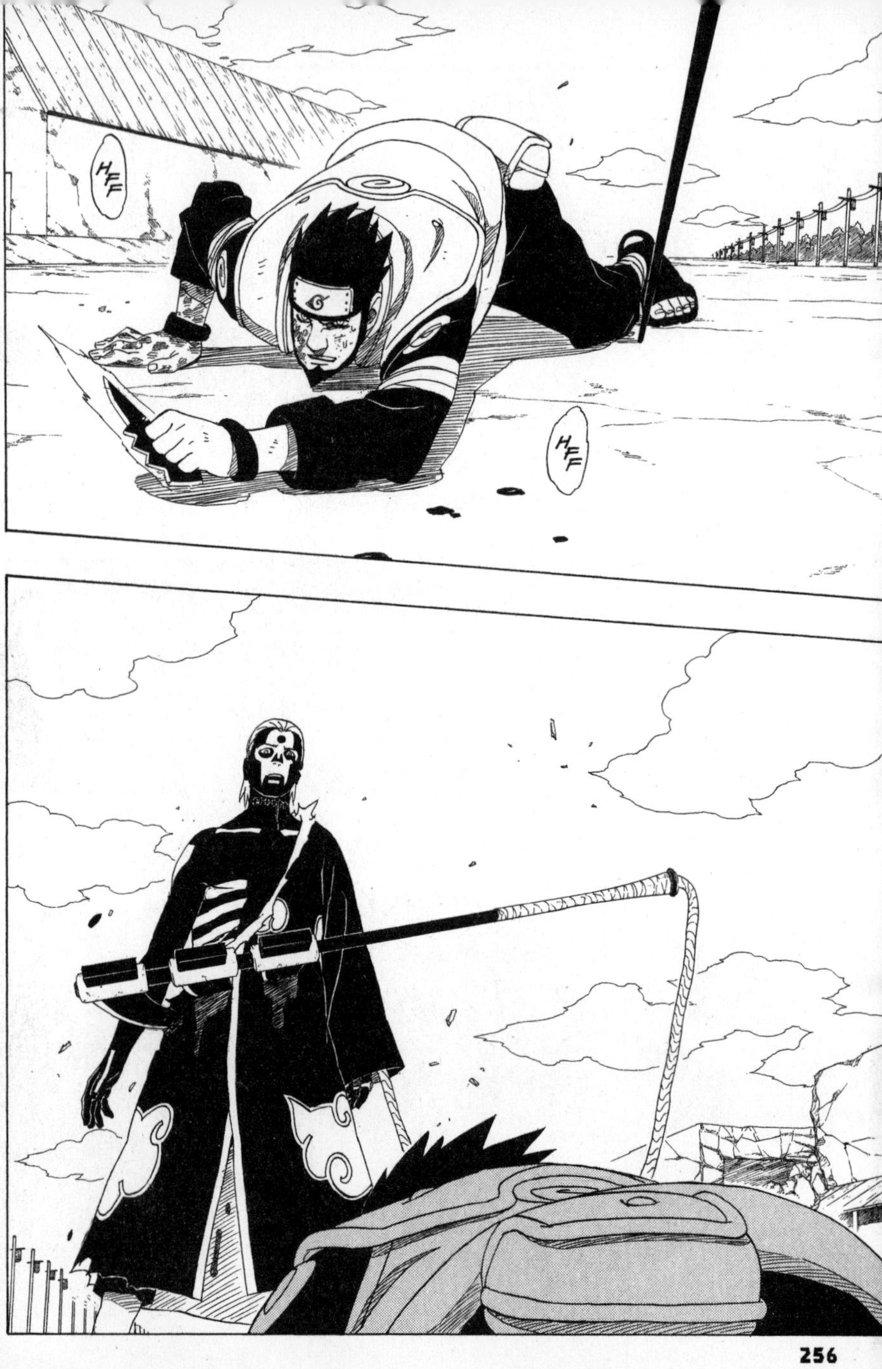
HFF
HFF

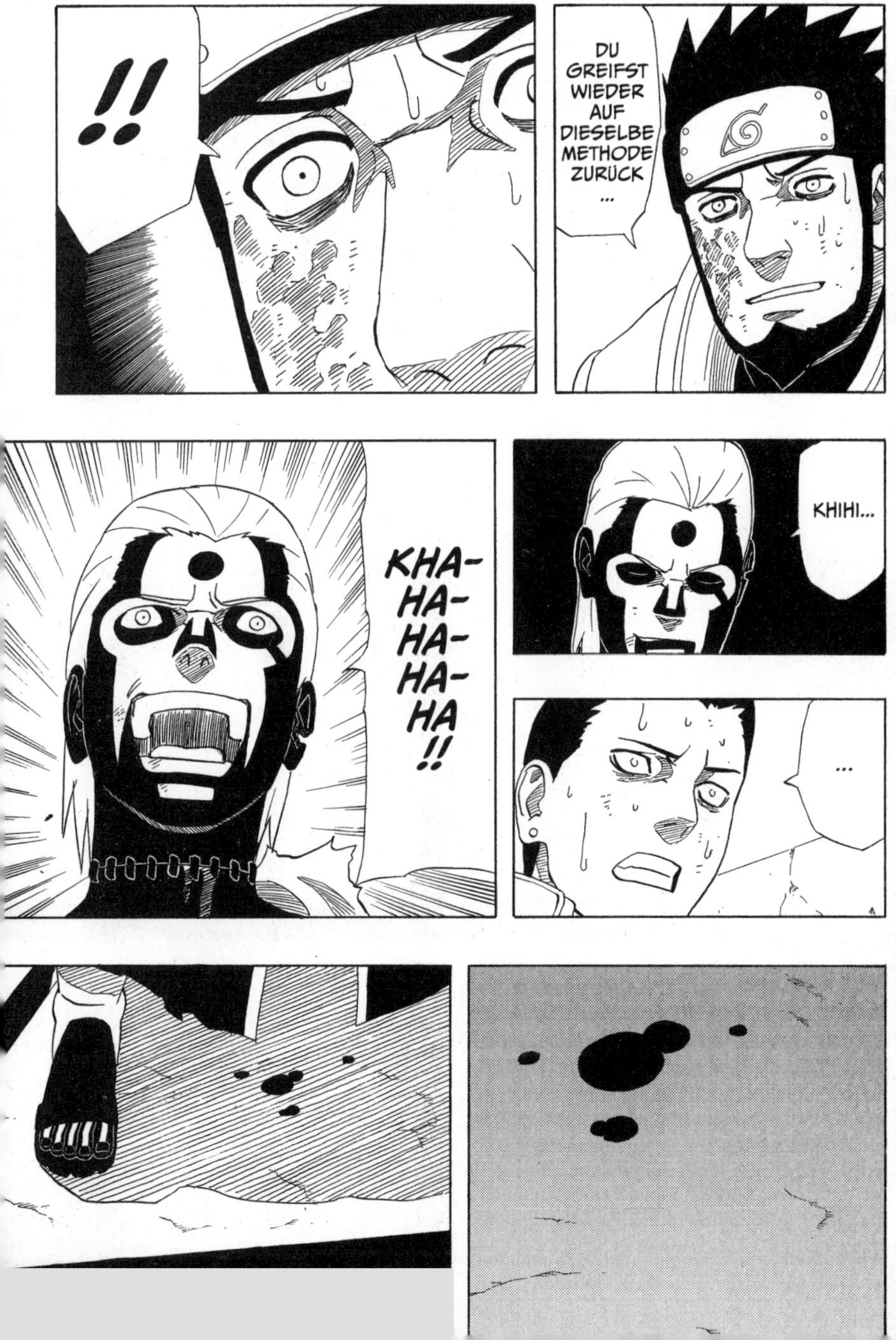
DU GREIFST WIEDER AUF DIESELBE METHODE ZURÜCK ...
!!
KHIHI...
KHA-HA-HA-HA-HA!!
...

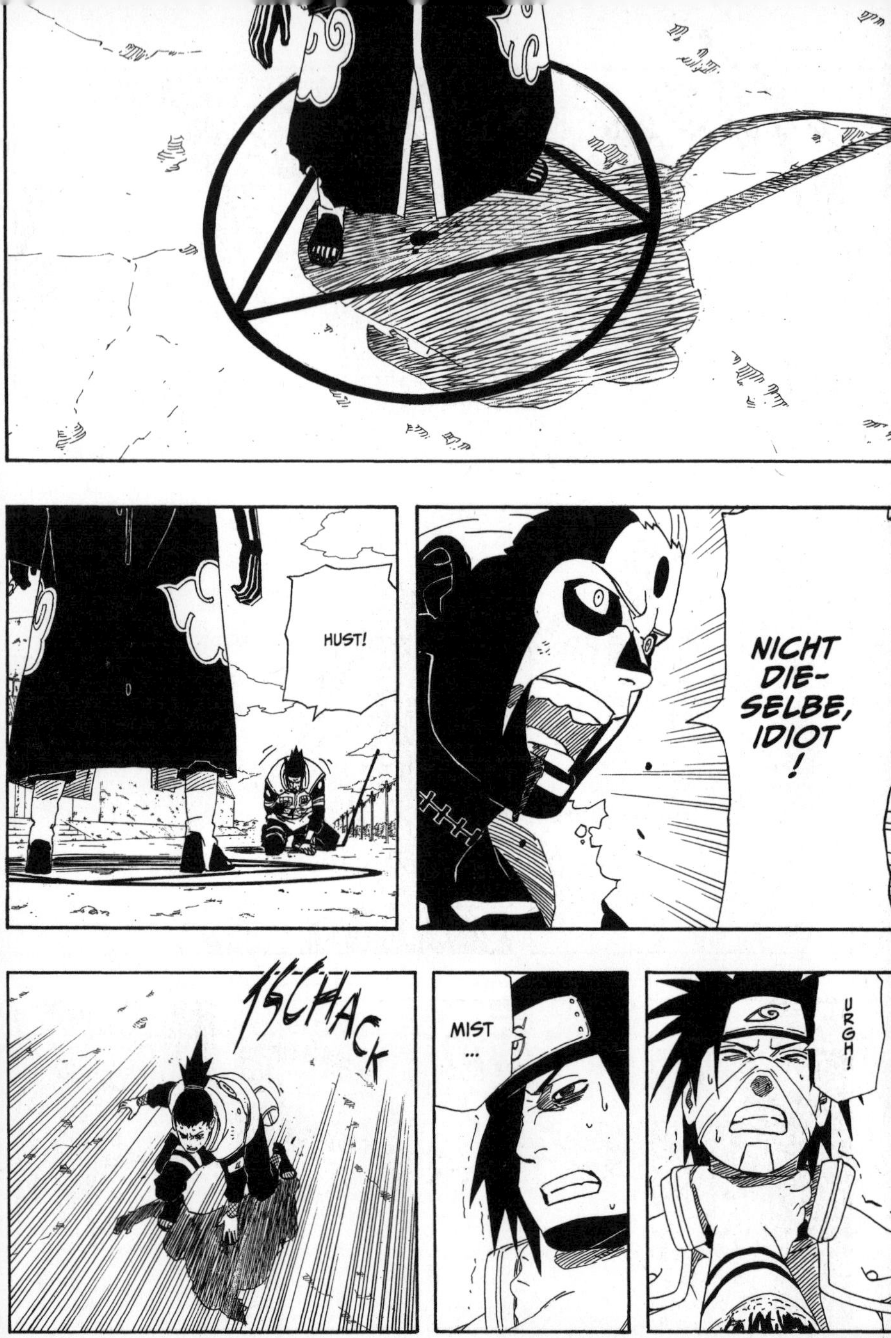
NICHT DIE-SELBE, IDIOT!
HUST!
URGH!
MIST ...
TSCHACK

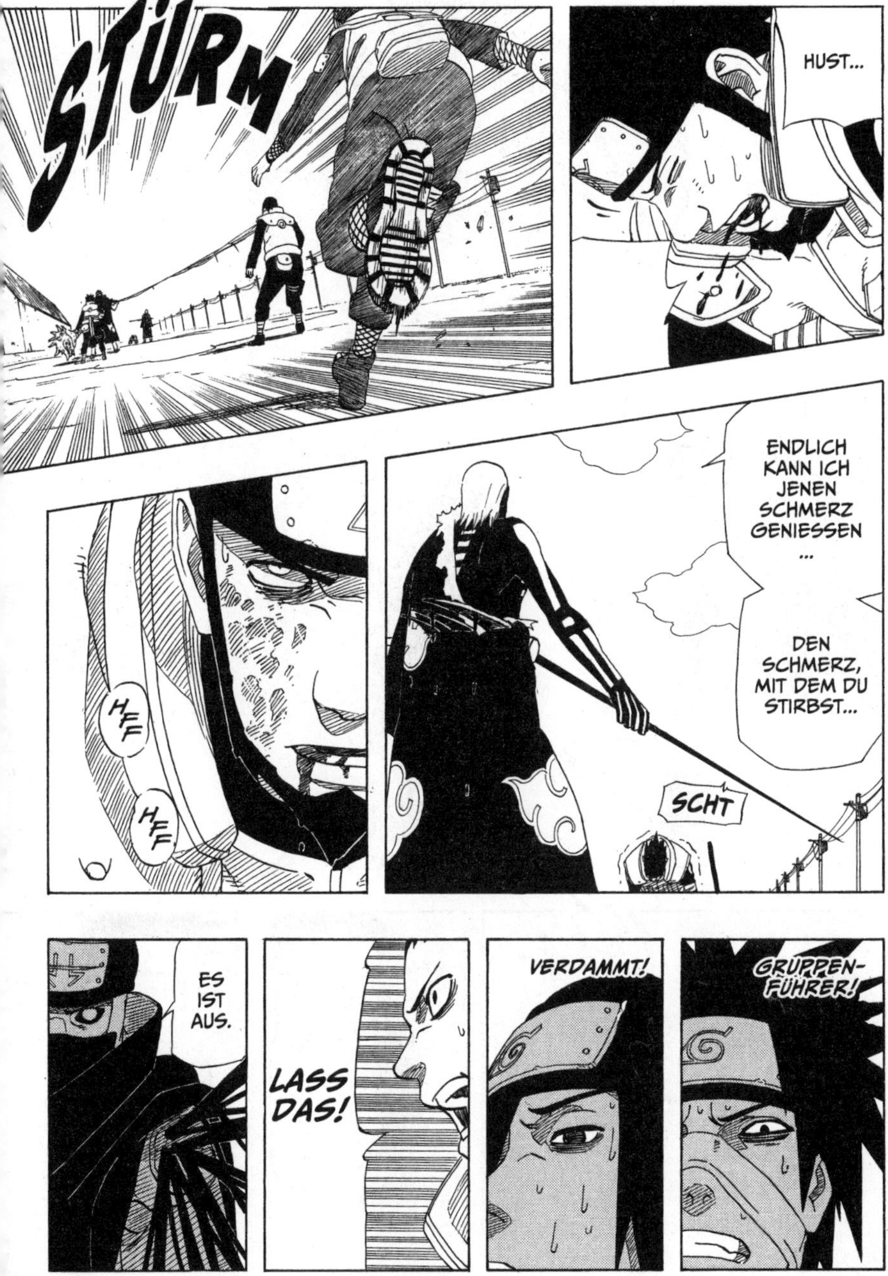
HUST...
STÜRM
ENDLICH KANN ICH JENEN SCHMERZ GENIESSEN ...
DEN SCHMERZ, MIT DEM DU STIRBST...
SCHT
HFF
HFF
GRUPPEN-FÜHRER!
VERDAMMT!
LASS DAS!
ES IST AUS.

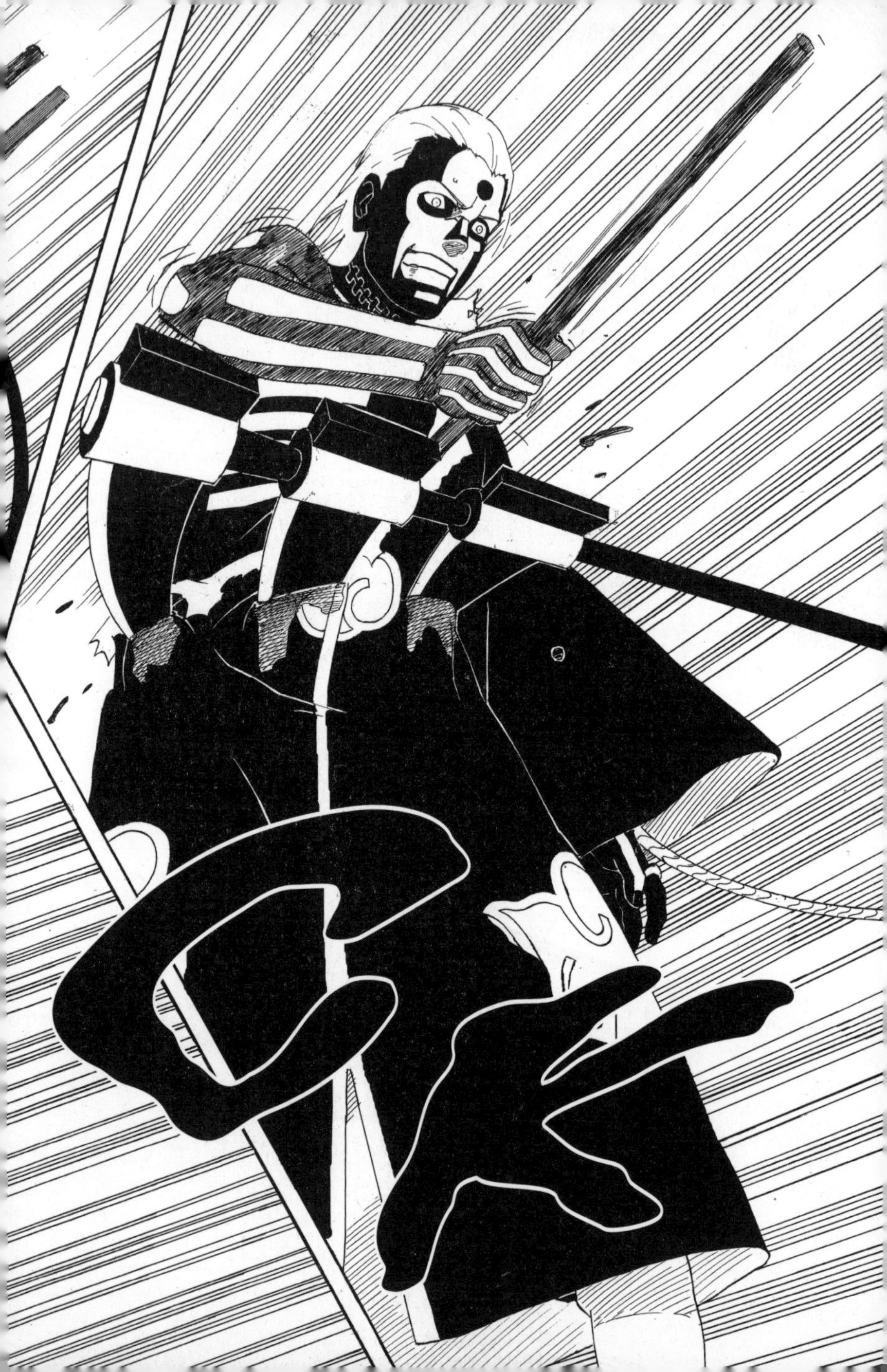

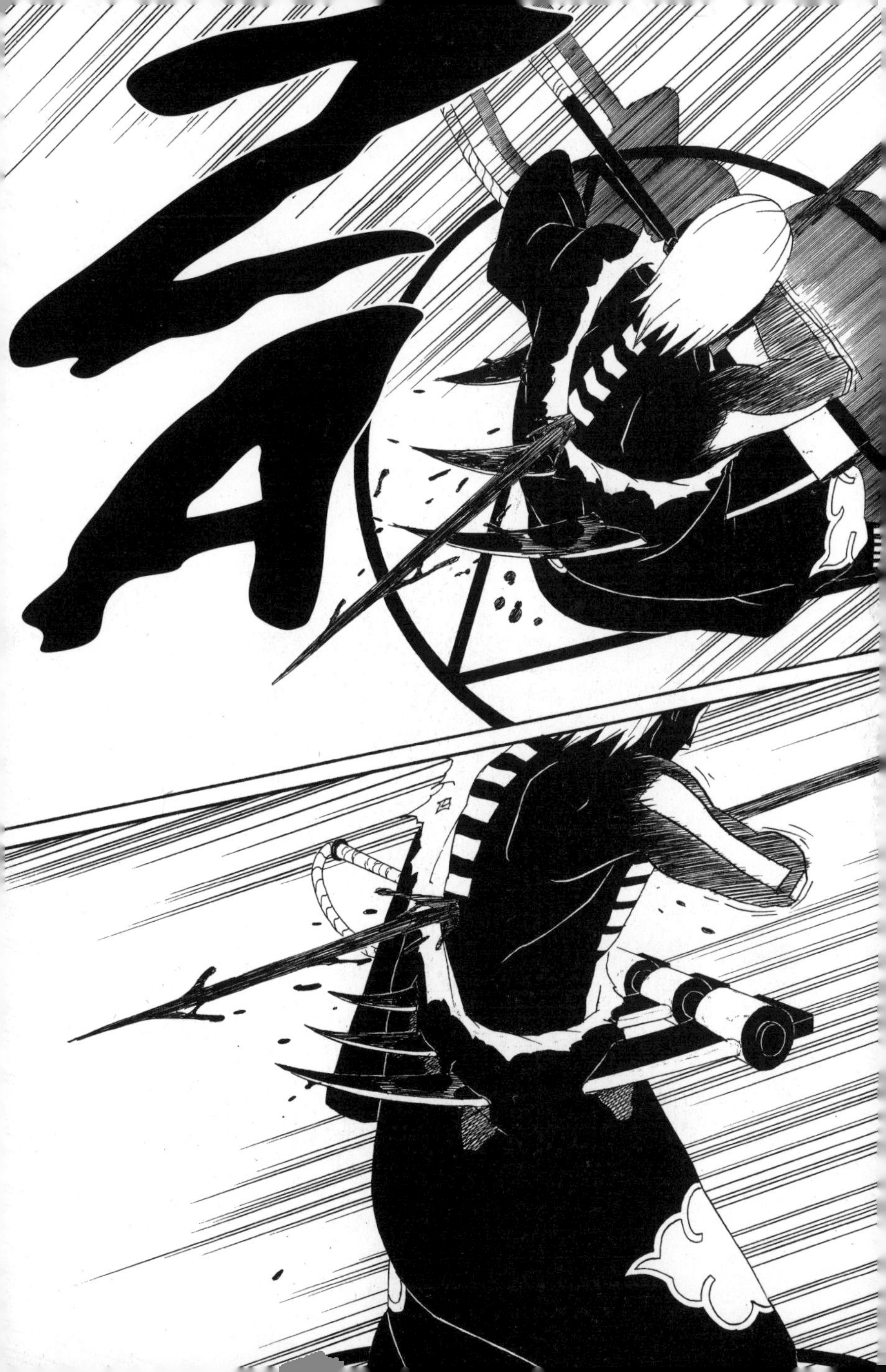

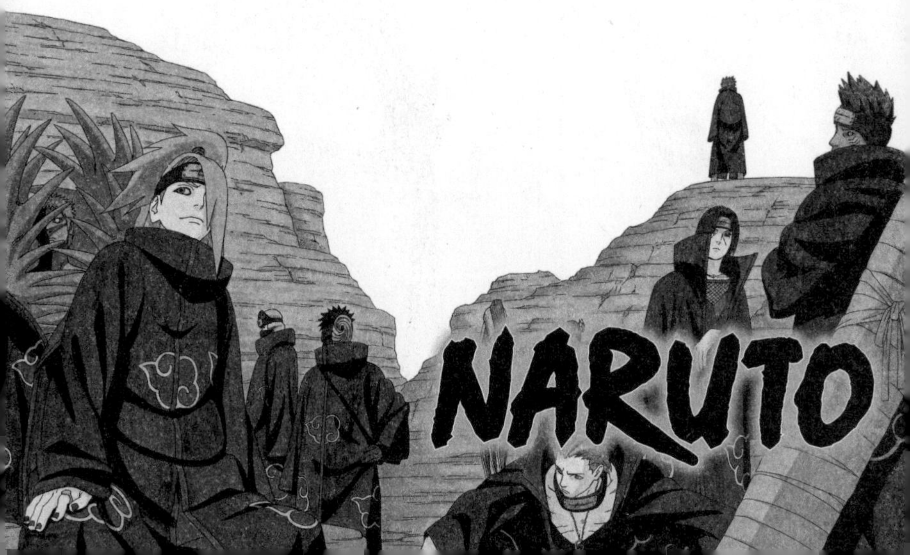
NARUTO

327. Kapitel: In Verzweiflung

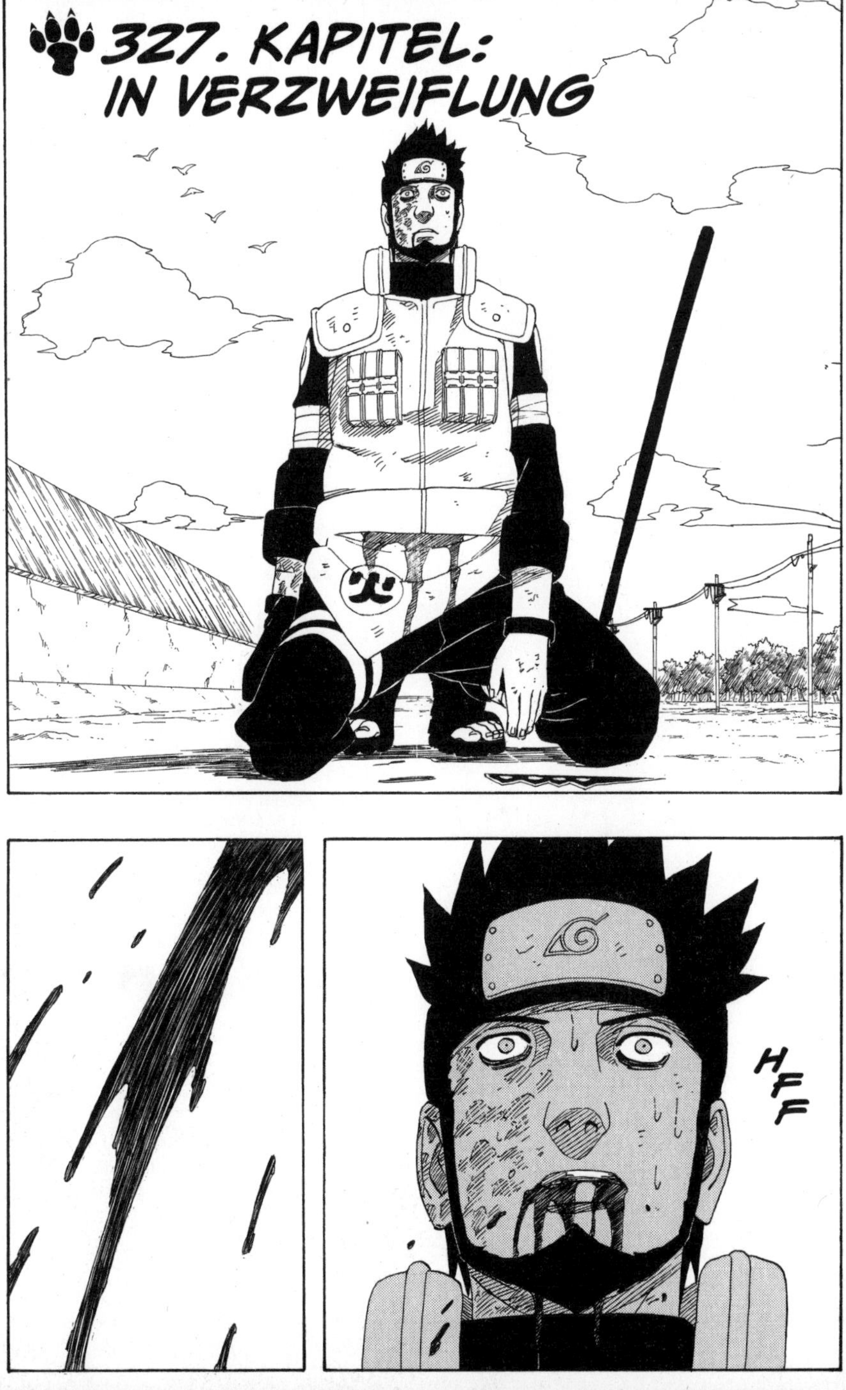

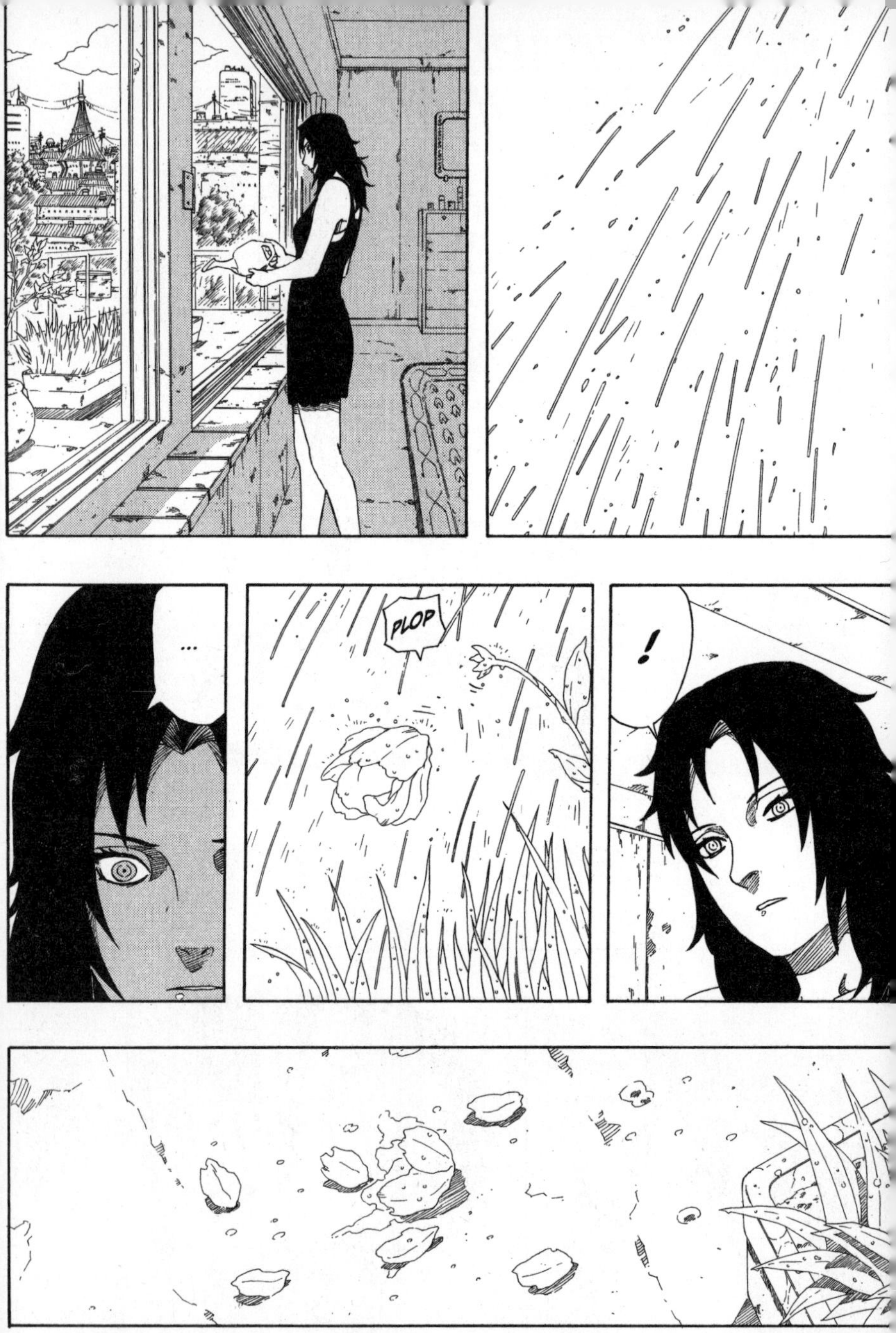
...
PLOP
!

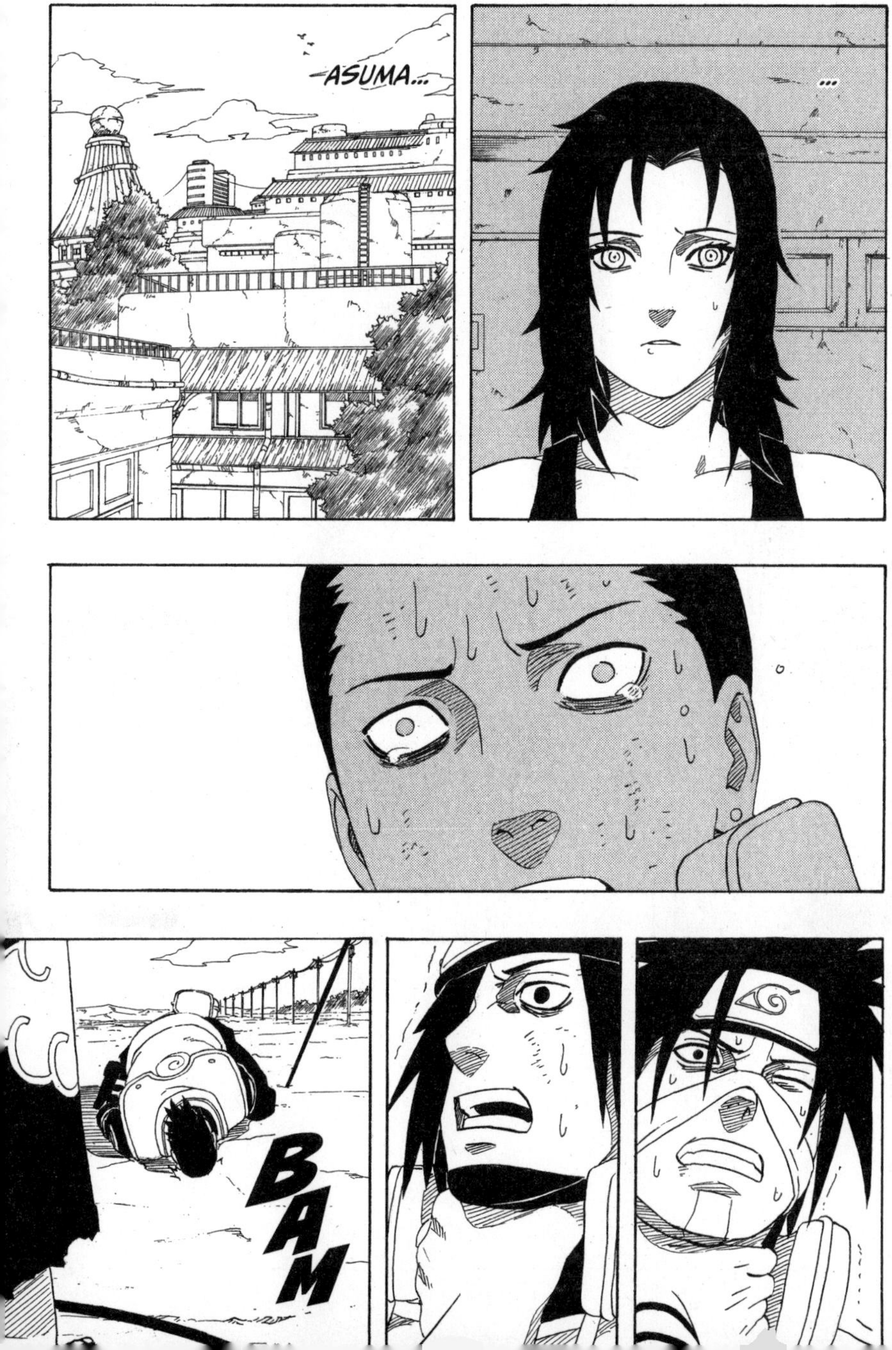
ASUMA...
...
BAM

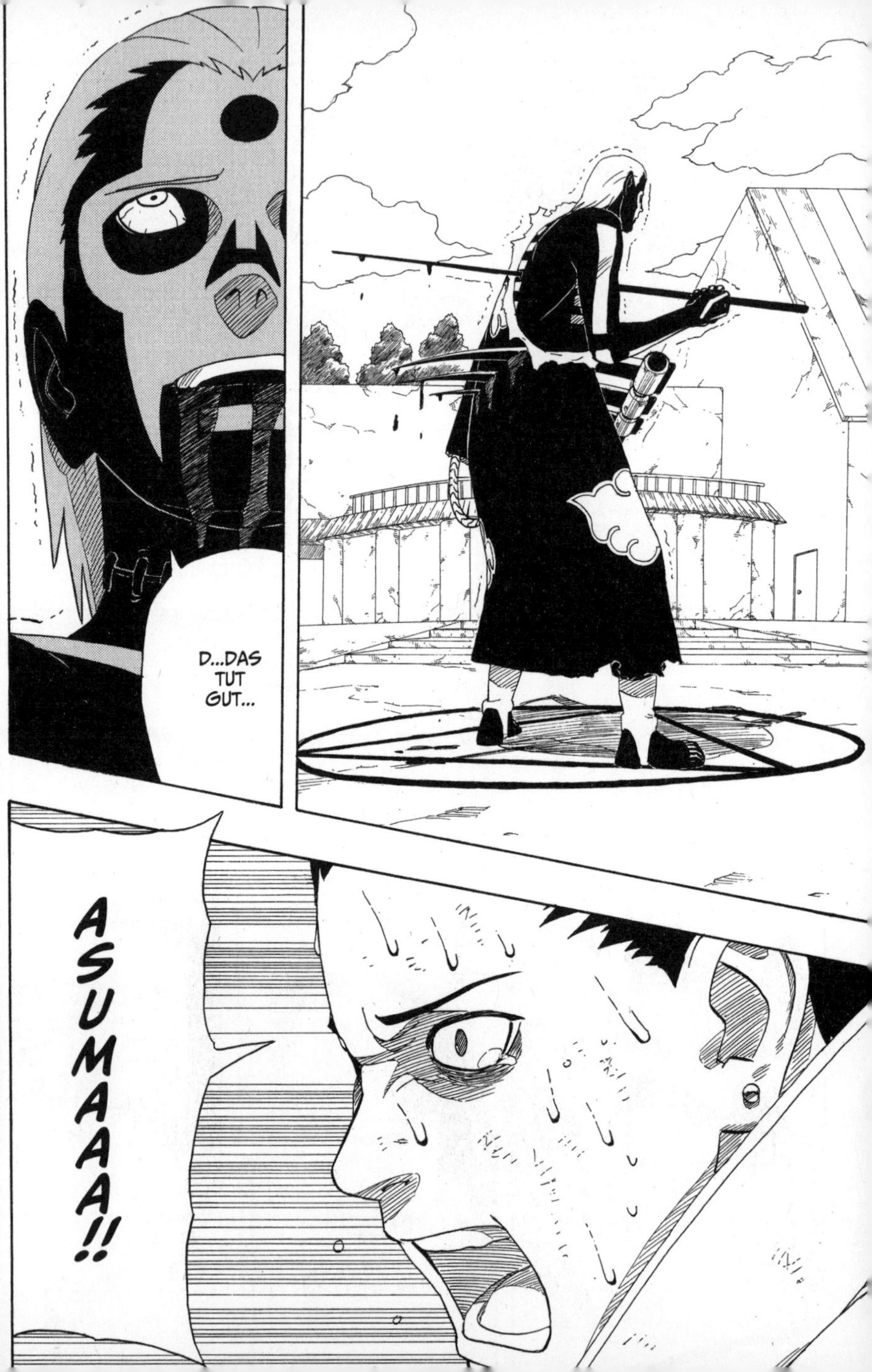
D...DAS TUT GUT...
ASUMAAA!!

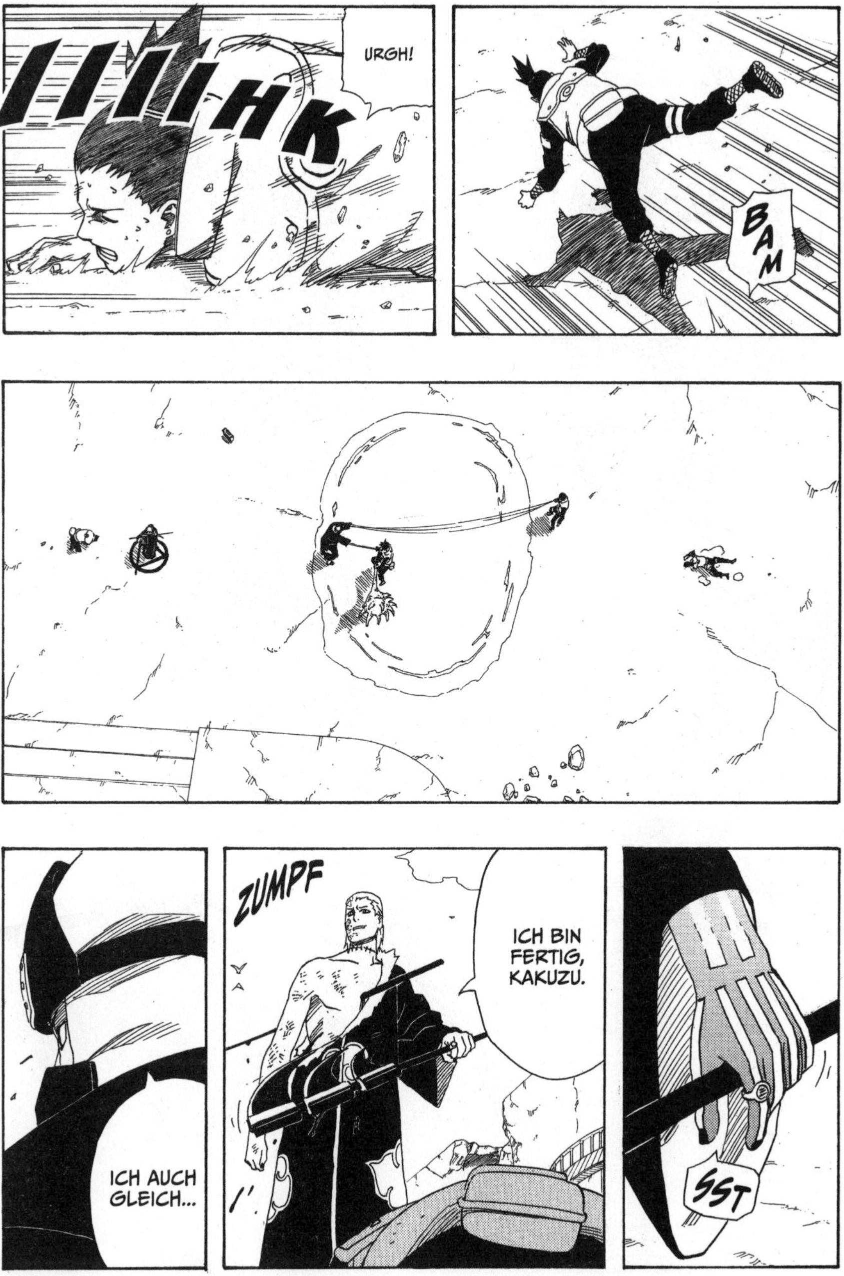
URGH!
IIIIHK
BAM
ZUMPF
ICH BIN FERTIG, KAKUZU.
SST
ICH AUCH GLEICH...

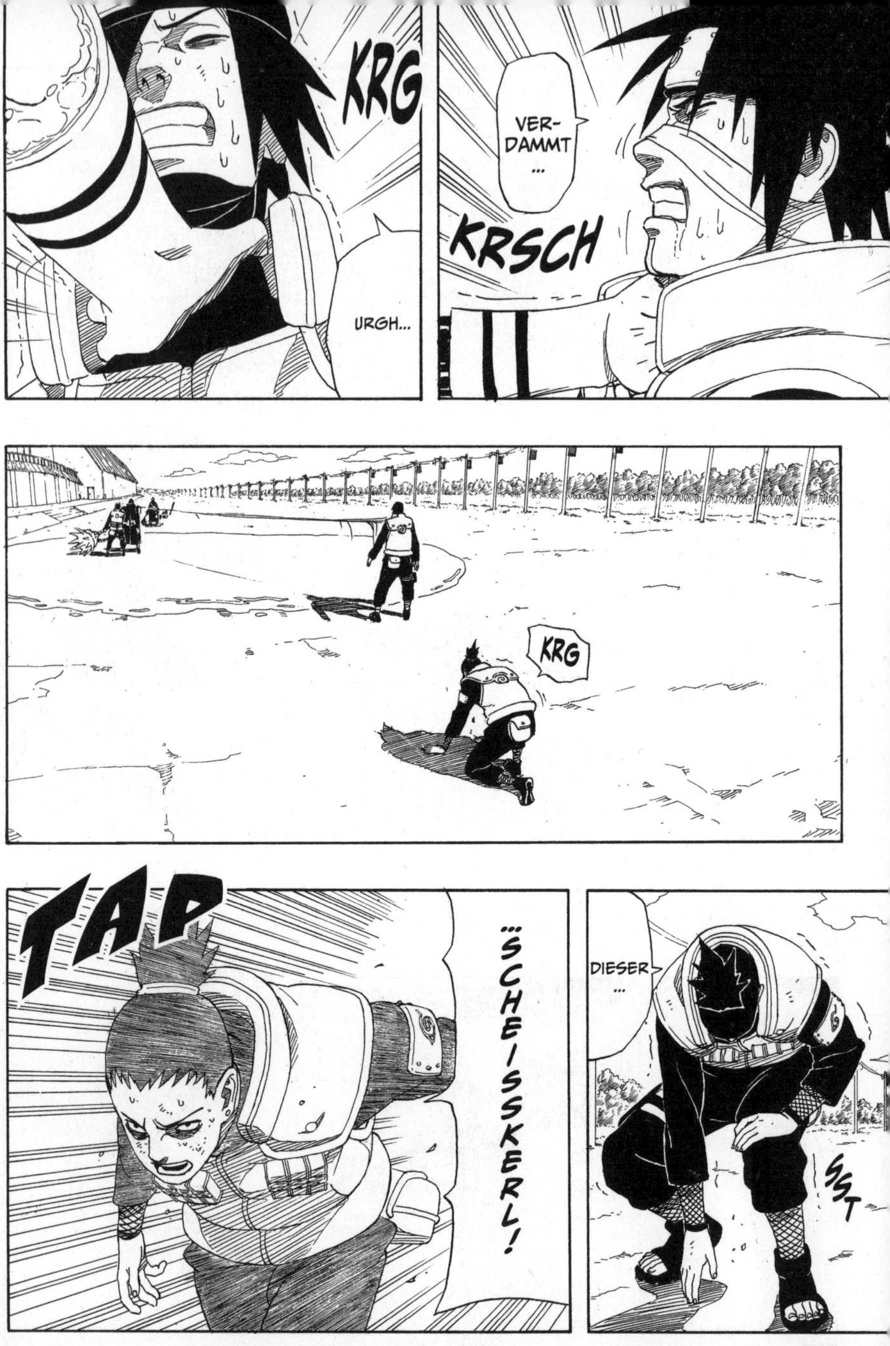

VER-
DAMMT
...
KRSCH
KRG
URGH...
KRG
TAP
...SCHEISSKERL!
DIESER
...
SST

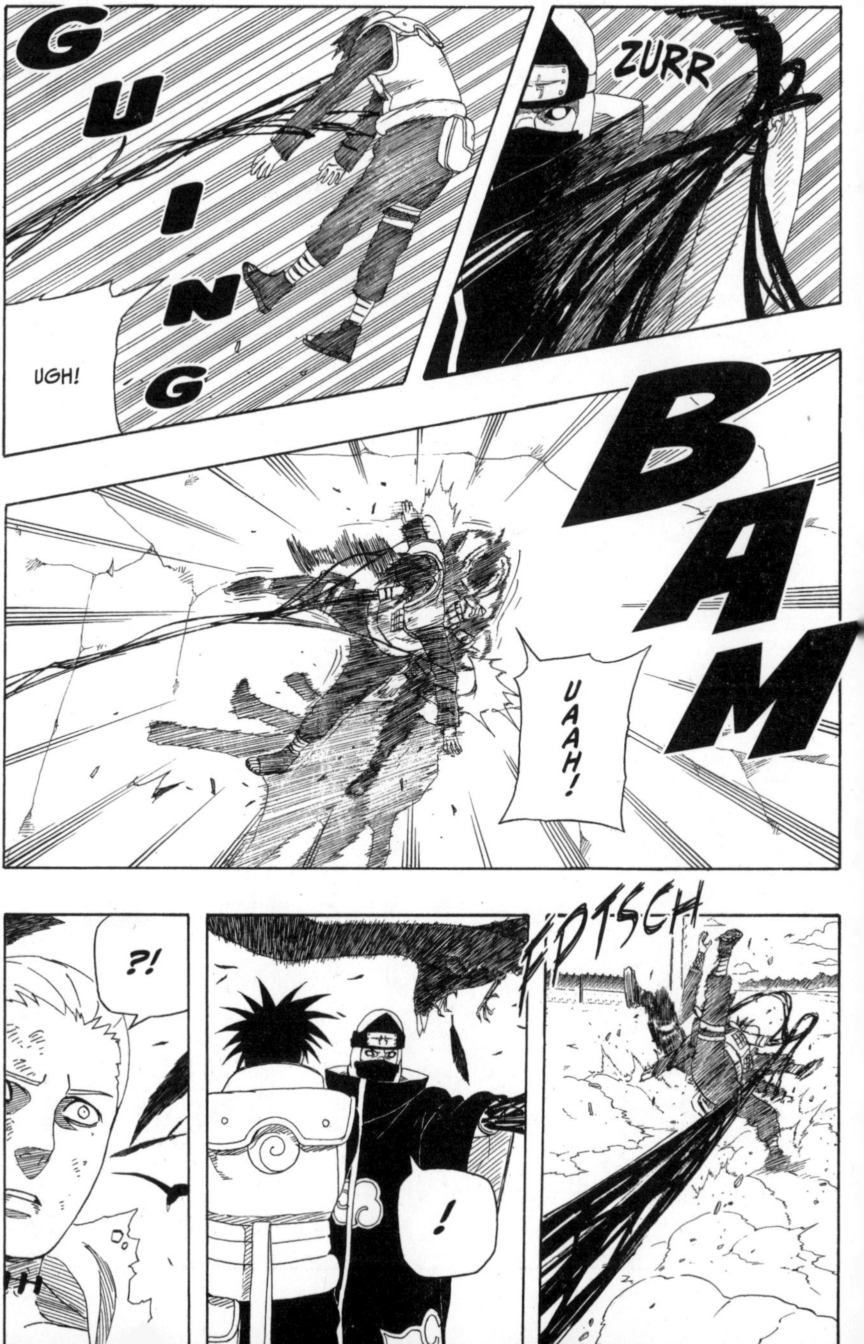
ZURR
GUING
UGH!
BAM
UAAAH!
!
?!

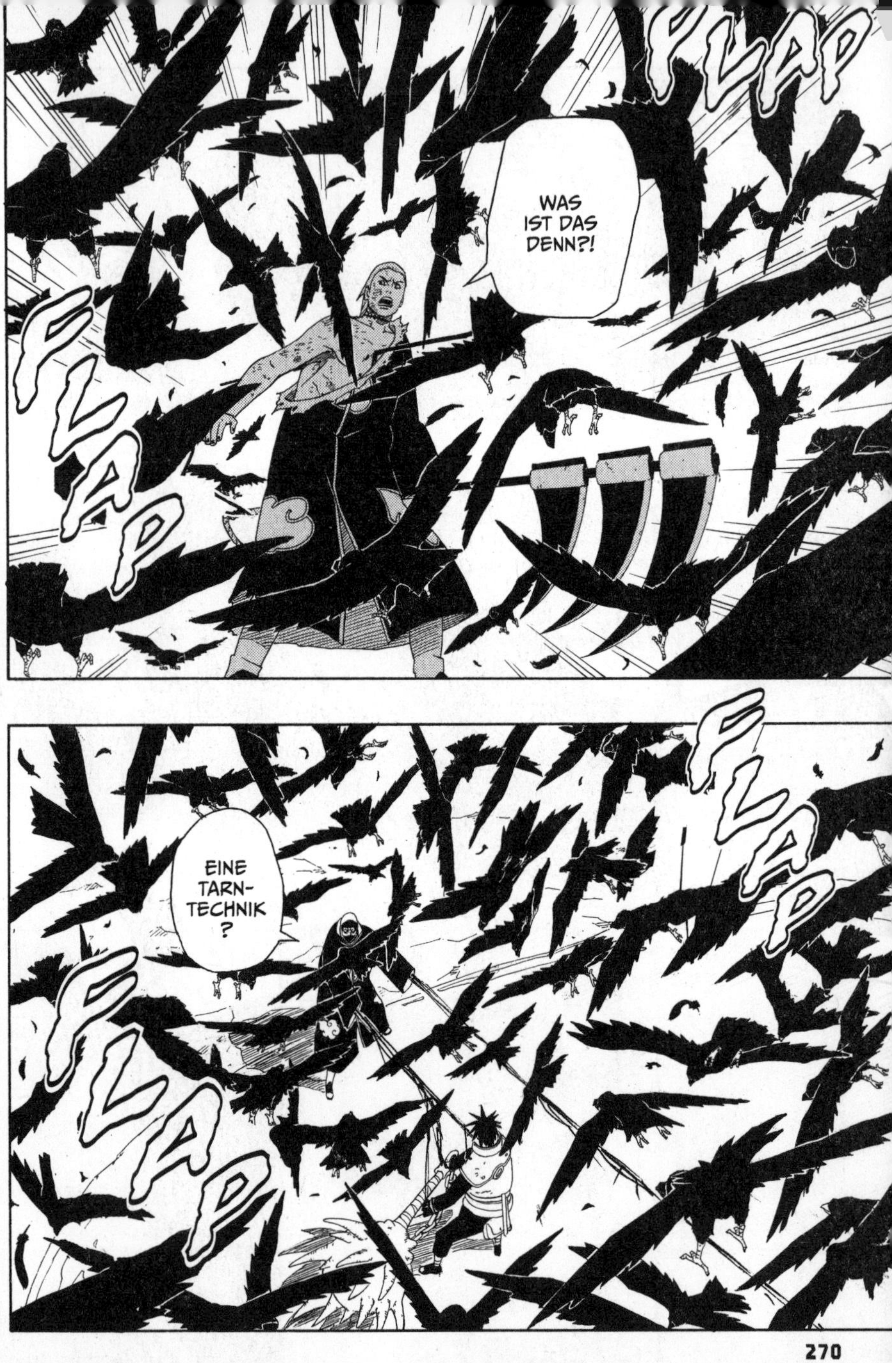
FLAP
WAS IST DAS DENN?!
FLAP
FLAP
EINE TARN-TECHNIK ?
FLAP

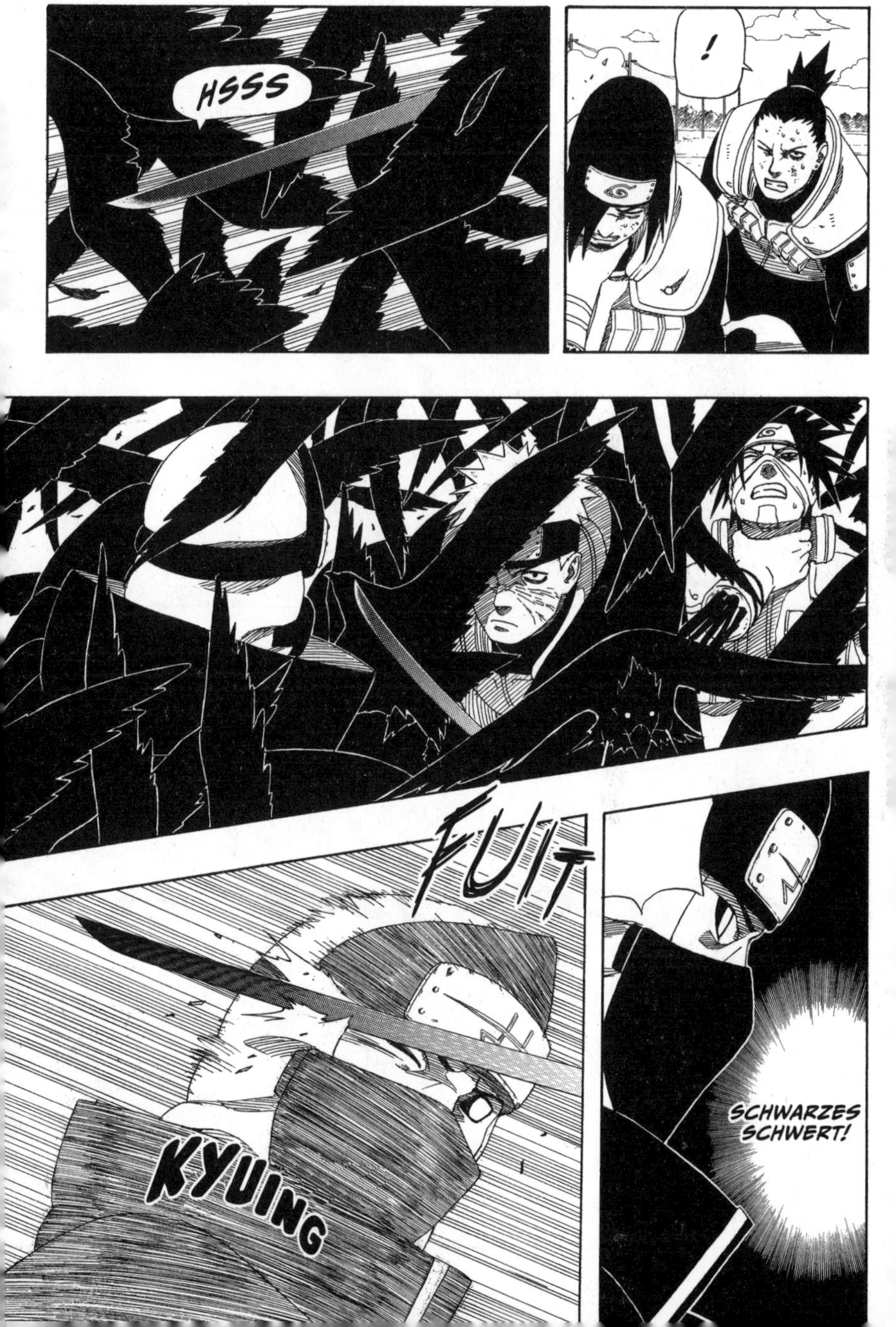
!
HSSS
FUIT
SCHWARZES
SCHWERT!
KYUING

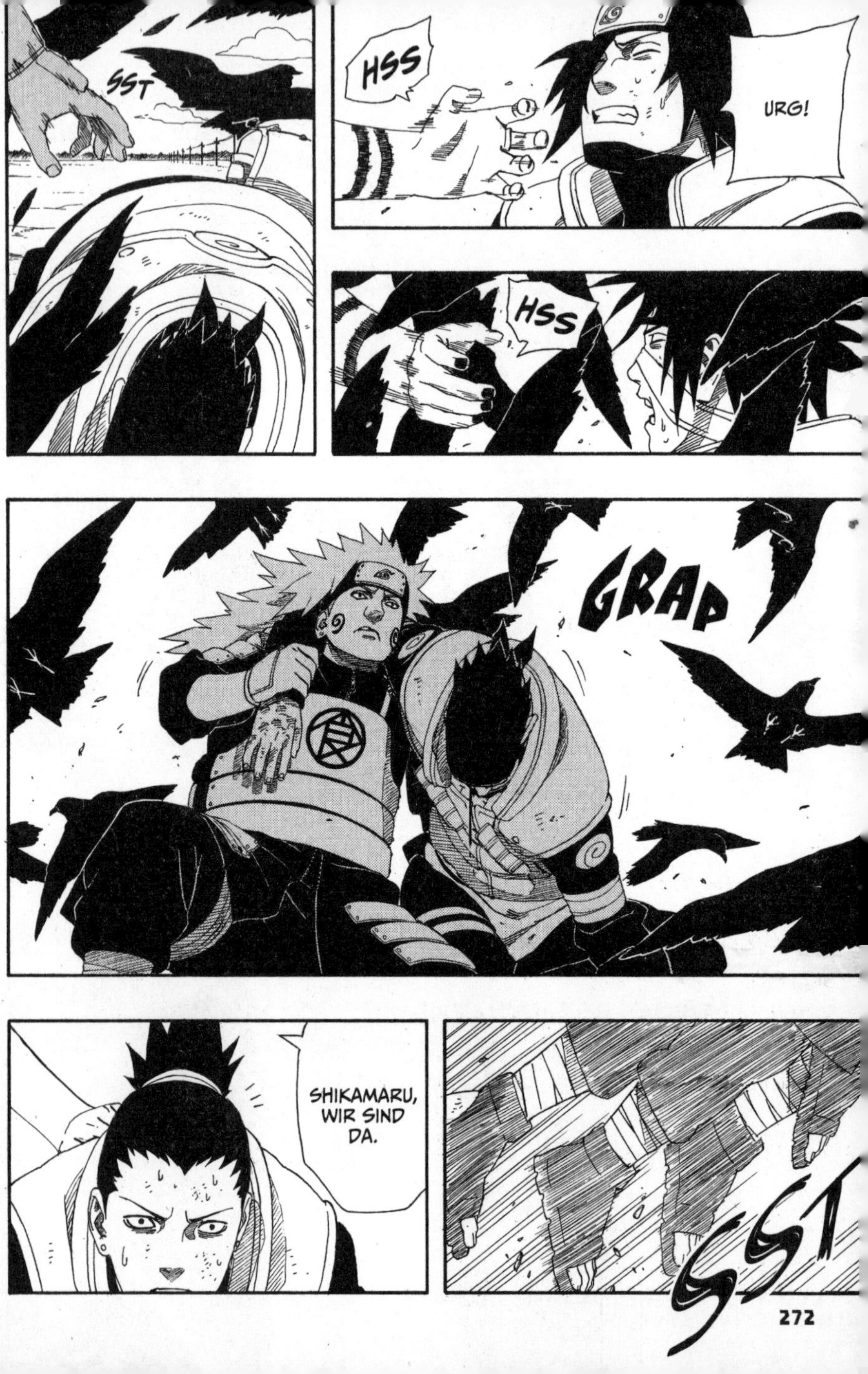
URG!
HSS
SST
HSS
GRAP
SHIKAMARU, WIR SIND DA.
SST

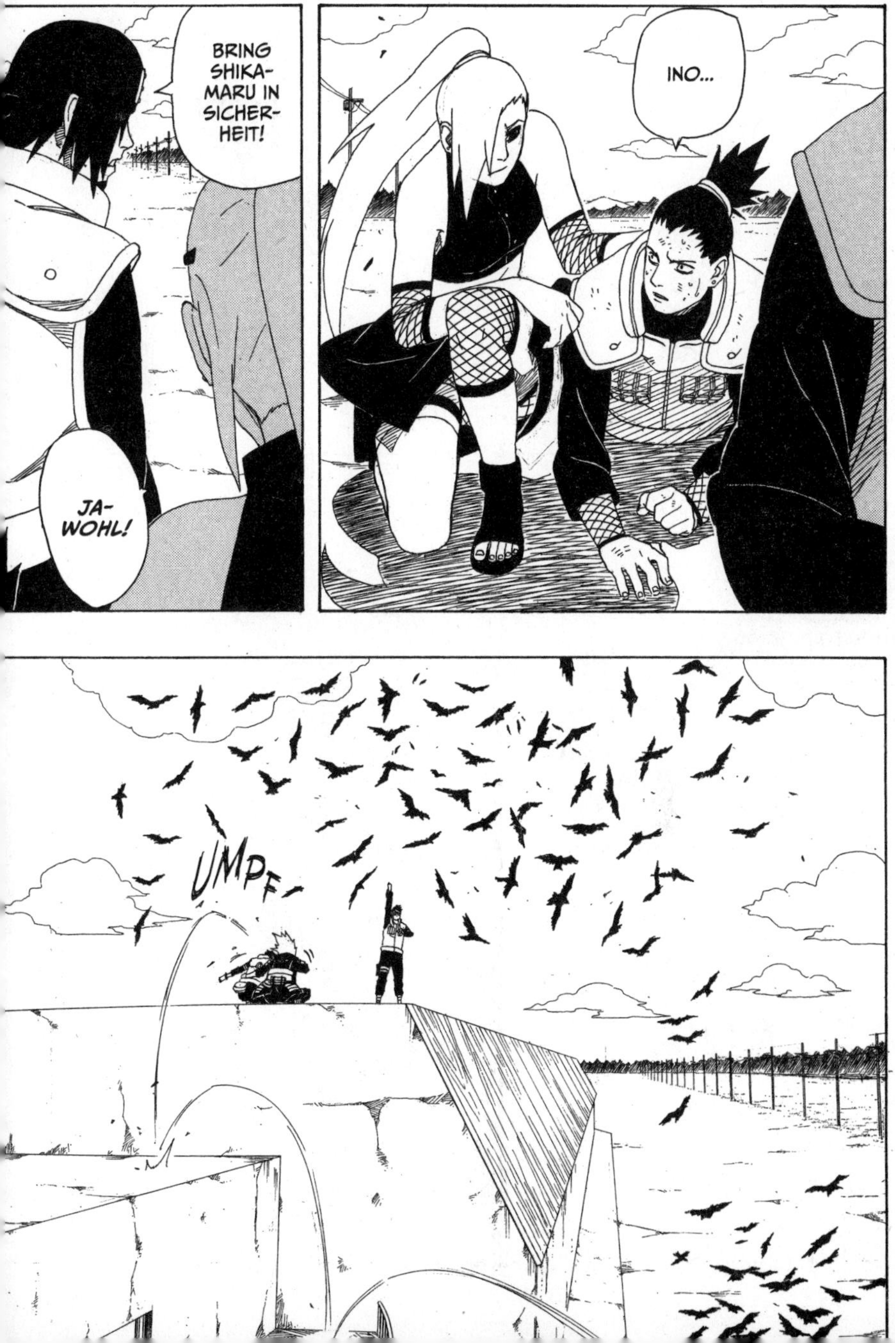
INO...
BRING SHIKA-MARU IN SICHER-HEIT!
JA-WOHL!
UMPF

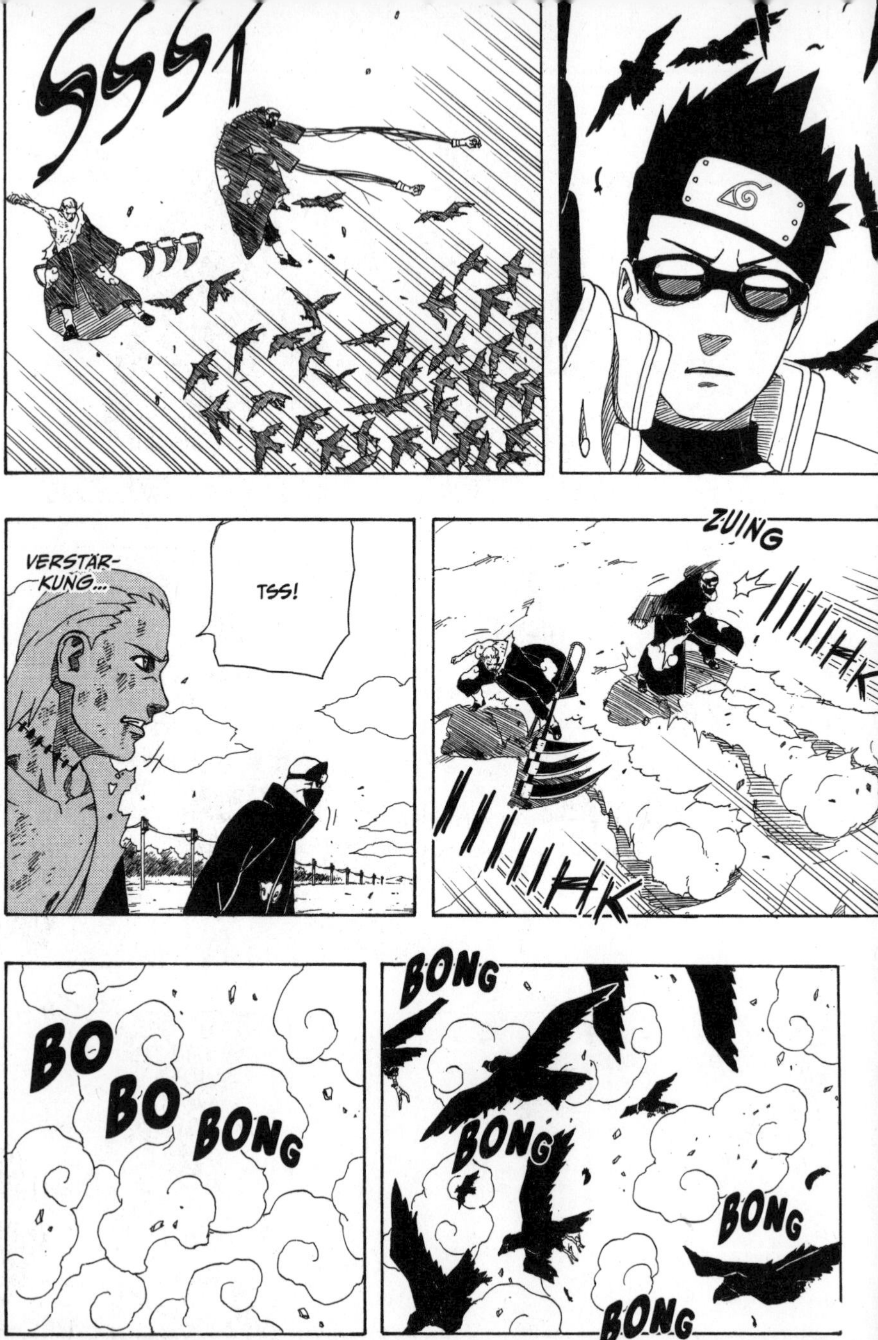
SSSI
ZUING
HK
HK
TSS!
VERSTÄR-
KUNG...
BONG
BONG
BONG
BONG
BO
BO
BONG

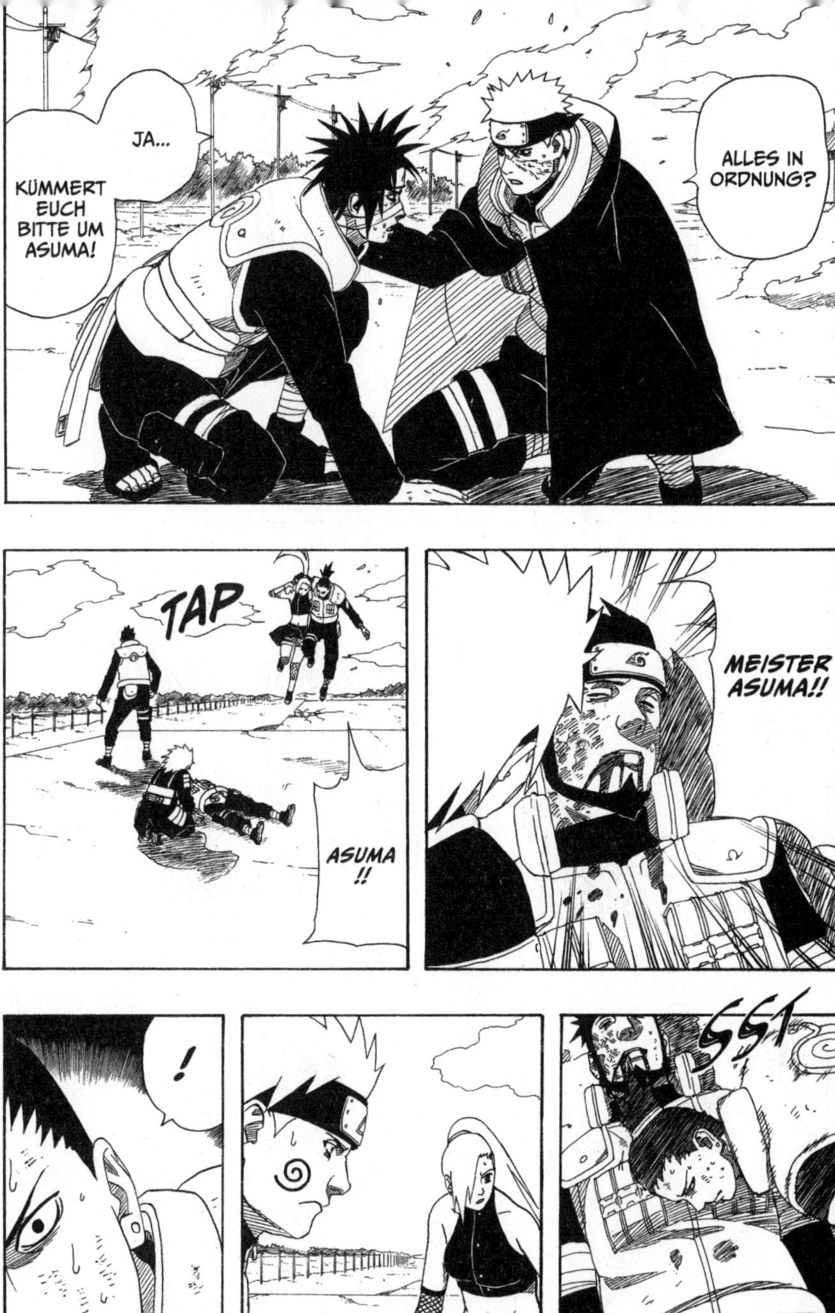
ALLES IN ORDNUNG?
JA...
KÜMMERT EUCH BITTE UM ASUMA!
MEISTER ASUMA!!
TAP
ASUMA !!
SST
!

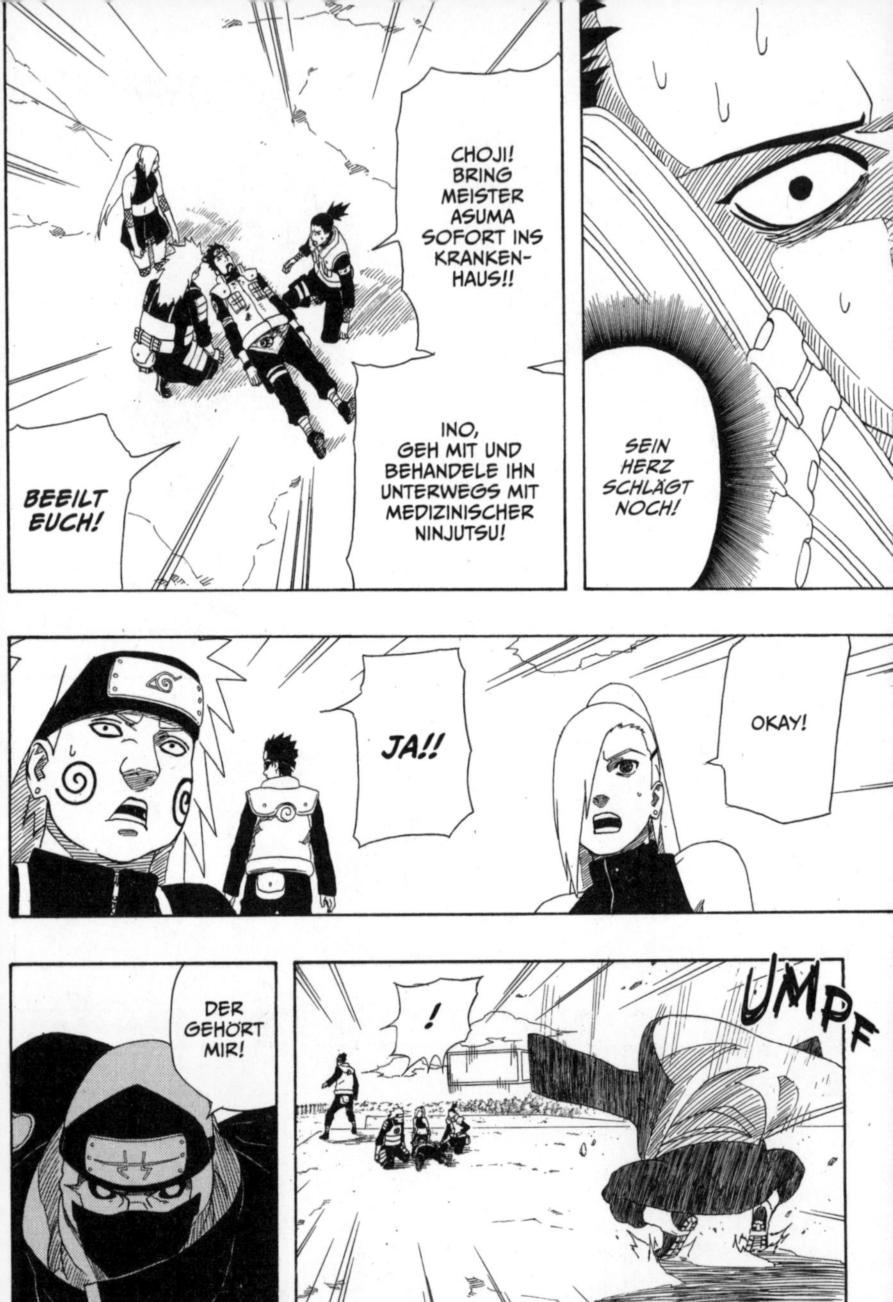
SEIN HERZ SCHLÄGT NOCH!
CHOJI! BRING MEISTER ASUMA SOFORT INS KRANKENHAUS!!
INO, GEH MIT UND BEHANDELE IHN UNTERWEGS MIT MEDIZINISCHER NINJUTSU!
BEEILT EUCH!
OKAY!
JA!!
UMPF
!
DER GEHÖRT MIR!

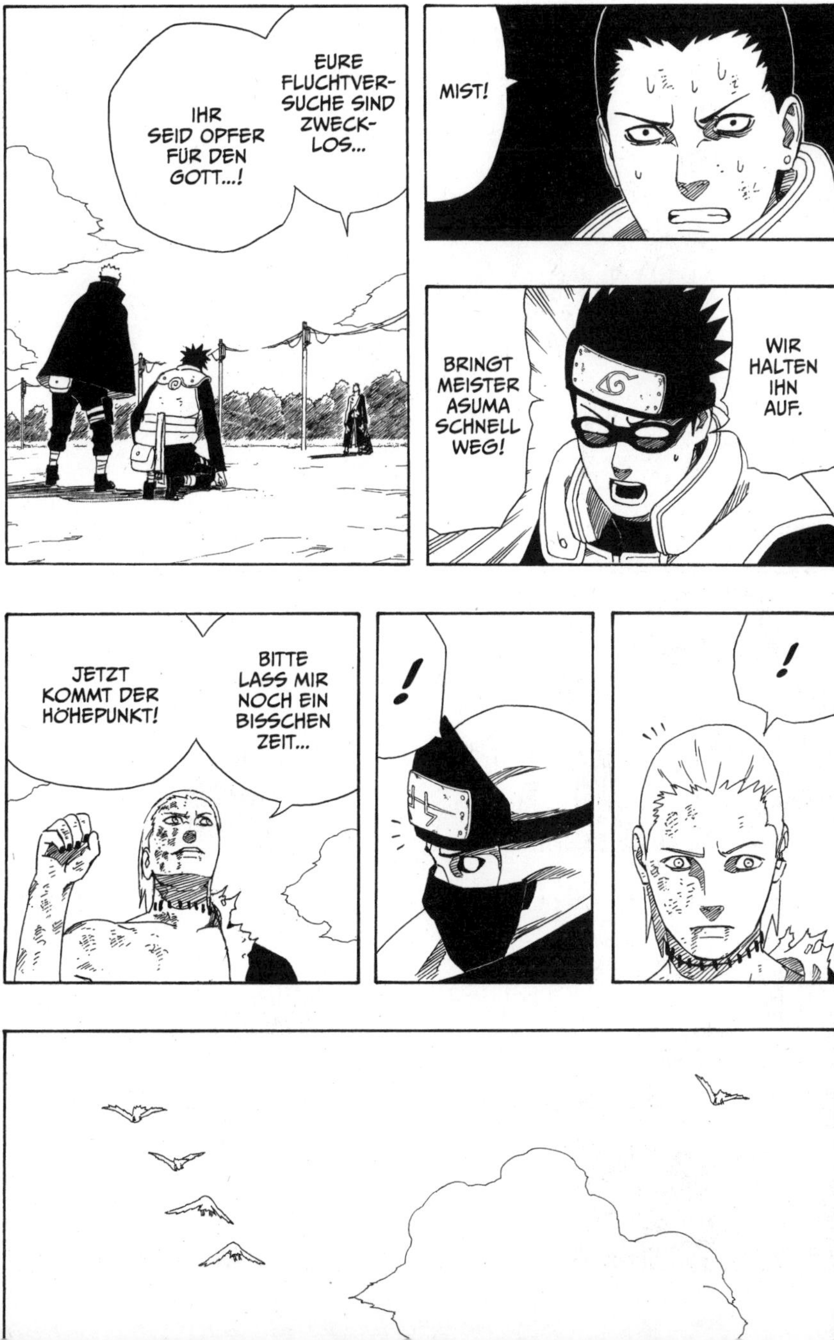
MIST!
WIR HALTEN IHN AUF.
BRINGT MEISTER ASUMA SCHNELL WEG!
EURE FLUCHTVERSUCHE SIND ZWECKLOS...
IHR SEID OPFER FÜR DEN GOTT...!
!
!
BITTE LASS MIR NOCH EIN BISSCHEN ZEIT...
JETZT KOMMT DER HÖHEPUNKT!

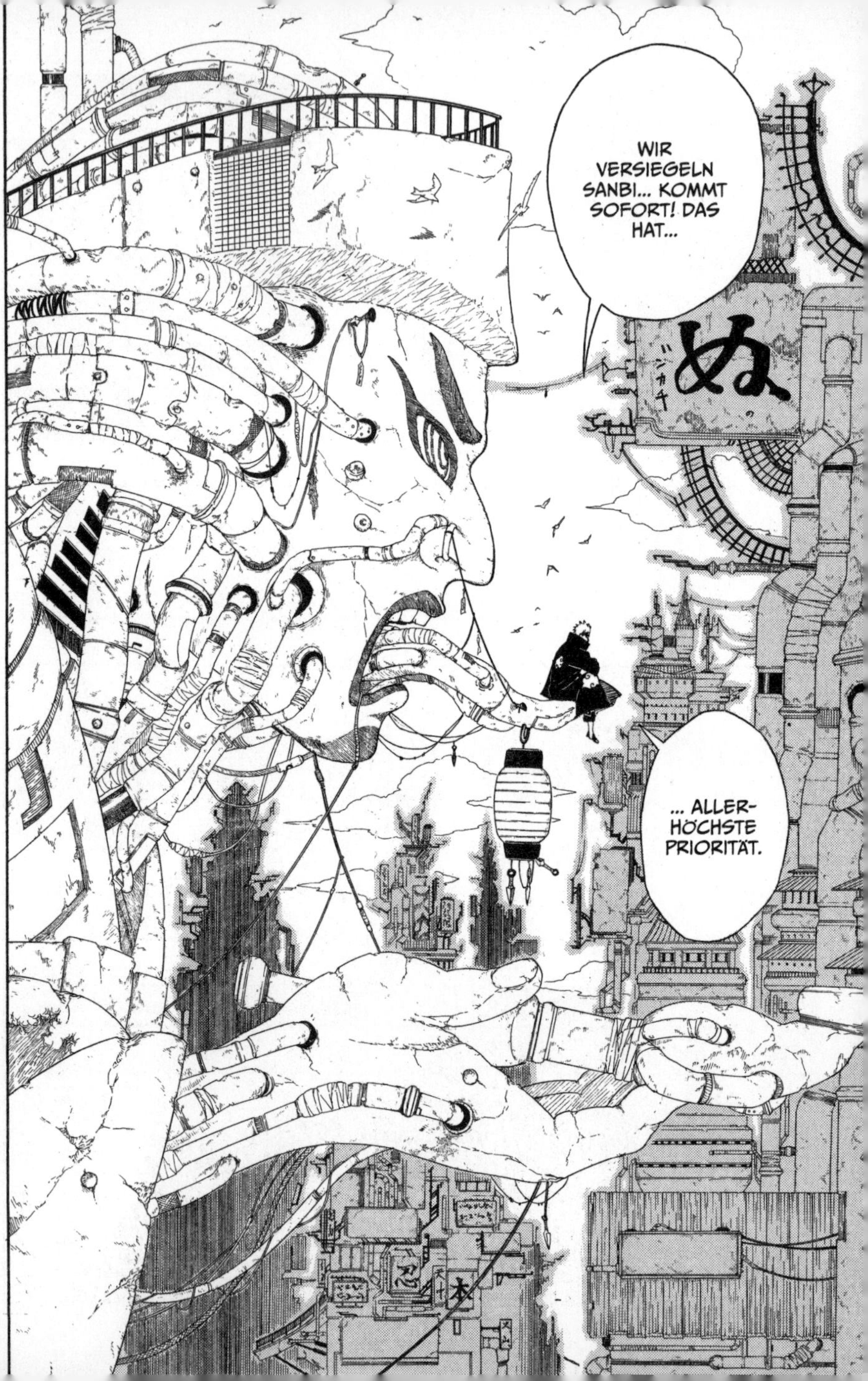
WIR VERSIEGELN SANBI... KOMMT SOFORT! DAS HAT...
... ALLERHÖCHSTE PRIORITÄT.

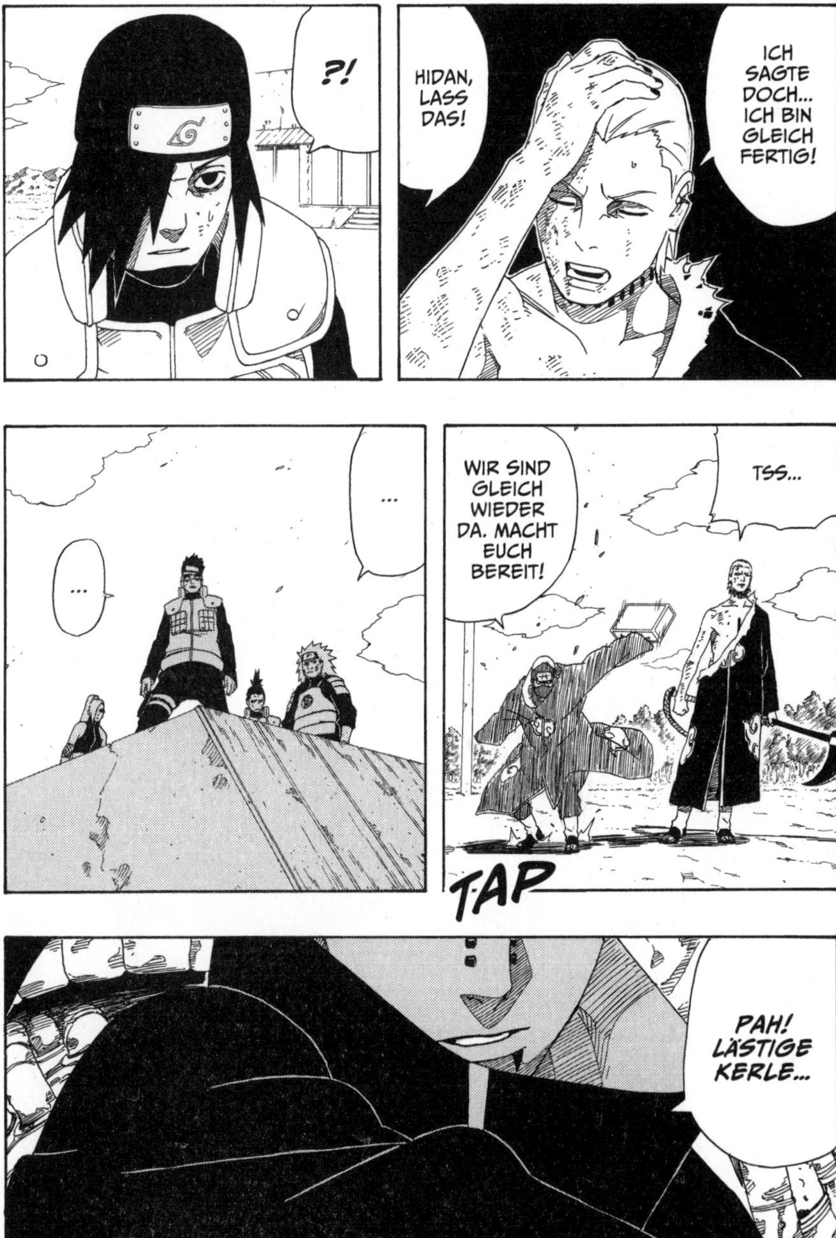

?!
HIDAN, LASS DAS!
ICH SAGTE DOCH... ICH BIN GLEICH FERTIG!
...
...
WIR SIND GLEICH WIEDER DA. MACHT EUCH BEREIT!
TSS...
TAP
PAH! LÄSTIGE KERLE...

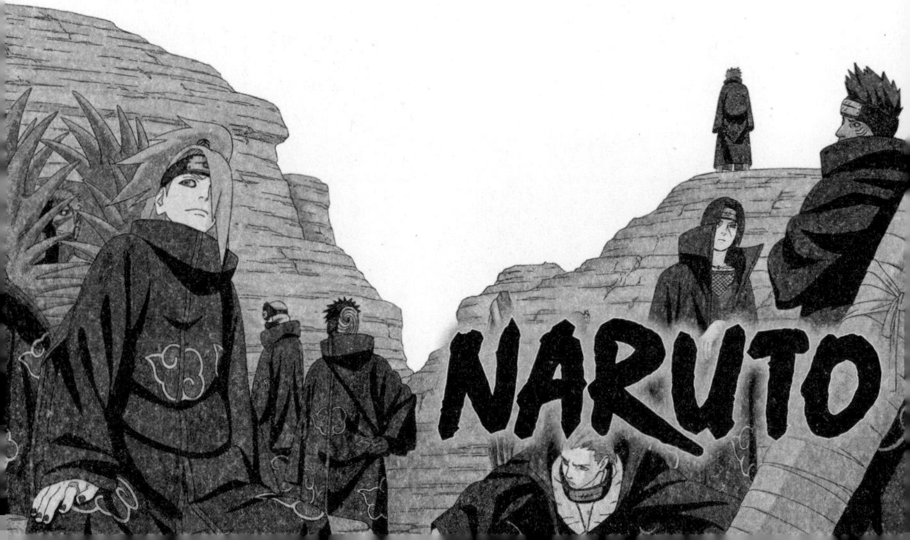
NARUTO

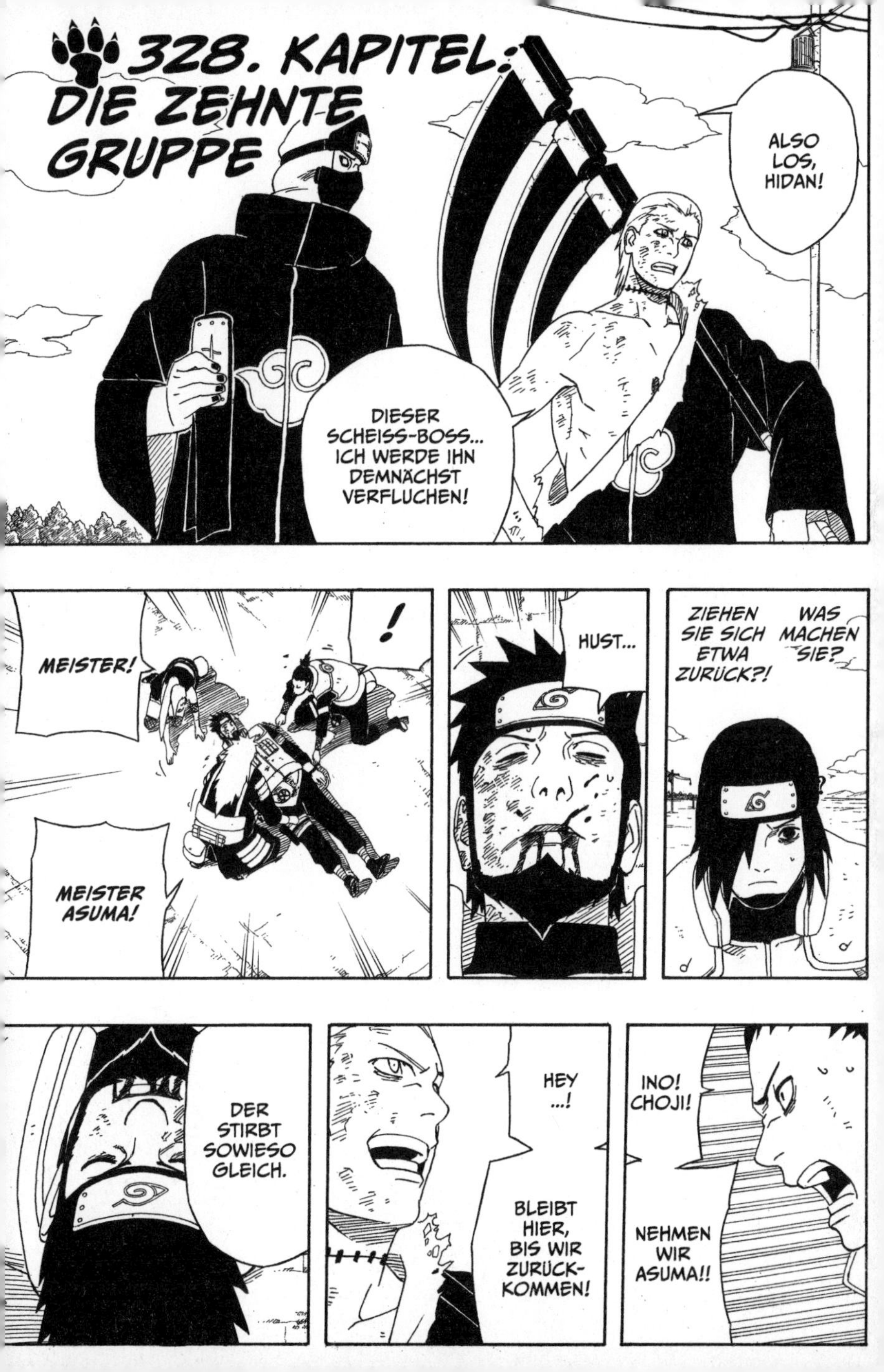
328. KAPITEL: DIE ZEHNTE GRUPPE
ALSO LOS, HIDAN!
DIESER SCHEISS-BOSS... ICH WERDE IHN DEMNÄCHST VERFLUCHEN!
WAS MACHEN SIE?
ZIEHEN SIE SICH ETWA ZURÜCK?!
HUST...
!
MEISTER!
MEISTER ASUMA!
INO! CHOJI!
NEHMEN WIR ASUMA!!
HEY ...!
BLEIBT HIER, BIS WIR ZURÜCK-KOMMEN!
DER STIRBT SOWIESO GLEICH.

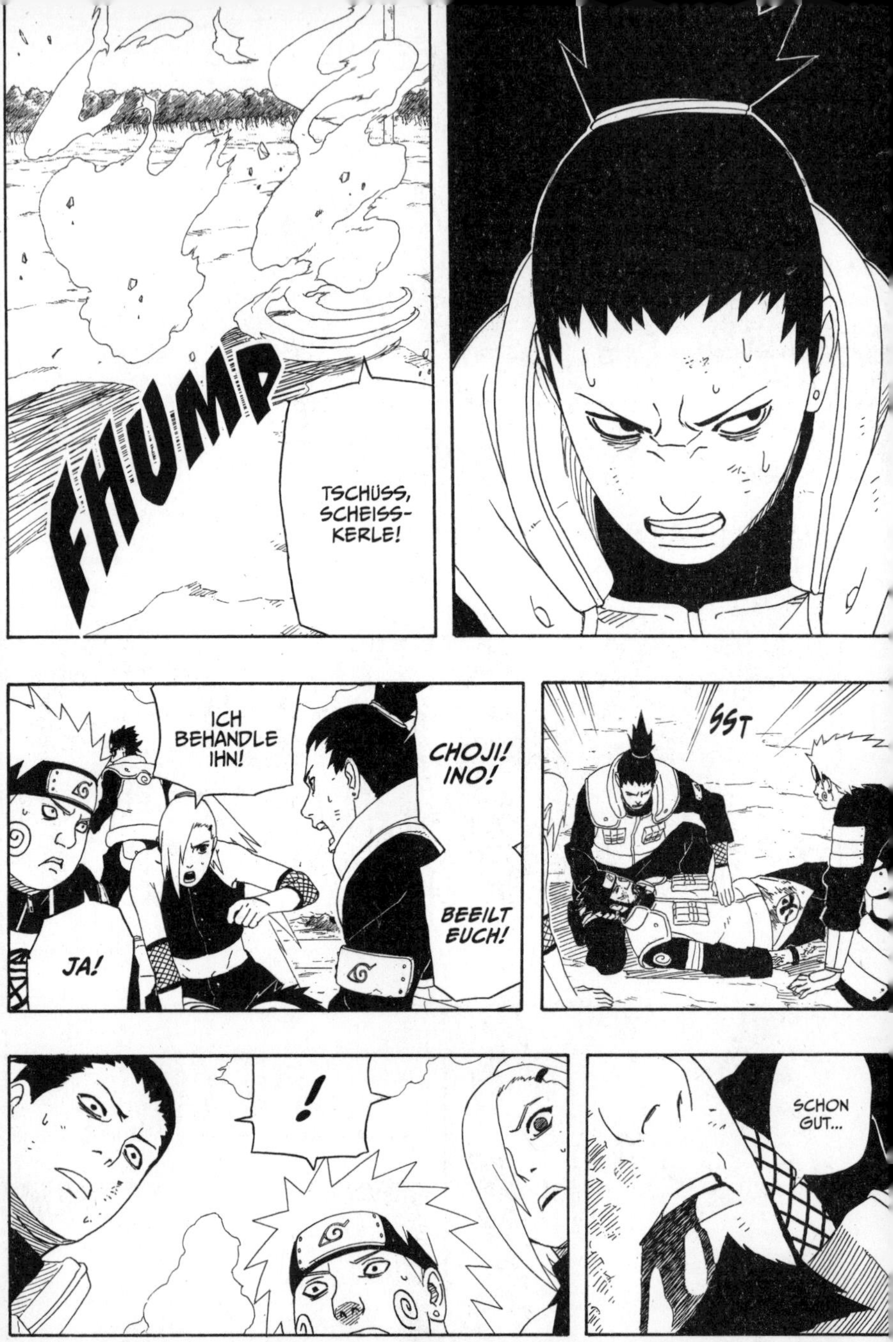
FHUMP
TSCHÜSS, SCHEISS-KERLE!
CHOJI! INO!
ICH BEHANDLE IHN!
BEEILT EUCH!
JA!
SST
!
SCHON GUT...

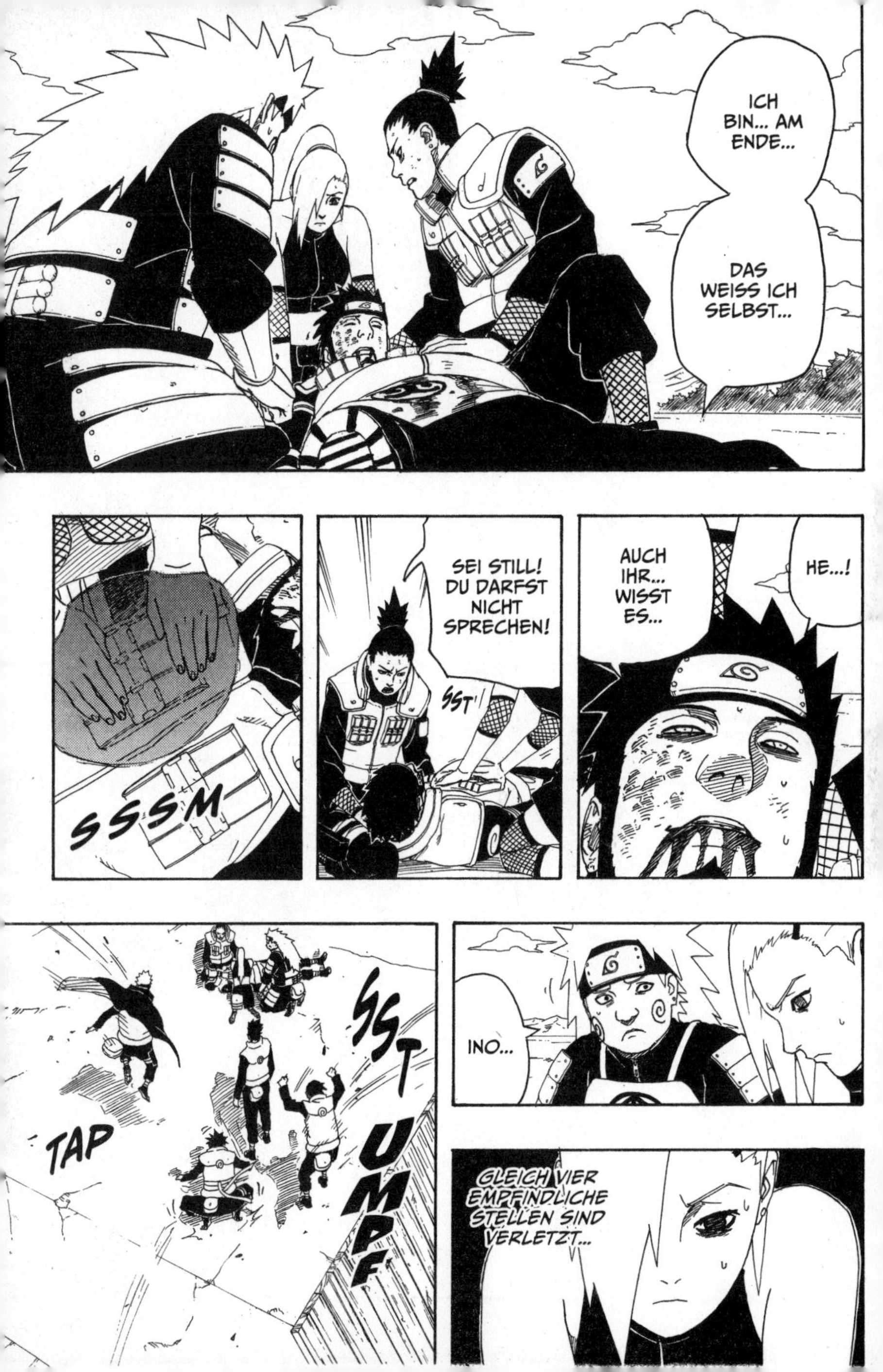
ICH BIN... AM ENDE...
DAS WEISS ICH SELBST...
HE...!
AUCH IHR... WISST ES...
SEI STILL! DU DARFST NICHT SPRECHEN!
SST
SSSM
INO...
GLEICH VIER EMPFINDLICHE STELLEN SIND VERLETZT...
SST
UMPF
TAP

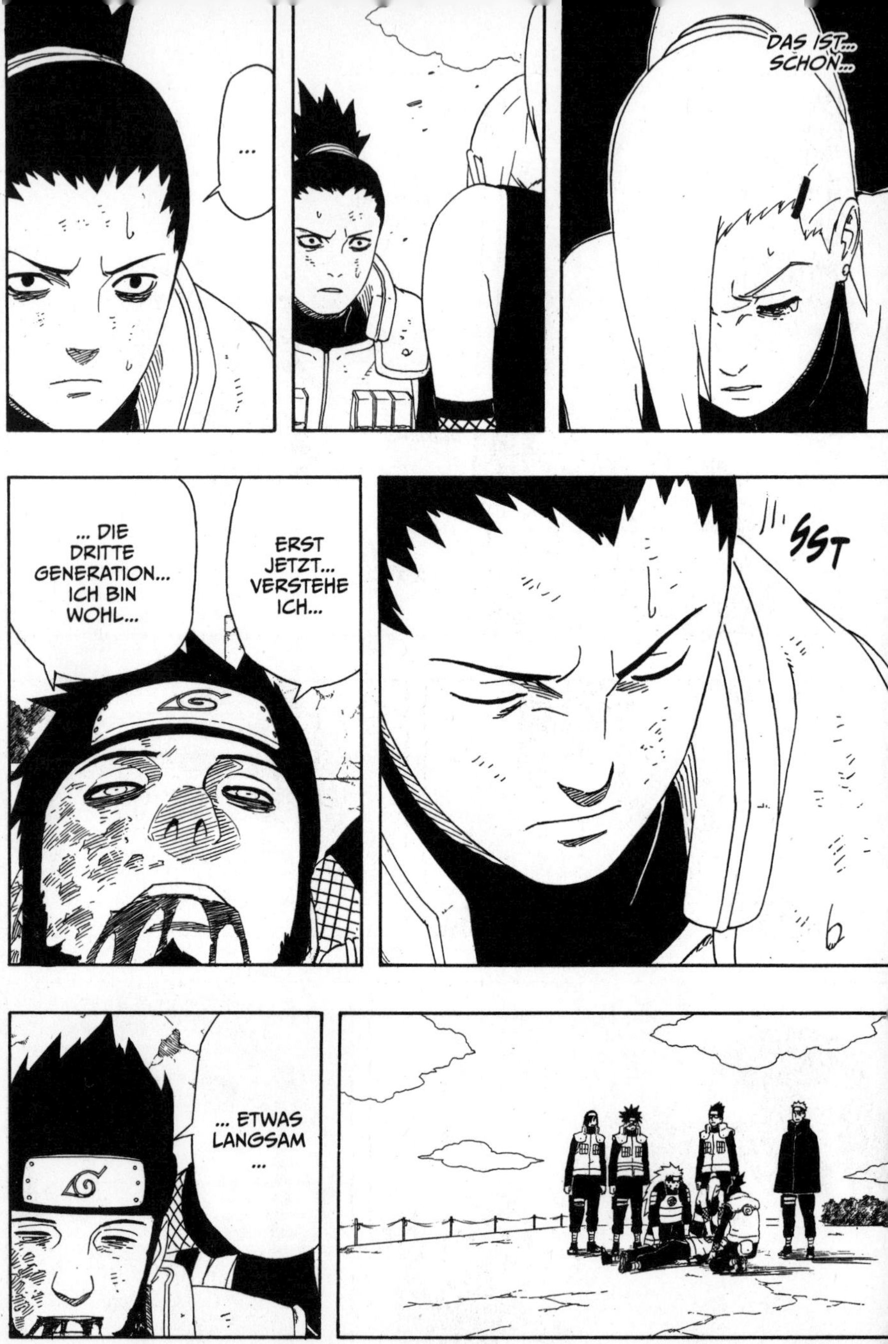
DAS IST... SCHON...
...
ERST JETZT... VERSTEHE ICH...
... DIE DRITTE GENERATION... ICH BIN WOHL...
SST
... ETWAS LANGSAM ...

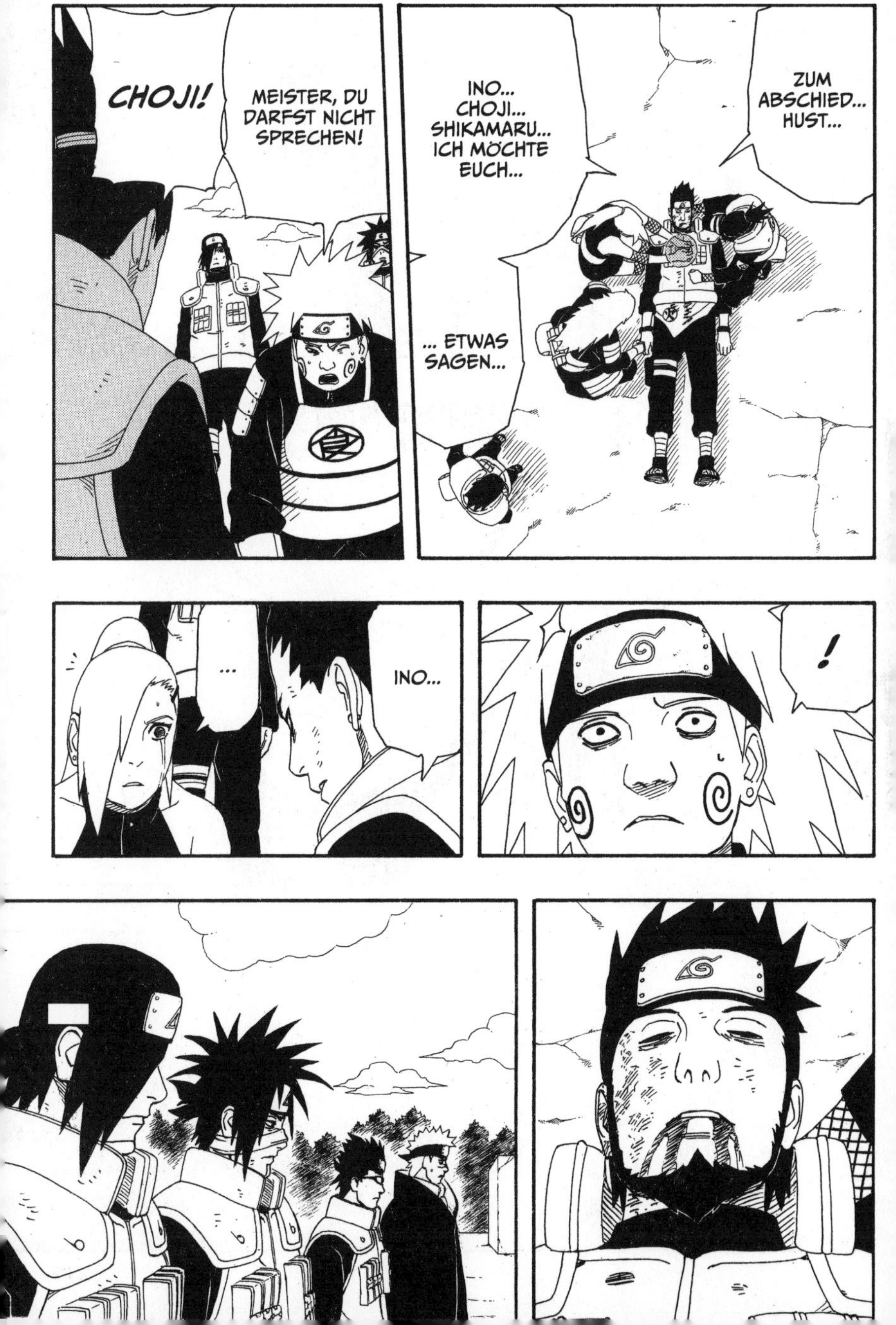
ZUM ABSCHIED... HUST...
INO... CHOJI... SHIKAMARU... ICH MÖCHTE EUCH...
... ETWAS SAGEN...
MEISTER, DU DARFST NICHT SPRECHEN!
CHOJI!
!
INO...
...

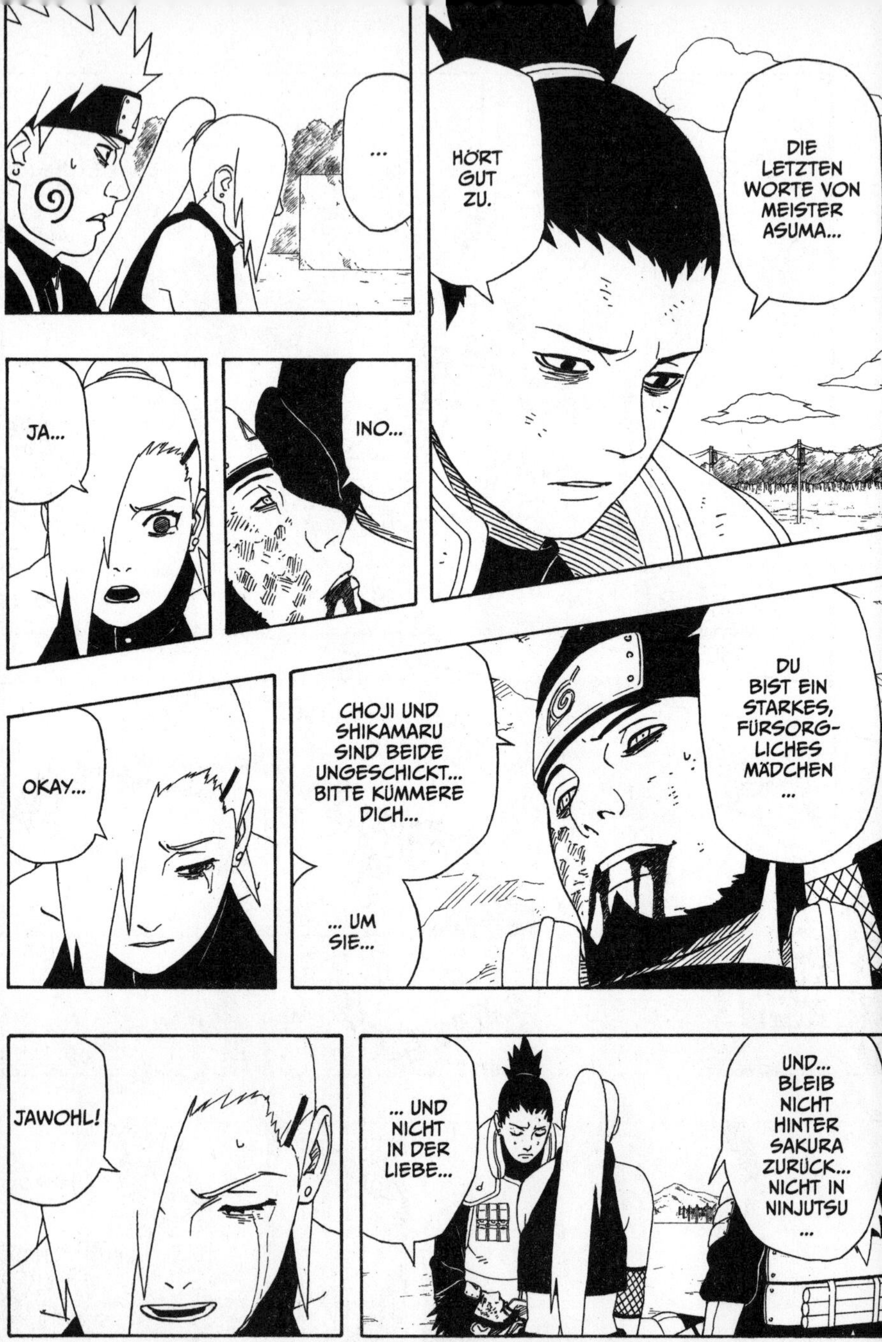
DIE LETZTEN WORTE VON MEISTER ASUMA...
HÖRT GUT ZU.
...
INO...
JA...
DU BIST EIN STARKES, FÜRSORG-LICHES MÄDCHEN ...
CHOJI UND SHIKAMARU SIND BEIDE UNGESCHICKT... BITTE KÜMMERE DICH...
... UM SIE...
OKAY...
UND... BLEIB NICHT HINTER SAKURA ZURÜCK... NICHT IN NINJUTSU ...
... UND NICHT IN DER LIEBE...
JAWOHL!

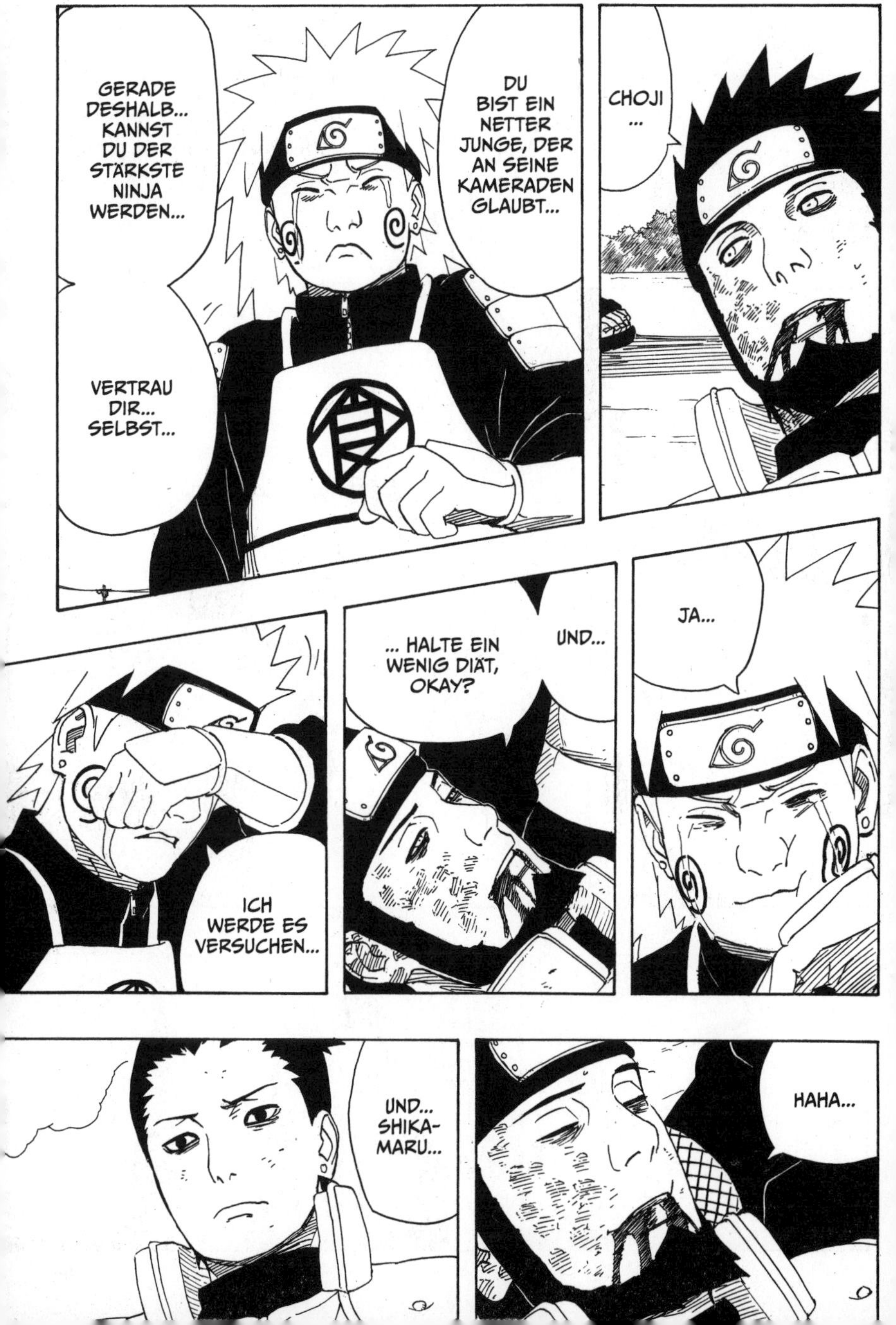
CHOJI ...
DU BIST EIN NETTER JUNGE, DER AN SEINE KAMERADEN GLAUBT...
GERADE DESHALB... KANNST DU DER STÄRKSTE NINJA WERDEN...
VERTRAU DIR... SELBST...
JA...
UND...
... HALTE EIN WENIG DIÄT, OKAY?
ICH WERDE ES VERSUCHEN...
HAHA...
UND... SHIKA-MARU...

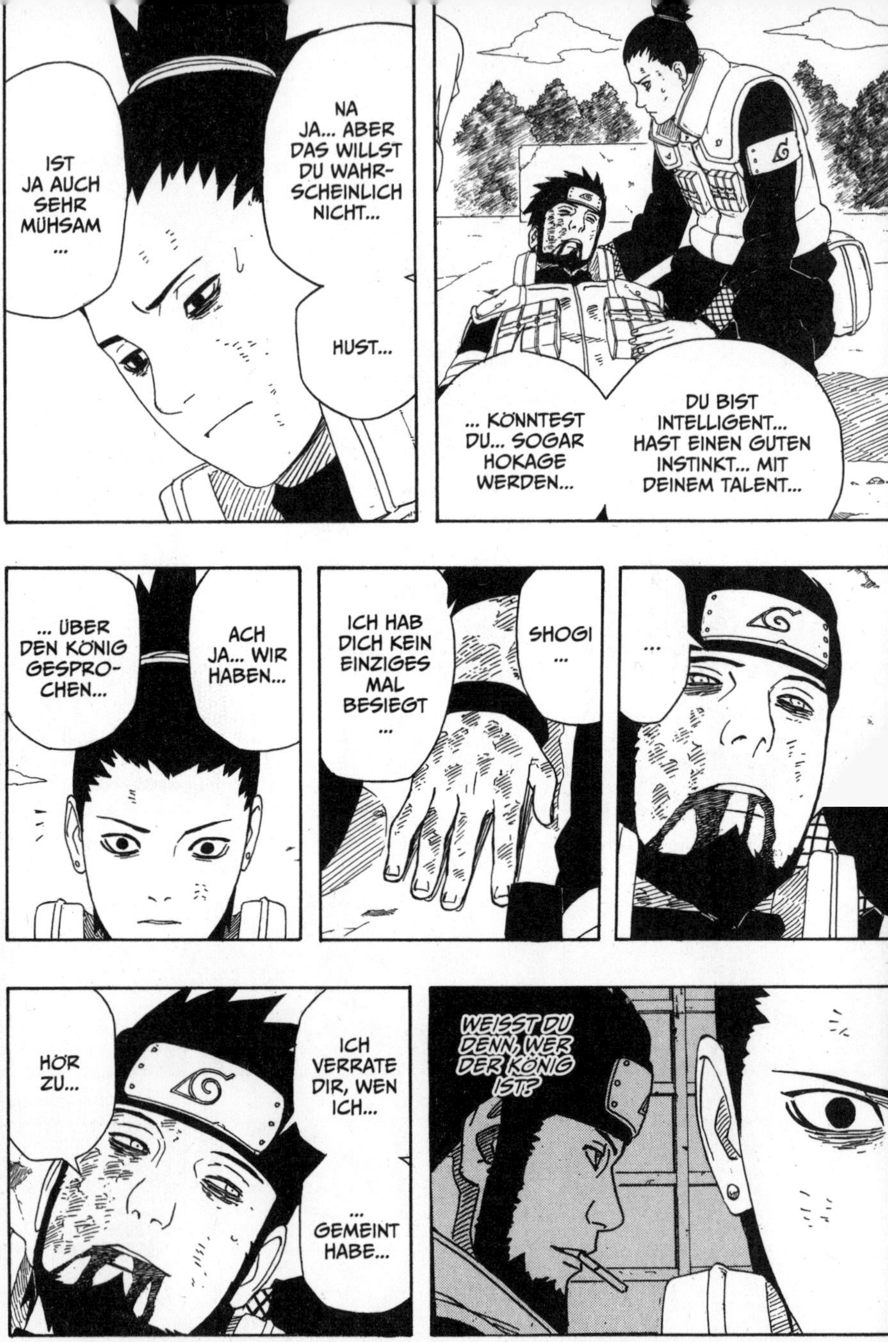
DU BIST INTELLIGENT... HAST EINEN GUTEN INSTINKT... MIT DEINEM TALENT...
... KÖNNTEST DU... SOGAR HOKAGE WERDEN...
NA JA... ABER DAS WILLST DU WAHR-SCHEINLICH NICHT...
HUST...
IST JA AUCH SEHR MÜHSAM ...
...
SHOGI ...
ICH HAB DICH KEIN EINZIGES MAL BESIEGT ...
ACH JA... WIR HABEN...
... ÜBER DEN KÖNIG GESPRO-CHEN...
WEISST DU DENN, WER DER KÖNIG IST?
HÖR ZU...
ICH VERRATE DIR, WEN ICH...
... GEMEINT HABE...

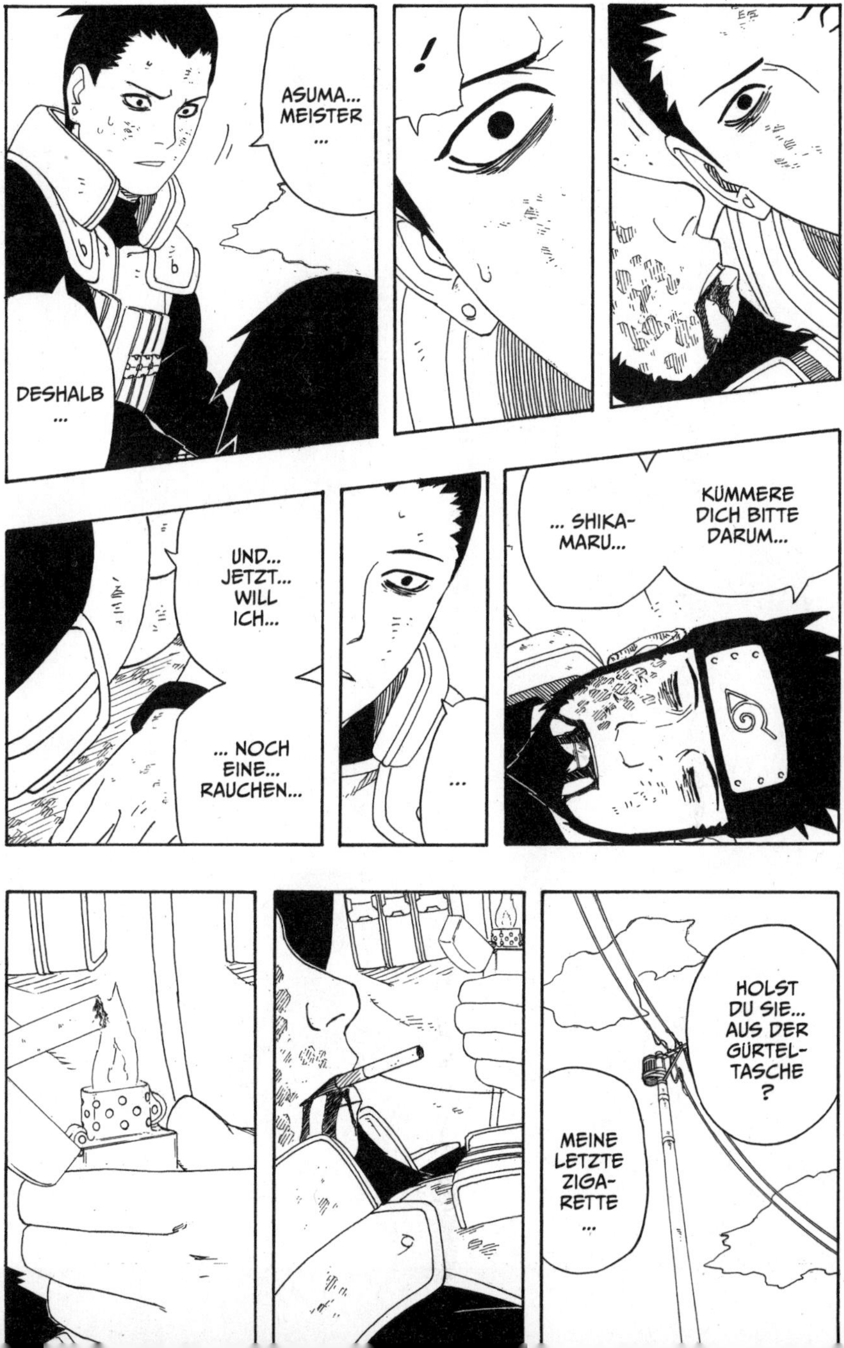
!
ASUMA... MEISTER ...
DESHALB ...
KÜMMERE DICH BITTE DARUM...
... SHIKA-MARU...
...
UND... JETZT... WILL ICH...
... NOCH EINE... RAUCHEN...
HOLST DU SIE... AUS DER GÜRTEL-TASCHE ?
MEINE LETZTE ZIGA-RETTE ...

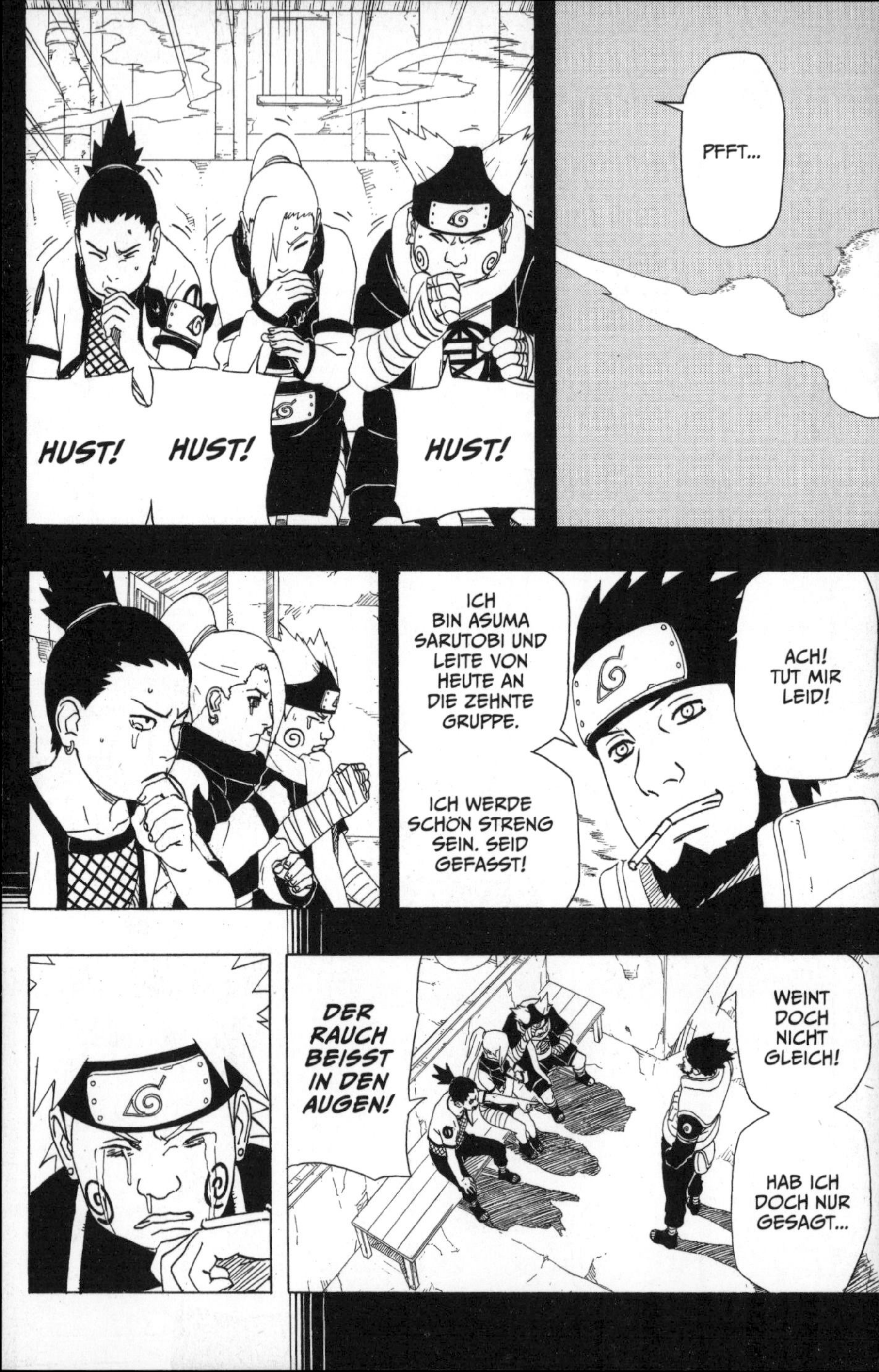
PFFT...
HUST!
HUST!
HUST!
ACH! TUT MIR LEID!
ICH BIN ASUMA SARUTOBI UND LEITE VON HEUTE AN DIE ZEHNTE GRUPPE.
ICH WERDE SCHÖN STRENG SEIN. SEID GEFASST!
WEINT DOCH NICHT GLEICH!
HAB ICH DOCH NUR GESAGT...
DER RAUCH BEISST IN DEN AUGEN!

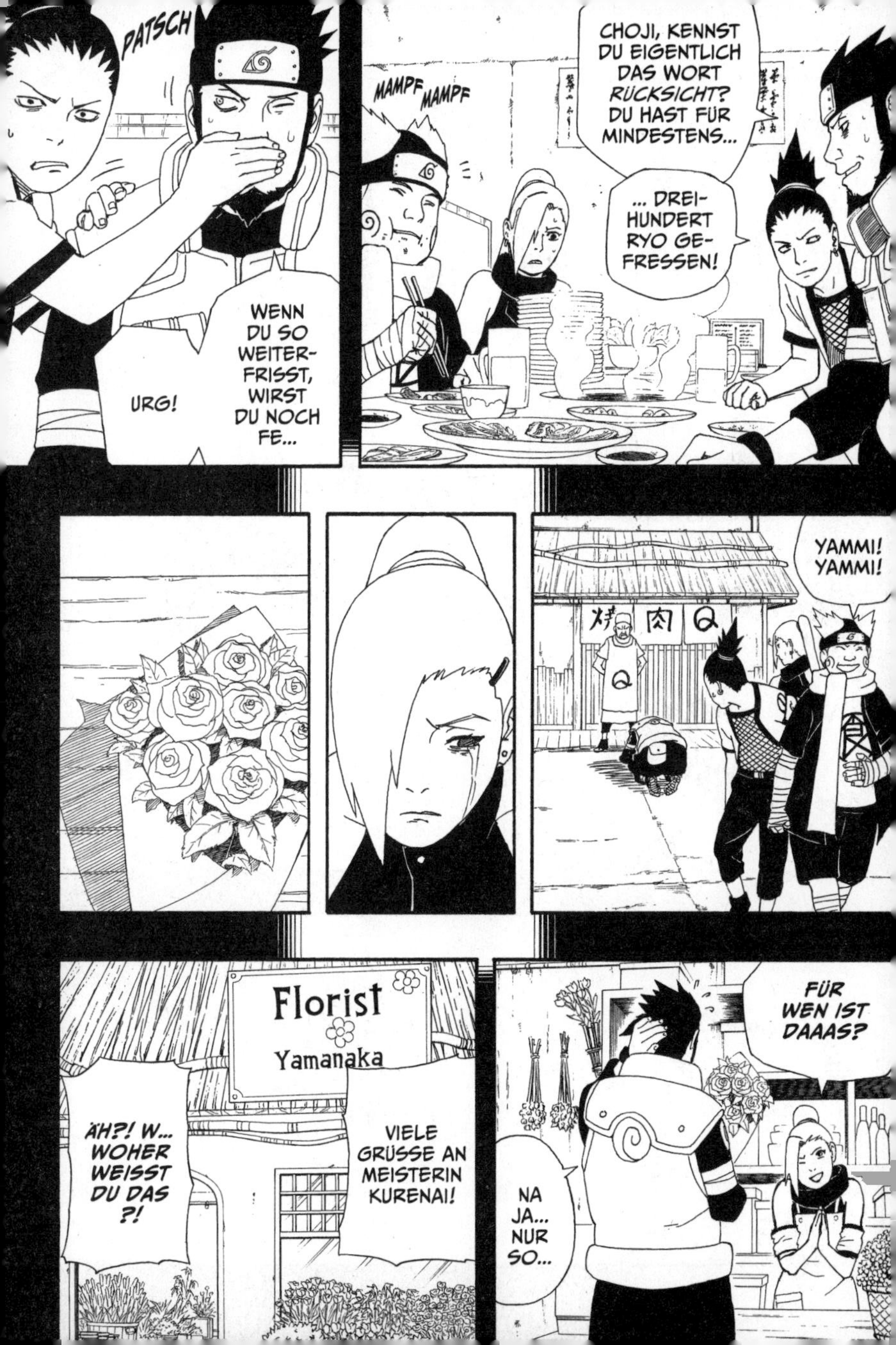
CHOJI, KENNST DU EIGENTLICH DAS WORT RÜCKSICHT? DU HAST FÜR MINDESTENS...
... DREIHUNDERT RYO GEFRESSEN!
MAMPF MAMPF
PATSCH
WENN DU SO WEITERFRISST, WIRST DU NOCH FE...
URG!
YAMMI! YAMMI!
Q
Q
FÜR WEN IST DAAAS?
NA JA... NUR SO...
Florist
Yamanaka
VIELE GRÜSSE AN MEISTERIN KURENAI!
ÄH?! W... WOHER WEISST DU DAS?!

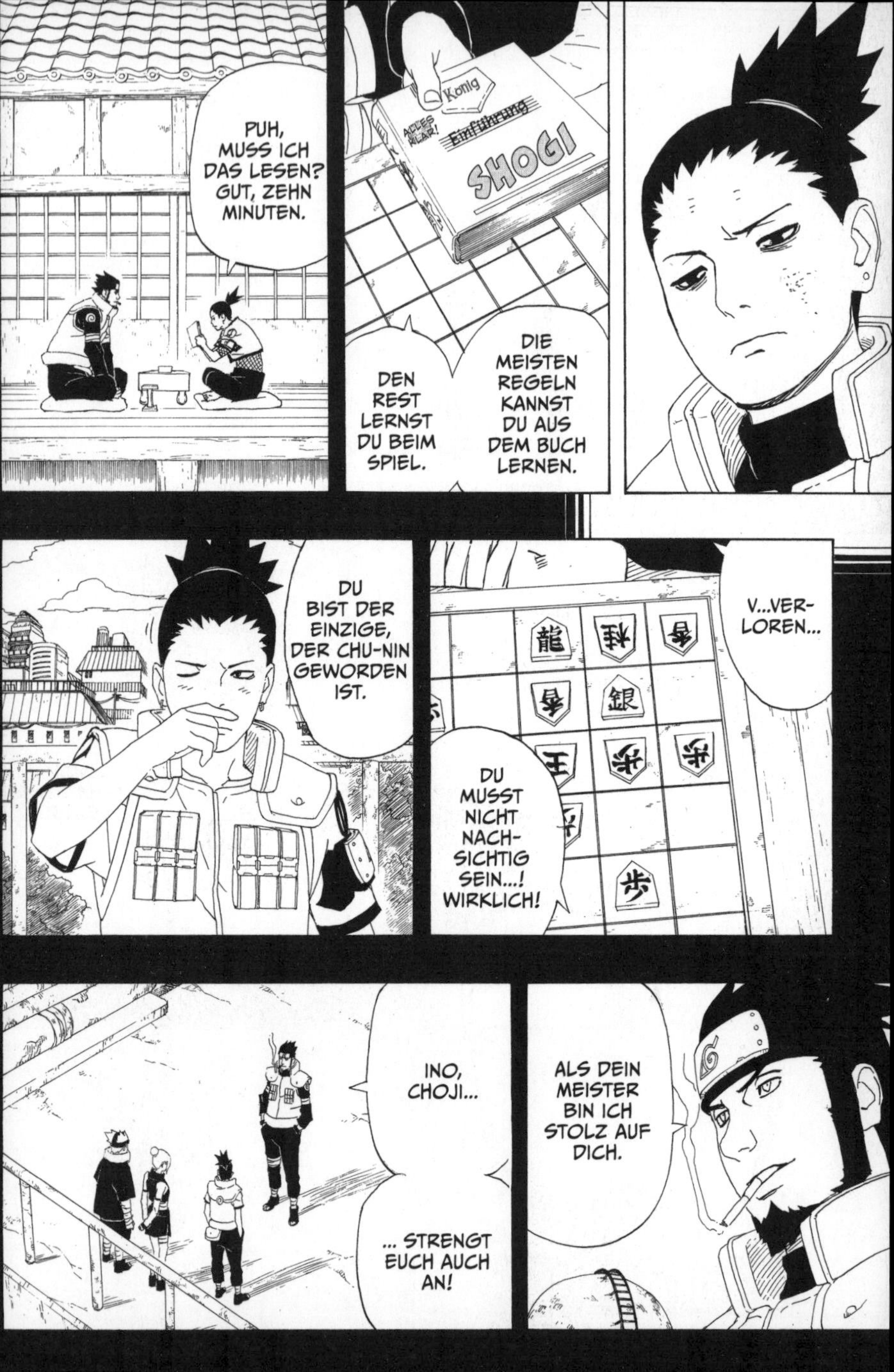
König
ALLES KLAR!
Einführung
SHOGI
PUH, MUSS ICH DAS LESEN? GUT, ZEHN MINUTEN.
DIE MEISTEN REGELN KANNST DU AUS DEM BUCH LERNEN.
DEN REST LERNST DU BEIM SPIEL.
V...VER-LOREN...
DU MUSST NICHT NACH-SICHTIG SEIN...! WIRKLICH!
DU BIST DER EINZIGE, DER CHU-NIN GEWORDEN IST.
ALS DEIN MEISTER BIN ICH STOLZ AUF DICH.
INO, CHOJI...
... STRENGT EUCH AUCH AN!

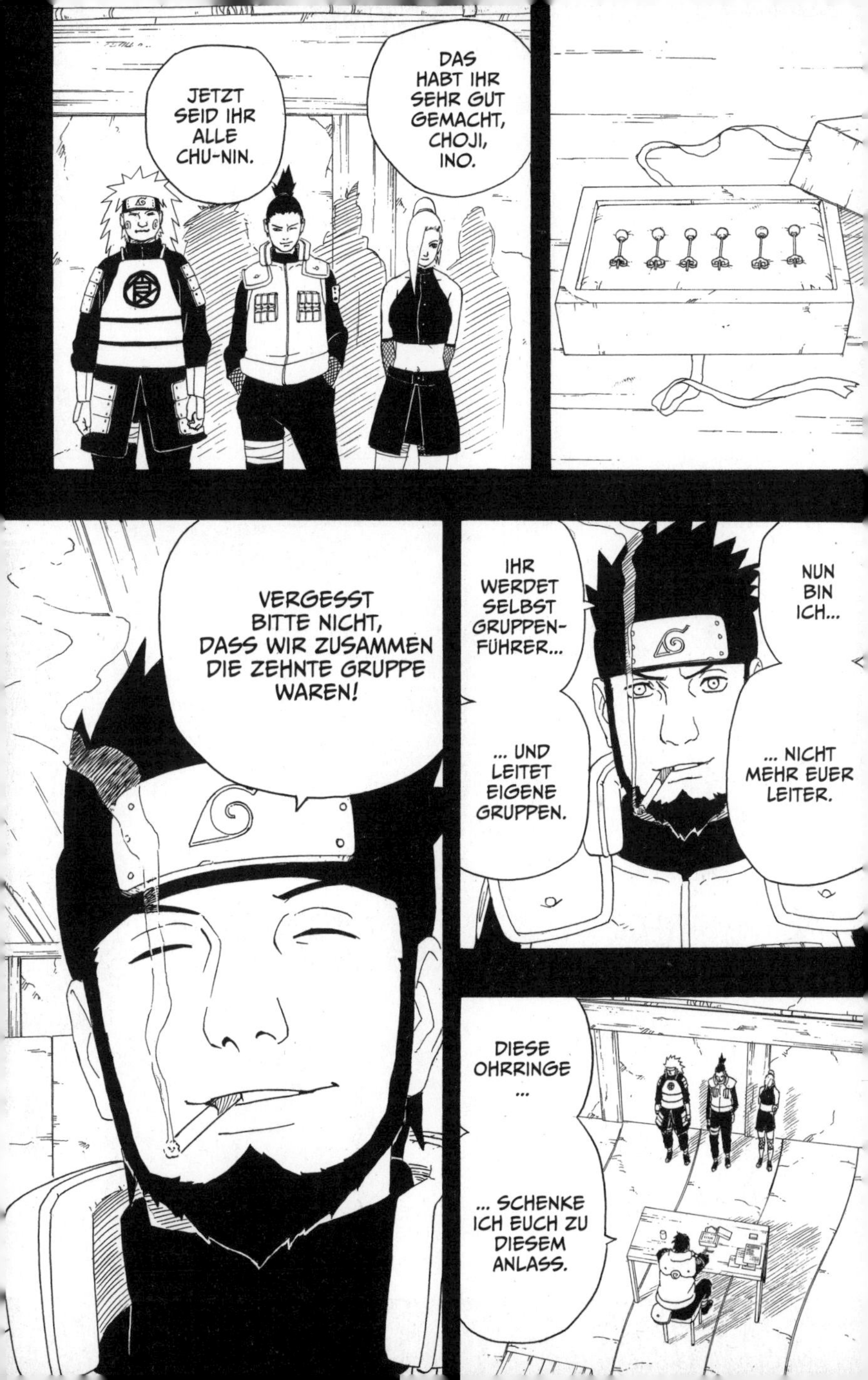
DAS HABT IHR SEHR GUT GEMACHT, CHOJI, INO.
JETZT SEID IHR ALLE CHU-NIN.
NUN BIN ICH...
... NICHT MEHR EUER LEITER.
IHR WERDET SELBST GRUPPENFÜHRER...
... UND LEITET EIGENE GRUPPEN.
VERGESST BITTE NICHT, DASS WIR ZUSAMMEN DIE ZEHNTE GRUPPE WAREN!
DIESE OHRRINGE ...
... SCHENKE ICH EUCH ZU DIESEM ANLASS.

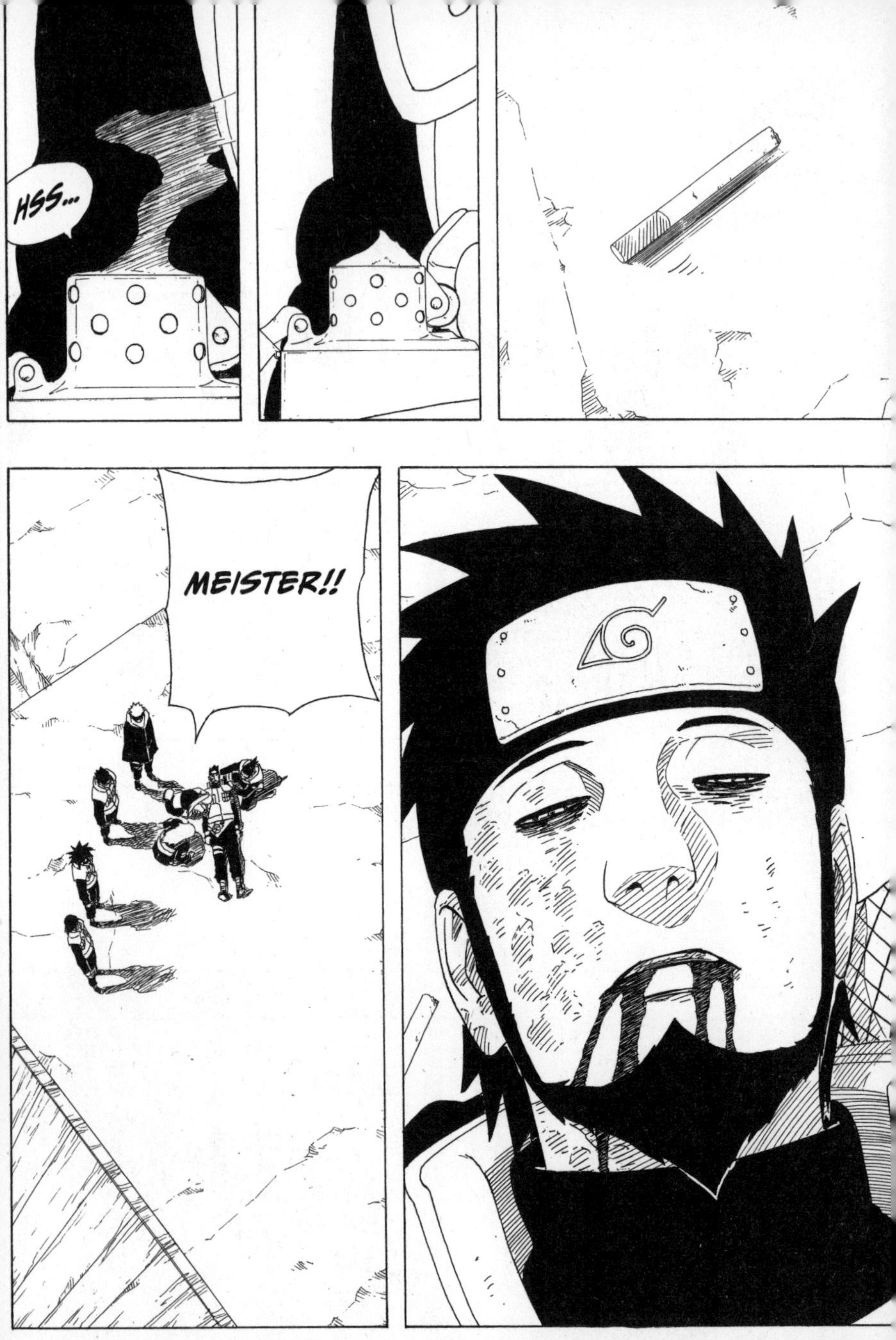
HSS...
MEISTER!!

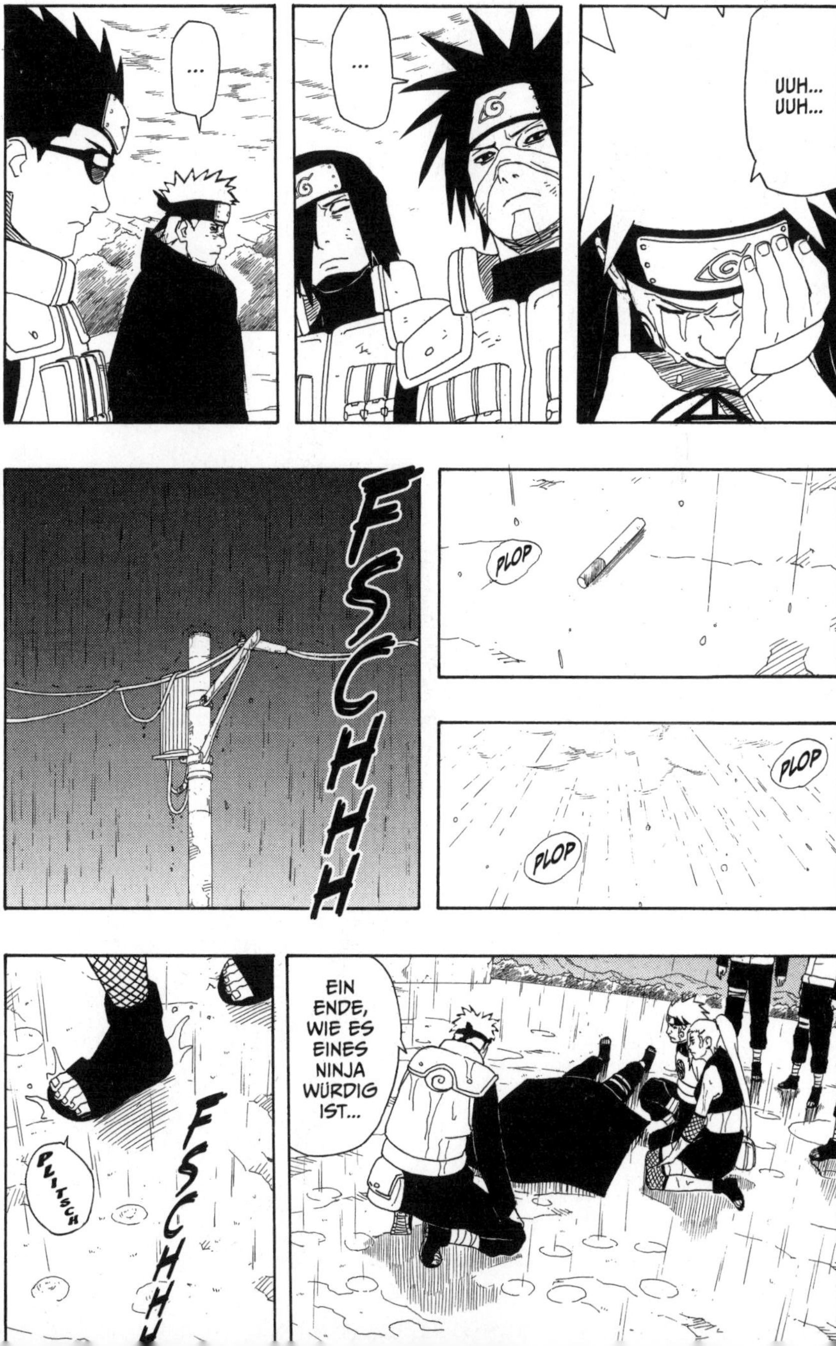
UUH... UUH...
...
...
FSCHHHH
PLOP
PLOP
PLOP
EIN ENDE, WIE ES EINES NINJA WÜRDIG IST...
FSCHHH
PLITSCH

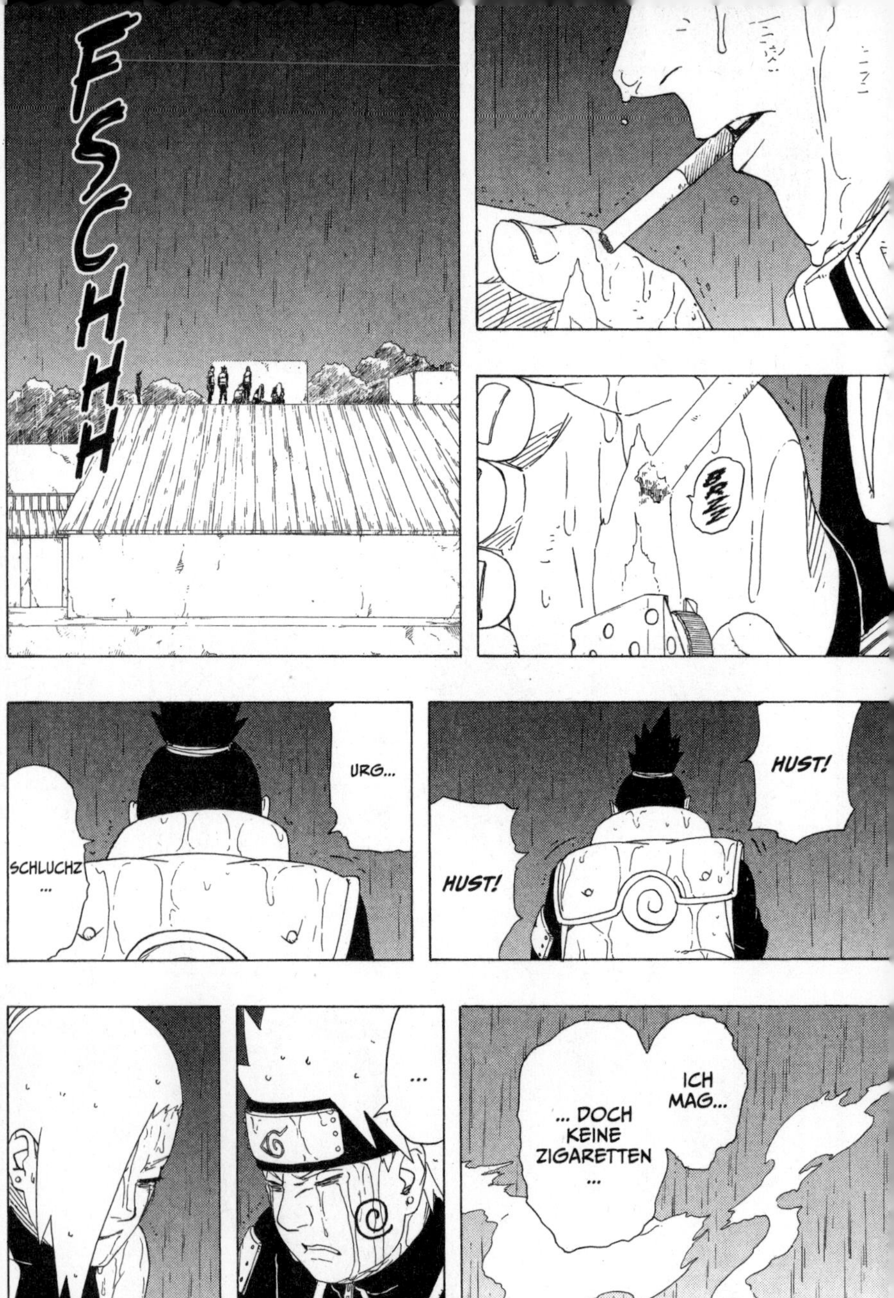
BRZZ
FSCHHHH
HUST!
HUST!
URG...
SCHLUCHZ ...
ICH MAG...
... DOCH KEINE ZIGARETTEN ...
...

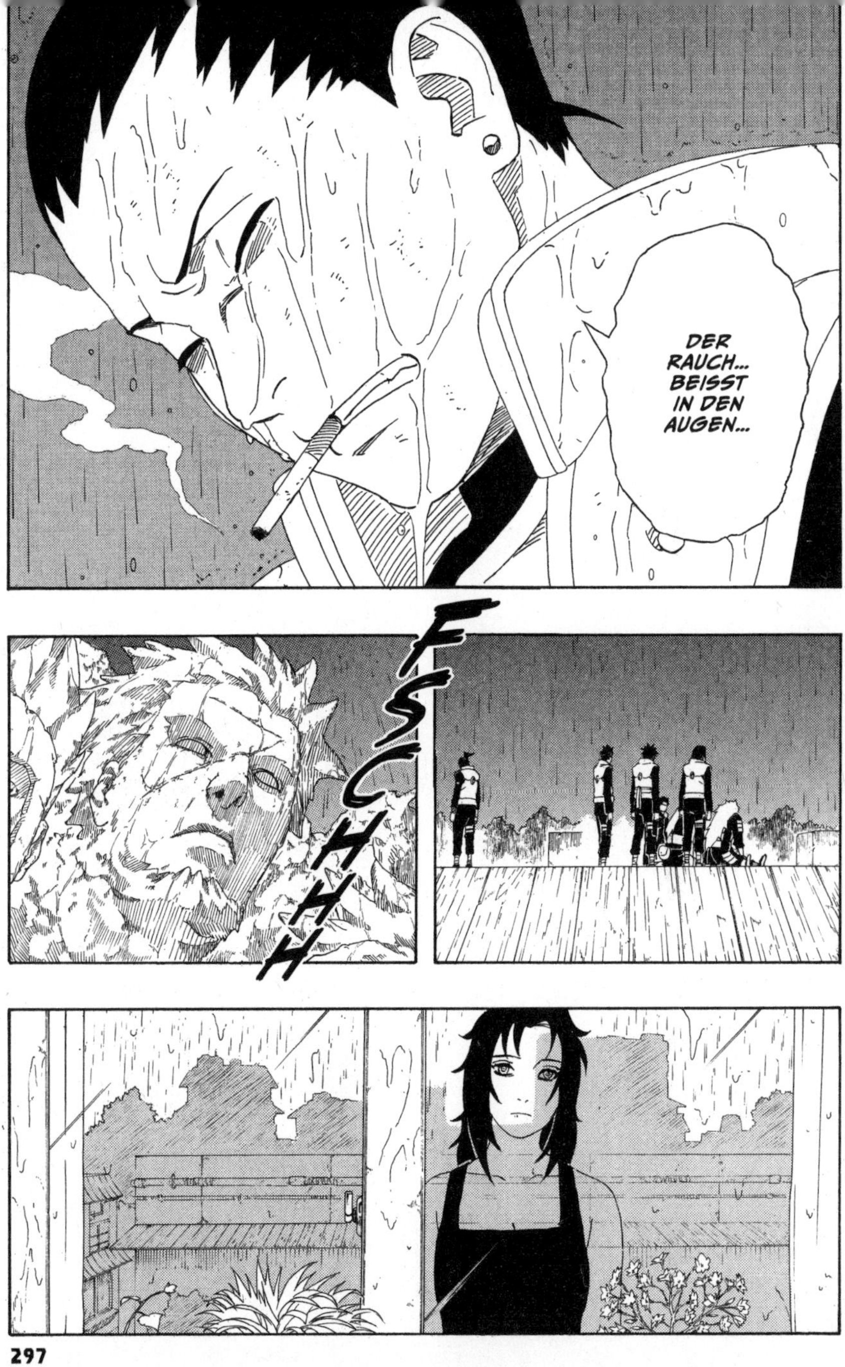
DER RAUCH... BEISST IN DEN AUGEN...
FSCHHH

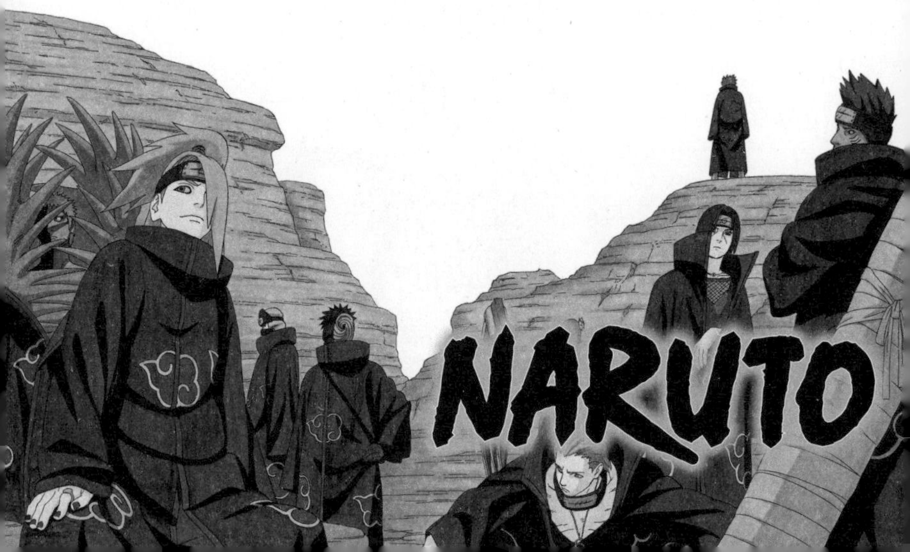
NARUTO

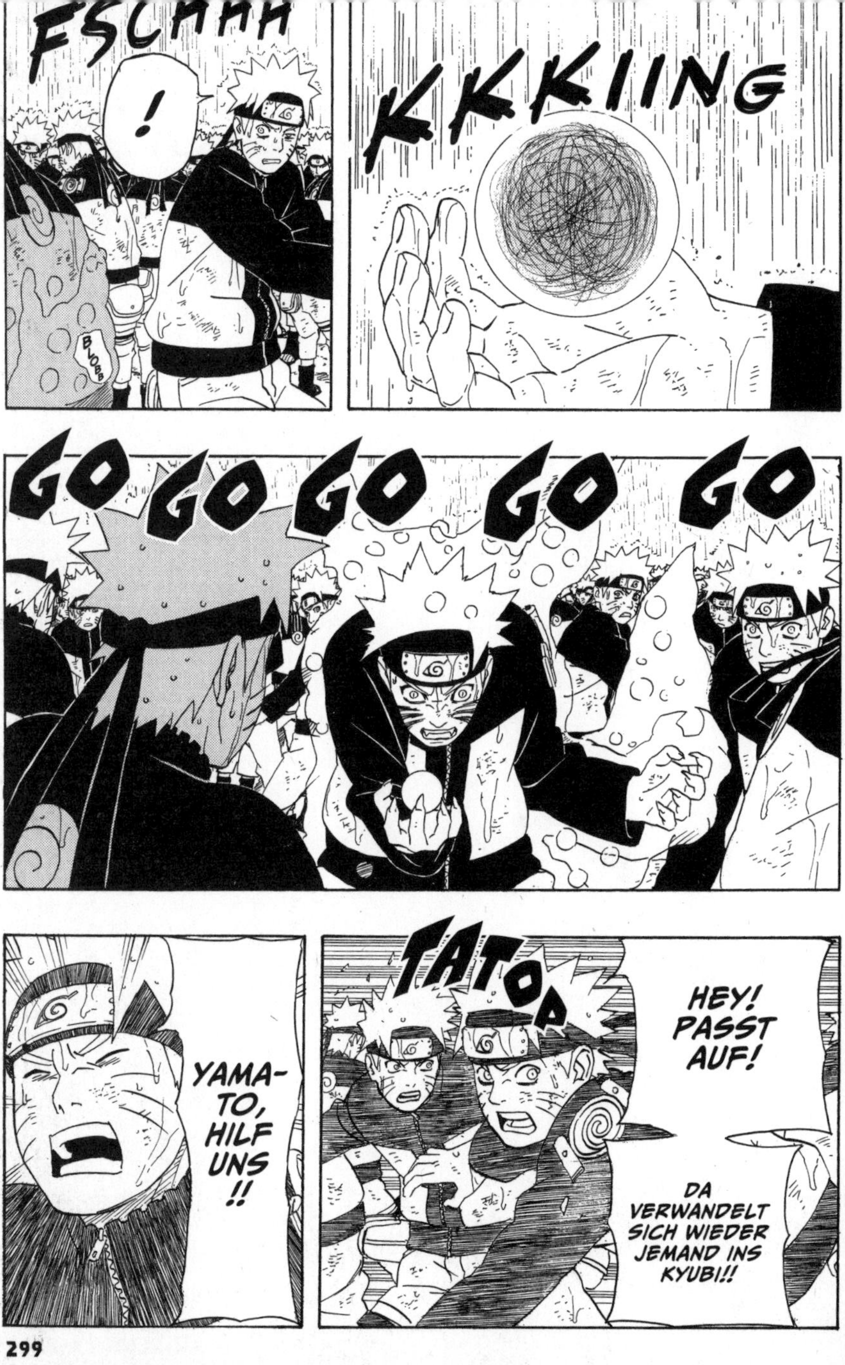
FSCHHH
!
BLOBB
KKKIING
GO GO GO GO GO GO
TATOD
HEY! PASST AUF!
DA VERWANDELT SICH WIEDER JEMAND INS KYUBI!!
YAMATO, HILF UNS!!

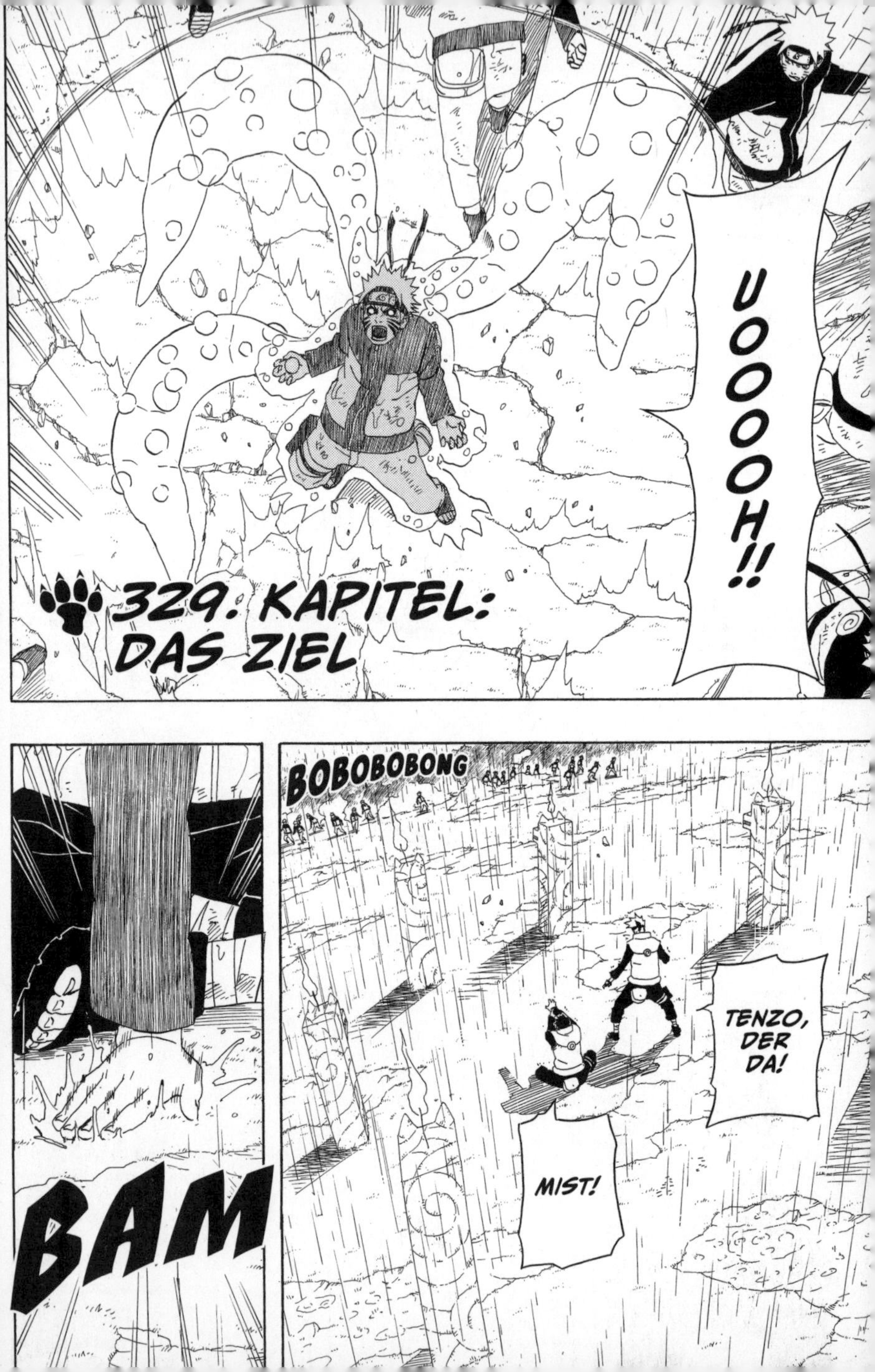
UOOOOOH!!
329. KAPITEL:
DAS ZIEL
BOBOBOBONG
TENZO, DER DA!
MIST!
BAM

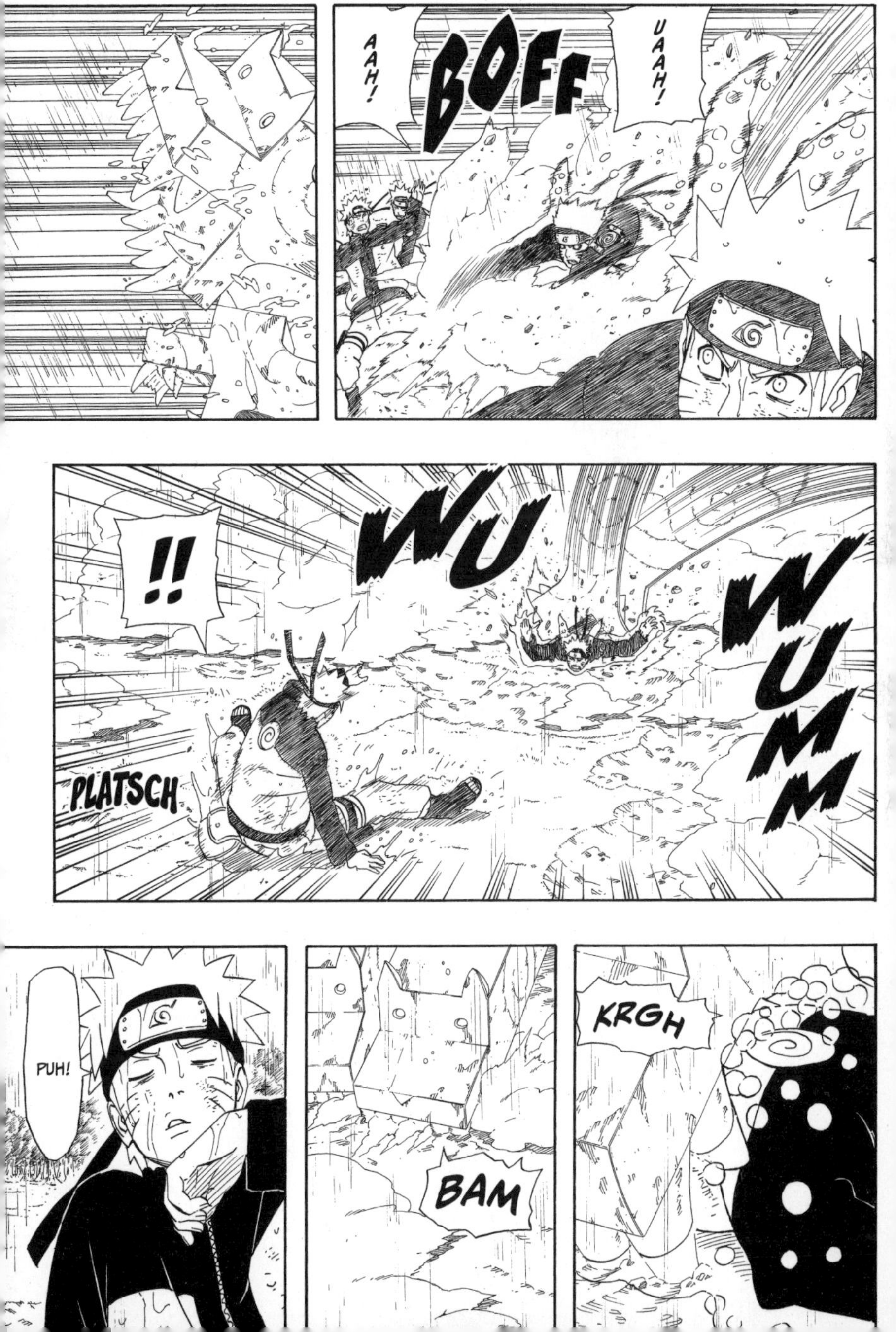
UAAAH!
BOFF
AAH!
WUMM
WU
!!
PLATSCH
KRGH
BAM
PUH!

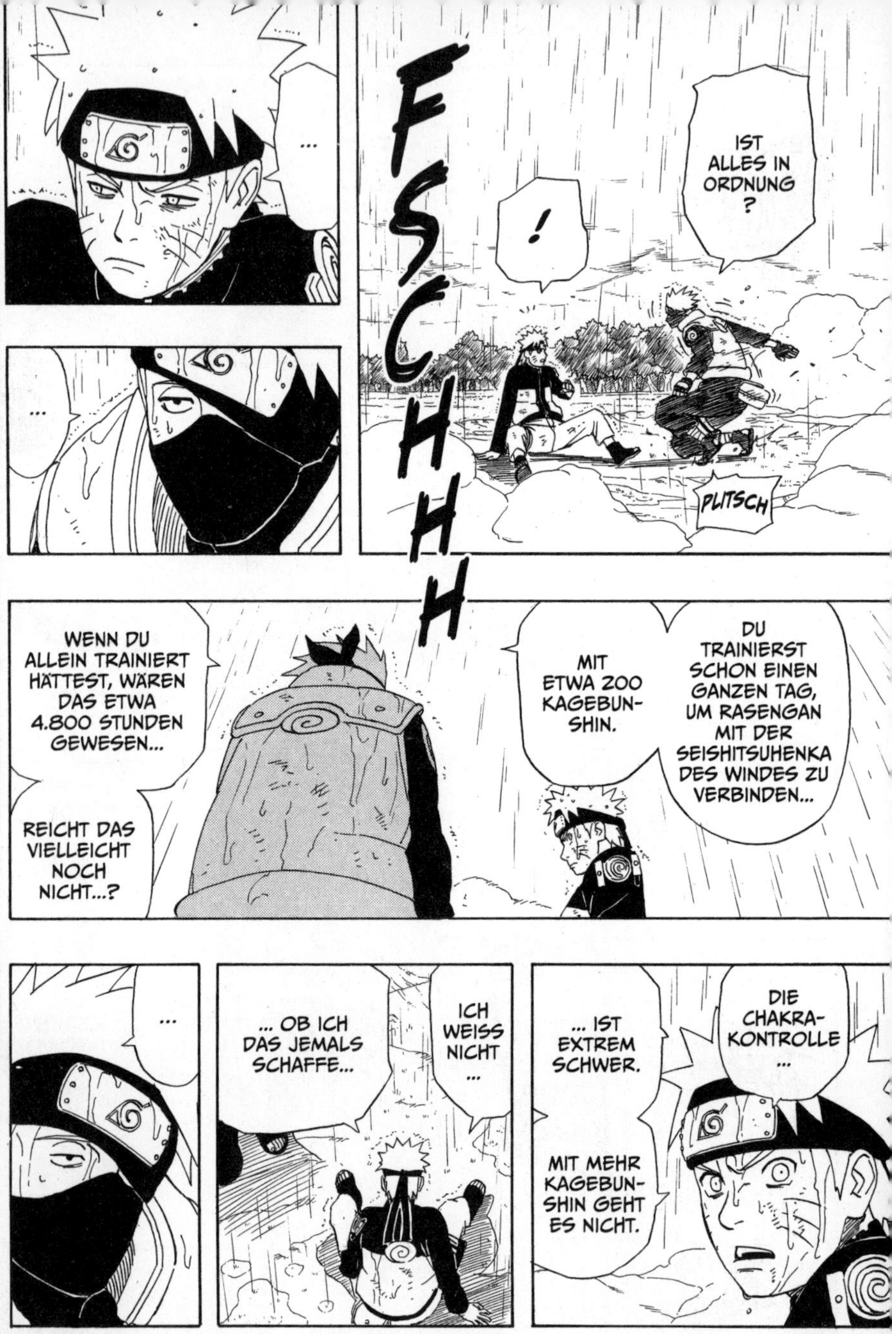

IST ALLES IN ORDNUNG ?
!
FSCHHHH
PLITSCH
...
...
DU TRAINIERST SCHON EINEN GANZEN TAG, UM RASENGAN MIT DER SEISHITSUHENKA DES WINDES ZU VERBINDEN...
MIT ETWA 200 KAGEBUNSHIN.
WENN DU ALLEIN TRAINIERT HÄTTEST, WÄREN DAS ETWA 4.800 STUNDEN GEWESEN...
REICHT DAS VIELLEICHT NOCH NICHT...?
DIE CHAKRA-KONTROLLE ...
... IST EXTREM SCHWER.
MIT MEHR KAGEBUNSHIN GEHT ES NICHT.
ICH WEISS NICHT ...
... OB ICH DAS JEMALS SCHAFFE...
...

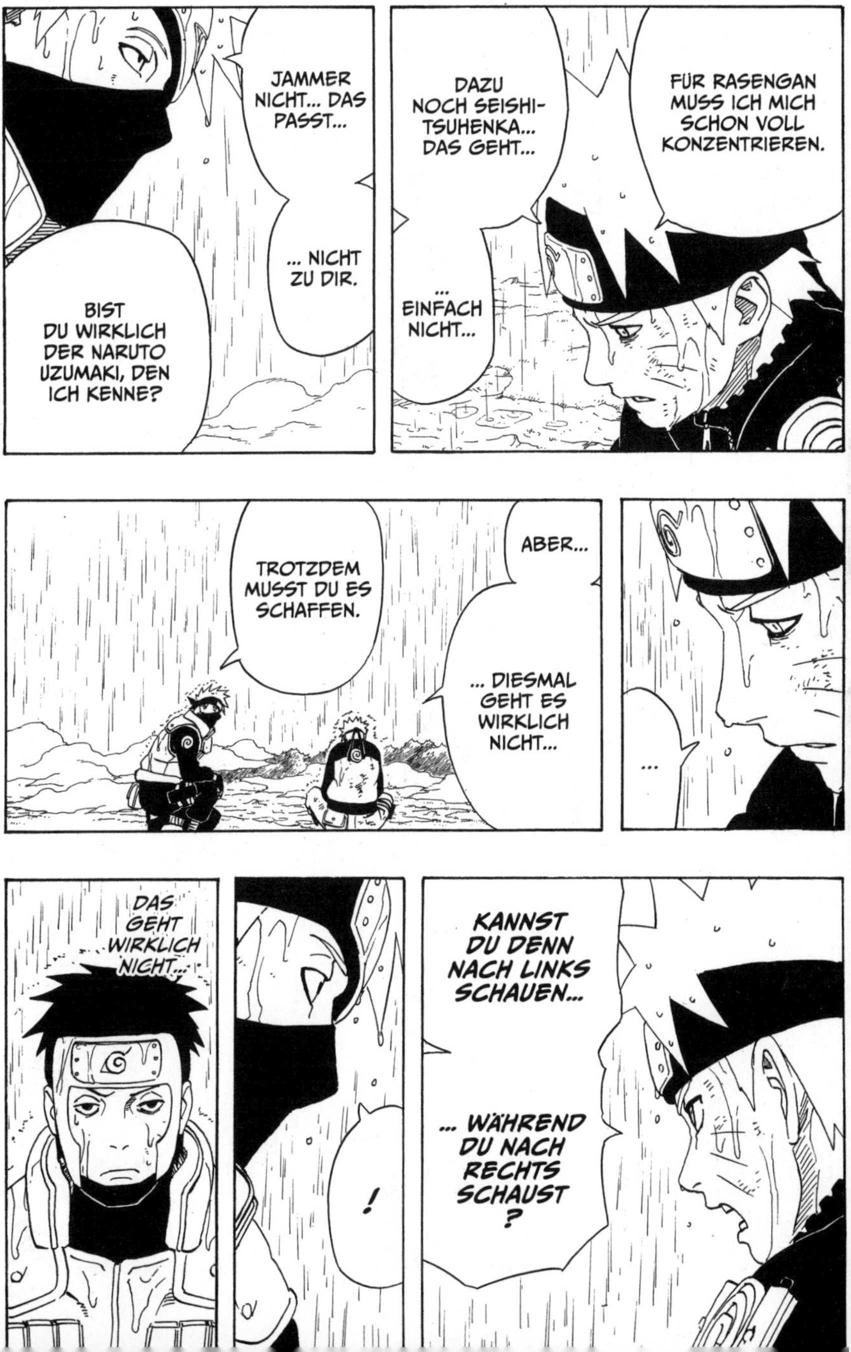
FÜR RASENGAN MUSS ICH MICH SCHON VOLL KONZENTRIEREN.
DAZU NOCH SEISHI-TSUHENKA... DAS GEHT...
... EINFACH NICHT...
JAMMER NICHT... DAS PASST...
... NICHT ZU DIR.
BIST DU WIRKLICH DER NARUTO UZUMAKI, DEN ICH KENNE?
...
ABER...
... DIESMAL GEHT ES WIRKLICH NICHT...
TROTZDEM MUSST DU ES SCHAFFEN.
KANNST DU DENN NACH LINKS SCHAUEN...
... WÄHREND DU NACH RECHTS SCHAUST?
!
DAS GEHT WIRKLICH NICHT...

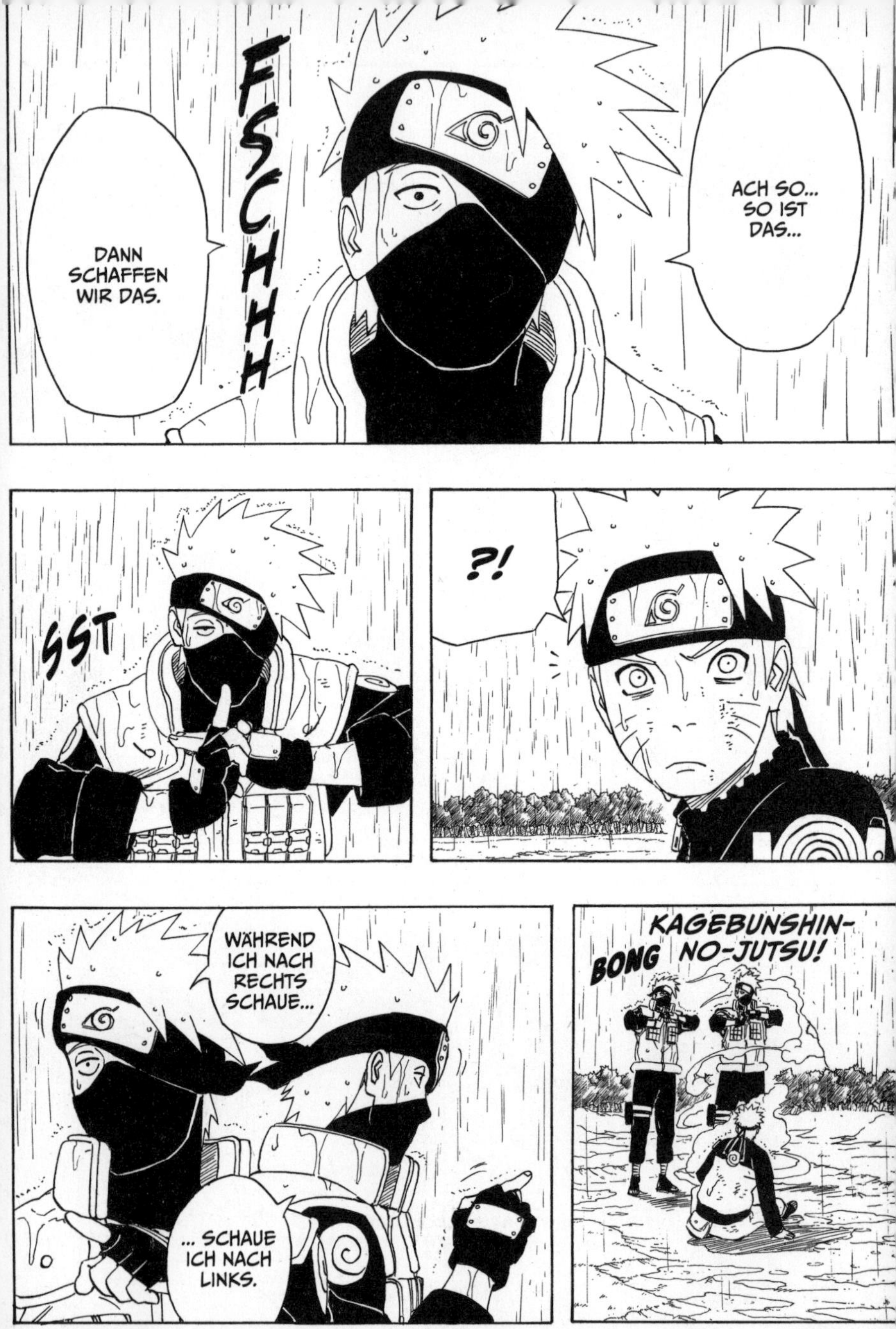
ACH SO... SO IST DAS...
FSCHHH
DANN SCHAFFEN WIR DAS.
?!
SST
KAGEBUNSHIN-NO-JUTSU!
BONG
WÄHREND ICH NACH RECHTS SCHAUE...
... SCHAUE ICH NACH LINKS.

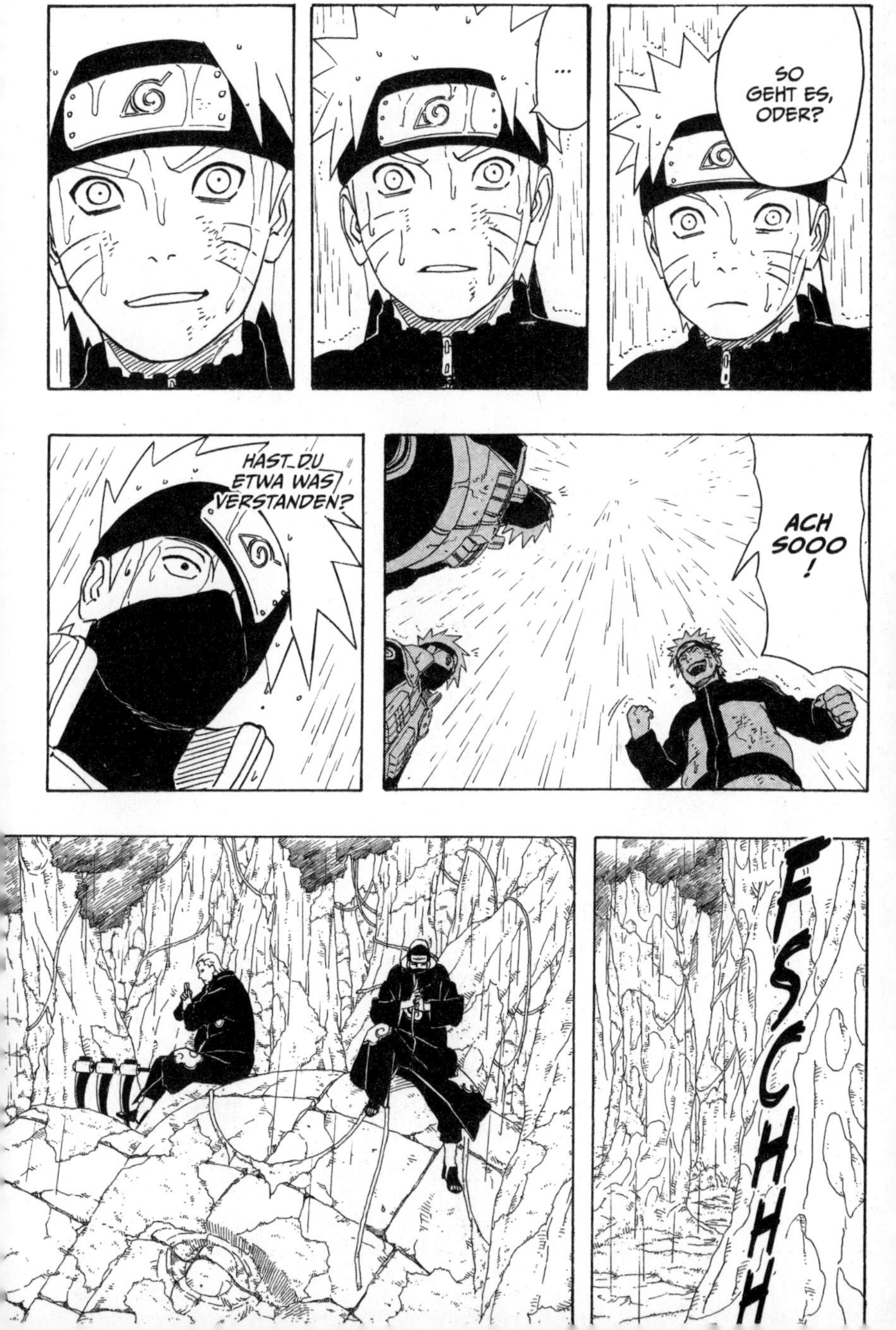
SO GEHT ES, ODER?
...
ACH SOOO!
HAST DU ETWA WAS VERSTANDEN?
FSCHHHHH

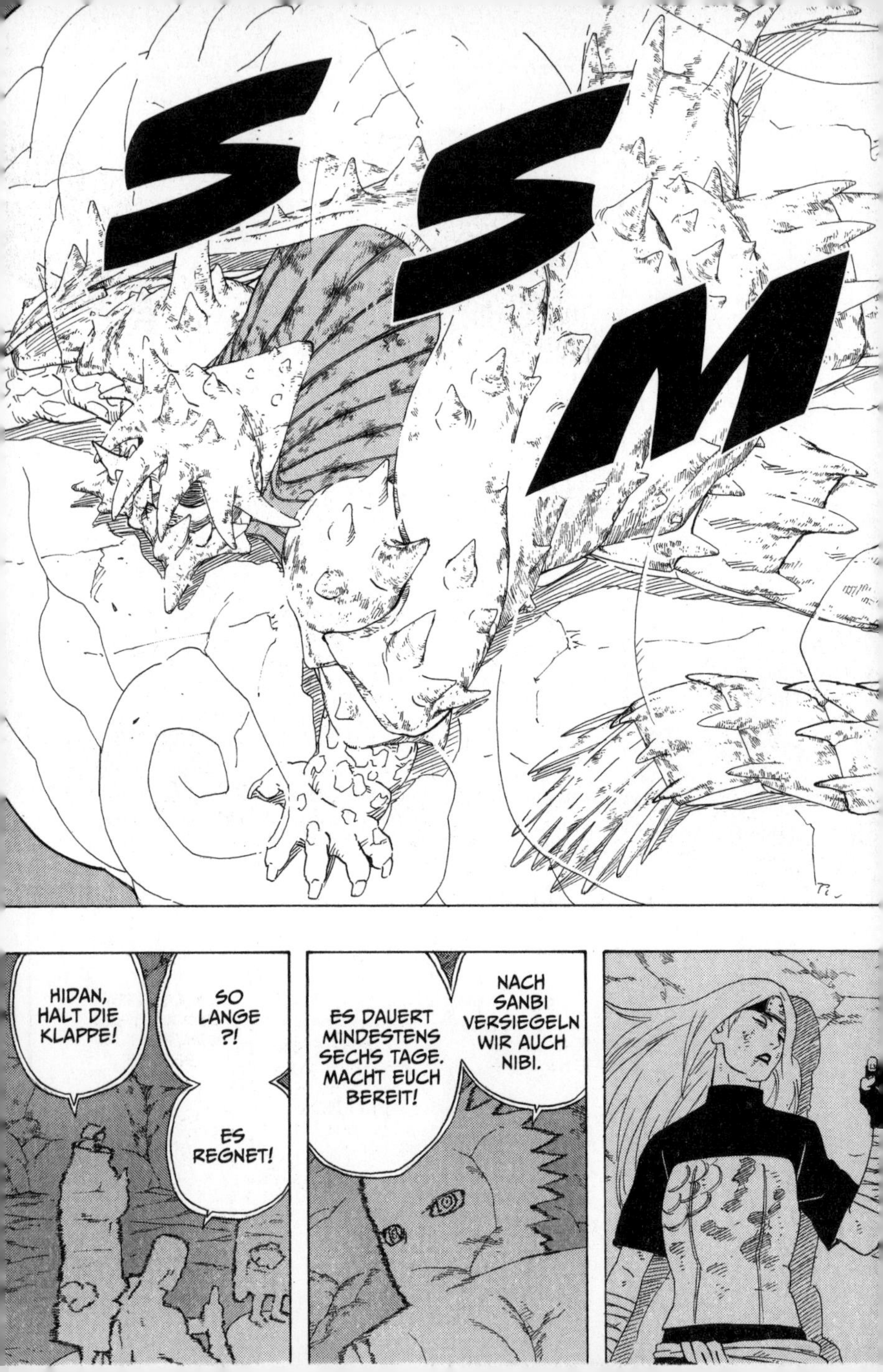
SSM
NACH SANBI VERSIEGELN WIR AUCH NIBI.
ES DAUERT MINDESTENS SECHS TAGE. MACHT EUCH BEREIT!
SO LANGE ?!
ES REGNET!
HIDAN, HALT DIE KLAPPE!

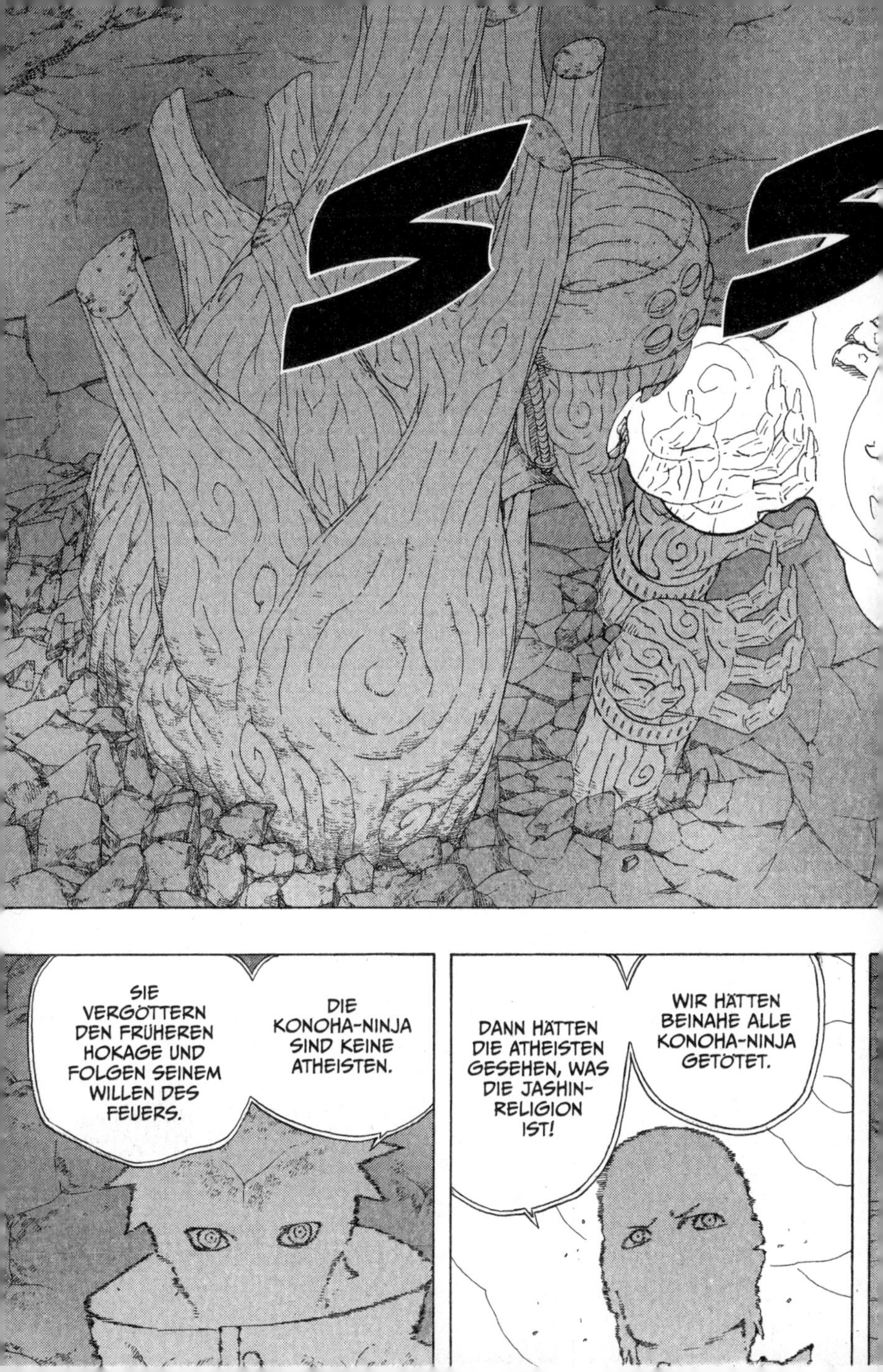
SS
WIR HÄTTEN BEINAHE ALLE KONOHA-NINJA GETÖTET.
DANN HÄTTEN DIE ATHEISTEN GESEHEN, WAS DIE JASHIN-RELIGION IST!
DIE KONOHA-NINJA SIND KEINE ATHEISTEN.
SIE VERGÖTTERN DEN FRÜHEREN HOKAGE UND FOLGEN SEINEM WILLEN DES FEUERS.

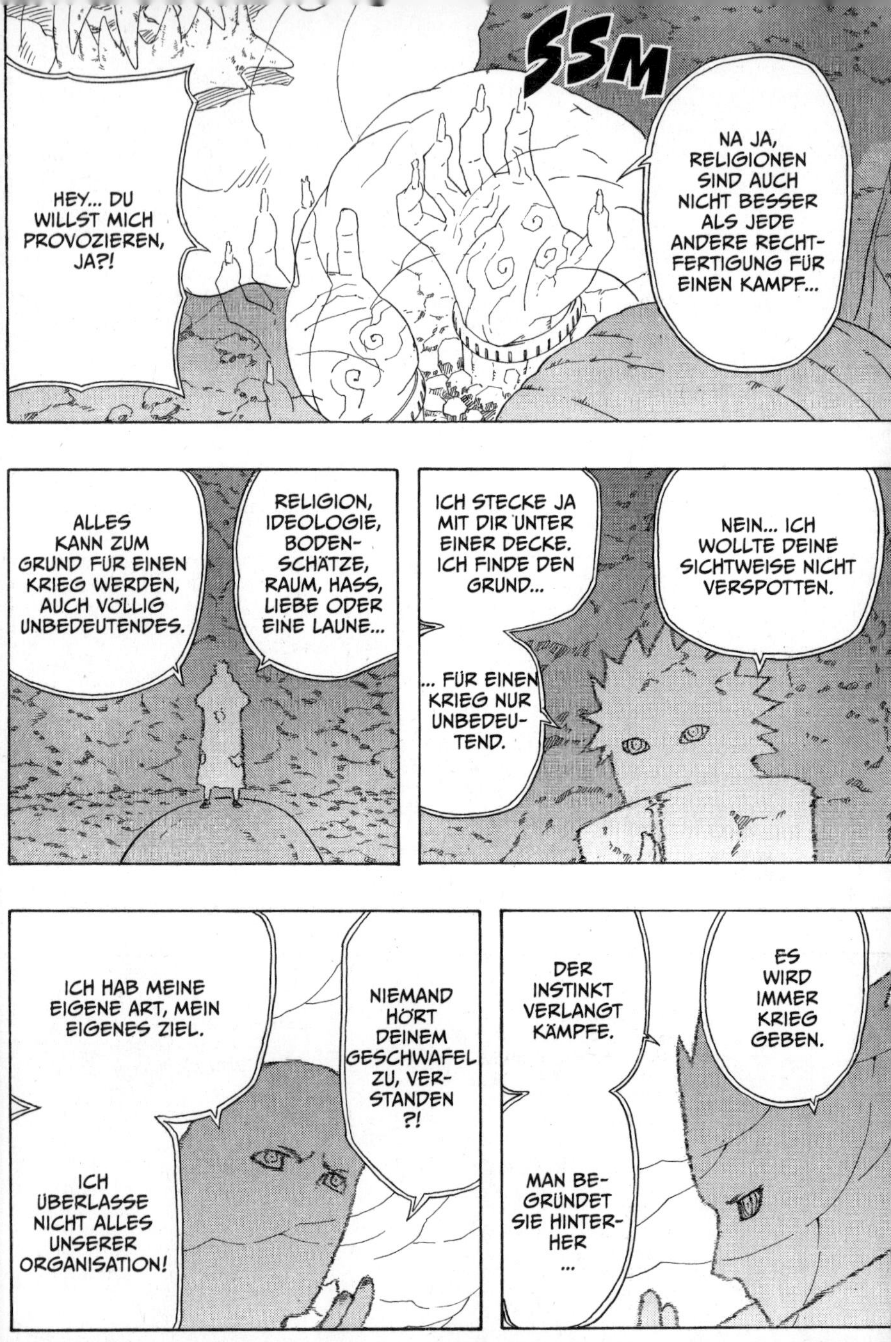
SSM
NA JA, RELIGIONEN SIND AUCH NICHT BESSER ALS JEDE ANDERE RECHT-FERTIGUNG FÜR EINEN KAMPF...
HEY... DU WILLST MICH PROVOZIEREN, JA?!
NEIN... ICH WOLLTE DEINE SICHTWEISE NICHT VERSPOTTEN.
ICH STECKE JA MIT DIR UNTER EINER DECKE. ICH FINDE DEN GRUND...
... FÜR EINEN KRIEG NUR UNBEDEU-TEND.
RELIGION, IDEOLOGIE, BODEN-SCHÄTZE, RAUM, HASS, LIEBE ODER EINE LAUNE...
ALLES KANN ZUM GRUND FÜR EINEN KRIEG WERDEN, AUCH VÖLLIG UNBEDEUTENDES.
ES WIRD IMMER KRIEG GEBEN.
DER INSTINKT VERLANGT KÄMPFE.
MAN BE-GRÜNDET SIE HINTER-HER ...
NIEMAND HÖRT DEINEM GESCHWAFEL ZU, VER-STANDEN ?!
ICH HAB MEINE EIGENE ART, MEIN EIGENES ZIEL.
ICH ÜBERLASSE NICHT ALLES UNSERER ORGANISATION!

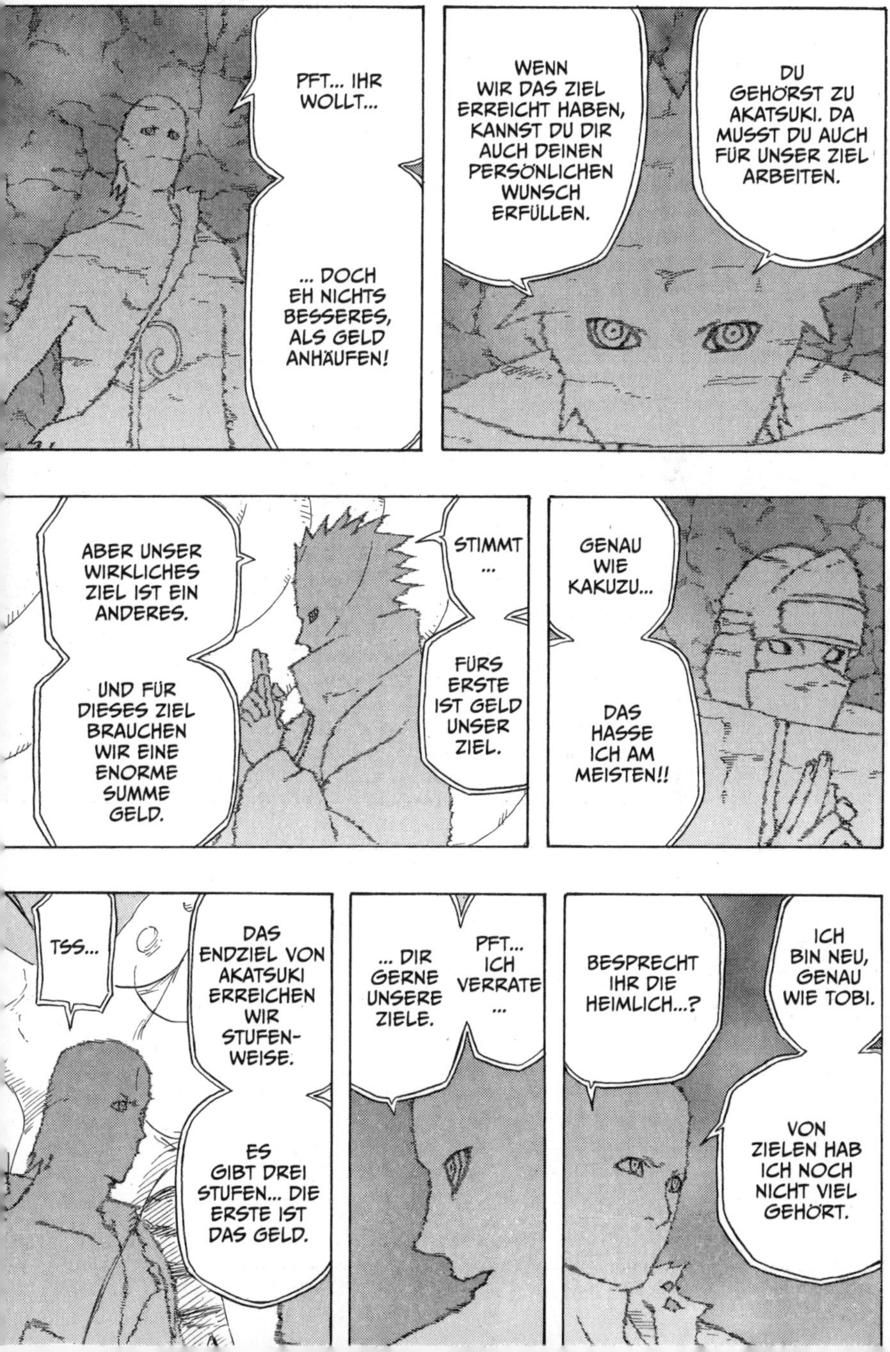
DU GEHÖRST ZU AKATSUKI. DA MUSST DU AUCH FÜR UNSER ZIEL ARBEITEN.
WENN WIR DAS ZIEL ERREICHT HABEN, KANNST DU DIR AUCH DEINEN PERSÖNLICHEN WUNSCH ERFÜLLEN.
PFT... IHR WOLLT...
... DOCH EH NICHTS BESSERES, ALS GELD ANHÄUFEN!
GENAU WIE KAKUZU...
DAS HASSE ICH AM MEISTEN!!
STIMMT ...
FÜRS ERSTE IST GELD UNSER ZIEL.
ABER UNSER WIRKLICHES ZIEL IST EIN ANDERES.
UND FÜR DIESES ZIEL BRAUCHEN WIR EINE ENORME SUMME GELD.
ICH BIN NEU, GENAU WIE TOBI.
VON ZIELEN HAB ICH NOCH NICHT VIEL GEHÖRT.
BESPRECHT IHR DIE HEIMLICH...?
PFT... ICH VERRATE ...
... DIR GERNE UNSERE ZIELE.
DAS ENDZIEL VON AKATSUKI ERREICHEN WIR STUFEN-
WEISE.
ES GIBT DREI STUFEN... DIE ERSTE IST DAS GELD.
TSS...

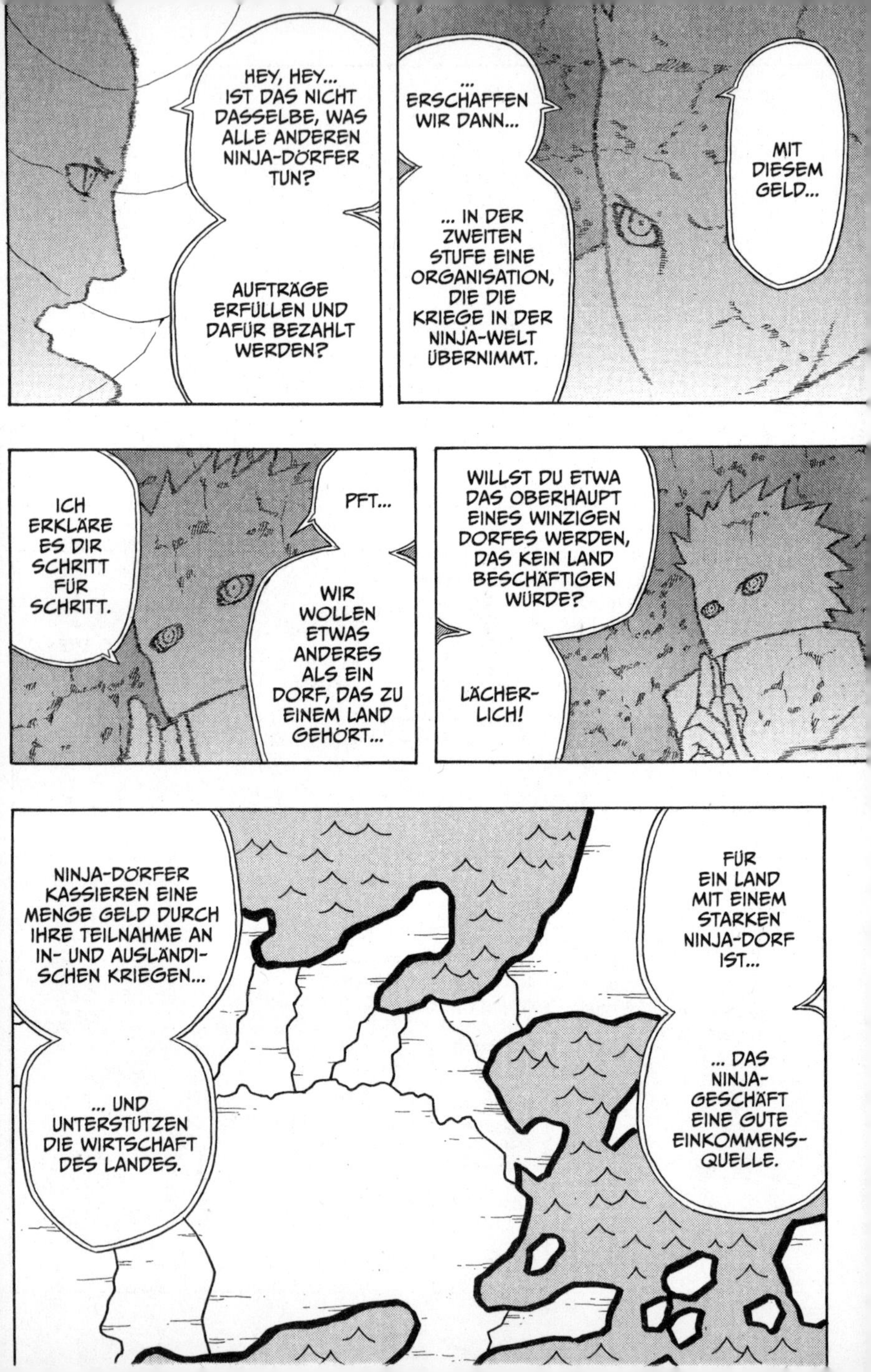
MIT DIESEM GELD...
... ERSCHAFFEN WIR DANN...
... IN DER ZWEITEN STUFE EINE ORGANISATION, DIE DIE KRIEGE IN DER NINJA-WELT ÜBERNIMMT.
HEY, HEY... IST DAS NICHT DASSELBE, WAS ALLE ANDEREN NINJA-DÖRFER TUN?
AUFTRÄGE ERFÜLLEN UND DAFÜR BEZAHLT WERDEN?
WILLST DU ETWA DAS OBERHAUPT EINES WINZIGEN DORFES WERDEN, DAS KEIN LAND BESCHÄFTIGEN WÜRDE?
LÄCHER-LICH!
PFT...
WIR WOLLEN ETWAS ANDERES ALS EIN DORF, DAS ZU EINEM LAND GEHÖRT...
ICH ERKLÄRE ES DIR SCHRITT FÜR SCHRITT.
FÜR EIN LAND MIT EINEM STARKEN NINJA-DORF IST...
... DAS NINJA-GESCHÄFT EINE GUTE EINKOMMENS-QUELLE.
NINJA-DÖRFER KASSIEREN EINE MENGE GELD DURCH IHRE TEILNAHME AN IN- UND AUSLÄNDI-SCHEN KRIEGEN...
... UND UNTERSTÜTZEN DIE WIRTSCHAFT DES LANDES.

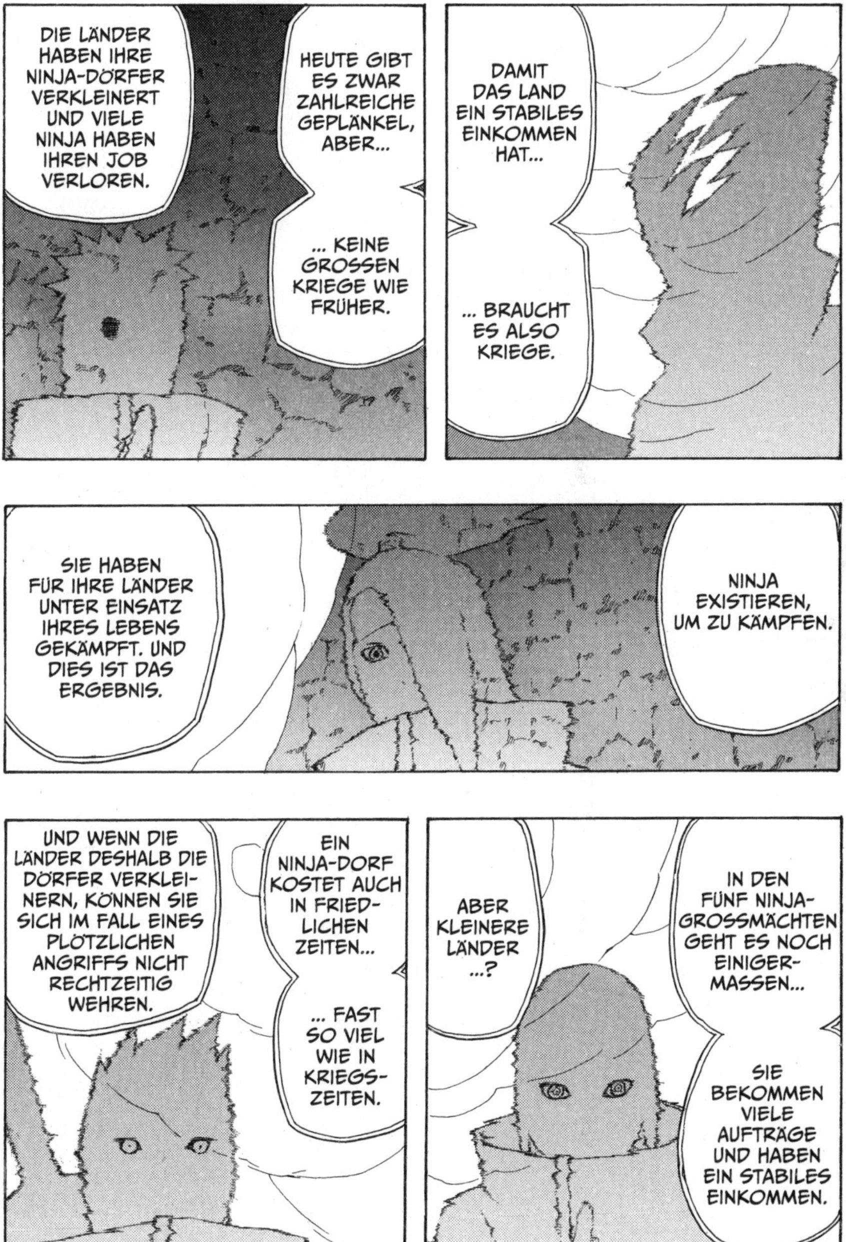
DAMIT DAS LAND EIN STABILES EINKOMMEN HAT...
... BRAUCHT ES ALSO KRIEGE.
HEUTE GIBT ES ZWAR ZAHLREICHE GEPLÄNKEL, ABER...
... KEINE GROSSEN KRIEGE WIE FRÜHER.
DIE LÄNDER HABEN IHRE NINJA-DÖRFER VERKLEINERT UND VIELE NINJA HABEN IHREN JOB VERLOREN.
NINJA EXISTIEREN, UM ZU KÄMPFEN.
SIE HABEN FÜR IHRE LÄNDER UNTER EINSATZ IHRES LEBENS GEKÄMPFT. UND DIES IST DAS ERGEBNIS.
IN DEN FÜNF NINJA-GROSSMÄCHTEN GEHT ES NOCH EINIGER-MASSEN...
SIE BEKOMMEN VIELE AUFTRÄGE UND HABEN EIN STABILES EINKOMMEN.
ABER KLEINERE LÄNDER ...?
EIN NINJA-DORF KOSTET AUCH IN FRIED-LICHEN ZEITEN...
... FAST SO VIEL WIE IN KRIEGS-ZEITEN.
UND WENN DIE LÄNDER DESHALB DIE DÖRFER VERKLEI-NERN, KÖNNEN SIE SICH IM FALL EINES PLÖTZLICHEN ANGRIFFS NICHT RECHTZEITIG WEHREN.

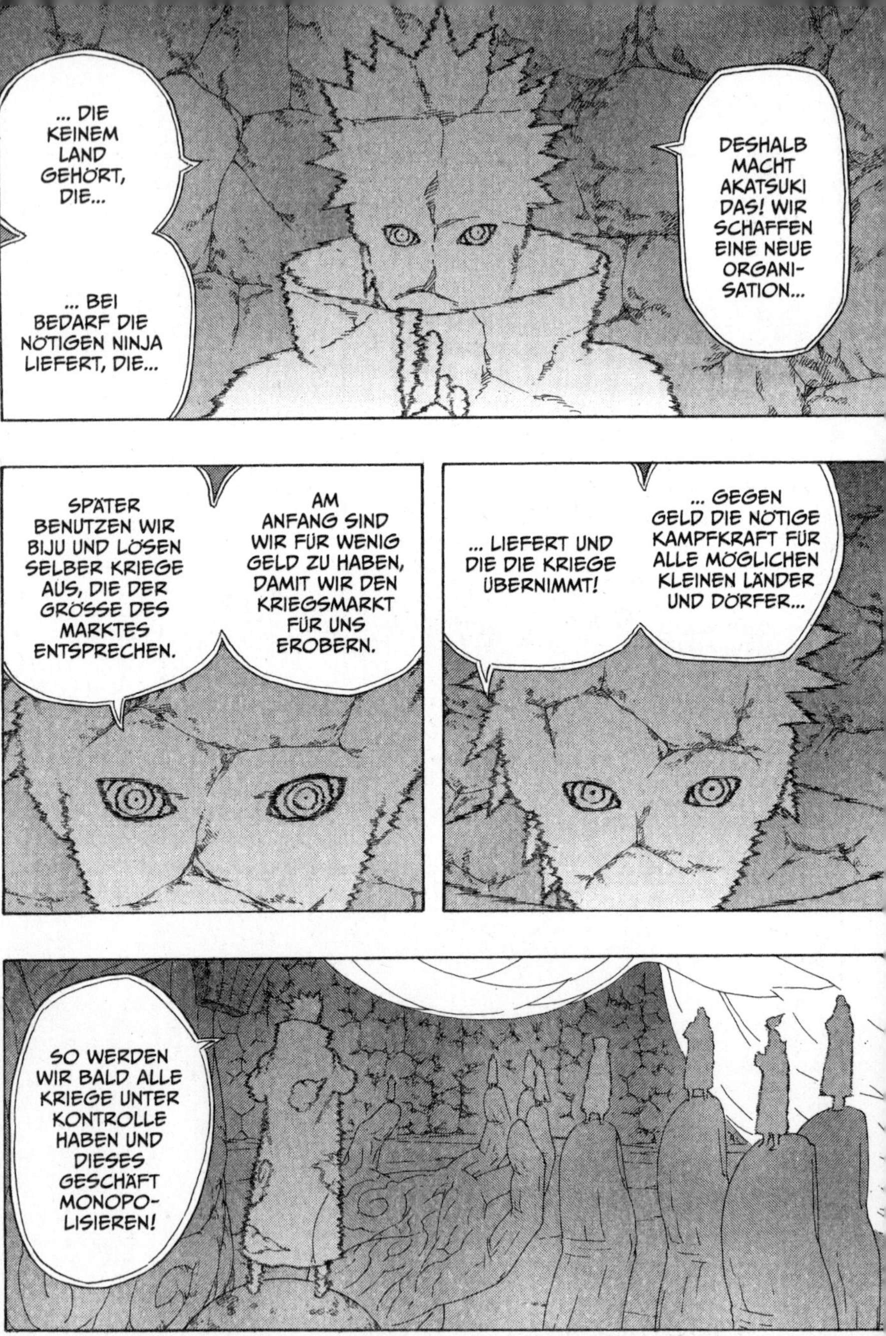
DESHALB MACHT AKATSUKI DAS! WIR SCHAFFEN EINE NEUE ORGANI-SATION...
... DIE KEINEM LAND GEHÖRT, DIE...
... BEI BEDARF DIE NÖTIGEN NINJA LIEFERT, DIE...
... GEGEN GELD DIE NÖTIGE KAMPFKRAFT FÜR ALLE MÖGLICHEN KLEINEN LÄNDER UND DÖRFER...
... LIEFERT UND DIE DIE KRIEGE ÜBERNIMMT!
AM ANFANG SIND WIR FÜR WENIG GELD ZU HABEN, DAMIT WIR DEN KRIEGSMARKT FÜR UNS EROBERN.
SPÄTER BENUTZEN WIR BIJU UND LÖSEN SELBER KRIEGE AUS, DIE DER GRÖSSE DES MARKTES ENTSPRECHEN.
SO WERDEN WIR BALD ALLE KRIEGE UNTER KONTROLLE HABEN UND DIESES GESCHÄFT MONOPO-LISIEREN!

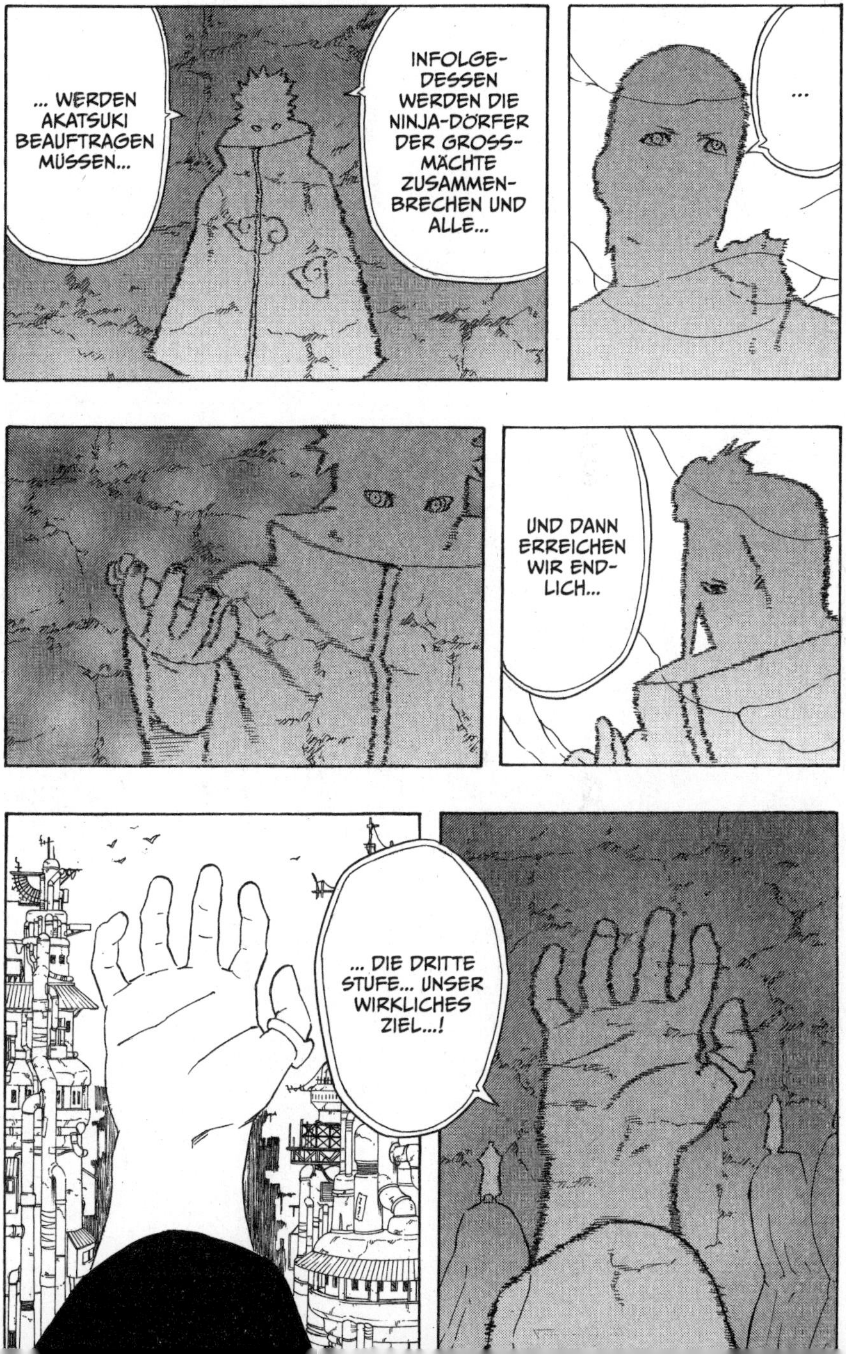
INFOLGEDESSEN WERDEN DIE NINJA-DÖRFER DER GROSSMÄCHTE ZUSAMMENBRECHEN UND ALLE...
... WERDEN AKATSUKI BEAUFTRAGEN MÜSSEN...
...
UND DANN ERREICHEN WIR ENDLICH...
... DIE DRITTE STUFE... UNSER WIRKLICHES ZIEL...!

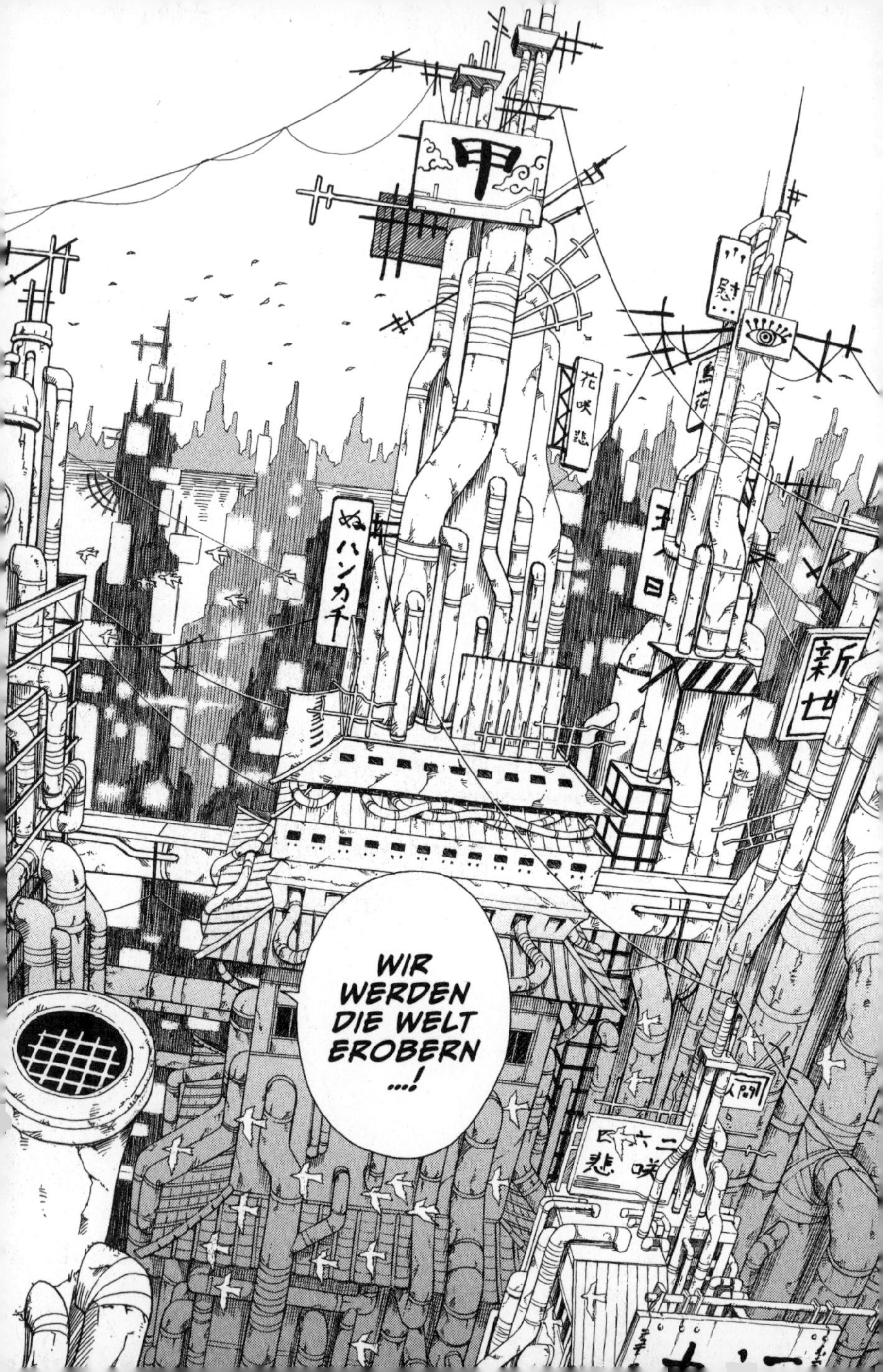
甲
花咲悲
ぬハンカチ
新世
WIR WERDEN DIE WELT EROBERN …!

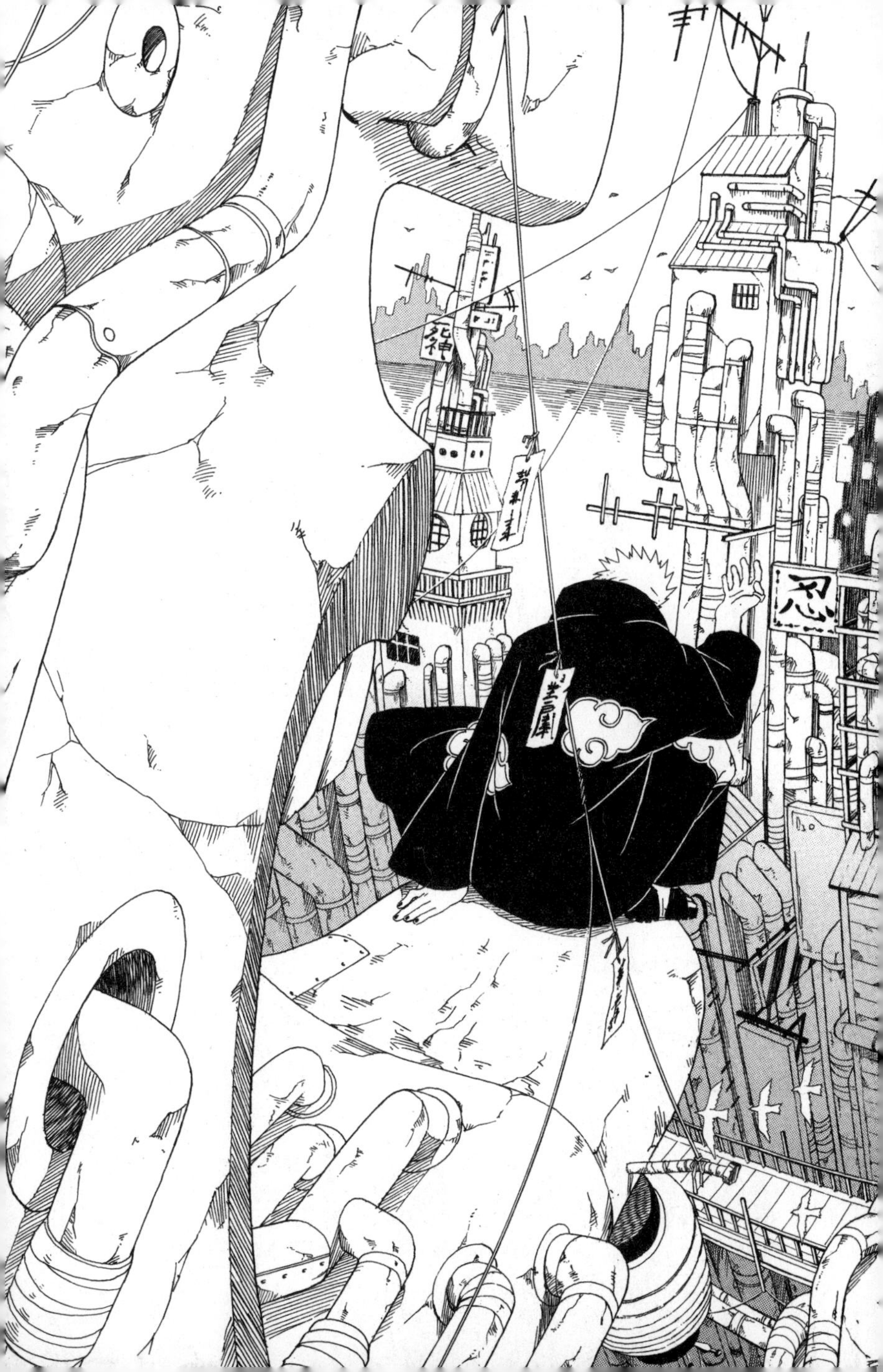
死神
忍

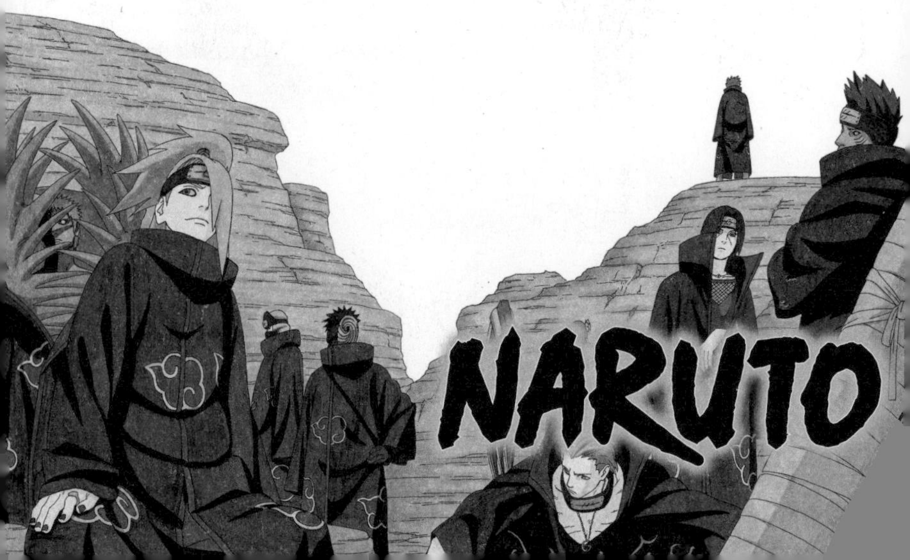
NARUTO

330. Kapitel: Eine traurige Nachricht

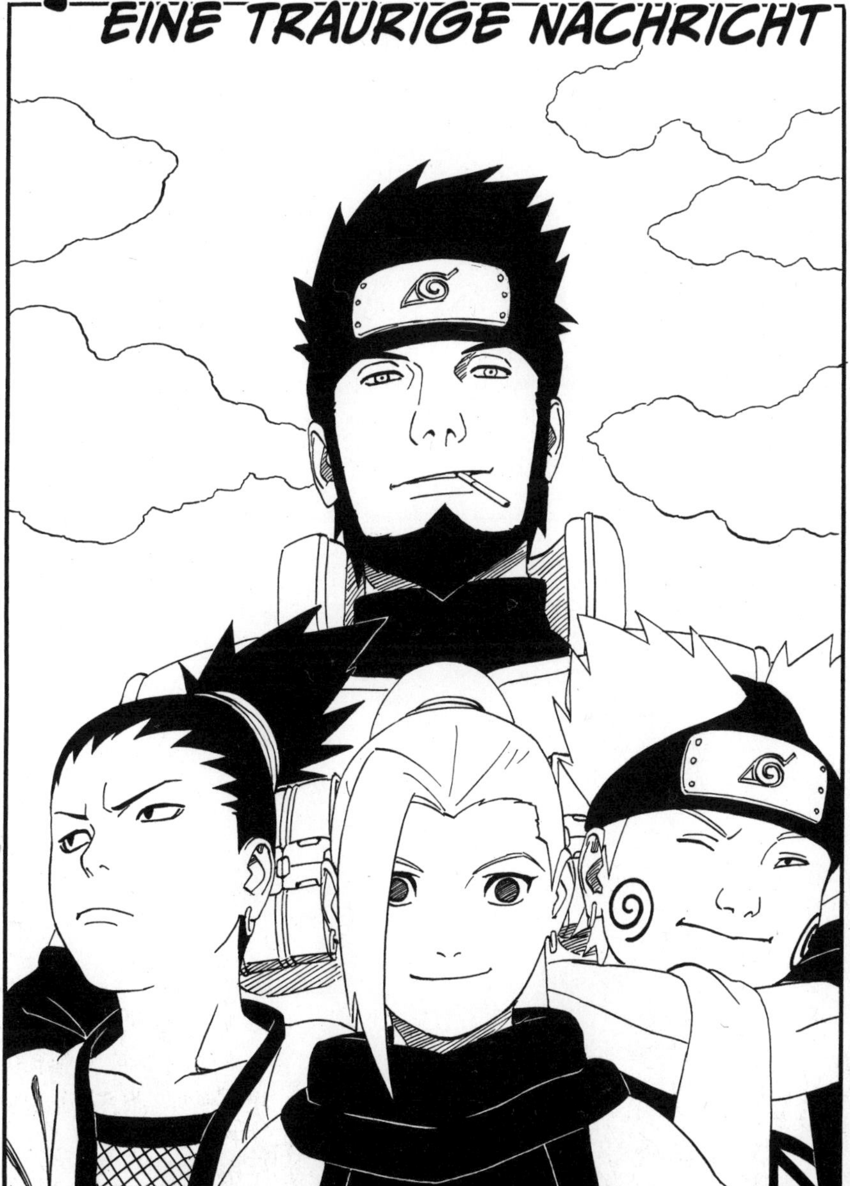

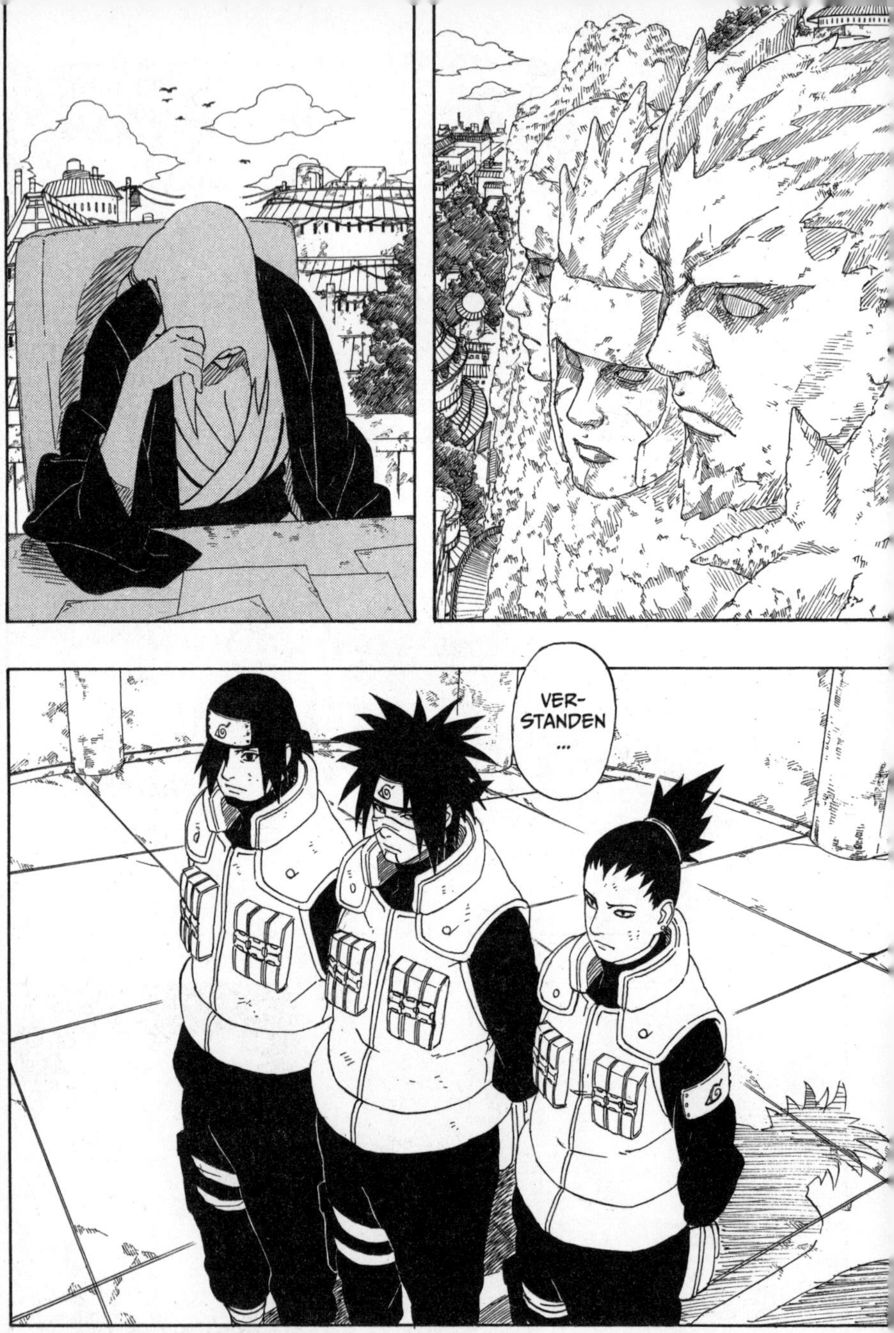
VER-
STANDEN
...

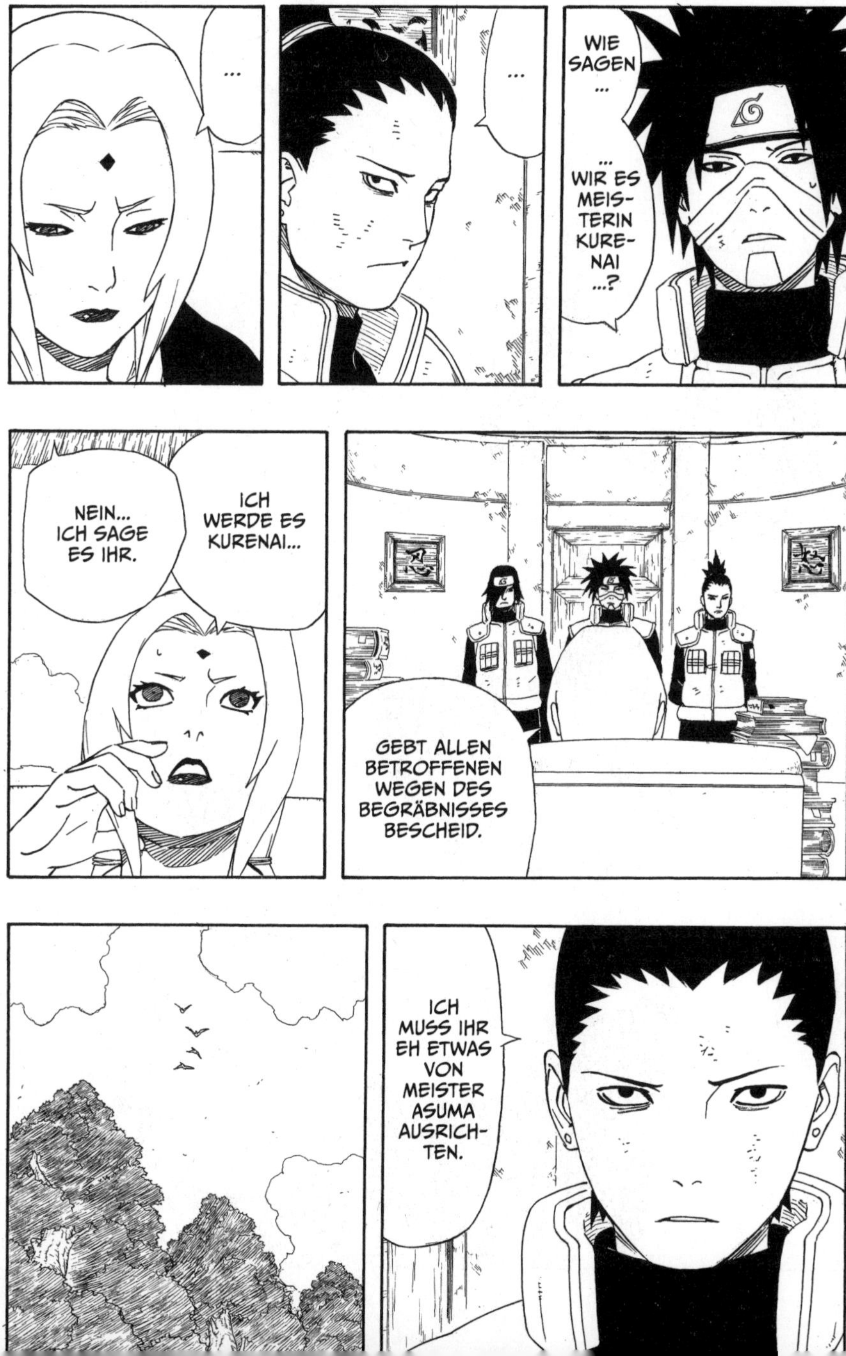
WIE SAGEN ...
... WIR ES MEISTERIN KURENAI ...?
...
...
ICH WERDE ES KURENAI...
NEIN... ICH SAGE ES IHR.
GEBT ALLEN BETROFFENEN WEGEN DES BEGRÄBNISSES BESCHEID.
ICH MUSS IHR EH ETWAS VON MEISTER ASUMA AUSRICHTEN.

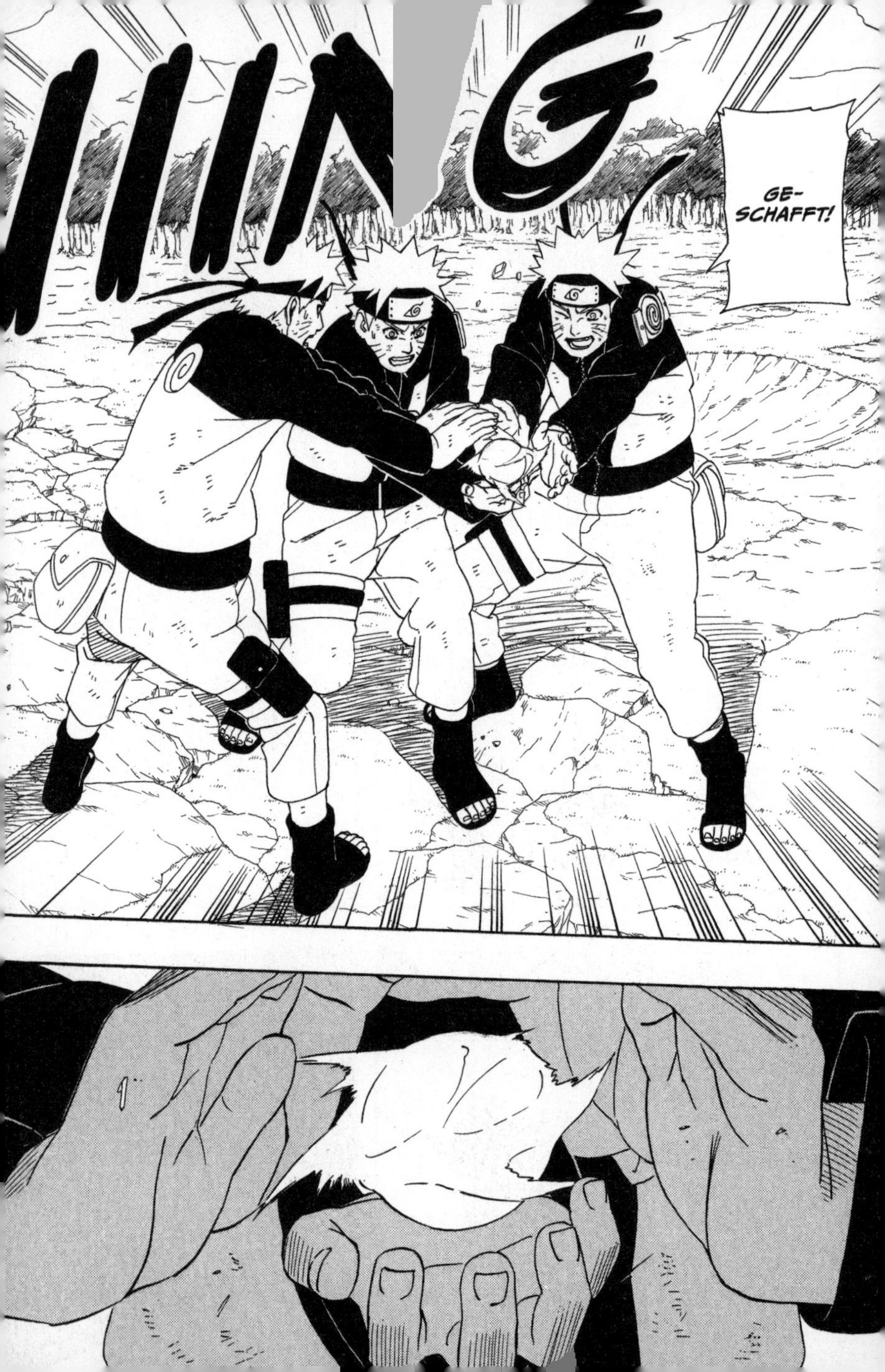
GE-
SCHAFFT!

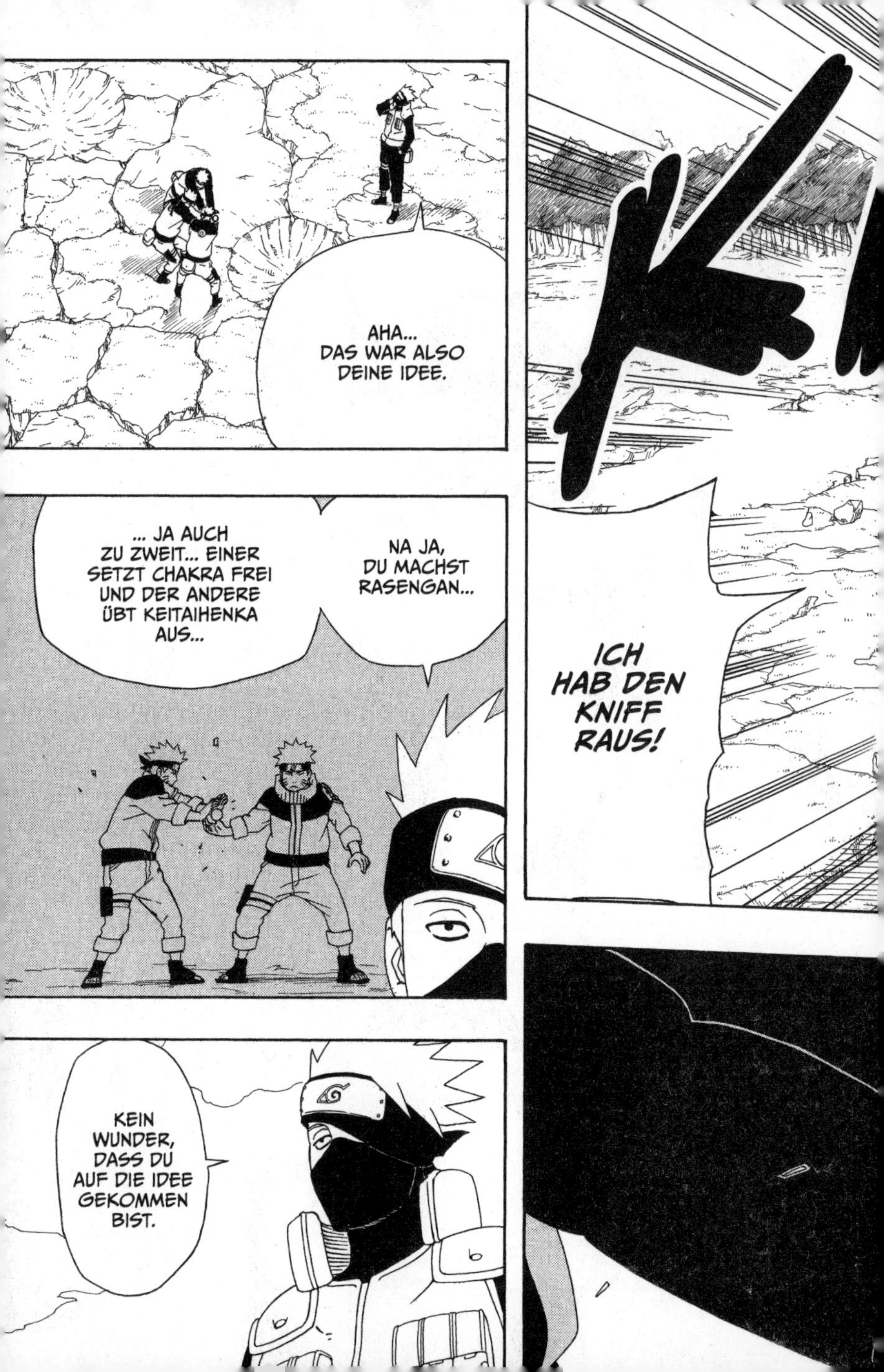
AHA... DAS WAR ALSO DEINE IDEE.
ICH HAB DEN KNIFF RAUS!
NA JA, DU MACHST RASENGAN...
... JA AUCH ZU ZWEIT... EINER SETZT CHAKRA FREI UND DER ANDERE ÜBT KEITAIHENKA AUS...
KEIN WUNDER, DASS DU AUF DIE IDEE GEKOMMEN BIST.

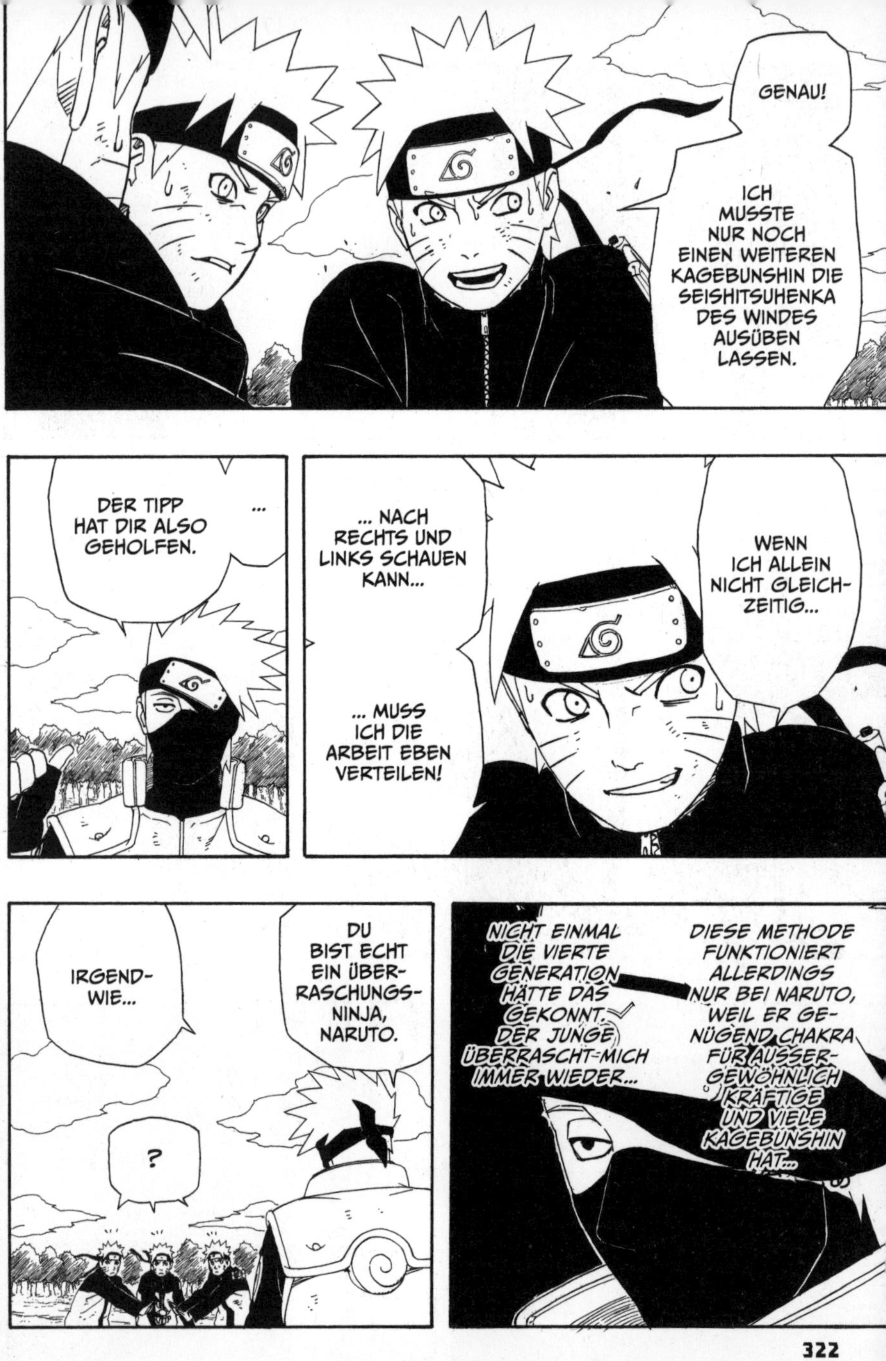
GENAU!
ICH MUSSTE NUR NOCH EINEN WEITEREN KAGEBUNSHIN DIE SEISHITSUHENKA DES WINDES AUSÜBEN LASSEN.
WENN ICH ALLEIN NICHT GLEICH-ZEITIG...
... NACH RECHTS UND LINKS SCHAUEN KANN...
... MUSS ICH DIE ARBEIT EBEN VERTEILEN!
...
DER TIPP HAT DIR ALSO GEHOLFEN.
NICHT EINMAL DIE VIERTE GENERATION HÄTTE DAS GEKONNT. DER JUNGE ÜBERRASCHT MICH IMMER WIEDER...
DIESE METHODE FUNKTIONIERT ALLERDINGS NUR BEI NARUTO, WEIL ER GE-NÜGEND CHAKRA FÜR AUSSER-GEWÖHNLICH KRÄFTIGE UND VIELE KAGEBUNSHIN HAT...
DU BIST ECHT EIN ÜBER-RASCHUNGS-NINJA, NARUTO.
IRGEND-WIE...
?

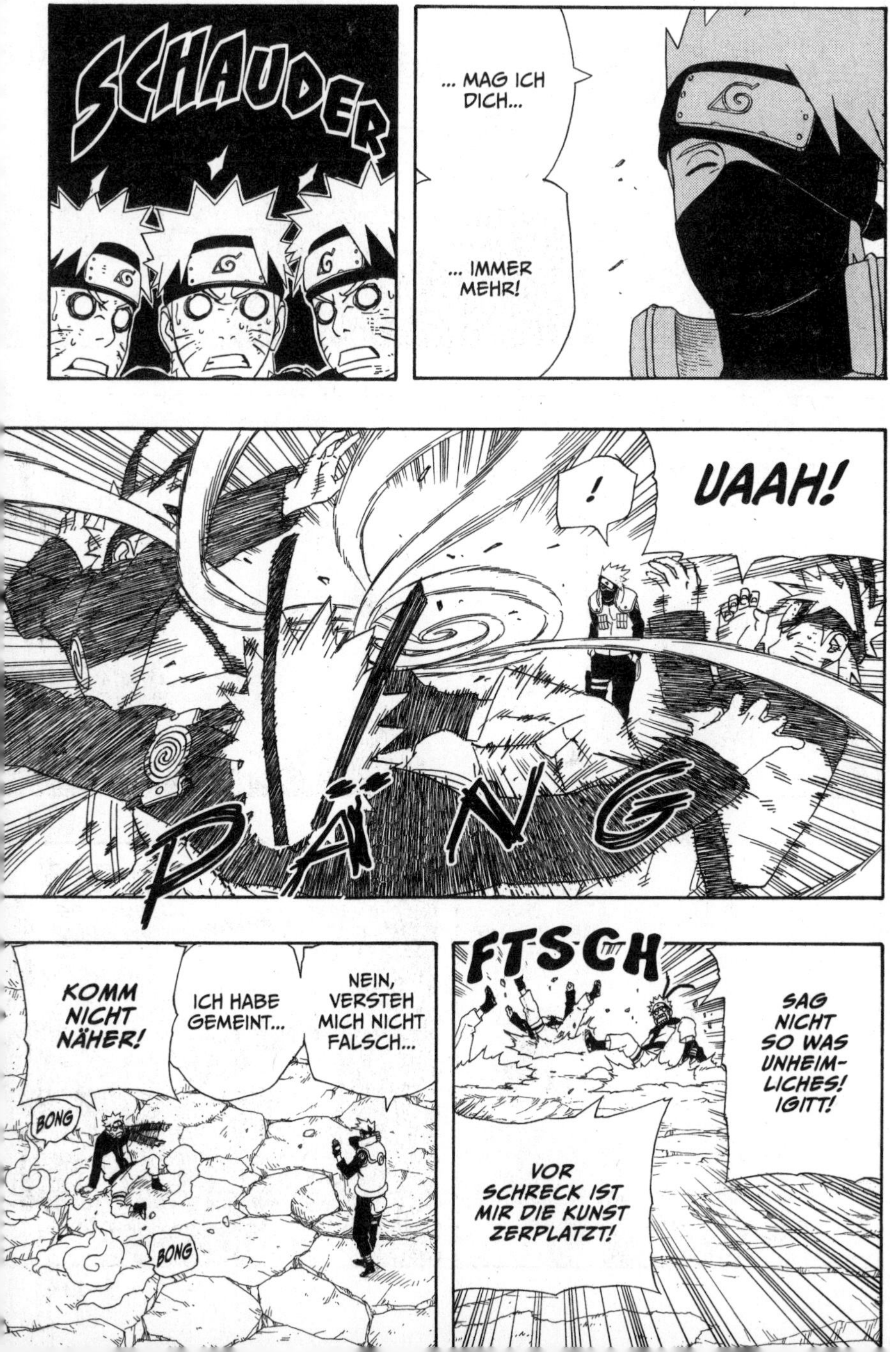
... MAG ICH DICH...
... IMMER MEHR!
SCHAUDER
!
UAAH!
DÄNG
FTSCH
SAG NICHT SO WAS UNHEIM-LICHES! IGITT!
VOR SCHRECK IST MIR DIE KUNST ZERPLATZT!
NEIN, VERSTEH MICH NICHT FALSCH...
ICH HABE GEMEINT...
KOMM NICHT NÄHER!
BONG
BONG

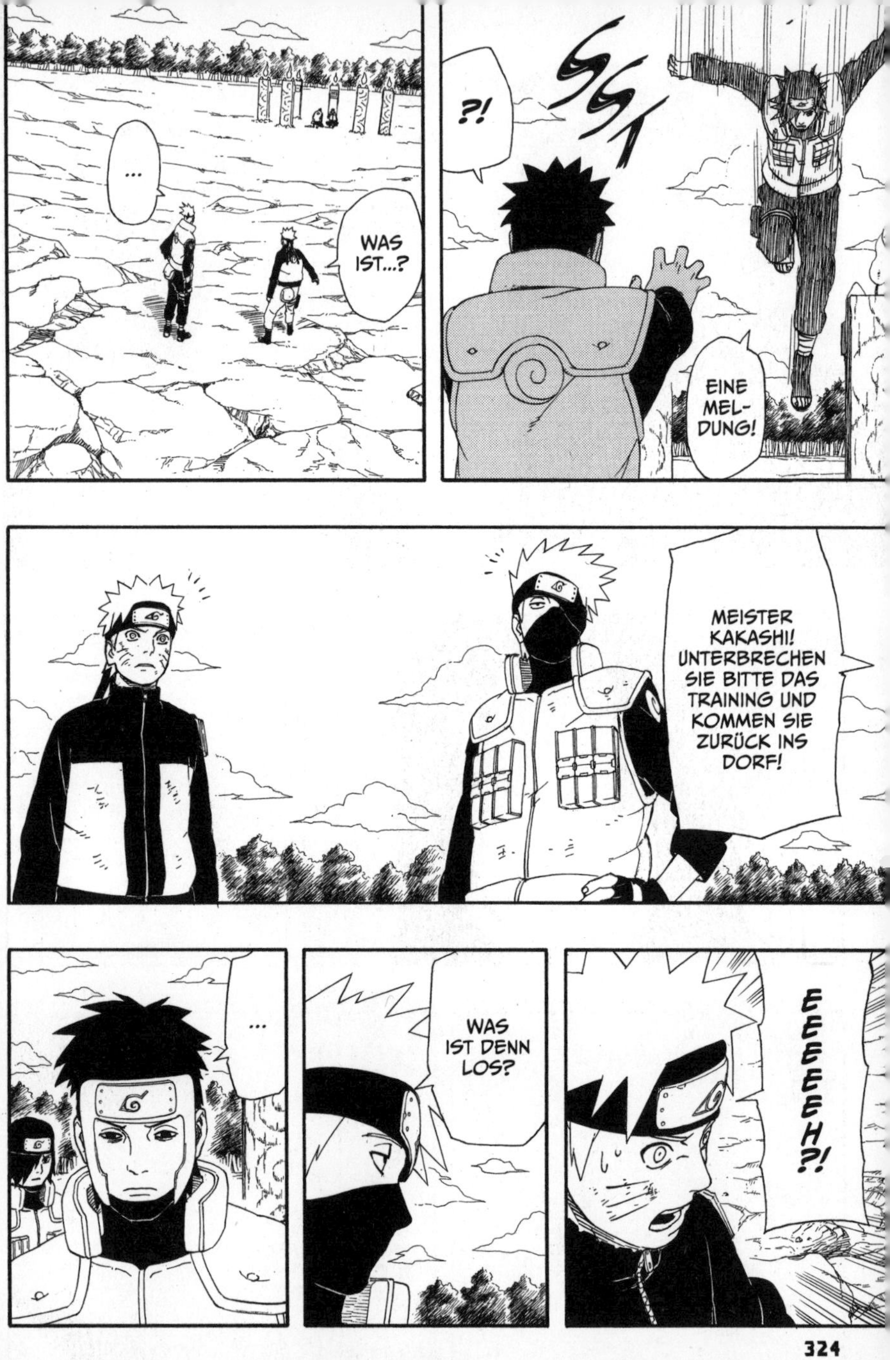
SSSI
?!
EINE MEL-DUNG!
...
WAS IST...?
MEISTER KAKASHI! UNTERBRECHEN SIE BITTE DAS TRAINING UND KOMMEN SIE ZURÜCK INS DORF!
EEEEEEH?!
WAS IST DENN LOS?
...

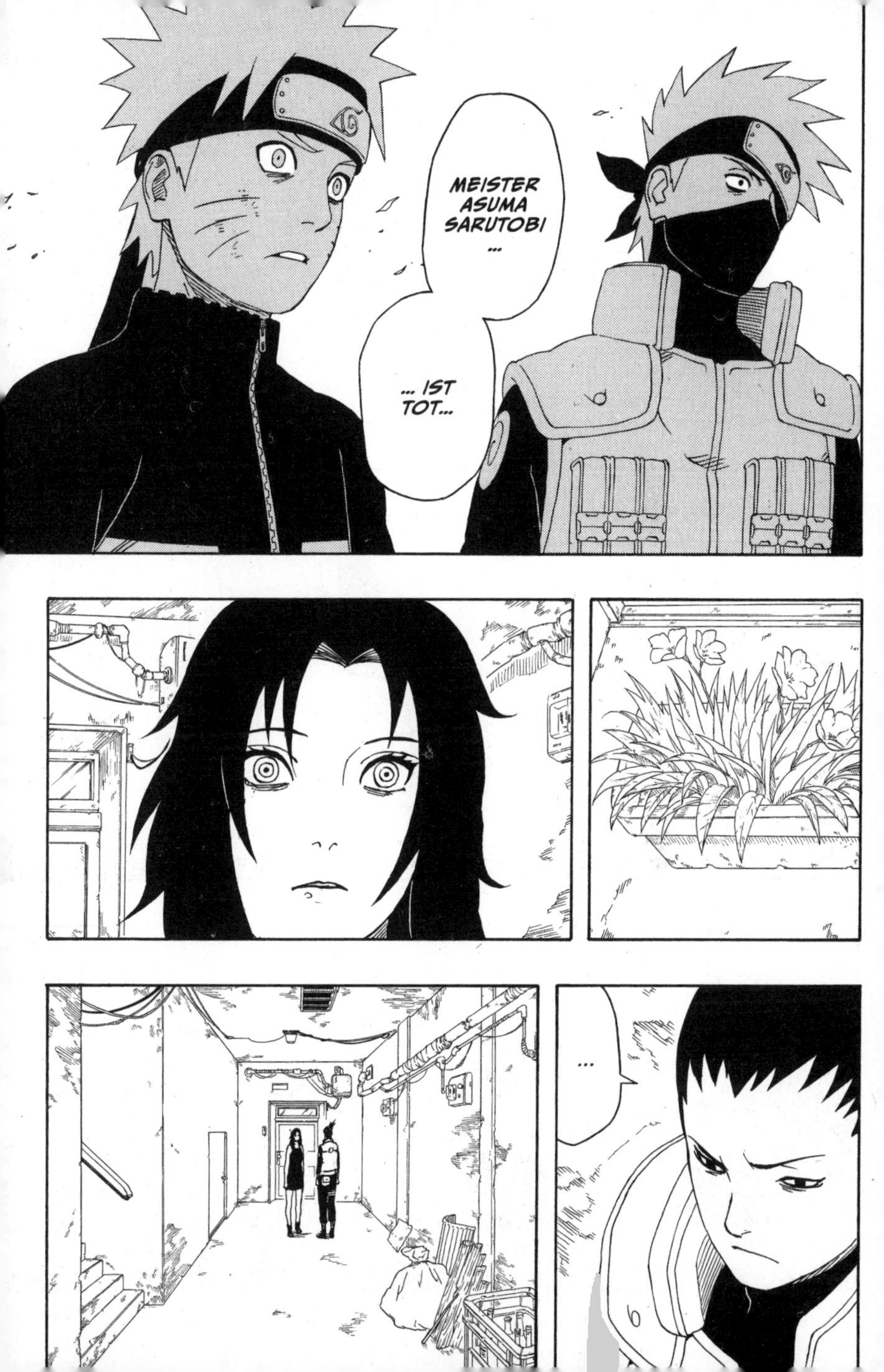
MEISTER ASUMA SARUTOBI ...
... IST TOT...
...

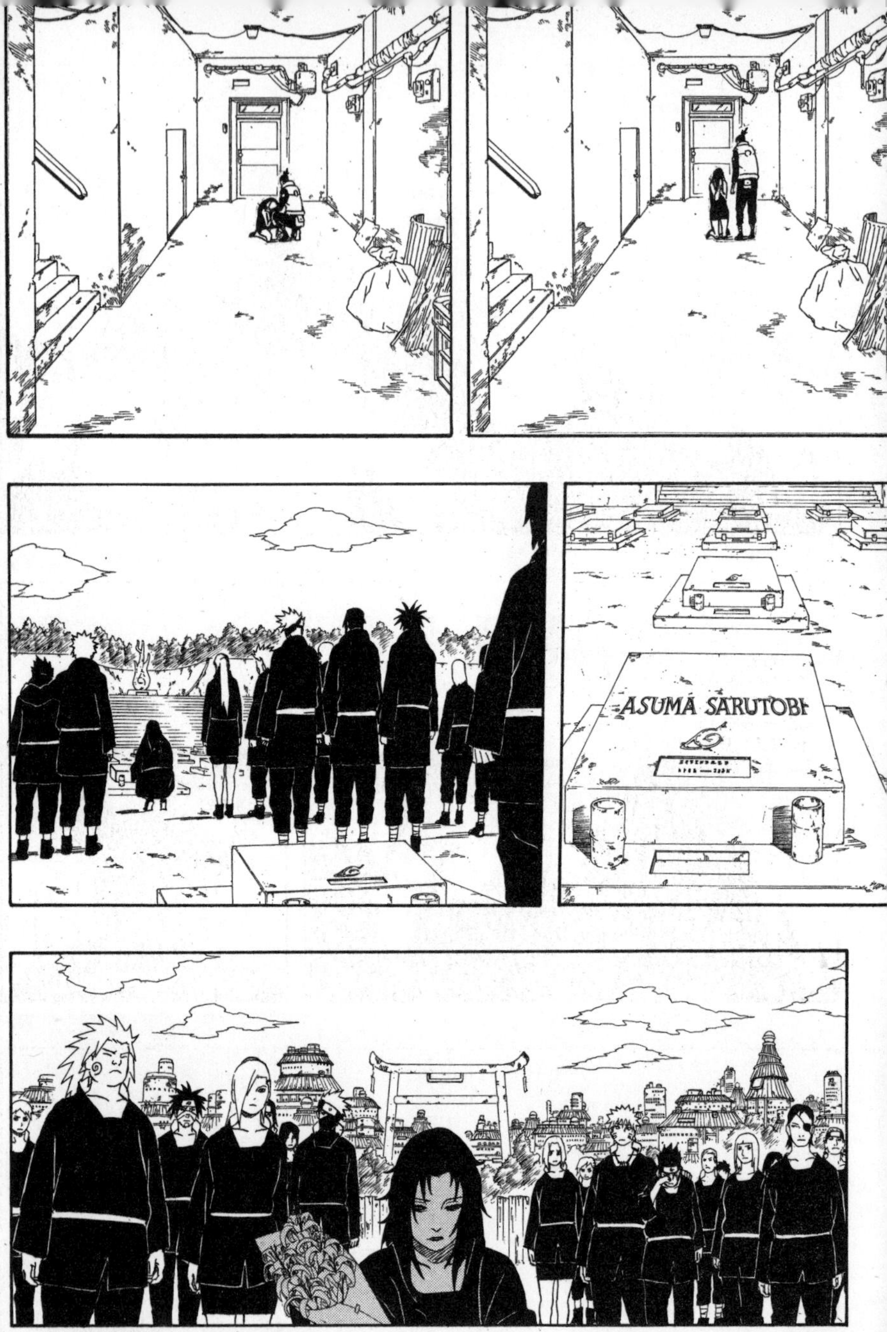
ASUMA SARUTOBI

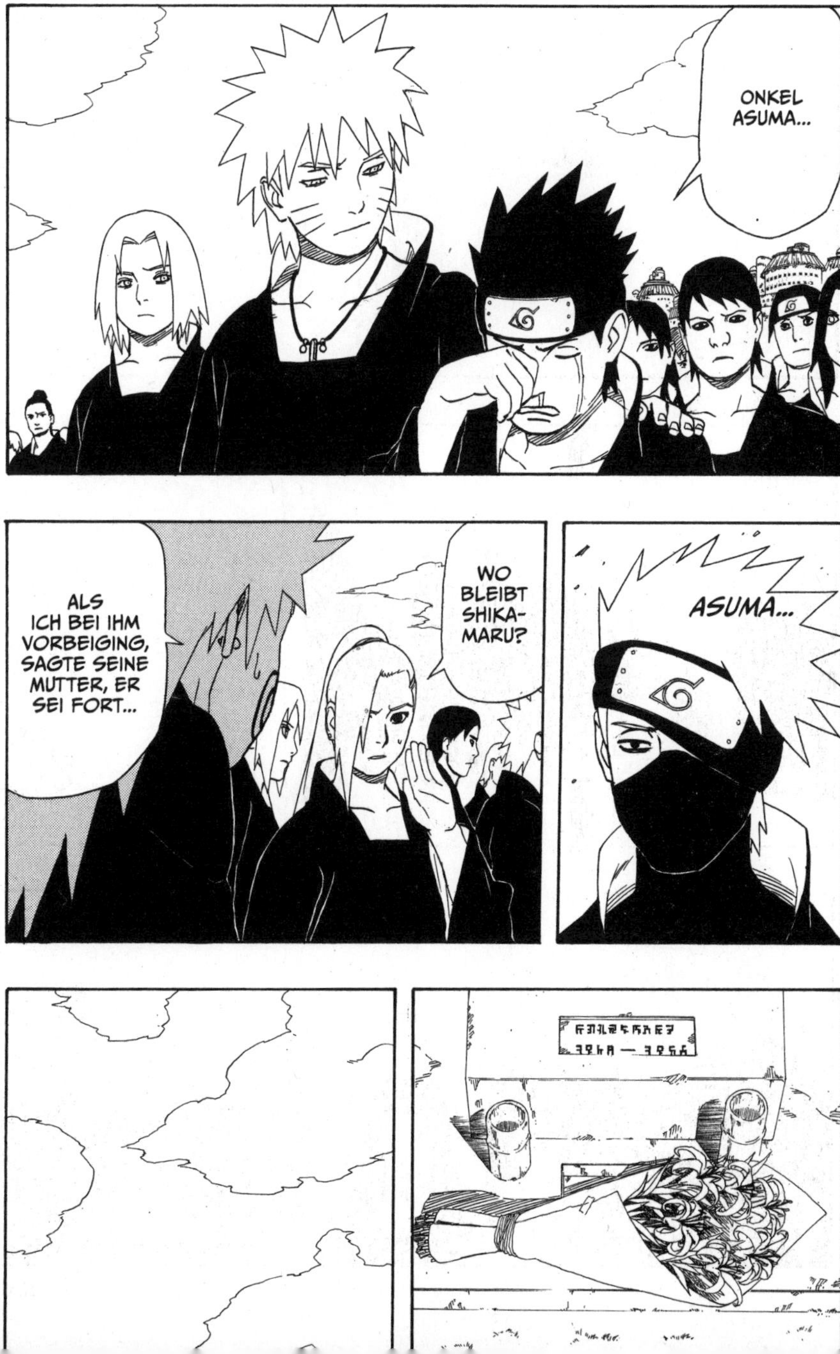
ONKEL ASUMA...
WO BLEIBT SHIKA-MARU?
ALS ICH BEI IHM VORBEIGING, SAGTE SEINE MUTTER, ER SEI FORT...
ASUMA...

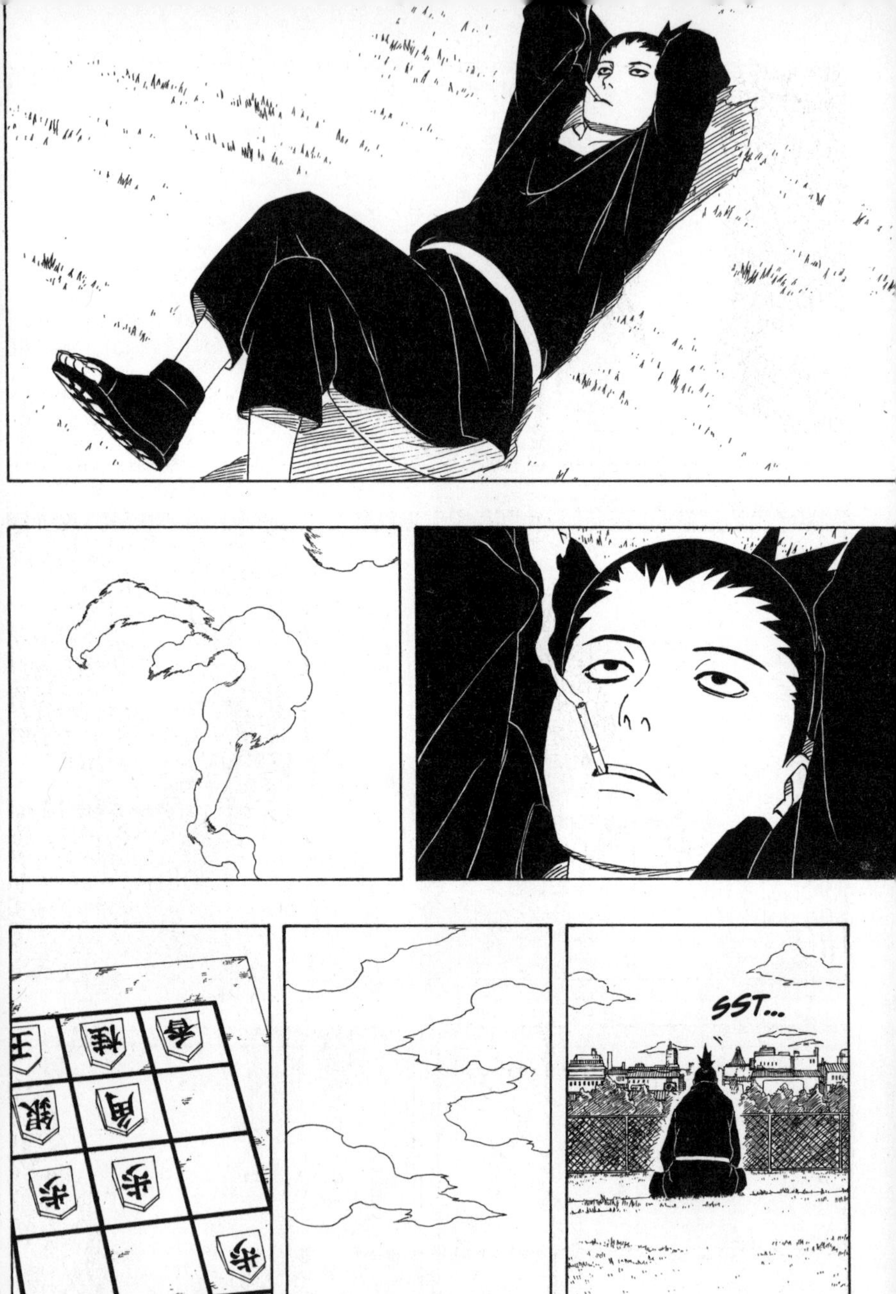
SST...

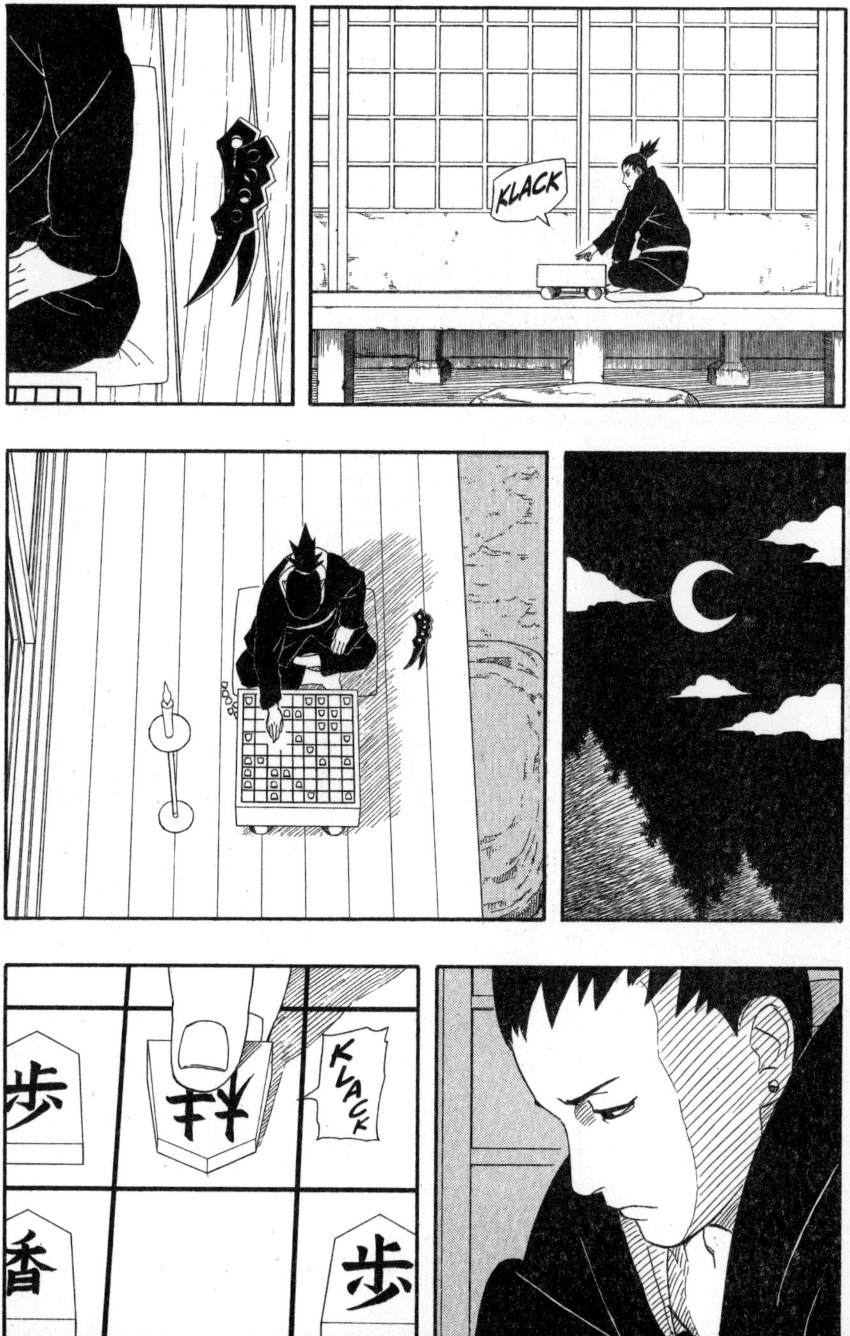
KLACK
KLACK

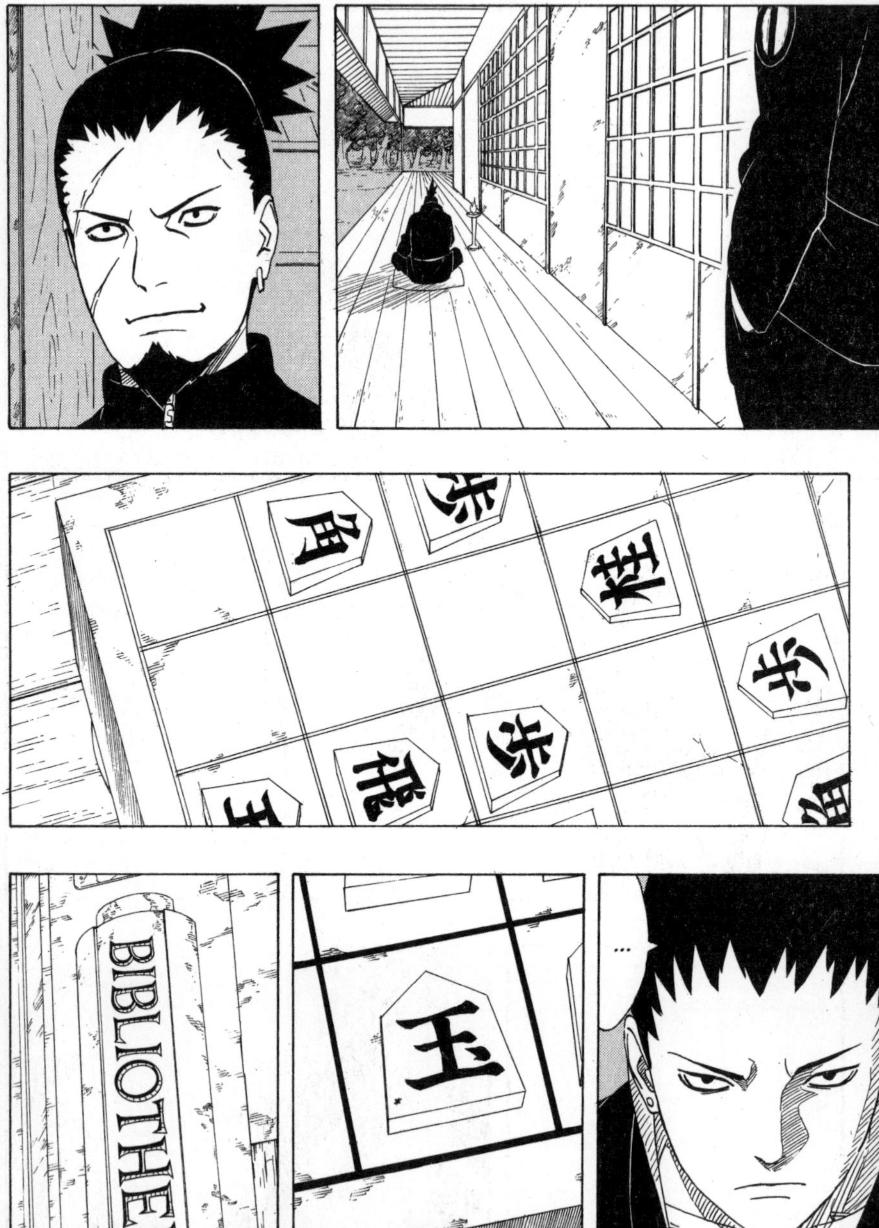

* GYOKU = KÖNIG IM SHOGI

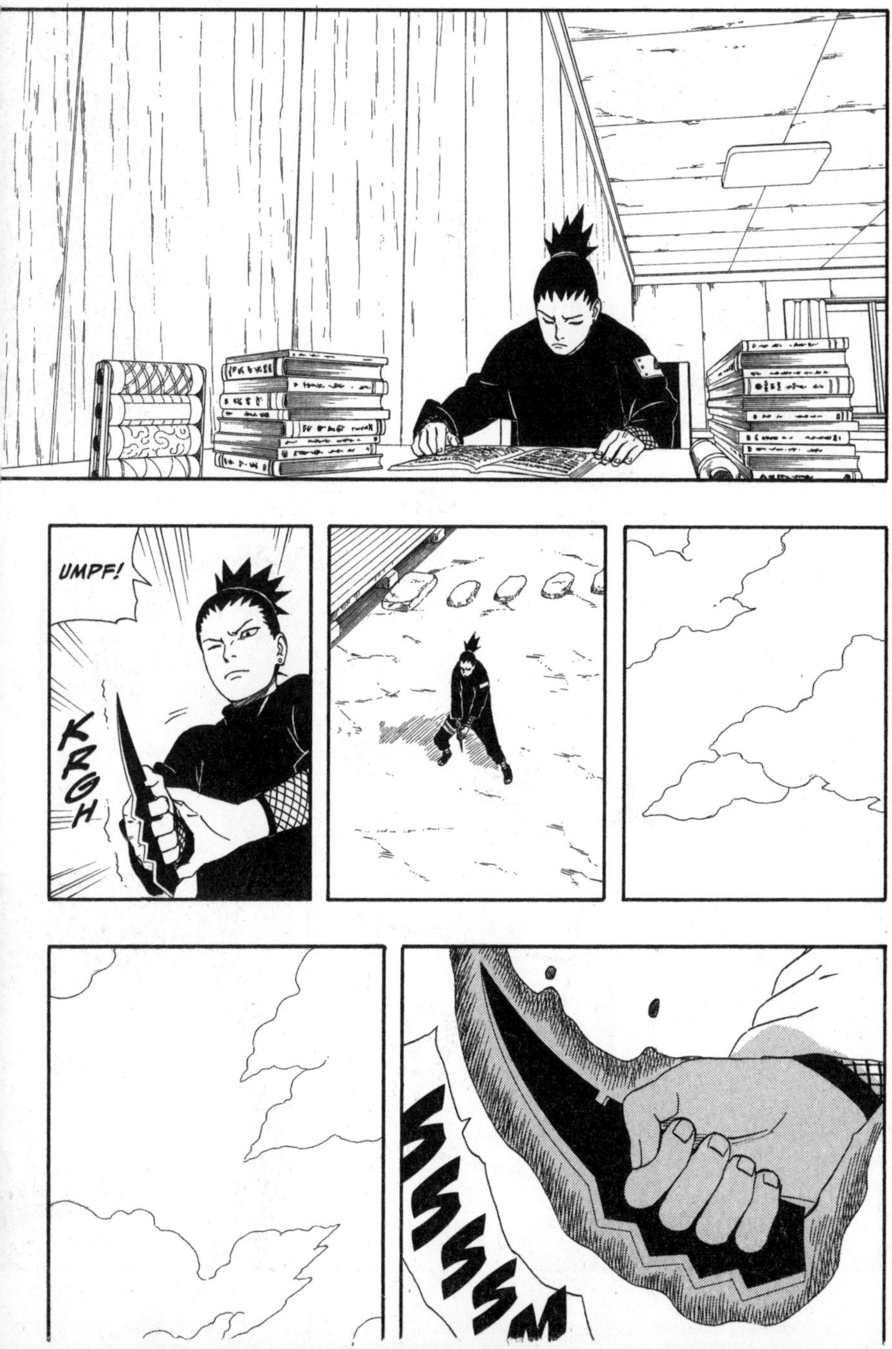
UMPF!
KRGH
WSSSM

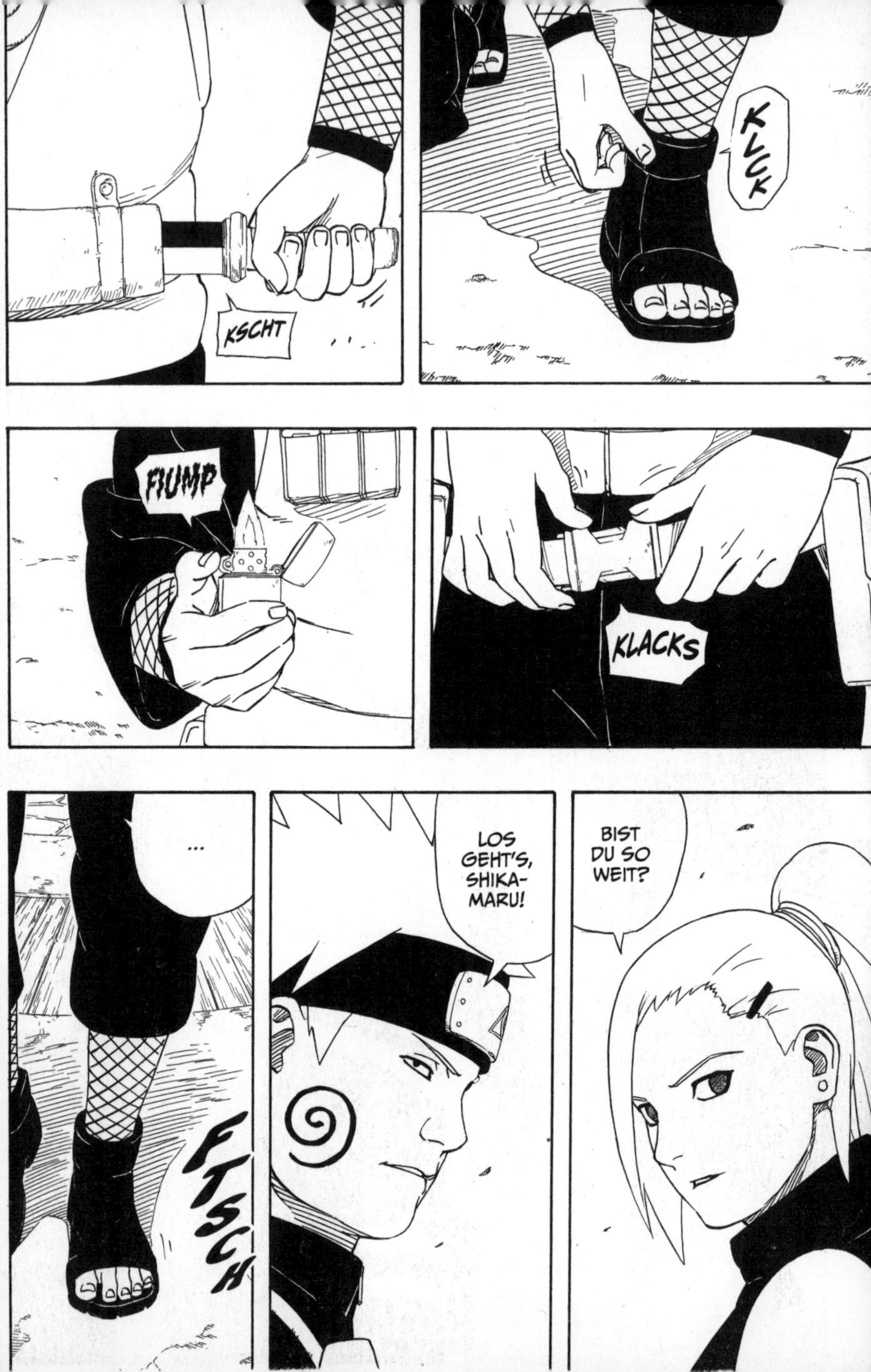
KLICK
KSCHT
KLACKS
FIUMP
BIST DU SO WEIT?
LOS GEHT'S, SHIKA-MARU!
...
FTSCH

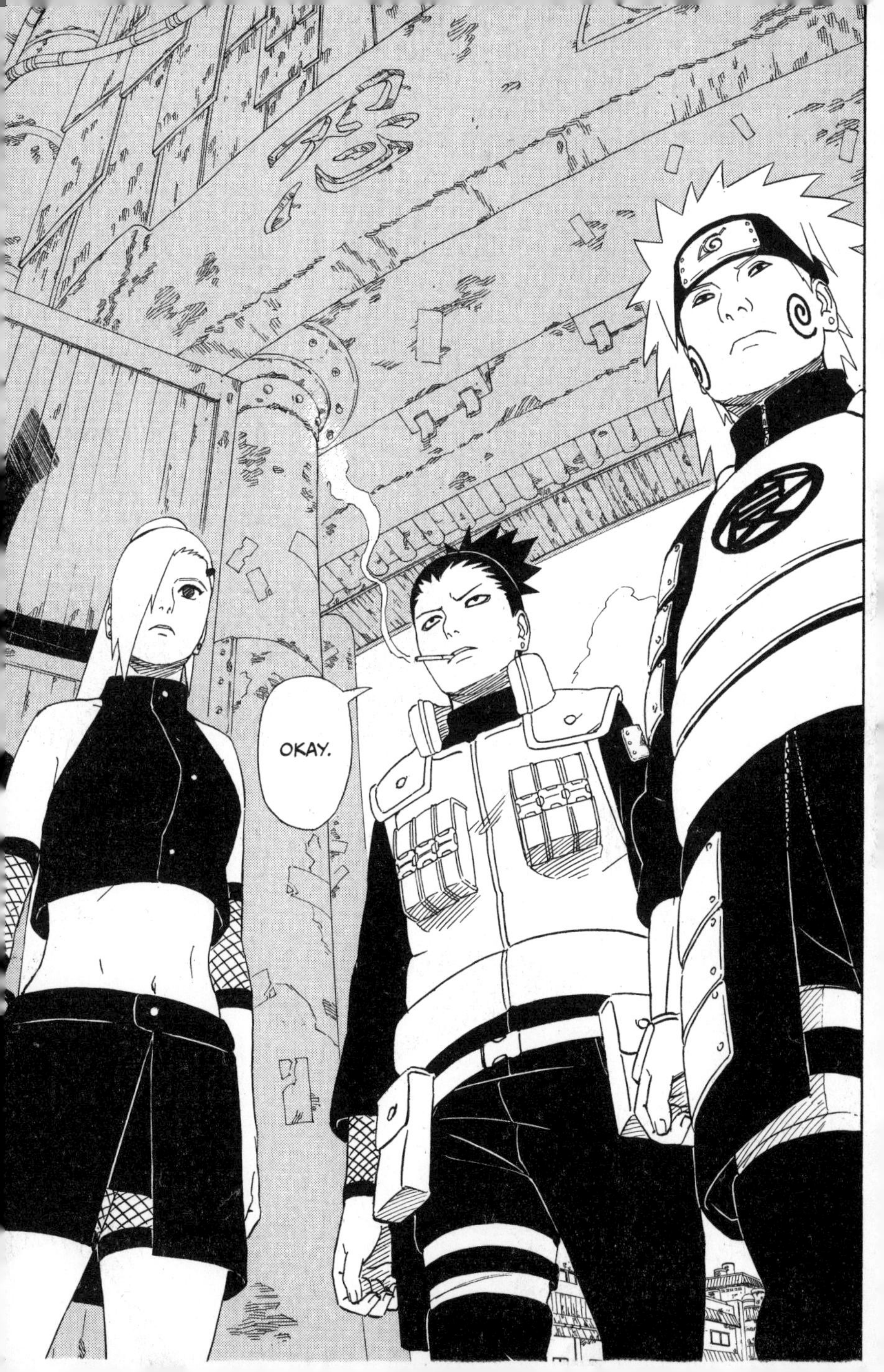
OKAY.

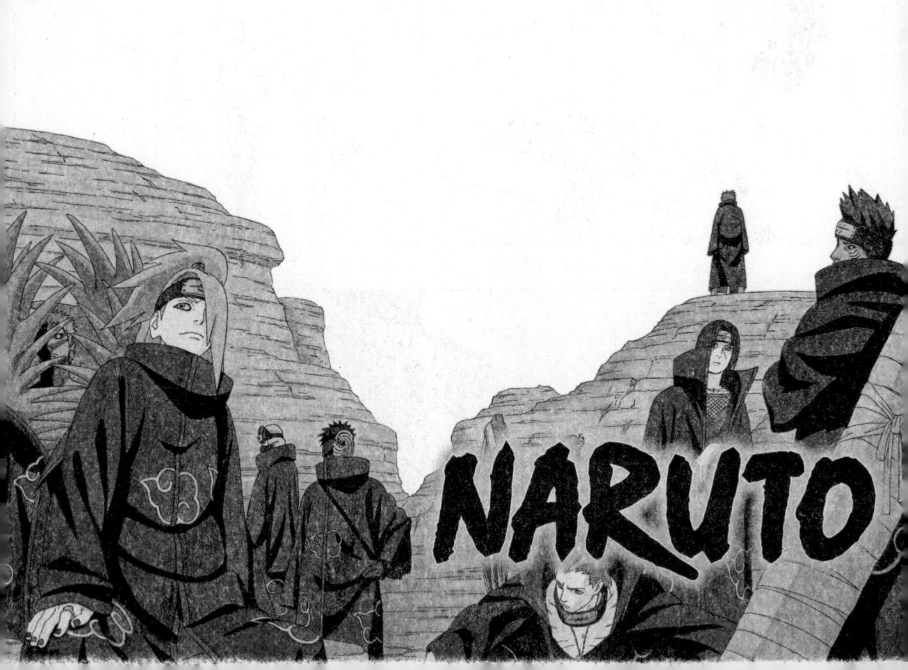
NARUTO

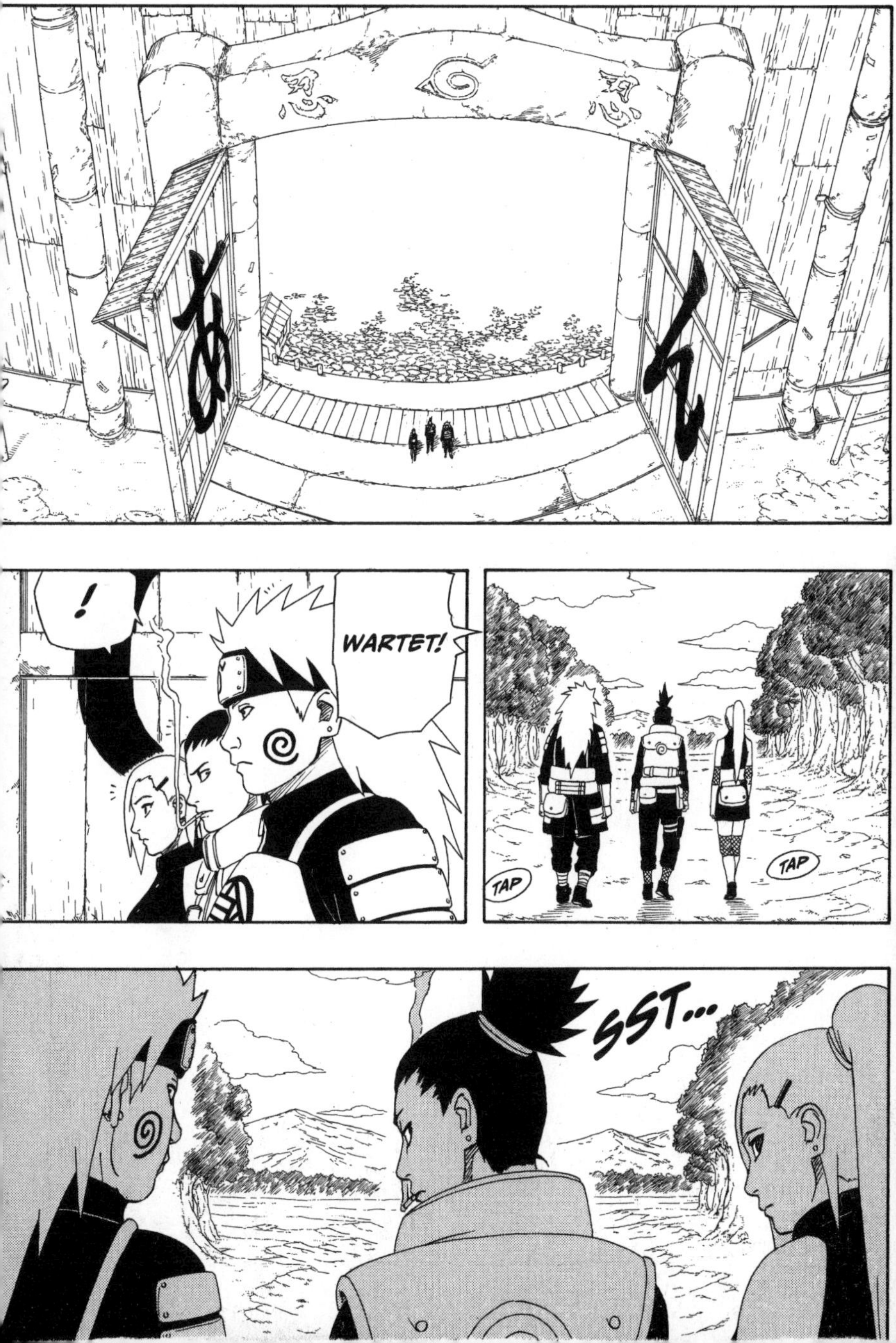
TAP
TAP
WARTET!
!
SST...

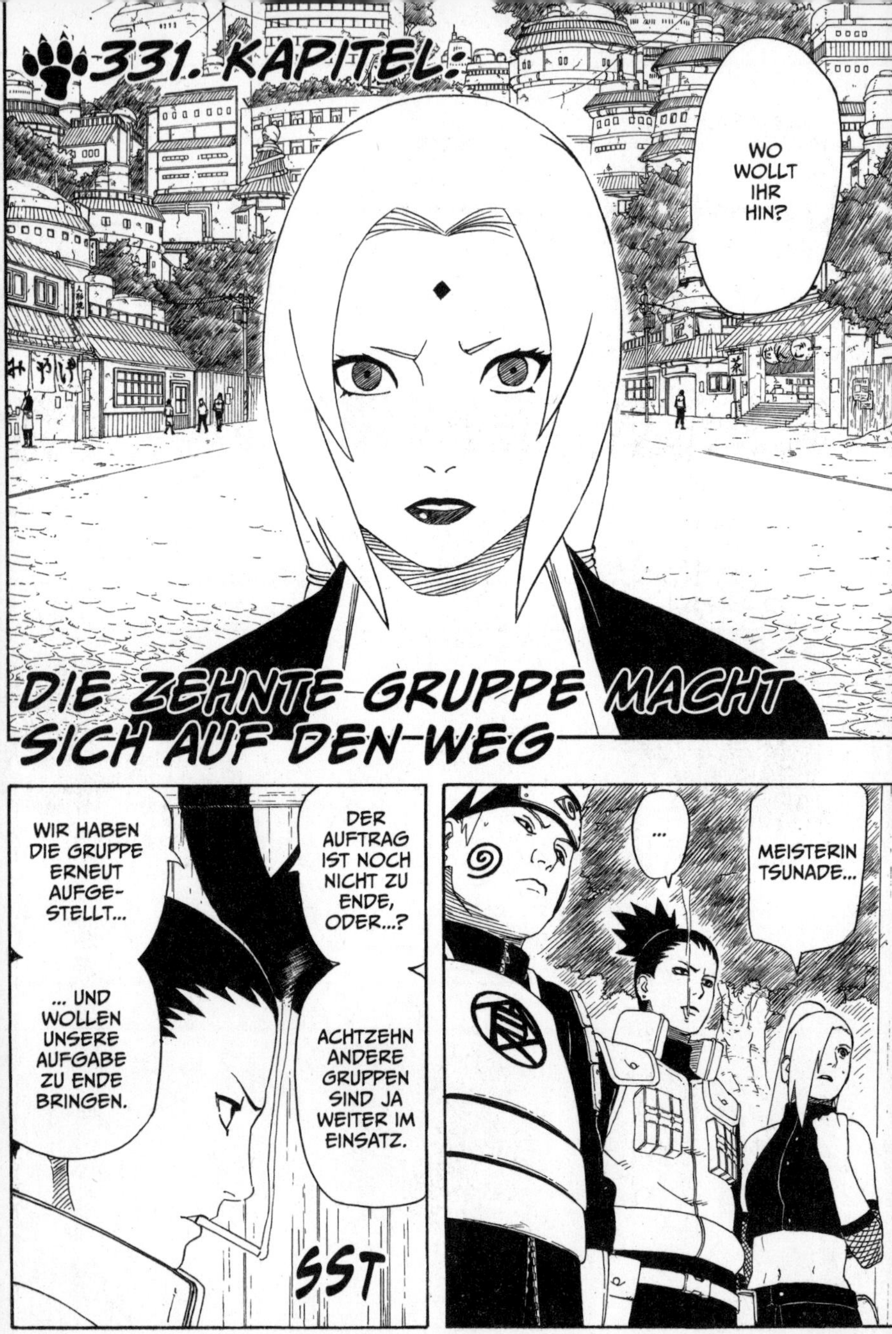
331. KAPITEL:
DIE ZEHNTE GRUPPE MACHT SICH AUF DEN WEG
WO WOLLT IHR HIN?
MEISTERIN TSUNADE...
...
DER AUFTRAG IST NOCH NICHT ZU ENDE, ODER...?
ACHTZEHN ANDERE GRUPPEN SIND JA WEITER IM EINSATZ.
SST
WIR HABEN DIE GRUPPE ERNEUT AUFGE-STELLT...
... UND WOLLEN UNSERE AUFGABE ZU ENDE BRINGEN.

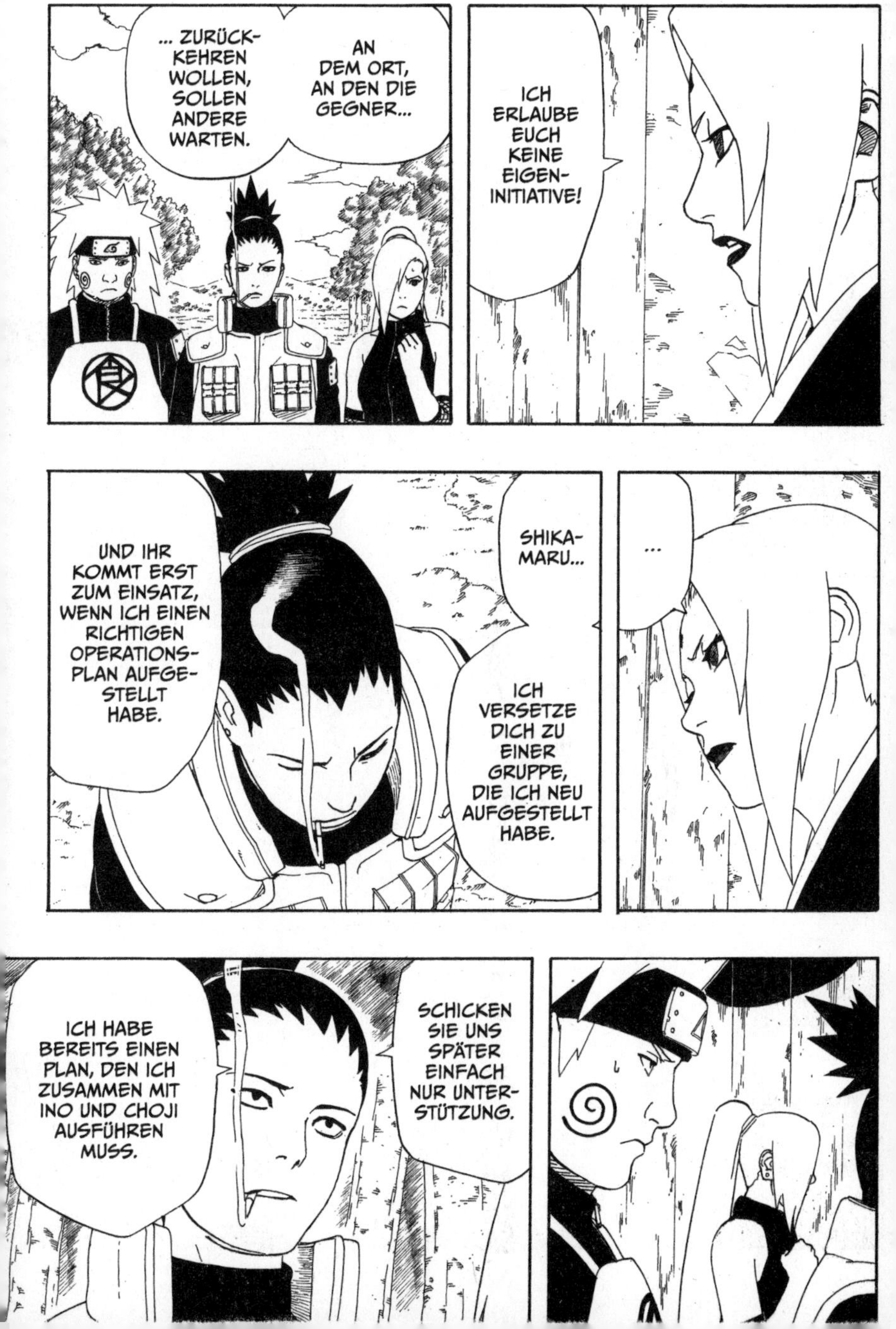
AN DEM ORT, AN DEN DIE GEGNER...
... ZURÜCK-KEHREN WOLLEN, SOLLEN ANDERE WARTEN.
ICH ERLAUBE EUCH KEINE EIGEN-INITIATIVE!
...
SHIKA-MARU...
ICH VERSETZE DICH ZU EINER GRUPPE, DIE ICH NEU AUFGESTELLT HABE.
UND IHR KOMMT ERST ZUM EINSATZ, WENN ICH EINEN RICHTIGEN OPERATIONS-PLAN AUFGE-STELLT HABE.
ICH HABE BEREITS EINEN PLAN, DEN ICH ZUSAMMEN MIT INO UND CHOJI AUSFÜHREN MUSS.
SCHICKEN SIE UNS SPÄTER EINFACH NUR UNTER-STÜTZUNG.

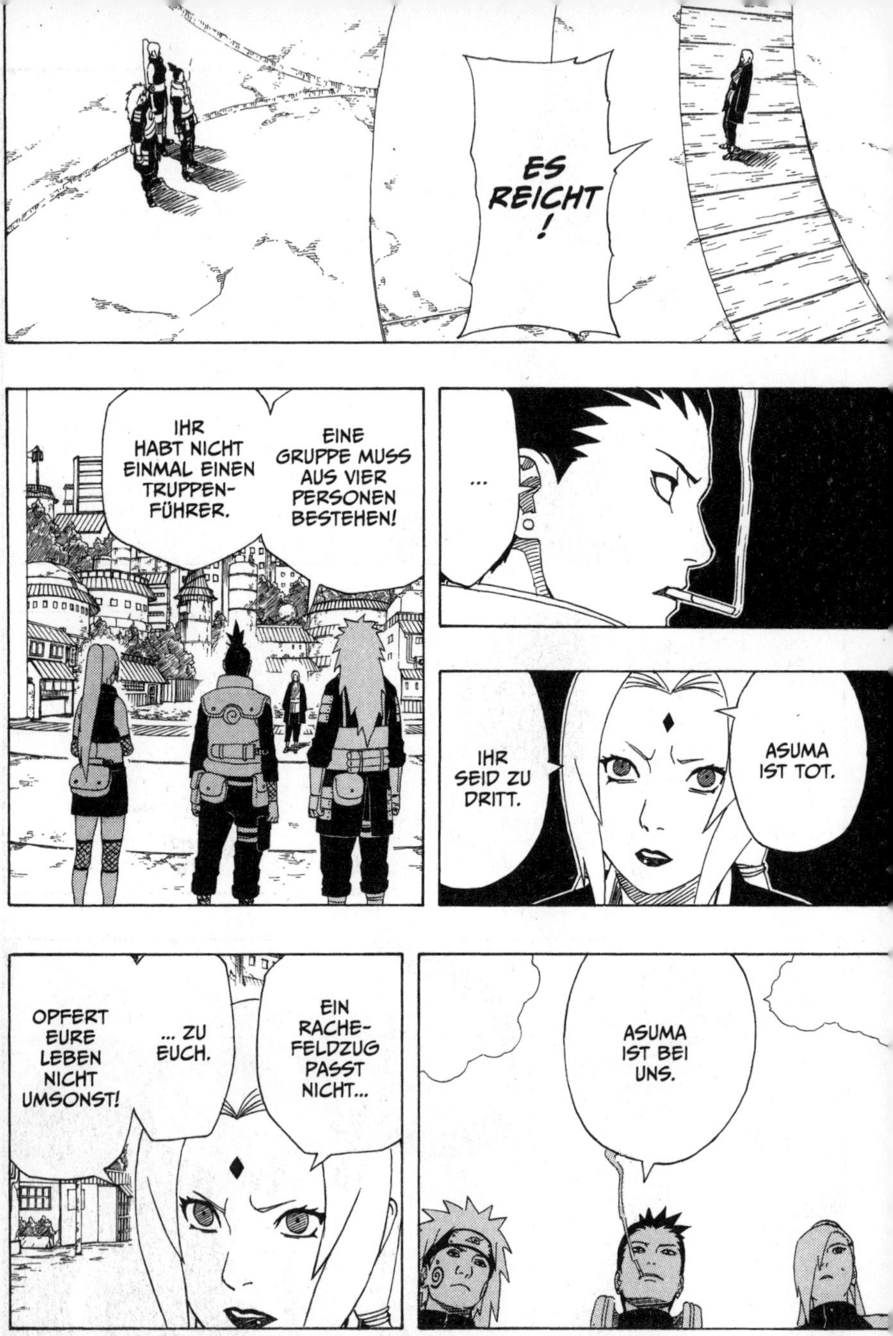
ES REICHT!
EINE GRUPPE MUSS AUS VIER PERSONEN BESTEHEN!
IHR HABT NICHT EINMAL EINEN TRUPPEN-FÜHRER.
...
ASUMA IST TOT.
IHR SEID ZU DRITT.
ASUMA IST BEI UNS.
EIN RACHE-FELDZUG PASST NICHT...
... ZU EUCH.
OPFERT EURE LEBEN NICHT UMSONST!

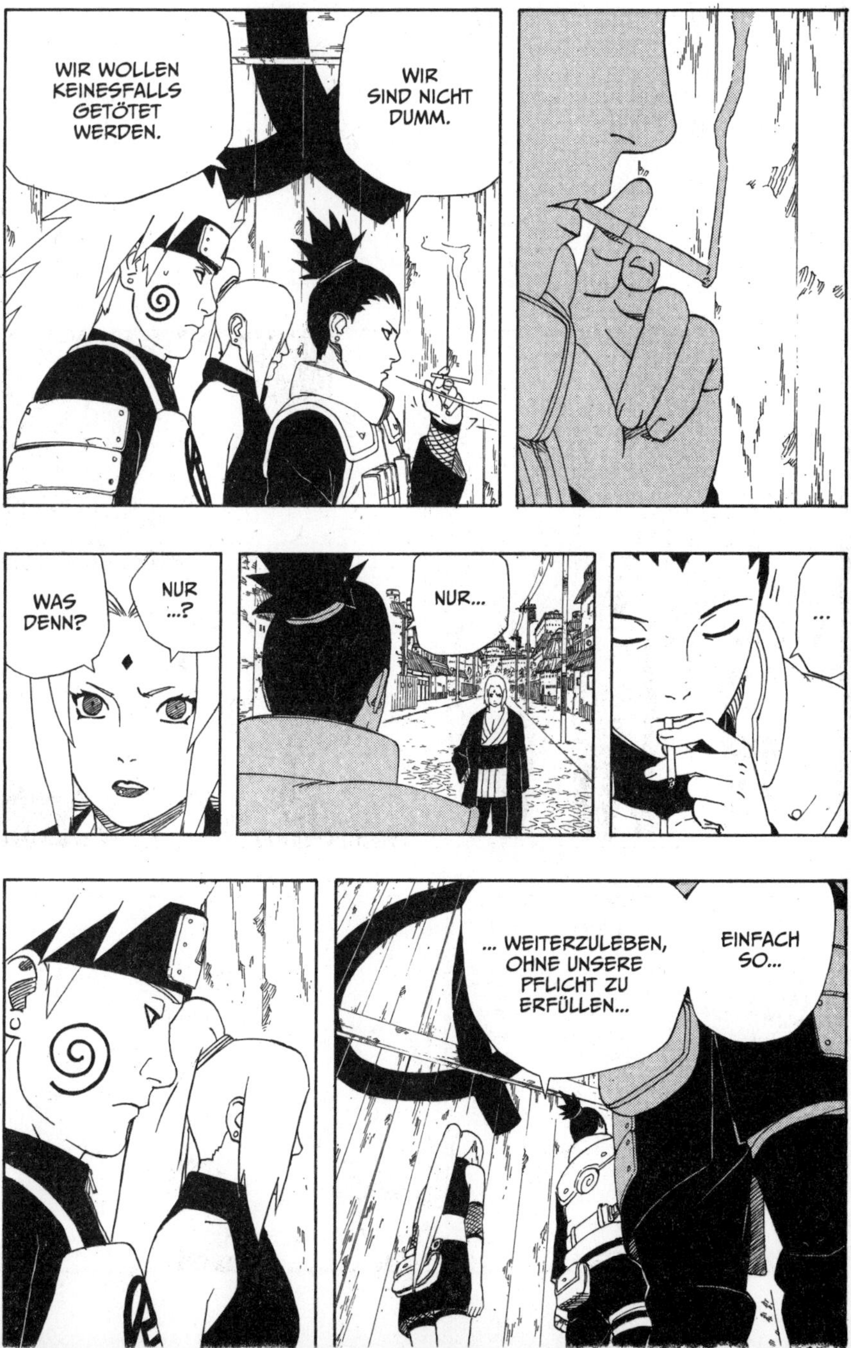
WIR SIND NICHT DUMM.
WIR WOLLEN KEINESFALLS GETÖTET WERDEN.
NUR...
NUR ...?
WAS DENN?
...
EINFACH SO...
... WEITERZULEBEN, OHNE UNSERE PFLICHT ZU ERFÜLLEN...

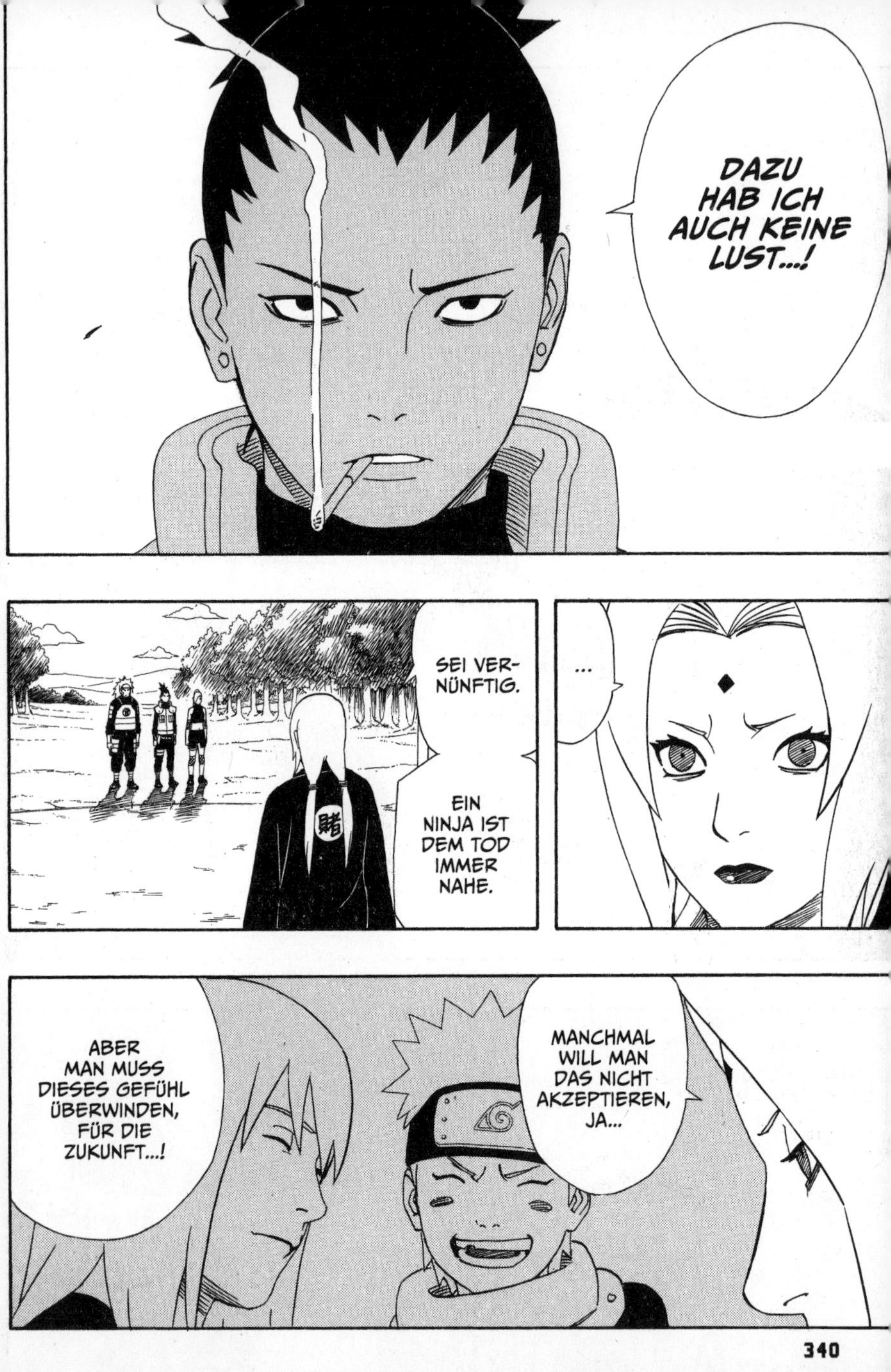
DAZU HAB ICH AUCH KEINE LUST...!
...
SEI VERNÜNFTIG.
EIN NINJA IST DEM TOD IMMER NAHE.
MANCHMAL WILL MAN DAS NICHT AKZEPTIEREN, JA...
ABER MAN MUSS DIESES GEFÜHL ÜBERWINDEN, FÜR DIE ZUKUNFT...!

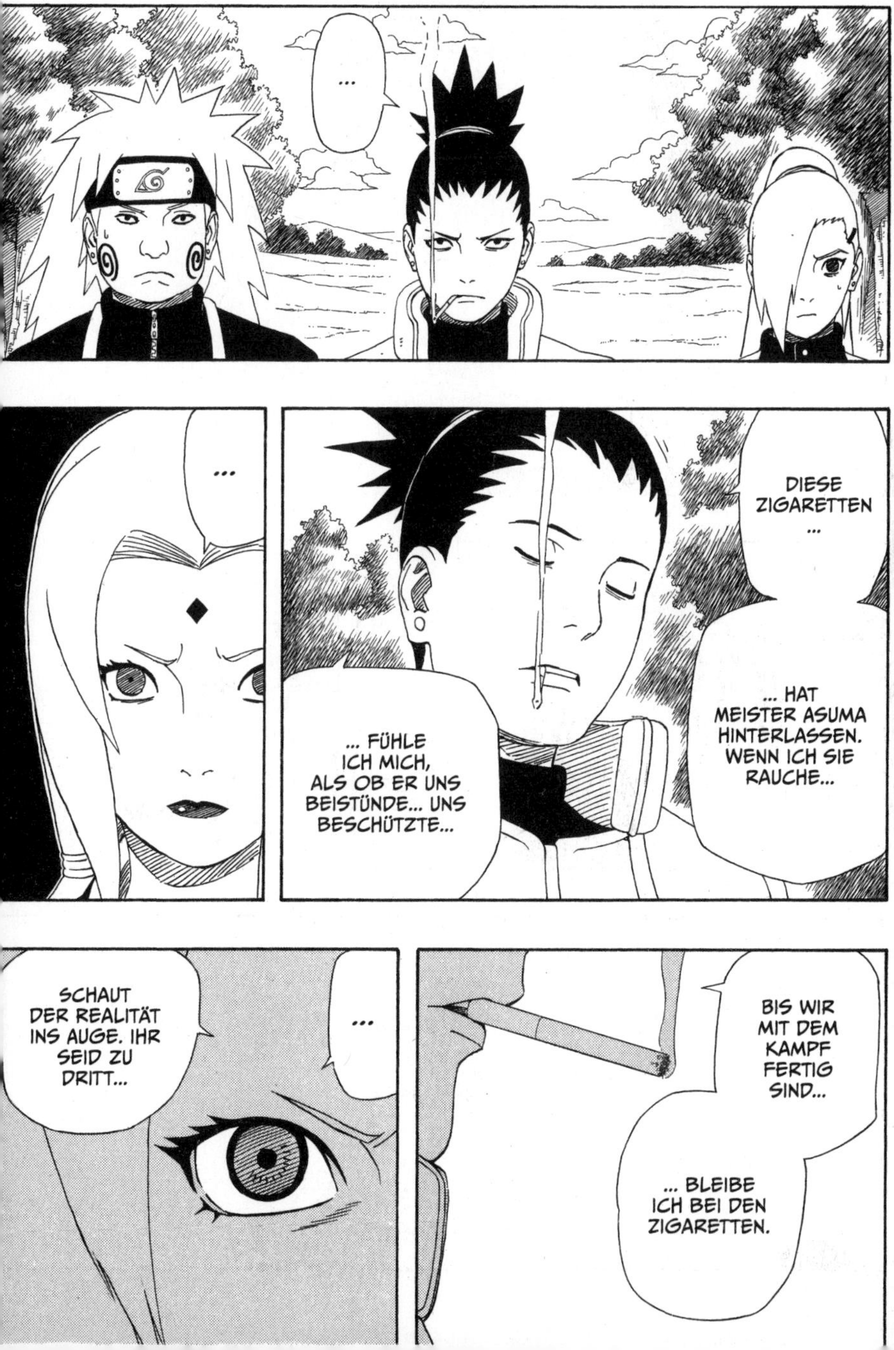
...
DIESE ZIGARETTEN ...
... HAT MEISTER ASUMA HINTERLASSEN. WENN ICH SIE RAUCHE...
... FÜHLE ICH MICH, ALS OB ER UNS BEISTÜNDE... UNS BESCHÜTZTE...
...
BIS WIR MIT DEM KAMPF FERTIG SIND...
... BLEIBE ICH BEI DEN ZIGARETTEN.
...
SCHAUT DER REALITÄT INS AUGE. IHR SEID ZU DRITT...

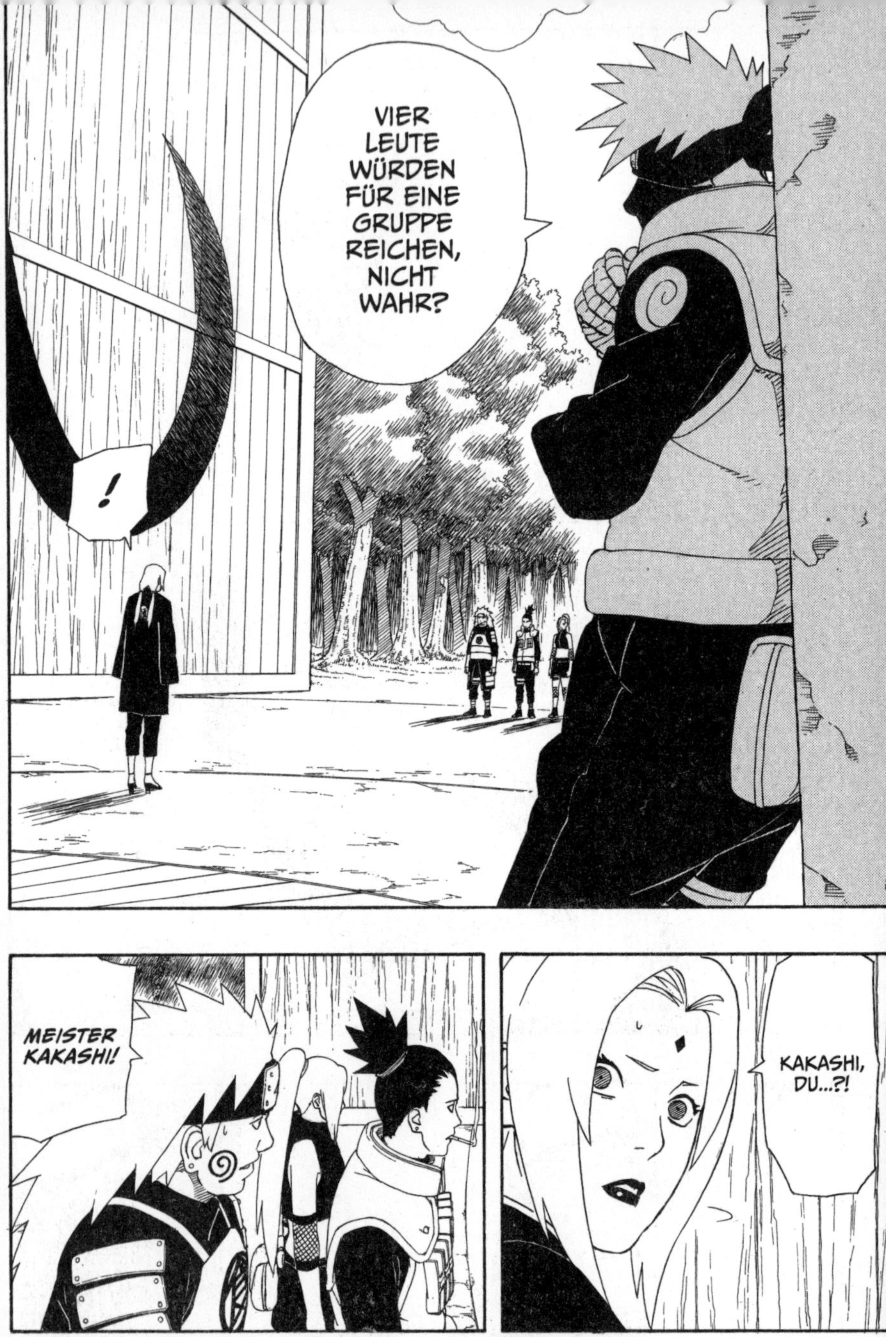
VIER LEUTE WÜRDEN FÜR EINE GRUPPE REICHEN, NICHT WAHR?
!
KAKASHI, DU...?!
MEISTER KAKASHI!

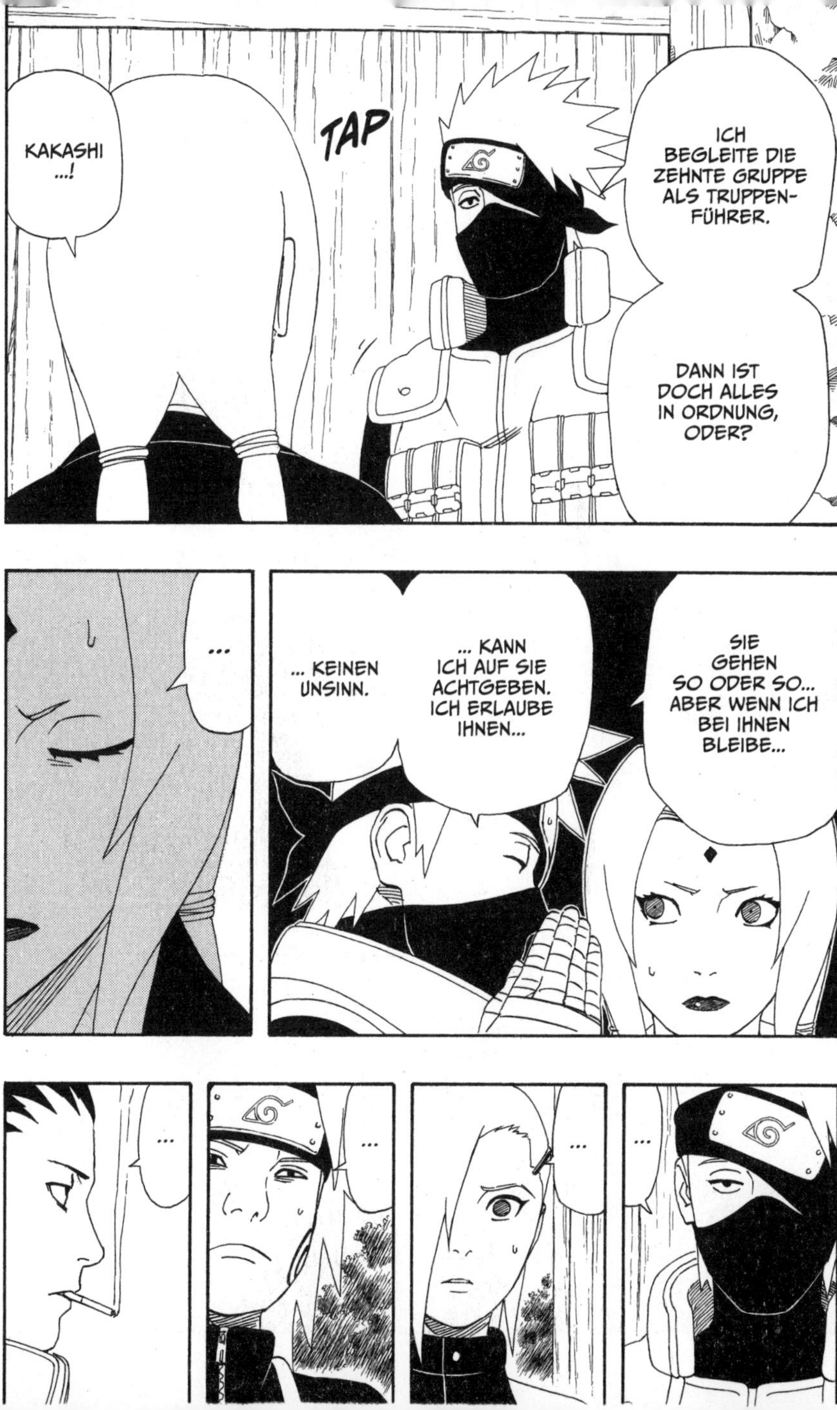
ICH BEGLEITE DIE ZEHNTE GRUPPE ALS TRUPPEN-FÜHRER.
TAP
DANN IST DOCH ALLES IN ORDNUNG, ODER?
KAKASHI ...!
SIE GEHEN SO ODER SO... ABER WENN ICH BEI IHNEN BLEIBE...
... KANN ICH AUF SIE ACHTGEBEN. ICH ERLAUBE IHNEN...
... KEINEN UNSINN.
...
...
...
...
...

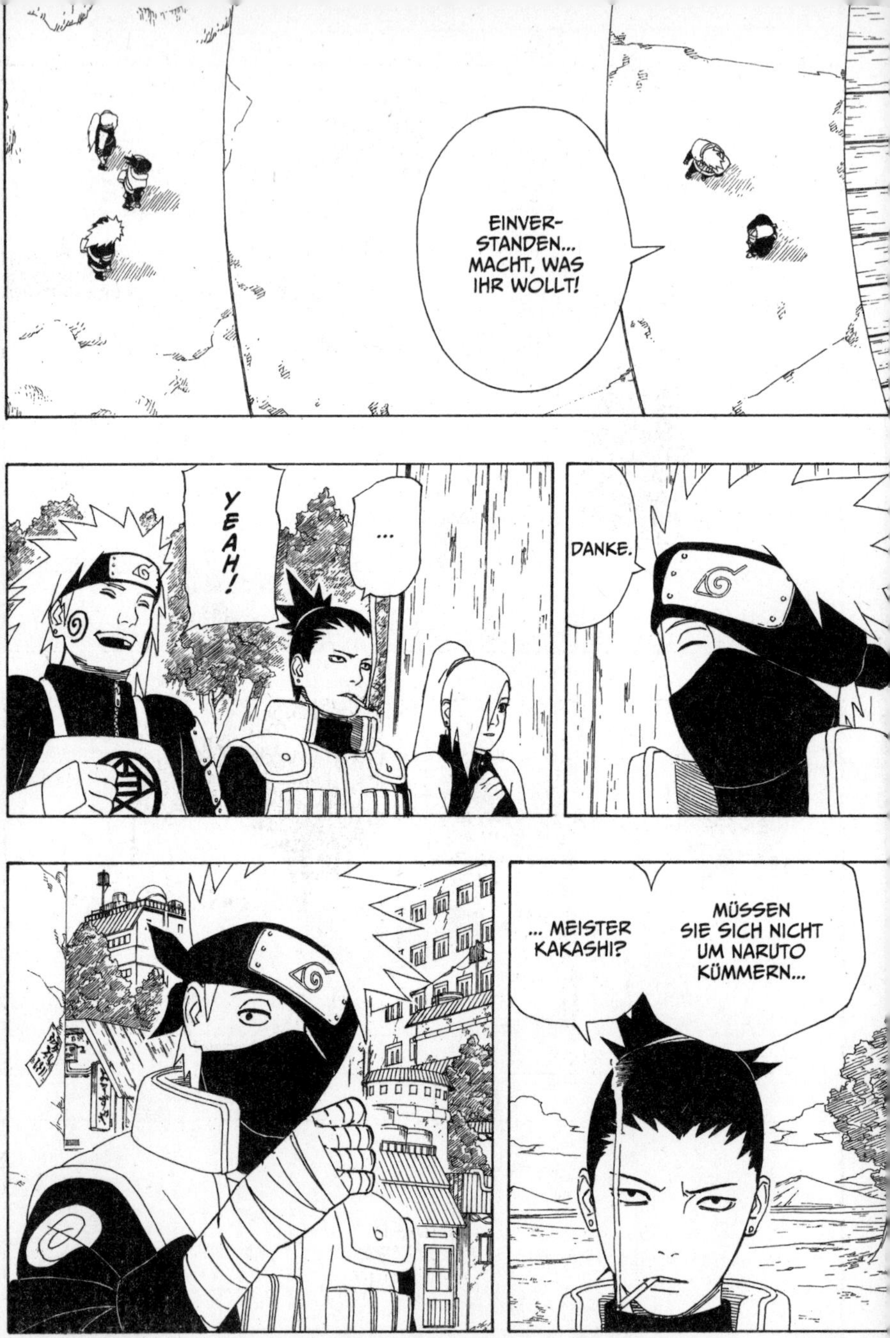
EINVER-
STANDEN...
MACHT, WAS
IHR WOLLT!
DANKE.
...
YEAH!
MÜSSEN
SIE SICH NICHT
UM NARUTO
KÜMMERN...
... MEISTER
KAKASHI?

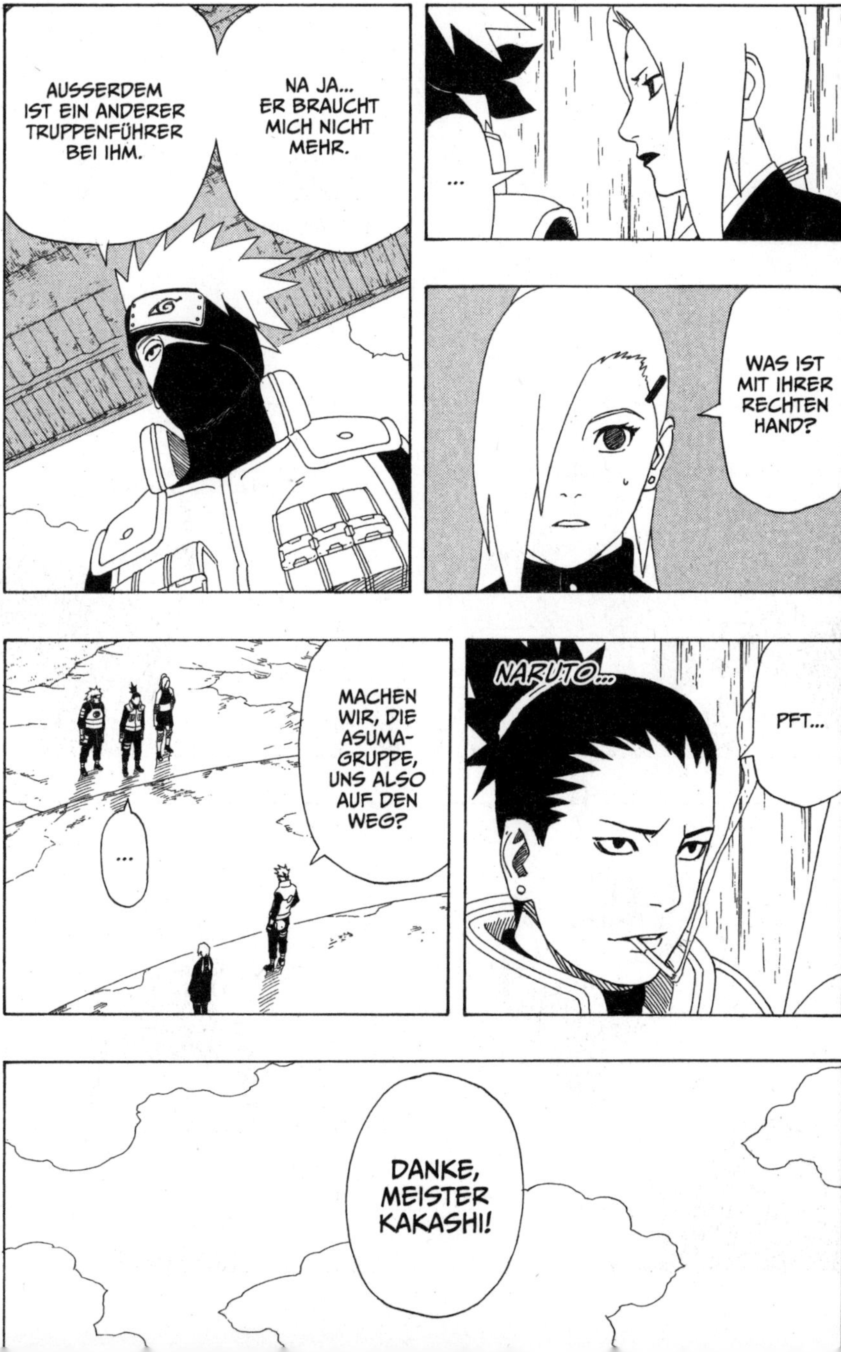
...
WAS IST MIT IHRER RECHTEN HAND?
NA JA... ER BRAUCHT MICH NICHT MEHR.
AUSSERDEM IST EIN ANDERER TRUPPENFÜHRER BEI IHM.
NARUTO...
PFT...
MACHEN WIR, DIE ASUMA-GRUPPE, UNS ALSO AUF DEN WEG?
...
DANKE, MEISTER KAKASHI!

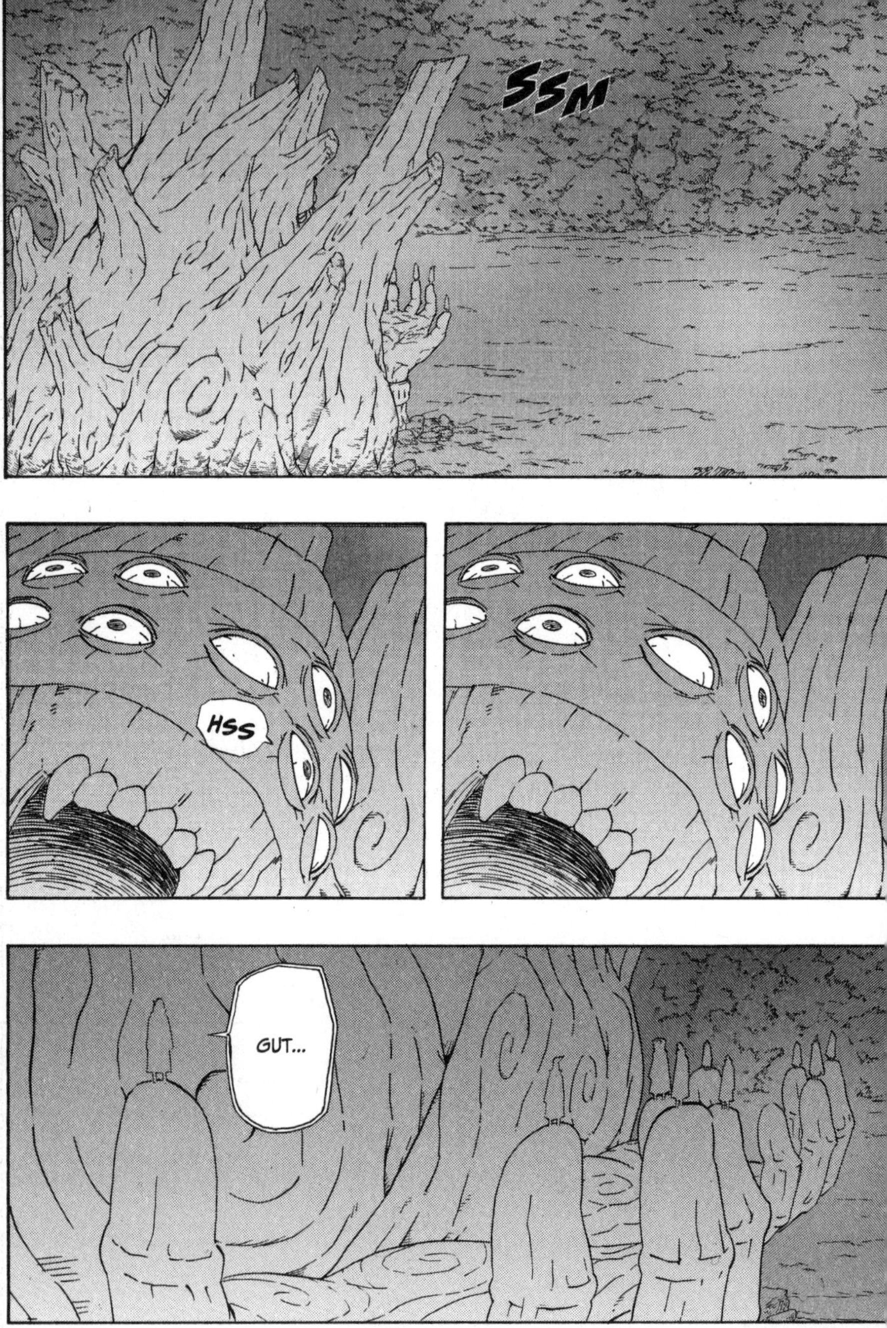
SSM
HSS
GUT...

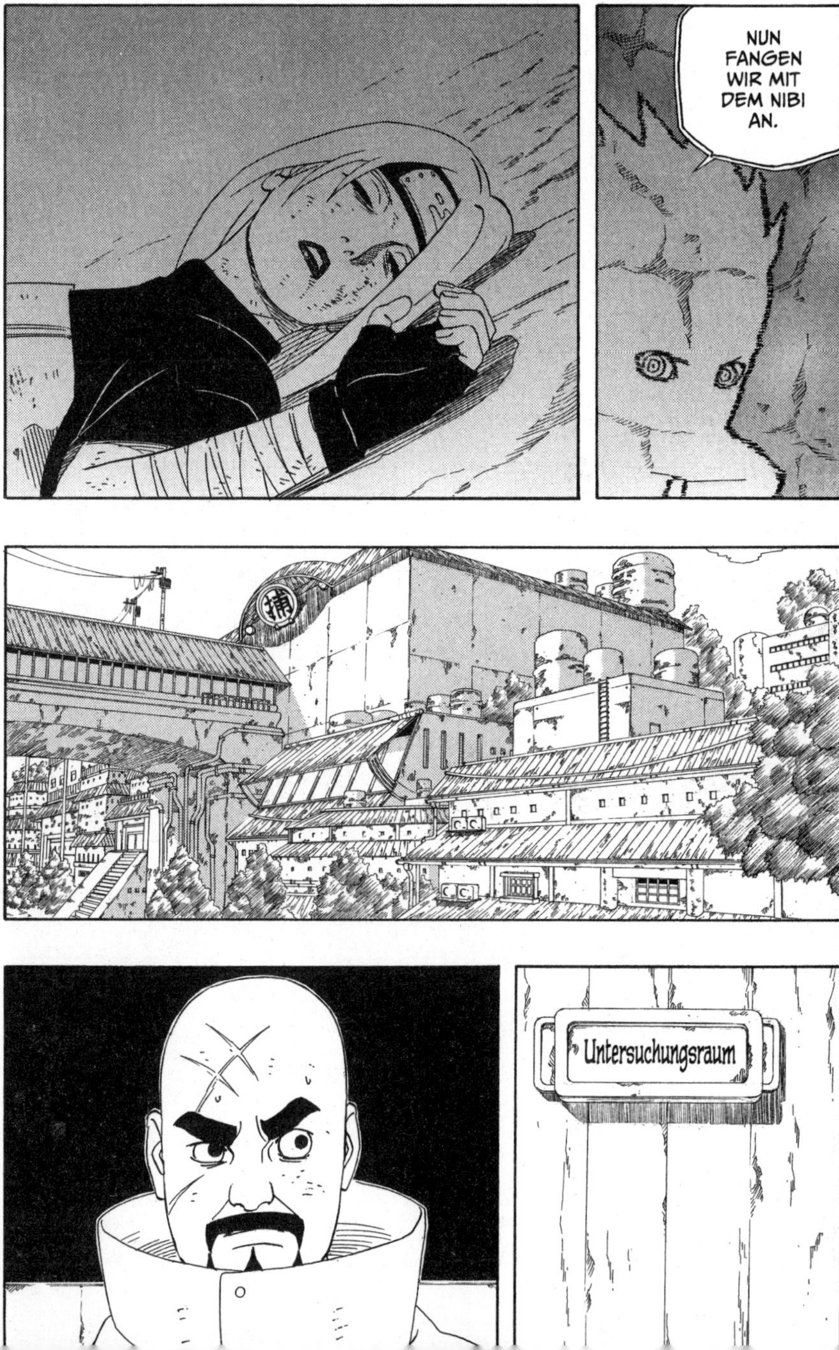
NUN FANGEN WIR MIT DEM NIBI AN.
Untersuchungsraum

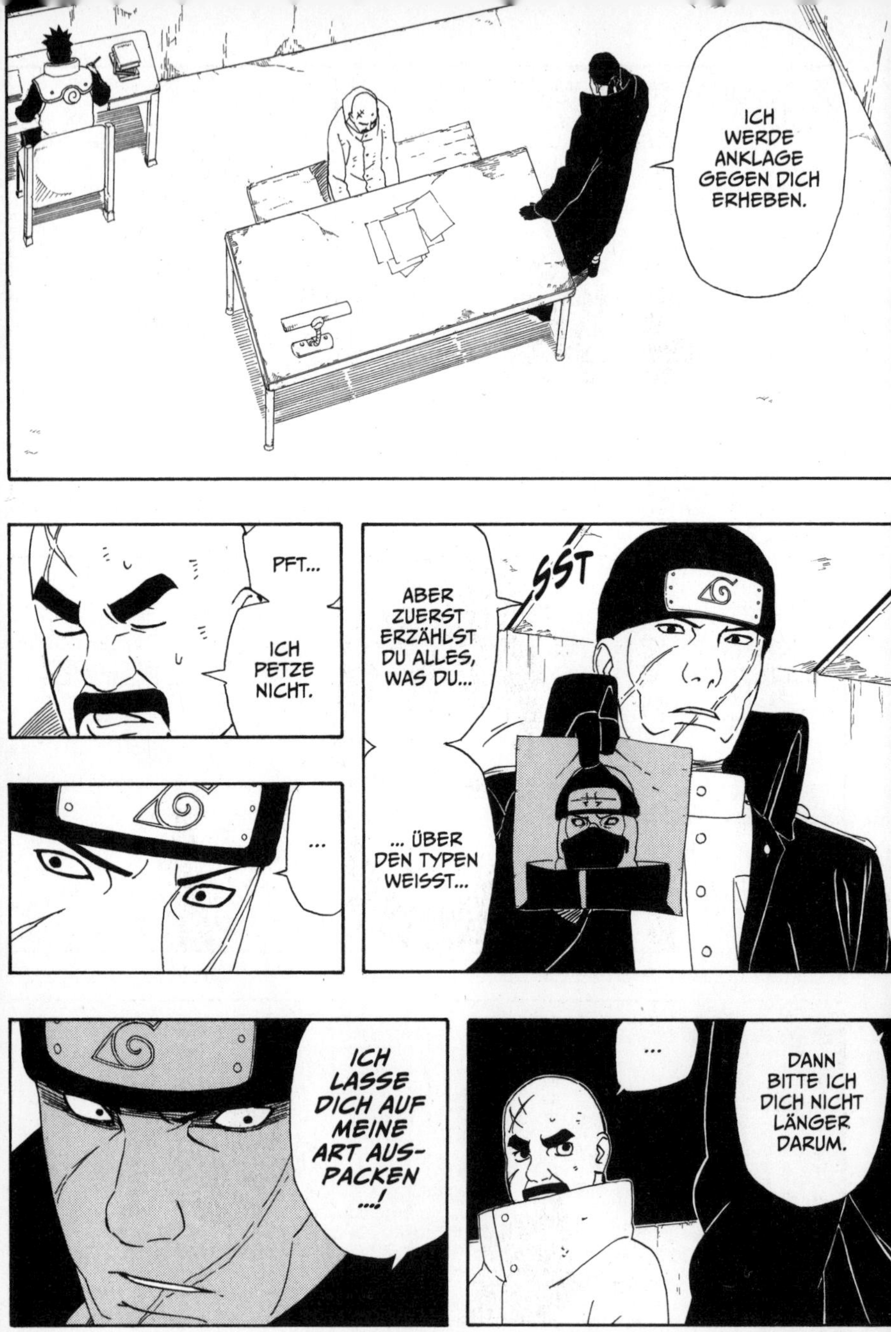
ICH WERDE ANKLAGE GEGEN DICH ERHEBEN.
SST
ABER ZUERST ERZÄHLST DU ALLES, WAS DU...
... ÜBER DEN TYPEN WEISST...
PFT...
ICH PETZE NICHT.
...
DANN BITTE ICH DICH NICHT LÄNGER DARUM.
...
ICH LASSE DICH AUF MEINE ART AUS-PACKEN ...!

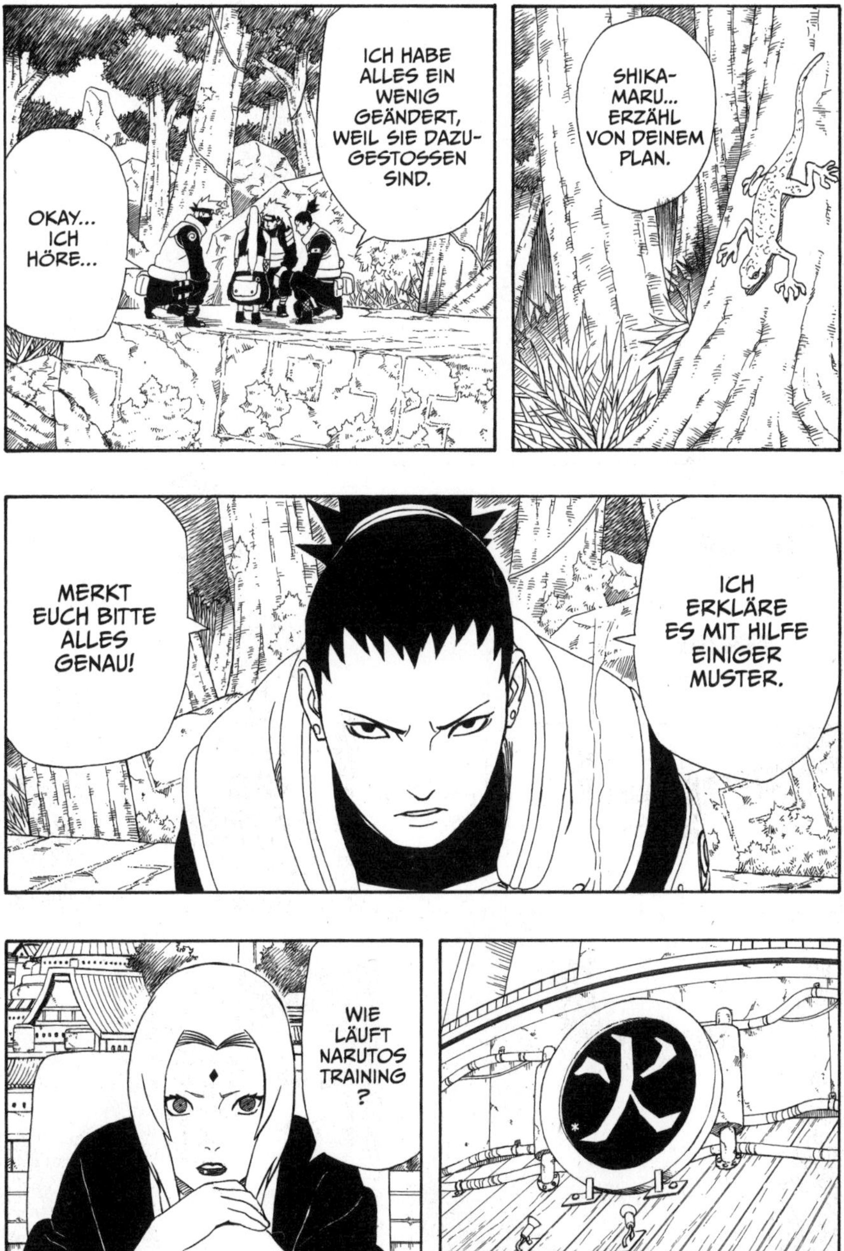

* HO (FEUER) VON HOKAGE

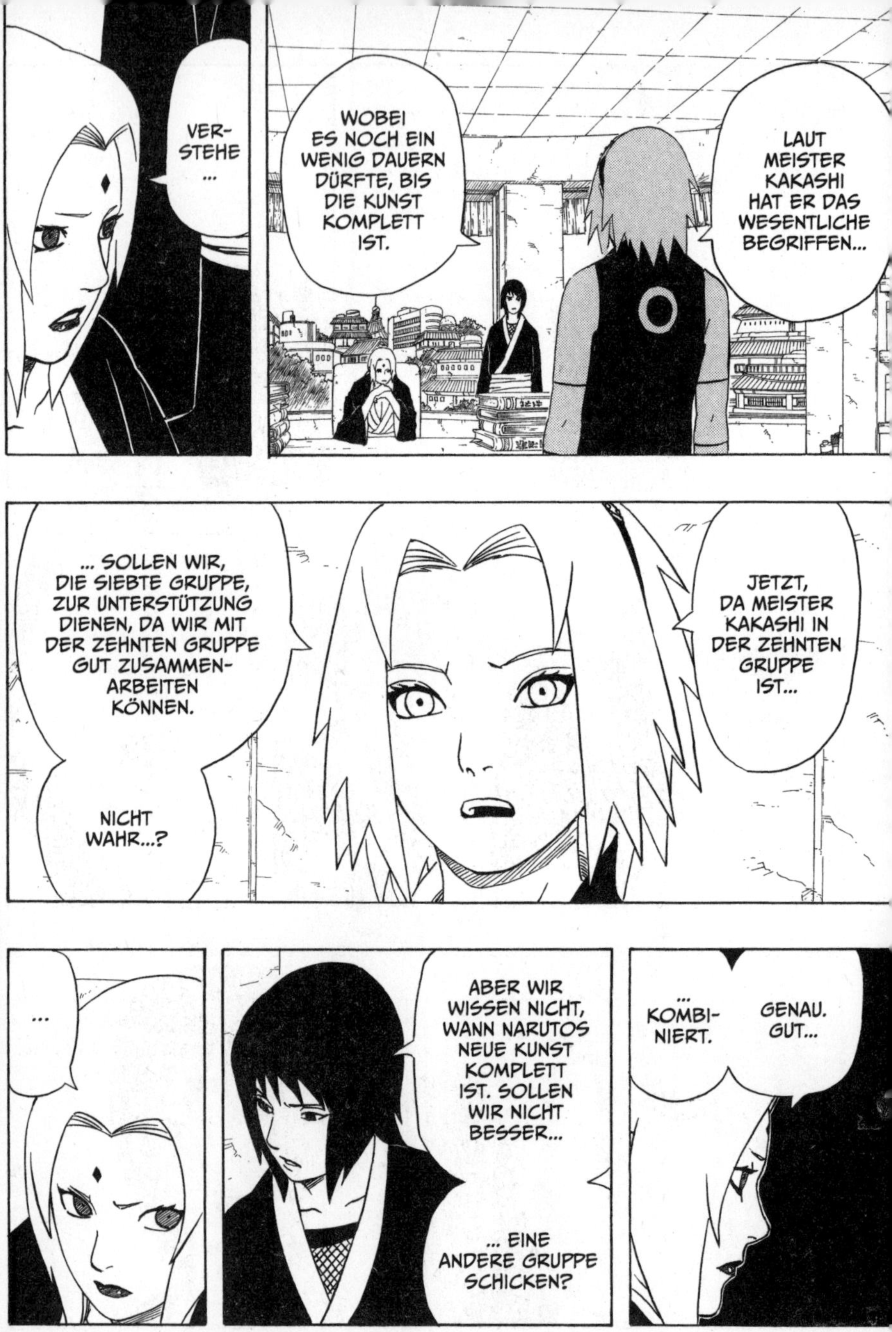
LAUT MEISTER KAKASHI HAT ER DAS WESENTLICHE BEGRIFFEN...
WOBEI ES NOCH EIN WENIG DAUERN DÜRFTE, BIS DIE KUNST KOMPLETT IST.
VER-STEHE ...
JETZT, DA MEISTER KAKASHI IN DER ZEHNTEN GRUPPE IST...
... SOLLEN WIR, DIE SIEBTE GRUPPE, ZUR UNTERSTÜTZUNG DIENEN, DA WIR MIT DER ZEHNTEN GRUPPE GUT ZUSAMMEN-ARBEITEN KÖNNEN.
NICHT WAHR...?
GENAU. GUT...
... KOMBI-NIERT.
ABER WIR WISSEN NICHT, WANN NARUTOS NEUE KUNST KOMPLETT IST. SOLLEN WIR NICHT BESSER...
... EINE ANDERE GRUPPE SCHICKEN?
...

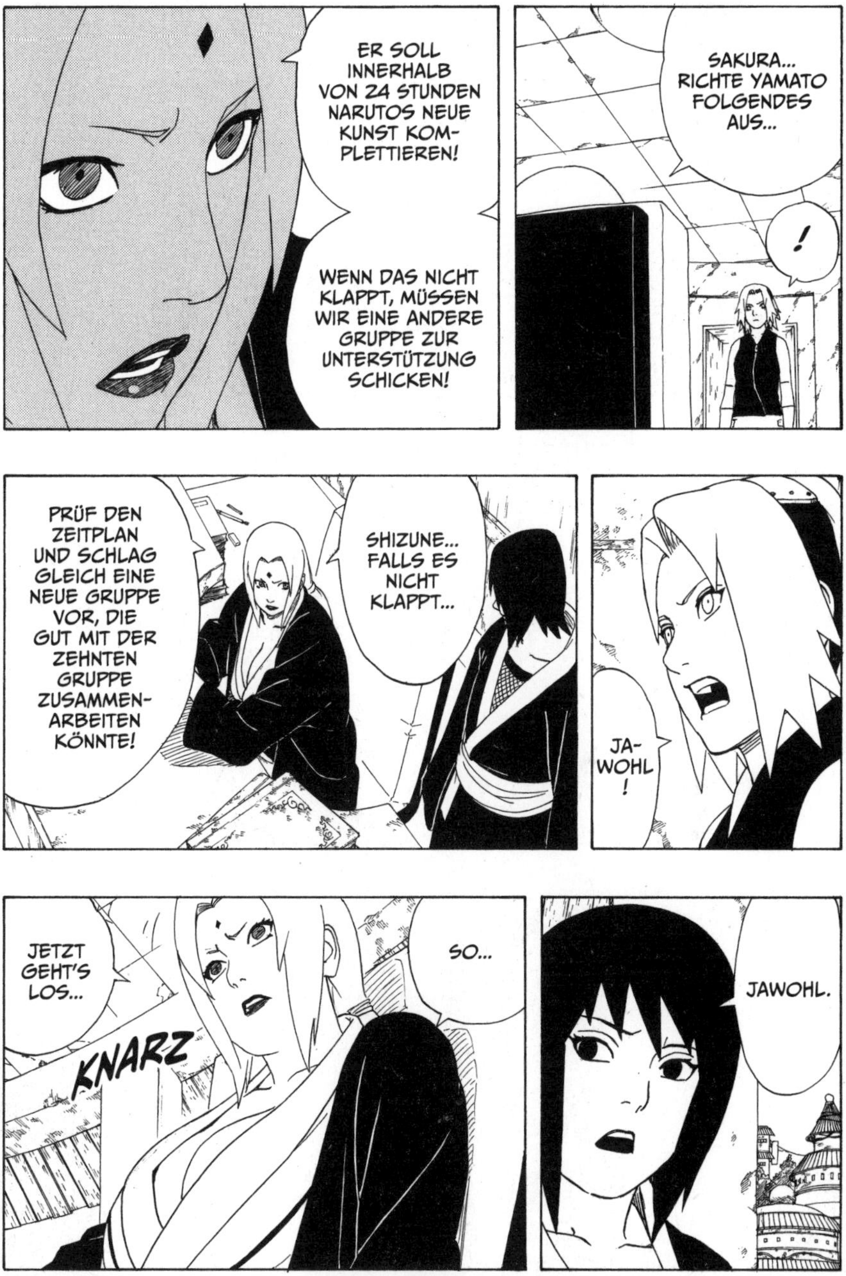
SAKURA... RICHTE YAMATO FOLGENDES AUS...
!
ER SOLL INNERHALB VON 24 STUNDEN NARUTOS NEUE KUNST KOMPLETTIEREN!
WENN DAS NICHT KLAPPT, MÜSSEN WIR EINE ANDERE GRUPPE ZUR UNTERSTÜTZUNG SCHICKEN!
JA-WOHL!
SHIZUNE... FALLS ES NICHT KLAPPT...
PRÜF DEN ZEITPLAN UND SCHLAG GLEICH EINE NEUE GRUPPE VOR, DIE GUT MIT DER ZEHNTEN GRUPPE ZUSAMMEN-ARBEITEN KÖNNTE!
JAWOHL.
SO...
JETZT GEHT'S LOS...
KNARZ

SHIKAMARUS KAMPF

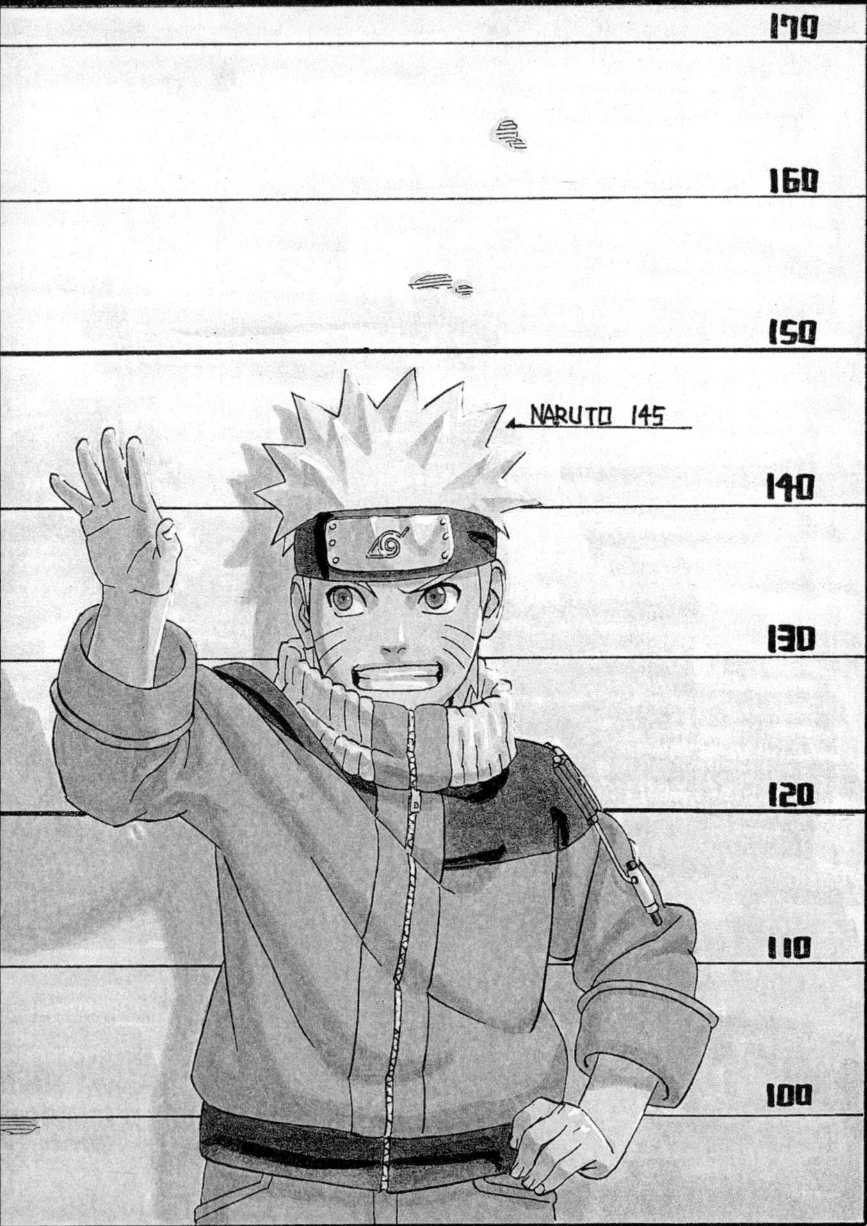

332. KAPITEL:

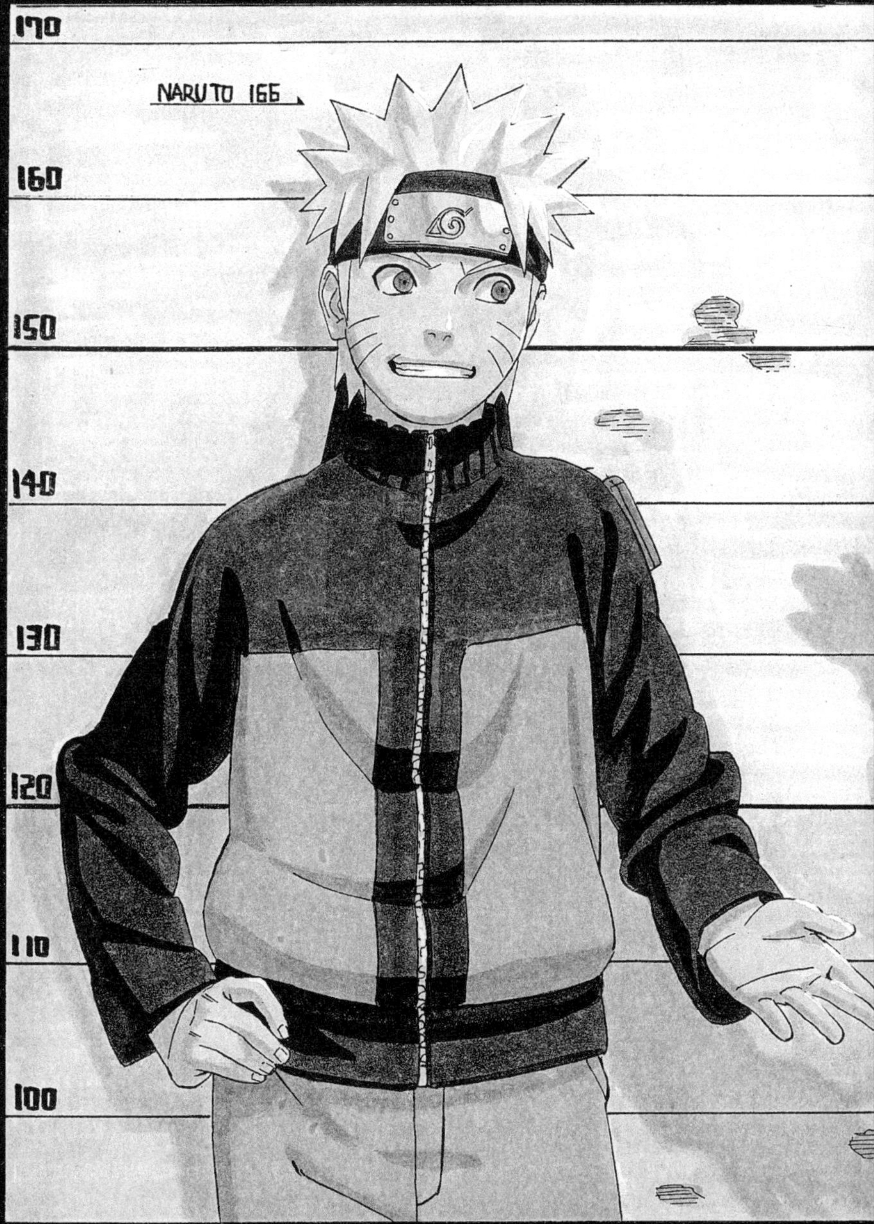

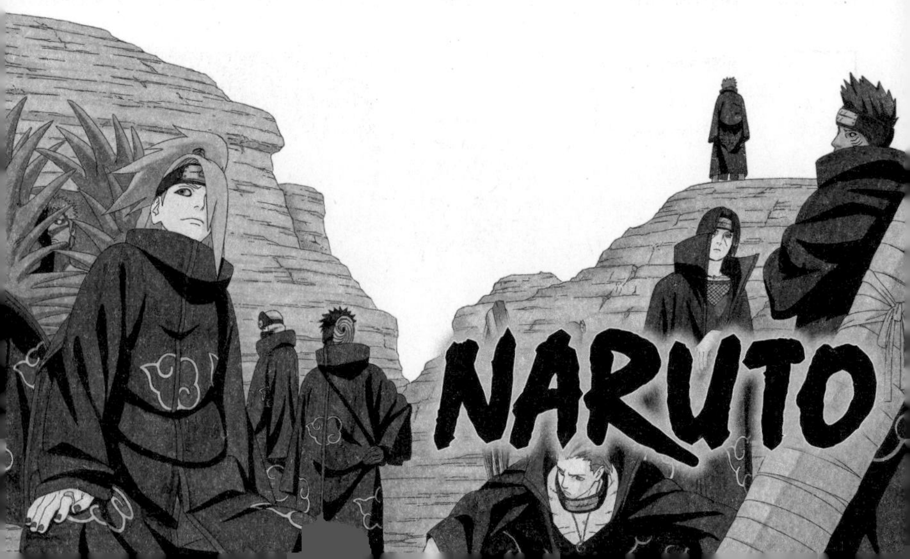
NARUTO

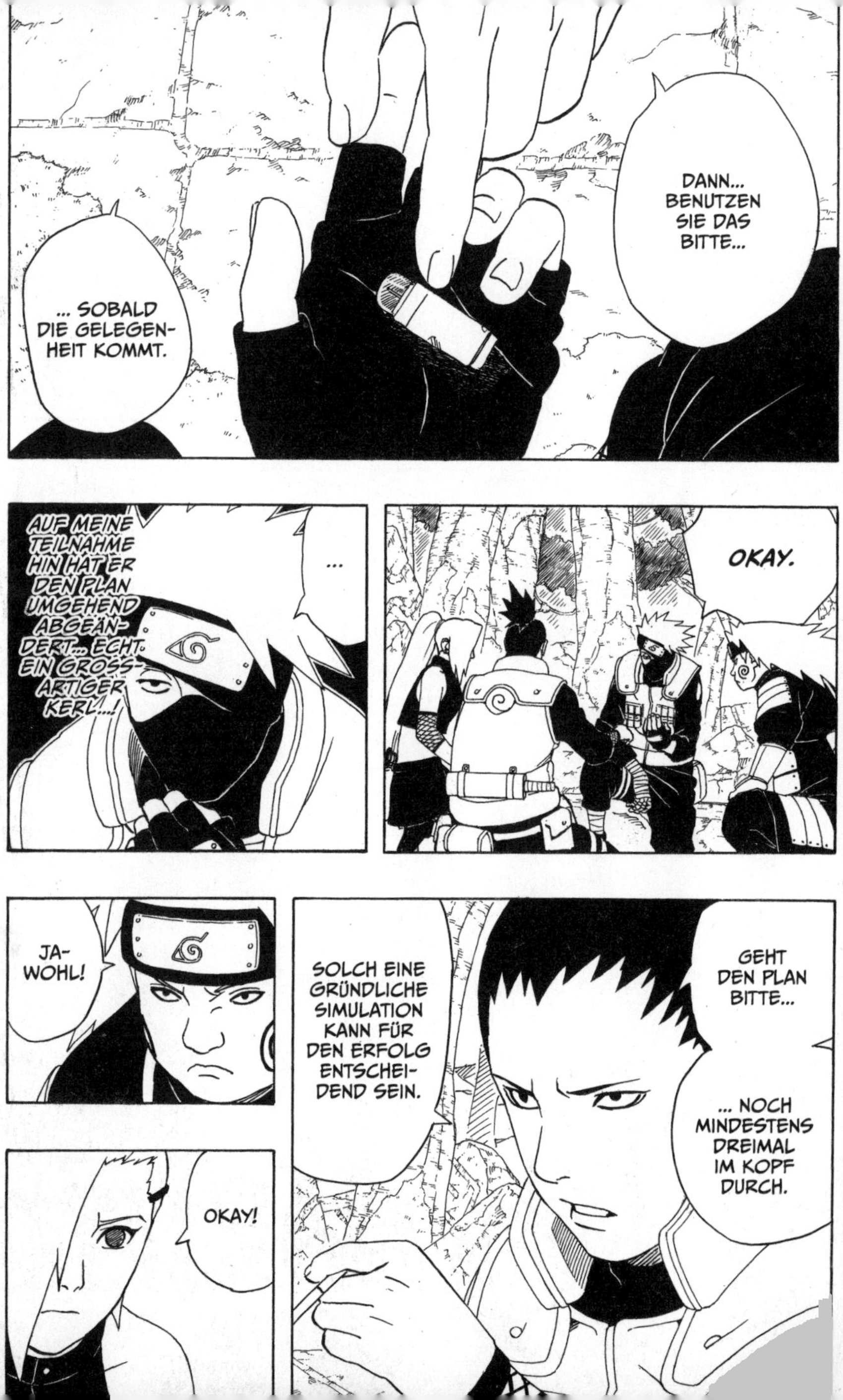
DANN... BENUTZEN SIE DAS BITTE...
... SOBALD DIE GELEGENHEIT KOMMT.
OKAY.
...
AUF MEINE TEILNAHME HIN HAT ER DEN PLAN UMGEHEND ABGEÄNDERT... ECHT EIN GROSSARTIGER KERL...!
GEHT DEN PLAN BITTE...
... NOCH MINDESTENS DREIMAL IM KOPF DURCH.
SOLCH EINE GRÜNDLICHE SIMULATION KANN FÜR DEN ERFOLG ENTSCHEIDEND SEIN.
JAWOHL!
OKAY!

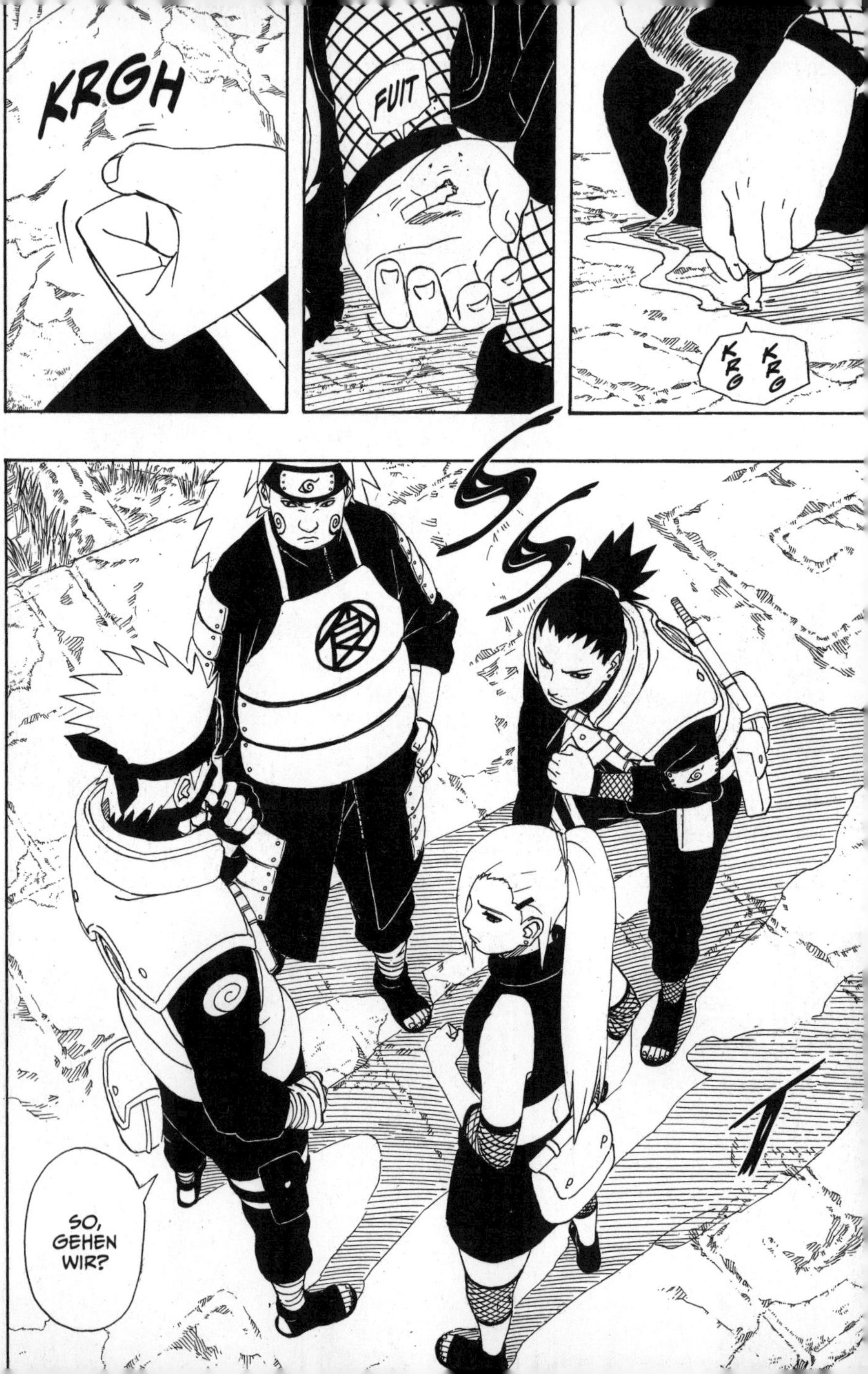
KRGH
FUIT
KRG KRG
SO, GEHEN WIR?

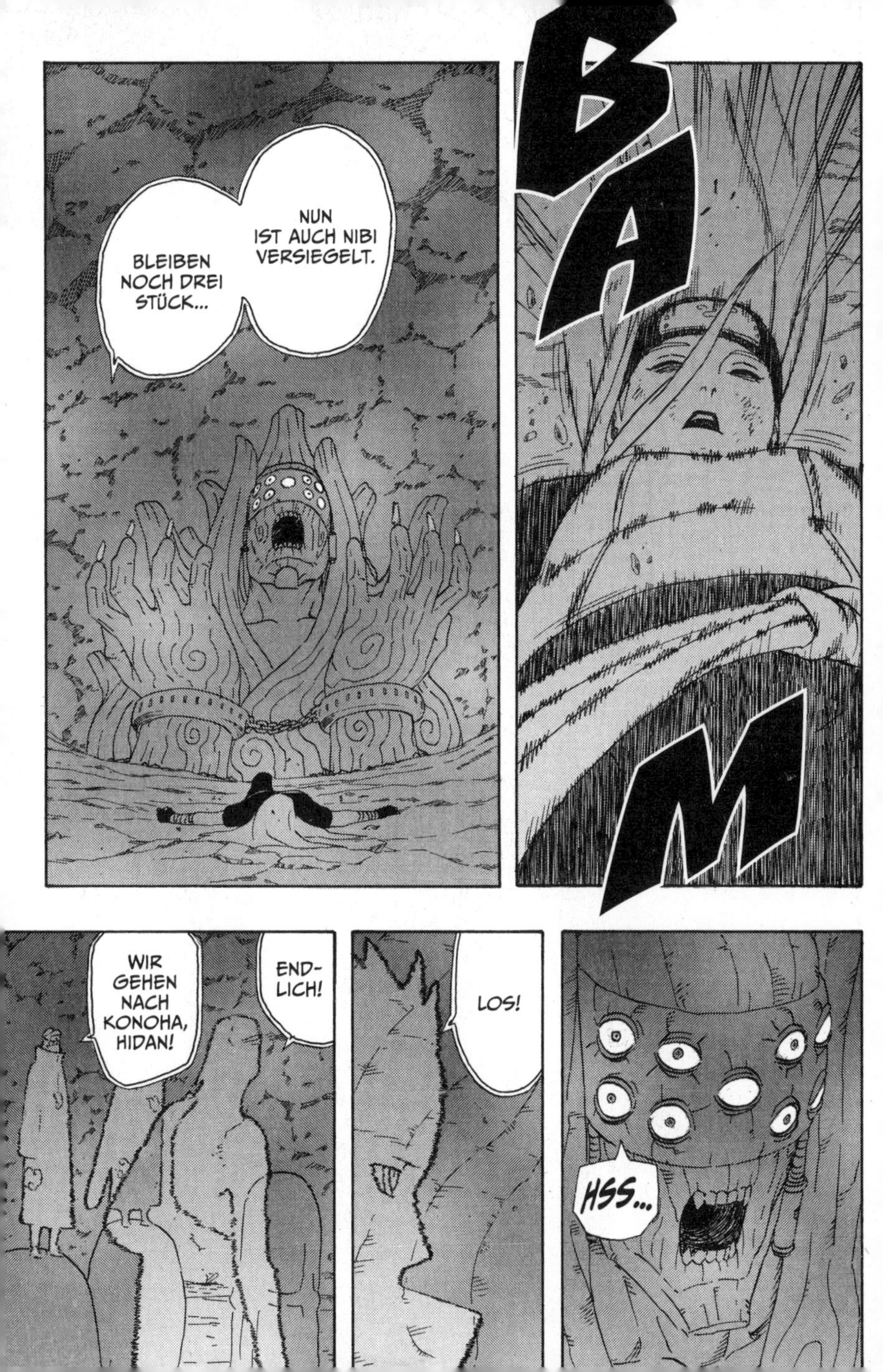
BAM
NUN IST AUCH NIBI VERSIEGELT.
BLEIBEN NOCH DREI STÜCK...
HSS...
LOS!
END-LICH!
WIR GEHEN NACH KONOHA, HIDAN!

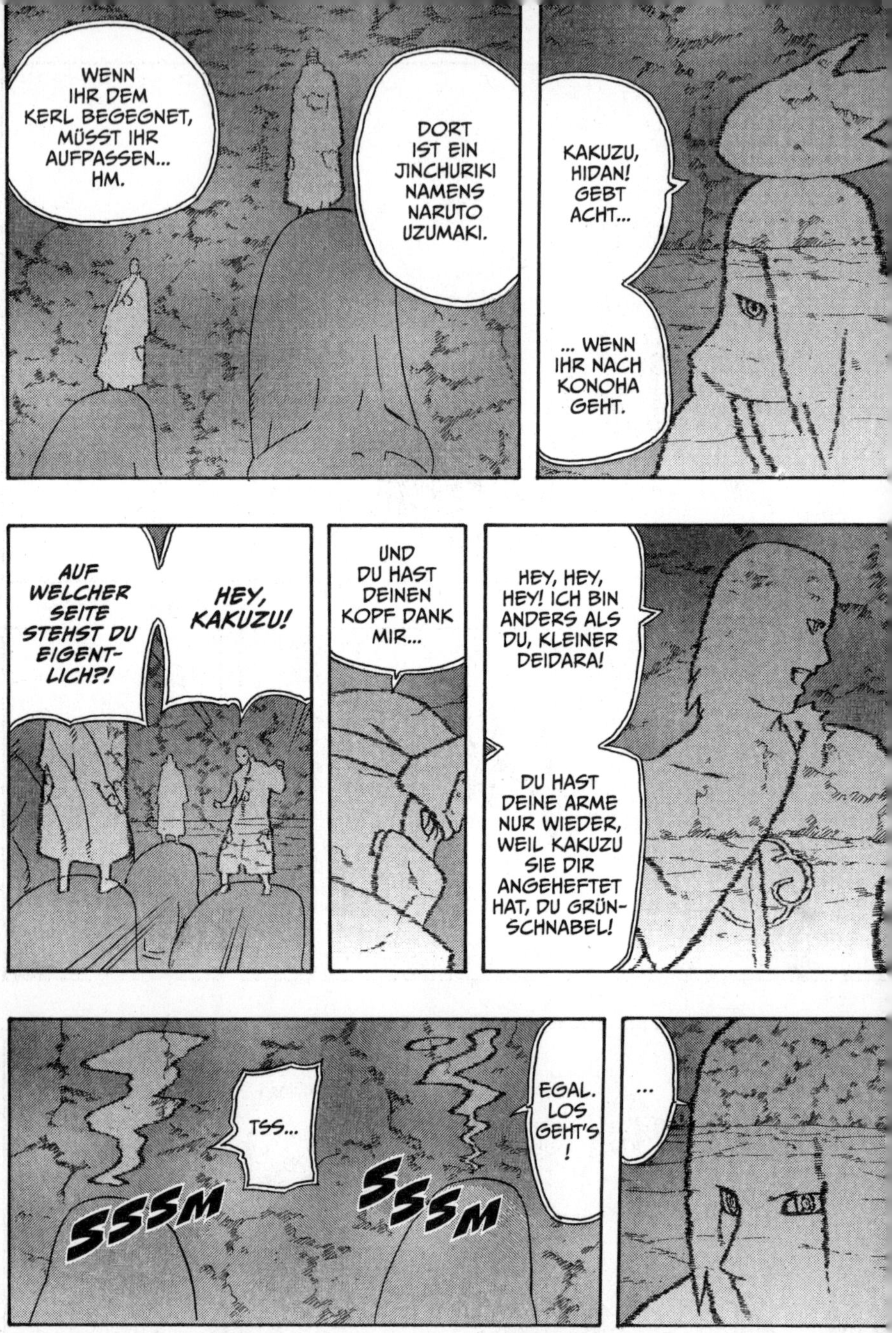

KAKUZU, HIDAN! GEBT ACHT...
... WENN IHR NACH KONOHA GEHT.
DORT IST EIN JINCHURIKI NAMENS NARUTO UZUMAKI.
WENN IHR DEM KERL BEGEGNET, MÜSST IHR AUFPASSEN... HM.
HEY, HEY, HEY! ICH BIN ANDERS ALS DU, KLEINER DEIDARA!
DU HAST DEINE ARME NUR WIEDER, WEIL KAKUZU SIE DIR ANGEHEFTET HAT, DU GRÜN-SCHNABEL!
UND DU HAST DEINEN KOPF DANK MIR...
HEY, KAKUZU!
AUF WELCHER SEITE STEHST DU EIGENT-LICH?!
...
EGAL. LOS GEHT'S!
TSS...
SSSM
SSSM

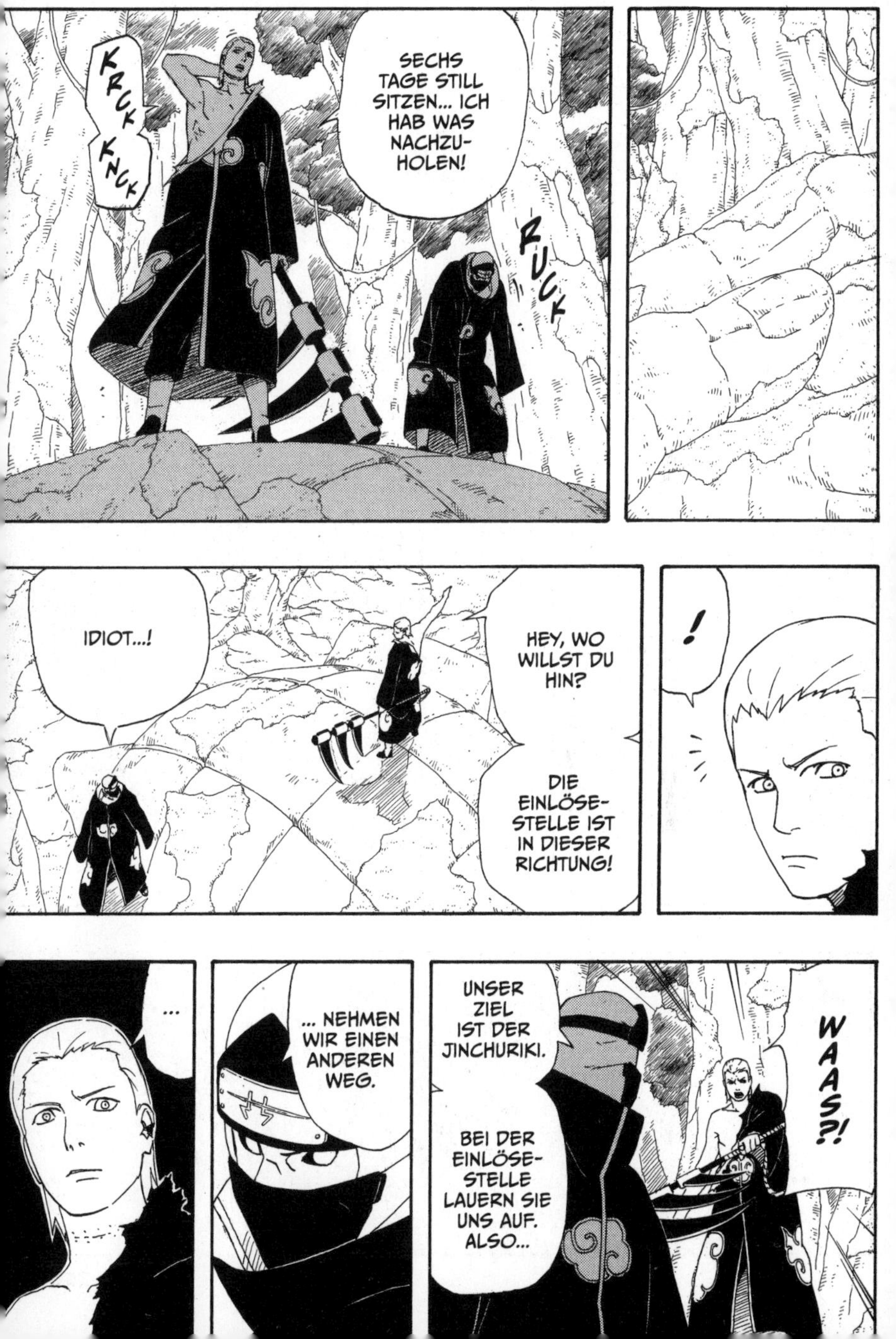
RUCK
SECHS TAGE STILL SITZEN... ICH HAB WAS NACHZUHOLEN!
KRCK KNCK
!
HEY, WO WILLST DU HIN?
DIE EINLÖSESTELLE IST IN DIESER RICHTUNG!
IDIOT...!
WAAS?!
UNSER ZIEL IST DER JINCHURIKI.
BEI DER EINLÖSESTELLE LAUERN SIE UNS AUF. ALSO...
... NEHMEN WIR EINEN ANDEREN WEG.
...

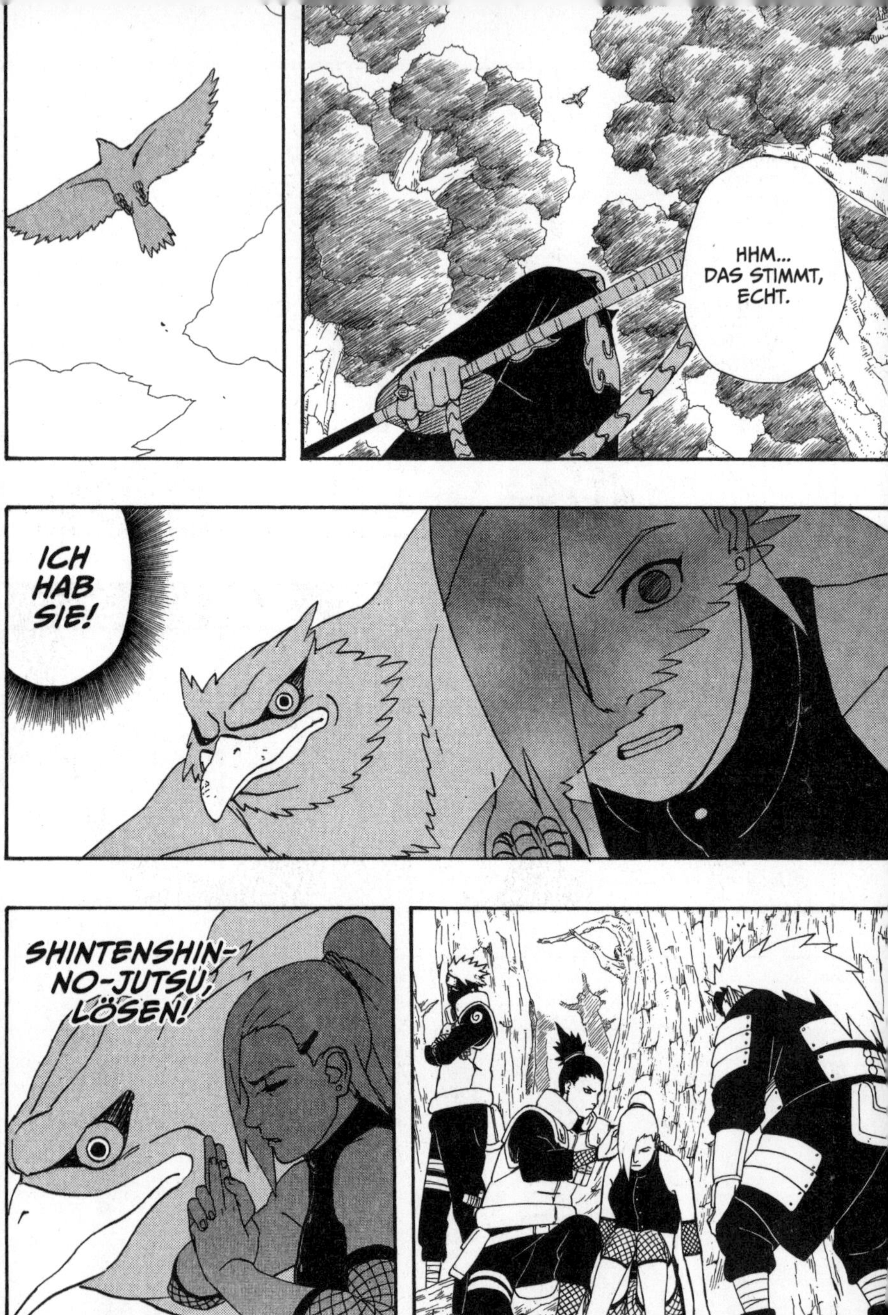
HHM... DAS STIMMT, ECHT.
ICH HAB SIE!
SHINTENSHIN-NO-JUTSU, LÖSEN!

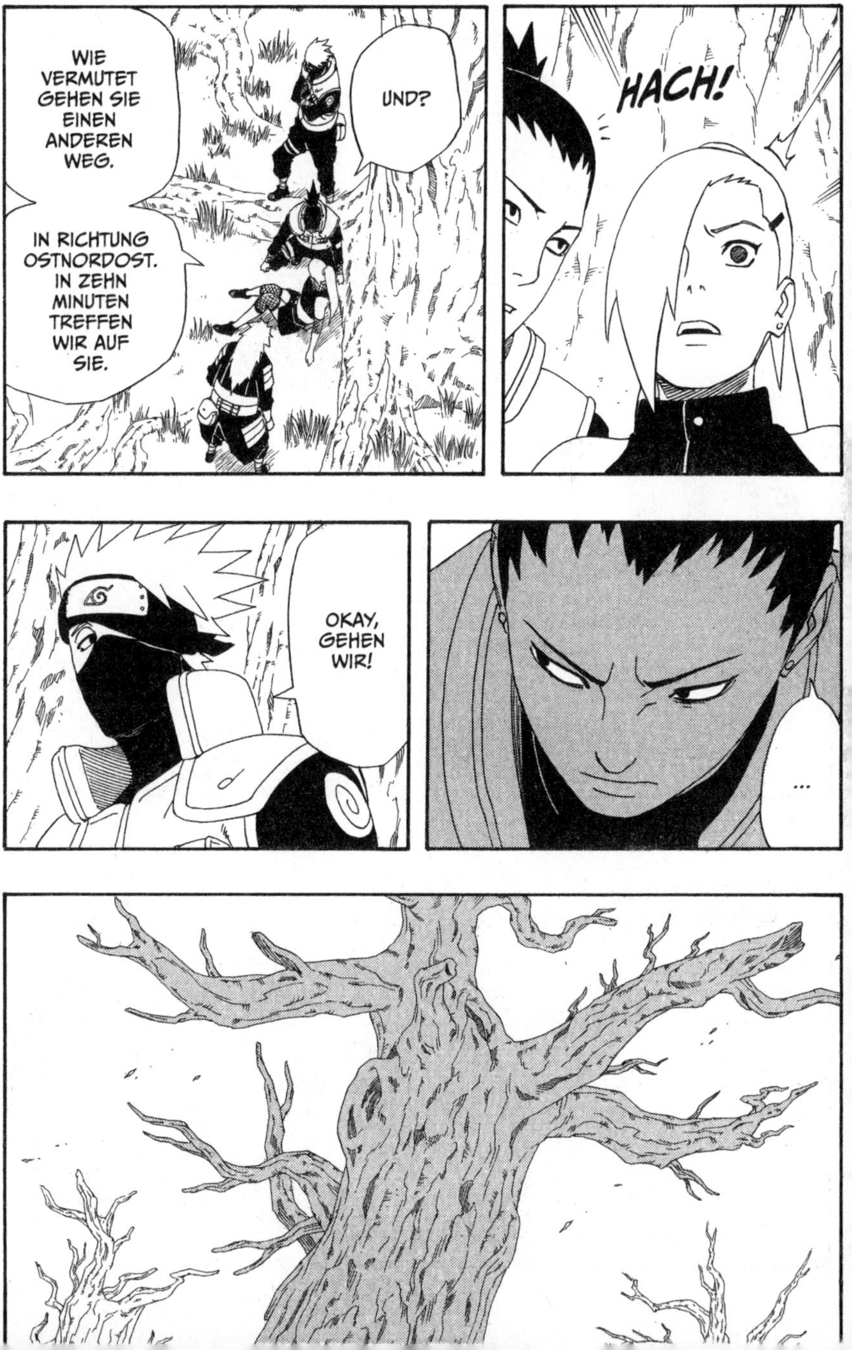
UND?
WIE VERMUTET GEHEN SIE EINEN ANDEREN WEG.
IN RICHTUNG OSTNORDOST. IN ZEHN MINUTEN TREFFEN WIR AUF SIE.
HACH!
OKAY, GEHEN WIR!
...

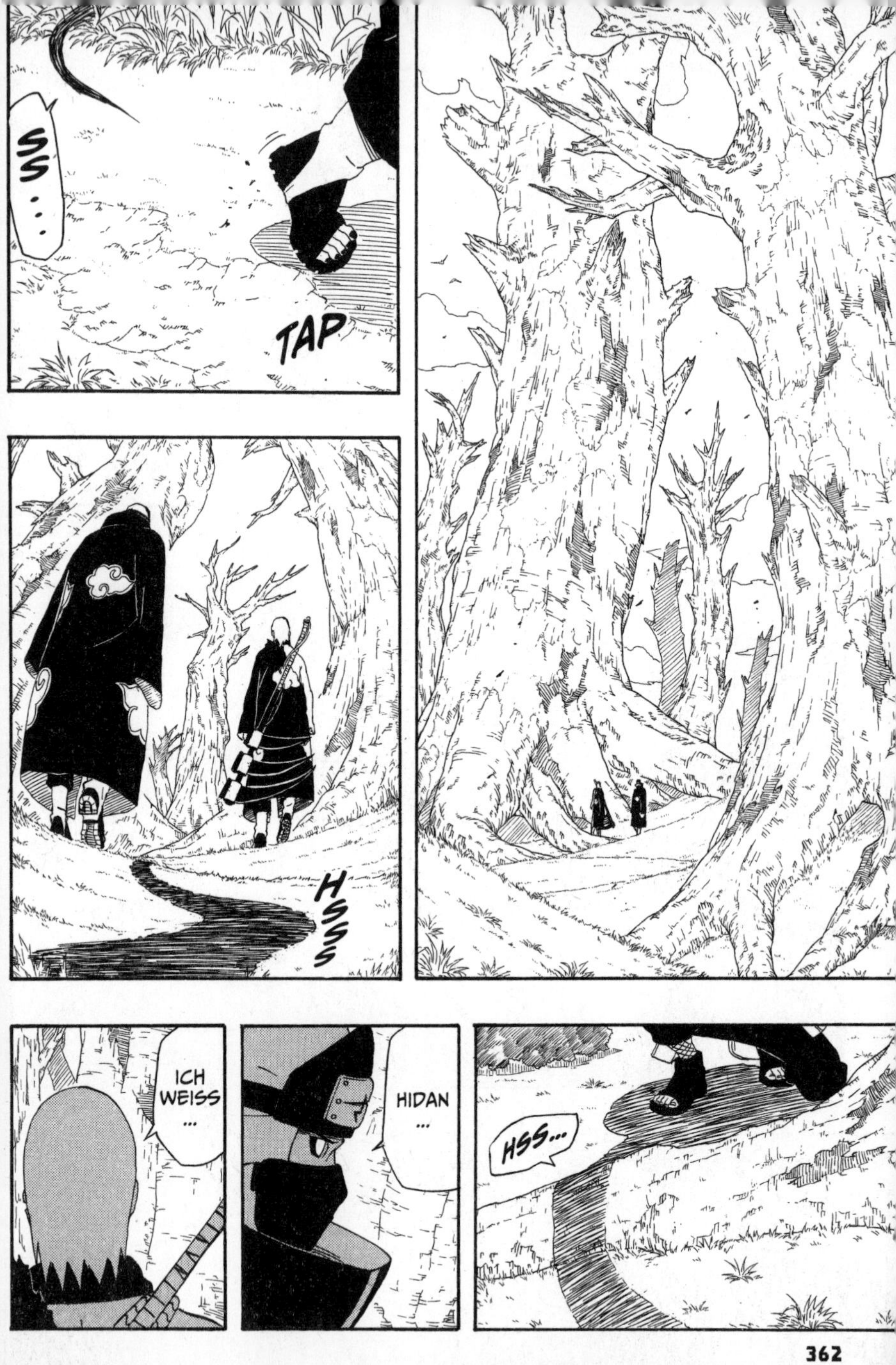

SS...
TAP
HSSS
HSS...
HIDAN ...
ICH WEISS ...

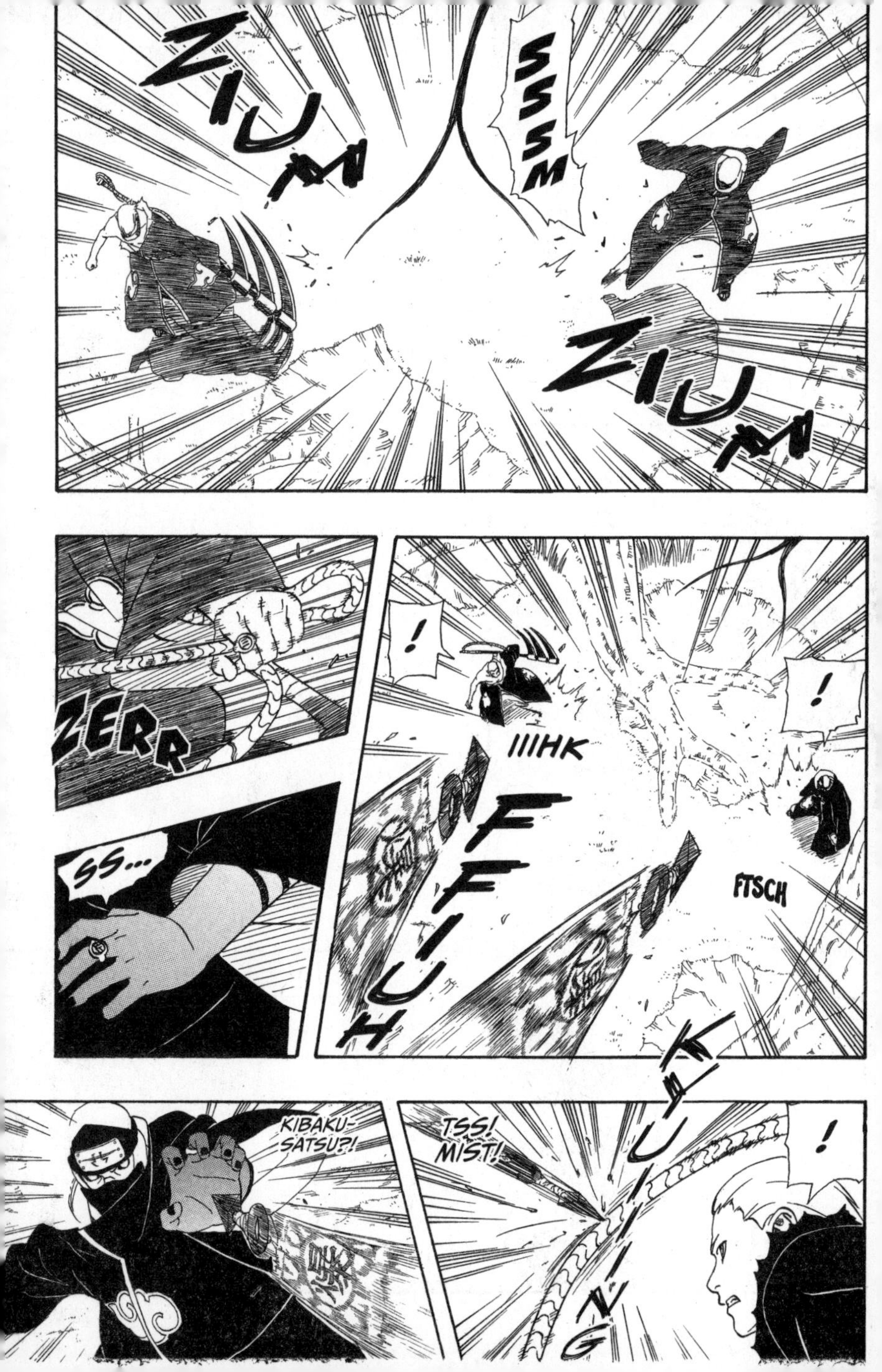
SSSM
ZIUM
ZIUM
!
!
IIIHK
FTSCH
FFFIIUH
ZERR
SS...
TSS! MIST!
!
KIBAKU-SATSU?!
KLIIING

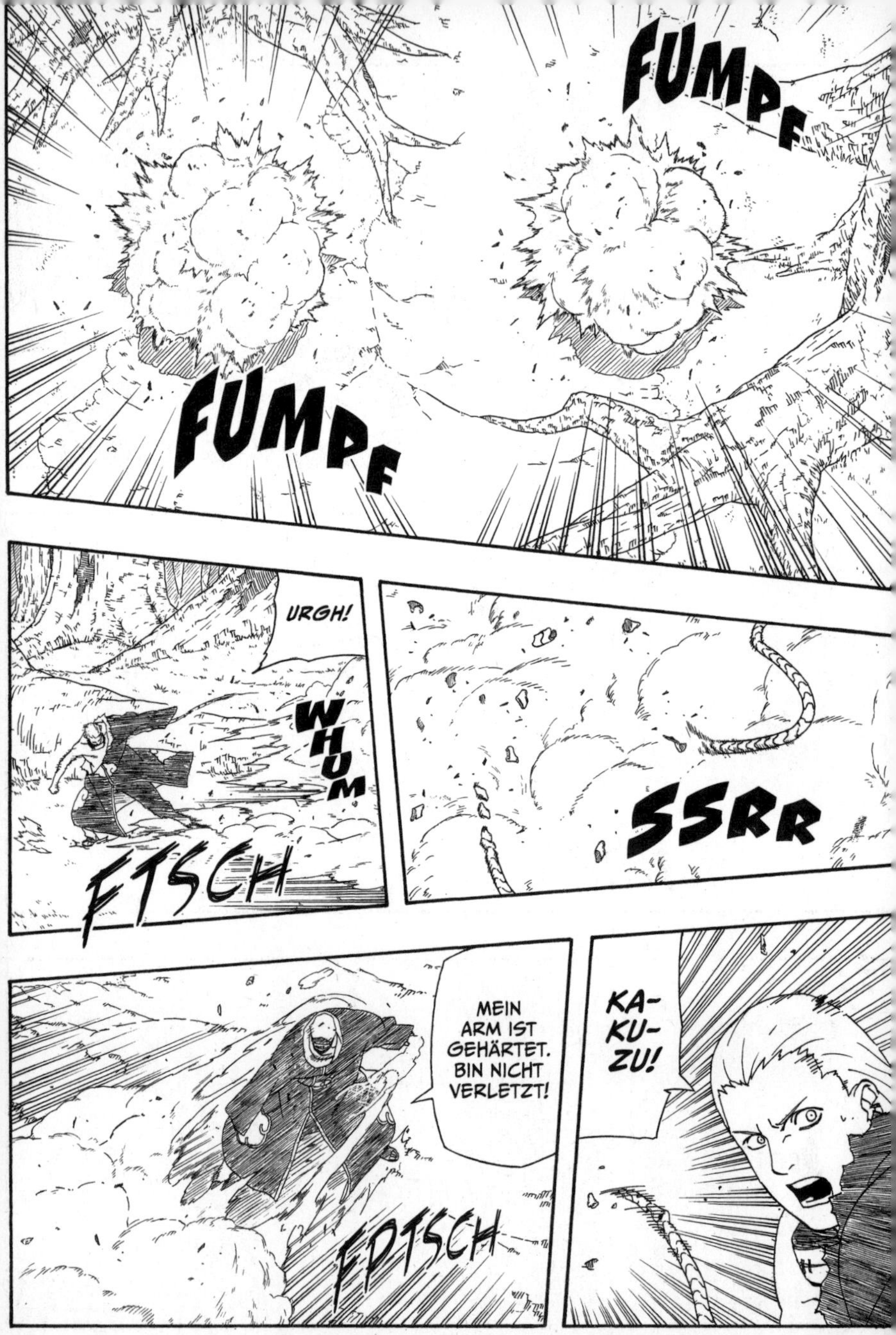
FUMPF
FUMPF
URGH!
WHUM
FTSCH
SSRR
KA-KU-ZU!
MEIN ARM IST GEHÄRTET. BIN NICHT VERLETZT!
FDTSCH

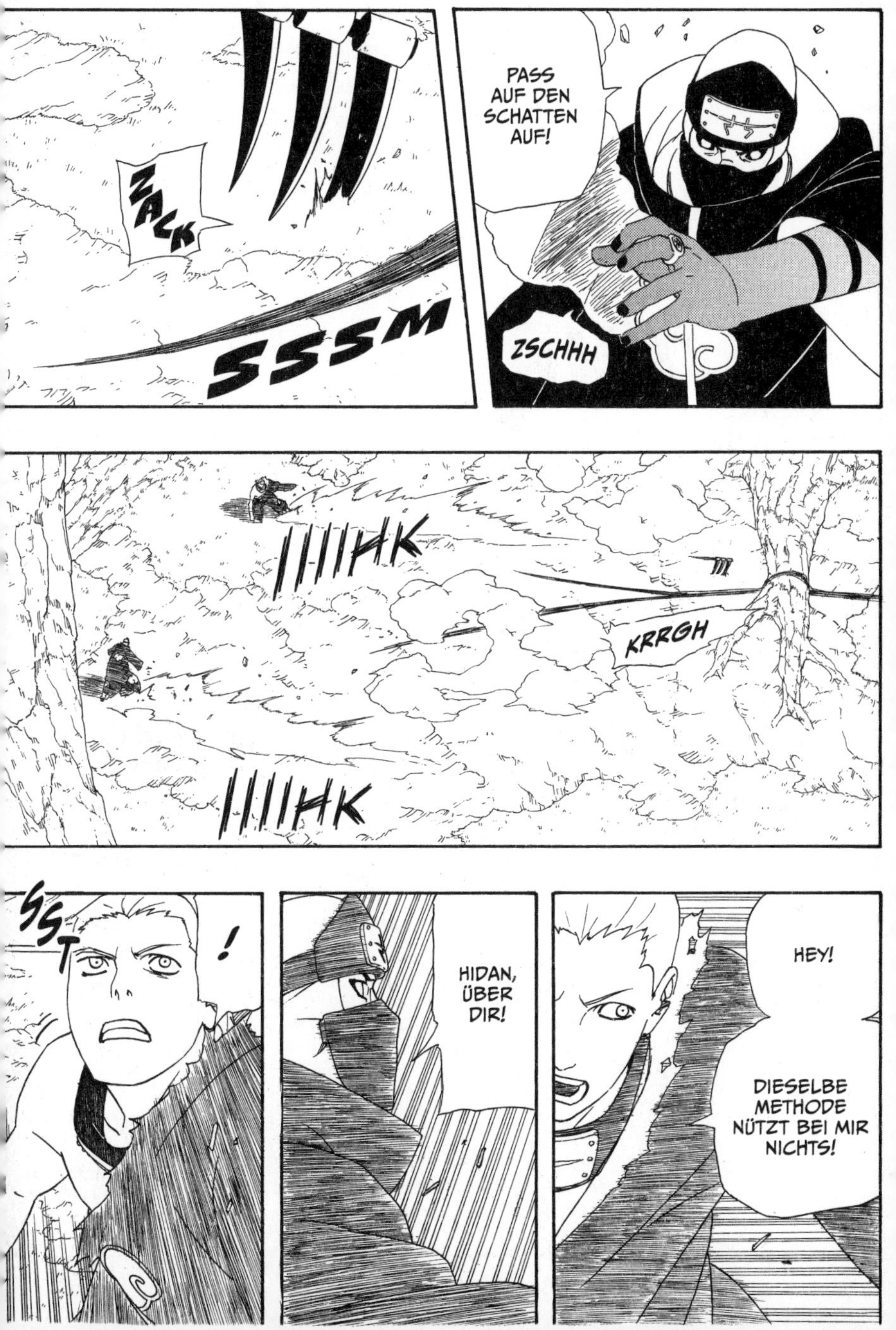
PASS AUF DEN SCHATTEN AUF!
ZSCHHH
ZACK
SSSM
IIIIHK
KRRGH
IIIIHK
HEY!
DIESELBE METHODE NÜTZT BEI MIR NICHTS!
HIDAN, ÜBER DIR!
SST
!

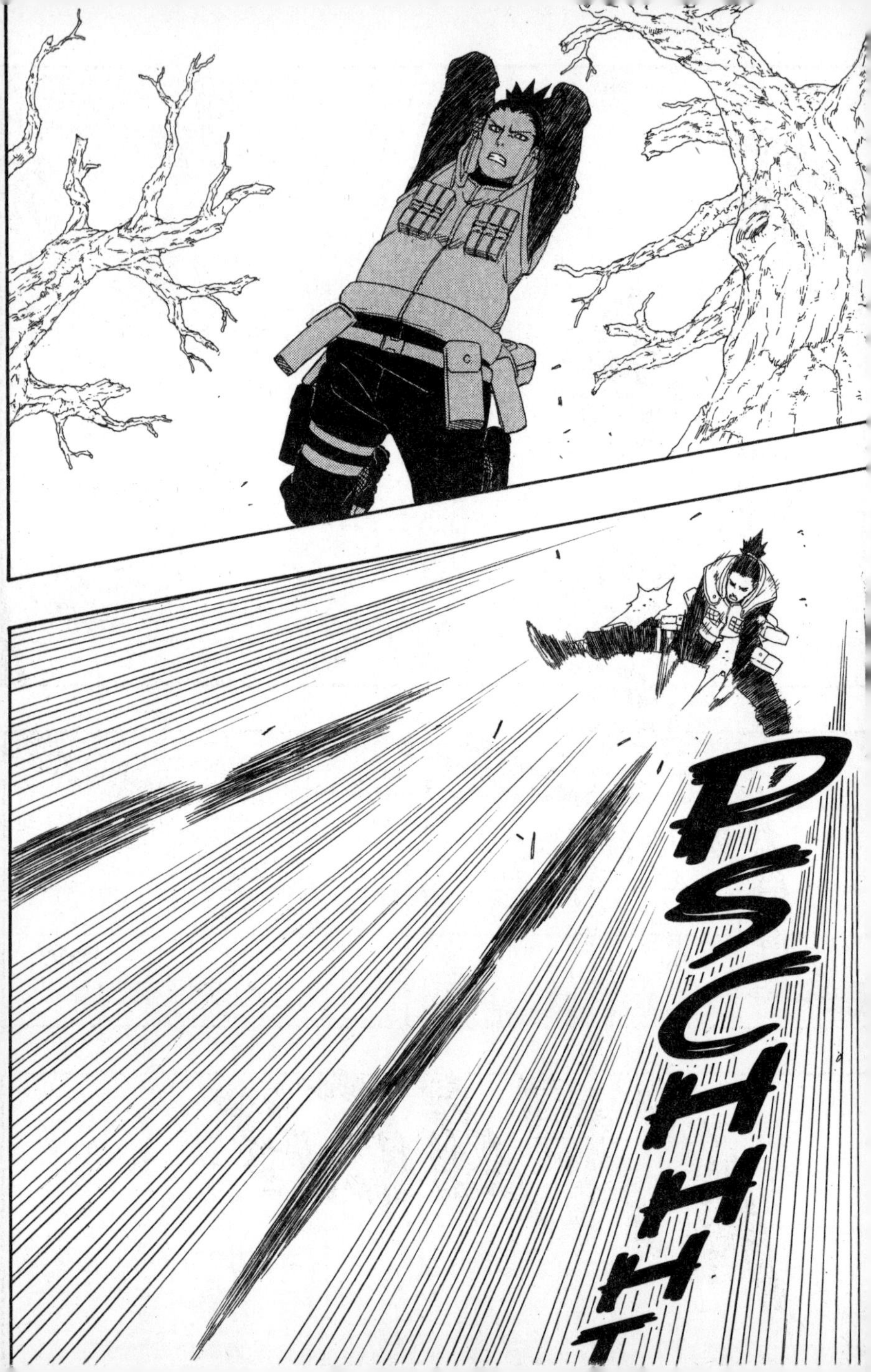
PSCHHHT

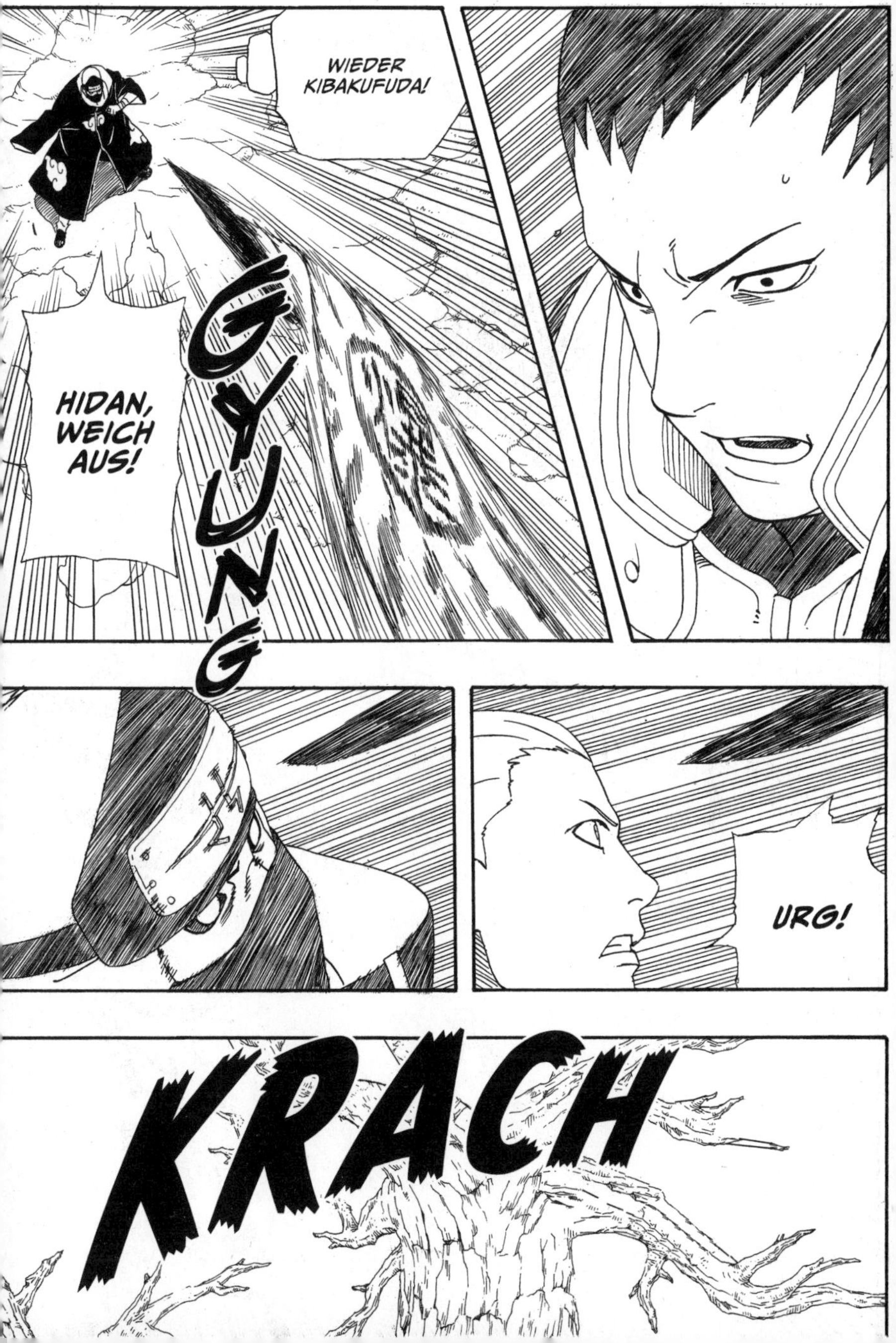
WIEDER KIBAKUFUDA!
HIDAN, WEICH AUS!
GYUNG
URG!
KRACH

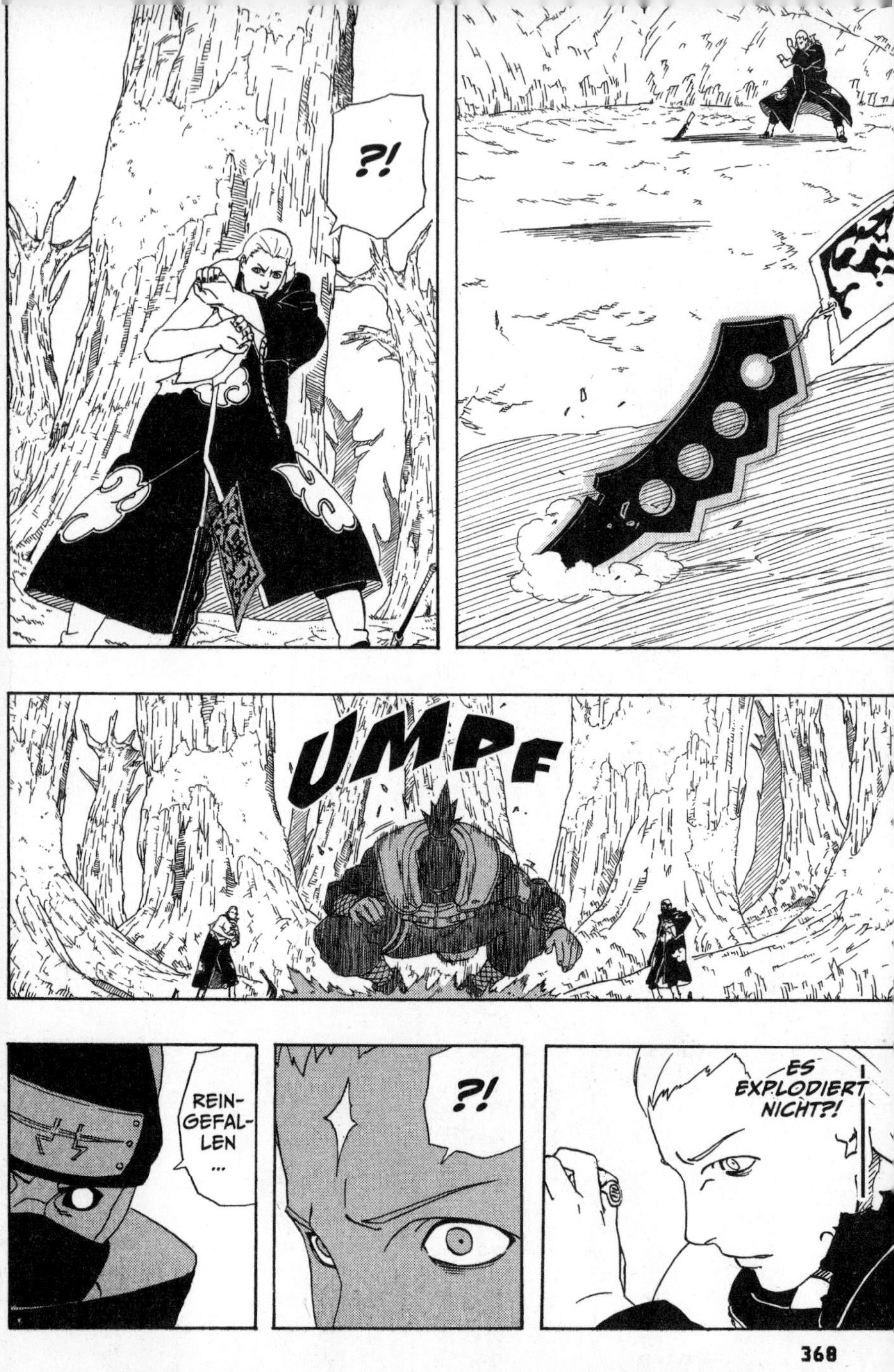
?!
UMPF
ES EXPLODIERT NICHT?!
?!
REIN-GEFAL-LEN ...

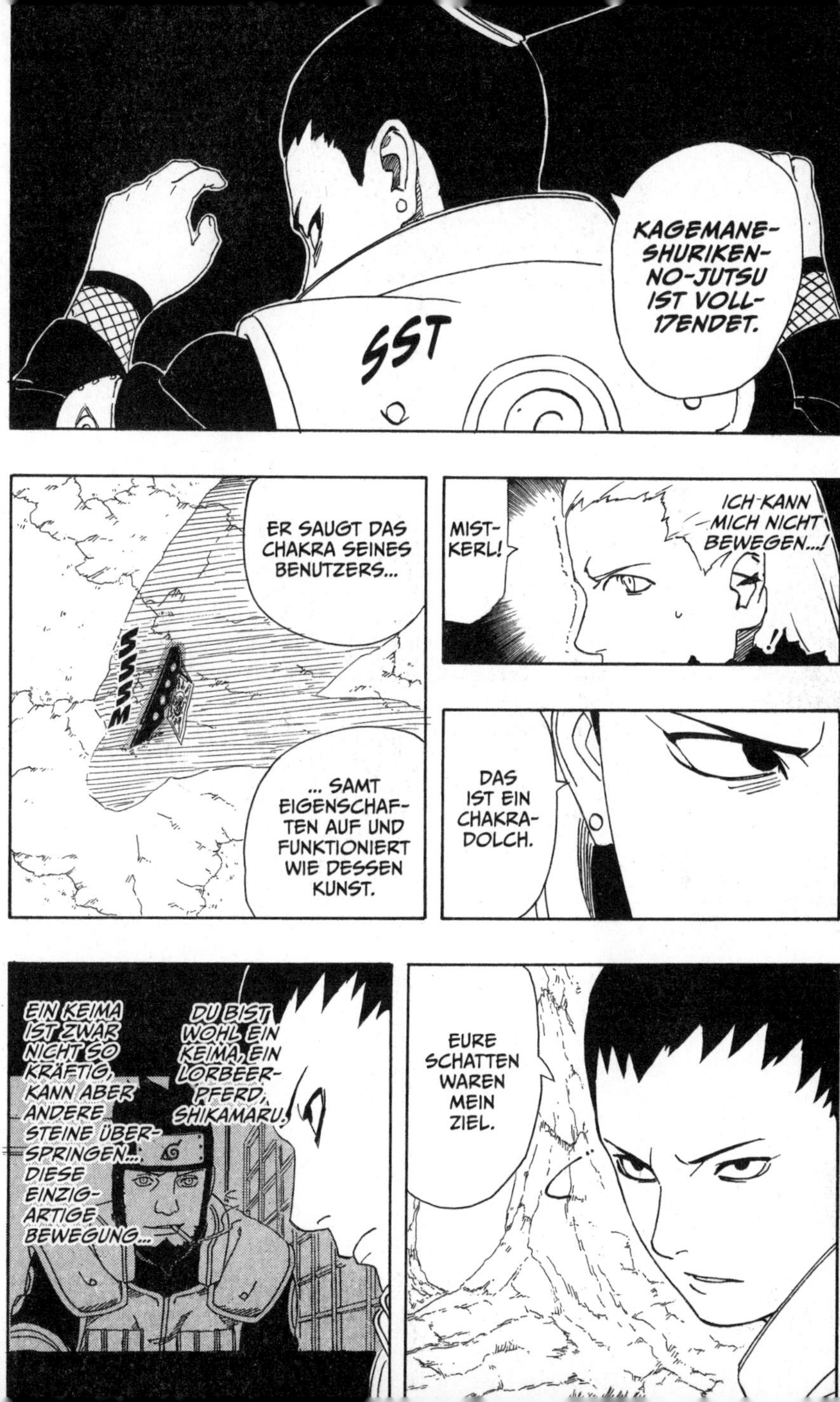
KAGEMANE-SHURIKEN-NO-JUTSU IST VOLL-17ENDET.
SST
ICH KANN MICH NICHT BEWEGEN...!
MIST-KERL!
!
DAS IST EIN CHAKRA-DOLCH.
ER SAUGT DAS CHAKRA SEINES BENUTZERS...
SSSM
... SAMT EIGENSCHAFTEN AUF UND FUNKTIONIERT WIE DESSEN KUNST.
EURE SCHATTEN WAREN MEIN ZIEL.
DU BIST WOHL EIN KEIMA, EIN LORBEER-PFERD, SHIKAMARU.
EIN KEIMA IST ZWAR NICHT SO KRÄFTIG, KANN ABER ANDERE STEINE ÜBER-SPRINGEN... DIESE EINZIG-ARTIGE BEWEGUNG...

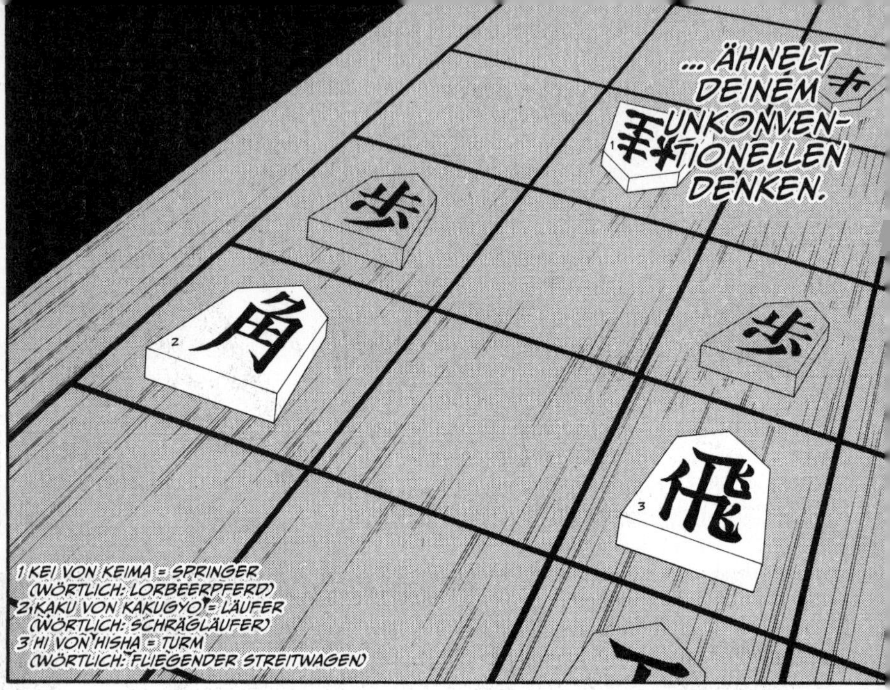
... ÄHNELT DEINEM UNKONVENTIONELLEN DENKEN.
1 KEI VON KEIMA = SPRINGER (WÖRTLICH: LORBEERPFERD)
2 KAKU VON KAKUGYO = LÄUFER (WÖRTLICH: SCHRÄGLÄUFER)
3 HI VON HISHA = TURM (WÖRTLICH: FLIEGENDER STREITWAGEN)

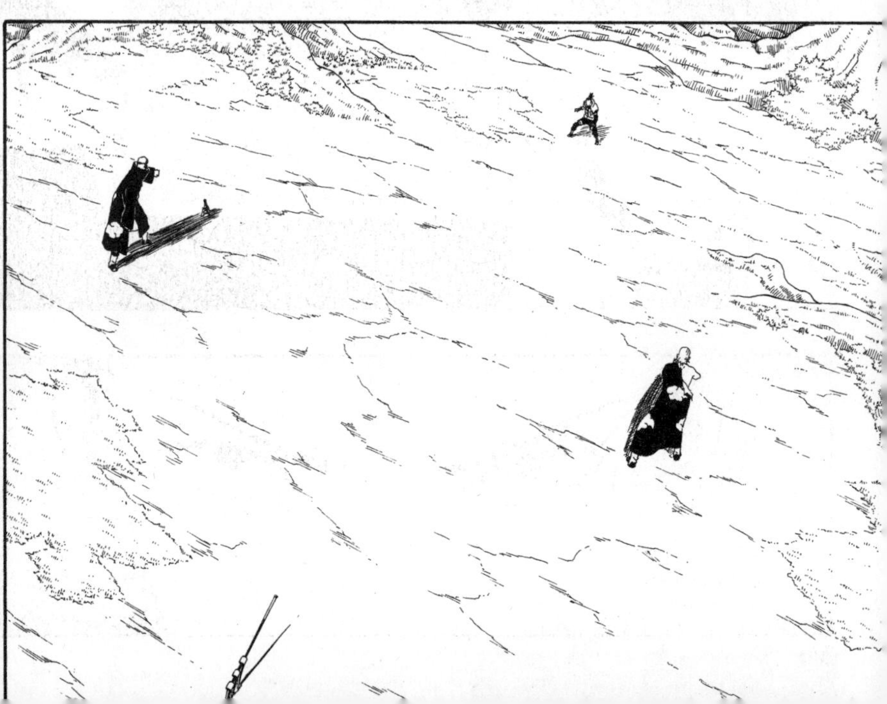

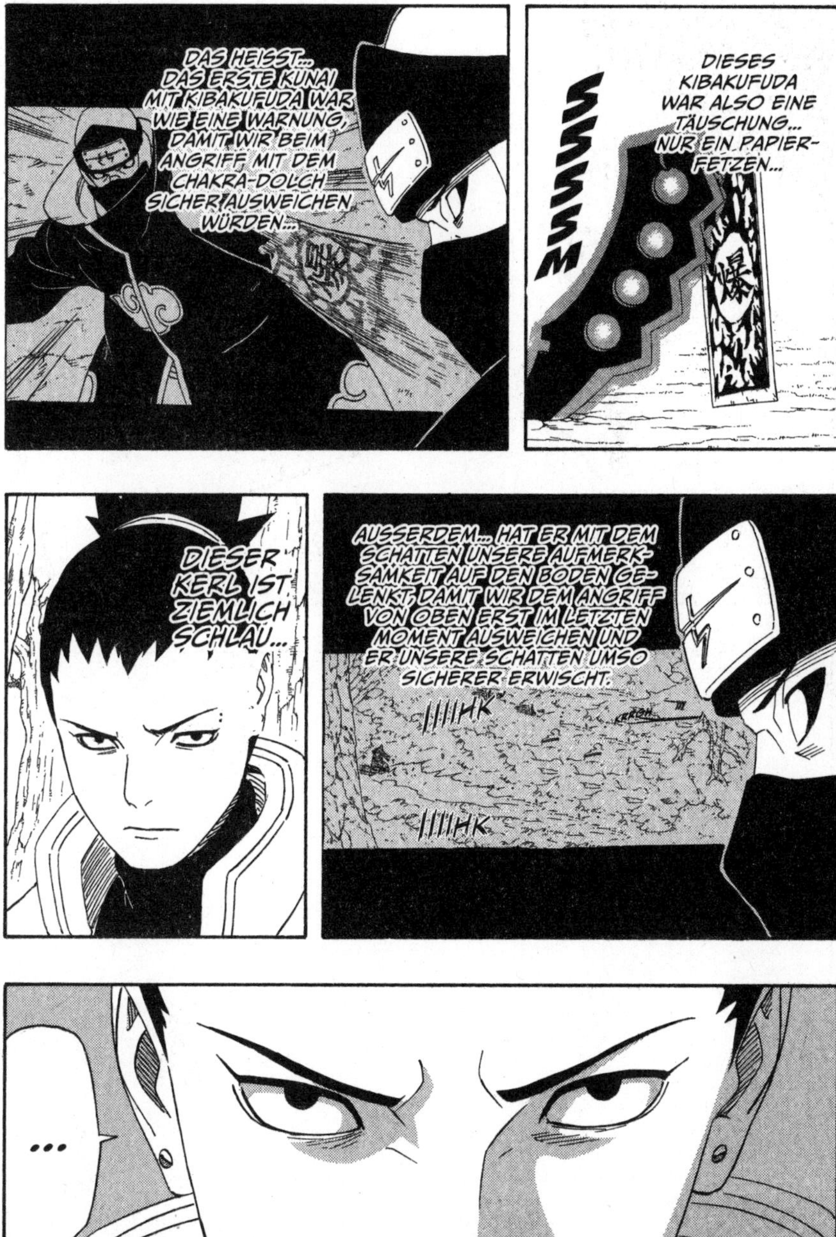
DIESES KIBAKUFUDA WAR ALSO EINE TÄUSCHUNG... NUR EIN PAPIERFETZEN...
DAS HEISST... DAS ERSTE KUNAI MIT KIBAKUFUDA WAR WIE EINE WARNUNG, DAMIT WIR BEIM ANGRIFF MIT DEM CHAKRA-DOLCH SICHER AUSWEICHEN WÜRDEN...
AUSSERDEM... HAT ER MIT DEM SCHATTEN UNSERE AUFMERKSAMKEIT AUF DEN BODEN GELENKT, DAMIT WIR DEM ANGRIFF VON OBEN ERST IM LETZTEN MOMENT AUSWEICHEN UND ER UNSERE SCHATTEN UMSO SICHERER ERWISCHT.
DIESER KERL IST ZIEMLICH SCHLAU...
...

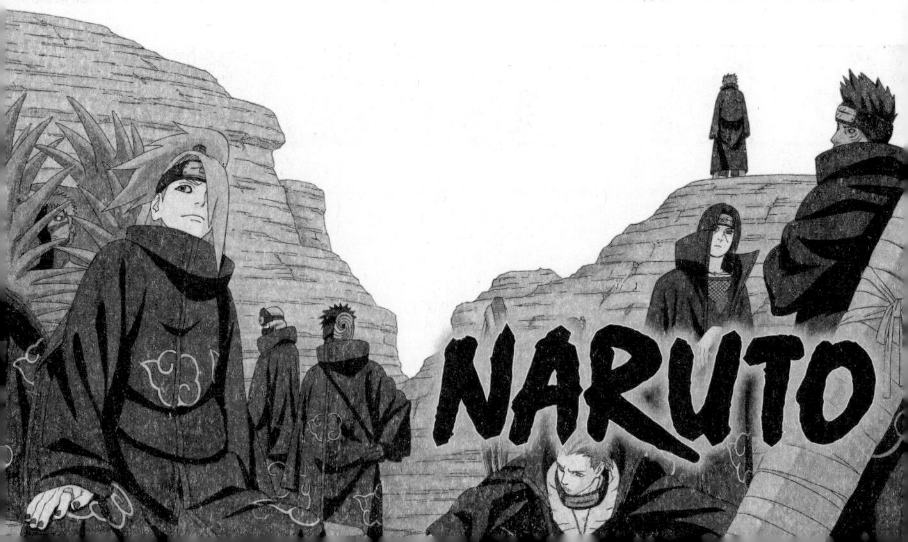
NARUTO

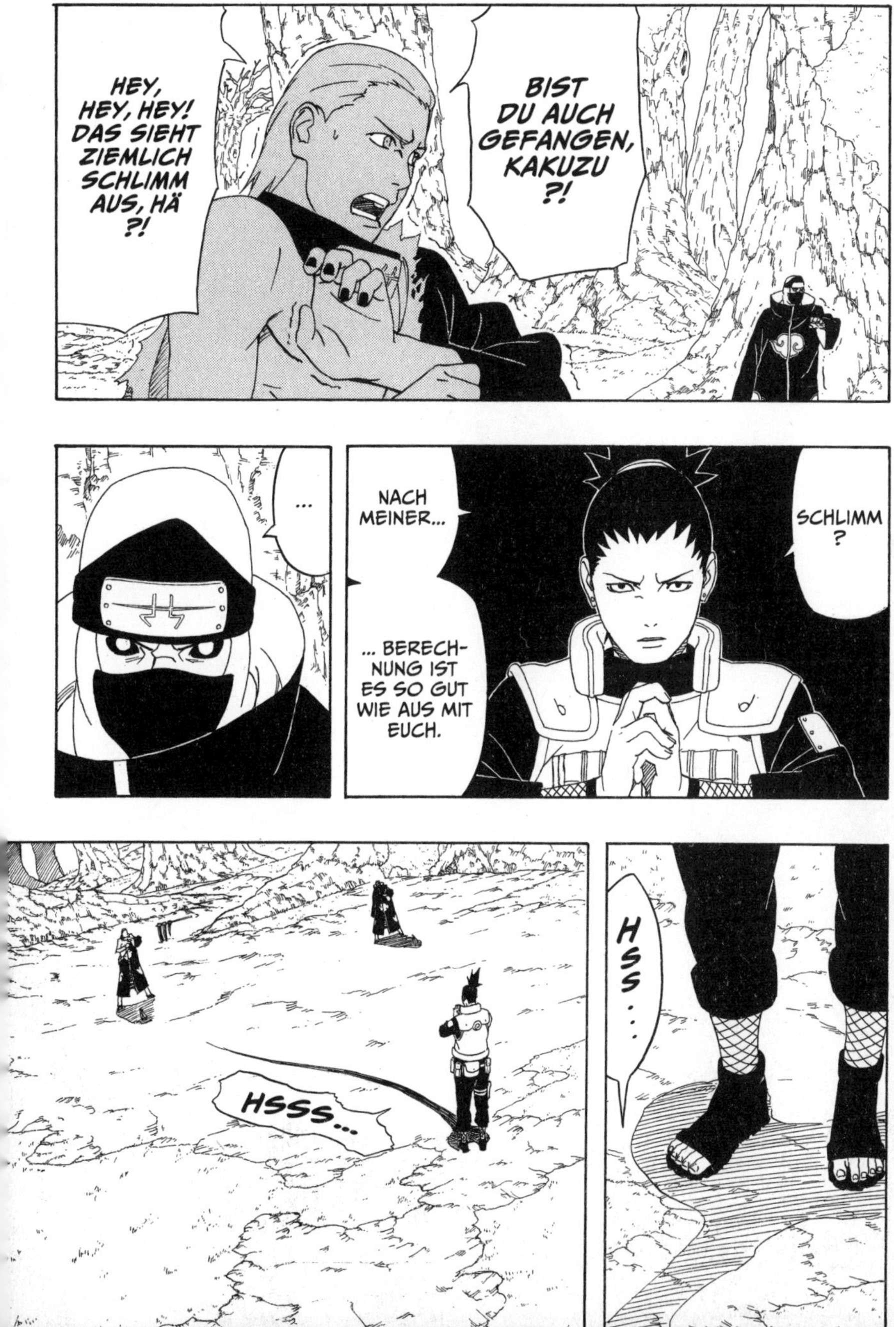
HEY, HEY, HEY! DAS SIEHT ZIEMLICH SCHLIMM AUS, HÄ ?!
BIST DU AUCH GEFANGEN, KAKUZU ?!
...
SCHLIMM ?
NACH MEINER...
... BERECHNUNG IST ES SO GUT WIE AUS MIT EUCH.
HSSS...
HSS...

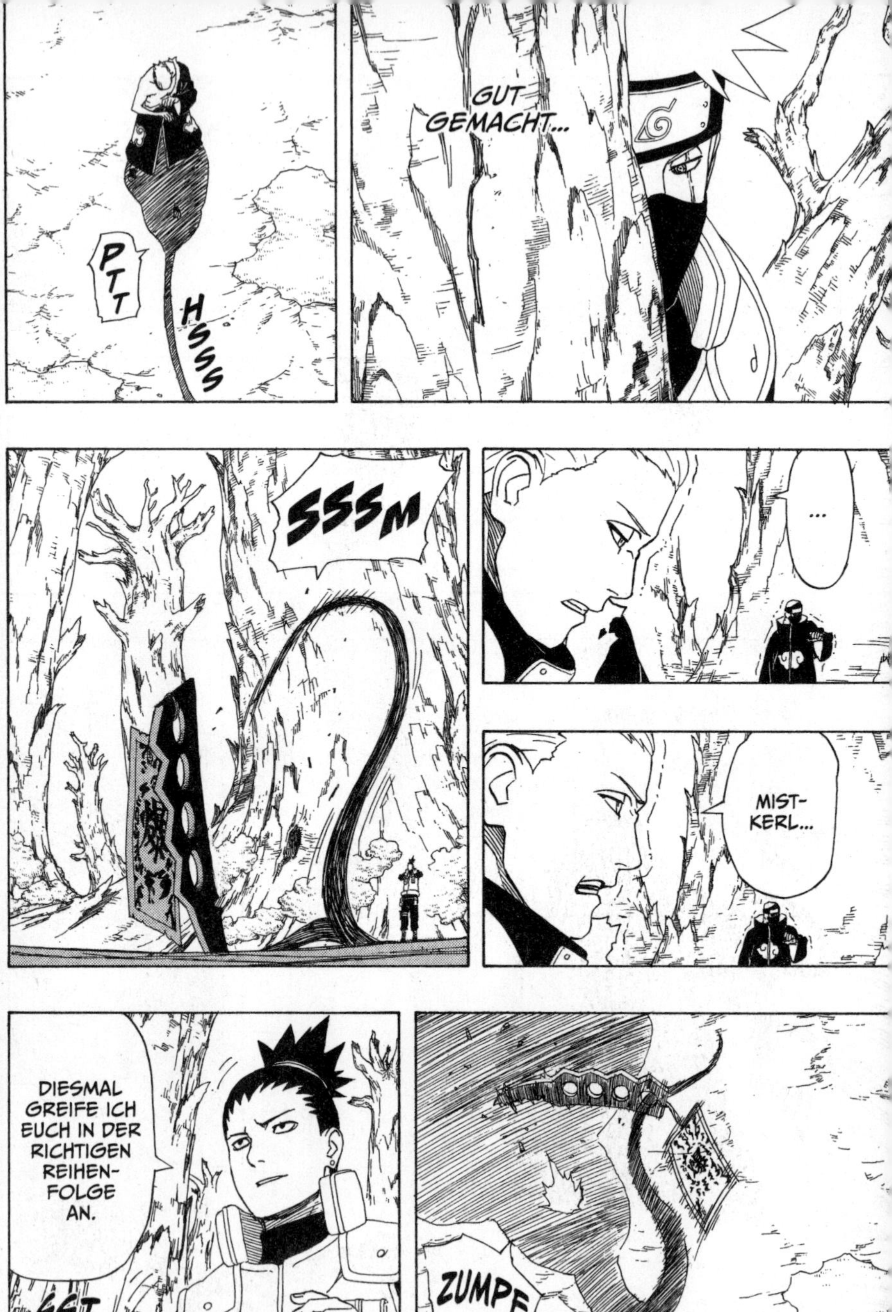
GUT GEMACHT...
PTT
HSSS
...
MIST-KERL...
SSSM
ZUMPF
DIESMAL GREIFE ICH EUCH IN DER RICHTIGEN REIHEN-FOLGE AN.
SST

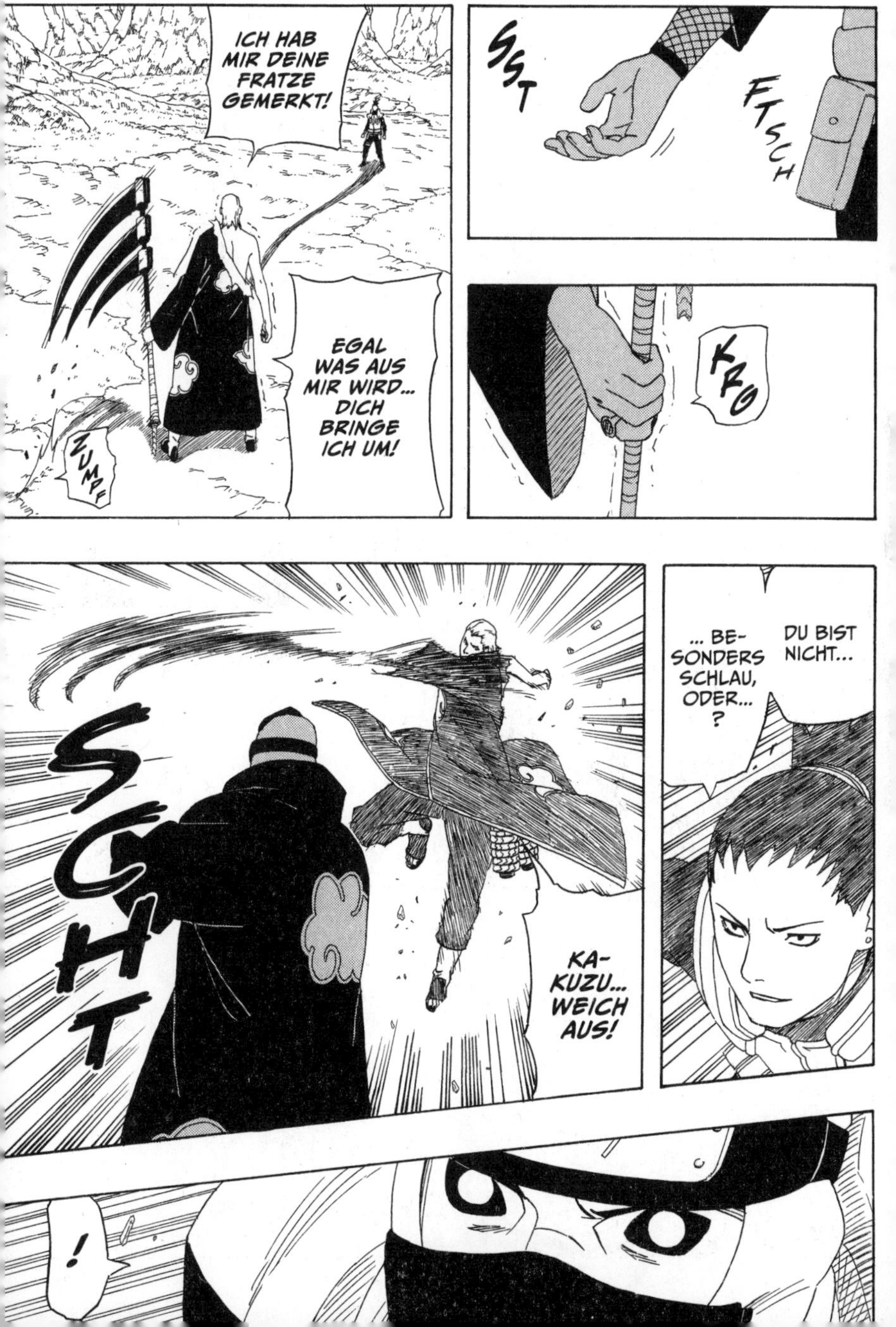
SST
FTSCH
ICH HAB MIR DEINE FRATZE GEMERKT!
EGAL WAS AUS MIR WIRD... DICH BRINGE ICH UM!
ZUMPF
KRG
DU BIST NICHT...
... BE-SONDERS SCHLAU, ODER... ?
KA-KUZU... WEICH AUS!
SCHT
!

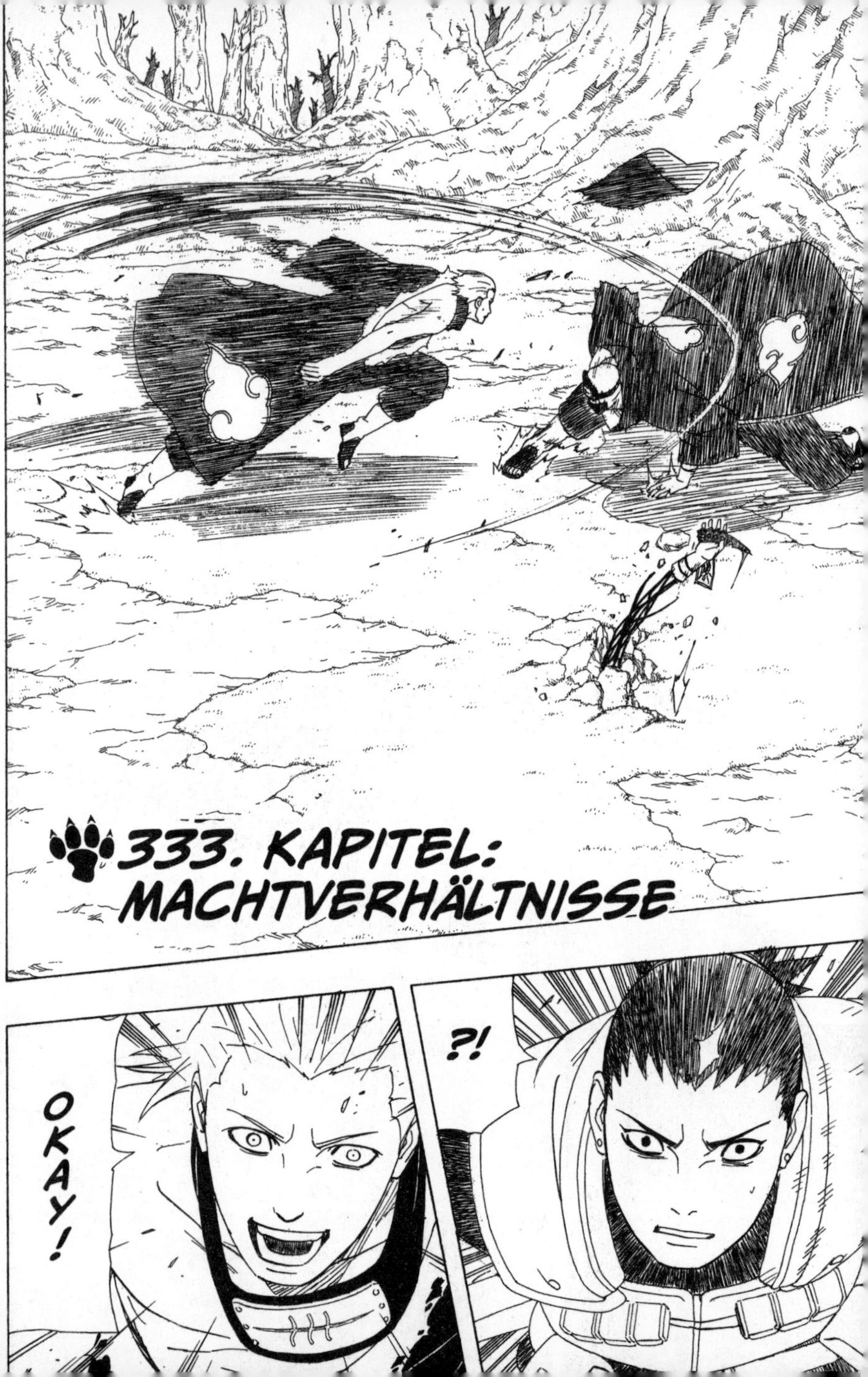
333. KAPITEL:
MACHTVERHÄLTNISSE
?!
OKAY!

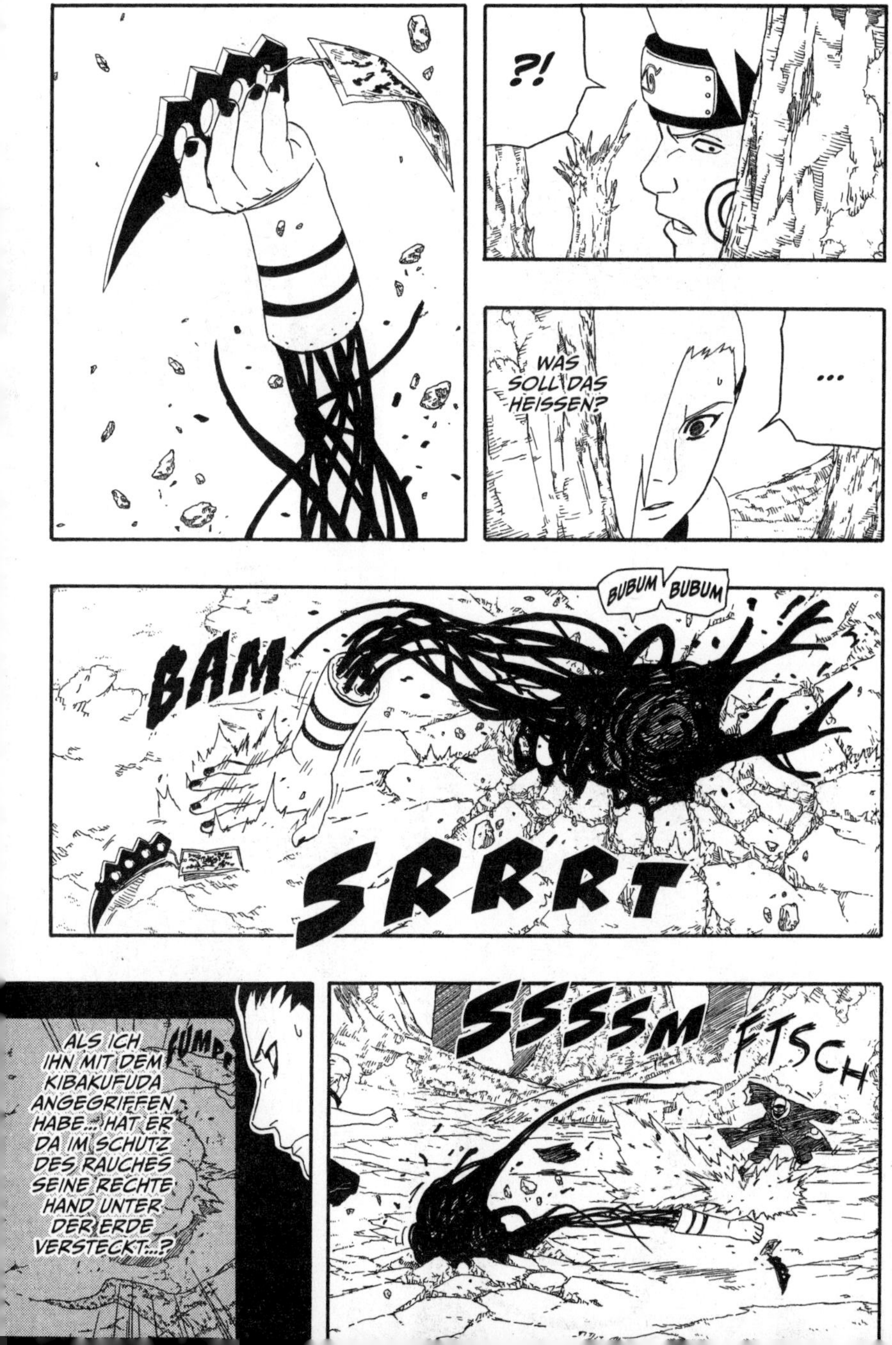

?!
...
WAS SOLL DAS HEISSEN?
BUBUM BUBUM
BAM
SRRRT
SSSSM
FTSCH
ALS ICH IHN MIT DEM KIBAKUFUDA ANGEGRIFFEN HABE... HAT ER DA IM SCHUTZ DES RAUCHES SEINE RECHTE HAND UNTER DER ERDE VERSTECKT...?

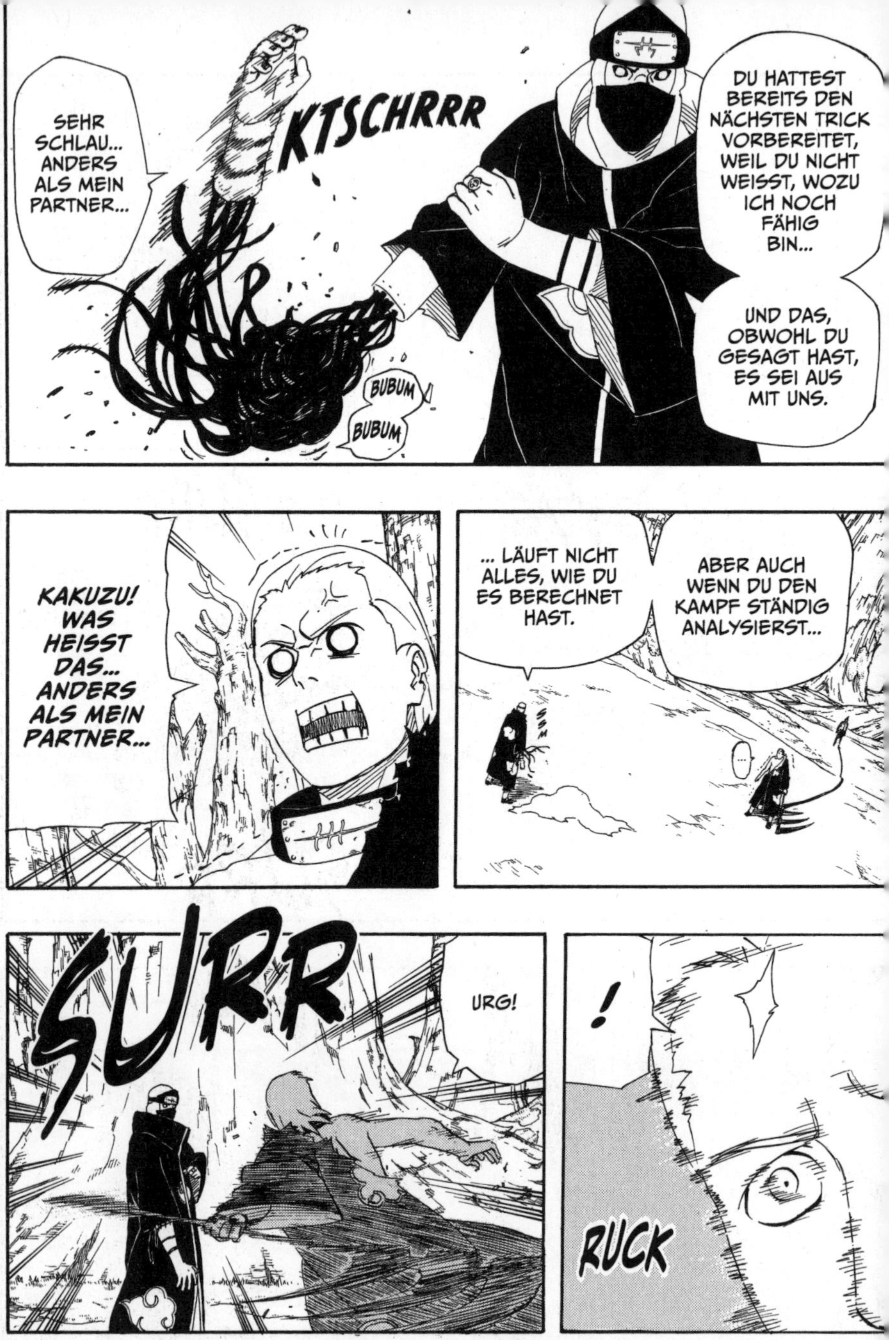
DU HATTEST BEREITS DEN NÄCHSTEN TRICK VORBEREITET, WEIL DU NICHT WEISST, WOZU ICH NOCH FÄHIG BIN...
UND DAS, OBWOHL DU GESAGT HAST, ES SEI AUS MIT UNS.
KTSCHRRR
SEHR SCHLAU... ANDERS ALS MEIN PARTNER...
BUBUM
BUBUM
ABER AUCH WENN DU DEN KAMPF STÄNDIG ANALYSIERST...
... LÄUFT NICHT ALLES, WIE DU ES BERECHNET HAST.
...
KAKUZU! WAS HEISST DAS... ANDERS ALS MEIN PARTNER...
!
RUCK
URG!
SURR

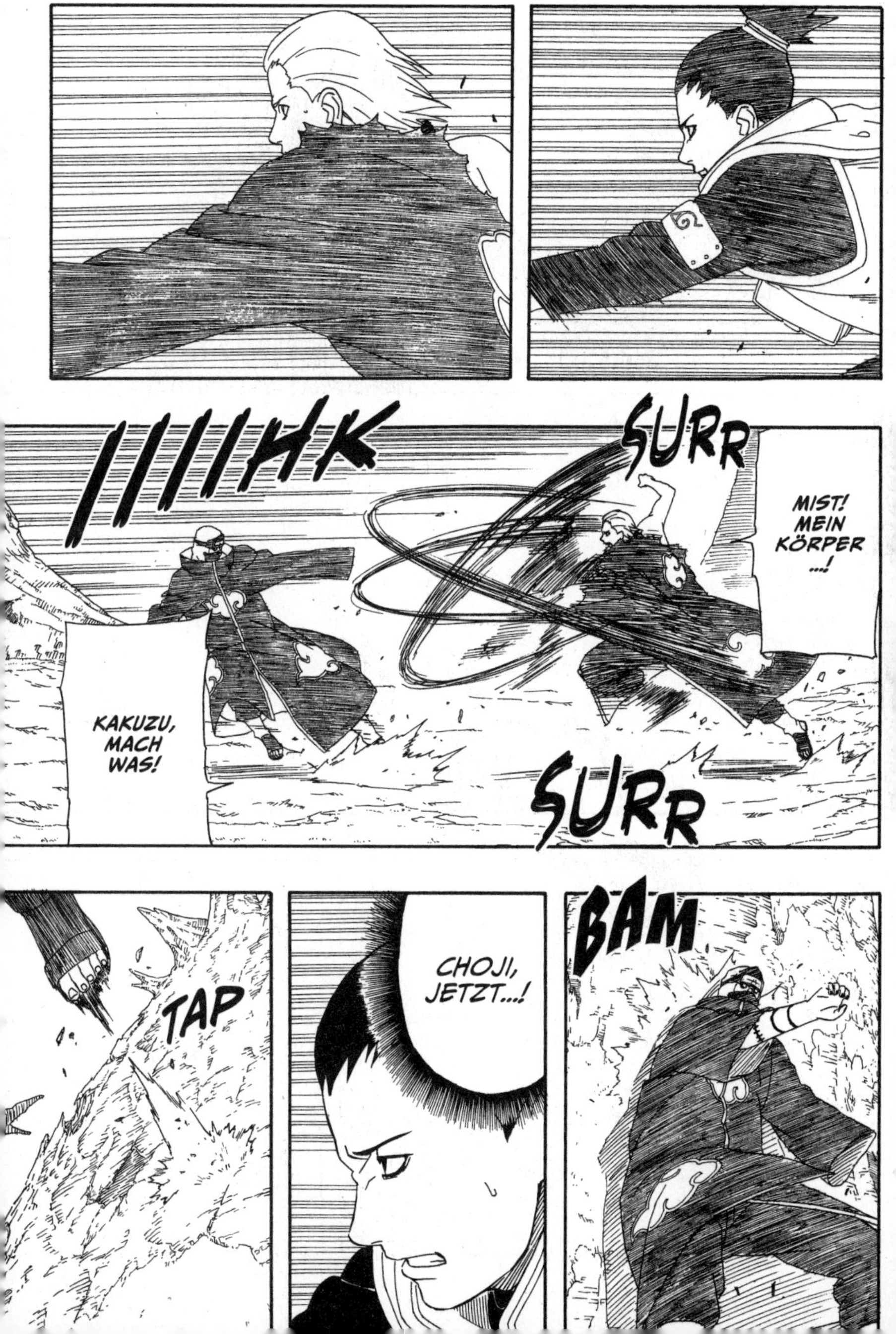
SURR
MIST! MEIN KÖRPER ...!
IIIIIHK
KAKUZU, MACH WAS!
SURR
BAM
CHOJI, JETZT...!
TAP

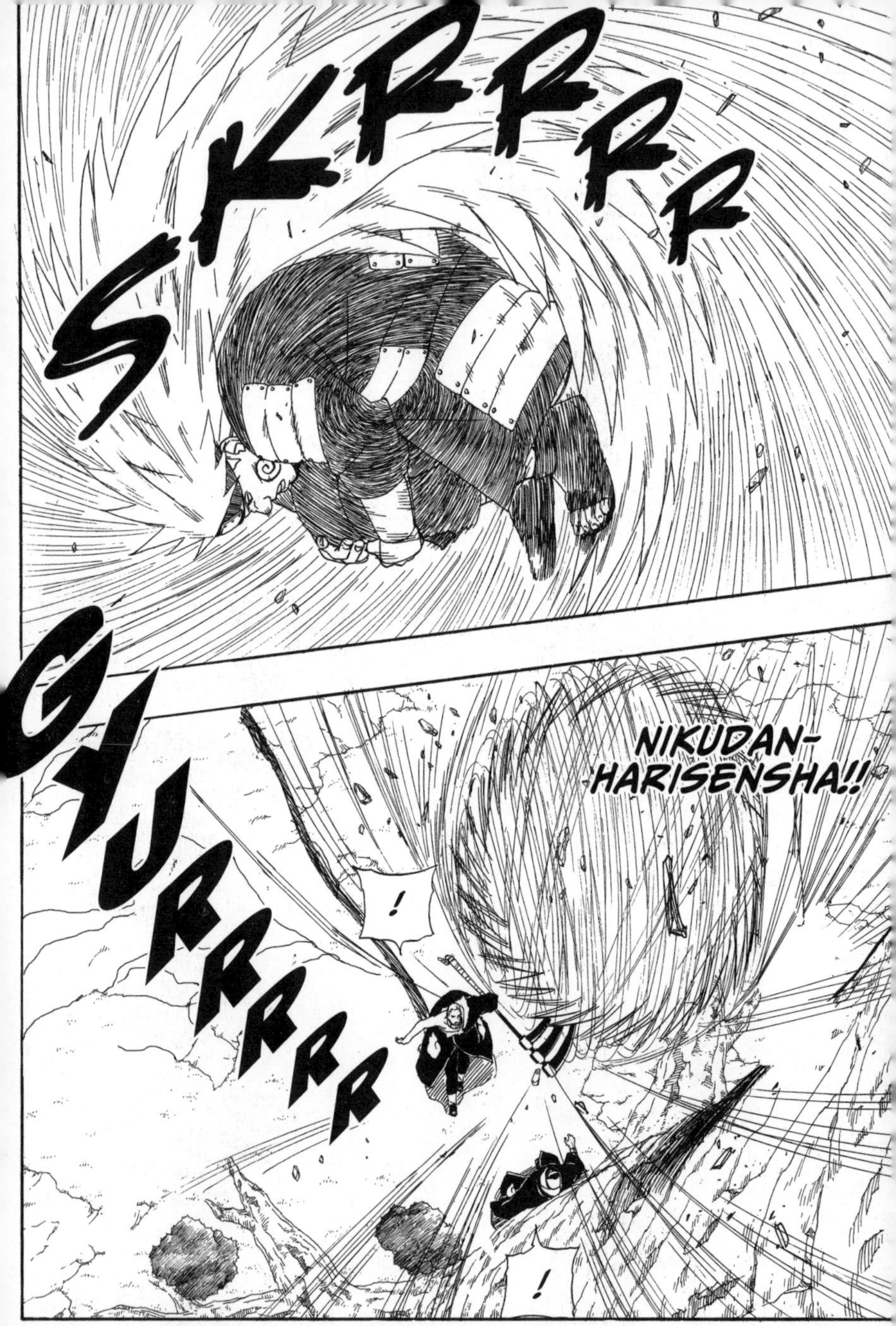
SKRRRRR
NIKUDAN-
HARISENSHA!!
!
GHURRRRRR
!

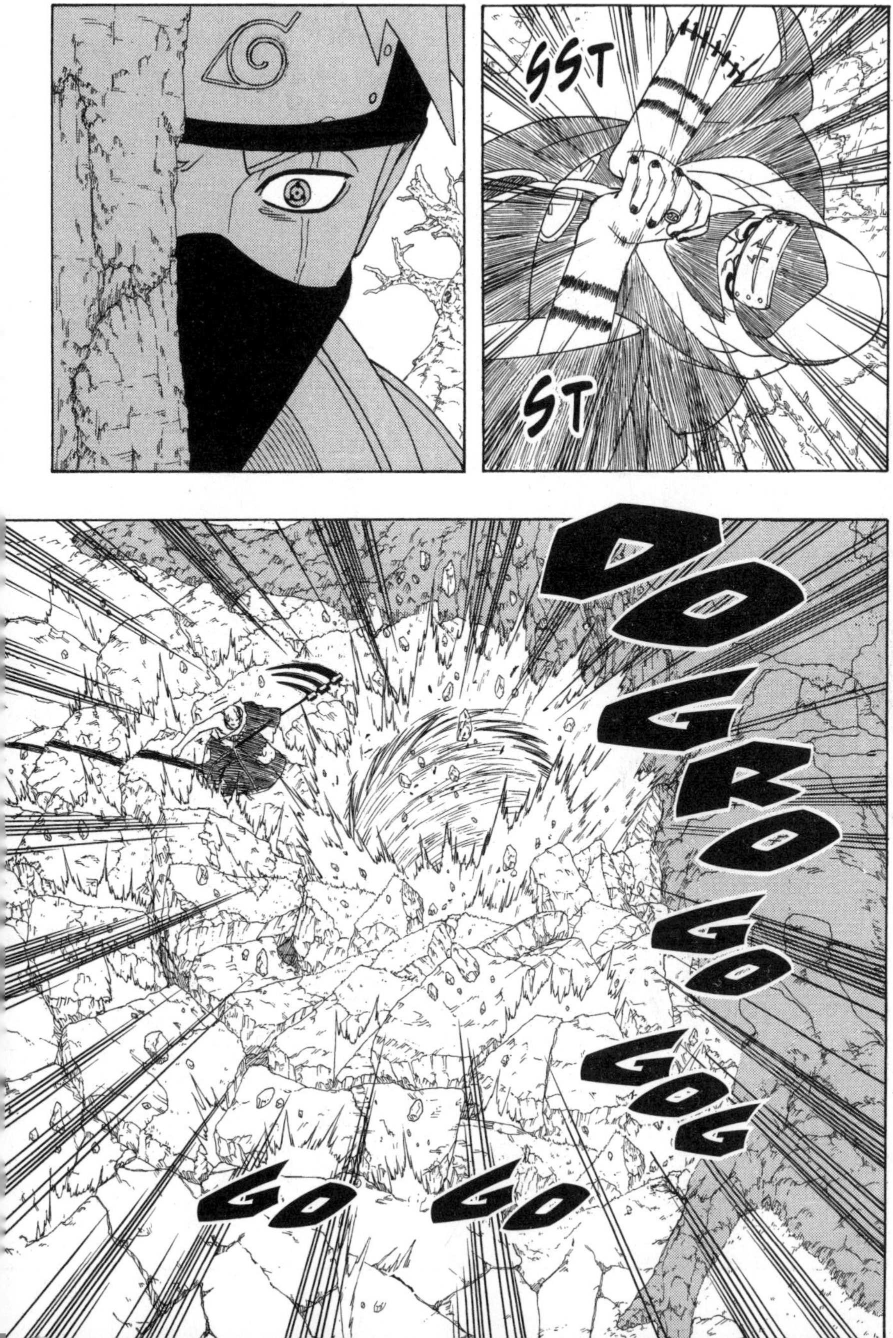
SST
ST
DOGROGO
GOG
GO GO GO

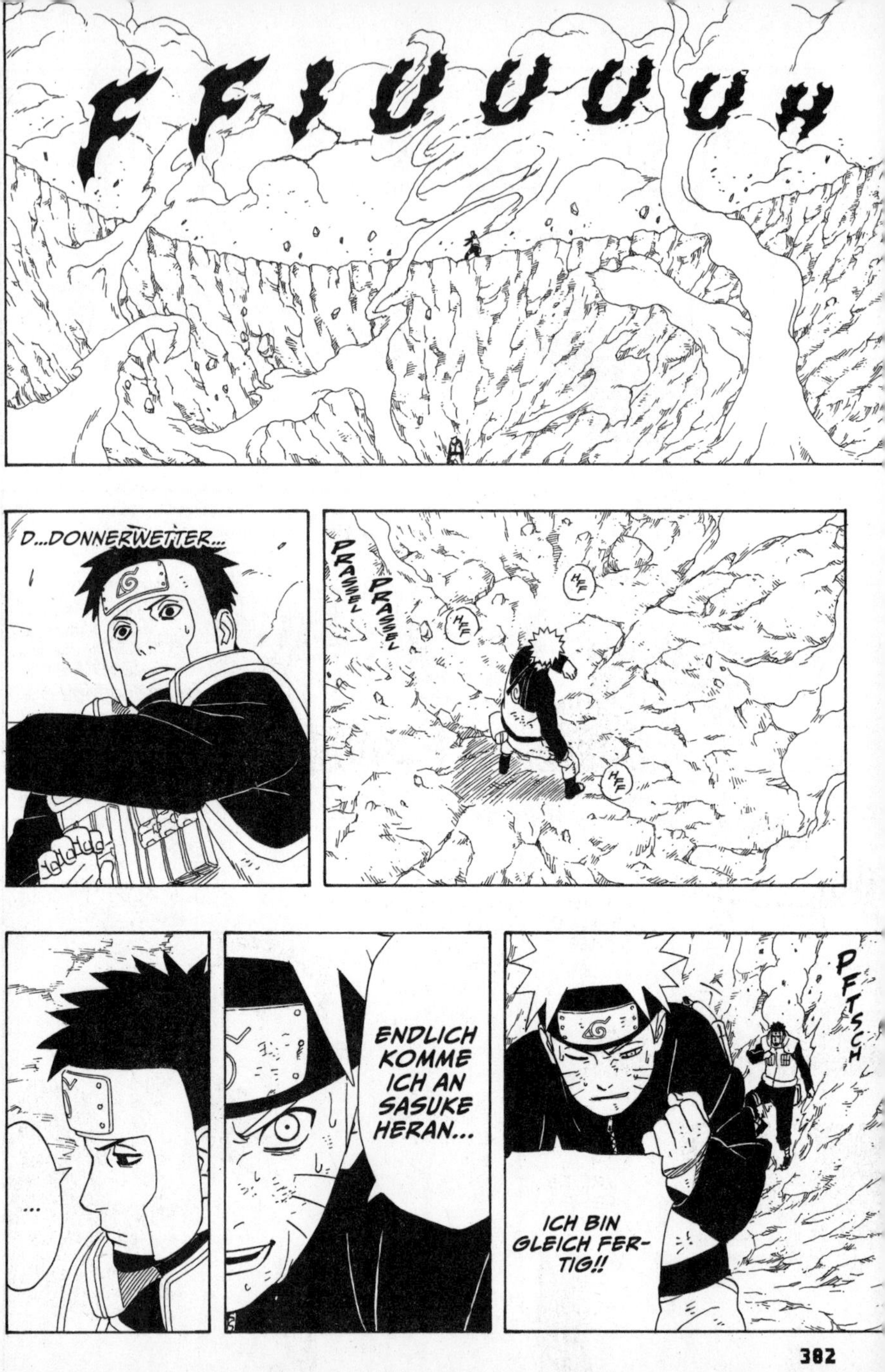
FFIUUUUUH
PRASSEL PRASSEL
HEF
HEF
HEF
D...DONNERWETTER...
PFTSCH
ICH BIN GLEICH FER-TIG!!
ENDLICH KOMME ICH AN SASUKE HERAN...
...

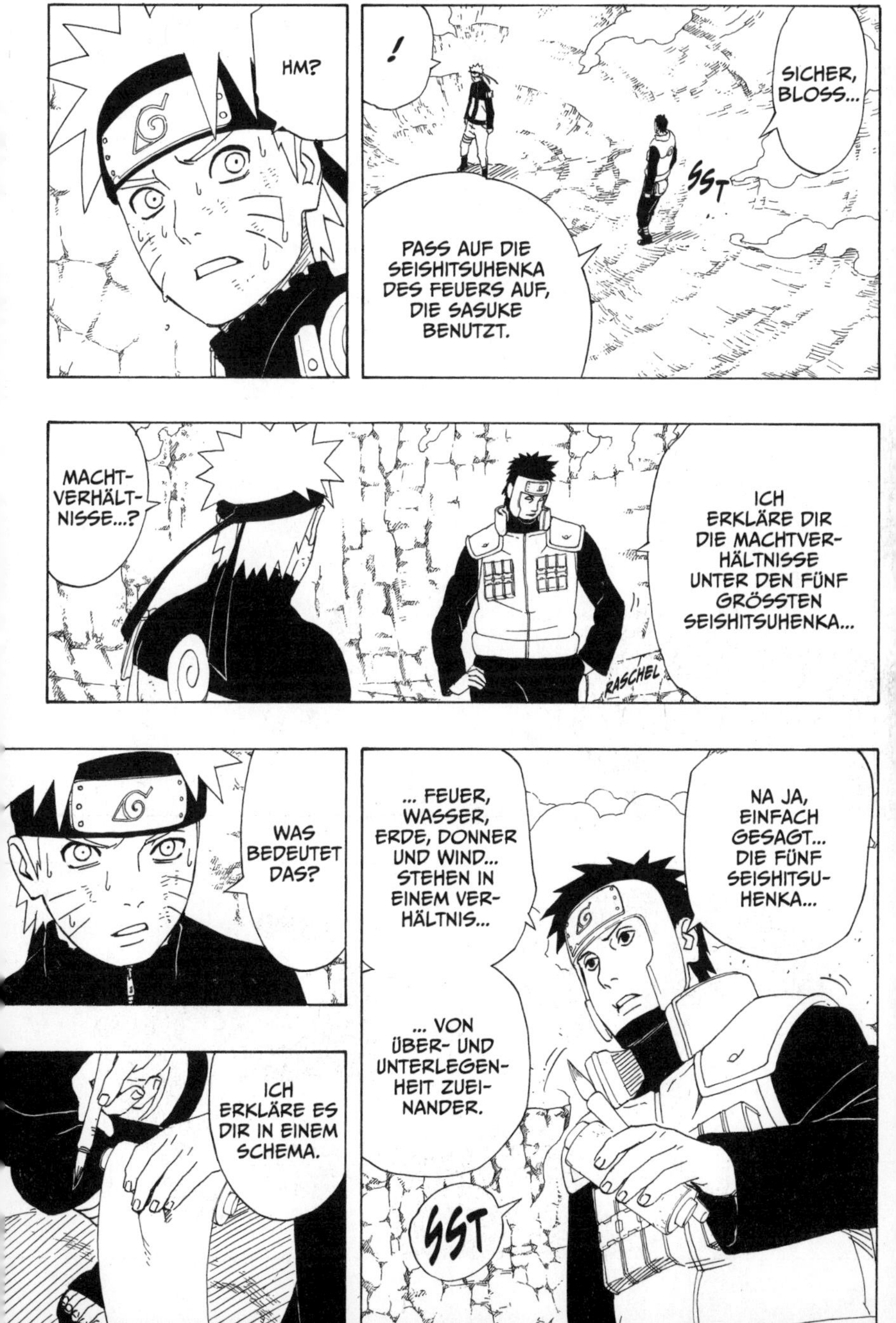
SICHER, BLOSS...
PASS AUF DIE SEISHITSUHENKA DES FEUERS AUF, DIE SASUKE BENUTZT.
SST
!
HM?
ICH ERKLÄRE DIR DIE MACHTVERHÄLTNISSE UNTER DEN FÜNF GRÖSSTEN SEISHITSUHENKA...
RASCHEL
MACHT-VERHÄLTNISSE...?
NA JA, EINFACH GESAGT... DIE FÜNF SEISHITSUHENKA...
... FEUER, WASSER, ERDE, DONNER UND WIND... STEHEN IN EINEM VERHÄLTNIS...
... VON ÜBER- UND UNTERLEGENHEIT ZUEINANDER.
SST
WAS BEDEUTET DAS?
ICH ERKLÄRE ES DIR IN EINEM SCHEMA.

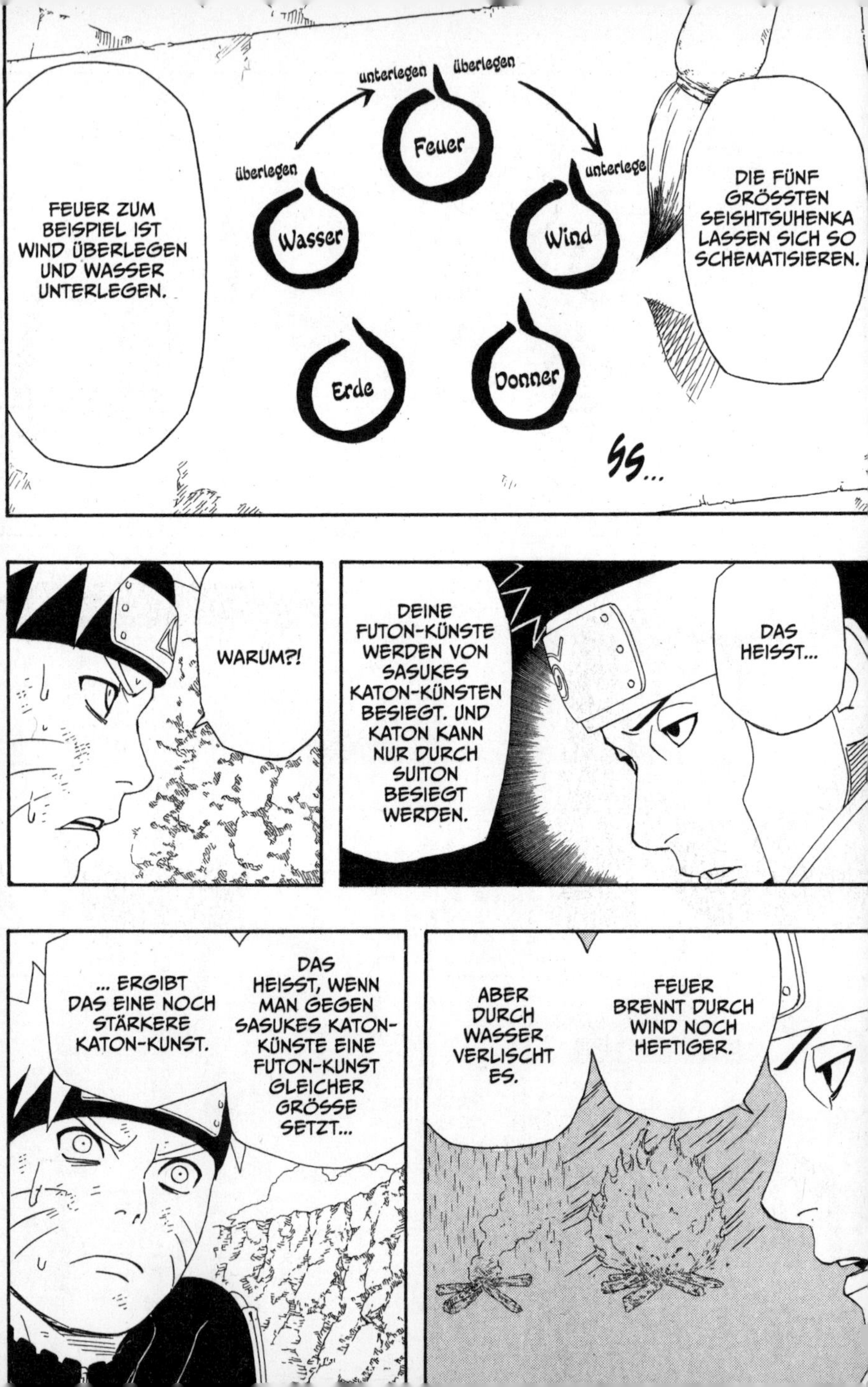
DIE FÜNF GRÖSSTEN SEISHITSUHENKA LASSEN SICH SO SCHEMATISIEREN.
unterlegen
überlegen
Feuer
unterlege
überlegen
Wasser
Wind
Erde
Donner
FEUER ZUM BEISPIEL IST WIND ÜBERLEGEN UND WASSER UNTERLEGEN.
SS...
DAS HEISST...
DEINE FUTON-KÜNSTE WERDEN VON SASUKES KATON-KÜNSTEN BESIEGT. UND KATON KANN NUR DURCH SUITON BESIEGT WERDEN.
WARUM?!
FEUER BRENNT DURCH WIND NOCH HEFTIGER.
ABER DURCH WASSER VERLISCHT ES.
DAS HEISST, WENN MAN GEGEN SASUKES KATON-KÜNSTE EINE FUTON-KUNST GLEICHER GRÖSSE SETZT...
... ERGIBT DAS EINE NOCH STÄRKERE KATON-KUNST.

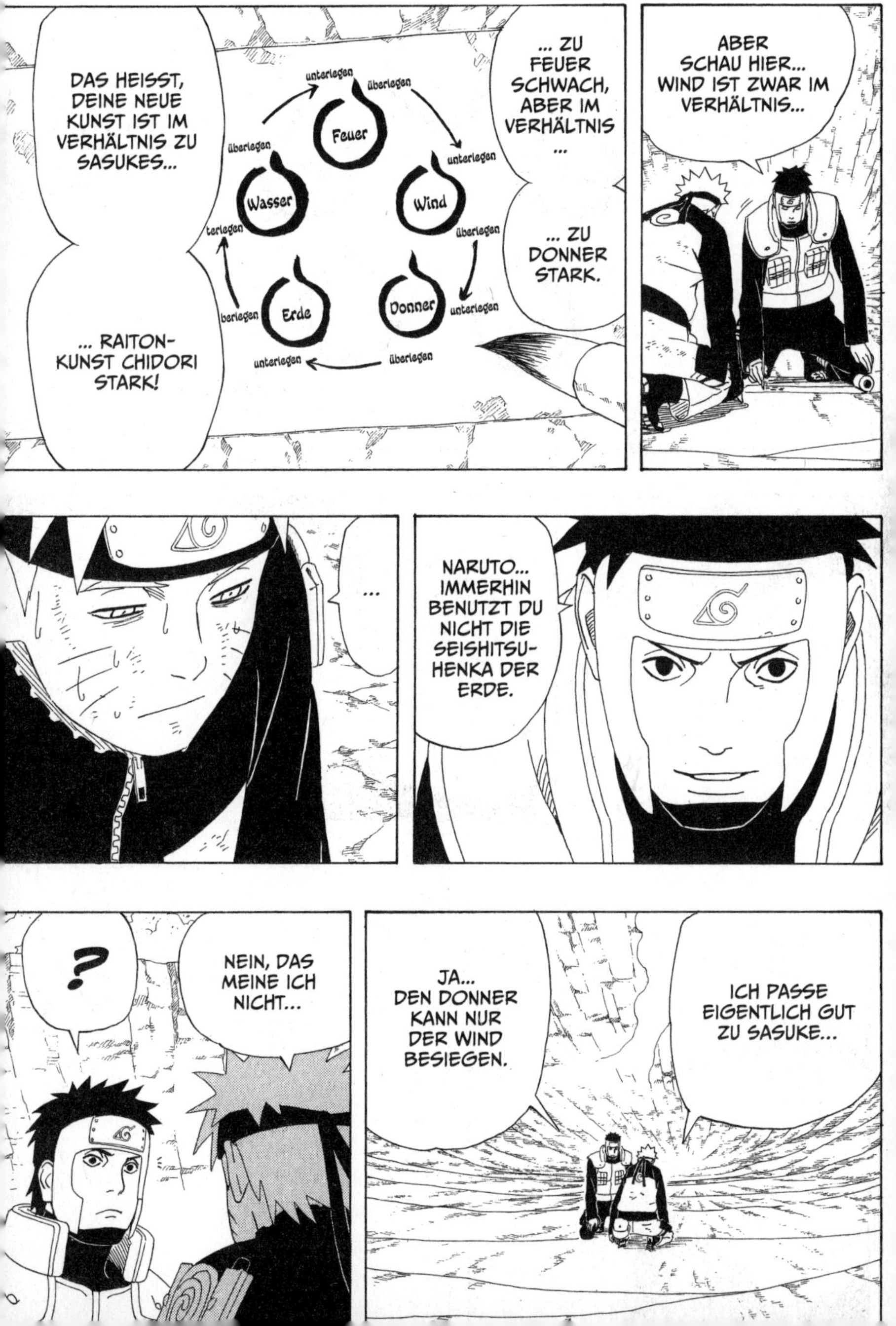

ABER SCHAU HIER... WIND IST ZWAR IM VERHÄLTNIS...
... ZU FEUER SCHWACH, ABER IM VERHÄLTNIS ...
... ZU DONNER STARK.
Feuer
Wind
Donner
Erde
Wasser
unterlegen
überlegen
unterlegen
überlegen
unterlegen
überlegen
unterlegen
berlegen
terlegen
überlegen
DAS HEISST, DEINE NEUE KUNST IST IM VERHÄLTNIS ZU SASUKES...
... RAITON-KUNST CHIDORI STARK!
NARUTO... IMMERHIN BENUTZT DU NICHT DIE SEISHITSU-HENKA DER ERDE.
...
ICH PASSE EIGENTLICH GUT ZU SASUKE...
JA... DEN DONNER KANN NUR DER WIND BESIEGEN.
NEIN, DAS MEINE ICH NICHT...
?

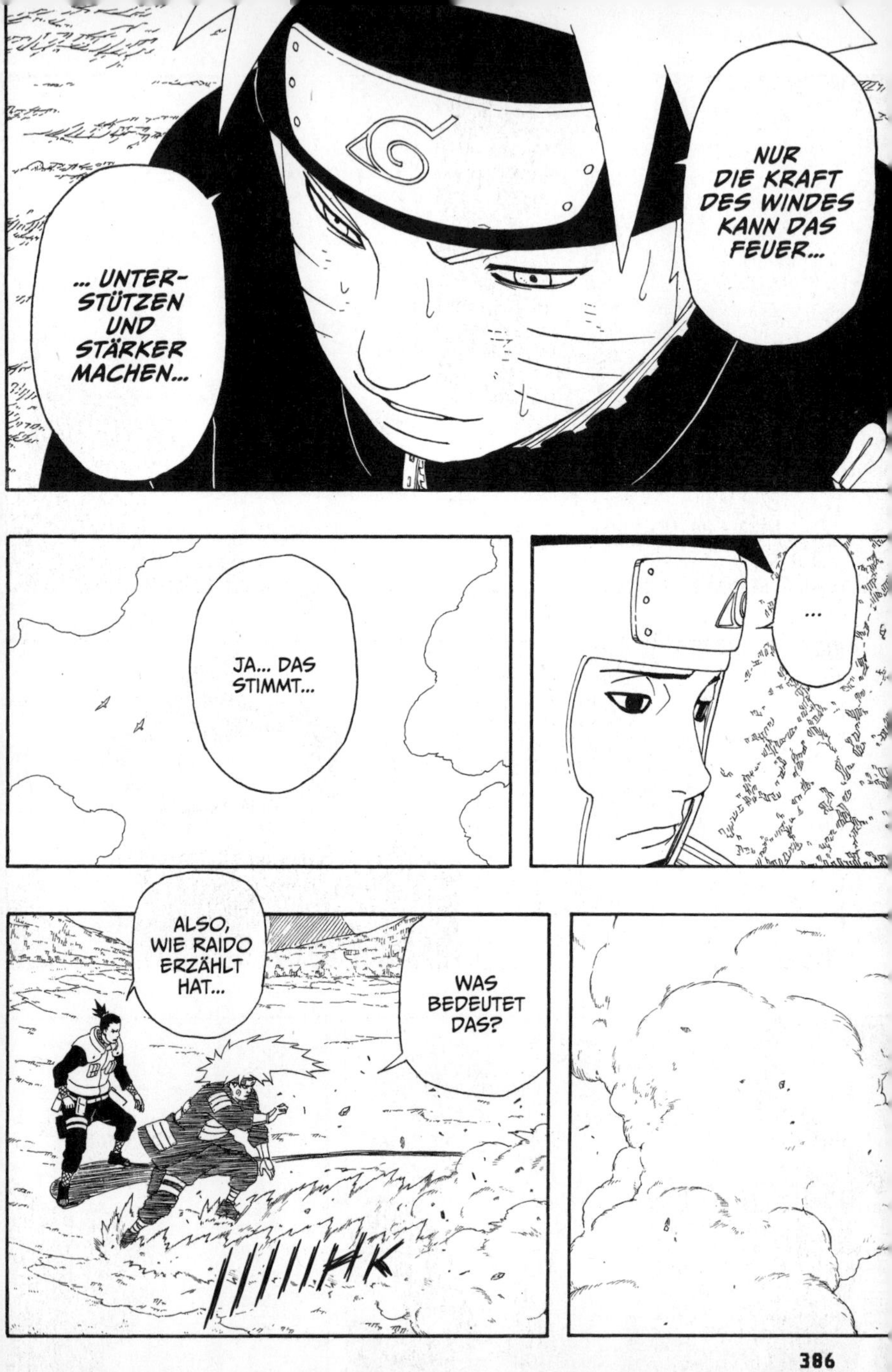
NUR DIE KRAFT DES WINDES KANN DAS FEUER...
... UNTER-STÜTZEN UND STÄRKER MACHEN...
...
JA... DAS STIMMT...
WAS BEDEUTET DAS?
ALSO, WIE RAIDO ERZÄHLT HAT...

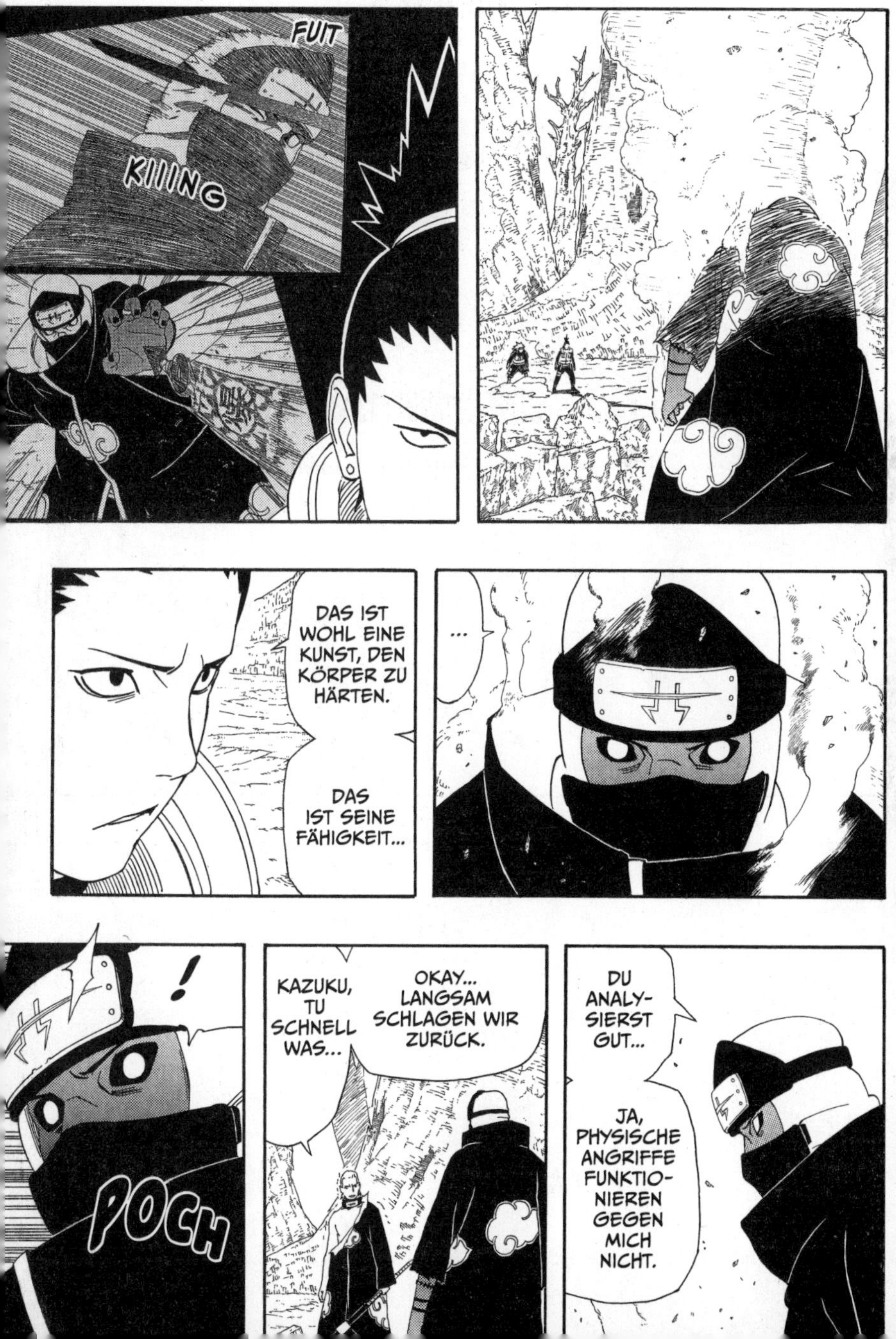
FUIT
KIIING
...
DAS IST WOHL EINE KUNST, DEN KÖRPER ZU HÄRTEN.
DAS IST SEINE FÄHIGKEIT...
DU ANALYSIERST GUT...
JA, PHYSISCHE ANGRIFFE FUNKTIONIEREN GEGEN MICH NICHT.
OKAY... LANGSAM SCHLAGEN WIR ZURÜCK.
KAZUKU, TU SCHNELL WAS...
!
POCH

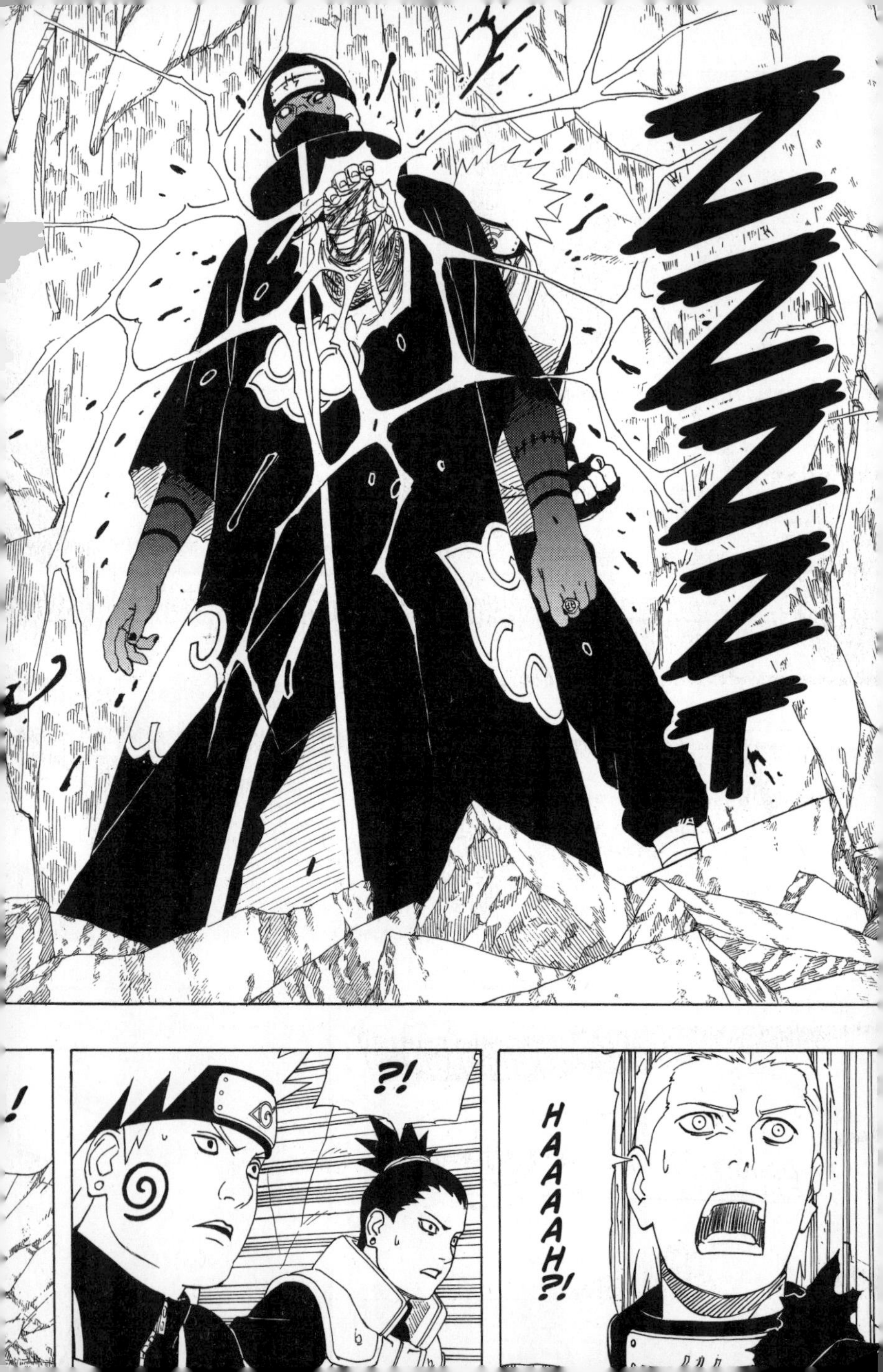
ZZZZZT
?!
!
HAAAAAH?!

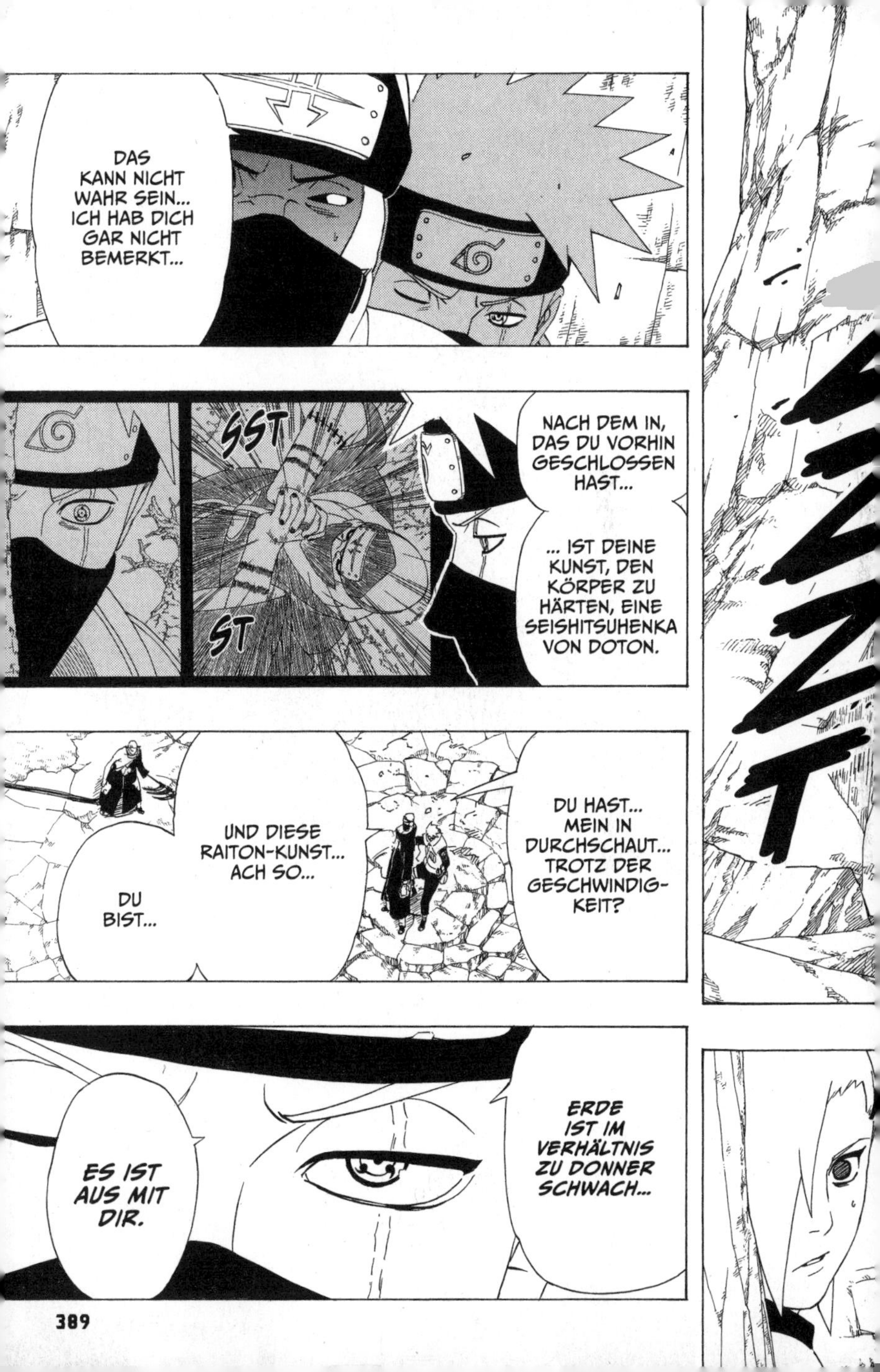
DAS KANN NICHT WAHR SEIN... ICH HAB DICH GAR NICHT BEMERKT...
NACH DEM IN, DAS DU VORHIN GESCHLOSSEN HAST...
... IST DEINE KUNST, DEN KÖRPER ZU HÄRTEN, EINE SEISHITSUHENKA VON DOTON.
SST
ST
DU HAST... MEIN IN DURCHSCHAUT... TROTZ DER GESCHWINDIG-KEIT?
UND DIESE RAITON-KUNST... ACH SO...
DU BIST...
ERDE IST IM VERHÄLTNIS ZU DONNER SCHWACH...
ES IST AUS MIT DIR.

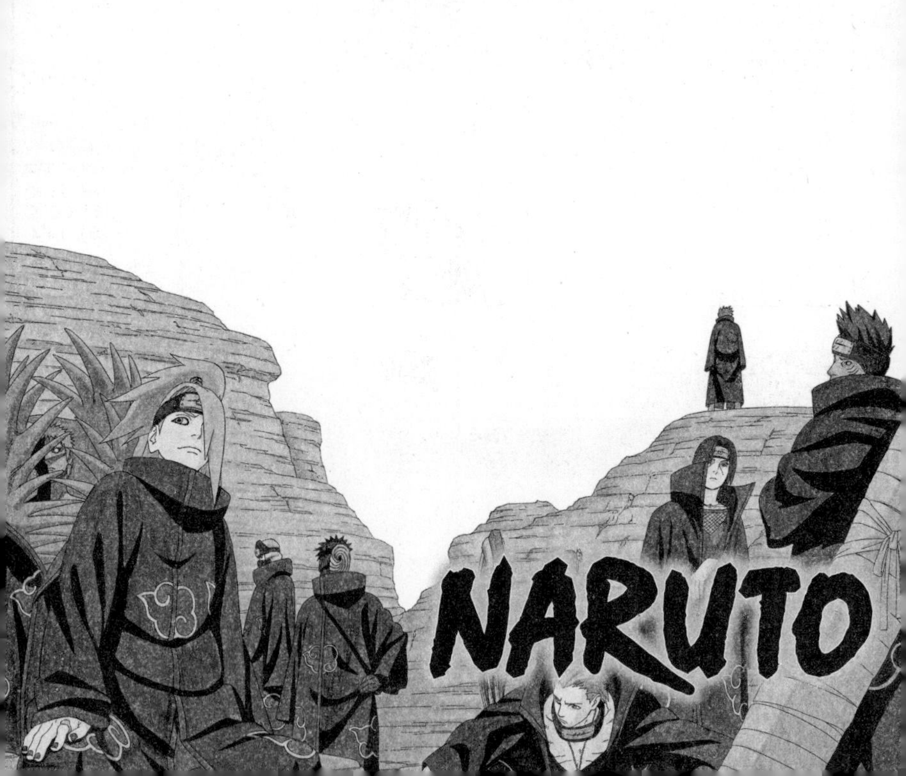
NARUTO

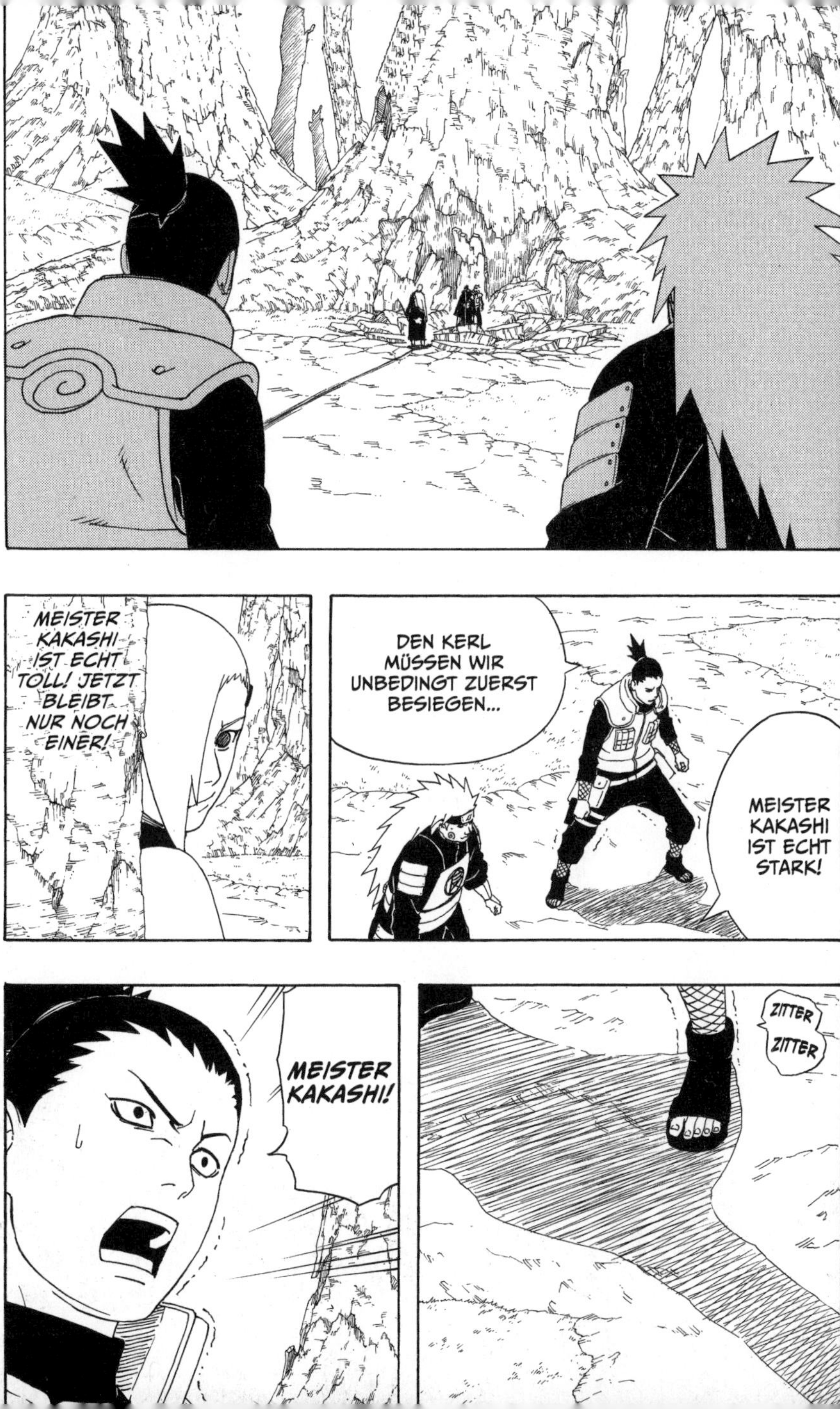

DEN KERL MÜSSEN WIR UNBEDINGT ZUERST BESIEGEN...
MEISTER KAKASHI IST ECHT STARK!
MEISTER KAKASHI IST ECHT TOLL! JETZT BLEIBT NUR NOCH EINER!
ZITTER ZITTER
MEISTER KAKASHI!

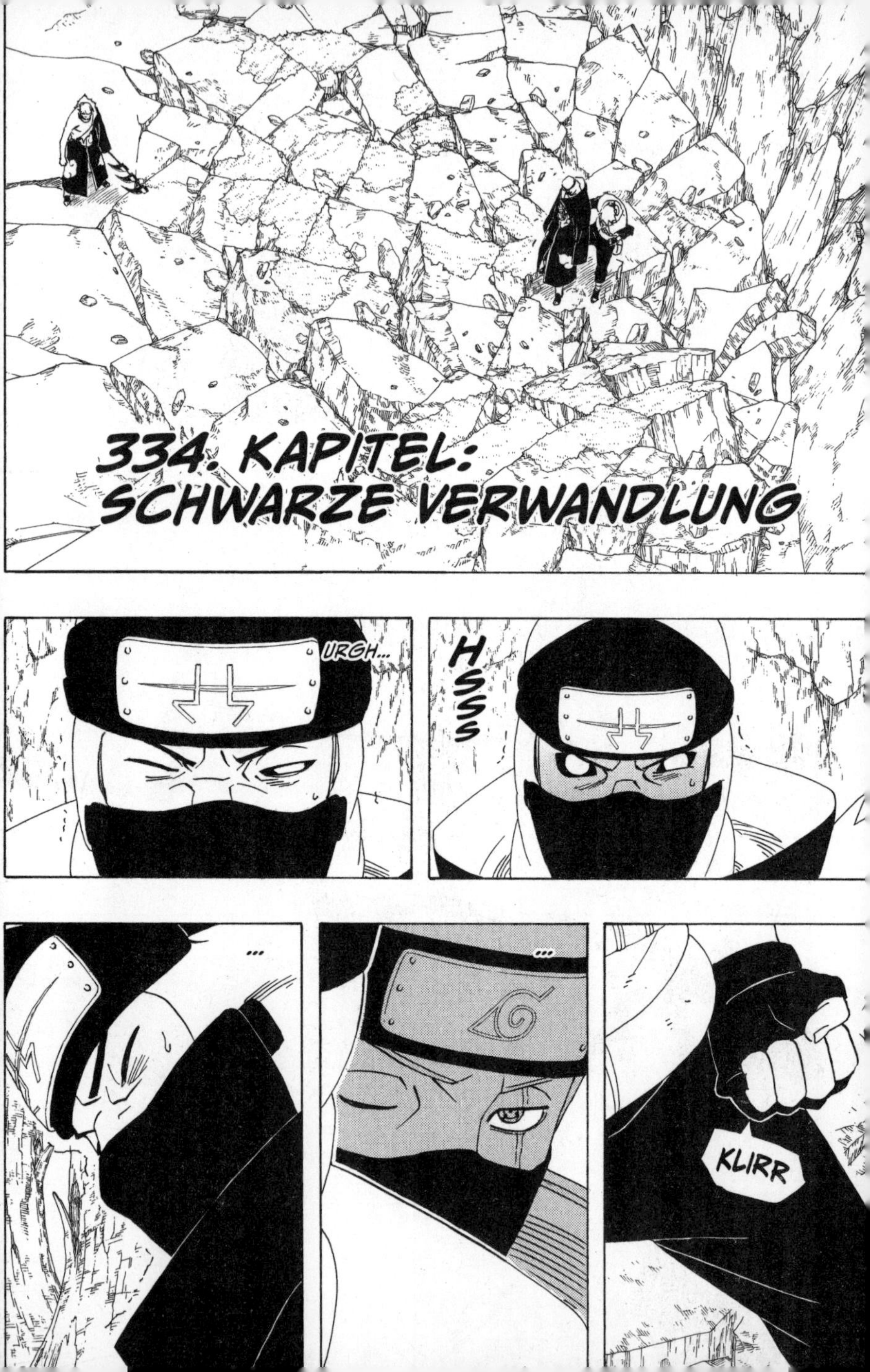

334. Kapitel:
Schwarze Verwandlung
URGH...
HSSS
...
...
KLIRR

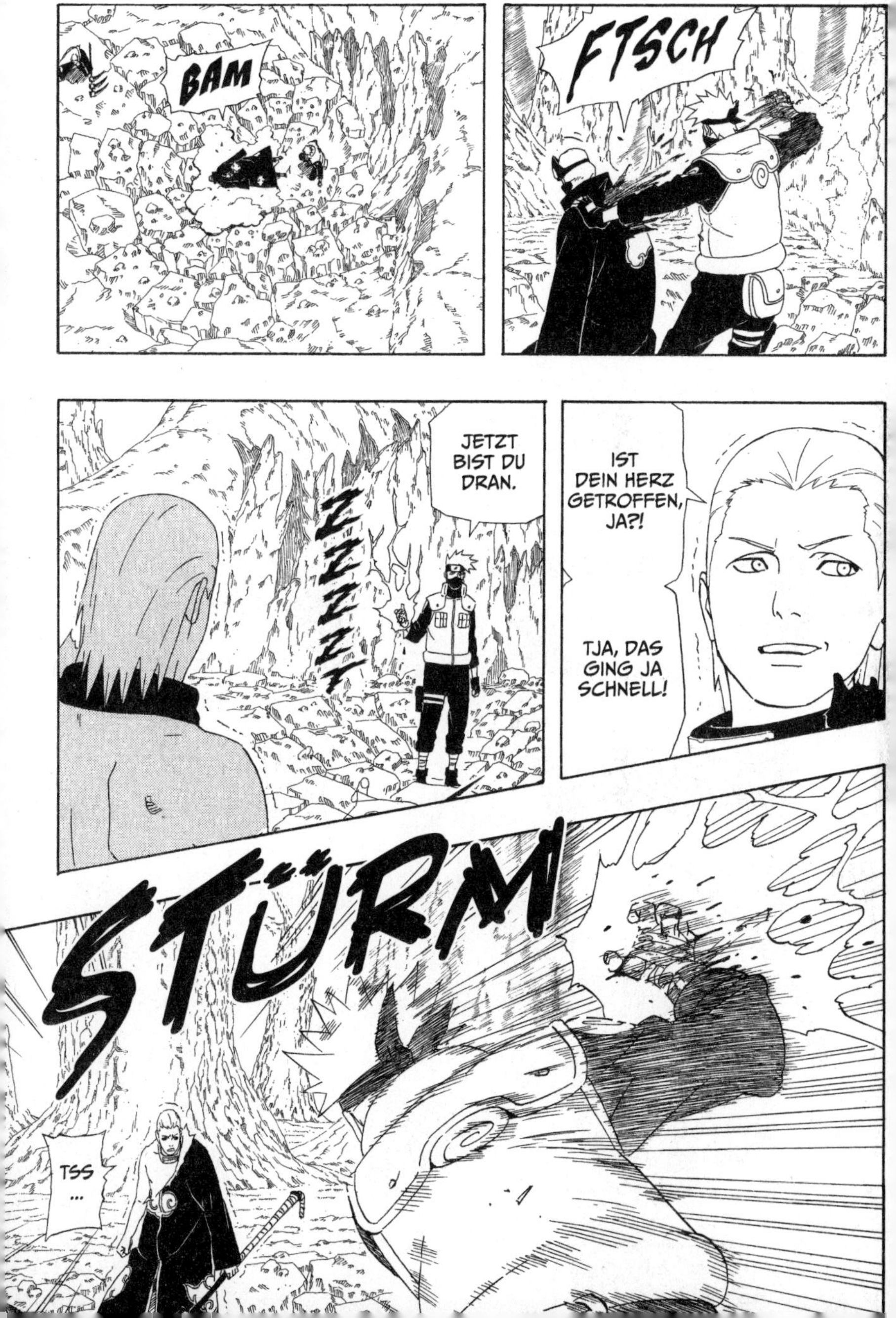
FTSCH
BAM
IST DEIN HERZ GETROFFEN, JA?!
TJA, DAS GING JA SCHNELL!
JETZT BIST DU DRAN.
ZZZZZZT
STÜRM
TSS …

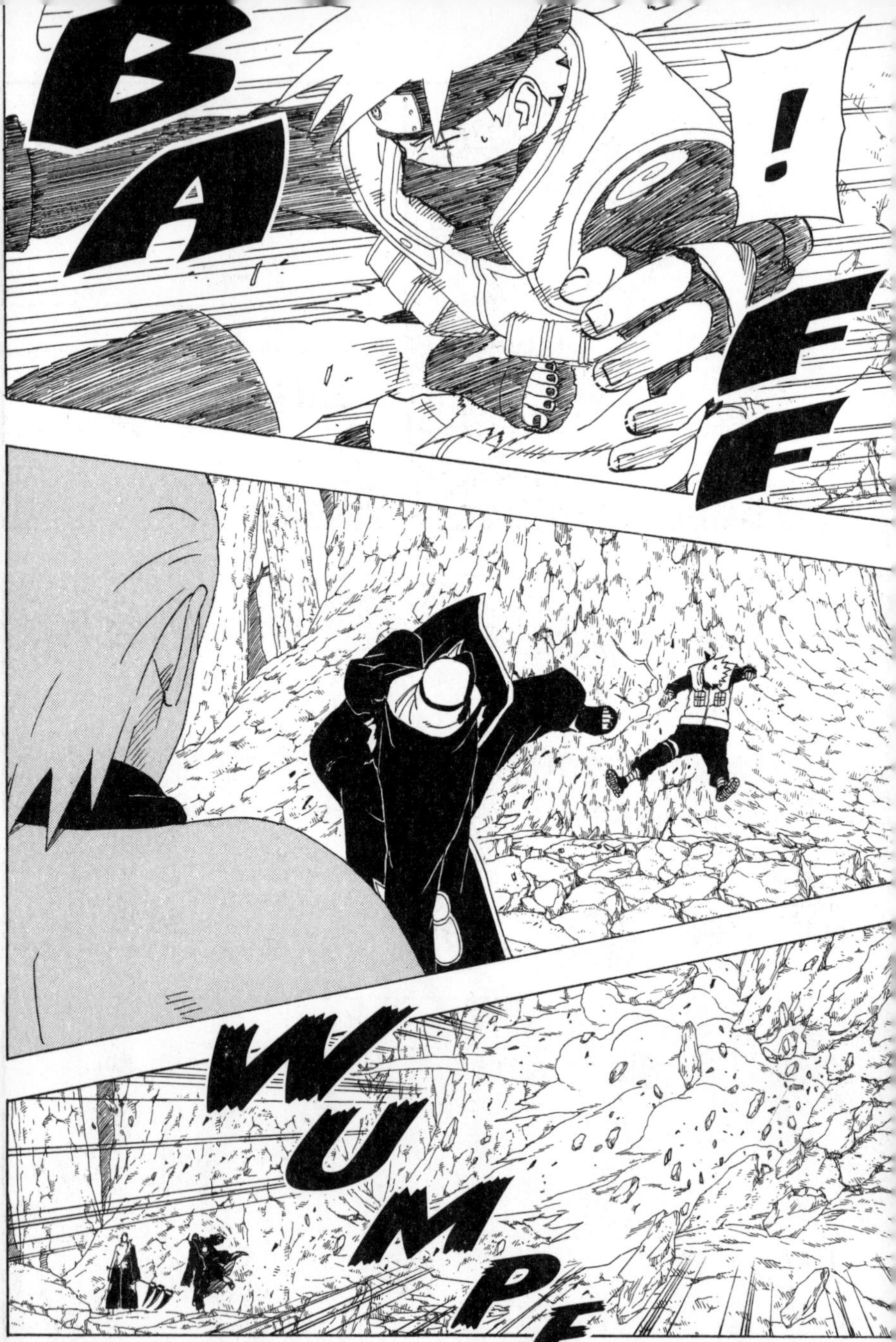

BAFFF
!
WUMPF

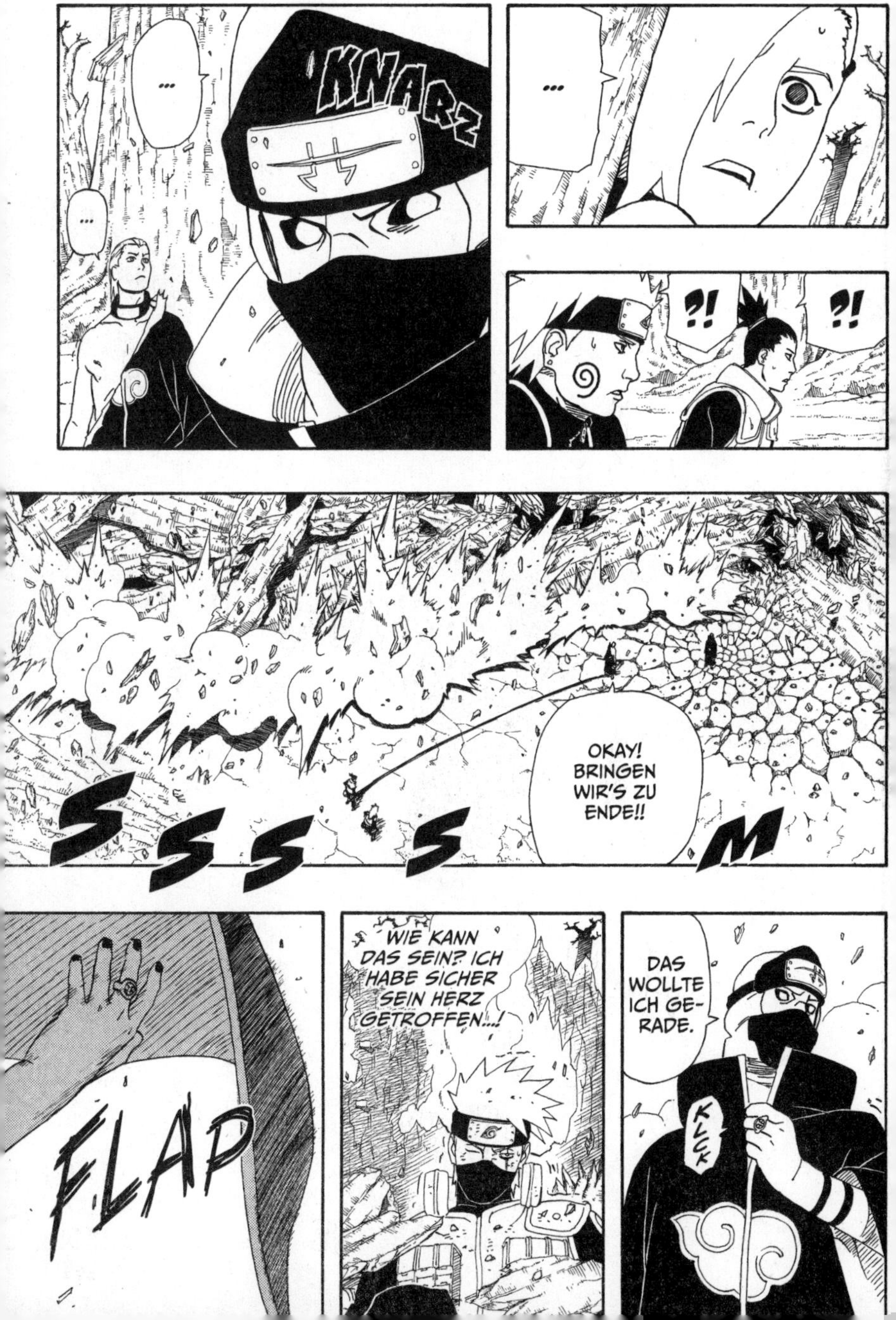
...
...
KNARZ
...
?!
?!
OKAY! BRINGEN WIR'S ZU ENDE!!
SSSSM
DAS WOLLTE ICH GE-RADE.
KLCK
WIE KANN DAS SEIN? ICH HABE SICHER SEIN HERZ GETROFFEN...!
FLAP

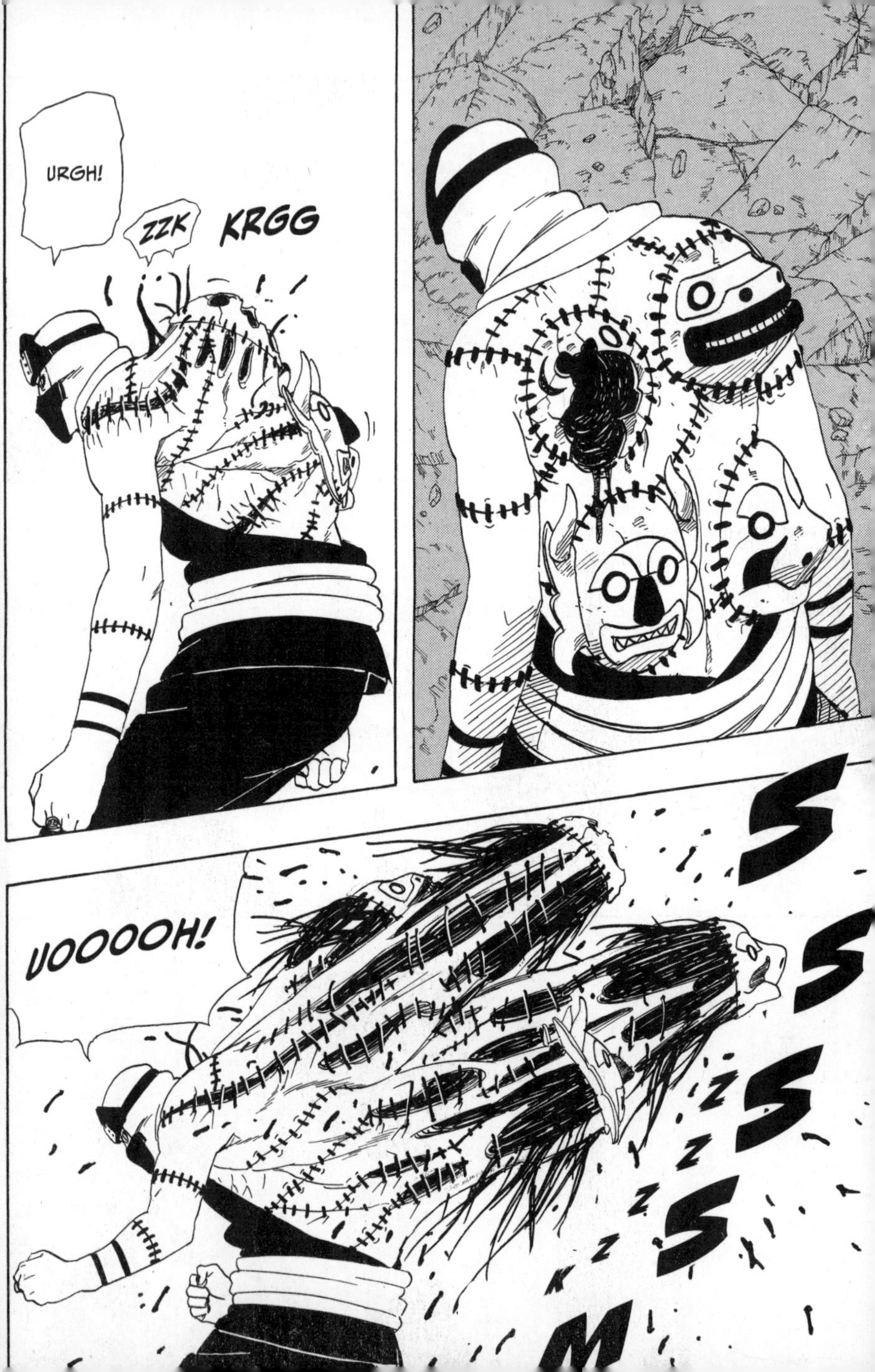
URGH!
ZZK
KRGG
UOOOOH!
SSSSS
M

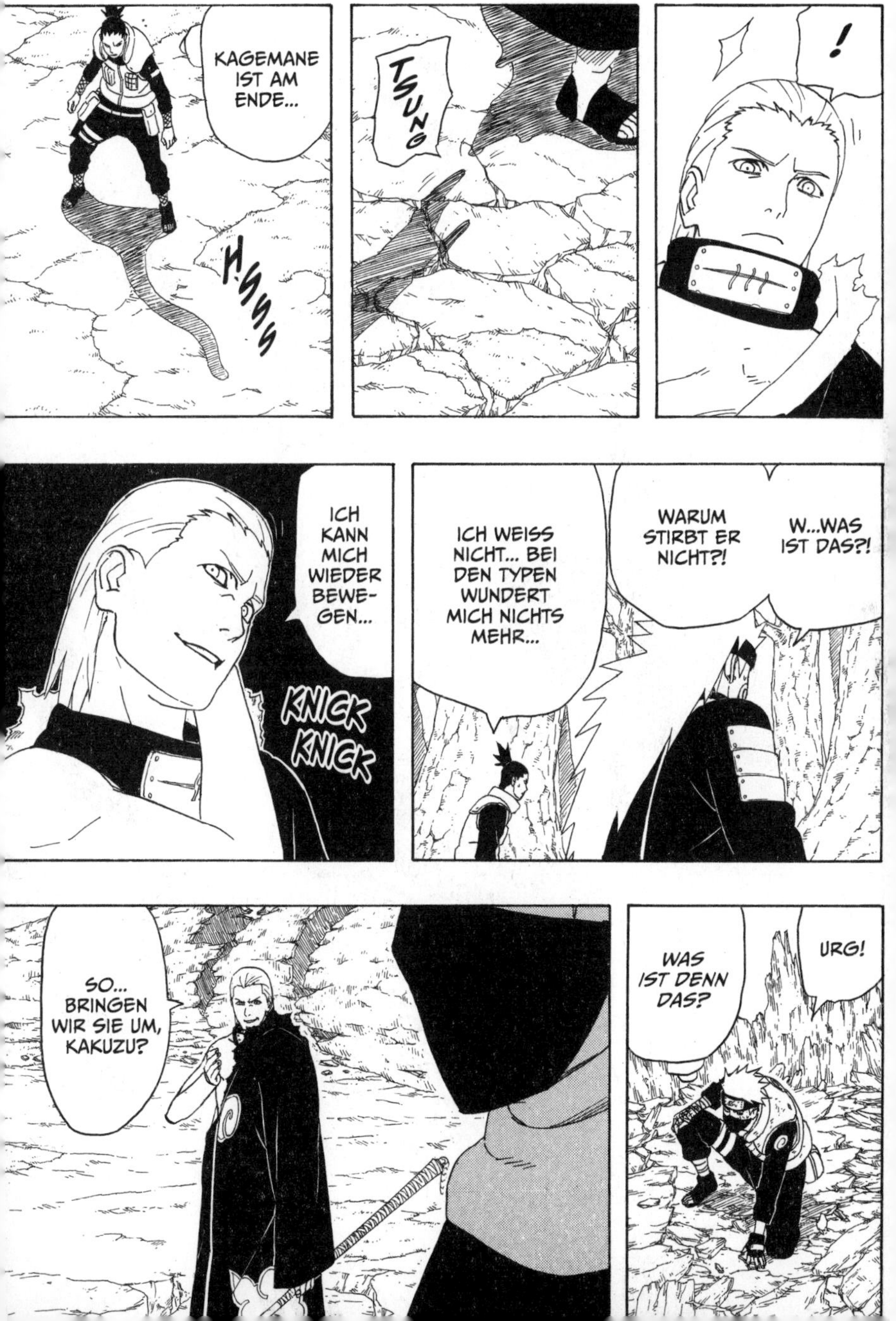
!
TSUNG
KAGEMANE IST AM ENDE...
H.SSS
W...WAS IST DAS?!
WARUM STIRBT ER NICHT?!
ICH WEISS NICHT... BEI DEN TYPEN WUNDERT MICH NICHTS MEHR...
ICH KANN MICH WIEDER BEWE-GEN...
KNICK KNICK
URG!
WAS IST DENN DAS?
SO... BRINGEN WIR SIE UM, KAKUZU?

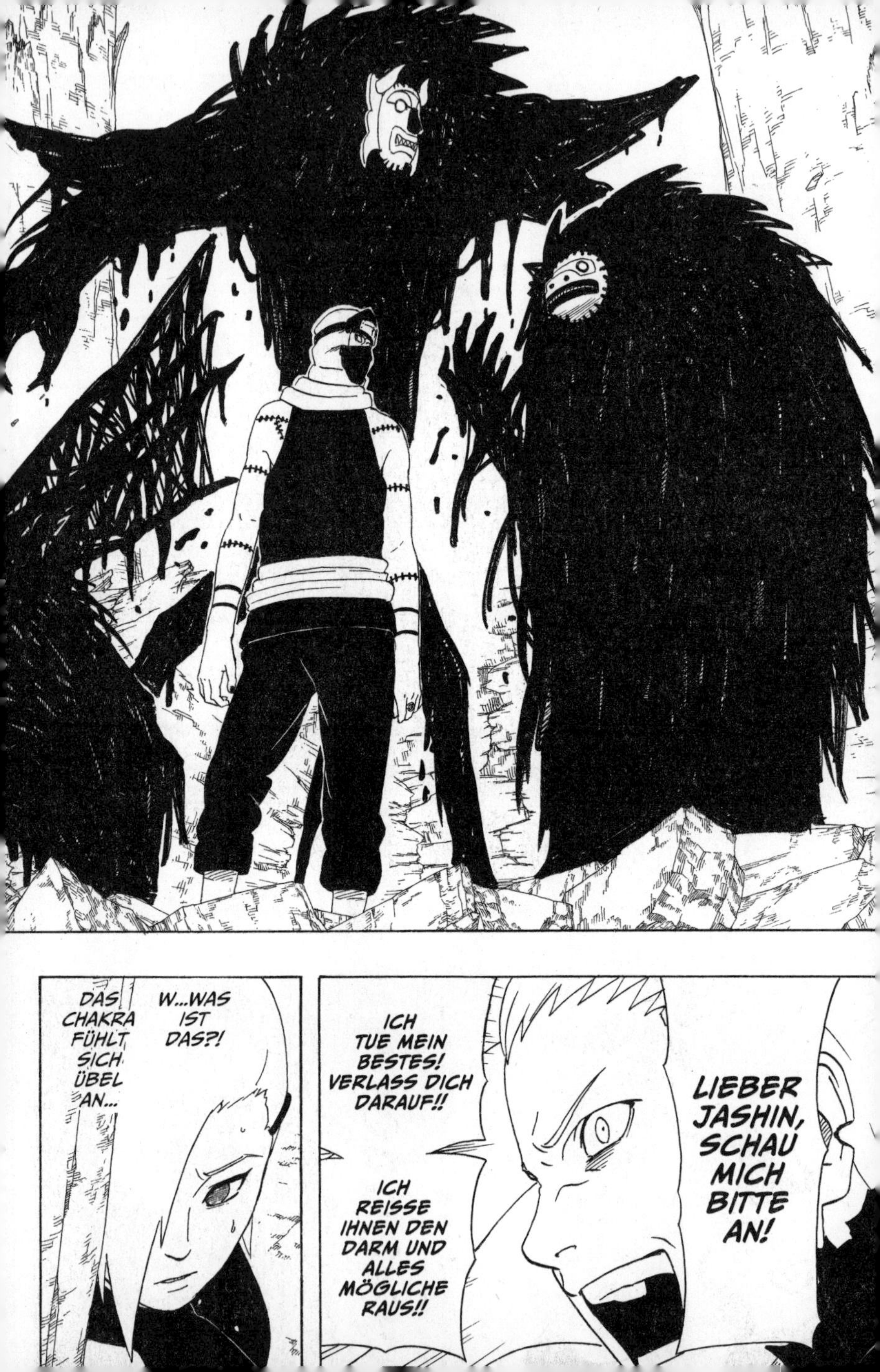
LIEBER JASHIN, SCHAU MICH BITTE AN!
ICH TUE MEIN BESTES! VERLASS DICH DARAUF!!
ICH REISSE IHNEN DEN DARM UND ALLES MÖGLICHE RAUS!!
W...WAS IST DAS?!
DAS CHAKRA FÜHLT SICH ÜBEL AN...

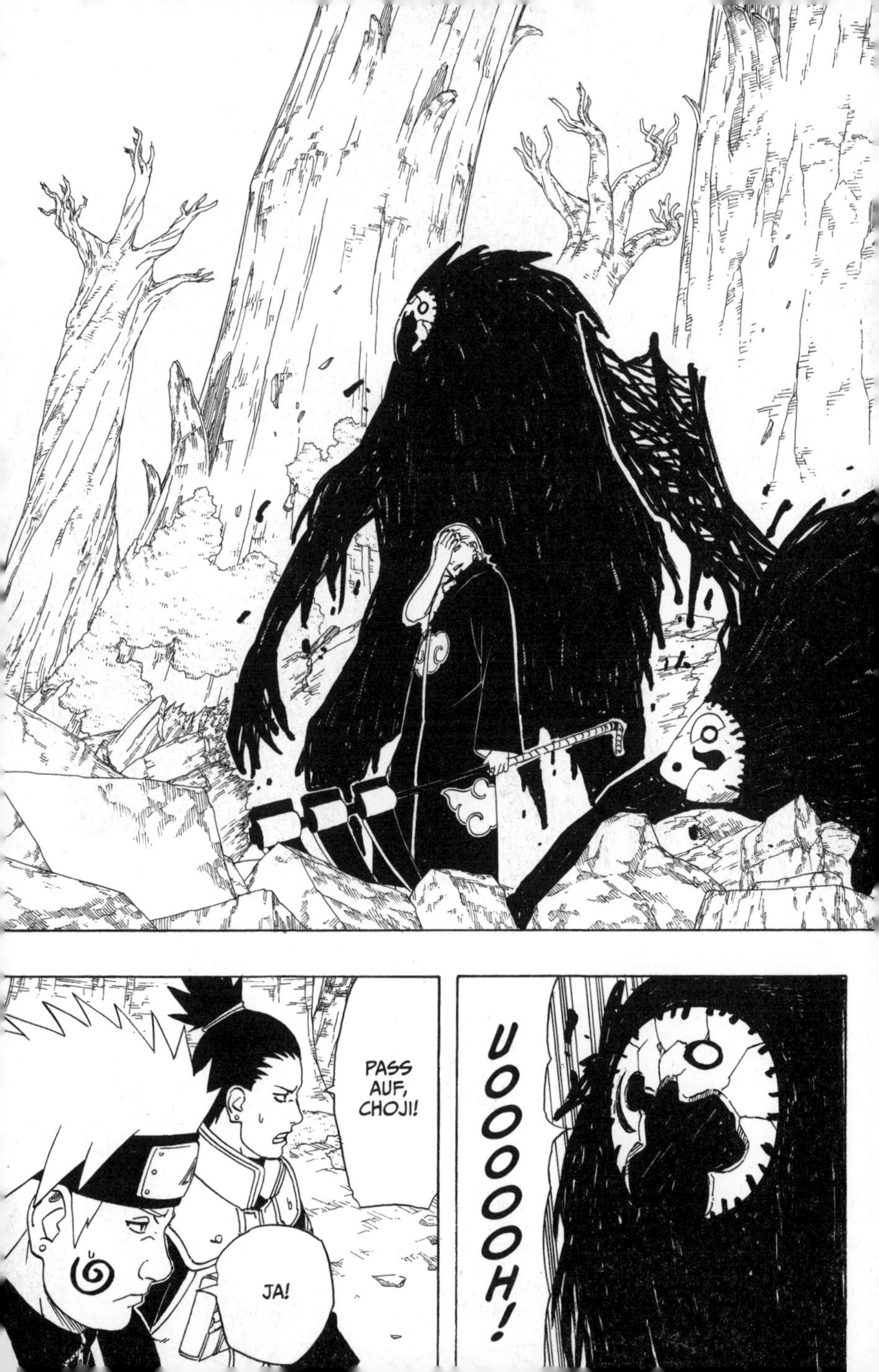
PASS AUF, CHOJI!
JA!
UOOOOOOH!

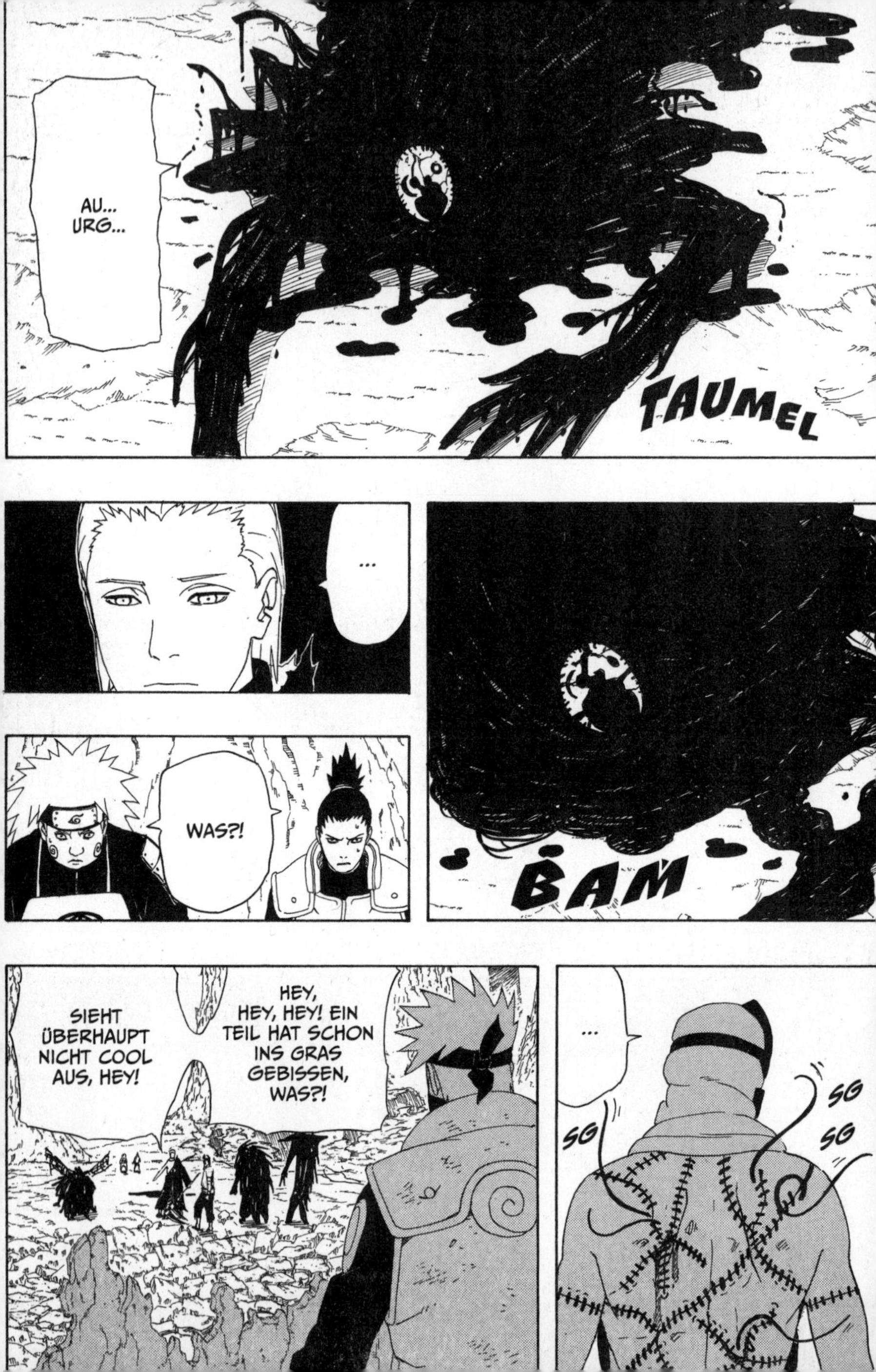
AU... URG...
TAUMEL
...
BAM
WAS?!
...
HEY, HEY, HEY! EIN TEIL HAT SCHON INS GRAS GEBISSEN, WAS?!
SIEHT ÜBERHAUPT NICHT COOL AUS, HEY!
SG
SG SG

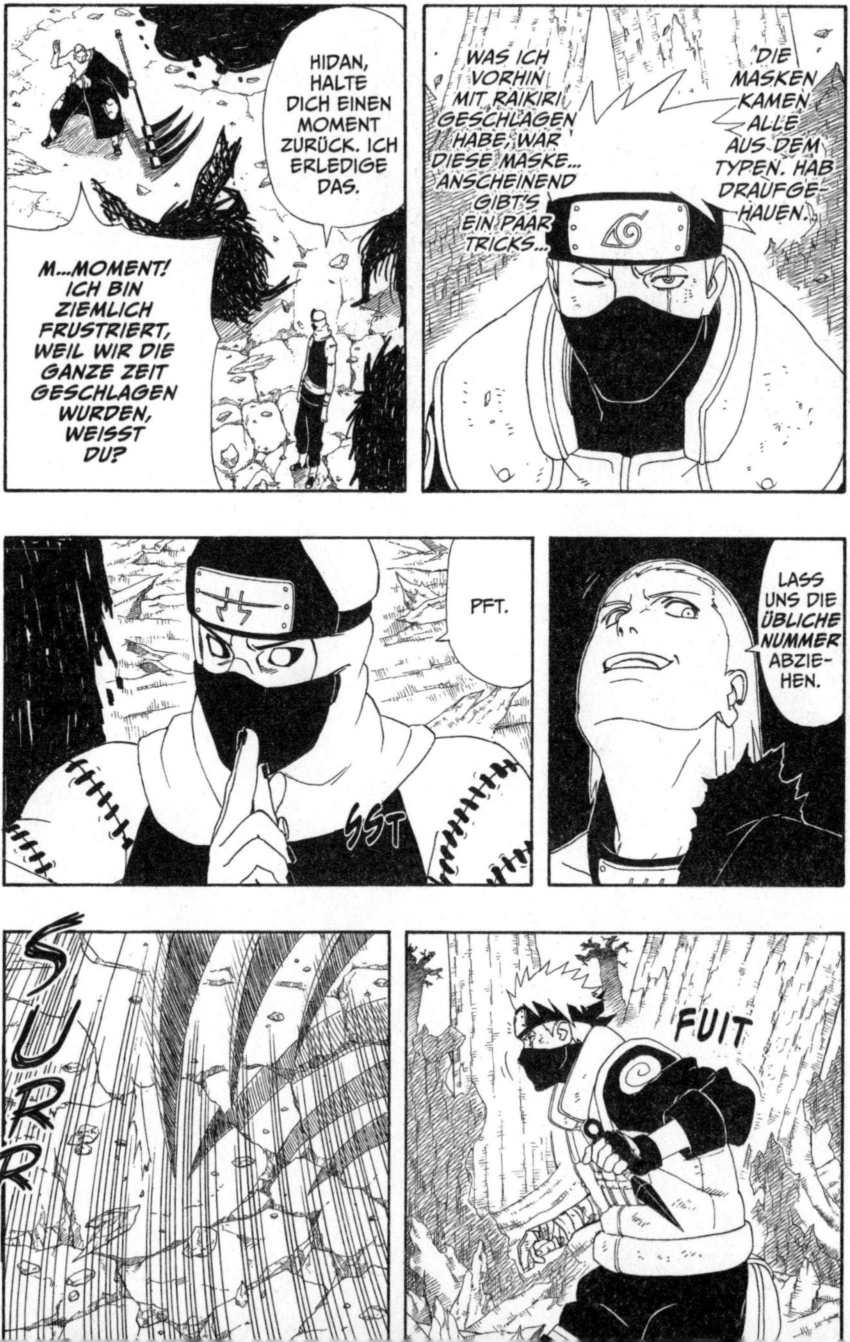

WAS ICH VORHIN MIT RAIKIRI GESCHLAGEN HABE, WAR DIESE MASKE... ANSCHEINEND GIBT'S EIN PAAR TRICKS...
DIE MASKEN KAMEN ALLE AUS DEM TYPEN. HAB DRAUFGE-HAUEN.
HIDAN, HALTE DICH EINEN MOMENT ZURÜCK. ICH ERLEDIGE DAS.
M...MOMENT! ICH BIN ZIEMLICH FRUSTRIERT, WEIL WIR DIE GANZE ZEIT GESCHLAGEN WURDEN, WEISST DU?
LASS UNS DIE ÜBLICHE NUMMER ABZIE-HEN.
PFT.
SST
FUIT
SURR

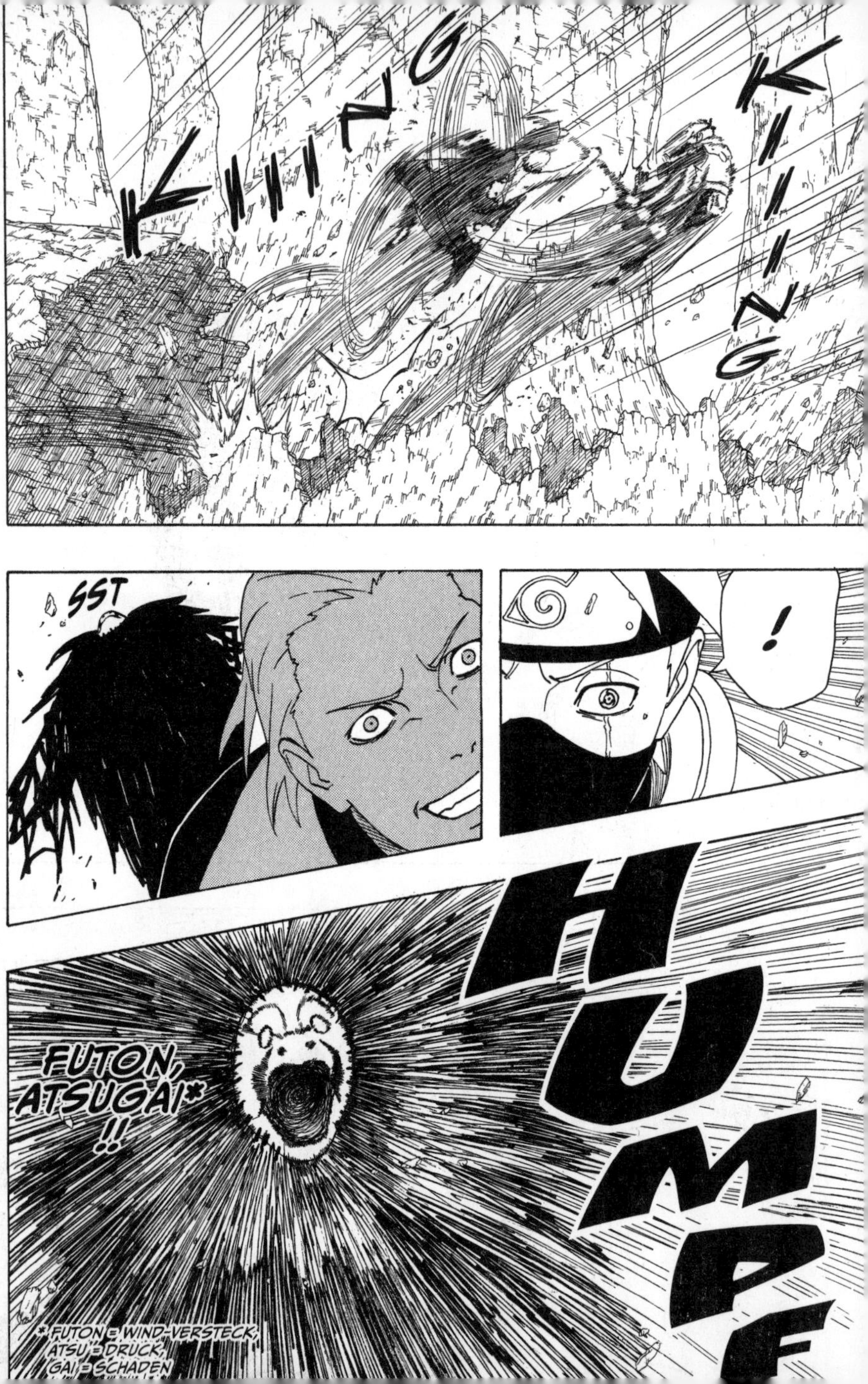
KIIIING
KIIIING
SST
!
FUTON, ATSUGAI* !!
HUMPF
* FUTON = WIND-VERSTECK, ATSU = DRUCK, GAI = SCHADEN

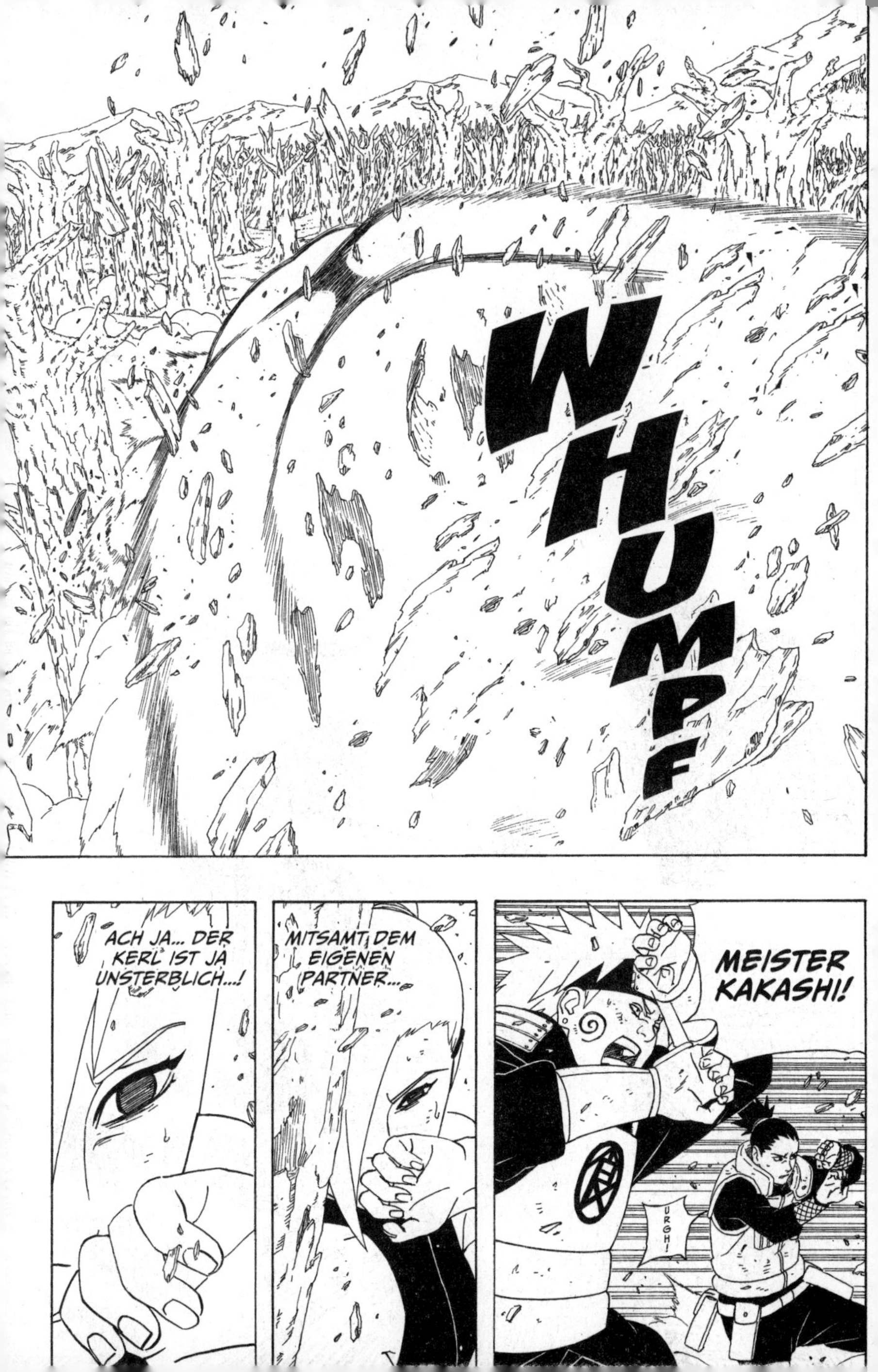
WHUMPF
ACH JA... DER KERL IST JA UNSTERBLICH...!
MITSAMT DEM EIGENEN PARTNER...
MEISTER KAKASHI!
URGH!

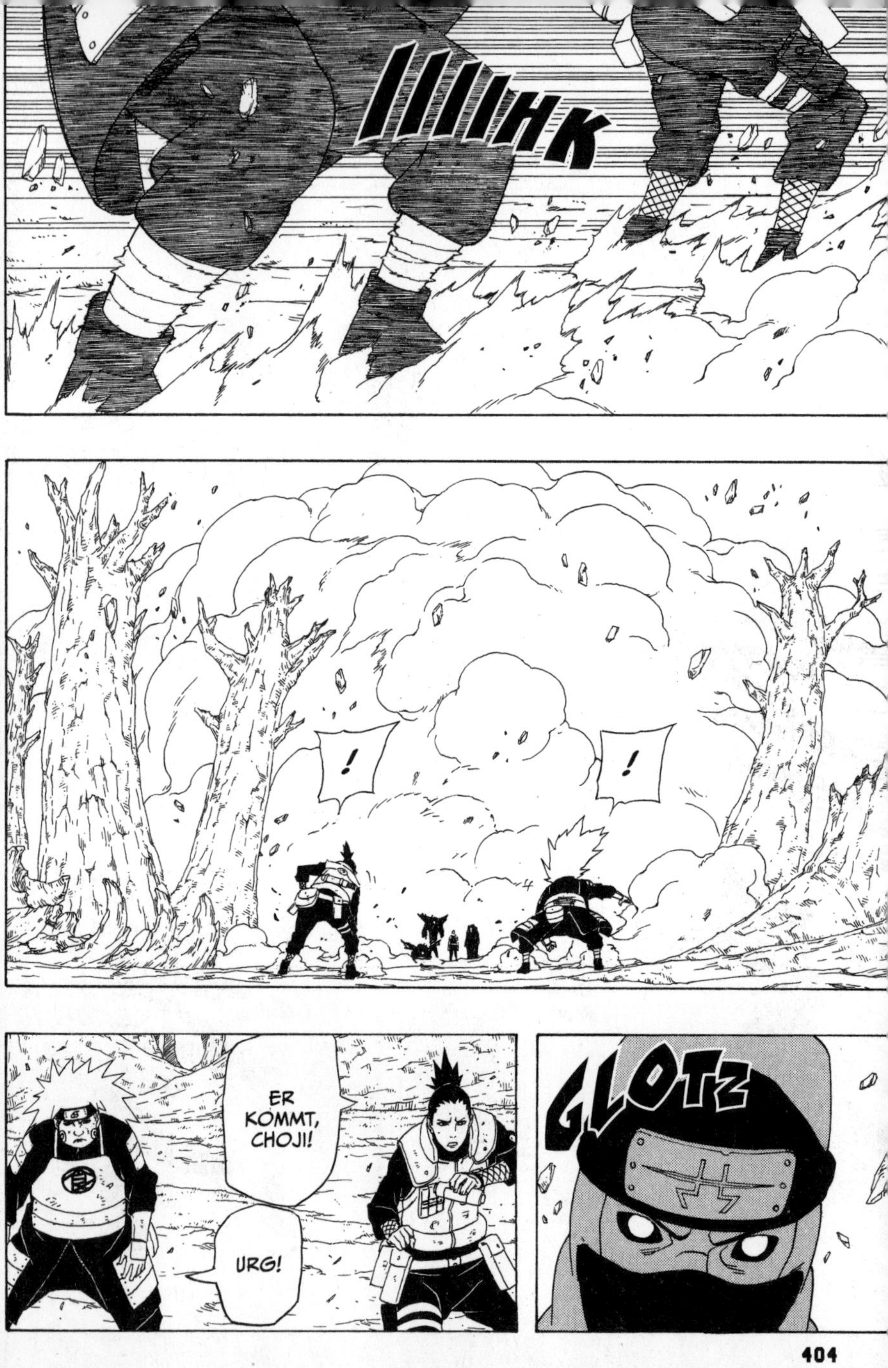
IIIIHK
!
!
GLOTZ
ER KOMMT, CHOJI!
URG!

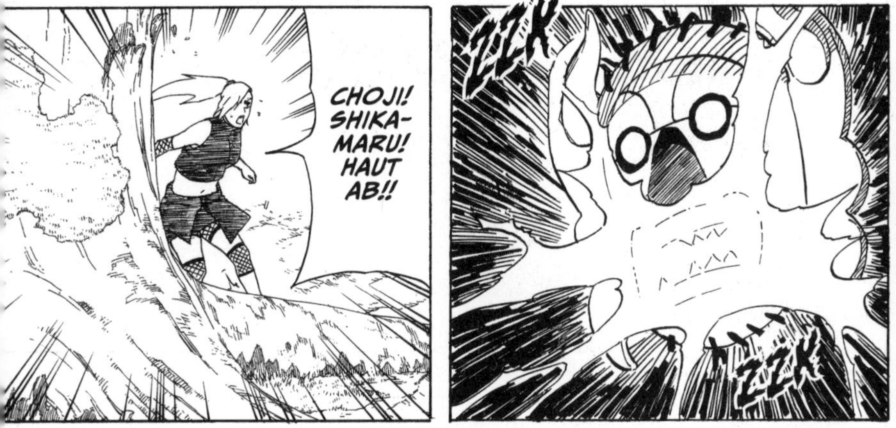

* RAITON = DONNER-VERSTECK, GI = FÄLSCHUNG, AN = DUNKELHEIT

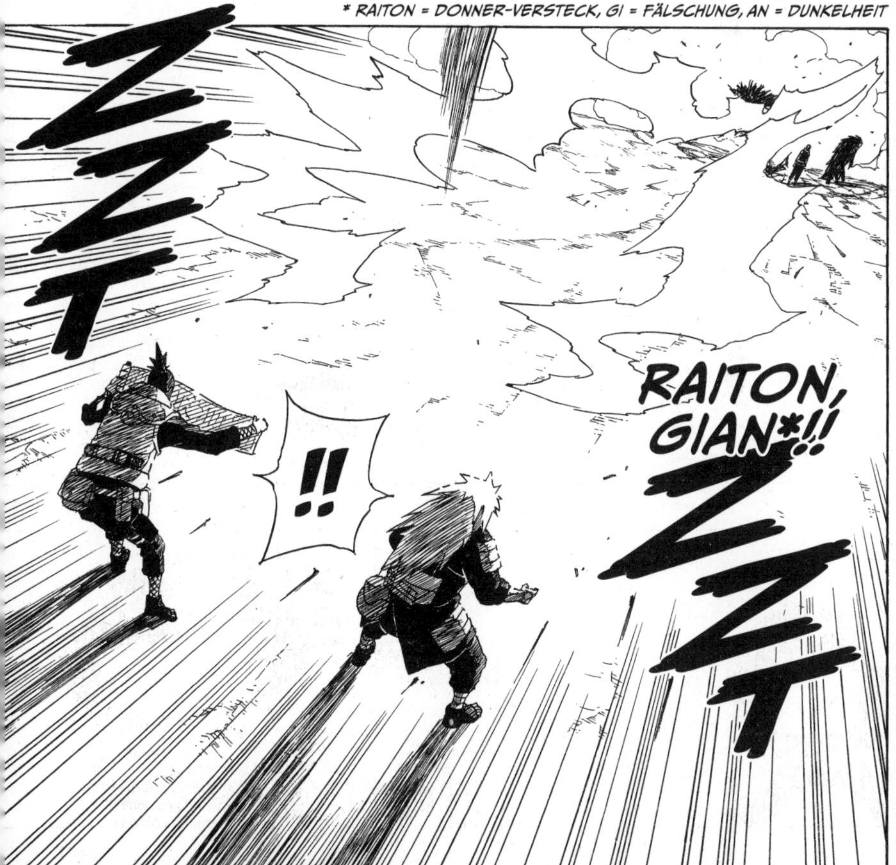

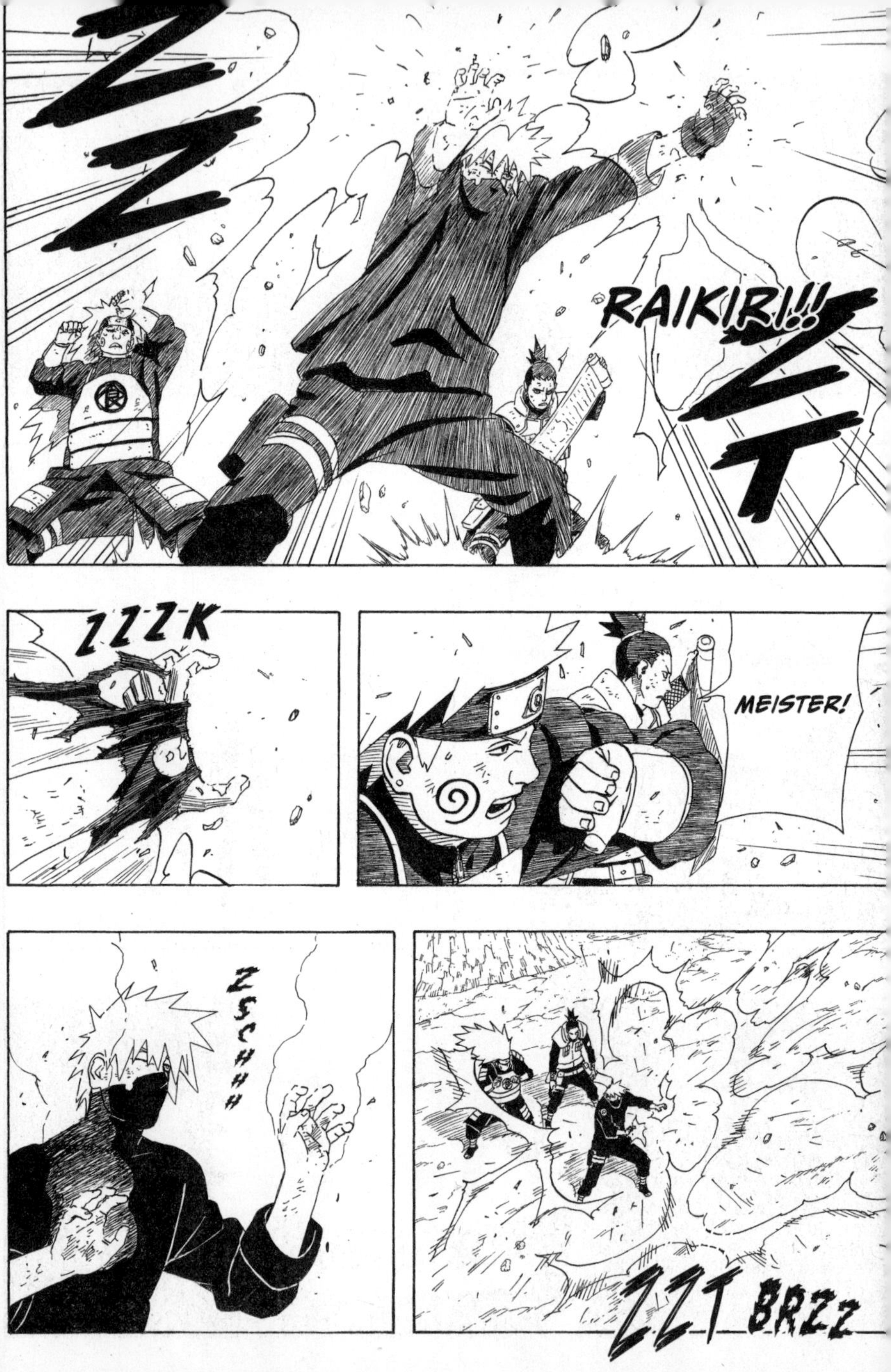

RAIKIRI!!
ZZZK
MEISTER!
ZSCHHH
ZZT BRZZ

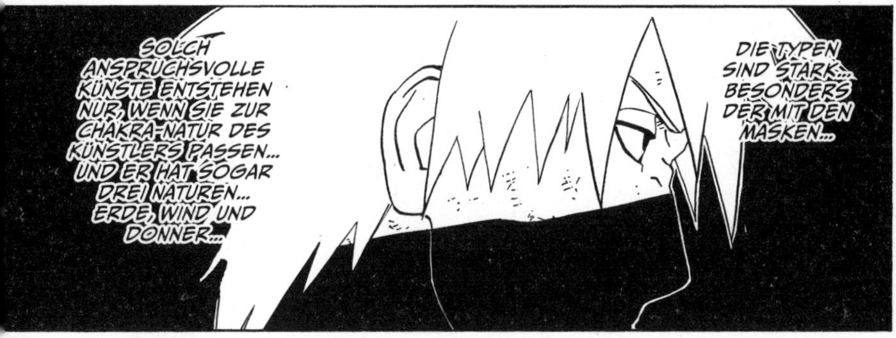

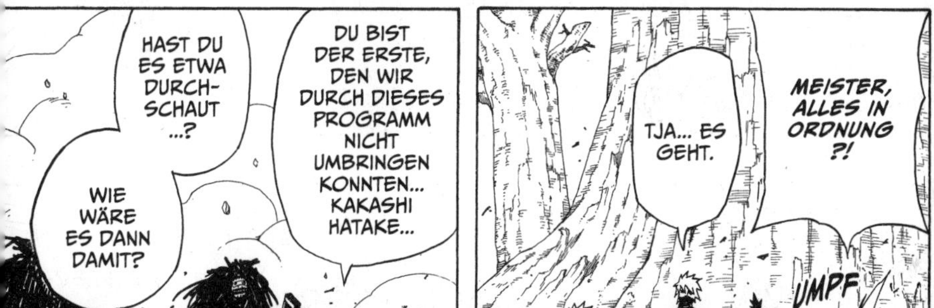

* KATON = FEUER-VERSTECK, ZU = KOPF, KOKKU = QUAL EINPRÄGEN

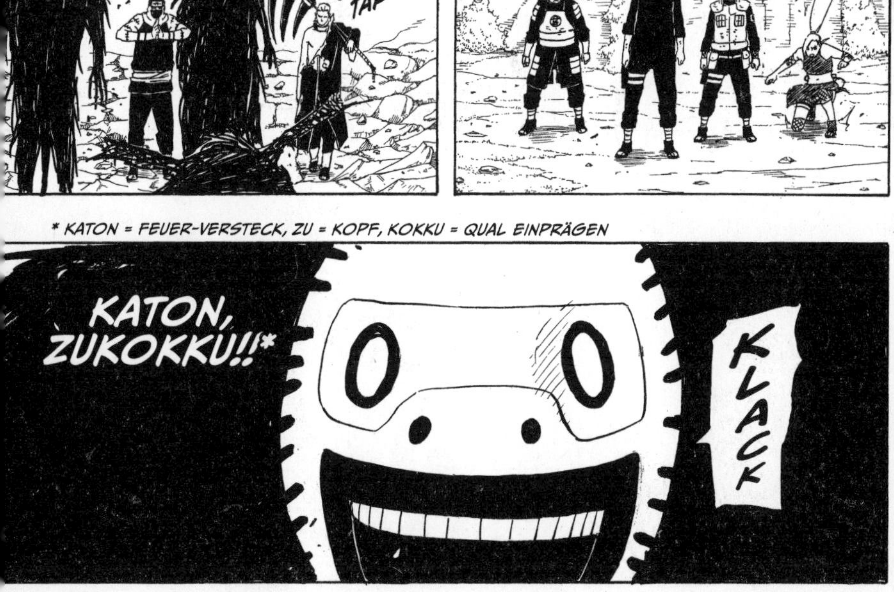

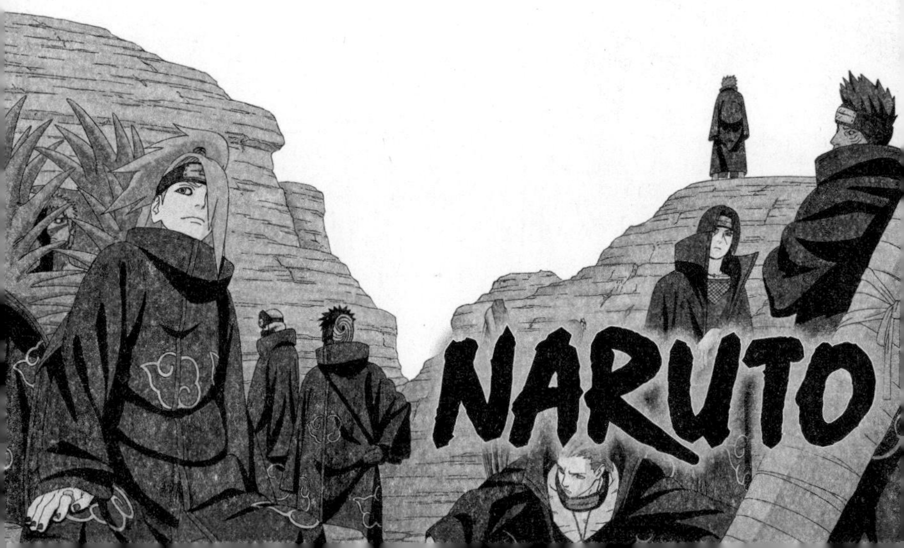
NARUTO

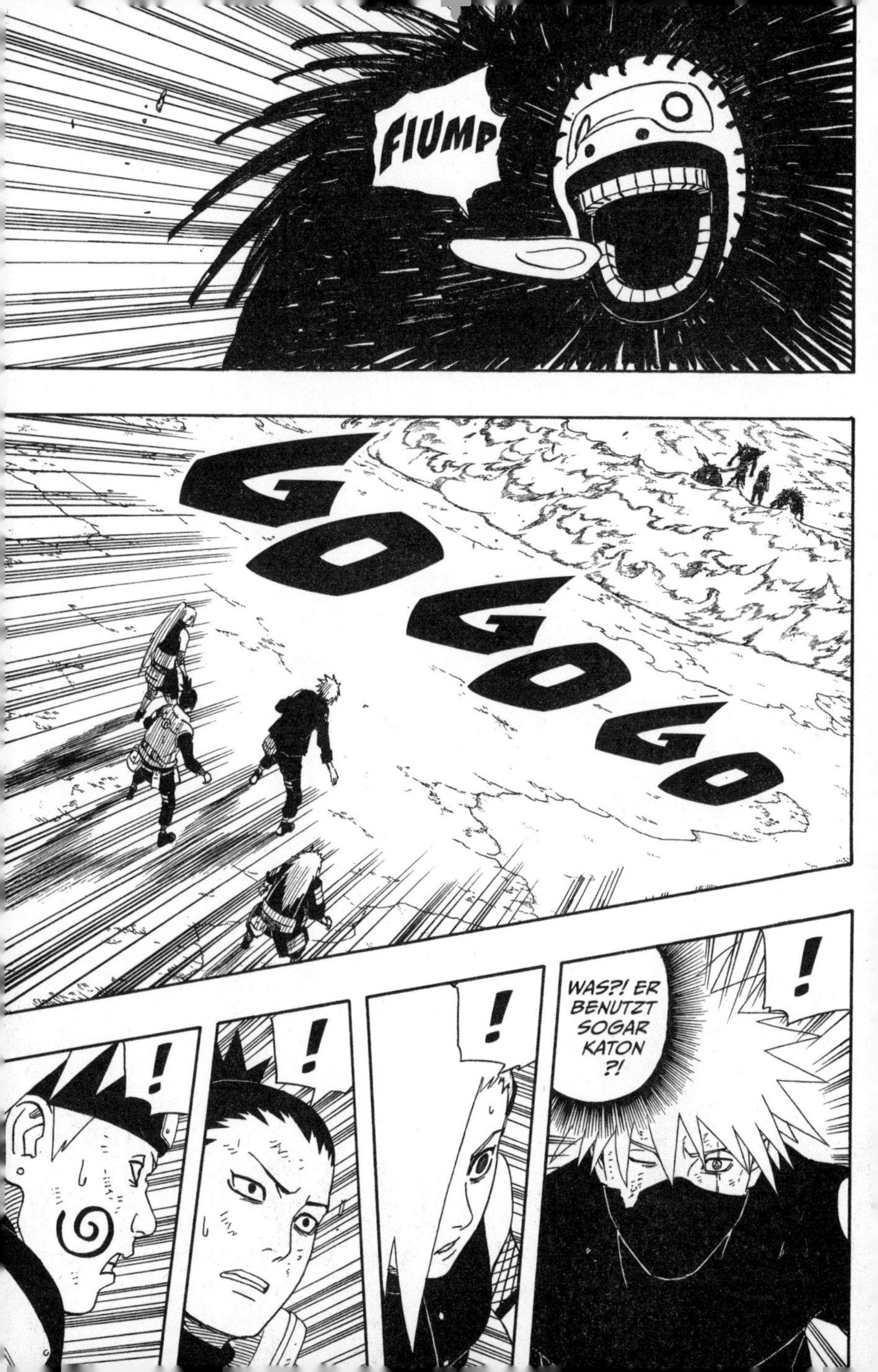
FIUMP
GOGOGO
!
!
!
WAS?! ER BENUTZT SOGAR KATON ?!
!

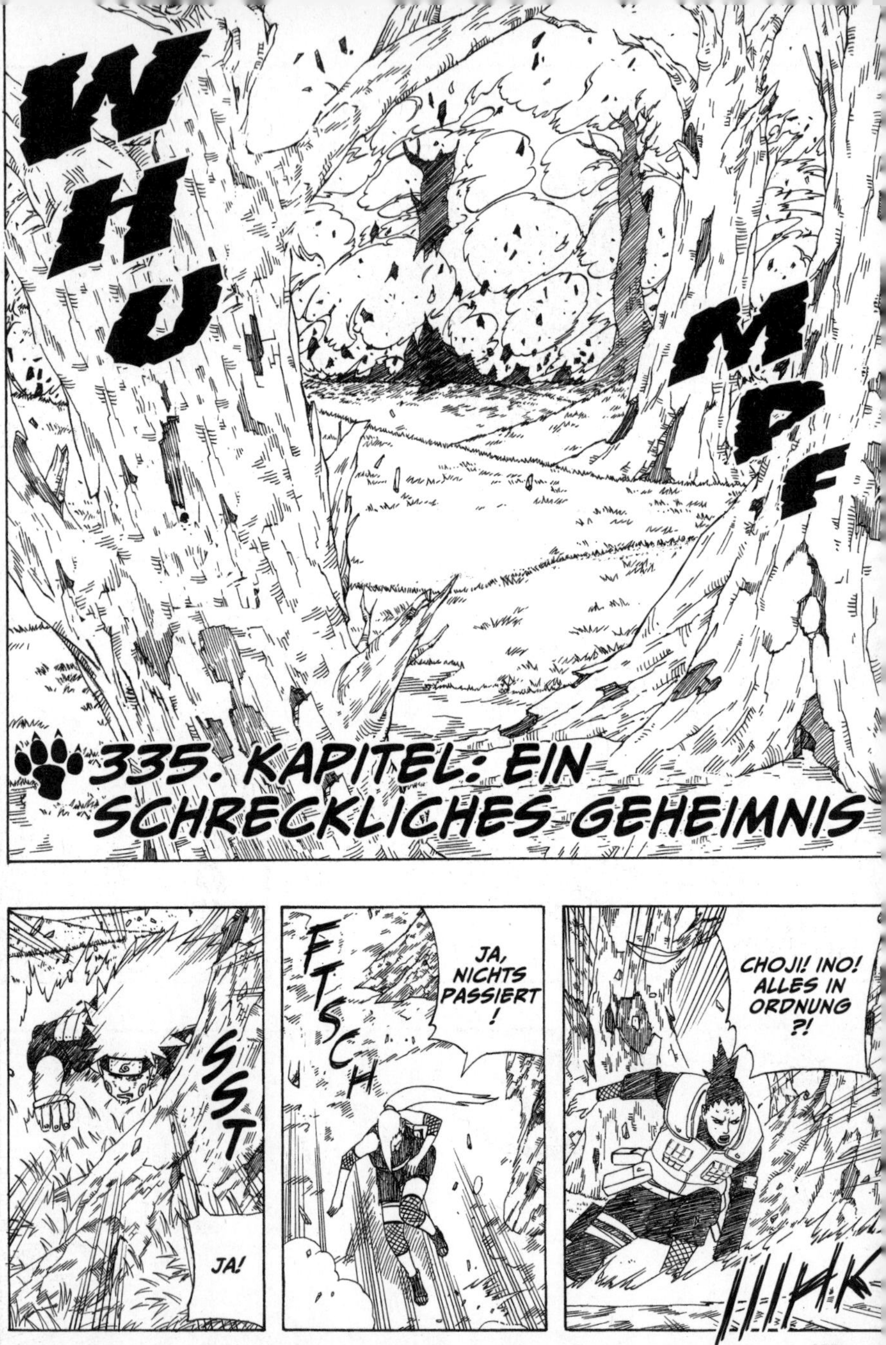
WHU
MPF
335. KAPITEL: EIN SCHRECKLICHES GEHEIMNIS
CHOJI! INO! ALLES IN ORDNUNG ?!
JA, NICHTS PASSIERT!
FTSCH
SST
JA!

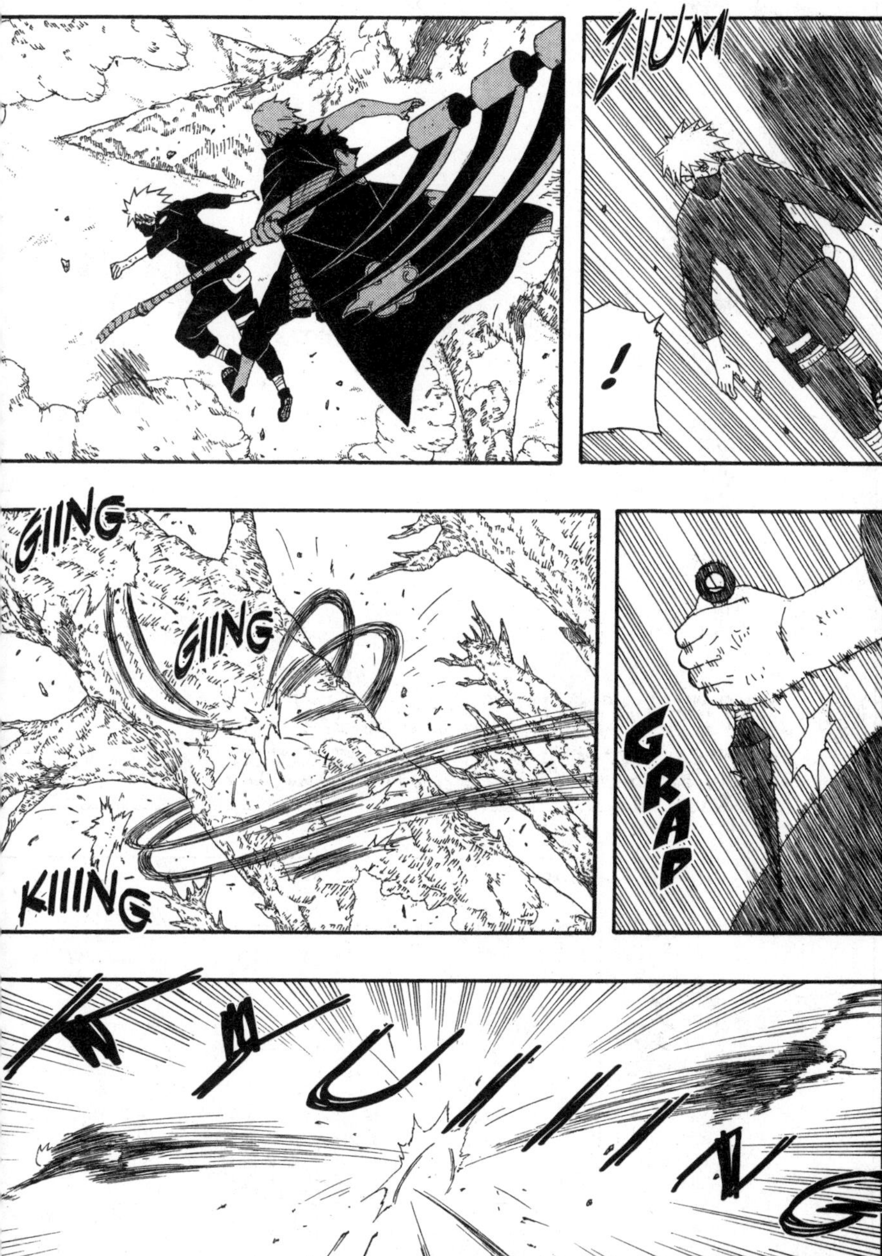
ZIUM
!
GRAP
GIING
GIING
KIIING
KYUIIING

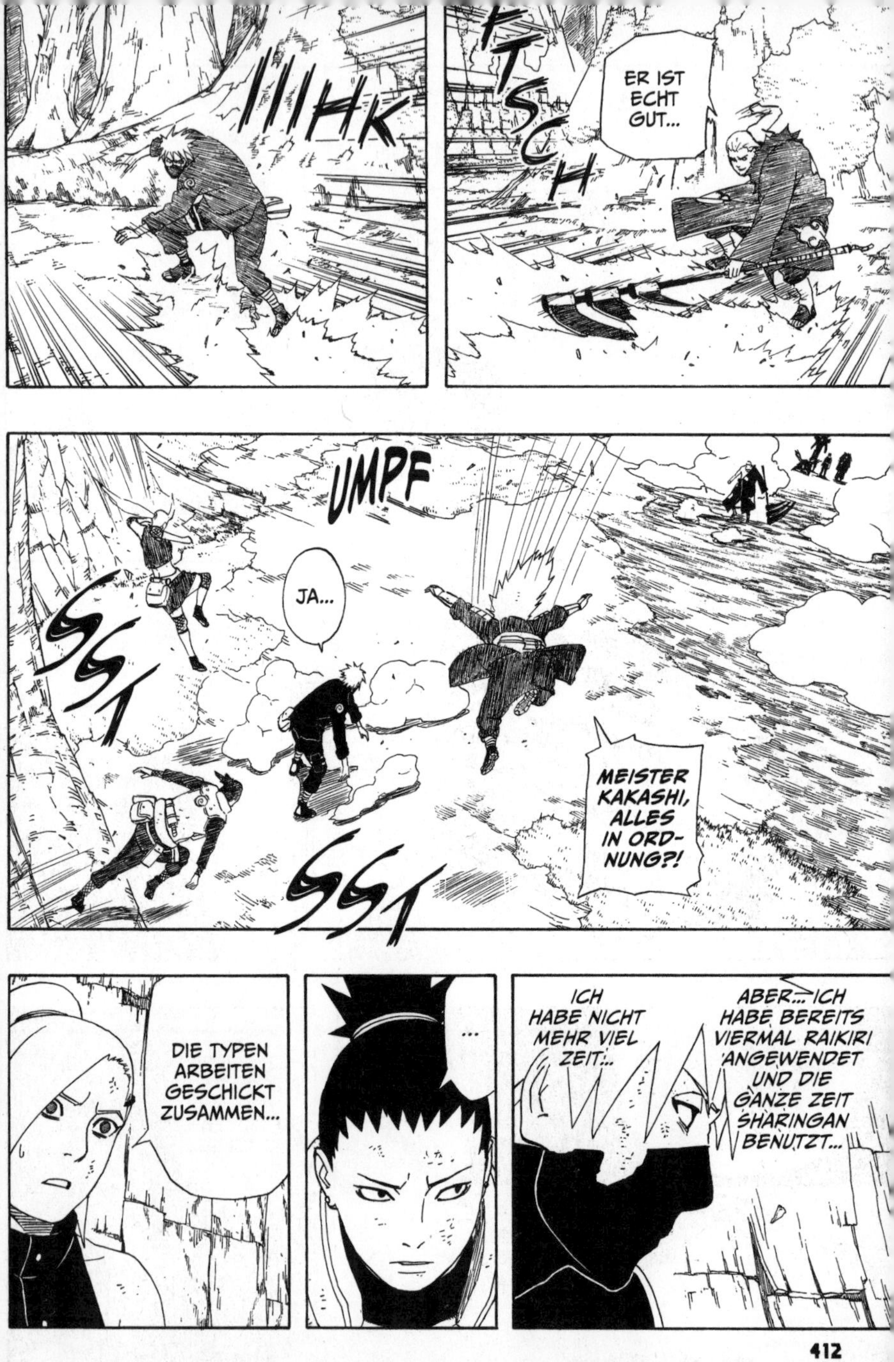
FTSCH
ER IST ECHT GUT...
IIIHK
UMPF
MEISTER KAKASHI, ALLES IN ORDNUNG?!
JA...
SST
SST
ABER... ICH HABE BEREITS VIERMAL RAIKIRI ANGEWENDET UND DIE GANZE ZEIT SHARINGAN BENUTZT...
ICH HABE NICHT MEHR VIEL ZEIT...
...
DIE TYPEN ARBEITEN GESCHICKT ZUSAMMEN...

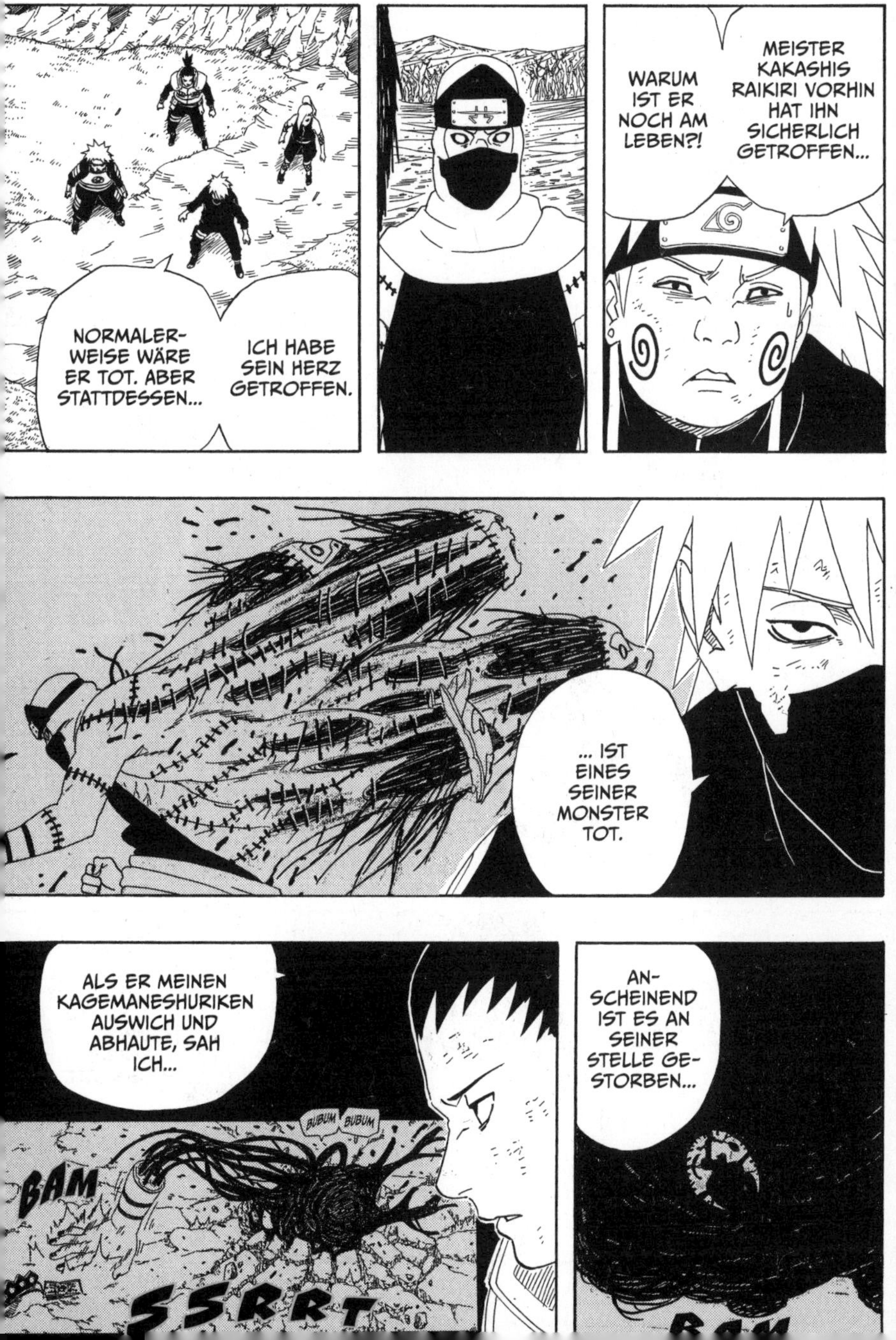
MEISTER KAKASHIS RAIKIRI VORHIN HAT IHN SICHERLICH GETROFFEN...
WARUM IST ER NOCH AM LEBEN?!
ICH HABE SEIN HERZ GETROFFEN.
NORMALERWEISE WÄRE ER TOT. ABER STATTDESSEN...
... IST EINES SEINER MONSTER TOT.
AN-SCHEINEND IST ES AN SEINER STELLE GE-STORBEN...
ALS ER MEINEN KAGEMANESHURIKEN AUSWICH UND ABHAUTE, SAH ICH...
BUBUM
BUBUM
BAM
SSRRT

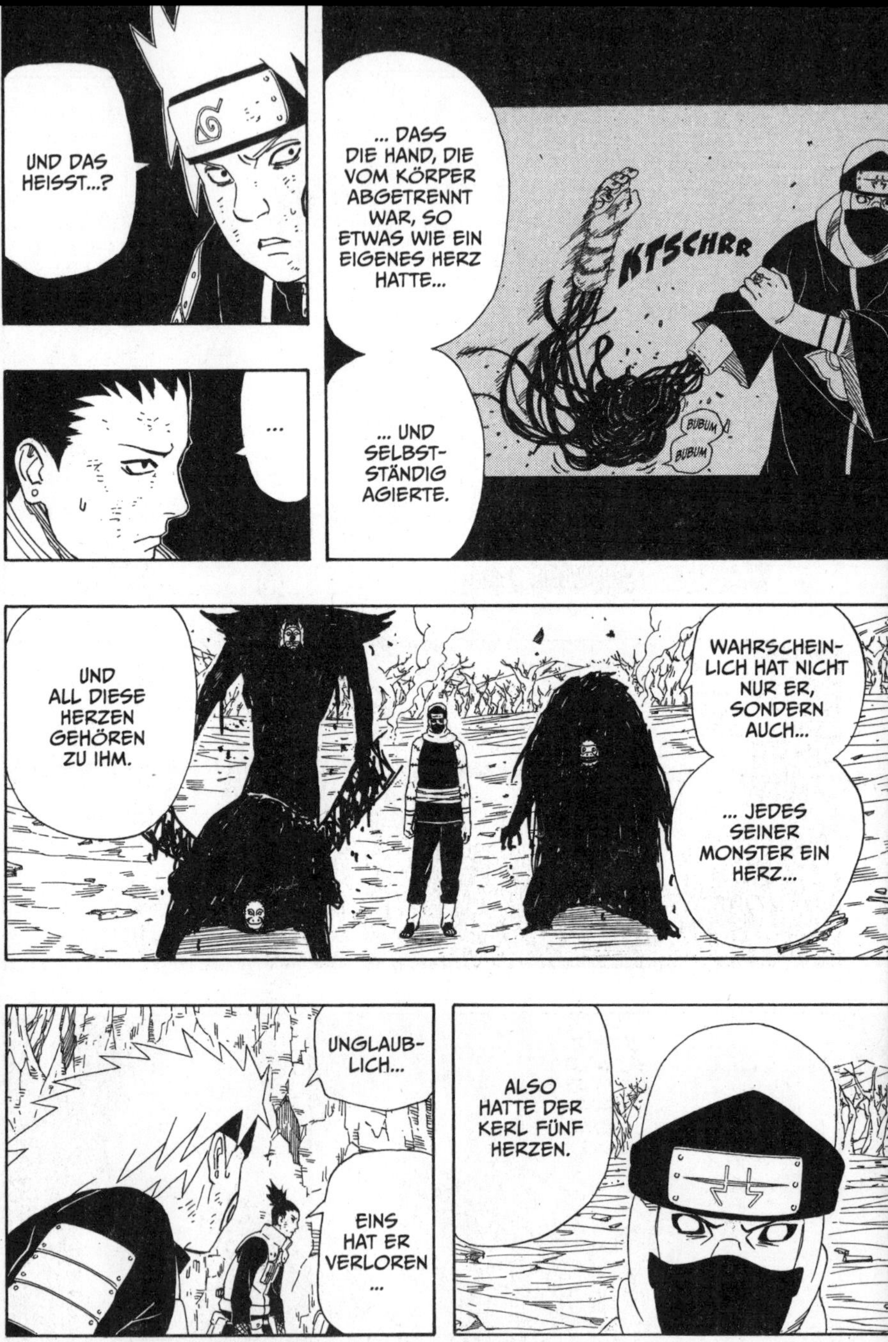
UND DAS HEISST...?
... DASS DIE HAND, DIE VOM KÖRPER ABGETRENNT WAR, SO ETWAS WIE EIN EIGENES HERZ HATTE...
... UND SELBST-STÄNDIG AGIERTE.
KTSCHRR
BUBUM
BUBUM
...
WAHRSCHEIN-LICH HAT NICHT NUR ER, SONDERN AUCH...
... JEDES SEINER MONSTER EIN HERZ...
UND ALL DIESE HERZEN GEHÖREN ZU IHM.
ALSO HATTE DER KERL FÜNF HERZEN.
UNGLAUB-LICH...
EINS HAT ER VERLOREN ...

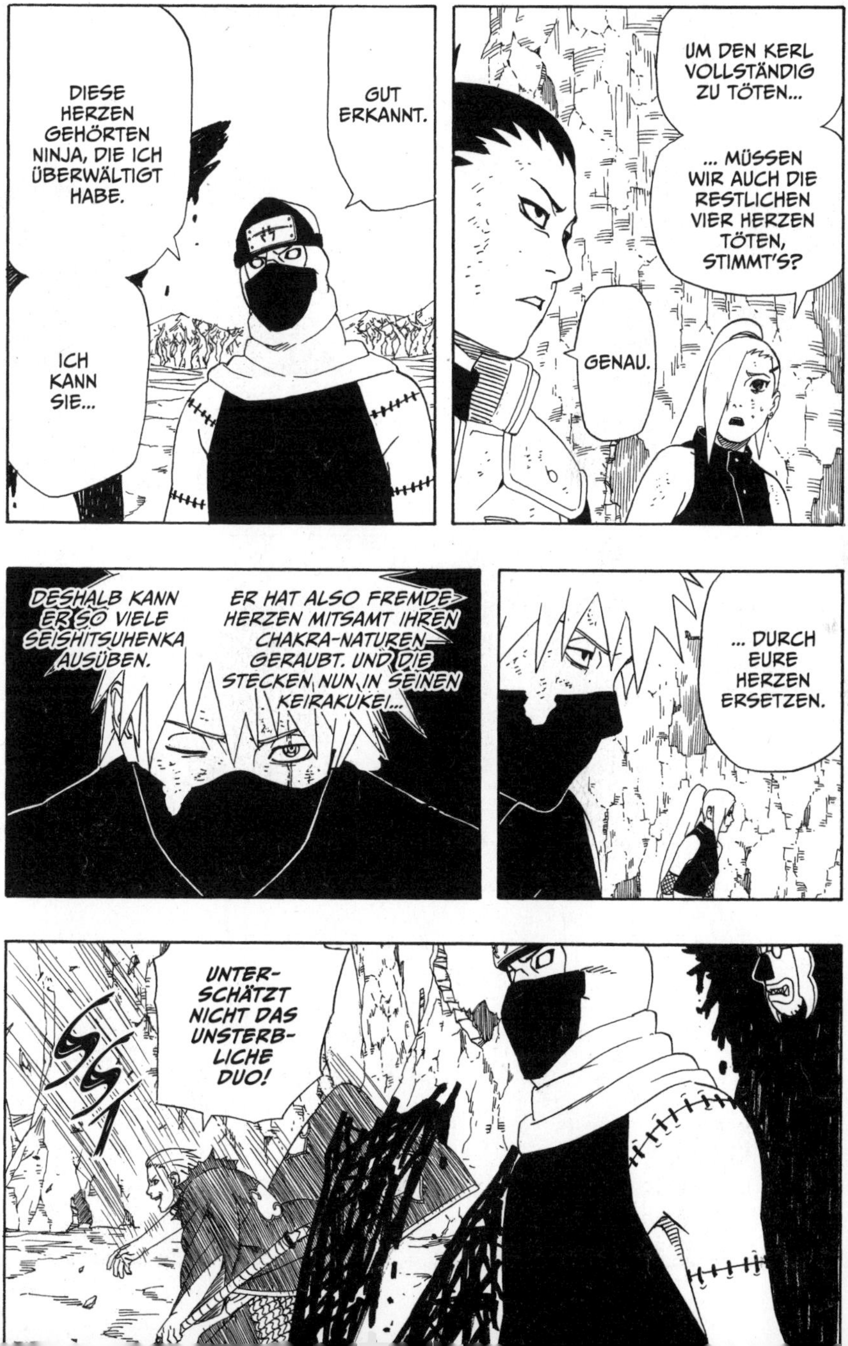
UM DEN KERL VOLLSTÄNDIG ZU TÖTEN...
... MÜSSEN WIR AUCH DIE RESTLICHEN VIER HERZEN TÖTEN, STIMMT'S?
GENAU.
GUT ERKANNT.
DIESE HERZEN GEHÖRTEN NINJA, DIE ICH ÜBERWÄLTIGT HABE.
ICH KANN SIE...
... DURCH EURE HERZEN ERSETZEN.
ER HAT ALSO FREMDE HERZEN MITSAMT IHREN CHAKRA-NATUREN GERAUBT. UND DIE STECKEN NUN IN SEINEN KEIRAKUKEI...
DESHALB KANN ER SO VIELE SEISHITSUHENKA AUSÜBEN.
UNTER-SCHÄTZT NICHT DAS UNSTERB-LICHE DUO!

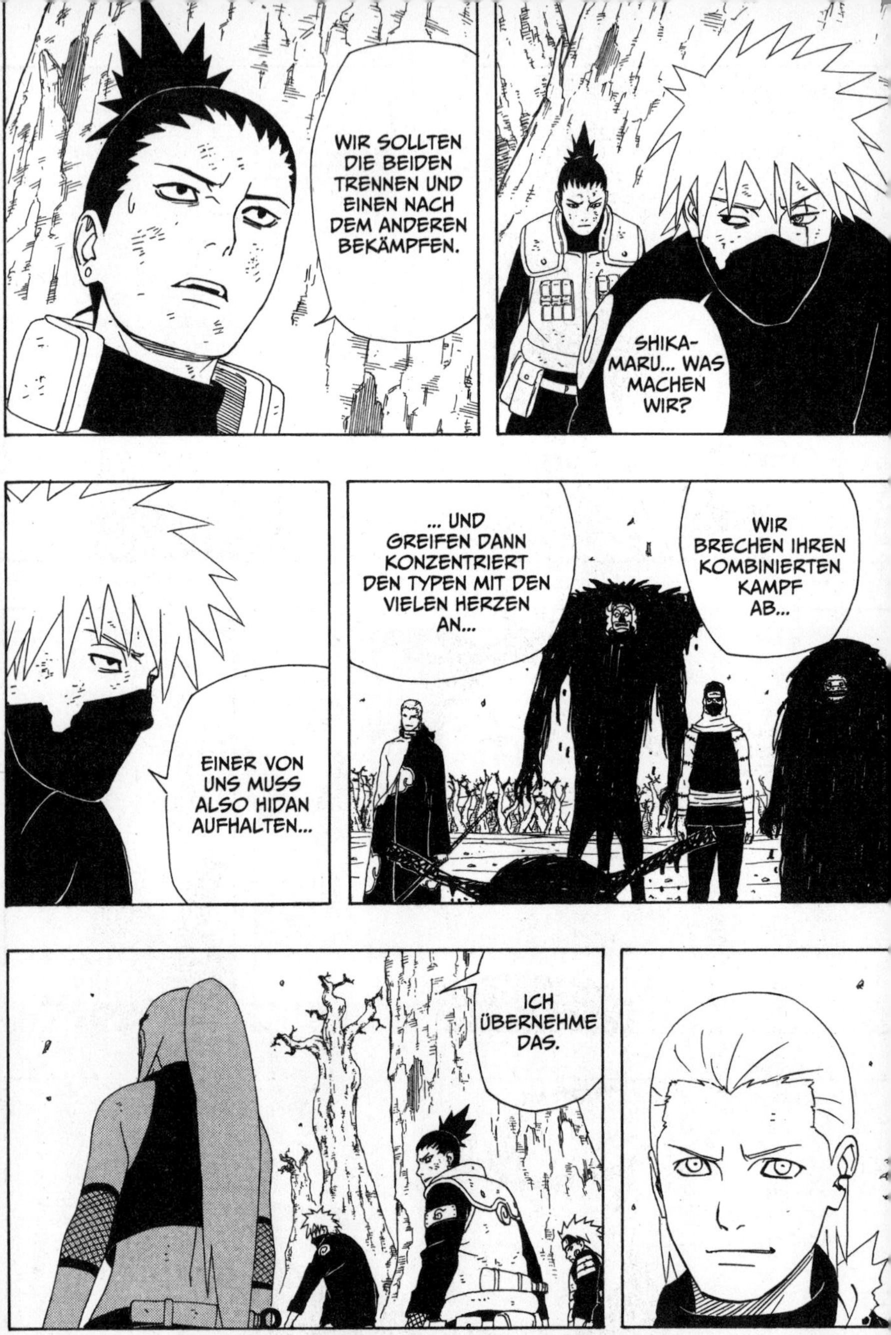
SHIKA-MARU... WAS MACHEN WIR?
WIR SOLLTEN DIE BEIDEN TRENNEN UND EINEN NACH DEM ANDEREN BEKÄMPFEN.
WIR BRECHEN IHREN KOMBINIERTEN KAMPF AB...
... UND GREIFEN DANN KONZENTRIERT DEN TYPEN MIT DEN VIELEN HERZEN AN...
EINER VON UNS MUSS ALSO HIDAN AUFHALTEN...
ICH ÜBERNEHME DAS.

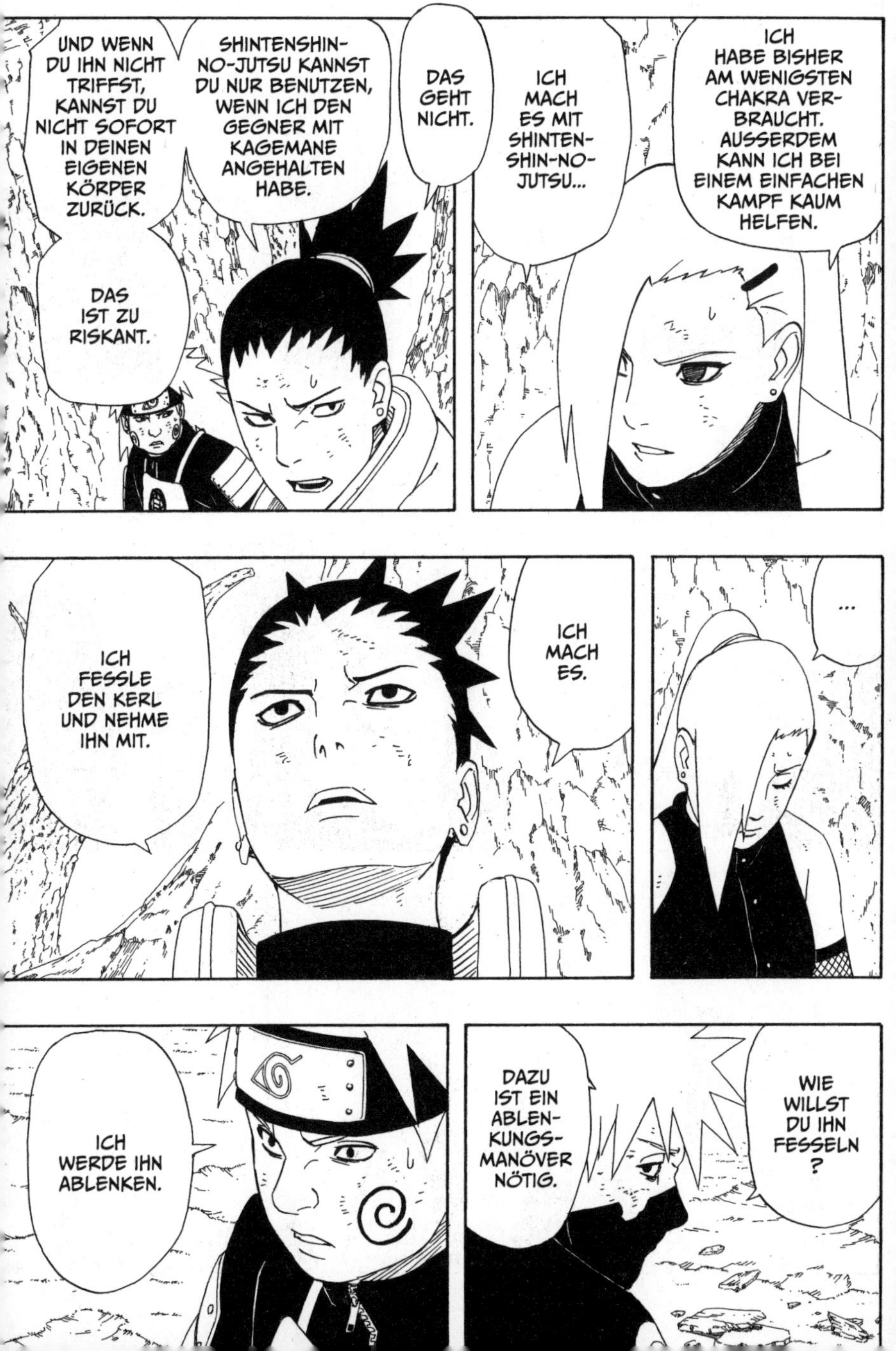
ICH HABE BISHER AM WENIGSTEN CHAKRA VERBRAUCHT. AUSSERDEM KANN ICH BEI EINEM EINFACHEN KAMPF KAUM HELFEN.
ICH MACH ES MIT SHINTENSHIN-NO-JUTSU…
DAS GEHT NICHT.
SHINTENSHIN-NO-JUTSU KANNST DU NUR BENUTZEN, WENN ICH DEN GEGNER MIT KAGEMANE ANGEHALTEN HABE.
UND WENN DU IHN NICHT TRIFFST, KANNST DU NICHT SOFORT IN DEINEN EIGENEN KÖRPER ZURÜCK.
DAS IST ZU RISKANT.
…
ICH MACH ES.
ICH FESSLE DEN KERL UND NEHME IHN MIT.
WIE WILLST DU IHN FESSELN?
DAZU IST EIN ABLENKUNGSMANÖVER NÖTIG.
ICH WERDE IHN ABLENKEN.

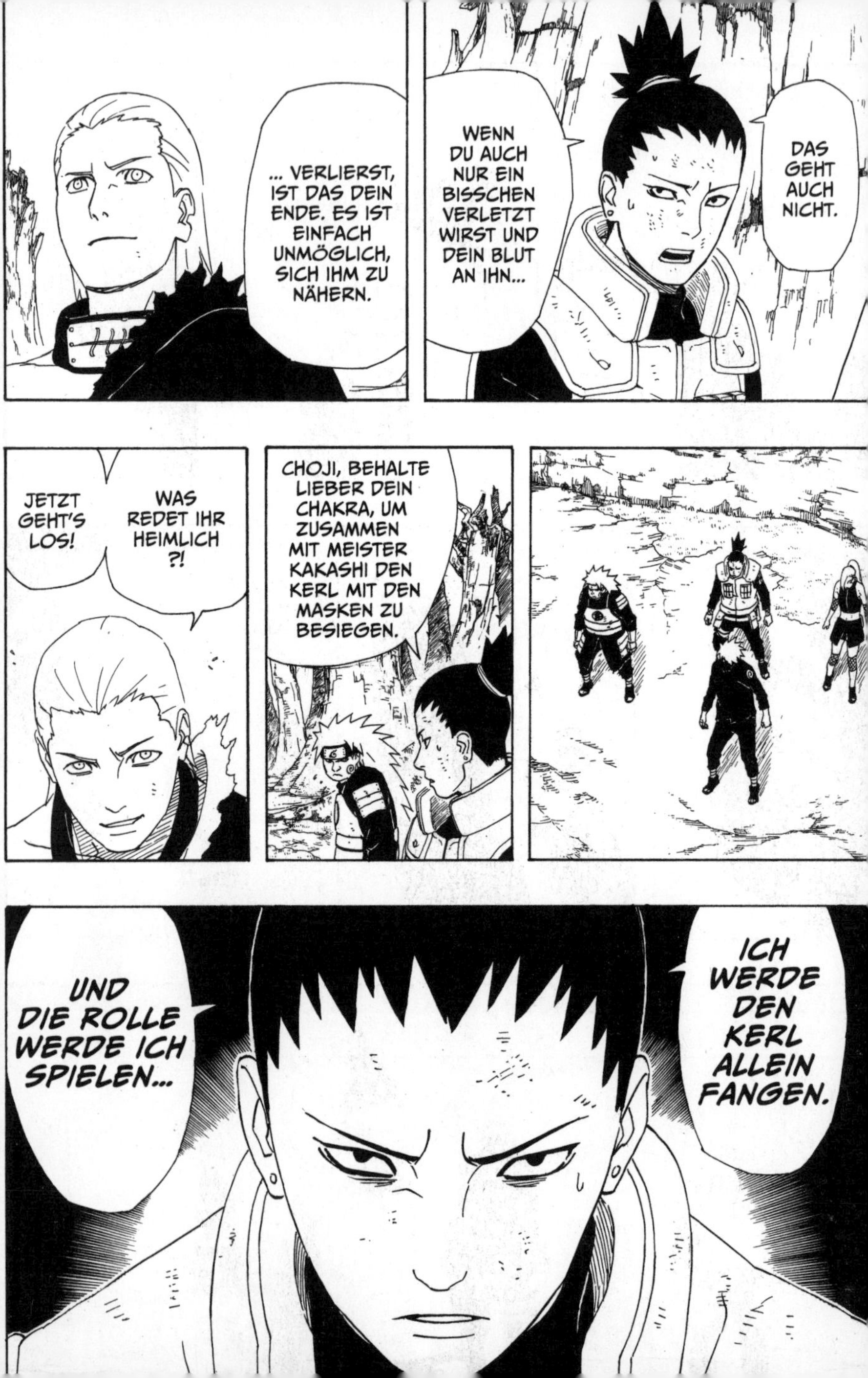
DAS GEHT AUCH NICHT.
WENN DU AUCH NUR EIN BISSCHEN VERLETZT WIRST UND DEIN BLUT AN IHN...
... VERLIERST, IST DAS DEIN ENDE. ES IST EINFACH UNMÖGLICH, SICH IHM ZU NÄHERN.
CHOJI, BEHALTE LIEBER DEIN CHAKRA, UM ZUSAMMEN MIT MEISTER KAKASHI DEN KERL MIT DEN MASKEN ZU BESIEGEN.
WAS REDET IHR HEIMLICH ?!
JETZT GEHT'S LOS!
ICH WERDE DEN KERL ALLEIN FANGEN.
UND DIE ROLLE WERDE ICH SPIELEN...

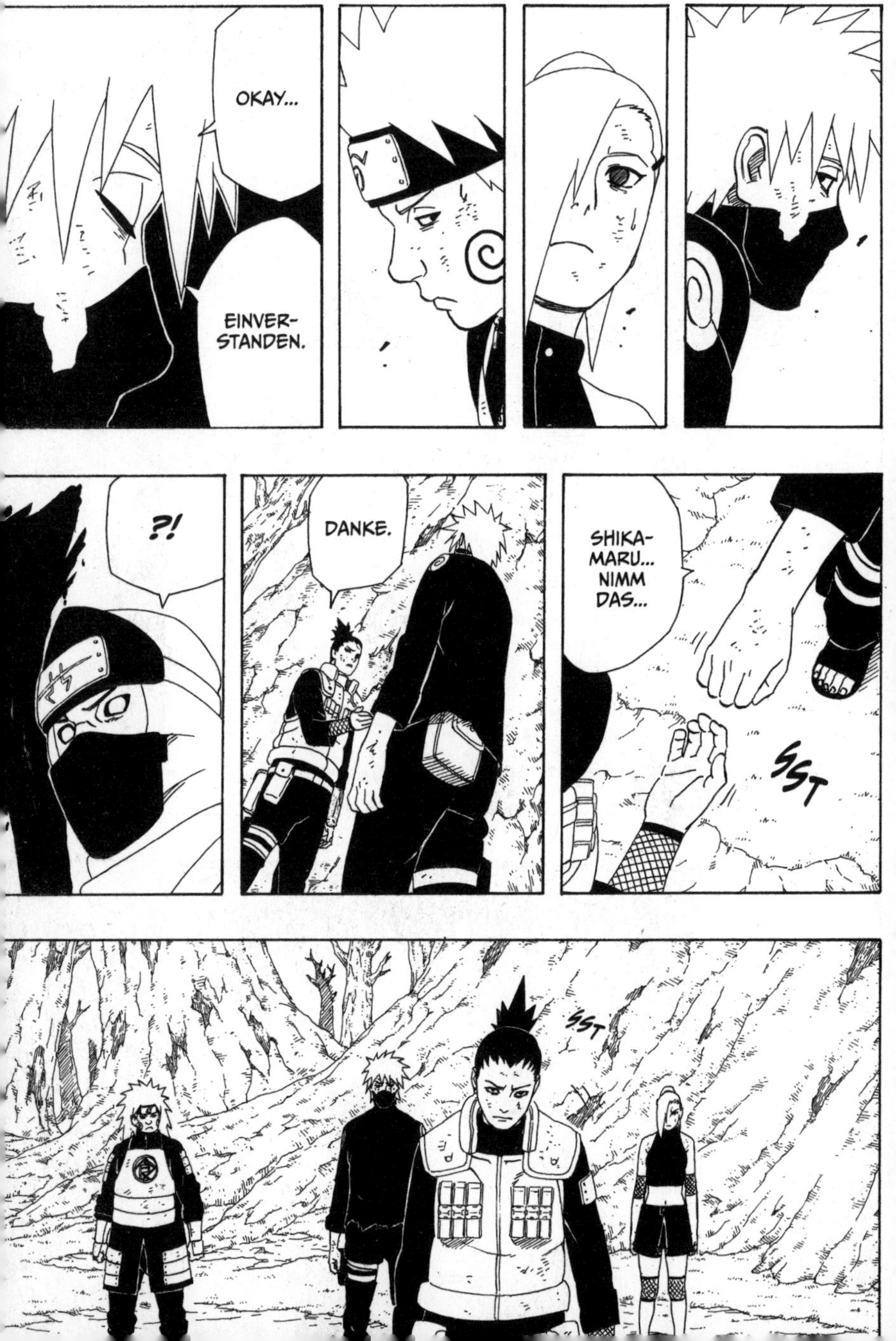
OKAY...
EINVER-
STANDEN.
?!
DANKE.
SHIKA-
MARU...
NIMM
DAS...
SST
SST

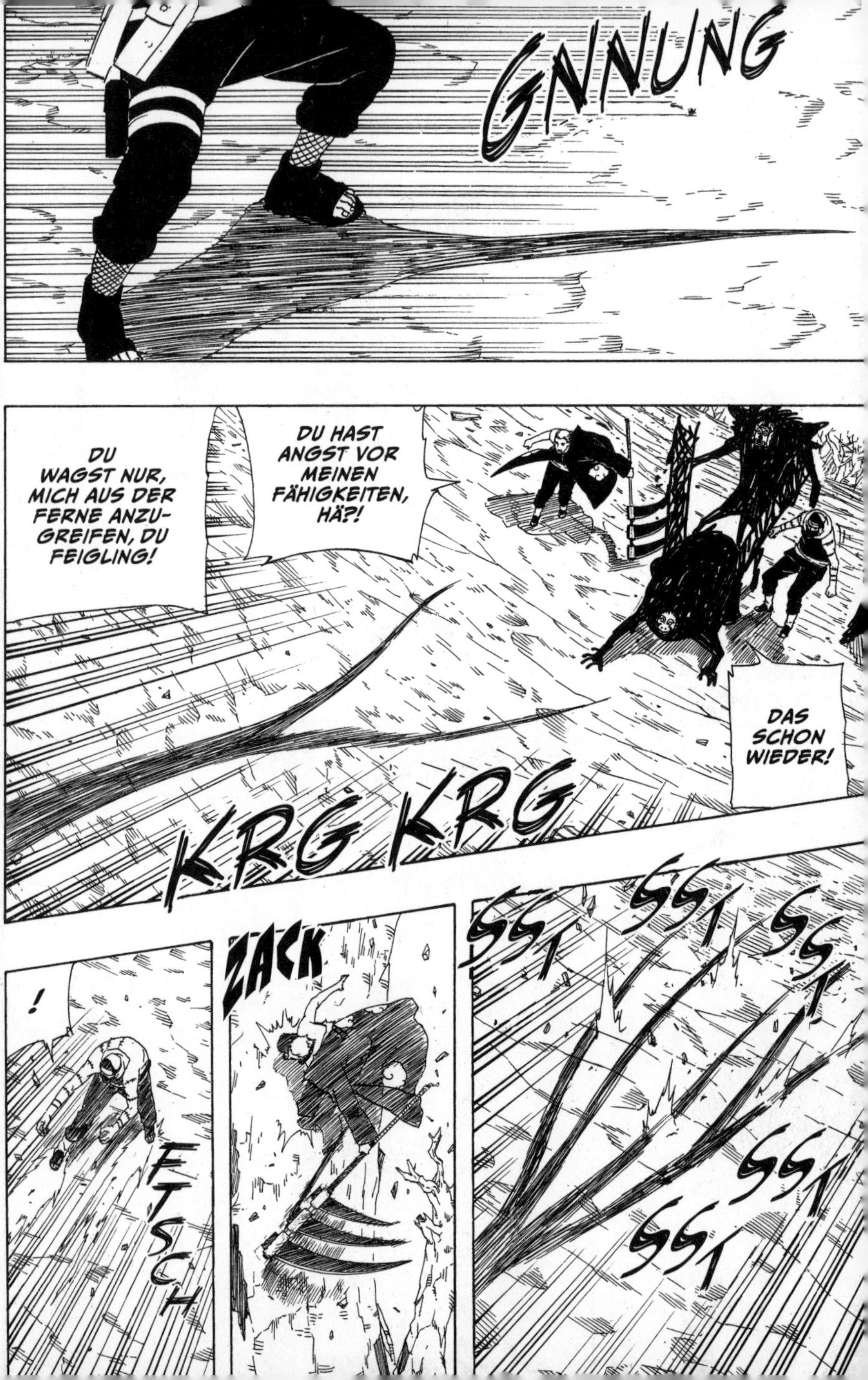
GNNUNG
DU HAST ANGST VOR MEINEN FÄHIGKEITEN, HÄ?!
DU WAGST NUR, MICH AUS DER FERNE ANZUGREIFEN, DU FEIGLING!
DAS SCHON WIEDER!
KRG KRG
SST SST SST
SST SST
ZACK
!
FTSCH

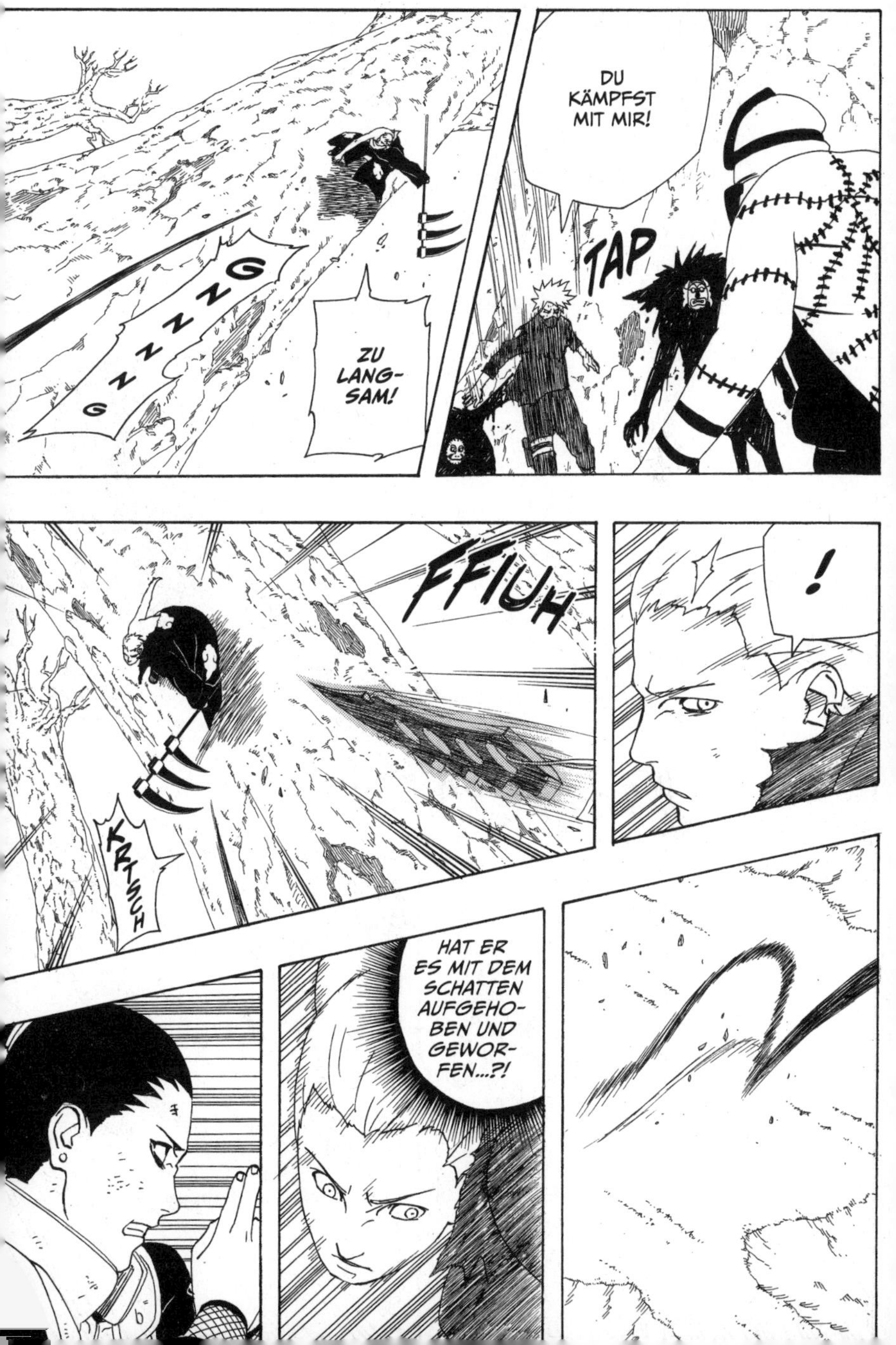
DU KÄMPFST MIT MIR!
TAP
GZZZZG
ZU LANG-SAM!
!
FFIUH
KRTSCH
HAT ER ES MIT DEM SCHATTEN AUFGEHO-BEN UND GEWOR-FEN...?!

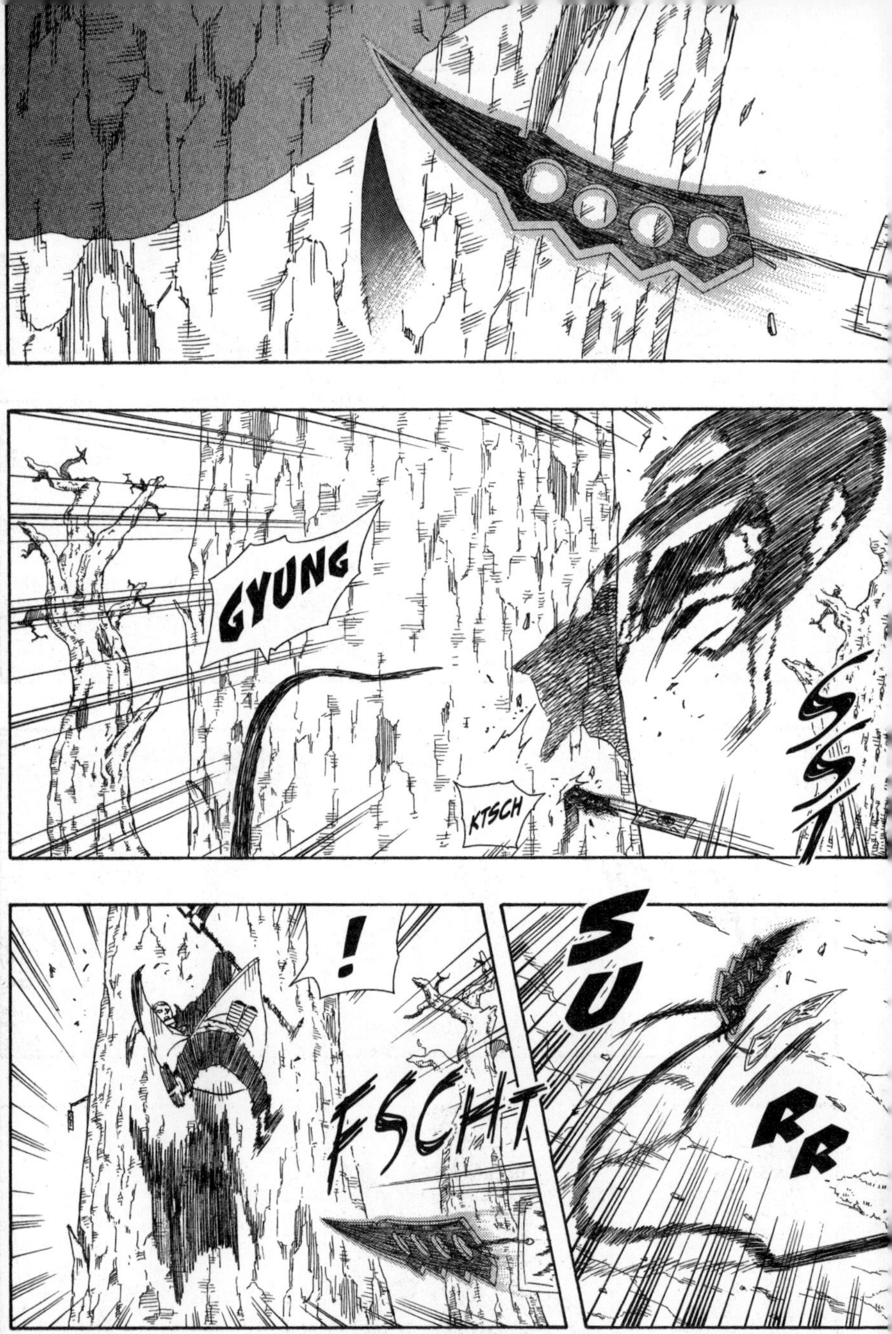
SST
KTSCH
GYUNG
SURR
!
FSCHT

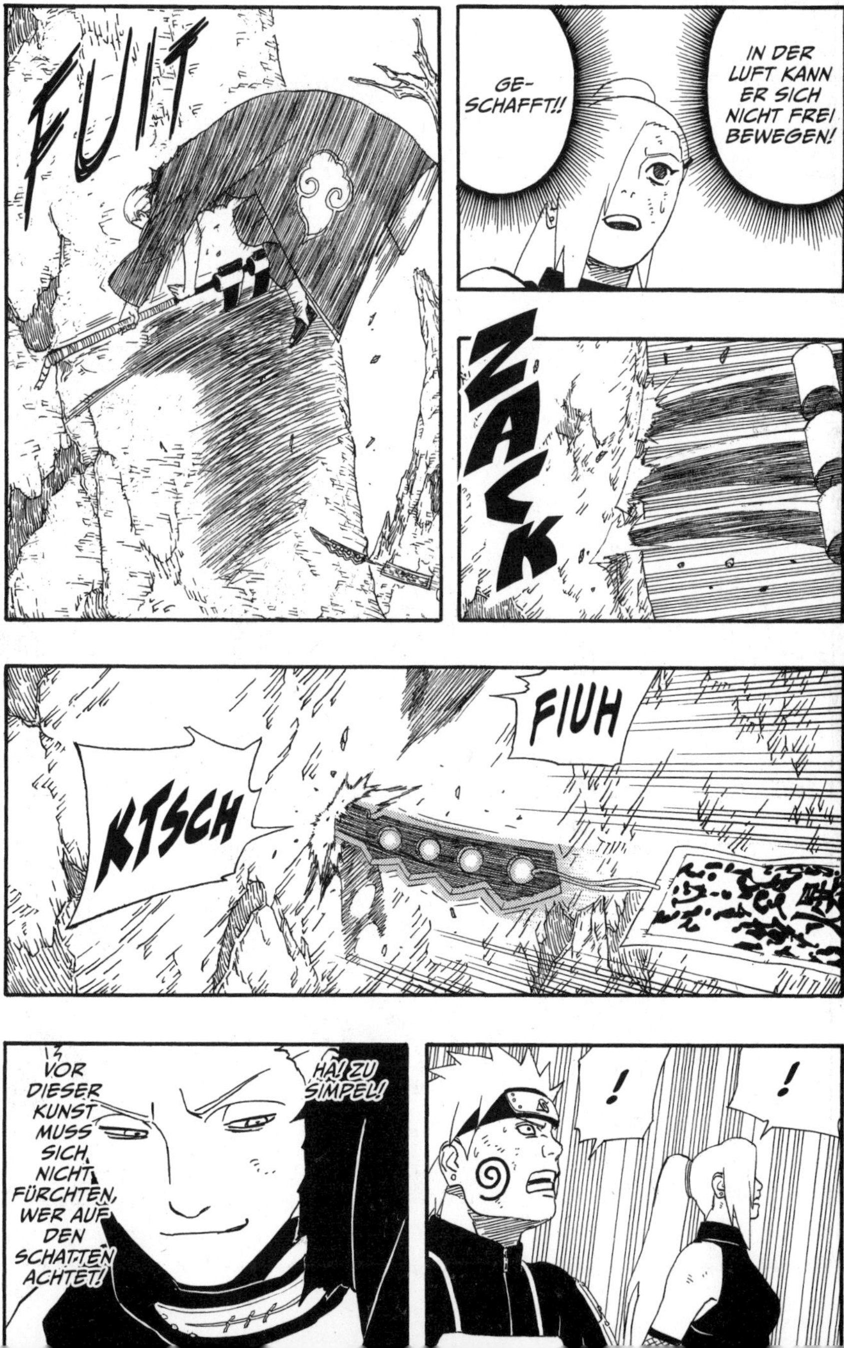
IN DER LUFT KANN ER SICH NICHT FREI BEWEGEN!
GE-SCHAFFT!!
FUIT
ZACK
FIUH
KTSCH
!
!
HA! ZU SIMPEL!
VOR DIESER KUNST MUSS SICH NICHT FÜRCHTEN, WER AUF DEN SCHATTEN ACHTET!

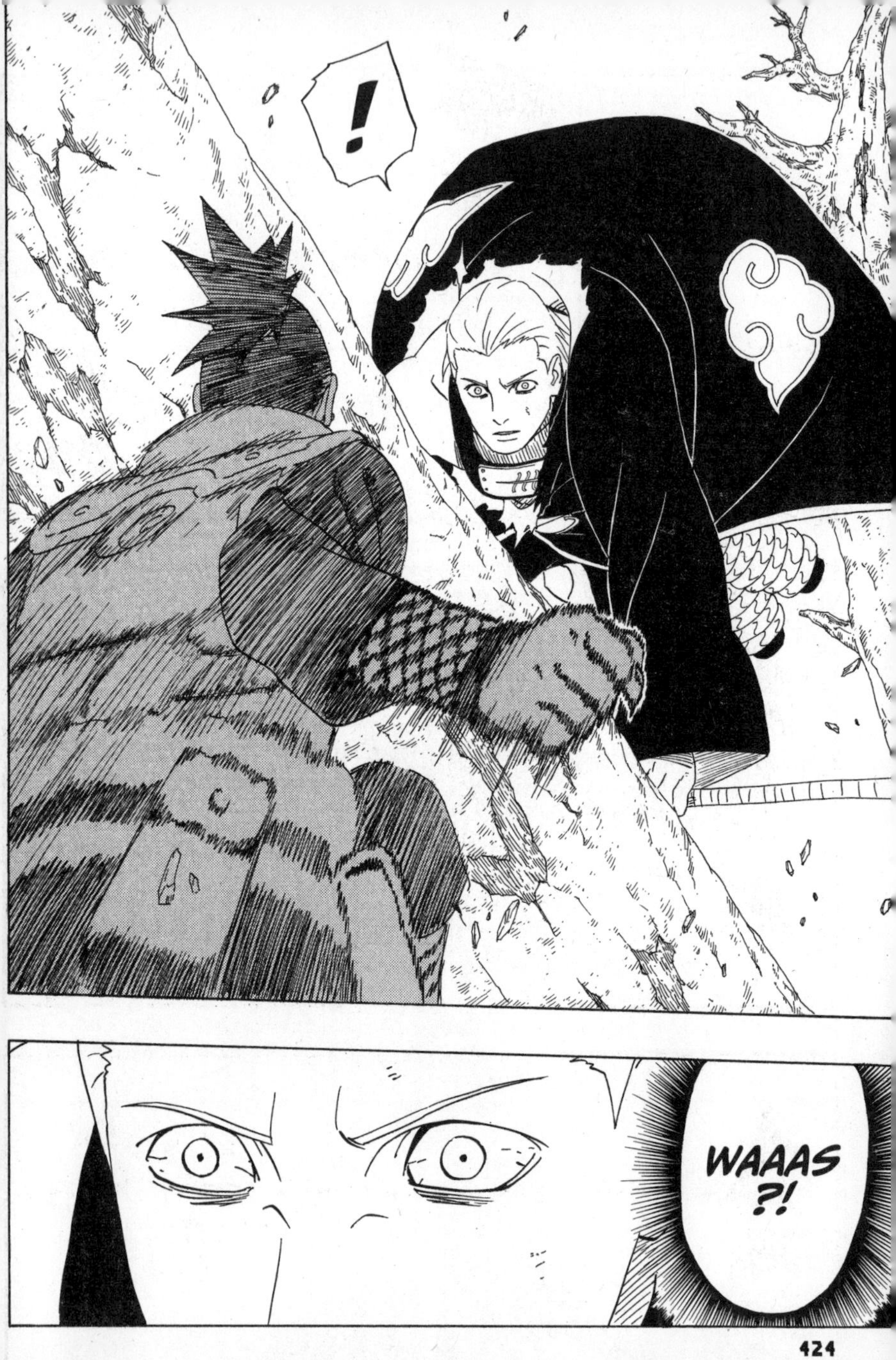
!
WAAAS ?!

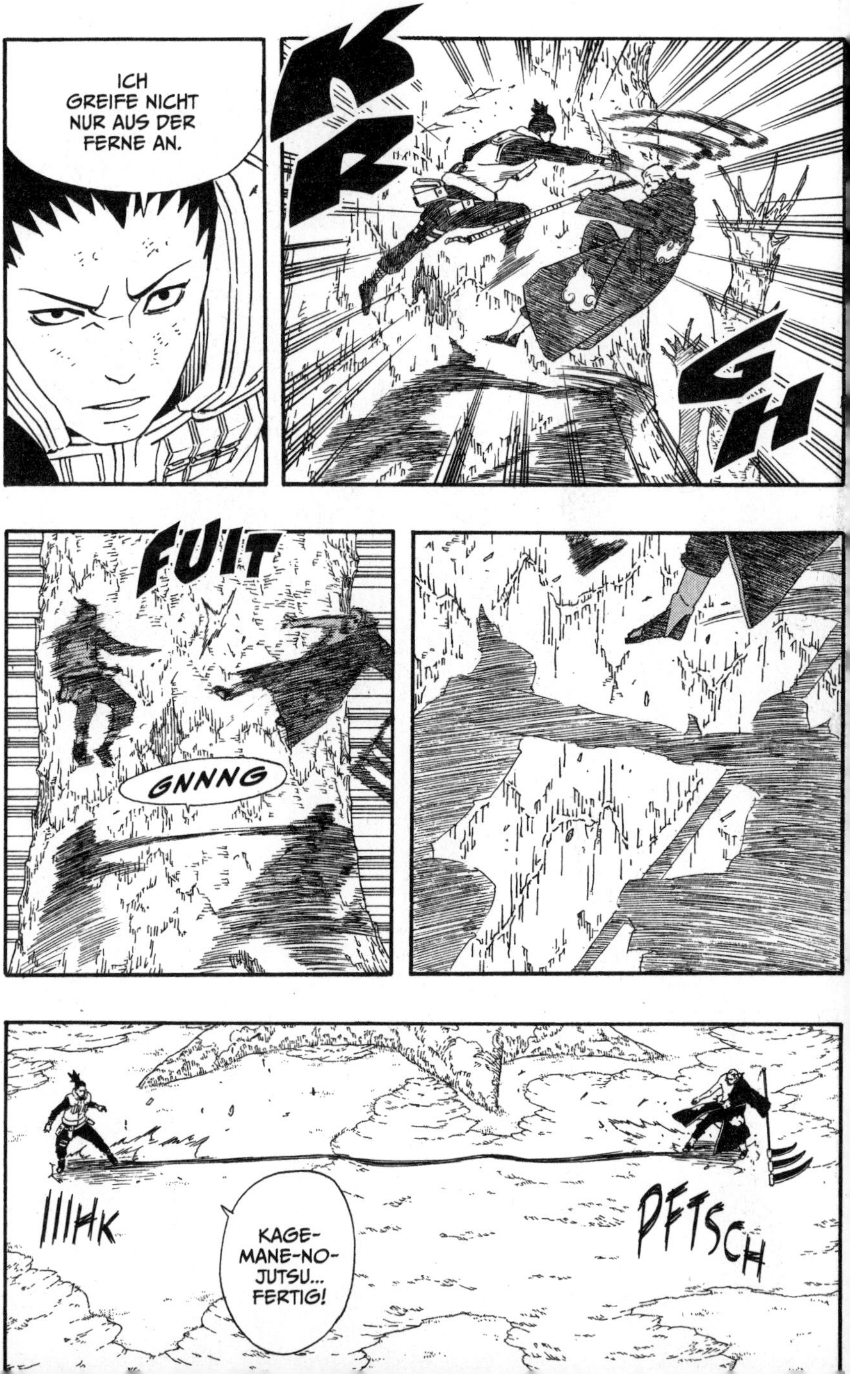
ICH GREIFE NICHT NUR AUS DER FERNE AN.
KR
GH
FUIT
GNNNG
IIIHK
KAGE-MANE-NO-JUTSU... FERTIG!
PFTSCH

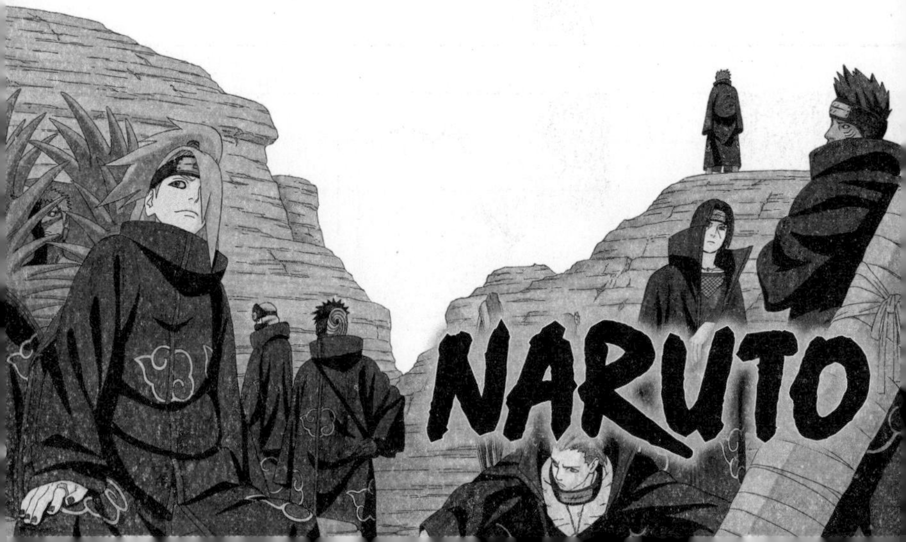
NARUTO

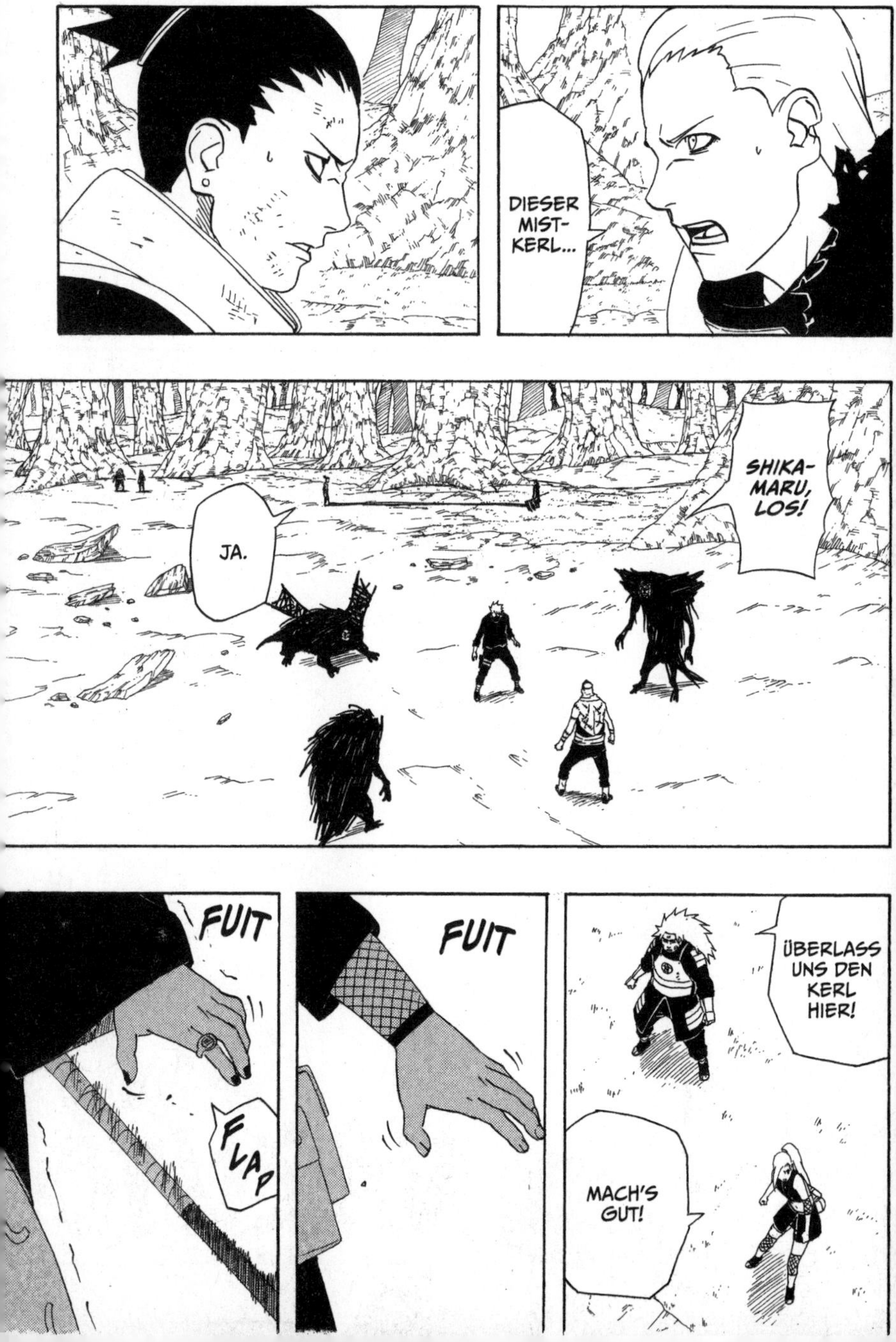
DIESER MIST-KERL...
SHIKA-MARU, LOS!
JA.
ÜBERLASS UNS DEN KERL HIER!
MACH'S GUT!
FUIT
FUIT
FVAP

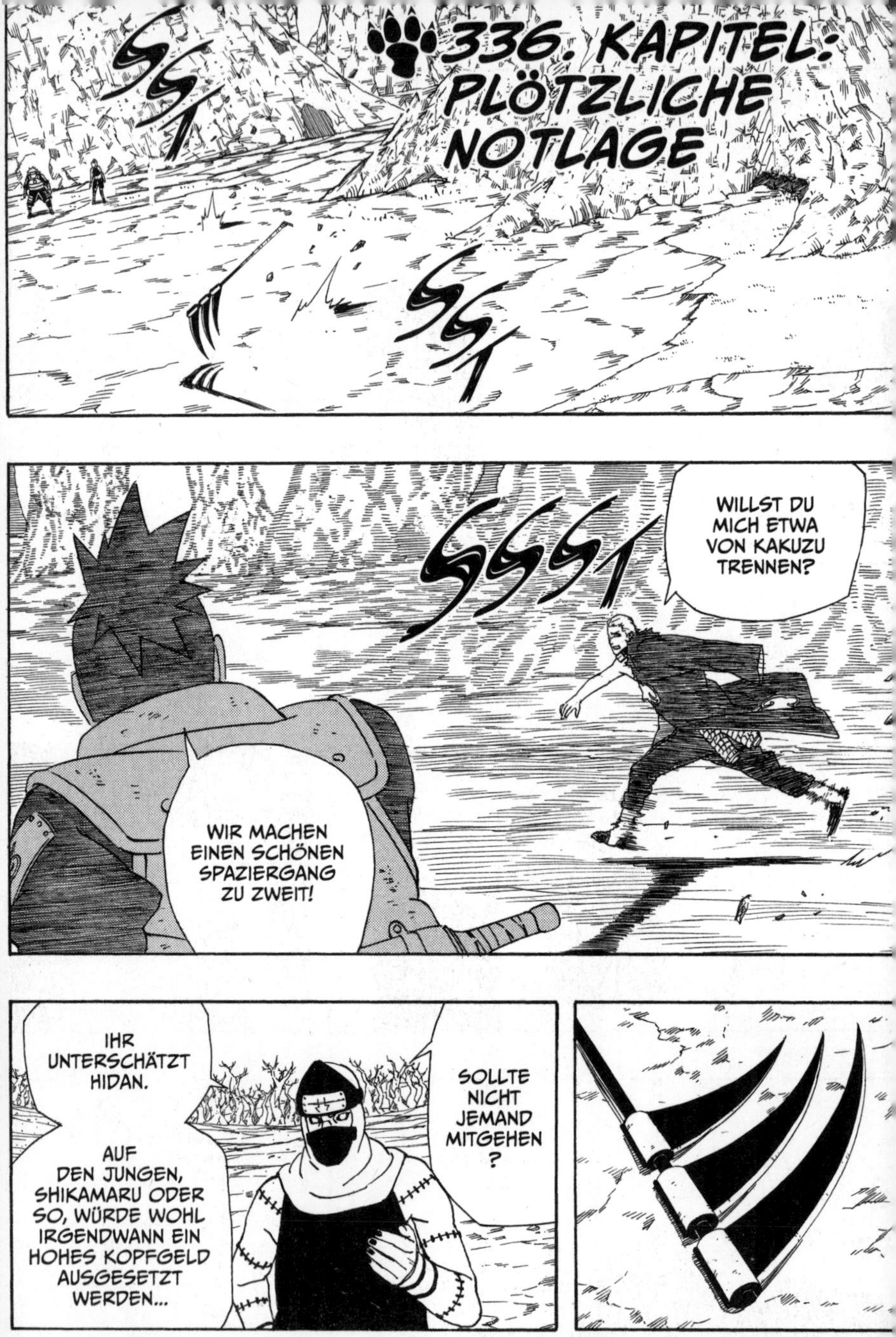
336. KAPITEL: PLÖTZLICHE NOTLAGE
SST
SST
SSST
WILLST DU MICH ETWA VON KAKUZU TRENNEN?
WIR MACHEN EINEN SCHÖNEN SPAZIERGANG ZU ZWEIT!
SOLLTE NICHT JEMAND MITGEHEN?
IHR UNTERSCHÄTZT HIDAN.
AUF DEN JUNGEN, SHIKAMARU ODER SO, WÜRDE WOHL IRGENDWANN EIN HOHES KOPFGELD AUSGESETZT WERDEN...

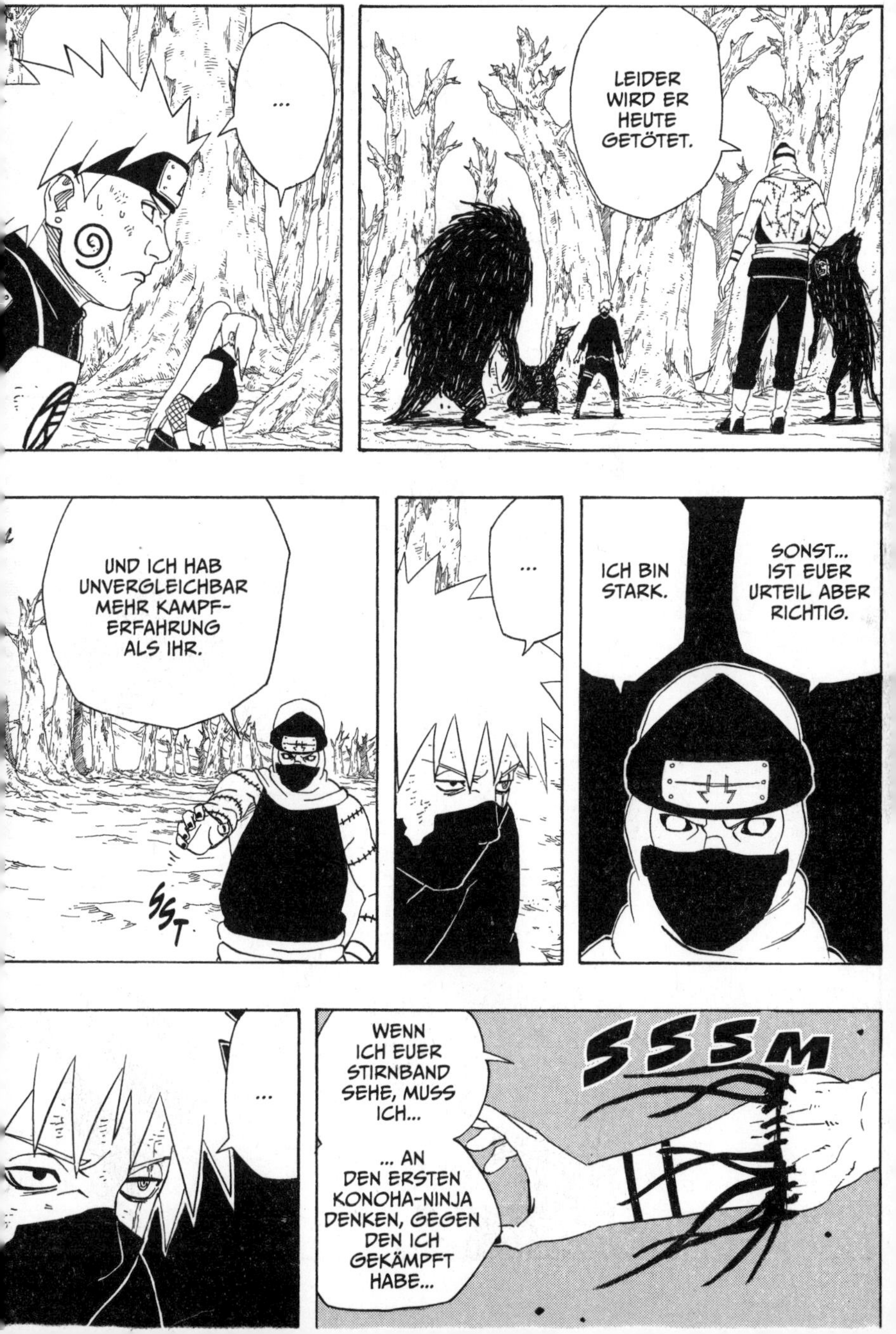
...
LEIDER WIRD ER HEUTE GETÖTET.
UND ICH HAB UNVERGLEICHBAR MEHR KAMPF-ERFAHRUNG ALS IHR.
SST
...
ICH BIN STARK.
SONST... IST EUER URTEIL ABER RICHTIG.
...
WENN ICH EUER STIRNBAND SEHE, MUSS ICH...
... AN DEN ERSTEN KONOHA-NINJA DENKEN, GEGEN DEN ICH GEKÄMPFT HABE...
SSSM

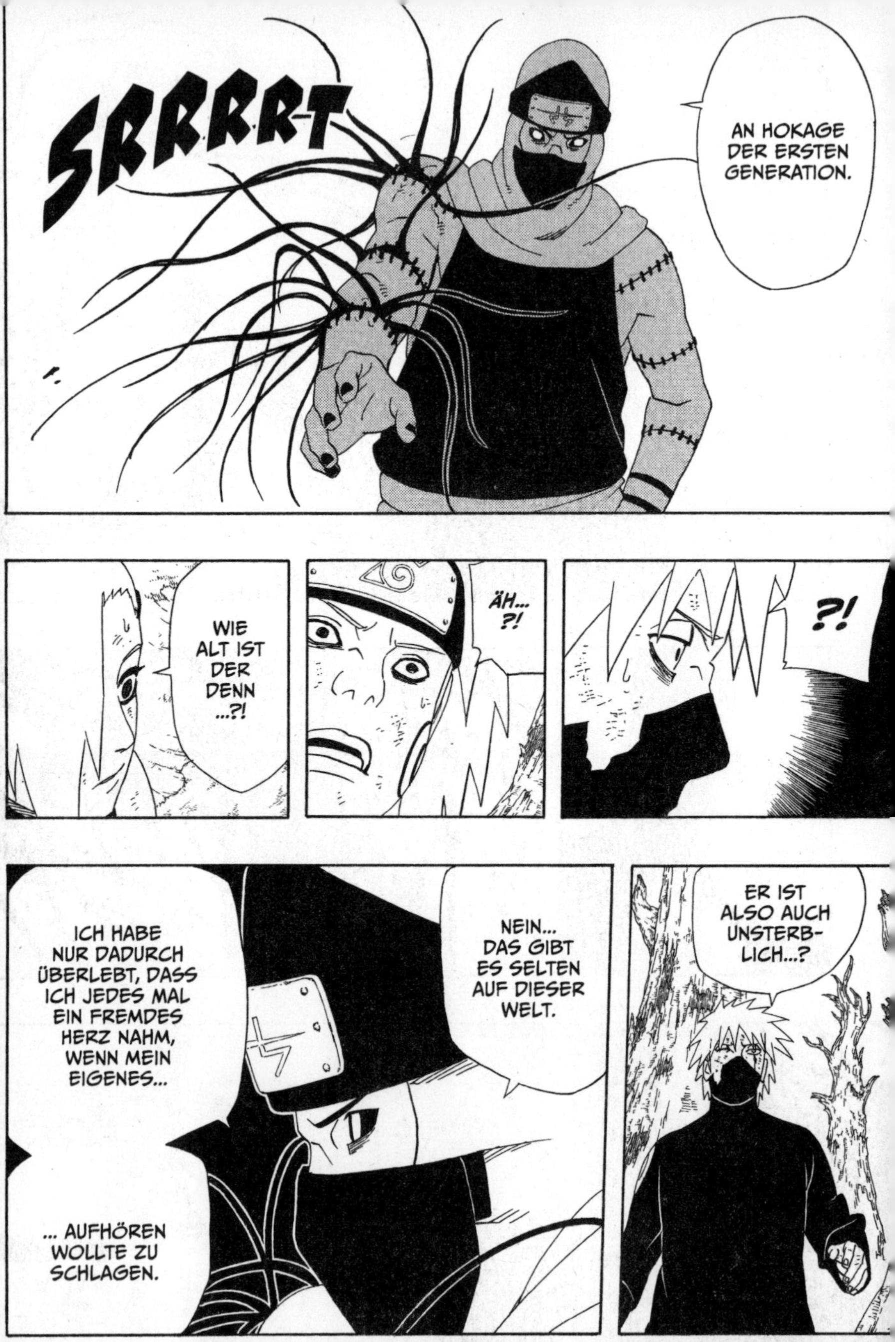
SRRRRT
AN HOKAGE DER ERSTEN GENERATION.
?!
ÄH... ?!
WIE ALT IST DER DENN ...?!
ER IST ALSO AUCH UNSTERB-LICH...?
NEIN... DAS GIBT ES SELTEN AUF DIESER WELT.
ICH HABE NUR DADURCH ÜBERLEBT, DASS ICH JEDES MAL EIN FREMDES HERZ NAHM, WENN MEIN EIGENES...
... AUFHÖREN WOLLTE ZU SCHLAGEN.

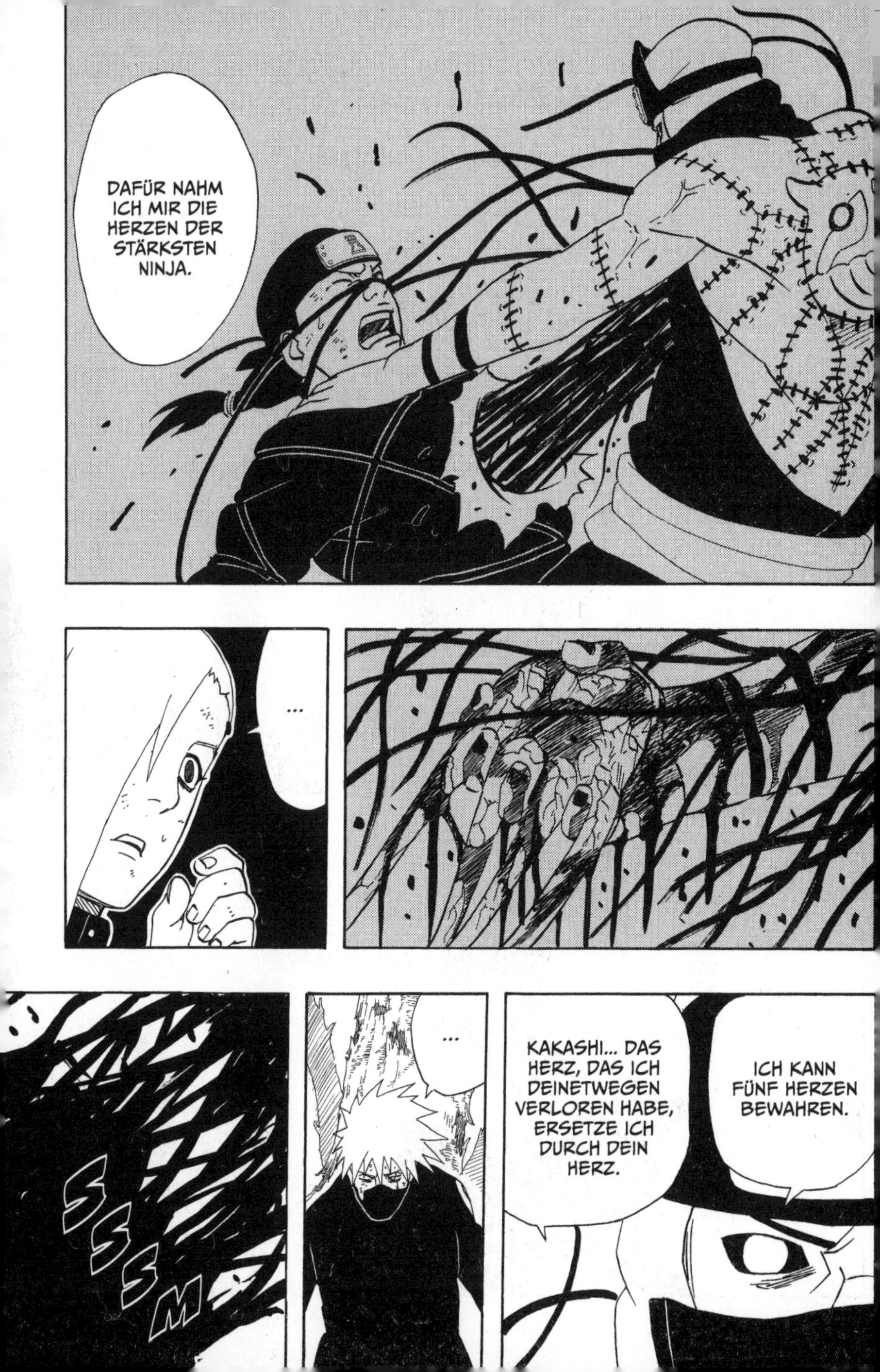
DAFÜR NAHM ICH MIR DIE HERZEN DER STÄRKSTEN NINJA.
...
ICH KANN FÜNF HERZEN BEWAHREN.
KAKASHI... DAS HERZ, DAS ICH DEINETWEGEN VERLOREN HABE, ERSETZE ICH DURCH DEIN HERZ.
...
SSSM

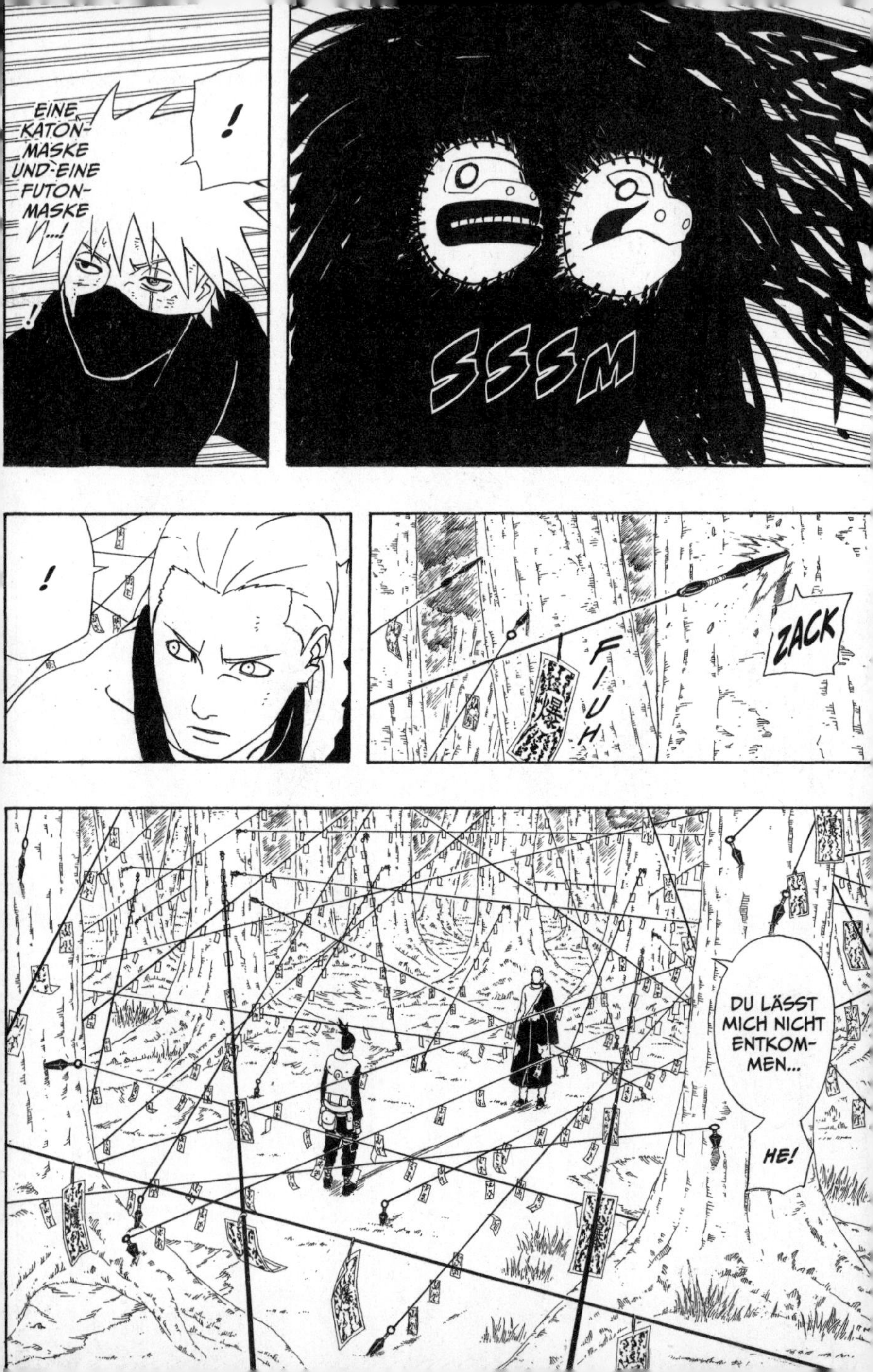
!
EINE KATON-MASKE UND EINE FUTON-MASKE ...!
SSSM
!
ZACK
FIUH
DU LÄSST MICH NICHT ENTKOMMEN...
HE!

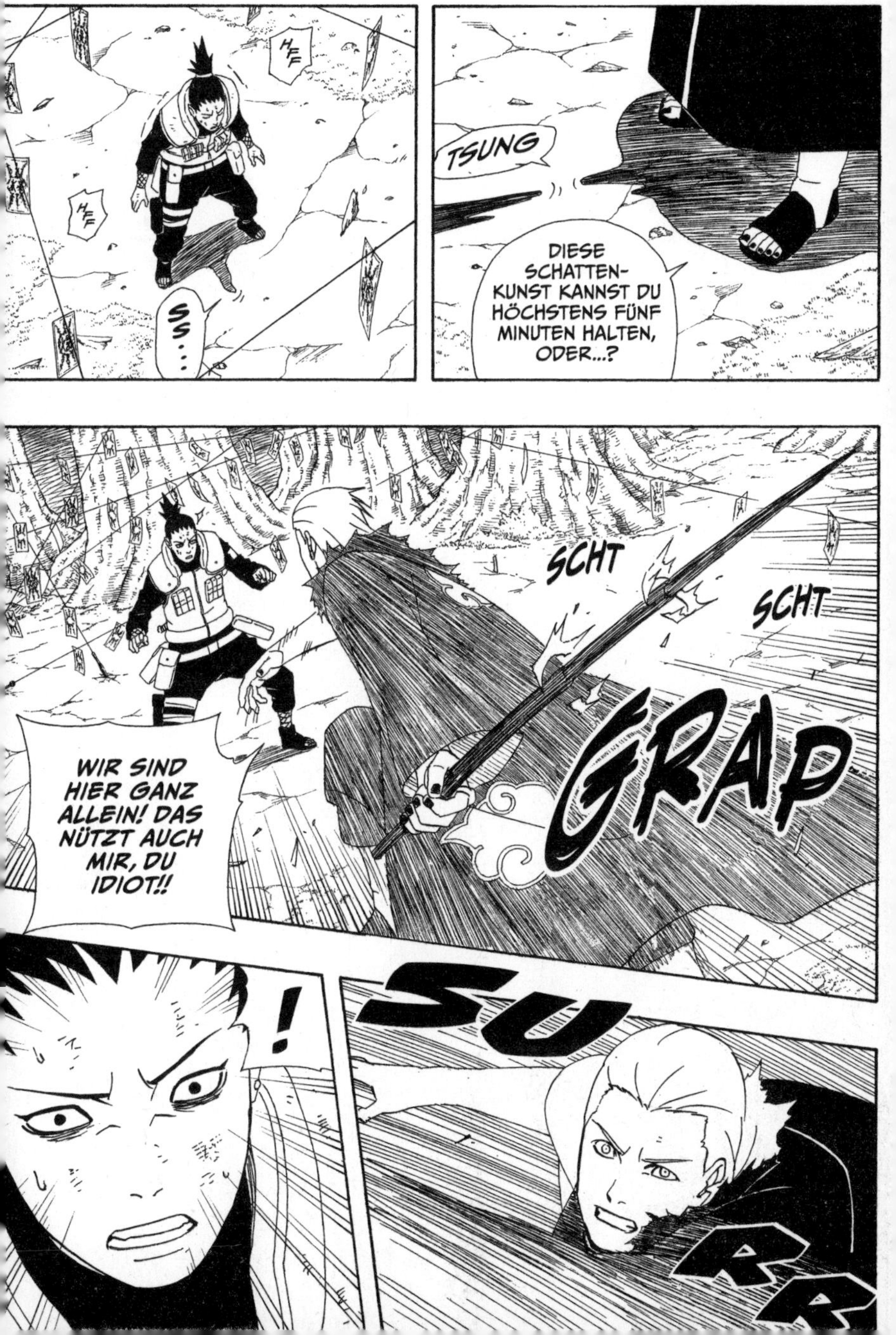

TSUNG
DIESE SCHATTEN-KUNST KANNST DU HÖCHSTENS FÜNF MINUTEN HALTEN, ODER...?
HEF
HEF
SS...
SCHT
SCHT
GRAP
WIR SIND HIER GANZ ALLEIN! DAS NÜTZT AUCH MIR, DU IDIOT!!
SU
RR
!

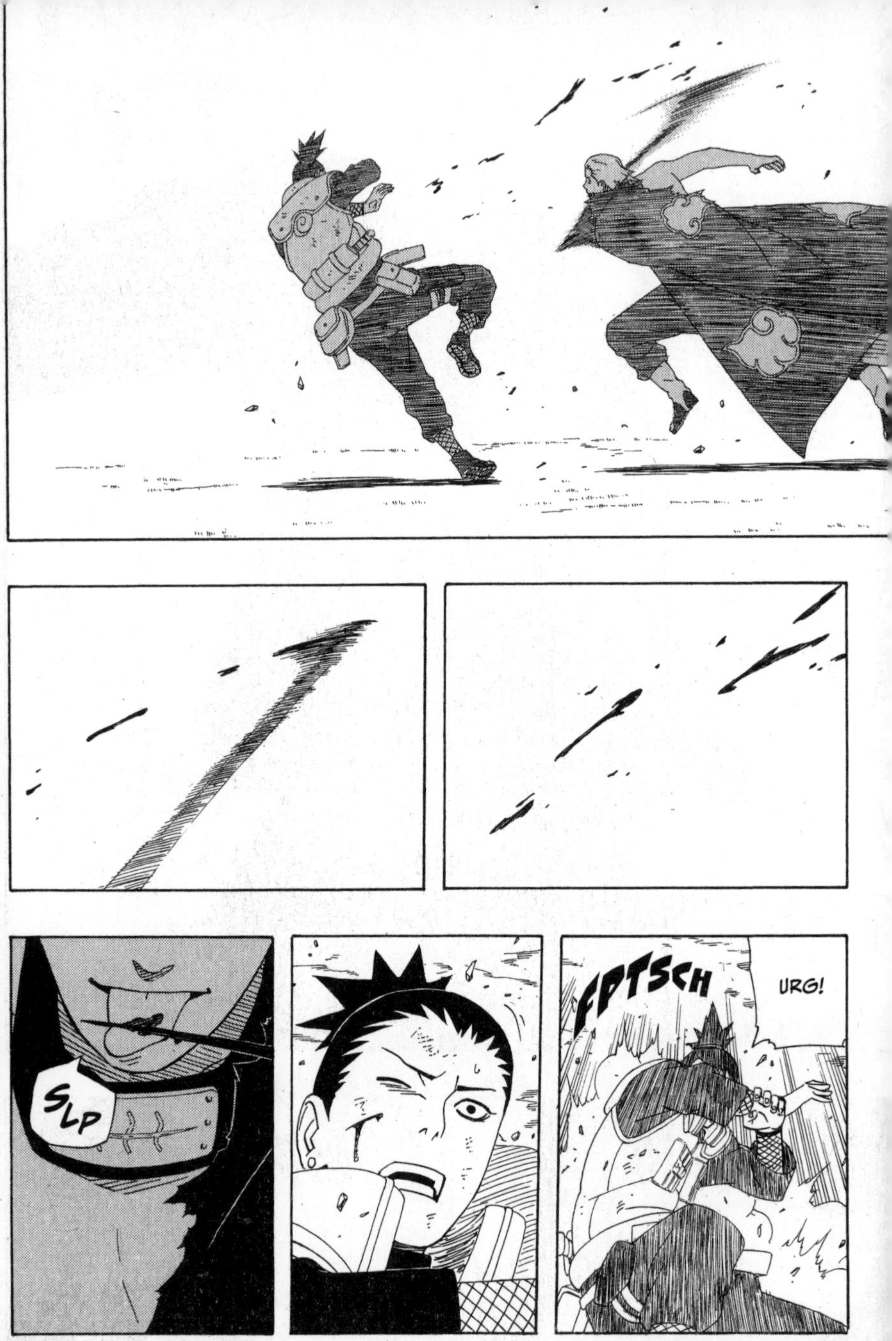
SLP
FPTSCH
URG!

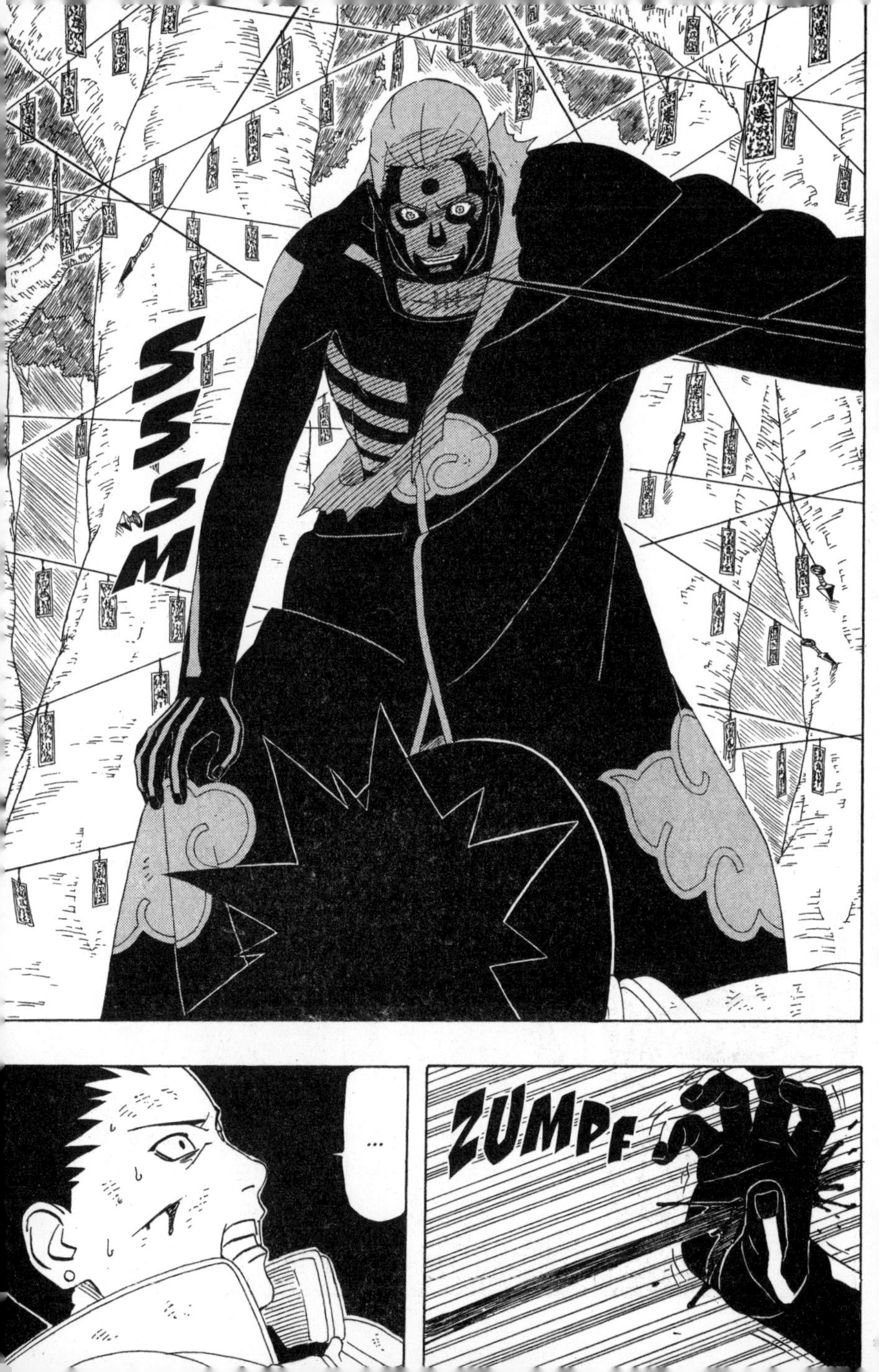
SSSM
...
ZUMPF

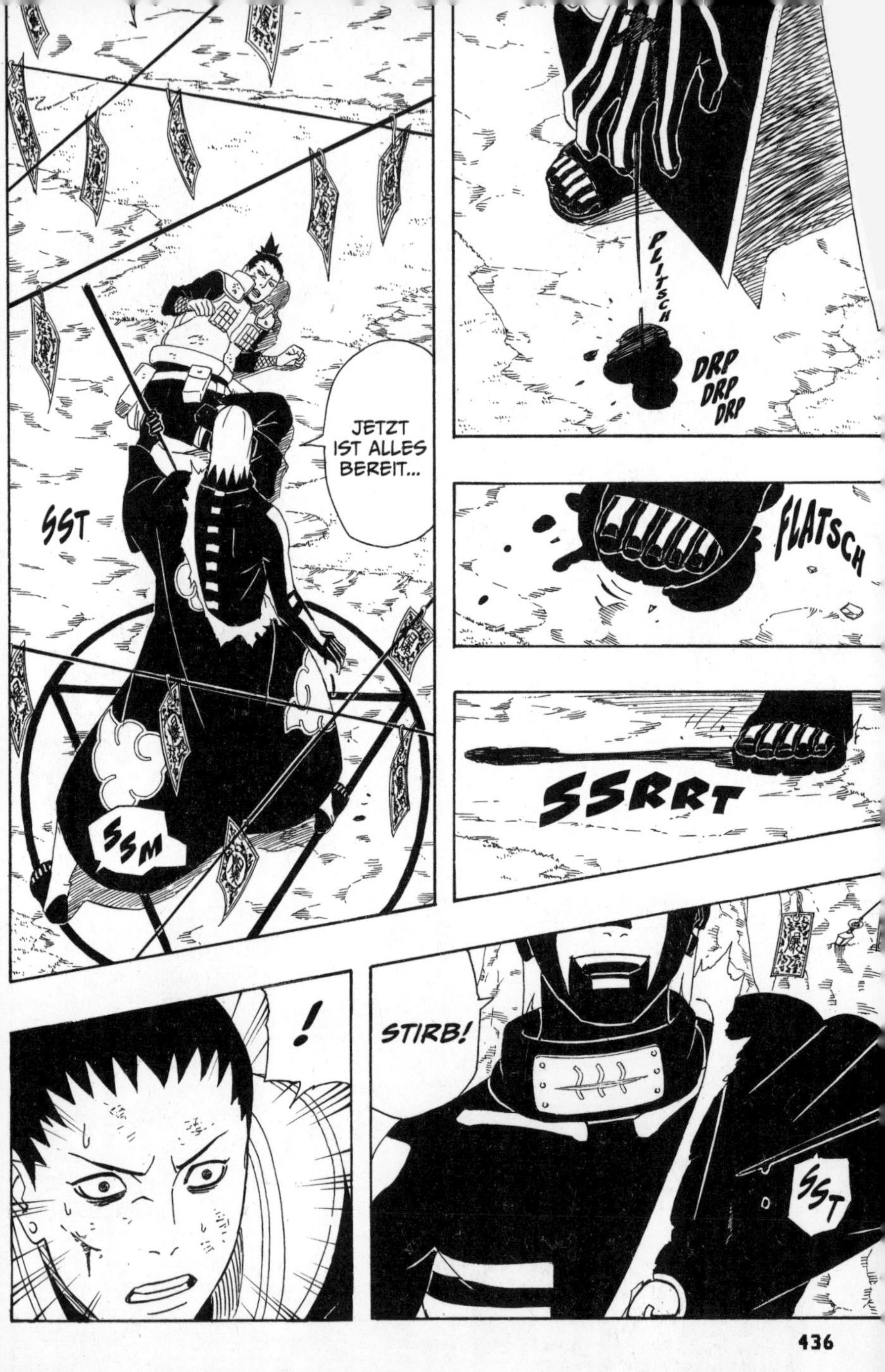
PLITSCH
DRP DRP DRP
JETZT IST ALLES BEREIT...
SST
SSM
FLATSCH
SSRRT
STIRB!
SST
!

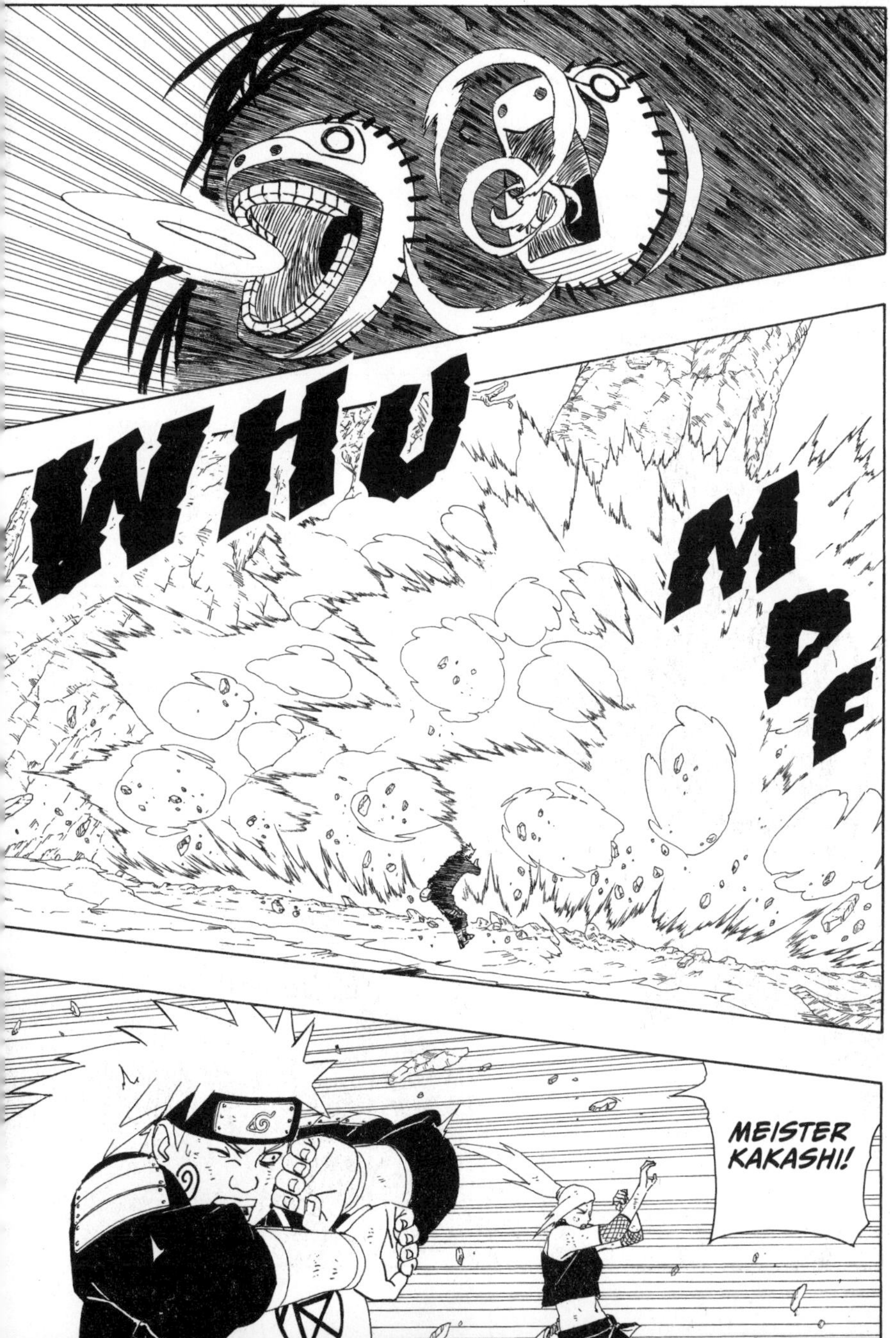
WHUMPF
MEISTER KAKASHI!

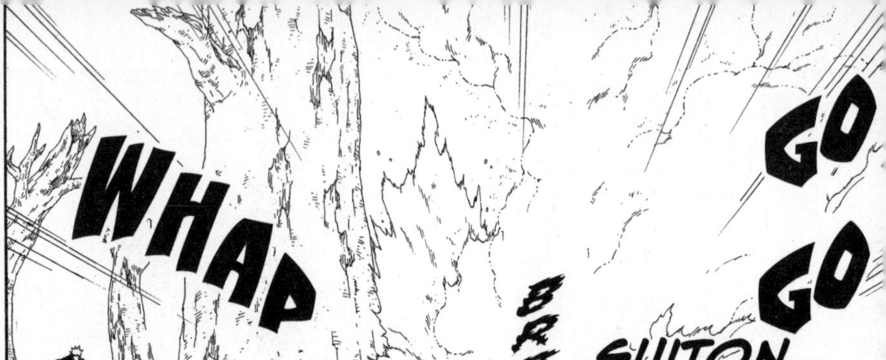

* SUI = WASSER, JIN = STELLUNG, HEKI = MAUER

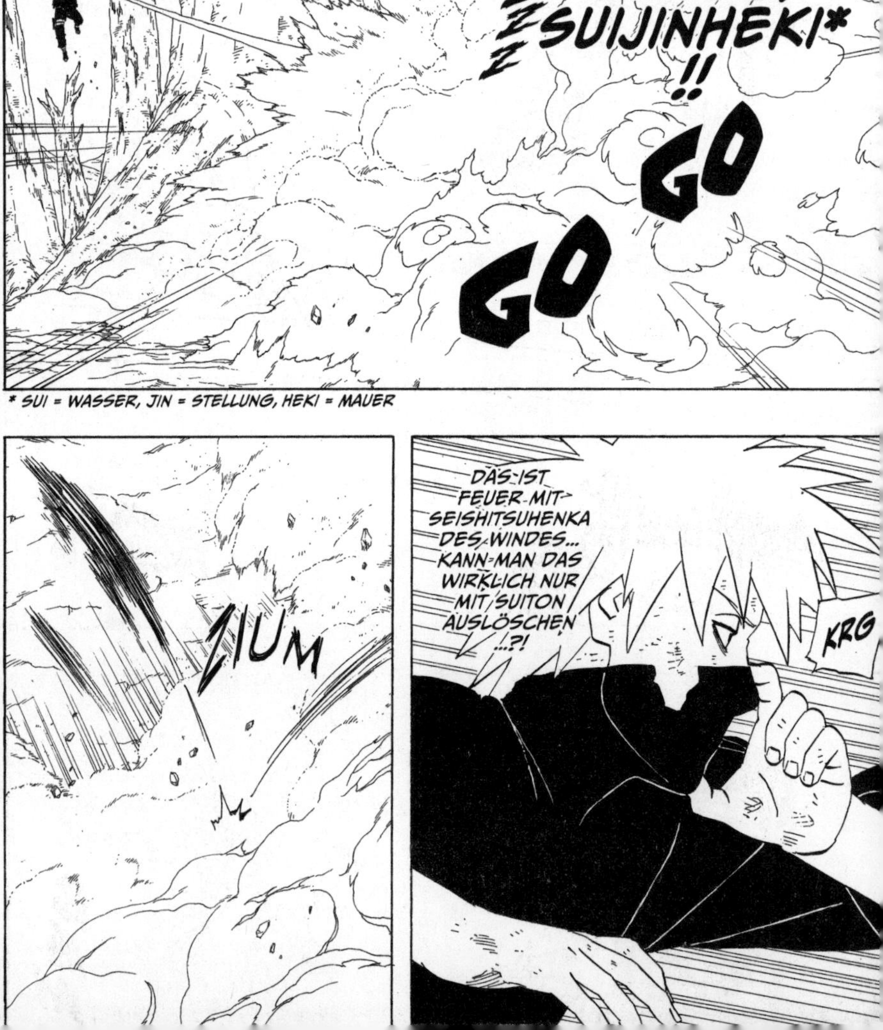

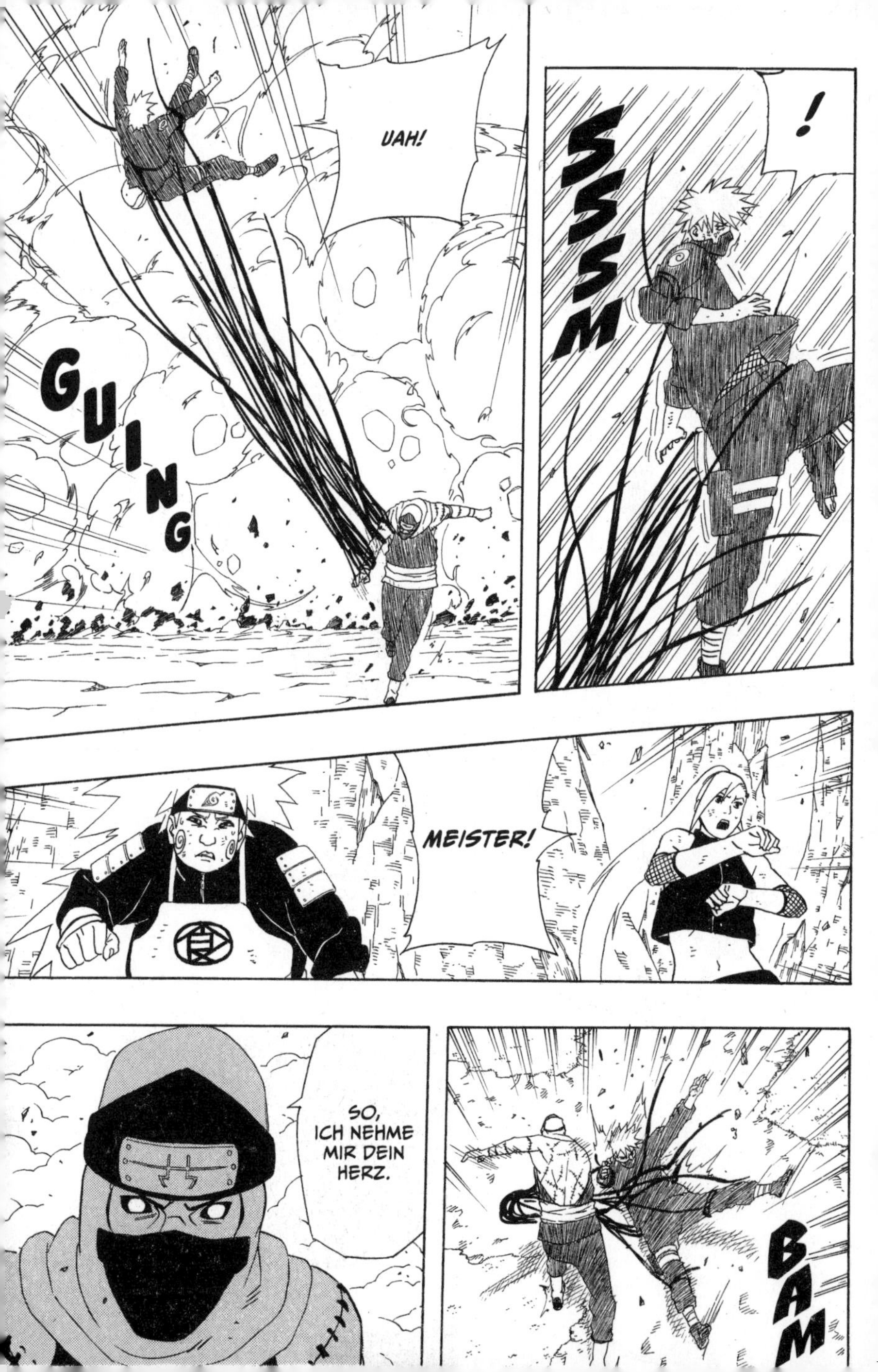
!
SSSM
UAH!
GUING
MEISTER!
BAM
SO, ICH NEHME MIR DEIN HERZ.

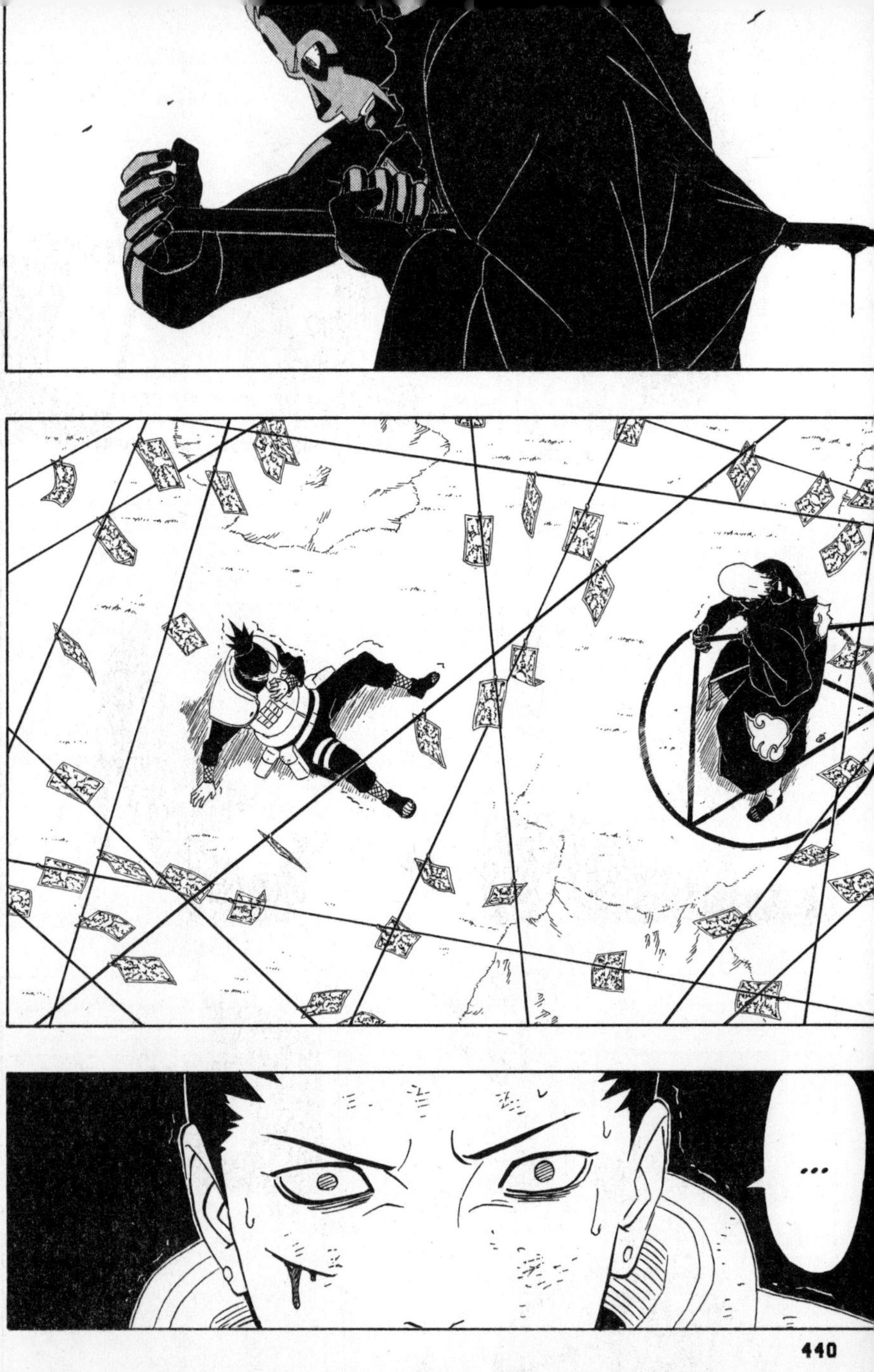

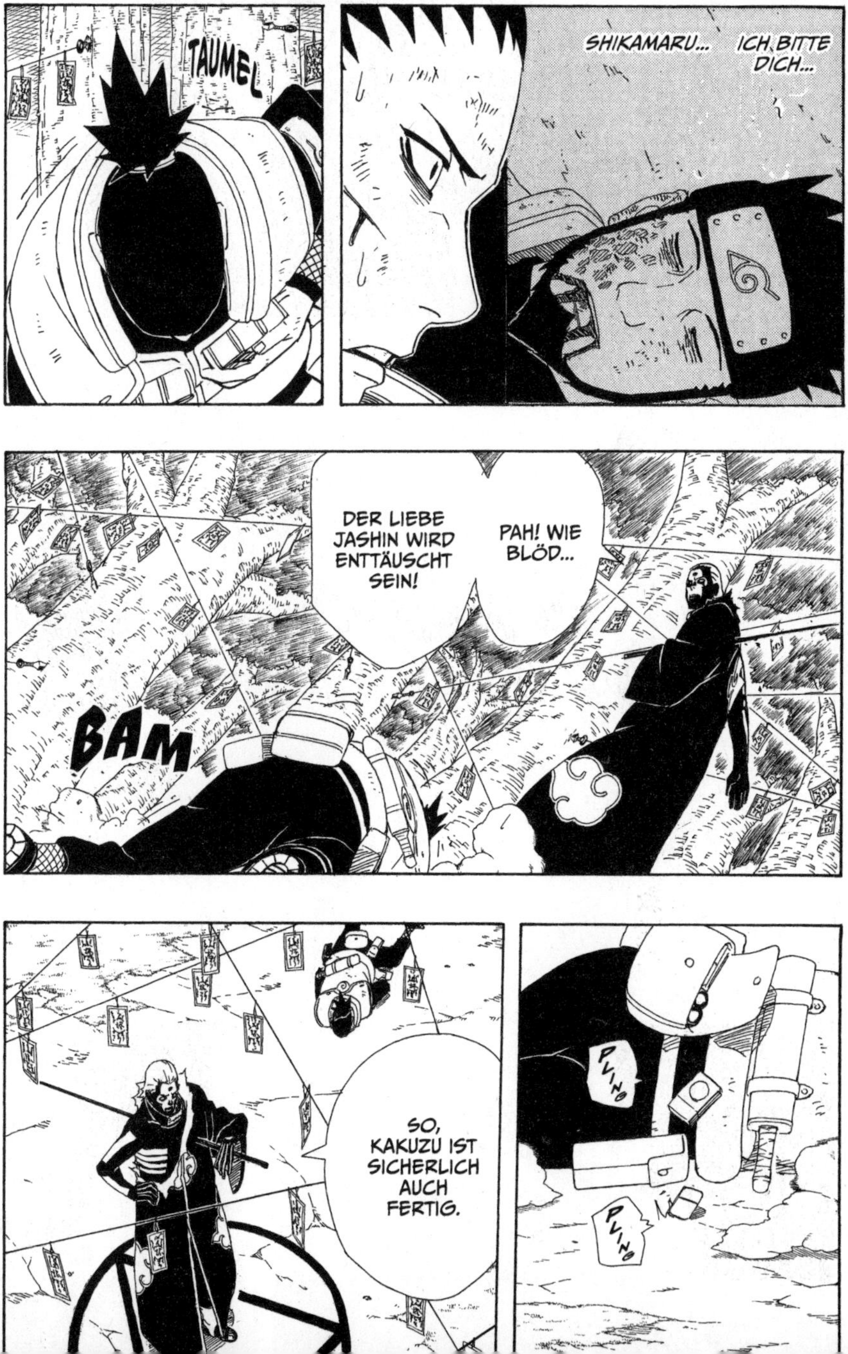
SHIKAMARU... ICH BITTE DICH...
TAUMEL
PAH! WIE BLÖD...
DER LIEBE JASHIN WIRD ENTTÄUSCHT SEIN!
BAM
PLING
PLING
SO, KAKUZU IST SICHERLICH AUCH FERTIG.

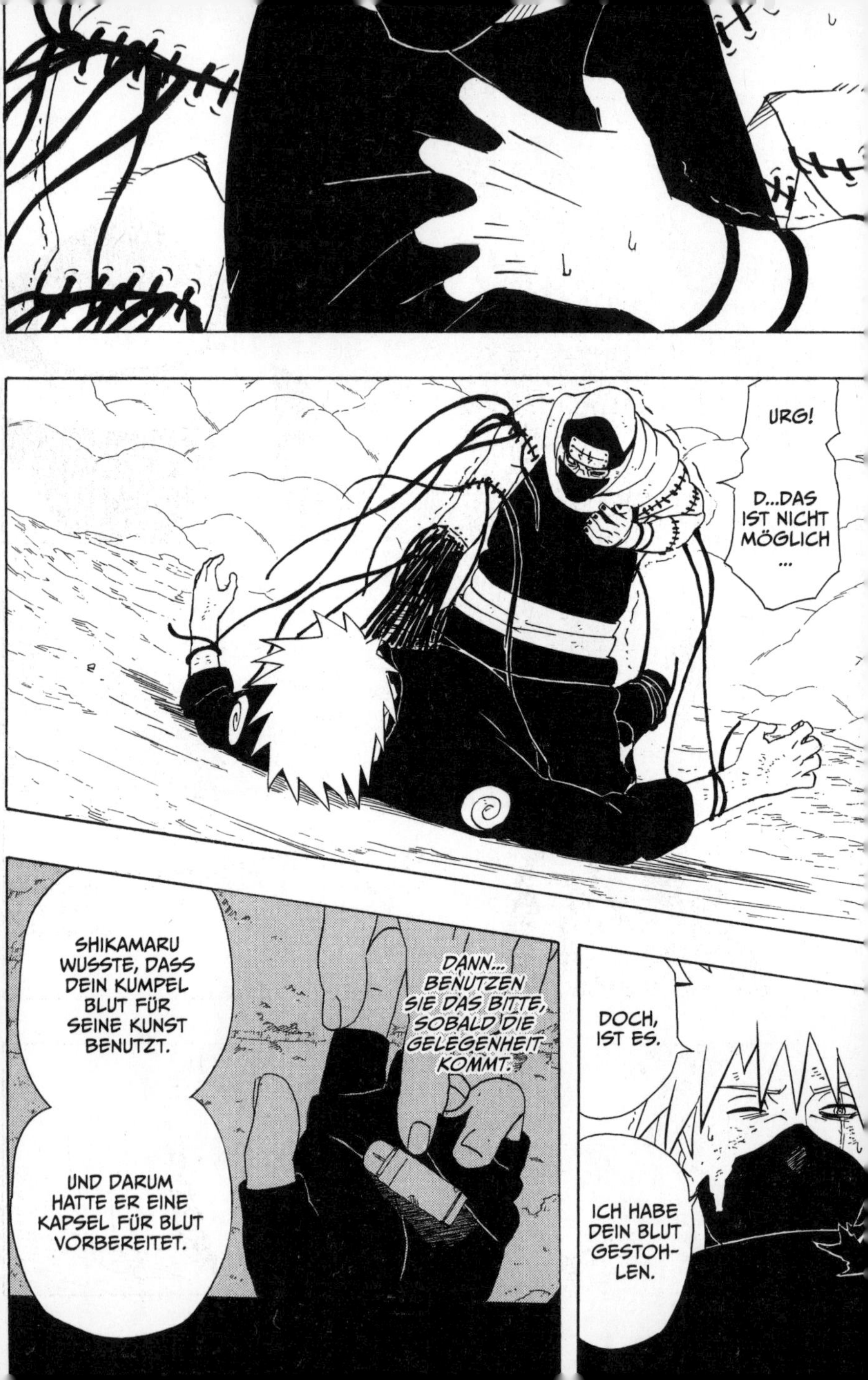
URG!
D...DAS IST NICHT MÖGLICH ...
DOCH, IST ES.
ICH HABE DEIN BLUT GESTOHLEN.
DANN... BENUTZEN SIE DAS BITTE, SOBALD DIE GELEGENHEIT KOMMT.
SHIKAMARU WUSSTE, DASS DEIN KUMPEL BLUT FÜR SEINE KUNST BENUTZT.
UND DARUM HATTE ER EINE KAPSEL FÜR BLUT VORBEREITET.

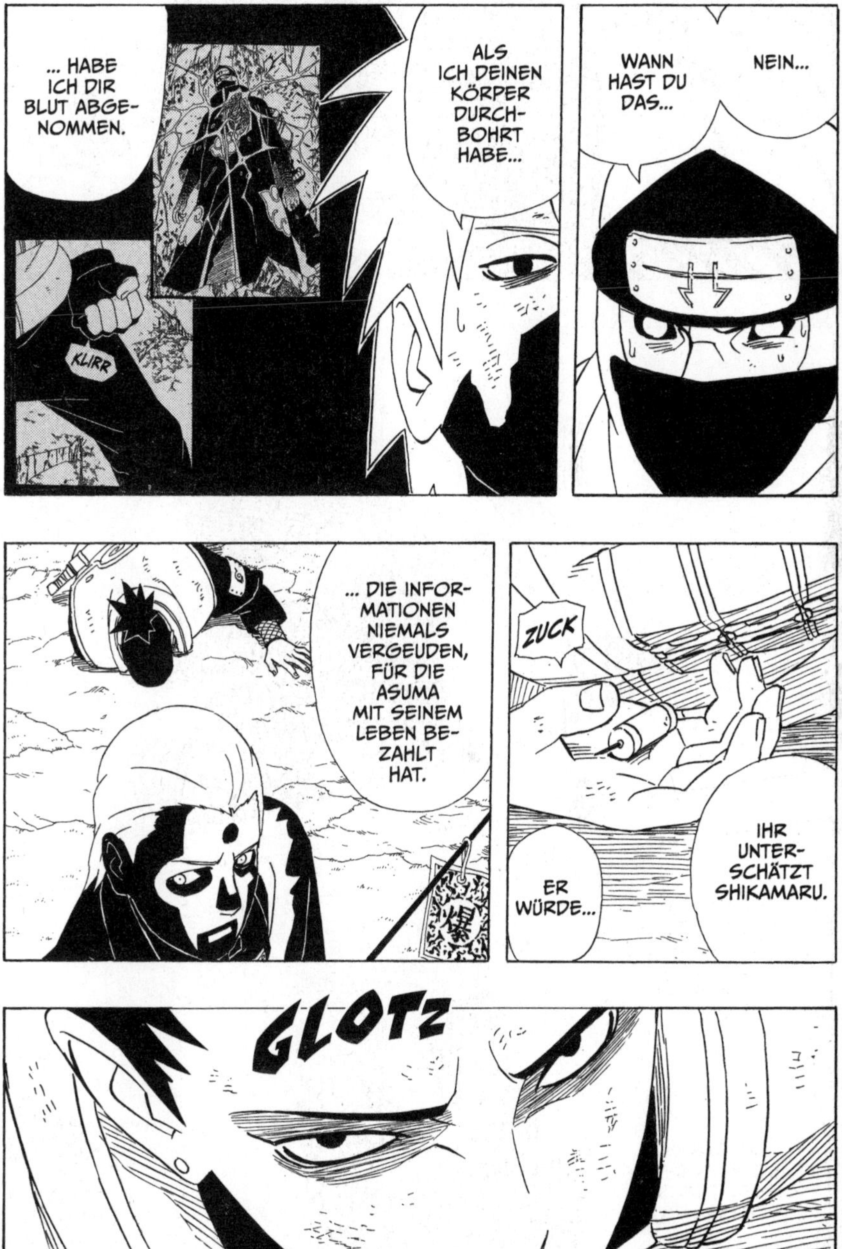
NEIN...
WANN HAST DU DAS...
ALS ICH DEINEN KÖRPER DURCHBOHRT HABE...
... HABE ICH DIR BLUT ABGENOMMEN.
KLIRR
IHR UNTERSCHÄTZT SHIKAMARU.
ER WÜRDE...
ZUCK
... DIE INFORMATIONEN NIEMALS VERGEUDEN, FÜR DIE ASUMA MIT SEINEM LEBEN BEZAHLT HAT.
GLOTZ

SHIKAMARUS TALENT

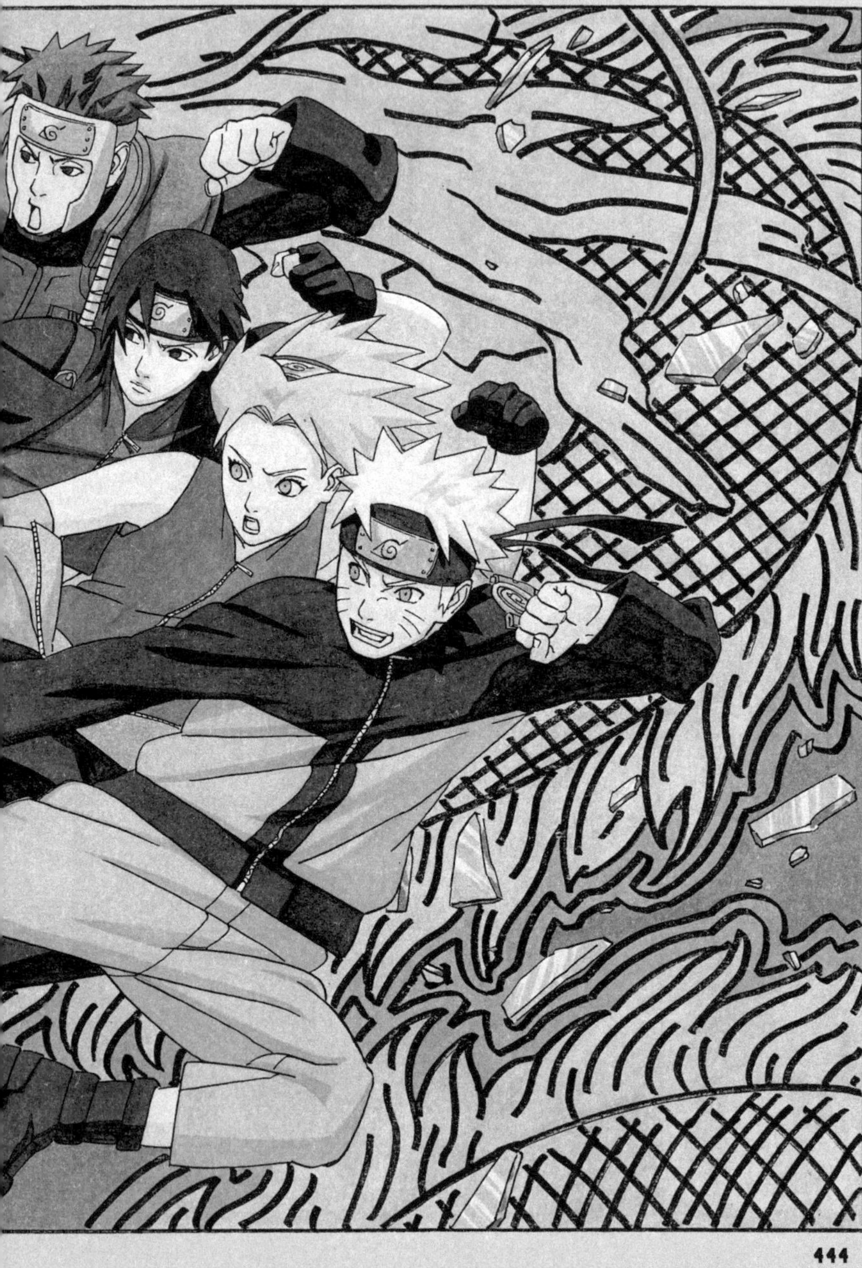

337. KAPITEL:

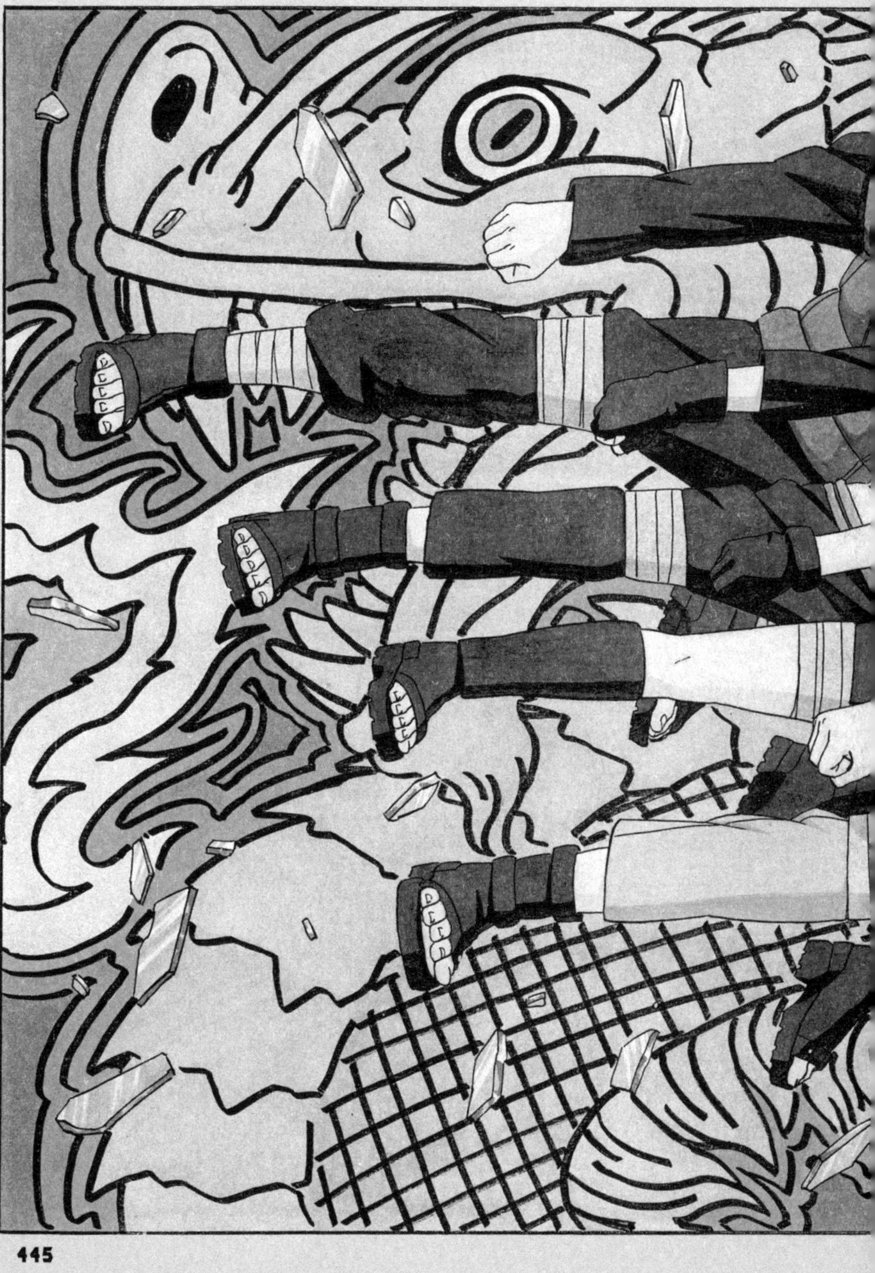

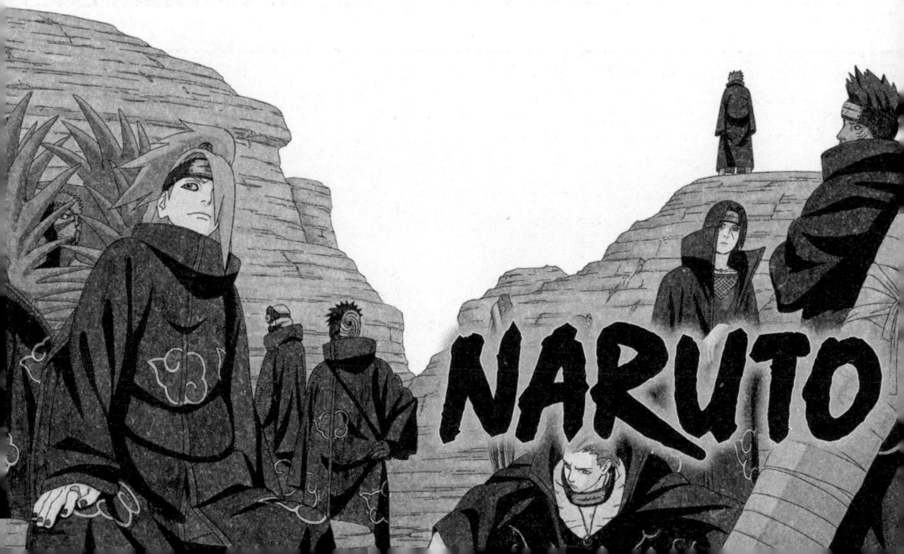
NARUTO

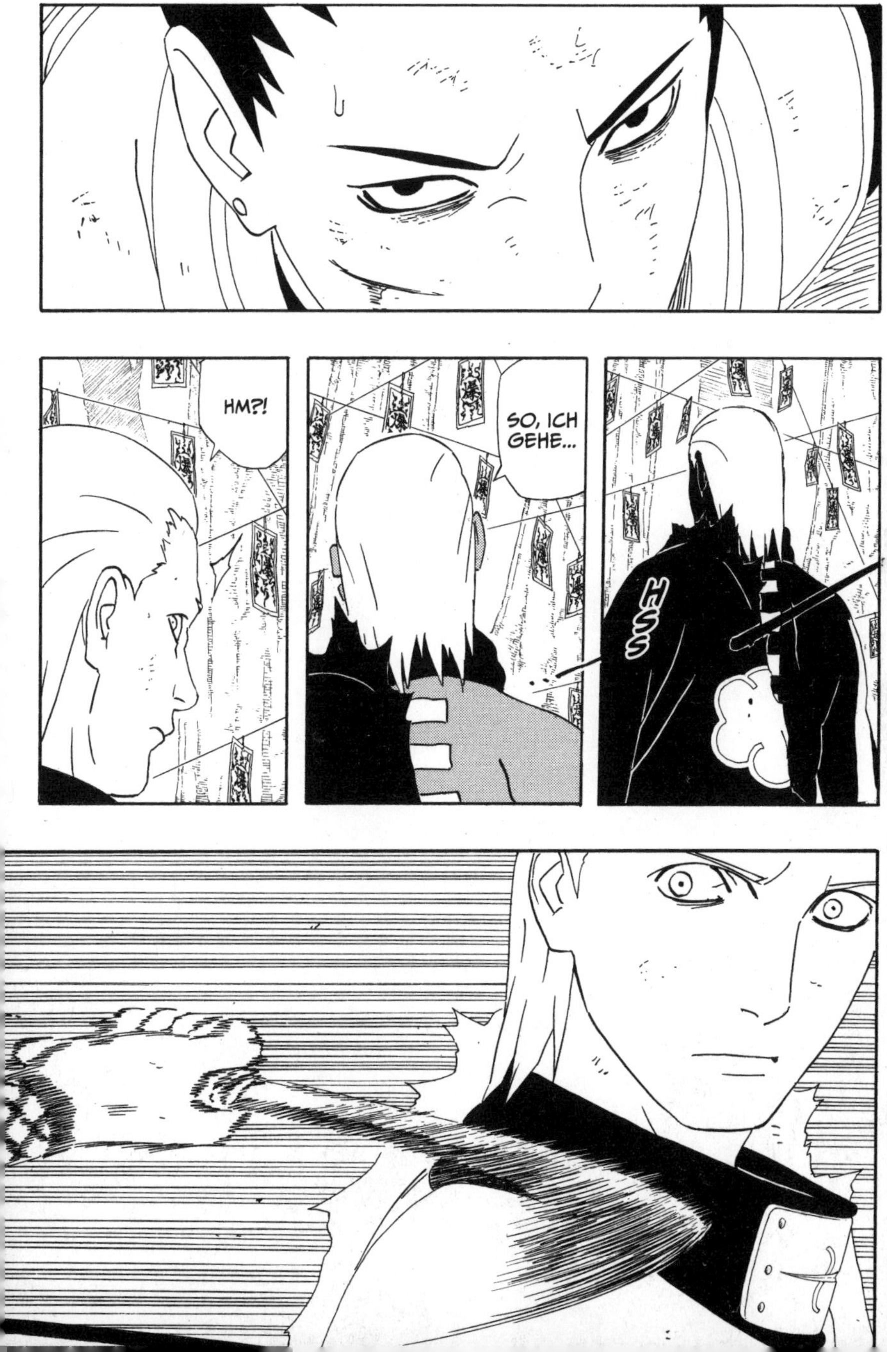
HM?!
SO, ICH GEHE...
HSS

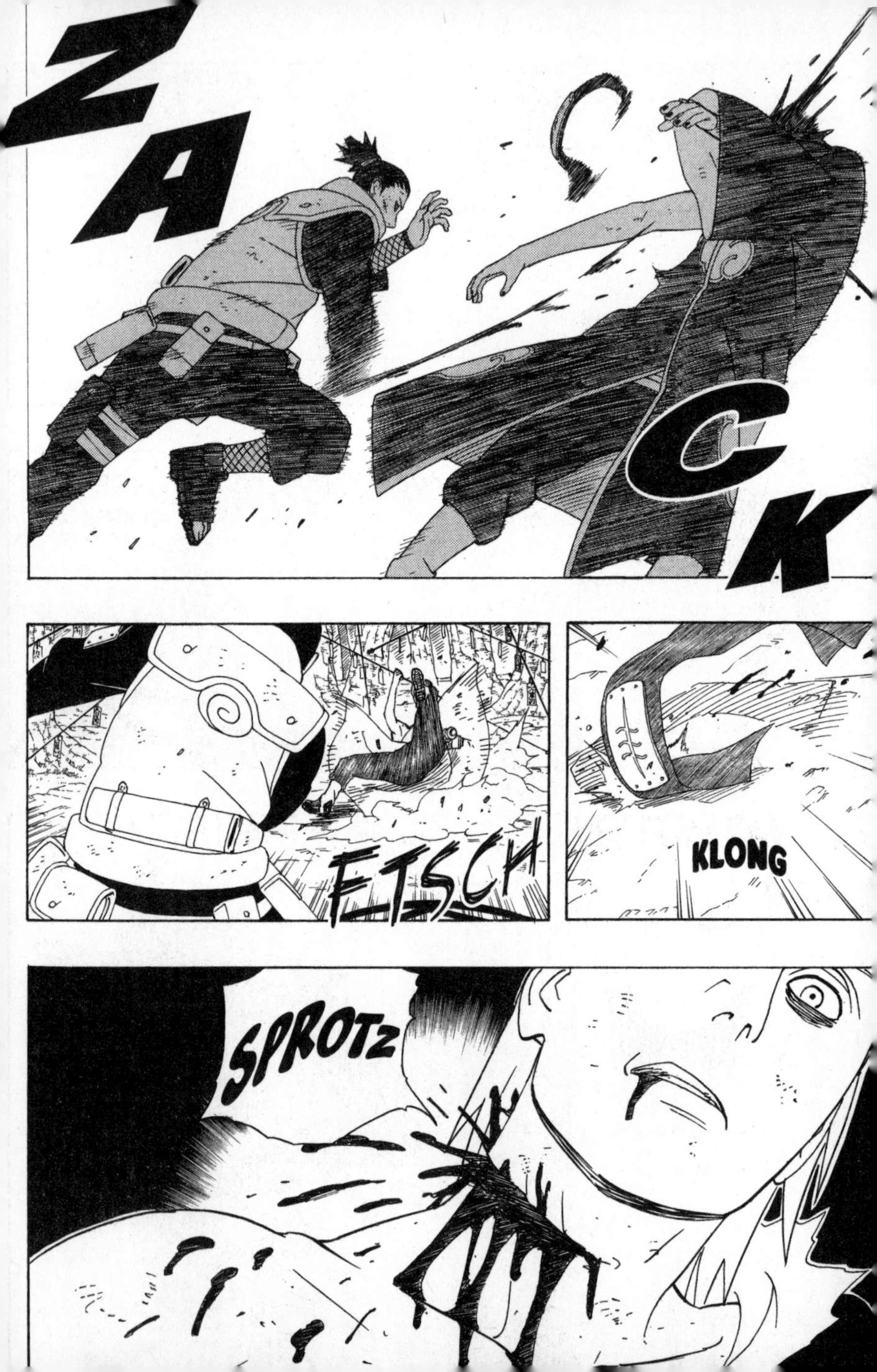
ZACK
KLONG
FETSCH
SPROTZ

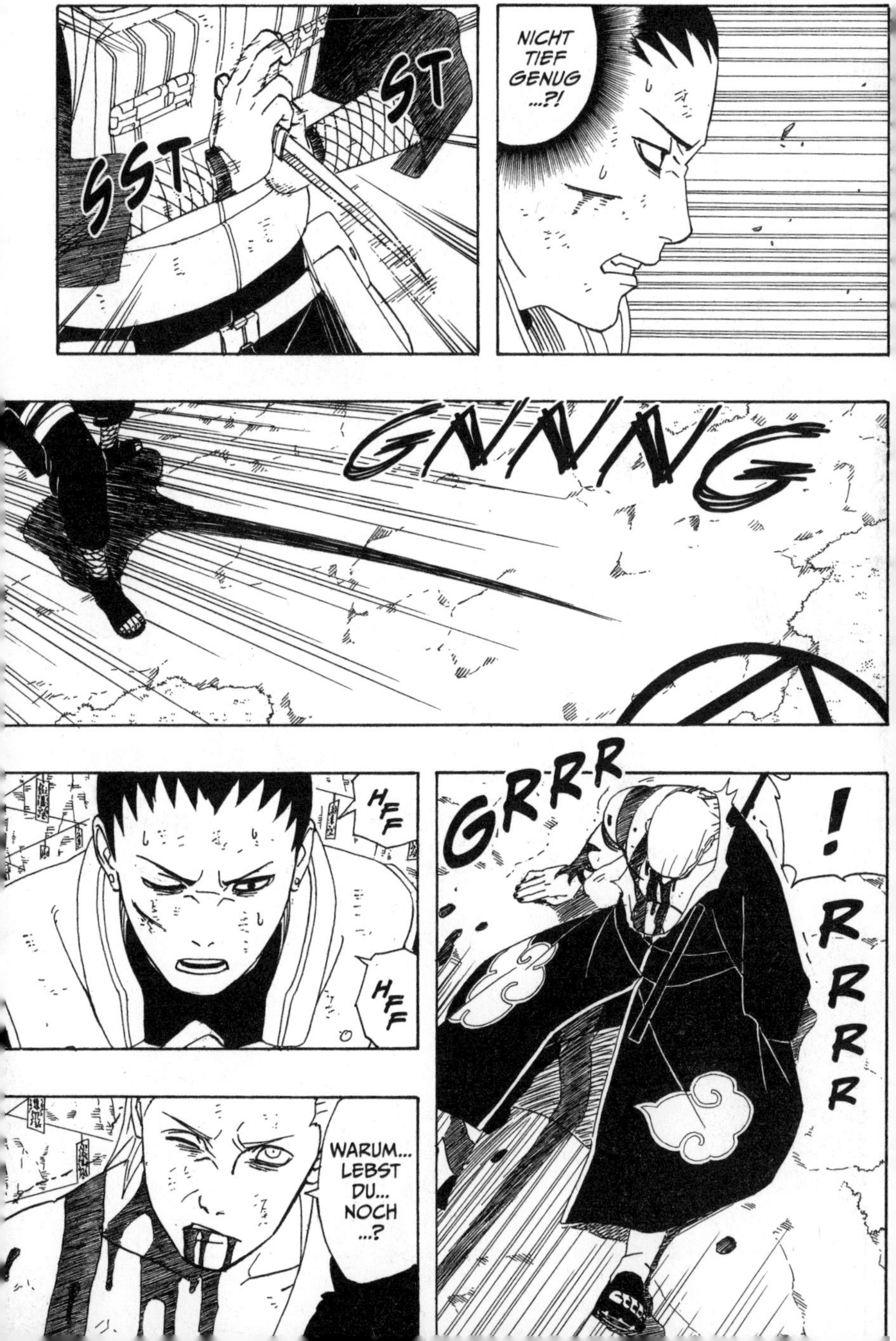

NICHT TIEF GENUG ...?!
ST
SST
GNNNG
GRRR
!
RRRR
HFF
HFF
WARUM... LEBST DU... NOCH ...?

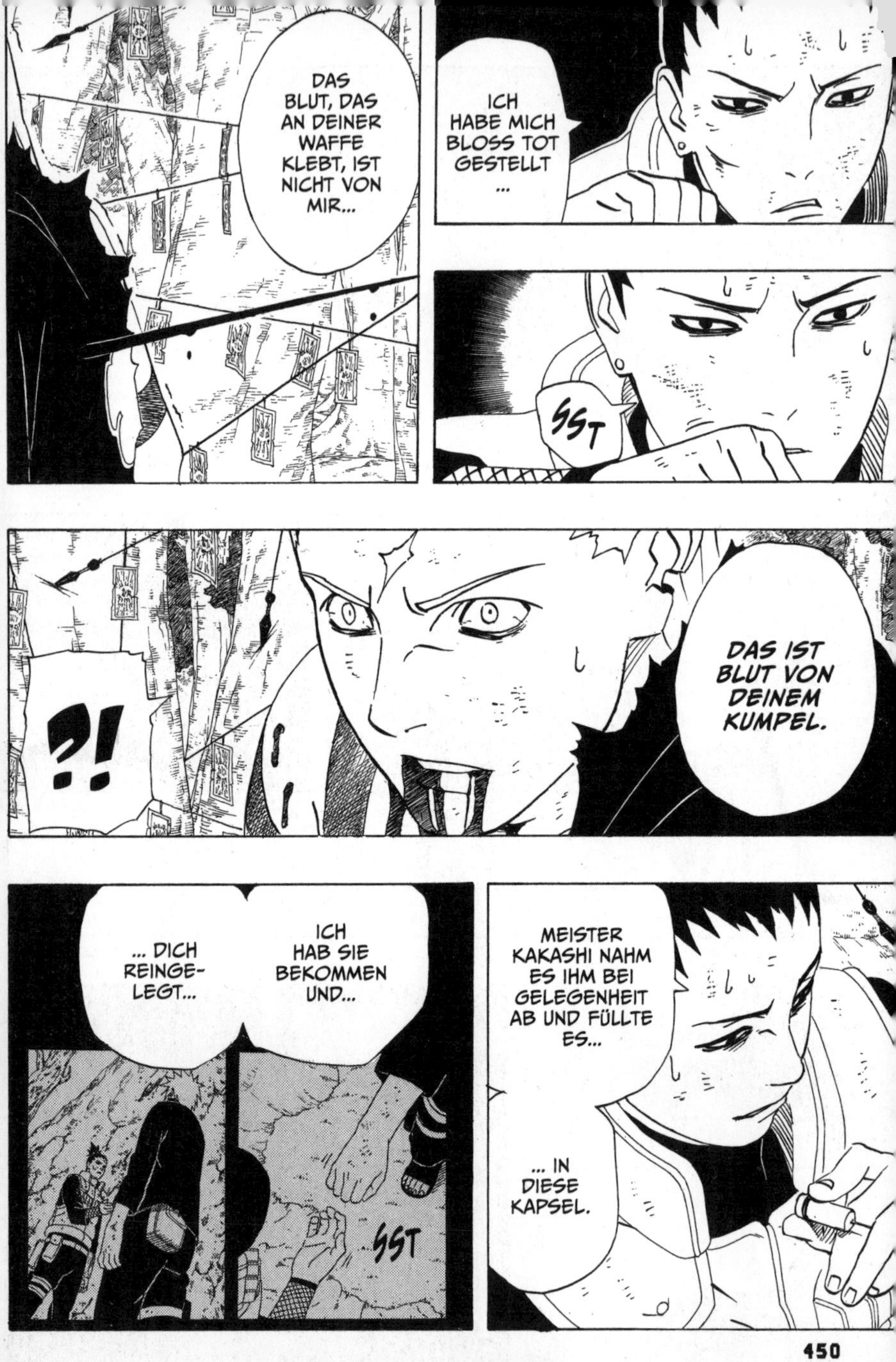
ICH HABE MICH BLOSS TOT GESTELLT ...
DAS BLUT, DAS AN DEINER WAFFE KLEBT, IST NICHT VON MIR...
SST
DAS IST BLUT VON DEINEM KUMPEL.
?!
MEISTER KAKASHI NAHM ES IHM BEI GELEGENHEIT AB UND FÜLLTE ES...
... IN DIESE KAPSEL.
ICH HAB SIE BEKOMMEN UND...
... DICH REINGE-LEGT...
SST

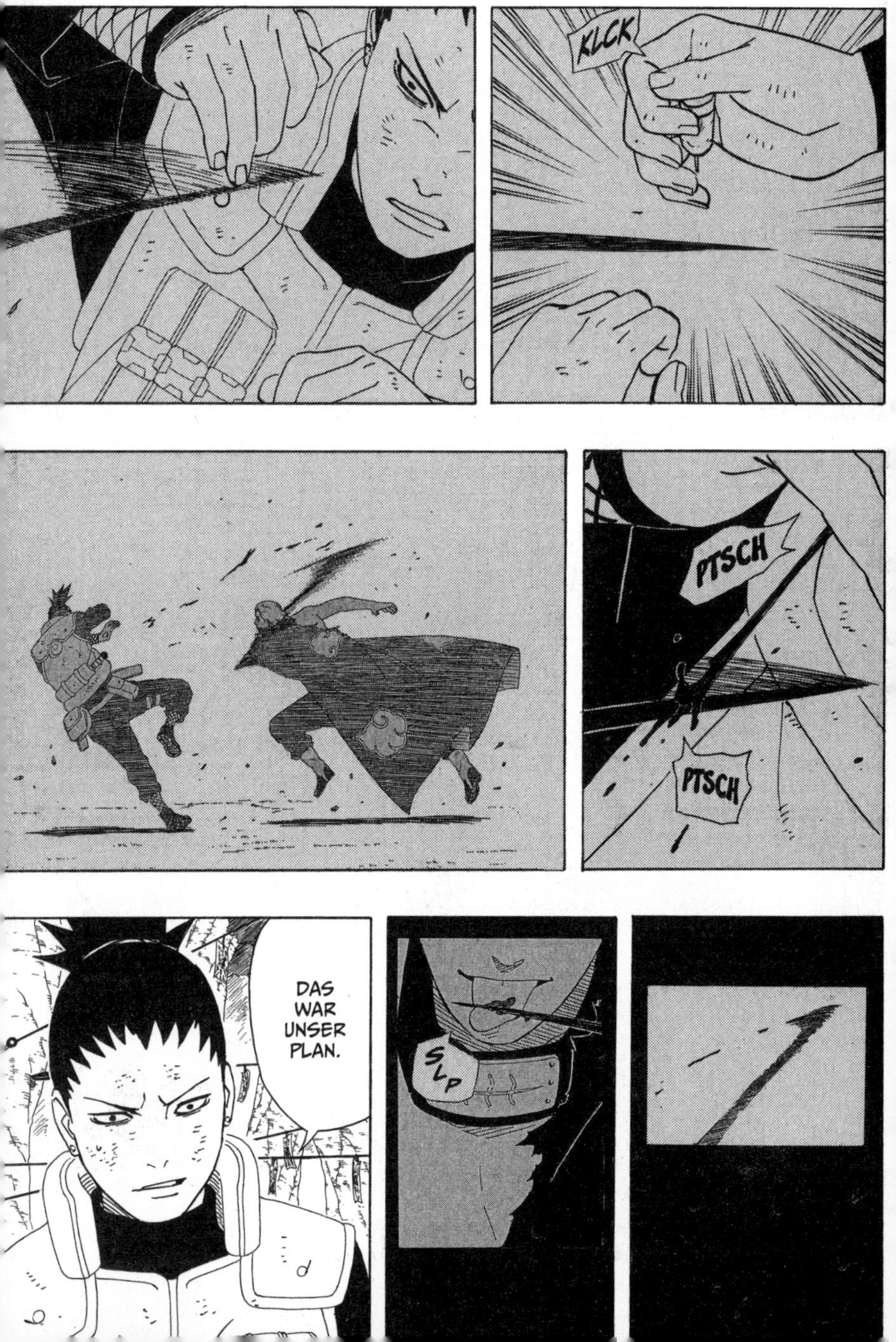
KLCK
PTSCH
PTSCH
SLP
DAS WAR UNSER PLAN.

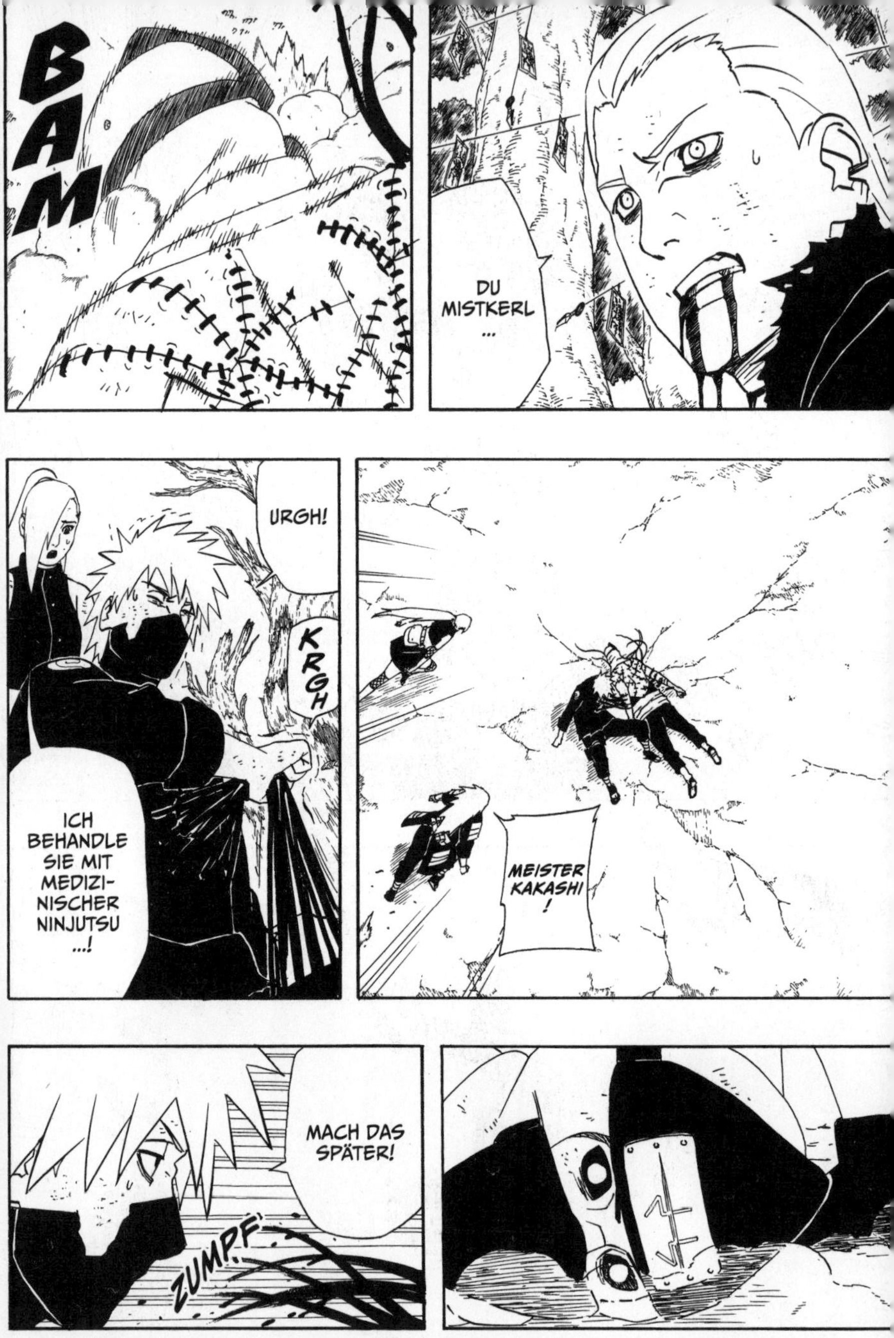
DU MISTKERL ...
BAM
MEISTER KAKASHI !
URGH!
KRGH
ICH BEHANDLE SIE MIT MEDIZI-NISCHER NINJUTSU ...!
MACH DAS SPÄTER!
ZUMPF

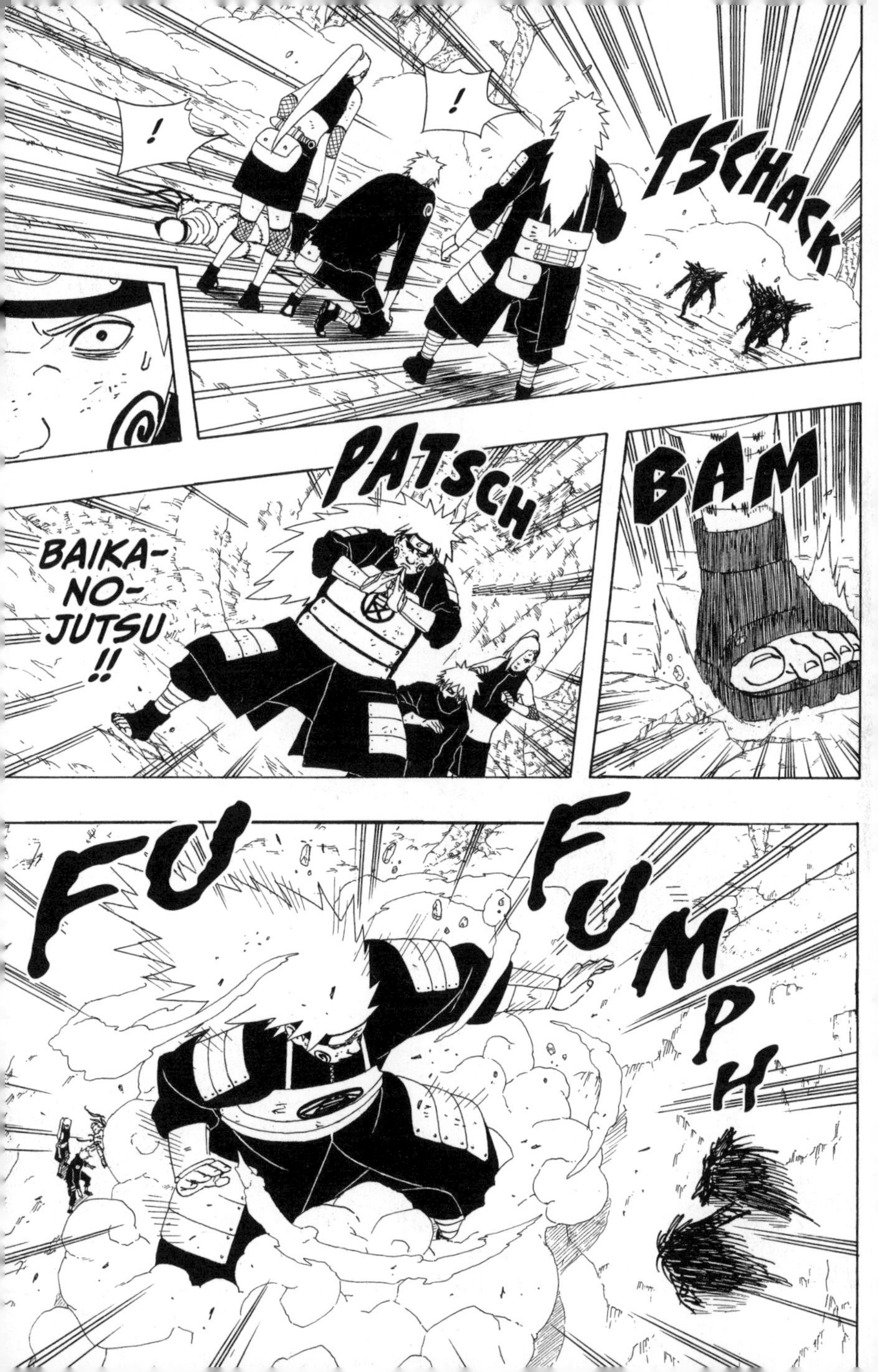
!
!
TSCHACK
PATSCH
BAIKA-
NO-
JUTSU
!!
BAM
FU
FUMPH

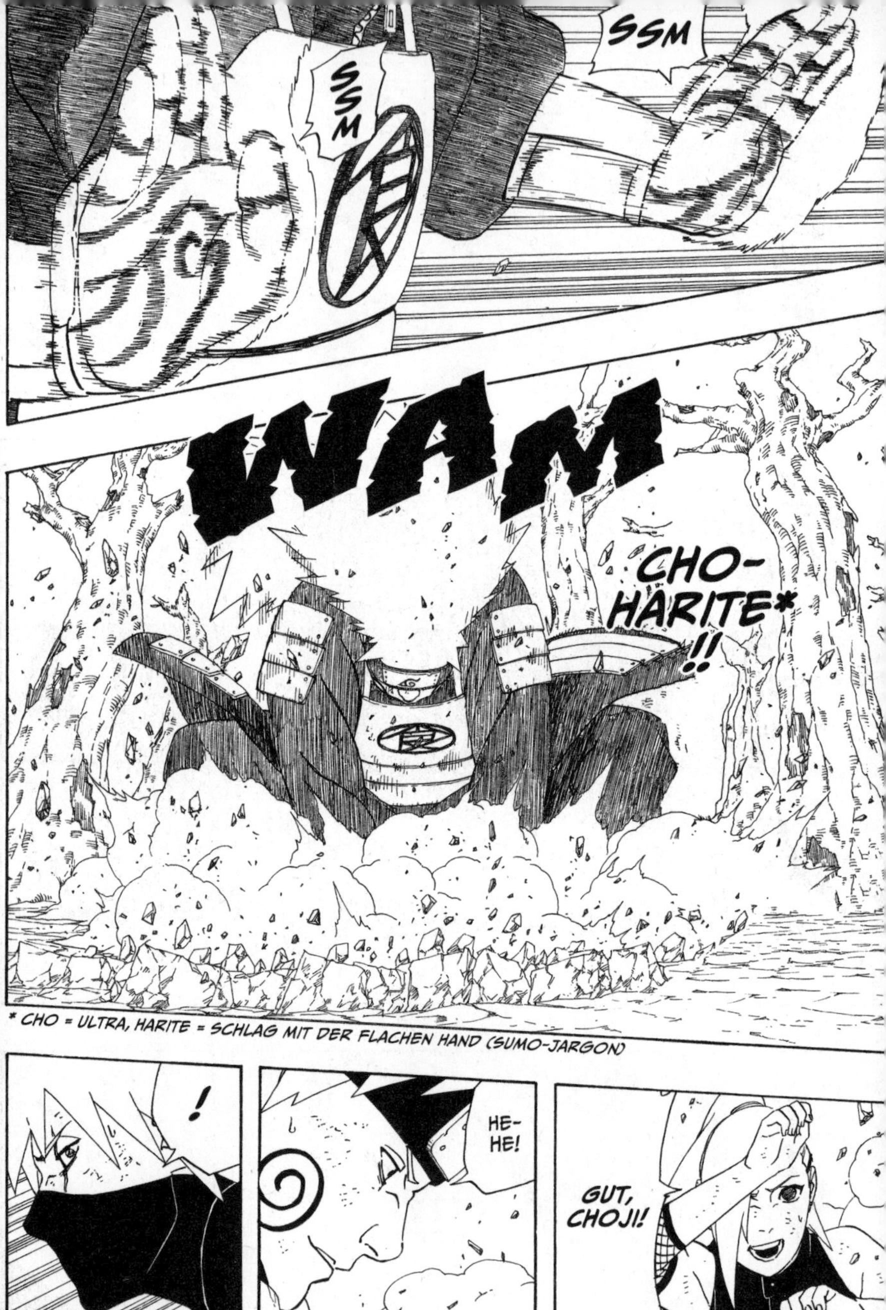

* CHO = ULTRA, HARITE = SCHLAG MIT DER FLACHEN HAND (SUMO-JARGON)

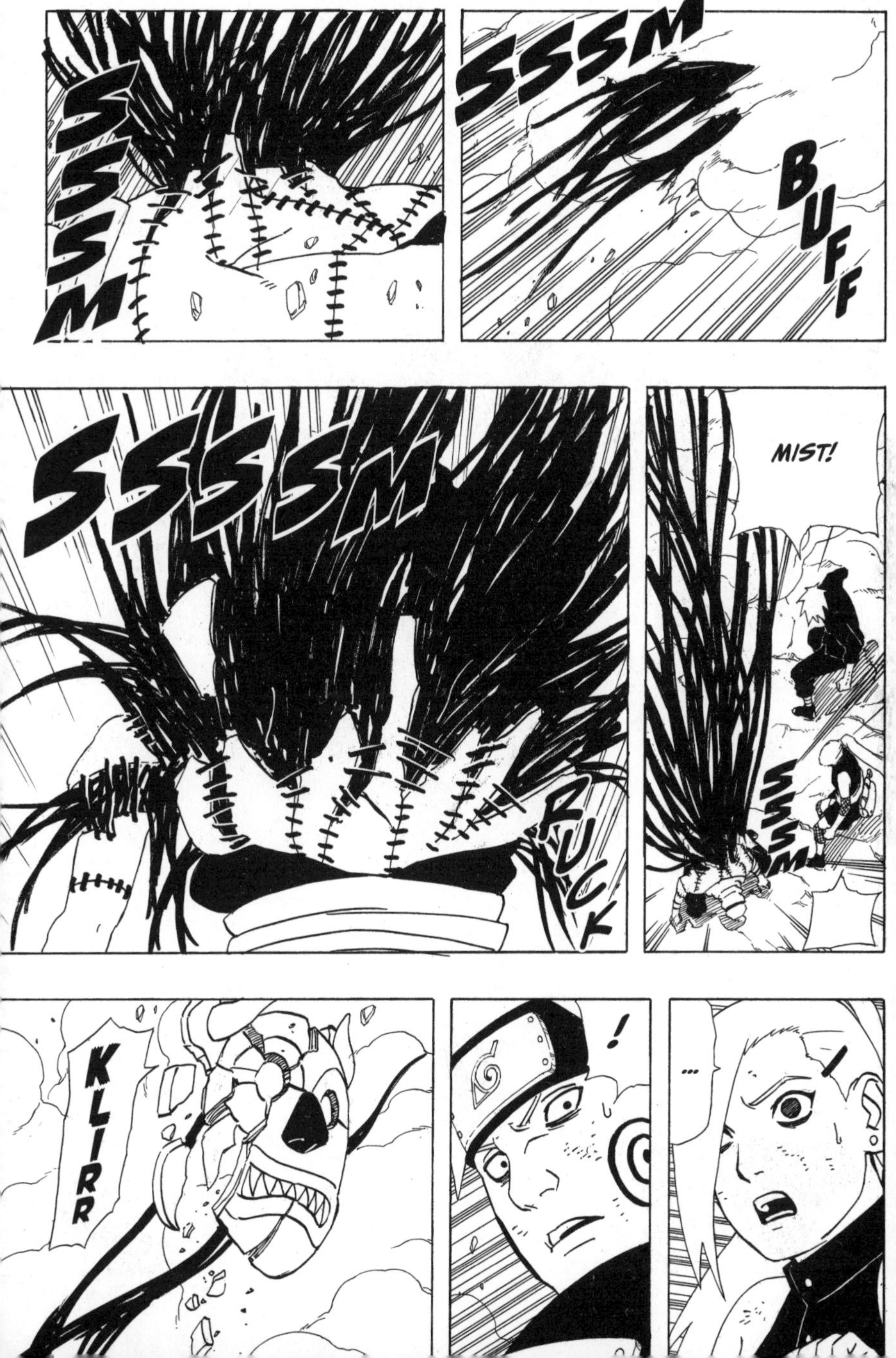
SSSM
SSSM
BUFF
SSSSM
RUCK
MIST!
SSSM
KLIRR
!
...

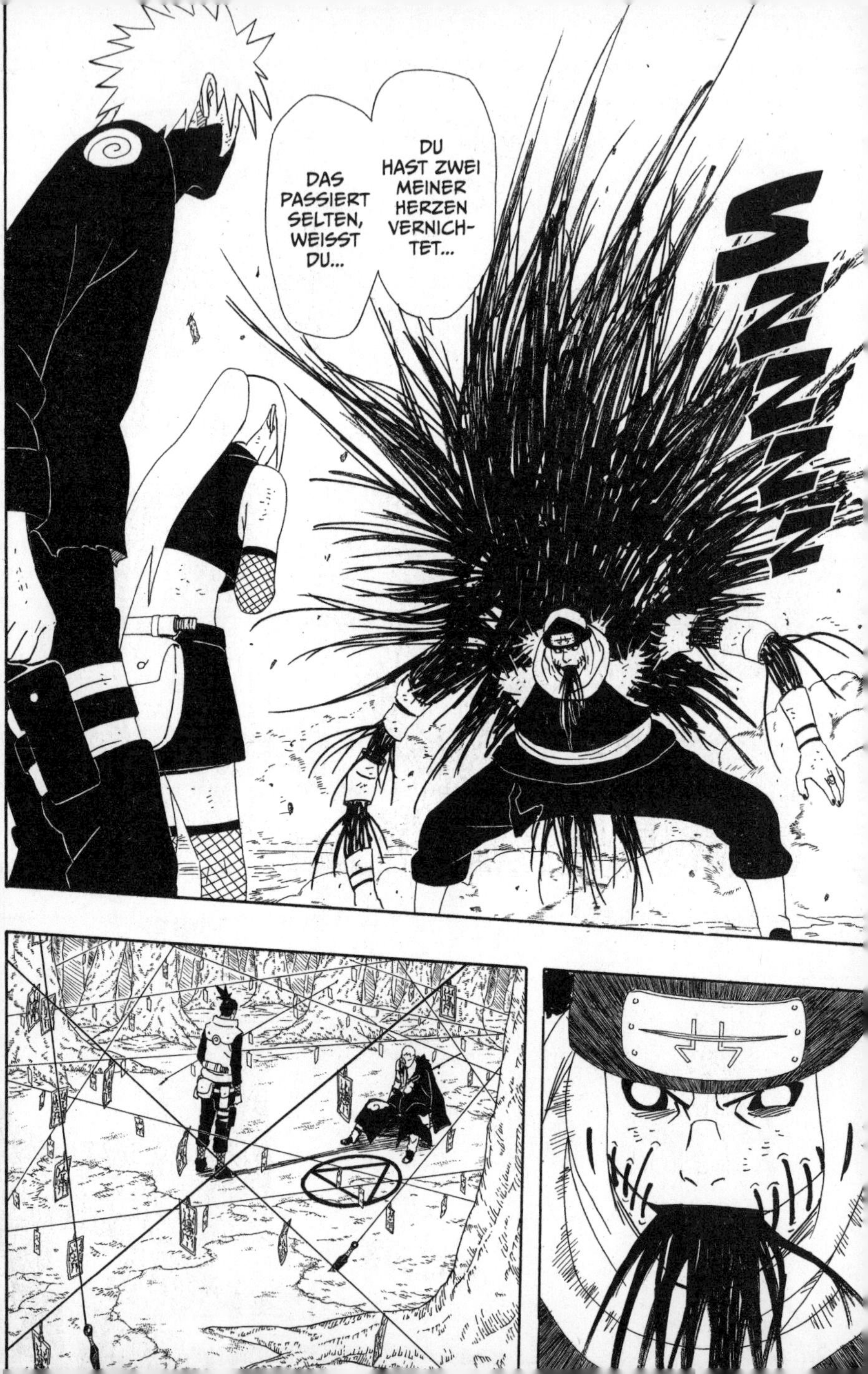
DU HAST ZWEI MEINER HERZEN VERNICHTET...
DAS PASSIERT SELTEN, WEISST DU...

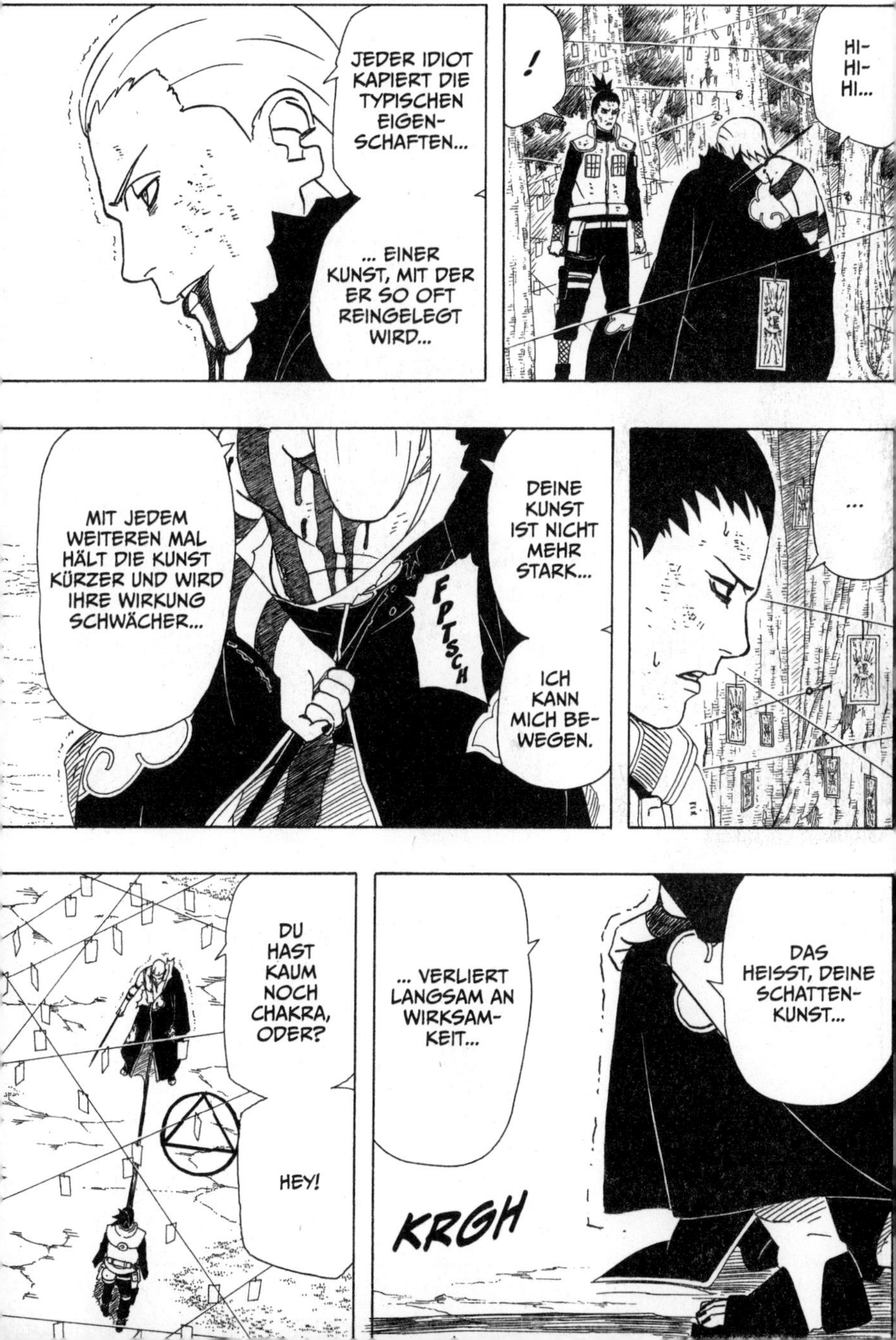
!
HI-HI-HI...
JEDER IDIOT KAPIERT DIE TYPISCHEN EIGENSCHAFTEN...
... EINER KUNST, MIT DER ER SO OFT REINGELEGT WIRD...
...
DEINE KUNST IST NICHT MEHR STARK...
ICH KANN MICH BEWEGEN.
FPTSCH
MIT JEDEM WEITEREN MAL HÄLT DIE KUNST KÜRZER UND WIRD IHRE WIRKUNG SCHWÄCHER...
DAS HEISST, DEINE SCHATTENKUNST...
... VERLIERT LANGSAM AN WIRKSAMKEIT...
KRGH
DU HAST KAUM NOCH CHAKRA, ODER?
HEY!

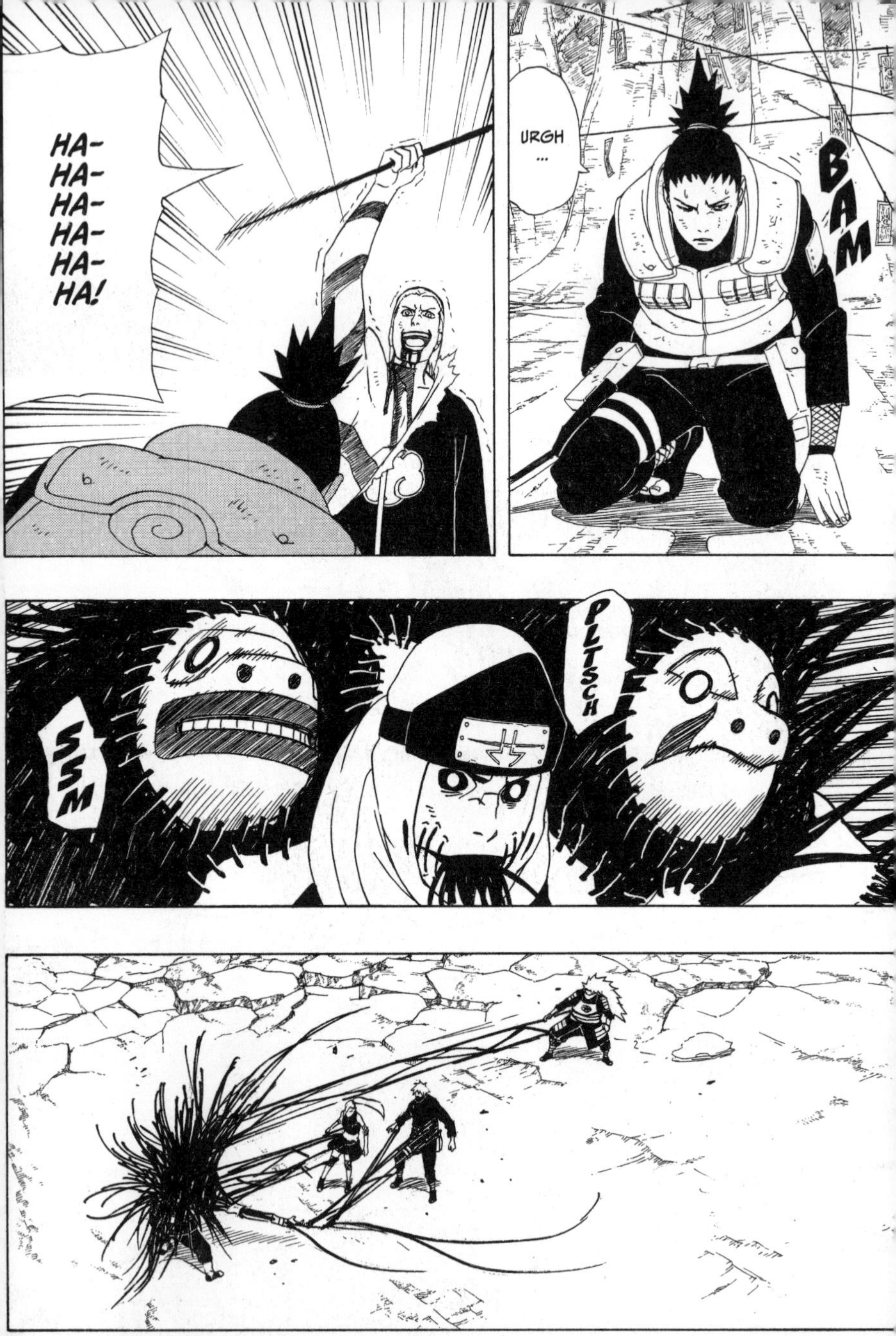
URGH ...
BAM
HA-
HA-
HA-
HA-
HA-
HA!
PLTSCH
SSM

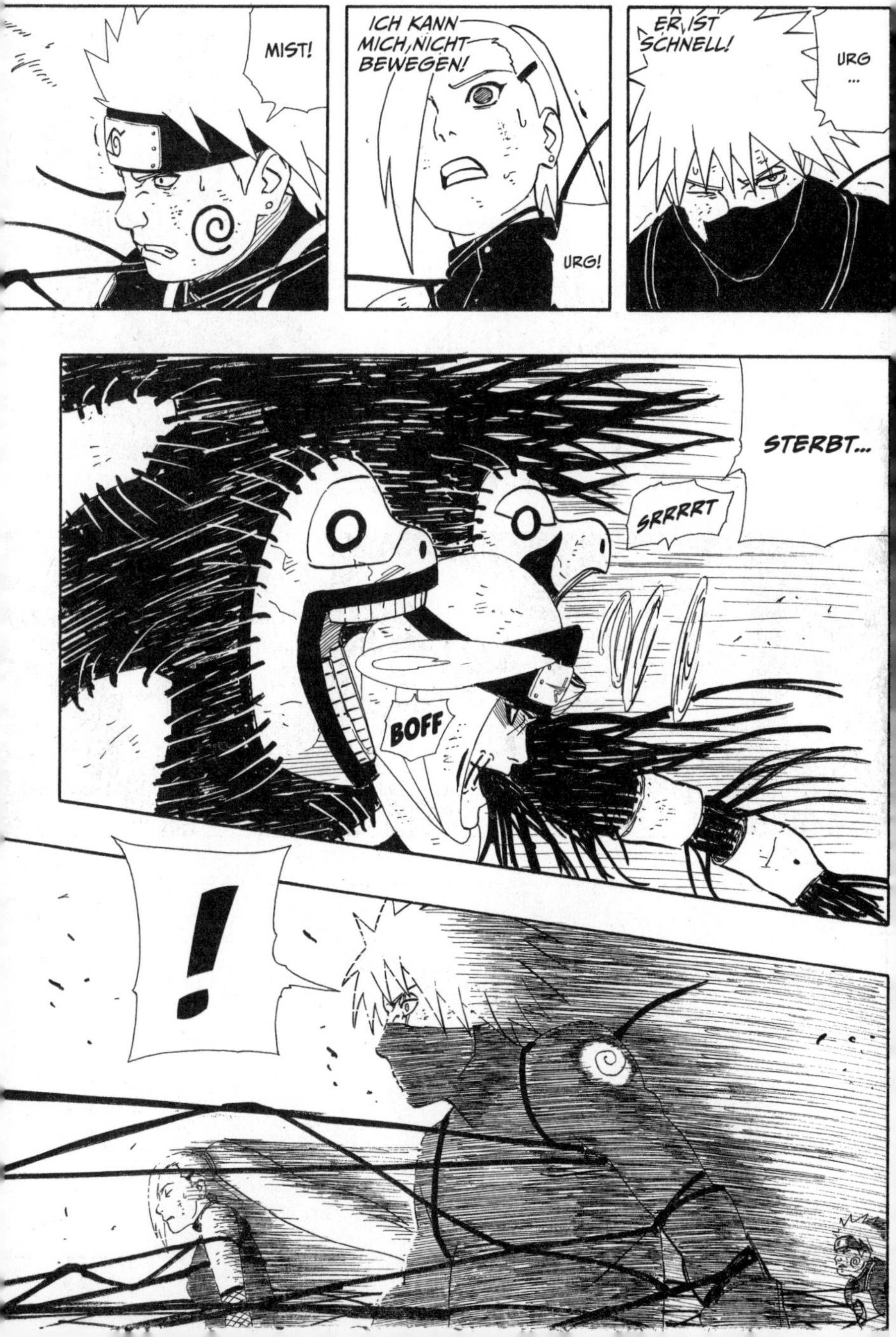

ER IST SCHNELL!
URG ...
ICH KANN MICH NICHT BEWEGEN!
URG!
MIST!
STERBT...
SRRRRT
BOFF
!

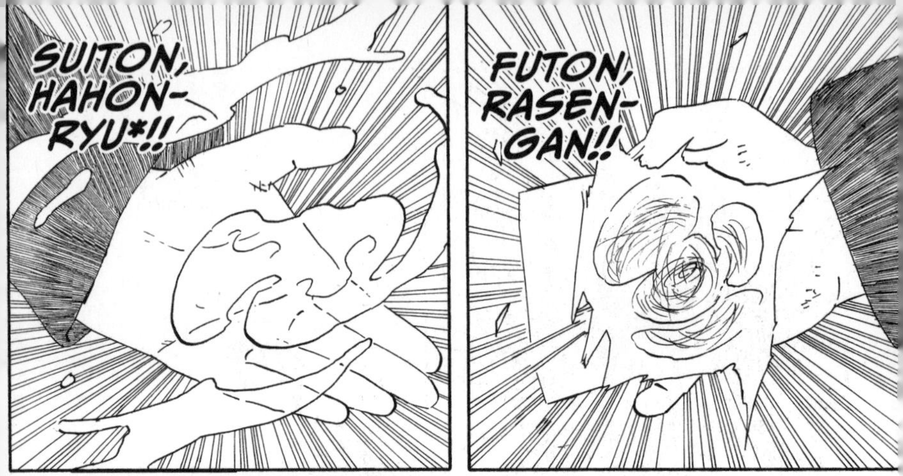

* HA = BRECHEN, HONRYU = REISSENDER STROM
** GUFU = WIRBELWIND, SUIKA = FLUTKATASTROPHE

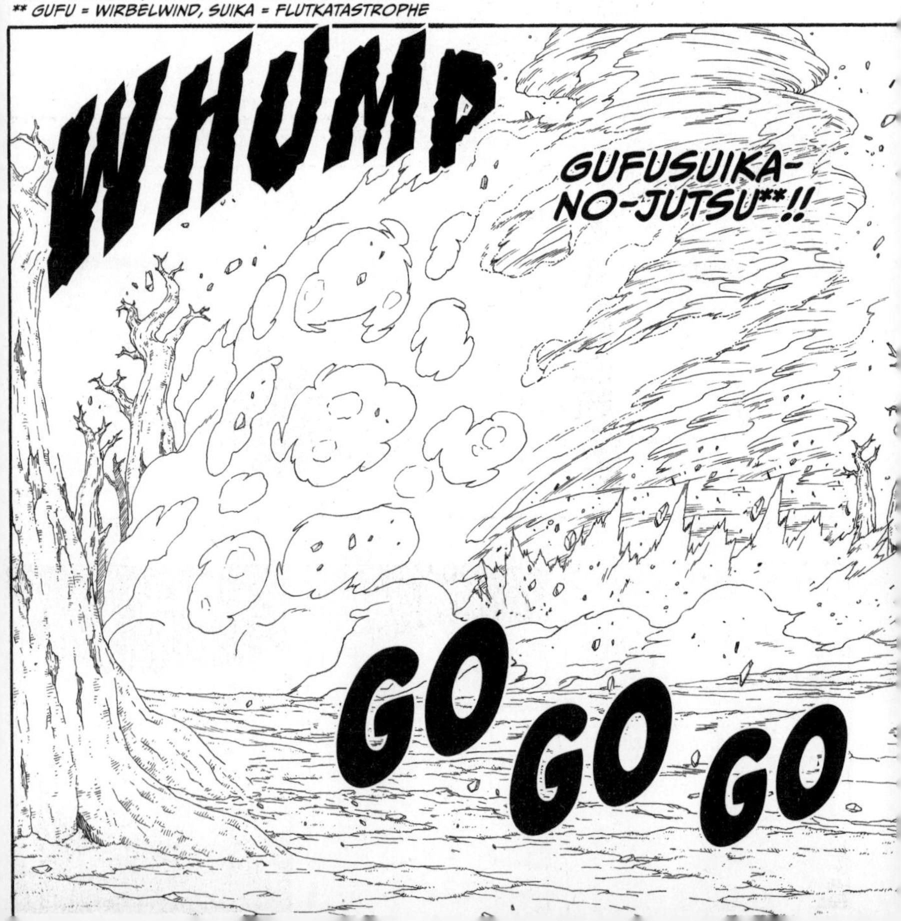

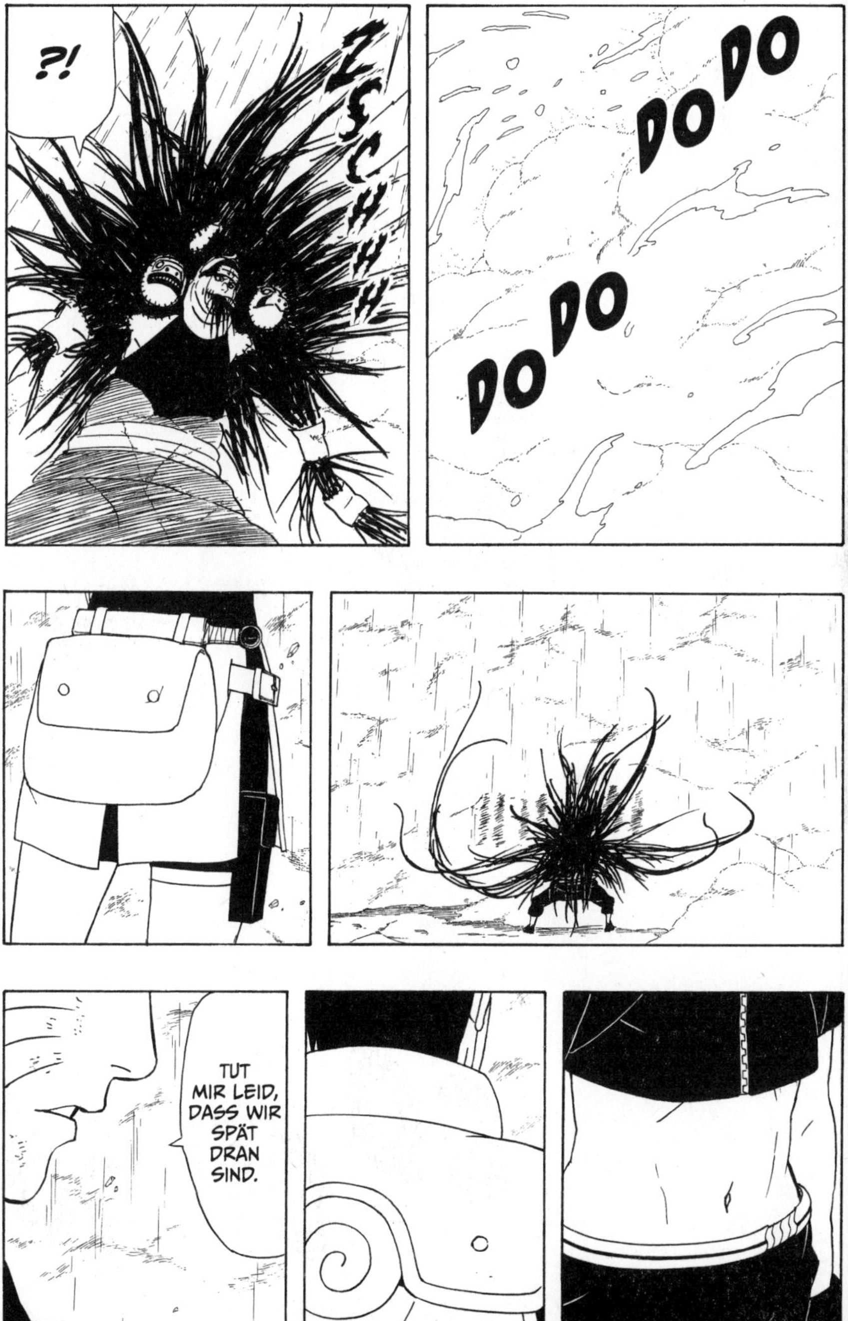
DO DO DO DO
?!
ZSCHHH
TUT MIR LEID, DASS WIR SPÄT DRAN SIND.

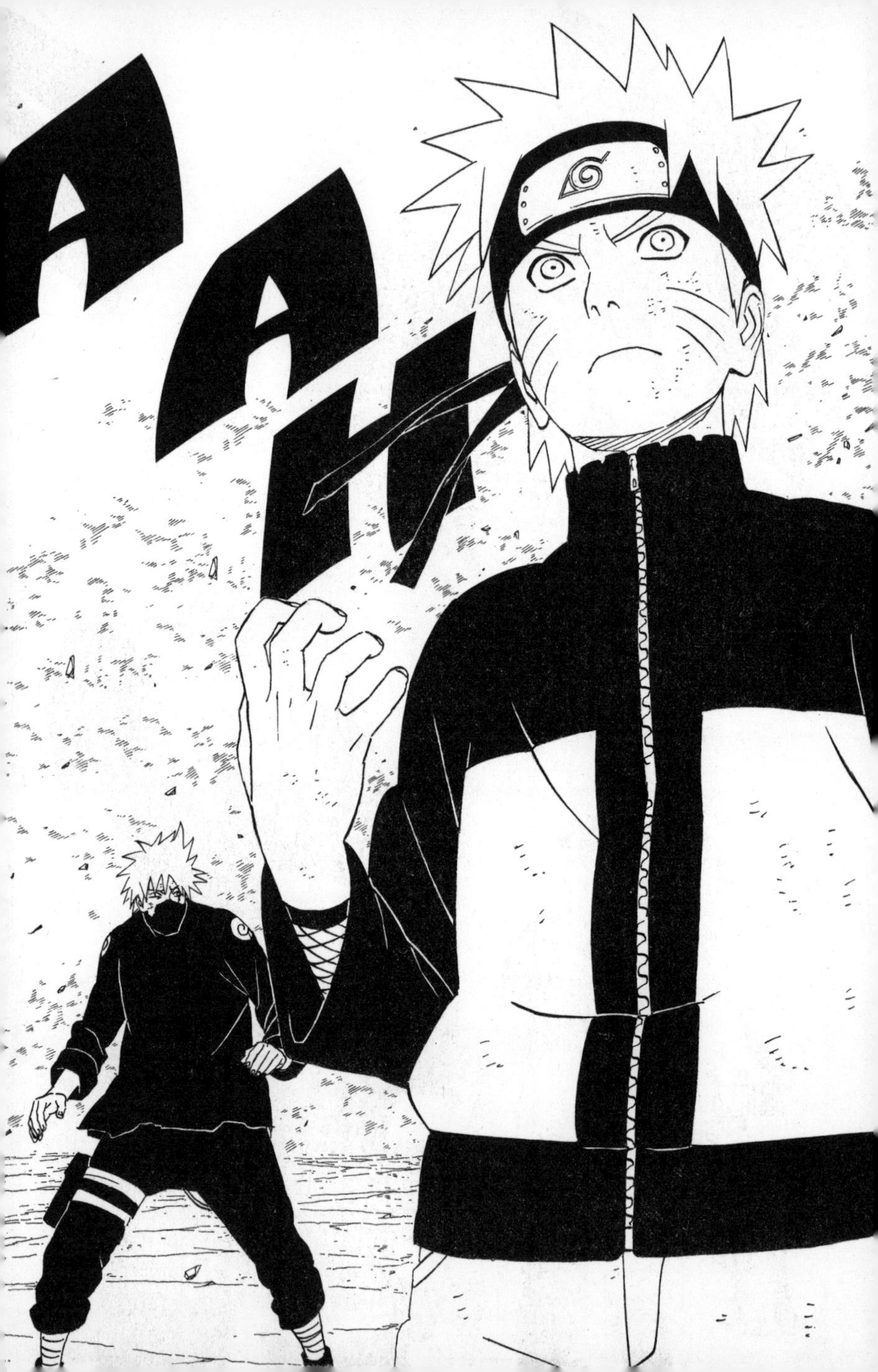

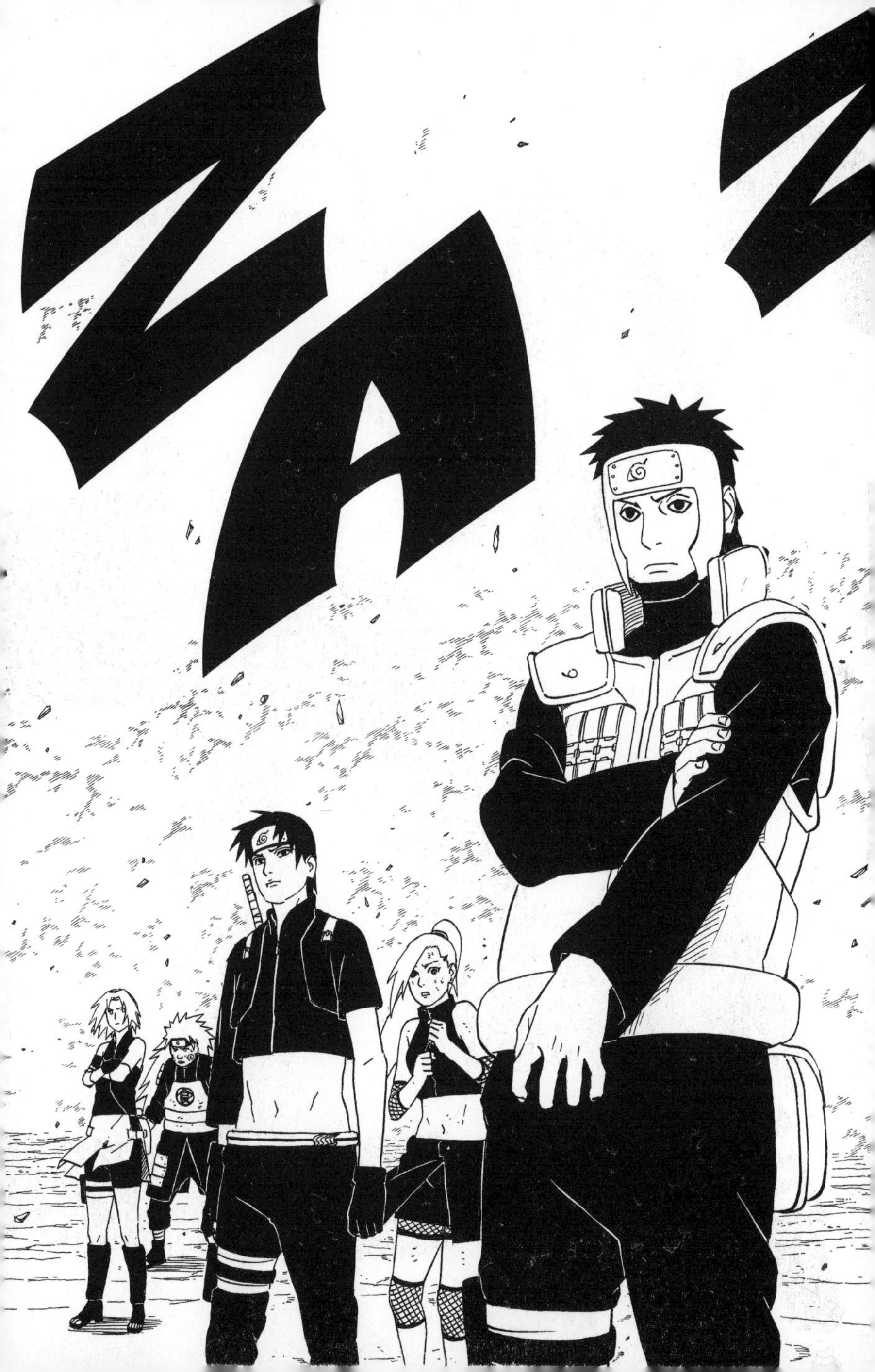
ZAZ

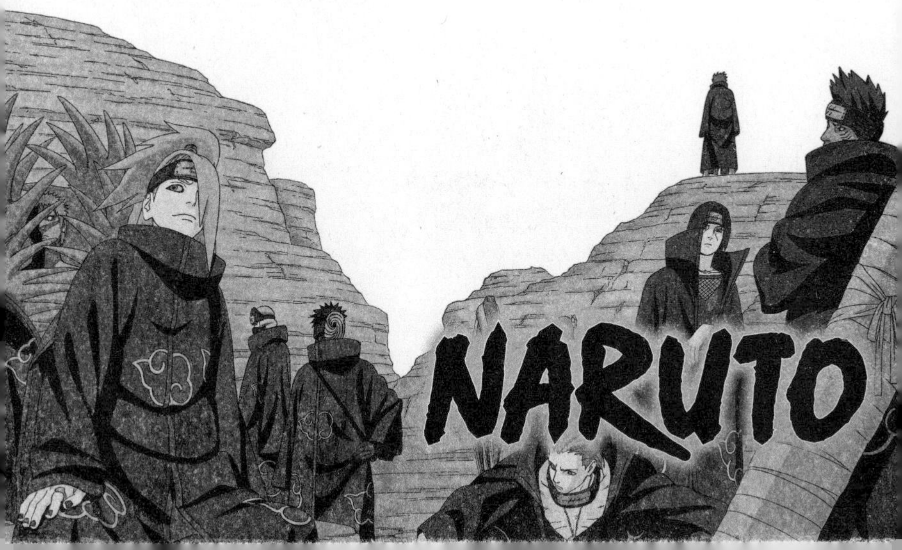
NARUTO

338. Kapitel: Wer anderen eine Grube gräbt...

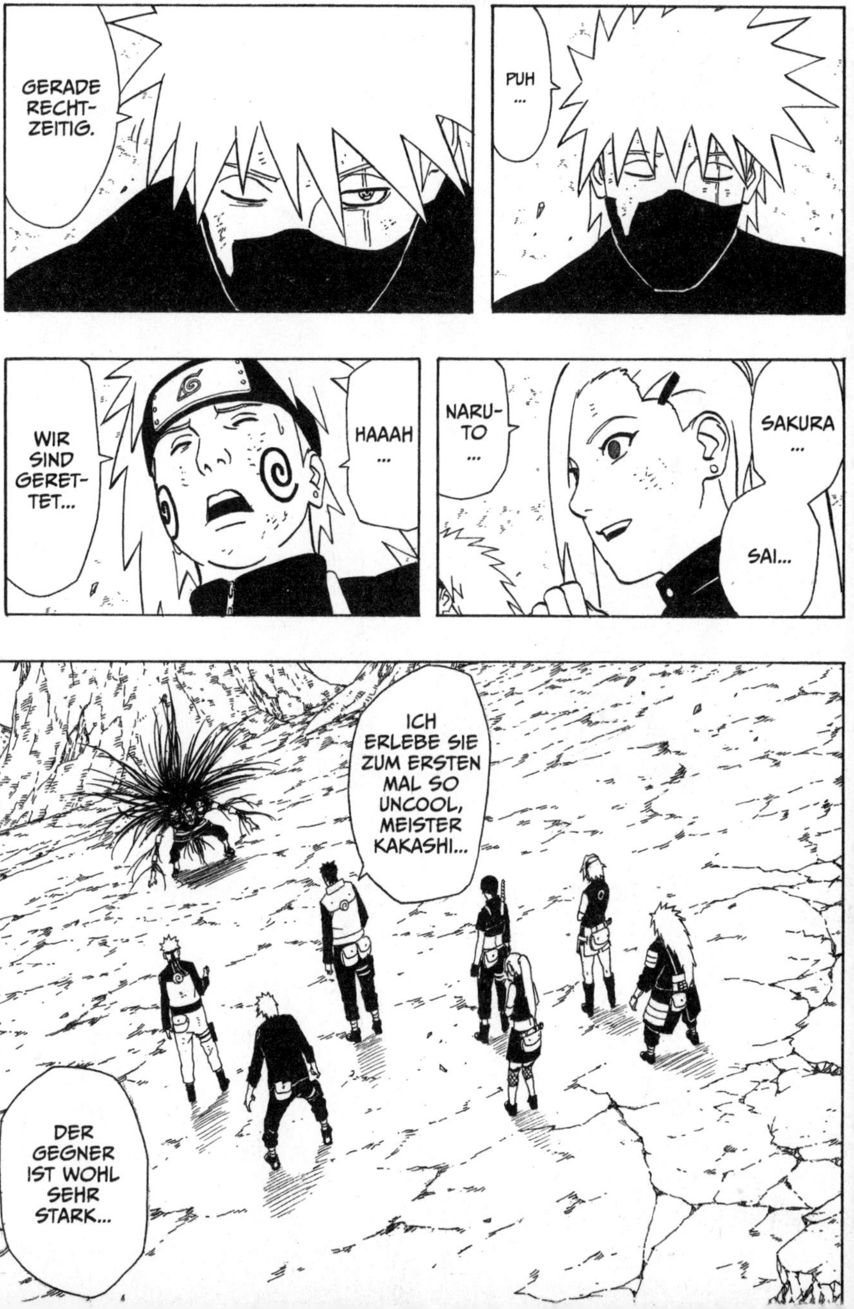

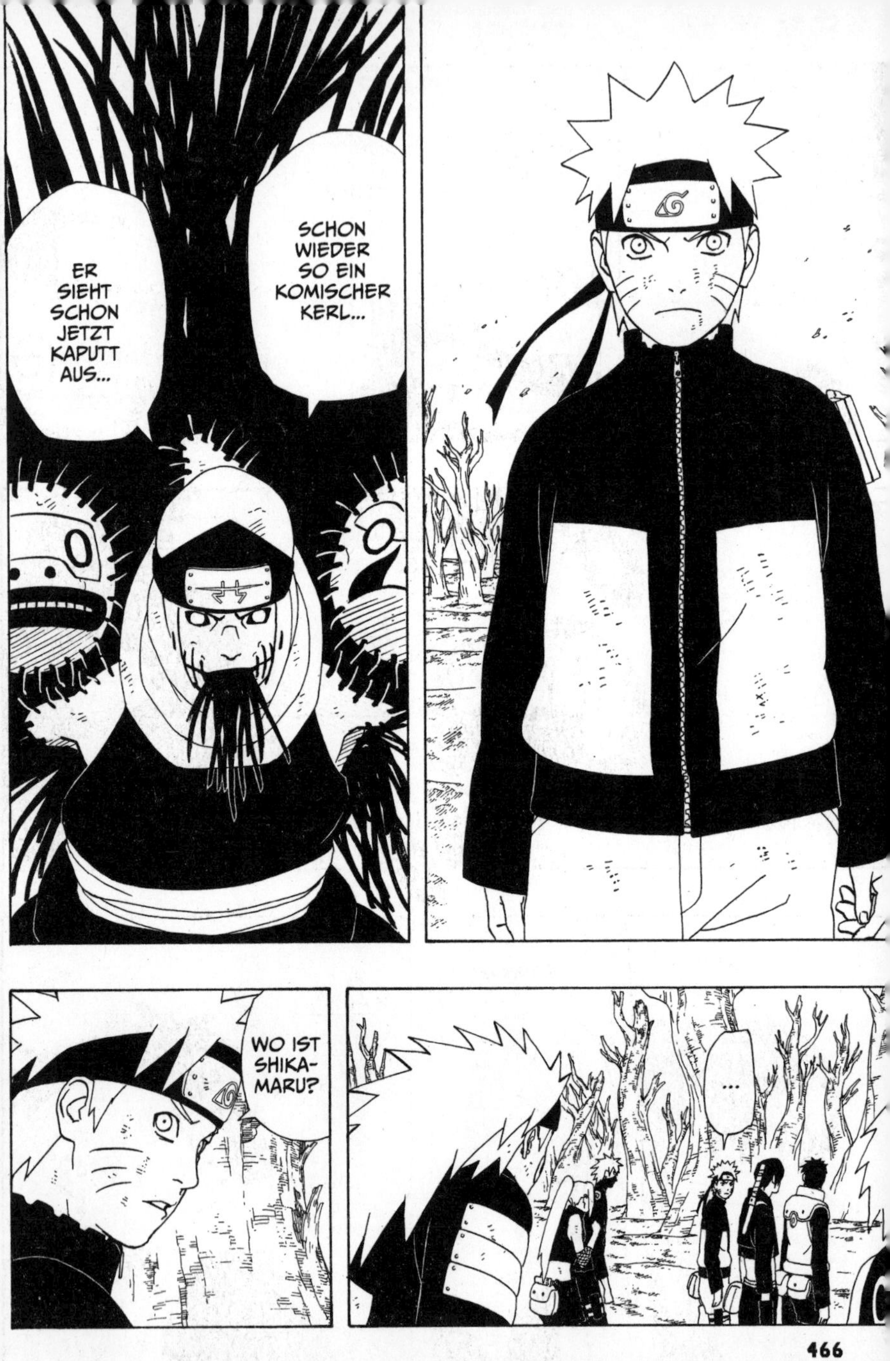
SCHON WIEDER SO EIN KOMISCHER KERL...
ER SIEHT SCHON JETZT KAPUTT AUS...
...
WO IST SHIKAMARU?

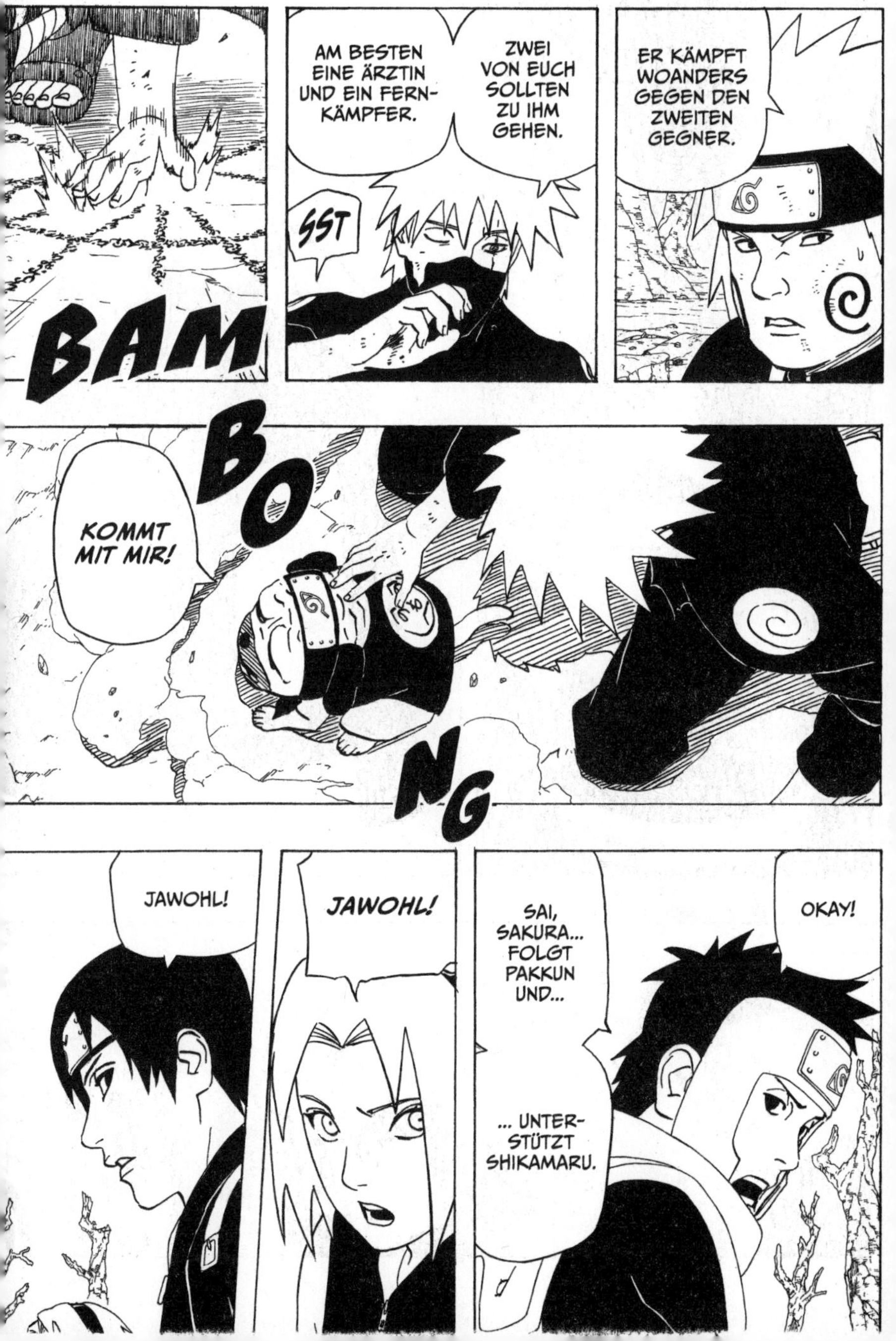
ER KÄMPFT WOANDERS GEGEN DEN ZWEITEN GEGNER.
ZWEI VON EUCH SOLLTEN ZU IHM GEHEN.
AM BESTEN EINE ÄRZTIN UND EIN FERN-KÄMPFER.
SST
BAM
BOBONG
KOMMT MIT MIR!
OKAY!
SAI, SAKURA... FOLGT PAKKUN UND...
... UNTER-STÜTZT SHIKAMARU.
JAWOHL!
JAWOHL!

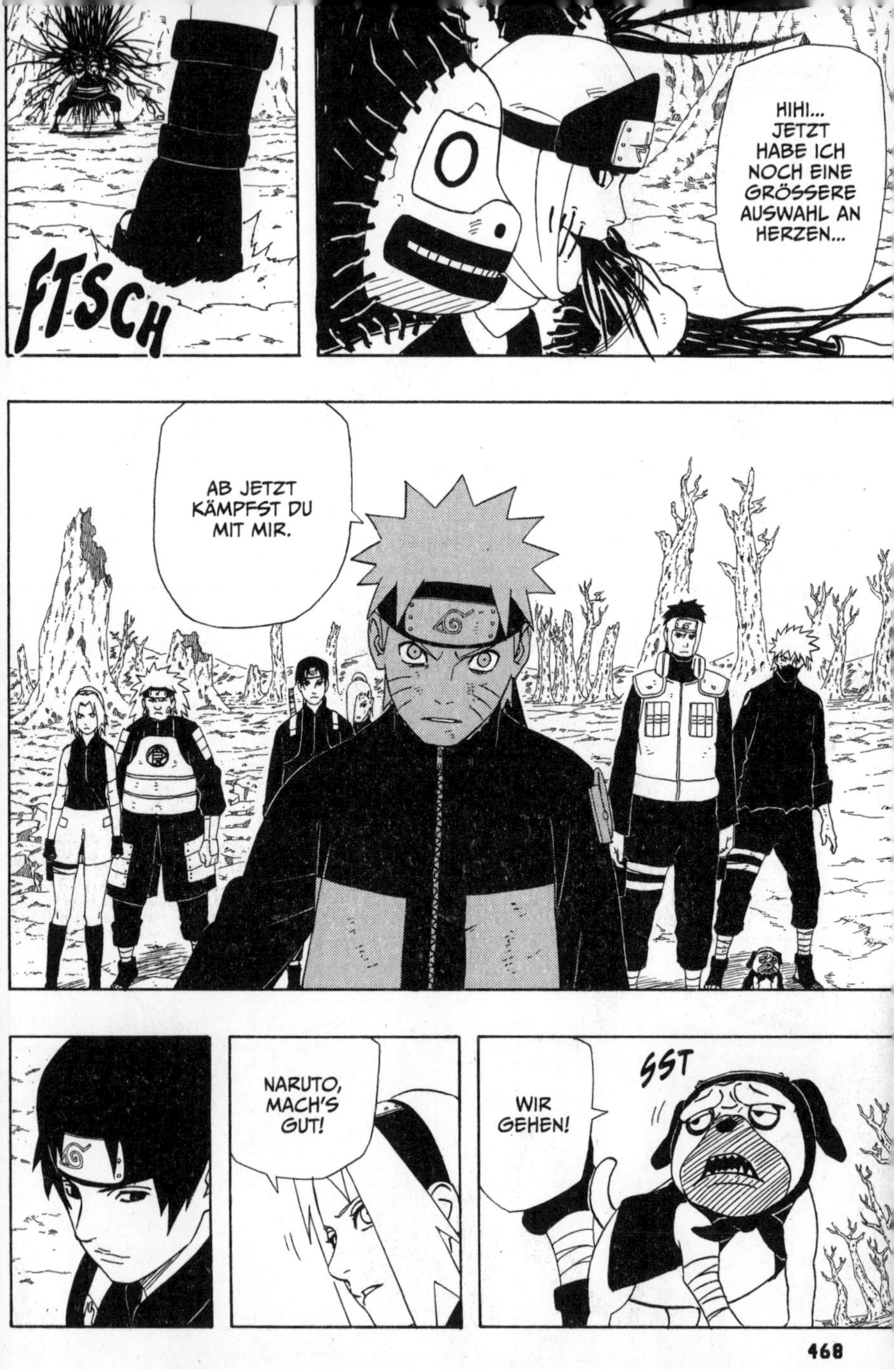
HIHI... JETZT HABE ICH NOCH EINE GRÖSSERE AUSWAHL AN HERZEN...
FTSCH
AB JETZT KÄMPFST DU MIT MIR.
SST
WIR GEHEN!
NARUTO, MACH'S GUT!

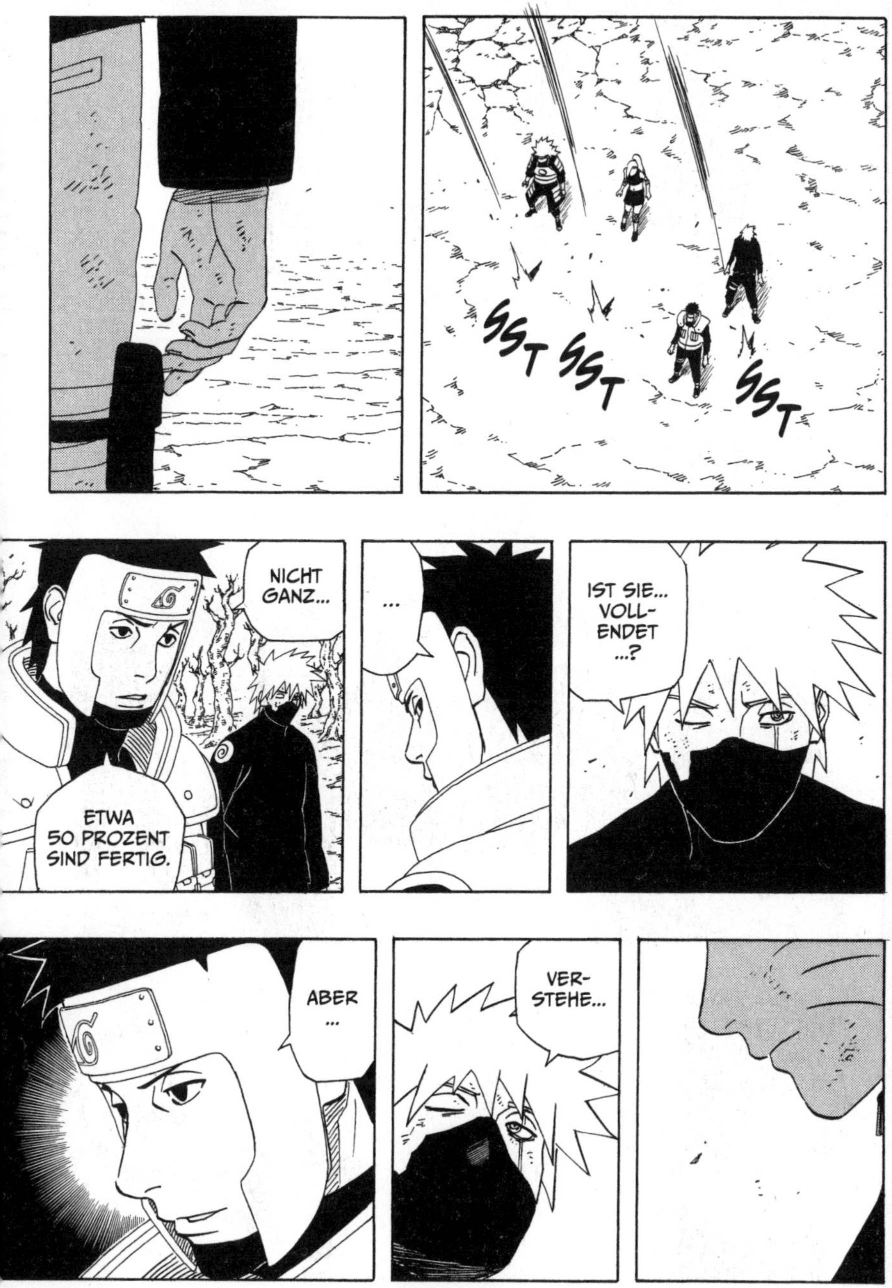
SST SST SST
IST SIE... VOLL-ENDET ...?
...
NICHT GANZ...
ETWA 50 PROZENT SIND FERTIG.
VER-STEHE...
ABER ...

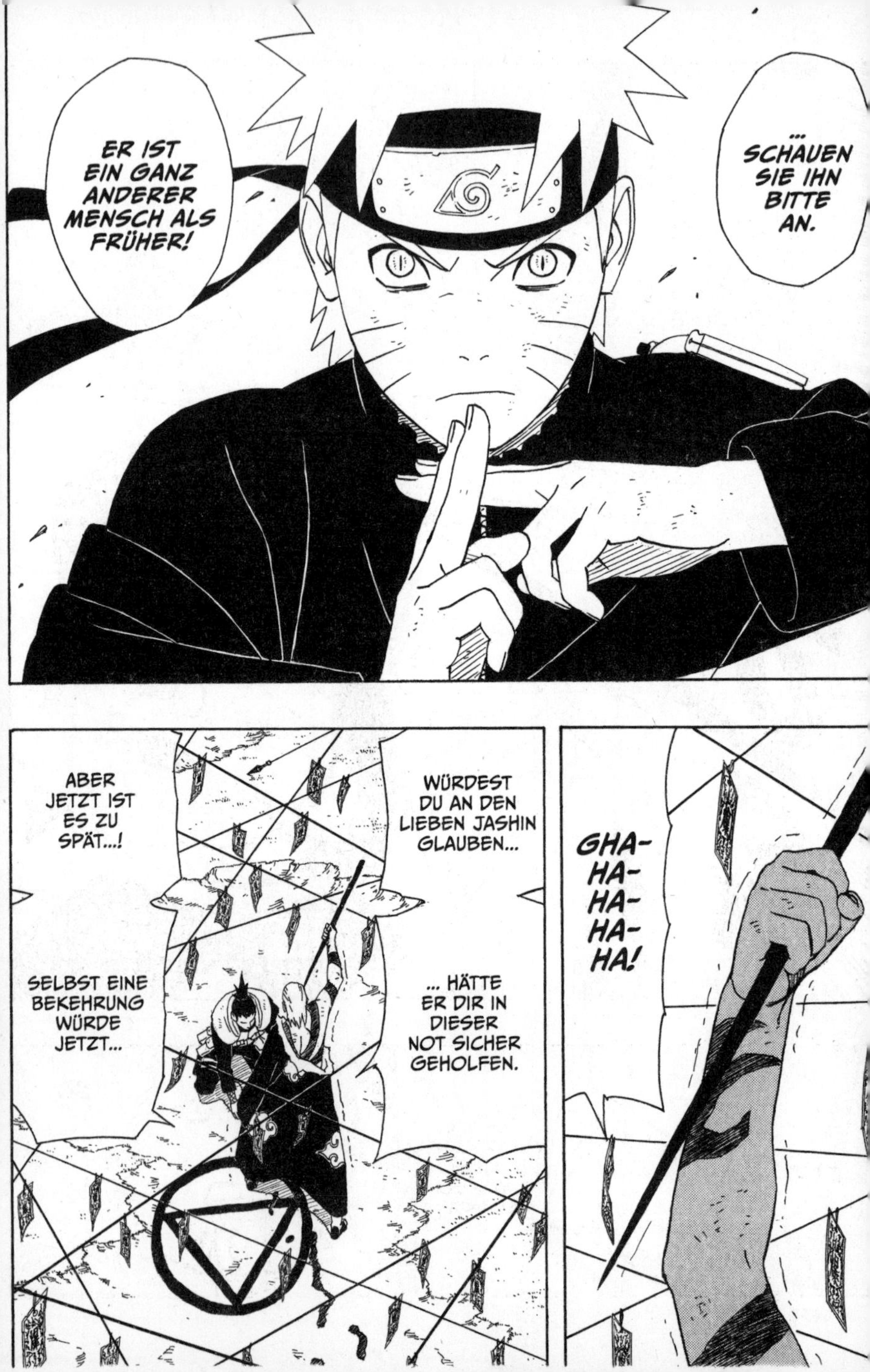

... SCHAUEN SIE IHN BITTE AN.
ER IST EIN GANZ ANDERER MENSCH ALS FRÜHER!
GHA-HA-HA-HA-HA!
WÜRDEST DU AN DEN LIEBEN JASHIN GLAUBEN...
... HÄTTE ER DIR IN DIESER NOT SICHER GEHOLFEN.
ABER JETZT IST ES ZU SPÄT...!
SELBST EINE BEKEHRUNG WÜRDE JETZT...

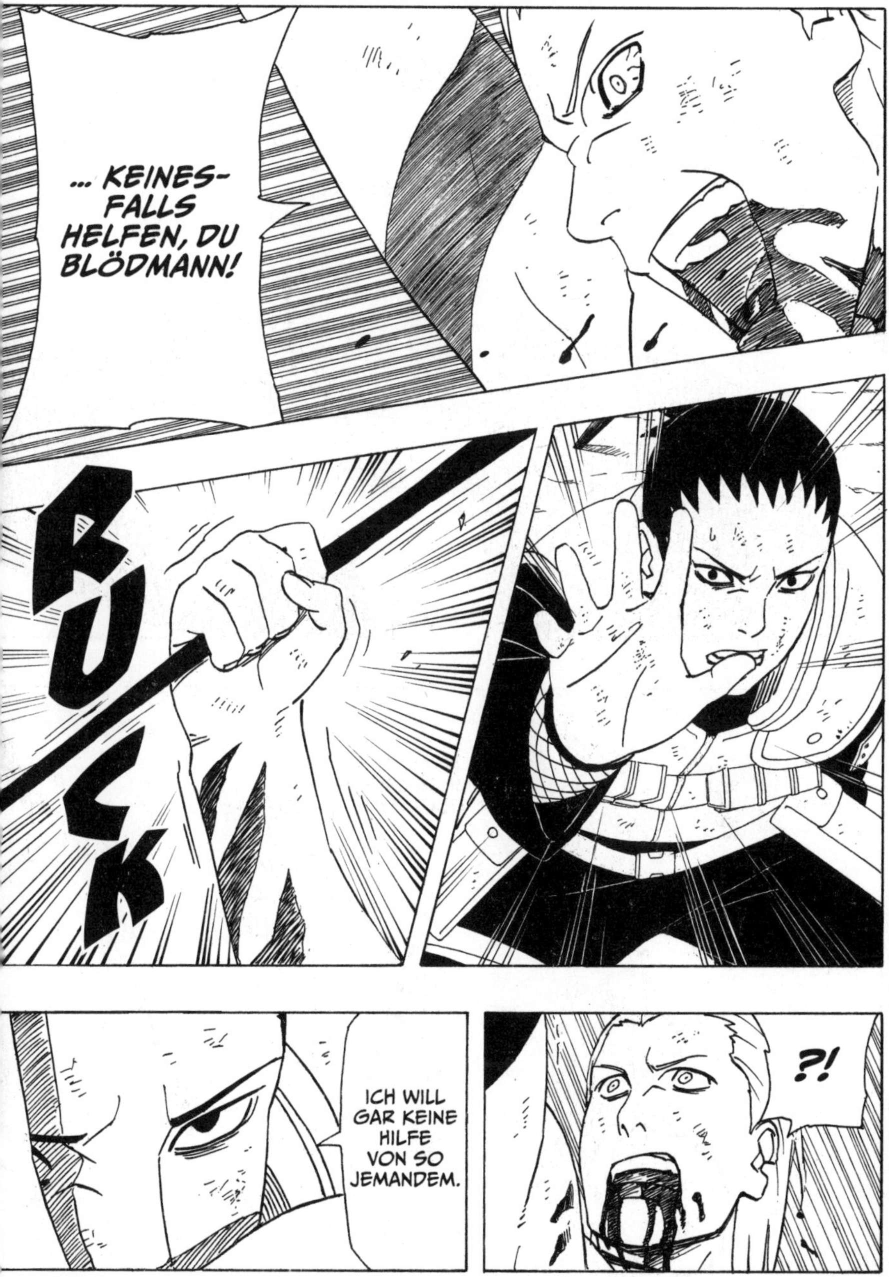
... KEINES-
FALLS
HELFEN, DU
BLÖDMANN!
BUCK
ICH WILL
GAR KEINE
HILFE
VON SO
JEMANDEM.
?!

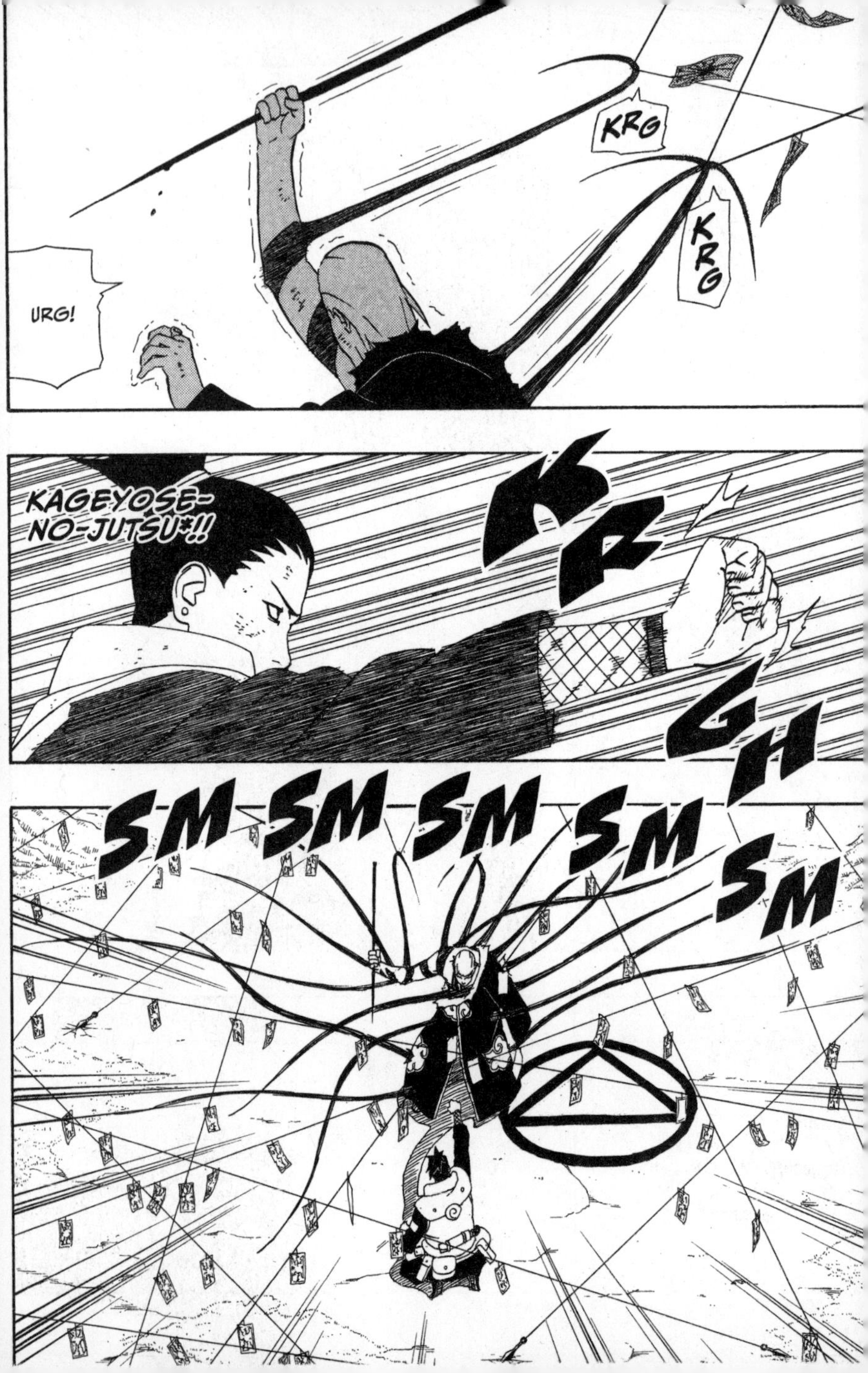
KRG
KRG
URG!
KAGEYOSE-NO-JUTSU*!!
KRGH
SM SM SM SM SM

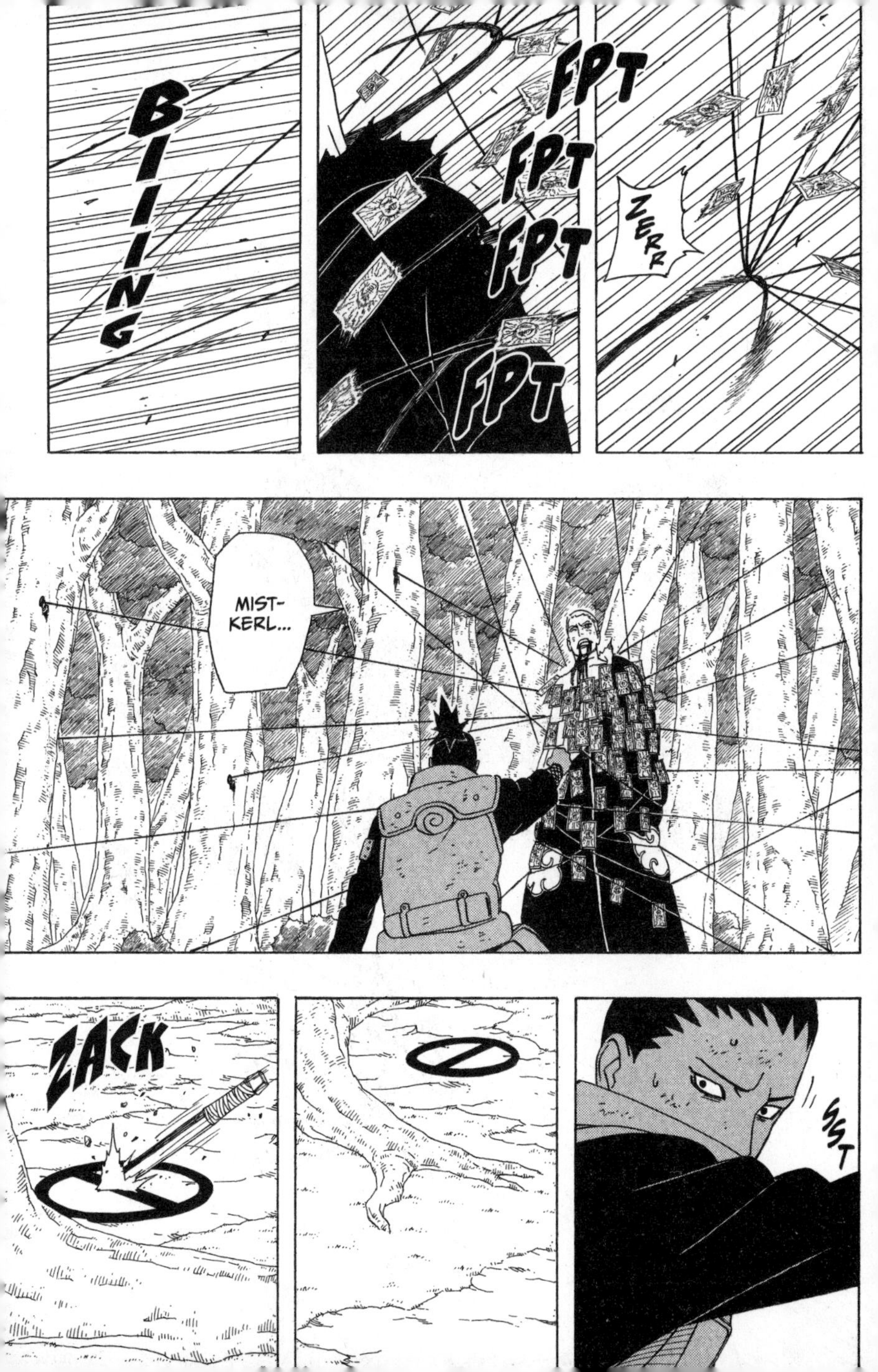

ZERR
FPT
FPT
FPT
FPT
BIIING
MIST-
KERL...
SST
ZACK

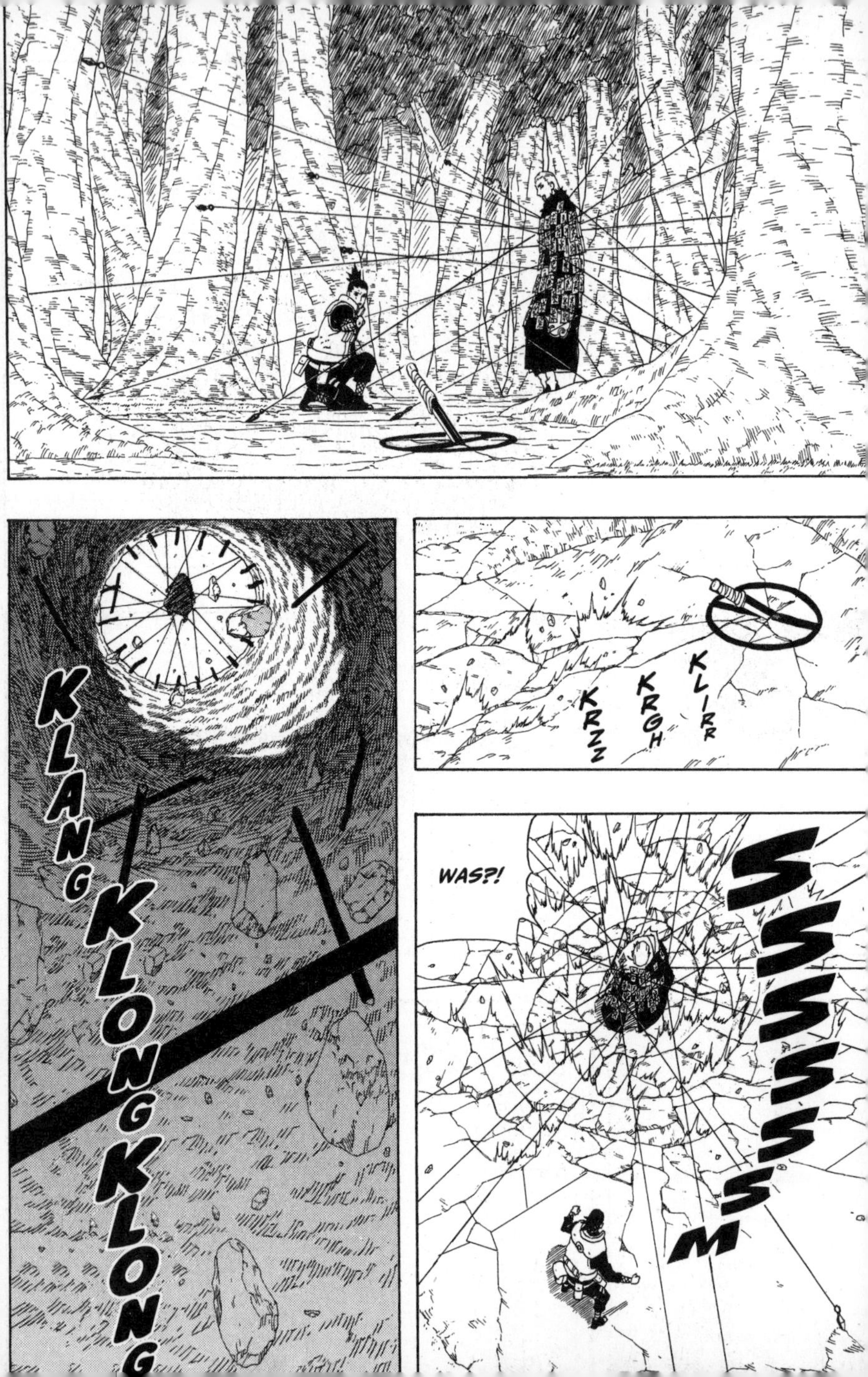
KLIRR
KRGH
KRZZ
WAS?!
SSSSSM
KLANG
KLONG
KLONG

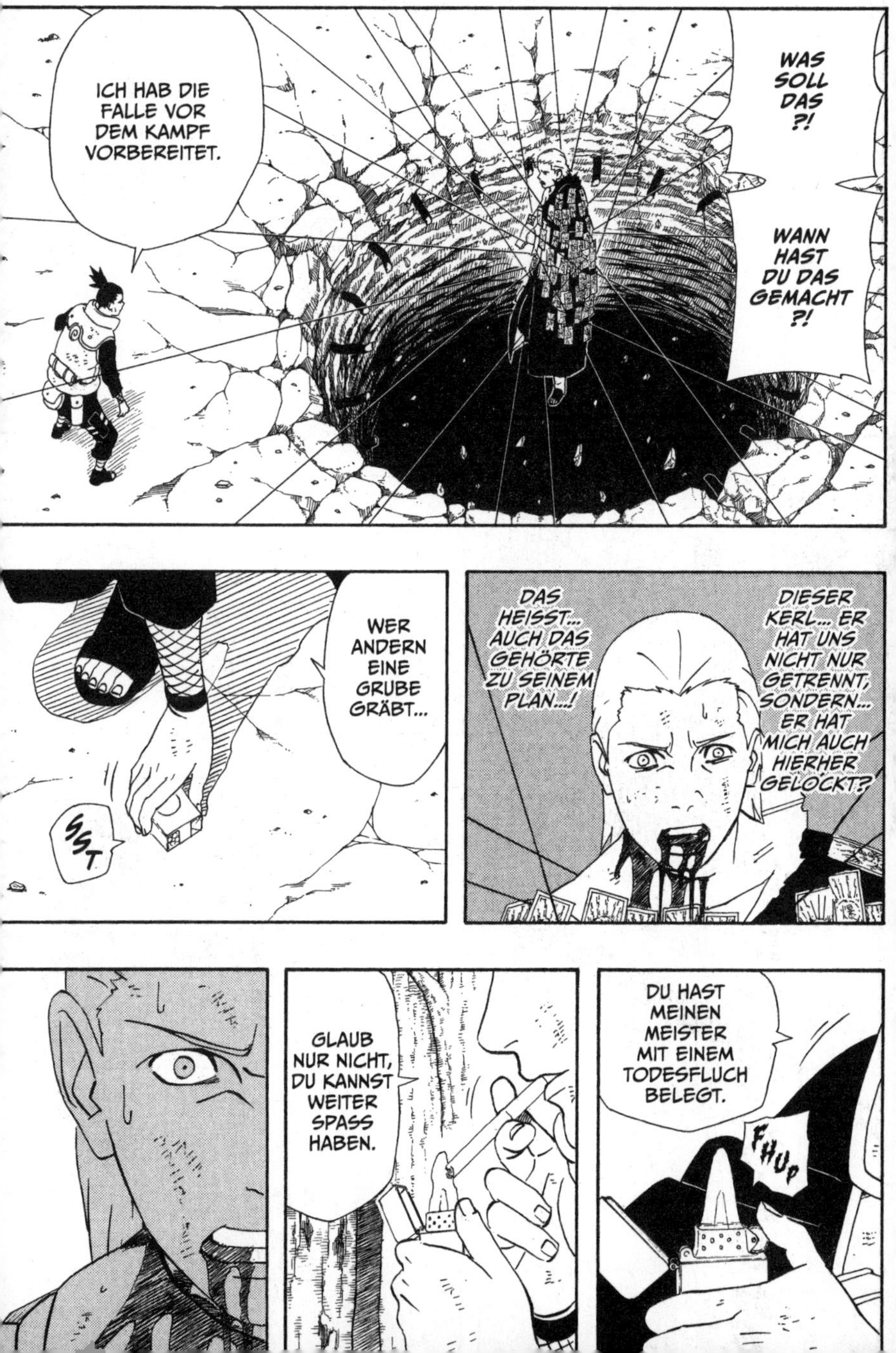
WAS SOLL DAS ?!
WANN HAST DU DAS GEMACHT ?!
ICH HAB DIE FALLE VOR DEM KAMPF VORBEREITET.
DIESER KERL... ER HAT UNS NICHT NUR GETRENNT, SONDERN... ER HAT MICH AUCH HIERHER GELOCKT?
DAS HEISST... AUCH DAS GEHÖRTE ZU SEINEM PLAN...!
WER ANDERN EINE GRUBE GRÄBT...
SST
DU HAST MEINEN MEISTER MIT EINEM TODESFLUCH BELEGT.
FHUP
GLAUB NUR NICHT, DU KANNST WEITER SPASS HABEN.

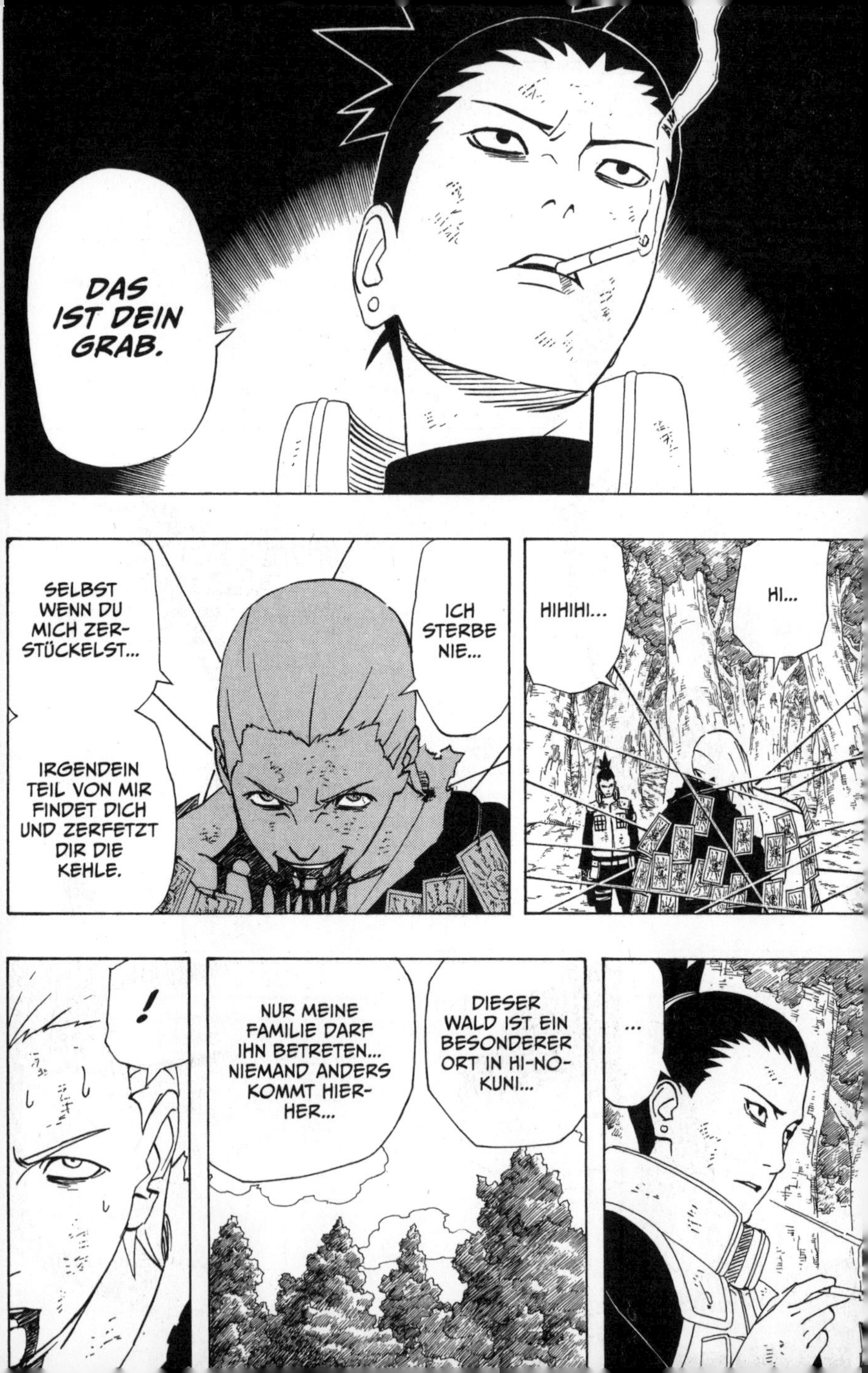
DAS IST DEIN GRAB.
HI...
HIHIHI...
ICH STERBE NIE...
SELBST WENN DU MICH ZER-STÜCKELST...
IRGENDEIN TEIL VON MIR FINDET DICH UND ZERFETZT DIR DIE KEHLE.
...
DIESER WALD IST EIN BESONDERER ORT IN HI-NO-KUNI...
NUR MEINE FAMILIE DARF IHN BETRETEN... NIEMAND ANDERS KOMMT HIER-HER...
!

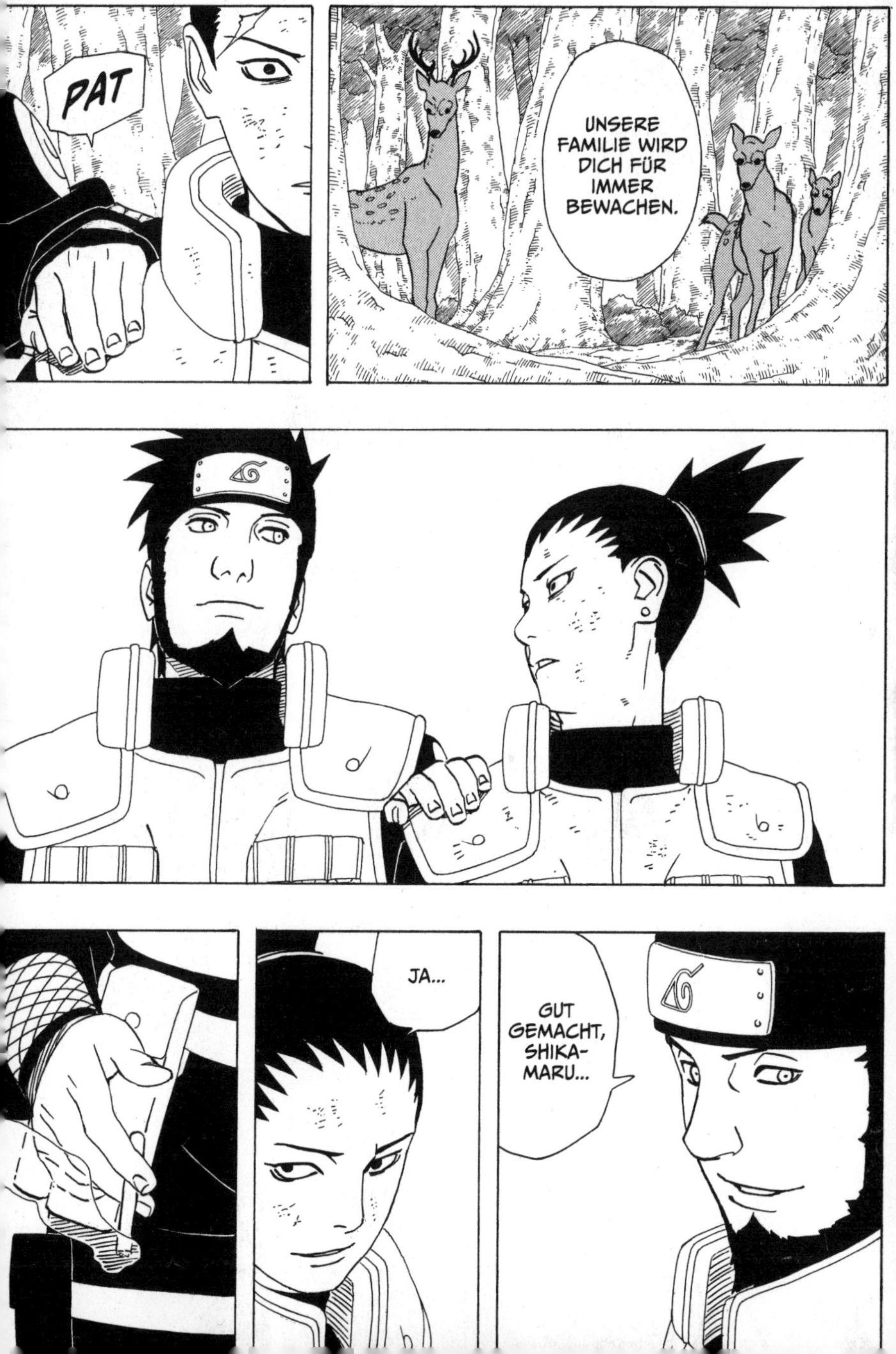

UNSERE FAMILIE WIRD DICH FÜR IMMER BEWACHEN.
PAT
GUT GEMACHT, SHIKA-MARU...
JA...

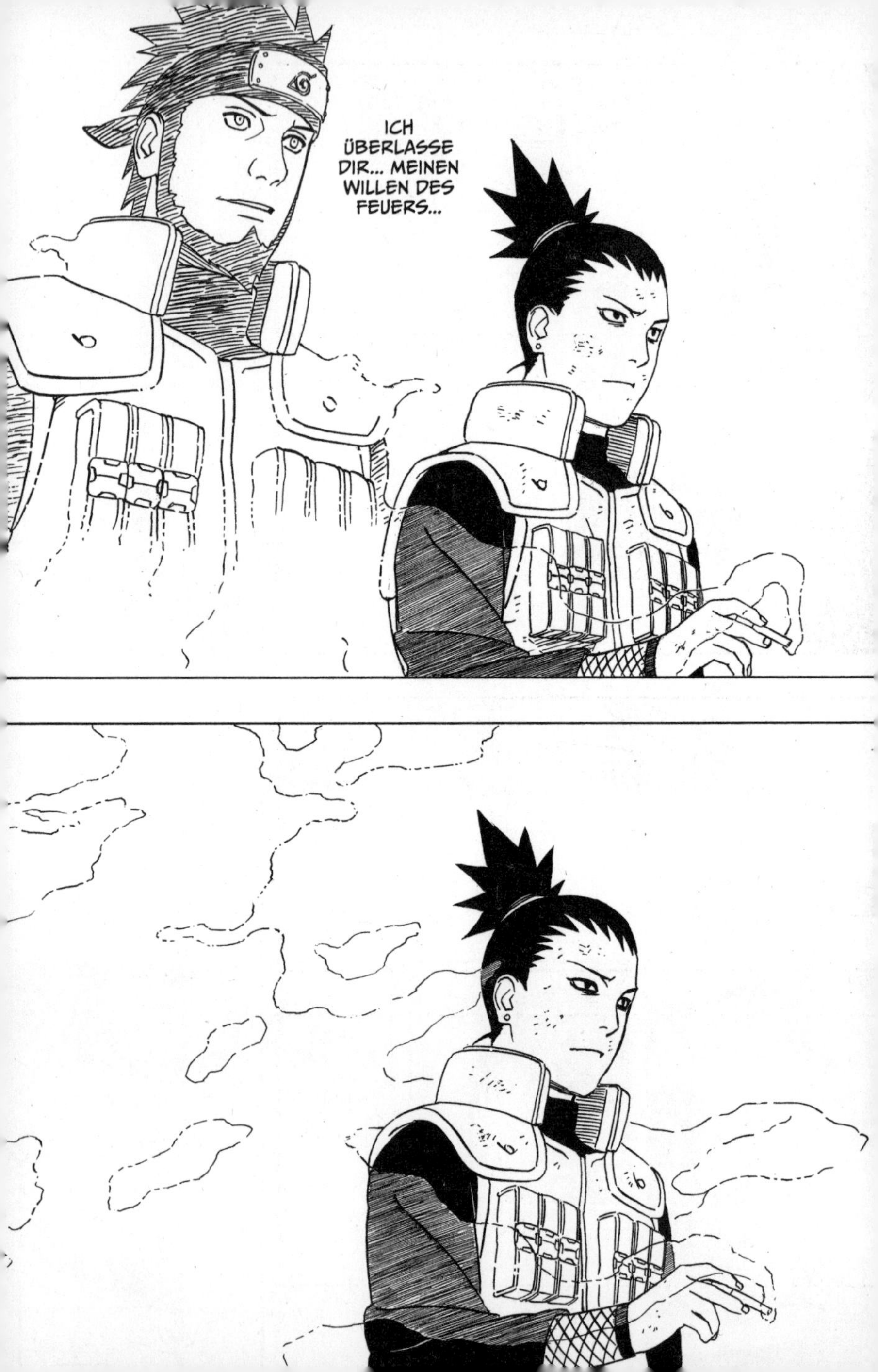
ICH ÜBERLASSE DIR... MEINEN WILLEN DES FEUERS...

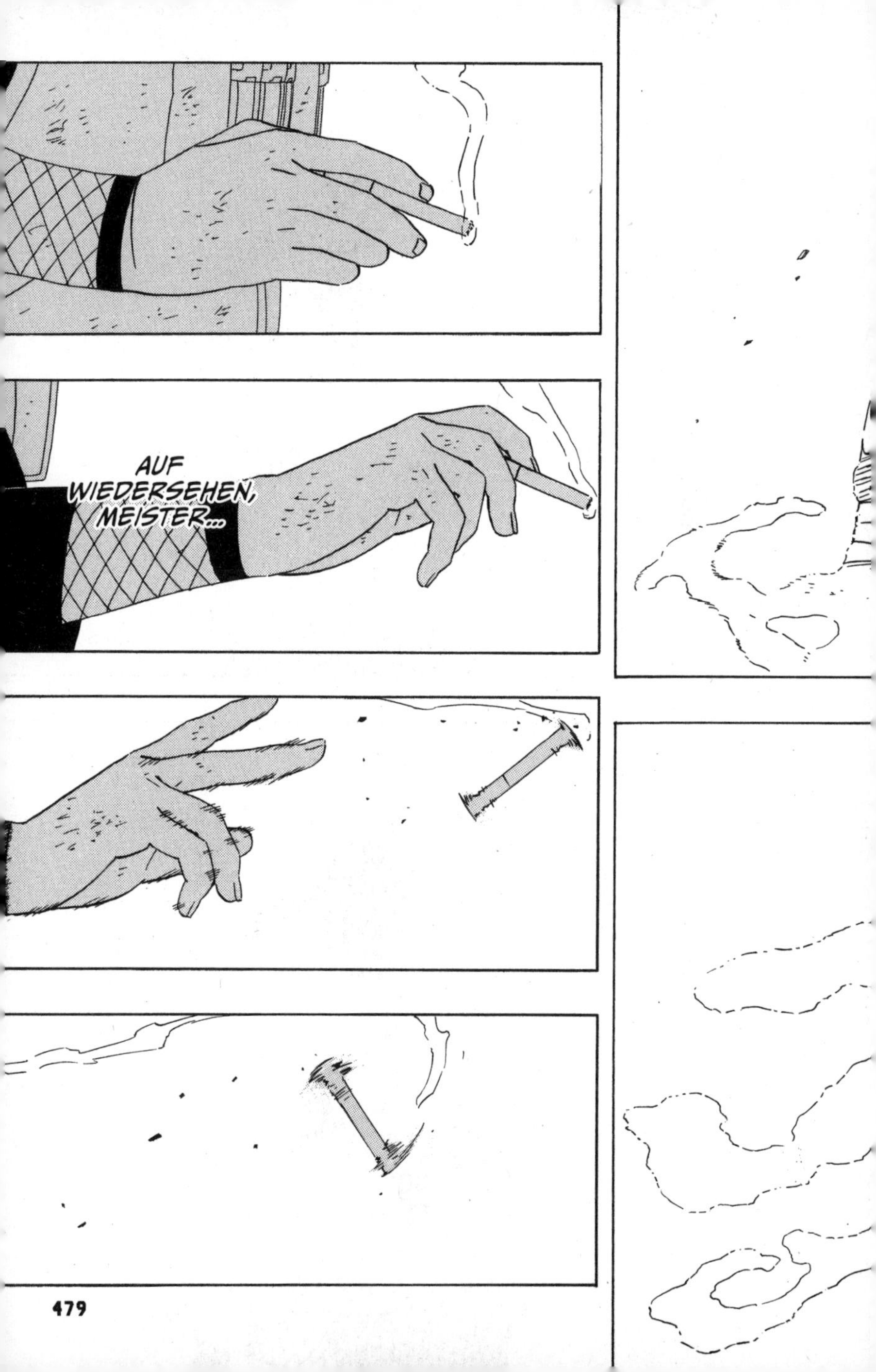
AUF WIEDERSEHEN, MEISTER...

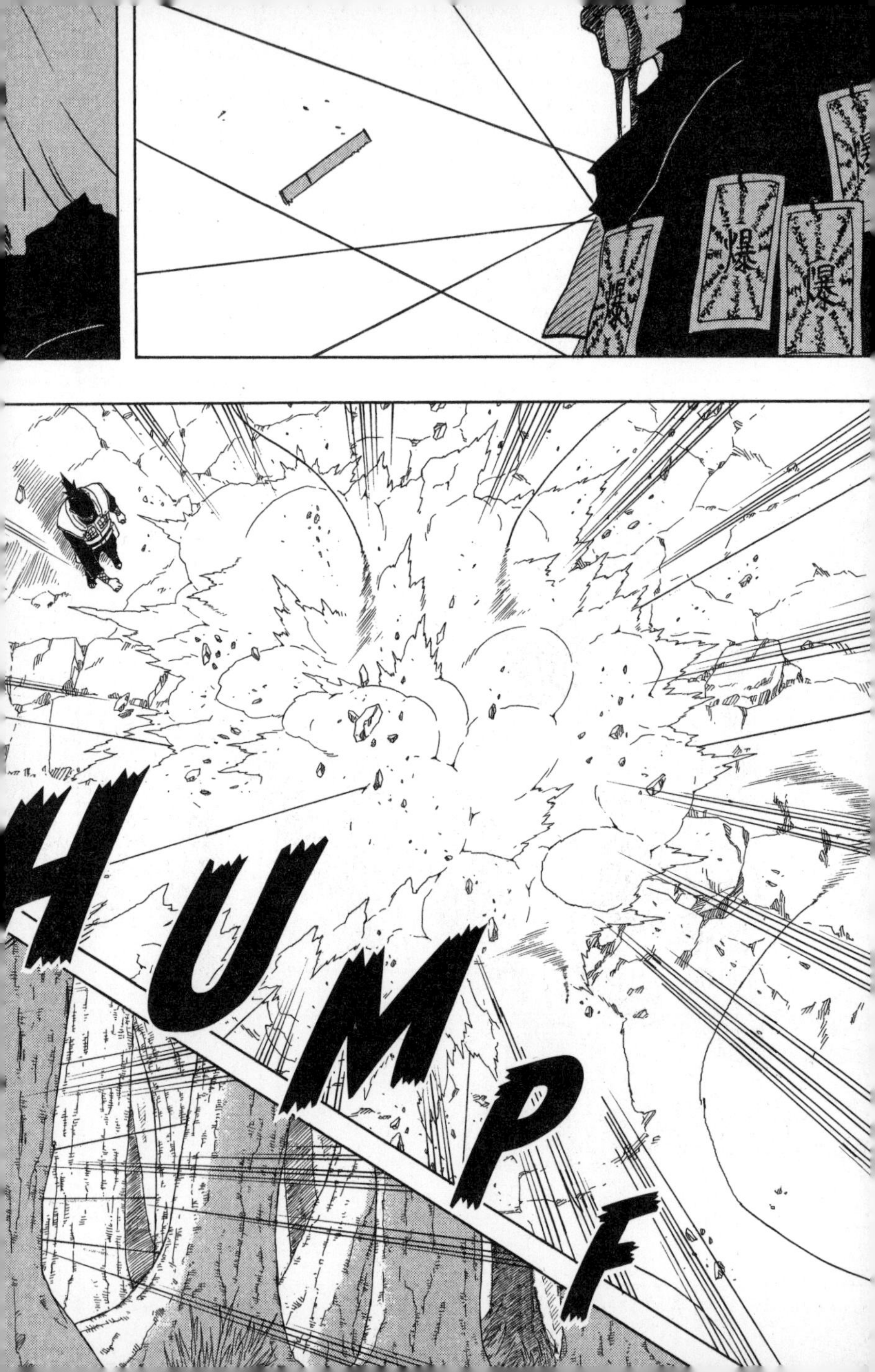
爆
爆
爆
HUMPF

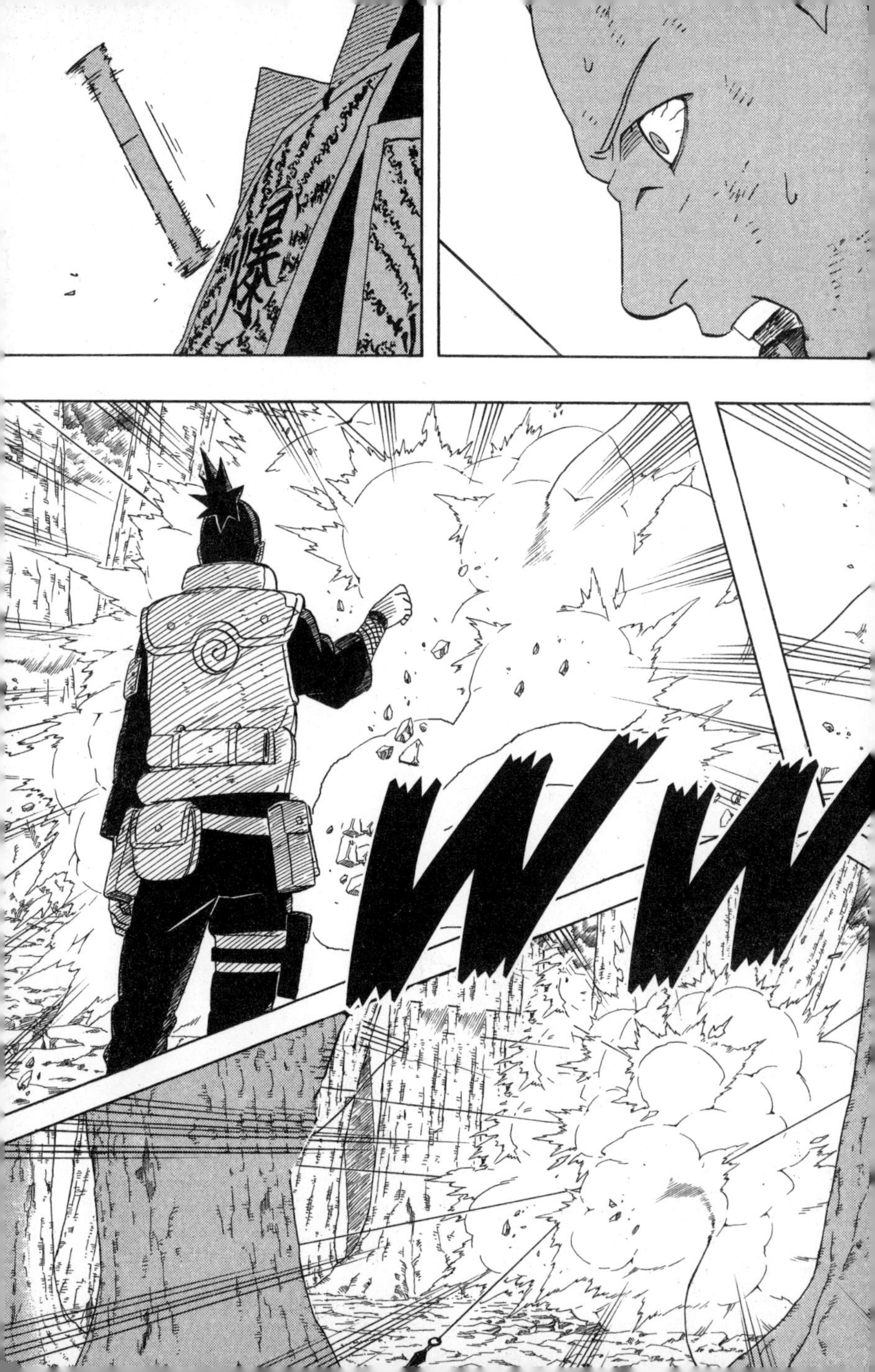

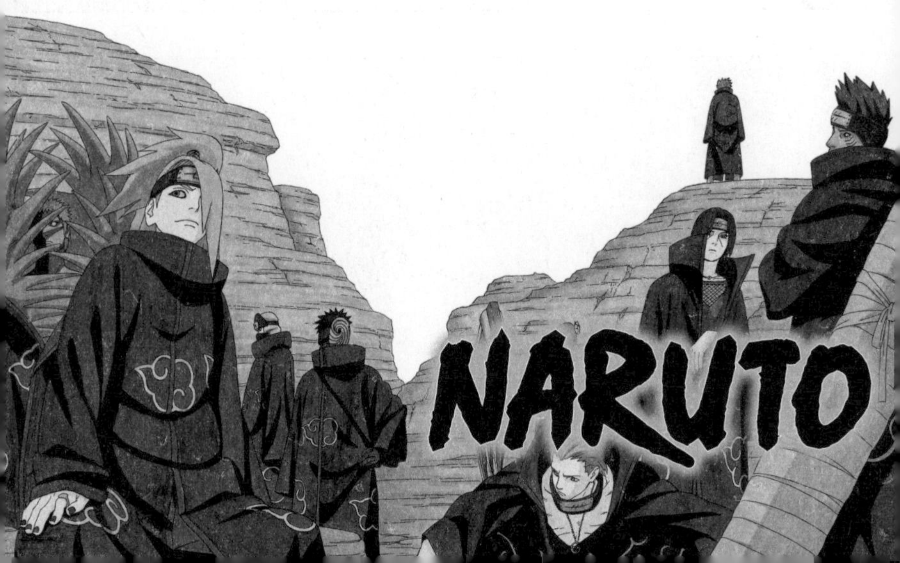
NARUTO

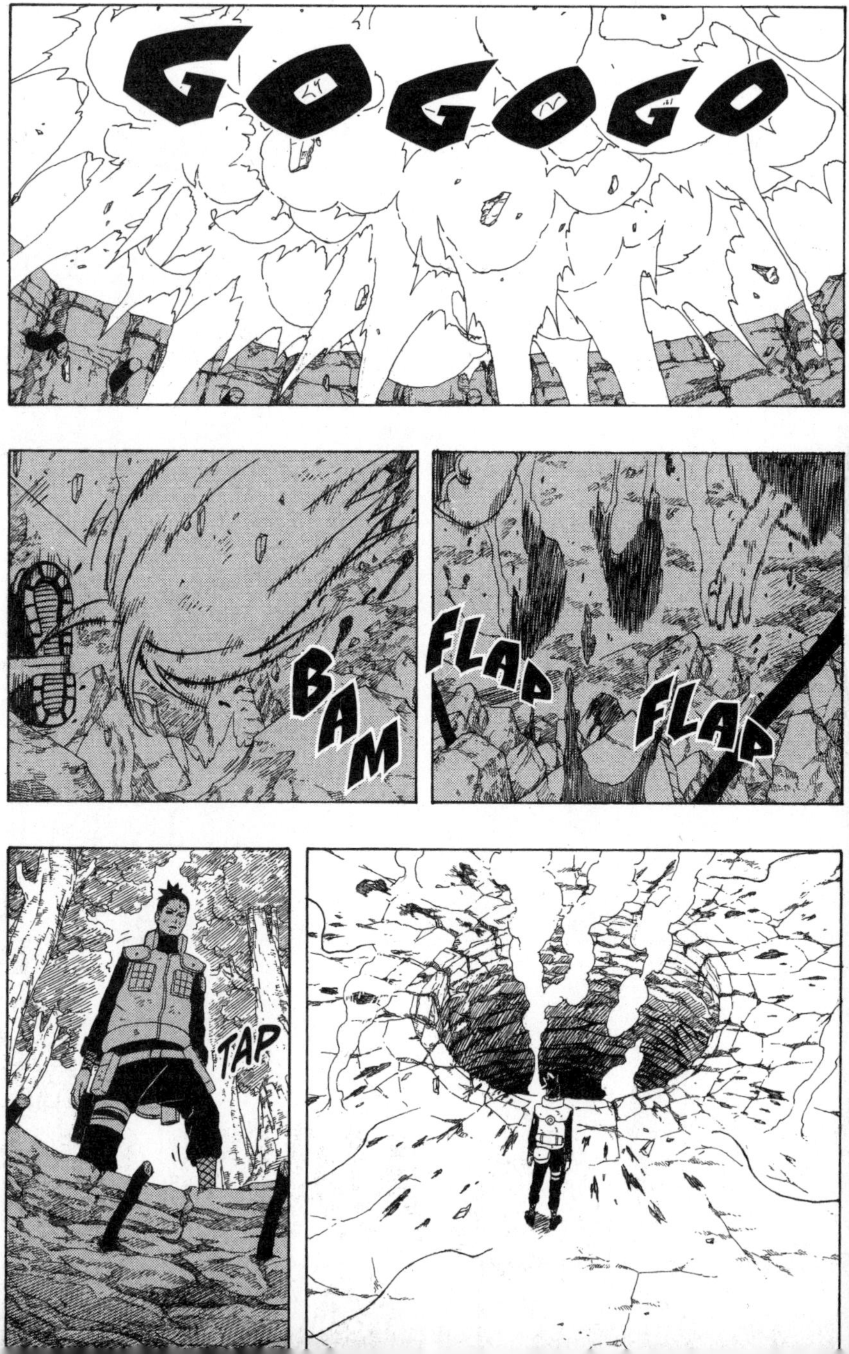
GOGOGO
BAM
FLAP
FLAP
TAP

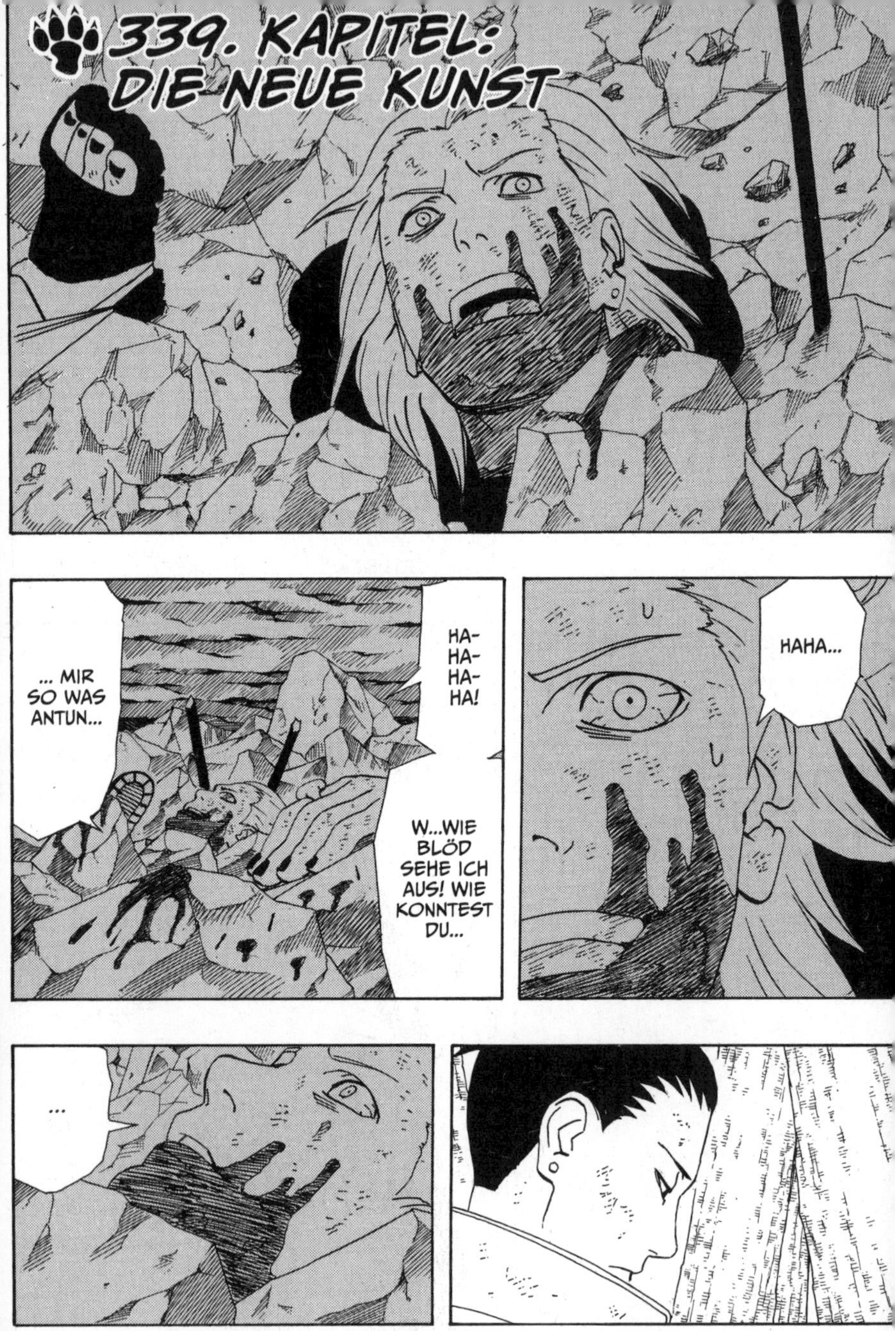
339. KAPITEL: DIE NEUE KUNST
HAHA...
HA-HA-HA-HA!
W...WIE BLÖD SEHE ICH AUS! WIE KONNTEST DU...
... MIR SO WAS ANTUN...
...

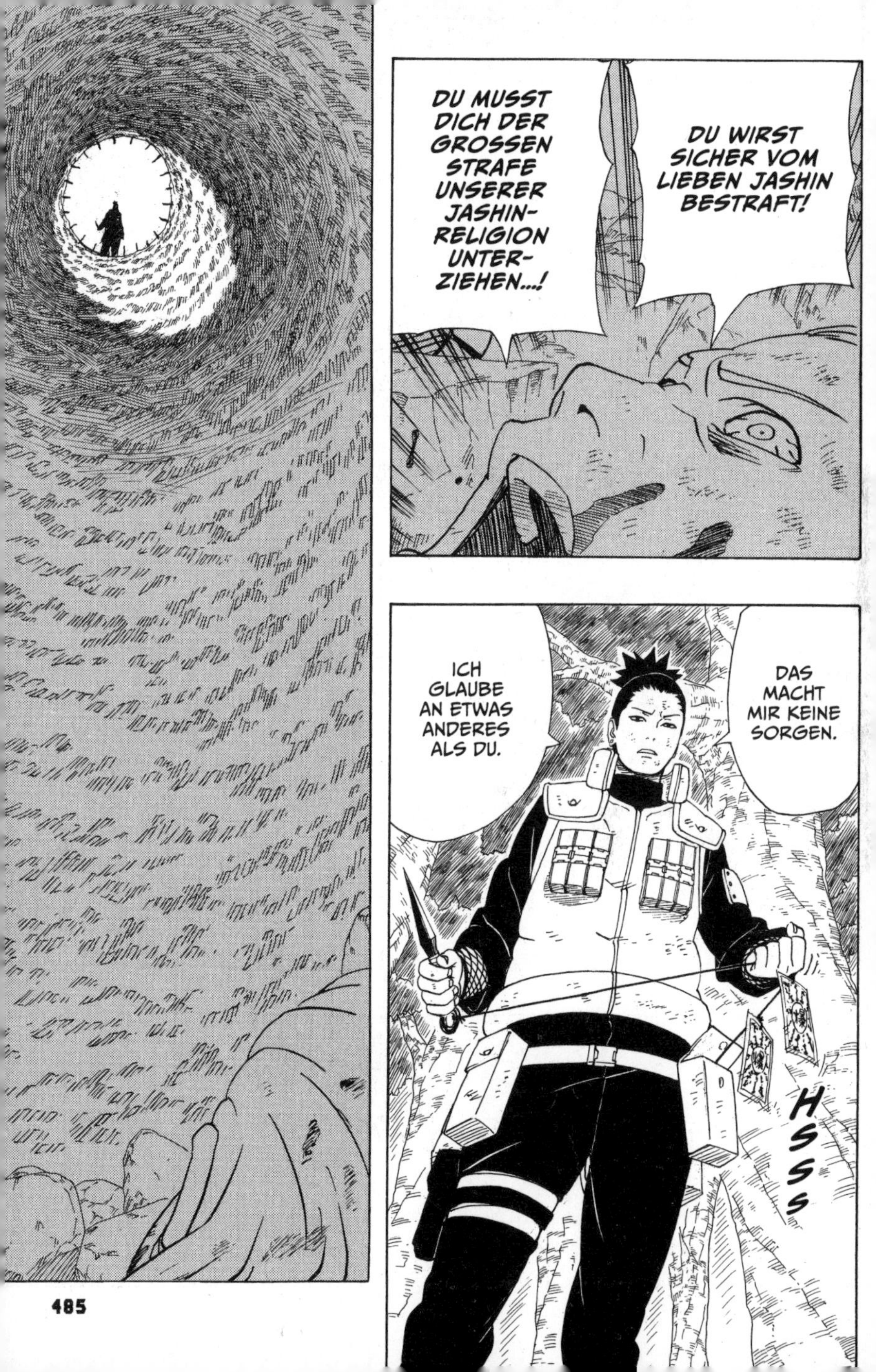
DU WIRST SICHER VOM LIEBEN JASHIN BESTRAFT!
DU MUSST DICH DER GROSSEN STRAFE UNSERER JASHIN-RELIGION UNTER-ZIEHEN...!
DAS MACHT MIR KEINE SORGEN.
ICH GLAUBE AN ETWAS ANDERES ALS DU.
HSSS

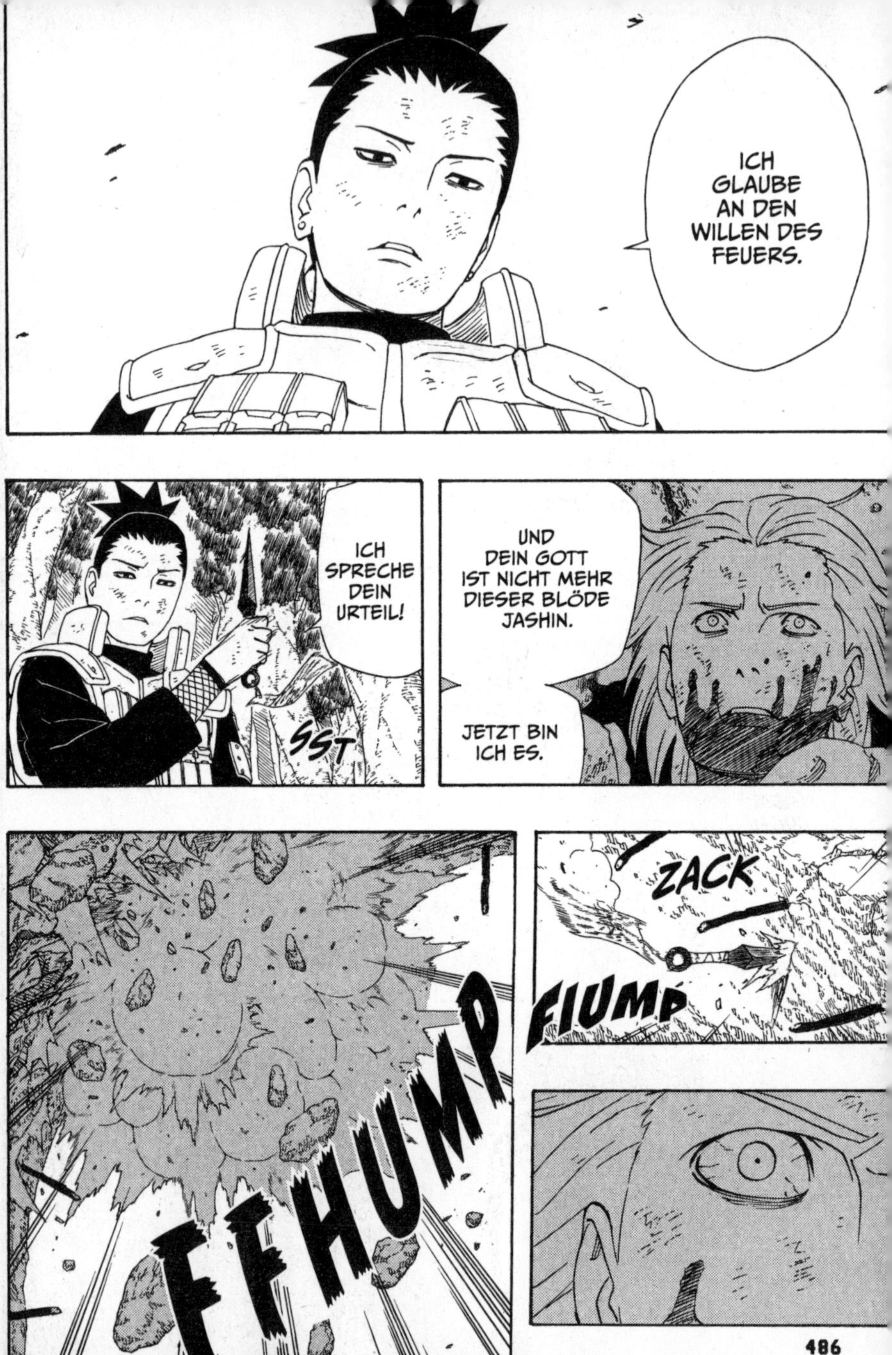
ICH GLAUBE AN DEN WILLEN DES FEUERS.
UND DEIN GOTT IST NICHT MEHR DIESER BLÖDE JASHIN.
JETZT BIN ICH ES.
ICH SPRECHE DEIN URTEIL!
SST
ZACK
FIUMP
FFHUMP

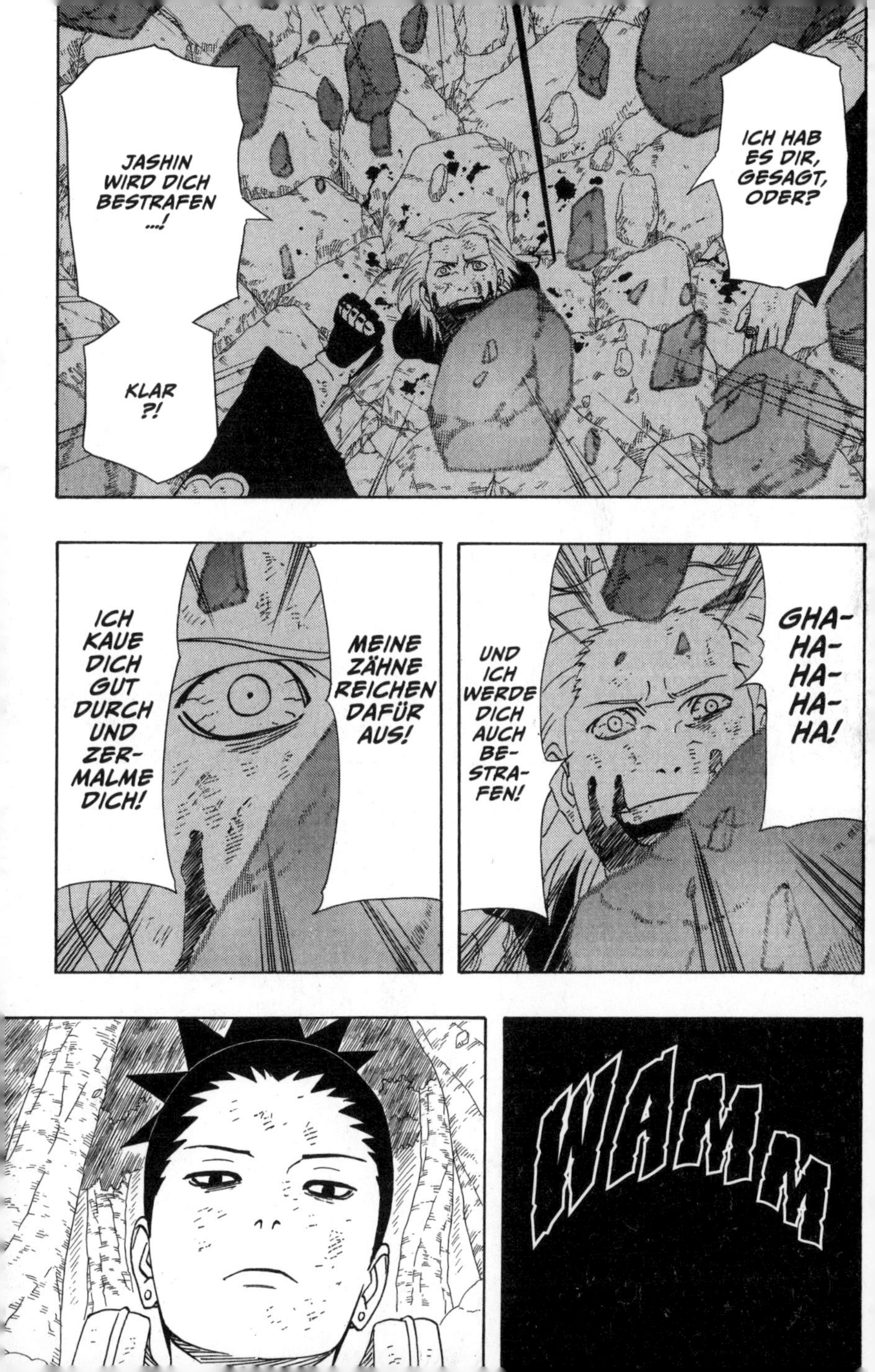
ICH HAB ES DIR, GESAGT, ODER?
JASHIN WIRD DICH BESTRAFEN ...!
KLAR ?!
GHA-HA-HA-HA-HA!
UND ICH WERDE DICH AUCH BE-STRA-FEN!
MEINE ZÄHNE REICHEN DAFÜR AUS!
ICH KAUE DICH GUT DURCH UND ZER-MALME DICH!
WAMM

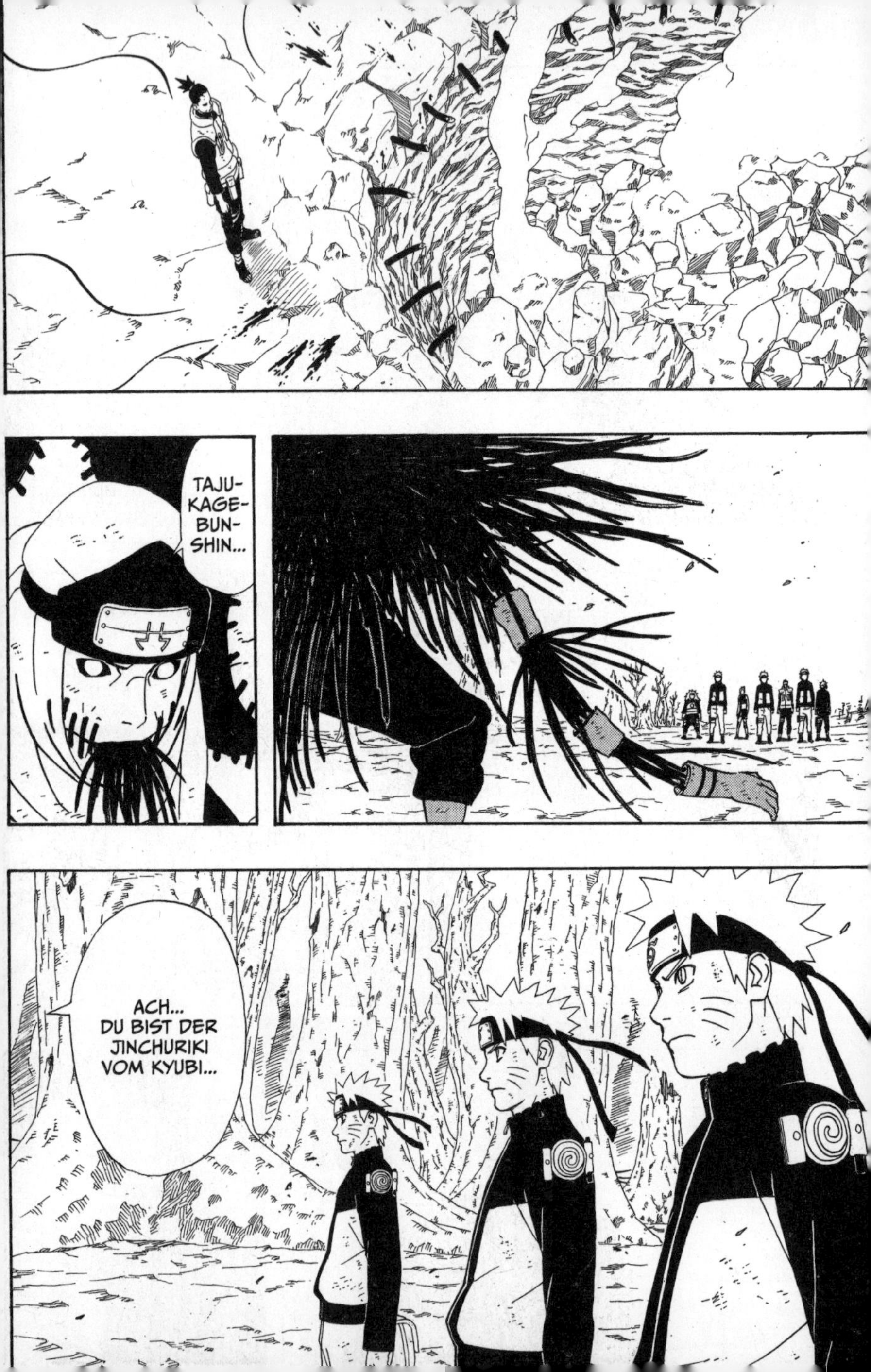
TAJU-
KAGE-
BUN-
SHIN...
ACH...
DU BIST DER
JINCHURIKI
VOM KYUBI...

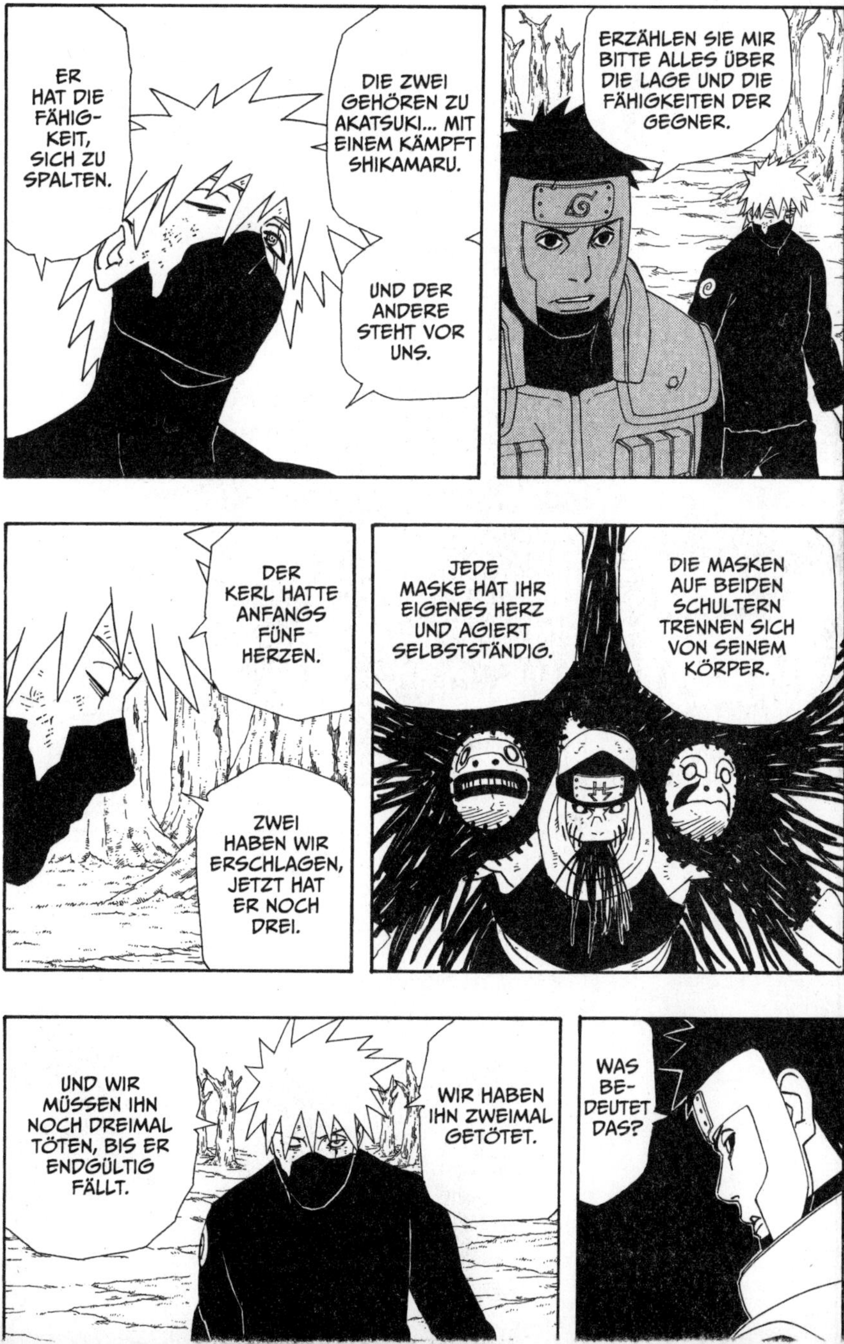

ERZÄHLEN SIE MIR BITTE ALLES ÜBER DIE LAGE UND DIE FÄHIGKEITEN DER GEGNER.
DIE ZWEI GEHÖREN ZU AKATSUKI... MIT EINEM KÄMPFT SHIKAMARU.
UND DER ANDERE STEHT VOR UNS.
ER HAT DIE FÄHIG-KEIT, SICH ZU SPALTEN.
DIE MASKEN AUF BEIDEN SCHULTERN TRENNEN SICH VON SEINEM KÖRPER.
JEDE MASKE HAT IHR EIGENES HERZ UND AGIERT SELBSTSTÄNDIG.
DER KERL HATTE ANFANGS FÜNF HERZEN.
ZWEI HABEN WIR ERSCHLAGEN, JETZT HAT ER NOCH DREI.
WAS BE-DEUTET DAS?
WIR HABEN IHN ZWEIMAL GETÖTET.
UND WIR MÜSSEN IHN NOCH DREIMAL TÖTEN, BIS ER ENDGÜLTIG FÄLLT.

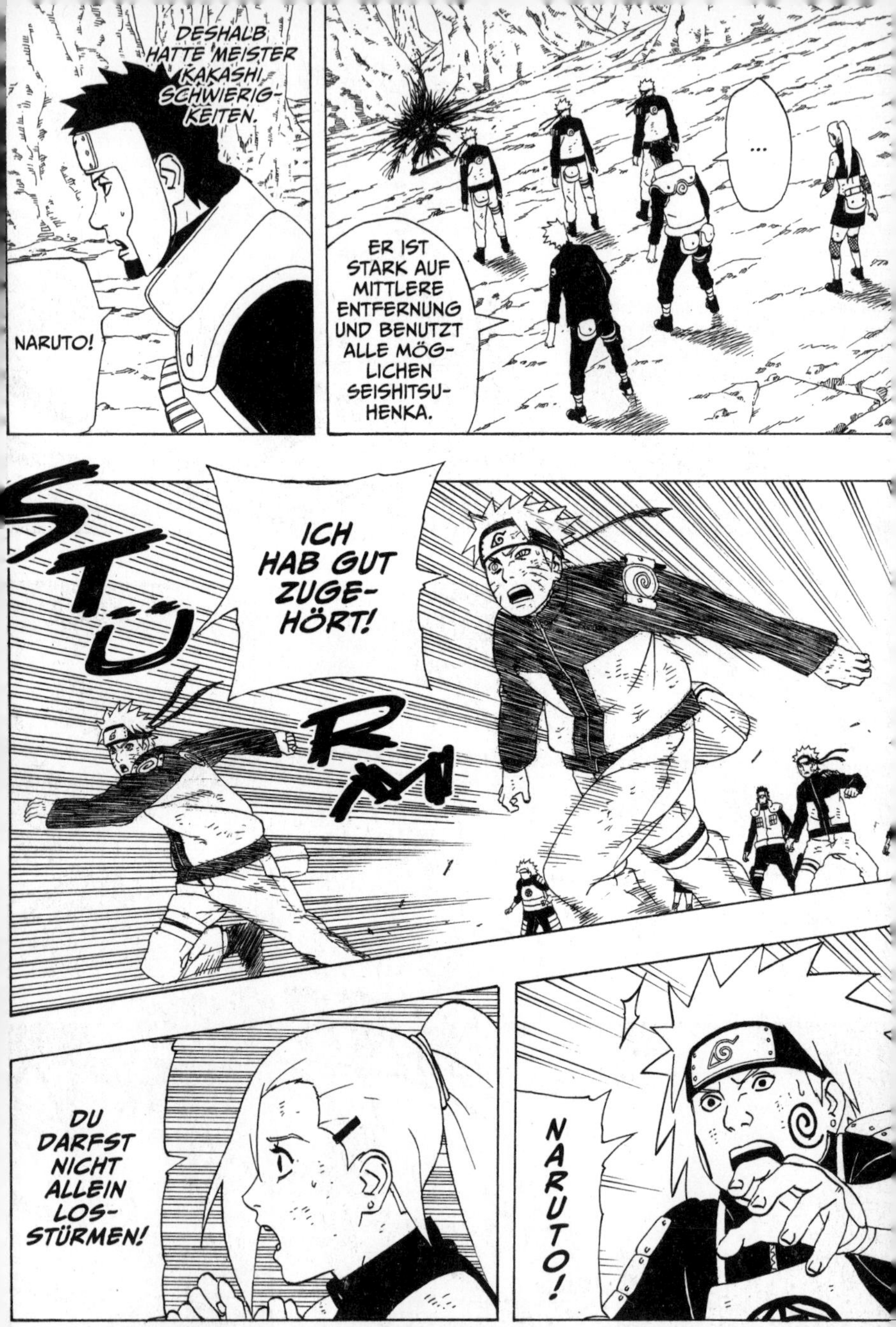
…
ER IST STARK AUF MITTLERE ENTFERNUNG UND BENUTZT ALLE MÖGLICHEN SEISHITSU-HENKA.
DESHALB HATTE MEISTER KAKASHI SCHWIERIGKEITEN.
NARUTO!
STÜRM
ICH HAB GUT ZUGEHÖRT!
NARUTO!
DU DARFST NICHT ALLEIN LOSSTÜRMEN!

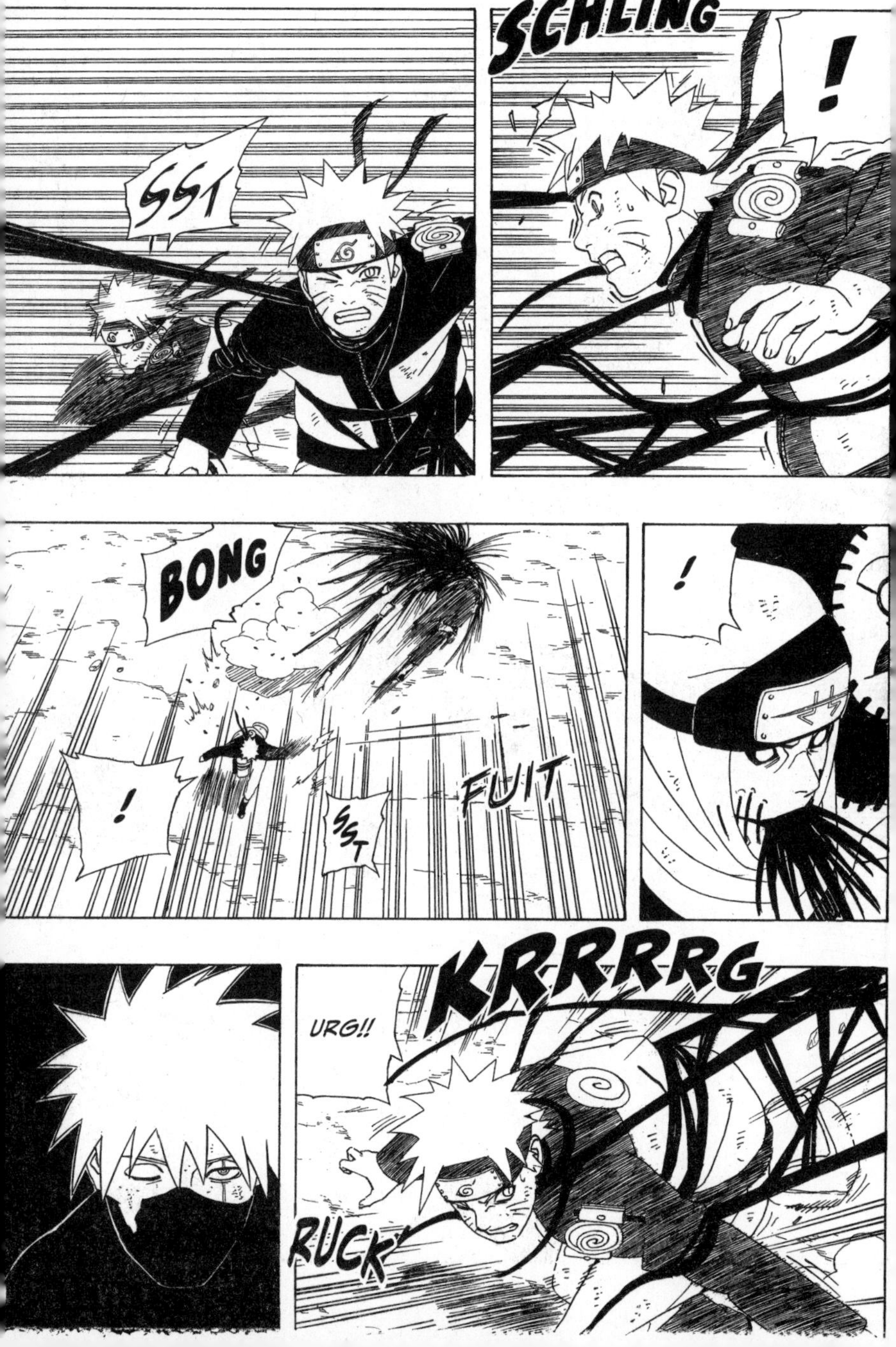

SCHLING
!
SST
!
BONG
FUIT
SST
!
KRRRRG
URG!!
RUCK

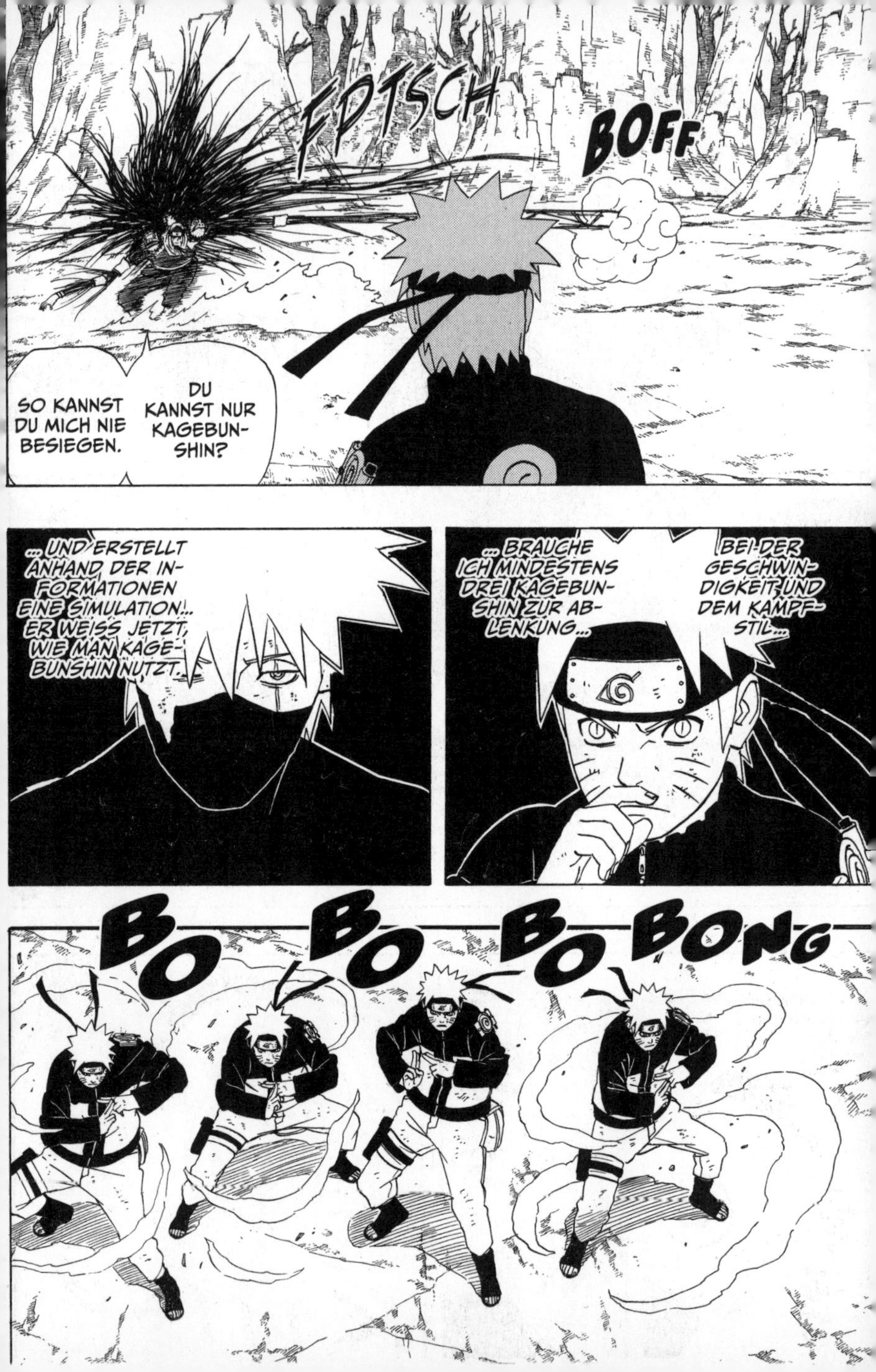

FPTSCH
BOFF
DU KANNST NUR KAGEBUN- SHIN?
SO KANNST DU MICH NIE BESIEGEN.
BEI DER GESCHWIN- DIGKEIT UND DEM KAMPF- STIL...
... BRAUCHE ICH MINDESTENS DREI KAGEBUN- SHIN ZUR AB- LENKUNG...
... UND ERSTELLT ANHAND DER IN- FORMATIONEN EINE SIMULATION!.. ER WEISS JETZT, WIE MAN KAGE- BUNSHIN NUTZT.
BO BO BO BONG

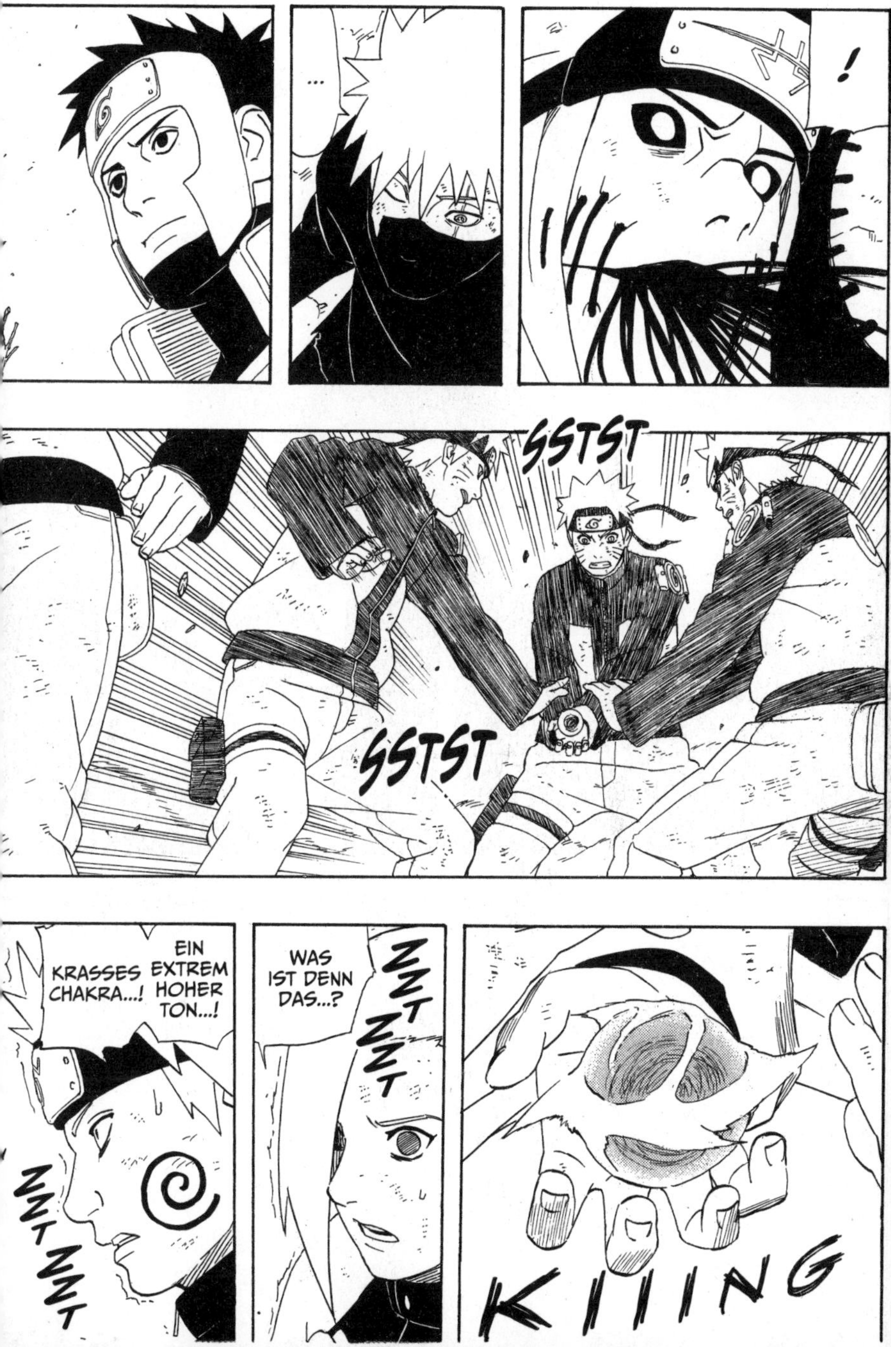
!
...
SSTST
SSTST
KIIING
WAS IST DENN DAS...?
ZZZT ZZZT
EIN EXTREM HOHER TON...!
KRASSES CHAKRA...!
ZZZT ZZZT

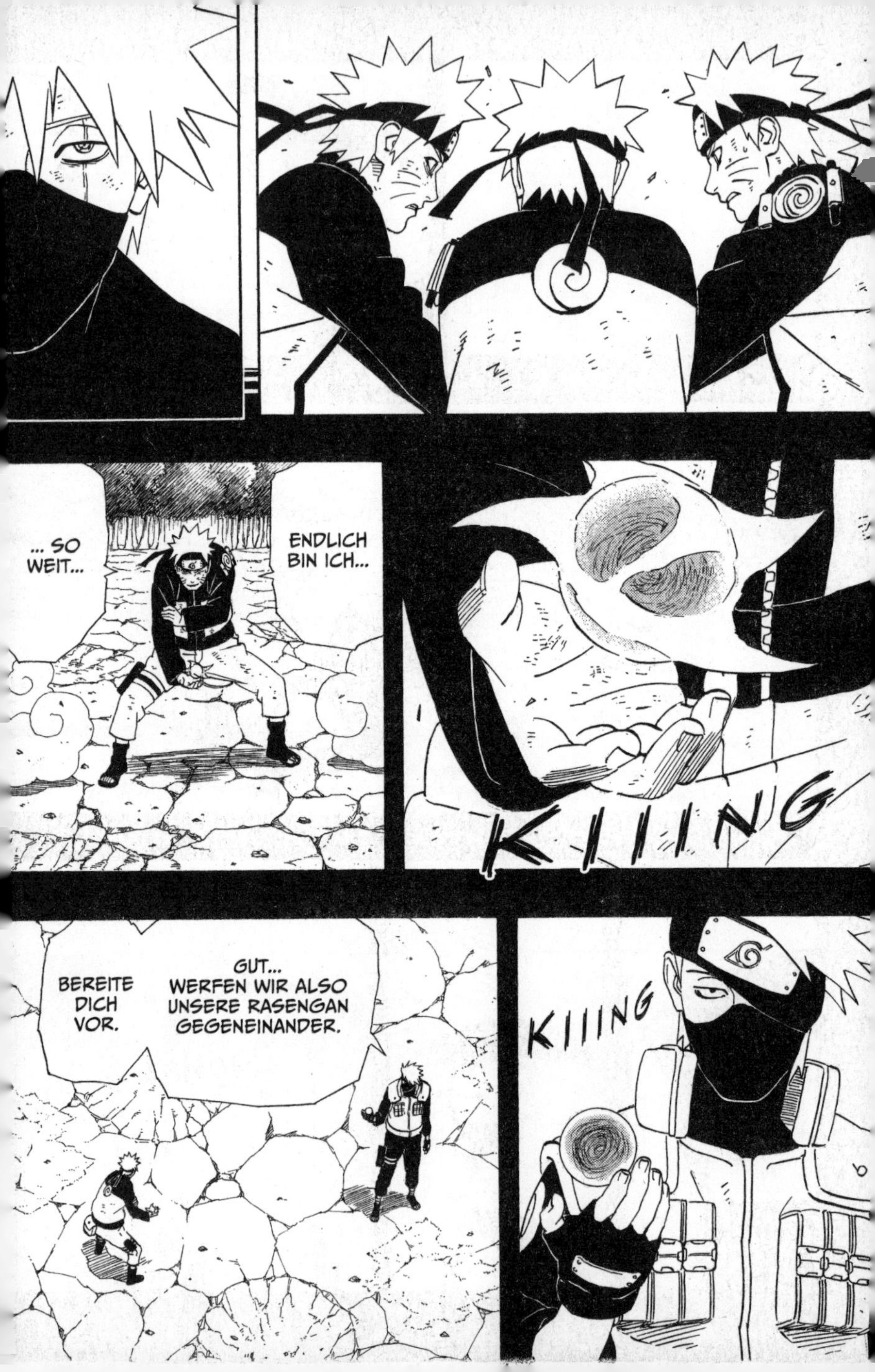
KIIING
ENDLICH BIN ICH...
... SO WEIT...
KIIING
GUT... WERFEN WIR ALSO UNSERE RASENGAN GEGENEINANDER.
BEREITE DICH VOR.

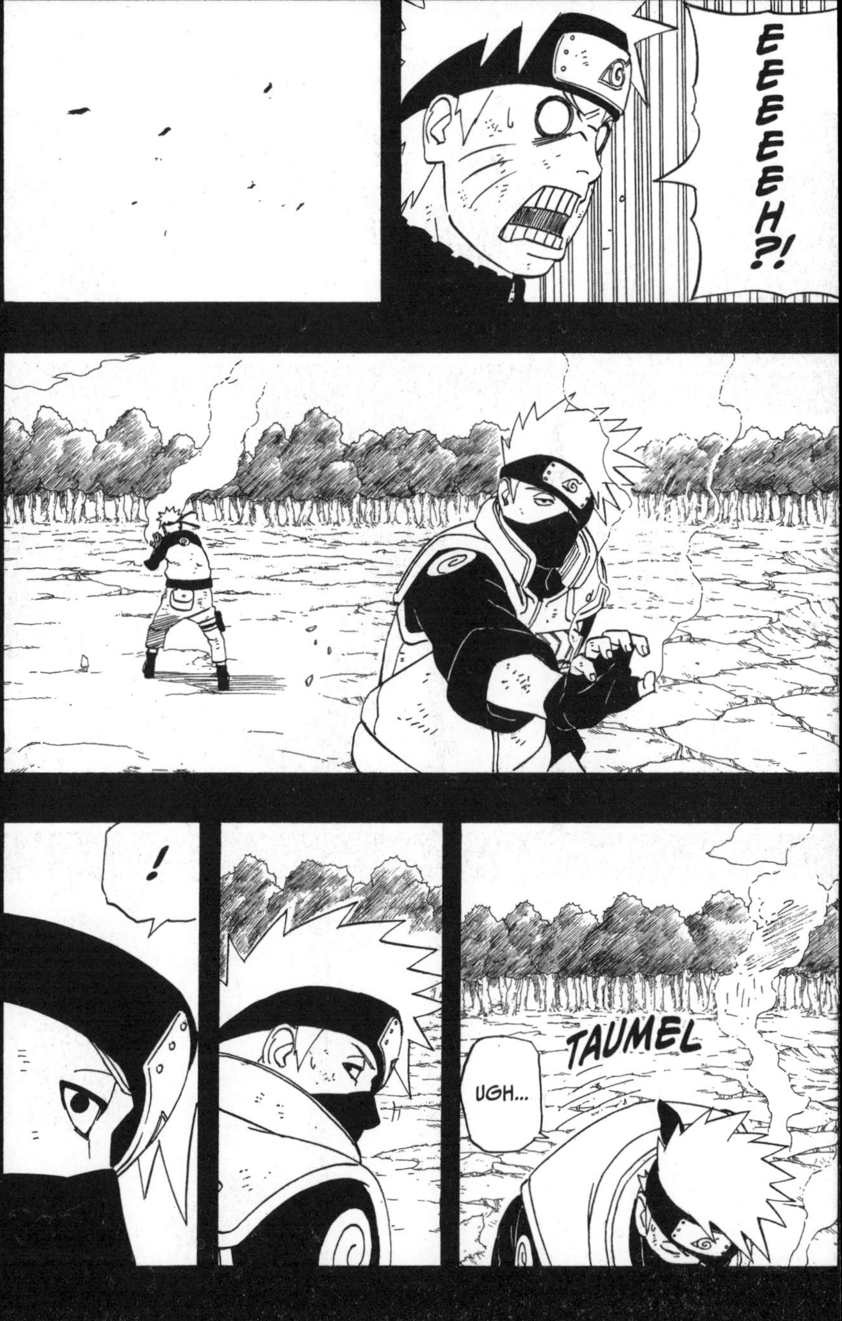
EEEEEEH?!
!
TAUMEL
UGH...

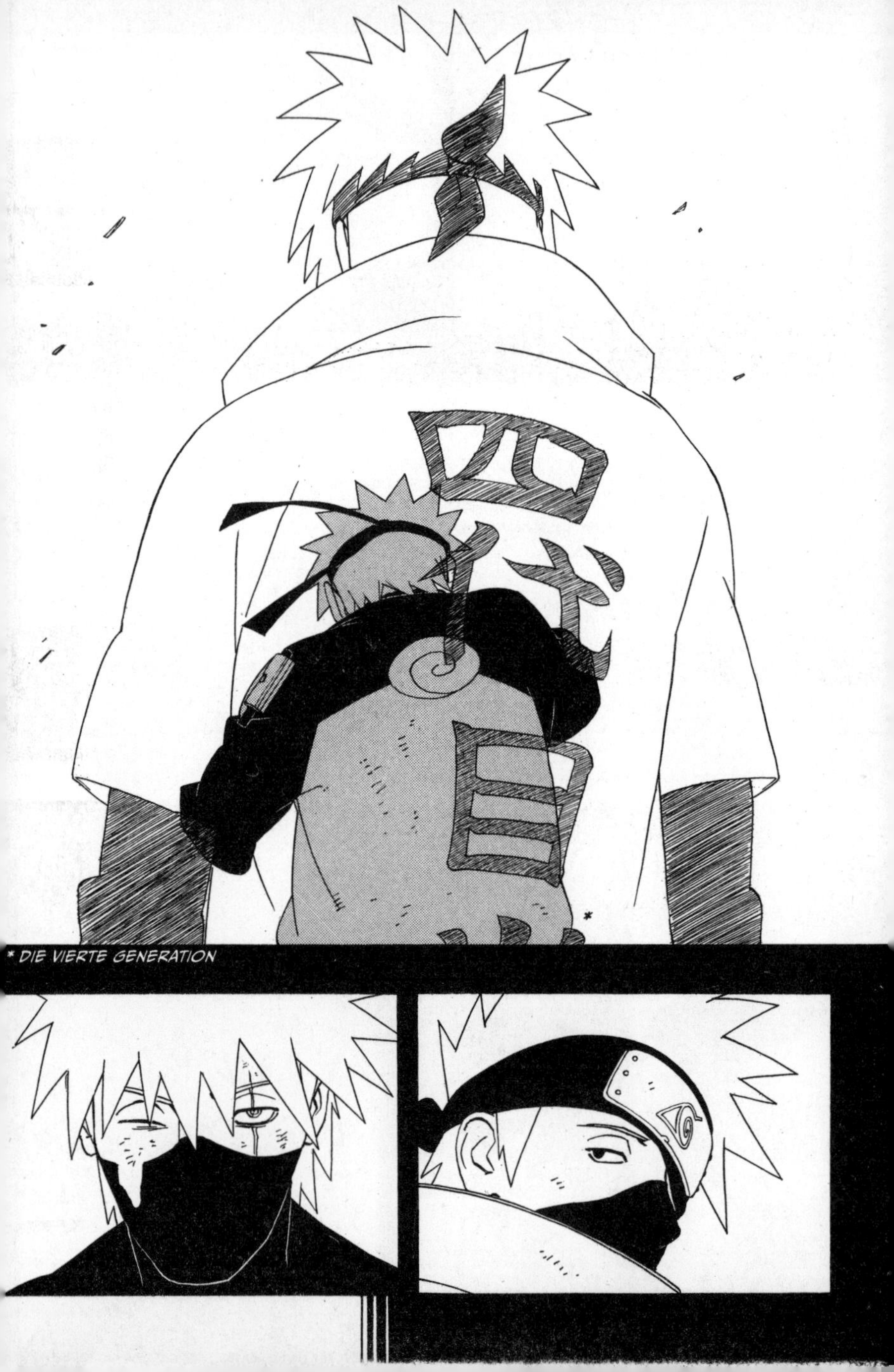
* DIE VIERTE GENERATION

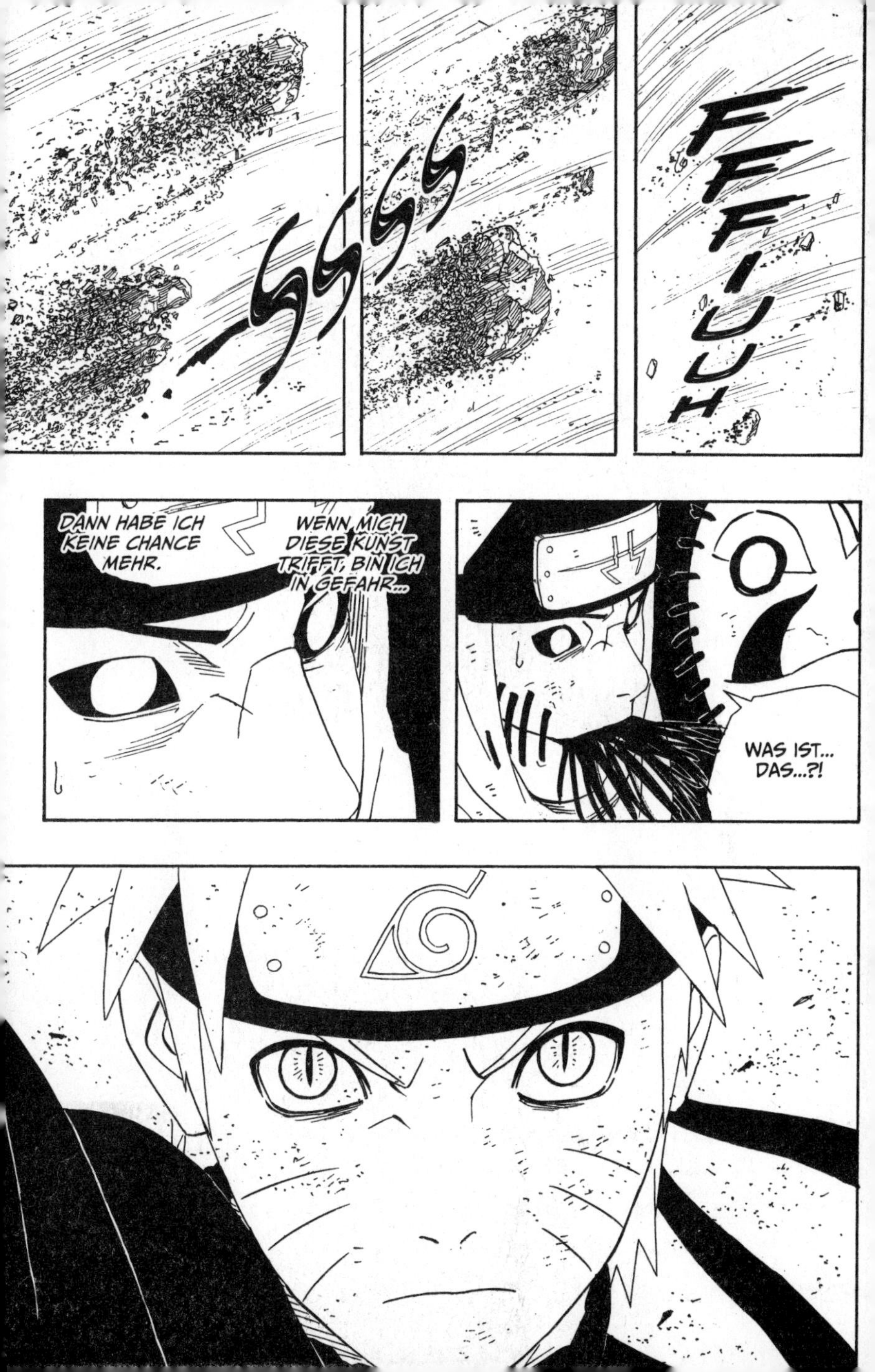
SSSS
FFFIUH
WAS IST... DAS...?!
WENN MICH DIESE KUNST TRIFFT, BIN ICH IN GEFAHR...
DANN HABE ICH KEINE CHANCE MEHR.

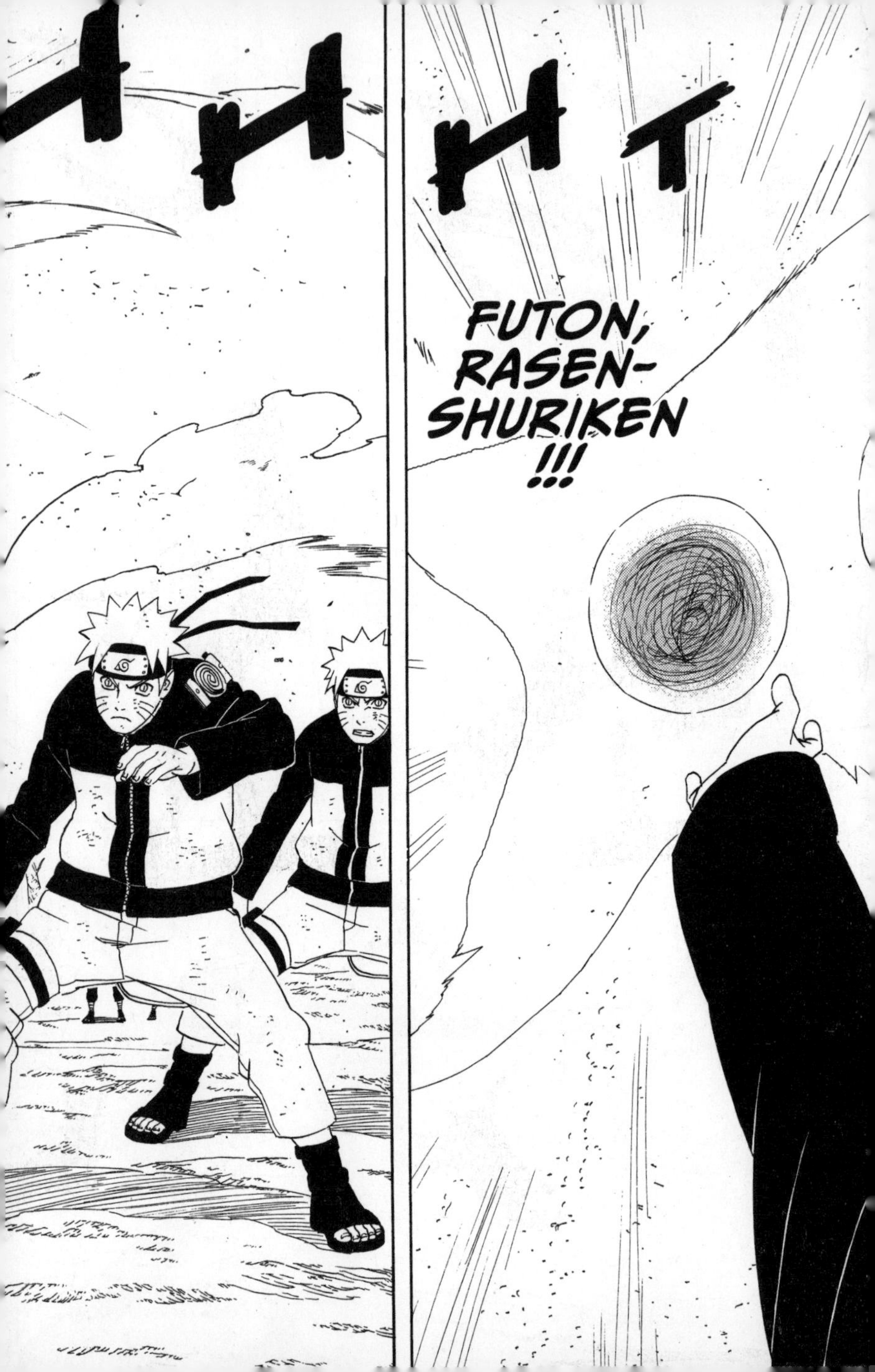
FUTON, RASEN-SHURIKEN !!!

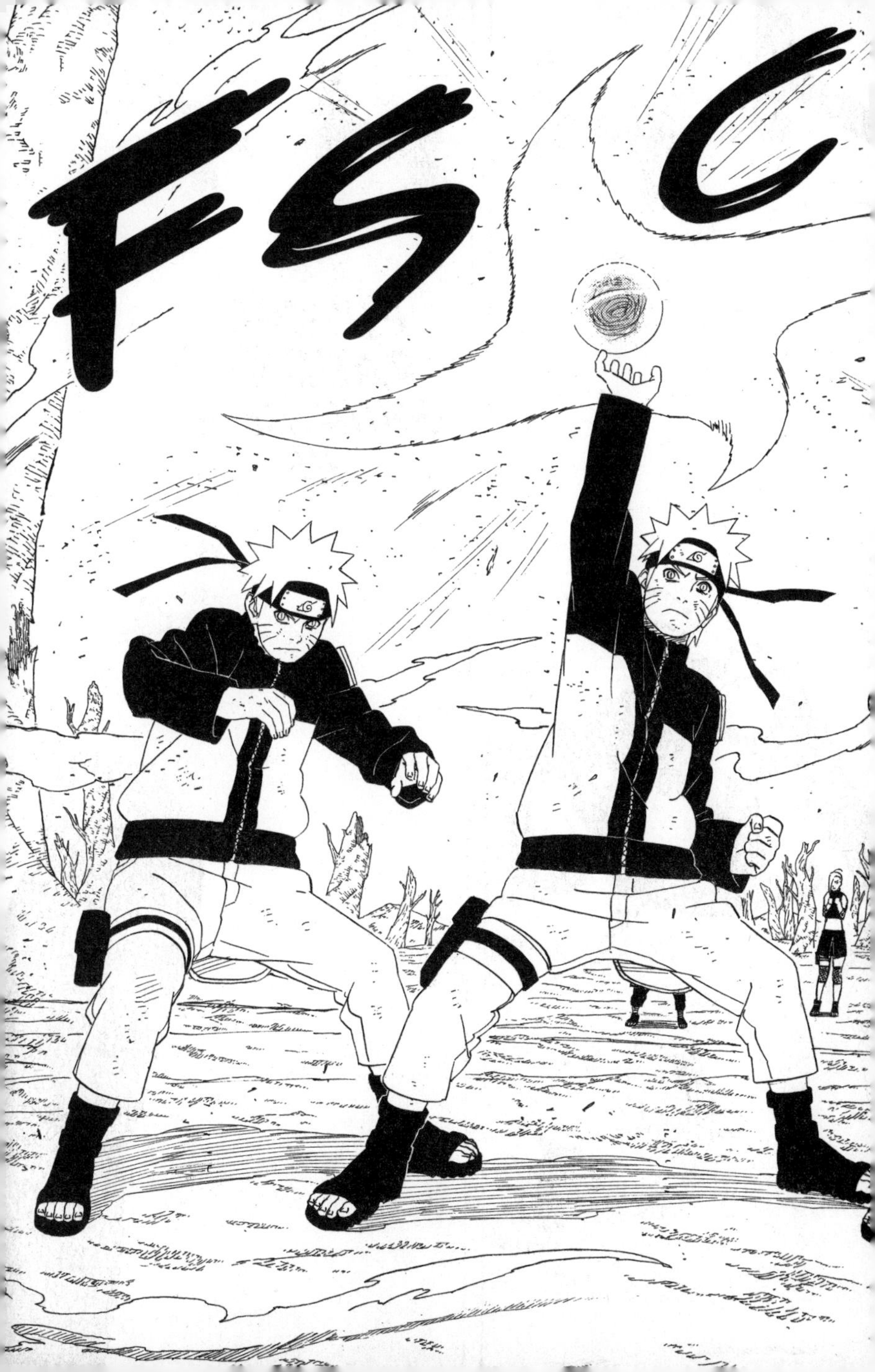
FSC

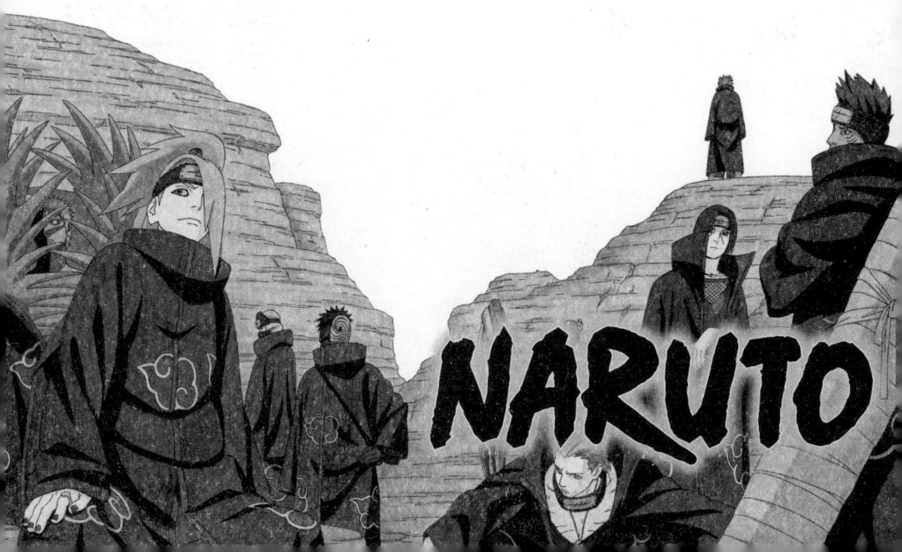
NARUTO

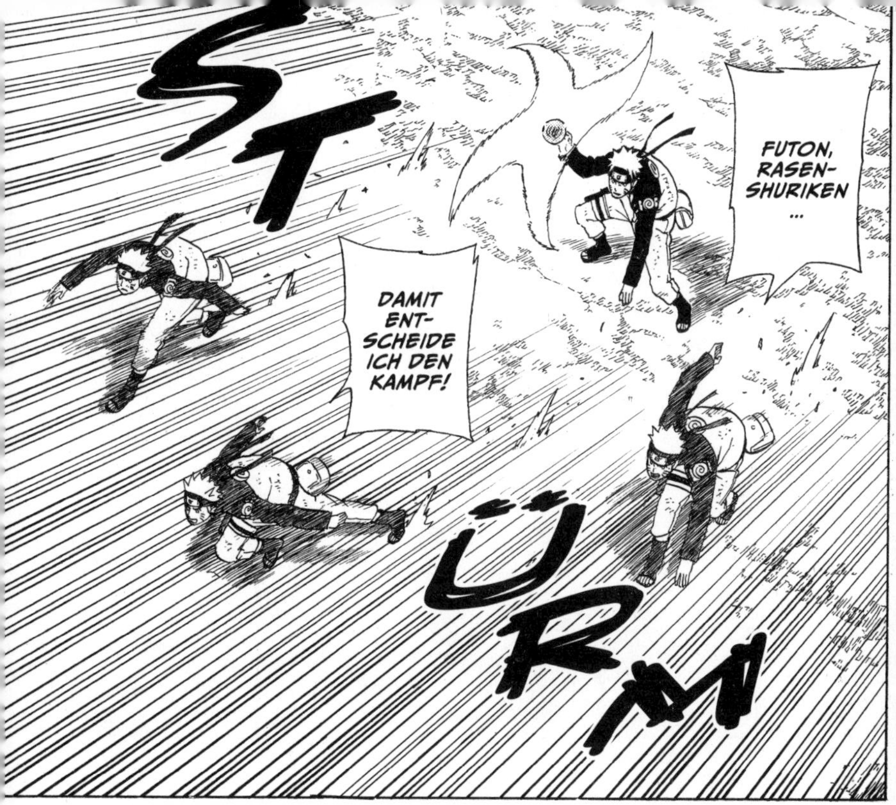

340. KAPITEL: DER RISKANTE WEG

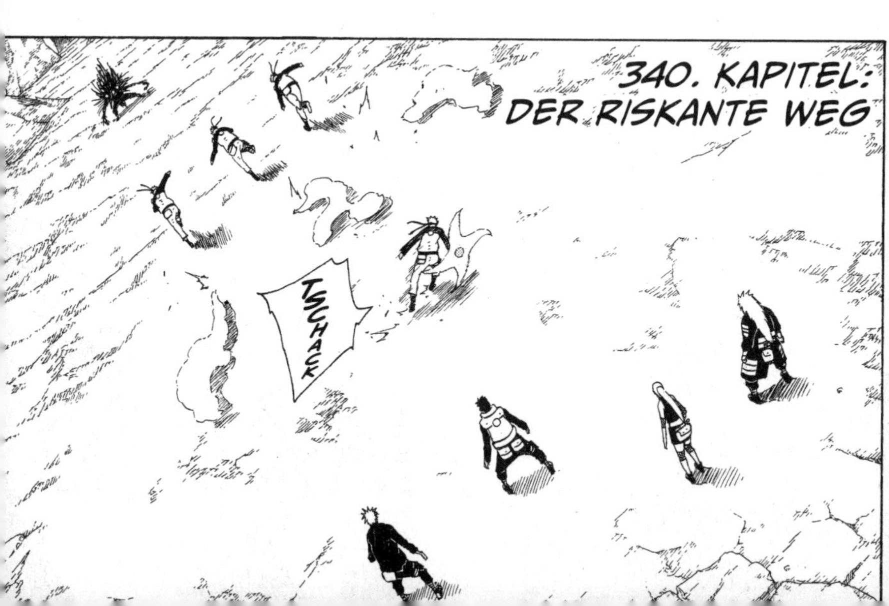

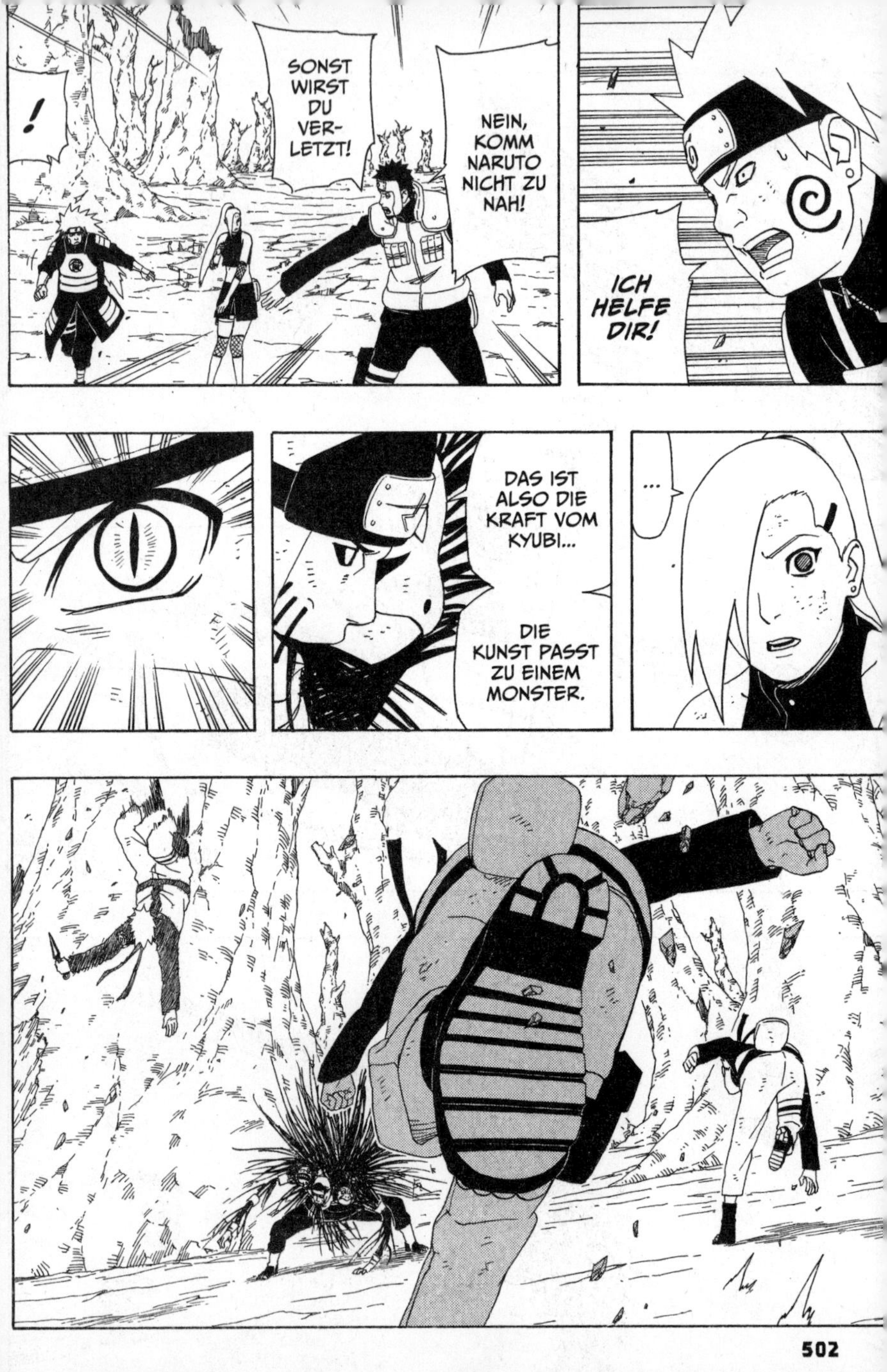

ICH HELFE DIR!
NEIN, KOMM NARUTO NICHT ZU NAH!
SONST WIRST DU VER-LETZT!
!
...
DAS IST ALSO DIE KRAFT VOM KYUBI...
DIE KUNST PASST ZU EINEM MONSTER.

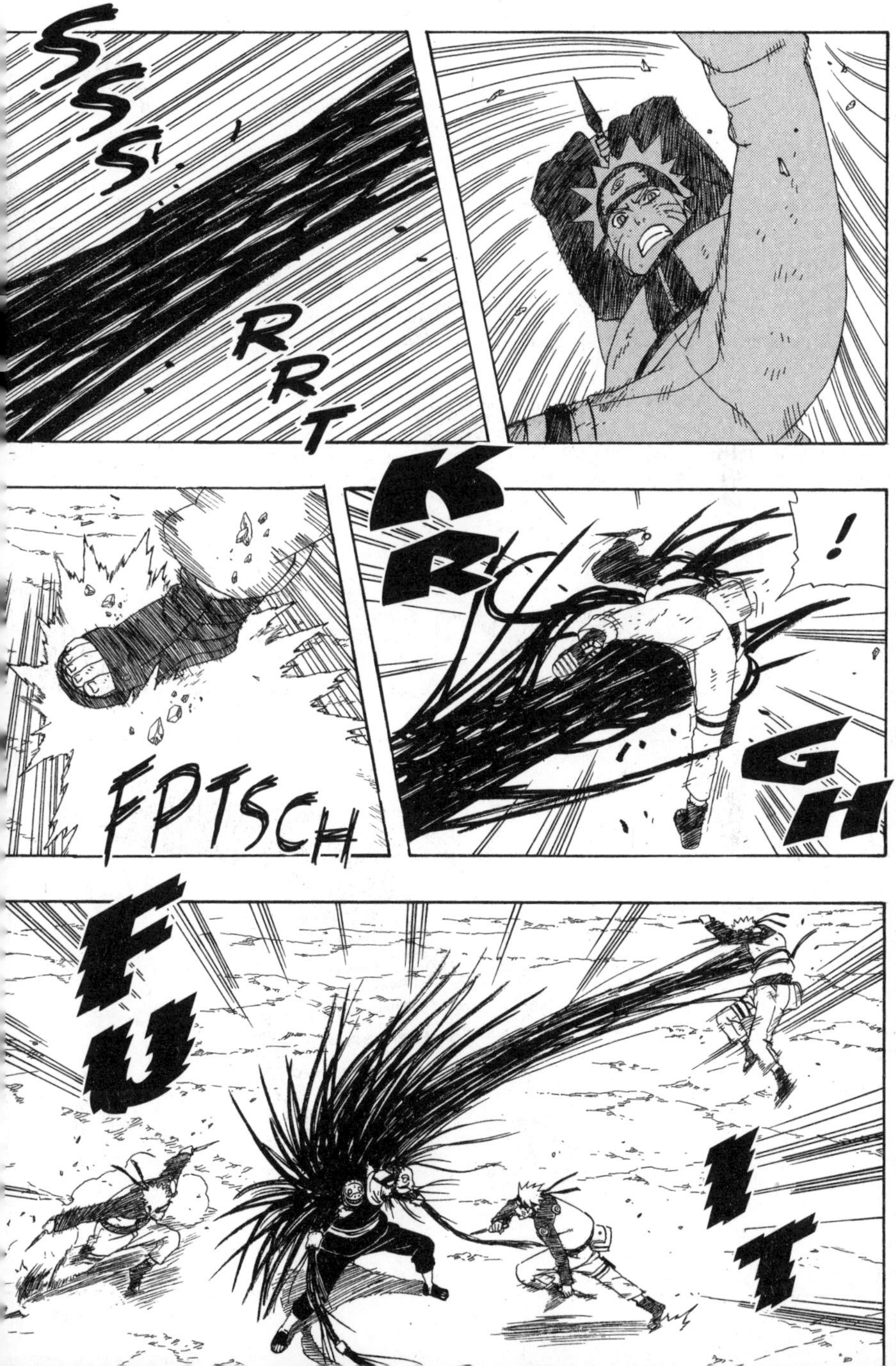
SSSRRT
KR
!
GH
FPTSCH
FU
IIT

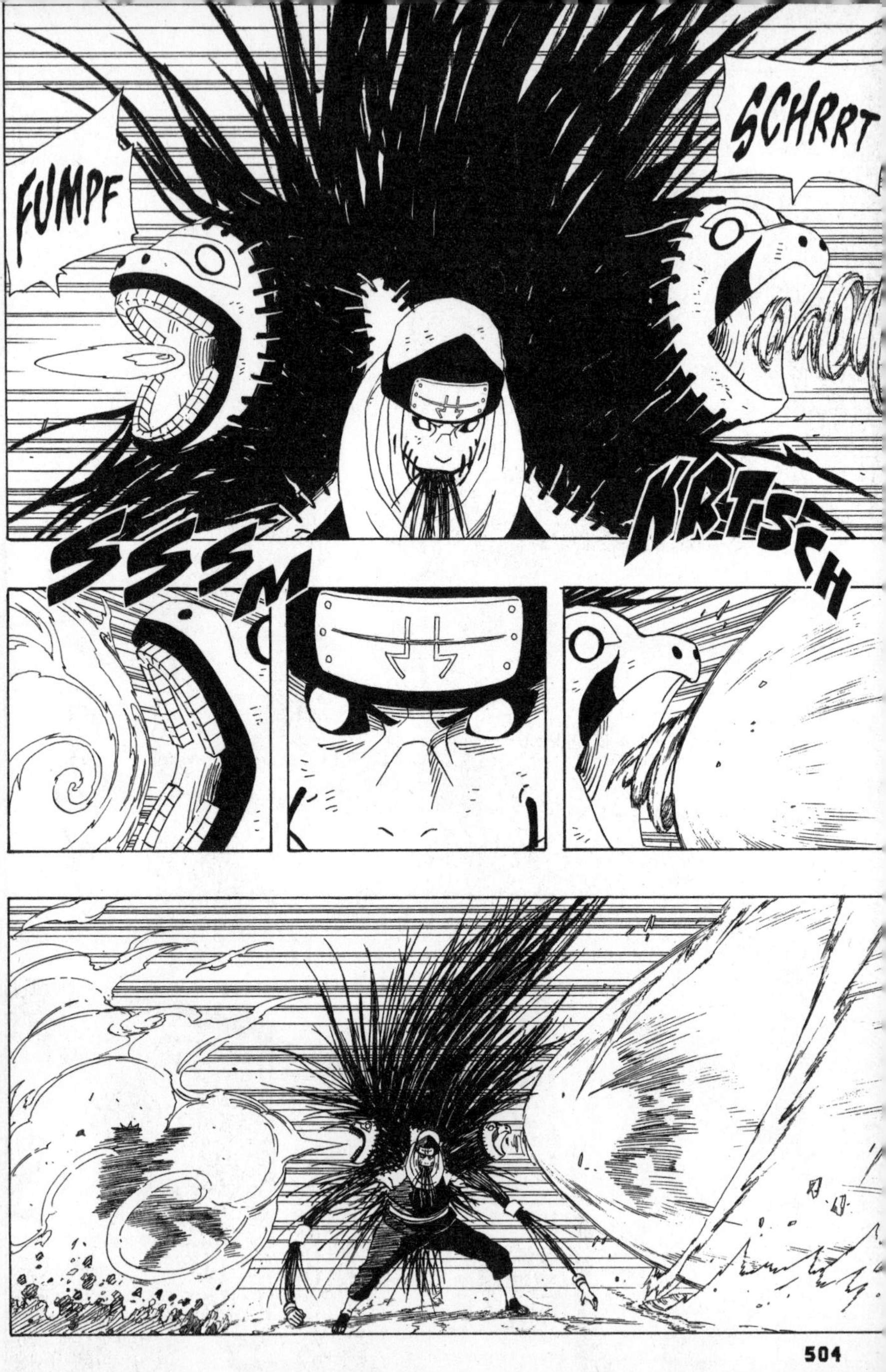
SCHRRT
FUMPF
KRTSCH
SSSM

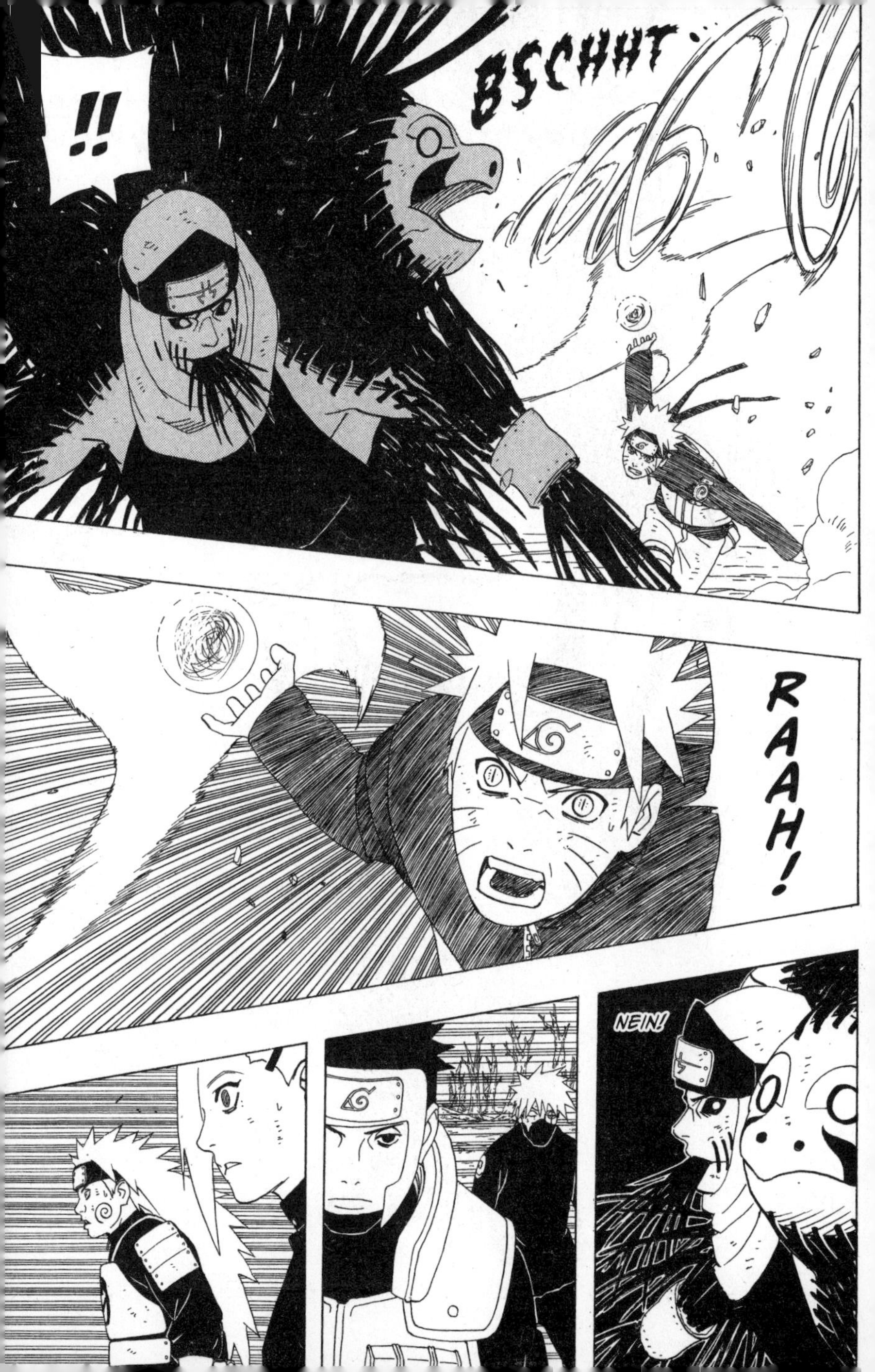
BSCHHT
!!
RAAH!
NEIN!

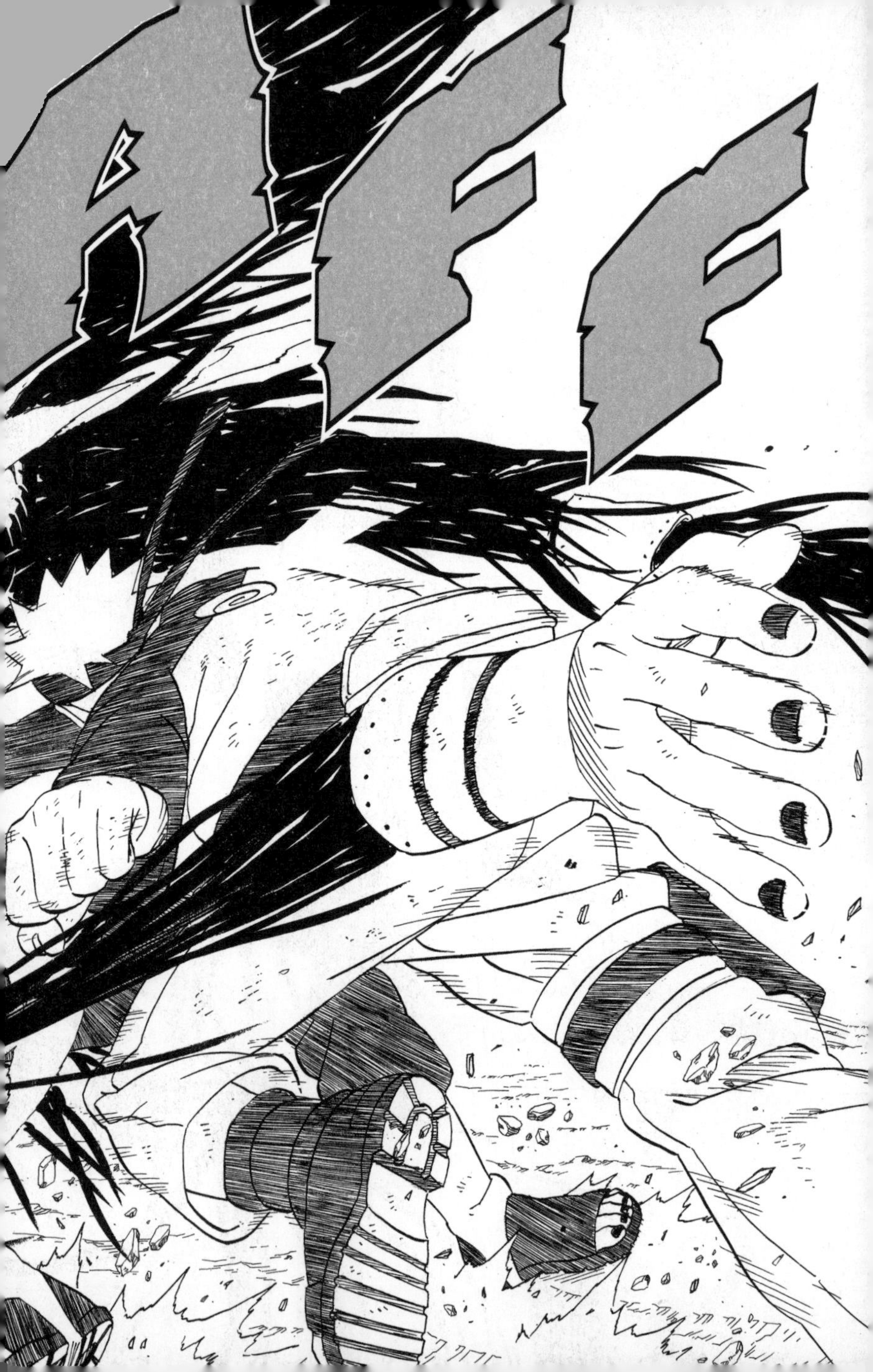
BAFF

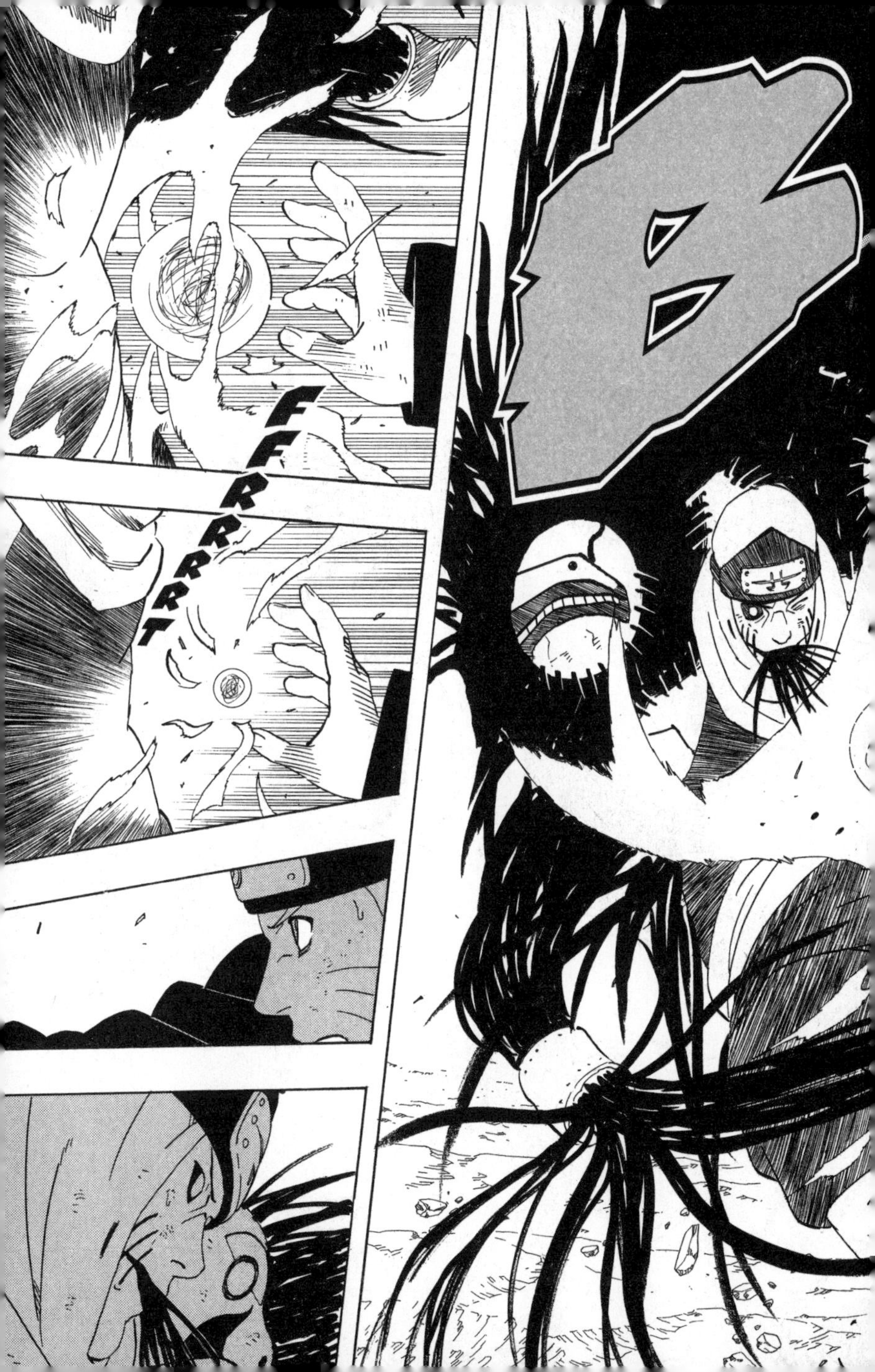
FFRRRRRT

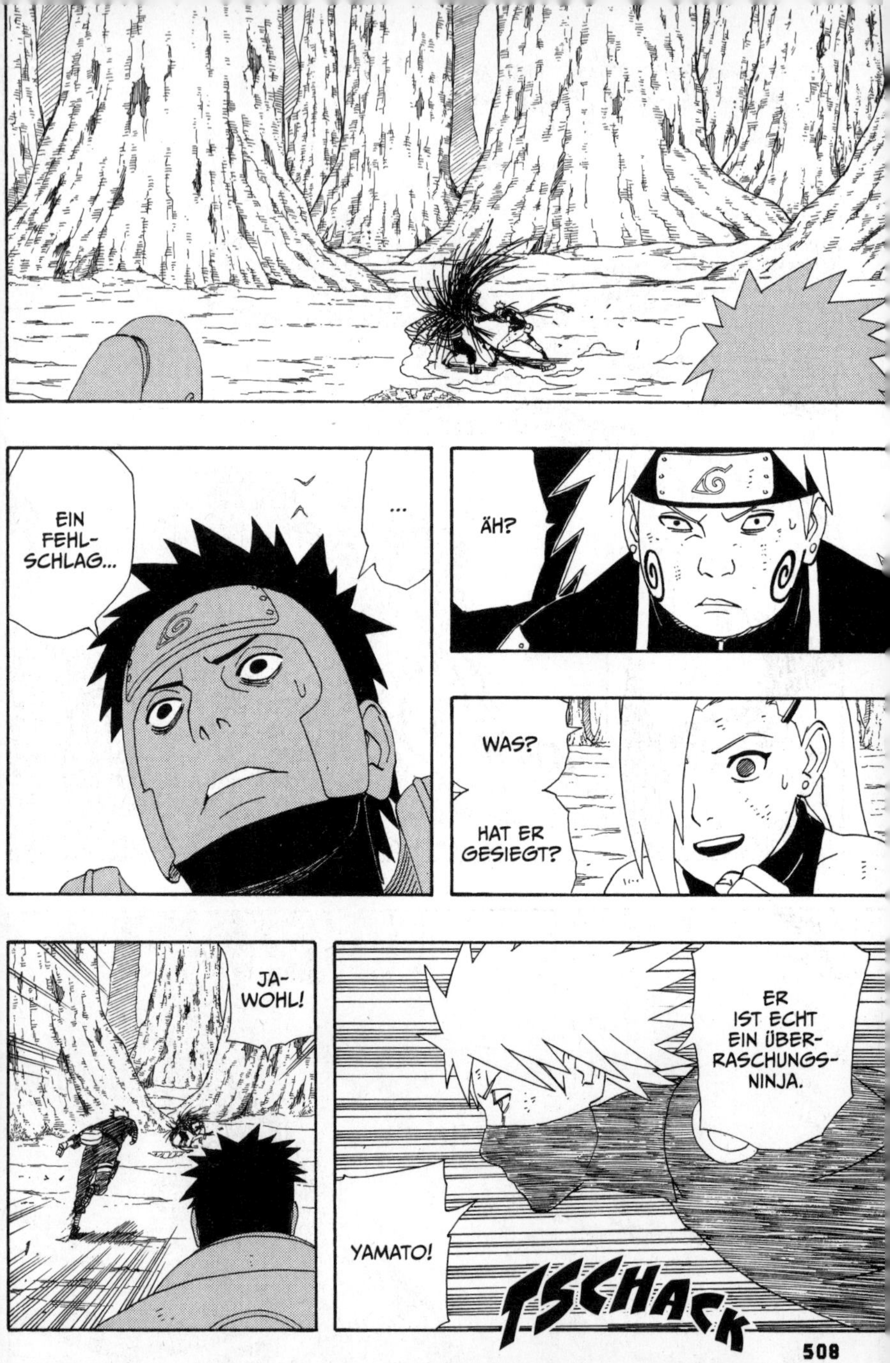

...
EIN FEHL-SCHLAG...
ÄH?
WAS?
HAT ER GESIEGT?
ER IST ECHT EIN ÜBER-RASCHUNGS-NINJA.
JA-WOHL!
YAMATO!
TSCHACK

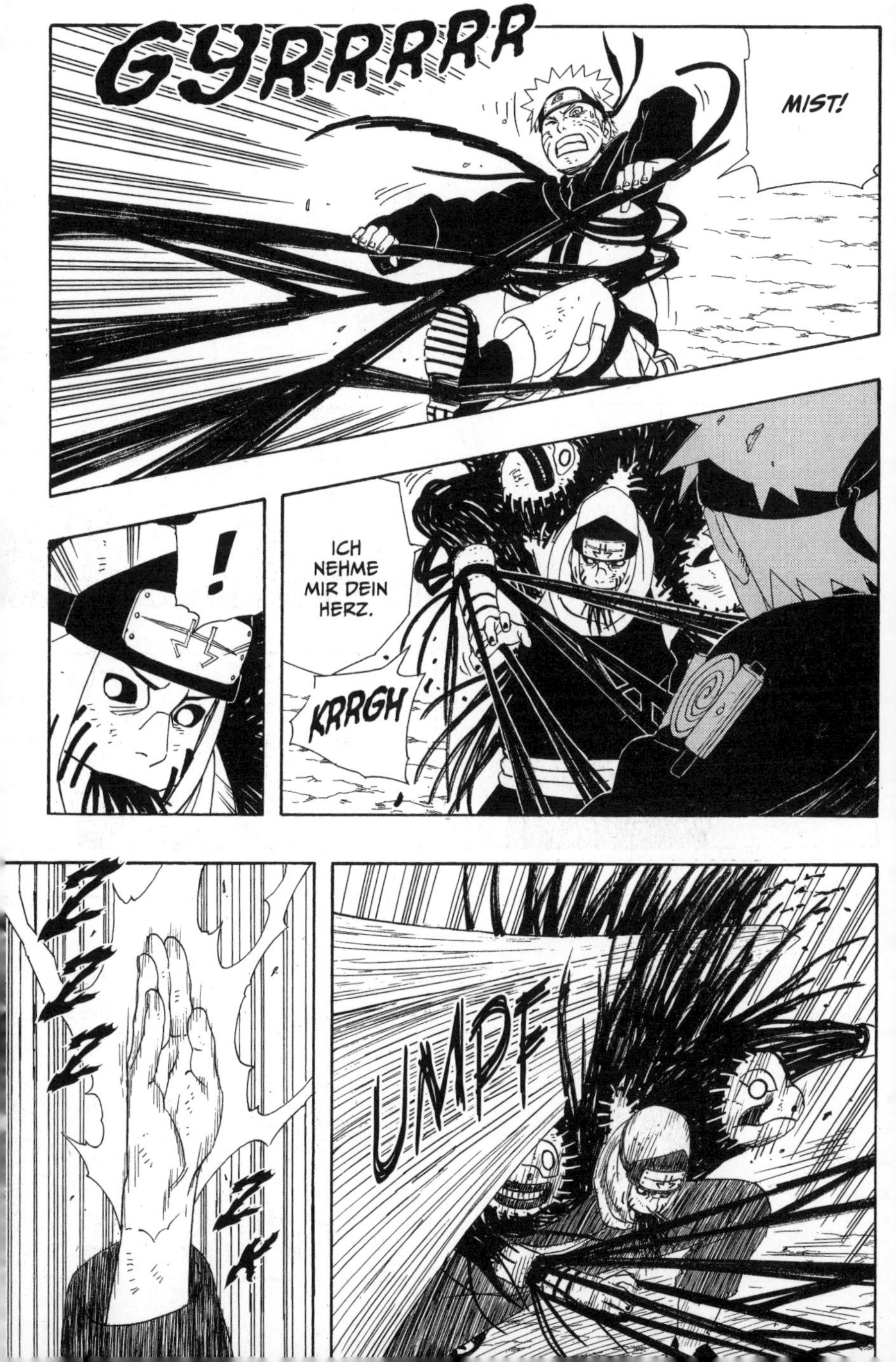
GYRRRRRR
MIST!
ICH NEHME MIR DEIN HERZ.
KRRGH
!
UMPF
ZZZZ
ZK

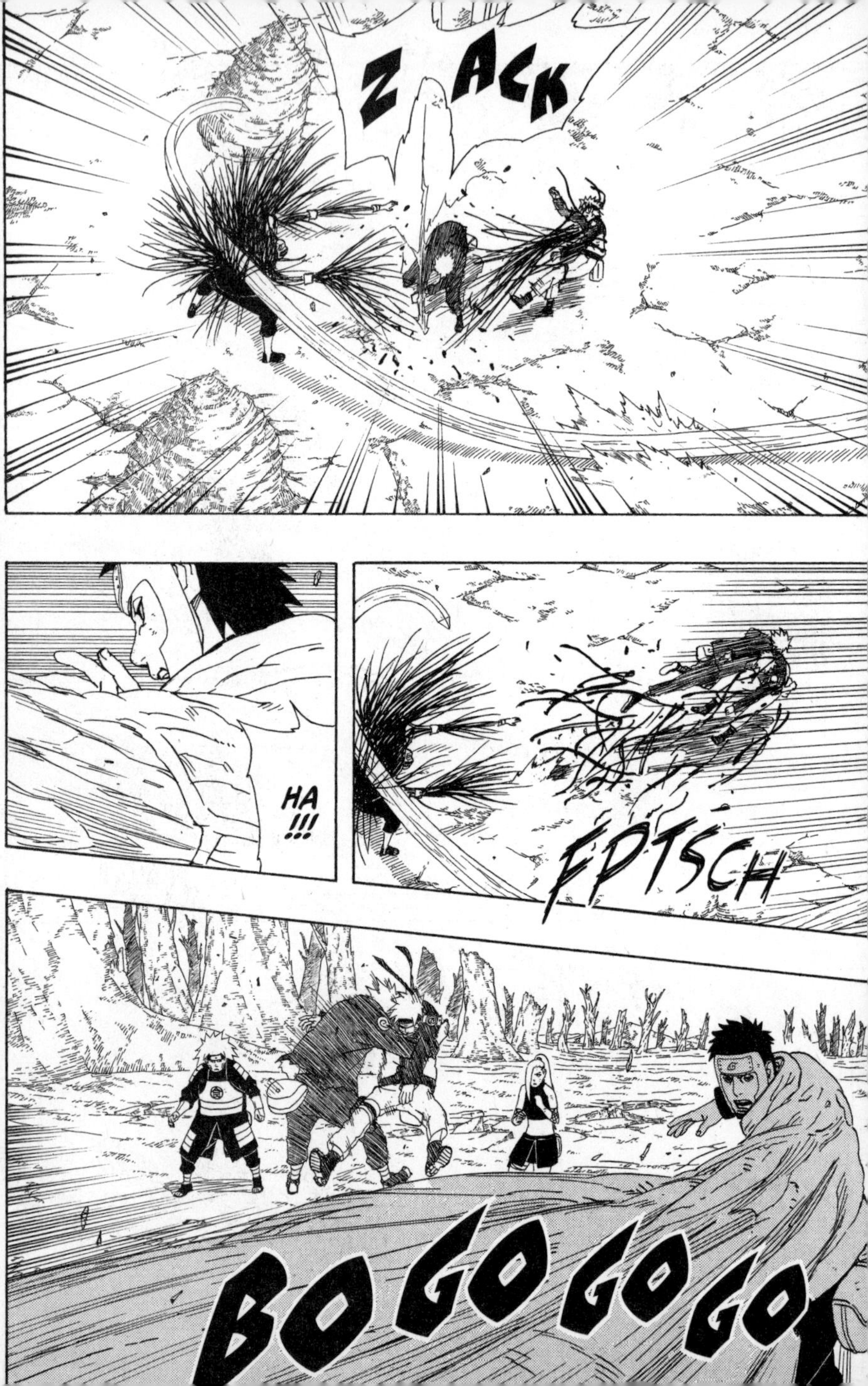
Z ACK
HA !!!
FDTSCH
BO GO GO GO

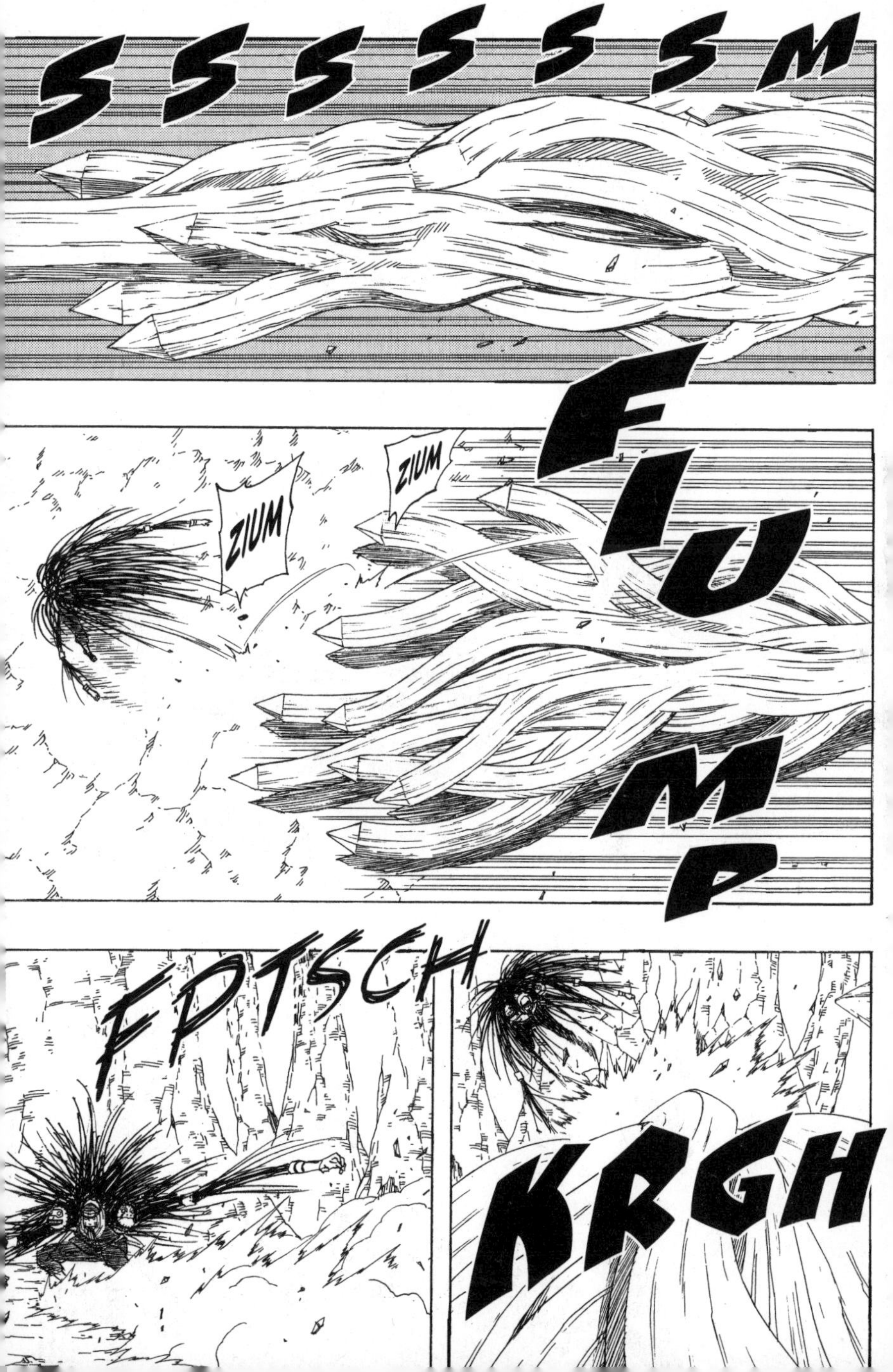

SSSSSSM
FIUMP
ZIUM
ZIUM
FDTSCH
KRGH

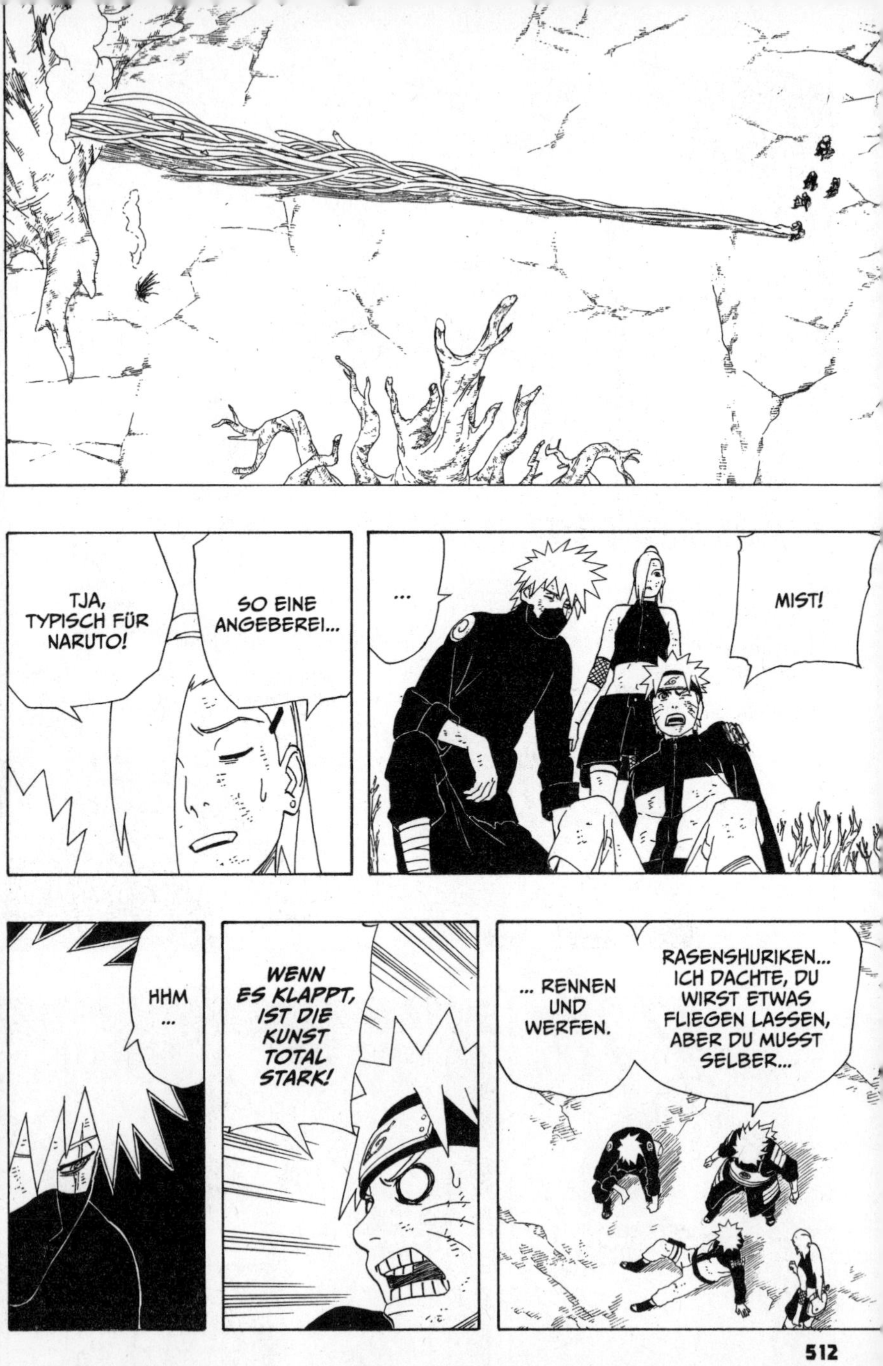
MIST!
...
SO EINE ANGEBEREI...
TJA, TYPISCH FÜR NARUTO!
RASENSHURIKEN... ICH DACHTE, DU WIRST ETWAS FLIEGEN LASSEN, ABER DU MUSST SELBER...
... RENNEN UND WERFEN.
WENN ES KLAPPT, IST DIE KUNST TOTAL STARK!
HHM ...

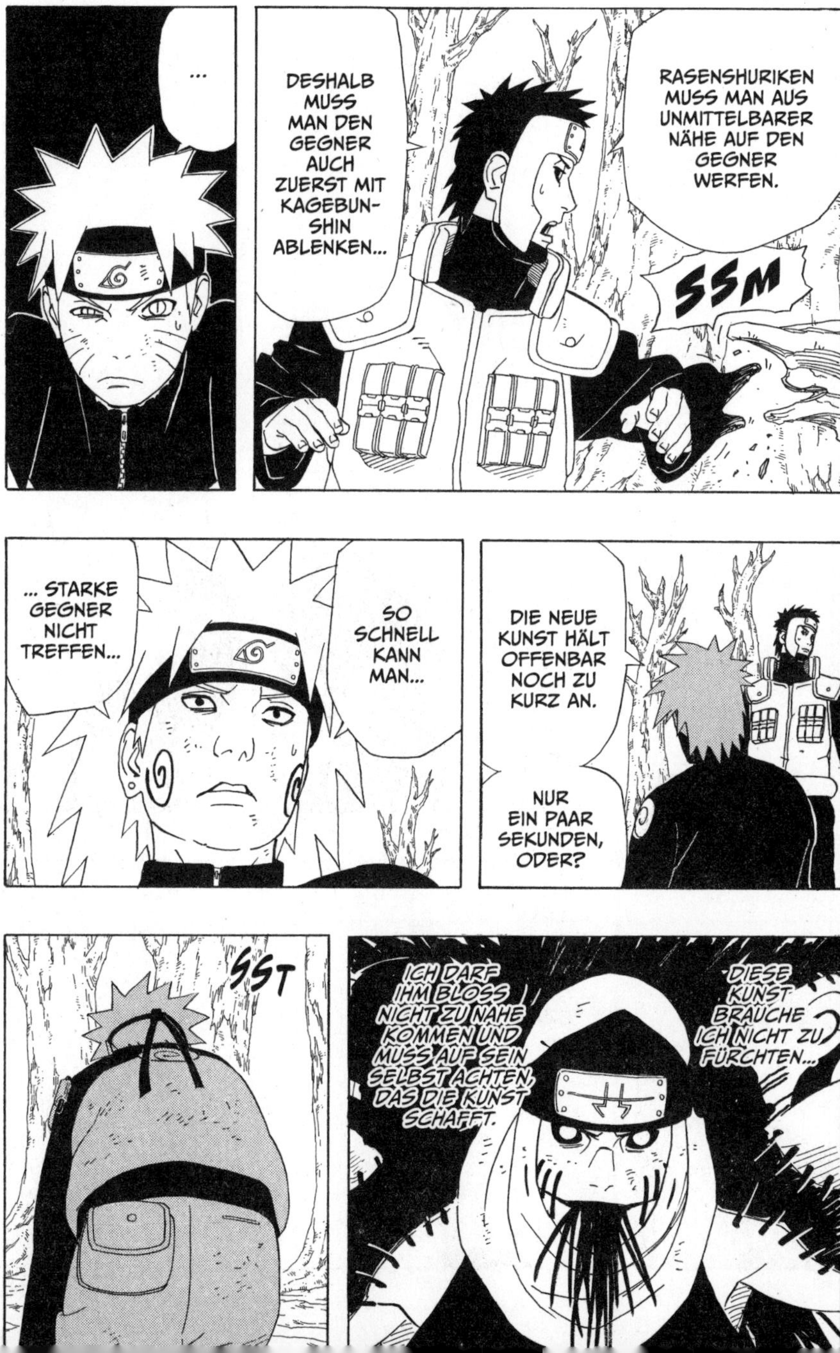
RASENSHURIKEN MUSS MAN AUS UNMITTELBARER NÄHE AUF DEN GEGNER WERFEN.
SSM
DESHALB MUSS MAN DEN GEGNER AUCH ZUERST MIT KAGEBUN-SHIN ABLENKEN...
...
DIE NEUE KUNST HÄLT OFFENBAR NOCH ZU KURZ AN.
NUR EIN PAAR SEKUNDEN, ODER?
SO SCHNELL KANN MAN...
... STARKE GEGNER NICHT TREFFEN...
DIESE KUNST BRAUCHE ICH NICHT ZU FÜRCHTEN...
ICH DARF IHM BLOSS NICHT ZU NAHE KOMMEN UND MUSS AUF SEIN SELBST ACHTEN, DAS DIE KUNST SCHAFFT.
SST

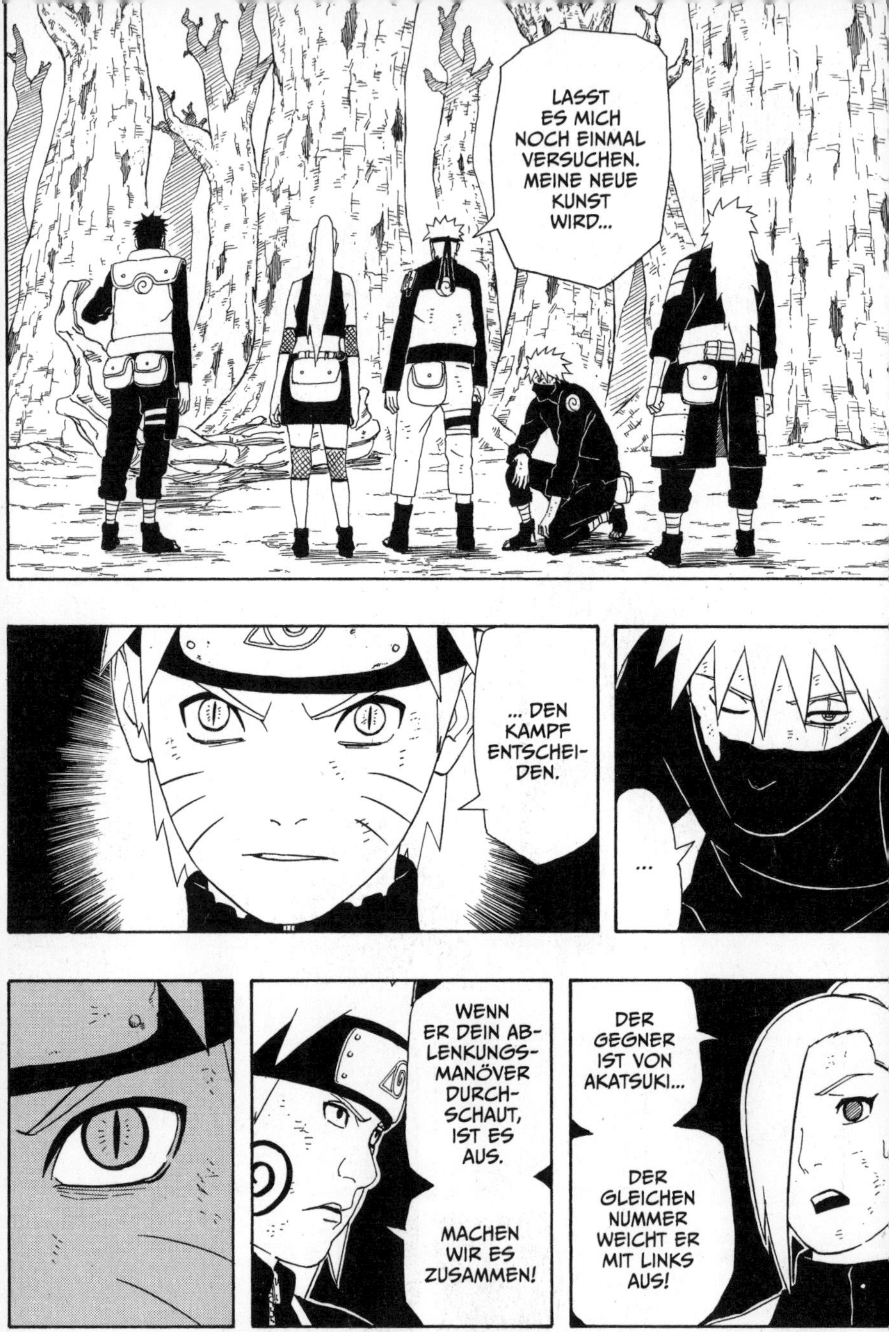
LASST ES MICH NOCH EINMAL VERSUCHEN. MEINE NEUE KUNST WIRD...
...
... DEN KAMPF ENTSCHEIDEN.
DER GEGNER IST VON AKATSUKI...
DER GLEICHEN NUMMER WEICHT ER MIT LINKS AUS!
WENN ER DEIN ABLENKUNGS-MANÖVER DURCHSCHAUT, IST ES AUS.
MACHEN WIR ES ZUSAMMEN!

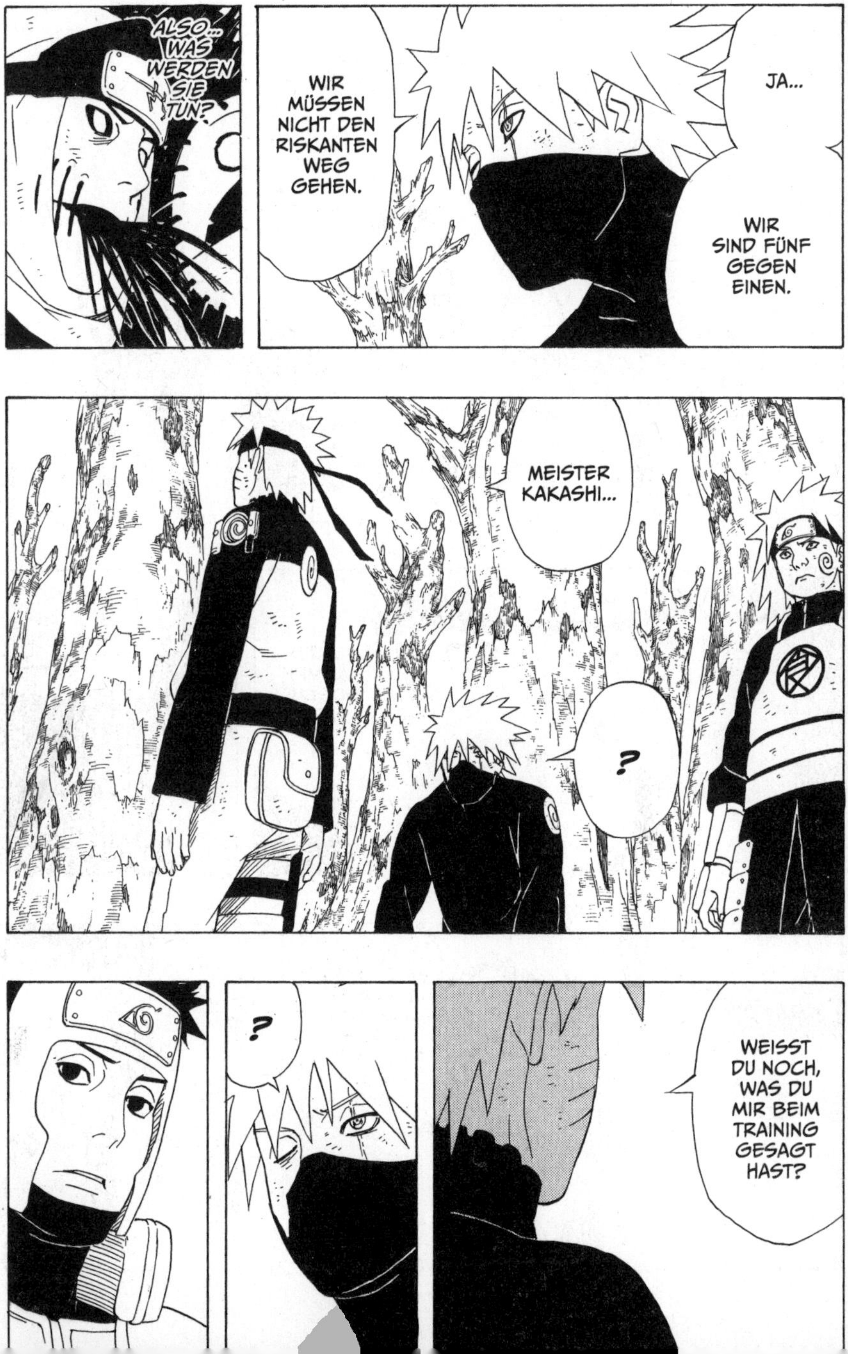
JA...
WIR SIND FÜNF GEGEN EINEN.
WIR MÜSSEN NICHT DEN RISKANTEN WEG GEHEN.
ALSO... WAS WERDEN SIE TUN?
MEISTER KAKASHI...
?
WEISST DU NOCH, WAS DU MIR BEIM TRAINING GESAGT HAST?
?

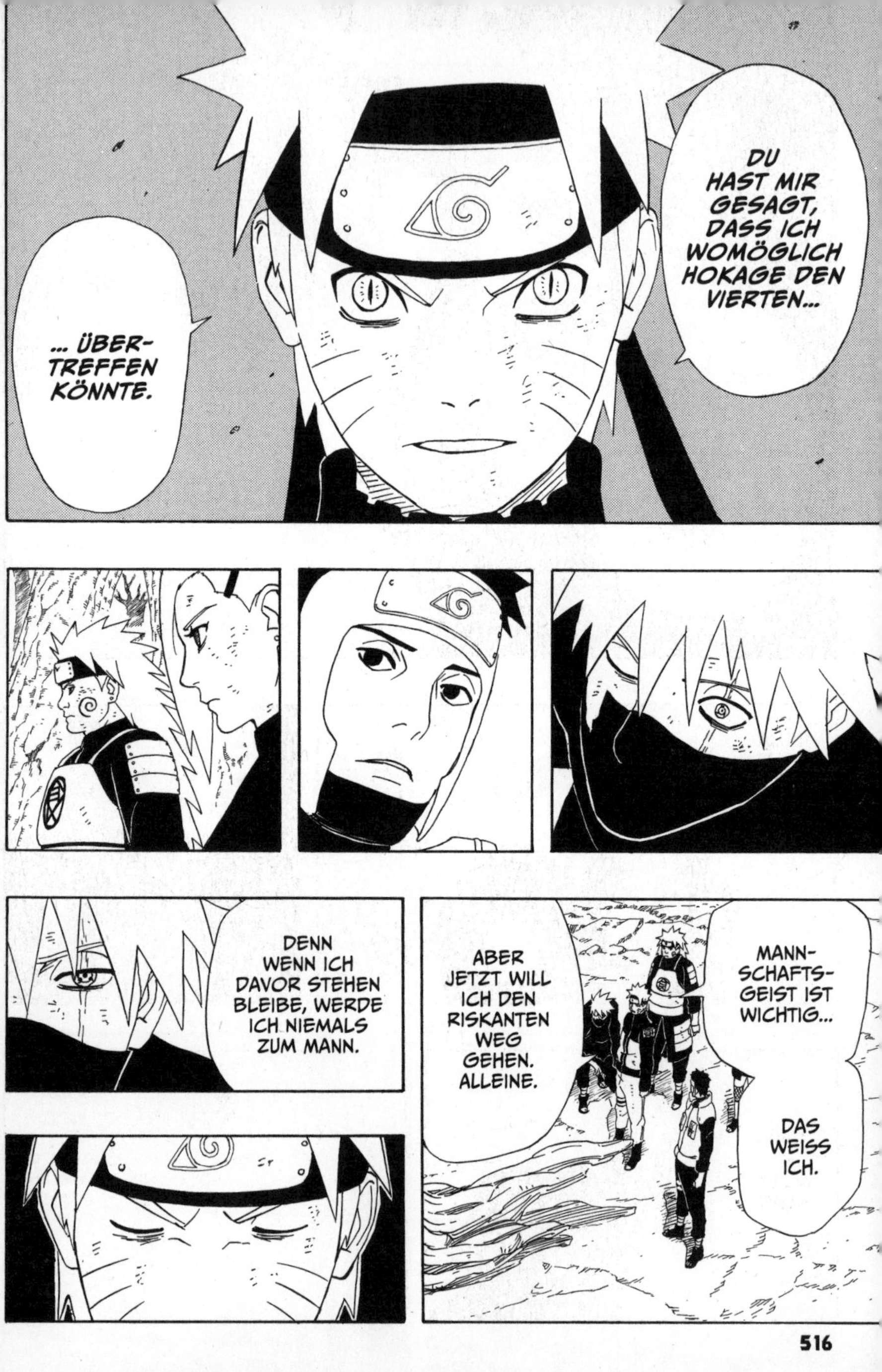
DU HAST MIR GESAGT, DASS ICH WOMÖGLICH HOKAGE DEN VIERTEN...
... ÜBER-TREFFEN KÖNNTE.
MANN-SCHAFTS-GEIST IST WICHTIG...
DAS WEISS ICH.
ABER JETZT WILL ICH DEN RISKANTEN WEG GEHEN. ALLEINE.
DENN WENN ICH DAVOR STEHEN BLEIBE, WERDE ICH NIEMALS ZUM MANN.

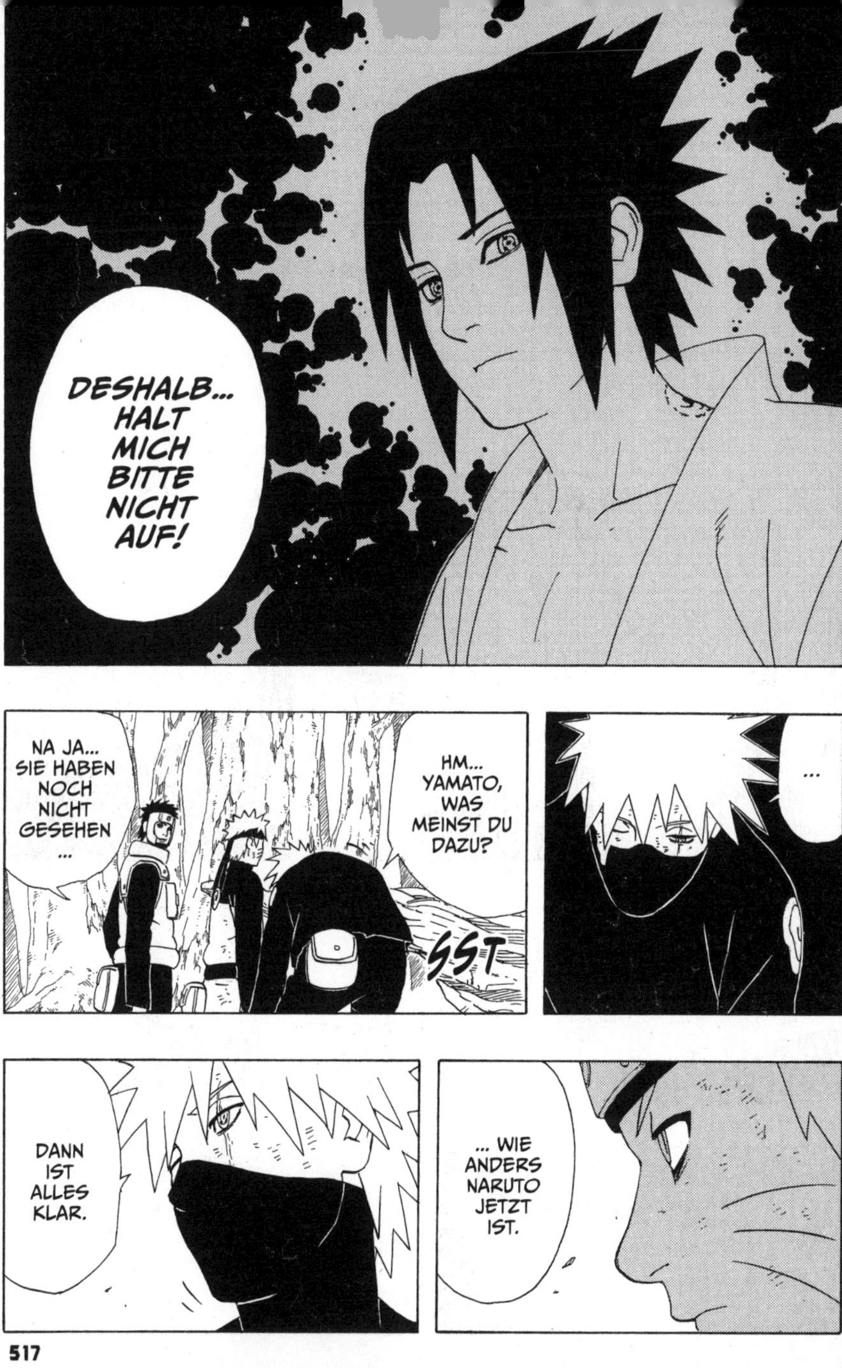
DESHALB... HALT MICH BITTE NICHT AUF!
...
HM... YAMATO, WAS MEINST DU DAZU?
SST
NA JA... SIE HABEN NOCH NICHT GESEHEN ...
... WIE ANDERS NARUTO JETZT IST.
DANN IST ALLES KLAR.

DER LOHN DES TRAININGS

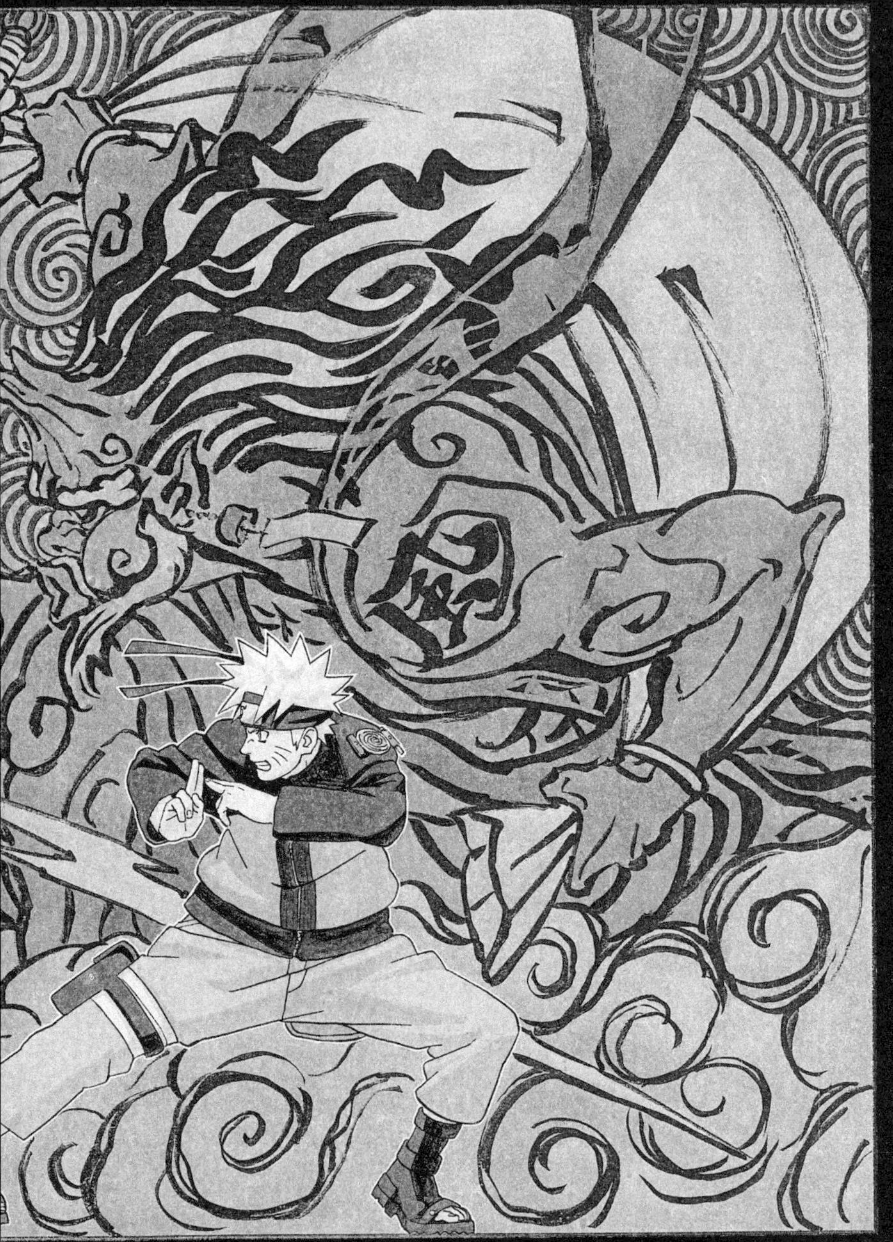

341. KAPITEL:

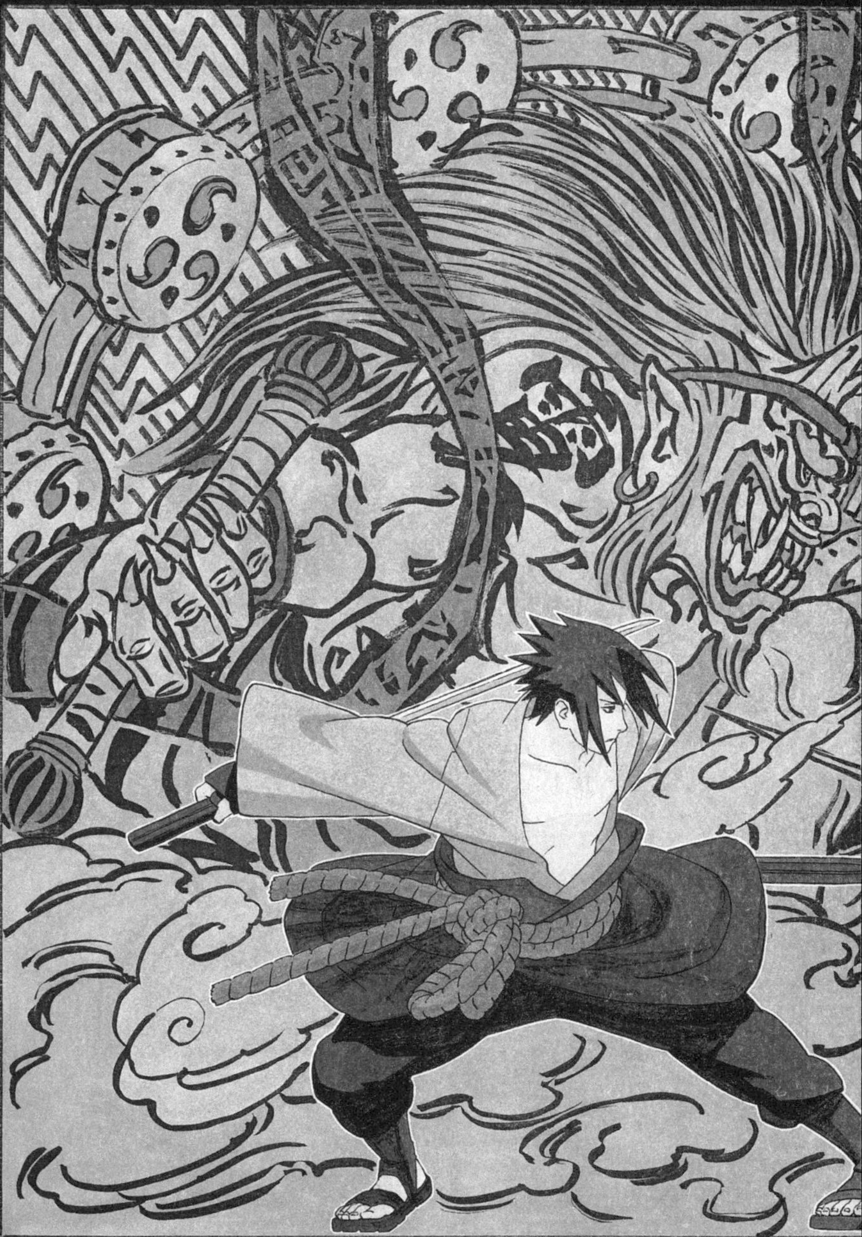

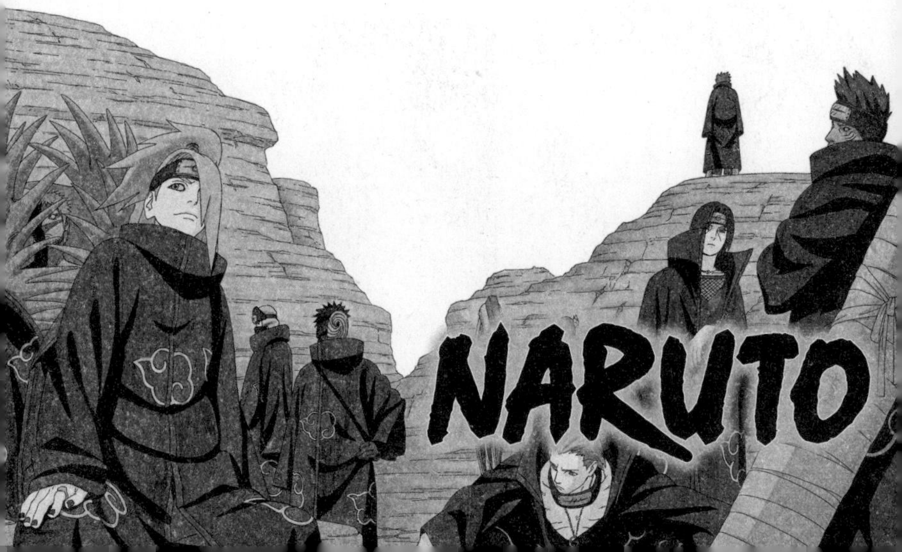
NARUTO

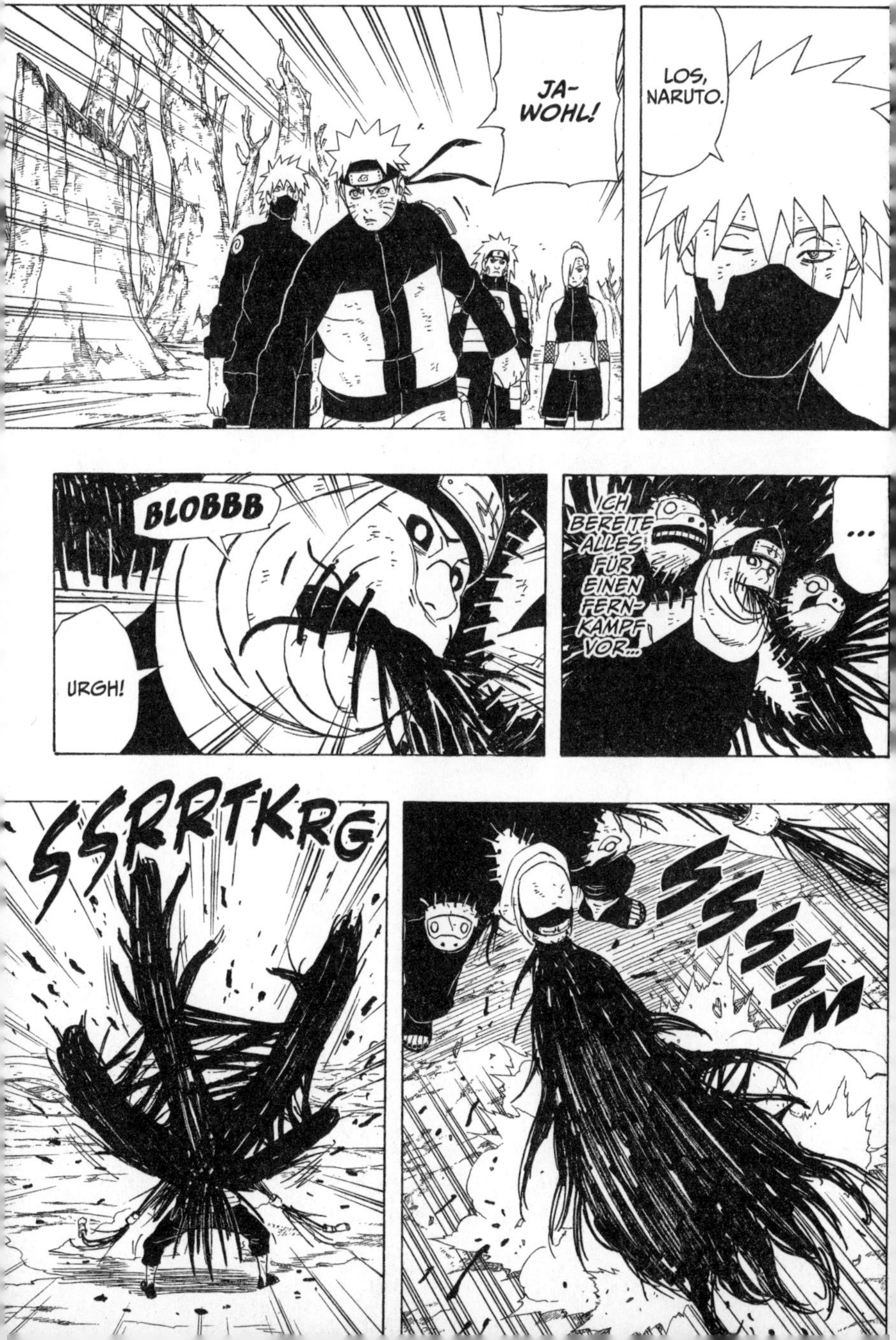
LOS, NARUTO.
JA-WOHL!
...
ICH BEREITE ALLES FÜR EINEN FERN-KAMPF VOR...
BLOBBB
URGH!
SSSSM
SSRRTKRG

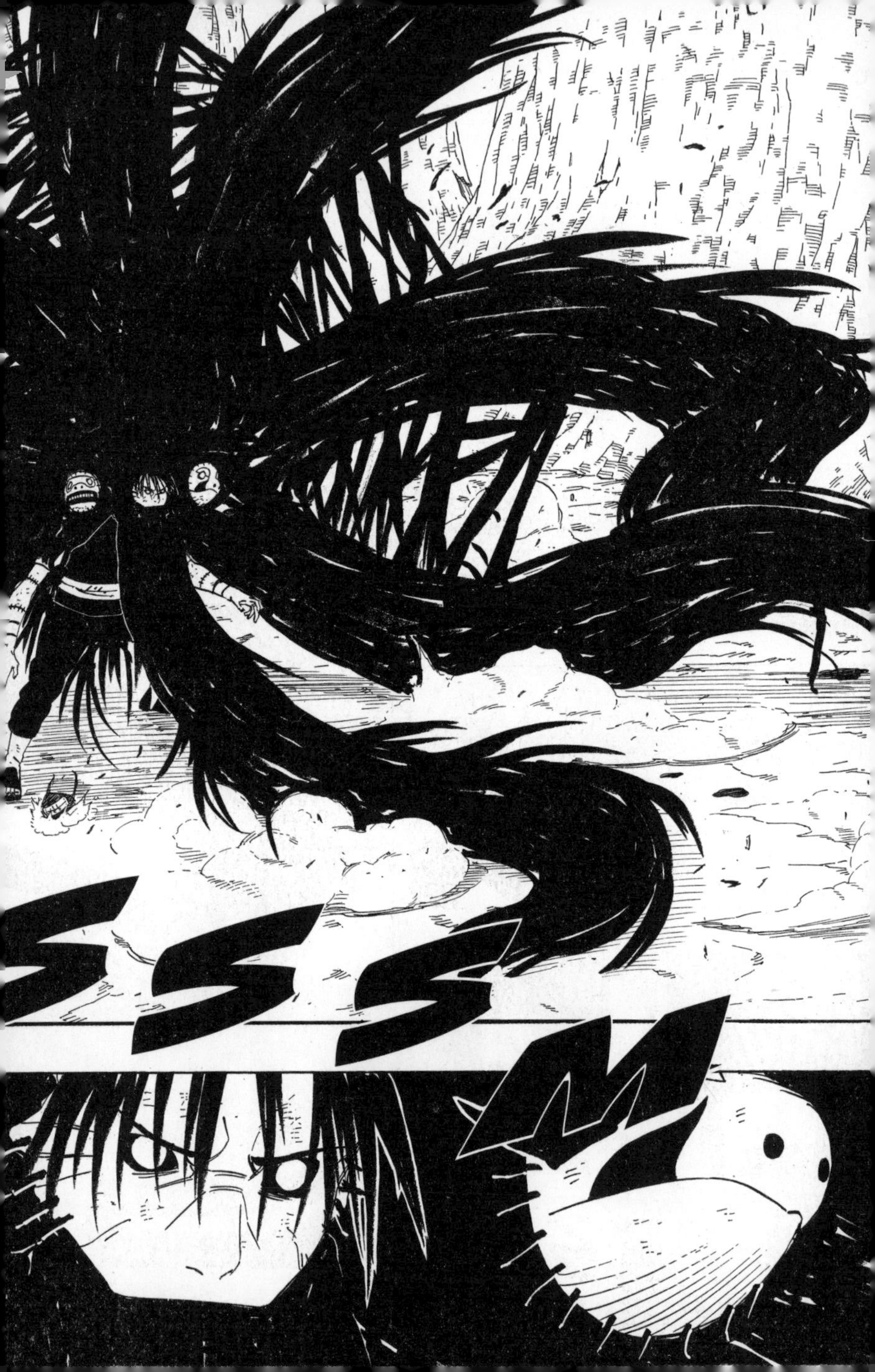
SSSM

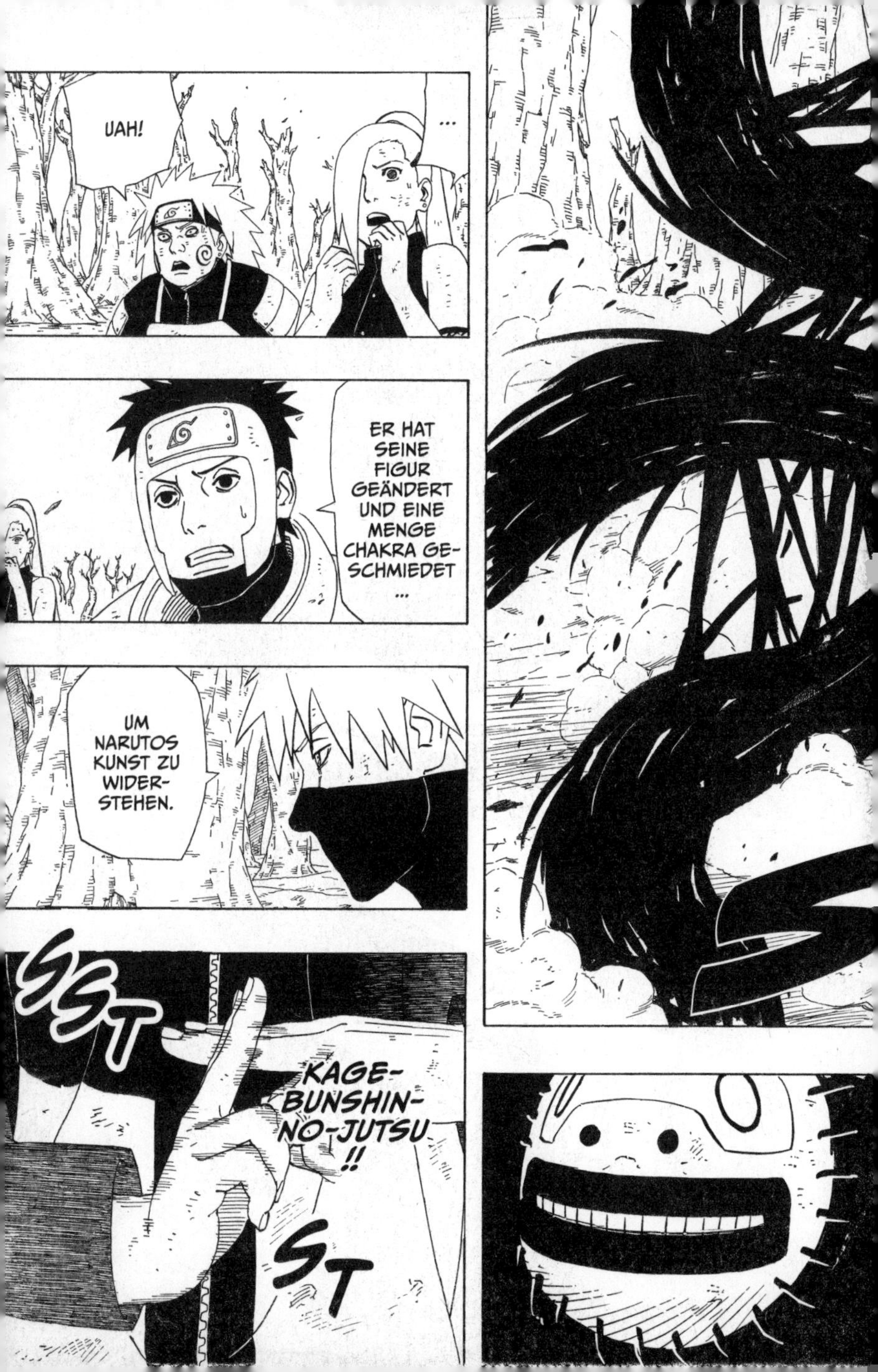
UAH!
...
ER HAT SEINE FIGUR GEÄNDERT UND EINE MENGE CHAKRA GESCHMIEDET ...
UM NARUTOS KUNST ZU WIDERSTEHEN.
SST
KAGE-BUNSHIN-NO-JUTSU!!
ST

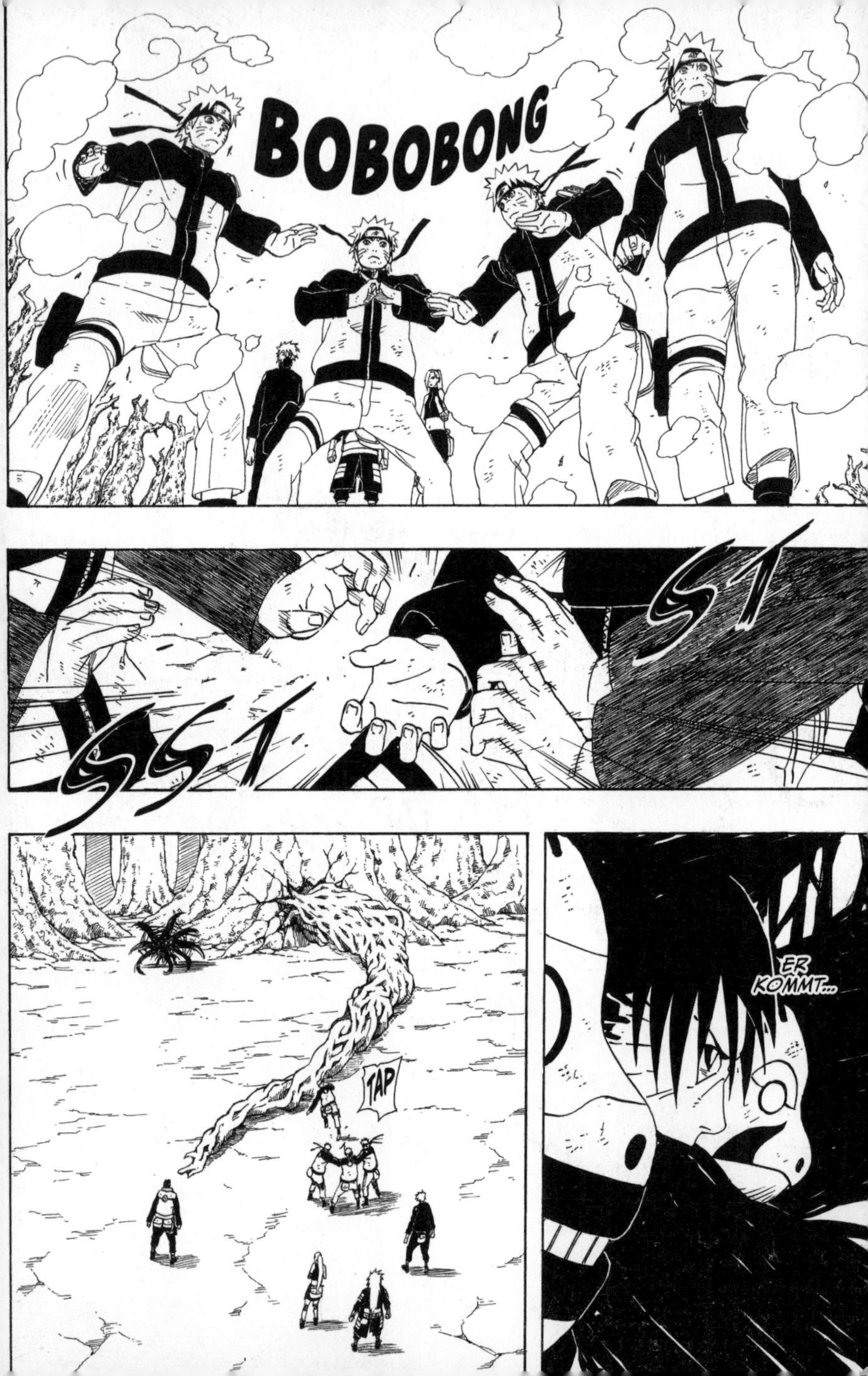
BOBOBONG
SST
SST
TAP
ER KOMMT...

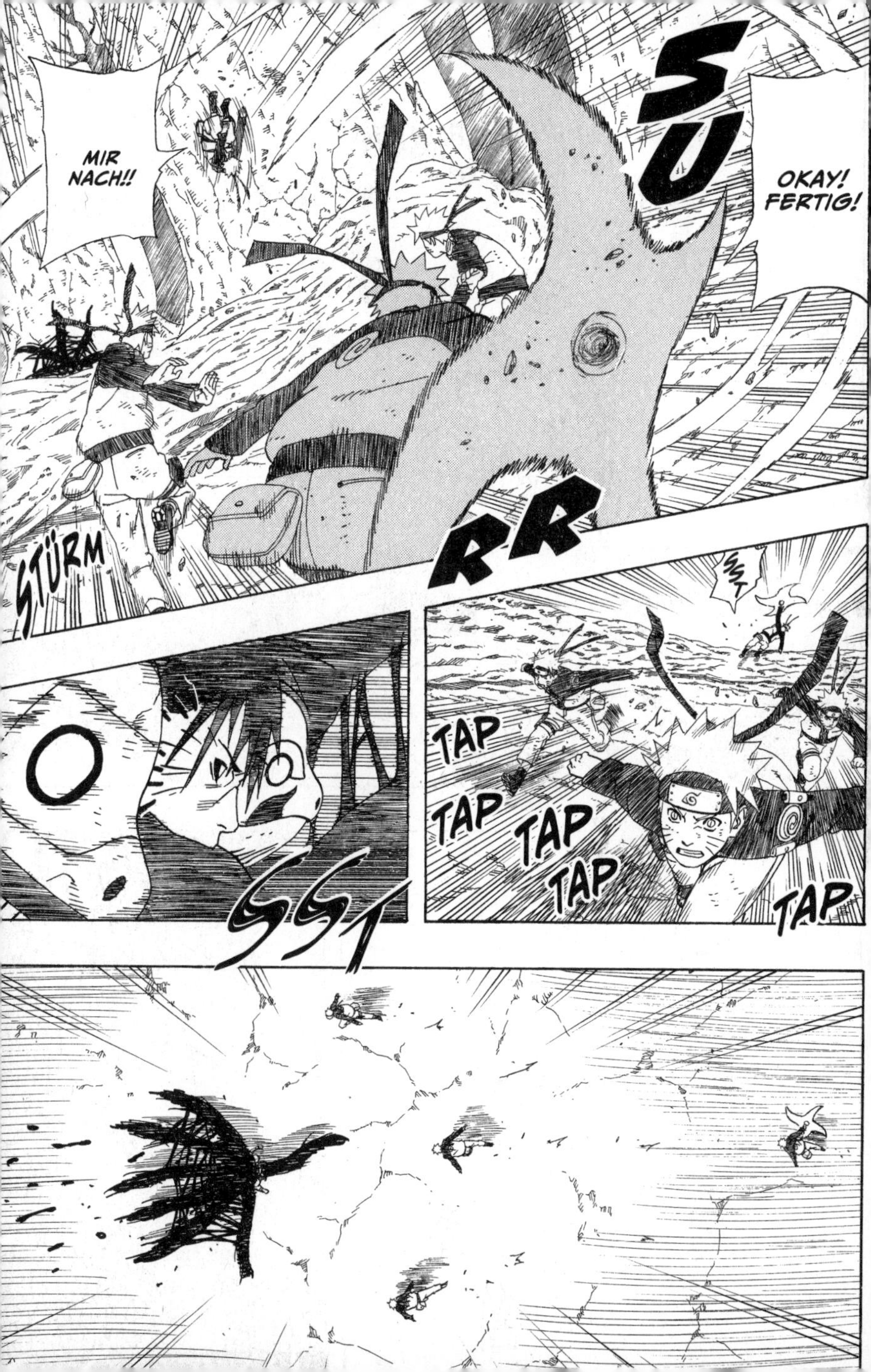

SU
RR
OKAY! FERTIG!
MIR NACH!!
STÜRM
SST
TAP
TAP
TAP
TAP
TAP
SST

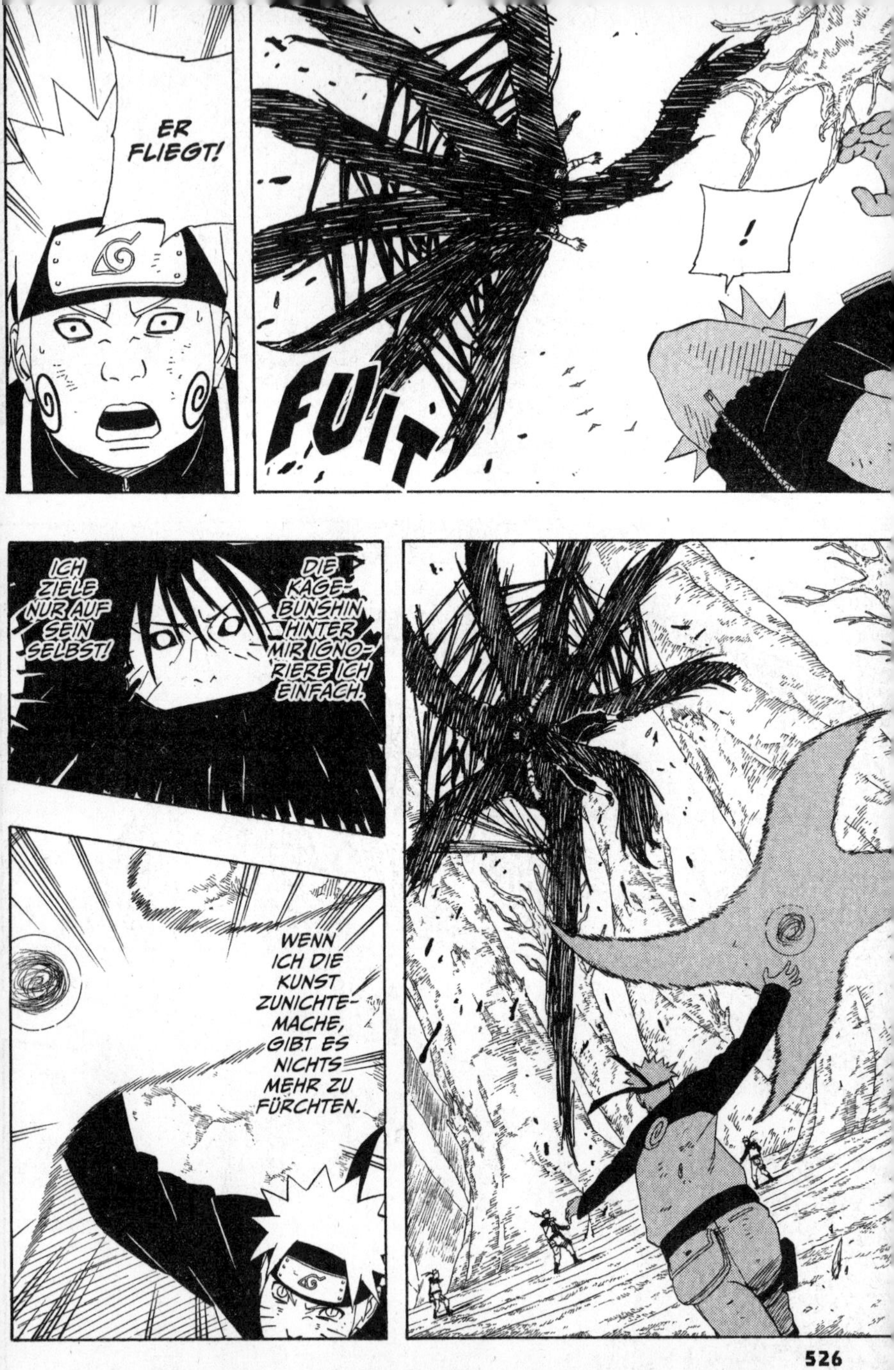
!
ER FLIEGT!
FUIT
DIE KAGE-BUNSHIN HINTER MIR IGNORIERE ICH EINFACH.
ICH ZIELE NUR AUF SEIN SELBST!
WENN ICH DIE KUNST ZUNICHTE-MACHE, GIBT ES NICHTS MEHR ZU FÜRCHTEN.

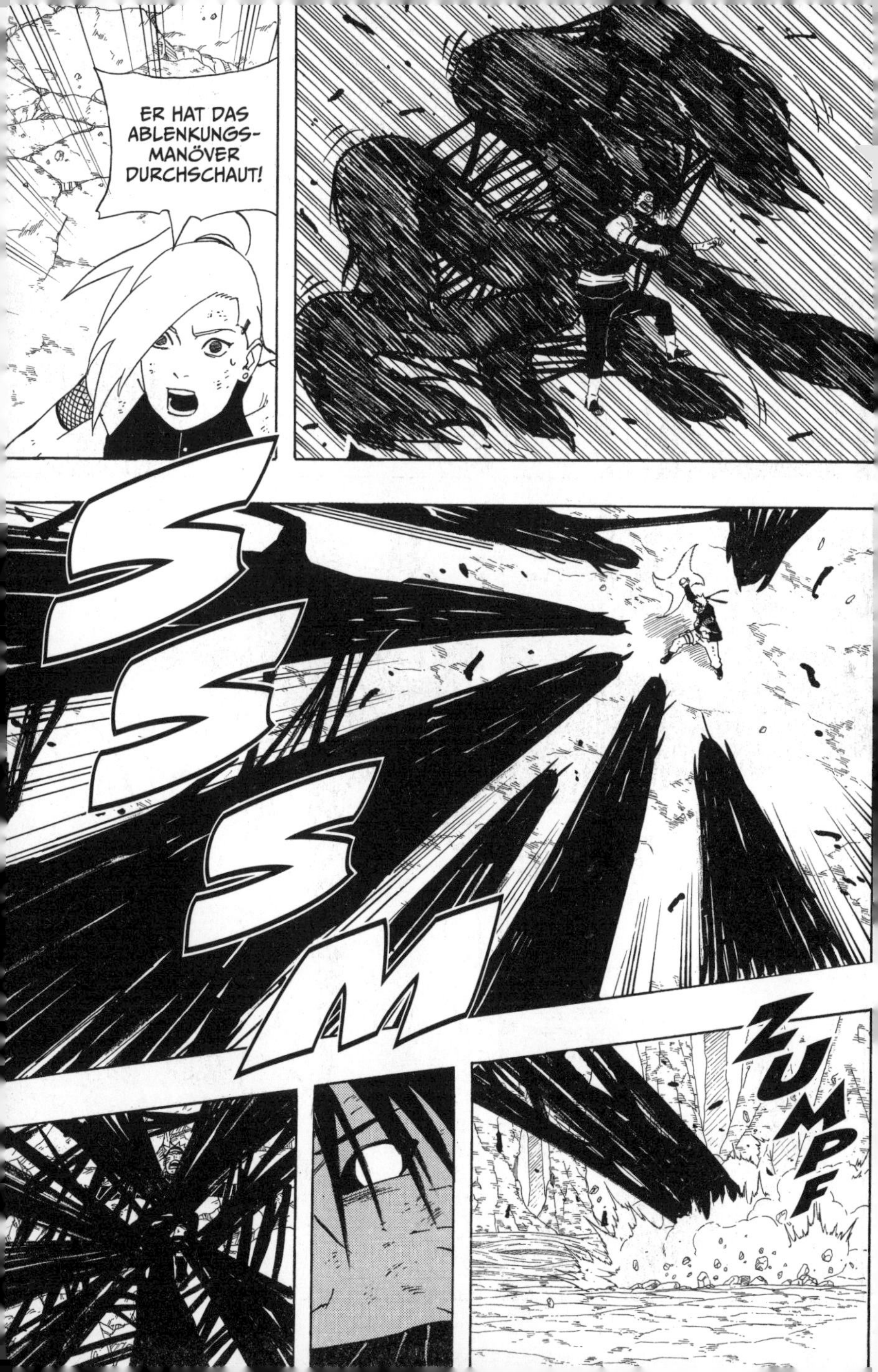
ER HAT DAS ABLENKUNGS-MANÖVER DURCHSCHAUT!
SSSM
ZUMPF

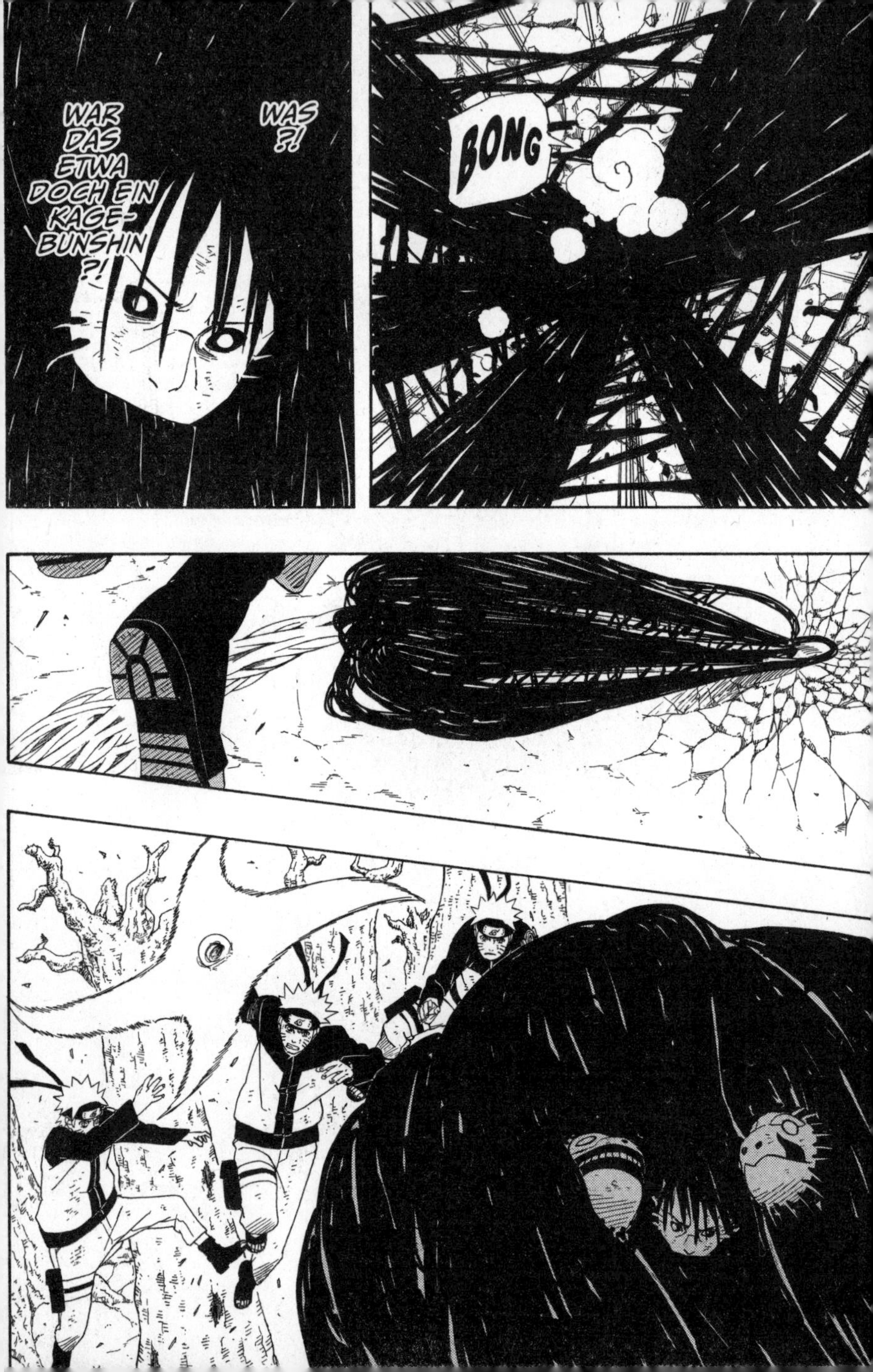
BONG
WAS ?!
WAR DAS ETWA DOCH EIN KAGE-BUNSHIN ?!

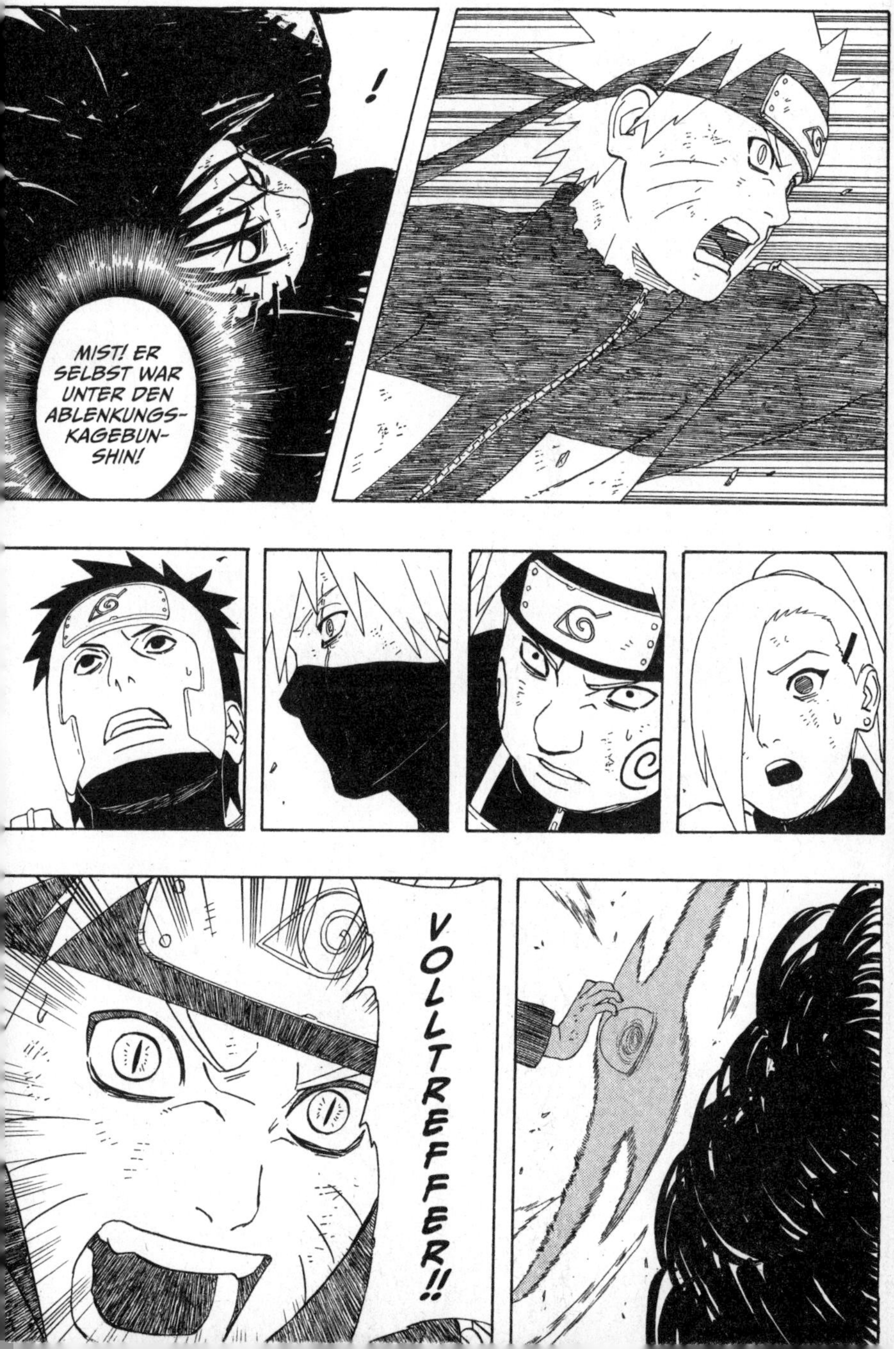
!
MIST! ER SELBST WAR UNTER DEN ABLENKUNGS-KAGEBUN-SHIN!
VOLLTREFFER!!

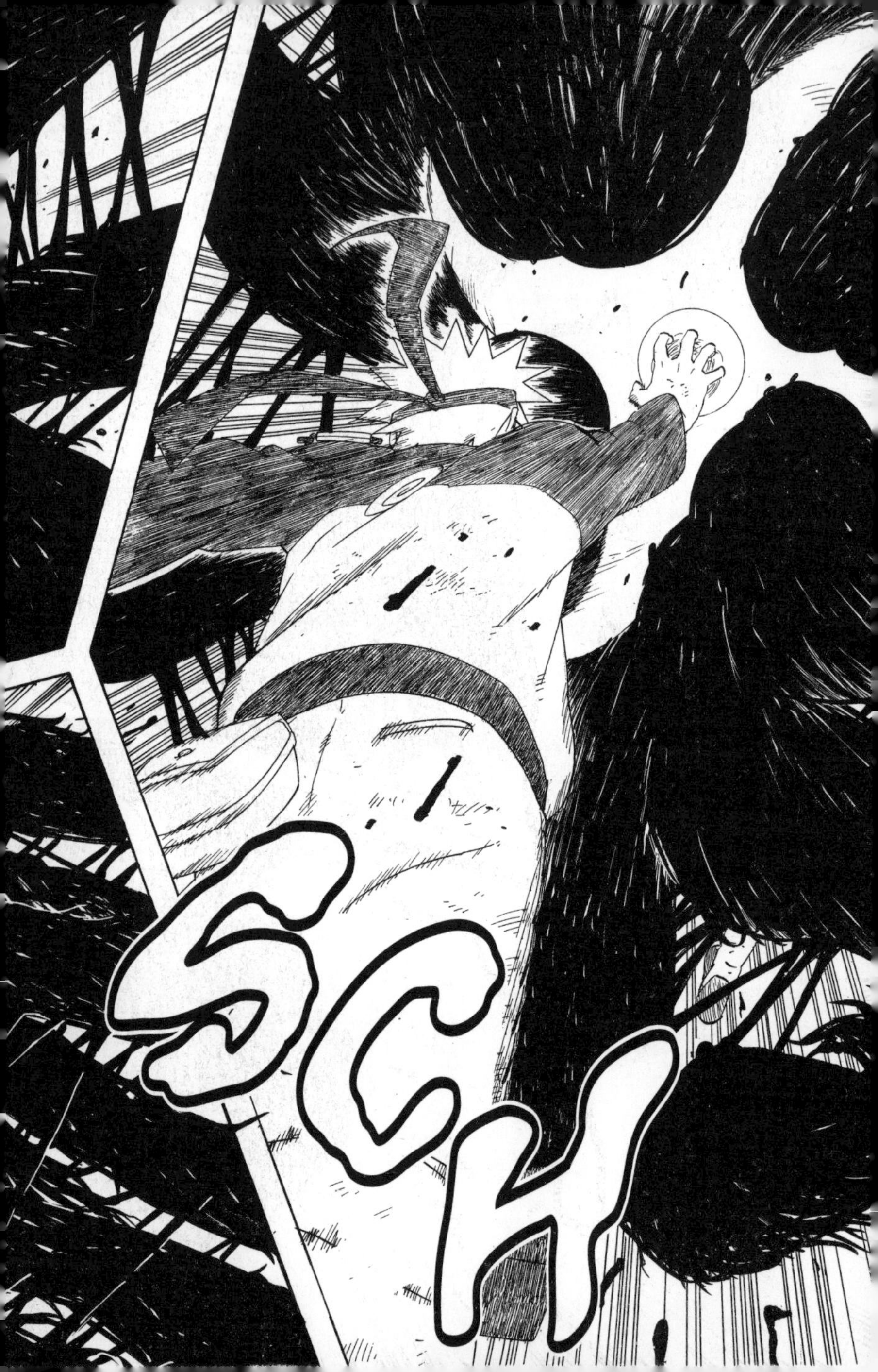
SCH

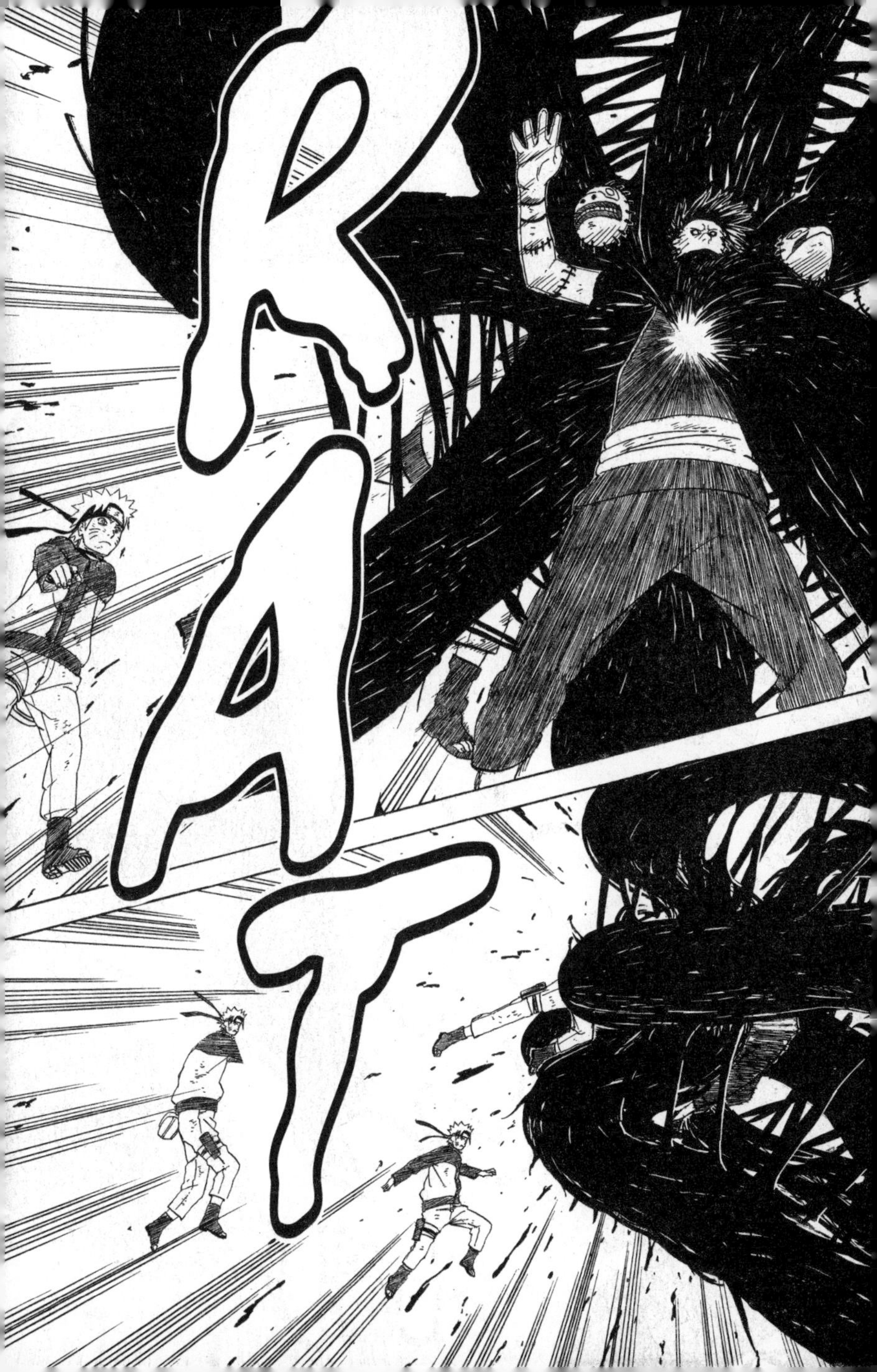

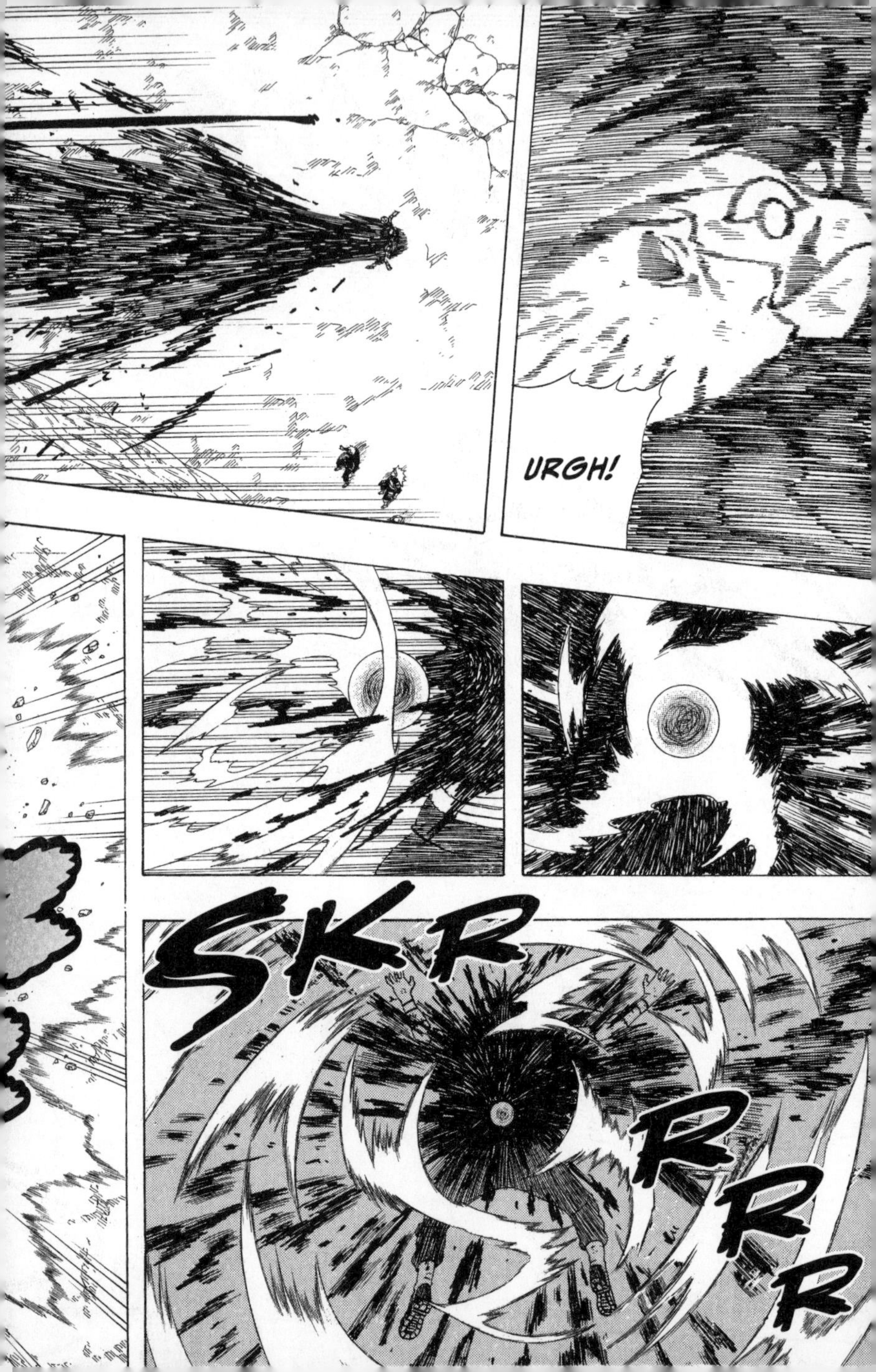
URGH!
SKR
RRRR

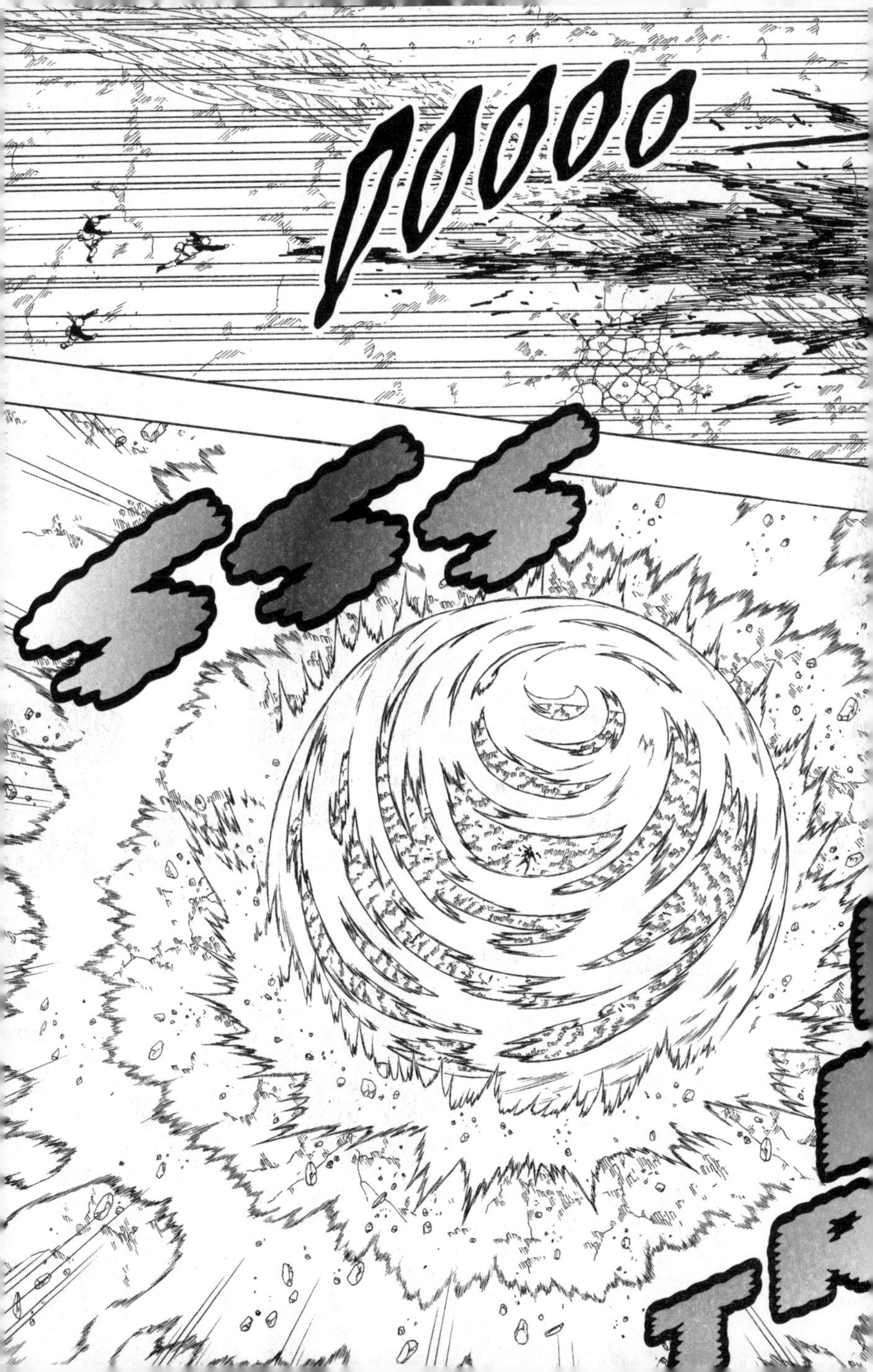

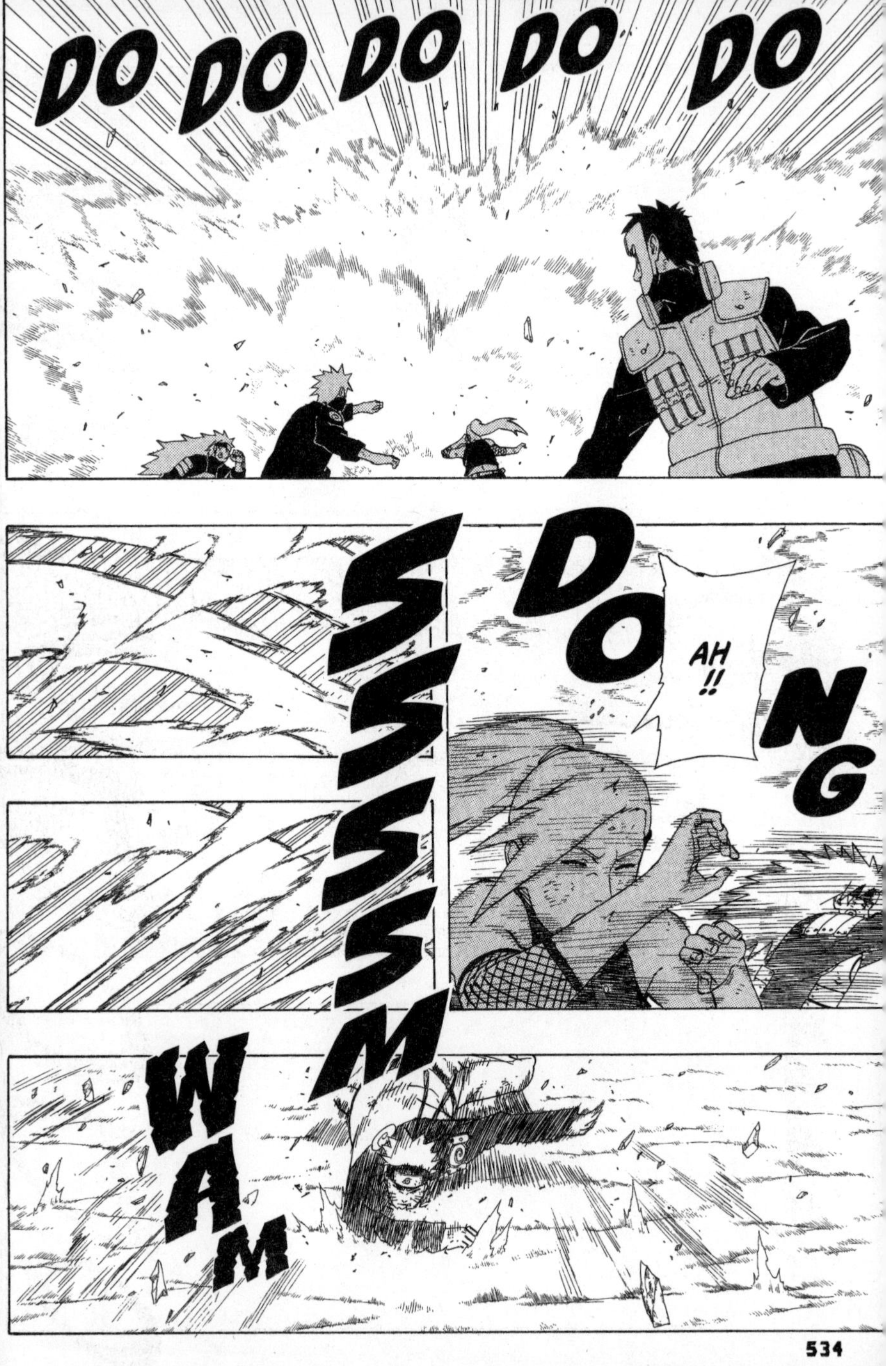
DO DO DO DO DO
DONG
AH!!
SSSSM
WAM

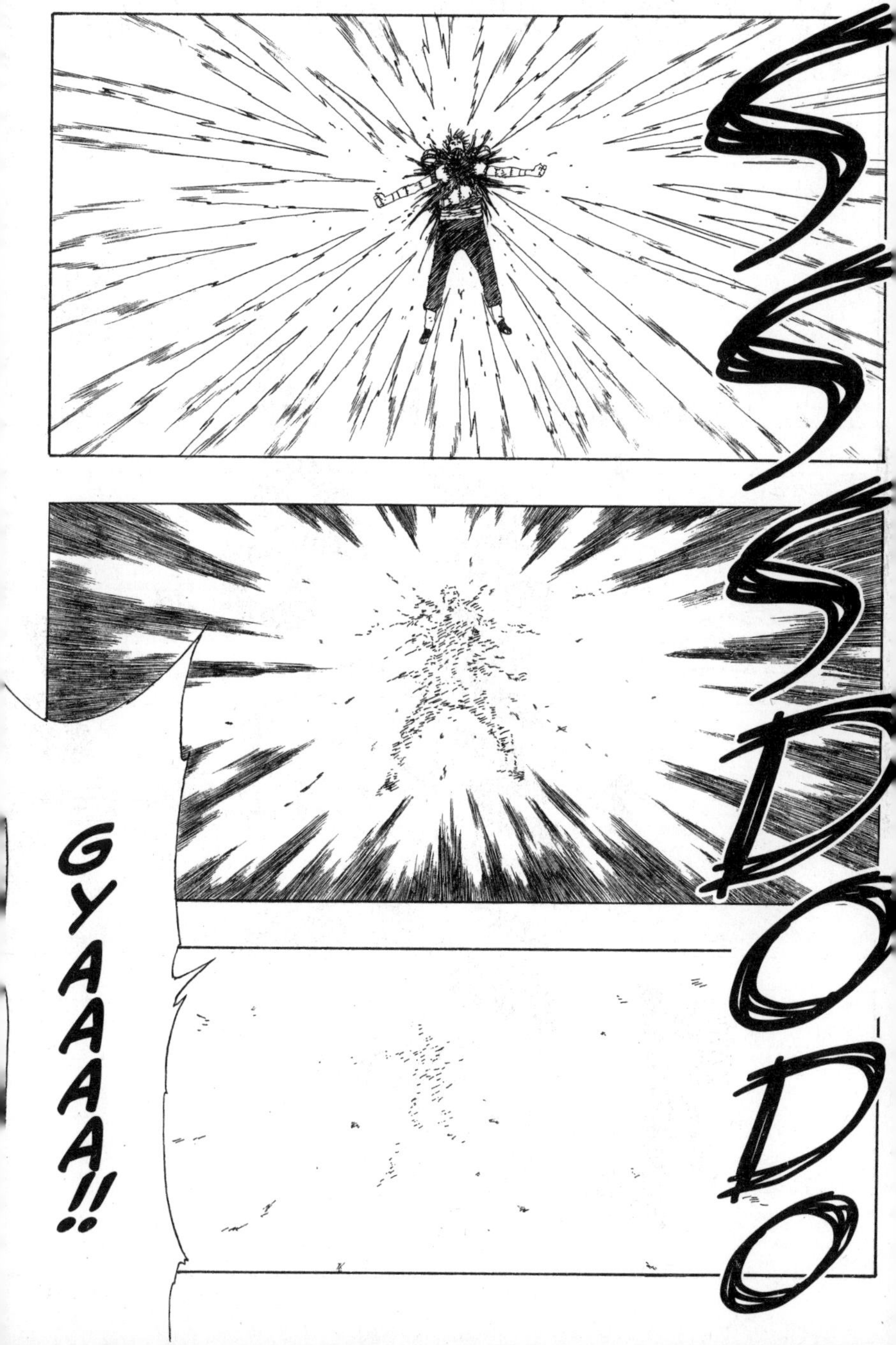
SSSDODO
GYAAAAA!!

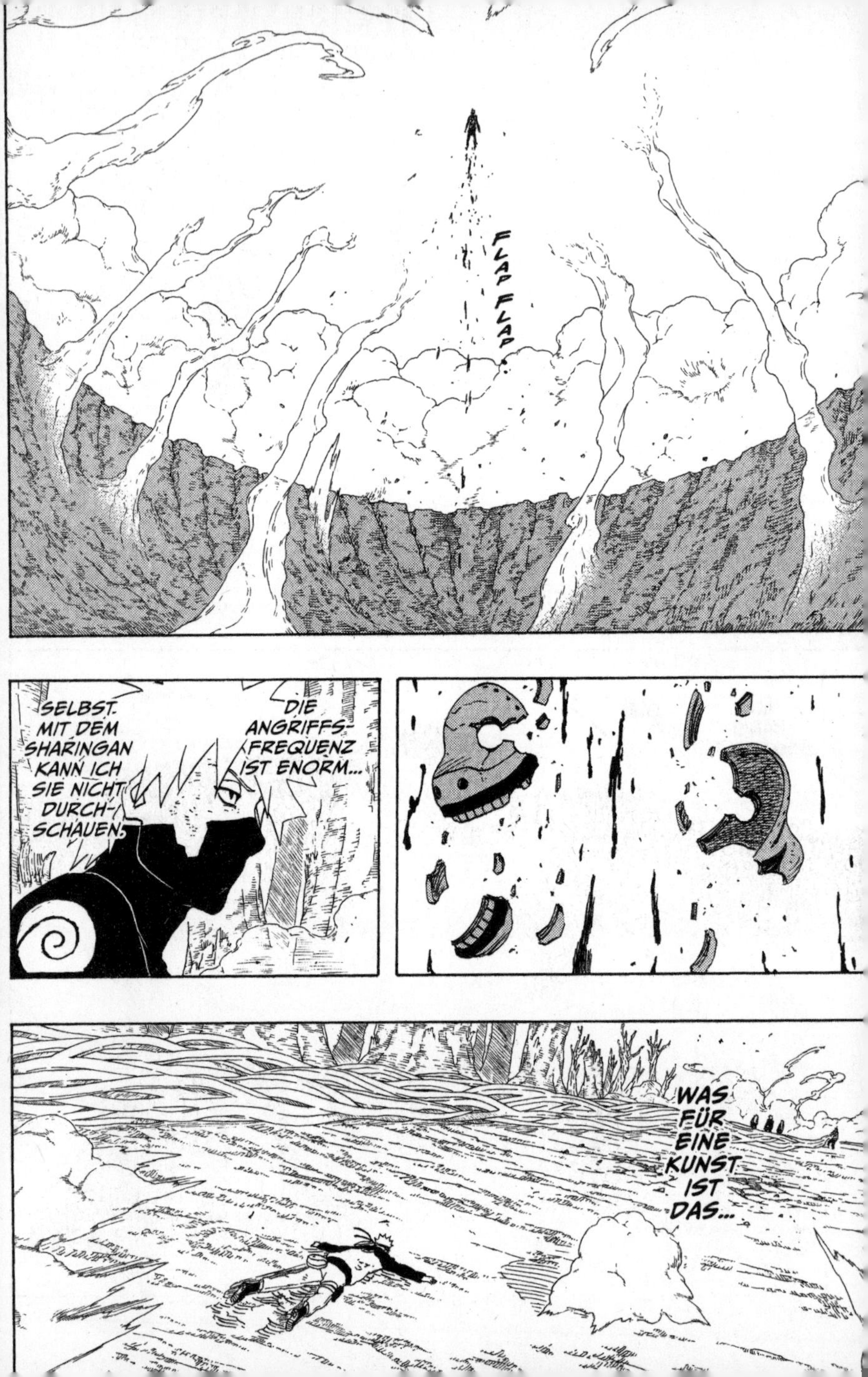
FLAP FLAP
DIE ANGRIFFS-FREQUENZ IST ENORM...
SELBST MIT DEM SHARINGAN KANN ICH SIE NICHT DURCH-SCHAUEN.
WAS FÜR EINE KUNST IST DAS...

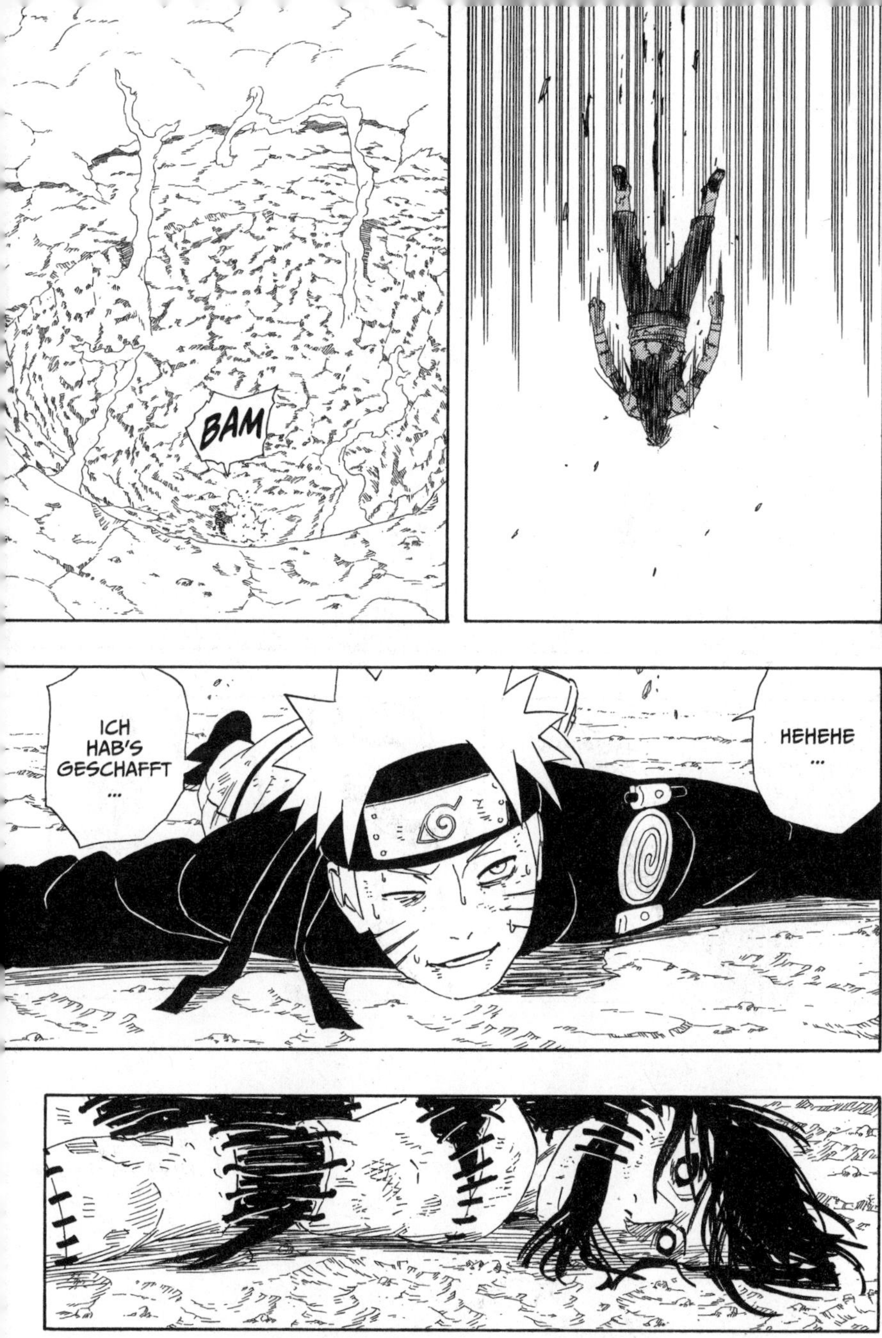
BAM
HEHEHE ...
ICH HAB'S GESCHAFFT ...

MASASHI KISHIMOTOS ASSISTENTEN-VORSTELLUNG / TEIL 10

ASSISTENT NR. 10: ATSUHIRO SATO

PROFIL

- ER IST SEHR ERFAHREN UND HAT FÜR »ROOKIES«, »DEATH NOTE« UND ANDERE TOTAL ANSPRUCHSVOLLE MANGA GEARBEITET!
- ER IST EXPERTE FÜR DIE SPIELE VON »HUDSON«, BESONDERS FÜR »BOMBERMAN«. ES IST BEKANNT, DASS DER »BOMBERMAN« NACH DEM ENDE EINES SPIELLEVELS ZUM »LODE RUNNER« WIRD. SATO HAT DIE LIZENZ, DIE NUR DEN 50 SCHNELLSTEN SPIELERN AUSGESTELLT WIRD.
- ER MAG GAMES WAHNSINNIG GERN UND KENNT SICH DAMIT AUS. IN »STREET FIGHTER 2« IST ER SEHR STARK.
- ZANGIEF (WENN MAN EINE BLÖSSE ZEIGT, WIRD MAN VON IHM SOFORT UMGEDREHT UND BESIEGT.)
- BLANKA (WENN MAN EINE BLÖSSE ZEIGT, WIRD MAN SOFORT GESCHLAGEN.)
- WOLF (WENN MAN EINE BLÖSSE ZEIGT, WIRD MAN SOFORT UMGEDREHT, UMGEWORFEN UND BESIEGT.)
- ÜBRIGENS HAT ER GERADE MIT »VIRTUA FIGHTER« ANGEFANGEN.
- ER BAUT SEHR GUT PLASTIKMODELLE (BESONDERS VON »GUNDAM«). ÜBERHAUPT IST ER GESCHICKT MIT SEINEN FINGERN.

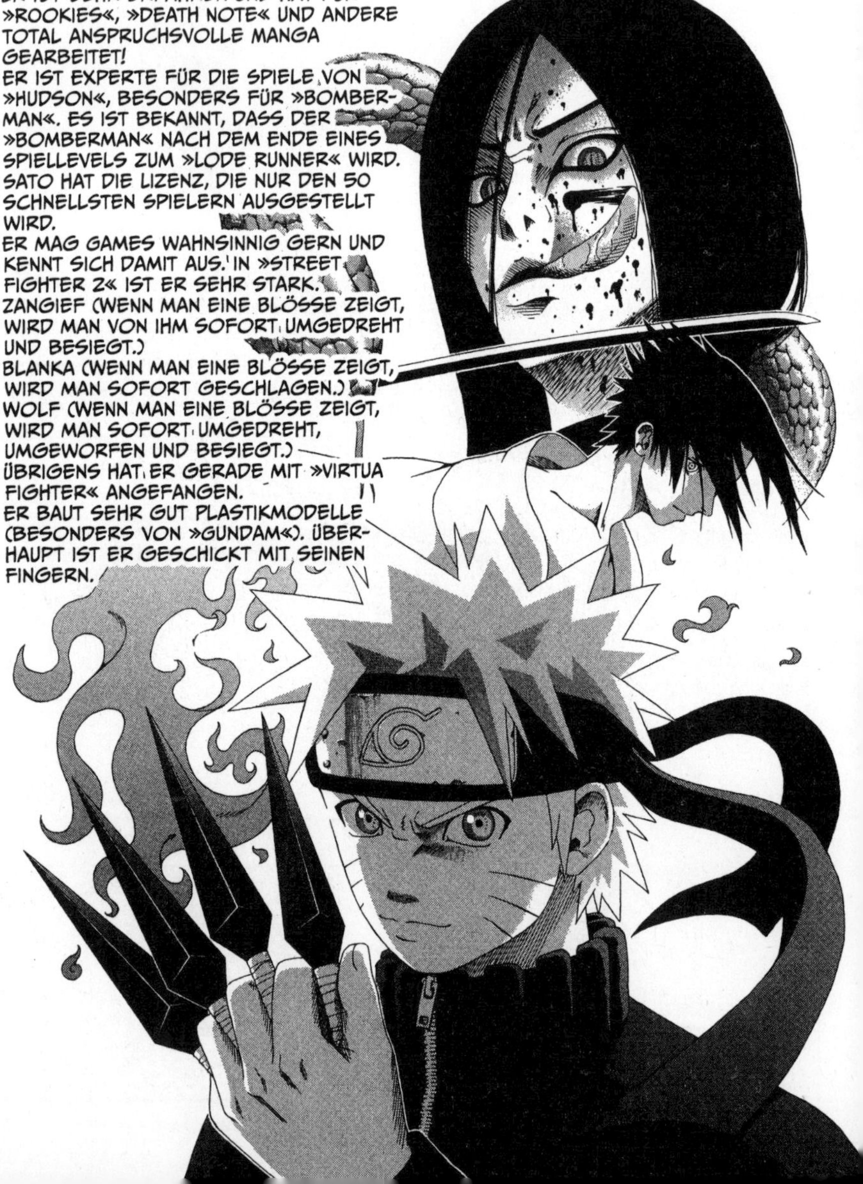

342. Kapitel: Der König

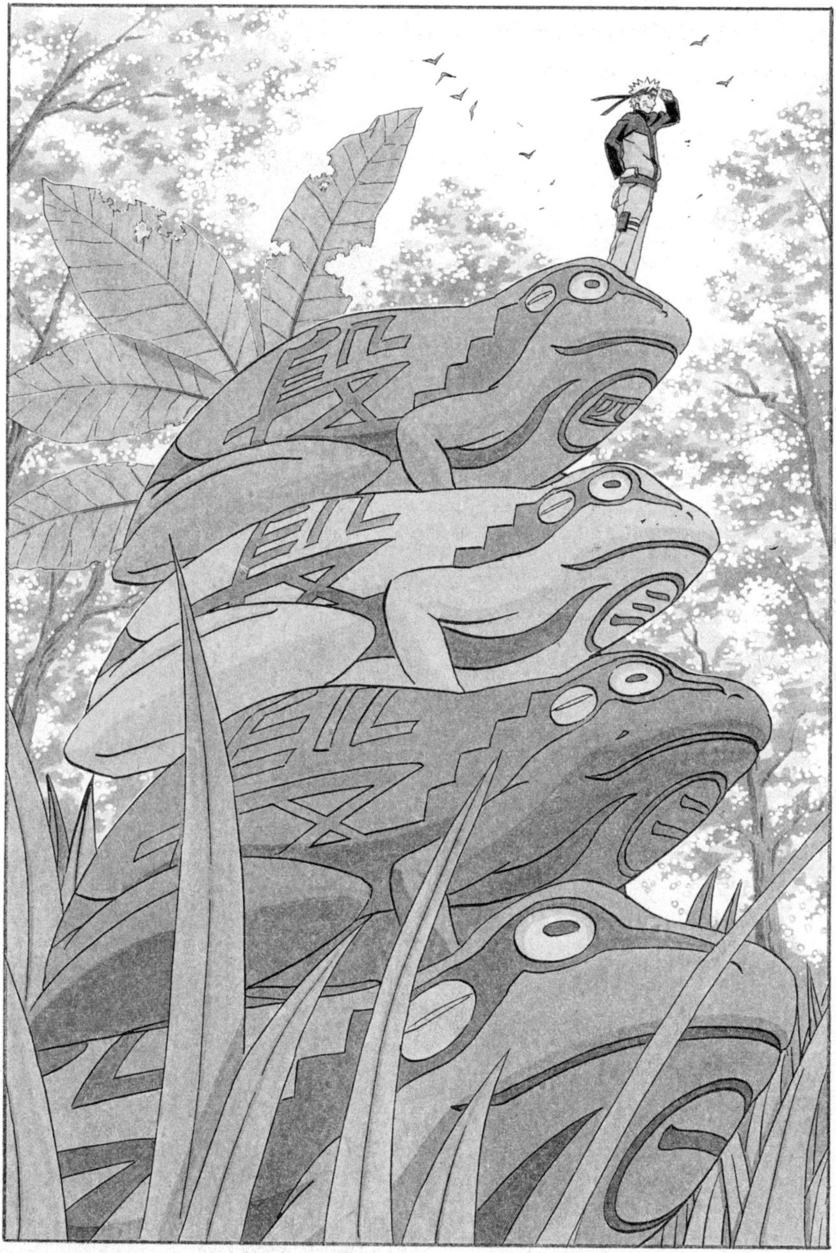

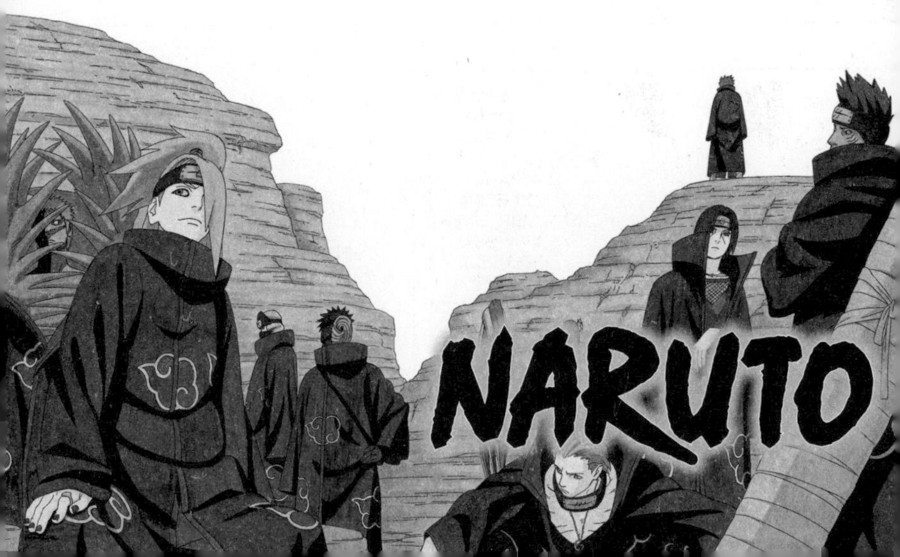
NARUTO

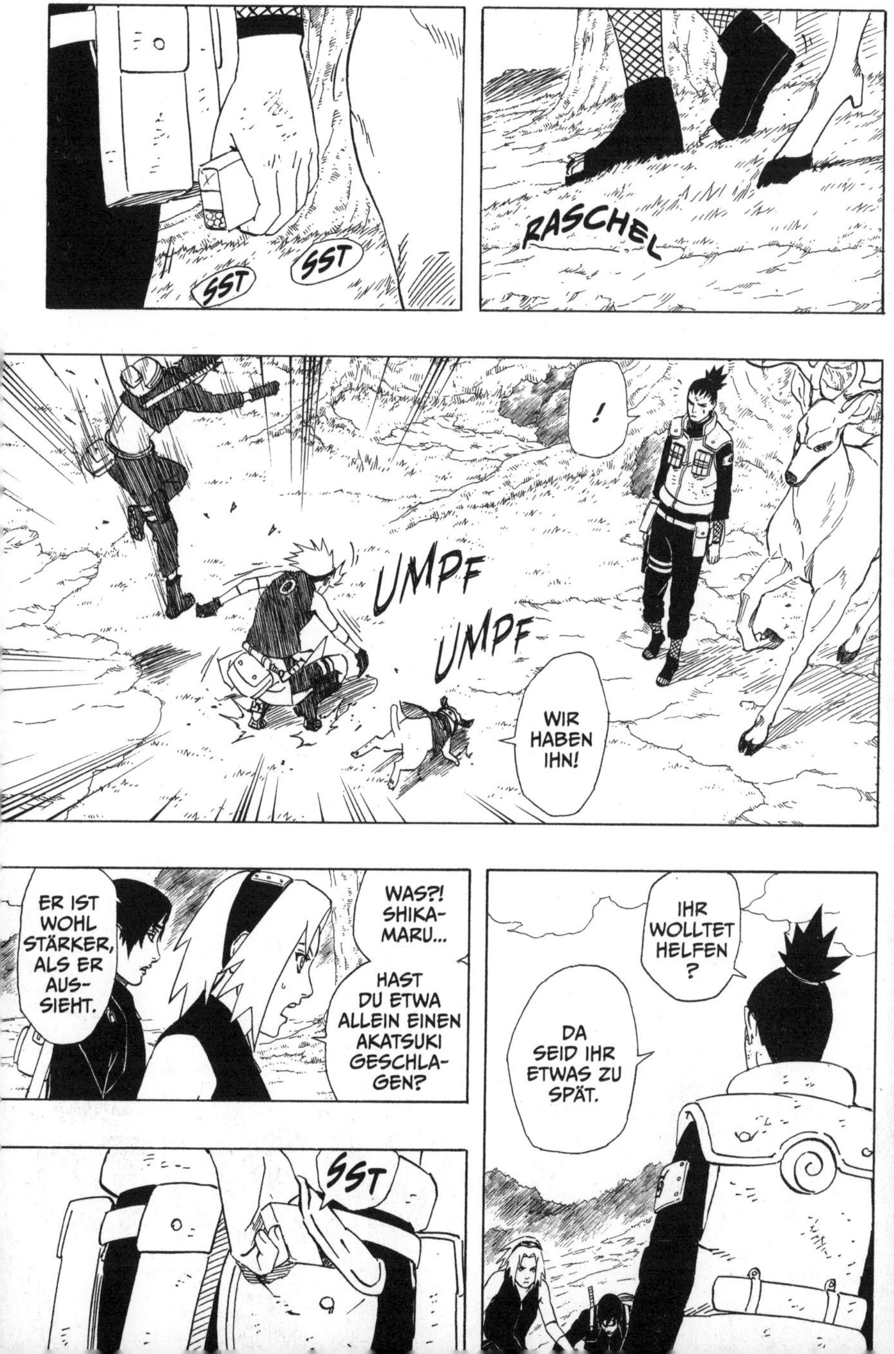
RASCHEL
SST
SST
!
UMPF
UMPF
WIR HABEN IHN!
IHR WOLLTET HELFEN ?
DA SEID IHR ETWAS ZU SPÄT.
WAS?! SHIKA-MARU...
HAST DU ETWA ALLEIN EINEN AKATSUKI GESCHLA-GEN?
ER IST WOHL STÄRKER, ALS ER AUS-SIEHT.
SST

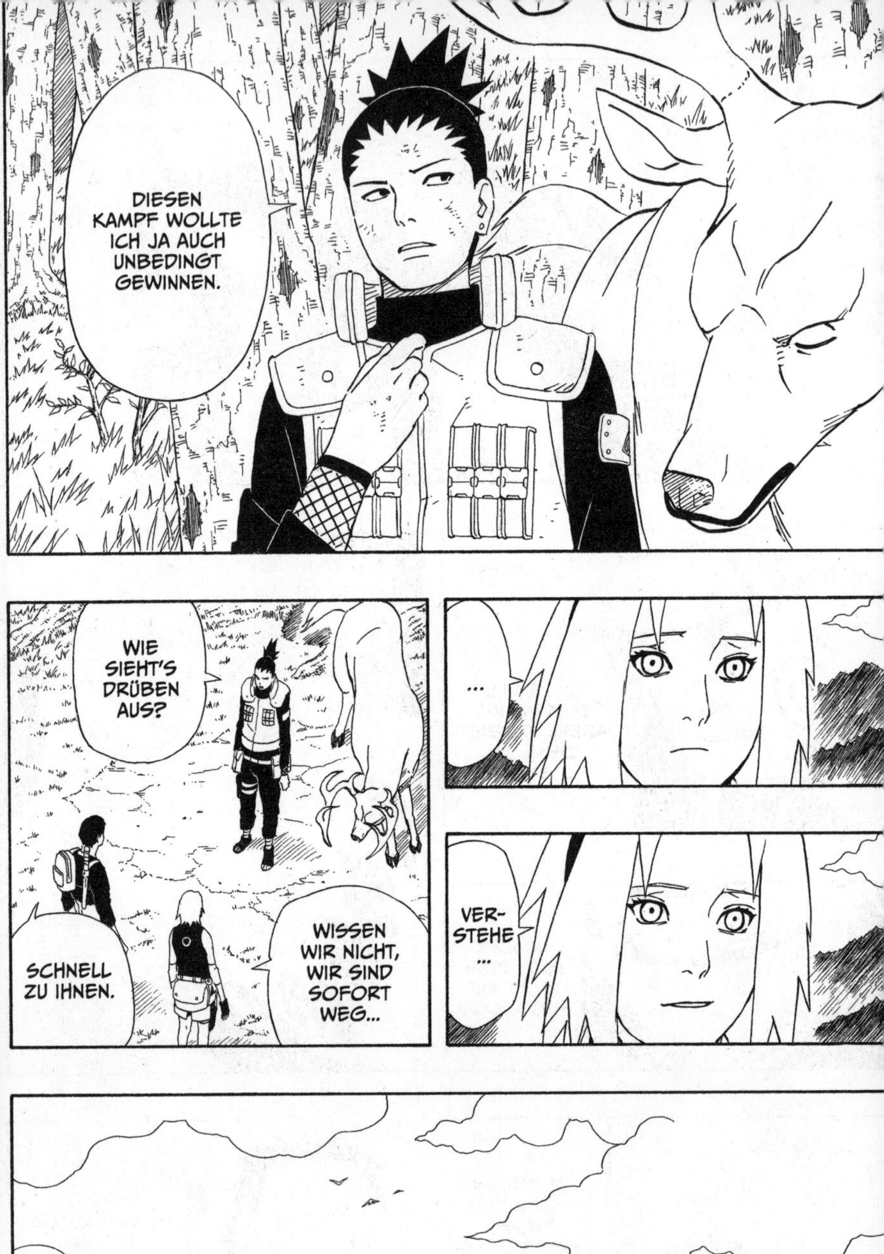
DIESEN KAMPF WOLLTE ICH JA AUCH UNBEDINGT GEWINNEN.
...
VERSTEHE ...
WIE SIEHT'S DRÜBEN AUS?
WISSEN WIR NICHT, WIR SIND SOFORT WEG...
SCHNELL ZU IHNEN.

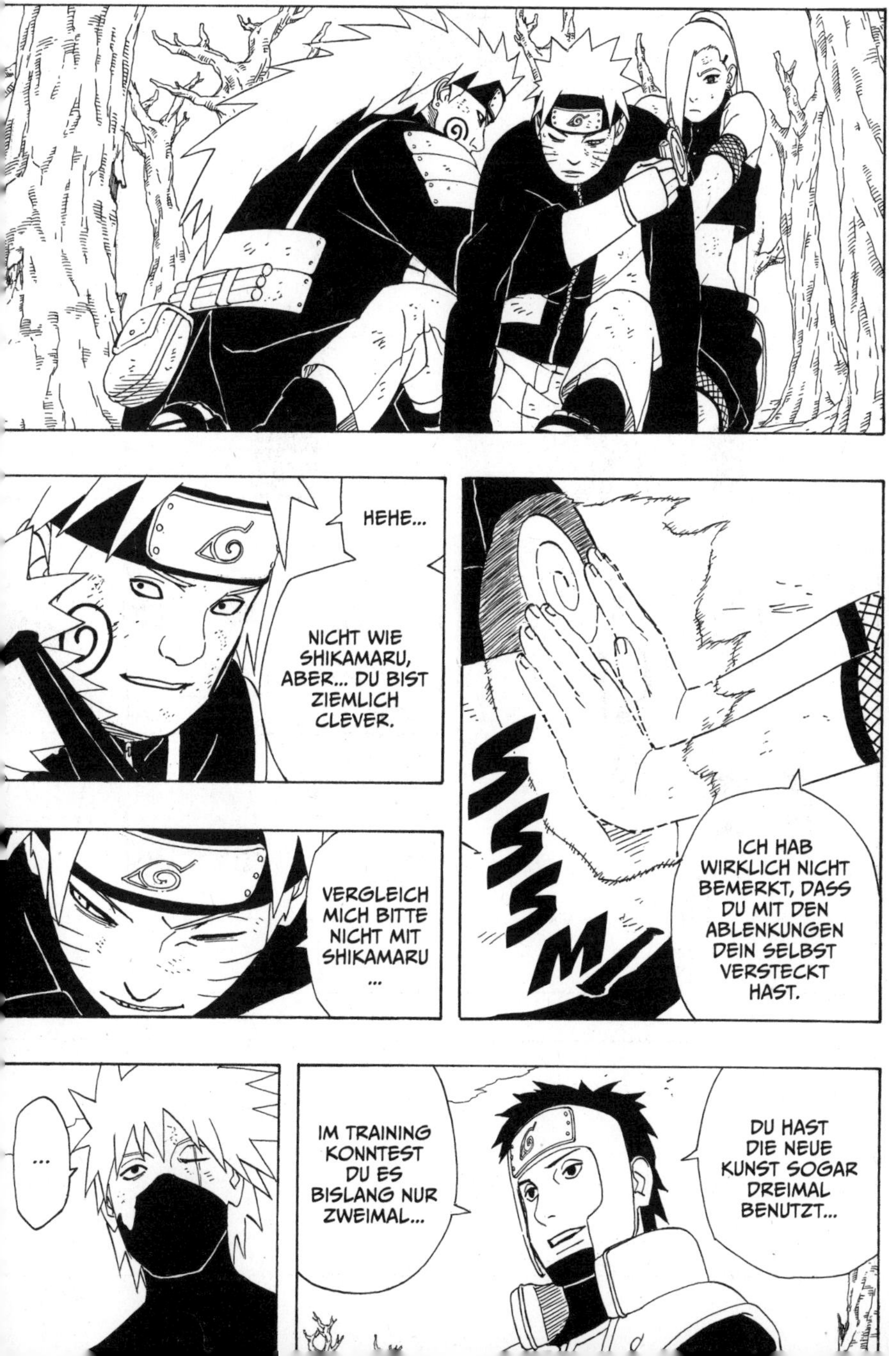
HEHE...
NICHT WIE SHIKAMARU, ABER... DU BIST ZIEMLICH CLEVER.
SSSM!
ICH HAB WIRKLICH NICHT BEMERKT, DASS DU MIT DEN ABLENKUNGEN DEIN SELBST VERSTECKT HAST.
VERGLEICH MICH BITTE NICHT MIT SHIKAMARU ...
DU HAST DIE NEUE KUNST SOGAR DREIMAL BENUTZT...
IM TRAINING KONNTEST DU ES BISLANG NUR ZWEIMAL...
...

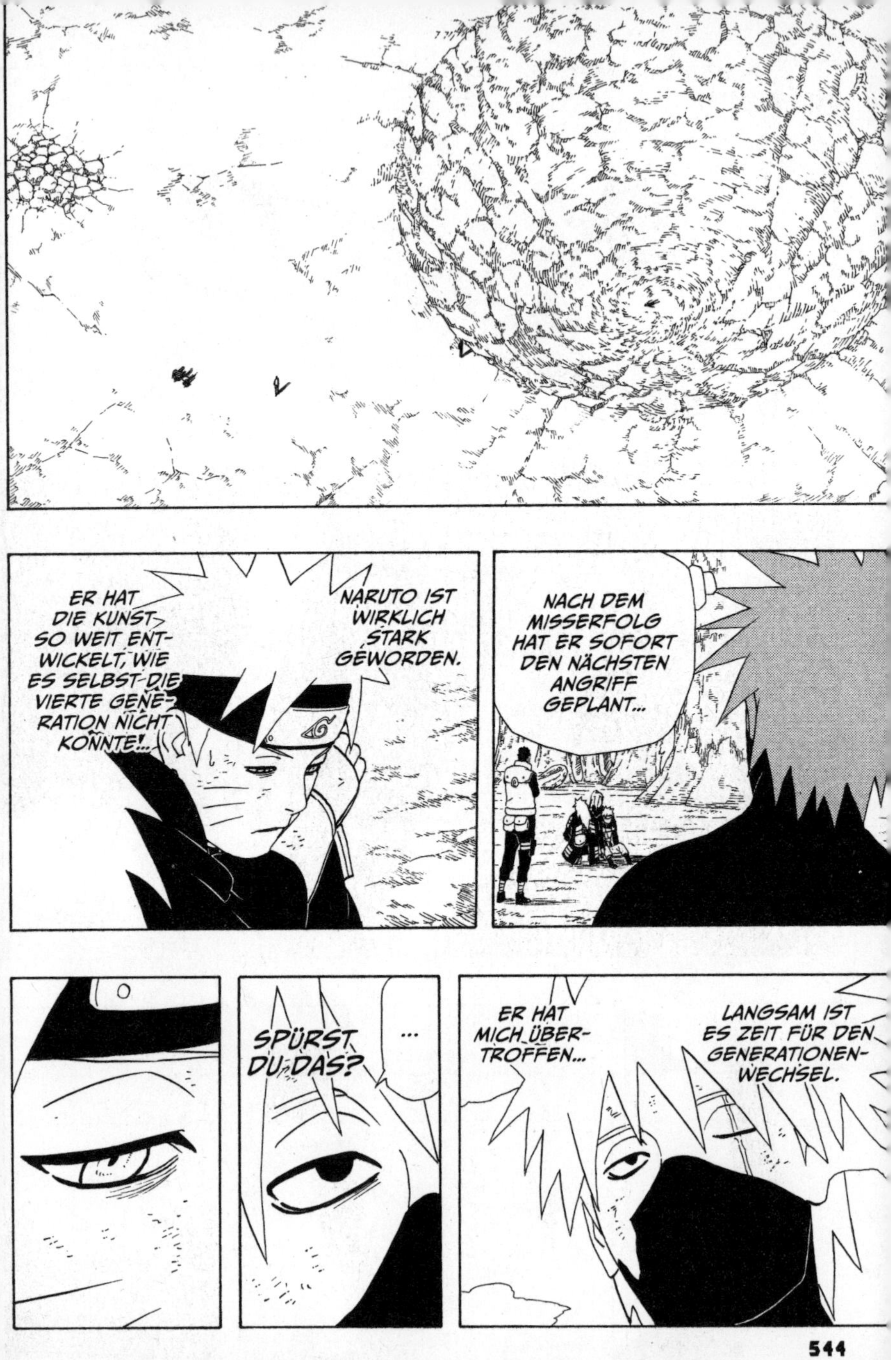
NARUTO IST WIRKLICH STARK GEWORDEN.
ER HAT DIE KUNST SO WEIT ENTWICKELT, WIE ES SELBST DIE VIERTE GENERATION NICHT KONNTE!...
NACH DEM MISSERFOLG HAT ER SOFORT DEN NÄCHSTEN ANGRIFF GEPLANT...
LANGSAM IST ES ZEIT FÜR DEN GENERATIONENWECHSEL.
ER HAT MICH ÜBERTROFFEN...
...
SPÜRST DU DAS?

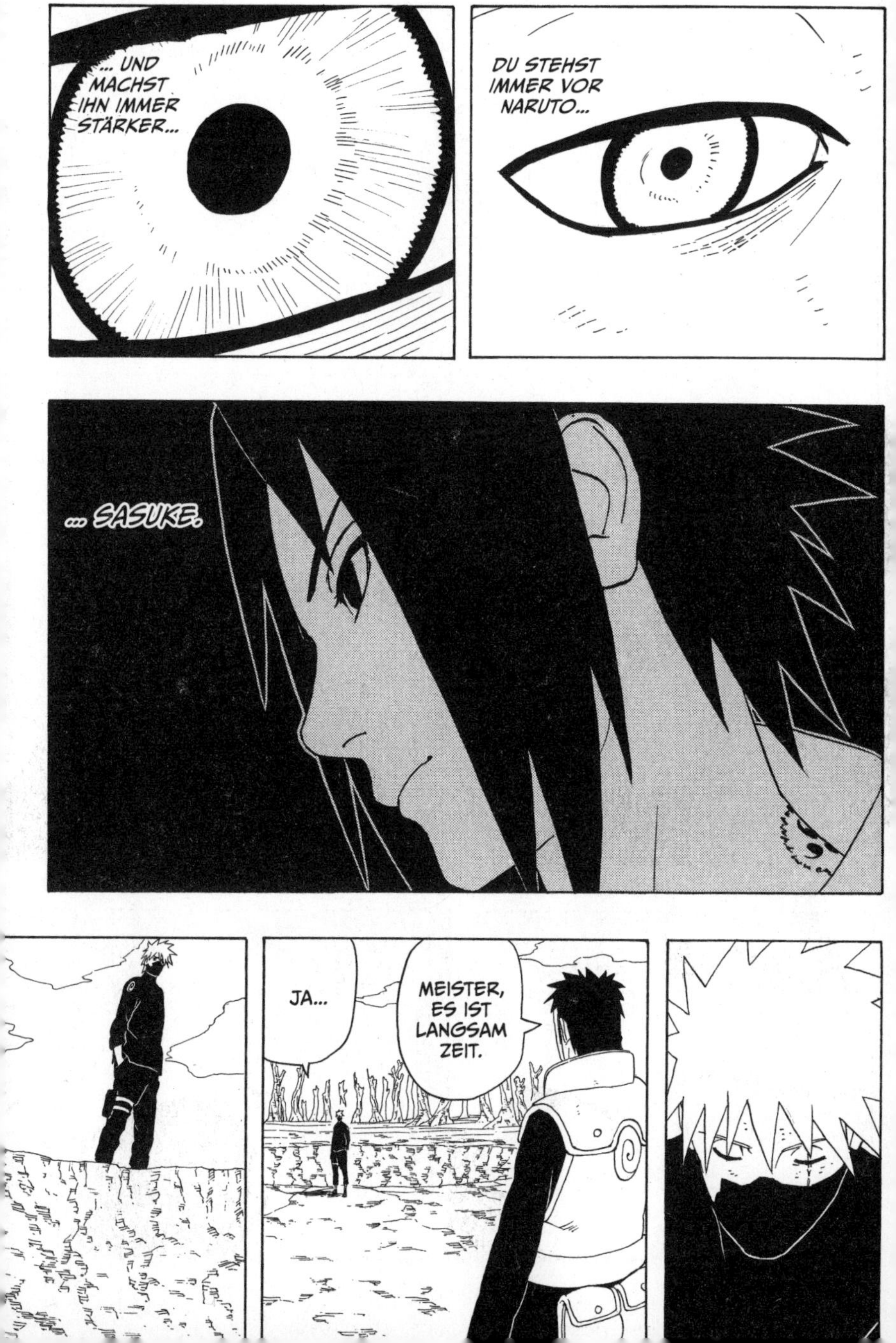
DU STEHST IMMER VOR NARUTO...
... UND MACHST IHN IMMER STÄRKER...
... SASUKE.
MEISTER, ES IST LANGSAM ZEIT.
JA...

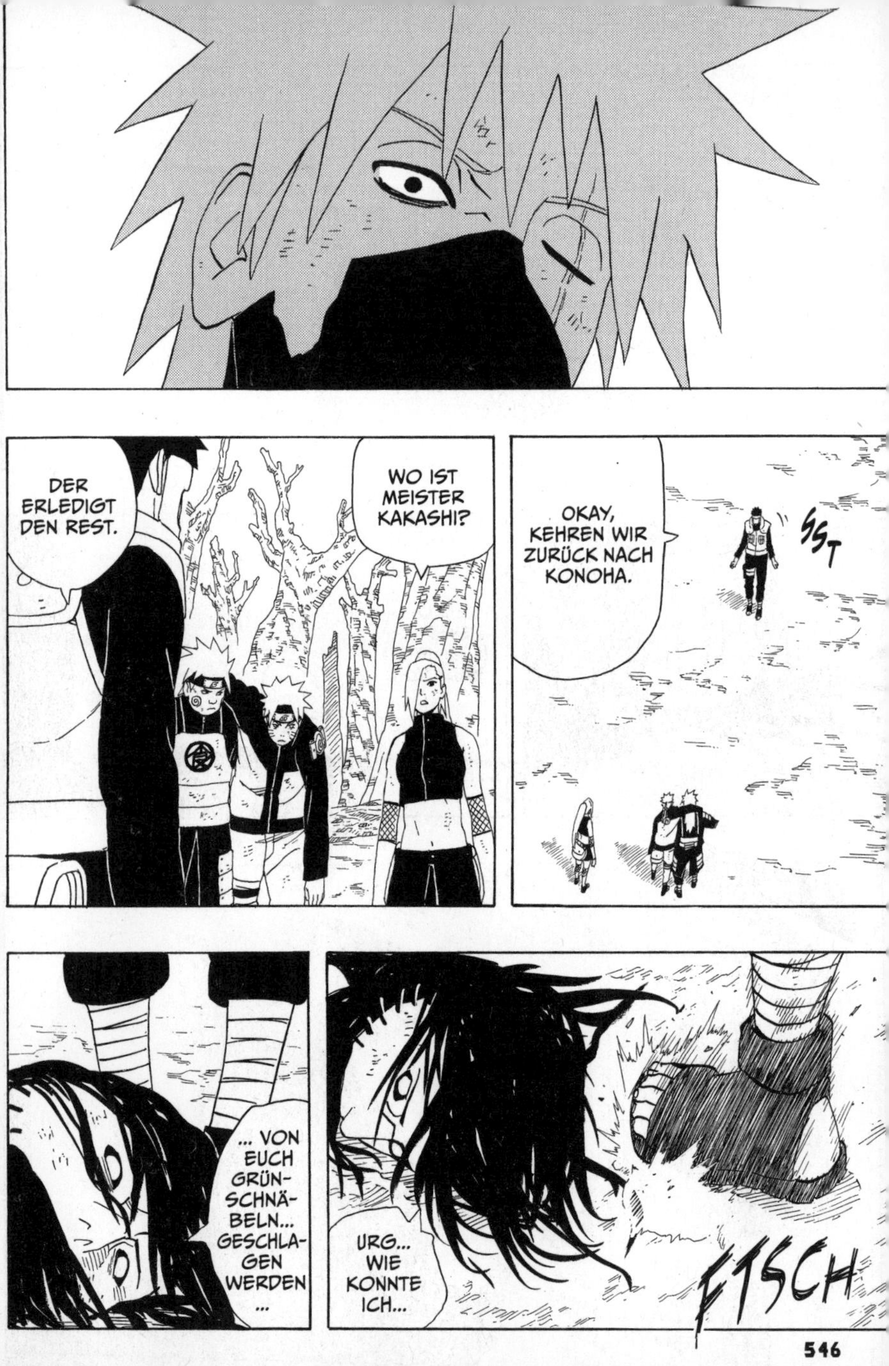

OKAY, KEHREN WIR ZURÜCK NACH KONOHA.
SST
WO IST MEISTER KAKASHI?
DER ERLEDIGT DEN REST.
ETSCH
URG... WIE KONNTE ICH...
... VON EUCH GRÜN-SCHNÄ-BELN... GESCHLA-GEN WERDEN ...

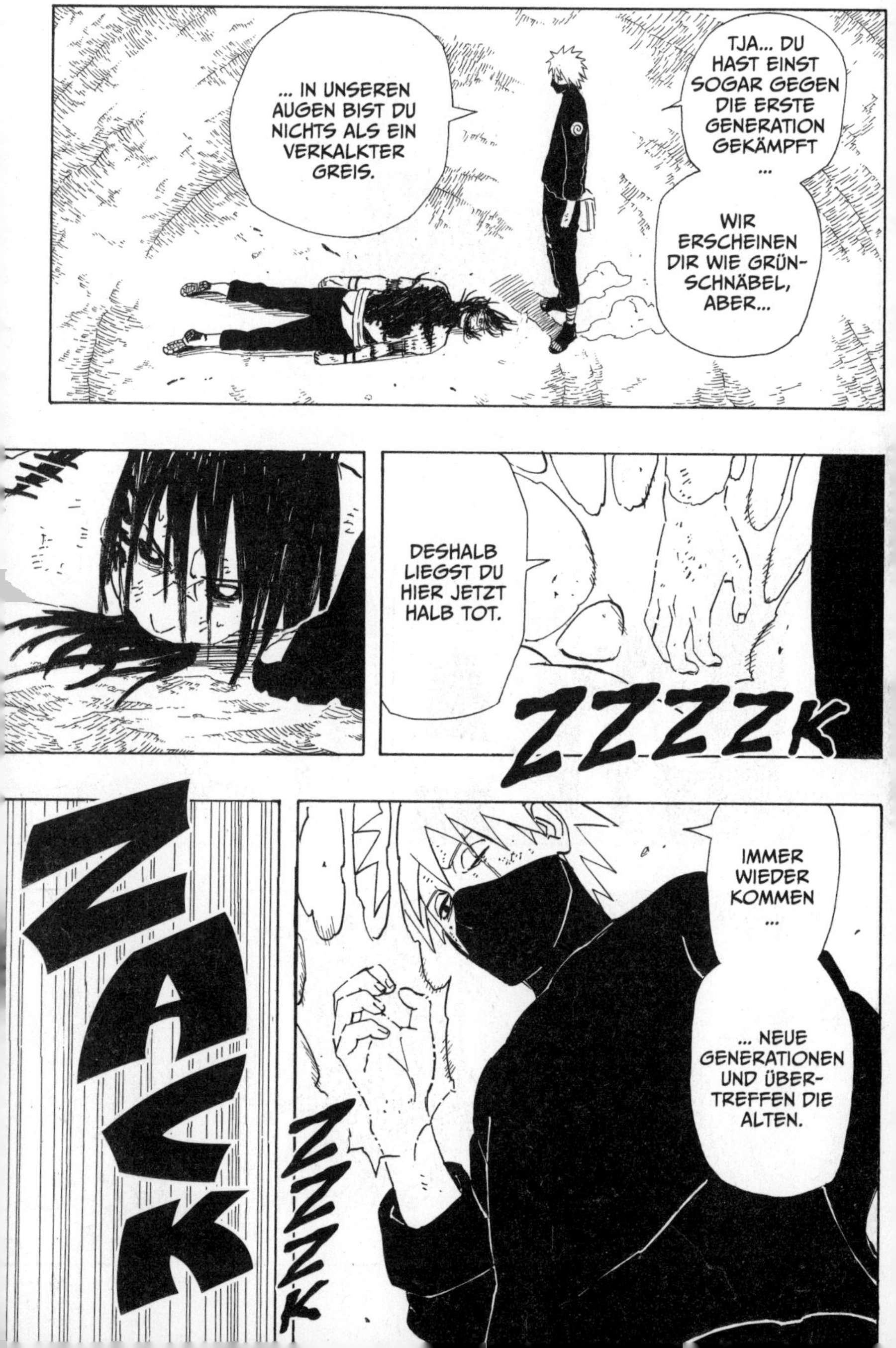
TJA... DU HAST EINST SOGAR GEGEN DIE ERSTE GENERATION GEKÄMPFT ...
WIR ERSCHEINEN DIR WIE GRÜN-SCHNÄBEL, ABER...
... IN UNSEREN AUGEN BIST DU NICHTS ALS EIN VERKALKTER GREIS.
DESHALB LIEGST DU HIER JETZT HALB TOT.
ZZZZK
IMMER WIEDER KOMMEN ...
... NEUE GENERATIONEN UND ÜBER-TREFFEN DIE ALTEN.
ZZZZZK

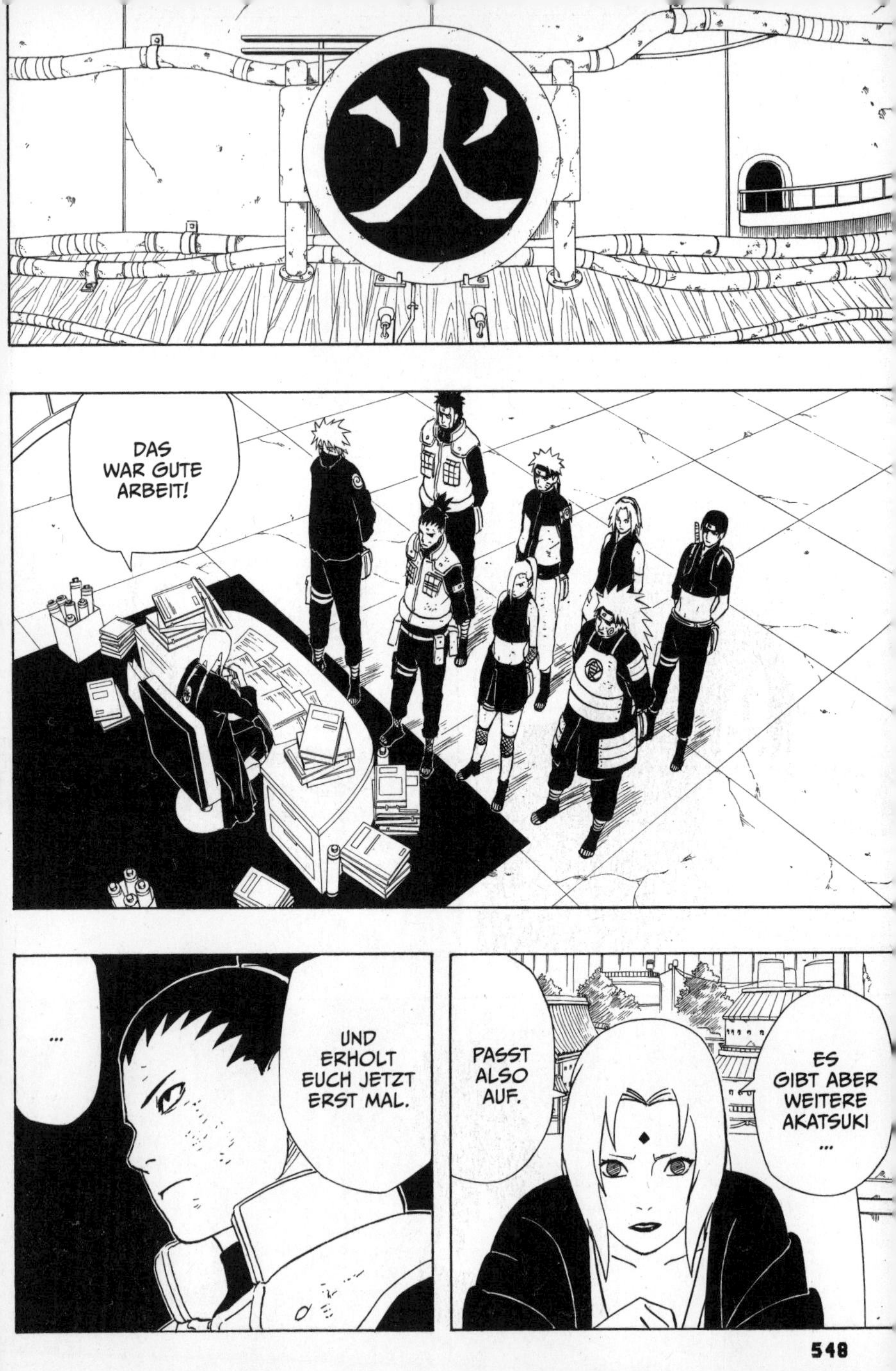
DAS WAR GUTE ARBEIT!
ES GIBT ABER WEITERE AKATSUKI ...
PASST ALSO AUF.
UND ERHOLT EUCH JETZT ERST MAL.
...

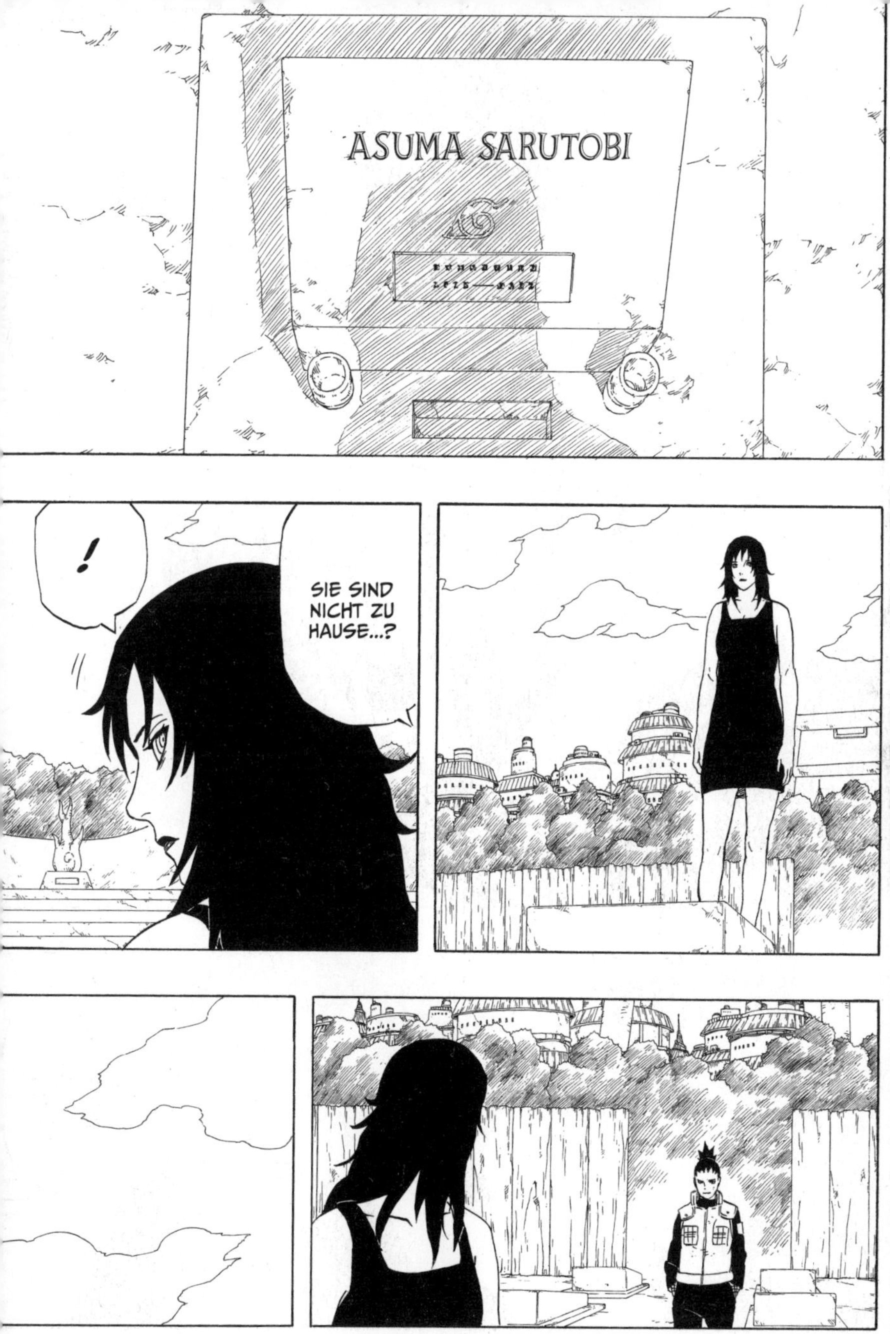
ASUMA SARUTOBI
!
SIE SIND NICHT ZU HAUSE...?

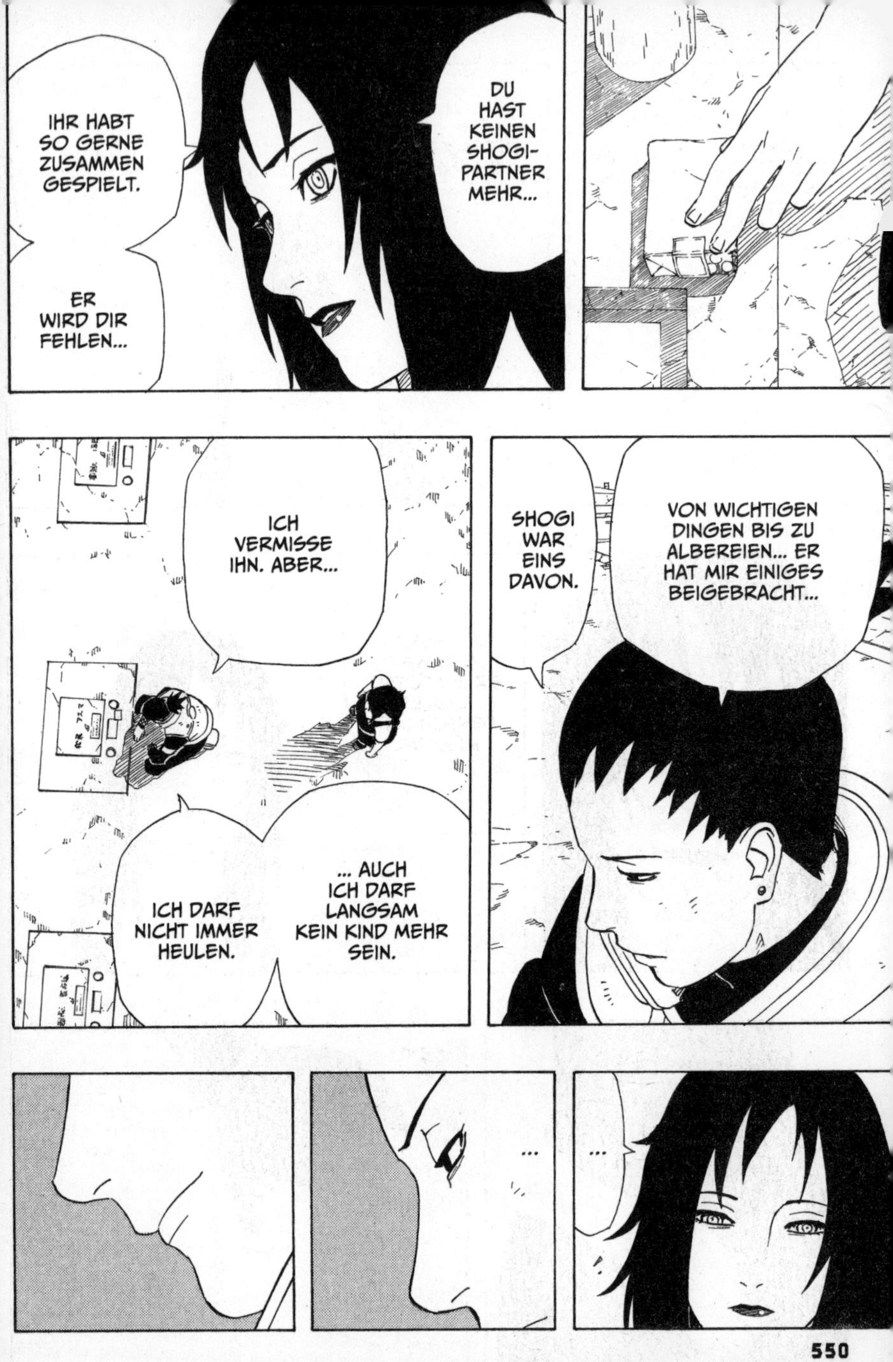
DU HAST KEINEN SHOGI-PARTNER MEHR...
IHR HABT SO GERNE ZUSAMMEN GESPIELT.
ER WIRD DIR FEHLEN...
VON WICHTIGEN DINGEN BIS ZU ALBEREIEN... ER HAT MIR EINIGES BEIGEBRACHT...
SHOGI WAR EINS DAVON.
ICH VERMISSE IHN. ABER...
... AUCH ICH DARF LANGSAM KEIN KIND MEHR SEIN.
ICH DARF NICHT IMMER HEULEN.
...
...

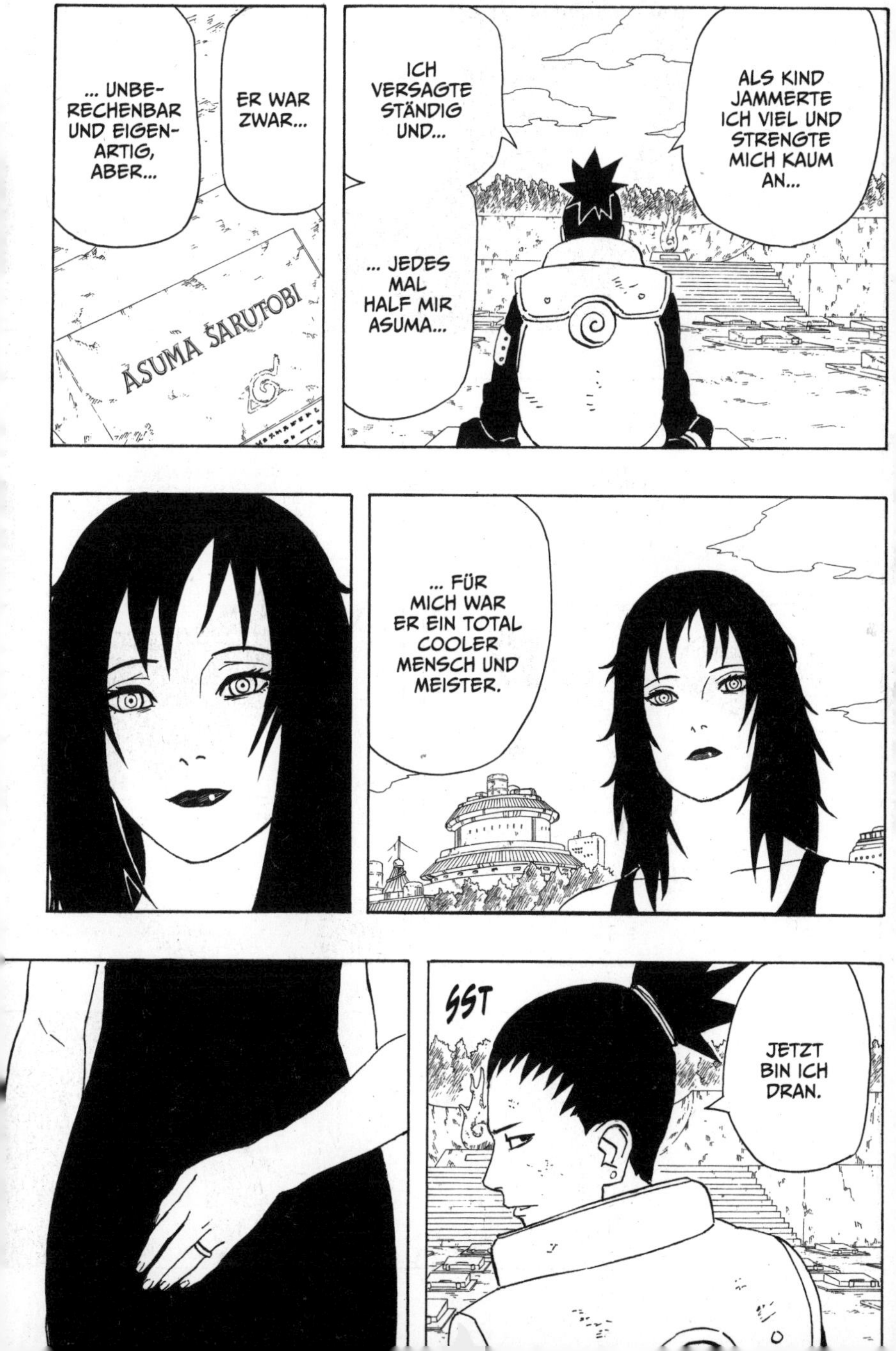
ALS KIND JAMMERTE ICH VIEL UND STRENGTE MICH KAUM AN...
ICH VERSAGTE STÄNDIG UND...
... JEDES MAL HALF MIR ASUMA...
ER WAR ZWAR...
... UNBE-RECHENBAR UND EIGEN-ARTIG, ABER...
ASUMA SARUTOBI
... FÜR MICH WAR ER EIN TOTAL COOLER MENSCH UND MEISTER.
SST
JETZT BIN ICH DRAN.

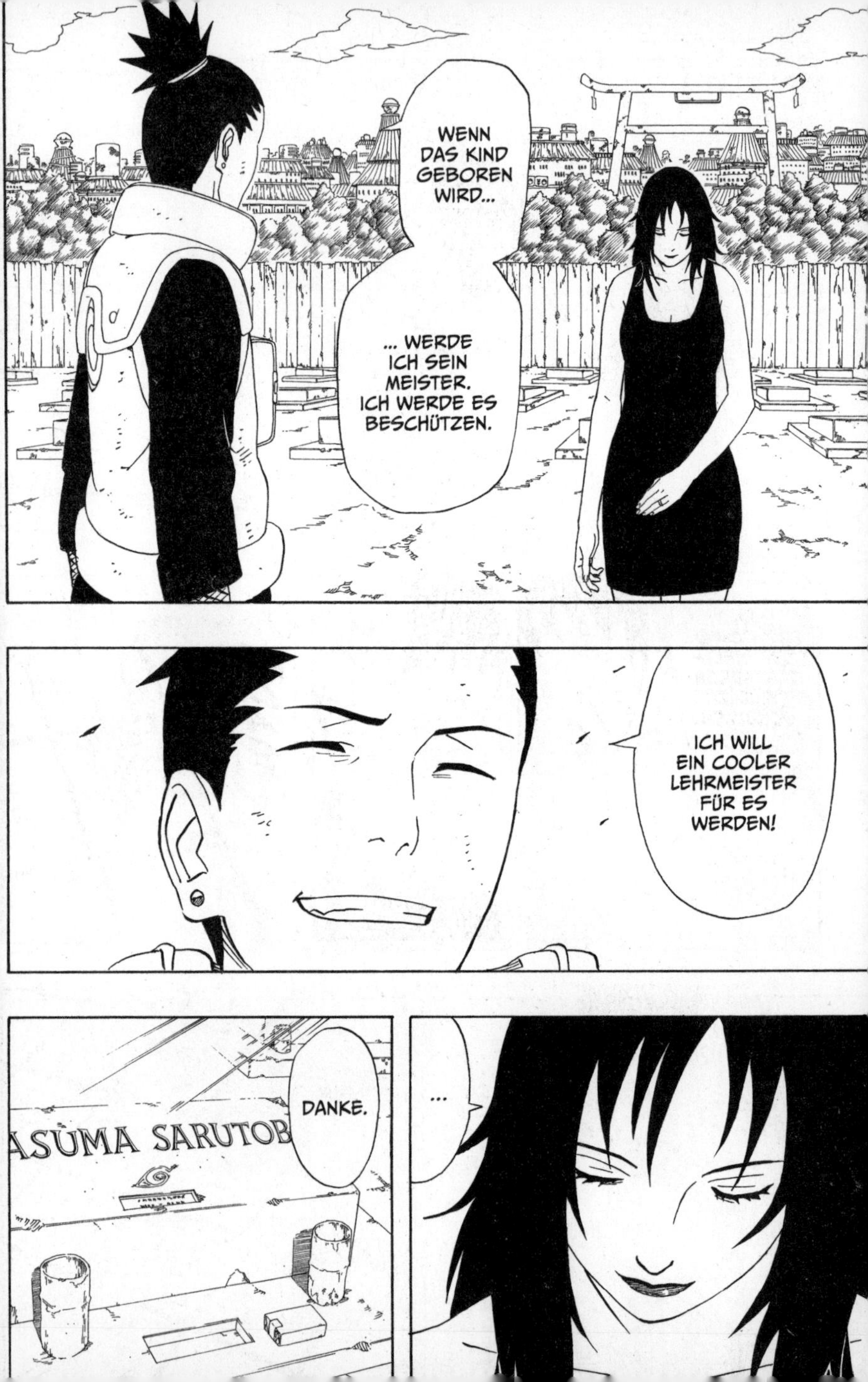
WENN DAS KIND GEBOREN WIRD...
... WERDE ICH SEIN MEISTER. ICH WERDE ES BESCHÜTZEN.
ICH WILL EIN COOLER LEHRMEISTER FÜR ES WERDEN!
...
DANKE.
ASUMA SARUTOB

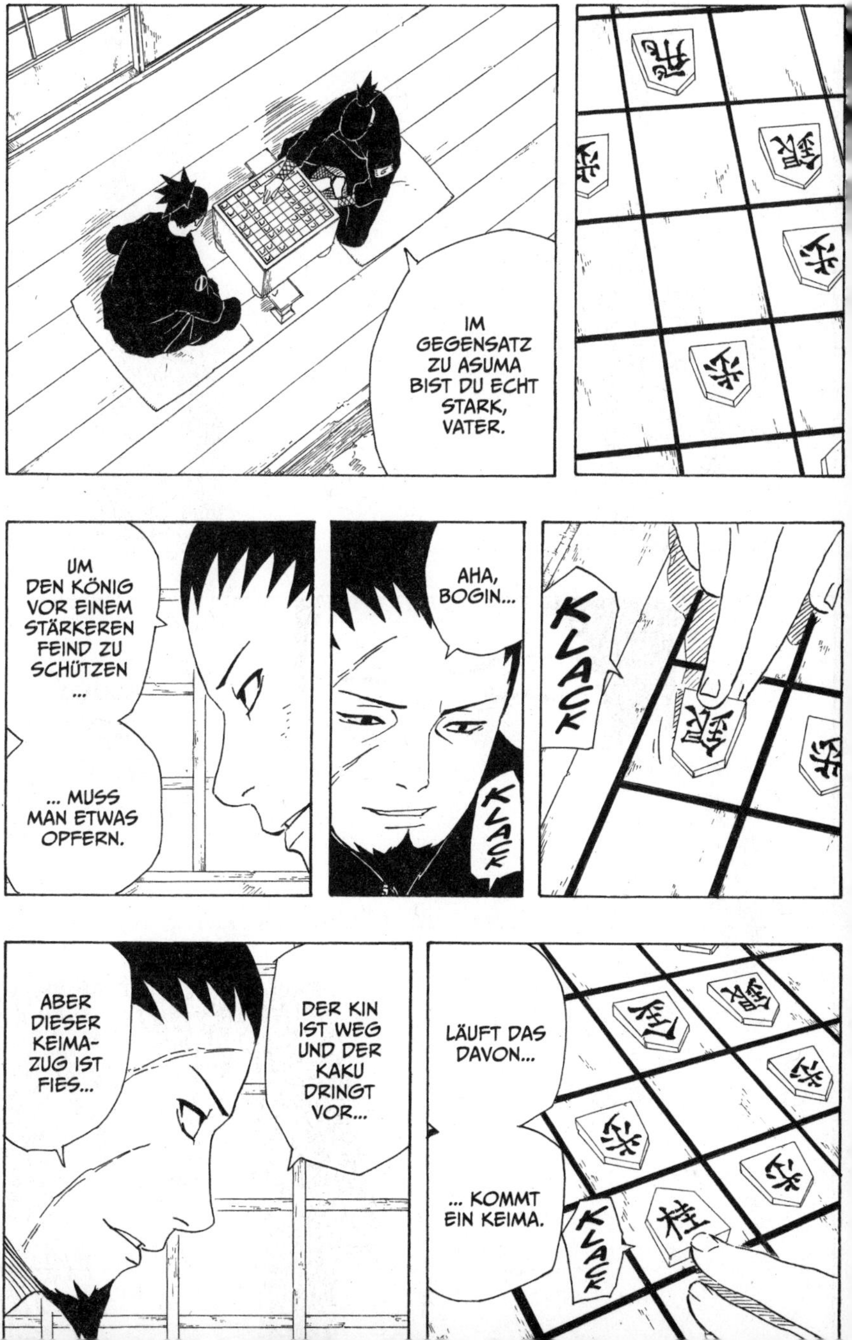
IM GEGENSATZ ZU ASUMA BIST DU ECHT STARK, VATER.
KLACK
AHA, BOGIN...
KLACK
UM DEN KÖNIG VOR EINEM STÄRKEREN FEIND ZU SCHÜTZEN ...
... MUSS MAN ETWAS OPFERN.
LÄUFT DAS DAVON...
... KOMMT EIN KEIMA.
KLACK
DER KIN IST WEG UND DER KAKU DRINGT VOR...
ABER DIESER KEIMA-ZUG IST FIES...

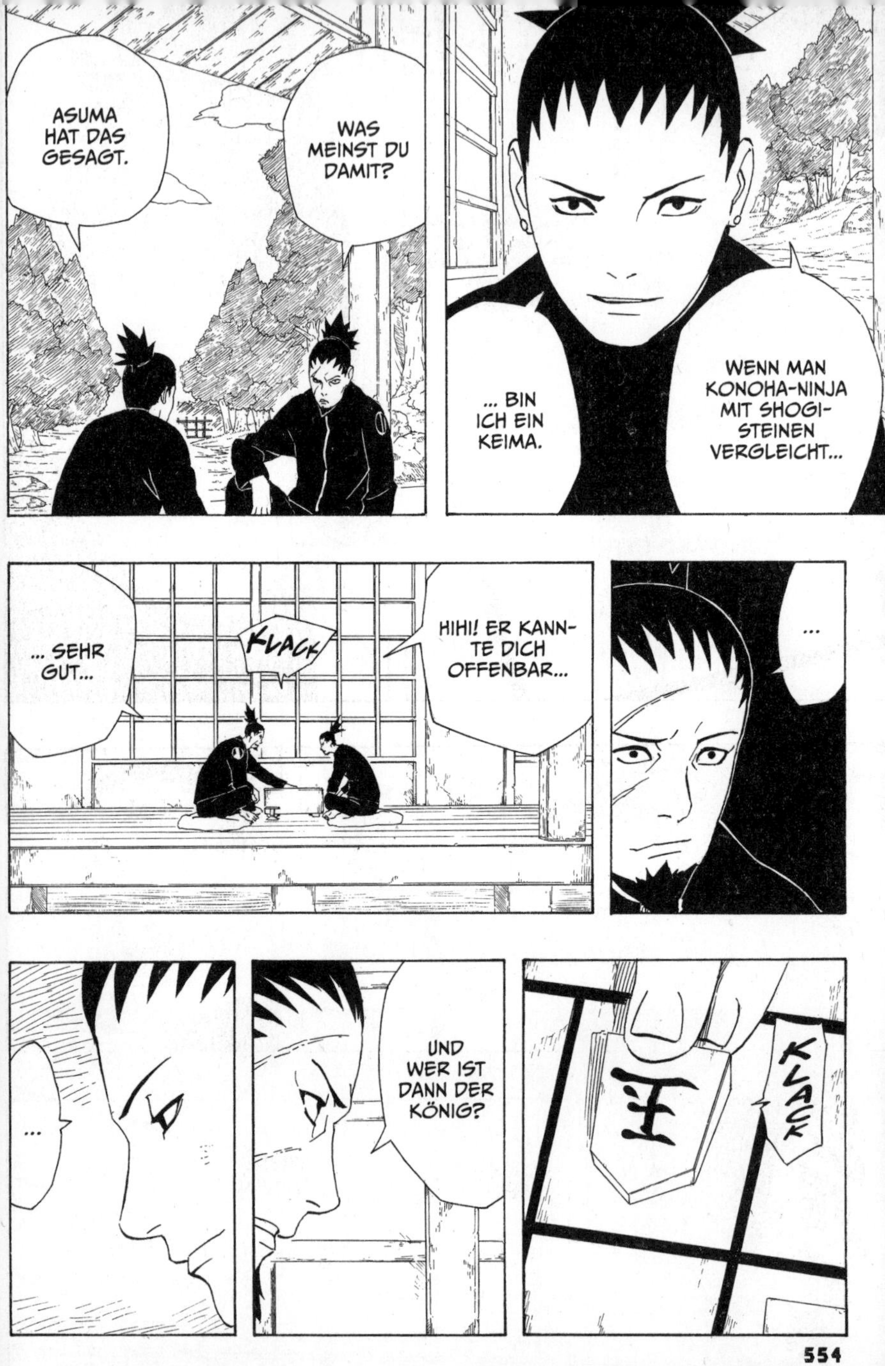
WENN MAN KONOHA-NINJA MIT SHOGI-STEINEN VERGLEICHT...
... BIN ICH EIN KEIMA.
WAS MEINST DU DAMIT?
ASUMA HAT DAS GESAGT.
...
HIHI! ER KANNTE DICH OFFENBAR...
KLACK
... SEHR GUT...
KLACK
UND WER IST DANN DER KÖNIG?
...

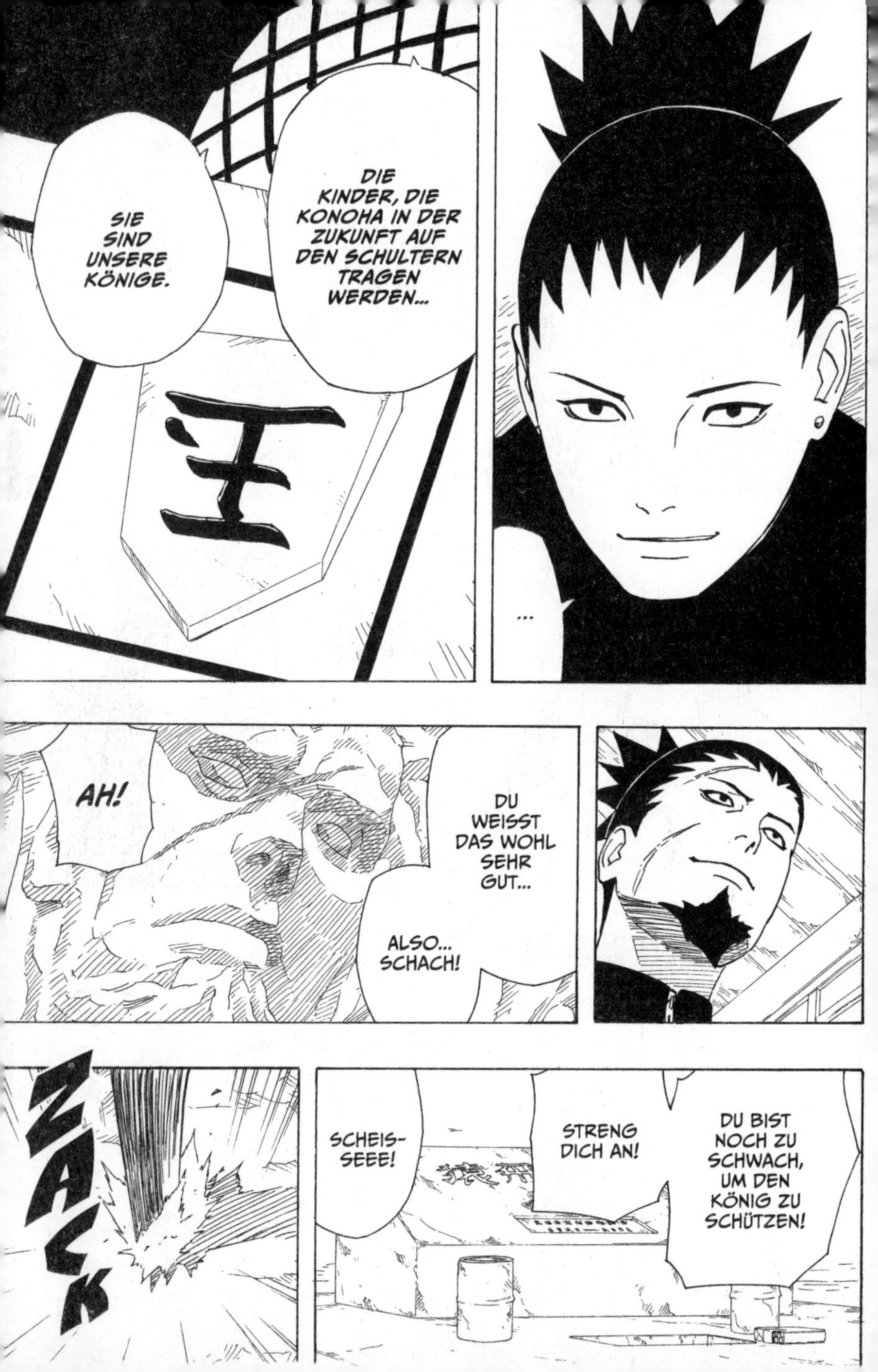
...
DIE KINDER, DIE KONOHA IN DER ZUKUNFT AUF DEN SCHULTERN TRAGEN WERDEN...
SIE SIND UNSERE KÖNIGE.
DU WEISST DAS WOHL SEHR GUT...
ALSO... SCHACH!
AH!
DU BIST NOCH ZU SCHWACH, UM DEN KÖNIG ZU SCHÜTZEN!
STRENG DICH AN!
SCHEIS-SEEE!
ZACK

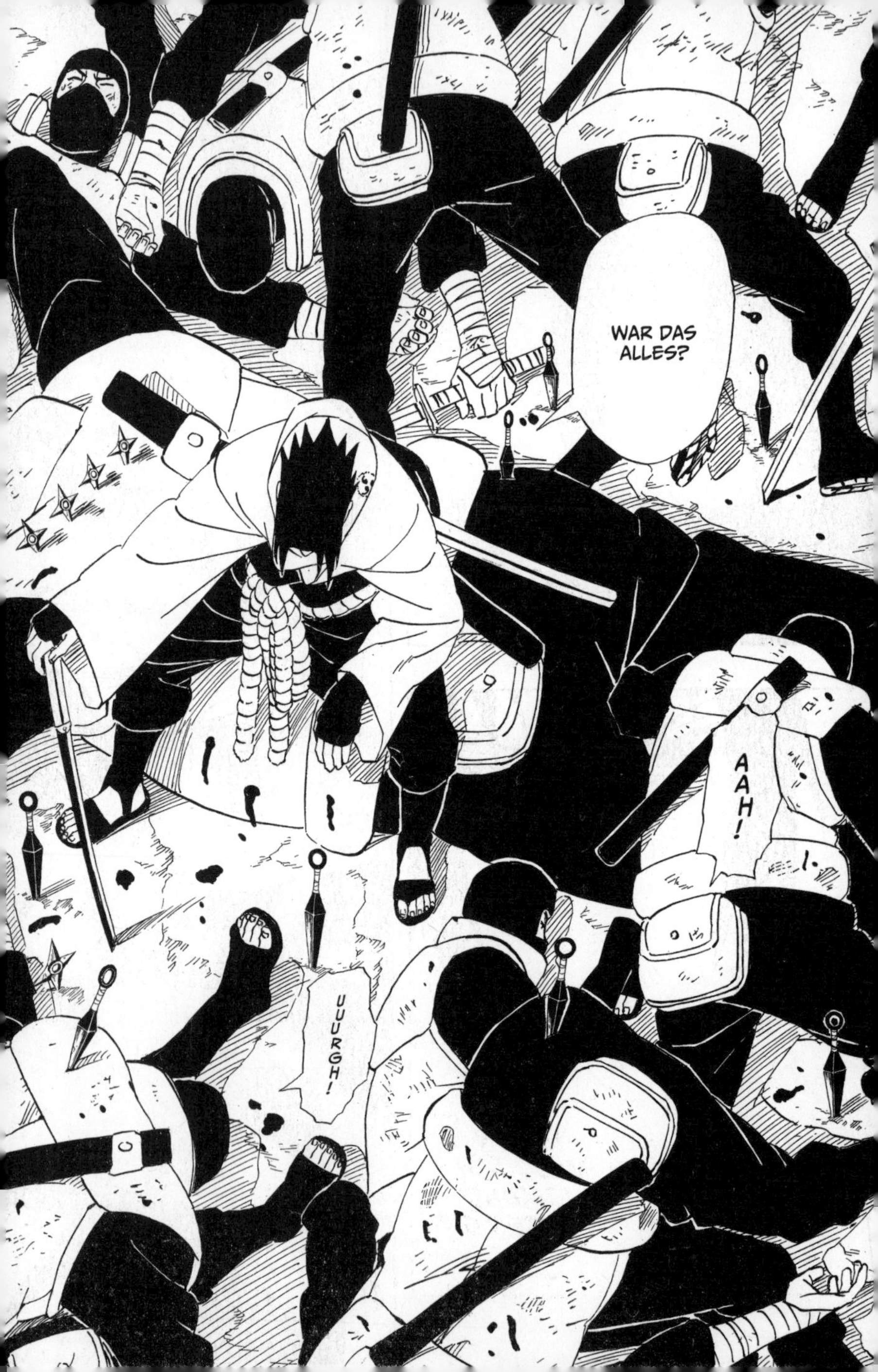
WAR DAS ALLES?
AAH!
UUURGH!

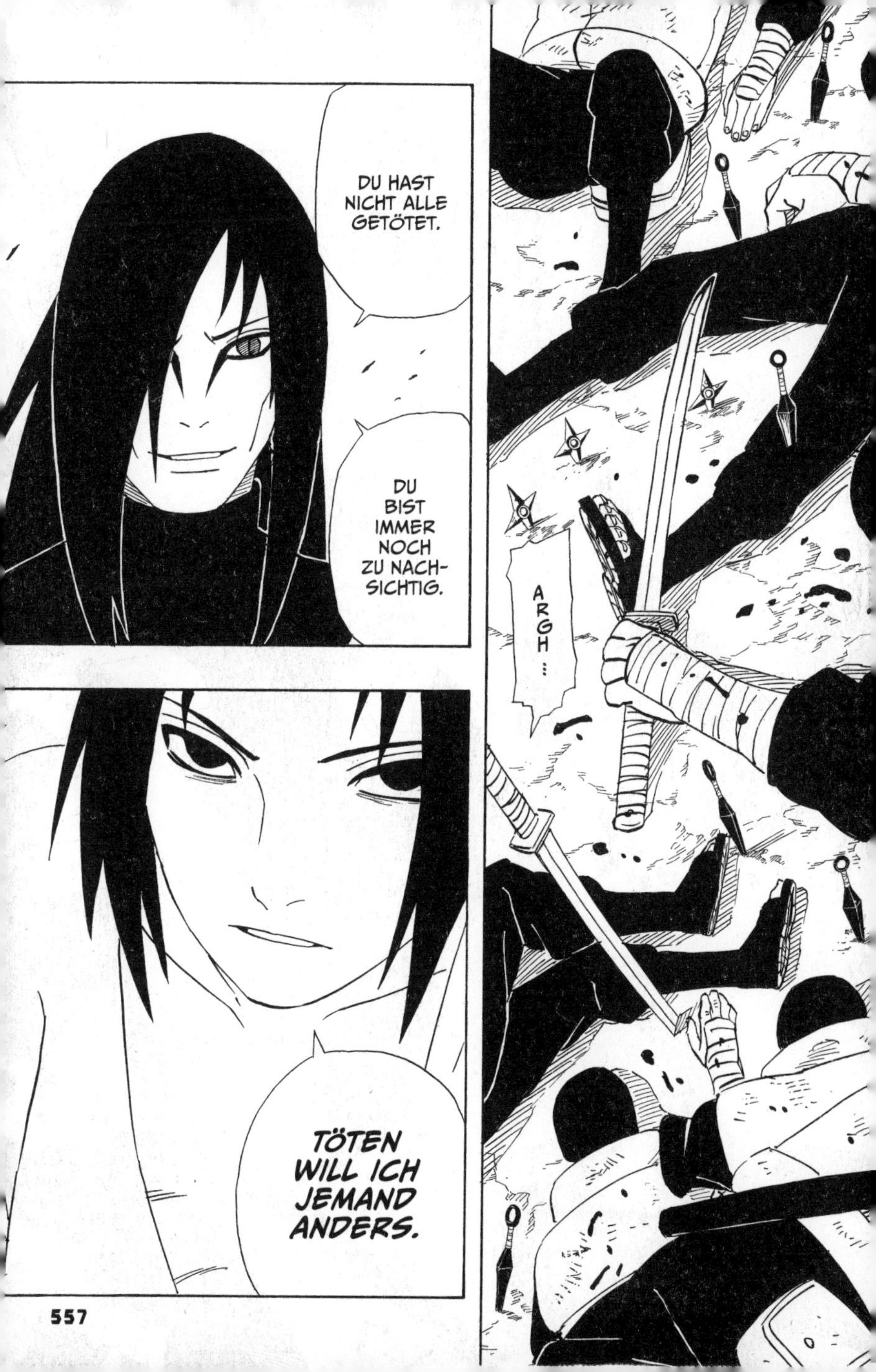
ARGH ...
DU HAST NICHT ALLE GETÖTET.
DU BIST IMMER NOCH ZU NACH-SICHTIG.
TÖTEN WILL ICH JEMAND ANDERS.

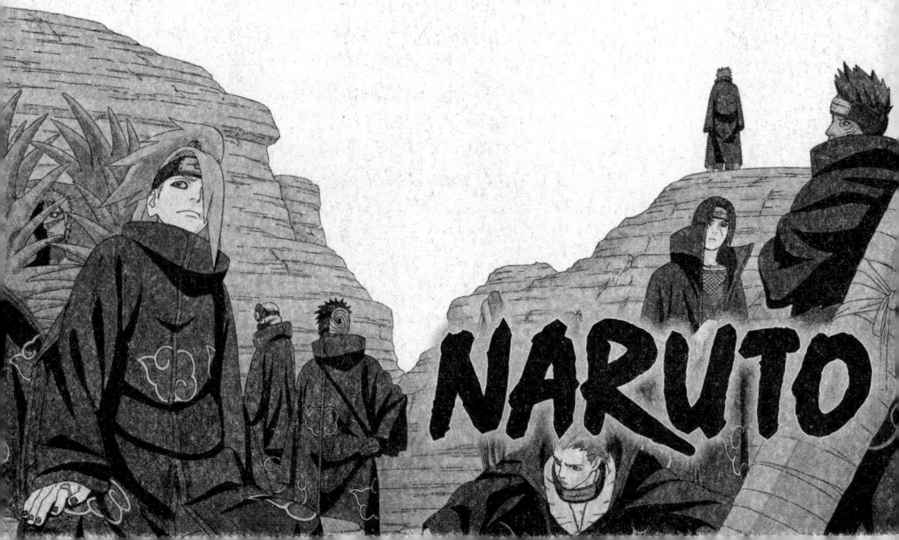
NARUTO

CARLSEN MANGA! NEWS
jeden Monat neu per E-Mail
www.carlsenmanga.de
www.carlsen.de

CARLSEN MANGA
Deutsche Ausgabe/German Edition

Völckersstraße 14-20, 22765 Hamburg
Aus dem Japanischen von Miyuki Tsuji

First published in Japan in 1999 by SHUEISHA Inc., Tokyo.
German translation rights in Germany, Austria, Luxembourg and German-speaking Switzerland arranged by SHUEISHA Inc. through VME PLB SAS, France.
Redaktion: Anne Berling, Jonas Blaumann
Textbearbeitung: Ina Schiele
Herstellung: Gunta Lauck, Ronny Willisch

Bei Fragen zum Produkt: carlsen.de/kontakt
ISBN 978-3-551-79538-0

HALT!

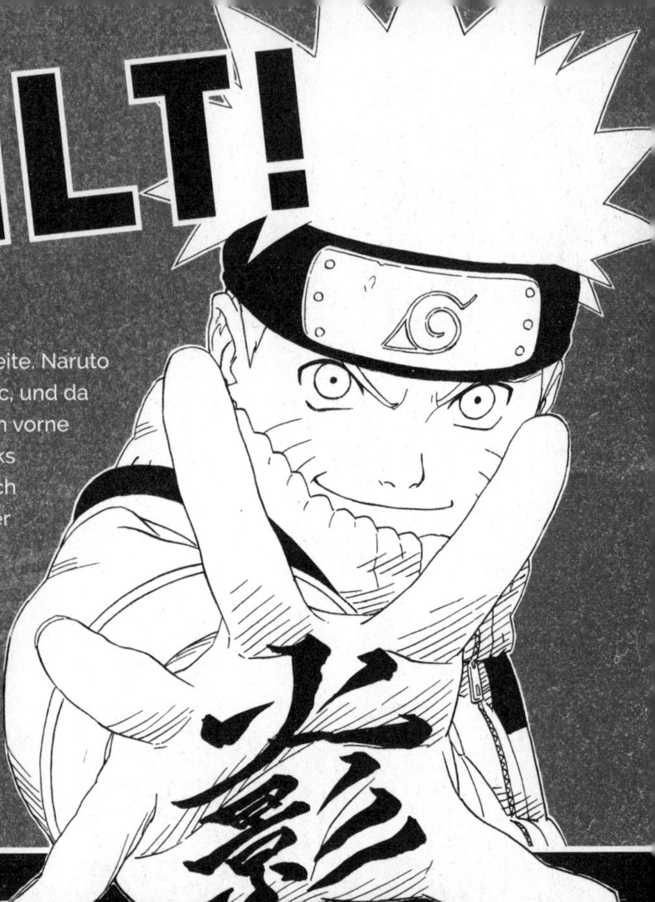

Das ist nicht die erste Seite. Naruto ist ein japanischer Comic, und da in Japan von hinten nach vorne und von rechts nach links gelesen wird, musst auch du diesen Comic von der anderen Seite aufschlagen und von hinten nach vorne lesen.

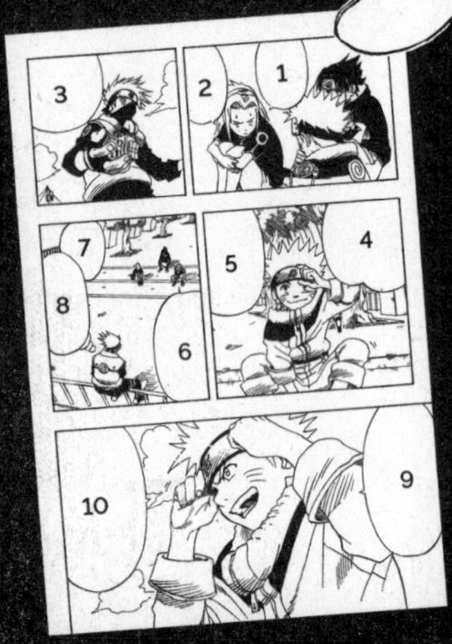

Auch die Bilder und Sprechblasen werden von rechts oben nach links unten gelesen, so wie es die Grafik hier zeigt. Schwer? Zuerst ungewohnt, doch es bringt richtig Spaß. Probiert es aus!

Viel Vergnügen mit **NARUTO** und der ganzen Ninja-Bande!